D1724583

MÜLLER-WENNER/WINKLER
Schwerbehindertenrecht

SGB IX Teil 2

Besondere Regelungen zur Teilhabe
schwerbehinderter Menschen
(Schwerbehindertenrecht)

Kommentar

von

DOROTHEE MÜLLER-WENNER

Rechtsanwältin und Gewerkschaftssekretärin, Dortmund

und

DR. JÜRGEN WINKLER

Professor für Sozialrecht
Katholische Hochschule Freiburg

2., neu bearbeitete Auflage

Verlag C. H. Beck München 2011

Verlag C. H. Beck im Internet:
beck.de

ISBN 978 3 406 61072 1

© 2011 Verlag C. H. Beck oHG
Wilhelmstraße 9, 80801 München
Druck: fgb · freiburger graphische betriebe
Bebelstraße 11, 79108 Freiburg

Satz: ottomedien, 64295 Darmstadt

Gedruckt auf säurefreiem, alterungsbeständigem Papier
(hergestellt aus chlorfrei gebleichtem Zellstoff)

Vorwort zur 2. Auflage

Mit Wirkung vom 1. 7. 2001 ist das bisherige Schwerbehindertenge-setz (SchwbG) entsprechend dem Ziel einer Zusammenfassung und Weiterentwicklung des Rechts zur Eingliederung behinderter Menschen als Teil 2 in das Sozialgesetzbuch – Rehabilitation und Teilhabe behinderter Menschen – (SGB IX) eingeordnet worden. Die besonderen Regelungen zur Teilhabe schwerbehinderter Menschen gelten einer Zielgruppe von ca. 7,1 Mio Menschen mit einem Grad der Behinderung von wenigstens 50 (etwa 8,7 % der Wohnbevölkerung in Deutschland).

Seit dem Inkrafttreten des SGB IX ist das Gesetz mehrfach ergänzt und verändert worden. Neben redaktionellen Anpassungen (z. B. Bundesagentur für Arbeit statt Bundesanstalt für Arbeit) sind vor allem durch das Gesetz zur Förderung der Ausbildung und Beschäftigung schwerbehinderter Menschen vom 23. 4. 2004 inhaltliche Veränderungen vorgenommen worden. So wurde etwa in § 84 Abs. 2 ein betriebliches Eingliederungsmanagement eingeführt, das den Präventionsgedanken des SGB IX in besonderer Weise berücksichtigt. Tatächlichen oder nur behaupteten Belastungen der Unternehmen trug der Gesetzgeber durch Einschränkungen beim besonderen Kündigungsschutz Rechnung. Die in § 81 Abs. 2 SGB IX a. F. enthaltene detaillierte Regelung zu Entschädigungs- und Schadensersatzansprüchen bei einem Verstoß gegen das Benachteiligungsverbot wegen einer Behinderung ist mit Wirkung vom 18. 8. 2006 durch das Allgemeine Gleichbehandlungsgesetz (AGG) abgelöst worden. Ferner wurde die Versorgungsmedizin-Verordnung mit den versorgungsmedizinischen Grundsätzen erlassen. Auswirkungen auf den 2. Teil des SGB IX hatte schießlich die Einführung der unterstützten Beschäftigung in § 38a SGB IX. Neben gesetzlichen Neuregelungen hat das SGB IX durch zahlreiche gerichtliche Entscheidungen eine Weiterentwicklung und Konkretisierung erfahren. Schwerpunkte gerichtlicher Auseinandersetzungen lagen bei den rechtlichen Folgen einer unterlassenen Prävention, der Auslegung der sprachlich verunglückten Ausnahmevorschrift des § 90 Abs. 2a, dem Anspruch auf behindertengerechte Beschäftigung sowie beim Entschädigungsanspruch wegen Verstoßes gegen das Benachteiligungsverbot. Auch in der Wissenschaft findet das SGB IX inzwischen erfreulicherweise verstärkt Beachtung. Alldem trägt die Neuauflage Rechnung.

Der vorliegende Kommentar ergänzt das im März 2011 in 2. Auflage erschienene Kommentar von Mrozynski/Jabben, SGB IX Teil 1, Rege-

Vorwort

lungen für behinderte und von Behinderung bedrohte Menschen. Wir wollen diese Kommentierung mit praxisnahen, gleichwohl diskussionsfreudigen Erläuterungen des Schwerbehindertenrechts vervollständigen.

Die in der ersten Auflage von Richter Ulrich Schorn verfassten Teile, wurden in der vorliegenden Neuauflage von Herrn Winkler aktualisiert. Entsprechend unserer beruflichen Schwerpunkte als Arbeitsrechtsanwältin und Gewerkschaftssekretärin bzw. Professor für Sozialrecht ist es bei der bisherigen Aufteilung der Bearbeitung soweit möglich anhand des arbeits- oder sozialrechtlichen Charakters der Vorschriften geblieben. Die Kommentierung trägt den Stand 1.1.2011 und ist erfolgt durch:

Müller-Wenner: §§ 71–100, 122–125, 127–131, 155–160
Winkler: §§ 68–70, 101–121, 126, 132–154

Dortmund und Konstanz im Februar 2011

Dorothee Müller-Wenner
Jürgen Winkler

Inhaltsverzeichnis

Sozialgesetzbuch (SGB) Neuntes Buch (IX). Rehabilitation und Teilhabe behinderter Menschen Teil 2 Besondere Regelungen zur Teilhabe schwerbehinderter Menschen (Schwerbehindertenrecht)

Kapitel 1. Geschützter Personenkreis

Kapitel 2. Beschäftigungspflicht der Arbeitgeber

Kapitel 3. Sonstige Pflichten der Arbeitgeber; Rechte der schwerbehinderten Menschen

Inhaltsverzeichnis

Inhaltsverzeichnis

Inhaltsverzeichnis

Sachverzeichnis

Abkürzungsverzeichnis

Verzeichnis der Abkürzungen und der abgekürzt zitierten Literatur

a.A.	anderer Ansicht
a.a.O.	am angegebenen Ort
ABM	Arbeitsbeschaffungsmaßnahme
Abs.	Absatz
AEG	Allgemeines Eisenbahngesetz
AEUV	Vertrag über die Arbeitsweise der Europäischen Union
AG	Aktiengesellschaft
AGG	Allgemeines Gleichstellungsgesetz
AiB	Arbeitsrecht im Betrieb (Zeitschrift)
ANBA	Amtliche Nachrichten der Bundesanstalt für Arbeit
Anhaltspunkte 1996	Anhaltspunkte für die ärztliche Begutachtung im sozialen Entschädigungsrecht und nach dem Schwerbehindertengesetz, Ausgabe 1996
Anm.	Anmerkung
AO	Abgabenordnung
APS	Ascheid/Preis/Schmidt, Großkommentar zum Kündigungsrecht
ArbG	Arbeitsgericht
ArbGG	Arbeitsgerichtsgesetz
AP	Arbeitsrechtliche Praxis (Entscheidungssammlung)
Art.	Artikel
ASiG	Gesetz über Betriebsärzte, Sicherheitsingenieure und andere Fachärzte für Arbeitssicherheit
AuA	Arbeit und Arbeitsrecht (Zeitschrift)
AuR	Arbeit und Recht (Zeitschrift)
AZG	Arbeitszeitgesetz
BA	Bundesanstalt für Arbeit
BAG	Bundesarbeitsgericht
BAG UB	Bundesarbeitsgemeinschaft für Unterstützte Beschäftigung
BAG WfB	Bundesarbeitsgemeinschaft der Werkstätten für behinderte Menschen

XI

Abkürzungsverzeichnis

XII

Abkürzungsverzeichnis

XIII

Abkürzungsverzeichnis

Abkürzungsverzeichnis

Abkürzungsverzeichnis

Literaturverzeichnis

Adlhoch, Die Förderung von Integrationsunternehmen im Sinne der §§ 53a ff. SchwbG, in: br 2001, 8

Adlhoch, Neue Rechte für Schwerbehinderte im Arbeitsleben, in: br 2000, 201

Ascheid/Preis/Schmidt (APS), Großkommentar zum Kündigungsrecht, 3. Aufl, 2007 (SGB IX von Vossen)

Bader, Das Gesetz zu Reformen am Arbeitsmarkt: Neues im Kündigungsschutzgesetz und im Befristungsrecht, in: NZA 2004, 65

Balders/Lepping, Das betriebliche Eingliederungsmanagement, in: NZA 2005, 854

Bauer/Powietzka, Kündigung schwerbehinderter Arbeitnehmer – Nachweis, Sozialauswahl, Klagefrist und Reformbedarf, in: NZA-RR 2004, 505

Bauer/Evers, Schadensersatz und Entschädigung bei Diskriminierung – Ein Fass ohne Boden?, in: NZA 2006, 893

Bauer/Preis/Schunder, „Errata" des Gesetzgebers – Erste Korrektur des Allgemeinen Gleichbehandlungsgesetzes, in: NZA 2006, 1261

Bauer/Göpfert/Krieger, Kommentar zum AGG, 2. Aufl., 2008

Baur, Die Werkstatt für Behinderte im Spannungsfeld von Förderung und Arbeitsleistung, in: ZFSH/SGB 1999, 262

Bayreuther, Kündigungsschutz im Spannungsfeld zwischen Gleichbehandlungsgesetz und europäischen Antidiskriminierungsrecht, in: DB 2006, 1842

Bayreuther, Drittbezogene und hypothetische Diskriminierungen, in NZA 2008, 986

Bayreuther, Einstellungsuntersuchungen, Fragerecht und geplantes Beschäftigtendatenschutzgesetz, in NZA 2010, 679

Beaucamp, Verfassungsrechtlicher Behindertenschutz in Europa, in: ZFSH/SGB 2002, 201

Behrend, Ehrenamtliche Richter in der Sozialgerichtsbarkeit, in: Lieber/Sens (Hg.), Ehrenamtliche Richter – Demokratie oder Dekoration am Richtertisch?, 1999, S. 150

Behrend, Gleichstellung mit Schwerbehinderten, in: AiB 1992, 310

Bertelsmann, Altersdiskriminierung im Arbeitsrecht, in: ZESAR 2005, 242

Besgen/Roloff, Grobe Verstöße des Arbeitgebers gegen das AGG – Rechte des Betriebsrats und der Gewerkschaften, in: NZA 2007, 671

Literaturverzeichnis

Beule/Dobbe/Gerstner/Hildenbrand, Qualitätsmanagement in der psychosozialen Betreuung nach dem Schwerbehindertengesetz, in: br 2000, 93

Bezani/Richter, Das Allgemeine Gleichbehandlungsgesetz im Arbeitsrecht, 2006

Bieback, Leistungsabbau und Strukturwandel im Sozialrecht, in: KJ 1984, 257

Bihr/Fuchs/Krauskopf/Ritz, SGB IX, Rehabilitation und Teilhabe behinderter Menschen, Kommentar, 2006

Bitzer, Sonderkündigungsschutz schwerbehinderter Menschen, in: NZA 2006, 1082

Braasch, Das nochmals reformierte Schwerbehindertenrecht, in: br 2001, 177

Brand, Reformstau im Feststellungsverfahren nach dem Schwerbehindertengesetz, in: br 1999, 77

Brand, Vorschlag einer Konzeption psychosozialer Betreuung von Menschen mit Behinderung im Berufs- und Erwerbsleben, in: br 1998, 34

Braun, Schwerbehindertengesetz – Die zentralen Neuregelungen, in: MDR 2001, 63

Britschgi, Betriebliches Eingliederungsmanagement, in: AiB 2005, 284

Brose, Das betriebliche Eingliederungsmanagement nach § 84 Abs. 2 SGB IX als eine neue Wirksamkeitsvoraussetzung für die krankheitsbedingte Kündigung?, in: DB 2005, 390

Brose, Die Auswirkungen des § 84 Abs. 1 SGB IX auf den Kündigungsschutz bei verhaltensbedingten, betriebsbedingten und personenbedingten Kündigungen, in: RdA 2006, 149

Bundesarbeitsgemeinschaft der überörtlichen Träger der Sozialhilfe, Vorläufige Werkstattempfehlungen – WE/BAGüS –, Stand: 26. 11. 2001

Bundesarbeitsgemeinschaft Unterstützte Beschäftigung (BAG UB), Stellungnahme zur Situation der Integrationsfachdienste, Februar 2002

Bundesministerium für Arbeit und Sozialordnung (Hg.), Anhaltspunkte für die ärztliche Gutachtertätigkeit im sozialen Entschädigungsrecht und nach dem Schwerbehindertengesetz, 1996

Busch, Ziel verfehlt. Weshalb das AGG keine Umsetzung des europarechtliche vorgesehenen Mindestschutzes darstellt, in: AiB 2006, 467

Cramer, Gesetz zur Bekämpfung der Arbeitslosigkeit Schwerbehinderter, in: DB 2000, 2217

Cramer, Schwerbehindertengesetz, Kommentar, 5. Aufl. 1998

Cramer, Die Neuerungen im Schwerbehindertenrecht des SGB IX, in: NZA 2004, 698

Literaturverzeichnis

Däubler/Kittner/Klebe (Hg), Kommentar zum BetrVG, 11. Aufl.
2008, (zit.: DKK-Bearbeiter)

Däubler/Bertzbach (Hg), Kommentar zum AGG, 2007, (zit.: DB-Bearbeiter)

Dau/Düwell/Haines (Hg.), Rehabilitation und Teilhabe behinderter Menschen, Lehr- und Praxiskommentar, 2. Auflage, 2009 (zit.: Bearbeiter, LPK-SGB IX)

Deinert, Diskriminierungen sind Persönlichkeitsrechtsverletzungen, in: AiB 2006, 741

Deinert, Kündigungsprävention und betriebliches Eingliederungsmanagement, in: NZA 2010, 969

Deinert/Neumann, Handbuch SGB IX, 2. Aufl. 2009 (zit.: Bearbeiter in Deinert/Neumann)

Deutscher Verein, Vorläufige Auslegungshinweise des Deutschen Vereins zur Anwendung von Vorschriften des SGB IX in der Sozial- und Jugendhilfe, in: NDV 2002, 114

Diller, Einstellungsdiskriminierung durch Dritte, in: NZA 2007, 649

Diller, AGG-Hopping durch Schwerbehinderte, in: NZA 2007, 1321

Diller/Kern/Zeh, AGG-Archiv: Die Schlussbilanz, in: NZA 2009, 1386

Dörner, Schwerbehindertengesetz, Kommentar, Stand: Mai 1998

Domröse, Krankheitsbedingte Kündigung als Verstoß gegen das Verbot der Diskriminierung wegen einer Behinderung in Beschäftigung und Beruf?, in: NZA 2006, 1320

Düwell, Mehr Rechte für Schwerbehinderte und ihre Vertretungen durch das SchwbBAG, in: BB 2000, 2570

Düwell, Neu geregelt: Die Stellung der Schwerbehinderten im Arbeitsrecht, in: BB 2001, 1527

Düwell, Der Kündigungsschutz schwerbehinderter Beschäftigter nach der Novelle vom 23. 4. 2004, in: BB 2004, 2811

Ebsen, Schwerbehindertenrecht, in: von Maydell/Ruland (Hg.), Sozialrechtshandbuch, 2. Aufl. 1996 (zit.: Ebsen in: SRH)

Edenfeld, Prüfungspflichten aus § 81 I SGB IX bei Leiharbeit, in: NZA 2006, 126

Erfurter Kommentar, 11. Aufl. 2011, (zit.: ErfK-Bearbeiter)

Ehrenheim, Wege der Bundesländer zur Beschäftigungsförderung und Integration von Behinderten in Deutschland, in: br 2000, 89

Ernst, Integrationsfachdienste für besonders betroffene Schwerbehinderte – eine Zwischenbilanz aus Sicht der Hauptfürsorgestellen, in: br 1998, 155

Ernst, Zur Institutionalisierung und Finanzierung vom Integrationsfachdiensten – Rechtslage seit dem 1. 10. 2000, in: br 2001, 66

Ernst/Adlhoch/Seel, Sozialgesetzbuch IX – Rehabilitation und Teilhabe behinderter Menschen –, Kommentar, 1. Lieferung April 2002 (zit.: Bearbeiter in: Ernst/Adlhoch/Seel, SGB IX)

Literaturverzeichnis

Faber, Erste Rechtsprechung zum BEM, in: AiB 2006, 553

Feldes, Bekämpfung der Arbeitslosigkeit Schwerbehinderter, in: br 2000, 187

Feldes, Kündigungsprävention und betriebliches Eingliederungsmanagement im novellierten SGB IX, in: br 2004, 187

Feldes, Das Betriebliche Rehabilitationsmanagement, in: br 2005, 48

Feldes, Eingliedern statt Kündigen, in: AiB 2005, 546

Feldes/Kamm/Peiseler/von Seggern/Unterhinninghofen/Westermann/Witt, Schwerbehindertenrecht, Basiskommentar zum SGB IX, 9. Aufl., 2007

Finke, Leistungsverbesserungen für Besucher von Werkstätten für behinderte Menschen durch das SGB IX, in: br 2002, 5

Fischinger, Europarechtskonformität des § 15 IV AGG?, in: NZA 2010, 1048

Fitting/Engels/Schmidt/Trebinger/Linsenmaier, Kommentar zum BetrVG, 25. Aufl., 2010

Förster, Die Notwendigkeit einer Novellierung des Schwerbehindertengesetzes, in: br 1998, 1

Frehe, Zielvereinbarungen als neues Instrument zur Gleichstellung und Integration, in: BArbBl 6/2002, 12

Frenski, Die Neuregelung des Zusatzurlaubs im Schwerbehindertenrecht, in: NZA 2004, 1255

Friemel/Walk, Kündigungsschutz für schwerbehinderte Menschen, in: AiB 2005, 598

Gagel, SGB III, Arbeitsförderung, Loseblattkommentar

Gagel, Betriebliches Eingliederungsmanagement, in: NZA 2004, 1359

Gagel, Klarstellungen zu § 82 SGB IX, in: Diskussionsforum B auf www.iqpr.de, Beitrag Nr. 12/2008

Gagel/Schian, Zur Berechnung der 6-Wochen-Frist des § 84 Abs. 2 SGB IX, in: br 2006, 46

Gagel/Schian, Betriebliches Eingliederungsmanagement und Stufenweise Wiedereingliederung für Beamte, in: br 2007, 185

Gaul/Josten/Strauf, EuGH: Urlaubsanspruch trotz Dauerkrankheit, in: BB 2009, 497

Gemeinschaftskommentar zum Arbeitsförderungsrecht, GK-SGB III, Stand: Juni 2002

Gemeinschaftskommentar zum Kündigungsschutzgesetz und zu sonstigen kündigungsschutzrechtlichen Vorschriften, Becker/Etzel u.a., 9. Aufl., 2009 (zit.: KR-Bearbeiter)

Germelmann/Matthes/Prütting/Müller-Glöge, Kommentar zum ArbGG, 6. Aufl., 2008

Göbel, Eingliederung, Die Förderungsmöglichkeiten der Arbeitsämter, in: Der Arbeitgeber 2000, Heft 10, 17

Goedelt, Die Festsetzung der MdE/des GdB nach dem SchwbG, in: ZfS 1994, 97

Literaturverzeichnis

Gravenhorst, Plädoyer für einen Systemwechsel beim Sonderkündigungsschutz behinderter Arbeitnehmer, in: NZA 2005, 803

Griebeling, Neues im Sonderkündigungsschutz schwerbehinderter Menschen, in: NZA 2005, 494

Gröninger/Thomas, Schwerbehindertengesetz, Kommentar, Stand: März 2001

Großmann/Schimanski/Lampe/Löschau/Marschner/Spiolek, Gemeinschaftskommentar zum SGB IX, 2009 (zit.: GK-SGB IX-Bearbeiter)

Gaul/Lunk, Gestaltungsspielraum bei Punkteschemata zur betriebsbedingten Kündigung, in: NZA 2004, 184

Haack, Gleichstellung behinderter Menschen als Aufgabe der ganzen Gesellschaft, in: BArbBl 6/2002, 5

Hamacher/Ulrich, Die Kündigung von Arbeitsverhältnissen nach Inkrafttreten und Änderung des AGG, in: NZA 2007, 656

Hansen, Die Änderungen im Schwerbehindertenrecht durch das SGB IX, in: NZA 2001, 985

Hanau, Offene Fragen zum Teilzeitgesetz, in: NZA 2001, 1168

Hanau, Das Allgemeine Gleichbehandlungsgesetz (arbeitsrechtlicher Teil) zwischen Bagatellisierung und Dramatisierung, in: ZIP 2006, 2189

Hauck/Noftz, Sozialgesetzbuch – SGB IX, Kommentar, Loseblatt 2008 (zit.: Bearbeiter in: Hauck/Noftz, SGB IX)

Hennig (Hg.), SGB III, Sozialgesetzbuch Drittes Buch – Arbeitsförderung –, Kommentar mit Nebenrecht, Stand: Mai 2002

Hery, Zum Reformstau im Feststellungsverfahren, in: br 1999, 140

Jacobs, Das arbeitnehmerähnliche Rechtsverhältnis in § 54b SchwBG, in: ZFSH/SGB 1998, 203

Joussen, Si tacuisses – Der aktuelle Stand zum Fragerecht des Arbeitgebers nach einer Schwerbehinderung, in: NJW 2003, 2857

Joussen, Schwerbehinderung, Fragerecht und positive Diskriminierung nach dem AGG, in: NZA 2007, 174

Jürgens, Die verfassungsrechtliche Stellung Behinderter nach der Änderung des Grundgesetzes, in: ZfSH/SGB 1995, 353

Jürgens, Grundrecht für Behinderte, in: NVwZ 1995, 452

JurisPK, Kommentar zum SGB IX, Online-Version 2010, (zit.: Sachbearbeiter, jurPK-SGB IX)

Kamm, Wahlen der Schwerbehindertenvertretungen 2006, in: AiB 2006, 498

Kasseler Kommentar Sozialversicherungsrecht, Loseblattkommentar

Kayser, Prävention und betriebliches Eingliederungsmanagement beim Zustimmungsverfahren nach §§ 85 ff. SGB IX, in: br 2008, 65

Kayser, Das Zusammenwirken von erweitertem Beendigungsschutz nach dem SGB IX und tariflichen Beendigungsregelungen bei Erwerbsminderung, in: br 2008, 153

Literaturverzeichnis

Klumpp, § 23 BetrVG als Diskriminierungssanktion?, in: NZA 2006, 904

Kohte, Anm. zu BSG, Urteil vom 2. 3. 2000, in: AuR 2001, 349, 351

Köpke, Erfreuliche erste Bilanz der Job-Kampagne für Behinderte, in: SozSich 2001, 382

Kossens/Maaß, Das Gesetz zur Bekämpfung der Arbeitslosigkeit Schwerbehinderter, in: NZA 2000, 1025

Kossens/von der Heide/Maaß, Kommentar zum SGB IX, 3. Aufl., 2009

Kraus, Der Vierte Bericht der Bundesregierung über die Lage der Behinderten und die Entwicklung der Rehabilitation; Positionen – Erhebungen – Konzepte, in: br 1998, 117

Kraus, Erster Armuts- und Reichtumsbericht der Bundesregierung – politische Initiativen, empirische Grundlagen, in: br 2002, 9

Kraus, Reform des Behindertenrechts – Diskussionsbeiträge im Deutschen Bundestag, in: br 2001, 1

Lachwitz, Die Rechtsstellung behinderter Menschen in der Werkstatt für behinderte Menschen, in: RsDE Nr. 1, 1988, 33

Lachwitz/Schellhorn/Welti, Handbuch zum Sozialgesetzbuch IX, 3. Aufl., 2010 (zit.: Bearbeiter, HK-SGB IX)

Lauter, Inhalt der Arbeitsverhältnisse Schwerbehinderter, in: br 1983, 49

Leder, Die Diskriminierung wegen einer (Schwer)-behinderung, SAE 2006, 305

Leinemann (Hg.), Kasseler Handbuch zum Arbeitsrecht, Bd. 1, 2. Aufl. 2000 (zit.: Kasseler Handbuch Arbeitsrecht/Bearbeiter)

Leuchten, Das Betriebliche Eingliederungsmanagement in der Mitbestimmung, in: DB 2007, 2482

Löschau/Marschner, Das neue Rehabilitations- und Schwerbehindertenrecht, Praxishandbuch zum SGB IX, 2001

Lunk, Die Sozialauswahl nach neuem Recht, in: NZA 2005, Beil.1 S.41

Magin/Schnetter, Die Einführung des betrieblichen Eingliederungsmanagements – Erste Erfahrungen aus der Praxis, in: br 2005, 52

Marquardt, Wege in die Arbeit – Der Integrationsfachdienst Hamburg, in: Rehabilitation 2001, 138

Marschner, Gesetzliche Neuregelungen zur Rechtsstellung von schwerbehinderten Arbeitnehmern, in: ZTR 2000, 545

Matzeder, Begleitende Hilfe für schwerbehinderte Menschen als Managementaufgabe, in: br 2002, 40

Matzeder, Integrationsfachdienste – Eine Chance für moderne Konzepte zur verbesserten beruflichen Eingliederung Schwerbehinderter, in: br 1998, 29

Matzeder, Überlegungen zu einer Strategie der beruflichen Eingliederung Schwerbehinderter (Eingliederungsmangement), in: br 2000, 33

Literaturverzeichnis

Messingschlager, Sind Sie schwerbehindert? – Das Ende einer (un)beliebten Frage, in: NZA 2003, 301

Meyer-Ladewig, Kommentar zum SGG, 9. Aufl., 2008 (zit.: Bearbeiter in)

Mohr, Der Diskriminierungsschutz (schwer)behinderter Arbeitnehmer nach dem AGG und dem SGB IX, br 2008, 34

Moll/Ittmann, Betriebsbedingte Kündigung und Leiharbeit, in: RdA 2008, 321

Moritz, Die rechtliche Integration behinderter Menschen nach SGB IX, BGG und Antidiskriminierungsgesetz, in: ZFSH/SGB 2002, 204

Mrozynski, Rehabilitationsleistungen – Integrierte Versorgung im gegliederten System, in: SGb 2001, 277

Mrozynski, SGB I, Kommentar, 4. Aufl. 2010

Mrozynski/Jabben, SGB IX Teil 1, Regelungen für behinderte und von Behinderung bedrohte Menschen, Kommentar, 2. Aufl. 2011

Mücke/Hiebert, Anspruch auf einen leidensgerechten Arbeitsplatz – Was ist noch „zumutbar", in: NZA 2010,1259

Müller-Wenner, Was verändert sich – was bleibt? Entschädigungsansprüche behinderter Menschen nach dem Allgemeinen Gleichbehandlungsgesetz (AGG), in: Mittag/Ockenga, Die Sicherung von Arbeitnehmerrechten, 2008

Neumann/Pahlen/Majerski-Pahlen, Sozialgesetzbuch IX, Kommentar, 12. Aufl., 2010

Niehaus/Marfels, Studie zur Umsetzung des betrieblichen Eingliederungsmanagements, Universität Köln, 2008

Niesel/Brand (Hg.), SGB III, Sozialgesetzbuch, Arbeitsförderung, Kommentar, 5. Aufl. 2010

Oelkers, Kündigung schwerbehinderter Arbeitnehmer, in NJW-Spezial 2009, 82

Oelkers/Brugger, BEM: Die Trumpfkarte im Kündigungsschutzprozess, in: NJW-Spezial 2010, 370

Offczors, Stillstand und Konzeptionslosigkeit im Schwerbehindertenrecht ?, in: SGb 1991, 6

Oppolzer, Zum Management-Charakter des BEM, in: AiB 2007, 37

Paland/Spereiter, Der nächste Schritt – das Gleichstellungsgesetz, in: BArbBl 11/2001, 38

Paschke, Diskussionsforum Rehabilitations- und Teilhaberecht, Diskussionsbeitrag Nr.4/2010

Perreng, Auswirkungen des AGG auf Kündigungen, in: AiB 2007, 578

Perreng/Nollert-Borasio, Das Allgemeine Gleichbehandlungsgesetz, in: AiB 2006, 459

Preis, Verbot der Altersdiskriminierung als Gemeinschaftsgrundrecht, in: NZA 2006, 401

Literaturverzeichnis

Preis/Bender, Recht und Zwang zur Lüge – Zwischen List, Tücke und Wohlwollen im Arbeitsleben, in: NZA 2005, 1321

Pünnel, Der Beschäftigte in der Werkstatt für Behinderte, in: AuR 1996, 483 = RdLH 1997, 30

Quambusch, Das Recht der geistig Behinderten, 4. Aufl. 2001

Quambusch, Die beschützten Werkstätten, Zur Dominanz der Bequemlichkeit in einem Rehabilitationsmonopol, in: ZFSH/SGB 2001, 515

Raddatz, Umweltbezogene Krankheiten – Begutachtung nach dem Schwerbehindertenrecht (SGB IX), in: MedSach 2001, 230

Rademacker, Renten wegen verminderter Erwerbsfähigkeit, in: Soz-Sich 2001, 74

Rademacker, Zur Einbeziehung der Sozialhilfe in ein Rehabilitationsgesetzbuch (SGB IX), in: RsDE Nr. 19, 1992, 1

Rehwald, Abgeltung für bei Vertragsende wegen Krankheit nicht genommenen bezahlten Jahresurlaub, in: AiB 2009, 242

Rehwald/Kossack, Neue Kündigungsbestimmungen im SGB IX zum 1. 5. 2004, in: AiB 2004, 604

Reiter, Anwendbare Rechtsnormen bei der Kündigung ins Ausland entsandter Arbeitnehmer, in: NZA 2004, 1246

Richardi/Wlotzke (Hg.), Münchener Handbuch zum Arbeitsrecht, Bd. 2, 2. Aufl. 2000 (zit.: MünchArbR/Bearbeiter)

Ritz, Hauptfürsorgestellen – Partner der Betriebe bei der Beschäftigung Schwerbehinderter, in: br 2001, 71

Ritz, Maßnahmen zum Übergang von der Werkstatt ins Erwerbsleben, in: br 2001, 197

Rösner, „Anhaltspunkte 1996", in: Versorgungsverwaltung 1997, 4

Rühle, Kündigung der Werkstattverhältnisse von Schwerbehinderten, in: DB 2001, 1364

Sagan, Die Sanktion diskriminierender Kündigungen nach dem Allgemeinen Gleichbehandlungsgesetz, in: NZA 2006, 1257

Schaub, Arbeitsrechts-Handbuch, 13. Aufl. 2009, (zit.: Schaub/Bearbeiter, ArbR-Handb.)

Schaub, Ist die Frage nach der Schwerbehinderung zulässig?, in NZA 2003, 299

Schell/Cleavenger, Verbesserungen für Behindertenwerkstätten, in: BArBl 11/2001, 22

Schiefer/Worzalla, Neues – altes – Kündigungsrecht, in: NZA 2004, 345

Schiek, Gleichbehandlungsrichtlinien der EU – Umsetzung im deutschen Arbeitsrecht, in: NZA 2004, 873

Schmidt, Zur Gleichstellung mit schwerbehinderten Menschen, in: br 2002, 141

Schmidt, § 4 S. 4 KSchG und Gesetz zu Reformen am Arbeitsmarkt, in: NZA 2004, 79

Literaturverzeichnis

Schlewing, Der Sonderkündigungsschutz schwerbehinderter Menschen nach der Novelle des SGB IX, in: NZA 2005, 1218

Schneider, Persönliche Assistenz am Arbeitsplatz für Schwerbehinderte, in: SuP 2000, 389

Schneider/Adlhoch, Arbeitsassistenz für Schwerbehinderte – Fachliche und juristische Aspekte –, in: br 2001, 51

Schorn, Der Gerichtsbescheid im sozialgerichtlichen Verfahren, in: ZfS 1996, 298

Schorn, Der Grad der Behinderung im SGB IX, in: SozSich 2002, 127

Schröder, Arbeitsgerichtliche Fragen des Werkstattverhältnisses, in: AuR 2001, 172

Schürmann, Anm. zu LSG NRW, Urteil vom 2. 9. 1993, in: SGb 1994, 239, 240

Seel, Überblick über die SchwbG-Novellierung durch das Gesetz zur Bekämpfung der Arbeitslosigkeit Schwerbehinderter, in: br 2001, 37

Seel, Integrationsvereinbarungen – Ein neues Instrument zur Planung und Steuerung der beruflichen Integration von Menschen mit Behinderungen, in: br 2001, 61

Seel, AGG – Schadensersatz für Diskriminierungen im Bewerbungsverfahren, in: MDR 2006, 1321

Seidel, Begleitende Hilfen für behinderte Menschen nach dem SGB IX, in: SuP 2002, 243

Seidel, Begleitende Hilfen im Arbeitsleben nach dem SGB IX, in: SuP 2001, 577

Seidel, Grundsätze der begleitenden Hilfe im Arbeitsleben nach dem SGB IX, in: br 2002, 34

Seidel, Hilfen zur wirtschaftlichen Selbständigkeit nach § 21 SchwbAV, in: SuP 2001, 377

Seidel, Schwerbehinderte haben Anspruch auf Integrationsmaßnahmen, in: SuP 2002, 31

Seidel, Sicherung von Arbeitsverhältnissen bei körperbehinderten Menschen durch die Arbeit der Ingenieur-Fachdienste der Integrationsämter, in: br 2002, 50

Sozialverband VdK, Stellungnahme des VdK zum Gesetzentwurf eines SGB IX, in: SuP 2001, 169

Springer, Umfassender Schutz aller Behinderten über Art. 3 Abs. 3 Satz 2, in: br 1998, 92

Steck, Entwurf eines Gesetzes zur Gleichstellung behinderter Menschen – Behindertengleichstellungsgesetz (BGG), in: SF 2002, 23

Stork, Anmerkungen zur Novellierung des Schwerbehindertengesetzes, in: br 2001, 40

Straßfeld, Anhaltspunkte aus richterlicher Sicht, in: Versorgungsverwaltung 2001, 36

Literaturverzeichnis

Straßfeld, Kriterien für die Bildung des Gesamt-GdB, in: Versorgungsverwaltung 2001, 60

Stück, Leidens-/behinderungsgerechte Beschäftigung im Spiegel aktueller Rechtsprechung, in: br 2007, 89

Subatzus, Übertragung von Urlaubsansprüchen bei Arbeitsunfähigkeit, in: DB 2009, 510

Thiel, Werkstätten-Mitwirkungsverordnung für Werkstätten für behinderte Menschen, in: ZMV 2001, 219

Thüsing, Behinderung und Krankheit bei Einstellung und Entlassung, in: NZA 2006, 136

Thüsing/Bauer/Schunder, Das Allgemeine Gleichbehandlungsgesetz – Alter Wein in neuen Schläuchen, in: NZA 2006, 774

Tschöpe, Krankheitsbedingte Kündigung und betriebliches Eingliederungsmanagement, in: NZA 2008, 398

Udsching, SGB XI, Soziale Pflegeversicherung, 3. Aufl. 2010

Ullrich, Doppelte Benachteiligung von Frauen überwinden, in: BArbBl 11/2001, 16

Ullrich/Spereiter, Gleichstellungsgesetz, Überblick über die gesetzlichen Regelungen, in: BArbBl 6/2002, 7

Ustarbowski, Die Bildung des Gesamt-GdB nach dem SchwbG, in: SGb 1991, 15

von Medem, Beweis und Vermutung bei diskriminierender Einstellung, in: NZA 2007, 545

von Seggern, Gesetz zur Bekämpfung der Arbeitslosigkeit Schwerbehinderter, in: AiB 2000, 717

von Wulffen (Hg.), SGB X, Kommentar, 4. Auf. 2001

Wagner/Potsch, Haftung für Diskriminierungsschäden nach dem Allgemeinen Gleichbehandlungsgesetz, in: JZ 2006, 1085

Wahler/Mauch, Überlegungen zur Reorganisation von Informations- und Beratungsprozessen im Rahmen der beruflichen Eingliederung von Menschen mit Behinderung, in: br 2000, 38

Welti, Das neue SGB IX – Recht der Rehabilitation und Teilhabe behinderter Menschen, in: NJW 2001, 2210

Welti, Das betriebliche Eingliederungsmanagement nach § 84 Abs. 2 SGB IX – sozial- und arbeitsrechtliche Aspekte, in: NZS 2006, 623

Welti, betriebliches Eingliederungsmanagement: die Aufgaben und Pflichten der Sozialleistungsträger, in: Soziale Sicherheit 2008, 125

Wendt, Anmerkung zu BAG, Urteil vom 3. 3. 1999, Az.: 5 AZR 162/98, in: AuR 1999, 360

Wendt, Die Sozialhilferechtsreform 1996 und ihre Auswirkungen auf die Werkstätten für Behinderte, in: RsDE Nr. 36, 1997, 43

Wendt, Neustrukturierung des Sonderarbeitsmarkts für Menschen mit Behinderung durch die Reform des Reha-Rechts – Folgen für die Werkstatt für Behinderte, in: Rehabilitation 2001, 92

Literaturverzeichnis

Wendt, Von der Werkstatt für Behinderte auf den allgemeinen Arbeits-markt: Gesetzliche Verankerung von Fachdiensten für die berufliche Integration im SGB IX und SchwbBAG, in: NDV 2000, 105

Wendt, Vorläufige Werkstattempfehlungen der Bundesarbeitsgemein-schaft der überörtlichen Träger der Sozialhilfe, in: RdLH 2002, 24

Wenner, Änderungen im Sozialgerichtsgesetz zum 1.1.2002, in: Soz-Sich 2001, 422

Wenner/Terdenge/Martin, Grundzüge der Sozialgerichtsbarkeit, 2. Aufl. 1999

Westers, Neuregelungen im Recht des besonderen Kündigungsschut-zes nach dem Neunten Buch des Sozialgesetzbuch (SGB IX), in: br 2004, 93

Weyand/Schubert, Das neue Schwerbehindertenrecht, 2. Aufl. 2002

Wetzling/Habel, Betriebliches Eingliederungsmanagement und Mit-wirkung des Mitarbeiters, in: NZA 2007, 1129

Willemsen/Annuß, Kündigungsschutz nach der Reform, in: NJW 2004, 177

Wisskirchen, Der Umgang mit dem Allgemeinen Gleichbehandlungs-gesetz – Ein „Kochrezept" für Arbeitgeber, in: DB 2006, 1491

Wisskirchen/Bissels, Das Fragerecht des Arbeitgebers bei Einstellung unter Berücksichtigung des AGG, in: NZA 2007, 169

Wolber, Wegeunfälle von behinderten Menschen in anerkannten Werkstätten, in: SozVers 2001, 294

Wolff, Allgemeines Gleichbehandlungsgesetz (AGG), in: AuA 2006, 512

Wuttke, Neues Schwerbehindertenrecht, Quotensenkung und prakti-sche Hilfen, in: Der Arbeitgeber 2000, Heft 10, 14

Zorn, Betriebliches Eingliederungsmanagement – Rechtsfragen zur praktischen Umsetzung im Betrieb, in: br 2006, 42

Hinweis

Der vollständige Wortlaut auch des Teil 1 des **SGB IX**, der Schwerbehindertenausweisverordnung (**SchwbAwV**), der Schwerbehinderten-Ausgleichsabgabeverordnung (**SchwbAV**), der Wahlordnung Schwerbehindertenvertretungen (**SchwVWO**), der Werkstättenverordnung (**WVO**) sowie der Werkstätten-Mitwirkungsverordnung (**WMVO**) ist als Beck-Text im dtv „SGB IX Rehabilitation und Teilhabe behinderter Menschen" (Band 5755) erschienen.

SGB IX

Teil 2. Besondere Regelungen zur Teilhabe schwerbehinderter Menschen (Schwerbehindertenrecht)

Vorbemerkung

Übersicht

I. Allgemeines zum Schwerbehindertenrecht

Teil 2 des Sozialgesetzbuchs – Rehabilitation und Teilhabe 1 **behinderter Menschen vom 19. 6. 2001 (BGBl. I S. 1046, SGB IX)** enthält Vorschriften für schwerbehinderte und diesen gleichgestellte behinderte Menschen.

Menschen, die körperlich, geistig oder seelisch behindert sind oder 2 denen eine solche Behinderung droht, haben nach § 10 SGB I unabhängig von der Ursache der Behinderung zur Förderung ihrer Selbstbestimmung und gleichberechtigten Teilhabe ein **Recht auf Hilfe**, die erforderlich ist, um u. a. ihnen einen ihren Neigungen und Fähigkeiten entsprechenden Platz im Arbeitsleben zu sichern, ihre Entwicklung zu fördern und ihre Teilhabe am Leben in der Gesellschaft und eine möglichst selbstständige und selbstbestimmte Lebensführung zu ermöglichen oder zu erleichtern sowie Benachteiligungen auf Grund der Behinderung entgegenzuwirken. Dieses **soziale Recht** allein verleiht den Menschen mit Behinderung keinen eigenständigen Anspruch (§ 2 Abs. 1 SGB I). Es ist aber bei der Gesetzesauslegung und bei der Ausübung von Ermessen durch die Verwaltung zu beachten; dabei ist sicherzustellen, dass sie möglichst weitgehend verwirklicht werden (§ 2 Abs. 2 SGB I). Das SGB IX konkretiert das soziale Recht aus § 10 SGB I.

Das in die jeweiligen Leistungsgesetze integrierte **Behinderten-** 3 **recht** und entsprechend ausdifferenzierte Zuständigkeiten der Sozialleistungsträger (vgl. § 6 SGB IX) führen dazu, dass behinderte Menschen Anträge auf Sozialleistungen (§ 16 SGB I) bei Sozialämtern, Jugendämtern, Renten-, Kranken-, Pflege- und Unfallversicherungsträgern verfolgen müssen, während die Feststellung der Behinderung und des GdB bei Versorgungsämtern bzw. der durch Landesgesetz bestimmten Stelle zu beantragen ist und Hilfen im Arbeitsleben u. a. von Integrationsämtern bereitgestellt werden. Der Gesetzgeber des SGB IX beklagt zwar die Zersplitterung der einschlägigen Rechtsvorschriften und der Zuständigkeiten bei den einzelnen beteiligten Trägern und Stellen, die eine Tendenz zu isolierter Betrachtung von Teilproblemen und Teillösungen fördere, während für behinderte oder von Behinderung bedrohte Menschen die Leistungen und sonstigen Hilfen zur Eingliederung vor allem in ihrem Zusammenwirken von Bedeutung seien (BT-Drucks. 14/5074, S. 93). Abgesehen von einer verbesserten **Koordination der Rehabilitationsleistungen** (vgl. §§ 10 f. SGB IX) und einer effektiveren **Kooperation der Leistungsträger** (z. B. Zuständigkeitsklärung, § 14 SGB IX und gemeinsame örtliche Servicestellen, § 22 SGB IX) bleibt es jedoch auch mit dem SGB IX bei der **Zersplitterung des deutschen Behindertenrechts und der zuständigen Leistungsträger.** Sie erklärt sich aus dem historisch gewachsenen gegliederten System des Sozialrechts. Es lässt sich in den drei Kategorien „Soziale Vorsorge/Sozialversicherung", „soziale Entschädigung" und „soziale Hilfe und Förderung" beschreiben. Da die Behinderung als umfassende Beeinträchtigung auch ein Angewiesensein auf entsprechend umfassende Rehabilitationsleistungen zur Folge hat, wirken sich die Nachteile des gegliederten Systems bei der Eingliederung behinderter Menschen besonders aus (*Mrozynski,* SGB I, § 10 RdNr. 2; *ders* SGb 2001, 277). So bleiben behinderte Menschen oftmals unkoordinierter medizinischer Sachverhaltsermittlung der Versorgungsämter und der Sozialleistungsträger ausgesetzt, der sie sich im Hinblick auf ihre Mitwirkungspflichten nach den §§ 62 ff. SGB I nur im Ausnahmefall (vgl. § 65 SGB I) entziehen können.

4   Aus **rechtssystematischer Sicht** lässt sich das Schwerbehindertenrecht in seinen Kernbereichen gegenüber dem umfassenderen und auf die einzelnen Sozialleistungsbereiche zersplitterten Rehabilitationsrecht funktionell und instrumentell abgrenzen. Leistungen zur medizinischen Rehabilitation, Leistungen zur Teilhabe am Arbeitsleben, Leistungen zur Teilhabe am Leben in der Gemeinschaft, unterhaltsichernde und andere ergänzende Leistungen (§ 29 Abs. 1 Nr. 1–4 SGB I, § 5 SGB IX) werden im Wesentlichen von Krankenkassen, Rentenversicherungs- und Unfallversicherungsträgern, Agenturen für Arbeit und Versorgungsämtern erbracht. Das Schwerbehindertenrecht stellt darüber hinaus auf den besonderen Schutz behinderter Menschen ab, deren gesundheitliche Probleme und daraus entstehende Schwierigkeiten bei der Teilhabe am Leben in der Gesellschaft besonders „schwer"-wiegend sind. Für den Personenkreis der schwerbehinderten Menschen werden besondere Leistungen und sonstige Hilfen zur Teilhabe am Leben in der Gesellschaft, insbesondere am Arbeitsleben, bereitgestellt (§ 29 Abs. 1 Nr. 5 SGB I).

Die **Instrumente des Schwerbehindertenrechts** dienen überwie- 5 gend der Integration in Arbeit und Beruf und sind damit auf einen Teilbereich der Rehabilitation bezogen. Mit der Beschäftigungspflicht (§§ 71 SGB IX ff.), der Ausgleichsabgabe (§ 77 SGB IX), dem besonderen Kündigungsschutz (§§ 85 ff. SGB IX), der Schwerbehindertenvertretung (§§ 93 ff. SGB IX), der begleitenden Hilfe im Arbeitsleben der Integrationsämter (§ 102 SGB IX), der Betreuung schwerbehinderter Menschen durch Integrationsfachdienste und Integrationsprojekte (§§ 109 ff., 132 ff. SGB IX) sowie der Förderung von Werkstätten für behinderte Menschen (§§ 136 ff. SGB IX) hat das Schwerbehindertenrecht Instrumente herausgebildet, die über Sozialleistungen zur Beseitigung oder Kompensation von Funktionsbeeinträchtigungen, dem klassischen Instrumentarium der Rehabilitation, hinausgehen.

Charakteristisch für das Schwerbehindertenrecht ist damit die 6 Kombination von arbeitsmarktpolitischen Lenkungsinstrumenten, arbeitsrechtlichen Schutz- und Mitbestimmungsregelungen und Sozialleistungsrecht zugunsten der klar abgegrenzten und durch Verwaltungsakte statusmäßig anerkannten Gruppe der schwerbehinderten und der gleichgestellten behinderten Menschen.

II. Verfassungsrecht

Mit der Formulierung „Niemand darf wegen seiner Behinderung 7 benachteiligt werden" in **Art. 3 Abs. 3 Satz 2 GG** spiegelt sich seit 1994 die besondere Situation behinderter Menschen im Grundrechtskatalog wider. Die Vorschrift soll die Stellung behinderter Menschen in Recht und Gesellschaft stärken. Sie enthält ein Gleichheitsrecht zugunsten behinderter Menschen sowie einen Auftrag an den Staat, auf die gleichberechtigte Teilhabe behinderter Menschen hinzuwirken (BT-Drucks. 12/8165, S. 29). Die Aufnahme des **speziellen Diskriminierungsverbotes** in die Verfassung ist Ausdruck eines gewandelten Rollenverständnisses behinderter Menschen in der Gesellschaft. Behinderte Menschen, die früher überwiegend Objekte staatlicher Fürsorge waren, beanspruchen heute die gleichberechtigte Teilhabe am gesellschaftlichen Leben und das Recht auf Selbstbestimmung und Selbstvertretung (s.a. interfraktionelle Entschließung des Deutschen Bundestages vom 19. 5. 2000, BT-Drucks. 14/2913). Angesichts weiterbestehender rechtlicher und tatsächlicher Benachteiligungen bei der Teilnahme am gesellschaftlichen Leben erscheinen einfachgesetzliche Konkretisierungen als geboten. Dementsprechend ist am 1. 5. 2002 zur Umsetzung des Benachteiligungsverbotes des Art. 3 Abs. 3 Satz 2 GG

das **Gesetz zur Gleichstellung behinderter Menschen** vom 27. 4.
2002 (BGG) in Kraft getreten, das Benachteiligungen im öffentlichen
Raum insbesondere durch den Abbau von Barrieren beseitigen soll
(BGBl. I S. 1467; BT-Drucks. 14/7420; *Steck* SF 2002, 23; *Paland/Sperei-
ter* BArBl 11/2001, 38; *Haack* BArbBl 6/2002, 5; *Ullrich/Spereiter* BArBl
6/2002, 7; *Frehe* BArBl 6/2002, 12; *Moritz* ZFSH/SGB 2002, 204,
211 ff.; *Stähler* NZA 2002, 777).

8   Der Benachteiligung behinderter Menschen im Arbeitsleben und
im Zivilrecht soll das **Allgemeine Gleichbehandlungsgesetz**
(AGG) vom 24. August 2006 (BGB. I S. 1897) entgegenwirken. Dieses
Gesetz verbietet insbesondere sachlich nicht gerechtfertigte Benachteiligungen behinderter Menschen bei der Stellenbesetzung und sonstigen arbeitsrechtlichen Maßnahmen (§§ 11, 7 AGG). Verstöße hiergegen
begründen Schadenersatz- und Entschädigungsansprüche (§ 15 Abs. 1,
2 AGG). Ein Anspruch besteht dagegen nicht (§ 15 Abs. 6 AGG).

9   Der Schwerbehindertenstatus gehört zum grundrechtlich geschützten Bereich der **Persönlichkeitsrechte (Art. 1 Abs. 1, Art. 2 Abs. 1
GG)**. So kann allein der behinderte Mensch über einen Feststellungsantrag nach § 69 SGB IX verfügen. Es ist ihm freigestellt, von einer Behinderungsfeststellung und dem Schwerbehindertenausweis Gebrauch
zu machen und einzelne Behinderungen von der Feststellung auszunehmen. Umgekehrt kann nicht etwa der Arbeitgeber ein Verfahren
mit dem Ziel, die Feststellung der Schwerbehinderteneigenschaft seines Arbeitnehmers zu beseitigen, betreiben. Allgemein muss er die
Belastung des Arbeitsverhältnisses durch die tatsächliche Schwerbehinderteneigenschaft, die das **Sozialstaatsgebot (Art. 20 Abs. 1 GG,
Art. 28 Abs. 1 Satz 1 GG)** erfüllt, als verfassungsmäßig gerechtfertigt
hinnehmen (BSG 22. 10. 1986 – 9a RVs 3/84 – SozR 3870 § 3 Nr. 23).

10   Das **Grundrecht auf freie Wahl von Beruf, Arbeitsplatz und
Ausbildungsstätte (Art. 12 Abs. 1 Satz 1 GG)** hat für behinderte
Menschen besondere Bedeutung. Nur bei entsprechenden Zugangs-
möglichkeiten lässt sich ihre Integration in den Arbeitsmarkt verwirklichen. Bereits im sog. Apothekenurteil vom 11. 6. 1958 weist das
BVerfG darauf hin, dass Art. 12 Abs. 1 GG die Freiheit des Bürgers in
einem für die moderne arbeitsteilige Gesellschaft besonders wichtigen
Bereich schütze. Es gewährleiste dem Einzelnen das Recht, jede Tätig-
keit, für die er sich geeignet glaube, als „Beruf" zu ergreifen, d. h. zur
Grundlage seiner Lebensführung zu machen. Die Freiheit der Berufswahl dürfe nur eingeschränkt werden, soweit der Schutz besonders
wichtiger („überragender") Gemeinschaftsgüter es zwingend erfordere
(BVerfG 11. 6. 1958 – 1 BvR 596/56 – BVerfGE 7, 377, 397, 405). Im
Mitbestimmungsurteil vom 1. 3. 1979 knüpft das BVerfG (BVerfG
1. 3. 1979 – 1 BvR 532/77 u.a. – BVerfGE 50, 290, 362) hieran an: Der
Beruf werde in seiner Beziehung zur Persönlichkeit des Menschen im
Ganzen verstanden, die sich erst darin voll ausforme und vollende, dass

der Einzelne sich einer Tätigkeit widme, die für ihn Lebensaufgabe und Lebensgrundlage sei und durch die er zugleich seinen Beitrag zur gesellschaftlichen Gesamtleistung erbringe. Das Grundrecht gewinne so Bedeutung für alle sozialen Schichten. Die Arbeit als „Beruf" habe für alle gleichen Wert und gleiche Würde.

Das Schwerbehindertenrecht dient der Einbeziehung behinderter **11** Menschen in die allgemeine soziale Umgebung einschließlich des Erwerbslebens und damit auch der **Verwirklichung des Grundrechts** aus Art. 12 Abs. 1 GG. Unverzichtbare Voraussetzung für die Einlösung des Grundanspruchs auf Selbstbestimmung und gleichberechtigte gesellschaftliche Teilhabe sind adäquate Erwerbsarbeitsmöglichkeiten für alle behinderten Menschen. Sie ermöglichen behinderten Menschen die Chance, über Arbeitsleistung ein Mehr an Selbstbestimmung und Eigenständigkeit, sozialer Kompetenz und Lebensqualität zu erreichen. Einzelregelungen des 2. Teils des SGB IX wie z. B. Vorschriften über die Erlangung und Erhaltung eines geeigneten Arbeitsplatzes (§§ 81 ff. SGB IX) stellen Ausprägungen des Grundrechts der Berufsfreiheit dar. Sie müssen im Interesse einer möglichst weitgehenden Verwirklichung der Grundrechte extensiv ausgelegt werden (GK-SGB IX-*Großmann*, Einl. RdNr. 41).

III. Überstaatliches Recht

Das am 31. 12. 2008 abgeschlossene **Übereinkommen der Verein-** **12** **ten Nationen über die Rechte von Menschen mit Behinderung** (Behindertenrechtskonvention – BRK) verpflichtet die Bundesrepublik Deutschland, bei der Gesetzesauslegung die Konvention zu berücksichtigen, die Ziele der Konvention bekannt zu machen und sich für ihre Umsetzung einzusetzen. Die Konvention konkretisiert die Menschenrechte für die Situation behinderter Menschen. Die Gleichbehandlung behinderter Menschen soll gefördert werden. Ihnen soll eine selbstbestimmte und diskriminierungsfreie Teilhabe am Leben in der Gemeinschaft ermöglicht werden. Sie sollen einen gleichberechtigten Zugang zum Arbeitsmarkt haben, am kulturellen Leben und gleichberechtigt an der Politik teilhaben können. Die Konvention verpflichtet die Staaten u.a. Zugangshindernisse zu beseitigen (Art. 9 BRK), behinderten Menschen eine finanzierbare Gesundheitsversorgung zu ermöglichen, der dem nicht behinderter Menschen entspricht (Art. 25 BRK), zusätzliche wegen der Behinderung erforderliche Gesundheitsleistungen vorzusehen, Maßnahmen zu treffen, die den behinderten Menschen ein Höchstmaß an Selbstbestimmung einräumt und sie möglichst umfassend am Leben teilhaben lässt (Art. 26 BRK), ein inklusives Bildungssystem zu schaffen, das die behinderten Kinder nicht aus dem allgemeinen Schulsystem ausgrenzt (Art. 26 BRK), und den behinderten Menschen einen angemessenen Lebensstandard und sozialen Schutz zu gewähren (Art. 28 BRK) (vgl. *Joussen* in: LPK-SGB IX, Einführung, RdNr. 15 ff.).

13   Die Bundesrepublik Deutschland hat als Mitgliedsstaat der **Internationalen Arbeitsorganisation (ILO)** das **Übereinkommen Nr. 159** vom 20. 6. 1983 über die berufliche Rehabilitation und die Beschäftigung der Behinderten ratifiziert (Zustimmungsgesetz vom 9. 1. 1989, BGBl. II S. 2). Das Übereinkommen verpflichtet die Mitgliedsstaaten, für alle Gruppen von behinderten Menschen Beschäftigungsmöglichkeiten auf dem allgemeinen Arbeitsmarkt zu fördern.

14   Schließlich enthält die **Europäische Sozialcharta (ESC)** Aussagen zur Chancengleichheit behinderter Menschen im Arbeitsleben. Als völkerrechtlicher Vertrag ist diese Konvention im Jahre 1961 von der Bundesrepublik Deutschland und den anderen Mitgliedsstaaten des Europarates unterzeichnet und auf Grund des Zustimmungsgesetzes vom 19. 9. 1964 (BGBl. II S. 1261) in wesentlichen Teilen Bundesrecht geworden. Demnach hat jeder behinderte Mensch das Recht auf berufliche Ausbildung sowie auf berufliche und soziale Eingliederung oder Wiedereingliederung ohne Rücksicht auf Ursprung und Art der Behinderung (Teil I Nr. 15). Um dieses Recht zu gewährleisten, haben sich die Vertragsstaaten zu näher bestimmten Maßnahmen u. a. der Bereitstellung von Ausbildungsmöglichkeiten und der Förderung der Arbeitsvermittlung verpflichtet (Teil II Art. 15; dazu GK-SGB IX-*Großmann*, Einl. RdNr. 4).

15   Die Sozialvorschriften des **Vertrages zur Gründung der Europäischen Gemeinschaft** enthalten zwar in Art. 151 ff. AEUV Aussagen zur Verbesserung und Angleichung der Lebens- und Arbeitsbedingungen. Verbindliche Maßnahmen zur Integration behinderter Menschen beinhaltet der Vertrag jedoch nicht. Art. 13 AEUV enthält eine **Antidiskriminierungsklausel** folgenden Inhalts: „Unbeschadet der sonstigen Bestimmungen dieses Vertrages kann der Rat im Rahmen der durch die Verträge auf die Union übertragenen Zuständigkeiten gemäß einem besonderen Gesetzgebungsverfahren und nach Zustimmung des Europäischen Parlaments einstimmig geeignete Vorkehrungen treffen, um Diskriminierungen aus Gründen des Geschlechts, der Rasse, der ethnischen Herkunft, der Religion oder der Weltanschauung, einer Behinderung, des Alters und der sexuellen Ausrichtung zu bekämpfen." Die erstmalige Berücksichtigung der Interessen von behinderten Menschen zunächst im EG-Vertrag und nun im Vertrag über die Arbeitsweise der Europäischen Union (AEUV) kann zwar als sozialpolitischer Fortschritt angesehen werden. Die Neuregelung richtet sich jedoch lediglich an Organe der Europäischen Union, ohne den EU-Bürgern konkrete Rechtsbehelfe gegen Diskriminierungen zu bieten.

16   Mit der **Richtlinie 2000/78/EG des Rates vom 27. 11. 2000** („Richtlinien zur Festlegung eines allgemeinen Rahmens für die Ver-

wirklichung der Gleichbehandlung in Beschäftigung und Beruf"),
die u. a. behinderte Menschen vor Diskriminierungen in Arbeit und
Beruf schützen soll, wurde von der Ermächtigung des früheren Art. 13
EG-Vertrag (jetzt Art. 19 AEUV) Gebrauch gemacht. Neben einer Definition der mittelbaren und unmittelbaren Diskriminierung fordert
die Richtlinie angemessene Vorkehrungen, um den Gleichbehandlungsgrundsatz auch für behinderte Menschen zu gewährleisten. Arbeitgeber müssen demnach die geeigneten und im konkreten Fall
erforderlichen Maßnahmen ergreifen, um behinderten Menschen den
Zugang zu Beschäftigung und zur Ausübung eines Berufs, zum beruflichen Aufstieg und zur Teilnahme an Aus- und Weiterbildungsmaß-
nahmen zu ermöglichen, soweit diese Maßnahmen die Arbeitgeber
nicht unverhältnismäßig belasten.

IV. Geschichtliche Entwicklung

Der gesetzliche Schutz von schwerbehinderten Menschen unabhän-   **17**
gig von der Behinderungsursache wurde in der Bundesrepublik
Deutschland erst im Jahre 1974 verwirklicht. Bis dahin wurden vor
allem für **Kriegsbeschädigte und Arbeitsunfallopfer** Bemühungen
zur Integration in das Arbeitsleben unternommen. So können als ei-
gentlicher Beginn des Sonderrechts der beruflichen Eingliederung behinderter Menschen die Verordnung über die Beschäftigung Schwer-
beschädigter vom 9. 1. 1919 (RGBl. S. 28, 132) und die Verordnung über
die soziale Kriegsbeschädigten- und Kriegshinterbliebenenfürsorge
vom 8. 2. 1919 (RGBl. S. 187) gelten. Hierin wurde Arbeitgebern für
Kriegsbeschädigte und Arbeitsunfallverletzte mit einer Minderung
der Erwerbsfähigkeit um wenigstens 50 v.H. eine Einstellungspflicht
auferlegt (zunächst im Rahmen einer Quote von 1 %, dann 2 % der
vorhandenen Arbeitsplätze). Das **Schwerbeschädigtengesetz vom
6. 4. 1920** (RGBl. I S. 458) i.d.F. des Gesetzes vom 12. 1. 1923 (RGBl. I
S. 57) erweiterte das Instrumentarium u. a. um die Bildung von
Schwerbeschädigtenvertretungen und das Erfordernis der Zustimmung der Hauptfürsorgestellen bei Kündigungen.

Während des **3. Reiches** von 1933 bis 1945 war die Anwendung des   **18**
Schwerbeschädigtengesetzes der nationalsozialistischen Ideologie vom
Unwert behinderter Menschen unterworfen.

Nach dem 2. Weltkrieg entstand zunächst durch landesrechtliche Vor-   **19**
schriften zur Eingliederung der Kriegsopfer eine erhebliche Rechts-
zersplitterung. Mit dem **Gesetz über die Beschäftigung Schwer-
beschädigter vom 16. 6. 1953** (BGBl. I S. 389) knüpfte die Bundesrepublik Deutschland an die Vorkriegsrechtslage an. Der bereits 1953
diskutierte Vorschlag, den geschützten Personenkreis auf alle schwerbehinderten Menschen auszudehnen, wurde nicht aufgegriffen. In der

Regierungsbegründung zum Gesetzentwurf befürchtete man eine Benachteiligung der Kriegs- und Arbeitsunfallopfer sowie eine „unerträgliche" Belastung der Wirtschaft. Das Gesetz müsse in Anerkennung der Tatsache, dass die Schwerbeschädigten das gesundheitliche Opfer „für das ganze Volk" erbracht hätten, diesen Personenkreis bei der Eingliederung in das Arbeitsleben bevorzugen (zitiert nach *Cramer*, SchwbG, Einl. S. 5 f.). Erstmals eingeführt wurden durch das Schwerbeschädigtengesetz von 1953 eine Ausgleichsabgabe und ein bezahlter Zusatzurlaub von sechs Arbeitstagen im Jahr.

20   Weil in der Folgezeit nur ca. die Hälfte der Pflichtplätze mit Schwerbeschädigten besetzt werden konnte, wurde die Bundesregierung im Rahmen der **Gesetzesnovellierung vom 14. 8. 1961** (BGBl. I S. 1233) ermächtigt, die Pflichtquote zur Beschäftigung von Schwerbeschädigten von 8 % auf 4 % der Arbeitsplätze abzusenken. Eine Erweiterung des anspruchsberechtigten Personenkreises im Sinne einer Abkehr von der Privilegierung bestimmter Behinderungsursachen war wiederum nicht mehrheitsfähig.

21   Eine wesentliche Neuerung, die sich schon in der Gesetzesbezeichnung ausdrückte, verwirklichte die erste sozialdemokratisch geführte Bundesregierung mit dem **Gesetz zur Sicherung der Eingliederung Schwerbehinderter in Arbeit, Beruf und Gesellschaft (Schwerbehindertengesetz) vom 29. 4. 1974** (BGBl. I S. 1006). In der Überwindung der kausalen Ausrichtung des Schwerbeschädigtengesetzes, d. h. der Abhängigkeit der Hilfen von einer bestimmten privilegierten Ursache der Behinderung, lag die besondere sozialpolitische Bedeutung des Gesetzes. Leitgedanke war die Hinwendung zur **Finalität**, also zu der Auffassung, dass allein die Tatsache der Behinderung und ihr Ausmaß Voraussetzungen für die Hilfen des Gesetzes sein dürfen. Darüber hinaus wurde das System der Beschäftigungspflicht der Arbeitgeber und der Ausgleichsabgabe neu geordnet. Weitere Neuregelungen waren u. a. die Vereinfachung des Verwaltungsverfahrens, die Erweiterung der Fürsorge- und Förderungspflicht der Arbeitgeber gegenüber schwerbehinderten Beschäftigten, die Verstärkung des besonderen Kündigungsschutzes sowie die Einbeziehung der Werkstätten für Behinderte (zu weiteren Einzelheiten: *Cramer*, Werkstätten für behinderte Menschen, Einl. S. 5.). Diverse Gesetzesänderungen seit 1974, u. a. die Einfügung eines neuen Abschnitts über die unentgeltliche Beförderung schwerbehinderter Menschen im öffentlichen Personenverkehr, erforderten die Neubekanntmachung des SchwbG vom 8. 10. 1979 (BGBl. I S. 1650).

22   Mit dem **Ersten Gesetz zur Änderung des Schwerbehindertengesetzes vom 26. 8. 1986** (BGBl. I S. 1421) wurden Regelungen, die von der konservativen Bundesregierung als beschäftigungs- oder ausbildungshemmend beurteilt wurden, abgebaut. Hierzu zählen das Einsetzen des besonderen Kündigungsschutzes erst nach sechs Beschäfti-

gungsmonaten, die Kürzung der Schonfrist bei Verringerung des GdB auf weniger als 50, die Nichtberücksichtigung der Ausbildungsplätze bei der Berechnung der Beschäftigungsquote und die Verkürzung des Zusatzurlaubs. Der Begriff „Minderung der Erwerbsfähigkeit" (MdE) wurde durch „Grad der Behinderung" (GdB) ersetzt, was das Schwerbehindertenrecht auch begrifflich besser vom sozialen Entschädigungs- und Unfallversicherungsrecht abhebt. Die verstärkte Förderung der Einstellung schwerbehinderter Menschen sollte u. a. durch eine Erhöhung der Ausgleichsabgabe und zusätzliche finanzielle Anreize für Arbeitgeber erreicht werden.

Mit dem **Einigungsvertrag vom 31. 8. 1990** (BGBl. II S. 889) erfolgte in der alten Bundesrepublik eine weitere Erhöhung der Ausgleichsabgabe von 150,- DM auf 200,- DM monatlich pro nichtbesetztem Pflichtplatz. Für das Beitrittsgebiet wurde die Abgabe von 250,- DM auf 200,- DM abgesenkt (Einzelheiten unter Berücksichtigung der Rechtsentwicklung in der DDR bei *Cramer*, SchwbG, Einf. S. 30 ff.). **23**

Das **Gesetz zur Reform des Sozialhilferechts vom 23. 7. 1996** (BGBl. I S. 1088) enthielt wesentliche Neuregelungen für Beschäftigte in **Werkstätten für behinderte Menschen**: Sie haben nunmehr einen Rechtsanspruch auf Eingliederungshilfe in einer WfbM und stehen in einem arbeitnehmerähnlichen Rechtsverhältnis. Weitere Neuregelungen betrafen die Förderung der Auftragsbeschaffung in WfbM (Gesetzesbegründung: BT-Drucks. 13/2440, 13/2764, 13/3904; s.a. Vierter Bericht der Bundesregierung über die Lage der Behinderten und die Entwicklung der Rehabilitation vom 18. 12. 1997, BT-Drucks. 13/9514, S. 77 ff.; *Wendt* RsDE 1996, 43). Die Regelungen befinden sich nunmehr in Kapitel 12 des SGB IX (§§ 136 ff.). **24**

Mit dem im Wesentlichen zum 1. 10. 2000 in Kraft getretenen **Gesetz zur Bekämpfung der Arbeitslosigkeit Schwerbehinderter vom 29. 9. 2000** (BGBl. I S. 1394) strebte die 1998 gebildete Rot-Grüne Regierungskoalition die Verbesserung der Chancengleichheit schwerbehinderter Menschen im Arbeits- und Berufsleben bei schnellstmöglichem Abbau der Arbeitslosigkeit an. Zielgröße war eine dauerhafte Eingliederung von etwa 50 000 arbeitslosen Schwerbehinderten in den ersten Arbeitsmarkt innerhalb von 2–3 Jahren (BT-Drucks. 14/3372, S. 15; BT-Drucks. 14/5990, S. 178 f.). Ausgangspunkt war die deutlich erhöhte **spezifische Arbeitslosenquote** schwerbehinderter Menschen, die 1998 bei 18 % gegenüber einer allgemeinen Arbeitslosenquote von 11,1 % lag. Außerdem war eine Stagnation der Vermittlung schwerbehinderter Arbeitsloser in den ersten Arbeitsmarkt zu verzeichnen. Von 188 645 beschäftigungspflichtigen Arbeitgebern kamen nur 23 400 ihrer Beschäftigungspflicht nach. Rund 72 500 beschäftigungspflichtige Arbeitgeber beschäftigten pflichtwidrig keinen einzigen schwerbehinderten Menschen. Im Ergebnis lag die **tatsäch- 25**

liche Beschäftigungsquote nach einem langjährigen Prozess stetiger Abnahme 1999 nur noch bei 3,3 % bei den privaten Arbeitgebern (1991: 4,0 %) und 5,2 % bei den öffentlichen Arbeitgebern (BT-Drucks. 14/7943, S. 4, 7; s.a. Erster Armuts- und Reichtumsbericht der Bundesregierung vom 8. 5. 2001, BT-Drucks. 14/5990, S. 131 f.; zur Entwicklung: Vierter Bericht der Bundesregierung über die Lage der Behinderten und die Entwicklung der Rehabilitation vom 18. 12. 1997, BT-Drucks. 13/9514, S. 68 ff.; dazu *Kraus* br 1998, 117).

26   Bei der Neuregelung des Jahres 2000 handelte es sich um ein Artikelgesetz, mit dem das SchwbG (Art. 1), das SGB III (Art. 2), die Wahlordnung zum SchwbG (Art. 3), die Werkstättenverordnung (Art. 4), die Ausgleichsabgabe-Verordnung (Art. 5) und die Eingliederungszuschussverordnung (Art. 6) geändert wurden. Die bis zum 31. 12. 2002 befristete und hinsichtlich der Umwandlung in Dauerrecht an die Zielerreichung bei der Schaffung von ca. 50 000 zusätzlichen Arbeitsplätzen geknüpfte **Senkung der Beschäftigungspflichtquote** von 6 v.H. auf 5 v.H. sollte nach der Gesetzesbegründung ein Signal an die Arbeitgeber setzen, sich der Integration von Schwerbehinderten stärker anzunehmen. Diese nicht unmittelbar einleuchtende Logik wurde flankiert durch eine Staffelung der Höhe der **Ausgleichsabgabe** in Abhängigkeit von dem Grad der Erfüllung der Beschäftigungsquote. Die Rechte der schwerbehinderten Menschen (u. a. auf einen behinderungsgerechten und qualifikationsentsprechenden Arbeitsplatz) und die Beteiligungsrechte der Schwerbehindertenvertretungen wurden gestärkt. Schwerbehinderte Menschen erhielten einen Anspruch auf Teilzeitarbeit, wenn die kürzere Arbeitszeit wegen Art oder Schwere der Behinderung notwendig ist. Die betriebliche Prävention wurde ausgebaut, die Förderung schwerbehinderter Frauen vorgeschrieben. Zusätzliche **innovative Instrumente** – Integrationsvereinbarungen, Integrationsfachdienste, Integrationsprojekte – und der verstärkte Einsatz der Mittel der Ausgleichsabgabe sollen nunmehr zur Integration schwerbehinderter Menschen in den allgemeinen Arbeitsmarkt beitragen.

Kapitel 1. Geschützter Personenkreis

Kap. 1 „Geschützter Personenkreis" enthält die grundlegenden Regelungen über den Geltungsbereich des 2. Teils des SGB IX (§ 68 SGB IX) sowie die Feststellung von Behinderung oder Schwerbehinderung und des Verfahrens über die Gleichstellung behinderter mit schwerbehinderten Menschen, die Feststellung von Nachteilsausgleichen und die Ausstellung des Schwerbehindertenausweises (§ 69 SGB IX).

Geltungsbereich

68 (1) Die Regelungen dieses Teils gelten für schwerbehinderte und diesen gleichgestellte behinderte Menschen.

(2) [1]Die Gleichstellung behinderter Menschen mit schwerbehinderten Menschen (§ 2 Abs. 3) erfolgt auf Grund einer Feststellung nach § 69 auf Antrag des behinderten Menschen durch die Bundesagentur für Arbeit. [2]Die Gleichstellung wird mit dem Tag des Eingangs des Antrags wirksam. [3]Sie kann befristet werden.

(3) Auf gleichgestellte behinderte Menschen werden die besonderen Regelungen für schwerbehinderte Menschen mit Ausnahme des § 125 und des Kapitels 13 angewendet.

(4) [1]Schwerbehinderten Menschen gleichgestellt sind auch behinderte Jugendliche und junge Erwachsene (§ 2 Abs. 1) während der Zeit einer Berufsausbildung in Betrieben und Dienststellen, auch wenn der Grad der Behinderung weniger als 30 beträgt oder ein Grad der Behinderung nicht festgestellt ist. [2]Der Nachweis der Behinderung wird durch eine Stellungnahme der Agentur für Arbeit oder durch einen Bescheid über Leistungen zur Teilhabe am Arbeitsleben erbracht. [3]Die besonderen Regelungen für schwerbehinderte Menschen, mit Ausnahme des § 102 Abs. 3 Nr. 2 Buchstabe c, werden nicht angewendet.

Übersicht

Winkler

I. Allgemeines

1   **§ 68 Abs. 1 SGB IX** legt den Anwendungsbereich des Teils 2 des
SGB IX fest (s. RdNr. 2 f.). **§ 68 Abs. 2 und 3 SGB IX** regelt die
Gleichstellung von behinderten Menschen mit einem GdB von 30
oder 40 mit den schwerbehinderten Menschen (s. RdNr. 4 ff.). **§ 68
Abs. 4 SGB IX** legt erleichterte Anforderungen an die Gleichstellung
jugendlicher und junger volljähriger behinderter Menschen fest (s.
RdNr. 26 ff.).

II. Anwendungsbereich der Vorschriften des Teils 2 des SGB IX (§ 68 Abs. 1 SGB IX)

2   **§ 68 Abs. 1 SGB IX** legt den persönlichen Anwendungsbereich
der Vorschriften des Teils 2 des SGB IX fest. Sie gelten danach für
schwerbehinderte und diesen gleichgestellte behinderte Menschen.
Wer zu den **schwerbehinderten Menschen** zu rechnen ist, bestimmt
§ 2 Abs. 2 SGB IX. Danach müssen sie zumindest einen Grad der
Behinderung von 50 aufweisen und rechtmäßig im Geltungsbereich
des SGB IX ihren Wohnsitz, gewöhnlichen Aufenthalt oder eine Beschäftigung auf einem Arbeitsplatz nach § 73 SGB IX haben. Die Feststellung der Schwerbehinderung hat nur deklaratorische Bedeutung
(vgl. *Goebel* in: jurisPK-SGB IX, § 68 RdNr. 13 m. w. N.).

3   Der Teil 2 des SGB IX gilt weiter für schwerbehinderten Menschen
gleichgestellte Menschen. Wer zu diesem Personenkreis gehört, legt
§ 2 Abs. 3 SGB IX fest. Einzelheiten zum Verfahren der Feststellung ergeben sich aus 68 Abs. 2 SGB IX.

III. Feststellung der Gleichstellung mit schwerbehinderten Menschen (§ 68 Abs. 2)

4   **1. Voraussetzungen der Gleichstellung.** Im Gegensatz zu schwerbehinderten Menschen mit einem GdB von mindestens 50 (§ 2 Abs. 2
SGB IX), die kraft Gesetzes den Schutzregelungen des Schwerbehindertenrechts unterliegen, gelangen behinderte Menschen mit einem
GdB von weniger als 50, mindestens aber 30 nur durch ihre **formelle**

Gleichstellung mit schwerbehinderten Menschen in den Anwendungsbereich des Teils 2 des SGB IX.

§ 68 Abs. 2 Satz 1 SGB IX nimmt Bezug auf die **materiellen** 5 **Gleichstellungsvoraussetzungen in § 2 Abs. 3 SGB IX**. Danach sollen behinderte Menschen mit einem GdB von weniger als 50, aber wenigstens 30, bei denen die übrigen Voraussetzungen des § 2 Abs. 2 SGB IX vorliegen, schwerbehinderten Menschen gleichgestellt werden, wenn sie infolge ihrer Behinderung ohne die Gleichstellung einen **geeigneten Arbeitsplatz** im Sinne des § 73 SGB IX nicht erlangen oder nicht behalten können (vgl. zu den Tatbestandsmerkmalen der Gefahr des Arbeitsplatzverlustes bzw. der Nichterlangung eines geeigneten Arbeitsplatzes und der erforderlichen Kausalität zwischen der Art und Schwere der Behinderung und der Einschränkung in der Konkurrenzfähigkeit auf dem Arbeitsmarkt und/oder am Arbeitsplatz: *Mrozynski*, SGB IX Teil 1, § 2 RdNr. 54 ff.). Die Gleichstellung dient damit sowohl der **Beschaffung** als auch der **Sicherung** eines behinderungsgerechten Arbeitsplatzes. § 68 Abs. 2 Satz 1 SGB IX begründet über die materiellen Gleichstellungsvoraussetzungen des § 2 Abs. 3 SGB IX hinaus ein **Antragserfordernis** und die **Zuständigkeit der Arbeitsverwaltung** (s.a. § 104 Abs. 1 Nr. 5 SGB IX).

2. Verfahren der Gleichstellung. Das **Verwaltungsverfahren** 6 der Agentur für Arbeit zur Gleichstellung eines behinderten Menschen beginnt mit der Antragsstellung (§ 18 Satz 2 Nr. 1 SGB X) und endet mit der Erteilung des Gleichstellungsbescheides oder des mit einer Begründung und einer Rechtsbehelfsbelehrung zu versehenden Ablehnungsbescheides (§§ 31, 35, 36 SGB X). Das Verwaltungsverfahren soll innerhalb von sechs Monaten abgeschlossen sein. Anderenfalls hat der Antragsteller nach § 88 SGG die Möglichkeit, bei dem Sozialgericht **Untätigkeitsklage** zu erheben.

Nach **§ 68 Abs. 2 Satz 1 SGB IX** erfolgt die Gleichstellung behin- 7 derter Menschen mit schwerbehinderten Menschen auf Grund einer Feststellung nach § 69 SGB IX auf Antrag des behinderten Menschen durch die Agentur für Arbeit. **Antragsberechtigt** ist allein der behinderte Mensch. Damit ist es ausgeschlossen, dass die Agentur für Arbeit von Amts wegen die Gleichstellung betreibt oder der Arbeitgeber, das Integrationsamt oder ein Rehabilitationsträger als Antragsteller auftreten. Auch die Schwerbehindertenvertretung sowie der Betriebs- bzw. Personalrat sind nicht antragsberechtigt. Der behinderte Mensch kann sich gemäß § 13 SGB X im Antragsverfahren durch **Bevollmächtigte**, insbesondere durch Rechtsanwälte, Gewerkschaftssekretäre und Mitarbeiter von Sozialverbänden, aber z. B. auch durch die betriebliche Vertrauensperson der schwerbehinderten Menschen vertreten lassen. Liegt die erforderliche schriftliche Vollmacht vor, ist der Bevollmächtigte zu allen Verfahrenshandlungen ermächtigt. Die Agentur für Arbeit muss sich während des Verwaltungsverfahrens an ihn wenden und kann ihm den abschließenden Bescheid bekanntgeben (§ 13 Abs. 3 SGB X, § 37 Abs. 1 Satz 2 SGB X).

8   Der Verfahrensmangel eines fehlenden Gleichstellungsantrages des behinderten Menschen kann bis zur letzten Tatsacheninstanz eines sozialgerichtlichen Verfahrens durch eine **nachträgliche Antragstellung** behoben werden (§ 41 Abs. 1 Nr. 1, Abs. 2 SGB X). Die Antragstellung ist dem behinderten Menschen freigestellt. Trotz der mit der Gleichstellung für den Arbeitgeber verbundenen Vorteile in Bezug auf seine Beschäftigungspflicht besteht weder eine sozialrechtliche noch eine arbeitsvertragliche (Neben-)**Pflicht zur Antragstellung** bei Vorliegen eines GdB von 30 oder 40 (s.a. *Masuch* in: Hauck/Noftz, SGB IX, § 68 RdNr. 10).

9   Im Rahmen ihrer Beratungs- und Auskunftspflichten (§§ 14 f. SGB I) haben Rehabilitationsträger (§ 6 SGB IX) und ihre gemeinsamen örtlichen Servicestellen (§ 22 SGB IX) behinderte Menschen, die auf Grund ihrer Behinderung einen geeigneten Arbeitsplatz nicht erlangen oder nicht behalten können, auf die Möglichkeit einer Gleichstellung durch die Agentur für Arbeit **hinzuweisen**. Dies gilt auch für die Agentur für Arbeit selbst, wenn Vermittlungsversuche für einen behinderten Menschen sich als wenig aussichtsreich darstellen. Nach der Rechtsprechung des BSG sind Sozialleistungsträger gehalten, auf **klar zu Tage tretende Gestaltungsmöglichkeiten** von sich aus hinzuweisen, die sich offensichtlich als zweckmäßig aufdrängen und die von jedem Betroffenen mutmaßlich genutzt werden (BSG 6. 5. 1992 – 12 R K 45/91 – SozR 3 – 1200 § 14 Nr. 6). Das Unterlassen eines Hinweises auf die Gleichstellungsmöglichkeit kann eine Amtspflichtverletzung mit der Folge eines verschuldensabhängigen Schadensersatzanspruchs darstellen (*Neumann* in: Neumann/Pahlen/Majerski-Pahlen, SGB IX, § 68 RdNr. 12). Verschuldensunabhängig ist der **sozialrechtliche Herstellungsanspruch**, der bei Beratungs- und Auskunftsmängeln greift und mit dem eine Gleichstellung bei verspäteter Antragsstellung nachgeholt werden kann (vgl. *Masuch* in: Hauck/Noftz, SGB IX, § 68 RdNr. 12; allg. zum Herstellungsanspruch: BSG 21. 6. 1990 – 12 R K 27/88 – SozR 3 – 1200 § 13 Nr. 1; BSG 6. 5. 1992 – 12 R K 45/91 – SozR 3 – 1200 § 14 Nr. 6).

10   Der **Zeitpunkt der Antragstellung** sollte davon abhängen, inwieweit der behinderte Arbeitnehmer auf Grund **gesundheitlicher Einschränkungen** den Anforderungen am Arbeitsplatz nicht mehr gewachsen ist. Behinderungsbedingte **Schwierigkeiten am Arbeitsplatz** und längere **krankheitsbedingte Fehlzeiten** lassen wegen der damit verbundenen **Kündigungsgefahr** einen Gleichstellungsantrag als sinnvoll erscheinen, um in den Anwendungsbereich des Sonderkündigungsschutzes für schwerbehinderte Menschen nach den §§ 85 ff. SGB IX zu gelangen. Dies gilt insbesondere dann, wenn darüber hinaus betriebsbedingte Kündigungsgründe (z. B. Arbeits-

platzgefährdung wegen schlechter wirtschaftlicher Situation) im Raum stehen. **Konkurrierende Ursachen** wie Produktionsänderungen, Teilstilllegungen, Betriebseinstellungen sowie Schwankungen in der Konjunktur oder der Arbeitsmarktlage hindern die Gleichstellung dann nicht, wenn die Behinderung im Sinne der sozialrechtlichen Ursachenlehre von der **rechtlich wesentlichen Bedingung** für die Arbeitsplatzgefährdung im Verhältnis zu den Mitursachen zumindest gleichrangig ist (*Kohte* AuR 2001, 351, 352). Mit dem Gleichstellungsantrag kann auch das Ziel verfolgt werden, als Inhaber eines nicht behinderungsgerecht ausgestatteten Arbeitsplatzes gegenüber dem Arbeitgeber einen Rechtsanspruch auf eine **behinderungsgerechte Beschäftigung** (z. B. Ausstattung des Arbeitsplatzes mit den erforderlichen technischen Arbeitshilfen, § 81 Abs. 4 Satz 1 Nr. 5 SGB IX) zu erlangen. Das Tatbestandsmerkmal des geeigneten Arbeitsplatzes ist insoweit als Zielvorgabe zu verstehen (vgl. *Behrend* AiB 1992, 310, 312). Ein geeigneter behinderungsgerechter Arbeitsplatz kann nicht nur durch Entlassung, sondern auch durch **Umsetzung**, Einführung von **Schichtarbeit, längeren Arbeitszeiten** oder nicht behinderungsgerechter **technischer Ausstattung** verloren gehen. Daher kommt unter diesen Aspekten die Gleichstellung bei an sich ungefährdetem Bestand des Arbeitsverhältnisses in Betracht (Kasseler Handbuch Arbeitsrecht/ *Thiele,* 3.1 RdNr. 43).

Das **Arbeitsverhältnis** des behinderten Menschen wird durch die **11** mit der Gleichstellung verbundenen Konsequenzen (u. a. Anrechenbarkeit auf die Beschäftigungsquote nach § 71 SGB IX, besonderer Kündigungsschutz der §§ 85 ff. SGB IX) beeinflusst. Hiermit wird begründet, dass der **Arbeitgeber** gemäß § 12 Abs. 2 Satz 2 SGB X am Verwaltungsverfahren zur Gleichstellung zwingend zu beteiligen sei. Demnach hätte der Arbeitgeber auch ein Widerspruchs- und Klagerecht (BVerwG 17.5.1973 – V C.60.72 – BverwGE 42, 189, 193). Im Klageverfahren wäre der Arbeitgeber durch das Sozialgericht notwendig beizuladen (§ 75 Abs. 2 SGG). Gegen die zwingende Beteiligung des Arbeitgebers an Verwaltungs-, Widerspruchs- und Klageverfahren ist einzuwenden, dass eine vergleichbare Betroffenheit des Arbeitgebers auch im Statusfeststellungsverfahren des Versorgungsamtes nach § 69 SGB IX gegeben sein kann, ohne dass der Arbeitgeber ein Beteiligungs- und Anfechtungsrecht hat (BSG 22.10.1986 – 9 RVS 3/84 – BSGE 60, 284 = BSG SozR 3870 § 3 Nr. 23). Die Beteiligung des Arbeitgebers am Gleichstellungsverfahren läuft dem Schutzzweck der Gleichstellung zuwider und ist ein möglicher Grund für die geringe Inanspruchnahme dieses Instrumentes. In der sozialgerichtlichen Rechtsprechung wird aus diesen Gründen zunehmend vertreten, dass der Arbeitgeber des behinderten Menschen **kein Widerspruchsrecht** im Gleichstellungsverfahren besitze und seine Klage gegen eine erfolgte Gleichstellung wegen fehlender Klagebefugnis unzulässig sei (BSG

19. 12. 2001 – B 11 Al 57/01 R – BSGE 89, 121 ff. = SozR 3 – 3870 § 2
Nr. 2; a. A. u. a. *Dau,* LPK-SGB IX, § 68 RdNr. 15). Nach Auffassung
des BSG kann der Arbeitgeber die Entscheidung der Agentur für Arbeit
nicht anfechten, weil Gleichstellungen regelnde Norm nicht dazu bestimmt sei, zumindest auch den Individualinteressen der Arbeitgeber
zu dienen. Bei den sich für die Arbeitgeber ergebenden Konsequenzen
handele es sich vielmehr um Reflexwirkungen, die nach Sinn und
Zweck der Norm keiner Anfechtung durch Arbeitgeber unterlägen.
Der Gleichstellungsvorschrift lägen arbeitsmarkt- und sozialpolitische
Gesichtspunkte zum Schutz Minderbehinderter zu Grunde. Erwerbs-
geminderte Personen mit einem GdB von 30 oder 40 sollten in den
Schutz des Schwerbehindertenrechts einbezogen werden, wenn sie sich
ohne dessen Hilfe nicht auf dem Arbeitsmarkt behaupten könnten.

12   Wird der Arbeitgeber des behinderten Menschen wie hier vertreten
im Verwaltungsverfahren nicht i. S. des § 12 Abs. 2 SGB X hinzugezogen und im Klageverfahren nicht notwendig beigeladen, ist er gem.
§ 24 Abs. 1 SGB X vor Erlass des Gleichstellungsbescheides **anzuhören** (s. a. Kasseler Handbuch Arbeitsrecht / *Thiele,* 3.1 RdNr. 51). Der
Arbeitgeber erhält damit hinreichende Gelegenheit, vor Erlass des
Gleichstellungsbescheides zu den für die Entscheidung maßgeblichen
Tatsachen, insbesondere der Arbeitsplatzgefährdung, Stellung zu nehmen. Hierdurch wird der Arbeitgeber nicht Beteiligter des Verwaltungsverfahrens (§ 12 Abs. 3 SGB X). Die in § 121 Abs. 2 SGB IX vorgeschriebene Anhörung des Arbeitgebers im Widerspruchsverfahren
betrifft Gleichstellungsentscheidungen nicht, weil der Anwendungsbereich dieser Regelung auf Widerspruchsverfahren nach Teil 2 Kapitel
4 des SGB IX (Kündigungsschutz) beschränkt ist.

13   **Örtlich und sachlich zuständig** ist die Agentur für Arbeit, in deren Bezirk der behinderte Mensch seinen Wohnsitz oder gewöhnlichen
Aufenthalt hat. Die Begriffe Wohnsitz und gewöhnlicher Aufenthalt
werden in § 30 Abs. 3 SGB I definiert. Gleichstellungsanträge, die bei
einer unzuständigen Behörde wie z. B. dem Versorgungsamt, dem
Integrationsamt oder einem Rehabilitationsträger gestellt werden, sind
unverzüglich an die zuständige Agentur für Arbeit weiterzuleiten. Der
Antrag gilt zu dem Zeitpunkt als gestellt, in dem er bei der unzuständigen Behörde eingegangen ist (§ 16 Abs. 2 SGB I).

14   Der Gleichstellungsantrag ist **formlos** zu stellen (§ 9 SGB X). Er
kann schriftlich oder mündlich zur Niederschrift der Agentur für
Arbeit rechtswirksam gestellt werden. Die Agentur für Arbeit hat mit
entsprechenden Hinweisen darauf hinzuwirken, dass unvollständige
Angaben des behinderten Menschen ergänzt werden (§ 16 Abs. 3
SGB I).

15   Im Rahmen seiner **Amtsermittlungspflicht** (§ 20 SGB X) prüft
die Agentur für Arbeit, ob das **Versorgungsamt** (§ 69 Abs. 1 Satz 1
SGB IX) mit Bescheid einen **GdB von 30 oder 40** festgestellt hat, ob

der behinderte Mensch seinen Wohnsitz, gewöhnlichen Aufenthalt oder seine Beschäftigung auf einem Arbeitsplatz im Sinne des § 73 SGB IX rechtmäßig im Geltungsbereich des Gesetzes hat und ob infolge der Behinderung ohne die Gleichstellung ein **geeigneter Arbeitsplatz** nicht erlangt oder nicht behalten werden kann (§ 2 Abs. 3 SGB IX). Die Feststellung eines GdB von 30 oder 40 durch die Versorgungsverwaltung ist für die Arbeitsverwaltung verbindlich. Dabei erstreckt sich die **Tatbestandswirkung** des Feststellungsbescheides des Versorgungsamtes allein auf die Höhe des GdB, nicht aber auf die Feststellung über das „Vorliegen einer Behinderung". Zwar kann die Agentur für Arbeit ohne die Entscheidung der Versorgungsverwaltung über einen GdB von mindestens 30 einen behinderten Menschen nicht gleichstellen, mag auch eine Behinderung geringeren Grades seinen Arbeitsplatz offensichtlich und schwerwiegend gefährden. Ist aber ein GdB von wenigstens 30 festgestellt, so wird die Agentur für Arbeit sämtliche im Zeitpunkt seiner Entscheidung beim Antragsteller vorliegenden gesundheitlichen Leiden mit den daraus im Arbeitsleben folgenden Einschränkungen zu berücksichtigen haben, auch wenn sie im Feststellungsbescheid der Versorgungsverwaltung nicht aufgeführt sind. Allein dies entspricht dem finalen Charakter des Schwerbehindertenrechts (BSG 24.6.1998 – B 9 SB 17/97 R – BSGE 82, 176 = SozR 3 – 3870 § 4 Nr. 24).

Die Agentur für Arbeit hat im Rahmen ihrer Amtsermittlungspflicht nach § 20 SGB X alle für den Einzelfall bedeutsamen, auch die für den behinderten Menschen günstigen Umstände zu berücksichtigen. Daraus folgt, dass die Behörde ihre Entscheidung nicht nur auf eine Stellungnahme des Arbeitgebers stützen darf, sondern im Einvernehmen mit dem Antragsteller auch den **Betriebs- oder Personalrat** und die **Schwerbehindertenvertretung** (vgl. § 95 Abs. 1 Satz 3 SGB IX) hören muss. **16**

Kann der behinderte Mensch der Agentur für Arbeit noch keinen Feststellungsbescheid des Versorgungsamtes (oder eine diesbezügliche gerichtliche Entscheidung bzw. eine Entscheidung gem. § 69 Abs. 2 SGB IX) vorlegen, hat die Agentur für Arbeit ihn gemäß § 16 Abs. 3 SGB I zur unverzüglichen Stellung eines Feststellungsantrages beim Versorgungsamt aufzufordern. Die Agentur für Arbeit hat das Verwaltungsverfahren dann bis zur Vorlage des Feststellungsbescheides des Versorgungsamtes auszusetzen. Anträge auf Feststellung eines GdB bei dem Versorgungsamt können von einer Kündigungsabsicht des Arbeitgebers überholt werden. In diesen Fällen erscheint ein **vorsorglicher Gleichstellungsantrag** bei der Agentur für Arbeit während des Feststellungsverfahrens für den Fall, dass die Schwerbehinderteneigenschaft nicht durchsetzbar ist, als geboten. **17**

Der **Feststellungsbescheid des Versorgungsamtes** muss im Zeitpunkt der Gleichstellung nicht bestandskräftig sein (vgl. *Neumann* in: **18**

Neumann/Pahlen/Majerski-Pahlen, SGB IX, § 68 RdNr. 10). Ungeachtet eines anhängigen Widerspruchsverfahrens bei der Versorgungsverwaltung oder eines nachfolgenden sozialgerichtlichen Rechtsstreits
um die Höhe des GdB ist die Feststellung eines GdB von 30 oder 40 gemäß § 39 Abs. 1 SGB X bereits mit der Bekanntgabe des Bescheides
rechtswirksam. Der Feststellungsbescheid des Versorgungsamtes bleibt
wirksam, solange er nicht zurückgenommen, widerrufen oder anderweitig aufgehoben worden ist (§ 39 Abs. 2 SGB X).

19   Bei Vorliegen der Tatbestandsvoraussetzungen des § 2 Abs. 3 SGB
IX hat der behinderte Mensch im Regelfall einen **Rechtsanspruch**
auf Erteilung eines Gleichstellungsbescheides. Trotz der Formulierung
„sollen gleichgestellt werden" in § 2 Abs. 3 SGB IX beschränkt sich die
Prüfungskompetenz der Agentur für Arbeit auf die tatbestandlichen
Anspruchsvoraussetzungen. Es handelt sich nicht um eine Ermessensentscheidung, bei der etwa Interessen des Arbeitgebers oder arbeitsmarktpolitische Erwägungen Berücksichtigung finden könnten, sondern um eine gebundene Entscheidung. Die „Soll"-Vorschrift gibt der
Agentur für Arbeit nur dann die Möglichkeit zu einer anderen Entscheidung als der Gleichstellung, wenn außergewöhnliche, atypische
Umstände in der Person des behinderten Menschen vorliegen, etwa
wenn er bereits eine Altersrente bezieht (vgl. BSG 2. 3. 2000 – B 7 AL
46/99 R – BSGE 86, 10, 16 = SozR 3 – 3870 § 2 Nr. 1). Es besteht eine
vollständige gerichtliche Überprüfbarkeit der Entscheidung der
Agentur für Arbeit. Liegen die tatbestandlichen Gleichstellungsvoraussetzungen vor, besteht regelmäßig eine Pflicht der Agentur für
Arbeit, die Gleichstellung auszusprechen (*Neumann* in: Neumann/
Pahlen/Majerski-Pahlen, SGB IX, § 68 RdNr. 7).

20   **3. Beginn der Gleichstellung (§ 68 Abs. 2 Satz 2 SGB IX).** Nach
§ 68 Abs. 2 Satz 2 SGB IX wird die Gleichstellung mit dem Tag des
Eingangs des Antrags **wirksam.** Zweck dieser Regelung ist, bei
Gleichstellungen den in den §§ 85 ff. SGB IX angeordneten besonderen Kündigungsschutz auf die zwischen Antragstellung und Entscheidung über die Gleichstellung ausgesprochenen Kündigungen zu
erstrecken (BT-Drucks. 10/3138, S. 16 zu § 2 SchwbG). Von daher hindert ein nach Antragstellung eingetretener Abbau des betroffenen Arbeitsplatzes eine Gleichstellung nicht. **Maßgeblicher Zeitpunkt für
das Vorliegen der Gleichstellungsvoraussetzungen** bleibt in erster
Linie der Zeitpunkt der Antragstellung (BSG 2. 3. 2000 – B 7 AL 46/
99 R – BSGE 86, 10 = BSG SozR 3–3870 § 2 Nr. 1).

21   Mit dem konstitutiven Gleichstellungsbescheid der Agentur für Arbeit tritt eine **Rückwirkung der Gleichstellung** auf den Zeitpunkt
der Antragstellung ein. Dies kann zu folgender Konstellation führen:
Der noch am Tage des Erhalts einer Kündigung des Arbeitsverhältnisses (per Fax/Nachtbriefkasten) gestellte Gleichstellungsantrag bewirkt, dass bei nachträglicher Gleichstellung des behinderten Arbeit-

nehmers die Kündigung wegen fehlender vorheriger Zustimmung des Integrationsamtes (§ 85 SGB IX) unwirksam gewesen ist. Wird die Versagung der Gleichstellung mit Widerspruch und Klage bei dem Sozialgericht angefochten, bleibt die Wirksamkeit der Kündigung des Arbeitsverhältnisses über einen längeren Zeitraum in der Schwebe. Bis zum rechtskräftigen Abschluss eines Klageverfahrens um die Gleichstellung bleibt offen, ob der behinderte Mensch rückwirkend ab Antragstellung in den Genuss auch der übrigen Rechte von schwerbehinderten Menschen kommt.

Der gekündigte Arbeitnehmer muss den Arbeitgeber auf die be- 22 antragte oder festgestellte Gleichstellung hinweisen, wenn er sich auf die **Unwirksamkeit der Kündigung** wegen fehlender Zustimmung des Integrationsamtes berufen will. Hinsichtlich des **Fragerechts des Arbeitgebers** nach der Gleichstellung und der **Offenbarungspflicht des Gleichgestellten** gilt im Übrigen dasselbe wie für schwerbehinderte Menschen. Diese Frage ist wegen der Gefahr der Benachteiligung schwerbehinderter Menschen nicht zulässig (vgl. ErfK/ *Dieterich/ Schmidt* Art. 3 GG RdNr. 79).

4. Befristung der Gleichstellung (§ 68 Abs. 2 Satz 3 SGB IX). 23 Die Gleichstellung kann nach **§ 68 Abs. 2 Satz 3 SGB IX** befristet werden. Eine zeitliche Begrenzung der Gleichstellung kommt nur im Ausnahmefall in Betracht, denn der Zweck der Gleichstellung liegt in einer dauerhaften Verbesserung der Konkurrenzfähigkeit des behinderten Menschen im Arbeitsverhältnis und/oder auf dem allgemeinen Arbeitsmarkt. Eine Befristung kommt in Betracht, wenn die Feststellung des GdB von 30 oder 40 noch nicht bestandskräftig geworden ist. Die befristete Gleichstellung verliert ihre Wirksamkeit automatisch durch Zeitablauf, ohne dass es einer entsprechenden Feststellung durch Bescheid bedürfte (§ 39 Abs. 2 SGB X). Befristet Gleichgestellte sollten bei fortbestehender Schutzbedürftigkeit rechtzeitig vor Ablauf der Befristung eine erneute Gleichstellung beantragen.

IV. Rechtliche Wirkung der Gleichstellung (§ 68 Abs. 3 SGB IX)

Gleichgestellte behinderte Menschen haben zwar nicht den **recht-** 24 **lichen Status** von schwerbehinderten Menschen (BT-Drucks. 7/1515, S. 4; a.A. *Neumann* in: *Neumann/Pahlen/Majerski-Pahlen*, SGB IX, § 68 RdNr. 23). Auf sie sind jedoch nach **§ 68 Abs. 3 SGB IX** die besonderen Regelungen für schwerbehinderte Menschen des 2. Teils des SGB IX mit Ausnahme des § 125 SGB IX (Zusatzurlaub) und des Kapitels 13 (Unentgeltliche Beförderung im öffentlichen Personenverkehr) anzuwenden. Damit unterliegen Gleichgestellte uneingeschränkt den Regelungen zur Beschäftigungspflicht der Arbeitgeber, zu Arbeitgeber-

pflichten bei der Besetzung von Arbeitsplätzen, zur Förderung geeigneter Beschäftigung und zur behinderungsgerechten Ausstattung
von Arbeitsplätzen sowie den Vorschriften zum besonderen Kündigungsschutz und zur betrieblichen Interessenvertretung schwerbehinderter Menschen. Die Gleichstellung wirkt sich jedoch nicht auf sozialrechtliche Regelungen außerhalb des Schwerbehindertenrechts aus, die
eine Schwerbehinderung im Sinne des § 2 Abs. 2 SGB IX für weitergehende Leistungsansprüche (z. B. Altersrente, § 37 SGB VI) oder
Berechtigungen (z. B. freiwillige Krankenversicherung, § 9 Abs. 1 Nr. 4
SGB V) voraussetzen. Bestimmungen in **Tarifverträgen** und **Betriebsvereinbarungen**, die das Schwerbehindertenrecht konkretisieren, gelten auch zugunsten von Gleichgestellten, soweit dort nicht ausdrücklich etwas anderes vereinbart worden ist (ErfK/*Rolfs* § 69 SGB IX
RdNr. 18).

25   Der **Widerruf der Gleichstellung** ist nach § 47 Abs. 1 Nr. 1 SGB X
i.V.m. § 116 Abs. 2 SGB IX zulässig, wenn die tatbestandlichen Voraussetzungen der Gleichstellung nach § 2 Abs. 3 SGB IX i.V.m. § 68 Abs. 2
SGB IX weggefallen sind, wobei eine dreimonatige **Schonfrist** gilt
(vgl. § 116 RdNr. 6 ff.).

V. Gleichstellung Jugendlicher und junger Erwachsener (§ 68 Abs. 4 SGB IX)

26   § 68 Abs. 4 SGB IX erleichtert die Gleichstellung bei behinderten Jugendlichen und jungen Erwachsenen. Nach § 68 Abs. 4 Satz 1 SGB IX
sind diese während einer Berufsausbildung auch dann schwerbehinderten Menschen gleichgestellt, wenn der Grad der Behinderung weniger
als 30 beträgt oder gar nicht festgestellt ist. Str. ist, ob die Gleichstellung nur für die Berufsausbildung (so *Goebel* in: jurisPK-SGB IX,
§ 68 RdNr. 21), oder auch für die Berufsvorbereitung, Fortbildung und
Umschulung (so *Neumann* in: Neumann/Pahlen/Majerski-Pahlen,
SGB IX, § 68 RdNr. 29) gilt. Die Gleichstellung tritt kraft Gesetzes
ein. Eines Antrages bedarf es anders als bei der Gleichstellung nach § 68
Abs. 2 SGB IX nicht.

27   Die Behinderung wird durch eine Stellungnahme der Agentur für
Arbeit oder durch einen Bescheid über Leistungen zur Teilnahme am
Arbeitsleben nachgewiesen (§ 68 Abs. 4 Satz 2 SGB IX).

28   Die besonderen Regelungen für schwerbehinderte Menschen werden bei ihnen nicht angewandt (§ 68 Abs. 4 Satz 3 SGB IX).

Feststellung der Behinderung, Ausweise

69 (1) [1]Auf Antrag des behinderten Menschen stellen die für die Durchführung des Bundesversorgungsgesetzes zuständigen Behörden das Vorliegen einer Behinderung und den Grad der Behinderung fest. [2]Beantragt eine erwerbstätige Person die Feststellung der Eigenschaft als schwerbehinderter Mensch (§ 2 Abs. 2), gelten die in § 14 Abs. 2 Satz 2 und 4 sowie Abs. 5 Satz 2 und 5 genannten Fristen sowie § 60 Abs. 1 des Ersten Buches entsprechend. [3]Das Gesetz über das Verwaltungsverfahren der Kriegsopferversorgung ist entsprechend anzuwenden, soweit nicht das Zehnte Buch Anwendung findet. [4]Die Auswirkungen auf die Teilhabe am Leben in der Gesellschaft werden als Grad der Behinderung nach Zehnergraden abgestuft festgestellt. [5]Die Maßstäbe des § 30 Abs. 1 des Bundesversorgungsgesetzes und der auf Grund des § 30 Abs. 17 des Bundesversorgungsgesetzes erlassenen Rechtsverordnung gelten entsprechend. [6]Eine Feststellung ist nur zu treffen, wenn ein Grad der Behinderung von wenigstens 20 vorliegt. [7]Durch Landesrecht kann die Zuständigkeit abweichend von Satz 1 geregelt werden.

(2) [1]Feststellungen nach Absatz 1 sind nicht zu treffen, wenn eine Feststellung über das Vorliegen einer Behinderung und den Grad einer auf ihr beruhenden Erwerbsminderung schon in einem Rentenbescheid, einer entsprechenden Verwaltungs- oder Gerichtsentscheidung oder einer vorläufigen Bescheinigung der für diese Entscheidungen zuständigen Dienststellen getroffen worden ist, es sei denn, dass der behinderte Mensch ein Interesse an anderweitiger Feststellung nach Absatz 1 glaubhaft macht. [2]Eine Feststellung nach Satz 1 gilt zugleich als Feststellung des Grades der Behinderung.

(3) [1]Liegen mehrere Beeinträchtigungen der Teilhabe am Leben in der Gesellschaft vor, so wird der Grad der Behinderung nach den Auswirkungen der Beeinträchtigungen in ihrer Gesamtheit unter Berücksichtigung ihrer wechselseitigen Beziehungen festgestellt. [2]Für diese Entscheidung gilt Absatz 1, es sei denn, dass in einer Entscheidung nach Absatz 2 eine Gesamtbeurteilung bereits getroffen worden ist.

(4) Sind neben dem Vorliegen der Behinderung weitere gesundheitliche Merkmale Voraussetzung für die Inanspruchnahme von Nachteilsausgleichen, so treffen die zuständigen Behörden die erforderlichen Feststellungen im Verfahren nach Absatz 1.

(5) [1]Auf Antrag des behinderten Menschen stellen die zuständigen Behörden auf Grund einer Feststellung der Behinderung einen Ausweis über die Eigenschaft als schwerbehinderter Mensch, den Grad der Behinderung sowie im Falle des Absatzes 4 über weitere gesundheitliche Merkmale aus. [2]Der Ausweis dient dem Nachweis für die Inanspruchnahme von Leistungen und sonstigen Hilfen, die schwer-

behinderten Menschen nach Teil 2 oder nach anderen Vorschriften zustehen. [3]Die Gültigkeitsdauer des Ausweises soll befristet werden. [4]Er wird eingezogen, sobald der gesetzliche Schutz schwerbehinderter Menschen erloschen ist. [5]Der Ausweis wird berichtigt, sobald eine Neufeststellung unanfechtbar geworden ist.

Übersicht

I. Allgemeines

§ 69 SGB IX regelt das Verfahren der Feststellung einer Behinde- 1
rung, des Grades der Behinderung (Abs. 1 – 3) sowie weiterer gesundheitlicher Merkmale, die Voraussetzung für die Inanspruchnahme von
Nachteilsausgleichen sind (Abs. 4). Abs. 5 befasst sich mit der Ausstellung von Schwerbehindertenausweisen.

§ 69 SGB IX ist im Zusammenhang mit **§ 2 Abs. 1** und **Abs. 2** 2
SGB IX zu lesen. Demnach sind Menschen **behindert**, wenn ihre
körperliche Funktion, geistige Fähigkeit oder seelische Gesundheit mit
hoher Wahrscheinlichkeit länger als sechs Monate von dem für das
Lebensalter typischen Zustand abweichen und daher ihre Teilhabe am
Leben in der Gesellschaft beeinträchtigt ist (§ 2 Abs. 1 Satz 1 SGB IX).
Sie sind von Behinderung bedroht, wenn die Beeinträchtigung zu er-
warten ist (§ 2 Abs. 1 Satz 2 SGB IX).

Die **Legaldefinition der Schwerbehinderung** findet sich in § 2 3
Abs. 2 SGB IX: Menschen sind im Sinne des Teils 2 des SGB IX schwerbehindert, wenn bei ihnen ein Grad der Behinderung von wenigstens
50 vorliegt und sie ihren Wohnsitz, ihren gewöhnlichen Aufenthalt
(§ 30 Abs. 3 SGB I) oder ihre Beschäftigung auf einem Arbeitsplatz im
Sinne des § 73 SGB IX rechtmäßig im Geltungsbereich des Sozialgesetzbuchs haben (dazu *Mrozynski*, SGB IX Teil 1, § 2 RdNr. 45 ff.; zum
Inlandsbezug des Schwerbehindertenrechts: LSG Rheinland-Pfalz
22. 6. 2001, br 2002, 24).

Der Gesetzgeber hat in **§ 159 Abs. 3 SGB IX** eine **Bestandsschutz-** 4
regelung getroffen. Eine auf Grund des SchwbG erfolgte bindende
Feststellung über das Vorliegen einer Behinderung, eines GdB und das
Vorliegen weiterer gesundheitlicher Merkmale gilt demnach als Feststellung nach dem SGB IX. Mit dem Inkrafttreten des SGB IX zum
1. 7. 2001 ist somit keine nach § 48 SGB X zur Aufhebung eines Feststellungsbescheides berechtigende Änderung in den rechtlichen Verhältnissen eingetreten. Das Schwerbehindertenrecht wird nach **Weg-**
fall der tatbestandlichen Voraussetzungen der Schwerbehinderteneigenschaft in § 2 Abs. 2 SGB IX nicht mehr angewendet. Beruht der
Verlust der Schwerbehinderteneigenschaft auf einer Verringerung
des GdB auf weniger als 50, gilt eine **dreimonatige Schonfrist** (§ 116
Abs. 1 SGB IX; vgl. Komm. zu § 116).

Einzelheiten der Ausstellung des Schwerbehindertenausweises regelt 5
die auf Grund § 70 SGB IX erlassene **Schwerbehindertenausweis-**
verordnung i.d.F. der Bekanntmachung vom 25. 7. 1991 (BGBl. I
S. 1739), zuletzt geändert durch Art. 20 Abs. 8 des Gesetzes zur Änderung des Bundesversorgungsgesetzes und anderer Vorschriften des
sozialen Entschädigungsrechts vom 13. 12. 2007 (BGBl. I S. 2904; abgedruckt als Anhang 2).

6   Weiter sind bei der Anwendung von § 69 SGB IX die Verordnung
     zur Durchführung der §§ 1 Abs. 1 und 3, 30 Abs. 1 und 35 Abs. 1 des
     Bundesversorgungsgesetzes vom 10. 12. 2008 (**Versorgungsmedizin-
     Verordnung** – VersMedV) (BGBl. I S. 2412) und die zu deren § 2 erlas-
     senen „**Versorgungsmedizinischen Grundsätze**" zu beachten.

7   Der Ausweis dient dem Nachweis bei der Inanspruchnahme von
     Rechten und Nachteilsausgleichen, die schwerbehinderten Menschen
     nach Teil 2 des SGB IX und nach anderen Vorschriften zustehen. Zu
     den **Rechten schwerbehinderter Menschen** zählen neben der An-
     wendbarkeit von Schutzregelungen für die Beschäftigung auf dem
     allgemeinen Arbeitsmarkt u. a. die Freistellung von Mehrarbeit (§ 124
     SGB IX), der Zusatzurlaub (§ 125 SGB IX), Vergünstigungen im Ein-
     kommensteuerrecht (z. B. Behindertenpauschbeträge, § 33b EStG), die
     Berechtigung zur freiwilligen Versicherung in einer Gesetzlichen
     Krankenkasse (§ 9 Abs. 1 Nr. 4 SGB V), die Familienversicherung ohne
     Altersgrenze nach Maßgabe des § 10 Abs. 2 Nr. 4 SGB V, die Pflichtver-
     sicherung in der Gesetzlichen Kranken- und Rentenversicherung für
     behinderte Menschen in WfbM (§ 5 Abs. 1 Nr. 7 SGB V, § 1 Satz 1 Nr. 2
     SGB VI), der Anspruch auf einen Mehrbedarfszuschlag zum Sozial-
     hilferegelsatz (§ 32 Abs. 1 SGB XII), der Anspruch auf Altersrente für
     schwerbehinderte Menschen (§ 37 SGB VI), die vorgezogene Pensio-
     nierung Beamter (§ 42 Abs. 4 Nr. 1 BBG), die Unterrichtsstundenredu-
     zierung bei Lehrern, tarifvertragliche Vergünstigungen, die Befreiung
     von der Wehrpflicht (§ 11 Wehrpflichtgesetz), Freibeträge beim Wohn-
     geld oder Ermäßigungen bei Fahrpreisen, Kurtaxen, dem Besuch von
     öffentlichen Sporteinrichtungen, kulturellen Einrichtungen und Ver-
     anstaltungen.

8   Darüber hinaus kommen bei Vorliegen weiterer gesundheitlicher
     Merkmale u. a. **Nachteilsausgleiche** für Gehbehinderte (**Merkzei-
     chen „G", „aG"**), von öffentlichen Veranstaltungen ausgeschlossene
     behinderte Menschen (**Merkzeichen „RF"**), behinderte Menschen
     mit der Notwendigkeit ständiger Begleitung (**Merkzeichen „B"**)
     und hilflose behinderte Menschen (**Merkzeichen „H"**) in Betracht
     (vgl. **Übersicht RdNr. 69**). Diese Nachteilsausgleiche sind nach **§ 126
     Abs. 1 SGB IX** so zu gestalten, dass sie unabhängig von der Ursache
     der Behinderung der Art oder Schwere der Behinderung Rechnung
     tragen.

II. Verfahren zur Feststellung einer Behinderung und des Grades der Behinderung (§ 69 Abs. 1 Satz 1–3 SGB IX)

9   **1. Anzuwendende Vorschriften.** Die Regelung in § 69 Abs. 1 Satz
     3 SGB IX, wonach das **VfG-KOV** in der Fassung der Bekanntma-
     chung vom 6. 5. 1976 (BGBl. I S. 1169), zuletzt geändert durch Art. 20

Abs. 3 des Gesetzes vom 13. Dezember 2007 (BGBl. I. S. 2904), entsprechend anzuwenden ist, soweit nicht das SGB X Anwendung findet, suggeriert, dass das Feststellungsverfahren in erster Linie durch das VfG-KOV bestimmt wird. Im Feststellungsverfahren nach § 69 SGB IX sind indessen nur noch einzelne Regelungen des VfG-KOV von Bedeutung (§§ 2, 3, 6, 12–18, 22). Dies betrifft neben der örtlichen Zuständigkeit der Versorgungsämter nach § 3 Abs. 1 Vorgaben zur Sachverhaltsaufklärung in § 12 Abs. 2 und § 31 Abs. 2 (BT-Drucks. 14/5531, S. 10).

2. Antragserfordernis (§ 69 Abs. 1 Satz 1 SGB IX). Die Feststel- 10 lung einer Behinderung (Legaldefinition der Behinderung in § 2 Abs. 1 SGB IX) und des GdB erfolgt nur auf **Antrag des behinderten Menschen.** Schutz und Hilfe des Schwerbehindertenrechts werden nicht von Amts wegen gewährt. Dritte haben kein Antragsrecht, weder der **Arbeitgeber** noch ein Rehabilitationsträger oder eine Personal- bzw. Schwerbehindertenvertretung. Der Schwerbehindertenstatus gehört zum grundrechtlich geschützten Bereich der Persönlichkeitsrechte (Art. 1 Abs. 1, Art. 2 Abs. 1 GG), weshalb der behinderte Mensch frei über die Antragstellung verfügen kann. Der Arbeitgeber hat unter Umständen ein berechtigtes Interesse an der Feststellung der Schwerbehinderteneigenschaft seines Mitarbeiters, um seiner gesetzlichen Beschäftigungspflicht nach den §§ 71 ff. SGB IX gerecht zu werden. Gleichwohl kann der Arbeitgeber die Antragstellung nicht erzwingen. Der behinderte Mensch kann ein gewichtigeres Interesse daran haben, dass seine Behinderung Dritten nicht bekannt wird. Er kann seinen Antrag auch auf die Feststellung bestimmter Behinderungen beschränken und z. B. eine seelische Erkrankung ausnehmen. Diese Behinderung bleibt dann bei der Festsetzung des GdB außer Betracht (BSG 26. 2. 1986 – 9a RVs 4/83 – BSGE 60, 11 = BSG SozR 3870 § 3 Nr. 21).

Der behinderte Mensch kann sich bei der Antragstellung durch 11 einen **Bevollmächtigten vertreten lassen** (§ 13 SGB X).

Bei einem volljährigen nicht voll geschäftsfähigen behinderten Men- 12 schen stellt der gerichtlich bestellte Betreuer den Feststellungsantrag. **Jugendliche** können bereits ab Vollendung des 15. Lebensjahres den Antrag selbstständig stellen, soweit die gesetzlichen Vertreter deren Handlungsfähigkeit nicht gegenüber der Behörde eingeschränkt haben (§ 36 SGB I).

Der Antrag ist **schriftlich** oder zur Niederschrift bei der zustän- 13 digen Behörde zu stellen. In einigen Bundesländern (Bayern, Nordrhein-Westfalen) kann der Antrag elektronisch gestellt werden (vgl. *Goebel* in: jurisPK-SGB IX, § 69 RdNr. 12).

3. Zuständige Behörde (§ 69 Abs. 1 Satz 1, 7 SGB IX). Der Fest- 14 stellungsantrag ist nach § 69 Abs. 1 Satz 1 SGB IX bei den für die Durchführung des BVG zuständigen Behörden, also den **Versor-**

gungsämtern und Landesversorgungsämtern zu stellen. Die Länder können die Zuständigkeit auf andere Behörden übertragen (§ 69 Abs. 1 Satz 7 SGB IX).

15   **Örtlich** zuständig ist das Versorgungsamt, in dessen Bezirk der Antragsteller zum Zeitpunkt der Antragstellung seinen Wohnsitz oder gewöhnlichen Aufenthalt hat (§ 3 Abs. 1 VfG-KOV, § 30 Abs. 3 SGB I).

16   Der Feststellungsantrag sollte zweckmäßigerweise bei der zuständigen Behörde gestellt werden. Alle **anderen Leistungsträger**, Integrationsämter, Stadtverwaltungen und amtliche Vertretungen der Bundesrepublik Deutschland im Ausland haben jedoch die Anträge ebenfalls entgegenzunehmen (§ 16 Abs. 1 SGB I). Diese Behörden leiten den Antrag unverzüglich an das zuständige Versorgungsamt weiter, wobei der Antrag als zu dem Zeitpunkt gestellt gilt, in dem er bei der unzuständigen Behörde eingegangen ist (§ 16 Abs. 2 SGB I).

17   **4. Entsprechende Anwendung von § 14 SGB IX (§ 69 Abs. 1 Satz 2 SGB IX).** Über den Antrag des behinderten Menschen muss innerhalb der **Fristen des § 14 SGB IX** entschieden werden (§ 69 Abs. 1 Satz 2 SGB IX). Hiermit soll das Verfahren beschleunigt werden (vgl. *Goebel* in: jurisPK-SGB IX § 69 RdNr. 17). Voraussetzung ist, dass der Antrag von einem schwerbehinderten Menschen gestellt wird und die Feststellung der Schwerbehinderteneigenschaft beantragt wird. Die Anwendung des § 14 SGB IX hat zur Folge, dass über den Antrag innerhalb von drei Wochen entschieden werden muss, wenn kein Gutachten erforderlich ist (§ 14 Abs. 2 Satz 2 SGB IX). Ist ein Gutachten erforderlich, muss dieses innerhalb von zwei Wochen nach Antragstellung in Auftrag gegeben werden (§ 14 Abs. 2 SGB IX) und innerhalb von zwei Wochen nach Vorliegen des Gutachtens entschieden werden (§ 14 Abs. 2 Satz 3 SGB IX).

18   Das Feststellungsverfahren soll innerhalb von sechs Monaten durch Bescheid abgeschlossen sein. Ist diese **Bescheidungsfrist** abgelaufen und hat das Versorgungsamt keine zureichenden Gründe für die Verzögerung (Notwendigkeit weiterer medizinischer Sachverhaltsaufklärung), kann der Antragsteller **Untätigkeitsklage** bei dem Sozialgericht erheben (§ 88 SGG). Bei der Entscheidung über die außergerichtlichen Kosten (insbesondere Anwaltskosten, § 193 SGG) dieses Klageverfahrens berücksichtigt das Sozialgericht, ob der behinderte Mensch mit einem baldigen Abschluss des Feststellungsverfahrens rechnen konnte. Von daher empfiehlt es sich, vor Erhebung einer Untätigkeitsklage dem Versorgungsamt verbunden mit einer Sachstandsanfrage eine Frist zur Bescheiderteilung zu setzen.

19   **5. Sachverhaltsaufklärung.** Nach Antragseingang hat das Versorgungsamt zu prüfen, ob der behinderte Mensch klare und **sachdienliche Anträge** gestellt und vollständige Angaben gemacht hat. Ggfs.

fordert die Behörde entsprechende Angaben nach (§ 16 Abs. 3 SGB I). So hat sich aus dem Antrag eindeutig zu ergeben, welche Behinderungen und welche gesundheitlichen Merkmale zum Gegenstand des Verwaltungsverfahrens gemacht werden sollen.

Das Versorgungsamt ermittelt den Sachverhalt **von Amts wegen** 20 (§ 20 SGB X). Die Behörde bestimmt Art und Umfang der Ermittlungen; an das Vorbringen und an die Beweisanträge des Antragstellers ist sie nicht gebunden. Gleichwohl hat sie alle für den Einzelfall bedeutsamen, auch für den Antragsteller günstigen Umstände zu berücksichtigen (§ 20 Abs. 2 SGB X). Aufgrund der entsprechenden Anwendung von § 60 Abs. 1 SGB I ist der Antragsteller verpflichtet, alle erforderlichen Tatsachen anzugeben und der Erteilung erforderlicher Auskünfte durch Dritte zuzustimmen, Änderungen in den Verhältnissen unverzüglich anzuzeigen, Beweismittel zu benennen und auf Verlangen vorzulegen. Der behinderte Mensch soll bei der Sachverhaltsermittlung mitwirken (§ 21 Abs. 2 SGB X). So sollte er bereits seinem Feststellungsantrag eine vollständige Auflistung seiner behandelnden Ärzte/Psychotherapeuten und der Krankenhaus- und Kuraufenthalte beifügen. Die Behandler sind schriftlich von ihrer Schweigepflicht zu entbinden, damit das Versorgungsamt gemäß § 21 Abs. 1 SGB X **Befundberichte und Entlassungsberichte** beiziehen und sich auf die Auskunftspflicht der Ärzte nach § 100 SGB X berufen kann. Verweigert ein behandelnder Arzt den Befundbericht, kann das Versorgungsamt das Sozialgericht um seine Vernehmung ersuchen (§ 22 SGB X). Befundberichte werden in entsprechender Anwendung des Justizvergütungs- und -entschädigungsgesetz entschädigt (§ 21 Abs. 3 Satz 4 SGB X).

Hält das Versorgungsamt eine ärztliche **Untersuchung** des Antrag- 21 stellers für erforderlich, ist der Antragsteller in den Grenzen des § 65 Abs. 2 SGB I verpflichtet, sich der Untersuchung zu unterziehen (§ 62 SGB I). Zur Vermeidung von mehrfachen Untersuchungen sollte der Antragsteller angeben, ob er in der letzten Zeit für einen Sozialleistungsträger oder in einem Sozialgerichtsverfahren begutachtet worden ist. Derartige medizinische Unterlagen hat das Versorgungsamt beizuziehen und zu verwerten (§ 96 SGB X).

6. Feststellungsbescheid. Über den Antrag wird durch **Verwal-** 22 **tungsakt (§ 31 SGB X)** entschieden.

Der Verwaltungsakt ist zu **begründen.** Die Begründung muss die 23 wesentlichen entscheidungserheblichen tatsächlichen und rechtlichen Gesichtspunkte beinhalten (§ 35 Abs. 1 SGB X). Wird der Feststellungsantrag ganz oder teilweise abgelehnt, ist eine Belehrung über das Widerspruchsrecht des behinderten Menschen erforderlich (§ 36 SGB X). Fehlt die **Rechtsbehelfsbelehrung** oder ist sie unzutreffend, gilt statt der Monatsfrist zur Einlegung des Widerspruchs (§ 84 SGG) die Jahresfrist des § 66 Abs. 2 SGG.

24   Die Feststellungen der Versorgungsämter nach § 69 Abs. 1 und Abs. 4 SGB IX haben **Tatbestandswirkung** für andere Sozialleistungsträger (vgl. Dau in: LPK-SGB IX, § 69 RdNr. 4). So ist die Anerkennung der Schwerbehinderteneigenschaft z. B. für den Rentenversicherungsträger bei der Prüfung des Anspruchs auf **Altersrente** für schwerbehinderte Menschen (§ 37 SGB VI) verbindlich, wobei eine rückwirkende Feststellung auf den Zeitpunkt des Rentenbeginns genügt (KassKomm-*Niesel,* § 37 SGB VI RdNr. 5). Für **Finanzämter** sind Feststellungsbescheide der Versorgungsverwaltung bei der Berücksichtigung von Freibeträgen verbindlich (BSG 6. 10. 1981 – 9 RVs 3/81 – BSGE 52, 168, 174; BFH 28. 10. 1988 – VI R 60/85 – BFHE 154, 542; BVerwG 27. 2. 1992 – 5 C 48.88 – BVerwGE 90, 65). Die Feststellung der Schwerbehinderung durch das Versorgungsamt hat im Rahmen der Versicherungsberechtigung nach § 9 Abs. 1 Nr. 4 SGB V Tatbestandswirkung für Gesetzliche Krankenkassen. Die **freiwillige Krankenversicherung** beginnt bereits mit dem Beitritt, auch wenn die Schwerbehinderung erst später, aber rückwirkend auf den Zeitpunkt des Beitritts festgestellt wird (KassKomm-*Peters,* § 9 SGB V RdNr. 29).

25   Der **Status des schwerbehinderten Menschen** und die Berechtigung zur Inanspruchnahme von Nachteilsausgleichen **beginnen** grundsätzlich mit dem Vorliegen der gesetzlichen Voraussetzungen. Dem entspricht es, dass in § 6 Abs. 1 Satz 1 SchwbAwV als Beginn der Gültigkeit des Schwerbehindertenausweises i.d.R. nicht der Tag der versorgungsamtlichen Feststellung oder der Zeitpunkt der Aushändigung des Ausweises, sondern der **Tag des Antragseingangs auf die Feststellungen nach § 69 Abs. 1 und 4 SGB IX** einzutragen ist, es sei denn, die jeweiligen Voraussetzungen seien zu einem späteren Zeitpunkt eingetreten. Nach § 6 Abs. 1 Satz 2 SchwbAwV kann auf Antrag unter bestimmten Voraussetzungen sogar ein früherer Zeitpunkt als der der Antragstellung eingetragen werden. Der Gesetzgeber hat somit für den Regelfall eine **Rückwirkung der Statusfeststellungen** des Versorgungsamtes und eine **rückwirkende Geltung des Schwerbehindertenausweises** vorgesehen (vgl. BSG 7. 11. 2001 – B 9 SB 3/01 R – BSGE 89, 79 = BSG SozR 3 – 3870 § 59 Nr. 1 m. w. Nw.).

26   Mit dem **Tode des Berechtigten** endet sein Status als schwerbehinderter Mensch. Es erlischt der Anspruch auf Feststellung einer Behinderung und des GdB entsprechend dem auch der Sonderrechtsnachfolge (§§ 56 f. SGB I) zugrundeliegenden Grundsatz der Unvererblichkeit höchstpersönlicher Rechte (BSG 6. 12. 1989 – 9 RVs 4/89 – BSGE 66, 120 = SozR 3870 § 4 Nr. 4). Ein anhängiges Verwaltungs-, Widerspruchs- oder Klageverfahren über die höchstpersönliche Schwerbehinderteneigenschaft oder die gesundheitlichen Voraussetzungen von Nachteilsausgleichen nach § 69 Abs. 4 SGB IX findet mit dem Tode des Antragstellers seine Erledigung.

7. Beratungs- und Auskunftspflichten anderer Stellen. Reha- 27
bilitationsträger (§ 6 SGB IX) und deren **gemeinsame Servicestellen** (§ 22 SGB IX) haben im Rahmen ihrer Beratungs- und Auskunftspflichten (§§ 14 f. SGB I) auf die Möglichkeit der Feststellungen nach § 69 Abs. 1 SGB IX durch das Versorgungsamt hinzuweisen. Dies gilt insbesondere dann, wenn sich dem Träger von Rehabilitationsleistungen auf Grund der ihm bekannten Behinderungen aufdrängen muss, dass bei dem Rehabilitanten ein feststellbarer GdB von wenigstens 20 vorliegt. Durch die Zusammenfassung des Rehabilitationsrechts mit dem Schwerbehindertenrecht in einem Gesetzbuch mit dem Anspruch einer ganzheitlichen Betrachtung des behinderungsbedingten Hilfebedarfs (vgl. z. B. § 11 SGB IX) und einer einheitlichen Definition der Behinderung in § 2 Abs. 1 SGB IX haben sich die diesbezüglichen Hinweispflichten verstärkt (zum sozialrechtlichen Herstellungsanspruch bei Beratungspflichtverletzungen: § 68 RdNr. 9).

III. Grad der Behinderung (§ 69 Abs. 1 Satz 4–5 SGB IX)

Die Auswirkungen der **Behinderung** auf die Teilhabe am Leben in 28
der Gesellschaft werden als GdB nach Zehnergraden abgestuft festgestellt (§ 69 Abs. 1 Satz 4 SGB IX). Diese Regelung knüpft an die Legaldefinition der Behinderung in § 2 Abs. 1 SGB IX an. Danach sind Menschen behindert, wenn ihre körperliche Funktion, geistige Fähigkeit oder seelische Gesundheit mit hoher Wahrscheinlichkeit länger als sechs Monate von dem für das Lebensalter typischen Zustand abweichen und daher ihre Teilhabe am Leben in der Gesellschaft beeinträchtigt ist. Eine entsprechende Behinderungsdefinition enthält § 3 BGG.

Der Gesetzgeber hat in § 2 Abs. 1 SGB IX die im Rahmen der Welt- 29
gesundheitsorganisation (WHO) stattfindende Diskussion um eine Weiterentwicklung der Internationalen Klassifikation (ICIDH-1) zur „Internationalen Klassifikation der Funktionsfähigkeit und Behinderung" mit der Trias „impairment, activity, participation" (ICIDH-2) aufgegriffen. Diese Klassifikation rückt nicht mehr die Orientierung an wirklichen oder vermeintlichen Defiziten, sondern das Ziel der gleichberechtigten Teilhabe an den verschiedenen Lebensbereichen (Partizipation) in den Vordergrund (BT-Drucks. 14/5074, S. 98, zu § 2; BT-Drucks. 14/7420, S. 24 zu § 3 BGG; *Joussen*, LPK–SGB IX, § 2 RdNr. 11; *Luthe*, SGb 2009, 569, 572). Behinderung ist demnach als soziale Folge medizinisch fassbarer Normabweichungen zu verstehen, wobei die Partizipation (Teilhabe) in verschiedenen Lebensbereichen im Mittelpunkt steht. Die Neudefinition betont den sozialen Aspekt einer Behinderung, wonach gesundheitsbedingte Besonderheiten eines Menschen sich erst in ihrem Zusammentreffen mit (ungünstigen)

Umweltfaktoren behindernd auswirken. Der Behinderungsbegriff des § 2 Abs. 1 SGB IX erfasst damit eine soziale Situation auf Grund individueller und gesellschaftlicher Faktoren (*Götz* in: Kossens/von der Heide/Maaß, SGB IX, § 2 RdNr. 6). Gleichwohl ist nicht zu verkennen, dass auch der neue Behinderungsbegriff noch in einem medizinisch-somatischen Begriffsverständnis verhaftet ist (dazu näher *Mrozynski*, SGB IX Teil 1, § 2 RdNr. 3 ff.). Konsequent im Sinne der angestrebten Orientierung an gesellschaftlichen und sozialen Bedingungen des Lebens behinderter Menschen wäre es, als Behinderung jede Verhaltensweise, Maßnahme oder Struktur anzusehen, die Menschen auf Grund nicht nur vorübergehender körperlicher, geistiger oder seelischer Beeinträchtigungen Lebens-, Entfaltungs- und Teilhabemöglichkeiten nimmt, beschränkt oder erschwert (zu diesem Definitionsvorschlag: BT-Drucks. 14/8382).

30   Die Behinderungsdefinition schränkt die Bedeutung der in § 69 Abs. 1 Satz 5 SGB IX enthaltenen Bezugnahme auf die in § 30 Abs. 1 BVG festgelegten Maßstäbe ein. Nach **§ 30 Abs. 1 BVG** ist die Minderung der Erwerbsfähigkeit nach der körperlichen und geistigen **Beeinträchtigung im allgemeinen Erwerbsleben** zu beurteilen. Für die Beurteilung ist demnach maßgebend, um wieviel die Befähigung zur üblichen, auf Erwerb gerichteten Arbeit und deren Ausnutzung im wirtschaftlichen Leben beeinträchtigt sind (§ 30 Abs. 1 Satz 1–2 BVG). Wie mit der Übernahme des Maßstabes der Teilhabe am gesellschaftlichen Leben in § 69 Abs. 1 Satz 3 SGB IX bekräftigt wird, ist eine Beurteilung des GdB allein nach dem **Verlust beruflicher Funktionsfähigkeit** unzureichend (a. A. *Masuch* in: Hauck/Noftz, SGB IX, § 69 RdNr. 24). Der in seiner Zielsetzung weitergehende Ansatz des SGB IX zur Förderung von **Selbstbestimmung und gleichberechtigter Teilhabe am Leben in der Gesellschaft** bezieht ausdrücklich alle Lebensbereiche behinderter Menschen wie Mobilität, Kommunikation, Bildung, Erwerbsleben, Selbstversorgung und familiäre Situation ein und verlangt darüber hinaus, den besonderen Bedürfnissen behinderter Frauen und Kinder Rechnung zu tragen (vgl. § 1 SGB IX; BT-Drucks. 14/5074, S. 98; s.a. §§ 1 f. BGG). Die Anordnung einer entsprechenden Geltung des erwerbsbezogenen versorgungsrechtlichen Maßstabes in § 30 Abs. 1 BVG beschreibt damit nur noch einen **Teilaspekt** des umfassenderen Teilhabebegriffs.

31   Auf Grund der gesetzlichen Definition der Behinderung erfolgt nunmehr die Feststellung der Behinderung und die Bemessung des **Ausmaßes der Behinderung als GdB** nicht mehr anhand der Auswirkungen von regelwidrigen Funktionseinschränkungen i.S. des § 3 Abs. 1 SchwbG („Defizitmodell"), sondern anhand einer Beschreibung der **negativen Wechselwirkung** zwischen dem gesundheitlichen und dem funktionalen Zustand einer Person (bezogen auf gesundheitliche Beeinträchtigungen und Aktivitäten aller Art) und seiner sozialen

Umgebung. So kann die Teilhabe behinderter Menschen in verschiedenen Lebensbereichen durch Umweltfaktoren wie Einstellungen, Werte und Überzeugungen in der Gesellschaft, das Rechtssystem, Verfahrensweisen und Standards, sowie die Ausgestaltung der sozialen Sicherungssysteme, des Bildungswesens und der Infrastruktur beeinträchtigt oder unterstützt werden. Damit geraten bei der GdB-Bildung die **gesellschaftlichen Rahmenbedingungen** für eine selbstbestimmte und gleichberechtigte Teilhabe behinderter Menschen in den Blick. Verbessern sich die für behinderte Menschen maßgeblichen Umweltfaktoren entsprechend den **Gesetzeszielen von SGB IX und BGG** durch Erfolge bei der Beseitigung von Benachteiligungen, der Gewährleistung der gleichberechtigten Teilhabe am Leben in der Gesellschaft und einer selbstbestimmten Lebensführung, kann sich dies im Einzelfall auf die Höhe des GdB auswirken. Die Neudefinition der Behinderung gibt somit auch in der Praxis Anlass, sich zu vergegenwärtigen, dass der GdB nicht eine Maßeinheit für regelwidrige Gesundheitszustände, sondern den Versuch einer Bewertung behinderungsbedingter Beeinträchtigungen in allen Lebensbereichen des Betroffenen darstellt (BSG 30. 9. 2009 – B 9 SB 4/08 R – SozR 4 – 3250 § 60 Nr. 10).

In die GdB-Bildung kann nach § 2 Abs. 1 SGB IX i.V.m. § 69 Abs. 1 **32** SGB IX nur der für das **Lebensalter untypische Zustand**, d. h. der Verlust oder die Beeinträchtigung von normalerweise vorhandenen körperlichen Funktionen, geistigen Fähigkeiten oder seelischer Gesundheit einfließen. Ein **Ausschluss altersbedingter Behinderungen** ist praktisch kaum handhabbar. Genau genommen wären in jedem Einzelfall Abweichungen gegenüber dem für das Lebensalter typischen Zustand herauszuarbeiten. Die altersbedingte allgemeine Verminderung der körperlichen Leistungsfähigkeit, der Leistungsbreite des Herzens und der Lungen, eine leichte Verminderung der Beweglichkeit der Gliedmaßen und der Wirbelsäule, das altersentsprechende Nachlassen des Gedächtnisses, der geistigen Beweglichkeit und der seelischen Belastbarkeit sowie altersspezifische Einschränkungen der Sinnesorgane sollten jedenfalls in die GdB-Bildung nicht einfließen. Demgegenüber werden Gesundheitsstörungen, die nicht regelmäßig und nicht nur in höherem Alter auftreten, nicht als Alterserscheinungen angesehen, und zwar auch dann nicht, wenn sie erstmalig in höherem Alter auftreten. Hierzu gehören Geschwülste, arteriosklerotisch bedingte Organerkrankungen und stärkere Bewegungseinschränkungen durch Arthrosen, die nicht als spezifische Alterserscheinungen angesehen werden und deshalb bei der GdB-Bildung zu berücksichtigen sind. Die Regelung des § 2 Abs. 1 SGB IX i.V.m. § 69 Abs. 1 SGB IX macht deutlich, dass im Schwerbehindertenrecht grundsätzlich kein Anspruch auf Bevorzugung in der Weise eingeräumt wird, dass Nachteile auszugleichen wären, die nicht mit der Behinderung zusammenhängen, sondern auch den vergleichbaren Nichtbehinderten treffen (BSG 12. 2. 1997 – 9 RVs 1/95 – BSGE 80, 97 = SozR 3 – 3870 § 4 Nr. 18 in dem Fall eines behinderten Kleinkindes).

33   Die **Dauer der Beeinträchtigung** muss mit hoher Wahrscheinlichkeit länger als sechs Monate sein, um in den GdB einzufließen (§ 2 Abs. 1 SGB IX i.V.m. § 69 Abs. 1 SGB IX). Außerdem kommt eine GdB-Feststellung nur in Betracht, wenn der **Schwellenwert** eines GdB von **wenigstens 20** erreicht wird (§ 69 Abs. 1 Satz 6 SGB IX).

34   Die Stufung der GdB-Werte in **Zehnergraden** (§ 69 Abs. 1 Satz 5 SGB IX) ist nicht unumstritten. So betreibt eine nicht geringe Anzahl von behinderten Menschen in kurzen Abständen Feststellungsverfahren zwecks Erhöhung des GdB, ohne dass z. B. bei Rentnern der Sinn einer GdB-Erhöhung von 80 auf 90 erkennbar wäre. Das LSG Baden-Württemberg geht so weit, einem Bezieher von Erwerbsunfähigkeitsrente das Rechtsschutzbedürfnis für eine Klage auf Erhöhung des GdB von 80 auf 90 abzusprechen (LSG Baden-Württemberg 5. 7. 1999 – L 8 SB 4422/98 – E-LSG SB-023). Auch sagt der GdB nichts über die Fähigkeiten des behinderten Menschen am Arbeitsplatz aus, kann aber von Arbeitgebern im Sinne einer konkreten prozentualen Erwerbsminderung verstanden werden und sich damit im Einzelfall **beschäftigungshemmend** auswirken. Von daher wird diskutiert, ob die Feststellung eines **GdB von 30** wegen der Gleichstellungsmöglichkeit und eines **GdB von 50** für die Schwerbehinderteneigenschaft ausreichend wäre. Nachteilsausgleiche, die derzeit eine nach Zehnergraden differenzierte GdB-Feststellung zu Grunde legen, müssten entsprechend angepasst werden (*Brand* br 1999, 77, 80; *Förster* br 1998, 1; a.A. *Hery* br 1999, 140). Eine derartige Anpassung der Nachteilsausgleiche dürfte für behinderte Menschen mit einem **Abbau von Rechtspositionen** verbunden sein. So wäre die Staffelung der Pauschbeträge für behinderte Menschen nach dem jeweiligen GdB (§ 33 b Abs. 3 EStG), mit der unmittelbar aus der Behinderung erwachsenen außergewöhnlichen Belastungen Rechnung getragen werden soll, in dieser Form nicht mehr darstellbar.

35   **Behinderungen** werden nur insoweit festgestellt, als sie sich **auf den GdB auswirken**. Damit scheiden Beeinträchtigungen aus, für die der Mindest-GdB-Wert von 10 nicht erreicht wird. Abgesehen von der ggfs. noch möglichen Feststellung weiterer gesundheitlicher Merkmale für die Inanspruchnahme von Nachteilsausgleichen (§ 69 Abs. 4 SGB IX) besteht mit dem Erreichen des Gesamt-GdB von 100 kein Feststellungsinteresse an der Berücksichtigung verschlimmerter und zusätzlicher Beeinträchtigungen mehr (BSG 3. 2. 1988 – 9/9a RVs 18/86 – SozR 3870 § 4 Nr. 1).

36   Wegen des **Untersuchungsgrundsatzes** ist der Sachverhalt ausreichend zu ermitteln. Hierzu gehört auch die Untersuchung des behinderten Menschen in Fällen, in denen die Befundberichte der be-

handelnden Ärzte und die beigezogenen Entlassungsberichte keine verlässliche Entscheidungsgrundlage vermitteln. So rügte der Bundesrechnungshof anlässlich einer in mehreren Bundesländern durchgeführten Überprüfung, dass in einer Reihe von Fällen unzutreffende Feststellungen erfolgten, weil gutachtliche Beurteilungen von z. T. nicht ausreichend geschulten Außengutachtern oder anhand unzureichender Befundberichte vorgenommen worden waren (Antwort der Bundesregierung vom 24.10.1995 auf eine Kleine Anfrage, BT-Drucks. 13/2735, S. 2; s.a. BT-Drucks. 13/3167, S. 23).

Die **Bescheide** über die Feststellung des GdB ist ausreichend zu **be- 37 gründen** (§ 35 Abs. 1, § 85 Abs. 3 SGG). Die bloße Auflistung medizinischer Diagnosen oder die Verwendung allgemein gehaltener Textbausteine ist nicht ausreichend. Der übernommenen **medizinischen Diagnose** in den Bescheidtext kommt **kein Entscheidungs- oder Regelungscharakter** im Sinne des § 31 Satz 1 SGB X zu, sie ist aber eine zur Entscheidungsbegründung geeignete Tatsache (BSG 6.12. 1989 – RVs 3/89 – SozR 3870 § 4 Nr. 3; BSG 10. 9. 1997 – 9 RVs 15/96 – SozR 3 – 3870 § 3 Nr. 7). Die bloße **Behinderungsbezeichnung** „Taubheit und hochgradige Schwerhörigkeit" in der Begründung ist nach Auffassung des BSG nicht ausreichend, weil hiermit nur ein Gebrechen beschrieben werde. Die Taubheit sei nicht die einzige der feststellbaren Funktionsbeeinträchtigungen, die auf diesem regelwidrigen körperlichen Zustand beruhten. Als Behinderung i.S. des Gesetzes seien **sämtliche Auswirkungen** dieser Funktionsbeeinträchtigungen festzustellen; diese gingen weit darüber hinaus. Das Kommunikationsdefizit mit der Folge von erschwertem und verzögertem Kenntniserwerb, einer lebenslang verlangsamten Weiterentwicklung und bleibender Fremdheit in der Gesellschaft der Hörenden stelle die eigentliche Behinderung dar (BSG 9. 10. 1997 – 9 RVs 15/96 – BSGE 81, 50 = SozR 3–3870 § 4 Nr. 6). Im **Verfügungssatz** ist nur das Vorliegen einer (unbenannten) Behinderung und der GdB festzustellen. Die **isolierte Feststellung von Gesundheitsstörungen bzw. Funktionsbeeinträchtigungen** als (weitere) Behinderungen ist unzulässig. Der GdB-Bildung zugrundeliegende Gesundheitsstörungen, daraus folgende Funktionsbeeinträchtigungen und deren Auswirkungen sind in der Begründung des Verwaltungsaktes anzugeben. Dem im Schwerbehindertenrecht verstärkten und im Gesetz besonders hervorgehobenen Begründungszwang wird nur genügt, wenn die Versorgungsverwaltung darstellt, welche regelwidrigen körperlichen, geistigen oder seelischen Zustände mit welchen Funktionsstörungen nach dem Ergebnis ihrer Ermittlungen bei dem behinderten Menschen vorliegen (BSG 24.6.1998 – B 9 SB 17/97 R – BSGE 82, 176 = SozR 3 – 3870 § 4 Nr. 24).

Die Begutachtung erfolgte bis zum 31.12. 2008 auf der Grundlage **38** der vom BMAS herausgegebenen „**Anhaltspunkte für die ärztliche**

Gutachtertätigkeit im sozialen Entschädigungsrecht und im Schwerbehindertenrecht". Bei diesen handelte es sich um antizipierte Sachverständigengutachten mit normähnlichem Charakter (vgl. *Goebel* in: jurisPK-SGB IX § 69 RdNr. 23). Seit dem 1. 1. 2009 ist die auf Grund von § 30 Abs. 17 BVG erlassene Verordnung zur Durchführung des § 1 Abs. 1 und des § 35 BVG (**Versorgungsmedizin-Verordnung** – VersMedV) und der Anlage 2 zu § 2 VersMedV (sog. **Versorgungsmedizinische Grundsätze**) zu entscheiden. Da die Versorgungsmedizinischen Grundsätze im Wesentlichen den Anhaltspunkten entsprechen, ist hierdurch keine inhaltliche Änderung herbeigeführt worden. Die VersMedV ist allerdings anders als die Anhaltspunkte verbindliches Recht, soweit sie mit höherrangigem Recht vereinbar ist. Dies hat das BSG bei Teil B Nr. 15 bei Regelungen über Diabetes mellitus verneint, weil auch der die Teilhabe am Arbeitsleben beeinträchtigende Therapieaufwand bei einer Krankheit zu berücksichtigen sei (vgl. BSG 22. 4. 2009 – B 9 SB 3/08 R – SozialVerw 2009, 59).

39   **Beispiele für GdB-Sätze** der Anlage 2 zu § 2 VersMedV:
– Wirbelsäulenschäden mit schweren funktionellen Auswirkungen in einem Wirbelsäulenabschnitt, GdB 30 (Teil B 18.9 VMG),
– Diabetes mellitus, durch Diät und alleinige Insulinbehandlung schwer einstellbar, GdB 50 (Teil B 15.1 VMG),
– Herzkrankheiten mit Leistungsbeeinträchtigung bei mittelschwerer Belastung, GdB 20–40 (Teil B 9.1 VMG),
– Ohrgeräusche (Tinnitus) mit wesentlicher Einschränkung der Erlebnis- und Gestaltungsfähigkeit (z. B. ausgeprägte depressive Störungen), GdB 30–40 (Teil B 5.3 VMG),
– Autistische Syndrome im Kindesalter, GdB 50-100 (Teil B 3.4 VMG),
– HIV-Infektion mit klinischer Symptomatik, GdB nach Stärke der Leistungsbeeinträchtigung 30-100 (Teil B 16.11 VMG).

IV. Vorrangige Feststellungen
(§ 69 Abs. 2 SGB IX)

40   Das Versorgungsamt trifft **keine eigenständige Feststellung zum GdB,** wenn eine Feststellung über das Vorliegen einer Behinderung und den Grad einer auf ihr beruhenden Erwerbsminderung schon in einem Rentenbescheid, einer entsprechenden Verwaltungs- oder Gerichtsentscheidung oder einer vorläufigen Bescheinigung der für diese Entscheidungen zuständigen Dienststellen getroffen worden ist, es sei denn, dass der behinderte Mensch ein Interesse an anderweitiger Feststellung nach Abs. 1 glaubhaft macht (§ 69 Abs. 2 Satz 1 SGB IX). Dies betrifft behinderte Menschen, die von einer Minderung der

Erwerbsfähigkeit abhängige Sozialleistungen u. a. bei Berufsgenossenschaften (Verletztenrente bei Gesundheitsschäden auf Grund von **Arbeitsunfällen oder Berufskrankheiten**, § 56 SGB VII) und Versorgungsämtern (Grundrente bei Leistungsfällen der **sozialen Entschädigung**, § 5 SGB I, § 31 BVG) beantragt haben. Dabei ist zu berücksichtigen, dass diese Leistungsträger keine Behinderungen und keinen GdB feststellen, sondern lediglich prüfen, ob Gesundheitsstörungen auf bestimmte Ursachen zurückzuführen sind mit der Folge, dass wegen dieser Gesundheitsstörungen Heilbehandlungsansprüche und ab einer bestimmten MdE Rentenansprüche ausgelöst werden. Gegenüber diesem vom Kausalitätsprinzip bestimmten Prüfungsmaßstab hat das GdB-Feststellungsverfahren einen umfassenderen, auf Einbeziehung aller gesundheitlichen Beeinträchtigungen des behinderten Menschen unabhängig von der Ursache (Finalität) abzielenden Auftrag. Häufig werden deshalb ergänzende versorgungsamtliche Feststellungen zu weiteren Beeinträchtigungen der Teilhabe am gesellschaftlichen Leben und diesbezüglichen Einzel-GdB-Werten sowie die Bildung eines Gesamt-GdB nach § 69 Abs. 3 SGB IX erforderlich sein.

Zweck der **Bindungswirkung** vorrangiger MdE-Feststellungen **41** ist die Erleichterung des Verwaltungsverfahrens und die Vermeidung divergierender Entscheidungen. Nicht zu berücksichtigen sind Entscheidungen der Rentenversicherungsträger und der Pflegekassen, weil Renten wegen Erwerbsminderung und Leistungen der Pflegeversicherung keine Feststellungen zur MdE erfordern. Die Annahme einer Erwerbsminderung i.S. des § 43 SGB VI erlaubt keine Rückschlüsse auf den GdB (vgl. *Goebel* in: jurisPK-SGB VI § 69 RdNr. 27; a.A. *Neumann* in: Neumann/Pahlen/Majerski-Pahlen, SGB IX, § 69 RdNr. 27). Ob ein behinderter Mensch einen GdB von 50 aufweist und damit schwerbehindert ist, steht mit der Frage, ob bei ihm nach § 43 Abs. 2 SGB VI **volle Erwerbsminderung** vorliegt, in keinerlei Wechselwirkung, weil die jeweiligen gesetzlichen Voraussetzungen unterschiedlich sind. Für die rentenversicherungsrechtlichen Tatbestände sind nach bestimmten Maßgaben auch konkrete Erwerbsmöglichkeiten des Versicherten von Bedeutung. Es bleibt daher bei dem die Erwerbsunfähigkeit bzw. Erwerbsminderung betreffenden Verwaltungs- und Gerichtsverfahren offen, welchen GdB im Sinne des SGB IX ein erwerbsunfähiger bzw. voll erwerbsgeminderter behinderter Mensch aufweist (BSG 8. 8. 2001 – B 9 SB 5/01 B).

Ein **Interesse an eigenständiger GdB-Bildung** besteht insbeson- **42** dere bei einer Verschiedenartigkeit der Bewertungsmaßstäbe, z.B. dann, wenn die in der Unfallversicherung gängigen MdE-Sätze niedriger sind als die zu erwartenden GdB-Werte nach § 69 Abs. 1 Satz 3 SGB IX.

43 Die Entscheidung darüber, ob ein schon festgestellter MdE-Satz ungeprüft in den Schwerbehindertenausweis (§ 69 Abs. 5 SGB IX) übernommen wird, ergeht durch **Verwaltungsakt des Versorgungsamtes**. An den als GdB übernommenen MdE-Satz ist das Versorgungsamt auch im Feststellungsverfahren über einen Nachteilsausgleich (§ 69 Abs. 4 SGB IX), der von einem bestimmten GdB abhängt (z. B. Merkzeichen „RF"), gebunden. Ein nur **berufsbedingter Anteil** wie das besondere berufliche Betroffensein nach § 30 Abs. 2 BVG oder § 56 Abs. 2 Satz 3 SGB VII darf nicht ausgesondert werden (BSG 29. 1. 1992 – 9a RVs 9/90 – SozR 3 – 3870 § 4 Nr. 4).

V. Bildung des Gesamt-GdB (§ 69 Abs. 3 SGB IX)

44 Liegen mehrere Beeinträchtigungen der Teilhabe am Leben in der Gesellschaft vor, so wird der GdB nach den Auswirkungen der Beeinträchtigungen in ihrer Gesamtheit unter Berücksichtigung ihrer wechselseitigen Beziehungen festgestellt (§ 69 Abs. 3 Satz 1 SGB IX). Die Bildung des Gesamt-GdB obliegt der **Versorgungsverwaltung im Feststellungsverfahren** nach § 69 Abs. 1 SGB IX, soweit eine Gesamtbeurteilung aller bei dem behinderten Menschen vorhandenen Beeinträchtigungen nicht bereits Gegenstand einer vorrangigen Entscheidung nach § 69 Abs. 2 SGB IX gewesen ist (vgl. § 69 Abs. 3 Satz 2 SGB IX).

45 Bei der Bildung des Gesamt-GdB ist zu beachten, dass die **Auswirkungen von einzelnen Beeinträchtigungen** der Teilhabe am Leben in der Gesellschaft einander **verstärken**, sich **überschneiden**, aber auch gänzlich **voneinander unabhängig** sein können (BSG 9. 4. 1997 – 9 RVs 4/95 – SozR 3–3870 § 4 Nr. 19 m. w. Nw.). Der Gesamt-GdB darf deshalb nicht durch Addition der Einzel-GdB oder durch sonstige mathematische Formeln ermittelt werden (Teil A Nr. 3a VMG).

46 Nach den VMG ist die Gesamt-GdB wie folgt zu ermitteln:
– Feststellung der einzelnen Beeinträchtigungen und Bewertung der Einzel-GdB (Teil A Nr. 3a VMG),
– Heranziehung des höchsten Einzel-GdB (Teil A Nr. 3c VMG) und Feststellung, ob sich die einzelnen Beeinträchtigungen verstärken, überschneiden oder unabhängig nebeneinander bestehen (Teil A Nr. 3d VMG) (vgl. BSG 30. 9. 2009 – B 9 SB 4/08 R); kleinere Beeinträchtigungen sind in der Regel nicht zu berücksichtigen (Teil A Nr. 3d ee VMG) außer sie wirken sich besonders nachhaltig und verstärkend auf eine andere Beeinträchtigung aus (vgl. *Goebel* in: juris-PK, § 69 RdNr. 30).
– Bildung des Gesamt-GdB unter Zugrundelegung der Einzel-GdB für die Funktionssysteme.

Üblicherweise werden bei der für die Gesamt-GdB-Bildung erfor- **47** derlichen **Gesamtschau** vier Konstellationen unterschieden (Teil A Nr. 3d VMG):

– **Mehrere Behinderungen gehen ineinander auf:** Der GdB wird durch die weitere Behinderung nicht erhöht. **Beispiel:** Peronäuslähmung und Versteifung des Fußgelenkes an demselben Bein GdB jeweils 30, zusammen 30).

– **Die Auswirkungen von Behinderungen überschneiden sich:** Die Auswirkungen von Beeinträchtigungen überschneiden sich, wenn sie teilweise ineinander aufgehen, sich neutralisieren, sich kompensieren und den gleichen Bereich im Ablauf des täglichen Lebens betreffen. Hier ist der Gesamt-GdB höher als der höchste Einzel-GdB, aber niedriger als die Summe der Einzelwerte einzuschätzen. **Beispiel:** Herzschaden der Stufe III (GdB: 80) und Hüftgelenksversteifung in günstiger Stellung (GdB 30). Da die Bewegungseinschränkung schon durch die schwere Herzerkrankung vorgegeben ist, erscheint es gerechtfertigt, den GdB mit 90 zu bewerten.

– **Die Auswirkungen mehrerer Behinderungen verstärken sich:** Eine ungünstige Beeinflussung der Beeinträchtigungen im Sinne einer Verstärkung liegt vor, wenn eine Beeinträchtigung, die mit einem größeren GdB-Wert bewertet ist, sich wegen der Auswirkungen einer zweiten Beeinträchtigung in ihrem Ausmaß gravierender darstellt als ohne sie. Hier kann der Gesamt-GdB mindestens aus einer „Addition" der Einzelwerte bis zur Höchstgrenze 100 gebildet werden. **Beispiele:** Einseitiger Augenverlust (GdB 30), doppelseitiger Augenverlust (GdB 100); Sehbehinderung beidseits (GdB 50), Schwerhörigkeit beidseits (GdB 30), Gesamt-GdB 80; Einschränkung der Lungenfunktion bei Überblähung (GdB 30), globale Herzminderleistung (GdB 30), Gesamt-GdB 60.

– **Die Behinderungen stehen ohne Beziehung zueinander.** Das Nebeneinander von mehreren Beeinträchtigungen verschiedener Funktionssysteme bedeutet, dass mehr als ein Bereich im Ablauf des täglichen Lebens funktionell betroffen ist, so dass in der Regel jede hinzukommende Beeinträchtigung den Gesamtzustand verschlechtert. Daher ist zumeist der höchste Einzel-GdB bei dieser Fallgruppe angemessen zu erhöhen. **Beispiel:** Sehbehinderung (GdB 30), Teilverlust des Magens mit guter Funktion (GdB 20), Harninkontinenz (GdB 20), degenerative Veränderungen der Wirbelsäule mit Nervenwurzelreizerscheinungen (GdB 20). Hier macht die Bildung des Gesamt-GdB besondere Probleme. Eine Addition der Einzel-GdB wäre im Hinblick auf die weniger schwerwiegenden Einzelbehinderungen nicht gerechtfertigt. Der Schwerbehindertenstatus mit einem GdB von 50 könnte jedoch erreicht werden.

48   Nach den Vorgaben der VMG hängt die Berücksichtigung von Einzel-GdB bei der Gesamt-GdB-Bildung neben den wechselseitigen Beziehungen auch von der **Höhe des Einzel-GdB** ab. **Einzel-GdB-Werte von 10**, die für leichte Beeinträchtigungen vergeben werden, sind nach (Teil A Nr. 3 d ee VMG) in der Regel nicht geeignet, eine Zunahme des Ausmaßes der Gesamtbeeinträchtigung zu begründen. Dies soll auch dann gelten, wenn mehrere derartige leichte Gesundheitsstörungen nebeneinander bestehen. Dieses **relative Erhöhungsverbot** der VMG gilt ausnahmslos, wenn die leichten Beeinträchtigungen verschiedene Lebensbereiche betreffen. Eine Erhöhung des Gesamt-GdB wegen eines zusätzlichen Einzel-GdB von 10 und damit ein Ausnahmefall i.S. der VMG kommt in Betracht, wenn sich eine Beeinträchtigung auf eine andere besonders nachteilig auswirkt (BSG 13. 12. 2000 – B 9 V 8/00 R – SozR 3 – 3870 § 4 Nr. 28; *Dau*, LPK-SGB IX, § 69 RdNr. 26).

49   Bei Beeinträchtigungen mit **GdB-Werten von 20** ist es nach Teil A Nr. 3 d ee VMG vielfach nicht gerechtfertigt, auf eine wesentliche Zunahme des Ausmaßes der Behinderung zu schließen. Für die Beachtlichkeit von Einzel-GdB mit 20 ist ebenfalls danach zu differenzieren, inwieweit wechselseitige Beziehungen zwischen den einzelnen Behinderungen bestehen. Eine Behinderung mit einem GdB-Wert von 20 ist bei der Gesamt-GdB-Bildung zu berücksichtigen, wenn sie sich auf eine andere Behinderung besonders nachhaltig, also **verstärkend auswirkt**. Beeinträchtigungen, deren Auswirkungen sich ganz oder zum größten Teil mit denen von anderen Beeinträchtigungen überschneiden, bleiben demgegenüber unberücksichtigt. Sind die Auswirkungen der Beeinträchtigungen mit Einzel-GdB von 20 von denen anderer Beeinträchtigungen **unabhängig**, führt auch dies zu einer Vergrößerung des Gesamtbehinderungszustandes und ist somit bei der Gesamt-GdB-Bildung angemessen zu berücksichtigen (LSG Berlin 25. 5. 1993 – L 13 Vs 61/91 – Meso B 340/63). Dies hat nicht zur Folge, dass der höchste Einzel-GdB stets um 10 erhöht wird. Entscheidend ist vielmehr die **Zusammenschau** der Beeinträchtigungen im Einzelfall. Beeinträchtigungen, die den GdB von 20 nur knapp erreichen, also zum unteren Wert von 10 hin tendieren („**schwache 20**"), sollen nicht zu einer Vergrößerung des Gesamtbehinderungszustandes führen können (LSG NRW, 26. 4. 2010 – L 6 SB 187/09 – SozVerw 2010, 31 f.). In der Regel wird diese Überlegung jedoch nicht weiterhelfen, weil eine derartige Unterteilung der Zehnergrade weder gesetzlich vorgesehen noch mit der nötigen Genauigkeit festzustellen ist. Es besteht auch die Gefahr, auf diesem Wege einem Schematismus zu verfallen, der gerade vermieden werden soll.

50   Beeinträchtigungen mit Einzel-GdB-Werten von 30, 20, 10 und mehreren 10er-Graden können in einer einzelfallbezogenen Bewertung der Gesamtbeeinträchtigung einen Gesamt-GdB von 50 und damit die Schwerbehinderteneigenschaft rechtfertigen. Hierbei ist die in **Teil A Nr. 3 VMG** vorgesehene **Kontrollüberlegung** anzustellen, ob die Gesamtauswirkung der verschiedenen Beeinträchtigungen so erheblich ist wie etwa beim Verlust einer Hand oder eines Unterschenkels, bei einer vollständigen Versteifung großer Abschnitte der Wirbelsäule, bei Herz-Kreislaufschäden oder Einschränkungen der Lungenfunktion mit nachgewiesener Leistungsbeeinträchtigung bereits bei leichter Belastung oder bei Hirnschäden mit mittelschwerer Leistungsbeeinträchtigung. Damit ist es letztlich entscheidend, ob der Zustand des Betroffenen mit dem **Bild eines schwerbehinderten Menschen** zu vergleichen ist, für den die Anhaltspunkte exemplarisch einen GdB von 50 vorsehen (LSG NRW 25. 2. 1998 – L 10 Vs 107/97).

Wenig überzeugend sind in diesem Zusammenhang **Leerformeln**, 51 mit denen behauptet wird, die festgestellten Behinderungen hätten in ihrer Schwere und in ihren negativen Auswirkungen auf die Teilhabe am Leben in der Gesellschaft nicht die Bedeutung, die für eine **Schwerbehinderteneigenschaft** erforderlich sei. Hinsichtlich der Aussagekraft von Analogien zu anderen Behinderungen ist überhaupt Zurückhaltung geboten, da es oftmals an der Vergleichbarkeit fehlt (GK-SGB IX-*Schimanski*, § 69 RdNr. 81 f.). Ein Vergleich wird auch dadurch erschwert, dass die Anhaltspunkte zwar GdB-Werte für einzelne Funktionsstörungen oder kombinierte Störungen in bestimmten Funktionssystemen enthalten, nicht aber für kombinierte Störungen in mehreren Funktionssystemen. So ist im Fall der **Multimorbidität**, d. h. der vielfältigen Beeinträchtigungen von mehreren Funktionssystemen fraglich, ob ein geeigneter Vergleichsmaßstab gefunden werden kann (vgl. *Straßfeld* Versorgungsverwaltung 2001, 60, 63).

Die Bildung des Gesamt-GdB als Ausfüllung eines **Rechtsbegriffs** 52 bedarf einer verwaltungsbehördlichen bzw. richterlichen **Willensentscheidung** (BSG 11. 10. 1994 – 9 RVs 1/93 – BSGE 75, 176 = SozR 3 – 3870 § 3 Nr. 5), die in der Regel nur auf der Grundlage einer ärztlichen Beurteilung der Gesundheits- und Funktionsstörungen und deren Auswirkungen auf die Teilhabe am Leben in der Gesellschaft erfolgen kann. Dies gilt insbesondere, wenn ein behinderter Mensch von mehreren niedergelassenen Ärzten, Psychotherapeuten und/oder Krankenhäusern behandelt wird und die beizuziehenden Befund- und Behandlungsunterlagen nicht aufeinander bezogen sind. Deshalb sind in der Regel die Beurteilungsgrundlagen durch Anhörung geeigneter **medizinischer Sachverständiger** zu ermitteln (LSG NRW 25. 2. 1998 – L 10 Vs 107/97). Versuche in der **Sozialgerichtsbarkeit**, aus Kostengründen die Sachverhaltsaufklärung im Schwerbehindertenrecht regelmäßig auf die Einholung von **Befundberichten und Stellungnahmen** der behandelnden Ärzte zu beschränken, sind als Verstoß gegen die **Untersuchungsmaxime des § 103 SGG** abzulehnen. Ein derartiges Vorgehen scheidet gerade dann aus, wenn bereits die Versorgungsverwaltung im Verwaltungs- und Widerspruchsverfahren auf eine persönliche Begutachtung verzichtet hat (zur Gefahr einer „Überbeschleunigung" sozialgerichtlicher Verfahren: *Wenner* Soz-Sich 2001, 422, 425).

53   Die Hinzuziehung **medizinischer Sachverständiger** darf nicht zur Folge haben, dass diese im Ergebnis über die Höhe des GdB entscheiden und den Versorgungsämtern und Sozialgerichten lediglich eine Plausibilitätskontrolle verbleibt. Die Schätzung des GdB durch den Sachverständigen ist ein **Entscheidungsvorschlag**, die Festsetzung des GdB durch die Verwaltung bzw. das SG bleibt ein Akt der Gesamtbewertung. So haben im Sozialgerichtsprozess zunächst die Beteiligten und nachfolgend die Richter Beweisergebnisse im Hinblick auf die Überzeugungskraft der ärztlichen Argumentation, auf ihre Vereinbarkeit mit den VMG, auf das Vorliegen zur Abweichung von den Anhaltspunkten berechtigender Ausnahmefälle und neuer sozialmedizinischer Erkenntnisse, und nicht zuletzt auf die Verwirklichung der Integrationsziele des Sozialgesetzbuchs (§ 2 Abs. 2 SGB I, § 10 SGB I, § 1 SGB IX) hin zu überprüfen (vgl. LSG Bremen 6. 1. 1994 – L 3 Vs 23/90 – E-LSG Vb–005).

VI. Durchbrechung der Bestandskraft
von Feststellungsbescheiden
(§§ 45, 48 SGB X)

54   **1. Änderung der Verhältnisse.** Liegt bereits ein in der Sache bindender (§ 77 SGG) Feststellungsbescheid nach § 69 Abs. 1 SGB IX vor, greift bei Anträgen des behinderten Menschen auf Feststellung weiterer Behinderungen und eines höheren GdB bzw. bei versorgungsamtlicher Nachprüfung von Amts wegen der **Prüfungsmaßstab des § 48 Abs. 1 Satz 1 SGB X**. Demnach ist ein Verwaltungsakt mit Wirkung für die Zukunft aufzuheben, soweit in den tatsächlichen oder rechtlichen Verhältnissen, die bei Erlass des Verwaltungsaktes mit Dauerwirkung vorgelegen haben, eine **wesentliche Änderung** eingetreten ist. Eine Neufeststellung von Behinderung und GdB kommt in Betracht, soweit sich die gesundheitlichen Verhältnisse und die daraus resultierenden Beeinträchtigungen in der Teilhabe am Leben in der Gesellschaft nach der letzten Feststellung wesentlich geändert, d. h. verbessert oder verschlimmert haben. Dies setzt voraus, dass der veränderte Behinderungszustand länger als sechs Monate vorliegt oder voraussichtlich anhalten wird und die Änderung des GdB wenigstens 10 beträgt.

55   **Herabsetzungsbescheide** greifen in Rechte des behinderten Menschen ein und erfordern deshalb eine vorherige **Anhörung** des Betroffenen nach § 24 Abs. 1 SGB X. Die **Folgen einer unterlassenen oder unzureichenden Anhörung** sind in § 41 Abs. 1 Nr. 3, Abs. 2–3 SGB X, § 42 Satz 2 SGB X geregelt. Ein Anhörungsmangel kann durch die Übersendung der im Verwaltungsverfahren beigezogenen ärztlichen Berichte im Widerspruchsverfahren geheilt werden (LSG NRW 25. 1. 2001 – L 7 SB 47/99). Die Anhörung dient sowohl der Wahrung der Rechte des Betroffenen, insbesondere seines Anspruchs auf rechtliches Gehör, als auch der Vermeidung von Fehlern der Verwaltung bei der Sachverhaltsermittlung. Dem Betroffenen ist Gelegenheit zu geben, sich zu den **für die Entscheidung erheblichen Tatsachen** zu äußern. Neben dem beabsichtigten Verfügungssatz (Herabsetzung des GdB) muss die **Anhörungsmitteilung** des Versorgungsamtes die Entscheidungsgrundlage, z. B. den maßgeblichen Befundbericht unter Benennung des Arztes und das Ergebnis der versorgungsärztlichen Stellungnahme, enthalten. Auf Grund einer derartigen Mitteilung wird der Betroffene in die Lage versetzt zu entscheiden, ob er sogleich dazu Stellung nehmen will, inwieweit sich sein Gesundheitszustand gegenüber den Verhältnissen bei Erlass des Ausgangsbescheides tatsächlich gebessert hat, oder ob er zunächst den Befundbericht und die versorgungsärztliche Stellungnahme anfordern soll, um dann – ggfs. mit Hilfe eines Arztes – sachgerechte Einwendungen zu erheben. Nicht verpflichtet ist die Versorgungsverwaltung, im Rahmen der Anhörung von vornherein sämtliche beigezogenen Befundberichte zu übersenden. Widerspricht der behinderte Mensch jedoch der behördlichen Einschätzung und begehrt er zur weiteren Information **Einsicht in beigezogene ärztliche Unterlagen**, so sind ihm diese zu übersenden. Auf das Akteneinsichtsrecht (§ 25 SGB X) kann der behinderte Mensch in diesem Zusammenhang nicht verwiesen werden (BSG 28. 4. 1999 – B 9 SB 5/98 R – SozR 3 – 1300 § 24 Nr. 15). Das Versorgungsamt hat dem behinderten Menschen eine angemessene **Äußerungsfrist von wenigstens zwei Wochen** zu setzen. Etwaige Einwände des behinderten Menschen sollen noch vor Bescheiderlass geprüft werden. Hält die Behörde die Argumente des Angehörten nicht für stichhaltig, hat sie dies in der Begründung des Herabsetzungsbescheides darzulegen.

Ein Herabsetzungsbescheid ist rechtmäßig, wenn zum **Zeitpunkt** 56 **seines Erlasses** der Ausgangsbescheid durch Änderung der Verhältnisse rechtswidrig geworden ist. Da der Herabsetzungsbescheid nicht auf Dauer wirkt, ist er ohne Rücksicht auf spätere Änderungen des Ausmaßes der Behinderung zu überprüfen. Sie sind im Rahmen der zu erhebenden **Anfechtungsklage** (§ 54 Abs. 1 SGG) unbeachtlich. Spätere Verschlechterungen können jedoch im Wege der Klageänderung (§ 99 SGG, Übergang zur Verpflichtungsklage) auch ohne erneute Verwaltungsentscheidung in den Rechtsstreit eingeführt werden (BSG 15. 8. 1998 – 9 RVs 10/94 – SozR 3 – 3870 § 4 Nr. 13).

57   Nach der Behandlung von Krankheiten, die zu Rezidiven neigen (z. B. bösartige Geschwulstkrankheiten, Alkohol- und Drogenabhängigkeit), besteht die Notwendigkeit des Abwartens der sog. **Heilungsbewährung**. Während dieser Zeit wird ungeachtet der tatsächlichen Beeinträchtigungen ein hoher GdB-Wert angesetzt (Teil B Nr. 1 c VMG). Der Ablauf der Heilungsbewährung stellt nach bisheriger Rechtsprechung eine wesentliche tatsächliche Änderung i. S. des § 48 Abs. 1 Satz 1 SGB X dar, die eine Herabsetzung des GdB rechtfertigt (BSG 6. 12. 1989 – 9 RVs 3/89 – SozR 3870 § 4 Nr. 3).

58   **Änderungen der VMG** sind Änderungen der rechtlichen Verhältnisse. Die Änderungen treten demnach zu dem bestimmten **Zeitpunkt** in Kraft.

59   **2. Rechtswidrigkeit im Zeitpunkt des Erlasses des Bescheides.** Von den Fällen des Aufhebungs- und Neufeststellungsbescheides wegen wesentlicher Änderung der Verhältnisse nach § 48 SGB X strikt zu unterscheiden sind Konstellationen, in denen die Behinderungen und der GdB auf Grund einer **Fehlbeurteilung von Anfang an unzutreffend** festgestellt worden sind. Hier kann die Versorgungsverwaltung nur unter den **strengeren Voraussetzungen des § 45 SGB X** (u. a. Vertrauensschutzprüfung, Zweijahresfrist ab Bekanntgabe des Ausgangsbescheides; Ermessensentscheidung) den rechtswidrigen begünstigenden Feststellungsbescheid zurücknehmen und eine GdB-Herabsetzung verfügen.

60   **Beispiel zu § 45 SGB X** (nach BSG 10. 2. 1993 – 9/9a RVs 5/91 – SozR 3 – 1300 § 48 Nr. 25): Dem Kläger wurde wegen erheblicher Bewegungseinschränkungen, die auf eine Bechterewsche Krankheit zurückgeführt wurden, ein GdB von 50 und damit die Schwerbehinderteneigenschaft zuerkannt. Etwa 2 Jahre später wurde festgestellt, dass der Kläger nicht an dieser Krankheit, sondern an Verschleißerscheinungen leidet und der GdB nur 30 beträgt. Der Kläger wandte sich gegen die entsprechende Herabsetzung des GdB mit der Begründung, der GdB habe schon bei der Zuerkennung der Schwerbehinderteneigenschaft nur 30 betragen, sein Vertrauen in die unrichtige Festsetzung sei aber zu schützen, weil die Zweijahresfrist des § 45 Abs. 3 Satz 1 SGB X abgelaufen sei.

61   Ist die für begünstigende Verwaltungsakte mit Dauerwirkung und damit auch für GdB-Feststellungen geltende **Zweijahresfrist** des § 45 Abs. 3 Satz 1 SGB X abgelaufen, kommt eine Rücknahme der rechtswidrigen GdB-Feststellung bis zum Ablauf von 10 Jahren nach Bekanntgabe des Ausgangsbescheides in Fällen des **Verschuldens des behinderten Menschen** gem. § 45 Abs. 3 Satz 3 i. V. m. § 45 Abs. 2 Satz 3 Nr. 2 oder 3 SGB X in Betracht. Dies betrifft z. B. den Fall, dass der behinderte Mensch die Rechtswidrigkeit der Feststellung kannte oder infolge **grober Fahrlässigkeit** nicht kannte. Ist die Rechtswidrigkeit des GdB anhand der Behinderungsfeststellung im Ausgangsbe-

scheid (hier: „chronisch-toxische Schädigung" bei einer im Zeitpunkt der Bescheiderteilung trockenen Alkoholikerin) aus Laiensicht nicht unmittelbar erkennbar, liegt keine grobe Fahrlässigkeit i.S. des § 45 Abs. 2 Satz 3 Nr. 3 SGB X vor (SG Dortmund 28. 11. 2001 – S 20 SB 127/01).

Rücknahmen rechtswidriger Feststellungsbescheide der Versor- **62** gungsverwaltung setzen eine **Ermessensentscheidung** voraus (§ 45 Abs. 1 SGB X: „darf"). Der Herabsetzungsbescheid muss dementsprechend Gesichtspunkte erkennen lassen, von denen das Versorgungsamt bei der Ausübung seines Ermessens ausgegangen ist (§ 35 Abs. 1 Satz 3 SGB X). Die **Umdeutung** einer fälschlicherweise auf § 48 SGB X gestützten Herabsetzung des GdB (behauptete nachträgliche wesentliche Änderung des Gesundheitszustandes liegt nicht vor) in eine solche nach § 45 SGB X kommt wegen des Fehlens einer entsprechenden behördlichen Ermessensentscheidung nicht in Betracht (§ 43 Abs. 3 SGB X).

Ein Neufeststellungsbescheid, mit dem unter Einbeziehung eines **63** früher rechtswidrig festgestellten GdB ein zu hoher neuer GdB festgestellt wird, kann nur dann ohne Rücksicht auf den rechtswidrigen Ausgangsbescheid zurückgenommen werden, wenn die Voraussetzungen des § 45 SGB X auch hinsichtlich des Ausgangsbescheides noch vorliegen. Ist die nach § 48 Abs. 3 SGB X mögliche **Abschmelzung des rechtswidrigen Ausgangsbescheides** anlässlich einer Änderung der Verhältnisse zugunsten des Betroffenen versäumt worden, kann eine spätere Änderung der Verhältnisse nur dann zur Festsetzung eines geringeren als des ursprünglich festgesetzten unrichtigen GdB führen, wenn diese Änderung auch die durch den Ausgangsbescheid geregelten Verhältnisse betrifft (BSG 19. 9. 2000 – B 9 SB 3/00 R – BSGE 87, 126 = SozR 3 – 1300 § 45 Nr. 43). Demgegenüber ist ein Bescheid, mit dem eine fehlerhafte Feststellung nach § 48 SGB X den geänderten Verhältnissen angepasst wird, bevor dessen Fehlerhaftigkeit festgestellt wurde (**„konstitutive Fehlerwiederholung"**), durch das BSG als rechtmäßig angesehen worden (BSG 15. 8. 1996 – 9 RV 22/95 – BSGE 79, 92 = SozR 3 – 1300 § 45 Nr. 30).

Die Sonderregelungen des **§ 44 Abs. 1 und Abs. 4 SGB X,** die zur **64** Rücknahme rechtswidriger belastender Verwaltungsakte auch für die Vergangenheit verpflichten, beschränken sich auf Verwaltungsakte, die über die Gewährung von Sozialleistungen entscheiden. Die Feststellungen nach § 69 SGB IX sind auch in Verbindung mit der Rücknahme eines rechtswidrigen Bescheides zugunsten des Betroffenen grundsätzlich nur für die Zukunft zu treffen; die Rückwirkung liegt im Ermessen der Versorgungsverwaltung (BSG 29. 5. 1991 – 9a/9 RVs 11/89 – BSGE 69, 14 = SozR 3–1300 § 44 Nr. 3). Damit sind auf die Zeit vor der Antragstellung **rückwirkende GdB-Erhöhungen,** z. B. für die nachträgliche Erlangung einer Einkommensteuervergünstigung, in der Regel ausgeschlossen.

VII. Gesundheitliche Merkmale (§ 69 Abs. 4 SGB IX)

65   **1. Allgemeines.** Die Versorgungsämter prüfen nach § 69 Abs. 4
SGB IX, ob bei dem behinderten Menschen diejenigen gesundheitlichen Merkmale vorliegen, die Voraussetzung für die Inanspruchnahme
von Nachteilsausgleichen sind. Die ausschließliche **Zuständigkeit
der Versorgungsverwaltung** ist auch dann gegeben, wenn die gesundheitlichen Merkmale auf Rechtsgrundlagen beruhen, die nicht
Teil des Sozialgesetzbuchs sind (BSG 6. 10. 1981 – 9 RVs 3/81 – BSG 52,
168 = SozR 3870 § 3 Nr. 13; BSG 16. 3. 1982 – 9a/9 RVs 8/81 – SozR
3870 § 3 Nr. 14).

66   Die Zuerkennung gesundheitlicher Merkmale setzt die Feststellung
von Behinderungen im Verfahren nach § 69 Abs. 1 SGB IX voraus, auf
denen sie basieren. Dies macht die Verweisung in Abs. 4 auf Abs. 1
deutlich (BSG 3. 2. 1998 – 9/9a RVs 18/86 – SozR 3870 § 4 Nr. 1). Die
Entscheidung ergeht auch hinsichtlich der gesundheitlichen Merkmale
durch **Verwaltungsakt** (§ 31 SGB X), dem ein entsprechendes Verwaltungsverfahren vorausgeht. Von daher erscheint es als zweifelhaft,
ob Sozialgerichte gesundheitliche Merkmale für die Inanspruchnahme
von Nachteilsausgleichen in ein **Streitverfahren über die Höhe des
GdB einbeziehen** dürfen, ohne dass eine entsprechende Verwaltungsentscheidung und ein Widerspruchsbescheid vorliegen. Immerhin ist
die Durchführung des Widerspruchsverfahrens nach § 78 SGG **Prozessvoraussetzung**, was einen Verzicht aus pragmatischen Gründen
ausschließen dürfte. Das BSG ist jedoch der Auffassung, ein an sich not-
wendiges eigenständiges, mit einem Bescheid endendes Verwaltungs-
und Widerspruchsverfahren könne im Verlauf eines sozialgerichtlichen
Verfahrens entbehrlich werden, wenn von der Verwaltungsentscheidung nichts anderes zu erwarten sei, als eine Bestätigung des prozes-
sualen Vorbringens, und die Versorgungsverwaltung durch **rügelose
Einlassung** zu den klägerischen Anträgen auf ihren Vorrang zur
Gesetzesausführung verzichte (BSG 15. 8. 1998 – 9 RVs 10/94 – SozR
3–3870 § 4 Nr. 13; BSG 27. 8. 1998 – B 9 SB 13/97 R, Versorgungsverwaltung 1999, 47).

67   Die Feststellungen nach § 69 Abs. 4 SGB IX setzen ebenso wie die
nach § 69 Abs. 1 SGB IX einen **Antrag** des behinderten Menschen voraus, auch wenn das Antragserfordernis in Abs. 4 nicht wiederholt wird.
Dies trägt dem **höchstpersönlichen Charakter** der Feststellung gesundheitlicher Merkmale Rechnung. Während des Verwaltungsverfahrens bleibt die Dispositionsbefugnis des behinderten Menschen, das
Feststellungsbegehren auf bestimmte Merkmale zu beschränken, erhalten (BSG 6. 12. 1989 – 9 RVs 4/89 – BSGE 66, 120 = SozR 3870 § 4
Nr. 4). Von daher kann die Versorgungsverwaltung nicht von sich aus
gesundheitliche Merkmale feststellen (a. A. *Masuch* in: Hauck/Noftz,

SGB IX, K § 69 RdNr. 34), sondern ist gem. § 14 SGB I gehalten, den behinderten Menschen im Rahmen von Feststellungsverfahren nach § 69 Abs. 1 SGB IX auf naheliegende Antragsmöglichkeiten für die Feststellung gesundheitlicher Merkmale hinzuweisen.

Die Definition des **Nachteilausgleichs** findet sich in § 126 Abs. 1 **68** SGB IX. Demnach sind die Vorschriften über Hilfen für behinderte Menschen zum Ausgleich behinderungsbedingter Nachteile (Nachteilsausgleich) so zu gestalten, dass sie unabhängig von der Ursache der Behinderung der Art oder Schwere der Behinderung Rechnung tragen.

Katalog der feststellbaren gesundheitliche Merkmale: **69**

- äußerlich erkennbare, dauernde **Einbuße der körperlichen Beweglichkeit**, § 33 b Abs. 2 Nr. 2 b EStG (vgl. RdNr. 71)
- erhebliche Beeinträchtigung der Bewegungsfähigkeit im Straßenverkehr **(Merkzeichen „G")**, § 146 Abs. 1 SGB IX (vgl. Komm. zu § 146)
- Notwendigkeit ständiger Begleitung bei der Benutzung von öffentlichen Verkehrsmitteln **(Merkzeichen „B")**, § 146 Abs. 2 SGB IX (vgl. Komm. zu § 146)
- außergewöhnliche Gehbehinderung **(Merkzeichen „aG")**, § 6 Abs. 1 Nr. 14 StVG (vgl. RdNr. 72 ff.)
- Hilflosigkeit **(Merkzeichen „H")**, § 33 b Abs. 3 Satz 3, Abs. 6 EStG (vgl. RdNr. 80 ff.)
- Gehörlosigkeit **(Merkzeichen „Gl")**, § 145 Abs. 1 Satz 1 SGB IX (vgl. Komm. zu § 145)
- Ausschluss von öffentlichen Veranstaltungen **(Merkzeichen „RF")**, landesrechtliche Verordnungen über die Befreiung von der Rundfunkgebührenpflicht (vgl. RdNr. 87 ff.)
- Blindheit **(Merkzeichen „Bl")**, § 72 Abs. 2 SGB XII (vgl. RdNr. 95 f.)
- tariflich festgelegte gesundheitliche Voraussetzungen für die Benutzung der 1. Wagenklasse im Bahnverkehr **(Merkzeichen „1. Kl.",** vgl. RdNr. 97).

Die Anlage 2 zu § 2 VersMedV enthält u.a. Regelungen zu den Nach- **70** teilsausgleichen. Diese Regelungen sind nach Auffassung des LSG Baden-Württemberg von der Ermächtigungsnorm in § 30 Abs. 17 SGB IX nicht gedeckt und deshalb nichtig (vgl. LSG Baden-Württemberg 23. 7. 2010 – L 8 SB 3119/08).

2. Einbuße der körperlichen Beweglichkeit (§ 33 Abs. 2 Nr. 2 b **71** **EStG).** Die äußerlich erkennbare, dauernde Einbuße der körperlichen Beweglichkeit (§ 33 b Abs. 2 Nr. 2 b EStG) wird bei behinderten Menschen mit einem GdB von 30 oder 40 festgestellt. Die Feststellung dieses gesundheitlichen Merkmals erlaubt dem behinderten Menschen, ansonsten schwerbehinderten Menschen vorbehaltene einkommen-

steuerrechtliche Pauschbeträge nach § 33 b Abs. 3 EStG in Anspruch
zu nehmen.

72   **3. Außergewöhnliche Gehbehinderung („aG", § 3 Abs. 1 Nr. 1
SchwbAwV).** Nach § 6 Abs. 1 Nr. 14 StVG können schwerbehinderten
Menschen mit **außergewöhnlicher Gehbehinderung (Merkzeichen „aG", § 3 Abs. 1 Nr. 1 SchwbAwV)** Parkerleichterungen gewährt werden. Schwerbehinderte Menschen mit dem Merkzeichen
„aG" werden von der KfZ-Steuer befreit (§ 3 a Abs. 1 KraftStG).

73   Eine Beschreibung des **anspruchsberechtigten Personenkreises**
enthält die Allgemeine Verwaltungsvorschrift zu § 46 StVO: Demnach
sind als schwerbehinderte Menschen mit außergewöhnlicher Gehbehinderung solche Personen anzusehen, die sich wegen der Schwere
ihres Leidens dauernd nur mit fremder Hilfe oder nur mit großer An-
strengung außerhalb ihres Kraftfahrzeuges bewegen können. Hierzu
zählen Querschnittsgelähmte, Doppeloberschenkelamputierte, Dop-
pelunterschenkelamputierte, Hüftexartikulierte und einseitig Ober-
schenkelamputierte, die dauernd außerstande sind, ein Kunstbein zu
tragen, oder nur eine Beckenkorbprothese tragen können oder zugleich unterschenkel- oder armamputiert sind, sowie andere schwerbehinderte Menschen, die nach versorgungsärztlicher Feststellung,
auch auf Grund von Erkrankungen, dem vorstehend angeführten Personenkreis gleichzustellen sind.

74   Das **BSG** legt an die **Gleichstellung** mit dem in der Verwaltungsvorschrift zu § 46 StVO genannten Personenkreis einen **strengen
Maßstab** an. So sollen weder Orientierungsstörungen (BSG
6. 11. 1985 – 9a RVs 7/83 – SozR 3870 § 3 Nr. 18; s.a. LSG NRW
19. 6. 2001 – L 6 SB 32/01) noch zeitweise Anfälle (BSG 29. 1. 1992 – 9a
RVs 4/90 – br 1992, 91) den Anspruch auf das Merkzeichen „aG" begründen können. Diejenigen schwerbehinderten Menschen, die in
der Aufzählung der Verwaltungsvorschrift nicht ausdrücklich enthalten seien, würden gleichgestellt, wenn ihre Gehfähigkeit in unge-
wöhnlich hohem Maße eingeschränkt sei und sie sich nur unter
ebenso großen Anstrengungen wie die Vergleichsgruppe oder nur
noch mit fremder Hilfe fortbewegen könnten (BSG 27. 2. 2002 – B 9
SB 9/01 R; BSG 8. 5. 1981 – 9 RVs 5/80 – SozR 3870 § 3 Nr. 11; BSG
13. 12. 1994 – 9 RVs 3/94 – SozR 3–3870 § 4 Nr. 11, BSG 17. 12. 1994 – 9
RVs 16/96 – SozR 3–3870 § 4 Nr. 22). Eine zumutbare **Wegstrecke**
von 200 bis 300 m wird vielfach als über der Strecke angesehen, die
außergewöhnlich Gehbehinderte üblicherweise zurücklegen können.
Der Gewährung des Merkzeichens „aG" steht jedenfalls die Möglichkeit einer Fußwegstrecke von bis zu 100 m nicht entgegen (Thüringer
LSG 14. 3. 2001 – L 5 SB 672/00). Für eine **Grenzziehung bei der
Wegefähigkeit von 100 m** spricht, dass Sonderparkplätze in der
Nähe von Behörden und Kliniken und die Parksonderrechte vor Woh-
nungen und Arbeitsstätten denjenigen schwerbehinderten Menschen

vorbehalten werden sollen, denen nur noch Wegstrecken zumutbar sind, die von diesen Sonderparkplätzen aus üblicherweise bis zum Erreichen des Eingangs der Gebäude zurückzulegen sind. Diese Wegstrecken über Straßen und Gehwege in die Eingangsbereiche der genannten Gebäude liegen regelmäßig unter 100 m (LSG Baden-Württemberg 15. 3. 2001 – L 11 SB 4527/00; **eine 100m-Grenze befürwortend:** LSG für das Saarland 6. 2. 2001 – L 5 b SB 67/99 im Anschluss an entsprechende Entscheidungen des LSG Mainz 19. 3. 1991 – L 4 Vs 78/90, 30. 11. 1994 – L 4 Vs 39/93 und vom 14. 8. 1997 – L 4 Vs 131/96).

Die Gleichstellung mit den kraft der Allgemeinen Verwaltungsvor- **75** schrift zu § 46 StVG außergewöhnlich Gehbehinderten setzt demgegenüber nach Auffassung des **LSG NRW** voraus, dass ein Leidenszustand vorliegt, der den behinderten Menschen bei der Fortbewegung **faktisch an den Rollstuhl bindet** bzw. der zur Fortbewegung die Benutzung eines Rollstuhls zumindest als dringend geboten erscheinen lässt (LSG NRW 14. 3. 2001 – L 10 SB 86/00 – SGb 2001, 626). Dies schränkt den begünstigten Personenkreis zu stark in Richtung einer **Gehunfähigkeit** ein, zumal behinderte Menschen der Vergleichsgruppe oftmals durch die Versorgung mit Hilfsmitteln eine gewisse Mobilität erlangen. Die Auswirkungen der Gehstörungen müssen jedoch bezogen auf die Fortbewegung funktional denen des Personenkreises der Vergleichsgruppe entsprechen.

Das BSG wendet sich gegen eine **erweiternde Auslegung** nach **76** dem Zweck des Schwerbehindertenrechts. Mit der Ausweitung des Personenkreises steige nicht nur die Anzahl der Benutzer von Behindertenparkplätzen, dem an sich mit einer Vermehrung entsprechender Parkplätze begegnet werden könne. Mit jeder **Vermehrung der Parkflächen** werde dem gesamten Personenkreis eine durchschnittlich längere Wegstrecke zugemutet, weil ortsnaher Parkraum nicht beliebig geschaffen werden könne. Bei einer an sich vielleicht wünschenswerten Ausweitung des begünstigten Personenkreises sei zu bedenken, dass dadurch der in erster Linie zu begünstigende Personenkreis wieder benachteiligt werde (BSG 3. 2. 1988 – 9/9a RVs 19/86 – SozR 3870 § 3 Nr. 28).

Als **Erkrankungen der inneren Organe**, die eine Gleichstellung **77** rechtfertigen können, sind z. B. Herzschäden mit schweren Dekompensationserscheinungen oder Ruheinsuffizienz sowie Krankheiten der Atmungsorgane mit Einschränkungen der Lungenfunktion schweren Grades anzusehen (Teil D Nr. 3 c VMG). Die Zuerkennung des Merkzeichens „aG" im Wege der Gleichstellung kommt auch bei einer außergewöhnlichen Gehbehinderung infolge einer schweren rheumatischen Arthritis (SG Dortmund 28. 11. 2001 – S 20 (3) SB 290/00) oder einer Multiple-Sklerose-Erkrankung (SG Stade 1. 2. 2002 – S 2 SB 3/01) in Betracht. Führt das ungünstige Zusammenwirken einer psychomotorischen Retardierung mit einer beinbetonten Spastik dazu, dass der behinderte Mensch im innerstädtischen Fußgängerverkehr wegen der Selbstgefährdung und einer Gefährdung anderer von einer Begleitperson allein nicht mehr geführt werden kann, kommt ebenfalls die Gleichstellung mit dem in der Allgemeinen Verwaltungsvorschrift zu § 46 StVG genannten Personenkreis in Betracht (Hessisches LSG 24. 2. 2000 – L 5 SB 1351/96 – E-LSG SB-024). Eine mit Muskellähmungen, Muskelschwäche und Schmerzen verbundene Dermatomyositis kann auf der Grundlage einer Gesamtbeurteilung des Krankheitsbildes und dessen Auswirkungen durch einen **medizinischen Sachverständigen** die Gleichstellung mit den in der Verwaltungsvorschrift genannten Leidenszuständen rechtfertigen (BSG 15. 8. 2000 – B 9 SB 33/00 B).

78   Die gesundheitlichen Voraussetzungen des Merkzeichens „aG" können als erfüllt angesehen werden, wenn das Gehvermögen des behinderten Menschen zwar funktionell noch den in der Verwaltungsvorschrift zu § 46 StVO aufgestellten Vergleichsmaßstab übertrifft, der Betroffene den Einsatz dieses Gehvermögens aber wegen akuter Verschlimmerungsgefahr auch im häuslichen Bereich so weit wie irgend möglich einschränken muss, so dass er zur Vermeidung überflüssiger Gehstrecken in der Regel einen Rollstuhl benutzen sollte (BSG 11. 3. 1998 – B 9 SB 1/97 R – BSGE 82, 37 = SozR 3–3870 § 4 Nr. 23). Das BSG begründet die Berücksichtigung der **Verschlimmerungsgefahr bei progredienten Leiden** (hier: Hüftgelenksluxation) damit, dass auch das Schwerbehindertenrecht Rehabilitationsziele verfolge. Deshalb sei es unrichtig, bei der Beurteilung von Behinderungen und insbesondere der Voraussetzungen für Nachteilsausgleiche prognostische medizinische Gesichtspunkte stets außer Acht zu lassen. Der Gesetzeszweck der Bereitstellung von Hilfen bei der Integration in ein normales Leben und des Ausgleichs behinderungsbedingter Defizite lege es nahe, einen Nachteilsausgleich ausnahmsweise schon dann zuzuerkennen, wenn der auszugleichende Nachteil bereits unmittelbar drohe und sein Eintritt nur durch ein entsprechendes Verhalten des Schwerbehinderten zeitlich hinausgezögert werden könne. Der schwerbehinderte Mensch habe deshalb bereits dann Anspruch auf das Merkzeichen „aG", wenn die dadurch gebotenen Erleichterungen im Straßenverkehr (z. B. zusätzliche Parkmöglichkeiten, Ausnahmen von Halteverboten) **prophylaktisch** ins Gewicht fielen (s.a. Hessisches LSG 15. 3. 2001 – L 4 SB 580/99).

79   Die **Straßenverkehrsbehörden** können unabhängig von der Feststellung der gesundheitlichen Voraussetzungen des Merkzeichens „aG" durch die Versorgungsverwaltung **in Einzelfällen** im Rahmen ihres Ermessens **Parkerleichterungen** gem. § 46 Abs. 1 Nr. 11 StVO gewähren. Dies gilt insbesondere für Gehbehinderte mit dem Merkzeichen „G", sofern die Voraussetzungen für die Zuerkennung des Merkzei-

chens „aG" **nur knapp verfehlt** wurden (GdB mindestens 70, max. Aktionsradius ca. 100 m), Morbus-Crohn-Kranke und Colitis-Ulke-rosa-Kranke mit einem diesbezüglichen GdB von mindestens 60 sowie Stomaträger mit doppeltem Stoma und einem hierfür anerkannten GdB von mindestens 70 (vgl. z. B. Erlass des Ministeriums für Wirtschaft und Mittelstand, Energie und Verkehr des Landes NRW 4. 9. 2001 − VI B 3 − 78 − 12/6). Amtshilfeersuchen der Straßenverkehrs-behörden an die Versorgungsämter zu den gesundheitlichen Voraussetzungen der Ausnahmeregelung sollen zügig nach Aktenlage erledigt werden (vgl. z. B. Erlass des Ministeriums für Arbeit und Soziales, Qualifikation und Technologie des Landes Nordrhein-Westfalen vom 14. 9. 2001 − 3.2 − 4427).

4. Hilflosigkeit („H", § 3 Abs. 1 Nr. 2 SchbAw). Hilflosigkeit 80 (Merkzeichen „H", § 3 Abs. 1 Nr. 2 SchbAwV) im Sinne des § 33 b Abs. 6 EStG ist für die Inanspruchnahme des Pflegepauschbetrages, des erhöhten Pauschbetrages nach § 33 b Abs. 3 Satz 3 EStG, der Kraft-fahrzeugsteuerbefreiung (§ 3 a Abs. 1 KraftStG) und der Befreiung von der Eigenbeteiligung nach § 145 Abs. 1 Satz 5 Nr. 1 SGB IX (Unent-geltliche Beförderung im öffentlichen Personenverkehr) von Bedeu-tung.

Hilflos ist nach § 33 b Abs. 6 Satz 2 EStG eine Person, wenn sie für 81 eine Reihe von häufig und regelmäßig wiederkehrenden Verrichtun-gen zur Sicherung ihrer persönlichen Existenz im Ablauf eines jeden Tages fremder Hilfe dauernd bedarf. Diese Voraussetzungen sind auch erfüllt, wenn die Hilfe in Form einer Überwachung oder einer Anlei-tung zu den in Satz 2 genannten Verrichtungen erforderlich ist oder wenn die Hilfe zwar nicht dauernd geleistet werden muss, jedoch eine ständige Bereitschaft zur Hilfeleistung erforderlich ist (§ 33 b Abs. 6 Satz 3 EStG). Bei wegen der Zahl der Verrichtungen oder der zeitlich ungünstigen Verteilung der Hilfeleistung kann Hilflosigkeit auch be-reits bei ein bis zwei Stunden täglichem Pflegeaufwand vorliegen (LSG Bayern 23. 2. 2010 − L 15 SB 124/07). Eine mit § 33 b Abs. 6 Satz 3 EStG wortgleiche Legaldefinition der Hilflosigkeit findet sich in **§ 35 Abs. 1 Satz 2-3 BVG** als Tatbestandsmerkmal für den Anspruch auf Pflege-zulage im sozialen Entschädigungsrecht. Trotz der unterschiedlichen Zwecke der steuerrechtlichen und der versorgungsrechtlichen Vor-schriften legt ihre wörtliche Angleichung eine einheitliche Auslegung nahe (BSG 29. 8. 1990 − 9a/9 RVs 7/89 − BSGE 67, 204 = SozR 3−3870 § 4 Nr. 1; LSG Schleswig-Holstein 28. 6. 2001 − L 2 V 16/00).

Häufige und regelmäßig wiederkehrende **Verrichtungen zur** 82 **Sicherung der persönlichen Existenz** sind insbesondere An- und Auskleiden, Nahrungsaufnahme, Körperpflege, Verrichten der Not-durft. Die im grundpflegerischen Bereich erforderlichen Hilfestellun-gen ermöglichen die Zuerkennung des Merkzeichens „H". Außerdem sind notwendige körperliche Bewegung, geistige Anregung und Möglichkeiten zur Kommunikation (dazu: BSG 9. 10. 1997 – 9 RVs 15/96 – BSGE 81, 50 = SozR 3–3870 § 4 Nr. 6) zu berücksichtigen. Hilflosigkeit liegt auch vor, wenn ein **seelisch oder geistig behinderter Mensch** zwar bei zahlreichen Verrichtungen des täglichen Lebens keiner Handreichungen bedarf, er diese Verrichtungen aber infolge einer Antriebsschwäche ohne ständige Überwachung nicht vornimmt (BSG 8. 3. 1995 – 9 RVs 5/94 – SozR 3–3870 § 4 Nr. 12). **Gehörlos** geborene oder vor Spracherwerb ertaubte Personen können hilflos i. S. des § 33 b EStG sein, obwohl sie nur bei einer Verrichtung des täglichen Lebens, der ständig erforderlichen Kommunikation, fremder Hilfe bedürfen (BSG 11. 12. 1996 – 9 RVs 9/95 – BSGE 3–3870 § 4 Nr. 15 = SozR 3–3870 § 4 Nr. 15).

83   Ungeachtet dessen muss der **Umfang der notwendigen Hilfe** erheblich sein. Dies ist nur dann der Fall, wenn die Hilfe dauernd für zahlreiche häufig und regelmäßig wiederkehrende Verrichtungen benötigt wird. Einzelne Verrichtungen, selbst wenn sie lebensnotwendig sind und im täglichen Ablauf wiederholt vorgenommen werden, genügen nicht (z. B. Hilfe beim Anziehen einzelner Bekleidungsstücke, notwendige Begleitung bei Reisen und Spaziergängen, Hilfe im Straßenverkehr, einfache Wund- oder Heilbehandlung, Hilfe bei Heimdialyse ohne Notwendigkeit weiterer Hilfeleistung). Ein Hilfebedarf von täglich einer Stunde wird in der Rechtsprechung als zu gering angesehen (BSG 29. 8. 1990 – 9a/9 RVs 7/89 – BSGE 67, 204 = SozR 3–3870 § 4 Nr. 1; BSG 8. 3. 1995 – 9 RVs 5/94 – SozR 3–3870 § 4 Nr. 12; LSG Schleswig-Holstein 26. 2. 2001 – L 2 SB 36/99: 1 Stunde 25 Minuten reicht nicht), wobei das BSG inzwischen von einer **zeitlichen Mindestgrenze von einer Stunde** spricht (BSG 2. 7. 1997 – 9 RVs 9/96). In der Entscheidung vom 10. 12. 2002 (BSG 10. 12. 2002 – B 9 V 3/01 R – BSGE 90, 185 = SozR 3–3100 § 35 Nr. 12) führt das BSG aus, ein zeitlicher Aufwand für existenzsichernde Hilfeleistungen von unter einer Stunde am Tag reiche nicht aus für die Bejahung von Hilflosigkeit, während dies bei einem Zeitaufwand ab zwei Stunden der Fall sei. Liege der erforderliche Betreuungsaufwand zwischen einer und zwei Stunden, so sei Hilflosigkeit dann anzunehmen, wenn der wirtschaftliche Wert der erforderlichen Pflege (wegen der Zahl der Verrichtungen bzw. ungünstiger zeitlicher Verteilung der Hilfeleistungen) besonders hoch sei.

84   Verrichtungen, die mit der Pflege nicht unmittelbar zusammenhängen, z. B. im **hauswirtschaftlichen Bereich** (Instandhaltung und Reinigung der Wohnung, Einkäufe, Nahrungszubereitung, Spülen, Wäschewaschen), müssen bei der Beurteilung des Hilfebedarfs anders als in der Pflegeversicherung (§ 14 Abs. 4 Nr. 4, § 15 Abs. 1 SGB XI) außer Betracht bleiben (BSG 2. 7. 1997 – 9 RVs 9/96 – Versorgungsverwaltung 1997, 94; zu § 35 Abs. 1 Satz 2 BVG: BSG 10. 9. 1997 – 9 RV 8/96 und BSG 2. 7. 1997 – 9 RV 19/95 – SozR 3–3100 § 35 Nr. 6). So sind

von der Hilfe bei der reinen Nahrungsaufnahme (Essen und Trinken) die nicht berücksichtigungsfähige Nahrungszubereitung und das Einkaufen der Lebensmittel abzugrenzen (LSG NRW 27. 11. 2001 – L 6 SB 51/01 NW).

Bei **behinderten Kindern und Jugendlichen** kann die Hilf- **85** losigkeit nicht nur in Defiziten bei einzelnen Verrichtungen, sondern auch in einer **erschwerten Anleitung** zur Kompensation von Defiziten, zusätzlichen Lernschwierigkeiten und in einem besonderen Erklärungsbedarf zum Ausdruck kommen. Dabei ist nur der Teil der Hilfsbedürftigkeit zu berücksichtigen, der wegen der Behinderung den Umfang der Hilfsbedürftigkeit eines gesunden gleichaltrigen Kindes überschreitet (BSG 12. 2. 1997 – 9 RVs 1/95 – BSGE E 80, 97 = SozR 3–3870 § 4 Nr. 18; LSG NRW 25. 1. 2001 – L 7 SB 47/99). Bereits im ersten Lebensjahr können infolge der Behinderung Hilfeleistungen in einem solchen Umfang erforderlich sein, dass dadurch die Voraussetzungen für die Annahme der Hilflosigkeit erfüllt sind (z. B. bei blinden Kindern, hirngeschädigten Kindern mit einem GdB von 100; vgl. Teil A Nr. 5 VMG). Die Voraussetzungen für die Annahme von Hilflosigkeit können nicht nur infolge einer Besserung der Gesundheitsstörungen, sondern auch dadurch entfallen, dass der Behinderte infolge des Reifungsprozesses ausreichend gelernt hat – etwa nach Abschluss der Pubertät –, wegen der Behinderung erforderliche Maßnahmen, die vorher von Hilfspersonen geleistet oder überwacht werden mussten, selbstständig und eigenverantwortlich durchzuführen. In diesen Fällen wird das Versorgungsamt in Anwendung des § 48 SGB X eine wesentliche **Änderung der Verhältnisse** feststellen und den Ausgangsbescheid hinsichtlich des Vorliegens der gesundheitlichen Voraussetzungen des Merkzeichens „H" aufheben (vgl. dazu RdNr. 54 ff.). Die förmliche Bescheidaufhebung erübrigt sich, soweit sich der mit einer wirksamen **Befristung** versehene Feststellungsbescheid durch Zeitablauf erledigt (§ 32 Abs. 2 Nr. 1, Abs. 3 SGB X, § 39 Abs. 2 SGB X).

Der **Begriff der Hilflosigkeit** ist von dem der **Pflegebedürftig- 86 keit** nach § 14 SGB XI und § 61 SGB XII abzugrenzen. So ist der Sozialhilfeträger an die Feststellung der gesundheitlichen Voraussetzungen des Merkzeichens „H" durch das Versorgungsamt bei der Prüfung der Voraussetzungen von Hilfe zur Pflege nach § 61 SGB XII nicht gebunden (vgl. zur alten Rechtslage BVerwG 17. 8. 1988 – 5 C 65/85 – BVerwGE 80, 54). Genauso begründet die Hilflosigkeit i. S. des § 33 b EStG nicht regelhaft Pflegebedürftigkeit i. S. des § 14 SGB XI wie umgekehrt aus der Feststellung einer Pflegebedürftigkeit insbesondere nach der Pflegestufe I (erheblich Pflegebedürftige, § 15 Abs. 1 Satz 1 Nr. 1, Abs. 3 Nr. 1 SGB XI) nicht zwangsläufig auf das Vorliegen einer Hilflosigkeit geschlossen werden kann. Dies ergibt sich bereits daraus, dass auf die Grundpflege bei der Pflegestufe I nur ein Zeitanteil von mehr als 45 Minuten entfallen muss. Unterschiedliche Maßstäbe ergeben sich durch die Berücksichtigung der hauswirtschaftlichen Versorgung in der Pflegeversicherung (§ 14 Abs. 4 Nr. 4 SGB XI). Lediglich bei der Gewährung von Pflegeleistungen nach Pflegestufe III (Schwerstpflegebedürftigkeit, § 15 Abs. 1 Satz 1 Nr. 3, Abs. 3 Nr. 3 SGB XI) mit einem Grundpflegeanteil von mindestens 4 Stunden kann ohne weitere Überprüfung vom Vorliegen der gesundheitlichen Voraussetzungen des Merkzeichens „H" ausgegangen werden. Gleichwohl erscheint die Unsicherheit, ob und wenn ja wie die Hilflosigkeit in das Raster der **Pflegestufen** des § 15 SGB XI einzuordnen ist, als ebenso unbefriedigend wie die unscharfen tatbestandlichen Voraussetzungen des Merkzeichens „H". Hier wäre eine Anpassung des steuerrechtlichen Nachteilsausgleichs für behinderte Menschen an die Systematik des SGB XI wünschenswert. Neben einer Vereinheitlichung der Begrifflichkeiten wäre es denkbar, eine **Tatbestandswirkung der Einstufung in Pflegestufe II** (Schwerpflegebedürftige, § 15 Abs. 1 Satz 1 Nr. 2, Abs. 3 Nr. 2 SGB XI) für die Feststellung der gesundheitlichen Voraussetzungen des Merkzeichens „H" vorzusehen. Der Zeitaufwand für die Grundpflege (ohne hauswirtschaftliche Versorgung) beträgt in der Pflegestufe II mindestens zwei Stunden, weshalb dieser Maßstab unter Berücksichtigung der vom BSG genannten Mindestzeitgrenze von einer Stunde für den Hilfebedarf nach § 33b EStG als geeignet erscheint.

87   **5. Ausschluss von öffentlichen Veranstaltungen („RF", § 3 Abs. 1 Nr. 5 SchwbAwV).** Der Ausschluss von öffentlichen Veranstaltungen (Merkzeichen „RF", § 3 Abs. 1 Nr. 5 SchwbAwV) als Voraussetzung der Befreiung schwerbehinderter Menschen von der Rundfunkgebührenpflicht ist inhaltlich übereinstimmend in Verordnungen der Bundesländer geregelt. Als Anspruchsberechtigte i.S. des § 3 Abs. 1 Nr. 5 SchwbAwV werden in den Verordnungen u. a. genannt:

- blinde oder nicht nur vorübergehend wesentlich sehbehinderte Menschen mit einem GdB von 60 allein wegen der Sehbehinderung,
- hörgeschädigte Menschen, die gehörlos sind oder denen eine ausreichende Verständigung über das Gehör auch mit Hörhilfen nicht möglich ist,
- behinderte Menschen mit einem GdB von wenigstens 80, die wegen ihres Leidens an öffentlichen Veranstaltungen ständig nicht teilnehmen können.

88   Das **Merkzeichen „RF"** dient dem Ausgleich für die Unfähigkeit des behinderten Menschen, an öffentlichen Veranstaltungen teilzunehmen. Es soll die Teilnahme am öffentlichen Leben und kulturellen Geschehen ermöglichen und behinderungsbedingte Störungen in Bezug auf die Teilnahme am öffentlichen Gemeinschaftsleben durch er-

leichterten Zugang zu Rundfunk- und Fernsehsendungen ausgleichen.

Nach der Rechtsprechung des **BSG** muss der behinderte Mensch **89**
wegen seiner Leiden **„allgemein"** und **„umfassend"** von **öffentlichen Veranstaltungen ausgeschlossen** sein. Es genügt demnach
nicht, dass sich die Teilnahme an einzelnen, nur gelegentlich stattfindenden Veranstaltungen, etwa Massenveranstaltungen verbietet (BSG
3. 6. 1987 – 9a RVs 27/85 – SozR 3870 § 3 Nr. 25). Wer an öffentlichen
Veranstaltungen zwar noch körperlich teilnehmen kann, infolge einer
Beeinträchtigung seiner geistigen Aufnahmefähigkeit solchen Veranstaltungen aber nicht bis zum Ende folgen kann, soll ebenfalls keinen
Anspruch auf Befreiung von der Rundfunkgebührenpflicht haben
(BSG 10. 8. 1993 – 9/9a RVs 7/91 – SozR 3–3870 § 48 Nr. 2).

Im Fall eines behinderten Menschen, der wegen seiner **Verhaltens-** **90**
auffälligkeiten – ständige Zuckungen und zu Zwangsweinen neigende Affektlabilität – öffentliche Veranstaltungen meidet, hat das
BSG (BSG 10. 8. 1993 – 9/9a RVs 7/91 – SozR 3–3870 § 48 Nr. 2) folgende Ausführungen gemacht: „... Dabei hat das LSG die bisherige
Rechtsprechung zutreffend dahin verstanden, dass hier eine enge Auslegung geboten ist, die praktisch einer **Bindung an das Haus** gleichsteht ... Um die Lage von Menschen mit Behinderungen zu erleichtern, müssen Nichtbehinderte ihre Wahrnehmung korrigieren.
Weitestmögliche Einbeziehung in unser Leben sind wir Menschen mit
allen Arten von Behinderungen und ihren Familien schuldig. Im Sinne
der Zielsetzung des SchwbG ist eine **Ausgrenzung** der Behinderten
nur in äußersten Randsituationen erlaubt. Entgegen der Auffassung
der Revision gebietet daher die Menschenwürde nicht die Zuerkennung des Merkzeichens „RF" mit der Begründung, dass Behinderte
für die Öffentlichkeit nicht tragbar und daher abzusondern seien,
sondern die Förderung aktiver Teilnahme des Behinderten am gesellschaftlichen Leben. Der Zweck des Nachteilsausgleichs „RF" wird in
sein Gegenteil verkehrt, wenn er schon zuerkannt wird, um besonderen Empfindlichkeiten der Öffentlichkeit Rechnung zu tragen. Der
Öffentlichkeit würde dann die Ausgrenzung der Behinderten erlaubt.
Wann und in welchem Umfang Entstellung und Geruchsbelästigung,
unwillkürliche Bewegungen wie bei Spastikern und ähnliches den Behinderten vom Besuch öffentlicher Veranstaltungen ausschließen, wird
unter Beachtung der genannten Grundsätze im Wesentlichen tatrichterlicher Würdigung vorbehalten bleiben."

Das BSG geht bei seiner **engen Auslegung** der Voraussetzungen **91**
des Nachteilsausgleichs „RF" so weit, einem erwachsenen behinderten
Menschen, der an Harninkontinenz leidet, den Besuch öffentlicher
Veranstaltungen in Windelhosen und nach entsprechender Steuerung
der Flüssigkeitsaufnahme als zumutbare Gestaltung seiner Lebensverhältnisse anzusinnen (BSG 10. 8. 1993 – 9/9a RVs 7/91 – SozR 3–3870

§ 48 Nr. 2; s.a. LSG NRW 22. 5. 2001 – L 6 SB 192/00). Eine derartige **Überspitzung der restriktiven Anspruchsprüfung** lässt sich vermeiden, indem eine angemessene Berücksichtigung der **Zumutbarkeit** des Besuchs öffentlicher Veranstaltungen für den behinderten Menschen erfolgt. So können beengte Sitzgelegenheiten und Enge infolge größeren Publikumsandrangs für behinderte Menschen mit schweren Bewegungsstörungen und mit der Notwendigkeit des häufigen Haltungswechsels die Teilnahme an öffentlichen Veranstaltungen als unzumutbar erscheinen lassen (SG Dortmund 15. 11. 2001 – S 7 SB 330/00). **Seelische Behinderungen** können die gesundheitlichen Voraussetzungen des Merkzeichens „RF" erfüllen. Dies gilt für den Fall, dass behinderungsbedingt massive soziale Anpassungsstörungen vorliegen, Menschen gemieden werden und der Betroffene sich sozial zurückzieht, ohne dass er in der Lage wäre, sein Verhalten zu überwinden. Die Angst, am Straßenverkehr teilzunehmen, bzw. Platzangst bei Menschenansammlungen allein reichen nicht aus (vgl. LSG NRW 21. 4. 2010 – L 10 SB 22/09).

92   Nicht sachgerecht ist es, das **persönliche Erscheinen** des behinderten Menschen zum sozialgerichtlichen **Erörterungs- oder Verhandlungstermin** anzuordnen (§ 111 SGG) und dem Kläger sein unter Androhung von Ordnungsmitteln bewirktes Erscheinen als anspruchshindernd vorzuhalten. Hier sollte der behinderte Prozessbeteiligte vorsorglich unter Vorlage eines ärztlichen Attestes die Aufhebung der Anordnung des persönlichen Erscheinens zum Gerichtstermin beantragen.

93   Gesetzliche Vertreter **behinderter Kinder** können für ihr Kind die Feststellung der gesundheitlichen Voraussetzungen des Merkzeichens „RF" beantragen. Das Versorgungsamt hat die gesundheitliche Konstitution des behinderten Kindes mit der eines altersentsprechenden nicht behinderten Kindes zu vergleichen. Da altersentsprechende „Nachteile" grundsätzlich nicht behinderungsbedingt sind, ergibt sich bis zur Vollendung des zweiten Lebensjahres wegen der – auch bei gesunden Kleinkindern üblichen – Nichtteilnahme an öffentlichen Veranstaltungen kein auszugleichender „Nachteil". Bis zu dieser **Altersgrenze** kommt die Zuerkennung des Merkzeichens „RF" nicht in Betracht (BSG 12. 2. 1997 – 9 RVs 1/95 – BSGE E 80, 97 = SozR 3–3870 § 4 Nr. 18).

94   Das BSG ist der Auffassung, dass ein durch Gebührenbefreiung **auszugleichender Mehraufwand behinderter Rundfunk- und Fernsehteilnehmer** nicht mehr vorliege, weil die deutsche Bevölkerung unabhängig von Behinderungen nahezu vollständig Rundfunk höre und fernsehe. Die Gebührenbefreiung für behinderte Menschen stelle deshalb einen Verstoß gegen den gebührenrechtlichen Grundsatz der verhältnismäßigen Gleichbehandlung aller Nutzer dar. Die daraus folgende Konsequenz könne nur der Verordnungsgeber ziehen, weil

Versorgungsverwaltung und Sozialgerichte über ein gesundheitliches Merkmal des Befreiungstatbestandes, nicht aber über die – möglicherweise **gegen höherrangiges Recht verstoßende** – Befreiung von der Rundfunkgebührenpflicht zu entscheiden hätten (BSG 26.6.2000 – B9 SB 2/00 R – SozR 3–3870 § 4 Nr. 26). Das BSG legt hier mit an sich erfreulicher Offenheit sein Vorverständnis von einem seines Erachtens überflüssigen Nachteilsausgleich dar. Zur Absicherung seiner restriktiven Auslegung taugt dieser Gesichtspunkt jedoch nicht, da es Gerichten nicht ansteht, vom Gesetz- bzw. Verordnungsgeber geschaffene Regelungen durch restriktive Auslegung leerlaufen zu lassen.

6. Blindheit („Bl", § 3 Abs. 1 Nr. 3 SchwbAwV). Die gesundheit- **95** lichen Voraussetzungen des **Merkzeichens „Bl"** (§ 3 Abs. 1 Nr. 3 SchwbAwV) liegen vor, wenn der schwerbehinderte Mensch **blind** im Sinne des § 72 Abs. 5 SGB XII oder entsprechender Vorschriften ist. Damit werden behinderte Menschen als blind angesehen, denen das **Augenlicht vollständig fehlt** sowie solche mit einer **erheblich beeinträchtigten Sehschärfe.** Letztere werden berücksichtigt, wenn ihre Sehschärfe auf dem besseren Auge nicht mehr als 1/50 beträgt oder wenn dem Schweregrad dieser Sehschärfe gleichzuachtende, nicht nur vorübergehende Störungen des Sehvermögens vorliegen. Eine der Herabsetzung der Sehschärfe auf 1/50 oder weniger gleichzusetzende Sehbehinderung liegt nach den Richtlinien der Deutschen Ophthalmologischen Gesellschaft u. a. bei bestimmten Fallgruppen der Einengung des Gesichtsfeldes vor (Teil A Nr. 6, Nr. 4 VMG).

Das **Merkzeichen „Bl"** ist für die unentgeltliche Beförderung im **96** öffentlichen Personenverkehr (§ 145 Abs. 1 Satz 5 Nr. 1 SGB IX), die Befreiung von der Kraftfahrzeugsteuer (§ 3 a Abs. 1 KraftStG) und sonstige steuerliche Vergünstigungen von Bedeutung.

7. 1. Klasse („1. Kl.", § 3 Abs. 1 Nr. 6 SchwbAwV). Das **Merkzei- 97 chen „1.Kl."** (§ 3 Abs. 1 Nr. 6 SchwbAwV) wird zuerkannt, wenn der schwerbehinderte Mensch die im Verkehr mit Eisenbahnen tariflich festgelegten gesundheitlichen Voraussetzungen für die Benutzung der 1. Wagenklasse mit Fahrausweis der 2. Wagenklasse erfüllt. Die Deutsche Bahn AG gewährt bestimmten Gruppen von schwerbehinderten Menschen, nämlich Kriegsbeschädigten und NS-Verfolgten mit einer MdE um mindestens 70 v.H., in ihren Tarifen das Recht, bei Eisenbahnfahrten mit Fahrausweis der 2. Klasse die 1. Klasse zu benutzen, wenn ihr körperlicher Zustand bei Reisen ständig die Unterbringung in der 1. Wagenklasse erfordert. Bei schwerkriegsbeschädigten Empfängern der drei höchsten Pflegezulagestufen sowie bei Kriegsblinden, kriegsbeschädigten Ohnhändern und Querschnittgelähmten wird das Vorliegen der Voraussetzungen unterstellt. In den Genuss des Merkzeichens „1. Kl." sollen insbesondere Schwerbeschädigte kommen, denen auf Grund ihrer Behinderungen ein größerer Sitzabstand

Zugreisen erleichtert (BSG 28. 3. 1984 – 9a RVs 9/83 – BSGE 56, 238 = SozR 3870 § 3 Nr. 17). Die Ausgestaltung dieses Nachteilsausgleichs passt systematisch nicht in das final ausgerichtete Schwerbehindertenrecht, sondern ist ein **Relikt der kausalen Ausrichtung** dieses Rechtsbereichs mit der Beschränkung auf bestimmte privilegierte Behinderungsursachen bis zum Jahre 1974 (vgl. vor § 68 RdNr. 17 ff.). § 3 Abs. 1 Nr. 6 SchwbAwV widerspricht dem **Differenzierungsverbot** nach der Behinderungsursache in § 126 Abs. 1 SGB IX (vgl. § 126 RdNr. 5).

VIII. Schwerbehindertenausweis
(§ 69 Abs. 5 SGB IX)

98   Nach § 69 Abs. 5 Satz 1 SGB IX stellen die zuständigen Behörden den Ausweis über die Eigenschaft als schwerbehinderter Mensch, den GdB sowie ggfs. über weitere gesundheitliche Merkmale gem. Abs. 4 aus. Für **Rechtsstreitigkeiten** um die Ausstellung, Verlängerung, Berichtigung und Einziehung des Schwerbehindertenausweises sind die Gerichte der Sozialgerichtsbarkeit zuständig (§ 51 Abs. 1 Nr. 7 SGG).

99   Voraussetzung der Ausweiserteilung ist zunächst ein – nicht notwendig bestandskräftiger – **Feststellungsbescheid** des Versorgungsamtes nach § 69 Abs. 1 und 4 SGB IX, mit dem ein GdB von wenigstens 50 (Schwerbehinderung, § 2 Abs. 2 SGB IX) und ggfs. weitere gesundheitliche Merkmale für die Inanspruchnahme von Nachteilsausgleichen festgestellt worden sind. Wie auch der Feststellungsbescheid selbst bedarf die Ausgabe des Schwerbehindertenausweises zur Wahrung der Dispositionsbefugnis des behinderten Menschen seines **Antrages**. Beide Anträge werden auf den Vordrucken der Versorgungsverwaltung zweckmäßigerweise gemeinsam gestellt.

100   Der Feststellungsbescheid enthält Angaben zu **Art und Ausmaß der Behinderungen**, die ihn als wenig geeignet erscheinen lassen, gegenüber Arbeitgebern, Behörden oder privaten Einrichtungen den Nachweis der Schwerbehinderteneigenschaft zu erbringen. Gleichwohl ist es dem behinderten Menschen nicht verwehrt, den Feststellungsbescheid im Rechtsverkehr als Nachweis der Schwerbehinderung vorzulegen. Abgesehen von der besseren Handlichkeit des Ausweises hat dieser den Vorteil, sich auf die Angabe der **Schwerbehinderteneigenschaft, des GdB und der Merkzeichen** zu beschränken.

101   Der Ausweis dient dem Nachweis für die Inanspruchnahme von Leistungen und sonstigen Hilfen, die schwerbehinderten Menschen nach Teil 2 des SGB IX oder nach anderen Vorschriften zustehen (§ 69 Abs. 5 Satz 2 SGB IX). Es handelt sich um eine **öffentliche Urkunde**

mit behördlicher Erklärung im Sinne des § 417 ZPO, die den vollen Beweis ihres Inhalts begründet (BSG 26. 2. 1986 – 9a RVs 4/83 – SozR 3870 § 3 Nr. 21). Der Schwerbehindertenausweis beweist, dass das Versorgungsamt die im Ausweis gekennzeichneten Entscheidungen über die Schwerbehinderung, den GdB und etwaige weitere gesundheitliche Merkmale getroffen hat. Diese Feststellungen des Ausweises des Versorgungsamtes sind gegenüber jedermann verbindlich. Erst hierdurch gewinnt der Ausweis die ihm vom Gesetz zugewiesene Funktion, gegenüber jedermann die ausgewiesenen Merkmale als Voraussetzung für die Inanspruchnahme von Rechten und Vergünstigungen nachzuweisen. So haben auch die Rundfunkanstalten die versorgungsamtliche Feststellung der gesundheitlichen Voraussetzungen für das Merkzeichen „RF" ungeprüft zu akzeptieren (BVerwG 17. 12. 1983 – 7 C 11/81 – BVerwGE 66, 315, 320).

Im **Kündigungsschutzprozess** führt der Arbeitnehmer den Nach- **102** weis seiner Schwerbehinderteneigenschaft durch Vorlage des Ausweises, der auch für das Arbeitsgericht bindend ist. Dem Arbeitgeber ist der Gegenbeweis verwehrt (*Masuch* in: Hauck/Noftz, SGB IX, K § 69 RdNr. 38). Bei rechtzeitiger Antragstellung führt eine zum Zeitpunkt der Kündigung tatsächlich vorliegende, aber erst nach der Kündigung festgestellte Schwerbehinderung während des Arbeitsgerichtsprozesses zur Unwirksamkeit der Kündigung wegen fehlender Zustimmung des Integrationsamtes (§ 85 SGB IX). Der von dem behinderten Menschen unverzüglich vorzulegende Schwerbehindertenausweis enthält als Beginn der Gültigkeit den Tag des Antrages auf Feststellung nach § 69 Abs. 1 und Abs. 4 (§ 6 Abs. 1 Satz 1 Nr. 1 SchwbAwV). Damit kann der Betroffene den **Nachweis** seiner ab diesem Zeitpunkt vorliegenden Schwerbehinderung mit dem Ausweis **nachträglich** erbringen. Auch das **Beitrittsrecht schwerbehinderter Menschen zur freiwilligen Krankenversicherung** (§ 9 Abs. 1 Nr. 4 SGB V) entsteht nicht erst im Zeitpunkt des Nachweises der versorgungsamtlichen Feststellung, sondern des tatsächlichen Vorliegens der Schwerbehinderung (vgl. BSG 30. 4. 1979 – 8b RK 1/78 – BSGE 48, 167 SozR 2200 § 176c Nr. 1; KassKomm-*Peters,* § 9 SGB V RdNr. 29). Dies verdeutlicht, dass die Ausstellung des Ausweises entsprechend dem Zweck des Nachweises der Schwerbehinderung lediglich **deklaratorische Wirkung** hat und nicht konstitutiver Natur ist.

In den Fällen des § 69 Abs. 2 SGB IX (**vorrangige MdE-Fest- 103 stellungen** anderer Sozialleistungsträger) dokumentiert der Schwerbehindertenausweis als Beginn der Gültigkeit den Tag des Antrages auf Ausstellung des Ausweises. Ist auf Antrag des schwerbehinderten Menschen nach Glaubhaftmachung eines besonderen Interesses festgestellt worden, dass die Schwerbehinderung, ein anderer GdB oder ein oder mehrere gesundheitliche Merkmale bereits zu einem früheren Zeitpunkt vorgelegen haben, ist zusätzlich das Datum einzutragen, von dem ab die jeweiligen Voraussetzungen mit dem Ausweis nachgewiesen werden können (§ 6 Abs. 1 Satz 1 Nr. 2, Satz 2 SchwbAwV).

104   Kommt es während der Gültigkeitsdauer des Ausweises zu **einer wesentlichen Änderung der Verhältnisse** (§ 48 SGB X), ist die betroffene Eintragung auf Grund einer entsprechenden Neufeststellung (vgl. dazu RdNr. 54 ff.) zu berichtigen und zusätzlich das Datum einzutragen, von dem ab die jeweiligen Voraussetzungen mit dem Ausweis nachgewiesen werden können. Liegt die Schwerbehinderung nicht mehr vor, ist der **Ausweis einzuziehen** (§ 6 Abs. 1 Satz 3 SchwbAwV). Beruht der Wegfall der Voraussetzungen einer Schwerbehinderung nach § 2 Abs. 2 SGB IX auf einer Verringerung des GdB auf weniger als 50, endet der Schwerbehindertenschutz nach § 116 Abs. 1 SGB IX erst am Ende des dritten Kalendermonats nach Eintritt der **Unanfechtbarkeit** des die Verringerung feststellenden Bescheides. Daraus folgt, dass dem schwerbehinderten Menschen während eines Widerspruchsverfahrens und eines Klageverfahrens um die Herabsetzung des GdB im Sinne **einer aufschiebenden Wirkung** der Rechtsbehelfe der Ausweis in seiner bisherigen Form zu belassen und bei Fristablauf auch zu verlängern ist (GK-SGB IX-*Schimanski*, § 69 RdNr. 154; s.a. Komm. zu § 116).

105   Die **Gültigkeitsdauer des Ausweises** ist in der Regel für die Dauer von **längstens 5 Jahren** vom Monat der Ausstellung an zu befristen. Soweit eine wesentliche Änderung der Verhältnisse nicht zu erwarten und gewährleistet ist, dass das örtliche Versorgungsamt regelmäßig über die persönlichen Verhältnisse des Ausweisinhabers unterrichtet ist, kann die Gültigkeitsdauer des Ausweises auf längstens 15 Jahre befristet werden (§ 69 Abs. 5 Satz 3 SGB IX i.V.m. § 6 Abs. 2 SchwbAwV). Für schwerbehinderte **Kinder und Jugendliche** sowie **nichtdeutsche schwerbehinderte Menschen** mit befristeten Aufenthaltstiteln oder Arbeitserlaubnissen gelten abweichende Befristungsvorgaben (§ 6 Abs. 3 – 5 SchwbAwV). Die Gültigkeitsdauer des Ausweises kann auf Antrag höchstens zweimal verlängert werden (§ 6 Abs. 6 SchwbAwV).

IX. Rechtsbehelfe

106   **1. Widerspruch.** Gegen Feststellungsbescheide der Versorgungsverwaltung nach § 69 Abs. 1 und Abs. 4 SGB IX kann der behinderte Mensch, soweit seinem Antrag ganz oder teilweise nicht entsprochen worden ist, **Widerspruch** einlegen. Das **Widerspruchsverfahren** richtet sich nach den Regelungen des § 62 SGB X i.V. mit den §§ 78 ff. SGG. Ergänzend sind die Vorschriften des SGB X zum Verwaltungsverfahren, z. B. hinsichtlich der Vertretung durch Bevollmächtigte

(§ 13 SGB X) oder des Amtsermittlungsgrundsatzes (§ 20 SGB X) heranzuziehen.

Der Widerspruch ist **binnen eines Monats** (bei fehlender oder unzutreffender Rechtsbehelfsbelehrung binnen eines Jahres, § 36 SGB X, § 84 Abs. 2 Satz 3 SGG i.V.m. § 66 Abs. 2 SGG), nachdem der Bescheid dem Beschwerten bekannt gegeben worden ist, **schriftlich (auch per Fax) oder zur Niederschrift bei dem Versorgungsamt** einzureichen (§ 84 Abs. 1 Satz 1 SGG). Der Bescheid, der durch die Post im Inland übermittelt wird, gilt nach § 37 Abs. 2 SGB X mit dem **dritten Tag nach der Aufgabe zur Post** als bekannt gegeben, außer wenn er nicht oder zu einem späteren Zeitpunkt zugegangen ist; im Zweifel hat das Versorgungsamt den Zugang des Bescheides und den Zeitpunkt des Zugangs nachzuweisen. Die Widerspruchsfrist gilt auch dann als gewahrt, wenn die Widerspruchsschrift bei einer **anderen inländischen Behörde**, z. B. einer Stadtverwaltung oder einem Integrationsamt, bei einem Rehabilitationsträger oder bei einer deutschen Konsularbehörde eingegangen ist. Diese Behörden haben die Widerspruchsschrift unverzüglich an das zuständige Versorgungsamt weiterzuleiten (§ 84 Abs. 2 SGG). Versäumt der behinderte Mensch ohne Verschulden die Widerspruchsfrist, gewährt ihm das Versorgungsamt auf Antrag **Wiedereinsetzung in den vorigen Stand** (§ 84 Abs. 2 Satz 3 SGG i.V.m. § 67 SGG). **107**

Das Widerspruchsschreiben bedarf **keiner besonderen Form.** Der Rechtsbehelf muss nicht als Widerspruch bezeichnet sein. Es genügt, wenn zum Ausdruck kommt, dass der behinderte Mensch sich mit den Feststellungen des Versorgungsamtes über das Vorliegen einer Behinderung, der Höhe des GdB und beantragter gesundheitlicher Merkmale nicht einverstanden erklärt und eine verwaltungsseitige Überprüfung wünscht. Eine Widerspruchsbegründung ist nicht zwingend vorgeschrieben, aber gleichwohl zweckmäßig. Nur durch eine möglichst konkrete **Widerspruchsbegründung** ist die Versorgungsverwaltung zu bewegen, in eine inhaltliche Überprüfung der angefochtenen Entscheidung z. B. durch Beiziehung weitere ärztlicher Berichte oder Veranlassung einer persönlichen Begutachtung einzutreten. Es empfiehlt sich, eine detaillierte Schilderung der jeweiligen behinderungsbedingten Beeinträchtigungen in der Teilhabe am gesellschaftlichen Leben vorzulegen. So ist eine über den GdB-Sätzen der VMG liegende Bewertung berechtigt, wenn seelische Begleiterscheinungen erheblich über die dem Ausmaß der organischen Veränderungen entsprechenden üblichen seelischen Begleiterscheinungen hinausgehen. Ähnliches gilt für die Berücksichtigung von Schmerzen (Teil A Nr. 2 1 VMG). **108**

Wird dem Widerspruch nicht abgeholfen, erlässt nach § 85 Abs. 2 Nr. 1 SGG den **Widerspruchsbescheid** die nächsthöhere Behörde, das **Landesversorgungsamt.** Der Widerspruchsbescheid ist schriftlich zu **109** erlassen, zu begründen und den Beteiligten bekannt zu geben. Nimmt die Widerspruchsbehörde eine **Zustellung** vor, gelten die §§ 2 bis 15 VwZG. Der Widerspruchsbescheid muss eine Belehrung über die Zulässigkeit der Klage, die einzuhaltende Frist und den Sitz des zuständigen Gerichts enthalten (§ 85 Abs. 3 SGG). Ist ein Bevollmächtigter bestellt, muss sich die Widerspruchsbehörde an ihn wenden (§ 13 Abs. 3 Satz 1 SGB X, § 65 Abs. 1 SGB X i.V.m. § 8 Abs. 1 Satz 2 VwZG). Die **Bekanntgabe** des Widerspruchsbescheides an den Bevollmächtigten steht nach § 37 Abs. 1 Satz 2 SGB X im **Ermessen** der Behörde (von Wulffen/*Engelmann,* SGB X, § 37 RdNr. 10). Zwar sieht das SGG in § 85 Abs. 3 keine zwingende förmliche Zustellung des Widerspruchsbescheides mehr vor. Bei der nunmehr möglichen Bekanntgabe des Widerspruchsbescheides durch einfache Postversendung tritt eine **Ermessensreduzierung** auf null dahingehend ein, dass der **Widerspruchsbescheid dem Bevollmächtigten bekannt zu geben ist.** Maßgeblich hierfür sind die Bedeutung des Vorverfahrensabschlusses als Prozessvoraussetzung (§ 78 Abs. 1 Satz 1 SGG) und die Ermöglichung einer sicheren Klagefristkontrolle durch den Bevollmächtigten. Es ist kein Gesichtspunkt erkennbar, der abweichend von der allgemeinen Regel des § 13 Abs. 3 Satz 1 SGB X eine Bekanntgabe des Widerspruchsbescheides am Bevollmächtigten des behinderten Menschen vorbei rechtfertigen könnte. Von daher sollte der Widerspruchsbescheid zumindest auch an den Bevollmächtigten bekannt gegeben werden müssen, wobei der Tag der ersten Bekanntgabe für den Lauf der Klagefrist maßgeblich ist (vgl. KassKomm-*Krasney,* § 37 SGB X RdNr. 5).

110   Die Durchführung des Widerspruchsverfahrens ist **Prozessvoraussetzung** für eine gerichtliche Überprüfung der Verwaltungsentscheidung (§ 78 Abs. 1 Satz 1 SGG). Daneben dient es einer **effektiven Selbstkontrolle** der Versorgungsverwaltung und soll einen **Filter** zur Vermeidung überflüssiger Klageverfahren darstellen. Diesen Aufgaben werden die Widerspruchsverfahren der Versorgungsverwaltung wegen einer zu schematischen Sachbearbeitung oftmals nicht gerecht (dazu RdNr. 34 ff.). **Widerspruchsverfahren** sollen innerhalb von **drei Monaten abgeschlossen** werden. Geschieht dies nicht, ohne dass hierfür ein zureichender Grund insbesondere in Gestalt weiterer medizinischer Sachverhaltsaufklärung vorliegt, kann der behinderte Mensch bei dem Sozialgericht **Untätigkeitsklage** erheben (§ 88 Abs. 2 SGG). Entscheidet die Behörde nicht innerhalb der Frist des § 88 Abs. 2 SGG über den Widerspruch, so hat sie die **Kosten einer Untätigkeitsklage** auch dann zu tragen, wenn die verspätete Bescheidung auf ihrer Arbeitsüberlastung bzw. Personalmangel und damit auf einem der Verwaltung zuzurechnenden **Organisationsdefizit** beruht (SG Dortmund 14. 9. 2000, Breithaupt 2000, 1077).

Das Widerspruchsverfahren ist ebenso wie das vorhergehende Ver- **111** waltungsverfahren für den behinderten Menschen **kostenfrei** (§ 64 Abs. 1 SGB X). Soweit der Widerspruch erfolgreich ist, hat das Versorgungsamt demjenigen, der Widerspruch erhoben hat, die zur zweckentsprechenden Rechtsverfolgung oder Rechtsverteidigung notwendigen **Aufwendungen** zu erstatten. Dies gilt auch, wenn der Widerspruch nur deshalb keinen Erfolg hat, weil ein Verfahrensfehler (z. B. fehlende oder unzureichende Anhörung gem. § 24 SGB X und Bescheidbegründung gem. § 35 SGB X) wirksam geheilt und deshalb nach § 41 SGB X unbeachtlich ist (§ 63 Abs. 1 SGB X). Erstattungsfähig sind u. a. Kosten für beigebrachte ärztliche Atteste, Kopier-, Porto- und Dolmetscherkosten. Die Gebühren- und Auslagen eines **Rechtsanwaltes** oder eines sonstigen Bevollmächtigten sind im Widerspruchsverfahren erstattungsfähig, wenn die Zuziehung eines Bevollmächtigten notwendig war (§ 63 Abs. 2 SGB X). Die Hinzuziehung eines Bevollmächtigten für das Widerspruchsverfahren ist im Schwerbehindertenrecht als **notwendig** anzusehen, weil der behinderte Mensch nur in Ausnahmefällen in der Lage sein wird, seine Rechte gegenüber der Versorgungsverwaltung ausreichend zu wahren (KassKomm-*Krasney*, § 63 SGB X RdNr. 17 m. w. Nw.). Wegen der immanenten Interessenkollision kann für eine engere Auslegung der Notwendigkeit nicht auf die Beratungspflicht der Behörde (§ 14 SGB I) abgestellt werden. Ziel der Kostenregelung ist es vielmehr, die am Gerechtigkeitsdenken orientierte Chancengleichheit in der Verwirklichung des Rechtsschutzes auch für behinderte Menschen herzustellen (vgl. von Wulffen/*Roos, SGB X, § 63 RdNr. 26 m. w. Nw.).

2. Klage. Ist der Widerspruch des behinderten Menschen ganz oder **112** teilweise zurückgewiesen worden, kann **binnen eines Monats** nach Bekanntgabe des Widerspruchsbescheides **Klage** erhoben werden (§ 87 SGG). Die **Gerichte der Sozialgerichtsbarkeit** sind nach § 51 Abs. 1 Nr. 7 SGG (bisher: § 4 Abs. 6 SchwbG) **sachlich zuständig** für öffentlich-rechtliche Streitigkeiten bei der Feststellung von Behinderungen und ihrem Grad sowie weiterer gesundheitlicher Merkmale, ferner der Ausstellung, Verlängerung, Berichtigung und Entziehung von Ausweisen nach § 69 SGB IX. Eine **Zersplitterung des Rechtsschutzes** im Schwerbehindertenrecht bewirkt die Zuständigkeit der **Verwaltungsgerichtsbarkeit** für Klagen gegen Entscheidungen des Integrationsamtes im Rahmen des besonderen Kündigungsschutzes (§ 88 SGB IX). Erhebt der schwerbehinderte Arbeitnehmer gegen die Zustimmung des Integrationsamtes zur Kündigung nach erfolglosem Widerspruchsverfahren Anfechtungsklage beim Verwaltungsgericht, behält die angefochtene Zustimmungsentscheidung mangels aufschiebender Wirkung der Klage ihre „entsperrende" Wirkung. In diesem Fall wird der gekündigte Schwerbehinderte parallel Kündigungs-

schutzklage beim **Arbeitsgericht** erheben, um sich die Geltendmachung der Sozialwidrigkeit der Kündigung i.s. des § 1 KSchG zu erhalten. Ist schließlich noch der Schwerbehindertenstatus (§ 2 Abs. 2 SGB
IX) oder die Gleichstellung (§ 2 Abs. 3 SGB IX, § 68 Abs. 2–3 SGB IX)
im Streit, kann zudem das Sozialgericht mittelbar mit dem Kündi-
gungsstreit befasst werden. Dieser wenig praktikablen Mehrgleisigkeit
des Rechtsschutzes wird von den Gerichten mit Verfahrenaussetzungen
wegen Vorgreiflichkeit (§ 94 VwGO, § 148 ZPO, § 114 Abs. 2 SGG) begegnet, was die Erledigung der Rechtsstreite erheblich verzögern
kann. Es wäre deshalb sinnvoll, rechtspolitisch eine **Konzentration**
der öffentlich-rechtlichen Streitverfahren gegen das Integrationsamt
und das Versorgungsamt **in der Sozialgerichtsbarkeit** anzustreben
(vgl. Komm. zu § 118).

113   **Örtlich zuständig** ist das Sozialgericht, in dessen Bezirk der behinderte Mensch zur Zeit der Klageerhebung seinen Sitz oder Wohnsitz
oder in Ermangelung dessen seinen Aufenthaltsort hat; steht er in einem Beschäftigungsverhältnis, so kann er auch vor dem für den Be-
schäftigungsort zuständigen Sozialgericht klagen (§ 57 Abs. 1 SGG).

114   Die Klage ist bei dem zuständigen Sozialgericht **schriftlich** (auch
per Fax, in naher Zukunft wohl zusätzlich per E-Mail, vgl. § 108 a
SGG) oder **zur Niederschrift** des Urkundsbeamten der Geschäfts-
stelle zu erheben. Ersatzweise wird die Klagefrist bei rechtzeitigem
Eingang der Klageschrift bei einer anderen inländischen Behörde oder
bei einem Versicherungsträger oder bei einer deutschen Konsularbehörde gewahrt (§§ 90 f. SGG).

115   Die **Klageschrift** soll die Beteiligten und den Streitgegenstand bezeichnen und einen bestimmten Antrag enthalten. Sie soll den angefochtenen Widerspruchsbescheid bezeichnen und die zur Begründung
dienenden Tatsachen und Beweismittel angeben. Dies gilt vor allem
für behandelnde Ärzte und Psychotherapeuten mit ladungsfähiger Anschrift, konkrete Angaben zu Kur- und Krankenhausaufenthalten sowie Begutachtungen in anderen Verfahren z. B. um die Gewährung
von Rente wegen Erwerbsminderung oder von Unfallrente. Schließlich soll die Klageschrift von dem Kläger oder einer zu seiner Vertretung befugten Person mit Orts- und Tagesangabe unterschrieben
sein. Alle diese Angaben sind nicht zwingend Voraussetzung für eine
wirksame Klageerhebung ("soll"). Der Kammervorsitzende des Sozialgerichts ist nach § 106 Abs. 1 SGG im Rahmen seiner **Aufklärungspflicht** gehalten, darauf hinzuwirken, dass Formfehler beseitigt, un-
klare Anträge erläutert, sachdienliche Anträge gestellt, ungenügende
Angaben tatsächlicher Art ergänzt sowie alle für die Feststellung und
Beurteilung des Sachverhalts wesentlichen Erklärungen abgegeben
werden.

116   Gleichwohl ermöglichen frühzeitige und umfassende Angaben des
behinderten Menschen zu seinen behinderungsbedingten Beeinträch-

tigungen einschließlich der Entbindung der behandelnden Ärzte und Psychotherapeuten von der Schweigepflicht den zügigen Eintritt des Gerichts in die **von Amts wegen vorzunehmende Sachverhaltsermittlung** (§ 103 SGG, § 106 Abs. 2–3 i.V.m. § 118 SGG). Das Sozialgericht zieht die Verwaltungsakte des Versorgungsamtes bei, um die Qualität der Sachverhaltsermittlung im Verwaltungs- und Widerspruchsverfahren zu prüfen und anschließend zu entscheiden, ob ergänzende ärztliche Unterlagen beizuziehen und eine persönliche Begutachtung zu veranlassen ist.

Der behinderte Mensch kann im Sozialgerichtsverfahren die Einholung eines **Gutachtens von einem Arzt seines Vertrauens** gegen Zahlung eines Kostenvorschusses beantragen (§ 109 SGG). Die Begutachtungskosten werden nachträglich nur dann auf die Landeskasse übernommen, wenn das auf Antrag des behinderten Menschen eingeholte Sachverständigengutachten zur objektiven Aufklärung des streitigen Sachverhalts und damit zu der für die Rechtsfindung erforderlichen richterlichen Meinungsbildung maßgeblich beigetragen hat. Wegen dieses **Kostentragungsrisikos** sollte von dem Antragsrecht nach § 109 SGG nur zurückhaltend Gebrauch gemacht werden. Zunächst gilt es, das Sozialgericht von der Notwendigkeit (weiterer) medizinischer Sachverhaltsaufklärung **von Amts wegen** zu überzeugen, wobei durchaus konkrete Vorschläge hinsichtlich des ärztlichen Fachgebiets und der Person eines Sachverständigen gemacht werden können. Die für behinderte Menschen in allen Instanzen der Sozialgerichtsbarkeit fortbestehende **Gerichtskostenfreiheit** (§ 183 SGG, dazu *Wenner* SozSich 2001, 422, 426) lässt es bei einer Erfolglosigkeit derartiger Beweisanträge z.T. als sinnvoller erscheinen, mit der Berufung gegen ein klageabweisendes Urteil der ersten Instanz die Verletzung der Untersuchungsmaxime des § 103 SGG zu rügen und eine kostenfreie Beweisaufnahme nach § 106 SGG durch das Landessozialgericht zu verlangen. Der behinderte Mensch sollte es jedenfalls vermeiden, mit einem Antrag nach § 109 SGG seinen **behandelnden (Haus-) Arzt** als Sachverständigen zu benennen. Diesem könnte die nötige Distanz zu seinem Patienten, vor allem aber die Erfahrung mit sozialmedizinischen Begutachtungen unter Einbeziehung der Anhaltspunkte 1996 fehlen. Fachanwälte für Sozialrecht sowie Prozessvertreter des gewerkschaftlichen und sozialverbandlichen Rechtsschutzes (§ 73 Abs. 6 Satz 3 SGG) kennen zumeist geeignete Sachverständige. Darüber hinaus ermöglichen die Sozialgerichte die Nutzung ihrer **Sachverständigenverzeichnisse**. Die Sozialgerichtsbarkeit NRW bietet über ihre Internetdarstellung (www.lsg.nrw.de) den Zugriff auf ein umfassendes Sachverständigenverzeichnis.

Das Sozialgerichtsverfahren endet durch **Anerkenntnis** der Versorgungsverwaltung (§ 101 Abs. 2 SGG), **Vergleich** (§ 101 Abs. 1 SGG),

117

118

Klagerücknahme (§ 102 SGG), **Gerichtsbescheid** des Kammervorsitzenden (§ 105 SGG) oder **Urteil** der Kammer (§ 125 SGG). Wird der Rechtsstreit im vorbereitenden Verfahren nicht ohne gerichtliche Entscheidung oder durch Gerichtsbescheid erledigt, lädt der Kammervorsitzende zur **mündlichen Verhandlung** der innerhalb des Sozialgerichts zuständigen **Fachkammer** für soziales Entschädigungsrecht und Schwerbehindertenrecht (§ 10 Abs. 1 SGG). Die Kammer ist besetzt mit dem Berufsrichter und zwei **ehrenamtlichen Richtern** aus dem Kreis der mit dem sozialen Entschädigungsrecht oder dem Recht der Teilhabe behinderter Menschen vertrauten Personen und dem Kreis der Versorgungsberechtigten, der behinderten Menschen und der Versicherten. Es handelt sich im Wesentlichen um ehrenamtliche Richter, die auf Vorschlag der Landesversorgungsämter, der Kriegsopfer- und Behindertenverbände und der Gewerkschaften berufen werden (§ 12 Abs. 4 SGG, § 14 Abs. 3 SGG). Die ehrenamtlichen Richter haben in der mündlichen Verhandlung die gleichen Rechte wie der Berufsrichter (§ 19 Abs. 1 SGG) und können diesen in der erstinstanzlichen Urteilsberatung sogar überstimmen.

119   Im Hinblick auf die Vorzüge und den verfahrensrechtlichen Vorrang (§ 124 Abs. 1 SGG) einer persönlichen Anhörung des behinderten Menschen in einer **mündlichen Verhandlung unter Beteiligung ehrenamtlicher Richter** ist die Entscheidung des Kammervorsitzenden nach Aktenlage im Wege des **Gerichtsbescheides (§ 105 SGG)** in Streitverfahren zu Statusfeststellungen nach § 69 SGB IX im Regelfall sachwidrig (s. a. *Wenner/Terdenge/Martin,* Grundzüge der Sozialgerichtsbarkeit, S. 25 RdNr. 12; *Behrend,* Ehrenamtliche Richter in der Sozialgerichtsbarkeit, in: Lieber/Sens (Hg.), Ehrenamtliche Richter – Demokratie oder Dekoration am Richtertisch?, S. 150, 161 f.). Im Rechtsstreit um die Höhe des GdB und/oder die gesundheitlichen Voraussetzungen für die Inanspruchnahme von Nachteilsausgleichen liegen zumeist die tatbestandlichen Voraussetzungen des § 105 Abs. 1 Satz 1 SGG nicht vor. Danach kann der Berufsrichter ohne mündliche Verhandlung durch Gerichtsbescheid entscheiden, wenn die Sache keine besonderen Schwierigkeiten tatsächlicher oder rechtlicher Art aufweist und der Sachverhalt geklärt ist. Ob der Sachverhalt geklärt ist, steht vielfach erst nach persönlicher Anhörung des behinderten Menschen in der mündlichen Verhandlung fest. Hat eine medizinische Sachverhaltsaufklärung durch Beiziehung medizinischer Befund- und Behandlungsberichte und/oder schriftlicher Sachverständigengutachten stattgefunden, ist diese im Rahmen der Beweiswürdigung unter Beteiligung ehrenamtlicher Richter auszuwerten und eine komplexe Entscheidung zur Bildung des GdB zu treffen. In diesen Fällen kann nicht davon ausgegangen werden, dass ein geringer Schwierigkeitsgrad der Streitsache i.S. des § 105 Abs. 1 Satz 1 SGG vorliegt (Vgl. *Schorn* ZfS 1996, 298, 299).

3. Berufung. Gegen Urteile und Gerichtsbescheide der Sozialge-   120
richte ist in Streitverfahren nach § 69 SGB IX uneingeschränkt die **Berufung an das Landessozialgericht** zulässig (§ 143 SGG, § 105 Abs. 2
Satz 1 SGG). Die Berufungseinschränkungen des § 144 Abs. 1 SGG betreffen diese Streitverfahren nicht. Es gelten wiederum eine Monatsfrist zur schriftlichen Berufungseinlegung und geringe Anforderungen an Form und Inhalt der Berufungsschrift (§ 151 SGG). Es besteht
kein Anwaltszwang in der zweiten sozialgerichtlichen Instanz. Das
Landessozialgericht prüft den Streitfall im gleichen Umfang wie das
Sozialgericht. Es hat auch neu vorgebrachte Tatsachen und Beweismittel zu berücksichtigen (§ 157 SGG). So ist es durchaus üblich, in der
zweiten Tatsacheninstanz von Amts wegen noch schriftliche Sachverständigengutachten zum Vorliegen von Behinderungen, der Höhe des
GdB und zu gesundheitlichen Merkmalen für die Inanspruchnahme
von Nachteilsausgleichen einzuholen.

4. Revision. Die **Revision an das Bundessozialgericht** in Kassel   121
bedarf der Zulassung durch das Landessozialgericht oder auf eine
Nichtzulassungsbeschwerde der Zulassung durch das BSG. Zulas-
sungsgründe sind die grundsätzliche Bedeutung der Rechtssache, die
Abweichung von obergerichtlicher Rechtsprechung und das Vorliegen eines Verfahrensmangels, auf dem die angefochtene Entscheidung
beruhen kann (§§ 160 f. SGG). Es besteht ein Zwang zur Prozessver-
tretung durch Rechtsanwälte oder den gewerkschaftlichen und sozialverbandlichen Rechtsschutz (§ 166 SGG). Das BSG ist an die tatsächlichen Feststellungen in der Berufungsinstanz gebunden und prüft nur
noch die Verletzung von Bundesrecht (§§ 162 f. SGG). Zuständig für
Revisionen im Schwerbehindertenrecht ist der 9. Senat des BSG. Informationen über anhängige Revisionen und aktuelle Entscheidungen bietet die Internetdarstellung des BSG (www.bundessozialge-
richt.de).

Verordnungsermächtigung

70 Die Bundesregierung wird ermächtigt, durch Rechtsverordnung
mit Zustimmung des Bundesrates nähere Vorschriften über die
Gestaltung der Ausweise, ihre Gültigkeit und das Verwaltungsverfahren
zu erlassen.

§ 70 SGB IX ermächtigt die Bundesregierung, das Nähere der Ge-   1
staltung der Ausweise, deren Gültigkeit und das Verwaltungsverfahren
zu regeln. Die Verordnungsermächtigung beruht auf den Vorgaben des
Art. 80 GG. Auf Grund der Verordnungsermächtigung wurde die
Schwerbehindertenausweisverordnung in der Fassung der Bekanntmachung vom 25. 7. 1991 (BGBl. I S. 1739, zuletzt geändert durch

Art. 20 Abs. 8 des Gesetzes zur Änderung des Bundesversorgungsgesetzes und anderer Vorschriften des sozialen Entschädigungsrechts vom 13. 12. 2007 (BGBl. I S. 2904)) erlassen.

2   Die Ermächtigung des § 70 SGB IX zum Erlass der SchwbAwV wird ergänzt durch die Verordnungsermächtigung des **§ 154 Abs. 1 SGB IX**. Demnach enthält die SchwbAwV auch nähere Vorschriften über die Gestaltung der Wertmarken, ihrer Verbindung mit dem Ausweis und Vermerke über ihre Gültigkeitsdauer.

Kapitel 2. Beschäftigungspflicht der Arbeitgeber

Pflicht der Arbeitgeber zur Beschäftigung schwerbehinderter Menschen

71 (1) Private und öffentliche Arbeitgeber (Arbeitgeber) mit jahresdurchschnittlich monatlich mindestens 20 Arbeitsplätzen im Sinne des § 73 haben auf wenigstens 5 Prozent der Arbeitsplätze schwerbehinderte Menschen zu beschäftigen. Dabei sind schwerbehinderte Frauen besonders zu berücksichtigen. Abweichend von Satz 1 haben Arbeitgeber mit jahresdurchschnittlich monatlich weniger als 40 Arbeitsplätzen jahresdurchschnittlich je Monat einen schwerbehinderten Menschen, Arbeitgeber mit jahresdurchschnittlich monatlich weniger als 60 Arbeitsplätzen jahresdurchschnittlich je Monat zwei schwerbehinderte Menschen zu beschäftigen.

(2) (weggefallen)

(3) Als öffentliche Arbeitgeber im Sinne des Teils 2 gelten

1. jede oberste Bundesbehörde mit ihren nachgeordneten Dienststellen, das Bundespräsidialamt, die Verwaltungen des Deutschen Bundestages und Bundesrates, das Bundesverfassungsgericht, die obersten Gerichtshöfe des Bundes, der Bundesgerichtshof jedoch zusammengefasst mit dem Generalbundesanwalt, sowie das Bundeseisenbahnvermögen,

2. jede oberste Landesbehörde und die Staats- und Präsidialkanzleien mit ihren nachgeordneten Dienststellen, die Verwaltungen der Landtage, die Rechnungshöfe (Rechnungskammern), die Organe der Verfassungsgerichtsbarkeit der Länder und jede sonstige Landesbehörde, zusammengefasst jedoch diejenigen Behörden, die eine gemeinsame Personalverwaltung haben,

3. jede sonstige Gebietskörperschaft und jeder Verband von Gebietskörperschaften,

4. jede sonstige Körperschaft, Anstalt oder Stiftung des öffentlichen Rechts.

Übersicht

I. Allgemeines

1   Die Regelung bestimmt, ob und inwieweit Arbeitgeber zur Beschäftigung schwerbehinderter Menschen verpflichtet sind. Gegenüber der Ausgangsfassung von 19. 6. 2001 ist die Vorschrift durch das Gesetz zur Änderung von Fristen und Bezeichnungen im SGB IX vom 3. 4. 2003 (BGBl. I S. 462) in Abs. 1 Satz 1 und Satz 3 ergänzt worden. Danach reicht nunmehr die monatliche Erfüllung der Beschäftigungspflicht im Jahresdurchschnitt. Außerdem enthält Abs. 1 S. 3 eine Sonderregelung für Kleinbetriebe. Durch Gesetz zur Förderung der Ausbildung und Beschäftigung schwerbehinderter Menschen vom 23. 4. 2004 (BGBl. I S. 606) ist im Hinblick auf die Kleinbetriebsregelung mit der gewählten Formulierung „weniger als 40" bzw. „weniger als 60" klar gestellt worden, dass unter die Kleinbetriebsregelung auch Arbeitgeber mit 39 bzw. 59 Arbeitsplätzen fallen (BT-Drucks. 15/1783). Abs. 2 ist durch das Gesetz zur Förderung der Ausbildung und Beschäftigung schwerbehinderter Menschen vom 23. 4. 2004 mit Wirkung zum 1. 5. 2004 aufgehoben worden.

Da trotz der seit 1974 bestehenden Verpflichtung der Arbeitgeber, auf 6 % ihrer Arbeitsplätze Schwerbehinderte zu beschäftigen und trotz der zweimaligen Erhöhung der Ausgleichsabgabe 1986 und 1990 die **Arbeitslosigkeit** schwerbehinderter Menschen **ständig gewachsen** und die Beschäftigungsquote gesunken war, (*Braun,* MDR 2001, 63 f.; *Marschner,* ZTR 2000, 545; *Mascher,* Bundesarbeitsblatt 2001, 5,7; *Kraus,* br 2001, 1, 4) sah sich der Gesetzgeber im Jahr 2000 veranlasst, das System der Beschäftigungspflicht und die damit verbundene Ausgleichsabgabe durch das Gesetz zur Bekämpfung der Arbeitslosigkeit Schwerbehinderter zu modifizieren.

2   Hinsichtlich der **Beschäftigungspflichtquote** wurden zugunsten der Arbeitgeber Erleichterungen eingeführt. Die **Mindestzahl von Arbeitsplätzen**, ab der Arbeitgeber verpflichtet waren, einen bestimmten Anteil von Schwerbehinderten zu beschäftigen, war von bisher 16 auf 20 erhöht worden. Außerdem waren nicht mehr 6 %, sondern nur noch 5 % der Arbeitsplätze mit Schwerbehinderten zu besetzen. Diese Erleichterung beruhte zum einen auf einer Veränderung der tatsächlichen Verhältnisse, nämlich darauf, dass die insgesamt verfügbaren Arbeitsplätze und die Zahl der schwerbehinderten Menschen,

die auf einen Arbeitsplatz angewiesen waren, sich verändert hatten; sie stützte sich zum anderen aber auf die Erwartung, dass alle beschäftigungspflichtigen Arbeitgeber und nicht nur ein kleiner Teil von ihnen auch ihrer Beschäftigungspflicht nachkommen. Dieser Erwartung war durch den Gesetzgeber dadurch Nachdruck verliehen worden, dass die Beschäftigungspflichtquote sich gemäß § 71 Abs. 2 S. 1 a.F. automatisch wieder auf 6 % erhöhen sollte, wenn das mit der Senkung verfolgte Ziel, die Zahl arbeitsloser Schwerbehinderter um wenigstens 25% zu verringern, nicht bis Oktober 2002 erreicht werden sollte. Da das gesetzgeberische Ziel mit rund 24% annähernd erfüllt worden war, sah es die Bundesregierung nicht als erforderlich an, die Beschäftigungspflichtquote wieder anzuheben (BT-Drucks. 15/1783 S. 10). Abs. 2 wurde deshalb aufgehoben und in Abs. 1 die im Jahre 2000 abgesenkte Beschäftigungspflichtquote dauerhaft auf 5 % festgesetzt. In ihrem Bericht vom 2. 7. 2007, (§ 160 Abs. 2) stellt die Bundesregierung die Situation schwerbehinderter Menschen am Arbeitsmarkt dar. Danach ist die Zahl der auf dem allgemeinen Arbeitsmarkt beschäftigten Schwerbehinderten von 2003 bis 2005 um 1,2 % gestiegen; die Zahl der besetzten Pflichtarbeitsplätze habe sich von 2001 bis 2005 um über 4 % und die Beschäftigungsquote von 3,8% auf 4,2 % in 2005 erhöht (BT-Drucks. 16/6044 S. 4). Aus diesem Grund sah die Bundesregierung erneut keinen Anlass, die Beschäftigungspflichtquote von 5 Prozent zu verändern. Auch für das Jahr 2007 wies die Statistik der Bundesagentur für Arbeit aus dem Anzeigeverfahren gemäß § 80 Abs. 2 eine Beschäftigungsquote schwerbehinderter Menschen von 4,2 % aus. Sie hat sich damit im Vergleich zum Vorjahr um 0,1% verringert. Allerdings erreichen private Arbeitgeber die Quote von 5 Prozent bei einer tatächlichen Beschäftigung schwerbehinderter Menschen von nur 3,7% im Jahr 2009 bei weitem noch nicht (Jahresbericht der Bundesarbeitsgemeinschaft der Integrationsämter und Hauptfürsorgestellen (BIH), vom August 2010, S. 12). Vor allem stellt der Bericht der Bundesregierung vom 2. 7. 2007 fest, dass es 2005 32.000 Arbeitgeber gab, die sich ihrer Beschäftigungspflicht ganz entzogen und keinen einzigen schwerbehinderten Menschen beschäftigt haben (BT-Drucks. 16/6044 S. 49). Die öffentlichen Arbeitgeber erreichen dagegen eine Quote von 6,1%, wobei die Behörden des Bundes mit 8,9% im Jahr 2009 das beste Ergebnis erzielten (Jahresbericht der BIH, a.a.O.). Nach dem Bericht der BIH ist nach dem Ende der Finanz- und Wirtschaftskrise zwar die allgemeine Arbeitslosigkeit im Juli 2010 im Vergleich zum Vorjahr um 7,8% zurückgegangen; die Arbeitslosigkeit schwerbehinderter Menschen ist im gleichen Zeitraum jedoch um 4,4% gestiegen. Auch die Anträge auf Zustimmung zur Kündigung nahmen um fast 30 Prozent zu (Jahresbericht der BiH, a.a.O., S. 35).

II. Allgemeiner Arbeitgeberbegriff

3   Arbeitgeber, die über mindestens 20 Arbeitsplätze verfügen, sind verpflichtet, einen bestimmten Anteil von Schwerbehinderten oder ihnen gleich gestellten schwerbehinderten Menschen zu beschäftigen. Diese Pflicht gilt für öffentliche wie private Arbeitgeber. **Arbeitgeber** im Sinne des § 71 ist jeder, der Personen in einem **privatrechtlichen Arbeitsverhältnis** oder in einem **öffentlich-rechtlichen Dienstverhältnis** auf Arbeitsplätzen gemäß § 73 Abs. 1 beschäftigt (*Kossens/ von der Heide/Maaß*, SGB IX, § 71 Rn. 12; *Neumann/Pahlen/Majerski-Pahlen*, SGB IX, § 71 RdNr. 12; *Cramer*, SchwbG, § 5 RdNr. 2). Entscheidend für den Umfang der Beschäftigungspflicht ist die Zahl der Arbeitsplätze im Direktionsbereich desselben Arbeitgebers, unabhängig von der Verteilung der Arbeitsplätze über mehrere Betriebe oder Filialen (BVerwG 17. 4. 2003 – 5 B 7/03).

4   Damit ist auch **räumlich** die Beschäftigungspflicht auf den Arbeitgeber und nicht auf den einzelnen Betrieb bezogen. Die Gesamtheit aller Betriebe bzw. Dienststellen wird zur Erfüllung der Pflichtquote herangezogen. Hierbei werden einerseits auch Betriebe erfasst, die selbst nicht über 20 Arbeitsplätze verfügen. Andererseits kann die Pflichtquote auch dadurch erfüllt werden, dass in einem Betrieb die Beschäftigungspflicht übererfüllt wird, während sie in einem anderen Betrieb nicht erreicht wird, sog. **Zusammenrechnungsprinzip** (BSG 19. 1. 99 SozR 3–3870 § 13 Nr. 3; BVerwG 6. 7. 89 br 1990, 18; BVerwG 17. 4. 2003 – 5 B 7/03). Das Abstellen auf das Unternehmen als Ganzes auch im Bereich von Filialunternehmen ist nicht verfassungswidrig (BVerfG 10. 11. 04 NZA 2005, 216: Die Verfassungsbeschwerde eines Unternehmens wurde nicht zur Entscheidung angenommen). Bislang nicht entschieden ist, ob auch im Bereich eines Gemeinschaftsbetriebes nur die Größe der einzelnen Unternehmen maßgeblich ist oder die Arbeitsplätze der am **Gemeinschaftsbetrieb** beteiligten Unternehmen zusammenzuzählen sind. Das BVerfG hat im Beschluss vom 10. 11. 2004 ausdrücklich offen gelassen, welche Folgerungen zu ziehen wären, wenn die Konzernleitung bei der Ausübung des Direktionsrechts den bestimmenden Einfluss auf die verbundenen Unternehmen ausübt. Derselbe Gesichtspunkt gilt auch im Gemeinschaftsbetrieb. Typischerweise wird dieser von einem einheitlichen Leitungsapparat gesteuert. Dieser entscheidet damit auch in personeller Hinsicht über den Einsatz der menschlichen Arbeitskraft, also auch über die Einstellung schwerbehinderter Menschen, einheitlich für die beteiligten Einzelunternehmen. Es erscheint daher für diesen Fall sachlich gerechtfertigt, alle Arbeitsplätze im Direktionsbereich des unter einheitlicher Leitung stehenden Gemeinschaftsbetriebes einzubeziehen (a. A. *Düwell*, LPK-SGB IX, § 71 Rn. 12).

III. Privater Arbeitgeber

Arbeitgeber in der Privatwirtschaft ist regelmäßig derjenige, mit 5
dem der Arbeitnehmer den Arbeitsvertrag geschlossen hat, dem er die
Arbeitsleistung schuldet und der das Arbeitsentgelt zu leisten hat.
Hierbei kann es sich um natürliche Personen, um Personengesellschaften des bürgerlichen Rechts, um juristische Personen des Handelrechts
sowie Stiftungen des privaten Rechts handeln (*Kossens/von der Heide/
Maaß*, SGB IX, § 71, RdNr. 12; *Düwell,* LPK–SGB IX, § 71 RdNr. 10).

IV. Beschäftigungspflicht (Abs. 1)

Die Verpflichtung zur Beschäftigung schwerbehinderter Menschen 6
besteht ab **einer jahresdurchschnittlichen monatlichen Mindestzahl von 20 Arbeitsplätzen** (zum Begriff siehe Kommentierung zu
§ 73). Gemäß § 74 zählen Ausbildungsplätze generell nicht mit (hierzu
im Einzelnen siehe Kommentierung zu § 74). Seit dem 1. 1. 2003 wird
nicht mehr auf die Zahl der Arbeitsplätze im jeweiligen Monat abgestellt, was zur Folge hatte, dass die Beschäftigungspflicht von Monat
zu Monat schwanken konnte. Maßgeblich ist die Anzahl der Arbeitsplätze, die im Jahresdurchschnitt auf jeden Monat fallen. Die Beschäftigungspflicht trifft den Arbeitgeber unabhängig davon, ob er über
genügend für schwerbehinderte Menschen geeignete Arbeitsplätze
verfügt und, ob für seinen betrieblichen Bedarf genügend schwerbehinderte Menschen zu finden sind. Die Beschäftigungspflicht soll
den Arbeitgeber veranlassen, behindertengerechte Arbeitsplätze zu
schaffen und gezielt nach behinderten Bewerbern zu suchen (BVerfG
1. 10. 04 NZA 2005, 102, 103).

Abs. 1 S. 3 enthält eine Privilegierung für **kleine Unternehmen**. 7
Obwohl 5% von 39 bzw. 59 Arbeitsplätzen die Verpflichtung zur
Beschäftigung von 2 bzw. 3 schwerbehinderten Menschen begründet
hätte, beschränkt sich die Verpflichtung auf 1 bzw. 2 Schwerbehinderte.

Bei der Berechnung der Mindestzahl und der Zahl der Arbeitsplätze, 8
auf denen Schwerbehinderte zu beschäftigen sind, sind sich ergebende
Bruchteile von 0,50 und mehr aufzurunden. Dies gilt nicht bei Arbeitgebern mit einer jahresdurchschnittlichen Zahl von weniger als 60 Arbeitsplätzen (§ 74 Abs. 2).

Ist die Mindestzahl erreicht, ist der Arbeitgeber verpflichtet, einen 9
Anteil von 5 % seiner Arbeitsplätze mit schwerbehinderten Menschen
zu besetzen. Diese **Beschäftigungspflichtquote** gibt den prozentualen Anteil der zu beschäftigenden Arbeitnehmer im Verhältnis zu allen
Arbeitnehmern bei einem Arbeitgeber an. Das BVerfG hat grundsätz-

lich entschieden, dass die Pflichtplatzquote mit dem GG vereinbar ist
und sich im Gestaltungsermessen des Gesetzgebers bewegt (BVerfG
26. 5. 81 BVerfGE 57, 139; BVerfG 1. 10. 04 NZA 2005,102).

10   Erfüllt werden kann die Pflichtquote nur mit der Beschäftigung
schwerbehinderter Menschen im Sinne des § 2 Abs. 2 und 3. Erfasst
sind Schwerbehinderte mit einem Grad der Behinderung von mindestens 50 % und die ihnen gleichgestellten behinderten Menschen.
Obwohl die Schwerbehinderteneigenschaft nicht von der behördlichen Anerkennung abhängig ist, treten die rechtlichen Wirkungen
nicht ohne weiteres ein; die Rechte aus dem Schwerbehindertenrecht
werden nicht von Amts wegen gewährt, sie müssen in Anspruch genommen werden. Auch im Interesse der Rechtsklarheit können daher
zur Erfüllung der Beschäftigungspflicht nur Arbeitnehmer herangezogen werden, deren Schwerbehinderteneigenschaft oder Gleichstellung
in einem **förmlichen Verfahren festgestellt** worden ist (BVerwG
21. 10. 87 NZA 1988, 431; *Schneider* in Hauck/Noftz, SGB IX, K § 71
RdNr. 6 und 7; *Dörner*, SchwbG, § 5 RdNr. 32; a.A. GK–SGB IX–*Großmann*, § 71 RdNr. 29). Davon ist allerdings eine Ausnahme zu machen,
wenn die Schwerbehinderung offenkundig ist (*Cramer*, SchwbG, § 9
RdNr. 2).

11   Unerheblich ist, wann die Schwerbehinderteneigenschaft festgestellt worden ist. Die Schwerbehinderung ist auch zu berücksichtigen,
wenn diese erst im Laufe der Beschäftigung begründet wird; sie muss
nicht etwa bereits zum Zeitpunkt der Einstellung vorgelegen haben.

12   Erfüllt wird die Pflichtquote durch die Beschäftigung schwerbehinderter Menschen. Beschäftigt werden Schwerbehinderte, wenn mit
ihnen ein Arbeitsverhältnis durch Abschluss eines entsprechenden Arbeitsvertrages oder ein öffentlich-rechtliches Dienstverhältnis begründet und unterhalten wird (GK–SGB IX–*Großmann*, § 71 RdNr. 15;
Schneider in Hauck/Noftz, SGB IX, K § 71 RdNr. 8). Nicht erforderlich
ist auch die **tatsächliche Beschäftigung**, wie sich bereits aus der
Vorschrift des § 73 Abs. 2 Ziff. 7 ergibt, nach der auch durch ein ruhendes Beschäftigungsverhältnis die Pflichtquote erfüllt werden kann
(*Schneider*, a.a.O. RdNr. 10; *Cramer*, SchwbG, a.a.O. RdNr. 18). Aus der
Beschäftigungspflicht lässt sich kein individueller Anspruch auf Einstellung ableiten, da die Beschäftigungspflicht ausschließlich eine
öffentlich-rechtliche Pflicht gegenüber dem Staat und nicht dem
einzelnen Schwerbehinderten gegenüber darstellt (*Cramer*, SchwbG,
a.a.O.; *Schneider*, a.a.O. RdNr. 9; *Neumann/Pahlen/Majerski-Pahlen*,
SGB IX, § 71 RdNr. 3). Dies ergibt sich im Übrigen auch aus § 81 Abs. 2
S. 2 i. V. m. § 15 Abs. 6 AGG, wonach sogar im Falle eines Verstoßes
gegen das Benachteiligungsverbotes kein Anspruch auf Einstellung
besteht.

13   Wie der Arbeitgeber seine Beschäftigungspflicht erfüllt, ist ihm
grundsätzlich freigestellt. Er kann auswählen, welche Arbeitsplätze er

mit Schwerbehinderten besetzt. Der Gesetzgeber erwartet jedoch, dass er möglichst **auf allen Qualifikationsstufen** Schwerbehinderte einsetzt (*Cramer,* SchwbG, a.a.O. RdNr. 20; *Schneider,* a.a.O. RdNr. 11; Begründung der Bundesregierung zum Gesetzentwurf zur Weiterentwicklung des Schwerbeschädigtenrechts, BT-Drucks. 7/656 S. 25, 26). Außerdem kommt es auch nicht darauf an, ob der Arbeitgeber in der Lage ist, in seinen Betrieben Schwerbehinderte zu beschäftigen. Der Gesetzgeber hält ihn vielmehr für verpflichtet, seinen Betrieb durch geeignete Maßnahmen so umzugestalten, dass zumindest die vorgeschriebene Zahl schwerbehinderter Menschen eine behinderungsgerechte Beschäftigung findet (§ 81 Abs. 3).

Nach § 71 Abs. 1 S. 2 sollen bei der Erfüllung der Beschäftigungs- **14** pflicht besonders **schwerbehinderte Frauen** berücksichtigt werden. Da die Vorschrift weder eine bestimmte verpflichtende Quote für die Beschäftigung von Frauen festlegt, noch Instrumente zur Durchsetzung enthält, ist die Regelung lediglich als Appell an den Arbeitgeber anzusehen. Mit der Regelung soll der Tatsache Rechnung getragen werden, dass behinderte Frauen es doppelt schwer haben, als Frauen und schwerbehinderte Menschen Arbeitgeber von ihrer Leistungsfähigkeit zu überzeugen (*Ullrich,* Bundesarbeitsblatt 2001, 16). Sie haben besonders mit Vorurteilen hinsichtlich ihres Leistungsvermögens zu kämpfen, und sind, wenn sie Kinder haben, häufig auf die begrenzten Beschäftigungsmöglichkeiten in Wohnortnähe und auf Teilzeitarbeitsplätzen angewiesen. Ihre Vermittlung macht daher besondere Schwierigkeiten und erfordert besondere Anstrengungen (Entwurf der Fraktionen der SPD und Bündnis 90/Die Grünen eines Gesetzes zur Bekämpfung der Arbeitslosigkeit Schwerbehinderter v. 16. 5. 2000, Drucks. 14/3372 S. 15, 17). Aus dem Bericht der Bundesregierung gemäß § 160 Abs. 2 vom 2. 7. 2007 geht hervor, dass in Bezug auf die Beschäftigung schwerbehinderter Frauen Erfolge erzielt werden konnten. So ist im Zeitraum von 2003 bis 2005 die Zahl der beschäftigten Frauen überdurchschnittlich um 4% Prozent gestiegen, während bei der Zahl der beschäftigten schwerbehinderter Menschen insgesamt im gleichen Zeitraum nur eine Steigerung um 1,2% zu verzeichnen war (BT-Drucks. 16/6044 S. 9).

V. Öffentliche Arbeitgeber

Abs. 3 beschreibt in vier Nummern den Kreis derjenigen Behörden **15** und Körperschaften abschließend, die im Sinne des 2. Teils des Gesetzes als öffentliche Arbeitgeber gelten. Für die Anwendung der Vorschrift sind bestimmte staatsorganisatorische Grundlagen unerlässlich. Bund, Länder und Gemeinden bzw. Gemeindeverbände sind in der Sprache des Organisationsrechts **Gebietskörperschaften.** Diese Gebietskörperschaften haben Behörden als verselbstständigte Verwaltungseinheiten, sind aber grundsätzlich selbst Dienstherr der bei allen Behörden beschäftigten Beamten und Richtern und teilweise auch Arbeitgeber der Angestellten und Arbeiter.

16   Dem SGB IX liegt auf dieser Grundlage ein spezifischer Begriff des öffentlichen Arbeitgebers zu Grunde, der weder mit dem des Dienstherrn im beamtenrechtlichen Sinne noch mit dem des Arbeitgebers im arbeitsrechtlichen Sinne notwendig übereinstimmt. Der Sinn dieser Verwendung eines **eigenständigen Arbeitgeberbegriffs** liegt darin, die Beschäftigungspflicht sachgerecht auf einzelne Verwaltungseinheiten beziehen zu können und zu verhindern, dass die großen Gebietskörperschaften ihre Beschäftigungspflicht gegenüber schwerbehinderten Menschen nur in einzelnen Bereichen (z. B. Innere Verwaltung) erfüllen, andere Bereiche (z. B. Schule und Kultur) dagegen vernachlässigen. Auf der anderen Seite kann nicht an den Behördenbegriff der Verwaltungsverfahrensgesetze (VwVfG und SGB X) angeknüpft werden. Danach ist Behörde jede Stelle, die Aufgaben der öffentlichen Verwaltung wahrnimmt (§ 1 Abs. 2 SGB X). In diesem Verständnis ist die einzelne Schule gegebenenfalls Behörde im rechtlichen Sinne, obwohl sie nicht Arbeitgeber oder Dienstherr der dort tätigen Lehrkräfte ist und dort auch keinerlei Personalbewirtschaftung stattfindet. Mit der Ausrichtung auf die Gebietskörperschaften und deren Behörden ist der Begriff des „Arbeitgeber" rechtsformgebunden.

17   Privatrechtlich organisierte Rechtspersonen wie Aktiengesellschaften, Gesellschaften mit beschränkter Haftung und Vereine rechnen nicht zu den öffentlichen Arbeitgebern, auch wenn sie von solchen Betrieben und/oder finanziert werden. Das führt zu wenig sachgerechten Ergebnissen. Betreibt eine Stadt ihre Musikschule als städtisches Amt oder als Eigenbetrieb, ist sie Arbeitgeber der dort beschäftigten Personen und diese rechnen bei der Erfüllung der Pflichtquote mit. Wird die Musikschule dagegen von einem Verein getragen, der vollständig von städtischen Zuschüssen abhängig ist, ist die Musikschule nicht mehr der Stadt als Arbeitgeberin im Sinne des Abs. 3 zuzurechnen. Für Einrichtungen der Energieversorgung und des Verkehrs gilt dasselbe. Entscheidend für die Zuordnung zum Arbeitgeberbegriff im Sinne des Abs. 3 ist allein die **öffentlich-rechtliche Organisation** und nicht der Umstand, ob die Institution **öffentliche Aufgaben** wahrnimmt oder nicht. Diese historisch überkommene Anknüpfung an die Organisationsform an Stelle der wahrgenommenen Aufgaben bedarf dringend der Korrektur, weil alle Gebietskörperschaften immer mehr dazu übergehen, genuin öffentliche Aufgaben in Privatrechtsform ausführen zu lassen. Damit fallen die Institutionen, die diese Aufgaben erfüllen, (auch) aus dem Kreis der öffentlichen Arbeitgeber heraus.

18   **1. Bund.** Nr. 1 bezieht sich auf den Bund. Die Vorschrift muss von hinten gelesen werden. Die Wendung „oberste Bundesbehörde mit

ihren nachgeordneten Dienststellen" ist als Auffangregelung zu verstehen, wenn die anschließende Aufzählung einzelner „Arbeitgeber"
nicht eingreift (vgl. *Schneider* in Hauck/Noftz, SGB IX, K § 71
RdNr. 13). Eigenständige Arbeitgeber sind danach zunächst das Bundespräsidialamt, die Verwaltungen von Bundestag und Bundesrat
(nicht: die Verfassungsorgane Bundestag und Bundesrat), das Bundesverfassungsgericht, die obersten Gerichtshöfe des Bundes (Bundesgerichtshof, Bundesarbeitsgericht, Bundesfinanzhof, Bundessozialgericht, Bundesverwaltungsgericht) und das Bundeseisenbahnvermögen. Nicht erfasst ist „die" Bundesregierung.

Im Bereich der Verwaltung wird jede oberste Bundesbehörde
einschließlich ihrer nachgeordneten Dienststellen als eigenständiger
Arbeitgeber behandelt. **Oberste Bundesbehörden** in diesem Verständnis sind das Bundeskanzleramt, die Bundesministerien und der
Bundesrechnungshof. Alle Behörden des Bundes sind einer dieser
obersten Bundesbehörden „nachgeordnet". Das lässt sich am einfach-
sten daraus ersehen, in welchem Einzelplan des Bundeshaushaltes die
Ausgaben für die einzelnen Behörden veranschlagt werden, denn die
Einzelpläne des Haushalts entsprechen im Wesentlichen den obersten
Bundesbehörden. So sind z. B. das Bundesversicherungsamt, die Aus-
führungsbehörde für die Unfallversicherung und die Bundesanstalt für
Arbeitsschutz und Unfallverhütung nachgeordnete Behörden aus dem
Geschäftsbereich des Bundesministeriums für Arbeit und Soziales
(BMAS). Bundesarbeitsgericht und Bundessozialgericht rechnen zwar
auch zum Geschäftsbereich von Bundesministerien, sind aber selbst
oberste Gerichtshöfe des Bundes und keine nachgeordneten Behörden.
Ihre Arbeitgebereigenschaft ergibt sich indessen aus Nr. 1 ausdrücklich.

2. Länder. Die Bestimmung der öffentlichen Arbeitgeber in den   19
Ländern (Nr. 2) erfolgt ähnlich wie beim Bund in Orientierung an den
obersten Landesbehörden. Das sind die Staatskanzleien, die Landes-
ministerien, die Landesverfassungsgerichte und die Landesrechnungs-
höfe. Alle anderen Landesbehörden sind „nachgeordnete Dienststellen"
einer dieser obersten Landesbehörden, auch die Gerichte aller Gerichtszweige.

3. Gemeinden und Kreise. Auf der Ebene der Gemeinden und   20
Gemeindeverbände (Nr. 3) verlässt das Gesetz die Orientierung an
der Behördenorganisation. Im kommunalen Bereich ist die **jeweilige
Gebietskörperschaft** (Stadt, Gemeinde, Kreis, Zweckverband) selbst
Arbeitgeber; auf die Zuordnung zu einzelnen Behörden kommt es
nicht an. Das beruht darauf, dass im kommunalen Bereich keine „obersten" Behörden mit nachgeordneten Dienststellen existieren.

4. Sonstige juristische Personen des öffentlichen Rechts. Alle   21
Körperschaften, Anstalten und Stiftungen des öffentlichen Rechts
(Nr. 4) sind öffentliche Arbeitgeber. Darunter fallen auf Bundesebene

die großen **Sozialversicherungsträger**: Bundesversicherungsanstalt für Angestellte, Bundesknappschaft, Bundesagentur für Arbeit sowie die bundesweiten Ersatzkassen. Auf Länderebene sind die Landesversicherungsanstalten, die Krankenkassen sowie die **Hochschulen** und die öffentlich-rechtlich verfassten **Rundfunkanstalten** von Bedeutung. Die als Körperschaften des öffentlichen Rechts auf der Grundlage des Art. 137 Abs. 5 der Weimarer Reichsverfassung in Verbindung mit Art. 140 Grundgesetz als Körperschaften des öffentlichen Rechts verfassten **Kirchen** fallen nicht unter diese Vorschrift und sind deshalb keine öffentlichen Arbeitgeber. Trotz ihres historisch überkommenen Körperschaftsstatus sind die Kirchen nicht in die staatliche Organisation integriert und unterliegen deshalb auch keiner Staatsaufsicht.

Beschäftigung besonderer Gruppen schwerbehinderter Menschen

72 (1) Im Rahmen der Erfüllung der Beschäftigungspflicht sind in angemessenem Umfang zu beschäftigen

1. schwerbehinderte Menschen, die nach Art oder Schwere ihrer Behinderung im Arbeitsleben besonders betroffen sind, insbesondere solche,

a) die zur Ausübung der Beschäftigung wegen ihrer Behinderung nicht nur vorübergehend einer besonderen Hilfskraft bedürfen oder

b) deren Beschäftigung infolge ihrer Behinderung nicht nur vorübergehend mit außergewöhnlichen Aufwendungen für den Arbeitgeber verbunden ist oder

c) die infolge ihrer Behinderung nicht nur vorübergehend offensichtlich nur eine wesentlich verminderte Arbeitsleistung erbringen können oder

d) bei denen ein Grad der Behinderung von wenigstens 50 allein infolge geistiger oder seelischer Behinderung oder eines Anfallsleidens vorliegt oder

e) die wegen Art oder Schwere der Behinderung keine abgeschlossene Berufsbildung im Sinne des Berufsbildungsgesetzes haben,

2. schwerbehinderte Menschen, die das 50. Lebensjahr vollendet haben.

(2) Arbeitgeber mit Stellen zur beruflichen Bildung, insbesondere für Auszubildende, haben im Rahmen der Erfüllung der Beschäftigungspflicht einen angemessenen Anteil dieser Stellen mit schwerbehinderten Menschen zu besetzen. Hierüber ist mit der zuständigen Interessenvertretung im Sinne des § 93 und der Schwerbehindertenvertretung zu beraten.

Übersicht

I. Allgemeines

Die Vorschrift überträgt inhaltsgleich die Regelung des § 6 SchwbG 1986. Abs. 2 S. 2 ist durch das Gesetz zur Förderung der Ausbildung und Beschäftigung schwerbehinderter Menschen vom 23. 4. 2004 (BGBl. I 606) mit Wirkung vom 1. 5. 2004 eingefügt worden. Durch die Regelung sollen Schwerbehinderte, deren Eingliederung in das Arbeitsleben aufgrund der Art oder Schwere ihrer Behinderung besonders schwierig ist, in spezifischer Weise gefördert werden. Der **Anreiz zur Beschäftigung** dieser Personengruppe soll nicht durch Sanktionen, sondern durch die Möglichkeit der Mehrfachanrechnung geschaffen werden. **1**

II. Einzelne Problemgruppen

Das Gesetz führt die Gruppen, die zum Kreis der wegen ihrer Behinderung besonders schwer ins Arbeitsleben zu integrierenden Personen gehören, **enumerativ** auf, wobei durch den Begriff: „insbesondere" in Abs. 1 Ziff. 1 klargestellt wird, dass es sich nicht um eine abschließende Aufzählung handelt. Praktisch ist der Kreis allerdings auf den im Gesetz benannten Personenkreis beschränkt. Den vom Gesetzgeber gebildeten Gruppen ist gemeinsam, dass bei ihnen über die Behinderung hinausgehende Umstände vorliegen, die zu **besonderen Leistungseinschränkungen** im Arbeitsleben mit der Folge führen, dass diese Schwerbehinderte besondere Schwierigkeiten haben, einen Arbeitsplatz zu finden. In den Fällen der **Buchstaben a)–c)** wird jeweils vorausgesetzt, dass die erschwerende Behinderung nicht nur vorübergehend vorliegt. Hiervon ist auszugehen bei einer **Dauer von mehr als 6 Monaten**. Dies ergibt sich aus der Verwendung desselben Begriffes in § 2 Abs. 1, wonach für das Bestehen einer Behinderung bereits auf diese Zeitdauer abgestellt wird (*Neumann/Pahlen/Majerski-Pahlen*, SGB IX, § 72 RdNr. 3; *Cramer*, SchwbG, § 6 RdNr. 5, *Schneider* in Hauck/Noftz, SGB IX, K § 72 RdNr. 4). **2**

Außerdem setzt die Vorschrift in den Buchstaben a)–c) und e) jeweils voraus, dass Ursache für die besonderen beruflichen Nachteile auf dem allgemeinen Arbeitsmarkt gerade die Behinderung ist. In Buchstabe d) **3** wird dies beim Vorliegen des GdB von 50 allein für die dort genannten Behinderungen unterstellt.

Zu den in der Vorschrift aufgeführten Schwerbehindertengruppen gehören folgende:

4   Gemäß Ziff. 1 a) Schwerbehinderte, die für ihre Beschäftigung eine **besondere Hilfskraft** benötigen. Dies sind etwa Blinde, die eine Vorlesekraft und Gehörlose, die einen Gebärdendolmetscher benötigen (*Neumann/Pahlen/Majerski-Pahlen*, SGB IX, § 72 RdNr. 4; *Cramer*, SchwbG, § 6 RdNr. 5; GK-SGB IX-*Großmann*, § 72 RdNr. 62f.). Dazu zählt auch die in § 102 Abs. 4 geförderte notwendige Arbeitsassistenz (*Neumann/Pahlen/Majerski-Pahlen*, a.a. O.).

5   Gemäß Ziff. 1 b) Schwerbehinderte, deren Beschäftigung nur bei **außergewöhnlichen Aufwendungen** möglich ist. Hierbei kann es sich um die besondere technische Ausstattung eines Arbeitsplatzes oder von Betriebsräumen handeln (z. B. Schreibgeräte für Blinde, Spezialtoiletten für Teilgelähmte oder Darmerkrankte, Transportfahrzeuge für Arbeitswege, oder kostspielige Apparaturen wie spezielle Greifarme u.a.). Es können auch außergewöhnliche organisatorische Änderungen im Arbeitsablauf sein (GK-SGB IX-*Großmann*, § 72 RdNr. 67–69). Abzugrenzen sind diese Arbeitshilfen und Ausstattungen von Arbeitsplatz und Arbeitsräumen von denen, zu deren Einrichtung der Arbeitgeber gemäß § 81 Abs. 4 Ziff. 4 und 5 verpflichtet ist, weil sie nicht unzumutbar und gerade nicht mit unverhältnismäßigen Aufwendungen verbunden sind.

6   Gemäß Ziff. 1 c) Schwerbehinderte, die nur eine **wesentlich verminderte Arbeitsleistung** erbringen. Eine solche wird regelmäßig dann angenommen, wenn die Arbeitsleistung um ca. 30 % von der normalen Arbeitsleistung einer vergleichbaren Arbeitskraft abweicht, und zwar aus Gründen, die im Zusammenhang mit der Behinderung stehen (GK-SGB IX-*Großmann*, § 72 RdNr. 71.; *Cramer*, SchwbG, § 6 RdNr. 5; *Schneider* in Hauck/Noftz, SGB IX, K § 72 RdNr. 4).

7   Gemäß Ziff. 1 d) Schwerbehinderte, bei denen allein aufgrund einer **geistig-seelischen Behinderung** oder eines **Anfallsleidens** ein GdB von 50 besteht. Deren besondere Betroffenheit beruht darauf, dass sie erfahrungsgemäß besonders schwer auf dem allgemeinen Arbeitsmarkt vermittelt werden können. Die Zugehörigkeit eines Behinderten zu dieser Gruppe Schwerbehinderter ist leicht durch Einsichtnahme in den Anerkennungsbescheid gemäß § 69 festzustellen, ohne dass der Gesetzgeber das Vorliegen eines solchen Bescheides als Voraussetzung für die Zugehörigkeit zu dieser Gruppe wertet (Bericht des Ausschusses für Arbeit und Sozialordnung zu dem von der Fraktion der SPD eingebrachten Entwurf eines Gesetzes zur Weiterentwicklung des SchwbG, BT-Drucks. 10/5701 S. 9). Der Schwerbehinderte ist auch nicht zur **Offenbarung** der Art seiner Behinderungen gegenüber dem Arbeitgeber verpflichtet. Sie sind daher nicht zu berücksichtigen, es sei

denn, der Schwerbehinderte selbst macht seine besondere Betroffenheit geltend, indem er den Einsatz an gefährlichen Maschinen ablehnt oder etwa Leistungen gemäß §§ 102, 104 verlangt (GK-SGB IX-*Großmann*, § 72 RdNr. 76; VG Karlsruhe 27. 8. 91 br 1992, 114).

Gemäß Ziff. 1 e) Schwerbehinderte, die keine abgeschlossene Berufs- **8** ausbildung haben, wobei die wesentliche Ursache hierfür in der Art oder Schwere ihrer Behinderung liegen muss. Diese Personengruppe ist besonders betroffen, da gerade die **fehlende Berufsausbildung** ein wesentlicher Faktor für Arbeitslosigkeit ist.

In Ziff. 2 werden Schwerbehinderte, die das **50. Lebensjahr** voll- **9** endet haben, in den Personenkreis, dessen Beschäftigung besonders gefördert werden soll, einbezogen. Die Herabsetzung vom 55. Lebensjahr auf das 50. Lebensjahr, die mit der Änderung des SchwbG 1986 erfolgte, beruht auf der Erfahrung, dass die Vermittlungschancen von (schwerbehinderten) Arbeitnehmern auf dem allgemeinen Arbeitsmarkt mit zunehmendem Alter immer weiter sinken (Gesetzentwurf der Bundesregierung zur Änderung des SchwbG vom 3. 4. 1985, BT Drucks. 10/3138 S. 18).

III. Umfang der Beschäftigungspflicht (Abs. 1)

Die Vorschrift bestimmt, dass der Arbeitgeber im Rahmen seiner **10** Beschäftigungspflicht gemäß § 71 die in Abs. 1 beschriebenen besonders betroffenen Schwerbehinderten in **angemessenem Umfang** beschäftigen muss. Bei der Feststellung dessen, was angemessen ist, wird zum einen auf den Anteil beruflich besonders schwer betroffener Schwerbehinderter an der Zahl schwerbehinderter Menschen insgesamt auf dem Arbeitsmarkt abgestellt. Ob auch auf die **betrieblichen Verhältnisse** beim jeweiligen Arbeitgeber abgestellt werden soll, ist umstritten (dafür: *Neumann/Pahlen/Majerski-Pahlen*, SGB IX, § 72 RdNr. 11; *Cramer*, SchwbG, § 6 RdNr. 7; *Schneider* in Hauck/Noftz, SGB IX, K § 72 RdNr. 6; *Kossens/von der Heide/Maaß*, SGB IX, § 72 RdNr. 11; *Goebel*, jurisPK-SGB IX, § 72 RdNr. 17; dagegen: GK-SGB IX-*Großmann*, § 72 RdNr. 39). Angesichts der bestehenden Fördermöglichkeiten und finanziellen Unterstützungsleistungen (§§ 102 und 104) und des Umstands, dass nur beschäftigungspflichtige Unternehmen, also keine kleinen Unternehmen, die besondere Beschäftigungspflicht des § 72 zu erfüllen haben, ist es gerechtfertigt, die Verpflichtung zur Beschäftigung besonders betroffener Schwerbehinderter ohne Prüfung der jeweiligen betrieblichen Verhältnisse zu bejahen. Außerdem hat der Gesetzgeber die Verpflichtung weder mit einer festen Quote ausgestattet, noch ist ein Verstoß mit einer Ausgleichsabgabe oder einer Sanktion, also einer Ordnungswidrigkeit, verbunden. Der Gesetzgeber setzt hinsichtlich der Beschäftigung der be-

schriebenen Problemgruppen im Wesentlichen auf den Anreiz der in
§ 76 enthaltenen Möglichkeit der Mehrfachanrechnung auf einen
Pflichtarbeitsplatz. Da insofern die Beschäftigungsverpflichtung des
Arbeitgebers ohnehin „weich" ausgestaltet ist, muss der „Appellcharak-
ter" der Verpflichtung nicht durch die Berücksichtigung der betrieblichen Verhältnisse zusätzlich aufgeweicht werden. Der Streit wird im
Übrigen wegen der fehlenden Quote und der fehlenden Sanktion
praktisch keine Auswirkungen haben.

11   Rechtliche Auseinandersetzungen über die Erfüllung der Beschäftigungspflicht gemäß § 72 wird es deshalb auch nicht geben; die Frage,
inwieweit ein Arbeitgeber Schwerbehinderte aus den in Abs. 1 und
Abs. 2 beschriebenen Problemgruppen beschäftigt, wird erst im Rahmen der Anrechnung gemäß § 76 bedeutsam oder im Rahmen von finanziellen Unterstützungsleistungen gemäß § 102 Abs. 3 Ziff. 2 e, über
die jeweils die Agentur für Arbeit zu entscheiden hat.

IV. Beschäftigungspflicht bei Ausbildungsstellen (Abs. 2)

12   Abs. 2 der Vorschrift enthält eine besondere Verpflichtung der Arbeitgeber zur Besetzung von Stellen zur Berufsausbildung, beruflichen Fortbildung und Umschulung mit Schwerbehinderten. Auch
diese Verpflichtung beruht auf der Erfahrung, dass im Wettbewerb um
Ausbildungsplätze und innerbetriebliche Fortbildung Schwerbehinderte besonders benachteiligt sind. Der Frakionsentwurf von SPD und
Bündnis 90/Die Grünen zum Gesetz zur Förderung der Ausbildung
und Beschäftigung schwerbehinderter Menschen vom 23. 4. 2004 hatte
deshalb noch vorgesehen, dass Arbeitgeber mit jahresdurchschnittlich
wenigstens 100 Arbeitsplätzen verpflichtet werden sollten, wenigstens
5 Prozent ihrer Stellen zur beruflichen Ausbildung mit behinderten
und schwerbehinderter Menschen zu besetzen (BT-Drucks. 15/1783
S. 14). Der Bundesrat lehnte den Vorschlag jedoch mit der Begründung
ab, dass die Regelung den Einstieg für eine Unternehmen belastende
sanktionsbewehrte gesetzliche Ausbildungspflicht für schwerbehinderte Auszubildende bedeute und zu einer generellen Absenkung beruflicher Ausbildungsplätze führen könne. (BT-Drucks. 15/2318 S. 15).
Er rief den Vermittlungsausschuss an, dessen Vorschlag der jetzigen Gesetzesfassung entspricht. Danach sollen Arbeitgeber, die überhaupt
über Ausbildungsstellen verfügen oder innerbetrieblich fortbilden
oder umschulen, einen **angemessenen Anteil** Schwerbehinderter berücksichtigen. Für die Beurteilung dessen, was angemessen ist, kann
auf den ursprünglichen Gesetzesentwurf von SPD und Bündnis 90/
Die Grünen zurückgegriffen werden (*Düwell,* LPK-SGB IX, § 72
RdNr. 11). Danach entsprach die Fünfprozentquote in etwa dem Anteil
behinderter Jugendlicher, die wegen Art oder Schwere der Behinde-

rung besonders benachteiligt waren, an der Gesamtzahl der Berufs-
ausbildungsstellen (BT-Drucks. 15/1783 S. 14). Da durch die Verpflich-
tung eine Eingliederung in die innerbetriebliche Ausbildung erreicht
werden soll, sind Ausbildungsplätze in außerbetrieblichen besonderen
Einrichtungen für Schwerbehinderte nicht erfasst (Gesetzentwurf der
Bundesregierung zur Änderung des SchwbG vom 3.4.1985, BT
Drucks. 10/3138 S. 18; *Cramer,* SchwbG, § 6 RdNr. 9; *Schneider* in
Hauck/Noftz, SGB IX, K § 72 RdNr. 5). Die Besetzung von Ausbildungsstellen mit Schwerbehinderten wird jedoch weniger durch die
Verpflichtung in Abs. 2 als vor allem durch die Möglichkeit der Mehr-
fachanrechnung in § 76 Abs. 2 S. 1 gefördert.

Zusätzlich ist als im Vermittlungsausschuss erzielter Kompromiss in   **13**
Abs. 2 S. 2 die Verpflichtung aufgenommen worden, dass Arbeitgeber
über die Besetzung eines angemessenen Teils ihrer Stellen mit schwerbehinderten Auszubildenden mit der **Schwerbehindertenvertretung** beraten müssen (BT-Drucks. 15/2830). Diese ist daher gemäß
§ 95 Abs. 2 vor der Besetzung von Ausbildungsstellen zu unterrichten
und anzuhören. Ist die Einstellung ohne Beteiligung erfolgt, besteht
ein Aussetzungsanspruch gemäß § 95 Abs. 2 S. 2.

Begriff des Arbeitsplatzes

73 (1) Arbeitsplätze im Sinne des Teils 2 sind alle Stellen, auf denen
Arbeitnehmer und Arbeitnehmerinnen, Beamte und Beamtin-
nen, Richter und Richterinnen sowie Auszubildende und andere zu ihrer
beruflichen Bildung Eingestellte beschäftigt werden.

(2) Als Arbeitsplätze gelten nicht die Stellen, auf denen beschäftigt
werden

1. behinderte Menschen, die an Leistungen zur Teilhabe am Arbeitsleben nach § 33 Abs. 3 Nr. 3 in Betrieben oder Dienststellen teilnehmen,

2. Personen, deren Beschäftigung nicht in erster Linie ihrem Erwerb
dient, sondern vorwiegend durch Beweggründe karitativer oder reli-
giöser Art bestimmt ist, und Geistliche öffentlich-rechtlicher Religionsgemeinschaften,

3. Personen, deren Beschäftigung nicht in erster Linie ihrem Erwerb
dient und die vorwiegend zu ihrer Heilung, Wiedereingewöhnung
oder Erziehung erfolgt,

4. Personen, die an Arbeitsbeschaffungsmaßnahmen nach dem
Dritten Buch teilnehmen,

5. Personen, die nach ständiger Übung in ihre Stellen gewählt werden,

6. (aufgehoben)

7. Personen, deren Arbeits-, Dienst- oder sonstiges Beschäftigungsverhältnis wegen Wehr- oder Zivildienst, Elternzeit, unbezahltem Urlaub, wegen Bezuges einer Rente auf Zeit oder bei Altersteilzeitarbeit in der Freistellungsphase (Verblockungsmodell) ruht, solange für sie eine Vertretung eingestellt ist.

(3) Als Arbeitsplätze gelten ferner nicht Stellen, die nach der Natur der Arbeit oder nach den zwischen den Parteien getroffenen Vereinbarungen nur auf die Dauer von höchstens acht Wochen besetzt sind, sowie Stellen, auf denen Beschäftigte weniger als 18 Stunden wöchentlich beschäftigt werden.

I. Allgemeines

1   Die in Abs. 1 enthaltene Definition des Arbeitsplatzes hat vor allem für die Beschäftigungspflicht und die Erfüllung der Pflichtquote gemäß § 71 Bedeutung. Nach Abs. 2 und Abs. 3 gelten bestimmte Stellen nicht als Arbeitsplätze mit der Folge, dass sie für die Begründung der Beschäftigungspflicht und für die Anzahl der Pflichtarbeitsplätze nicht gezählt werden.

2   Die Vorschrift ist gegenüber der Ausgangsfassung vom 19. 6. 2001 (BGBl. I S. 1046) durch das Dritte Gesetz für moderne Dienstleistungen am Arbeitsmarkt vom 23. 12. 2003 (BGBl. I 2848) in Abs. 2 Ziff. 4 dahingehend geändert worden, dass die Teilnahme an Strukturanpassungsmaßnahmen weggefallen ist, da die §§ 272-279 SGB III aufgehoben worden sind. Abs. 2 Ziff. 6, in dem Arbeitsverhältnisse, die gemäß § 19 BSHG begründet wurden, ausgenommen waren, ist mit dem Gesetz zur Einordnung des Sozialhilferechts in das Sozialgesetzbuch vom 27. 12. 2003 (BGBl. I S. 3022) ersatzlos gestrichen worden, da es keine § 19 BSHG entsprechende Regelung mehr gibt. Abs. 2 Ziff. 7 ist durch das Gesetz zur Förderung von Ausbildung und Beschäftigung schwerbehinderter Menschen vom 23. 4. 2004 (BGBl. I S. 606) mit Wirkung vom 1. 5. 2004 dahingehend ergänzt worden, dass auch Arbeitsverhältnisse im Rahmen der Altersteilzeit während der Freistellungsphase nicht als Arbeitsplätze zählen.

II. Arbeitsplatz

Nach der gesetzlichen Definition sind Arbeitsplätze alle Stellen, auf **3**
denen Arbeitnehmer und Arbeitnehmerinnen, Beamte, Richter und
Auszubildende sowie andere zu ihrer beruflichen Bildung Eingestellte
beschäftigt werden. Die Definition ist **maßgeblich für alle Vorschriften des Teils 2 des Gesetzes** (LSG NW 2. 9. 2008 – L 1 AL 35/
07), so etwa für die Prüfpflicht des § 81 Abs. 1 und für die behindertengerechte Gestaltung und Ausstattung von Arbeitsplätzen in § 81 Abs. 4
Ziff. 4 und 5. Die Begriffsbestimmung entspricht der im Arbeitsrecht
üblichen. Es ist darunter die Gesamtheit des dem Arbeitnehmer im Betrieb zugewiesenen Tätigkeitsbereichs mit allen sich daraus ergebenden
Rechten und Pflichten zu verstehen (BVerwG 21. 10. 1987 NZA 1988,
431; OVG Thüringen 6. 7. 95 – 2 KO 11/94; OVG Brandenburg 27. 5. 98
– 4 A 133/97). Für die Berechnung der Beschäftigungspflicht wird der
Arbeitsplatz allerdings weder im räumlich-gegenständlichen Sinne
noch im funktionalen Sinne als Inhalt dessen, was von einem Beschäftigten verlangt wird, definiert. Er wird lediglich in einem rein rechnerischen Sinne gebraucht (BSG 6. 5. 94 SozR 3–3870 § 13 Nr.2; *Neu-
mann/Pahlen/Majerski-Pahlen*, SGB IX, § 73 RdNr. 10; *Goebel,* jurisPK-
SGB IX, § 73 RdNr. 6). Entscheidend ist, ob der Arbeitsplatz von einer
Person besetzt ist, die sich in einem **persönlichen Abhängigkeitsverhältnis** befindet (BVerwG 16. 12. 59 BVerwGE 10, 70; OVG Lüneburg 22. 2. 89 NZA 1989, 722, 723). Ist dies der Fall, wird das **einzelne
Beschäftigungsverhältnis** als Arbeitsplatz gezählt. Die Zahl der
Arbeitsplätze ist damit identisch mit den **jahresdurchschnittlich
im Monat** bestehenden Beschäftigungsverhältnissen (BSG 6. 5. 94,
a.a.O.). In diesem rechnerischen Verständnis dient der Begriff des Arbeitsplatzes vor allem als Grundlage zur Berechnung des Umfangs der
Beschäftigungspflicht und der Erfüllung der Beschäftigungsquote im
Rahmen des § 71.

Grundsätzlich zählen hierbei alle Arbeitsplätze, auf denen Arbeit- **4**
nehmer und Arbeitnehmerinnen beschäftigt werden. Gleichgültig ist,
ob der Arbeitsplatz mit einer **Teilzeit- oder Vollzeitkraft** besetzt
wird. Als Rechengröße zur Berechnung des Umfangs der Beschäftigungspflicht wird nach Köpfen gezählt (VG Ansbach 28. 6. 2007 –
AN 14 K 06.02988; *Neumann/Pahlen/Majerski-Pahlen*, SGB IX, § 73
RdNr. 14, 15). § 73 verstößt insoweit auch nicht gegen den Gleichheits-
grundsatz, wenn bei einem vergleichbaren Gesamtarbeitsvolumen, je
nachdem wie viele Teilzeit – bzw. Vollzeitarbeitsstellen vorhanden
sind, eine unterschiedliche Zahl von Arbeitsplätzen berücksichtigt
wird (VGH München 26. 11. 08 – 12 BV 07.2529). Der Zweck der Regelung, möglichst vielen schwerbehinderten Arbeitnehmern einen Arbeitsplatz zu vermitteln, rechtfertigt es, Teilzeitstellen in gleicher Weise

wie Vollzeitstellen bei der Feststellung der für die Beschäftigungspflichtquote maßgeblichen Zahl der Arbeitsplätze zu behandeln und nicht weiter zu differenzieren (VGH München, a.a.O.).

5   Da der Arbeitsplatzbegriff nicht im funktionalen Sinne definiert ist, ist gleichfalls unerheblich, ob der Arbeitnehmer vorübergehend tatsächlich nicht beschäftigt wird. Deshalb sind vom Arbeitsplatzbegriff auch solche Stellen erfasst, die mit Beschäftigten besetzt sind, die in **Kurzarbeit**, auch in „Kurzarbeit Null", stehen (OVG Brandenburg 27. 5. 97 – 4 A 133/97). Lediglich für den Ausnahmefall des Bezugs von Kurzarbeitergeld auf der Grundlage des inzwischen aufgehobenen **§ 63 Abs. 5 AFG-DDR**, der der damaligen spezifischen Situation der DDR Rechnung tragen sollte, hat die Verwaltungsgerichtsbarkeit Ausnahmen zugelassen. Auf das herkömmliche Kurzarbeitergeld ist diese Rechtsprechung nicht übertragbar (OVG Thüringen 6. 7. 95 – 2 KO 11/94; OVG Brandenburg 27. 5. 97, a.a.O.; so auch *Dörner*, SchwbG, § 7 RdNr. 36; *Düwell*, LPK-SGB IX, § 73 RdNr. 22). Es ist auch nicht erforderlich, dass es sich um ein dauerhaftes Arbeitsverhältnis handelt; **befristete Arbeitsverhältnisse** sind in gleicher Weise zu berücksichtigen.

6   **Leiharbeitnehmer** werden grundsätzlich dem Verleiherbetrieb zugerechnet, da Vertragsarbeitgeber der Verleiher ist. Würde der Arbeitsplatz des Leiharbeitnehmers nicht beim Verleiherbetrieb angerechnet, obwohl dort die Entscheidung der Einstellung getroffen wird, würde für diesen jeder Anreiz fehlen, einen schwerbehinderten Arbeitnehmer zu beschäftigen (BVerwG 13. 12. 2001 NZA 2002, 385). Liegt keine Erlaubnis zur Arbeitnehmerüberlassung vor, wird gemäß § 10 Abs. 1 AÜG ein Arbeitsverhältnis zwischen Entleiher und Leiharbeitnehmer fingiert. Der Arbeitsplatz des Leiharbeitnehmers wird in diesem Fall allein dem Entleiher zugerechnet (*Düwell*, LPK-SGB IX, § 73 RdNr. 9; *Kossens/von der Heide/Maaß*, SGB IX, § 73 RdNr. 6; *Neumann/Pahlen/ Majerski-Pahlen*, SGB IX, § 73 RdNr. 23). Umstritten ist, ob bei einem längeren Einsatz, der teilweise bei 8 Wochen (so GK-SGB IX-*Großmann*, § 73 RdNr. 53,55), teilweise erst bei über 12 Monaten angenommen wird (*Neumann/Pahlen*, SGB IX, 10. Aufl., § 73 RdNr. 23), der Arbeitsplatz des Leiharbeitnehmers sowohl beim Verleiher wie auch beim Entleiher als Arbeitsplatz gerechnet werden soll. Dies ist zu bejahen. Der Aufspaltung der Arbeitgeberfunktionen zwischen dem Verleiher als dem Vertragsarbeitgeber und dem Entleiher als faktischem Arbeitgeber wird nur Rechnung getragen durch die Anrechnung des Arbeitsplatzes sowohl beim Entleiher wie auch beim Verleiher (so auch GK-SGB IX-*Großmann*, § 73 RdNr. 55; ausdrücklich offengelassen: BVerwG 13. 12. 01, a.a.O.). Wenn der Entleiher den Leiharbeitnehmer in seinem Betrieb nicht nur kurzfristig einsetzt und nach seinen Weisungen beschäftigt, und er gemäß § 11 Abs. 6 AÜG auch bei der Einhaltung der öffentlich-rechtlichen Arbeitsschutzvorschriften in die

Pflicht genommen wird, ist es auch sachlich gerechtfertigt, diesen Arbeitsplatz zur Begründung der Beschäftigungspflicht mit zu zählen. Nur dadurch wird auch gewährleistet, dass Arbeitgeber sich nicht durch wiederholten und verstärkten Einsatz von Leiharbeitnehmern ihrer Beschäftigungspflicht entziehen. Da gemäß § 7 S. 2 BetrVG für die Frage der Wahlberechtigung auf einen Einsatzzeitraum von 3 Monaten abgestellt wird, erscheint es gerechtfertigt auch für die Frage der Berücksichtigung des Arbeitsplatzes im Rahmen der Beschäftigungspflicht die gleiche Zeitspanne zugrunde zu legen. Gegen diese Auffasuung wird eingewandt, dass nach der Begründung zum Regierungsentwurf des Gesetzes zur Reform des Betriebsverfassungsgesetzes (BT-Drucks. 14/5741 S. 28) mit der Zuerkennung des aktiven Wahlrechts in § 7 S. 2 BetrVG keine Anerkennung der Arbeitnehmereigenschaft im Entleiherbetrieb verbunden sein sollte (*Düwell*, LPK-SGB IX, § 73 RdNr. 27; *Edenfeld*, NZA 2006, 126, 128f.; *Goebel*, jurisPK-SGB IX, § 73 RdNr. 13). Leiharbeitnehmer werden deshalb auch nach der Rechtsprechung des BAG für die Anzahl der zu wählenden Betriebsratsmitglieder gemäß § 9 BetrVG nicht mit gerechnet (BAG 16. 4. 03 NZA 2003, 1345). Die Gesetzesbegründung betont jedoch auch, dass mit der betriebsverfassungsrechtlichen Regelung der Erosion der Stammbelegschaft durch den Einsatz von Leiharbeitnehmern begegnet werden soll (BT-Drucks.14/5741 S. 36). Dies gelingt jedoch nur dann, wenn Stellen, auf denen regelmäßig Leiharbeitnehmer beschäftigt werden, auch im Entleiherbetrieb als Arbeitsplätze zählen, deren Besetzung mit schwerbehinderten Leiharbeitnehmern darüber hinaus zur Erfüllung der Beschäftigungspflicht im Entleihunternehmen führt. Der Anreiz des Verleihers zur Einstellung schwerbehinderter Menschen wird dadurch nicht eingeschränkt sondern verstärkt, da die Chancen, Einsatzmöglichkeiten für leistungseingeschränkte Arbeitnehmer in Unternehmen eines Entleihers zu finden, sich erhöhen.

Heimarbeitnehmer werden nicht erfasst, da sie wirtschaftlich, aber **7** nicht persönlich abhängig sind (LSG Berlin 26. 4. 96 E-LSG Ar-114; *Schneider* in Hauck/Noftz, SGB IX, K § 73 RdNr. 4; *Düwell*, LPK-SGB IX, § 73 RdNr. 26; *Neumann/Pahlen/Majerski-Pahlen*, SGB IX, § 73 RdNr. 7). § 127 enthält insoweit eine abschließende Regelung (siehe Erläuterungen dort).

Vorstandsmitglieder juristischer Personen oder Gesellschafter **8** von Personengesellschaften sowie mitarbeitende Familienangehörige sind keine Arbeitnehmer im Sinne dieser Vorschrift, so dass deren Beschäftigung auch nicht als Arbeitsplatz zählt. Insoweit gilt nichts anderes als in § 5 Abs. 2 Ziff. 1 und 2 BetrVG (*Neumann/Pahlen/Majerski-Pahlen*, SGB IX, § 73 RdNr. 46–48; *Schneider* in Hauck/Noftz, SGB IX, K § 73 RdNr. 4).

9   Die Beschäftigung eines **leitenden Angestellten** wird dagegen berücksichtigt, da die Erwägungen, die für die Sonderbehandlung leitender Angestellter im Betriebsverfassungsrecht gelten (§ 5 Abs. 3 BetrVG), im Schwerbehindertenrecht keine Bedeutung haben (*Cramer,* SchwbG, § 7 RdNr. 6; *Düwell,* LPK-SGB IX, § 73 RdNr. 28; *Goebel,* jurisPK-SGB IX, § 73 RdNr. 14).

10   Bestimmte öffentlich-rechtliche Dienstverhältnisse werden als Arbeitsplatz gemäß Abs. 1 erfasst, so die von **Beamten und Richtern,** gleich, ob sie auf Lebenszeit, Zeit, Probe oder Widerruf eingestellt sind. Ausgeschlossen sind allerdings Ehrenbeamte wie etwa die Bürgermeister einer kleinen Gemeinde oder ehrenamtliche Richter.

     Soldaten werden nicht erfasst, ebenfalls nicht **Minister** (*Cramer,* SchwbG, § 7 RdNr. 8; *Neumann/Pahlen/Majerski-Pahlen,* SGB IX, § 73 RdNr. 28).

11   Auch Stellen, auf denen **Auszubildende** oder andere zu ihrer **beruflichen Bildung** Eingestellte beschäftigt werden, sind Arbeitsplätze im Sinne des Abs. 1. Gemäß § 74 Abs. 1 zählen sie allerdings beim Umfang der Beschäftigungspflicht und bei der Anzahl der zu berücksichtigenden Pflichtplätze nicht mit. Wer Auszubildender oder zur beruflichen Bildung Eingestellter ist, richtet sich nach § 1 BBiG. Unter Berufsbildung fallen demnach die Berufsausbildung, die berufliche Fortbildung (§ 46 BBiG) sowie die berufliche Umschulung (§ 47 BBiG).

     Ausbildungsstellen sind auch solche, auf denen **Beamtenanwärter** beschäftigt werden. Auch sie sind zur Ausbildung eingestellt. Es gibt keinen Grund, Ausbildungsstellen öffentlicher und privater Arbeitgeber unterschiedlich zu behandeln (BSG 29. 7. 93 11- R Ar 41/92).

12   Bei **Praktikanten- und Volontärsstellen** ist zu differenzieren. Wird die Tätigkeit im Rahmen eines Studiums oder im Rahmen eines Schulpraktikums ausgeübt, zählt die Stelle schon nicht als Arbeitsplatz im Sinne des § 73 Abs. 1 (LSG Bayern 29. 10. 98 – L 9 AL 167/96; *Düwell,* LPK-SGB IX § 73 RdNr. 32). Ist das Praktikanten- oder Volontariatsverhältnis dagegen Teil einer beruflichen Gesamtausbildung und auf der Grundlage eines geordneten Ausbildungsgangs vorgeschrieben wie etwa das Anerkennungsjahr bei Erziehern oder Sozialpädagogen, zählt die Praktikantenstelle als Ausbildungsplatz (BVerwG 16. 12. 04 NJW 2005, 1674; GK-SGB IX-*Großmann* § 73 RdNr. 91; *Düwell,* a. a.O.; s. auch § 74 RdNr. 3). Im Übrigen können **Praktikanten- und Volontärsstellen** als normales Arbeitsverhältnis oder, wenn der Ausbildungs- und Lernzweck im Vordergrund steht, als sog. anderes Vertragsverhältnis gemäß § 26 BBiG ausgestaltet sein (BAG 1. 12. 04 NZA 2005, 779; BAG 19. 6. 74 AP Nr.3 zu § 3 BAT mit Anm. *Weber; Scherer,* NZA 1986, 281). In beiden Fällen handelt es sich um einen Arbeitsplatz im Sinne des § 73 Abs. 1.

III. Die Nichtanrechnung von Arbeitsplätzen

Abs. 2 und 3 enthalten Sonderregelungen, welche Stellen nicht als **13** Arbeitsplätze anerkannt werden. Sie werden damit im Grundsatz weder bei der Begründung der Beschäftigungspflicht gemäß § 71 Abs. 1 noch bei der Anrechnung auf die Zahl der Pflichtarbeitsplätze berücksichtigt. Diese Stellen sind teilweise schon im arbeitsrechtlichen Sinne keine Arbeitsplätze, weil **keine Arbeitsverhältnisse** begründet worden sind; zum Teil sollen sie Arbeitgeber nicht mit Beschäftigungspflichten belasten, um deren Bereitschaft zur Einstellung zu fördern.

Im Einzelnen handelt es sich um folgende Gruppen:

In Ziff. 1 wird Bezug genommen auf die Regelung in § 33 Abs. 3 **14** Ziff. 3. **Berufliche Rehabilitationsstellen**, die innerhalb des Betriebes bestehen, werden nicht berücksichtigt. Dadurch sollen Arbeitgeber motiviert werden, solche Stellen, die der beruflichen Anpassung (siehe dazu im Einzelnen: Mrozynski SGB IX Teil1 § 33 RdNr. 35 und 42) dienen, zu schaffen (Gesetzentwurf der Bundesregierung zur Änderung des SchwG vom 3. 4. 1985, BT Drucks. 10/3138 S. 30). Dieser Zweck wird dadurch erreicht, dass diese Stellen nicht als Arbeitsplätze gelten, die den Umfang der Beschäftigungspflicht gemäß § 71 Abs. 1 bestimmen (zur Anrechnung: siehe Kommentierung unter § 75).

Die Regelung in Ziff. 2 entspricht der in § 5 Abs. 2 Ziff 3 BetrVG. **15** Ausgenommen ist in beiden Fällen der Personenkreis, dessen Arbeit in erster Linie aus **religiösen oder karitativen Motiven** erfolgt. Die Tätigkeit dieser Personen erfolgt regelmäßig nicht im Rahmen eines Arbeitsverhältnisses. Zu dieser Fallgruppe gehört etwa die Beschäftigung von Angehörigen einer Ordensgemeinschaft oder Entwicklungshelfern (*Neumann/Pahlen/Majerski-Pahlen*, SGB IX, § 73 RdNr. 51; *Cramer, SchwbG*, § 7 RdNr. 14). Rote-Kreuz-Schwestern sind nach der Rechtsprechung des BAG ebenfalls keine Arbeitnehmer sondern nur arbeitnehmerähnliche Personen (BAG 6. 7. 1995 NZA 1996, 33). Für alle übrigen Krankenschwestern gilt dies allerdings nicht (*Fitting*, BetrVG, § 5 RdNr. 325). Auch beschäftigte Mitglieder von Scientology sind Arbeitnehmer i. S. des § 5 Abs. 1 S. 1 ArbGG (BAG 22. 3. 95 NZA 1995, 823). Ausdrücklich ausgenommen sind **Geistliche** öffentlicher-rechtlicher Religionsgemeinschaften, ohne dass es auf die Art ihres Beschäftigungsverhältnisses ankommt (*Neumann/Pahlen/Majerski-Pahlen*, a.a.O.).

In Ziff. 3 sind Personen ausgenommen, die ihre Arbeitsleistungen vor- **16** wiegend zu ihrer **Heilung, Wiedereingewöhnung oder Erziehung** erbringen. Auch diese Regelung entspricht im Wesentlichen der des § 5 Abs. 2 Ziff. 4 BetrVG. Zu dieser Personengruppe zählen etwa Geisteskranke, Nichtsesshafte, Alkoholiker oder Rauschgiftsüchtige, soweit sie in Anstalten oder aus arbeitstherapeutischen Gründen beschäftigt werden, und Strafgefangene, die im Rahmen öffentlich-rechtlicher Zwangsverhältnisse Arbeiten leisten (*Neumann/Pahlen/ Majerski-Pahlen*, SGB IX, § 73 RdNr. 52; *Fitting*, BetrVG, § 5 RdNr. 328 ff.).

17 Ausgenommen sind gemäß Ziff. 4 weiterhin Teilnehmer an Maßnahmen zur **Arbeitsbeschaffung** (§§ 260 ff. SGB III). Es handelt sich hierbei um Arbeitsverhältnisse; es gelten für sie daher die Vorschriften des Arbeitsrechts (*Fitting*, BetrVG, § 5 BetrVG RdNr. 149; *Neumann/ Pahlen/Majerski-Pahlen*, SGB IX, § 73 RdNr. 54). Sie sind lediglich bei der Begründung der Beschäftigungspflicht im Rahmen des § 71 Abs. 1 nicht zu berücksichtigen (*Schneider* in Hauck/Noftz, SGB IX, K § 73 RdNr. 6; *Neumann/Pahlen/Majerski-Pahlen*, a.a.O.).

18 Nicht berücksichtigt gemäß Ziff. 5 werden Personen, die **in ihre Stellen gewählt** werden. Dies hat seinen Grund darin, dass im Falle einer Wahl der Arbeitgeber nicht über die Besetzung der Stelle entscheidet (*Cramer*, SchwbG, § 7 RdNr. 16; GK-SGB IX-*Großmann*, § 73 RdNr. 138). Hierzu gehören Wahlbeamte in den Kommunen und Richter der obersten Bundesgerichte und des Bundesverfassungsgerichts und Richter, die nach den entsprechenden Landesgesetzen gewählt werden (z. B. Richter der Verfassungsgerichte der Länder). Es gehören hierzu auch Personen, die aufgrund Satzung oder tatsächlicher Übung in Vereinen, Verbänden oder politischen Parteien in ihre Funktionen gewählt werden, vorausgesetzt, sie sind ansonsten Arbeitnehmer und fallen unter den Arbeitsplatzbegriff des Abs. 1. So sind die Stellen von Vorstandsmitgliedern bereits keine Arbeitsplätze im Sinne des Abs. 1. Es kommt deshalb nicht erst die Ausnahme des Wahlamtes nach Abs. 2 Ziff. 5 zur Anwendung.

Auf **Betriebsrats- und Personalratsmitglieder** ist die Vorschrift nicht anzuwenden, da sie im Rahmen ihres weiterhin bestehenden Arbeits- bzw. Dienstverhältnisses in diese Funktionen gewählt werden und lediglich von ihren Arbeitspflichten im Falle der Freistellung befreit werden. Ihr weiterhin bestehendes Arbeitsverhältnis, nicht dagegen ihr Amt zählt deshalb als Arbeitsplatz gemäß Abs. 1. Dies gilt auch dann, wenn auf ihrer bisherigen Stelle eine Ersatzkraft beschäftigt wird, da eine die Doppelzählung ausschließende Regelung wie in § 73 Abs. 2 Ziff. 7 für diesen Fall fehlt (*Düwell*-LPK, SGB IX, § 73 RdNr. 39; *Cramer*, SchwbG, § 7 RdNr. 16; GK-SGB IX-*Großmann*, § 73 RdNr. 139; *Schneider* in Hauck/Noftz, SGB IX, K § 73 RdNr. 7; a. A. *Neumann/Pahlen/Majerski-Pahlen*, SGB IX, § 73 RdNr. 55).

19 Mit Wirkung vom 1. 1. 2005 ist Abs. 2 Ziff. 6 aufgehoben worden (s. RdNr. 2). Danach waren Sozialhilfeempfänger, die gemäß **§ 19 BSHG** Arbeitsverhältnisse begründet haben, ausgenommen (s. Vorauflage § 73 RdNr. 20).

20 Gemäß Ziff. 7 werden **ruhende Arbeits-, Dienst- oder sonstige Beschäftigungsverhältnisse** nicht als Arbeitsplätze angerechnet, wenn und solange ein Vertreter eingestellt ist. Insofern hat der Gesetz-

geber den Streit (*Neumann/Pahlen*, SchwbG, § 7 RdNr. 16; *Cramer*, SchwbG, § 7 RdNr. 4 und SchwbG-*Großmann*, § 7 RdNr. 159), inwieweit bei der Beschäftigung eines Vertreters während des Ruhens eines Arbeitsverhältnisses – etwa während der Elternzeit – beide Beschäftigungen als Arbeitsplätze zählen, geklärt, und sich gegen die **Doppelzählung** und die Anrechnung des ruhenden Beschäftigungsverhältnisses entschieden. Für die Elternzeit ergibt sich dies auch aus § 21 Abs. 7 BErzGG. Mit Wirkung vom 1. 5. 2004 ist Ziff. 7 dahingehend ergänzt worden, dass auch Arbeitsverhältnisse im Rahmen der **Altersteilzeit** während der Freistellungsphase nicht als Arbeitsplätze zählen, wenn aus Anlass des Übergangs des Beschäftigten in die Alterszeit der Arbeitsplatz nach den altersteilzeitrechtlichen Vorschriften (§ 3 AltersteilzeitG) wieder besetzt wird (BT-Drucks. 15/1783 S. 14).

Darüber hinaus ist eine Doppelzählung für den Fall ausgeschlossen, dass für einen sich in **Weiterbildung** befindlichen Arbeitnehmer gemäß § 231 SGB III befristet ein bisher arbeitsloser Arbeitnehmer eingestellt wird. Dies ergibt sich aus **§ 231 Abs. 2 SGB III.** Danach wird für die Anwendung von arbeits- oder arbeitsschutzrechtlichen Gesetzen, bei denen es auf die Anzahl der Mitarbeiter ankommt, nur das aufgrund der Weiterbildung ruhende Arbeitsverhältnis und nicht der zur Vertretung eingestellte Mitarbeiter gezählt.

Gemäß Abs. 3 sind schließlich sog. **kurzfristige Beschäftigungen** 21 ausgenommen, die ihrer Eigenart nach oder entsprechend den getroffenen Vereinbarungen von vornherein nur zeitlich begrenzt, nämlich höchstens im Umfang von 8 Wochen, ausgeübt werden sollen. Die Regelung entspricht § 8 Abs. 1 Ziff. 2 SGB IV. Typischerweise handelt es sich hierbei um Saisonbeschäftigungen. Ein befristetes Probearbeitsverhältnis fällt dagegen nicht unter § 73 Abs. 3, da die Befristung nur vorgeschaltet ist und die Parteien beabsichtigen, ein auf Dauer angelegtes Arbeitsverhältnis einzugehen (so auch *Neumann/Pahlen/Majerski-Pahlen*, SGB IX, § 73 RdNr. 57; a.A. *Cramer*, SchwbG, § 7 RdNr. 18). Ebenfalls ausgenommen sind Beschäftigungen, die wöchentlich weniger als 18 Stunden ausgeübt werden. Darunter fallen typischerweise **Geringfügig Beschäftigte**, wobei gemäß § 8 Abs. 1 Ziff. 1 SGB IV für das Vorliegen einer geringfügigen Beschäftigung seit dem 1. 4. 2003 auf die bis dahin geltende 15-Stunden-Grenze pro Woche verzichtet wird und lediglich die Einhaltung der Verdienstgrenze von 400 Euro vorausgesetzt wird. Abs. 3 stellt nach wie vor allein auf die wöchentliche Stundenzahl ab, der monatliche Verdienst ist unerheblich. Es handelt sich hierbei auch nicht um ein Redaktionsversehen des Gesetzgebers, obwohl im Arbeitsförderungsrecht in § 119 Abs. 3 SGB III nach wie vor **die 15-Stunden-Grenze** gilt. Der Gesetzgeber hat vielmehr bewusst in Kenntnis der unterschiedlichen Regelungen den Stunden-Umfang nicht angepasst, da nur Teilzeitstellen, die mindestens ca. eine Halbtagsbeschäftigung beinhalten, bis auf die Ausnahme in § 75 Abs. 2

S. 3 gefördert werden sollen (LSG NW 2.9.08 – L 1 AL 35/07). Dieselben Voraussetzungen gelten auch für Arbeitsplätze von Arbeitnehmern in **Altersteilzeit**, soweit die Reduzierung der Arbeitszeit zu einer Beschäftigung von weniger als 18 Std. wöchentlich führt (*Kuhlmann*, br 2002, 1 f.). Bei den kurzfristigen wie geringfügigen Beschäftigungen handelt es sich im Übrigen um vollwertige Arbeitsverhältnisse; sie werden lediglich bei der Zahl der Arbeitsplätze und bei der Erfüllung der Pflichtquote nicht berücksichtigt (kritisch dazu: *Düwell*, LPK-SGB IX § 73 RdNr. 21).

22   In Abs. 3 sind Personen, die einen Rechtsanspruch auf Einstellung haben, wie etwa **Referendare** im Gegensatz zum Schwerbehindertengesetz vom 29.9.2000 im SGB IX nicht mehr aufgeführt. Sie werden nun von der Vorschrift des § 74 Abs. 1 S. 2 erfasst. Dies wird damit begründet, dass auch diese Personengruppe Leistungen der begleitenden Hilfe im Arbeitsleben nach den §§ 102 ff. erhalten sollen (Begründung zum Gesetzentwurf der SPD und Bündnis 90/Die Grünen BT-Drucks. 14/5074 S. 112).

Berechnung der Mindestzahl von Arbeitsplätzen und der Pflichtarbeitsplatzzahl

74   (1) ¹Bei der Berechnung der Mindestzahl von Arbeitsplätzen und der Zahl der Arbeitsplätze, auf denen schwerbehinderte Menschen zu beschäftigen sind (§ 71), zählen Stellen, auf denen Auszubildende beschäftigt werden, nicht mit. ²Das Gleiche gilt für Stellen, auf denen Rechts- oder Studienreferendare und -referendarinnen beschäftigt werden, die einen Rechtsanspruch auf Einstellung haben.

(2) Bei der Berechnung sich ergebende Bruchteile von 0,5 und mehr sind aufzurunden, bei Arbeitgebern mit jahresdurchschnittlich weniger als 60 Arbeitsplätzen abzurunden.

Übersicht

I. Allgemeines

1   Die Vorschrift regelt zum einen, dass Ausbildungsplätze und Stellen für Studien- und Rechtsreferendare bei der Berechnung der Mindestzahl und der Pflichtarbeitsplatzzahl nicht angerechnet werden, zum anderen enthält sie eine Rundungsvorschrift. Gegenüber der Aus-

gangsfassung des SGB IX ist in Abs. 2 durch das Gesetz zur Förderung der Ausbildung und Beschäftigung schwerbehinderter Menschen vom 23. 4. 2004 (BGBl. I 606) die Formulierung: *bis zu* 59 durch die Formulierung *weniger als 60* Arbeitsplätze ersetzt worden. Dadurch wird klargestellt, dass die Abrundungsmöglichkeit bis zur Anzahl von 59 Arbeitsplätzen besteht.

II. Nichtanrechnung von Ausbildungsplätzen und Referendarstellen

Durch entsprechende Änderungen des Schwerbehindertengesetzes **2** ist die zeitweise Nichtzählung von Ausbildungsplätzen mehrmals befristet worden, zuletzt bis zum 31. 12. 00. Die Befristung ist mit dem am 1. 10. 2000 in Kraft getretenen Gesetz zur Bekämpfung der Arbeitslosigkeit Schwerbehinderter (SchwBAG) v. 29. 9. 2000 (BGBl. I S. 1349 ff.) endgültig aufgehoben worden. Die Nichtzählung von Ausbildungsplätzen soll der Schaffung von Ausbildungsplätzen dienen. Arbeitgeber sollen nicht abgehalten werden, Ausbildungsplätze einzurichten, weil sie dadurch gemäß § 71 Abs. 1 beschäftigungspflichtig werden oder eine höhere Pflichtquote erreichen. Dem Gesetzgeber ist die **Förderung von Jugendlichen im Ausbildungsbereich** so wichtig, dass er von der Arbeitgeberseite benannte Ausbildungshemmnisse beseitigen will unter Inkaufnahme, dass sich die Beschäftigungspflicht Schwerbehinderter dadurch verringert (Gesetzentwurf der Bundesregierung zur Änderung des SchwbG vom 3. 4. 1985, BT Drucks. 10/3138 S. 15; Entwurf eines Gesetzes zur Bekämpfung der Arbeitslosigkeit Schwerbehinderter der Fraktionen der SPD und Bündnis 90/Die Grünen vom 16. 5. 2000, BT-Drucks. 14/3372 S. 17).

Auszubildende sind nur die in **§ 3 BBiG** zur **Berufsausbildung**, **3** nicht auch die zur beruflichen Fortbildung oder Umschulung Eingestellten (BVerwG 16. 12. 04 NJW 2005, 1674; *Neumann/Pahlen/Majerski-Pahlen*, SGB IX, § 74 RdNr. 9; *Trenk-Hinterberger* in HK- SGB IX, § 74 RdNr. 5; GK-SGB IX-*Großmann*, § 74 RdNr. 13; a. A. *Düwell*, LPK-SGB IX, § 74 RdNr. 4). Für diese Auffassung spricht, dass in Abs. 1 S. 1 nur Auszubildende und im Gegensatz zu § 73 Abs. 1 andere zu ihrer beruflichen Bildung Eingestellte nicht aufgeführt werden. Auch in § 10 Abs. 1 BBiG werden unter Auszubildenden nur Personen verstanden, die zur Berufsausbildung eingestellt werden; die berufliche Fortbildung oder Umschulung wird von der Vorschrift nicht erfasst. Auch **Volontäre** und **Praktikanten** fallen damit grundsätzlich nicht unter den Anwendungsbereich der Vorschrift. Ist das Praktikanten- oder Volontariatsverhältnis dagegen Teil einer beruflichen Gesamtausbildung und auf der Grundlage eines geordneten Ausbildungsgangs vorgeschrieben wie etwa das Anerkennungsjahr bei Erziehern oder Sozial-

pädagogen oder Bestandteil der ärztlichen Ausbildung, zählt die Praktikantenstelle auch als Ausbildungsplatz (BVerwG 16. 12. 04, a.a.O.).
Die Privilegierung sonstiger Praktikantenstellen gemäß § 74 Abs. 1 S. 1
ist sachlich auch nicht gerechtfertigt, da zunehmend sog. Praktikanten
in (verschleierten) Arbeitsverhältnissen arbeiten („Generation Prak-
tikum"), bei denen nicht der Ausbildungs- und Lernzweck im Vordergrund steht, sondern der „Praktikant" faktisch entsprechend den
Weisungen des Arbeitgebers Arbeitsleistungen wie ein Arbeitnehmer
erbringt (Fallbeispiel: BAG 1. 12. 04 NZA 2005, 779).

4   Da der gesetzliche Förderungszweck, Ausbildungsstellen für schwerbehinderte Menschen zu schaffen, nicht nur auf privatrechtliche Ausbildungsverhältnisse beschränkt ist, sind auch **Beamtenanwärter**, die
einen Vorbereitungsdienst durchlaufen, als Auszubildende zu betrach-
ten (BSG 29. 7. 1993 – 11 Rar 41/92).

5   Stellen, die von Auszubildenden besetzt werden, zählen nicht bei
der **Mindestzahl** von 20 Arbeitsplätzen im Sinne des § 71; sie werden
auch für den **Umfang der Beschäftigungspflicht** nicht mitgerech-
net, erhöhen also die Pflichtquote nicht. Wohl aber handelt es sich um
Arbeitsplätze mit der Folge, dass alle Vorschriften, die für auf Arbeitsplätzen beschäftigte schwerbehinderte Menschen gelten, auch auf
Auszubildende Anwendung finden. Vor allem wird deren Beschäftigung bei der Erfüllung der Pflichtzahl angerechnet.

6   Gleiches gilt auch für die Einstellung von **Rechts- und Studien-
referendaren**. Auch ihre Einstellung wirkt sich nicht auf die Begründung und den Umfang der Beschäftigungspflicht aus. Bisher galten
ihre Stellen nicht als Arbeitsplätze gemäß § 7 Abs. 3 SchwbG a.F.. Der
Gesetzgeber hat sie in die Regelung des § 74 aufgenommen, um klarzustellen, dass für sie ansonsten die Vorschriften für „auf Arbeitsplätzen
beschäftigte schwerbehinderte Menschen" gelten, und ihnen etwa auch
auf der Grundlage des § 102 Abs. 2 begleitende Hilfe im Arbeitsleben
zu gewähren ist (Begründung zum Gesetzentwurf der Fraktionen von
SPD und Bündnis 90/Die Grünen BT-Drucks. 14/5074 S. 112).

III. Rundungsvorschrift

7   Der letzte Satz der bisherigen Regelung ist in einen eigenständigen
Absatz aufgenommen worden, um klarzustellen, dass sich die Rundungsvorschrift auf die Berechnung der Pflichtquote allgemein bezieht (BT-Drucks. 14/5074 S. 112).

8   Bei der Berechnung der Pflichtarbeitsplatzzahl können sich Bruchteile ergeben, wenn die Zahl der gemäß den §§ 73 und 74 anzurechnenden Arbeitsplätze mit der Pflichtquote von 5 % multipliziert wird.
Da die Beschäftigungspflicht nicht anteilig mit Stundenquoten erfüllt
werden kann, ist die Zahl der Pflichtarbeitsplätze entsprechend auf-

oder abzurunden. Ab einem Bruchteil von 0,5 ist aufzurunden. Privilegiert werden, wie auch bei der Festsetzung der Ausgleichsabgabe in § 77 Abs. 2, Arbeitgeber mit einer jahresdurchschnittlichen Arbeitsplatzzahl von weniger als 60, also von nicht mehr als 59 Arbeitsplätzen. Hier wird bei der Entstehung von Bruchteilen immer abgerundet.

Anrechnung Beschäftigter auf die Zahl der Pflichtarbeitsplätze für schwerbehinderte Menschen

75 (1) Ein schwerbehinderter Mensch, der auf einem Arbeitsplatz im Sinne des § 73 Abs. 1 oder Abs. 2 Nr. 1 oder 4 beschäftigt wird, wird auf einen Pflichtarbeitsplatz für schwerbehinderte Menschen angerechnet.

(2) [1]Ein schwerbehinderter Mensch, der in Teilzeitbeschäftigung kürzer als betriebsüblich, aber nicht weniger als 18 Stunden wöchentlich beschäftigt wird, wird auf einen Pflichtarbeitsplatz für schwerbehinderte Menschen angerechnet. [2]Bei Herabsetzung der wöchentlichen Arbeitszeit auf weniger als 18 Stunden infolge Altersteilzeit gilt Satz 1 entsprechend. [3]Wird ein schwerbehinderter Mensch weniger als 18 Stunden wöchentlich beschäftigt, lässt die Bundesagentur für Arbeit die Anrechnung auf einen dieser Pflichtarbeitsplätze zu, wenn die Teilzeitbeschäftigung wegen Art oder Schwere der Behinderung notwendig ist.

(2a) Ein schwerbehinderter Mensch, der im Rahmen einer Maßnahme zur Förderung des Übergangs aus der Werkstatt für behinderte Menschen auf den allgemeinen Arbeitsmarkt (§ 5 Abs. 4 Satz 1 der Werkstättenverordnung) beschäftigt wird, wird auch für diese Zeit auf die Zahl der Pflichtarbeitsplätze angerechnet.

(3) Ein schwerbehinderter Arbeitgeber wird auf einen Pflichtarbeitsplatz für schwerbehinderte Menschen angerechnet.

(4) Der Inhaber eines Bergmannsversorgungsscheins wird, auch wenn er kein schwerbehinderter oder gleichgestellter behinderter Mensch im Sinne des § 2 Abs. 2 oder 3 ist, auf einen Pflichtarbeitsplatz angerechnet.

Übersicht

I. Allgemeines

1   Die Vorschrift regelt, mit welchen Beschäftigten der Arbeitgeber seine Beschäftigungspflicht gemäß § 71 Abs. 1 erfüllt. Gegenüber der Ausgangsfassung des SGB IX vom 19. 6. 2001 (BGBl. I S. 1046) hat die Vorschrift folgende Änderungen erfahren: Mit dem Gesetz zur Förderung der Ausbildung und Beschäftigung schwerbehinderter Menschen vom 23. 4. 2004 (BGBl. I S. 606) wurde in Abs. 1 die Verweisung auf § 73 Abs. 2 Nr. 6 gestrichen (s. § 73 RdNr. 1), in Abs. 2 der jetzige S. 2 zur Altersteilzeit und Abs. 2a eingefügt. Durch das 4. Gesetz für moderne Dienstleistungen am Arbeitsmarkt vom 24. 12. 2003 (BGBl. I S. 2954) wurde die Bezeichnung: *Arbeitsamt* durch *Bundesagentur für Arbeit* ersetzt.

2   Nach Abs. 1 wird ein Schwerbehinderter auf einen Pflichtplatz angerechnet, wenn er auf einem Arbeitsplatz im Sinne des § 73 Abs. 1 beschäftigt wird. Das Gleiche gilt auch für Arbeitsplätze im Sinne des § 73 Abs. 2 Ziff. 1 oder 4. Die weiteren Absätze 2–4 regeln die Anrechnung eines teilzeitbeschäftigten schwerbehinderten Menschen, eines in ein Arbeitsverhältnis übernommenen schwerbehinderten Werkstattbeschäftigten, eines schwerbehinderten Arbeitgebers und eines Inhabers eines Bergmannsversorgungsscheins.

II. Anrechnung schwerbehinderter Arbeitnehmer

3   Abs. 1 enthält den Grundsatz, dass Stellen, die gemäß § 73 Abs. 1 als **Arbeitsplätze** bei der Begründung und dem Umfang der Beschäftigungspflicht berücksichtigt werden, auch bei der Erfüllung der Beschäftigungspflicht angerechnet werden. Für die Anrechenbarkeit wird an den Begriff des Arbeitsplatzes in § 73 Abs. 1 angeknüpft. Für die Auslegung des Begriffs „Arbeitsplatz" kommt es darauf an, ob die betreffende Stelle von einem Arbeitnehmer eingenommen wird. Arbeitnehmer ist eine Person, die sich zu Arbeitsleistungen im Dienste eines anderen so verpflichtet hat, dass sie dadurch zu diesem in ein persönliches Abhängigkeitsverhältnis tritt (BVerwG 16. 12. 59 BVerwGE 10, 70; OVG Lüneburg 22. 2. 89 NZA 1989, 722). Durch den Wortlaut der Regelung und die Verweisung auf § 73 Abs. 1 ist klargestellt, dass auch **Auszubildende** auf Arbeitsplätzen beschäftigt werden und daher auf Pflichtarbeitsplätze angerechnet werden (siehe § 73 RdNr. 11). Sie zählen lediglich bei der Berechnung der Mindestzahl von Arbeitsplätzen und der Zahl der Pflichtarbeitsplätze gemäß § 74 ausdrücklich nicht mit. Schwerbehinderte Arbeitnehmer, die das **65. Lebensjahr** erreicht haben und darüber hinaus weiter beschäftigt werden, werden ebenfalls auf einen Pflichtarbeitsplatz angerechnet (*Schneider* in Hauck/Noftz, SGB IX, K § 75 RdNr. 3; *Neumann/Pahlen/Majerski-Pahlen*, SGB IX, § 75 RdNr. 5).

1. Förmliche Anerkennung. Voraussetzung für die Anrechnung   **4**
ist, dass der Arbeitgeber den Arbeitsplatz mit einem schwerbehinderten Menschen oder einem ihm gleichgestellten behinderten Menschen besetzt. Umstritten ist, ob es für die Frage der Anrechenbarkeit auf den Zeitpunkt ankommt, zu dem die **Schwerbehinderteneigenschaft** förmlich festgestellt wird. Dies ist zu bejahen. Der schwerbehinderte Mensch entscheidet selbst darüber, ob er sich unter den Schutz der besonderen Regelungen für Schwerbehinderte stellen will und sich auf die besonderen Rechte, die Schwerbehinderte genießen, berufen will. Zwar ist die Schwerbehinderteneigenschaft als solche nicht von einer Anerkennung durch die hierfür zuständigen Behörden abhängig, dennoch treten die rechtlichen Wirkungen der Schwerbehinderteneigenschaft nicht ohne Weiteres sondern nur bei entsprechender Inanspruchnahme durch einen schwerbehinderten Menschen ein. Entsprechend setzen auch die besonderen Verpflichtungen und Belastungen des Arbeitgebers erst aufgrund der **förmlichen Entscheidung** über die Schwerbehinderteneigenschaft oder die Gleichstellung ein. Es erscheint deshalb gerechtfertigt, dass der Arbeitgeber auch nur solche Arbeitnehmer anrechnen kann, deren Schwerbehinderteneigenschaft aufgrund eines förmlichen Feststellungsverfahrens durch das Versorgungsamt festgestellt ist oder die von der Agentur für Arbeit einem Schwerbehinderten gleichgestellt worden sind (so BVerwG NZA 1988, 431; *Goebel*, jurisPK-SGB IX, § 75 RdNr. 7; *Düwell*, LPK-SGB IX, § 75 RdNr. 13; *Kossens/von der Heide/Maaß*, SGB IX, § 75 RdNr. 2; a.A. *Cramer*, SchwbG, § 9 RdNr. 2 und GK-SGB IX-*Großmann*, § 75 RdNr. 26).

2. Arbeitsplätze gemäß Abs. 2 Ziff. 1 u. 4. Bezogen auf die Er-   **5**
füllung der Beschäftigungspflicht werden auch Stellen, die gemäß § 73 Abs. 2 keine Arbeitsplätze darstellen, berücksichtigt. Es handelt sich hierbei um die in § 73 Abs. 2 Ziff. 1 und 4 bezeichneten Arbeitsverhältnisse. Diese Beschäftigungsverhältnisse werden dadurch besonders privilegiert, dass sie bei der Begründung der Beschäftigungspflicht nicht mitzählen, mit ihnen jedoch gleichwohl die Beschäftigungsquote erfüllt werden kann. Damit sollen diese Arbeitsverhältnisse zum einen generell gefördert werden, zum anderen ein besonderer Anreiz geschaffen werden, auf diesen Stellen schwerbehinderte Menschen einzusetzen.

Zu diesen Arbeitsverhältnissen gehört gemäß § 73 Abs. 2 Ziff. 1 die   **6**
Beschäftigung schwerbehinderter Menschen zur **Rehabilitation** in Betrieben oder Dienststellen gemäß § 33 Abs. 3. Nach der zu § 9 SchwbG ergangenen Rechtsprechung erfolgt eine Anrechnung nur bei Schwerbehinderten, die an einer innerbetrieblichen Maßnahme teilnehmen und in einer unternehmensinternen Werkstatt beschäftigt werden. Unternehmen, die sich die Betreuung von Behinderten zur Aufgabe gemacht haben, können die in ihren Werkstätten beschäftigten

Behinderten nicht auf die Pflichtzahl anrechnen (BSG 26. 3. 92 NZA 1993, 335 = SozR 3-3870 § 9 Ziff. 1). Die Bezugnahme von § 75 auf § 73 Abs. 2 Ziff. 1 soll eine weitere Förderung der innerbetrieblichen Rehabilitation bewirken. Das Gesetz dient dem Zweck der Eingliederung derer in den allgemeinen Arbeitsmarkt, die noch in der Lage sind, ein Mindestmaß wirtschaftlich verwertbarer Arbeitsleistung zu erbringen. Bei der Beschäftigung von Behinderten in den **Werkstätten für Behinderte** handelt es sich dagegen um einen Sonderarbeitsmarkt, auf den die Regelungen über die Beschäftigungspflicht und die Ausgleichsabgabe keine Anwendung finden (BSG 26. 3. 92 NZA 1993, 335). In Unternehmen, deren Hauptaufgabe in der Beschäftigung von Schwerbehinderten besteht, können diese Schwerbehinderten nicht angerechnet werden, wohl aber das dort zur Betreuung der schwerbehinderten Menschen eingesetzte Personal (*Schneider* in Hauck/Noftz, SGB IX, K § 75 RdNr. 5; *Neumann/Pahlen/Majerski-Pahlen*, SGB IX, § 75 RdNr. 3).

7   Dazu gehören weiterhin Arbeitsverhältnisse schwerbehinderter Menschen und ihnen gleichgestellter behinderter Menschen im Rahmen von **Arbeitsbeschaffungsmaßnahmen** gemäß § 73 Abs. 2 Ziff. 4 i. V. mit §§ 260ff SGB III (siehe § 73 RdNr. 17).

8   **3. Teilzeitbeschäftigung.** In Abs. 2 S. 1 wird grundsätzlich klargestellt, dass es für die Anrechenbarkeit nicht auf den Umfang der Arbeitsleistung ankommt (VG Ansbach 28. 6. 2007 – AN 14 K 06.02988). Auch die Beschäftigung eines teilzeitbeschäftigten schwerbehinderten Menschen wird auf einen vollen Pflichtarbeitsplatz angerechnet. Insofern korrespondiert die Vorschrift mit § 73 Abs. 3, wonach Stellen mit einer wöchentlichen Arbeitszeit von mindestens 18 Stunden als Arbeitsplätze gelten.

9   Nach der Begriffsdefinition der Teilzeitarbeit in § 2 TzBfG ist ein Arbeitnehmer teilzeitbeschäftigt, dessen regelmäßige Wochenarbeitszeit kürzer als die eines vergleichbaren vollzeitbeschäftigten Arbeitnehmers ist. Da grundsätzlich Arbeitnehmer eines Betriebes verglichen werden (§ 2 Abs. 1 S. 3 TzBfG), bleibt die Anrechenbarkeit auch bei betriebsweit eingeführter Kurzarbeit bestehen, da davon alle Arbeitnehmer des Betriebes betroffen sind (*Schneider* in Hauck/Noftz, SGB IX, K § 75 RdNr. 6; *Neumann/Pahlen/Majerski-Pahlen*, SGB IX, § 75 RdNr. 12). Auch bei Arbeitsplatzteilung gemäß § 13 TzBfG werden die jeweiligen Teilzeitstellen sowohl bei der Begründung der Beschäftigungspflicht berücksichtigt wie auch jeweils auf einen Pflichtarbeitsplatz angerechnet (*Neumann/Pahlen/Majerski-Pahlen*, a.a.O. RdNr. 7).

10   Wie auch schon in § 73 Abs. 3 sind **kurzfristige Beschäftigungen** und Beschäftigungen mit einer wöchentlichen **Stundenzahl von unter 18 Stunden** grundsätzlich ausgenommen. Sie werden nicht auf einen Pflichtarbeitsplatz angerechnet. Abs. 2 S. 2 und S. 3 sehen jedoch

bei einer Teilzeitbeschäftigung von unter 18 Stunden Ausnahmen vor. So ermöglicht die Regelung in Abs. 2 S. 2, dass schwerbehinderte Menschen, die infolge **Altersteilzeit** aufgrund eines anzuwendenden Tarifvertrages weniger als 18 Stunden wöchentlich arbeiten, auf Pflichtarbeitsplätze des Arbeitgebers angerechnet werden. Abs. 2 S. 3 sieht die Anrechnung vor, wenn die Reduzierung der Arbeitszeit auf weniger als 18 Stunden pro Woche wegen **Art oder Schwere der Behinderung** erforderlich ist. Die Vorschrift korrespondiert insoweit mit § 81 Abs. 5, wonach Schwerbehinderte eine Teilzeitbeschäftigung aufgrund Art oder Schwere ihrer Behinderung beanspruchen können. Hat demnach der Arbeitgeber gemäß § 81 Abs. 5 eine Beschäftigung unterhalb von 18 Stunden vereinbart, ist diese auch auf einen Pflichtarbeitsplatz anzurechnen. Unabhängig von § 81 Abs. 5 gilt die Anrechenbarkeit auch in allen anderen Fällen, in denen dem schwerbehinderten Arbeitnehmer wegen seiner Behinderung nur eine Tätigkeit mit einer Arbeitszeit von weniger als 18 Stunden pro Woche möglich ist und er vom Arbeitgeber deshalb mit dieser Stundenzahl eingestellt worden ist.

Einen weiteren Anrechnungstatbestand sieht der neu durch das Gesetz zur Förderung der Ausbildung und Beschäftigung schwerbehinderter Menschen vom 23. 4. 04 eingefügte Abs. 2a vor. Danach erfolgt die rückwirkende Anrechnung für den Zeitraum, in dem der Arbeitgeber einen in einer **Werkstatt für behinderte Menschen** (WfbM) tätigen schwerbehinderten Menschen im Rahmen einer Trainingsmaßnahme, eines Betriebspraktikums oder durch eine zeitweise Beschäftigung auf einem ausgelagerten Arbeitsplatz (§ 5 Abs. 4 S. 1 Werkstättenverordnung) beschäftigt. Da mit der rückwirkenden Anrechnungsmöglichkeit der Übergang aus der WfbM in den allgemeinen Arbeitsmarkt gefördert werden soll, ist Voraussetzung, dass der Arbeitgeber nach der Beschäftigung im Rahmen einer Maßnahme den schwerbehinderten Menschen in ein Arbeitsverhältnis übernimmt. Die Bindung der rückwirkenden Anrechnung an den Erfolg der Maßnahme ergibt sich auch aus dem Wortlaut der Vorschrift: *auch für diese Zeit* und *beschäftigt wird* (so auch: *Cramer,* NZA 2004, 698, 701; *Kossens/ von der Heide/Maaß,* SGB IX, § 75 RdNr. 8; *Trenk-Hinterberger* in HK-SGB IX, § 75 RdNr. 17; a. A. *Neumann/Pahlen/Majerski-Pahlen,* SGB IX, § 75 RdNr. 13; *Düwell,* LPK-SGB IX, § 75 RdNr. 8). Da Abs. 2a keine zeitliche Beschränkung vorsieht, ist auch die rückwirkende Anrechnung einer längerfristigen Beschäftigungszeit auf ausgelagerten Arbeitsplätzen gemäß § 5 Abs. 4 S. 1 Werkstättenverordnung bei späterer Übernahme in ein Arbeitsverhältnis geboten (*Trenk-Hinterberger* in HK-SGB IX a.a.O. RdNr. 18). Der Gesetzesentwurf von SPD und Bündnis 90/Die Grünen sah noch eine zusätzliche rückwirkende Anrechnungsmöglichkeit für die Zeit der Arbeitnehmerüberlassung zu Gunsten des Entleihers vor, sobald dieser den schwerbehinderten Menschen in ein Arbeits- oder Beschäftigungsverhältnis übernommen hat

11

(BT-Drucks15/1783 S. 5 u. 14). Diese Regelung ist aber nach der Stellungnahme des Bundesrates (BT-Drucks.15/2318 S. 15) nicht Gesetz geworden (Gegenäußerung der Bundesregierung: BT-Drucks.15/2318 S. 21).

12   **Zuständig für die Entscheidung** über die Anrechnung ist die für den Betrieb örtlich zuständige **Agentur für Arbeit**, die von sich aus, allerdings auch auf entsprechenden formlosen Antrag des Arbeitgebers, des schwerbehinderten Menschen oder auch des Integrationsamtes tätig wird. Wenn die Voraussetzungen für eine Anrechnung gegeben sind, hat die Agentur für Arbeit durch Verwaltungsakt eine entsprechende Entscheidung zu treffen. Es besteht kein Ermessensspielraum *(Neumann/ Pahlen/Majerski-Pahlen*, SGB IX, § 75 RdNr. 9).

III. Anrechnung schwerbehinderter Arbeitgeber

13   Auch ein schwerbehinderter Arbeitgeber wird auf einen Pflichtarbeitsplatz angerechnet. Diese Anrechnung ist systemwidrig und dient nicht dem Schutzzweck des Gesetzes, der darin besteht, die Chancen schwerbehinderter Menschen im Erwerbsleben durch Schaffung von Arbeitsplätzen für diese zu fördern (*Schneider* in Hauck/Noftz, SGB IX, K § 75 RdNr. 7; *Cramer*, SchwbG, § 9 RdNr. 8). Die Anrechnung auch des Arbeitgebers auf Pflichtplätze ist vielmehr von wirtschaftspolitischen Überlegungen beeinflusst. Kleinen und mittleren Betriebe soll die Eingliederung von Schwerbehinderten erleichtert werden. Aufgrund dessen ist die Anrechnungsmöglichkeit in Abs. 3 eng auszulegen. Es ist deshalb auch nur gerechtfertigt, schwerbehinderte Arbeitgeber anzurechnen, die auch gleichzeitig **natürliche Personen** (Einzelunternehmer) sind (BVerwG 24. 2. 94 br 1994, 164; BVerwG 25. 7. 97 NZA 1997, 1166; BSG 30. 9. 92 SozR 3–3870 § 9 RdNr. 2; LSG Bad.-Württ. 18. 12. 2009 – L 8 AL 5297/08). Die Vorschrift gilt grundsätzlich nicht für Organe juristischer Personen oder gesetzliche Vertreter von Personengesellschaften (BSG 30. 9. 92, a.a.O.; BVerwG 25. 7. 97, a.a.O.; VGH Kassel 19. 9. 96 NZA 1997, 659; OVG Lüneburg 22. 2. 89 NZA 1989, 722). Allerdings ist bei schwerbehinderten **Geschäftsführern** einer GmbH entsprechend den Umständen im Einzelfall zu überprüfen, ob sie in einem Arbeitsverhältnis stehen und daher auf einem Arbeitsplatz im Sinne des § 73 Abs. 1 beschäftigt werden und damit gemäß § 75 Abs. 1 auf einen Pflichtarbeitsplatz angerechnet werden (BVerwG 26. 9. 02 NZA 2003, 1094; LSG Bad.-Württ., a.a.O.). Die Arbeitnehmereigenschaft ist zu verneinen, wenn es sich um einen Geschäftsführer handelt, der zugleich Mehrheitsgesellschafter (BVerwG 24. 2. 94, a.a.O.).oder Mitgesellschafter mit nicht nur geringer Beteiligung ist (beispielsweise Einlage 24%: VGH Kassel, a.a.O.). Handelt es sich um einen **Fremdgeschäftsführer**, der über keine Kapitalbeteiligung ver-

fügt, kommt es darauf an, ob ein persönliches Abhängigkeitsverhältnis besteht. Hierbei ist im Wesentlichen auf den Inhalt des Arbeitsvertrages abzustellen. Die Arbeitnehmereigenschaft und damit eine Anrechnung auf einen Pflichtarbeitsplatz scheiden aus, wenn dem Fremdgeschäftsführer in Bezug auf seine Weisungs- und Entscheidungsbefugnis entsprechend seinem Anstellungsvertrag eine arbeitgebergleiche charakteristische Selbstständigkeit eingeräumt ist (BVerwG 26.9.02, a.a.O.; LSG Bad.-Württ. a.a.O.; a. A.: OVG Lüneburg 22.2.89, a.a.O.; OVG Münster 12.12.1997 – 24 A 4419/95, die unabhängig von der Ausgestaltung des Vertragsverhältnisses und der Höhe der Beteiligung die Anrechenbarkeit des schwerbehinderten Geschäftsführers immer ausschließen wollen).

IV. Anrechnung von Inhabern von Bergmannsversorgungsscheinen

Eine erweiterte Anrechnung sieht Abs. 4 für Inhaber eines Berg- **14** mannsversorgungsscheins (BVS) vor, auch wenn sie nicht schwerbehindert oder gleichgestellt sind. Der Bergmannsversorgungsschein wird nach entsprechenden landesrechtlichen Vorschriften in den Ländern Nordrhein/Westfalen, Niedersachsen und dem Saarland erteilt (Überblick bei *Schaub,* Arbeitsrechtshandbuch, 11. Aufl., § 180 RdNr. 2–5). Voraussetzung für die Anrechnung ist, dass eine entsprechende wirksame Entscheidung über die Erteilung des Bergmannsversorgungsscheins durch die bei den Arbeitsministerien angesiedelten Zentralstellen für den BVS vorliegt.

Mehrfachanrechnung

76 (1) ¹Die Bundesagentur für Arbeit kann die Anrechnung eines schwerbehinderten Menschen, besonders eines schwerbehinderten Menschen im Sinne des § 72 Abs. 1 auf mehr als einen Pflichtarbeitsplatz, höchstens drei Pflichtarbeitsplätze für schwerbehinderte Menschen zulassen, wenn dessen Teilhabe am Arbeitsleben auf besondere Schwierigkeiten stößt. ²Satz 1 gilt auch für schwerbehinderte Menschen im Anschluss an eine Beschäftigung in einer Werkstatt für behinderte Menschen und für teilzeitbeschäftigte schwerbehinderte Menschen im Sinne des § 75 Abs. 2.

(2) ¹Ein schwerbehinderter Mensch, der beruflich ausgebildet wird, wird auf zwei Pflichtarbeitsplätze für schwerbehinderte Menschen angerechnet. ²Satz 1 gilt auch während der Zeit einer Ausbildung im Sinne des § 35 Abs. 2, die in einem Betrieb oder einer Dienststelle durchgeführt wird. ³Die Bundesagentur für Arbeit kann die Anrech-

nung auf drei Pflichtarbeitsplätze für schwerbehinderte Menschen zulassen, wenn die Vermittlung in eine berufliche Ausbildungsstelle wegen Art oder Schwere der Behinderung auf besondere Schwierigkeiten stößt. [4]Bei Übernahme in ein Arbeits – oder Beschäftigungsverhältnis durch den ausbildenden oder einen anderen Arbeitgeber im Anschluss an eine abgeschlossene Ausbildung wird der schwerbehinderte Mensch im ersten Jahr der Beschäftigung auf zwei Pflichtarbeitsplätze angerechnet; Absatz 1 bleibt unberührt.

(3) Bescheide über die Anrechnung eines schwerbehinderten Menschen auf mehr als drei Pflichtarbeitsplätze für schwerbehinderte Menschen, die vor dem 1. August 1986 erlassen worden sind, gelten fort.

Übersicht

I. Allgemeines

1   Die Vorschrift sieht in Abweichung des in § 75 Abs. 1 enthaltenen Grundsatzes, dass ein schwerbehinderter Mensch auf einen Pflichtarbeitsplatz angerechnet wird, eine Mehrfachanrechnung vor. Darüber entscheidet im Einzelfall die Agentur für Arbeit. Eine Doppelanrechnung kraft Gesetzes ist in Absatz 2 für die Ausbildung von Schwerbehinderten und die Übernahme von Auzubildenden in ein Arbeitsverhältnis enthalten. Begrenzt ist die Mehrfachanrechnung auf 3 Pflichtarbeitsplätze. Gegenüber der Ausgangsfassung des SGB IX vom 19. 6. 2001 (BGBl. I S. 1046) hat die Vorschrift folgende Änderungen erfahren: Durch Gesetz vom 24. 12. 2003 wurde *Arbeitsamt* durch *Bundesagentur für Arbeit* in Abs. 1 S. 1 und Abs. 2 ersetzt. Durch das Gesetz zur Förderung der Ausbildung und Beschäftigung schwerbehinderter Menschen vom 23. 4. 2004 (BGBl. I S. 606) wurde in Abs. 1 S. 2 die Möglichkeit der Mehrfachanrechnung bei Beschäftigung von schwerbehinderten Menschen, die in einer Werkstatt für behinderte Menschen tätig waren, aufgenommen. Weiterhin wurden in Abs. 2 die in der jetzigen Gesetzesfassung enthaltenen Sätze 2 und 4 eingefügt.

II. Mehrfachanrechnung von schwerbehinderten Beschäftigten

Die Regelung in Abs. 1 korrespondiert mit der Vorschrift des § 72. **2** Vor allem die in § 72 Abs. 1 genannten Gruppen von Schwerbehinderten, die bei der Eingliederung in den Arbeitsmarkt besondere Schwierigkeiten haben, können auf einen Pflichtarbeitsplatz mehrfach angerechnet werden. Durch die Verwendung des Begriffes: „besonders" in Abs. 1 S. 1 stellt der Gesetzgeber andererseits klar, dass nicht nur für diese **Problemgruppen des § 72** sondern auch für alle anderen Schwerbehinderten eine Mehrfachanrechnung in Betracht kommt. Dies gilt nicht nur für Schwerbehinderte sondern grundsätzlich auch für die ihnen gleichgestellten behinderten Menschen (GK-SGB IX-*Großmann*, § 76 RdNr. 17; *Schneider* in Hauck/Noftz, SGB IX, K § 76 RdNr. 3; *Düwell*, LPK-SGB IX, § 76 RdNr. 4).

Voraussetzung ist auch hier, dass die Schwerbehinderteneigenschaft **3** gemäß § 69 Abs. 1 bzw. die Gleichstellung gemäß § 68 Abs. 2 förmlich – ggfl. auch rückwirkend – festgestellt ist.

Eine Mehrfachanrechnung ist außerdem stets nur möglich, wenn **4** die Beschäftigung überhaupt nach § 75 anrechnungsfähig ist (GK-SGB IX-*Großmann*, § 76 RdNr. 15). Voraussetzung ist, dass die Eingliederung in den Arbeitsprozess auf **besondere Schwierigkeiten** stößt, wobei sich dies nicht nur auf die Einstellung, sondern auch auf den Erhalt eines Arbeitsplatzes beziehen kann (*Neumann/Pahlen/Majerski-Pahlen*, SGB IX, § 76 RdNr. 7; *Cramer,* SchwbG, § 10 RdNr. 4; GK-SGB IX-*Großmann*, § 76 RdNr. 26; *Schneider* in Hauck/Noftz, SGB IX, K § 76 RdNr. 4). Das Vorliegen „besonderer Schwierigkeiten" bei der Teilhabe am Arbeitsleben muss nicht im Zusammenhang mit der Behinderung stehen. Es können auch andere Umstände sein, die jeweils im Einzelfall zu prüfen sind, so etwa das fortgeschrittene Alter, bereits länger bestehende Arbeitslosigkeit, Vorstrafen, Minderleistung, die nicht mit der Behinderung im Zusammenhang steht, fehlende Qualifikation, besondere Verhältnisse am jeweiligen Arbeitsplatz oder auf dem allgemeinen Arbeitsmarkt für einen bestimmten Beruf (*Cramer,* SchwbG, § 10 RdNr. 4; *Neumann/Pahlen/Majerski-Pahlen*, SGB IX, § 76 RdNr. 5; *Schneider* in Hauck/Noftz, SGB IX, K § 76 RdNr. 4). In der Regel wird die Mehrfachanrechnung bei den in § 72 Abs. 1 genannten Schwerbehindertengruppen in Betracht kommen wegen der für sie aufzuwendenden außergewöhnlichen technischen Mittel oder der Einstellung einer Hilfskraft oder der wesentlich verminderten Arbeitsleistung, die bei einer Verringerung von 30 % angenommen wird (*Cramer,* SchwbG, § 10 RdNr. 8; *Neumann/Pahlen/Majerski-Pahlen*, a.a.O. RdNr. 8; siehe auch Erläuterungen zu § 72).

5   Schwerbehinderte Menschen, die im Anschluss an eine Beschäftigung in einer anerkannten Werkstatt für behinderte Menschen beschäftigt werden, können gemäß Abs. 1 S. 2 ebenfalls auf einen Arbeitsplatz mehrfach angerechnet werden. Dadurch soll dem Umstand, dass deren Teilhabe am Arbeitsleben auf besondere Schwierigkeiten stößt, Rechnung getragen werden (BT-Drucks. 15/1783 S. 15).

6   Die Mehrfachanrechnung ist auch bei **teilzeitbeschäftigten Schwerbehinderten** möglich (Abs. 1 S. 2). Voraussetzung ist allerdings, dass sie gemäß § 75 Abs. 2 grundsätzlich angerechnet werden können. Für Schwerbehinderte, die weniger als 18 Stunden in der Woche arbeiten, muss für die Möglichkeit der Mehrfachanrechnung also eine Zulassungsentscheidung der Agentur für Arbeit vorliegen (*Schneider* in Hauck/Noftz, SGB IX, K § 76 RdNr. 4; *Cramer*, SchwbG, § 10 RdNr. 5).

III. Zulassung der Mehrfachanrechnung

7   Die Entscheidung der Agentur für Arbeit wird in der Regel nach einem entsprechenden **Antrag des Arbeitgebers oder des Schwerbehinderten**, der an keine bestimmte Form gebunden ist, getroffen. Die Agentur für Arbeit muss ein entsprechendes Verfahren auch **von Amts wegen** einleiten, wenn der Behörde ein Sachverhalt bekannt wird, der für die Prüfung einer Mehrfachanrechnung Anlass gibt. Dies wird in der Regel nach entsprechenden Anregungen des Integrationsamtes, der Schwerbehindertenvertretung oder des Betriebsrates/Personalrates der Fall sein.

8   Die Entscheidung ist nach **pflichtgemäßem Ermessen** zu treffen („kann ... zulassen"). Das Vorliegen „besonderer Schwierigkeiten" stellt einen unbestimmten Rechtsbegriff dar, der gerichtlich überprüfbar ist; im Ermessen der Agentur für Arbeit steht die anschließend zu ziehende Schlussfolgerung, ob das Gewicht und die Bedeutung der Einzelumstände die doppelte Anrechnung oder sogar eine noch darüber hinausgehende Anrechnung zulassen (GK-SGB IX-*Großmann*, § 76 RdNr. 43; *Neumann/Pahlen/Majerski-Pahlen*, SGB IX, § 76 RdNr. 6). Die Mehrfachanrechnung kann ausnahmsweise auch **befristet** werden, soweit Anhaltspunkte dafür vorliegen, dass die Voraussetzungen nur zeitlich begrenzt vorliegen etwa, wenn eine wesentliche Verbesserung des Gesundheitszustandes zu erwarten ist (GK-SGB IX-*Großmann*, § 76 RdNr. 46; *Cramer*, SchwbG, § 10 RdNr. 10).

9   Umstritten ist, ob die **Anrechnungsentscheidung zurückwirkt** oder als gestaltender Verwaltungsakt erst mit dem Tag der Entscheidung Wirkungen entfaltet (für letzteres: *Neumann/Pahlen/Majerski-Pahlen*, SGB IX, § 76 RdNr. 6; *Goebel*, jurisPK-SGB IX, § 76 RdNr. 16; VG Arnsberg 6. 12. 89 br 1991, 21). Dies hat vor allem Bedeutung für die Erhe-

bung der Ausgleichsabgabe. Da insoweit die vorliegenden Daten zum Zeitpunkt der Erstellung der Anzeige am 31. 3. eines jeden Kalenderjahres maßgeblich sind, können die bis zu diesem Zeitpunkt ergangenen Entscheidungen über die Mehrfachanrechnung berücksichtigt werden (so auch SG Gotha 23. 7. 97 – S-9/Ar-23/96, Besprechung von *Hohn*, AuA 1998, 183; *Schneider* in Hauck/Noftz, SGB IX, K § 76 RdNr. 5).

Örtlich zuständig für die Entscheidung ist die Agentur für Arbeit **10** der jeweiligen Betriebsstätte bzw. der Beschäftigungsdienststelle, bei einem arbeitslosen Schwerbehinderten die Agentur für Arbeit an dessen Wohnsitz (*Düwell*, LPK-SGB IX, § 76 RdNr. 15). Die Entscheidung ist ein **Verwaltungsakt**, der durch Widerspruch und Klage sowohl vom Arbeitgeber als auch vom schwerbehinderten Arbeitnehmer beim zuständigen Sozialgericht angegriffen werden kann (*Düwell*, LPK-SGB IX, § 76 RdNr. 20; GK-SGB IX-*Großmann*, § 76 RdNr. 61).

IV. Doppelanrechnung während und nach der betrieblichen Ausbildung (Abs. 2)

Gemäß Abs. 2 werden Schwerbehinderte und ihnen Gleichgestellte, **11** die zur Berufsausbildung beschäftigt werden, nicht aber die Gruppe der nicht generell gleichgestellten Jugendlichen und jungen Erwachsenen im Sinne des § 68 Abs. 4 S. 1 kraft Gesetzes doppelt angerechnet (*Cramer*, NZA 2004, 698, 702). Die Agentur für Arbeit hat kein Ermessen; die Doppelanrechnung ist zwingend. Dadurch sollen im Wettbewerb um Ausbildungsstellen zwischen Behinderten und Nichtbehinderten in den Betrieben die Chancen von schwerbehinderten Menschen auf eine Ausbildungsstelle verbessert werden. Da die Regelung mit § 73 Abs. 1 korrespondiert, sind – wie in § 73 Abs. 1 – die **berufliche Ausbildung in §§ 1, 3 BBiG und die berufliche Fortbildung und Umschulung** gemeint, einschließlich der Ausbildung in besonderen Einrichtungen gemäß § 35 Abs. 2. Die Mehrfachanrechnung bezieht sich auf alle betrieblichen Ausbildungs- und Fortbildungsstellen und nicht nur auf Berufsausbildungsverhältnisse gemäß § 3 BBiG, demnach auch auf öffentlich-rechtliche Beschäftigungsverhältnisse, etwa Beamtenanwärter (BSG 29. 7. 1993 – 11 Rar 41/92; *Düwell*, LPK-SGB IX, § 76 RdNr. 6; *Trenk-Hinterberger*, HK-SGB IX, § 76 RdNr. 11). Hier erscheint eine einheitliche Betrachtungsweise zur Regelung des § 75 Abs. 1 i. V. mit § 73 Abs. 1 gerechtfertigt, die ebenfalls eine Anrechnung aller betrieblichen Ausbildungsstellen, auch die zur Fortbildung und Umschulung vorsieht. § 74 Abs. 1 und § 76 Abs. 2 entsprechen sich insoweit nicht. Dafür spricht auch der unterschiedliche Gesetzeswortlaut in § 74 Abs. 1 („zur Ausbildung beschäftigt") im Gegensatz zu § 76 Abs. 2 („beruflich ausgebildet") (*Neumann/Pahlen/Majerski-Pahlen*, SGB IX, § 76 RdNr. 11; *Goebel*, jurisPK-SGB IX, § 76 RdNr. 19;

Düwell, LPK–SGB IX, § 76 RdNr. 5f., der allerdings bereits den Anwendungsbereich des § 74 Abs. 1 nicht auf Auszubildende beschränkt; a.A. *Trenk-Hinterberger,* a.a.O u.§ 74 RdNr. 5; GK-SGB IX-*Großmann,* § 76 RdNr. 52; *Schneider* in Hauck/Noftz, SGB IX, K § 76 RdNr. 6).

12   Abs. 2 S. 2 erweitert die zwingend gebotene Doppelanrechnung auf die Fälle, in denen die Ausbildung grundsätzlich zwar in **Einrichtungen der beruflichen Rehabilitation** z. B. in Berufsbildungswerken oder Berufsförderungswerken (§ 35 Abs. 1) durchgeführt wird, Teile der Ausbildung – wie in § 35 Abs. 2 vorgesehen – aber in einem Betrieb oder einer Dienststelle erfolgen. Dann wird der schwerbehinderte Mensch während dieses Ausbildungszeitraums doppelt angerechnet.

13   Neben der regelmäßigen Doppelanrechnung von Ausbildungsstellen ist gemäß Abs. 2 S. 3 darüber hinaus ausnahmsweise eine **weitere Anrechnung** möglich. Diese ist allerdings davon abhängig, dass bei der Vermittlung in eine Ausbildungsstelle besondere Schwierigkeiten bestehen, die anders als in den Fällen des Abs. 1 im Zusammenhang mit der Behinderung stehen müssen. Andere Umstände, die ihren Grund nicht in der Behinderung haben, können hier nicht zu einer Dreifachanrechnung führen. Darüber hat die Agentur für Arbeit nach Abs. 1 eine Entscheidung nach pflichtgemäßem Ermessen zu treffen.

14   Der neu in Abs. 2 angefügte S. 4 (s. RdNr. 1) sieht eine zwingende Anrechnung auf zwei Pflichtarbeitsplätze für den Fall vor, dass der **schwerbehinderte Auszubildende** nach Abschluss seiner Ausbildung in ein Arbeits- oder Beschäftigungsverhältnis **übernommen** wird. Die Mehrfachanrechnung erfolgt auch dann, wenn der Auszubildende nach Abschluss der Ausbildung von einem anderen Arbeitgeber als demjenigen, von dem er ausgebildet wurde, beschäftigt wird. Voraussetzung ist lediglich, dass die Übernahme im unmittelbaren Anschluss an die Ausbildung erfolgt. Der Gesetzestext enthält keine Regelung dazu, wann der zeitliche Zusammenhang zur Ausbildung noch als gewahrt anzusehen ist. Insofern sind keine zeitlich starren Grenzen vorgegeben. Nach der Gesetzesbegründung soll der zeitliche Zusammenhang regelmäßig zu bejahen sein, wenn die Beschäftigung bis zum Ablauf des Kalendermonats beginnt, der dem Kalendermonat der Beendigung der Ausbildung folgt (BT-Drucks. 15/1783 S. 15). Besteht der Auszubildende beispielsweise die Abschlussprüfung am 15. 8., müsste er spätestens bis zum 30. 9. eingestellt werden. Im Gesetz ist weiterhin nicht geregelt, ob nur irgendeine Art der Beschäftigung nach Abschluss der Ausbildung reicht oder die Weiterbeschäftigung im erlernten Beruf erfolgen muss. Aufgrund des zeitlichen Zusammenhangs wird wie auch im Falle der Übernahme Auszubildender, die Mitglied einer Jugend- oder Auszubildendenvertretung gemäß § 78a BetrVG sind (BVerwG 15. 12. 85 NJW 1986, 1825), die Doppelanrechnung kraft Gesetzes jedenfalls dann nicht eintreten, wenn der Arbeitgeber den schwerbehinderten Auszubildenden lediglich auf einer ausbildungsfremden und geringerwertigen Stelle weiter beschäftigt. Der Umfang der Arbeitszeit wird außerdem 18 Stunden wöchentlich nicht unterschreiten dürfen, es sei denn die Teilzeitbeschäftigung erfolgt gemäß § 75 Abs. 2 wegen Art oder Schwere der Behinderung. Die zwingend vorgesehene Doppelanrechnung ist auf das erste Beschäftigungsjahr beschränkt. Dies war im Gesetzgebungsverfahren umstritten. Der Bundesrat wollte die doppelte Anrechnung auf drei Jahre erweitern, um die Übernahmebereitschaft der Betriebe weiter zu erhöhen (BT-Drucks. 15/2318 S. 16). Die Bundesregierung hielt an der Beschränkung auf ein Jahr mit der Begründung fest, die erweiterte zeitliche Anrechnung könne sich negativ auf die Ausbildungsbereitschaft auswirken (BT-Drucks. 15/2318 S. 21). Der Bundesrat hat an seinem Vorschlag im weiteren Gesetzgebungsverfahren nicht mehr festgehalten. In Abs. 2 S. 4 2. Hs. wird klar gestellt, dass über die Doppelanrechnung hinaus eine weitergehende Anrechnung unter den Voraussetzungen des Abs. 1 zulässig bleibt.

V. Weitergeltung früherer Bescheide

Abs. 3 dient dem Vertrauensschutz. Bis 31. 7. 1986 war auch eine mehr   15
als dreifache Anrechnung zulässig. Diese Bescheide sollen bestandskräftig bleiben und nicht gemäß § 48 SGB X wegen einer wesentlichen Änderung der rechtlichen Verhältnisse aufgehoben werden können.

Ausgleichsabgabe

77 (1) ¹Solange Arbeitgeber die vorgeschriebene Zahl schwerbehinderter Menschen nicht beschäftigen, entrichten sie für jeden unbesetzten Pflichtarbeitsplatz für schwerbehinderte Menschen eine Ausgleichsabgabe. ²Die Zahlung der Ausgleichsabgabe hebt die Pflicht zur Beschäftigung schwerbehinderter Menschen nicht auf. ³Die Ausgleichsabgabe wird auf der Grundlage einer jahresdurchschnittlichen Beschäftigungsquote ermittelt.

(2) ¹Die Ausgleichsabgabe beträgt je unbesetzten Pflichtarbeitsplatz

1. 105 Euro bei einer jahresdurchschnittlichen Beschäftigungsquote von 3 Prozent bis weniger als dem geltenden Pflichtsatz,

2. 180 Euro bei einer jahresdurchschnittlichen Beschäftigungsquote von 2 Prozent bis weniger als 3 Prozent,

3. 260 Euro bei einer jahresdurchschnittlichen Beschäftigungsquote von weniger als 2 Prozent.

²Abweichend von Satz 1 beträgt die Ausgleichsabgabe je unbesetzten Pflichtarbeitsplatz für schwerbehinderte Menschen

1. für Arbeitgeber mit jahresdurchschnittlich weniger als 40 zu berücksichtigenden Arbeitsplätzen bei einer jahresdurchschnittlichen Beschäftigung von weniger als einem schwerbehinderten Menschen 105 Euro und

2. für Arbeitgeber mit jahresdurchschnittlich weniger als 60 zu berücksichtigenden Arbeitsplätzen bei einer jahresdurchschnittlichen Beschäftigung von weniger als zwei schwerbehinderten Menschen 105 Euro und bei einer jahresdurchschnittlichen Beschäftigung von weniger als einem schwerbehinderten Menschen 180 Euro.

(3) [1]Die Ausgleichsabgabe erhöht sich entsprechend der Veränderung der Bezugsgröße nach § 18 Abs. 1 des Vierten Buches. [2]Sie erhöht sich zum 1. Januar eines Kalenderjahres, wenn sich die Bezugsgröße seit der letzten Neubestimmung der Beträge der Ausgleichsabgabe um wenigstens 10 Prozent erhöht hat. [3]Die Erhöhung der Ausgleichsabgabe erfolgt, indem der Faktor für die Veränderung der Bezugsgröße mit dem jeweiligen Betrag der Ausgleichsabgabe vervielfältigt wird. [4]Die sich ergebenden Beträge sind auf den nächsten durch fünf teilbaren Betrag abzurunden. [5]Das Bundesministerium für Arbeit und Soziales gibt den Erhöhungsbetrag und die sich nach Satz 3 ergebenden Beträge der Ausgleichsabgabe im Bundesanzeiger bekannt.

(4) [1]Die Ausgleichsabgabe zahlt der Arbeitgeber jährlich zugleich mit der Erstattung der Anzeige nach § 80 Abs. 2 an das für seinen Sitz zuständige Integrationsamt. [2]Ist ein Arbeitgeber mehr als drei Monate im Rückstand, erlässt das Integrationsamt einen Feststellungsbescheid über die rückständigen Beträge und zieht diese ein. [3]Für rückständige Beträge der Ausgleichsabgabe erhebt das Integrationsamt nach dem 31. März Säumniszuschläge nach Maßgabe des § 24 Abs. 1 des Vierten Buches; für ihre Verwendung gilt Absatz 5 entsprechend. [4]Das Integrationsamt kann in begründeten Ausnahmefällen von der Erhebung von Säumniszuschlägen absehen. [5]Widerspruch und Anfechtungsklage gegen den Feststellungsbescheid haben keine aufschiebende Wirkung. [6]Gegenüber privaten Arbeitgebern wird die Zwangsvollstreckung nach den Vorschriften über das Verwaltungszwangsverfahren durchgeführt. [7]Bei öffentlichen Arbeitgebern wendet sich das Integrationsamt an die Aufsichtsbehörde, gegen deren Entscheidung es die Entscheidung der obersten Bundes- oder Landesbehörde anrufen kann. [8]Die Ausgleichsabgabe wird nach Ablauf des Kalenderjahres, das auf den Eingang der Anzeige bei der Bundesagentur für Arbeit folgt, weder nachgefordert noch erstattet.

(5) [1]Die Ausgleichsabgabe darf nur für besondere Leistungen zur Förderung der Teilhabe schwerbehinderter Menschen am Arbeitsleben einschließlich begleitender Hilfe im Arbeitsleben (§ 102 Abs. 1 Nr. 3) verwendet werden, soweit Mittel für denselben Zweck nicht von anderer Seite zu leisten sind oder geleistet werden. [2]Aus dem Auf-

kommen an Ausgleichsabgabe dürfen persönliche und sächliche Kosten der Verwaltung und Kosten des Verfahrens nicht bestritten werden. [3]Das Integrationsamt gibt dem Beratenden Ausschuss für behinderte Menschen bei dem Integrationsamt (§ 103) auf dessen Verlangen eine Übersicht über die Verwendung der Ausgleichsabgabe.

(6) [1]Die Integrationsämter leiten den in der Rechtsverordnung nach § 79 bestimmten Prozentsatz des Aufkommens an Ausgleichsabgabe an den Ausgleichsfonds (§ 78) weiter. [2]Zwischen den Integrationsämtern wird ein Ausgleich herbeigeführt. [3]Der auf das einzelne Integrationsamt entfallende Anteil am Aufkommen an Ausgleichsabgabe bemisst sich nach dem Mittelwert aus dem Verhältnis der Wohnbevölkerung im Zuständigkeitsbereich des Integrationsamtes zur Wohnbevölkerung im Geltungsbereich dieses Gesetzbuches und dem Verhältnis der Zahl der im Zuständigkeitsbereich des Integrationsamtes in den Betrieben und Dienststellen beschäftigungspflichtiger Arbeitgeber auf Arbeitsplätzen im Sinne des § 73 beschäftigten und der bei den Agenturen für Arbeit arbeitslos gemeldeten schwerbehinderten und diesen gleichgestellten behinderten Menschen zur entsprechenden Zahl der schwerbehinderten und diesen gleichgestellten behinderten Menschen im Geltungsbereich dieses Gesetzbuchs.

(7) [1]Die bei den Integrationsämtern verbleibenden Mittel der Ausgleichsabgabe werden von diesen gesondert verwaltet. [2]Die Rechnungslegung und die formelle Einrichtung der Rechnungen und Belege regeln sich nach den Bestimmungen, die für diese Stellen allgemein maßgebend sind.

(8) Für die Verpflichtung zur Entrichtung einer Ausgleichsabgabe (Absatz 1) gelten hinsichtlich der in § 71 Abs. 3 Nr. 1 genannten Stellen der Bund und hinsichtlich der in § 71 Abs. 3 Nr. 2 genannten Stellen das Land als ein Arbeitgeber.

Übersicht

I. Allgemeines

1   Arbeitgeber, die die vorgeschriebene Zahl von schwerbehinderten Menschen nicht beschäftigen, haben gemäß Abs. 1 für jeden unbesetzten Pflichtarbeitsplatz eine Ausgleichsabgabe zu zahlen. Damit ist allerdings nicht ein „Freikauf" von der Beschäftigungspflicht verbunden. Die **nichtsteuerliche Sonderabgabe** (so BVerfG 26. 5. 81 NJW 1981, 2107) erfüllt vielmehr einen doppelten Zweck: sie erfolgt aus Gründen des Ausgleichs **(Ausgleichsfunktion)** und zu dem Zweck, zur Erfüllung der Beschäftigungspflicht anzuhalten **(Antriebsfunktion)**. Die Ausgleichsabgabe ist mit der Verfassung vereinbar. Sie stellt eine verfassungsrechtlich zulässige Berufsausübungsregelung dar. Auch ihre Höhe ist nicht unverhältnismäßig (BVerfG 1. 10. 04 NZA 2005, 102).

2   Die Zahlung von Ausgleichsabgaben sah bereits das Schwerbeschädigtengesetz von 1953 für private Arbeitgeber vor. Das SchwbG 1974 hat die Zahlungspflicht auf öffentliche Arbeitgeber ausgedehnt.

3   Während nach der Regelung in § 11 SchwbG 1986 ein einheitlicher Betrag von zuletzt 200 DM im Monat zu zahlen war, ist die Höhe der Ausgleichsabgabe seit dem am 1. 10. 2000 in Kraft getretenen Gesetz zur Bekämpfung der Arbeitslosigkeit Schwerbehinderter (SchwBAG) vom 29. 9. 2000 (BGBl. I S. 1349 ff.) nach dem Grad der Nichterfüllung der Beschäftigungspflicht **gestaffelt**. Die Einführung einer gestaffelten Ausgleichsabgabe hat ihren Grund darin, dass die Ausgestaltung der Ausgleichsabgabe in ihrer bisherigen Form ihrer Antriebsfunktion nicht genügend gerecht wurde, da sie nicht das Bemühen des Arbeitgebers honorierte, der Beschäftigungspflicht zumindest teilweise nachzukommen (Entwurf der Fraktionen der SPD und Bündnis 90/Die Grünen eines Gesetzes zur Bekämpfung der Arbeitslosigkeit Schwerbehinderter vom 16. 5. 2000, BT-Drucks. 14/3372 S. 15). Die Arbeitgeber, die ihre Beschäftigungspflicht gröblich missachten, werden nun stärker zur Kasse gebeten.

4   Die Ausgleichsabgabe ist davon abhängig, in welchem Maß der Arbeitgeber die Beschäftigungsquote bei einer jahresdurchschnittlichen Betrachtungsweise pro Monat nicht erfüllt hat. Bei dieser Betrachtungsweise ist es geblieben, obwohl durch das Gesetz zur Änderung von Fristen und Bezeichnungen im SGB IX und zur Änderung anderer Gesetze vom 3. 4. 2003 (BGBl. I S. 462) der ausdrückliche Hinweis auf die Berechnung pro Monat gegenüber der Ausgangsfassung des SGB IX vom 19. 6. 2001 (BGBl. I S. 1046) in Abs. 1 und Abs. 2 S. 2 weggefallen ist (*Neumann/Pahlen/Majerski-Pahlen,* SGB IX, § 77 RdNr. 9). Durch das Gesetz zur Förderung der Ausbildung und Beschäftigung schwerbehinderter Menschen vom 23. 4. 2004 (BGBl. I S. 606) ist die Verteilung des Aufkommens aus der Ausgleichsabgabe zwischen Bund

und Ländern geändert worden. Sie richtet sich nunmehr nach dem auf der Grundlage des § 79 Ziff. 3a durch Rechtsverordnung festgelegten Prozentsatz. Als Folge dieser Änderung ist Abs. 6 S. 1 neu gefasst worden. Das Gesetz vom 23. 4. 2004 enthält außerdem Klarstellungen im Hinblick auf die Sonderregelungen für Klein- und Mittelbetriebe: *weniger als 40* statt *bis zu 39* (Abs. 2 S. 2 Nr.1) und *weniger als 60* statt *bis zu 59* (Abs. 2 S. 2 Nr.2). In Abs. 4 S. 8 wurde die Bezeichnung: *Arbeitsamt* durch *Bundesagentur für Arbeit* und in Abs. 6 S. 3 die Bezeichnung *Arbeitsämter* durch *Agenturen für Arbeit* durch das 4. Gesetz für moderne Dienstleistungen am Arbeitsmarkt (BGBl. I S. 2954) geändert. Mit Rücksicht auf die jeweiligen Zuständigkeiten der Bundesministerien wurde zuletzt durch Art. 261 Nr.1 der Neunten Zuständigkeitsanpassungsverordnung vom 31. 10. 2006 m.W. v. 8. 11. 2006 als zuständiges Ministerium in Abs. 3 S. 5 das Bundesministerium für Arbeit und Soziales aufgenommen.

II. Abgabepflicht

Abgabepflichtig sind die Arbeitgeber, die ihrer Beschäftigungs- **5** pflicht gemäß § 71 Abs. 1 nicht nachkommen (Zum Begriff „Arbeitgeber" siehe Kommentierung zu § 71).

In Abs. 1 S. 2 wird klargestellt, dass die Beschäftigungspflicht nicht **6** mit der Zahlung der Ausgleichsabgabe aufgehoben wird. Sie besteht vielmehr neben der Entrichtung der Abgabe fort. Dies ergibt sich auch daraus, dass die Nichterfüllung der Beschäftigungspflicht eine Ordnungswidrigkeit gemäß § 156 Abs. 1 Nr.1 darstellt. Ausgleichsabgabe und eine Geldbuße können daher nebeneinander zu zahlen sein.

III. Höhe der Ausgleichsabgabe

Die Höhe der Abgabe hängt nach der Neuregelung in Abs. 1 und **7** Abs. 2 davon ab, in welchem Umfang der Arbeitgeber die Beschäftigungsquote erfüllt hat. Außerdem wird sie auf der Basis einer **jahresdurchschnittlichen Berechnung** ermittelt. Dadurch kann der Arbeitgeber die Nichterfüllung der Beschäftigungspflicht in bestimmten Monaten durch eine „Übererfüllung" in anderen Monaten im Kalenderjahr ausgleichen. Die Berechnung erfolgt auf der Grundlage der der Agentur für Arbeit vom Arbeitgeber mitgeteilten monatlichen Beschäftigungsdaten unter Verwendung des dafür vorgesehenen Vordrucks (§ 80 Abs. 6). Auf der Basis dieser Beschäftigungsdaten ist der Durchschnittswert im Kalenderjahr zu ermitteln.

Für die Ermittlung ist zunächst die **Gesamtzahl der Arbeitsplätze** **8** des Arbeitgebers in allen Betrieben bzw. Dienststellen im Bundesgebiet zu ermitteln und festzustellen, **welche Pflichtplätze** sich daraus ergeben und **wie viele Pflichtplätze** davon besetzt sind (*Cramer,* SchwbG, § 11 RdNr. 7; *Neumann/Pahlen/Majerski-Pahlen,* SGB IX, § 77 RdNr. 16f.). Die Einzelheiten ergeben sich aus den §§ 71, 73–76. Für die Besetzung reicht es aus, dass ein schwerbehinderter Mensch oder eine sonst anrechenbare Person wenigstens **einen Tag des Monats** auf einem Arbeitsplatz im Sinne des § 73 oder einer Stelle im Sinne des § 73 Abs. 2 Ziff. 1 oder 4 i.V. mit § 75 Abs. 1 oder § 73 Abs. 3 2. Alt. i.V. mit § 75 Abs. 2 beschäftigt war (BSG 6. 5. 94 SozR 3–3870 § 13 RdNr. 2).

9   **Ausnahmen** bestehen dann, wenn die Beschäftigung nach den zwischen Arbeitnehmer und Arbeitgeber getroffenen Vereinbarungen nur als **kurzfristige** von einer Dauer von höchstens 8 Wochen beabsichtigt ist (§ 73 Abs. 3 1. Alt.). Ausnahmsweise wird das einzelne Beschäftigungsverhältnis im jeweiligen Monat ebenfalls nicht gezählt, wenn es sich um ein sog. **Ersatzarbeitsverhältnis** handelt. Davon spricht man, wenn allein für einen ausscheidenden schwerbehinderten Arbeitnehmer ein anderer schwerbehinderter Arbeitnehmer eingestellt wird. In diesen Fällen gelten beide Arbeitsverhältnisse nur als ein Arbeitsverhältnis. Für die Tatsache, dass es sich um keinen bloßen Ersatz gehandelt hat, trägt der Arbeitgeber die objektive Beweislast (BSG 6. 5. 94 SozR 3–3870 § 13 RdNr. 2).

10   Es kommt nicht darauf an, ob den Arbeitgeber ein **Verschulden** an der Nichterfüllung der Beschäftigungspflicht trifft. Die Ausgleichsabgabe wird unabhängig davon erhoben, weshalb der Arbeitgeber ihr nicht nachkommt. Es ist auch unbeachtlich, ob die Agentur für Arbeit einem Arbeitgeber überhaupt geeignete Schwerbehinderte nachweisen kann, oder der Arbeitgeber wegen der von ihm gewählten Betriebsstruktur nicht in der Lage ist, schwerbehinderte Arbeitnehmer zu beschäftigen. Dies ergibt sich aus der Ausgleichsfunktion der Abgabe, die einen Lastenausgleich zwischen den Arbeitgebern, die der Einstellungspflicht genügen, und denjenigen, die der Verpflichtung nicht nachkommen, herbeiführen will (BVerG 1. 10. 04 NZA 2005, 102; BVerwG 13. 12. 2001 – 5 C 26/01).

11   Die Ausgleichsabgabe staffelt sich je nach dem Grad der Erfüllung der Beschäftigungspflicht.

Arbeitgeber mit einer Beschäftigungsquote von 3 % bis unterhalb des geltenden Pflichtsatzes müssen nur eine Ausgleichsabgabe von 105 Euro pro Monat und unbesetztem Pflichtplatz bezahlen.

Für Arbeitgeber mit einer Beschäftigungsquote von unter 3 % wird die Ausgleichsabgabe spürbar erhöht. Bei einer Quote schwerbehinderter Arbeitnehmer zwischen 2 % und unter 3 % beträgt sie 180 Euro und bei einer Erfüllungsquote von unter 2 % 260 Euro.

Beispiel für die Berechnung einer Ausgleichsabgabe 12

Arbeitsplätze und Stellen nach § 73 Abs. 1-3 SGB IX				Pflicht-arbeits-plätze -Soll-	Besetzte Pflicht-arbeits-plätze -Ist-	Unbe-setzte Pflicht-arbeits-plätze
Monat	Insgesamt	darunter Stellen von Auszubildenden (§ 74 Abs. 1, S. 1 SGB IX)	darunter Stellen von Rechts- und Studienreferendaren (§ 74 Abs. 1, S. 2 SGB IX)	Gesamtzahl in Spalte 1 abzüglich Spalten 2 und 3		
Januar	127	3	16	108	5	1	4
Februar	121	3	17	101	5	1	4
März	122	3	18	101	5	1	4
April	130	3	20	107	5	1	4
Mai	132	3	21	108	5	1	4
Juni	136	3	23	110	6	1	5
Juli	138	3	24	111	6	1	5
August	140	3	24	113	6	1	5
September	125	3	24	98	5	1	4
Oktober	128	3	23	102	5	1	4
November	125	3	23	99	5	1	4
Dezember	125	3	24	98	5	1	4
				Jahressumme: 1256		Summe: 12	Summe: 51

Errechnung der jahresdurchschnittlichen Arbeitszahl: Jahressumme (1256) : Monate (12) = 104,67

Errechnung der tatsächlichen Beschäftigungsquote: Summe der besetzten Pflichtplätze (12) : Jahressumme (1256) x 100 = 1,00 (also 1 %)

Daraus ergibt sich ein monatlich zu zahlender Betrag von 260 EUR. Da 51 Pflichtplätze unbesetzt sind, ist eine Ausgleichsabgabe von 13 260 EUR zu zahlen.

Müller-Wenner

IV. Kleinere Betriebe

13   Ausnahmeregelungen bestehen für Arbeitgeber mit einer kleineren oder mittleren Größe. Die Größe bestimmt sich nach der Zahl der für die Berechnung der Pflichtquote maßgeblichen Arbeitsplätze. Arbeitgeber mit einer jahresdurchschnittlichen von unter 40, also höchstens 39 zu berücksichtigen Arbeitsplätzen haben aufgrund der Abrundungsvorschrift des § 74 Abs. 2 nur einen schwerbehinderten Menschen zu beschäftigen (39 x 5 % = 1,95). Erfüllen sie diese Verpflichtung nicht, müssen sie nur eine Ausgleichsabgabe von 105 Euro pro Monat zahlen.

14   Arbeitgeber, bei denen zwischen 40 und 59 Arbeitsplätze zu berücksichtigen sind, haben wiederum aufgrund der Abrundungsvorschrift des § 74 Abs. 2 (59 x 5 % = 2,95) zwei schwerbehinderte Menschen zu beschäftigen. Kommen sie dieser Verpflichtung teilweise nach, beschäftigen also einen schwerbehinderten Menschen, beträgt die Ausgleichsabgabe ebenfalls nur 105 Euro; missachten sie ihre Beschäftigungspflicht ganz und beschäftigen keinen Schwerbehinderten, müssen sie pro Monat und unbesetztem Pflichtplatz 180 Euro bezahlen.

V. Übersicht

15   Die Staffelung je Pflichtplatz und Monat gestaltet sich in der Übersicht wie folgt:

	Erfüllung der Pflichtquote			
Anzahl der Arbeitnehmer	5 % und mehr	3 % bis unter 5 %	2 % bis unter 3 %	0 bis unter 2 %
Unter 20	0	0	0	0
bis 39	0	105 EUR	105 EUR	105 EUR
bis 59	0	105 EUR	105 EUR	180 EUR
über 59	0	105 EUR	180 EUR	260 EUR

VI. Dynamisierung

16   Gemäß Abs. 3 wird die Höhe der Ausgleichsabgabe außerdem dynamisiert. Die Frage der automatischen Dynamisierung ist auch in früheren Gesetzgebungsverfahren immer wieder diskutiert worden (*Cramer*, SchwbG, § 11 RdNr. 12). Der Gesetzgeber hat sich nunmehr dafür entschieden. Die Erhöhung der Ausgleichsabgabe orientiert sich an der

Entwicklung der **Bezugsgröße für die Sozialversicherung** gemäß
§ 18 Abs. 1 SGB IV, wobei im Interesse der Verwaltungsvereinfachung
nicht jede Änderung der Bezugsgröße, sondern nur eine solche von
mehr als 10 % zu einer *ebensolchen* Steigerung der Ausgleichsabgabe ab
1.1. des Folgejahres führen soll. Veränderungen der Beträge der Ausgleichsabgabe werden im Bundesanzeiger bekannt gemacht (Abs. 3
S. 5).

VII. Aufträge an anerkannte Werkstätten für Behinderte

§ 140 enthält eine besondere Anrechnungsregelung (siehe Kom-   **17**
mentierung dort). Danach hat der Arbeitgeber die Möglichkeit, durch
Aufträge an anerkannte Werkstätten für behinderte Menschen 50 %
des auf die Arbeitsleistung entfallenden Rechnungsbetrages auf die
Ausgleichsabgabe anzurechnen. Der Arbeitgeber kann damit seine
Zahlungspflicht mindern; gleichzeitig wird dadurch die Auftragssitua-
tion der Werkstatt verbessert und damit die Beschäftigung schwerbehinderter Menschen gefördert.

VIII. Zahlungsmodalitäten, Fälligkeit und Säumnis

Die Verpflichtung des Arbeitgebers auf Zahlung der Ausgleichsab-   **18**
gabe ist öffentlich-rechtlicher Natur. Sie entsteht nicht erst auf der
Grundlage eines Verwaltungsaktes sondern kraft Gesetzes. Der Arbeitgeber ist also **ohne besondere Zahlungsaufforderung** einmal im
Jahr, spätestens am 31. März **(Fälligkeitszeitpunkt)** verpflichtet, die
Ausgleichsabgabe für das vergangene Kalenderjahr abzuführen. Die
Zahlung ist gekoppelt an die Erfüllung der Anzeigepflicht gegenüber
der zuständigen Agentur für Arbeit gemäß § 80 Abs. 2, die ebenfalls
spätestens bis zum 31.März zu erfolgen hat. Das zuständige Integrationsamt erhält eine Durchschrift der Anzeige von der Agentur für Arbeit . Dadurch ist es in der Lage, den Angaben des Arbeitgebers über die
zu zahlende Ausgleichsabgabe auf ihre Richtigkeit hin zu überprüfen
und zu überwachen, ob die Zahlungspflicht rechtzeitig erfüllt wird.
Die Fälligkeit der Ausgleichsabgabe ist nicht davon abhängig, ob sie
inhaltlich richtig festgesetzt worden ist. Der Arbeitgeber ist also auch
dann verpflichtet, die Ausgleichsabgabe zunächst zu zahlen, wenn er
gegen den Bescheid der Agentur für Arbeit (über die nicht zutreffende
Anzeige gemäß § 80 Abs. 2) und gegen die vom Integrationsamt festgesetzte Ausgleichsabgabe Widerspruch eingelegt hat (VG Gelsenkirchen
17. 7. 2006 – 11 K 317/06; VG Ansbach 25. 3. 2004 – AN 14 K 03.02058).
Folge ist, dass die nicht rechtzeitige Zahlung trotz erhobener Rechtsbehelfe den Arbeitgeber zur Zahlung des Säumniszuschlages ver-

pflichtet, wenn nicht ausnahmsweise die Vollziehung ausgesetzt oder die aufschiebende Wirkung angeordnet worden ist.

19   Befindet sich der Arbeitgeber mit der Zahlung der Ausgleichsabgabe mehr als 3 Monate im Rückstand, ergeht ein Feststellungsbescheid gemäß Abs. 4 S. 2, mit dem das Integrationsamt die rückständigen Beiträge einzieht und **Säumniszuschläge** erhebt. Ab 1. Juli ist das Integrationsamt also verpflichtet, die Ausgleichsabgabe selbst festzusetzen. Ein Feststellungsbescheid ergeht auch dann, wenn der Arbeitgeber die Abgabe unrichtig berechnet hat (*Neumann/Pahlen/Majerski-Pahlen*, SGB IX, § 77 RdNr. 13). Erstattung und Nachforderung sind gemäß § 77 Abs. 4 S. 8 allerdings nach Ablauf des Kalenderjahres, das sich an das Jahr anschließt, in dem die Anzeige erfolgt ist, ausgeschlossen.

20   Der Feststellungsbescheid über die Zahlung der Ausgleichsabgabe ist ein Verwaltungsakt, der mit einer Rechtsmittelbelehrung zu versehen ist. Für die Entgegennahme der Anzeige des Arbeitgebers über die notwendigen Daten zur Berechnung der Zahl der Pflichtplätze sowie über deren Besetzung ist gemäß § 80 Abs. 2 die Agentur für Arbeit zuständig. Ist die **Agentur für Arbeit** nach einer entsprechenden Prüfung in tatsächlicher und rechtlicher Hinsicht der Auffassung, dass die angezeigten Daten nicht richtig oder nicht vollständig sind, erlässt sie einen entsprechenden **Feststellungsbescheid gemäß § 80 Abs. 3** (siehe Kommentierung auch dort). Auch wenn der Arbeitgeber die Anzeige ganz unterlässt, erfolgt im Ausnahmefall ein Feststellungsbescheid der Agentur für Arbeit auf der Grundlage einer **Schätzung** (*Cramer*, SchwbG, § 13 RdNr. 16). Die Ausgleichsabgabe wird dann ebenfalls fällig (*Schneider* in Hauck/Noftz, SGB IX, K § 77 RdNr. 9).

21   Die Frage, ob das Integrationsamt beim Erlass seines Bescheides über die rückständigen Beträge der Ausgleichsabgabe und ihre Einziehung gemäß § 77 Abs. 4 S. 2 an den von der Agentur für Arbeit unbeanstandet gebliebenen Inhalt der Anzeige des Arbeitgebers und − bei Erlass eines Bescheides durch die Agentur für Arbeit − an deren Feststellungen hinsichtlich etwa der Zahl der Pflichtarbeitsplätze gebunden ist, ist umstritten. Nach der Rechtsprechung des BSG und des BVerwG besteht eine solche Bindung nicht. Nach der Rechtsprechung des BSG kommt dem Feststellungsbescheid der Agentur für Arbeit nur die Bedeutung einer öffentlichen Urkunde im Sinne des § 418 ZPO zu (BSG 6. 5. 94 SozR 3 − 7830 § 13 Nr. 2; BSG 20. 1. 2000 SozR 3−3870 § 13 Nr. 4). Das Bundesverwaltungsgericht nimmt an, dass beide Behörden zur Verwirklichung der Integration Schwerbehinderter in enger Kooperation miteinander, aber in jeweils eigener Verantwortung beizutragen haben und sich deshalb die „Monopolstellung" der Arbeitsverwaltung verbiete (BVerwG 26. 9. 02 NZA 2003, 1094; BVerwG 16. 12. 04 NJW 2005, 1674, anders noch die Vorinstanz: OVG Münster 12. 12. 01 − AZ: 12 A 4737/01). Eine **rechtliche Bindung des Integrationsamtes** sei deshalb zu verneinen. Die Rechtsprechung von BSG und BVerwG

hat damit trotz des beschworenen Kooperationsmodells zur Folge, dass letztlich das Integrationsamtes und damit die Verwaltungsgerichtsbarkeit über die für den Arbeitgeber maßgebliche Frage, ob und in welcher Höhe er zur Zahlung der Ausgleichsabgabe herangezogen wird, entscheidet. Denn ohne Bindungswirkung ist die von der Agentur für Arbeit gemäß $\S\,80$ Abs. 3 vorzunehmende Prüfung der Zahl der Pflichtplätze und ihrer Besetzung von nachrangiger Bedeutung, da von ihrer Beurteilung durch das Integrationsamt bei Festsetzung der Ausgleichsabgabe abgewichen werden kann. Dafür ist die Entscheidung des Bundesverwaltungsgerichts vom 26. 9. 2002 ein anschauliches Beispiel. Das LSG hatte rechtskräftig entschieden, dass der schwerbehinderte Fremdgeschäftsführer einen Schwerbehindertenarbeitsplatz innehabe. Das Bundesverwaltungsgericht verneinte dagegen die Arbeitnehmereigenschaft des Geschäftsführers mit der Folge, dass dieser nicht auf einen Pflichtarbeitsplatz anzurechnen und daher eine erhöhte Ausgleichsabgabe zu zahlen war. Das zu Gunsten des Arbeitgebers ergangene rechtskräftige Urteil des LSG war damit ohne Bedeutung. Insofern hat sich die höchstrichterliche Rechtsprechung – allerdings uneingestanden – für ein **Entscheidungsmonopol** einer Behörde, nämlich des **Integrationsamtes** und nicht der Agentur für Arbeit entschieden. Dieser kommt daher nur die Aufgabe einer Vorprüfung der Angaben des Arbeitgebers zu, die dessen Angaben im Falle eines bestandskräftigen abweichenden Bescheides ersetzt. Die Entscheidungen des BSG und des BVerwG sind allerdings zur alten Gesetzeslage nach $\S\,13$ Abs. 2 SchwbG erfolgt. Sie berücksichtigen daher noch nicht die gesetzliche Neufassung des SGB IX vom 19. 6. 2001. Darin hat der Gesetzgeber in Abs. 3 klargestellt, dass die Agentur für Arbeit die Daten, die zur Berechnung des Umfangs der Beschäftigungspflicht erforderlich sind, umfassend, nämlich in tatsächlicher und rechtlicher Hinsicht prüft. Damit hat sich der Gesetzgeber für eine **klare Kompetenzverteilung zu Gunsten der Agentur für Arbeit und nicht des Integrationsamtes** ausgesprochen (Stellungnahme des Bundesrates zum Gesetzentwurf der Regierungsfraktionen SPD und Bündnis 90/Die Grünen, BT-Drucks. 14/5531 S. 11 und Bericht des Ausschusses für Arbeit und Sozialordnung zum Gesetzentwurf der Fraktionen SPD und Bündnis 90/Die Grünen, BT-Drucks. 14/5800 S. 30). Die vom Arbeitgeber anzuzeigenden Daten sind ausschließlich von der Agentur für Arbeit zu prüfen und rechtlich in Bezug auf die Beschäftigungspflicht zu bewerten. Entgegen den Auffassungen des BSG und des BVerwG soll daher das Entscheidungsmonopol insoweit nicht beim Integrationsamt sondern bei der Agentur für Arbeit liegen. Das **Integrationsamt** ist daher nach der Gesetzeslage im SGB IX auch an die Feststellungen der Agentur für Arbeit **gebunden** (*Kossens/von der Heide/Maaß*, SGB IX, $\S\,77$ RdNr. 13; *Schröder* in Hauck/Noftz, SGB IX , K $\S\,80$ RdNr. 17; *Düwell* in LPK-SGB IX $\S\,80$ RdNr. 13; *Cramer,*

SchwbG § 13 RdNr. 16; a. A.: *Neumann/Pahlen/Majerski-Pahlen*, SGB
IX, § 77 RdNr. 13; *Trenk-Hinterberger* in HK-SGB IX, § 77 RdNr. 22).

22   Neben der Festsetzung und Erhebung der Ausgleichsabgabe sieht
Abs. 4 S. 3 außerdem einen **Säumniszuschlag** von 1 % des rückständigen, auf 50 Euro nach unten abgerundeten Betrages gemäß § 24 SGB
IV für jeden Monat der Säumnis nach Fälligkeit, also nach dem 31. 3. eines jeden Jahres vor. Trotz der Einlegung von Rechtsbehelfen gegen die
festgesetzte Ausgleichsabgabe ist der Säumniszuschlag zu zahlen, solange die Vollziehung nicht ausgesetzt oder die aufschiebende Wirkung
angeordnet oder eine Stundung erwirkt wurde. Dies rechtfertigt sich
neben der Funktion des Zinsersatzes und der Abdeckung zusätzlichen
Verwaltungsaufwandes dadurch, dass Arbeitgeber sich keine Vorteile
durch die nicht gerechtfertigte unterlassene Zahlung verschaffen sollen
(sog. Druckmittelfunktion: VG Gelsenkirchen 17. 7. 2006 – 11 K 317/
06). Gemäß Abs. 4 S. 4 kann das Integrationsamt in begründeten Ausnahmefällen von der Erhebung von **Säumniszuschlägen absehen**.
Diese Regelung geht auf einen Vorschlag des Bundesrates zurück. Sie
soll dem Integrationsamt ermöglichen, die Umstände des Einzelfalles
zu berücksichtigen (Stellungnahme des Bundesrates zum Gesetzentwurf der Regierungsfraktion, BT-Drucks. 14/5531 S. 10).

23   Der Festsetzungsbescheid ist Vollstreckungstitel. Das **Verwaltungs-
vollstreckungsverfahren** richtet sich gemäß § 66 Abs. 3 SGB X bei
privaten Arbeitgebern nach den jeweiligen landesrechtlichen Vorschriften (*Neumann/Pahlen/Majerski-Pahlen*, SGB IX, § 77 RdNr. 23;
Cramer, SchwbG, § 11 RdNr. 11; *Schneider* in Hauck/Noftz, SGB IX, K
§ 77 RdNr. 11). Nach diesen Vorschriften richtet sich auch die Möglichkeit der Stundung oder Niederschlagung. Eine Herabsetzung oder ein
Erlass sind im Gesetz nicht vorgesehen (*Cramer*, SchwbG, § 11 RdNr. 9;
Schneider in Hauck/Noftz, SGB IX, K § 77 RdNr. 11). Bei **Insolvenz**
des Arbeitgebers stellt die Ausgleichsabgabe keine bevorrechtigte For-
derung dar, da sie nicht der Finanzierung des Staates dient, sondern
Antriebs- und Ausgleichsfunktion hat (BVerwG 11. 7. 90 BVerwGE 85,
248ff.). Waren die Ansprüche auf Zahlung der Ausgleichsabgabe und
des Säumniszuschlages vor Insolvenzeröffnung begründet, handelt es
sich auch dann um Insolvenzforderungen, wenn die Bescheide erst
nach Insolvenzeröffnung erlassen werden (VG Meiningen 3. 7. 2008 –
8 K 115/07 Me). Gegenüber öffentlichen Arbeitgebern gilt hinsichtlich
der Vollstreckung die Sonderregelung des Abs. 4 S. 7, wonach die Zahlung der Ausgleichsabgabe nur im Wege der Aufsicht durchgesetzt werden kann.

24   Die **Verjährungsfrist** für die Festsetzung der Ausgleichsabgabe beträgt nach h.M. vier Jahre (OVG Lüneburg NZA 1989, 722, das die
§ 197 BGB, §§ 25, 27 SGB IV, § 169 AO analog anwendet; OVG Münster 3. 4. 86 DB 1987, 392, das nur die Verjährungsregelungen des BGB
anwenden will). Da in sozialrechtlichen Vorschriften (§§ 45 SGB I, 25,

27 SGB IV, 113 SGB X) und auch im Abgabenrecht (§ 169 AO) durchweg eine Verjährungsfrist von 4 Jahren normiert ist, ist beim Fehlen einer besonderen Regelung im Bereich des SGB IX auch für die besondere Art der Abgabe in § 77 von einer Verjährungsfrist von 4 Jahren auszugehen. Da die bürgerlich-rechtlichen Verjährungsvorschriften geändert sind, käme man bei deren Anwendung zur Annahme einer Verjährungsfrist von drei Jahren (§§ 195, 197 BGB). Dies wäre jedoch für den sozialrechtlichen Bereich systemwidrig.

IX. Rechtsmittel

Da die Festsetzung der Ausgleichsabgabe durch das Integrationsamt 25 einen Verwaltungsakt darstellt, ist dagegen **Widerspruch** und gegen den Widerspruchsbescheid **Klage** beim Verwaltungsgericht möglich. Gemäß Abs. 4 S. 5 haben beide Rechtsmittel keine aufschiebende Wirkung. Dadurch soll vermieden werden, dass als Folge der Einlegung von Rechtsmitteln die Zahlung der Ausgleichsabgabe über einen längeren Zeitraum ihre Ausgleichs- und Antriebsfunktion nicht erfüllen kann (*Cramer*, SchwbG, § 11 RdNr. 18). Auf einen entsprechenden Antrag hin kann das Gericht unter den Voraussetzungen des § 80 Abs. 5 VwGO die aufschiebende Wirkung anordnen.

Da das Integrationsamt an den Inhalt des Feststellungsbescheides 26 der Agentur für Arbeit (§ 80 Abs. 3) nach der älteren Rechtsprechung des BVerwG und des BSG nicht gebunden ist (siehe RdNr. 21) wird für den Fall, dass gegen den Bescheid der Agentur für Arbeit noch ein Widerspruchs- bzw. Klageverfahren anhängig ist, das verwaltungsgerichtliche Verfahren gegen den Bescheid des Integrationsamtes wegen **Vorgreiflichkeit** bis zur Entscheidung im sozialgerichtlichen Verfahren auch nicht auszusetzen sein (so konsequenterweise anders das OVG NRW 12. 12. 01 – 12 A 4737/01, da es von einer Bindungswirkung ausgeht).

X. Zweckbindung der Ausgleichsabgabe

Die Verwendung der Mittel der Ausgleichsabgabe unterliegt einer 27 klaren gesetzlichen Zweckbindung. Sie dürfen nach Abs. 5 nur für die berufliche Eingliederung schwerbehinderter Menschen auf dem allgemeinen Arbeitsmarkt verwendet werden. Verwaltungs- und Verfahrenskosten dürfen aus ihr gemäß Abs. 5 S. 2 ausdrücklich nicht bestritten werden.

Gemäß Abs. 7 S. 1 müssen die Mittel aus der Ausgleichsabgabe von 28 den Integrationsämtern deshalb auch gesondert verwaltet werden. Dadurch soll sichergestellt werden, dass die Mittel auch nur für den in Abs. 5 beschriebenen Zweck verwendet werden.

29   Es gilt außerdem das **Subsidiaritätsprinzip**. Mittel aus der Ausgleichsabgabe sollen nur gewährt werden, wenn sie für denselben Zweck nicht von anderer Seite (z. B. von Rehabilitationsträgern) zu leisten sind.

30   Das Ausgleichsabgabeaufkommen im Jahr 2009 betrug 520 Mio. Euro (siehe Jahresbericht der Bundesarbeitsgemeinschaft der Integrationsämter und Hauptfürsorgestellen von August 2010).

XI. Verteilung der Mittel der Ausgleichsabgabe

31   Eine Neuverteilung der Mittel der Ausgleichsabgabe zwischen Bund und Ländern hat seit dem 1. 1. 2005 stattgefunden. Gemäß Abs. 6 a. F. erhielten die Länder, also die Integrationsämter, 55 % und der Bund, also der Ausgleichsfonds (§ 78), 45 % der Mittel. Abs. 6 S. 1 n. F. legt keinen bestimmten Prozentsatz der Verteilung mehr fest. Der Verteilungsschlüssel wird viel mehr in einer Rechtsverordnung auf der Ermächtigungsgrundlage des § 79 bestimmt. Abs. 5 S. 1 regelt daher lediglich noch, dass dieser in der Verordnung enthaltene Prozentsatz des Ausgleichsabgabeaufkommens von den Integrationsämtern an den Ausgleichsfond weiter geleitet wird. Nach der zuletzt am 22. 12. 2008 geänderten Schwerbehinderten–Ausgleichsabgabenverordnung (SchwAV) beträgt mit Wirkung vom 30. 12. 2008 der Prozentsatz nur noch 20%. Von diesen Zuweisungen sind 16% an die Bundesagentur für Arbeit zur besonderen Förderung der Teilhabe schwerbehinderter Menschen am Arbeitsleben zu verwenden (§ 41 SchwbAV; s. auch § 79 RdNr. 4).

32   80 % der Einnahmen aus der Ausgleichsabgabe verbleiben demnach zurzeit bei den **Integrationsämtern**. Zwischen diesen muss gemäß Abs. 6 S. 2 und 3 ein **Finanzausgleich** stattfinden. Dies hat seinen Grund darin, dass der abgabepflichtige Arbeitgeber die Ausgleichsabgabe an das für seinen Wohn- oder Unternehmenssitz zuständige Integrationsamt zahlen muss, obwohl er möglicherweise seiner Beschäftigungspflicht in einem Betrieb nicht nachkommt, für den ein anderes Integrationsamt zuständig ist. Der Finanzausgleich soll daher sicherstellen, dass die Integrationsämter für die von ihnen zu betreuenden Schwerbehinderten annähernd gleiche finanzielle Mittel zur Verfügung haben (Gesetzentwurf der Bundesregierung zur Weiterentwicklung des Schwerbeschädigtenrechts vom 10. 5. 1973, BT-Drucks. 7/656 S. 28). Für die Durchführung des Finanzausgleichs gilt seit 1. 7. 1986 ein sog. **Mischschlüssel**. Dieser war im Gesetzgebungsverfahren streitig; der Gesetzgeber hat an ihm jedoch festgehalten (Gesetzentwurf der Bundesregierung zur Änderung des SchwbG vom 3. 4. 1985, BT Drucks. 10/3138 S S. 31 und 38 sowie Bericht des Ausschusses für Arbeit und Sozialordnung zum Gesetzentwurf der Bundesregierung BT-Drucks. 10/5701 S. 11).

Für die Verteilung kommt es auf das arithmetische Mittel zwischen **33**
Wohnbevölkerung und Schwerbehinderten an. Zunächst wird das
Verhältnis von Wohnbevölkerung im Zuständigkeitsbereich des einzelnen Integrationsamtes zur Wohnbevölkerung aller Integrationsämter ermittelt. Dann wird die Zahl der beschäftigten oder arbeitslos
gemeldeten Schwerbehinderten des zuständigen Integrationsamtes ins
Verhältnis zur Zahl aller beschäftigten oder arbeitslos gemeldeten
Schwerbehinderten sämtlicher Integrationsämter gesetzt. Dabei zählen
gleichgestellte behinderte Menschen wie Schwerbehinderte. Schwerbehinderte Arbeitnehmer, die bei einem nicht beschäftigungspflichtigen Arbeitgeber im Sinne des § 71 beschäftigt werden, rechnen mit
mit. Ein Ausgleich hat dann zwischen den Integrationsämtern mit einer im Verhältnis zur Wohnbevölkerung besonders hohen Anzahl von
schwerbehinderten Menschen und Gleichgestellten und solchen mit
einer unterdurchschnittlichen Anzahl zu erfolgen.

XII. Ausgleichsabgabe für Bund und Länder

Abs. 8 bestimmt, dass die in § 71 Abs. 3 Ziff. 1 genannten Bundes- **34**
behörden und die in § 71 Abs. 3 Ziff. 2 aufgeführten Behörden eines
Landes bezogen auf die Berechnung der Ausgleichabgabe als ein ein-
heitlicher Arbeitgeber anzusehen sind. Das hat den Vorteil, dass ein
Ausgleich zwischen den Bundes- und Landesbehörden möglich ist
(*Neumann/Pahlen/Majerski-Pahlen*, § 77 SGB IX, RdNr. 35).

Ausgleichsfonds

78 ¹Zur besonderen Förderung der Einstellung und Beschäftigung
schwerbehinderter Menschen auf Arbeitsplätzen und zur Förderung von Einrichtungen und Maßnahmen, die den Interessen mehrerer
Länder auf dem Gebiet der Förderung der Teilhabe schwerbehinderter
Menschen am Arbeitsleben dienen, ist beim Bundesministerium für
Arbeit und Soziales als zweckgebundene Vermögensmasse ein Ausgleichsfonds für überregionale Vorhaben zur Teilhabe schwerbehinderter Menschen am Arbeitsleben gebildet. ²Das Bundesministerium für
Arbeit und Soziales verwaltet den Ausgleichsfonds.

I. Allgemeines

Die Vorschrift übernimmt im Wesentlichen die Regelung des § 12 **1**
Abs. 1 SchwbG. Erstmals sah das Schwerbeschädigtengesetz von 1953
die Bildung eines Ausgleichsfonds vor, der vom Bundesausschuss der

Kriegsbeschädigten- und Kriegshinterbliebenenfürsorge verwaltet
wurde. Mit der Ausdehnung des Schwerbeschädigtenrechts auf alle Behinderte wechselte mit dem SchwbG 1974 auch die Verwaltung des
Ausgleichsfonds zunächst in die Zuständigkeit des Bundesministeriums für Arbeit und Sozialordnung, mit dem Gesetz zur Änderung
von Fristen und Bezeichnungen im 9. Buch des Sozialgesetzbuches
und zur Änderung anderer Gesetze vom 3. 4. 2003 (BGBl. I S. 462) in
die Zuständigkeit des Bundesministeriums für Gesundheit und Soziale
Sicherung. Aufgrund der Neunten Zuständigkeitsanpassungsverordnung vom 31. 10. 2006 (BGBl. I S. 2407) liegt die Zuständigkeit seit
dem 8. 11. 2006 beim Bundesministeriums für Arbeit und Soziales.

Einzelheiten der Verwendung und Verwaltung der Mittel sind in
den §§ 35 ff. der **Schwerbehinderten-Ausgleichsabgabevordnung**
(SchwbAV) geregelt (abgedruckt im Anhang 3).

II. Verwendung der Mittel des Ausgleichfonds

2   Nach der zuletzt am 22. 12. 2008 geänderten Schwerbehinderten-
Ausgleichsabgabenverordnung (SchwbAV) erhält der Ausgleichsfonds
mit Wirkung vom 30. 12. 2008 nur noch 20% (zuvor: 30%) der Mittel
der Ausgleichsabgabe (§ 36 SchwbAV). Die Mittel sind **zweckgebun-
den** für die besondere Förderung der Einstellung und Beschäftigung
schwerbehinderter Menschen im Arbeitsleben zu verwenden. In Abgrenzung zu den Mitteln aus der Ausgleichsabgabe, die den Integrationsämtern der Länder zur Verfügung stehen, ist der Ausgleichsfonds
für **überregionale Vorhaben** zur Teilhabe schwerbehinderter Menschen am Arbeitsleben zuständig (§ 35, § 41 SchwbAV). Dazu gehören
Zuwendungen an die **Bundesagentur für Arbeit** in Höhe von 16%
(bis zum 30. 12. 2008: 26%) zur besonderen Förderung der Teilhabe
schwerbehinderter Menschen am Arbeitsleben (§ 41 Abs. 1 Ziff. 1
SchwbAV), z. B. für die Förderung besonders betroffener schwerbehinderter Menschen nach den §§ 97ff SGB IX, §§ 219 und 235a, 236ff.
SGB III und für die Durchführung befristeter überregionaler Arbeitsmarktprogramme zum Abbau der Arbeitslosigkeit schwerbehinderter
Menschen. Weiterhin sind aus Mitteln des Ausgleichfonds Zuwendungen an förderungsfähige Einrichtungen (§ 30 SchwbAV) wie z. B.
Werkstätten für behinderte Menschen, soweit sie den **Interessen
mehrerer Länder** dienen (§ 41 Abs. 1 Ziff. 3 SchwbAV), oder für
überregionale Modellvorhaben zur Förderung schwerbehinderter
Menschen im Arbeitsleben z. B. im Rahmen eines betrieblichen Eingliederungsmanagements oder zur Ausbildungsförderung zu leisten
(§ 41 Abs. 1 Ziff. 4 SchwbAV). Darüber hinaus sind Mittel für die Entwicklung technischer Arbeitsmittel aus dem Ausgleichsfonds vorgesehen (§ 41 Abs. 1 Ziff. 5 SchwbAV).

III. Verwaltung der Mittel

Gemäß § 78 S. 1 wird der Ausgleichsfonds beim **Bundesministe- 3 rium für Arbeit und Soziales** gebildet und dort auch gemäß § 78 S. 2 verwaltet. Einzelheiten der Verwaltung sind in den §§ 35 ff. der SchwbAV geregelt. Gemäß § 35 SchwbAV ist der Ausgleichsfonds ein **nicht rechtsfähiges Sondervermögen** des Bundes mit eigener Wirtschafts- und Rechnungsführung. Gemäß § 37 SchwbAV gelten die Bestimmungen der Bundeshaushaltsordnung. Für die zu erwartenden Einnahmen und voraussichtlichen Ausgaben wird gemäß §§ 38, 39 SchwbAV für jedes Kalenderjahr ein Wirtschaftsplan durch das Bundesministerium für Arbeit und Soziales unter Beteiligung des Bundesministeriums der Finanzen und des Beirates (§ 64 SGB IX) festgestellt. Werden Leistungen aus dem Ausgleichsfonds beantragt, richtet sich das **Vergabeverfahren** nach den §§ 42 ff. SchwbAV. Das Bundesministerium für Arbeit und Soziales entscheidet über die Anträge aufgrund der Vorschläge des Beirates durch schriftlichen Bescheid (§ 44 SchwbAV).

Verordnungsermächtigungen

79 Die Bundesregierung wird ermächtigt, durch Rechtsverordnung mit Zustimmung des Bundesrates

1. die Pflichtquote nach § 71 Abs. 1 nach dem jeweiligen Bedarf an Arbeitsplätzen für schwerbehinderte Menschen zu ändern, jedoch auf höchstens 10 Prozent zu erhöhen oder bis auf 4 Prozent herabzusetzen; dabei kann die Pflichtquote für öffentliche Arbeitgeber höher festgesetzt werden als für private Arbeitgeber,

2. nähere Vorschriften über die Verwendung der Ausgleichsabgabe nach § 77 Abs. 5 und die Gestaltung des Ausgleichsfonds nach § 78, die Verwendung der Mittel durch ihn für die Förderung der Teilhabe schwerbehinderter Menschen am Arbeitsleben und das Vergabe- und Verwaltungsverfahren des Ausgleichsfonds zu erlassen,

3. in der Rechtsverordnung nach Nummer 2

a) den Anteil des an den Ausgleichsfonds weiterzuleitenden Aufkommens an Ausgleichsabgabe entsprechend den erforderlichen Aufwendungen zur Erfüllung der Aufgaben des Ausgleichfonds und der Integrationsämter,

b) den Ausgleich zwischen den Integrationsämtern auf Vorschlag der Länder oder einer Mehrheit der Länder abweichend von § 77 Abs. 6 Satz 3 sowie

c) die Zuständigkeit für die Förderung von Einrichtungen nach § 30 der Schwerbehinderten-Ausgleichsabgabeverordnung abweichend von § 41 Abs. 2 Nr. 1 dieser Verordnung und von Integrationsbetrieben und -abteilungen abweichend von § 41 Abs. 1 Nr. 3 dieser Verordnung

zu regeln,

4. **die Ausgleichsabgabe bei Arbeitgebern, die über weniger als 30 Arbeitsplätze verfügen, für einen bestimmten Zeitraum allgemein oder für einzelne Bundesländer herabzusetzen oder zu erlassen, wenn die Zahl der unbesetzten Pflichtarbeitsplätze für schwerbehinderte Menschen die Zahl der zu beschäftigenden schwerbehinderten Menschen so erheblich übersteigt, dass die Pflichtarbeitsplätze für schwerbehinderte Menschen dieser Arbeitgeber nicht in Anspruch genommen zu werden brauchen.**

I. Allgemeines

1　　In der Vorschrift werden eine Reihe von Verordnungsermächtigungen zur Beschäftigungspflicht des Arbeitgebers und zur Ausgleichsabgabe zusammengefasst, die bislang in unterschiedlichen Normen des SchwbG enthalten waren. Die bisherigen Ermächtigungen in § 5 Abs. 2, § 11 Abs. 3 und 6 und § 12 Abs. 2 SchwbG wurden inhaltsgleich in die Regelungen der Ziff. 1, 2 und 4 des SGB IX vom 19. 6. 2001 übernommen. In allen Fällen erlässt die Bundesregierung die Verordnung mit Zustimmung des Bundesrates. Die Vorschrift ist in § 79 Nr. 3 durch das Gesetz zur Förderung der Ausbildung und Beschäftigung schwerbehinderter Menschen vom 23. 4. 2004 (BGBl. I S. 606) und in § 79 Ziff. 4 durch Gesetz vom 24. 12. 2003 (BGBl. I S. 2954) i. V. mit Gesetz vom 30. 7. 2004 (BGBl. I S. 2014) geändert worden.

II. Einzelne Verordnungsermächtigungen

2　　Ziff. 1 enthält die Ermächtigung zur **Änderung der Pflichtquote** (§ 71 Abs. 1), wenn sich eine Diskrepanz zwischen Angebot und Nachfrage an Pflichtarbeitsplätzen feststellen lässt (*Neumann/Pahlen/Majerski-Pahlen*, SGB IX, § 79 RdNr. 6; *Schneider* in Hauck/Noftz, SGB IX, K § 79 RdNr. 3). Gesetzlich festgelegt ist auch die maximale (10 %) und die minimale (4 %) Höhe der Pflichtquote sowie die Möglichkeit, eine höhere Quote für öffentliche Arbeitgeber vorzusehen.

3　　Ziff. 2 fasst die Verordnungsermächtigungen, die in § 11 Abs. 3 S. 3 und § 12 Abs. 2 SchwbG enthalten waren, zusammen. Die darin enthaltene Ermächtigung bildet die Grundlage für den Erlass der **Schwerbehinderten-Ausgleichsabgabeverordnung**, die Regelungen über die Verwendung der Mittel der Ausgleichsabgabe, die Gestaltung des

Ausgleichsfonds sowie das Vergabe- und Verwaltungsverfahren des Ausgleichsfonds enthält (siehe auch Erläuterungen zu § 78). Die Schwerbehinderten-Ausgleichsabgabeverordnung (SchwbAV) vom 28. 3. 1988, die noch auf der Grundlage der Ermächtigung des alten SchwbG ergangen ist, gilt weiter. Gemäß Art. 64 des Gesetzes vom 19. 6. 2001 (BGBl. I S. 1046) kann sie auch durch Rechtsverordnung weiter verändert werden. Die dritte Verordnung zur Änderung der SchwbAV ist von der Bundesregierung am 16. 1. 2004 (BGBl I S. 77) erlassen worden und rückwirkend ab 1. 1. 2004 in Kraft getreten. Erneut wurde sie am 22. 12. 2008 (BGBl. I S. 2959) geändert (s. § 78 RdNr. 2).

In Ziff. 3a wird die Bundesregierung ermächtigt, in der SchwbAV **4** den Verteilerschlüssel **für die Aufteilung der Ausgleichsabgabe** zwischen Bund (Ausgleichsfonds) und Ländern (Integrationsämtern) festzusetzen. Dies hat entsprechend den für die Aufgabenerfüllung des Ausgleichfonds und der Integrationsämter erforderlichen Aufwendungen zu erfolgen. § 77 Abs. 6 S. 1 in der Fassung vom 19. 6. 2001 sah noch eine festgelegte Verteilung des Aufkommens aus der Ausgleichsabgabe zwischen Bund und Ländern von 45% zu Gunsten des Bundes vor, von der die Bundesregierung durch Rechtsverordnung gemäß § 79 Ziff. 3a abweichen konnte. In der jetzigen Fassung ist die Verteilung allein durch Rechtsverordnung zu regeln, was den Ländern über den Bundesrat stärkere Einflussmöglichkeiten sichert. Die dritte Verordnung zur Änderung der SchwbAV enthielt mit Wirkung zum 1. 1. 2005 einen Verteilungsschlüssel für die Verwendung der Ausgleichsabgabe im Verhältnis 30% Bund (Ausgleichsfonds) und 70% Länder (Integrationsämter), wobei vom Anteil des Bundes 26% an die Bundesagentur für Arbeit abgeführt worden sind. Mit Wirkung vom 30. 12. 2008 ist durch das Gesetz zur Einführung unterstützter Beschäftigung vom 22. 12. 2008 der Verteilungsschlüssel erneut zu Ungunsten des Ausgleichsfonds verändert worden. § 36 SchwbAB sieht nunmehr eine Weiterleitung des Aufkommens aus der Ausgleichsabgabe an den Ausgleichsfonds nur noch in Höhe von 20% vor. Hiervon erhält die Bundesagentur für Arbeit aufgrund des Gesetzes vom 22. 12. 2008 mit Wirkung zum 1. 1. 2009 nur noch einen Anteil von 16% (§ 41 Abs. 1 Ziff. 1 SchwbAV). Die gesetzliche Regelung trägt damit dem Umstand Rechnung, dass bereits in früheren **Gesetzgebungsverfahren** (vgl. Gesetzentwurf der Bundesregierung zur Weiterentwicklung des Schwerbeschädigtenrechts vom 10. 5. 1973, BT-Drucks. 7/656 S. 28; dazu Stellungnahme des Bundesrates BT-Drucks. 7/656 S. 43 und Gegenäußerung der Bundesregierung, BT-Drucks. 7/656 S. 50) wie auch im Gesetzgebungsverfahren des SGB IX die Verteilung der Ausgleichsabgabe umstritten war (vgl. Stellungnahme des Bundesrates zum Entwurf eines Gesetzes der Bundesregierung zur Bekämpfung der Arbeitslosigkeit Schwerbehinderter v. 16. 5. 2000, BT-Drucks. 14/3645 S. 6) und der Bundesrat eine Erhöhung der Mittel für die Integrationsämter der Länder verlangte. Um daher auf einen erhöhten Bedarf der Länder oder des Bundes flexibel reagieren zu können, sieht Ziff. 3 vor, dass die Bundesregierung mit Zustimmung des Bundesrates die erforderliche Mittelverteilung durch Rechtsverordnung beschließen kann.

5   Die Regelung in Ziff. 3 b ermächtigt, abweichend von § 77 Abs. 6 S. 3 einen anderen Ausgleich zwischen den Integrationsämtern festzulegen, wenn dies die Länder oder eine Mehrheit der Länder vorschlagen.

6   Ziff. 3 c sieht außerdem die Möglichkeit einer anderen Zuständigkeitsverteilung für die Förderung von Einrichtungen gemäß § 30 SchwbAV und von Integrationsbetrieben und -abteilungen gemäß § 41 Abs. 1 Ziff. 3 SchwbAV vor, durch die ebenfalls eine veränderte Mittelverteilung zwischen Bund und Ländern erforderlich werden kann (Begründung zum Gesetzentwurf der Fraktionen von SPD und Bündnis 90/Die Grünen, BT-Drucks. 14/5074 S. 112). In der dritten Verordnung zur Änderung der SchwbAV vom 16. 1. 2004 hat die Bundesregierung von dieser Ermächtigung Gebrauch gemacht. und die Zuständigkeit der Integrationsämter in § 28a (Integrationsprojekte) und § 30 Abs. 1 S. 1 Ziff. 4–6 (Werk- und Wohnstätten) SchwbAV erweitert.

7   Ziff. 4 entspricht der Regelung des § 11 Abs. 6 SchwbG. Sie enthält die Ermächtigung, durch Verordnung Arbeitgebern, die über weniger als 30 Arbeitsplätze verfügen, die **Ausgleichsabgabe zeitlich begrenzt zu erlassen** oder zu reduzieren. Voraussetzung ist, dass die offenen Stellen für schwerbehinderte Menschen allgemein oder in einem einzelnen Bundesland die Zahl der arbeitssuchenden Schwerbehinderten übersteigt. Im Zuge der Umstrukturierung der Bundesagentur für Arbeit durch das 3. Gesetz für moderne Dienstleistungen am Arbeitsplatz vom 23. 3. 2003 (BGBl. I S. 2848) fielen die bisherigen Landesarbeitsämter weg. Deshalb stellt Ziff. 4 in der jetzigen Gesetzesfassung auf die Verhältnisse in den einzelnen Bundesländern ab. Angesichts der seit Jahren andauernden hohen Zahl arbeitsloser Schwerbehinderter ist die in Ziff. 4 geschaffene Möglichkeit rein theoretisch. Von der Ermächtigungsgrundlage ist deshalb auch bislang kein Gebrauch gemacht worden.

Kapitel 3. Sonstige Pflichten der Arbeitgeber;
Rechte der schwerbehinderten Menschen

Zusammenwirken der Arbeitgeber mit der Bundesagentur für Arbeit und den Integrationsämtern

80 (1) Die Arbeitgeber haben, gesondert für jeden Betrieb und jede Dienststelle, ein Verzeichnis der bei ihnen beschäftigten schwerbehinderten, ihnen gleichgestellten behinderten Menschen und sonstigen anrechnungsfähigen Personen laufend zu führen und dieses den Vertretern oder Vertreterinnen der Bundesagentur für Arbeit und des Integrationsamtes, die für den Sitz des Betriebes oder der Dienststelle zuständig sind, auf Verlangen vorzulegen.

(2) [1]Die Arbeitgeber haben der für ihren Sitz zuständigen Agentur für Arbeit einmal jährlich bis spätestens zum 31. März für das vorangegangene Kalenderjahr, aufgegliedert nach Monaten, die Daten anzuzeigen, die zur Berechnung des Umfangs der Beschäftigungspflicht, zur Überwachung ihrer Erfüllung und der Ausgleichsabgabe notwendig sind. [2]Der Anzeige sind das nach Absatz 1 geführte Verzeichnis sowie eine Kopie der Anzeige und des Verzeichnisses zur Weiterleitung an das für ihren Sitz zuständige Integrationsamt beizufügen. [3]Dem Betriebs-, Personal-, Richter-, Staatsanwalts- und Präsidialrat, der Schwerbehindertenvertretung und dem Beauftragten des Arbeitgebers ist je eine Kopie der Anzeige und des Verzeichnisses zu übermitteln.

(3) Zeigt ein Arbeitgeber die Daten bis zum 30. Juni nicht, nicht richtig oder nicht vollständig an, erlässt die Bundesagentur für Arbeit nach Prüfung in tatsächlicher sowie in rechtlicher Hinsicht einen Feststellungsbescheid über die zur Berechnung der Zahl der Pflichtarbeitsplätze für schwerbehinderte Menschen und der besetzten Arbeitsplätze notwendigen Daten.

(4) Die Arbeitgeber, die Arbeitsplätze für schwerbehinderte Menschen nicht zur Verfügung zu stellen haben, haben die Anzeige nur nach Aufforderung durch die Bundesagentur für Arbeit im Rahmen einer repräsentativen Teilerhebung zu erstatten, die mit dem Ziel der Erfassung der in Absatz 1 genannten Personengruppen, aufgegliedert nach Bundesländern, alle fünf Jahre durchgeführt wird.

(5) Die Arbeitgeber haben der Bundesagentur für Arbeit und dem Integrationsamt auf Verlangen die Auskünfte zu erteilen, die zur Durchführung der besonderen Regelungen zur Teilhabe schwerbehin-

derter und ihnen gleichgestellter behinderter Menschen am Arbeitsleben notwendig sind.

(6) [1]Für das Verzeichnis und die Anzeige des Arbeitgebers sind die
mit der Bundesarbeitsgemeinschaft, der Integrationsämter und
Hauptfürsorgestellen, abgestimmten Vordrucke der Bundesagentur
für Arbeit zu verwenden. [2]Die Bundesagentur für Arbeit soll zur
Durchführung des Anzeigeverfahrens in Abstimmung mit der Bundesarbeitsgemeinschaft ein elektronisches Übermittlungsverfahren zulassen.

(7) Die Arbeitgeber haben den Beauftragten der Bundesagentur
für Arbeit und des Integrationsamtes auf Verlangen Einblick in ihren
Betrieb oder ihre Dienststelle zu geben, soweit es im Interesse der
schwerbehinderten Menschen erforderlich ist und Betriebs- oder
Dienstgeheimnisse nicht gefährdet werden.

(8) Die Arbeitgeber haben die Vertrauenspersonen der schwerbehinderten Menschen (§ 94 Abs. 1 Satz 1 bis 3 und § 97 Abs. 1 bis 5)
unverzüglich nach der Wahl und ihren Beauftragten für die Angelegenheiten der schwerbehinderten Menschen (§ 98 Satz 1) unverzüglich nach der Bestellung der für den Sitz des Betriebes oder der Dienststelle zuständigen Agentur für Arbeit und dem Integrationsamt zu benennen.

(9) (weggefallen)

Übersicht

I. Allgemeines

1   Die Vorschrift regelt die wesentlichen Pflichten der Arbeitgeber gegenüber den Stellen, die mit der Förderung und Integration Schwerbehinderter besonders befasst sind, wie die Bundesagentur für Arbeit und
die Integrationsämter. Diese Pflichten stehen vor allem im Zusammenhang mit der Beschäftigungspflicht der Arbeitgeber. Sie treffen private
wie öffentliche Arbeitgeber und umfassen im Wesentlichen Dokumen-
tations-Anzeige- und Auskunftsverpflichtungen.

§ 80 entspricht inhaltlich im Wesentlichen § 13 SchwbG 1986. Durch **2**
die Neufassung des SGB IX vom 19. 6. 2001 in Abs. 2 soll nach der Gesetzesbegründung das Anzeigeverfahren vereinfacht werden (Begründung zum Gesetzentwurf der Fraktionen von SPD und Bündnis 90/
Die Grünen, BT-Drucks. 14/5074 S. 113). Welche Vereinfachung konkret bewirkt worden sein soll, ist allerdings weder dem Gesetzestext
noch der Begründung zu entnehmen.

§ 80 Abs. 3 enthält eine Klarstellung hinsichtlich der Prüfungskompetenz der Bundesagentur für Arbeit. Danach werden die vom Arbeitgeber für die Zahl und die Besetzung der Pflichtarbeitsplätze anzu-
gebenden Daten von der Bundesagentur für Arbeit in tatsächlicher und
rechtlicher Hinsicht überprüft.

Gegenüber der Ausgangsfassung des SGB IX vom 19. 6. 2001 sind
durch das 4. Gesetz für moderne Dienstleistungen am Arbeitsmarkt
(BGBl. I S. 2954) vom 24. 12. 2003 i. V. m. Art. 14 Nr.4b des kommunalen Optionsgesetzes vom 30. 7. 2004 (BGBl. I S. 2014) redaktionelle Veränderungen vorgenommen worden. Die Begriffe Arbeitsamt bzw.
Bundesanstalt für Arbeit sind jeweils durch die Begriffe: Agentur für
Arbeit bzw. Bundesagentur für Arbeit ersetzt worden. In Abs. 6 ist die
bisherige Arbeitsgemeinschaft der Integrationsämter infolge des veränderten Zusammenschlusses in Bundesarbeitsgemeinschaft der Integrationsämter und Hauptfürsorgestellen umbenannt worden. Durch Art. 5
Nr.6 des Gesetzes zur Einführung unterstützter Beschäftigung vom
22. 12. 2008 (BGBl. I S. 2959) ist Abs. 9, der eine Veröffentlichung der
jährlichen Beschäftigungsquote bei den einzelnen öffentlichen Arbeitgebern vorsah, aufgehoben worden. In der Entwurfsbegründung vom
30. 7. 2008 wird die Aufhebung damit gerechtfertigt, dass die öffentlichen Arbeitgeber ihre Beschäftigungsquote seit Jahren überdurchschnittlich erfüllen (6,1% im Jahr 2009) und die Übersicht keinen weiteren Beschäftigunganreiz setze. Außerdem werde zum Bürokratie-
abbau beigetragen (krit. dazu: *Düwell,* LPK- SGB IX, § 80 RdNr. 19).

II. Pflicht zur Führung eines Verzeichnisses (Abs. 1)

Jeder Arbeitgeber (zum Begriff siehe Erläuterungen zu § 71) hat un- **3**
abhängig davon, ob er beschäftigungspflichtig ist oder nicht, ein **Verzeichnis für jeden seiner Betriebe oder Dienststellen** zu führen.
Der Betriebsbegriff entspricht dem des Betriebsverfassungsgesetzes,
der Dienststellenbegriff dem des Personalvertretungsgesetzes gemäß
der Verweisung in § 87 Abs. 1 S. 2 (siehe Erläuterungen dort). Beschäftigt ein Arbeitgeber etwa im Haushalt einen Arbeitnehmer, ohne einen
Betrieb zu führen, besteht die Verpflichtung nicht (*Neumann/Pahlen/
Majerski-Pahlen,* SGB IX, § 80 RdNr. 3). In das Verzeichnis sind alle in
dem jeweiligen Betrieb oder der jeweiligen Dienststelle beschäftigten

schwerbehinderten Menschen, ihnen gleichgestellten behinderten Menschen sowie alle sonstigen anrechenbaren Personen wie etwa die Inhaber von Bergmannversorgungsscheinen (§ 75 Abs. 4) aufzunehmen. Über diese Arbeitnehmer müssen deren persönliche Daten wie Name, Geburtsdatum, Geschlecht, Staatsangehörigkeit, Beschäftigungszeitraum, ausgeübte Tätigkeit, Grad der Behinderung, Ausstellungsdatum und Laufdauer des Schwerbehindertenausweises bzw. des Gleichstellungsbescheides sowie die Art der Anrechnung (Mehrfachanrechnung) aufgenommen werden.

4   Wird das Verzeichnis nicht, nicht richtig oder nicht vollständig geführt, handelt der Arbeitgeber ordnungswidrig gemäß § 156 Abs. 1 Nr. 2 (siehe Erläuterungen dort). Anders als die noch bis zum 30. 9. 00 geltende Fassung des SchwbG schreibt Abs. 6 S. 1 bei der Führung des Verzeichnisses die Verwendung des von der Bundesagentur für Arbeit herausgegebenen **Vordruckes** verbindlich vor.

5   Das Verzeichnis ist für jeden Betrieb oder für jede Dienststelle gesondert zu führen und auch dort aufzubewahren, damit es auf Verlangen der zuständigen Agentur für Arbeit oder dem zuständigen Integrationsamt vorgelegt werden kann. Zu dieser Vorlage ist der Betrieb oder die Dienststelle verpflichtet. Das Verzeichnis ist **laufend zu führen**, also stets auf dem neuesten Stand zu halten *(Kossens/von der Heide/Maaß)*, SGB IX, § 80 RdNr. 5; *Düwell*, LPK-SGB IX, § 80 RdNr. 4).

Die nicht rechtzeitige Vorlage des Verzeichnisses gegenüber dem Integrationsamt oder der Agentur für Arbeit stellt eine Ordnungswidrigkeit gemäß § 156 Abs. 1 Nr. 2 dar.

III. Anzeigepflicht

6   Beschäftigungspflichtige Arbeitgeber sind verpflichtet, einmal **jährlich**, spätestens **zum 31. 3.** des Folgejahres, eine Anzeige an die für ihren Wohn-, Unternehmens- oder Verwaltungssitz zuständige **Agentur für Arbeit** abzugeben. Diese Anzeige soll der Bundesagentur für Arbeit und den Integrationsämtern Kenntnisse über die betrieblichen Verhältnisse sowie die Beschäftigung schwerbehinderter Menschen in Betrieben und Verwaltungen verschaffen und sie damit in die Lage versetzen, den Umfang der Beschäftigungspflicht und die Berechnung der Ausgleichsabgabe zu ermitteln und zu überwachen. Die Anzeige muss daher die hierzu notwendigen Daten enthalten. Sie sind gemäß Abs. 6 auf einem von der Bundesagentur für Arbeit herausgegebenen **Vordruck** einzutragen. Die Verwendung dieses Vordruckes schreibt das Gesetz verpflichtend vor. Er wird den Arbeitgebern zu Beginn des Jahres übersandt. Dies geschieht seit dem Jahr 2004 zur Erleichterung des Anzeigeverfahrens nur noch durch ein **elektronisches Übermittlungsverfahren**. Die Software REHADAT EL kann unter

www.rehadat.de/elan abgerufen werden. Die amtlichen Vordrucke werden außerdem als CD-Rom verschickt.

In den Vordruck sind **folgende Daten für jeden Monat** einzutra- 7
gen:
- die Zahl der Arbeitsplätze im Sinne des § 73 Abs. 1 (auch zur Fortbildung und Umschulung)
- die Stellen, die nicht als Arbeitsplätze gelten (§ 73 Abs. 2 und 3)
- Ausbildungsplätze im Sinne des § 74 Abs. 1
- die Zahl der in den Betrieben oder Dienststellen beschäftigten Schwerbehinderten (§ 2 Abs. 2) und Gleichgestellten (§ 2 Abs. 3) und anrechnungsfähigen Personen im Sinne des § 75 Abs. 4
- die Zahl der Auszubildenden und die Zahl der zur sonstigen beruflichen Bildung beschäftigten schwerbehinderten Menschen und Gleichgestellten
- Mehrfachanrechnungen (§ 76)
- der Gesamtbetrag der zu zahlenden Ausgleichsabgabe (§ 77).

Unterhält der Arbeitgeber mehrere Betriebe oder Dienststellen, sind 8
je Betrieb oder Dienststelle die Daten gesondert auf der Anzeige auszuweisen und anschließend zusammenzufassen, da für die Beschäftigungspflicht die Beschäftigungsverhältnisse aller Betriebe maßgeblich sind (*Schröder* in Hauck/Noftz, SGB IX, K § 80 RdNr. 9; *Kossens/von der Heide/Maaß*, SGB IX, § 80 RdNr. 11).

Der **Anzeige** ist das **Verzeichnis** (bei mehreren Betrieben mehrere 9
Verzeichnisse) **beizufügen** und beides in doppelter Ausfertigung (Kopie) der Agentur für Arbeit zuzuleiten. Dieser obliegt es dann, Verzeichnis und Anzeige an das zuständige Integrationsamt weiterzuleiten, nachdem sie beides in sachlicher und rechtlicher Hinsicht geprüft hat.

Der Arbeitgeber wird zur Einreichung der Anzeige nicht gesondert 10
aufgefordert. Er ist hierzu **kraft Gesetzes verpflichtet** und muss dieser Pflicht bis zum 31. 3. für das vergangene Kalenderjahr nachkommen. Entscheidend ist der Eingang der Anzeige bei der Agentur für Arbeit. Eine Fristverlängerung ist nicht vorgesehen.

Zur Anzeigenerstattung sind nur **beschäftigungspflichtige Ar-** 11
beitgeber (also mit mindestens 20 Arbeitsplätzen gemäß § 71 Abs. 1) verpflichtet, wobei ausreichend ist, dass Beschäftigungspflicht **zumindest in einem Monat** des maßgeblichen Kalenderjahres bestanden hat.

Alle anderen Arbeitgeber haben die Anzeige nur nach Aufforderung 12
abzugeben, soweit sie im Rahmen einer repräsentativen **Umfrage** dazu ausgewählt worden sind (*Düwell*, LPK-SGB IX, § 80 RdNr. 12; *Schröder* in Hauck/Noftz, SGB IX, K § 80 RdNr. 15; a.A. *Dörner*, SchwbG, § 13 RdNr. 7). Dies ergibt sich aus Abs. 4. Diese Erhebung dient statistischen Zwecken und soll der Agentur für Arbeit einen genaueren Überblick über die Beschäftigung aller erwerbstätigen schwerbehinderten Menschen und ihnen Gleichgestellten und den sonstigen

anrechnungsfähigen Personen verschaffen. Die Erhebung wird alle fünf Jahre durchgeführt.

13   Eine **Kopie des Verzeichnisses** wie auch der **Anzeige** sind den innerbetrieblichen Funktionsträgern, also **Betriebs-, Personal-, Richter-, Staatsanwalts- und Präsidialrat, Schwerbehindertenvertretung und Beauftragten** des Arbeitgebers zu übergeben (Abs. 2 S. 3). Auf diese Weise sollen alle diejenigen, die im Betrieb mit der Eingliederung und Förderung schwerbehinderter Arbeitnehmer befasst sind, den gleichen Kenntnisstand erhalten wie die mit der Teilhabe Schwerbehinderter befassten außerbetrieblichen Stellen. Der **gleiche Informationsstand** ist Voraussetzung für die in § 99 vorgesehene Kooperation zwischen Arbeitgeber, betrieblichen Interessenvertretungen, dem Beauftragten des Arbeitgebers und den zuständigen Behörden wie Agentur für Arbeit, Integrationsamt und Rehabilitationsträgern. Die Übermittlung von Anzeige und Verzeichnis an die innerbetrieblichen Funktionsträger dient darüber hinaus dem Zweck, diese in die Lage zu versetzen, dass sie den ihnen im Rahmen der §§ 93, 95 obliegenden **Überwachungsaufgaben** gerecht werden können.

14   Die **Durchsetzbarkeit dieses Informationsanspruchs** ist durch den Gesetzgeber allerdings erschwert worden. § 68 Abs. 1 Ziff. 3 SchwbG hat ausdrücklich auf § 13 Abs. 2 S. 4 SchwbG Bezug genommen. Demnach war die unterlassene Aushändigung einer Abschrift des Verzeichnisses oder der Anzeige an die betriebliche Interessenvertretung ordnungswidrig. In § 156 Abs. 1 Ziff. 3 fehlt dagegen die entsprechende Bezugnahme. Ihren Anspruch auf Übermittlung kann die betriebliche Interessenvertretung allerdings im Wege des arbeitsgerichtlichen Beschlussverfahrens durchsetzen.

15   Nicht ausdrücklich geregelt ist ein **Anspruch der betrieblichen Interessenvertretung** und der **Schwerbehindertenvertretung** darauf, dass ihnen das **Verzeichnis fortlaufend** zur Verfügung gestellt wird. Dieser kann daher nur aus dem allgemeinen Unterrichtungsrecht gemäß § 80 Abs. 2 BetrVG abgeleitet und im arbeitsgerichtlichen Beschlussverfahren durchgesetzt werden (*Düwell*, LPK-SGB IX, § 80 RdNr. 5). Der Anspruch der Schwerbehindertenvertretung lässt sich aus der Verpflichtung zur engen Zusammenarbeit gemäß § 99 herleiten (*Düwell* in Deinert/Neumann, Handbuch SGB IX, § 20 RdNr. 238).

IV. Erlass eines Feststellungsbescheides

16   Erfüllt ein Arbeitgeber seine Anzeigepflicht auch **bis zum 30. 6. des Folgejahres** nicht, nicht richtig oder nicht vollständig, so erlässt die für den Sitz des Arbeitgebers zuständige **Agentur für Arbeit** einen Feststellungsbescheid, nachdem sie die Angaben des Arbeitgebers in sachlicher und tatsächlicher Hinsicht geprüft hat. Dieser Feststel-

lungsbescheid ersetzt dann die fehlende Anzeige des Arbeitgebers oder korrigiert sie und enthält seinerseits die zur Berechnung des Umfangs der Beschäftigungspflicht und der Ausgleichsabgabe notwendigen Daten. Die zuständige Agentur für Arbeit **ermittelt** die **betrieblichen Verhältnisse** vor Erlass des Feststellungsbescheides umfassend **von Amts wegen** *(Kossens/von der Heide/Maaß,* SGB IX, § 80 RdNr. 15; *Schröder* in Hauck/Noftz, SGB IX , K § 80 RdNr. 17). Nur ausnahmsweise kommt eine Feststellung der Daten auf der Grundlage einer **Schätzung** in Betracht *(Kossens/von der Heide/Maaß,* a. a. O.).

Der Feststellungsbescheid der Agentur für Arbeit entfaltet für die **17** Festsetzung der Ausgleichsabgabe durch das zuständige Integrationsamt **Bindungswirkung**. Dies ist allerdings umstritten (s. dazu § 77 RdNr. 21). Von der noch zu § 13 Abs. 2 SchwbG ergangenen Rechtsprechung des BSG und des BVerwG wird eine Bindung des Integrationsamtes an den Feststellungsbescheid der Agentur für Arbeit abgelehnt (BSG 20. 1. 2000 SozR 3–3870 § 13 Nr. 4; BSG 6. 5. 94 SozR 3–3870 § 13 Nr. 2; BVerwG 16. 12. 04 NJW 2005,1674)

V. Auskunftspflicht

Abs. 5 verpflichtet den Arbeitgeber, den Vertretern/Vertreterinnen **18** der Agentur für Arbeit und des Integrationsamtes mündliche oder schriftliche Auskünfte auf deren Aufforderung hin zu geben. Diese Auskünfte sind notwendig, damit die zuständigen Stellen die ihnen obliegenden Aufgaben, vor allem die Förderung der gleichberechtigten Teilhabe schwerbehinderter Menschen am Arbeitsleben, erfüllen können. Die Auskünfte werden benötigt, um die **Erfüllung der Beschäftigungspflicht** festzustellen oder um zu ermitteln, ob und wie welche schwerbehinderten Menschen eingesetzt werden könnten, oder um geeignete **Vermittlungsvorschläge** für die Besetzung von Arbeitsplätzen gemäß § 81 Abs. 1 unterbreiten zu können. Die Auskunftpflicht ist deshalb auch nicht auf Arbeitgeber beschränkt, die der Beschäftigungspflicht unterliegen *(Neumann/Pahlen/Majerski-Pahlen,* SGB IX, § 80 RdNr. 17). Das Auskunftsverlangen wird durch den Schutz von **Betriebs– oder Dienstgeheimnissen** begrenzt. § 80 Abs. 7 ist insoweit entsprechend anzuwenden *(Dörner,* SchwbG, § 13 RdNr. 22; *Düwell,* LPK-SGB IX, § 80 RdNr. 14).

VI. Einblicksrecht in den Betrieb

Gemäß Abs. 7 haben die Vertreter/Vertreterinnen von Agentur für **19** Arbeit und Integrationsamt auch das Recht, den Betrieb oder die Dienststelle aufzusuchen, um sich einen Einblick in die betrieblichen

Verhältnisse vor Ort zu verschaffen. Voraussetzung ist, dass dies im Interesse der schwerbehinderten Menschen erforderlich ist. Im Zusammenhang mit Kündigungen zur Aufklärung des Kündigungssachverhaltes, für die Entscheidung über begleitende Hilfen gemäß § 102 Abs. 1 Ziff. 3 oder im Rahmen der Unterstützung gemäß § 81 Abs. 4 S. 2 kann es geboten sein, den Arbeitsplatz, die Arbeitsplatzausstattung und den betrieblichen Organisationsablauf in Augenschein zu nehmen. Das Einblicksrecht ist dadurch begrenzt, dass **Betriebs- oder Dienstgeheimnisse** nicht gefährdet werden dürfen, wobei zu berücksichtigen ist, dass die Vertreter der Agentur für Arbeit und des Integrationsamtes zur Geheimhaltung gemäß § 130 verpflichtet sind. Eine dennoch bestehende Gefährdung betrieblicher Belange ist durch den Arbeitgeber glaubhaft darzulegen (*Neumann/Pahlen/Majerski-Pahlen*, SGB IX, § 80 RdNr. 23).

VII. Benennung der Vertrauensperson und des Beauftragten (Abs. 8)

20   Damit die Zusammenarbeit zwischen den Interessenvertretungen der Schwerbehinderten und dem Beauftragten des Arbeitgebers mit den zuständigen Integrationsämtern und den Agenturen für Arbeit ermöglicht wird und die jeweiligen Ansprechpartner bekannt sind, sind nach Abs. 8 deren Namen unmittelbar nach der Wahl bzw. nach der Bestellung beiden Behörden mitzuteilen. Deren örtliche Zuständigkeit richtet sich im Falle der Schwerbehindertenvertretung nach dem Sitz des jeweiligen Betriebes oder der jeweiligen Dienststelle, bei der Gesamtschwerbehindertenvertretung nach dem Unternehmenssitz und bei der Konzernschwerbehindertenvertretung nach dem Sitz des herrschenden Unternehmens (§ 18 AktG).

VIII. Ordnungswidrigkeit

21   Verletzt der Arbeitgeber seine Pflicht zur Führung eines Verzeichnisses (Abs. 1), zur Erstattung der Anzeige (Abs. 2 und 4), zur Erteilung der Auskunft (Abs. 5), zur Gewährung von Einblick in seinen Betrieb (Abs. 7) oder erfüllt er seine Benennungspflicht (Abs. 8) nicht, verhält er sich ordnungswidrig gemäß § 156 (siehe Erläuterungen dort).

Pflichten des Arbeitgebers und Rechte schwerbehinderter Menschen

81 (1) ¹Die Arbeitgeber sind verpflichtet zu prüfen, ob freie Arbeitsplätze mit schwerbehinderten Menschen, insbesondere mit bei der Agentur für Arbeit arbeitslos oder arbeitssuchend gemeldeten schwerbehinderten Menschen, besetzt werden können. ²Sie nehmen frühzeitig Verbindaung mit der Agentur für Arbeit auf. ³Die Bundesagentur für Arbeit oder ein Integrationsfachdienst schlägt den Arbeitgebern geeignete schwerbehinderte Menschen vor. ⁴Über die Vermittlungsvorschläge und vorliegende Bewerbungen von schwerbehinderten Menschen haben die Arbeitgeber die Schwerbehindertenvertretung und die in § 93 genannten Vertretungen unmittelbar nach Eingang zu unterrichten. ⁵Bei Bewerbungen schwerbehinderter Richter und Richterinnen wird der Präsidialrat unterrichtet und gehört, soweit dieser an der Ernennung zu beteiligen ist. ⁶Bei der Prüfung nach Satz 1 beteiligen die Arbeitgeber die Schwerbehindertenvertretung nach § 95 Abs. 2 und hören die in § 93 genannten Vertretungen an. ⁷Erfüllt der Arbeitgeber seine Beschäftigungspflicht nicht und ist die Schwerbehindertenvertretung oder eine in § 93 genannte Vertretung mit der beabsichtigten Entscheidung des Arbeitgebers nicht einverstanden, ist diese unter Darlegung der Gründe mit ihnen zu erörtern. ⁸Dabei wird der betroffene schwerbehinderte Mensch angehört. ⁹Alle Beteiligten sind vom Arbeitgeber über die getroffene Entscheidung unter Darlegung der Gründe unverzüglich zu unterrichten. ¹⁰Bei Bewerbungen schwerbehinderter Menschen ist die Schwerbehindertenvertretung nicht zu beteiligen, wenn der schwerbehinderte Mensch die Beteiligung der Schwerbehindertenvertretung ausdrücklich ablehnt.

(2) ¹Arbeitgeber dürfen schwerbehinderte Beschäftigte nicht wegen ihrer Behinderung benachteiligen. ²Im Einzelnen gelten hierzu die Regelungen des Allgemeinen Gleichbehandlungsgesetzes.

(3) ¹Die Arbeitgeber stellen durch geeignete Maßnahmen sicher, dass in ihren Betrieben und Dienststellen wenigstens die vorgeschriebene Zahl schwerbehinderter Menschen eine möglichst dauerhafte behinderungsgerechte Beschäftigung finden kann. ²Absatz 4 Satz 2 und 3 gilt entsprechend.

(4) ¹Die schwerbehinderten Menschen haben gegenüber ihren Arbeitgebern Anspruch auf

1. Beschäftigung, bei der sie ihre Fähigkeiten und Kenntnisse möglichst voll verwerten und weiterentwickeln können,

2. bevorzugte Berücksichtigung bei innerbetrieblichen Maßnahmen der beruflichen Bildung zur Förderung ihres beruflichen Fortkommens,

3. Erleichterungen im zumutbaren Umfang zur Teilnahme an außerbetrieblichen Maßnahmen der beruflichen Bildung,

4. **behinderungsgerechte Einrichtung und Unterhaltung der Arbeitsstätten einschließlich der Betriebsanlagen, Maschinen und Geräte sowie der Gestaltung der Arbeitsplätze, des Arbeitsumfeldes, der Arbeitsorganisation und der Arbeitszeit, unter besonderer Berücksichtigung der Unfallgefahr,**

5. **Ausstattung ihres Arbeitsplatzes mit den erforderlichen technischen Arbeitshilfen**

unter Berücksichtigung der Behinderung und ihrer Auswirkungen auf die Beschäftigung. [2]Bei der Durchführung der Maßnahmen nach den Nummern 1, 4 und 5 unterstützt die Bundesagentur für Arbeit und die Integrationsämter die Arbeitgeber unter Berücksichtigung der für die Beschäftigung wesentlichen Eigenschaften der schwerbehinderten Menschen. [3]Ein Anspruch nach Satz 1 besteht nicht, soweit seine Erfüllung für den Arbeitgeber nicht zumutbar oder mit unverhältnismäßigen Aufwendungen verbunden wäre oder soweit die staatlichen oder berufsgenossenschaftlichen Arbeitsschutzvorschriften oder beamtenrechtliche Vorschriften entgegenstehen.

(5) [1]Die Arbeitgeber fördern die Einrichtung von Teilzeitarbeitsplätzen. [2]Sie werden dabei von den Integrationsämtern unterstützt. [3]Schwerbehinderte Menschen haben einen Anspruch auf Teilzeitbeschäftigung, wenn die kürzere Arbeitszeit wegen Art oder Schwere der Behinderung notwendig ist; Absatz 4 Satz 3 gilt entsprechend.

Übersicht

I. Allgemeines

Der Vorschrift kommt im Arbeitsverhältnis zentrale Bedeutung zu, **1** da sie konkrete Rechtspositionen des schwerbehinderten Menschen und spezielle Pflichten des Arbeitgebers im Rahmen seiner gesteigerten Treue- und Fürsorgepflicht gegenüber Schwerbehinderten und ihnen Gleichgestellten enthält. Die Regelung dient damit der Umsetzung des Verfassungsgebots in Art 3 Abs. 3 S. 2 GG, der Verwirklichung des Grundrechts aus Art. 12 Abs. 1 GG sowie der Umsetzung der EG-Richtlinie 2000/78/EG des Rates vom 27. 11. 2000 (Begründung zum Gesetzentwurf der Fraktionen von SPD und Bündnis 90/Die Grünen BT-Drucks. 14/5074 S. 113). Durch sie sollen die Rechte der schwerbehinderten Menschen auf einen behinderungsgerechten und ihrer Qualifikation entsprechenden Arbeitsplatz gestärkt werden.

In Abs. 1 werden dem Arbeitgeber Prüfpflichten bezüglich der Be- **2** schäftigung von schwerbehinderten Menschen auf freien und frei werdenden Arbeitsplätzen auferlegt und die Beteiligungsrechte der Schwerbehindertenvertretung gestärkt. Abs. 2 enthält ein ausdrückliches Benachteiligungsverbot. Abs. 3 bis 5 enthalten Verpflichtungen des Arbeitgebers im laufenden Arbeitsverhältnis, wobei die Absätze 4 und 5 Pflichten des Arbeitgebers beschreiben, denen konkrete Rechtsansprüche des Arbeitnehmers korrespondieren.

3   Die Regelung entspricht im Wesentlichen dem bisherigen § 14 SchwbG, nachdem diese Vorschrift grundlegend bereits durch das am 1. 10. 00 in Kraft getretene Gesetz zur Bekämpfung der Arbeitslosigkeit Schwerbehinderter (BGBl. I S. 1394) umgestaltet und um die §§ 14 a bis c SchwbG ergänzt worden war (siehe auch Überblick unter Vorbemerkung RdNr. 25). Erweitert wurde das bisherige Recht durch die Einfügung des Benachteiligungsverbotes. Gegenüber der Ausgangsfassung des SGB IX vom 19. 6. 2001 sind durch das 4. Gesetz für moderne Dienstleistungen am Arbeitsmarkt (BGBl. I S. 2954) i. V. m. Art. 14 Nr. 4b des kommunalen Optionsgesetzes vom 30. 7. 2004 (BGBl. I S. 2014) redaktionelle Veränderungen vorgenommen worden. Die Begriffe Arbeitsamt bzw. Bundesanstalt für Arbeit sind jeweils durch die Begriffe: Agentur für Arbeit bzw. Bundesagentur für Arbeit ersetzt worden. Durch Art. 1 Nr. 18 des Gesetzes zur Förderung der Ausbildung und Beschäftigung schwerbehinderter Menschen ist in Abs. 1 S. 3 nunmehr die Formulierung *ein Integrationsfachdienst* statt der bisherigen Formulierung *ein von ihm beauftragter Informationsdienst* enthalten. Die wichtigste Veränderung hat die Vorschrift in Abs. 2 S. 2 mit der Einführung des Allgemeinen Gleichbehandlungsgesetz (AGG) durch Art. 1 des Gesetzes zur Umsetzung europäischer Richtlinien zur Verwirklichung des Grundsatzes der Gleichbehandlung vom 14. 8. 2006 (BGBl. I S. 1897) erfahren. Das AGG enthält in § 1 und § 7 ein umfassendes Benachteiligungsverbot wegen der Behinderung. Die bisher in Abs. 2 S. 2 a. F. enthaltenen Bestimmungen zum Entschädigungs- und Schadensersatzanspruch sind nunmehr in § 15 AGG geregelt. Abs. 2 S. 2 in der jetzigen Fassung verweist deshalb auf die Vorschriften des AGG.

II. Pflichten des Arbeitgebers bei der Besetzung von Arbeitsplätzen

4   **1. Prüfpflichten.** Der Arbeitgeber hat die Pflicht zu prüfen, ob ein freier Arbeitsplatz mit einem schwerbehinderten Arbeitnehmer, insbesondere auch mit bei der Agentur für Arbeit arbeitslos oder arbeitssuchend gemeldeten Arbeitnehmern besetzt werden kann. Diese Prüfung ist nicht abstrakt sondern **konkret für den ausgeschriebenen oder zu besetzenden Arbeitsplatz** vorzunehmen. Die Prüfpflicht besteht unabhängig davon, ob der Arbeitgeber seiner Beschäftigungsverpflichtung gemäß §§ 71, 72 nachgekommen ist oder ein schwerbehinderter Mensch sich auf die Stelle beworben hat. Zweck der Vorschrift ist es, die Einstellung und Beschäftigung Schwerbehinderter

zu fördern. Daher ist die Prüfung immer vorzunehmen, wenn ein Arbeitsplatz besetzt werden soll (BAG 14. 11. 89 NZA 1990, 368). Dies gilt auch für eine frei werdende, aus **Drittmitteln finanzierte Stelle im Hochschulbereich** (BAG 15. 8. 06 NZA 2007, 224). Die **Prüfpflicht** setzt bereits im Vorfeld der Besetzungsentscheidung ein, also noch vor der Ausschreibung der Stelle oder der Veröffentlichung einer Anzeige und hat sich auch zu diesem Zeitpunkt bereits auf die Möglichkeit einer behindertengerechten Gestaltung des Arbeitsplatzes zu erstrecken (*Düwell*, LPK-SGB IX, § 81 RdNr. 46, 80).

Die Prüfpflicht begründet **keine Einstellungsverpflichtung** 5 (allg.: *Kossens/von der Heide/Maaß,* SGB IX, § 81 RdNr. 2; *Düwell,* LPK-SGB IX, § 81 RdNr. 71). Der Arbeitgeber kann grundsätzlich über seinen Personaleinsatz frei disponieren. Da die Prüfpflicht andererseits das Ziel verfolgt, zumindest die Erfüllung der gesetzlichen Beschäftigungspflicht zu erreichen, ist das **Auswahlermessen** beschäftigungspflichtiger Arbeitgeber bei der Besetzung von Arbeitsplätzen **eingeschränkt**. Sie haben bei gleicher Qualifikation dem schwerbehinderten Bewerber den Vorzug einzuräumen (*Düwell*, LPK-SGB IX, § 81 RdNr. 72; *Dörner*, SchwbG, § 14 RdNr. 5).

Die Prüfpflicht bezieht sich nicht nur auf Arbeitsplätze im Sinne 6 des § 73 Abs. 1, sondern umfasst z. B. auch **Teilzeitstellen unterhalb von 18 Stunden** in der Woche gemäß § 73 Abs. 3. Es würde dem Schutzzweck des Gesetzes und der Förderverpflichtung in § 81 Abs. 5 nicht entsprechen, bestimmte Teilzeitstellen aus der Prüfung, ob sie mit Schwerbehinderten besetzt werden können, auszunehmen, zumal Stellen mit nur geringer Arbeitszeit für Schwerbehinderte besonders geeignet sein können (LAG Hessen 24. 4. 2007 – 4 TaBV 24/07; *Fabricius,* jurisPK-SGB IX, § 81 RdNr. 9; in der Vorauflage: *Düwell,* LPK-SGB IX, § 81 RdNr. 16, a. A. *Düwell,* LPK-SGB IX, § 81 RdNr. 74; *Trenk-Hinterberger,* HK-SGB IX, § 81 RdNr. 5).

Ein Verstoß gegen die Prüfpflichten wird – anders als ein Verstoß 7 gegen Beteiligungs- und Anhörungsrechte – in § 156 **nicht als Ordnungswidrigkeit** aufgeführt. Erfüllt der Arbeitgeber jedoch die gesetzliche Beschäftigungspflicht nicht, kann die Missachtung der Prüfpflicht eine Ordnungswidrigkeit gemäß § 156 Abs. 1 Ziff. 1 darstellen (siehe Erläuterungen dort). Außerdem begründet der Verstoß die Vermutung, dass der Arbeitgeber gegen das **Benachteiligungsverbot** schwerbehinderter Menschen verstoßen hat (s. RdNr. 45)

2. Verbindung zur Agentur für Arbeit. Nach der noch zu § 14 8 SchwbG 1986 ergangenen Rechtsprechung genügte der Arbeitgeber seiner **Konsultationspflicht,** wenn er der Agentur für Arbeit eine Kopie der innerbetrieblichen Stellenausschreibung zusandte und die Agentur bat zu prüfen, ob sie für diese Stelle einen geeigneten schwerbehinderten Arbeitslosen vermitteln kann. Der Arbeitgeber hatte dann in seine Prüfung die ihm von der Agentur für Arbeit für die konkrete

Stelle genannten Bewerber einzubeziehen (BAG 10. 11.92 NZA 1993, 376, 378). Neben diesen Verpflichtungen bestehen nach der gesetzlichen Fassung des SGB IX weitergehende Pflichten. Zum einen ist der Arbeitgeber verpflichtet, schon **frühzeitig Verbindung zur Agentur für Arbeit aufzunehmen**. Dies muss zu einem Zeitpunkt geschehen, zu dem die Agentur für Arbeit oder der von ihr beauftragte Integrationsfachdienst (§ 109) noch rechtzeitig für die Stellenbesetzung Vermittlungsvorschläge unterbreiten kann. Der Agentur für Arbeit müssen die konkreten Anforderungen der zu besetzenden Stelle mitgeteilt werden, damit sie geeignete schwerbehinderte Bewerber vorschlagen kann. Zum anderen muss der Arbeitgeber nicht nur die von der Agentur für Arbeit für eine konkrete Stelle benannten schwerbehinderten Bewerber einbeziehen, er muss vielmehr auch **von sich aus aktiv werden**, indem er etwa Stellen für schwerbehinderte Menschen ausschreibt oder sich an die Agentur für Arbeit von sich aus wendet und um Vermittlungsvorschläge bittet (*Diller,* NZA 2007, 1321, 1322; *Schröder* in Hauck/Noftz, SGB IX, § 81 RdNr. 6; *Hoffmann,* LPK-SGB IX, § 156 RdNr. 12).

9   **3. Leiharbeitnehmer und interne Stellenbesetzung:** Ob die Prüf- und Konsultationspflichten auch erfüllt werden müssen, bevor der Arbeitgeber die Entscheidung trifft, auf der frei werdenden Stelle einen **Leiharbeitnehmer** zu beschäftigen, ist umstritten. Teilweise wird die Ansicht vertreten, dass der Arbeitgeber, der sich für die Besetzung mit einem Leiharbeitnehmer entscheidet, den Arbeitsplatz wie bei einer internen Stellenbesetzung nicht dem allgemeinen Arbeitmarkt zur Verfügung stellt und deshalb auch keine Prüfpflichten beachten muss (LAG Nieders. 19. 11. 2008 – 15 TaBV 159/07; LAG Düsseldorf 30. 10. 2008 – 15 TaBV 114/08; *Edenfeld,* NZA 2006, 126; *Neumann/Pahlen/Majerski-Pahlen,* SGB IX, § 81 RdNr. 2; *Trenk-Hinterberger,* HK-SGB IX, § 81 RdNr. 7). Die Auffassung überzeugt nicht. Die Prüfpflicht soll garantieren, dass die Möglichkeit der Eingliederung eines schwerbehinderten Menschen in den Arbeitsprozess bei jeglicher Art der Stellenbesetzung, also auch bei der Besetzung der Stelle mit einem Leiharbeitnehmer, in Erwägung gezogen wird. Bei der Einstellung eines Leiharbeitnehmers handelt es sich außerdem – im Gegensatz zur Versetzung – um keine betriebsinterne Stellenbesetzung, da ein bislang im Betrieb nicht beschäftigter Arbeitnehmer eingestellt werden soll (BAG 23. 6. 10 NZA 2010, 1361; anders noch die Vorinstanz LAG Nieders. 19. 11. 2008 – 15 TaBV 159/07; LAG Hessen 24. 4. 2007 – 4 TaBV 24/07; ArbG Frankfurt a. M. 1. 3. 2006 – 22 BV 856/05; *Düwell,* LPK-SGB IX, § 81 Rn. 78; *Deinert* in Deinert/Neumann, Handbuch SGB IX, § 17 RdNr. 83). Lediglich für den Fall, dass von vornherein eine nur kurzzeitige Beschäftigung eines Leiharbeitnehmers von **nicht mehr als 8 Wochen** geplant ist und es sich daher nicht um einen Arbeitsplatz im Sinne des § 73 Abs. 3 handelt, sind die

Pflichten gemäß § 81 Abs. 1 S. 1 und 2 ausnahmsweise nicht zu erfüllen (LAG Hessen 24. 4. 2007, a.a.O.; *Deinert,* a.a.O; a. A.: GK–SGB IX–*Großmann,* § 81 RdNr. 61, der auch in diesen Fällen die Beachtung der Prüfpflicht verlangt).

Ob die Prüfpflicht auch bei **innerbetriebliche Versetzungen** be- **10** steht, ist ebenfalls umstritten (Dafür: *Schröder* in Hauck / Noftz, SGB IX, K § 81 RdNr. 4; *Düwell,* LPK–SGB IX, § 81 Rn. 77a; *Kossens/von der Heide/Maaß,* SGB IX, § 81 Rn. 4; *Neumann/Pahlen/Majerski-Pahlen,* SGB IX, § 81 Rn. 2; dagegen: LAG Saarland 13. 2. 08 br 2008, 208, 211 mit krit. Anm. *Gagel,* br 2008, 212; LAG Köln 8. 2. 2010 – 5 TaBV 73/ 09). Das BAG hat ausdrücklich offen gelassen, ob die Prüf – und Konsultationspflichten gemäß § 81 Abs. 1 S. 1 und 2 auch bestehen, wenn der Arbeitgeber sich entschlossen hat, den frei werdenden oder neu geschaffenen Arbeitsplatz nur unternehmensintern zu besetzen und die Einstellung möglicher externer Bewerber ausgeschlossen hat (BAG 17. 6. 08 NZA 2008, 1139). Für die Erfüllung der Pflichten in § 81 Abs. 1 auch in diesem Fall spricht, dass die gesetzliche Vorschrift nicht zwischen interner und externer Besetzung unterscheidet und der Arbeitgeber die Prüf- und Konsultationspflichten zu einem Zeitpunkt erfüllen soll, zu dem über eine nur interne Ausschreibung der Stelle noch keine Entscheidung getroffen worden ist und deshalb noch die Möglichkeit besteht, dass auf die Besetzungsentscheidung aufgrund der Vorschläge der Agentur für Arbeit Einfluss genommen werden kann (so auch die Vorinstanz zur Entscheidung des BAG: LAG Hessen 17. 10. 06 – 4 TaBV 42/06; LAG Hessen 24. 4. 2007 – 4 TaBV 24/07; *Trenk-Hinterberger,* HK–SGB IX, § 81 RdNr. 6; *Kossens/von der Heide/ Maaß,* a.a.O.; *Gagel,* br 2008, 212). Führt der Arbeitgeber trotz nur interner Ausschreibung ein Bewerbungsgespräch mit einem externen Bewerber, sind jedoch in jedem Fall die Pflichten aus § 81 Abs. 1 S. 1, S. 2 und S. 6 zu erfüllen (BAG 17. 6. 08, a.a.O.).

Ob eine Verletzung der Prüf- und Konsultationspflichten vorliegt, **11** ist nach objektiven Kriterien zu entscheiden, und kann deshalb nicht davon abhängig sein, ob die Agentur für Arbeit nach entsprechender Information das vom Arbeitgeber praktizierte Verfahren billigt und mitteilt, in gleich gelagerten Fällen ebenfalls so zu verfahren (so aber LAG Köln 8. 2. 2010 – 5 TaBV 73/09).

4. Beteiligung der Schwerbehindertenvertretung. Schon bei **12** der Prüfung der Einstellungsmöglichkeiten für Behinderte muss der Arbeitgeber die Schwerbehindertenvertretung gemäß §§ 81 Abs. 1 S. 6, 95 Abs. 2 beteiligen und die in § 93 genannten Interessenvertretungen anhören. Dies gilt auch schon im Vorfeld der Besetzungsentscheidung gemäß § 81 Abs. 1 S. 6. Sie sind daher über freie, frei werdende und neue Arbeitsplätze umfassend zu unterrichten und zu den Besetzungsüberlegungen des Arbeitgebers anzuhören. Auf diese Weise soll gewährleistet werden, dass die betrieblichen und dienstlichen Interessenvertretungen noch argumentativ auf die Besetzungsentscheidung des Arbeitgebers Einfluss nehmen können. Die Beteiligung ist nach der gesetzlichen Regelung **für alle Arbeitgeber verpflichtend**. Diese sieht keine Ausnahmen vor, auch dann nicht, wenn der Arbeitgeber seine Beschäftigungspflicht nach § 71 erfüllt hat oder seiner Auffassung nach keine geeigneten schwerbehinderten Bewerber für die zu besetzende Stelle in Betracht kommen. Die Beteiligungspflicht gilt auch für eine frei werdende, aus **Drittmitteln finanzierte Stelle im Hochschulbereich** (BAG 15.8.06 15.8.06 NZA 2007, 224). Die Beteiligungspflicht entfällt allerdings bei einer sog. „Blindbewerbung", solange keine freie Stelle zu besetzen ist (VGH Bayern 1.7.2010 – 3 ZB 08.1676). Das Gleiche soll gelten, wenn der Arbeitgeber die Stelle für grundsätzlich schwerbehindertengeeignet ansieht und die Agentur für Arbeit auch keine schwerbehinderte Menschen benennt (LAG Köln 29.9.2008 – 2 TaBV 44/08). Dies überzeugt nicht, da Beteiligungsrechte nicht davon abhängig sind, ob zwischen den Beteiligten Einigkeit über das Entscheidungsergebnis besteht. Die Schwerbehindertenvertretung soll vielmehr nach § 81 Abs.1 S.6 bereits in den Prozess der Entscheidungsfindung einbezogen werden.

13   **a) Unterrichtungspflicht.** Gemäß § 81 Abs.1 S.4 hat der Arbeitgeber über die **Vermittlungsvorschläge** der Agentur für Arbeit und alle **vorliegenden Bewerbungen** schwerbehinderter Menschen und ihnen Gleichgestellter die Schwerbehindertenvertretung und den Betriebsrat/Personalrat unmittelbar nach Eingang zu unterrichten, damit diese an der Eingliederung schwerbehinderter Menschen mitwirken können. Entsprechend hat die Schwerbehindertenvertretung einen Auskunftsanspruch gegenüber dem Arbeitgeber. Die Informationserteilung allein an den Betriebsrat oder Personalrat reicht nicht aus, um die Unterrichtungspflicht gegenüber der Schwerbehindertenvertretung als eigenständigem Organ gemäß § 81 Abs.1 S.4 zu erfüllen (BAG 15.2.05 NZA 2005, 870, 872).

14   **Bewerber** sind allerdings nur solche, die sich auch auf den konkreten Arbeitsplatz beworben haben. Werden in einem Betrieb mehrere Stellen ausgeschrieben und meldet der Bewerber sich für einen bestimmten Arbeitsplatz, so gilt seine Bewerbung nicht gleichzeitig für alle anderen ausgeschriebenen Arbeitsplätze. Die Schwerbehindertenvertretung oder der Betriebsrat/Personalrat können den Bewerber allerdings auf andere ausgeschriebene Arbeitsplätze hinweisen, die für ihn aufgrund seiner Eignung ebenfalls in Frage kommen (BAG 10.11.92 NZA 1993, 376).

15   Bewirbt sich eine große Anzahl von Bewerbern auf eine Stelle, muss die Schwerbehindertenvertretung bereits bei der **Vorauswahl** gemäß §§ 81 Abs.1 S.6, 95 Abs.2 beteiligt und ihr die beabsichtigte Auswahlentscheidung mitgeteilt werden. Dazu ist ihr gemäß § 95 Abs.2 S.1 **Gelegenheit zur Stellungnahme** (Anhörung) zu geben. Anschlie-

ßend ist sie über die getroffene Vorauswahlentscheidung zu unterrichten.

Gemäß § 95 Abs. 2, der ausdrücklich auf § 81 Abs. 1 verweist, besteht **16**
für die Schwerbehindertenvertretung weiterhin ein Recht auf **Teilnahme an Vorstellungsgesprächen** und ein **Einsichtsrecht** in die
entscheidungsrelevanten Teile der **Bewerbungsunterlagen**; denn nur
im Vergleich aller Bewerber kann die Schwerbehindertenvertretung
sich über die Eignung des schwerbehinderten Bewerbers eine eigene
Meinung bilden. Die Schwerbehindertenvertretung muss über den
Vorstellungstermin rechtzeitig informiert werden. Eine Teilnahme-
pflicht besteht allerdings nicht (LAG Köln 21. 1. 209 – 3 Sa1369/08).

Bei der Bewerbung schwerbehinderter **Richter und Richterinnen** **17**
sind unter den Voraussetzungen des § 81 Abs. 1 S. 5 auch die Präsidialräte
zu unterrichten und anzuhören. Wann die Präsidialräte im Sinne dieser
Vorschrift an der Ernennung zu beteiligen sind, ergibt sich aus den
Richtergesetzen der Länder. Nach § 32 des nordrhein-westfälischen
Landesrichtergesetzes ist das bei Beförderungen und Versetzungen im
Interesse der Rechtspflege der Fall. In anderen Ländern muss der Präsidialrat u. a. auch bei der Entlassung von Richtern auf Probe beteiligt
werden.

Ist das Bewerbungsverfahren abgeschlossen, hat der Arbeitgeber die **18**
Schwerbehindertenvertretung über die beabsichtigte Einstellungsentscheidung gemäß § 95 Abs. 2 S. 1 zu informieren und ihr Gelegenheit
zur Stellungnahme zu geben (Anhörung).

b) Besondere Erörterungspflicht (§ 81 Abs. 1 S. 7-9). Bei **be-** **19**
schäftigungspflichtigen Arbeitgebern sieht das Gesetz erweiterte
Beteiligungspflichten vor. Diese kommen zum Tragen, wenn der
Arbeitgeber die Pflichtquote nicht erfüllt hat und die Schwerbehindertenvertretung oder die betriebliche Interessenvertretung mit der beabsichtigten Entscheidung des Arbeitgebers nicht einverstanden sind.

In diesem Fall besteht gemäß Abs. 1 S. 7 eine besondere Erörterungs- **20**
pflicht. Sie beinhaltet die Verpflichtung des Arbeitgebers, die beabsichtigte Einstellungsentscheidung der Schwerbehindertenvertretung und
der betrieblichen Interessenvertretung gegenüber im Einzelnen zu begründen und mit ihr ein **Gespräch** zu führen, in der die von ihr **vorgetragenen Einwände erörtert** werden. Der Arbeitgeber hat dabei
insbesondere darzulegen, weshalb die Einstellung des schwerbehinderten Bewerbers trotz Nichterfüllung der Beschäftigungspflicht nicht
beabsichtigt wird.

Im Rahmen des besonderen Erörterungsverfahrens ist der Arbeit- **21**
geber außerdem gemäß Abs. 1 S. 8 verpflichtet, alle von der beabsichtigten Entscheidung **betroffenen schwerbehinderten Bewerber
anzuhören**. Dies kann im Rahmen der Erörterungen mit Schwerbehindertenvertretung und betrieblicher Interessenvertretung erfolgen; dazu kann auch ein eigener Gesprächstermin festgelegt werden,

an dem Schwerbehindertenvertretung und betriebliche Interessenvertretung teilnahmeberechtigt sind (*Schröder* in Hauck /Noftz, SGB IX, K § 81 RdNr. 10). Für die Anhörung ist im Gesetz keine bestimmte Form vorgeschrieben. Es ist daher auch ausreichend, dass Bewerber, nachdem sie über die Gründe für ihre geplante Nicht-Berücksichtigung vom Arbeitgeber informiert werden, die Gelegenheit erhalten, dazu schriftlich Stellung zu nehmen (*Diller,* NZA 2007, 1321f.). Die Anhörung muss in jedem Fall **vor der endgültigen Entscheidung** stattfinden.

22   Die Anhörungspflicht besteht gegenüber allen abgelehnten schwerbehinderten Bewerbern. Der Arbeitgeber darf nicht etwa einzelne Bewerbungen im Wege einer Vorauswahl von der Anhörung oder Erörterung ausschließen (so aber *Trenk-Hinterberger,* HK-SGB IX, § 81 RdNr. 21). Eine derartige Einschränkung ist im Gesetz nicht vorgesehen. Es kommt auch nicht darauf an, ob der Bewerber sich von sich aus beworben hat oder auf eine konkrete Ausschreibung reagiert hat. Unerheblich ist auch, ob es sich um externe oder betriebsinterne Bewerbungen handelt (*Cramer,* SchwbG § 14 RdNr. 9; *Schröder* in Hauck/ Noftz, SGB IX , K § 81 RdNr. 10).

23   Der Gesetzgeber hat bewusst für den Arbeitgeber, der seine Beschäftigungspflicht nicht erfüllt, dieses aufwändige und bürokratische Verfahren gewählt, um ihn zur Einstellung Schwerbehinderter anzuhalten (*Düwell,* LPK-SGB IX, § 81 RdNr. 89). Der Arbeitgeber soll nur nach reiflicher Überlegung und nach Berücksichtigung aller Umstände eine Entscheidung gegen einen schwerbehinderten Bewerber treffen. Da die Ablehnungsgründe im Erörterungsgespräch vorgetragen werden müssen, erleichtert dies dem abgelehnten Bewerber außerdem die Darlegung von Indizien für einen Verstoß gegen das Benachteiligungsverbot (Abs. 2), falls der Arbeitgeber nicht nur sachliche Gründe anführt.

24   **c) Unterrichtungspflicht über die Einstellungsentscheidung.** Hat der Arbeitgeber seine Einstellungsentscheidung getroffen, ist die Schwerbehindertenvertretung **unverzüglich,** d. h. in der Regel sofort gemäß § 95 Abs. 2 S. 1 zu informieren. Im **besonderen Erörterungsverfahren** (siehe RdNr. 19 ff.) sind alle Beteiligten, also auch die abgelehnten schwerbehinderten Bewerber, gemäß Abs. 1 S. 9 über die Entscheidung zu unterrichten. Die Entscheidung darf nicht nur mitgeteilt sondern muss auch **begründet** werden. Dies versetzt die abgelehnten Bewerber in die Lage, die Entscheidung gerichtlich überprüfen zu lassen bzw. evtl. Rechte aus § 81 Abs. 2 SGB IX, § 15 AGG geltend zu machen. Diese Unterrichtungspflicht nach Abs. 1 S. 9 besteht nicht generell bei der Ablehnung schwerbehinderter Bewerber, sondern nur unter den Voraussetzungen des Abs. 1 S. 7, also nur dann, wenn die Beschäftigungspflicht nicht erfüllt ist und die Schwerbehindertenvertretung oder der Betriebsrat/Personalrat mit der Besetzungsentscheidung nicht einverstanden sind (BAG 15. 2. 05 NZA 2005, 870, 872; LAG Hessen

2.12. 2005 – 3 Sa 98/05; LAG Bad.-Württ. 10.12. 2003 – 16 Sa 58/03; LAG Sachsen 14. 9. 2005 – 2 Sa 279/05; a. A. LAG Hessen 7. 11. 2005 – 7 Sa 473/05).

d) Beteiligungsablehnung durch einen Bewerber (Abs. 1 S. 10). 25 Unterrichtungs- und Erörterungspflichten bestehen ausnahmsweise gegenüber einzelnen Bewerbern nicht, wenn diese die Beteiligung der Schwerbehindertenvertretung ausdrücklich ablehnen. Dies gilt allerdings nicht für die Beteiligungsrechte der betrieblichen Interessenvertretungen, da diese auch die Interessen anderer nicht schwerbehinderter Arbeitnehmer vertreten. Außerdem gelten die allgemeinen Beteiligungsrechte gemäß § 95 Abs. 2 weiter, da hier ein Ablehnungsgrund nicht erwähnt wird. Damit werden Anhörungs- und Unterrichtungsrechte durch die Ablehnung eines einzelnen schwerbehinderten Bewerbers nicht ausgeschlossen. Ein **einzelner Bewerber** wird lediglich die **Erörterung seiner Bewerbung** und die **Teilnahme an seinem Vorstellungs- und Anhörungsgespräch** ablehnen können. Im Übrigen kann die Schwerbehindertenvertretung über die Ablehnung einen **Nachweis** verlangen.

e) Fehler im Beteiligungsverfahren. Wird das gesetzliche Beteili- 26 gungsverfahren nicht korrekt durchgeführt, kann der Verstoß eine **Ordnungswidrigkeit** darstellen. Die Verletzung der Unterrichtungspflicht der Schwerbehindertenvertretung und der Interessenvertretungen über vorliegende Vermittlungsvorschläge und Bewerbungen sowie über die getroffene Entscheidung gegenüber allen Beteiligten wird in § 156 Ziff. 7 als Ordnungswidrigkeit geahndet. Ein Verstoß gegen die Erörterungspflicht stellt eine Ordnungswidrigkeit gemäß § 156 Ziff. 8 dar. Dies gilt nicht, wenn die Beteiligungspflicht entfällt, weil ein schwerbehinderte Bewerber eine Beteiligung der Schwerbehindertenvertretung ausdrücklich abgelehnt hat (§ 81 Abs. 1 S. 10). Die unterlassene Beteiligung der Schwerbehindertenvertretung stellt außerdem eine Vermutungstatsache für einen Verstoß gegen das Benachteiligungsverbot (§ 81 Abs. 2) dar (s. dazu RdNr. 45).

f) Kurzübersicht über die Beteiligung der Schwerbehinder- 27 **tenvertretung.**

- Unterrichtung über alle eingegangenen Bewerbungen schwerbehinderter und nicht schwerbehinderter Bewerber sowie der Vermittlungsvorschläge der Agentur für Arbeit (Abs. 1 S. 4)
- Unterrichtung über die beabsichtigte Vorauswahl bei größerem Bewerberkreis, Gelegenheit zur Stellungnahme dazu, Mitteilung der getroffenen Vorauswahlentscheidung und Gelegenheit zur Stellungnahme dazu (§ 81 Abs. 1 S. 6, § 95 Abs. 2 S. 1)
- Einsicht in Bewerbungsunterlagen und Teilnahme an Vorstellungsgesprächen (§ 95 Abs. 2 S. 3)
- Unterrichtung über eine beabsichtigte Einstellungsentscheidung und Gelegenheit zur Stellungnahme (§ 95 Abs. 2 S. 1)

● Besondere Erörterung der beabsichtigten Entscheidung bei Nichterfüllung der Beschäftigungspflicht und bei ablehnender Stellungnahme der Schwerbehindertenvertretung (§ 81 Abs. 1 S. 7):

    (1) Gesprächsweise Erörterung der Entscheidung und Begründung
    im Einzelnen

    (2) Anhörung des/der abgelehnten schwerbehinderten Bewerber(s)
    (§ 81 Abs. 1 S. 8)

● Mitteilung der getroffenen Entscheidung (§ 95 Abs. 2 S. 1, letzt.
Hs.), bei besonderer Erörterungspflicht: zusätzlich Begründung der
Entscheidung (§ 81 Abs. 1, S. 9)

● Ausnahme: keine Beteiligung bezogen auf einen schwerbehinderten
Bewerber, der dies ausdrücklich ablehnt.

28   **5. Rechte der betrieblichen Interessenvertretungen bei Verstö
ßen gegen die Pflichten aus § 81 Abs. 1:** Verstößt der Arbeitgeber
gegen die **Prüfpflicht**, hat der **Betriebsrat** das Recht, gemäß § 99
Abs. 2 Ziff. 1 BetrVG die **Zustimmung zur Einstellung** zu **verweigern**, da die Einstellung eine gesetzliche Vorschrift (§ 81 Abs. 1 S. 1) verletzt, die die Eingliederung Schwerbehinderter in das Arbeitsleben
durch die Auferlegung von Prüfpflichten des Arbeitgebers sichern soll
(BAG 23. 6. 10 NZA 2010, 1361; BAG 17. 6. 08 NZA 2008, 1139, 1141;
BAG 10. 11. 92 NZA 1993, 376 u. 14. 11. 89 NZA 1990, 368; a. A. VGH
Bad-Württ. 13. 12. 1988 – 15 S 2173/88). Ein Zustimmungsverweigerungsrecht soll allerdings nicht bestehen, wenn der Arbeitgeber sich für
die Besetzung einer Stelle durch eine betriebs- oder unternehmensinterne **Versetzung** entscheidet. Dies wird damit begründet, dass sich
bei einer Versetzung nicht die bei der Suche nach einem Arbeitsplatz erhöhten Schwierigkeiten schwerbehinderter Menschen verwirklichen,
da externe Bewerber – ob schwerbehindert oder nicht – von der Stellenbesetzung ausgeschlossen seien (BAG 17. 6. 2008 a.a.O. S. 1141). Dies
überzeugt schon deshalb nicht, weil im entschiedenen Fall die Prüfpflicht gerade damit begründet worden ist, dass ein externer Bewerber
bei der Auswahl ernsthaft in Betracht gezogen worden war und es sich
damit um eine von vorneherein beschränkte interne Stellenbesetzung
durch Versetzung gar nicht gehandelt hat. Im Übrigen sieht § 99 Abs. 1
Nr. 1 BetrVG eine derartige Begrenzung des Gesetzesverstoßes auch
nicht vor (*Düwell*, LPK-SGB IX, § 81 RdNr. 93a; *Trenk-Hinterberger*, HK-
SGB IX, § 81 RdNr. 11).

29   Kommt der Arbeitgeber seiner **Beteiligungspflicht** gegenüber der
Schwerbehindertenvertretung nicht nach, stellt dieser Gesetzesverstoß ebenfalls einen **Zustimmungsverweigerungsgrund** gemäß
§ 99 Abs. 2 Ziff. 1 BetrVG dar, da die Beteiligungsrechte wie die Prüfpflicht Bestandteil des gesetzlich vorgeschriebenen Stellenbesetzungsverfahrens sind (DKK-*Kittner*, BetrVG, § 99 RdNr. 175; *Düwell*, LPK-
SGB IX, § 81 RdNr. 89; a. A. LAG Düsseldorf 30. 10. 2008 – 15 TaBV
114/08; offengelassen: BAG 10. 11. 92 NZA 1993, 376, 378).

Grundsätzlich **keinen Zustimmungsverweigerungsgrund** ge- **30** mäß § 99 Abs. 2 Ziff. 1 BetrVG stellt der Umstand dar, dass der Arbeitgeber auf einem freien Arbeitsplatz keinen Schwerbehinderten einstellt, obwohl er die **Pflichtquote noch nicht erfüllt** hat. Der Betriebsrat kann dann nicht mit der Begründung widersprechen, der Arbeitgeber habe den schwerbehinderten Bewerber einstellen müssen (ArbG Lüneburg 27. 5. 86 NZA 1987, 67).

III. Benachteiligungsverbot (Abs. 2)

Die Regelung des Abs. 2 wurde durch das SGB IX vom 19. 6. 2001 **31** neu eingeführt. Die Vorschrift konkretisiert das verfassungsrechtliche Diskriminierungsverbot des Art 3 Abs. 3 S. 2 GG, wonach niemand wegen seiner Behinderung benachteiligt werden darf. Es dient weiterhin der Umsetzung der **EU-Richtlinie** 2000/78 vom 27. 11. 00, die Benachteiligungen im Arbeitsleben wegen u.a. auch einer Behinderung verbietet und in Art. 17 effektive Sanktionen für den Fall der Nichtbeachtung fordert. Durch das Gesetz zur Umsetzung europäischer Richtlinien zur Verwirklichung des Grundsatzes der Gleichbehandlung vom 14. 8. 2006 ist Abs. 2 neu gefasst worden. Einzelheiten des Benachteiligungsverbotes werden durch das am 18. 8. 2006 in Kraft getretene Allgemeine Gleichbehandlungsgesetz (AGG), auf das Abs. 2 S. 2 deshalb nur noch verweist, geregelt. Nach der Übergangsregelung des § 33 Abs. 1 AGG soll das AGG keine Anwendung finden auf Sachverhalte, die am 18. 8. 2006 bereits abgeschlossen waren. Diese Übergangsregelung ist über ihren Wortlaut hinaus auf alle unerlaubten Benachteiligungsfälle anzuwenden (BAG 16. 9. 08 NZA 2009, 79f.). Abzustellen ist auf den Zeitpunkt der Benachteiligungshandlung. Für diese Fälle ist nach wie vor § 81 Abs. 2 a. F. maßgeblich (BAG 16. 9. 08, a.a.O.). Da das AGG im Wesentlichen Regelungen enthält, die denen der Vorschrift des § 81 Abs. 2 a. F. entsprechen, ist die zu § 81 Abs. 2 a. F. ergangene Rechtsprechung auch unter der Geltung des AGG relevant.

1. Bedeutung des § 81 Abs. 2 S. 1: Satz 1 enthält das allgemeine Ver- **32** bot, schwerbehinderte und ihnen gleichgestellte Menschen wegen ihrer Behinderung zu benachteiligen. Da dieser allgemeine Grundsatz auch in § 1, § 7 Abs. 1 AGG geregelt ist, hätte er nicht mehr eigens aufgeführt werden müssen, die Verweisung in Abs. 2 S. 2 auf das AGG hätte genügt. Im Schrifttum wird deshalb angenommen, dass der Gesetzgeber bewusst die Erwähnung des allgemeinen Verbotes in Abs. 2 S. 1 beibehalten hat, um das in § 63 SGB IX verankerte **Verbandsklagerecht** aufrechtzuerhalten (*Düwell*, LPK-SGB IX, § 81 RdNr. 16; *Neumann/Pahlen/Majerski-Pahlen*, SGB IX, § 81 RdNr. 12; *Trenk-Hinterberger*, HK- SGB IX, § 81 RdNr. 28).

33   **2. Begriff der Behinderung:** Das Diskriminierungsverbot in § 81 Abs. 2 SGB IX a. F. erfasste lediglich Schwerbehinderte und Gleichgestellte im Sinne der § 68 Abs. 2, § 2 Abs. 2 und 3. Die Regelung stellte deshalb keine gemeinschaftskonforme Umsetzung der Richtlinie 2000/78 EG vom 27. 11. 2000 dar, da Art 2 Abs. 1 der Richtlinie die Vorgabe eines Diskriminierungsverbotes für alle Fälle einer Behinderung enthält, ohne festzulegen, dass ein bestimmter Grad der Behinderung überschritten werden müsse. Die Pflicht zur gemeinschaftsrechtskonformen Rechtsanwendung gebietet es daher, das Benachteiligungsverbot **auch auf Behinderte anzuwenden, die weder gleichgestellt noch einen GdB von mindestens 50** erreichen (BAG 3. 4. 07 NZA 2007, 1098f.). Mit dem Inkrafttreten des AGG ist klar gestellt, dass das Diskriminierungsverbot gemäß § 1 AGG sämtliche Behinderungen erfasst (allg. Mein: *Bauer/Göpfert/Krieger,* AGG, § 1 RdNr. 39; *Wolff,* AuA 2006, 512, 514; *Hanau,* ZIP 2006, 2189f.; *Biester,* jurisPR-ArbR 35/2006 Anm. 6; *Thüsing,* NZA 2006, 136, 138). Die bisher unzureichende Umsetzung des Gemeinschaftsrechts ist daher mit Geltung des AGG beseitigt. Das AGG definiert jedoch nicht, was es unter Behinderung versteht. Auch die Richtlinie 2000/78 EG enthält keine Definition des Begriffes. Nach der Rechtsprechung des EuGH (U.v. 11. 7. 06 – *Chacon Navas-*NZA 2006, 839) ist der Begriff der Behinderung gemeinschaftsrechtlich zu verstehen und beinhaltet jede Einschränkung in Bezug auf die Teilhabe am Berufsleben, die auf körperliche, seelische oder psychische Beeinträchtigungen zurückzuführen ist und von langer Dauer ist. Der EuGH hat allerdings nicht entschieden, nach wie vielen Monaten eine länger andauernde Beeinbrächtigung anzunehmen ist, jedoch betont, dass Behinderungen von Krankheiten abzugrenzen sind (EuGH 11. 7. 06, a.a.O.). Allein das Vorliegen langer oder häufiger Krankheitszeiten begründet eine Behinderung daher nicht; beachtlich sind länger andauernde gesundheitliche Beeinträchtigungen nur dann, wenn sie auch zu einer **Teilhabestörung von gewisser Dauer** führen (BAG 22. 10. 2009 – 8 AZR 642/09). Der Gesetzesbegründung zum AGG ist zu entnehmen, dass der Gesetzgeber die gesetzlichen Definitionen in § 2 Abs. 1 S. 1 SGB IX, § 3 BGG heranziehen will (BT-Drucks.16/1780 S. 31). Daraus ergibt sich, dass dem AGG der umfassende Begriff der Teilhabeeinschränkung am Leben in der Gesellschaft gemäß § 2 Abs. 1 S. 1 zugrunde liegt und die vorliegende Funktionsbeeinträchtigung mit hoher Wahrscheinlichkeit **mehr als 6 Monaten** andauern muss. Ungeklärt ist auch, ob die den Krankheitswert überschreitende Funktionsbeeinträchtigung die Festlegung eines Mindest-GdB verlangt. Dies ist zu bejahen, da das Benachteiligungsverbot ein objektiv vorliegendes und graduell messbares Merkmal erfordert. Bei der Festlegung eines Schwellenwertes ist mindestens ein **GdB** von **20** (so auch in einer Entscheidung des VG Frankf. v. 8. 2. 2007 – 9 E 3882/06) entsprechend der Regelung in § 69 Abs. 1 S. 6 sachlich gerechtfertigt.

3. Geltungsbereich: Das Benachteiligungsverbot gilt für alle 34
Arbeits- und Beschäftigungsverhältnisse (§ 6 AGG) sowie auch für
öffentlich-rechtliche Dienstverhältnisse gemäß 24 AGG. Das Benachteiligungsverbot gilt weiter für **jede Form der Vereinbarung** (z. B.
Vertragsänderungen oder einzelne Arbeitsbedingungen), für **Maßnahmen des Arbeitgebers** (z. B. freiwillige soziale Leistungen),
Weisungen im Rahmen des Direktionsrechts, bei Entlassungsbedingungen (zur Kündigung s. § 85 RdNr. 93) und beim **beruflichen
Aufstieg** (§ 2 Abs. 1 Ziff. 2 AGG) sowie beim Zugang zur Berufsberatung und allen Formen der Berufsbildung (§ 2 Abs. 1 Ziff. 3 AGG).
Das Benachteiligungsverbot ist nicht auf Personen beschränkt, die
selbst behindert sind. Erfolgt daher die diskriminierende Behandlung
einer Arbeitnehmerin wegen eines von ihr zu betreuenden **behinderten Kindes**, kommt ebenfalls ein Verstoß gegen das Benachteiligungsverbot in Betracht (EuGH 17. 7. 08 – S. Coleman/Attridge – NZA
2008, 932).

Das Benachteiligungsverbot ist weiterhin zu beachten bei der **An-** 35
bahnung von Arbeitsverhältnissen (§ 2 Abs. 1 Ziff. 1, § 6 Abs. 1 S. 2
AGG). Voraussetzung ist, dass es sich um subjektiv ernsthafte Bewerbungen handelt, die nicht nur das Ziel einer Entschädigungsleistung
verfolgen (LAG Schlesw. Holst. 29. 1. 2009 – 4 Sa 346/08). Die dazu geführte AGG-Hopper-Datei ist aus datenschutzrechtlichen Gründen im
August 2009 geschlossen worden (dazu: *Diller,* NZA 2009, 1386). Gegen eine ernsthafte Bewerbung spricht nicht allein der Umstand, dass
die Bewerbung aus einem unbefristeten und ungekündigten Arbeitsverhältnis auf eine befristete Stelle erfolgt (BAG 16. 9. 08 NZA 2009, 79,
83) oder die angestrebte Beschäftigung tariflich erheblich höher einge-
stuft wird als die bisher ausgeübte Tätigkeit (BAG 17. 8. 2010 – 9 AZR
839/08). Auch die Vielzahl erfolgloser Bewerbungen lässt ein ernsthaftes
Interesse nicht entfallen (BAG 21. 7. 09 NZA 2009, 1087, 1090).

4. Arten der Benachteiligung (§ 3 AGG): Bei einer **unmittel-** 36
baren Benachteiligung wird unmittelbar an das Merkmal der Behinderung angeknüpft (der Arbeitgeber äußert beispielsweise im Betrieb,
dass schwerbehinderte Arbeitnehmer zu viel Kosten verursachen und
deshalb nicht eingestellt würden). Eine **mittelbare** Benachteiligung
liegt vor, wenn dem Anschein nach neutrale Vorschriften, Kriterien
oder Verfahren Arbeitnehmer wegen einer Behinderung gegenüber
anderen Personen in besonderer Weise benachteiligen (so z. B. LAG
Berlin-Brand. 4. 12. 2008 – 26 Sa 343/08: allgemeine Einführung eines
Schichtsystems im Betrieb, ohne eine behinderte Arbeitnehmerin davon auszunehmen, obwohl dies möglich gewesen wäre; verneinend
LAG Köln, 15. 2. 2008 – 11 Sa 923/07 in einem Fall, in dem der Arbeitgeber die Teilnahme an einer Ausbildung an das Vorliegen krankheitsbedingter Fehlzeiten knüpft). Für eine Ungleichbehandlung muss kein
statistischer Nachweis mehr geführt werden; es reicht viel mehr aus,

plausibel darzustellen, dass von einer Maßnahme/Vorschrift eine bestimmte Personengruppe besonders betroffen ist (*Schiek,* NZA 2004,
873, 875; *Düwell,* LPK-SGB IX, § 81 RdNr. 37; offen gelassen von LAG
Köln 15. 2. 2008, a.a.O.).

37   **5. Verstoß gegen das Benachteiligungsverbot:** Jede Benachteiligung wegen der Behinderung ist grundsätzlich untersagt. Eine unterschiedliche Behandlung behinderter und nicht behinderter Arbeitnehmer kommt gemäß § 8 Abs. 1 AGG nur ausnahmsweise dann in
Betracht, wenn die **Art der Tätigkeit** oder die **Bedingungen ihrer
Ausübung** eine bestimmte körperliche Funktion, bestimmte geistige
Fähigkeiten oder seelische Gesundheit **zwingend erfordert.** Dies ist
nur dann der Fall, wenn die berufliche Tätigkeit ohne diese Befähigun-
gen nicht ausgeführt werden könnte (BAG 3. 4. 07 NZA 2007, 1098,
1101). Fragt der Arbeitgeber vor der Einstellung nach bestimmten Erkrankungen oder ärztlichen Behandlungen oder verlangt eine ärztliche
Untersuchung, kann dieses Verhalten des Arbeitgebers als Erkundi-
gung nach dem Vorliegen einer Behinderung verstanden werden und
daher diskriminierungsrelevant sein (BAG 17. 12. 09 NZA 2010, 383,
385). Der Arbeitgeber macht durch sein Verhalten außerdem deutlich,
dass das Vorliegen einer (evtl.) Behinderung für ihn von erheblicher
Bedeutung ist (BAG 17. 12. 09, a.a.O. S. 386). Dieses Verhalten des Arbeitgebers stellt daher ein Indiz für eine Diskriminierung dar. **Erkundigungen nach Behinderungen, etwaigen Vorerkrankungen
oder ärztlichen Behandlungen** im Personalfragebogen oder im Vorstellungsgespräch sind in der Regel auch nicht sachlich gerechtfertigt,
es sei denn, es besteht ein Bezug zur konkreten Arbeitsaufgabe, weil
das Vorliegen dieser Erkrankungen der Ausübung der Tätigkeit entgegensteht (zum Fragerecht s. auch § 85 RdNr. 63f.). Das **Verhalten**
seiner **Mitarbeiter,** deren sich der Arbeitgeber etwa in einem Vorstellungsgespräch bedient, muss dieser sich zurechnen lassen (BAG
17. 12. 09, a. a.O. S. 385).

38   Bestimmte **Kundenwünsche** (z. B. keine Beschäftigung von Behinderten in einem Fitnessstudio) können nicht als sachliche Rechtfertigung für eine Diskriminierung behinderter Menschen herhalten,
da sich in ihnen regelmäßig die Vorurteile wieder finden, die durch das
Benachteiligungsverbot gerade bekämpft werden sollen (*Bayreuther,*
NZA 2008, 986, 988; *Trenk-Hinterberger,* HK-SGB IX, § 81 RdNr. 47;
EuGH 10. 7. 08 NZA 2008, 928, der das Argument der Fa. Feryn, sie erfülle nur Kundenforderungen, gar nicht erst geprüft hat).

39   Auch im Rahmen der **Eignungsprüfung des Art. 33 Abs. 2 GG**
muss das Benachteiligungsverbot beachtet werden. Ein Bewerber kann
deshalb vom Auswahlverfahren nur ausgeschlossen werden, wenn
seine eingeschränkte dauerhafte Verwendungsmöglichkeit die Wahrnehmung der konkreten Dienstposten zwingend ausschließt (BVerwG
21. 6. 2007 – 2 A 6/06). Das Gleiche gilt auch für **Beförderungsent-**

scheidungen im Polizeidienst. Es ist mit dem Benachteiligungsverbot nicht zu vereinbaren, dass von einem Bewerber auf eine Beförderungsstelle die volle **Polizeidiensttauglichkeit** verlangt wird. Es muss vielmehr geprüft werden, ob er die mit dem angestrebten Amt verbundenen Aufgaben nicht erfüllen kann (OVG Sachsen 15. 6. 2009 – 2 A 140/08). Für Einstellungen in den Polizeidienst ist zwar in den Erwägungen der Richtlinie 2000/78 EG (Nr.18) die im Polizeidienst bestehende Notwendigkeit umfassender Verwendung anerkannt. Dies bedeutet jedoch nur, dass ein behinderter Bewerber dann abgelehnt werden kann, wenn er nicht in der Lage ist, sämtliche polizeiliche Aufgaben zu erfüllen, die ihm übertragen werden <u>können</u> (BAG 3. 4. 07 NZA 2007, 1098, 1100). Auch hier ist deshalb zu prüfen, ob der behinderte Bewerber eine wesentliche und entscheidende berufliche Anforderung nicht erfüllen kann (BAG 3. 4. 2007, a.a.O.). Mit dem Benachteiligungsverbot nicht zu vereinbaren, sind Ablehnungen auf **Übernahme in ein Beamtenverhältnis** aufgrund von Gesundheitstests, wenn sich aus ihnen nicht ableiten lässt, dass der behinderte Bewerber die konkrete Tätigkeit nicht ausüben kann, sondern lediglich allgemeine Gesundheitsrisiken (Bewerber leidet etwa an starker Fettleibigkeit) vorliegen, die nur die Möglichkeit häufiger Erkrankungen oder eine vorzeitige Pensionierung wahrscheinlich machen (BAG 3. 4. 07 NZA 2007, 1098, 1101; siehe auch § 128 RdNr. 5ff.).

Auch bei Ausübung des **Direktionsrechts** sind die Grenzen der **40** §§ 1, 7 AGG zu beachten. So kann die Anweisung an alle Mitarbeiter, **Nachtschicht** im Rahmen eines Schichtsystems zu leisten, für eine behinderte Arbeitnehmerin, die aufgrund ihrer Behinderung Nachtschichten nicht ausüben kann, diskriminierend sein. Das ist der Fall, wenn das mit der Einführung des Schichtsystems verfolgte Ziel auch bei Herausnahme der behinderten Mitarbeiterin von der Nachtschicht erreicht werden kann (LAG Berlin-Brand. 4. 12. 2008 – 26 Sa 343/08). Auch bei einer **Versetzung** ist das Benachteiligungsverbot zu beachten. Beruht die Maßnahme darauf, dass der Arbeitnehmer die geschuldete Tätigkeit nicht mehr ausüben kann z. B. ein Pilot wegen Fluguntauglichkeit, ist sie sachlich gerechtfertigt (BAG 22. 11. 05 NZA 2006, 389, 393).

Allein die **Feststellung einer unwirksamen krankheitsbeding** **41** **ten Kündigung** stellt keinen Verstoß gegen das Benachteiligungsverbot dar, wenn die Kündigung mit erheblichen Fehlzeiten begründet wird, da insoweit nicht an ein Diskriminierungsmerkmal angeknüpft wird (BAG 22. 10. 2009 – 8 AZR 642/08).

Arbeitsvertragliche oder tarifvertragliche Regelungen, die **42** gegen das Benachteiligungsverbot verstoßen, sind wegen Gesetzesverstoß gemäß § 134 BGB nichtig. Bei einer **Vorruhestandsregelung**, die einen Wegfall von Vorruhestandsansprüchen im Falle der Berechtigung zum Bezug einer vorzeitigen Altersrente mit Abschlägen vorsah, hat das BAG eine unzulässige mittelbare Benachteiligung wegen der Behinderung angenommen. Gemessen am Zweck der Regelung, Vorruheständler bis zum Rentenbezug wirtschaftlich abzusichern, war die Ungleichbehandlung schwerbehinderter und nicht schwerbehinderter Beschäftigter sachlich nicht gerechtfertigt (BAG 16. 12. 2008 – 9 AZR 985/07). Im Gegensatz dazu hat das BAG tarifliche **Altersteilzeitregelungen**, die eine Beendigung der Altersteilzeit mit dem frühestmöglichen Bezug einer Altersrente, vorsahen, als zulässig angesehen, weil die vorzeitige Beendigung durch das arbeitsmarktpolitische Ziel, Neueinstellungen zu erreichen, sachlich gerechtfertigt sei (BAG 27. 4. 04 NZA 2005, 821, 825f.). Auch bei **Sozialplanregelungen**, die den völligen Ausschluss von Leistungen oder deren Reduzierung für Arbeitnehmer vorsehen, die vorgezogenes Altersruhegeld beanspruchen können, verstoßen nicht gegen das Benachteiligungsverbot (BAG 11. 11. 08 NZA 2009, 210, 214; verneinend auch für das Merkmal Alter: BAG 20. 1. 09 NZA 2009, 495 und 26. 5. 09 NZA 2009, 849). Der Sozialplan hat eine zukunftsgerichtete Ausgleichs- und Überbrückungsfunktion. Er soll typisierend zukünftige wirtschaftliche Nachteile ausgleichen. Gemessen an diesem Zweck ist die mittelbare Ungleichbehandlung schwerbehinderter Arbeitnehmer mit Rentenberechtigung sachlich gerechtfertigt, da diese regelmäßig erheblich geringere wirtschaftliche Nachteile erleiden (BAG 11. 11. 08, a.a.O.; BAG 19. 11. 09 – 6 AZR 561/08; so im Ergebnis auch LAG Düsseldorf 21. 12. 09 – 16 Sa 577/09, das in diesen Fällen bereits das Vorliegen einer mittelbaren Benachteiligung verneint).

43   Da gerade der Umstand der Behinderung eines Arbeitnehmers vom Arbeitgeber besondere Förderung und Fürsorge verlangt, ist eine **unterschiedliche Behandlung** von schwerbehinderten Menschen zu ihrem eigenen **Vorteil**, um ihnen die berufliche Tätigkeit zu ermöglichen oder zu erleichtern, gemäß § 5 AGG nicht untersagt. Derartige Maßnahmen und Vereinbarungen sind zulässig und können sogar nach § 81 Abs. 3 geboten sein.

44   **6. Darlegungs- und Beweislast.** Der schwerbehinderte Mensch hat zunächst darzulegen und zu beweisen, dass eine Ungleichbehandlung vorliegt, ihn ein nicht behinderter Arbeitnehmer also anders behandelt worden ist, z. B. eingestellt, befördert oder aufgrund einer anderen Maßnahme besser behandelt worden ist. Weiterhin trifft ihn die Darlegungs- und Beweislast dafür, dass die Ungleichbehandlung wegen seiner Behinderung erfolgt ist. Hierzu reicht es gemäß § 22 AGG aus, dass er **Indizien vorträgt und unter Beweis stellt**, die eine Benachteiligung wegen der Behinderung vermuten lassen. Die **Vermutungswirkung** tritt ein, wenn eine **überwiegende Wahrscheinlichkeit** für eine **Kausalität** zwischen **Benachteiligung und Behinderung besteht** (BAG 12. 9. 06 NZA 2007, 507, 509 und 16. 9. 08 NZA 2009, 79, 82; BAG 5. 2. 04 NZA 2004, 540, 543; VGH Bad-Württ. 21. 9. 05 NJW

2006, 538f.). An die Vermutungswirkung von Hilfstatsachen ist kein zu strenger Maßstab anzulegen. Es reicht aus, wenn aufgrund der vorgetragenen Tatsachen nach allgemeiner Lebenserfahrung eine überwiegende Wahrscheinlichkeit für eine Diskriminierung besteht (BAG 17. 8. 2010 – 9 AZR 839/08; BAG 17. 12. 09 NZA 2010, 383, 385; BAG 24. 4. 08 NZA 2008, 1351, 1354). Es ist außerdem zu berücksichtigen, welche Informationen einer Partei zugänglich sind und im Einflussbereich welcher Partei sich bestimmte Vorgänge ereignet haben (so ausdrücklich die Gesetzesbegründung: BT-Drucks. 16/1780 S. 47). Bleiben daher Vermutungstatsachen streitig, hat das Gericht beim Fehlen anderer Beweismittel alle zulässigen Möglichkeiten der Anhörung (§ 141 ZPO) und Parteivernehmung (§ 448) zu nutzen (BT-Drucks. 16/1780, a.a.O.). Eine bloße Unterstellung oder Behauptung von Indizien „ins Blaue hinein" genügt allerdings nicht. Die Indizien müssen viel mehr substantiiert dargelegt werden (LAG Hessen 28. 8. 2009 – 19/3 Sa 340/08; LAG Rh-Pfl. 17. 6. 2009 – 8 Sa 639/08; LAG Hamburg 9. 11. 2007 – 3 Sa 102/07). Gelingt dem behinderten Mensch der Nachweis von Indizien, die die Vermutung für eine Benachteiligung wegen der Behinderung begründen, muss der Arbeitgeber die **Vermutung entkräften** und dazu den vollen Beweis dafür führen, dass die Benachteiligung aus rechtlich zulässigen Gründen erfolgt ist. Äußert ein Arbeitgeber etwa im Vorstellungsgespräch oder gegenüber den betrieblichen Interessenvertretungen, dass er keine schwerbehinderten Menschen einstelle, begründet dies die Vermutung für eine diskriminierende Einstellungspolitik. Diese könnte nur dadurch widerlegt werden, dass der Arbeitgeber nachweist, dass seine tatsächliche Einstellungspraxis diesen Äußerungen nicht entspricht (EuGH 10. 7. 08 – Feryn – NZA 2008, 929, 931: Diskriminierung wegen der ethnischen Herkunft).

a) Vermutungswirkung aufgrund Gesetzesverstoß: Kann der 45 behinderte Mensch nachweisen, dass ein Arbeitgeber eine ihm nach dem SGB IX obliegende gesetzliche **Pflicht,** die dazu dient, die Teilhabe schwerbehinderter Menschen am Erwerbsleben zu fördern, **nicht erfüllt** hat, stellt allein dieser Gesetzesverstoß die Hilfstatsache dar, auf die sich die **Vermutungswirkung** stützen kann (BAG 17. 8. 2010 – 9 AZR 839/08). Manche Instanzgerichte haben den Verstoß gegen Verfahrensvorschriften nicht ausreichen lassen und zusätzlich geprüft, ob dieser aus sachfremden diskriminierenden Gründen erfolgt ist (LAG Bremen 9. 9. 2003 – 1 Sa 77/03; VGH Bad.-Württ. 21. 9. 05 NJW 2006, 538f; ArbG Passau 21. 4. 2004 – 1 Ca 2078/03). Das BAG hat dagegen mit überzeugender Begründung ausgeführt, dass der gesetzeswidrig handelnde Arbeitgeber deutlich macht, an der Beschäftigung behinderter bzw. schwerbehinderter Menschen uninteressiert zu sein und ihrer Beschäftigung aus dem Weg gehen zu wollen (BAG 15. 2. 05 NZA 2005, 870 und BAG 12. 9. 06 NZA 2007, 507). Da mit der Nichtbeachtung von Vorschriften, die die Teilhabe schwerbehinderter Menschen

am Erwerbsleben fördern sollen, Beschäftigungschancen vorenthalten
werden, kann auch schon der den schwerbehinderten Menschen be-
nachteiligende Verfahrensverstoß einen Fall der Diskriminierung darstellen (so auch *Leder,* SAE 2006, 305, 307; a. A. *Mohr,* br 2008, 34, 39f.).
Das SGB IX sieht im Falle von **Besetzungsentscheidungen** eine
Reihe von vom Arbeitgeber zu beachtende gesetzliche Pflichten vor.
Folgende Gesetzesverstöße lösen die Vermtungswirkung aus:

(1) Der Arbeitgeber **prüft nicht**, ob der freie Arbeitsplatz mit einem
bei der Agentur für Arbeit arbeitssuchend bzw. als arbeitslos gemeldeten schwerbehinderten Menschen besetzt werden kann und schaltet
die **Agentur für Arbeit** vor oder bei der Einleitung des Stellenbesetzungsverfahrens entgegen § 81 Abs. 1 S. 1 u. 2 nicht ein (BAG
17. 8. 2010 – 9 AZR 839/08; BAG 12. 9. 06 NZA 2007, 507, 510; LAG
Rh-Pf. 1. 9. 2005 – 4 Sa 865/04). Ein Gesetzesverstoß liegt auch dann
vor, wenn der Arbeitgeber nicht prüft, ob der freie Arbeitsplatz für
einen bereits bei ihm beschäftigten schwerbehinderten Menschen in
Betracht kommt (BAG 17. 8. 2010, a.a.O.). Ist die Stelle bereits vor der
Bewerbung eines schwerbehinderten Menschen besetzt worden, kann
eine Benachteiligung dennoch aufgrund der **diskriminierenden Gestaltung des Bewerbungsverfahrens**, das dem schwerbehinderten
Menschen keine Chance gegeben hat, sich rechtzeitig zu bewerben,
vorliegen. Das ist beispielsweise der Fall, wenn bei Besetzung der Stelle
die vom Arbeitgeber angegebene Bewerbungsfrist noch nicht abgelaufen war (BAG 17. 8. 2010, a.a.O.). Ist dagegen die Bewerbungsfrist
verstrichen und liegen keine Anhaltspunkte dafür vor, dass gerade der
schwerbehinderte Bewerber vom Bewerbungsverfahren ausgeschlossen werden sollte, liegt keine Vermutung für eine unmittelbare Benachteiligung vor. Die unterlassene Anfrage bei der Agentur für Arbeit
wirkt auch nicht auf zukünftige Stellenbesetzungen (BAG 19. 8. 2010 –
8 AZR 370/09; so auch die Vorinstanz: LAG Bad.-Württ. 26. 3. 2009 –
11 SA 83/08).

(2) Die **Schwerbehindertenvertretung** ist entgegen § 81 Abs. 1
S. 4, 6, § 95 Abs. 2 nicht beteiligt worden (BAG 15. 2. 05 NZA 2005,
870; LAG Hamm 16. 12. 2005 – 15 Sa 1698/05).

(3) Der schwerbehinderte Bewerber, der sich auf eine Stelle im öffentlichen Dienst bewirbt, wird entgegen § 82 nicht zum **Vorstellungsgespräch** eingeladen, obwohl er nicht offensichtlich ungeeignet
ist (BAG 12. 9. 06, a.a.O.; BAG 21. 7. 09 NZA 2009, 1087; BVerwG
22. 2. 2008 – 5 B 209/07; LAG Schlesw.-Holst. 8. 11. 2005 – 5 Sa 277/05;
LAG Hamm 17. 11. 2005 – 8 Sa 1213/05; LAG Rh-Pf. 1. 9. 2005 – 4 Sa
865/04; VG Münster 13. 2. 2007 – 4 K 2474/05; a. A. VGH Bad.-Württ.
21. 9. 05 – 9 S 1357/05). Die offensichtliche Nichteignung ist am konkreten Anforderungsprofil zu messen (BAG 12. 9. 2006, a.a.O.;
BVerwG 22. 2. 208 – 5 B 209/07; VGH München 27. 1. 2010 – 12 B
08.1978; VGH Bad.-Württ. 4. 8. 2009 – 9 S 3330/08 (Zulassung der Re-

vision beim BVerwG 26. 5. 2010 – 5 B 58/09); VGH Bayern 20. 10. 2008 – 3 ZB 07.2179; LAG Sachsen 14. 9. 2005 – 2 Sa 279/05). Sie ist nur zu bejahen, wenn der Bewerber für die ausgeschriebene Stelle unter keinem Gesichtspunkt in Betracht kommt (LAG Schlesw-Holst. 8. 11. 2005 – 4 Sa 865/04; VG Berlin 28. 4. 2009 – 28 A 135/07). Mindestnoten im Examen, die ein Bewerber nicht erreicht, die aber in der Stellenausschreibung auch nicht gefordert sind, begründen die offensichtliche Nichteignung nicht (BAG 12. 9. 2006 und 21. 7. 09, a.a.O.; VGH München 7. 10. 2004 – 3 CE 04.2770 und 27. 1. 2010 – 12 B 08.1978; VGH Bad.-Württ. 4. 8. 2009, a.a.O.; a. A. LAG Sachsen 14. 9. 2005 – 2 Sa 279/05).

(4) Die Einstellungsentscheidung ist gegenüber dem abgelehnten Bewerber entgegen § 91 Abs. 1 S. 9 nicht begründet worden (BAG 15. 2. 05 NZA 2005, 870; LAG Hessen 7. 11. 2005 – 7 Sa 473/05 und 22. 3. 2006 – 2 Sa 1686/05). Diese Pflicht besteht jedoch nicht generell, sondern nur dann, wenn die gesetzliche Pflichtquote nicht erfüllt wird und die Schwerbehindertenvertretung mit der Auswahlentscheidung des Arbeitgebers nicht einverstanden ist. Nur dann muss der Arbeitgeber dem abgelehnten Bewerber die Ablehnung unter Darlegung der Gründe gemäß § 81 Abs. 1 S. 9 mitteilen (BAG 15. 2. 05, a.a.O.; LAG Bad.-Württ. 10. 12. 2003 – 16 Sa 58/03; LAG Sachsen 14. 9. 2005 – 2 Sa 279/05).

(5) Der Arbeitgeber hält die **Pflichtquote** gemäß § 71 Abs. 1 nicht ein und zieht einen offensichtlich nicht ungeeigneten Bewerber nicht einmal in die engere Auswahl. Auch in seinem solchen Fall zeigt der Arbeitgeber, dass er im Sinne der Rechtsprechung des BAG (15. 2. 05 NZA 2005, 870 und 12. 9. 06 NZA 2007, 507) an einer Beschäftigung schwerbehinderter Menschen nicht interessiert ist und ihr aus dem Weg gehen will. In Fortentwicklung der höchstrichterlichen Rechtsprechung kann daher auf den Gesetzesverstoß gegen § 71 Abs. 1 ebenfalls die Vermutung der Benachteiligung wegen der Behinderung gestützt werden (*Müller-Wenner* in Mittag/Ockenga, Die Sicherung von Arbeitnehmerrechten, S. 93, 96; a. A. *Fabricius*, jurisPK-SGB IX, § 81 RdNr. 28).

Die wegen Verletzung gesetzlicher **Pflichten** eingetretene Vermu-   46 tungswirkung entfällt nicht, wenn der Arbeitgeber sie **nachträglich erfüllt**. Dies ist von Bedeutung in den Fällen, in denen der Arbeitgeber etwa nach einem Hinweis oder einer Beschwerde den Bewerber doch noch zum Vorstellungsgespräch einlädt oder die Schwerbehindertenvertretung beteiligt. Das LAG Hamm hat angenommen, dass zwar der vorangegangene Verfahrensverstoß in rechtlicher Hinsicht beseitigt ist, die tatsächliche Grundlage der Benachteiligungsvermutung aber nicht entfällt (LAG Hamm 17. 11. 2005 – 8 Sa 1213/05). Das ist richtig. Die gesetzlichen Pflichten dienen dem Zweck, die Einstellungschancen des schwerbehinderten Bewerbers zu fördern. Dieses Ziel ist aber bereits mit dem Gesetzesverstoß verfehlt. Ein Bewerber, der erst nach seiner Beschwerde zum **Vorstellungsgespräch** eingeladen wird, hat keine

reelle Chance mehr, den Arbeitgeber von seinen Fähigkeiten zu
überzeugen. Dies gilt auch dann, wenn ein Bewerbungsverfahren in
mehreren Stufen erfolgt und die nachträgliche Einladung noch vor
Abschluss des endgültigen Besetzungsverfahrens stattfindet. Auch
dann besteht keine Chance mehr für ein vorurteilsfreies Auswahlverfahren. Das Gleiche gilt für eine nachträgliche Beteiligung der
Schwerbehindertenvertretung. Auch in diesem Fall hat der Arbeitgeber sich bereits durch eine (Vor)-Auswahl festgelegt, so dass später
eingebrachte Gesichtspunkte der Schwerbehindertenvertretung die
Einstellungschancen des schwerbehinderten Bewerbers nicht mehr
verbessern können. Außerdem verlangt § 81 Abs. 1 S. 4 die Unterrichtung unmittelbar nach Eingang der Bewerbung, was regelmäßig bei
einer nachträglichen Erfüllung der Pflicht nicht der Fall ist. Verstöße
gegen die **Meldepflicht** des § 81 Abs. 1 S. 1 können auch nicht nachträglich geheilt werden, da die Vermittlungsvorschläge frühzeitig un-
terbreitet werden sollen. Nach einer Auswahlentscheidung sind sie
sinnlos, da ohne Einfluss.

47   **b) Widerlegung der Vermutung:** Die Benachteiligungsvermutung kann durch den Arbeitgeber **widerlegt** werden, wenn er darlegen und beweisen kann, dass entweder gar **keine Ungleichbehandlung** erfolgt ist oder aber die unterschiedliche Behandlung durch nicht
auf die Behinderung bezogene **sachliche Gründe gerechtfertigt** ist.
Die Entlastung ist nur gelungen, wenn der Arbeitgeber nachweist, dass
das verbotene Diskriminierungsmerkmal als auch noch so untergeordneter Aspekt in einem Motivbündel keine Rolle gespielt hat (BAG
15. 2. 05 NZA 2005, 870; BAG 21. 7. 09 NZA 2009, 1087; BAG 12. 9. 06
NZA 2007, 507; LAG Schlesw-Holst. 8. 11. 2005 – 5 Sa 277/05; LAG
Berlin-Brand. 2. 6. 2009 – 3 Sa 499/09). Der Arbeitgeber muss beweisen, dass ausschließlich andere Gründe für seine Entscheidung erheblich waren (BAG 21. 7. 09, a.a.O. S. 1090). Die bessere Eignung von
Mitbewerbern schließt eine Benachteiligung nicht aus. Es reicht vielmehr aus, dass der schwerbehinderte Bewerber in die **Auswahlentscheidung** des Arbeitgebers nicht einbezogen worden ist (BAG
17. 8. 2010 – 9 AZR 839/08; instruktives Beispiel hierzu: VG Weimar
20. 1. 2011 – 5 K 1602/09 We).

48   Bei einer **Besetzungsentscheidung** kann die Vermutungswirkung
nur entkräftet werden, wenn **drei Voraussetzungen** vorliegen:
     (1) der Bewerber erfüllt die im Besetzungsverfahren benannten An-
forderungen der Stelle fachlich oder persönlich nicht (BAG 15. 2. 05,
a.a.O.; LAG Hamm 26. 8. 2010 – 15 Sa 356/10, 17. 11. 2005 – 8 Sa 1213/
05 und 4. 6. 2004 – 15 Sa 2047/03, dazu krit. *Bros,* jurisPR-ArbR 27/
2005, Anm.6; VGH München 27. 1. 2010 – 12 B 08.1978; VGH Bad.-
Württ. 4. 8. 2009 – 9 S 3330/08),
     (2) diese an die Stelle gestellten Anforderungen sind wesentlich
(BAG 21. 7. 09, a.a.O.; S. 1089; VGH München 7. 10. 2004 – 3 CE

04.2770; *Leder*, SAE 2006, 305, 309; *Gagel*, jurisPR–ArbR 28/2006 Anm.5), objektiv sachgerecht, also angemessen und ihrem Zweck nach rechtmäßig, (BAG 21.7.09 und 12.9.2006, a.a.O.; VGH Bayern 1.7.2010 – 3 ZB 08.1676; *Wisskirchen*, DB 2006, 1491, 1494; *Gagel*, jurisPR–ArbR 22/2007 Anm.1). Dies wurde beispielsweise in einem Fall verneint, in dem ein behinderter Bewerber mit Hochschulabschluss statt des geforderten Fachhochschulabschlusses ausgesondert wurde (BAG 12.9.2006, a.a.O.; dazu krit. *v. Medem*, NZA 2007, 545, 547), die Anforderungen sind schließlich nicht ihrerseits mittelbar diskriminierend (BAG 15.2.2005, a.a.O.),

(3) alle Mitbewerber werden wegen der Nichterfüllung der gleichen Anforderungen ebenfalls aus der engeren Auswahl ausgeschlossen (LAG Hamm 16.12.2005 – 15 Sa 1698/05; VGH München 27.1.2010 – 12 B 08.1978; VG Berlin 28.4.2009 – 28 A 135/07).

Die vom Arbeitgeber für die von ihm vorgenommene unterschied- **49** liche Behandlung vorgetragenen sachlichen Gründe sind einer sehr **kritischen Beurteilung** zu unterziehen; andernfalls stellt die in § 22 AGG vorgesehene Beweiserleichterung für den Beschäftigten eine für den Arbeitgeber zu leicht zu überwindende Barriere dar, da sich in der Regel noch immer ein Ablehnungskriterium wie Ausbildungsdefizite oder Mangel an Erfahrung finden lassen (kritisch auch *Körner*, NZA 2001, 1046, 1048 zu § 611a BGB). Nicht ausreichend ist deshalb auch der schlichte Hinweis auf fehlende Berufserfahrung (LAG Berlin-Brand. 2.6.2009 – Sa 499/09).

Nach Auffassung des Bundesverfassungsgerichts ist auch bei **nach-** **50** **träglich vorgetragenen Gesichtspunkten**, die im Rahmen des Auswahlverfahrens oder in der Ausschreibung zunächst keine Rolle gespielt haben und dort nicht formuliert worden waren, eine besonders kritische Würdigung erforderlich, da der Arbeitgeber die Anforderungen an die Qualifikation für eine Stelle grundsätzlich nach Belieben festsetzen kann (Beschl. v. 16.11.1993 AP Nr. 9 zu § 611a BGB). Nachträglich angeführte Gründe können daher nach Auffassung des BVerfG eine glaubhaft gemachte Diskriminierung nur dann entkräften, wenn besondere Umstände dafür sprechen, dass sie nicht nur vorgeschoben sind (z.B. dann, wenn sich während des Einstellungsverfahrens Aufgabenstellung und die Qualifikationsanforderungen an die zu besetzende Stelle geändert haben).

Ist das **Vorstellungsgespräch entgegen** § 82 unterblieben, ist zu **51** berücksichtigen, dass dem schwerbehinderten Bewerber durch ein **diskriminierendes Verfahren** die Chance genommen worden ist, den Arbeitgeber von seiner Eignung zu überzeugen (BAG 21.7.09 NZA 2009, 1089f.). Nach der Rechtsprechung des BAG kommt es in diesem Fall dann nicht mehr darauf an, ob die Behinderung bei der abschließenden Einstellungsentscheidung noch eine nachweisbare Rolle gespielt hat (BAG 21.7.09, a.a.O. S.1090). Der Arbeitgeber kann die

Benachteiligungsvermutung deshalb nicht allein mit dem Vortrag entkräften, dass z. B. ein behinderter Bewerber erheblich **schlechtere Examensnoten** aufweise und es sich hierbei um ein Auswahlkriterium handele, das nicht an die Schwerbehinderteneigenschaft anknüpfe (BAG 21. 7. 09, a. a. O.). Eine Widerlegung in einem derartigen Fall ist nur noch möglich, wenn der Arbeitgeber nachweist, dass er andere schwerbehinderte Bewerber, die die verlangten Mindest-Anforderungen erfüllt haben (z B. bestimmte Examensnoten) zum Vorstellungsgespräch eingeladen hat (BAG 21. 7. 09 a. a. O.). Die Rechtsprechung des BAG stellt damit an die sachliche Rechtfertigung der Einstellungsentscheidung hohe Anforderungen. Im Gegensatz dazu reichte in zweitinstanzlichen verwaltungsgerichtlichen Entscheidungen der Nachweis des Arbeitgebers aus, dass auch kein nicht behinderter Bewerber mit ansatzweise vergleichbaren Examensnoten in die engere Auswahl gezogen wurde (VGH München 7. 10. 2004 – 3 CE 04.2770 und 27. 1. 2010 – 12 B 08.1978; VGH Bad.-Württ. 4. 8. 2009 – 9 S 3330/08).

52   **7. Kenntnis der Behinderung:** Ein Verstoß gegen das Benachteiligungsverbot kommt nur in Betracht, wenn der (potentielle) Arbeitgeber zum Zeitpunkt der benachteiligenden Maßnahme die Behinderung kennt oder kennen muss. Erfährt er etwa von der Behinderung eines Bewerbers erst nach Abschluss des Bewerbungsverfahrens, ist eine Mitursächlichkeit der Behinderung für die Ablehnung ausgeschlossen. Der Arbeitgeber muss auch das Stellenbesetzungsverfahren nicht wieder eröffnen (BAG 18. 11. 08 NZA 2009, 728, 730). Ist im Bewerbungsschreiben ein Hinweis auf die vorliegende Behinderung enthalten, kann sich der Arbeitgeber nicht darauf berufen, er habe den Hinweis überlesen. Insofern ist ihm auch das Verhalten der für ihn handelnden Personen zuzurechnen. Es reicht aus, dass ihm die Kenntniserlangung möglich war, also in seinem Einflussbereich liegt (BAG 16. 9. 08 NZA 2009, 79, 81f.; a. A. LAG Nürnberg 1. 4. 2004 – 7 SHa 4/04). Liegt eine Behinderung objektiv nicht vor, nimmt der Arbeitgeber dies jedoch an, kommt grundsätzlich ebenfalls eine verbotene Benachteiligung in Betracht (BAG 17. 12. 09 NZA 2010, 383, 384).

53   **8. Schadensersatzanspruch.** Gemäß § 15 Abs. 1 AGG ist bei einem Verstoß gegen das Benachteiligungsverbot der materielle Schaden zu ersetzen. Durch die Formulierung in § 15 Abs. 2 S. 2 AGG (*zu vertreten hat*) wird klar gestellt, dass der Anspruch an ein **Verschulden** gebunden ist (BT-Drucks.16/1780 S. 38). Insoweit bestehen Zweifel, ob die Regelung nicht gemeinschaftswidrig ist, weil der EuGH in der Entscheidung *Draehmpaehl* (U. v. 22. 4. 97 NZA 1997, 645f.) einen verschuldensunabhängigen Schadensersatz gefordert hat (so auch: *Deinert,* AiB 2006, 741f.; *ders.* in Deinert/Neumann, Handbuch SGB IX, § 17 RdNr. 109; *Perreng/Noltert-Borasio,* AiB 2006, 459; *Wagner,* JZ 2006, 1085, 1091; *Thüsing,* NZA 2006, 774, 775; ErfK-*Schlachter,* § 15 AGG,

RdNr. 1; a. A. *Bauer,* NZA 2006, 893; *Fabricius,* jurisPK-SGB IX, § 81
RdNr. 31). Die Bindung des Schadensersatzanspruches an ein Verschulden verstößt außerdem gegen das in Art. 8e der Richtlinie 2002/73 EG
normierte Verschlechterungsverbot, wonach das bereits bestehende nationale Recht keine verschlechternden Neuregelungen enthalten darf
(so auch *Perreng/Noltert-Borasio,* a.a.O. S. 463). Dies ist aber der Fall, da
die Regelung des § 81 Abs. 2 S. Ziff. 2 u. 3 SGB IX a. F. sowohl für die
Geltendmachung von materiellen wie auch immateriellen Schäden
kein Verschulden voraussetzte.

Ein materieller Schaden ist bei einem Bewerber, der auch bei diskri-   **54**
minierungsfreier Auswahl nicht eingestellt worden wäre, bis auf den
zu vernachlässigenden Ersatz seiner Bewerbungskosten nicht entstanden. Vermögensschäden hat also nur der „Bestplatzierte", bei dem feststeht, dass er bei diskriminierungsfreier Auswahl eingestellt oder befördert worden wäre. Da diesem schwerbehinderten Bewerber wegen
seiner Behinderung tatsächlich ein Arbeitsplatz entgangen ist, ist in der
Regel als materieller Schaden mindestens der **Verdienst, den er bis
zum nächsten Kündigungszeitpunkt erhalten hätte,** zu ersetzen.
Schadensersatz durch Naturalrestitution ist gesetzlich ausgeschlossen,
da § 15 Abs. 6 AGG einen Anspruch auf **Begründung eines Arbeitsverhältnisses** oder auf **Beförderung ausschließt.** Eine Ausnahme
besteht, wenn aufgrund von vertraglichen oder tariflichen Regelungen ein Rechtsanspruch auf Begründung des Arbeitsverhältnisses oder
auf Einstellung für eine höherwertige Position besteht. Der abgelehnte
Bewerber hat dann die Möglichkeit, die Einstellung oder Beförderung
im Wege der **Konkurrentenklage** durchzusetzen. In diesem Fall entfällt der Schadensersatzanspruch, nicht dagegen die Geltendmachung
des aufgrund der Persönlichkeitsverletzung erlittenen immateriellen
Schadens (a. A. *Schröder* in Hauck /Noftz, SGB IX, K § 81 RdNr. 30).
Vor Geltendmachung eines Entschädigungsanspruchs ist der Bewerber
allerdings nicht verpflichtet, sich mit dem Rechtsbehelf der Konkurrentenklage im Wege der einstweiligen Anordnung gegen seine Ablehnung zu wehren (VGH Bayern 20.10.2008 – 3 ZB 07.2179; VG Berlin
28.4.2009 – 28 A 135/07; a. A. VG Düsseldorf 6.5.2005 2 K 4552/03).
Denn eine derartige vorrangige Verpflichtung ergibt sich aus § 15 AGG
nicht, und § 15 Abs. 6 schließt lediglich die Geltendmachung von Pri-
märansprüchen auf Begründung eines Arbeitsverhältnisses nicht aus.

9. Entschädigungsanspruch. Bei einem Verstoß gegen das Be-   **55**
nachteiligungsverbot kann gemäß § 15 Abs. 2 AGG eine angemessene
Entschädigung in Geld verlangt werden. Verfassungsrechtliche Bedenken bestehen gegen eine Entschädigungsregelung nicht (BAG 15.2.05
NZA 2005, 870 f.). Der Entschädigungsanspruch ist an **kein Verschulden** gebunden (BT Drucks.16/1780 S. 38). Eine Ausnahme vom
verschuldensunabhängigen Entschädigungsanspruch sieht § 15 Abs. 3
AGG bei der **Anwendung diskriminierender kollektivrechtlicher**

Vereinbarungen vor. Der Begriff erfasst Tarifverträge, Betriebs-und Dienstvereinbarungen. Die Vorschrift gilt auch für tarifliche Regelungen, auf die im Arbeitsvertrag Bezug genommen wird (BT-Drucks. 16/1780 S. 38). In diesen Fällen ist eine Entschädigung nur zu leisten, wenn ein vorsätzliches oder grob fahrlässiges Handeln vorliegt. Dies wird mit der „höheren Richtigkeitsgewähr", von Kollektivvereinbarungen begründet, auf die sich der Arbeitgeber deshalb eher verlassen kann (BT-Drucks. a. a. O.).

56   Bei der **Höhe** der Entschädigung differenziert das Gesetz danach, ob der Bewerber auch bei diskriminierungsfreier Auswahl nicht eingestellt worden wäre. In diesem Fall ist die Entschädigungshöhe gemäß § 15 Abs. 2 S. 2 AGG auf **drei Monatsgehälter beschränkt**. Wäre der Bewerber dagegen wegen seiner besseren Qualifikation eingestellt worden, ist die Haftung nicht begrenzt. Die Entschädigung muss angemessen sein. Sie muss eine wirklich abschreckende Wirkung haben und in einem angemessenen Verhältnis zum erlittenen Schaden stehen (BT-Drucks. 16/1780 S. 38; EuGH 10. 4. 84 – Colson und Kamann – NZA 1984, 157; EuGH 22. 4. 1997 – Draehmpaehl – NZA 1997, 645; EuGH 10. 7. 08 – Feryn – NZA 2008, 929, 931f.).

57   Jede Diskriminierung wegen einer Behinderung stellt eine Persönlichkeitsverletzung dar (BAG 15. 2. 05 NZA 2005, 870f.; *Wendeling*, DB 1999, 1012, 1015). Die Höhe der Entschädigung hat sich daher an der **Art und Schwere der Persönlichkeitsverletzung** auszurichten (BAG 17. 8. 2010 – 9 AZR 839/08; BAG 16. 9. 08 NZA 2009, 79, 84 und 12. 9. 06 NZA 2007, 507, 512; BAG 17. 12. 09 NZA 2010, 383, 387). Zu berücksichtigen ist etwa systematisches Vorgehen des Arbeitgebers, Wiederholungsfälle, Benachteiligung aus mehreren Gründen (BT-Drucks. 16/1780 S. 38), besonders kränkende Begleitumstände, Hinwegsetzen über entsprechende Hinweise und Stellungnahmen der betrieblichen Interessenvertretung bzw. der Schwerbehindertenvertretung oder Missachtung von Beteiligungsrechten (*Schröder* in Hauck/ Noftz, SGB IX, K § 81 RdNr. 23). Weiterhin ist die Höhe der Entschädigung danach auszurichten, **welche Folgen** sie für den behinderten Menschen hat (BAG 17. 8. 2010, a. a. O.; BAG 16. 9. 08, a. a. O.; BAG 21. 7. 09 NZA 2009, 1087, 1091). Zu berücksichtigen ist auch, **wie groß die Chance** des diskriminierten Bewerbers war, aufgrund seiner Eignung ohne Benachteiligung **in die engere Auswahl** miteinbezogen zu werden (*Wendeling*, DB 1999, 1012, 1017). In der Rechtsprechung sind für die Fälle, in denen der behinderte Mensch auch bei diskriminierungsfreier Auswahl nicht eingestellt worden wäre (§ 15 Abs. 2 S. 2 AGG), unterschiedliche Beträge zugesprochen worden. Sie variieren zwischen einem Monatsgehalt (z. B. LAG Schlesw.-Holst. 8. 11. 2005 – 5 Sa 277/05; LAG Hamm 16. 12. 2005 – 15 Sa 1698/05; LAG Hessen 22. 3. 2006 – 2 Sa 1686/05), 1,5 Gehältern (ArbG Frankf. 19. 2. 2003 – 17 Ca 8469/02; VG Berlin 28. 4. 2009 – 28 A 135/0) und 3 Gehältern (z. B.

ArbG Berlin 13. 7. 2005 – 86 Ca 24618/04, aber aufgehoben vom LAG Berlin 9. 3. 2005 – 5 Sa 1794/05 und Zurückverweisung durch BAG 3. 4. 07 NZA 2007, 1098).

In dem Falle, dass bei **diskriminierungsfreier Auswahl** der   58 Schwerbehinderte **eingestellt** worden wäre, ist die Entschädigung gesetzlich nicht begrenzt. Die Sanktion muss für den Arbeitgeber spürbarer sein, da sich in diesen Fällen gerade das realisiert hat, was die gesetzliche Regelung vor allem verhindern wollte: die Nichteinstellung oder unterbliebene Beförderung wegen der Behinderung. Außerdem ist der erlittene **immaterielle Schaden** dem Schaden vergleichbar, den ein Arbeitnehmer bei ungerechtfertigtem Verlust seines Arbeitsplatzes erleidet (*Wendeling*, DB 1999, 1012, 1017). Deshalb sollten die Kriterien, die auch bei der Höhe einer **Kündigungsschutzabfindung** gemäß §§ 9, 10 KSchG berücksichtigt werden, auch zur Ermittlung der Angemessenheit der Entschädigung herangezogen werden (so auch *Bauers/Evers*, NZA 2006, 893, 896; a. A. *Deinert* in Deinert/Neumann, Handbuch SGB IX, § 17 RdNr. 114). Anerkannte Bemessungsfaktoren, die im Rahmen des § 10 KSchG berücksichtigt werden, sind neben der Dauer des Arbeitsverhältnisses, das hier kein taugliches Kriterium ist, Alter, Unterhaltspflichten, Gesundheitszustand und die Vermittlungschancen auf dem Arbeitsmarkt (KR-*Spilger*, § 10 KSchG RdNr. 45 ff.; KDZ-*Zwanziger*, § 10 KSchG RdNr. 8 ff.). Auch die **wirtschaftliche Lage** des schwerbehinderten Bewerbers ist bei der Festsetzung der Entschädigung zu berücksichtigen (*Wendeling*, DB 1999, 1012, 1016; a. A.: *Schröder* in Hauck/Noftz, SGB IX, K § 81 RdNr. 24). Die wirtschaftliche Situation des Arbeitgebers dagegen kann nur ausnahmsweise etwa dann, wenn die Zahlung zur Gefährdung von Arbeitsplätzen oder der wirtschaftlichen Existenz des Unternehmens führen könnte, eine Reduzierung der Entschädigungszahlung rechtfertigen (*Wendeling*, DB 1999, 1012, 1017; *Zwanziger*, DB 1998, 1330, 1331). Entsprechend der Regelung in § 10 KSchG kann die Entschädigung damit je nach den Umständen im Einzelfall bis zu 12 Monatsgehälter betragen. Da § 15 Abs. 2 S. 1 gerade keine Höchstgrenze vorsieht, kann in besonderen Einzelfällen sogar eine noch höhere Entschädigung angemessen sein (a. A. *Wendeling*, DB 1999, 1012, 1017; GK-SGB IX-*Großmann*, § 81 RdNr. 268).

Die Höhe des Schadensersatzes sowie der Entschädigung richtet sich   59 außerdem nach dem **Monatsverdienst**, den der schwerbehinderte Bewerber im Arbeitsverhältnis erzielt hätte. Es sind hierbei **alle Geld- und Sachbezüge** zu berücksichtigen, die er im ersten Monat des Arbeitsverhältnisses erhalten hätte. Es muss also auf die Arbeitsbedingungen (Arbeitszeit und Arbeitsverdienst) des Arbeitsplatzes abgestellt werden, auf den er sich beworben hatte. Maßgeblich ist der Bruttoverdienst. Anteilig mit einzubeziehen sind auch zusätzliche Leistungen wie zusätzliches Urlaubsgeld oder Weihnachtsgeld, wenn insoweit ein Anspruch bestanden hätte. Beim Anspruch auf **Akkordlohn** oder Provisions- oder Prämienzahlungen ist auf den mutmaßlichen Verdienst abzustellen (*Schröder* in Hauck/Noftz, SGB IX, K § 81 RdNr. 27). Dieser kann sich etwa an dem Durchschnitt der erzielten Leistungen der vergleichbaren Mitarbeiter orientieren. Zu den **Sachbezügen** zählen etwa das Zurverfügungstellen eines PKW oder die unentgeltliche Überlassung von Wohnraum. Hierbei sollte bei der Höhe der Entschädigung der tatsächliche Marktwert dieser Nebenleistungen berücksichtigt werden (so *Schröder* in Hauck/Noftz, SGB IX, K § 81 RdNr. 27).

60   Die Entschädigungsleistung ist kein Arbeitsentgelt. Wie auch Abfindungszahlungen, die für den Verlust des Arbeitsplatzes gezahlt werden, ist sie weder beitragspflichtig noch wird sie auf das Arbeitslosengeld angerechnet; wohl aber unterliegt sie der Steuerpflicht.

61   **10. Handlungsmöglichkeiten der betrieblichen Interessenvertretungen:** Liegt ein Verstoß gegen das Benachteiligungsverbot vor, kann der Betriebsrat gemäß § 99 Abs. 2 Nr. 1 BetrVG und der Personalrat gemäß § 77 Abs. 2 Ziff. 1 BPerVG die Zustimmung zur personellen Maßnahme (Einstellung, Versetzung) verweigern, da ein Gesetzesverstoß vorliegt (BAG 22. 11. 05 NZA 2006, 389, 392f.; *Düwell,* BB 2000, 2570, 2572; *Fitting,* BetrVG, § 99 RdNr. 198; DKK-*Kittner/Bachner,* BetrVG, § 99 RdNr. 174).

62   **11. Entschädigungsanspruch bei diskriminierender Kündigung.** Umstritten ist, ob die Feststellung der Unwirksamkeit einer diskriminierenden Kündigung eine ausreichende Sanktion darstellt und deshalb die Regelung in § 2 Abs. 4 AGG daneben weitere Sanktionen wie Schadensersatz- oder Entschädigungsansprüche gemäß § 15 AGG ausschließt (dafür: *Sagan,* NZA 2006, 1257, 1260; *Hanau,* ZiP 2006, 2189, 2192; *Hamacher/Ulrich,* NZA 2007, 657, 659; *Bauer/Göpfert/Krieger,* AGG, § 2 RdNr. 59). Dies ist zu verneinen (so auch: *Thüsing,* NZA 2006, 774, 777; *Preis,* NZA 2006, 401; *Bezani/Richter,* AGG, § 2 RdNr. 62ff; *Deinert* in Deinert/Neumann, Handbuch SGB IX, § 18 RdNr. 38; *Perreng/Stuntz,* jurisPR-ArbR 14/2010 Anm.4). Bei der Frage der Wirksamkeit einer Kündigung wird in der Regel nur geprüft, ob objektiv die Kündigung rechtfertigende Gründe vorliegen, liegen daher darüber hinausgehende diskriminierende Beweggründe des Arbeitgebers vor, die einen Eingriff in das Persönlichkeitsrecht des Arbeitnehmers darstellen, erfordert dies auch eine eigenständige Sanktion. Auch das BAG tendiert zu dieser Auffassung, wenn es ausführt, dass auch bisher Schadensersatzansprüche wegen einer Persönlichkeitsverletzung gemäß § 823 Abs. 1 BGB durch eine unwirksame Kündigung nicht ausgeschlossen sind (BAG 22. 10. 2009 – 8 AZR 642/08; s. auch § 85 RdNr. 93).

63   **12. Geltendmachungs- und Klagefrist.** Die Geltendmachung von Entschädigungs- und Schadensersatzansprüchen ist gemäß § 15

Abs. 4 AGG fristgebunden. Der abgelehnte Bewerber muss **innerhalb von zwei Monaten**, nachdem ihm die **Ablehnung zugegangen** ist, dem Arbeitgeber **schriftlich** mitteilen, dass er eine Entschädigung oder Schadensersatz verlangt. Für sonstige Benachteiligungen kommt es auf den Zeitpunkt an, zu dem der Beschäftigte Kenntnis von der Benachteiligung erhält (§ 15 Abs. 4 S. 2 AGG). Über seinen Wortlaut hinaus ist die gesetzliche Regelung gemeinschaftskonform dahingehend auszulegen, dass die Frist auch im Falle von Stellenbewerbungen erst mit der **Kenntnis der Benachteiligung** zu laufen beginnt, wenn zum Zeitpunkt der Ablehnung die diskriminierenden Umstände noch nicht erkennbar waren (EuGH 8. 7. 10 NZA 2010, 869, 871; BAG 24. 9. 09 NZA 2010, 387, 391; *Fischinger,* NZA 2010, 1048, 1051f.; *Neumann/Pahlen/Majerski-Pahlen,* SGB IX, § 81 RdNr. 19). Eine genaue Bezifferung des Schadens ist nicht erforderlich (BAG 15. 2. 05 NZA 2005, 870f. und 3. 4. 07 NZA 2007, 1098, 1100; VGH Bad.-Württ. 4. 8. 2009 – 9 S 3330/08). Für die Fristwahrung ist der Zugang der schriftlichen Mitteilung an den Arbeitgeber entscheidend (*Schröder* in Hauck/Noftz, SGB IX, K § 81 RdNr. 29). Die Vorschrift dient der Rechtssicherheit. Der Arbeitgeber soll in einem angemessenen Zeitraum Klarheit darüber haben, ob und welche finanziellen Forderungen auf ihn zukommen. § 61b ArbGG sieht darüber hinaus eine **Klagefrist von drei Monaten** gerechnet ab dem Zeitpunkt der schriftlichen Geltendmachung vor. Nach ihrem Wortlaut werden von der Vorschrift nur Entschädigungsansprüche gemäß § 15 Abs. 2 AGG, nicht auch Schadensersatzansprüche gemäß § 15 Abs. 1 AGG erfasst (*Neumann/Pahlen/Majerski-Pahlen,* SGB IX, § 81 RdNr. 19; *Düwell,* LPK-SGB IX, § 81 RdNr. 64; GK-SGB IX-*Großmann,* § 81 RdNr. 289). Die gegen die Fristen in § 15 Abs. 4 AGG und § 61b ArbGG teilweise geäußerten Bedenken (*Perreng/Nollert-Borasio,* AiB 2006, 459, 464; *Busch,* AiB 2006, 467; *Fischinger,* NZA 2010, 1048) überzeugen nicht. Die Geltendmachung von Ansprüchen im Interesse der Rechtssicherheit zeitlich zu begrenzen, verstößt nicht gegen Gemeinschaftsrecht und ist sachlich gerechtfertigt (*Wagner,* JZ 2006, 1085, 1092). Auch der EuGH hat die Ausschlussfrist des § 15 Abs. 4 AGG grundsätzlich gebilligt (EuGH 8. 7. 10 – Bulicke – NZA 2010, 869). Die Frist des § 15 Abs. 4 AGG stellt auch keinen Verstoß gegen das europarechtliche **Äquivalenzprinzip** dar, wonach die innerstaatliche Rechtsordnung für die Wahrnehmung gemeinschaftsrechtlicher Ansprüche keine weniger günstige Verfahrensgestaltung als für gleichartige Ansprüche vorsehen darf, die nur auf nationale Rechtsvorschriften gestützt werden (EuGH, a.a.O. S. 870; EuGH 15. 9. 98 NJW 1999, 129, 131). Das BAG hat zu Recht eine Verletzung des europarechtlichen Äquivalenzprinzips verneint, da das deutsche Arbeitsrecht eine Reihe gesetzlicher Bestimmungen kennt, die ein Tätigwerden innerhalb bestimmter Fristen fordern (BAG 24. 9. 09 NZA 2010, 387, 392; a. A. *Fischinger,* a.a.O. S. 1050f.). Problematisch ist allerdings der

Umstand, dass die Klagefrist nur für Klagen in der Arbeitsgerichtsbarkeit gilt, da eine entsprechende Änderung weder in der **ZPO** noch in der **VwGO** erfolgt ist. Eine analoge Anwendung des § 61b ArbGG kommt nicht in Betracht (*Diller,* NZA 2007, 649, 653). § 15 Abs. 4 S. 1 AGG sieht außerdem vor, dass die Tarifvertragsparteien eine andere Geltendmachungsfrist vorsehen können. Eine Abweichung zu Ungunsten der Beschäftigten ist gemäß § 31 AGG und der hierzu vorliegenden Gesetzesbegründung unzulässig (BT-Drucks. 16/1780, Beil. zu NZA 16/2006 S. 36; so auch *Seel,* MDR 2006, 1321, 1324). Der **Manteltarifvertrag** für die Arbeitnehmer in den Elektro-und Informationstechnischen Handwerken NW vom 23. 6. 2009 sieht in § 13 Ziff. 3 ausdrücklich nur für die Geltendmachung von Ansprüchen aus dem AGG eine Frist von nur zwei Wochen vor. Diese Frist ist unwirksam, da sie zum Nachteil der Beschäftigten eine von § 15 Abs. 4 S. 1 AGG abweichende kürzere Frist enthält.

64 **Klage beim Verwaltungs oder Arbeitsgericht:** In der Regel wird für den Anspruch auf Entschädigung oder Schadensersatz wegen Verstoßes gegen das Benachteiligungsverbot eine Klage beim Arbeitsgericht oder beim Verwaltungsgericht in Betracht kommen. Der Rechtsweg zu den Verwaltungsgerichten ist gemäß § 40 VwGO, § 126 Abs. 1 BRRG eröffnet, wenn die Berufung in ein **Beamtenverhältnis** angestrebt wird. Die statthafte Klageart ist die **allgemeine Leistungsklage,** weil das Entschädigungsbegehren eine vorherige Behördenentscheidung in der Form eines Verwaltungsaktes nicht voraussetzt (VGH Bad-Württ. 4. 8. 2009 – 9 S 3330/08; OVG Thüringen 22. 10. 2009 – 3 KO 599/09, auch in juris nicht veröffentlicht). Die Arbeitsgerichte sind zuständig, wenn der Bewerber sich auf eine Stelle eines privaten Arbeitgebers bewirbt oder auf eine Stelle im öffentlichen Dienst, die keine Beamtenstelle ist (LAG Hamm 6. 10. 2005 – 2 Ta 402/05; OVG Rh-Pfl. 22. 6. 2007 – 2 F 10596/07). Ausgeschlossen ist in jedem Fall die Zuständigkeit der Zivilgerichte gemäß § 839 BGB, Art. 34 GG, da der Entschädigungsanspruch wegen Verstoßes gegen § 81 Abs. 2 SGB IX, §§ 1, 7 AGG keinen Amtshaftungsanspruch darstellt. Die Zivilgerichtsbarkeit ist nur im Falle von Klagen von Organmitgliedern oder Vorständen aus § 6 Abs. 3 AGG zuständig.

65 **Besondere Klagemöglichkeit für Betriebsräte und Gewerkschaften.** Gemäß § 17 Abs. 2 AGG können bei einem groben Verstoß des Arbeitgebers gegen das Benachteiligungsverbot unter den Voraussetzungen des § 23 Abs. 3 BetrVG die dort genannten Rechte geltend gemacht werden. Aus der Klarstellung in § 17 Abs. 2 S. 2 AGG ergibt sich, dass keine Ansprüche des Benachteiligten selbst geltend gemacht werden können. Damit sind Entschädigungs- und Schadensersatzansprüche ausgeschlossen. Es kann sich nur um **Unterlassungs-, Vornahme- oder Beseitigungsansprüche** handeln, wie sie in § 23 Abs. 3 BetrVG normiert sind. Weiterhin setzt der Anspruch eine gewisse

Schwere des Verstoßes voraus (BT-Drucks.16/2022 S. 12). Ein kollektivrechtlicher Bezug wird nicht vorausgesetzt, da in § 17 Abs. 2 AGG auf sämtliche Pflichtverletzungen des 2. Abschnitts Bezug genommen wird. Diese umfassen auch einzelne Verstöße bei Einstellungen oder Ausschreibungen (*Besgen/Roloff,* NZA 2007, 670f.; a. A.*Klumpp,* NZA 2006, 904, 906). Trotz des Wortlauts gilt die Klagemöglichkeit über § 24 AGG auch im öffentlichen Dienst, also auch für Personalräte (*Besgen/Roloff,* a. a.O.) Die Rechte sind im arbeitsgerichtlichen Beschlussverfahren gemäß §§ 2a Ziff. 1, 80ff. ArbGG geltend zu machen. Dies ergibt sich aus der Verweisung in § 17 Abs. 2 S. 1 AGG auf § 23 Abs. 3 BetrVG.

IV. Behinderungsgerechte Beschäftigung (Abs. 3)

66 Die Verpflichtung in § 81 Abs. 3 richtet sich an die gemäß § 71 **beschäftigungspflichtigen Arbeitgeber**. Um ihre Beschäftigungspflicht zu erfüllen, müssen sie **konkrete Maßnahmen** ergreifen, damit in ihren Betrieben und Dienststellen Schwerbehinderte dauerhaft beschäftigt werden können. Durch die Regelung wird klar gestellt, dass dem Arbeitgeber der Einwand, über keine für Behinderte geeignete Arbeitsplätze zu verfügen, abgeschnitten werden soll. Das Gesetz verlangt nicht nur die Nutzung vorhandener, sondern auch die **Schaffung behindertengerechter Arbeitsplätze**, um die Pflichtquote zu erfüllen. Die unternehmerische Organisationsfreiheit wird zu Gunsten der Beschäftigung Schwerbehinderter begrenzt. Welche geeigneten Maßnahmen zu ergreifen sind, ergibt sich aus der Regelung des Abs. 4 Ziff. 4. Es kann sich hierbei um Maßnahmen für eine entsprechende Gestaltung des Arbeitsplatzes, des Arbeitsumfeldes, der Sozialräume, der Arbeitsorganisation, Arbeitszeit oder für die Ausstattung einzelner Arbeitsplätze oder einzelner Betriebsvorrichtungen mit technischen Arbeitshilfen handeln. Die dem Arbeitgeber obliegenden Verpflichtungen werden durch die gesetzliche Verweisung auf Abs. 4 S. 2 und 3 eingeschränkt, weil die Aufwendungen verhältnismäßig und die von ihm zu ergreifenden Maßnahmen zumutbar sein müssen und nicht gegen Arbeitsschutzvorschriften verstoßen dürfen.

V. Individuelle Ansprüche (Abs. 4)

67 § 81 Abs. 4 gewährt dem schwerbehinderten Arbeitnehmer einklagbare Ansprüche auf eine **behinderungsgerechte Gestaltung** seines Arbeitsplatzes, des Arbeitsumfeldes und der Arbeitsorganisation. Der Anspruch besteht **unabhängig vom Erreichen der Beschäftigungsquote** (BAG 23.1.01 NZA 2001, 1020, 1022). Die in Abs. 4 ent-

haltenen Verpflichtungen treffen alle Arbeitgeber. Sie wirken auch
nicht nur als öffentlich-rechtliche Verpflichtungen im Verhältnis zwischen Arbeitgeber und Staat; sie sind vielmehr als arbeitsrechtliche
Pflichten ausgestaltet, die der Arbeitgeber gegenüber dem einzelnen
behinderten Arbeitnehmer zu erfüllen hat (BAG 13. 5. 1992 – 5 AZR
437/91; BAG 10. 7. 91 NZA 1992, 27, 29; *Cramer,* SchwbG, § 14
RdNr. 15; *Neumann/Pahlen/Majerski-Pahlen,* SGB IX, § 81 RdNr. 25;
Kossens/von der Heide/Maaß, § 81, RdNr. 39).

68   Außerdem ist Abs. 4 wie bereits § 14 Abs. 2 SchwbG a.F. **Schutzge-**
setz im Sinne des § 823 Abs. 2 BGB. Erfüllt der Arbeitgeber seine Verpflichtungen nach den Ziff. 1–5 schuldhaft nicht, macht er sich daher
schadensersatzpflichtig wegen positiver Vertragsverletzung gemäß
§ 280 Abs. 1 BGB und gemäß § 823 Abs. 2 BGB wegen Verletzung eines
Schutzrechts (BAG 4. 10. 05 NZA 2006, 442; BAG 3. 12. 02 NZA 2004,
1219, 1222; BAG 10. 7. 1991 AP Nr.1 zu § 14 SchwbG 1986; LAG Köln
19. 6. 2008 – 13 Sa 1540/07; LAG Schles.-Holst. 8. 6. 2005 – 3 Sa 30/05;
Neumann/Pahlen/Majerski-Pahlen, SGB IX, § 81 RdNr. 30). Der Schadensersatzanspruch setzt ein Verschulden des Arbeitgebers voraus.
Davon ist regelmäßig auszugehen, wenn der Arbeitgeber seine Präventionspflichten gemäß § 84 verletzt hat. Das Verschulden anderer
Personen (z. B. Vorgesetzter), deren sich der Arbeitgeber zur Erfüllung
seiner Verbindlichkeiten bedient, muss er sich als eigenes Verschulden
gemäß § 278 S. 1 BGB anrechnen lassen. Das LAG Düsseldorf hat
einem schwerbehinderten Arbeitnehmer den Ersatz aller materiellen
und immateriellen Schäden in einem Fall zugesprochen, in dem diesem entgegen einer vom Amtsarzt für notwendig gehaltenen Einsatz-
beschränkung zusätzliche Aufgaben übertragen worden waren mit
der Folge, dass dieser einen gesundheitlichen Rückfall erlitt (U. v.
30. 1. 2009 – 9 Sa 1695/07; vom BAG aufgehoben aus formellen Gründen, 19. 8. 2010 – 8 AZR 315/09). Der Schadensersatzanspruch besteht
in Höhe des infolge der versäumten behindertengerechten Beschäftigung entgangenen Vergütung (BAG 4. 10. 05, a.a.O. S. 444). Bei der
Berechnung der Schadenshöhe kann eine Schadensschätzung gemäß
§ 287 ZPO erfolgen (LAG Köln 19. 6. 2008 – 13 Sa 1540/07). Die unterlassene Zuweisung einer leidensgerechten Beschäftigung, die mit einer
Vertragsänderung verbunden ist, begründet dagegen keine Ansprüche
auf **Annahmeverzug,** da dem Arbeitnehmer die vertragliche Leistungserbringung gemäß § 297 BGB unmöglich ist (BAG 4. 10. 05
NZA 2006, 442). Allerdings ist zu berücksichtigen, dass der Arbeitgeber gemäß § 106 GewO sein Direktionsrecht nur nach billigem Ermessen und mit Rücksicht auf vorliegende Behinderungen ausüben darf.
Der Annahmeverzugsanspruch wird daher nicht ausgeschlossen, wenn
der Arbeitgeber gemäß § 106 GewO dem leistungseingeschränkten
Arbeitnehmer nur einen Teil der vertraglichen Aufgaben zuweisen darf
(BAG 4. 10. 05, a.a.O. S. 443).

**1. Anspruch auf Beschäftigung entsprechend Fähigkeiten 69
und Kenntnissen (Ziff. 1).** Gemäß Ziff. 1 hat der schwerbehinderte
Mensch einen individuellen Anspruch darauf, dass ihm eine Beschäftigung zugewiesen wird, bei der er seine Fähigkeiten und Kenntnisse
möglichst voll verwerten und weiterentwickeln kann. Das ist regelmäßig bei vertragsgemäßer Beschäftigung der Fall. Der Beschäftigungsanspruch entfällt aber nicht, wenn der schwerbehinderte Arbeitnehmer dazu nicht mehr in der Lage ist. Dann kann der Arbeitnehmer
zunächst die behindertengerechte Einrichtung und Unterhaltung des
konkret zugewiesenen Arbeitsplatzes oder die Übertragung einer
behindertengerechten **anderen Beschäftigung** im Rahmen des Direktionsrechtes des Arbeitgebers verlangen. Ist die leidensgerechte Beschäftigung entsprechend den arbeitsvertraglichen Bedingungen nicht
möglich, kommt eine entsprechende Vertragsänderung in Betracht
(BAG 10. 5. 05 NZA 2006, 155; BAG 4. 10. 05 NZA 2006, 442; BAG
14. 3. 06 NZA 2006, 1214). Nach Auffassung des LAG Hessen soll der
Anspruch sich aber nur auf solche Arbeitsplätze erstrecken, bei der der
schwerbehinderte Mensch vollständig entsprechend seinen körperlichen Einschränkungen eingesetzt werden kann, und nicht auch auf
einen nur **leidensgerechteren Arbeitsplatz** mit einer lediglich graduell weniger belastenden Tätigkeit (U. v. 19. 1. 2010 – 13 Sa 1599/09;
dazu zu Recht krit. *Stähler,* jurisPR–ArbR 35/2010 Anm.6).

a) Anderer Arbeitsplatz. Anerkannt ist auf der einen Seite, dass 70
dem schwerbehinderten Menschen grundsätzlich kein Anspruch auf
einen bestimmten Arbeitsplatz oder auf die Übertragung einer bestimmten Tätigkeit zusteht und er auch nicht die Schaffung eines neuen
zusätzlichen behindertengerechten Arbeitsplatzes verlangen kann
(BAG 10. 5. 05 NZA 2006, 155, 158; BAG 4. 10. 05 NZA 2006, 442, 444;
BAG 22. 11. 05 NZA 2006, 389, 393; BAG 28. 4. 98 NZA 1999, 152;
Schröder in Hauck /Noftz, SGB IX, K § 81 RdNr. 33; *Düwell,* LPK–SGB
IX, § 81 RdNr. 100; *Stück,* br 2007, 89, 92). Auf der anderen Seite ist der
Arbeitgeber verpflichtet, alle gleichwertigen, leidensgerechten Arbeitsplätze, auf denen der betroffene Arbeitnehmer unter Wahrung des
Direktionsrechts einsetzbar ist, in Betracht zu ziehen und ihm einen
freien Arbeitsplatz im Betrieb zuzuweisen, auf dem eine seinen Fä-
higkeiten und Kenntnissen entsprechende Beschäftigung möglich ist
(LAG Berlin-Brand. 4. 12. 2008 – 26 Sa 343/08; LAG Hamm 26. 9.
2008 – 10 Sa 1876/07). Ist dies nur im Wege einer Vertragsänderung
möglich, hat er mit dem Schwerbehinderten einen Arbeitsvertrag abzuschließen, der die ihm mögliche Arbeitsaufgabe zum Inhalt hat
(BAG 28. 4. 98, a.a.O.). Auch ein Arbeitsplatz, der bislang mit einem
Leiharbeitnehmer besetzt ist, ist als „frei" anzusehen (so LAG Hamm
23. 3. 2009 – 8 Sa 13/08 unter Bezugnahme auf BAG 17. 3. 2005 – 2
AZR 4/04; LAG Rh.-Pf. 6. 11. 2003 – 6 Sa 780/03; *Gagel,* jurisPR–
ArbR 47/2009 Anm. 5). Dieser Auffassung ist zuzustimmen, da anders

als im Falle der Auslagerung von Tätigkeiten der Arbeitsplatz als solcher im Betrieb erhalten bleibt und bei der Besetzung mit einem Leiharbeitnehmer nur über die Art des Personaleinsatzes entschieden wird. Es ist deshalb dem Arbeitgeber nach wie vor möglich und zumutbar, die Leiharbeit zu beenden und den schwerbehinderten Arbeitnehmer auf dem Arbeitsplatz einzusetzen. Ein Arbeitsplatz ist auch „frei", wenn der Leiharbeitnehmer nicht konstant auf einem Arbeitsplatz eingesetzt wird, sondern nur nach Bedarf, da auch diese Art der Tätigkeit ggf. im Wege der Änderungskündigung dem schwerbehinderten Arbeitnehmer vor Ausspruch einer Kündigung anzubieten ist (a. A. *Moll/Ittmann,* RdA 2008, 321, 323f.). Lediglich im Falle eines nur ganz vorübergehenden Bedarfs (8 Wochen) oder einer nur kurzen Krankheits- oder Urlaubsvertretung wird man ausnahmsweise von einem freien Arbeitsplatz nicht mehr ausgehen können (so auch *Deinert* in Deinert/ Neumann, Handbuch SGB IX, § 17 RdNr. 83).

71   Der Arbeitgeber ist grundsätzlich nicht verpflichtet, den Abbau eines leidensgerechten Arbeitsplatzes zu unterlassen (LAG Düsseldorf 25. 1. 2008 – 9 Sa 991/07). Er ist grundsätzlich auch frei zu entscheiden, ob er einen Arbeitsplatz mit eigenen Kräften besetzen will oder die Arbeitsaufgaben fremd vergeben möchte (LAG Schlesw. Holst. 7. 6. 2005 – 5 Sa 68/05). Dies gilt allerdings nicht, wenn er **zielgerichtet die Beschäftigung** des schwerbehinderten Arbeitnehmers an diesem Arbeitsplatz **verhindert hat** (BAG 28. 4. 98 NZA 1999, 153). Dies kann z. B. anzunehmen sein, wenn in Kenntnis der eingetretenen Gesundheitsstörung gerade der leidensgerechte Arbeitsplatz anderweitig besetzt worden ist oder durch Auslagerung eines Betriebsteils (Pfortendienst oder Wachdienst) Schonarbeitsplätze weggefallen sind. (BAG 28. 4. 1998, a.a.O.; BAG 10. 7. 91 NZA 1992, 27, 30). Beim Abbau eines leidensgerechten Arbeitsplatzes ist weiterhin zu berücksichtigen, ob die auf dem bisherigen Arbeitsplatz ausgeübten Beschäftigungen nach wie vor im Betrieb verblieben und nur auf andere Mitarbeiter ggf. bei Leistung von Mehrarbeit umverteilt worden sind. Dies kann dafür sprechen, dass Bedarf an diesen Tätigkeiten besteht und es dem Arbeitgeber möglich und zumutbar ist, sie dem schwerbehinderten Arbeitnehmer zu übertragen (LAG Düsseldorf 25. 1. 2008 – 9 Sa 991/ 07).

72   Problematisch sind die Fallkonstellationen, in denen der schwerbehinderte Mensch seine bisherige arbeitsvertraglich geschuldete Tätigkeit aus gesundheitlichen Gründen nicht mehr ausüben kann, ihm zwar eine andere, seinen gesundheitlichen Beeinträchtigungen angepasste Tätigkeit übertragen werden könnte, dieser **leidensgerechte Arbeitsplatz** aber von einem anderen Arbeitnehmer **besetzt** wird. Hier wird zunächst allgemein unterschieden, ob der besetzte Arbeitsplatz im Rahmen des **Direktionsrecht** durch Versetzung frei gemacht werden könnte oder nur im Wege der (Änderungs)kündigung. In einer

älteren Entscheidung hat das BAG auch ein **Freikündigen** für möglich gehalten, wenn dies für den davon betroffenen Arbeitnehmer aus besonderen Gründen keine soziale Härte darstelle (U. v. 8. 2. 66 AP Nr. 4 zu § 12 SchwBeschG). Ebenfalls in einer älteren Entscheidung hat dagegen das BVerwG eine Verdrängung des anderen Arbeitnehmers durch Entlassung ausgeschlossen, da dies unzulässigerweise in die Rechtsstellung des anderen Arbeitnehmers eingreife (U. v. 28. 2. 68 AP Nr. 29 zu § 14 SchwBeschG). In jüngeren Entscheidungen hat das BAG seine Rechtsprechung im Grundsatz bestätigt, die Anwendung allerdings auf solche Ausnahmefälle beschränkt, in denen der zu kündigende Arbeitnehmer nicht auch behindert ist und die Entlassung für ihn aus besonderen Gründen keine soziale Härte darstellt (BAG 28. 4. 98 NZA 1999, 152; BAG 13. 5. 92 – 5 AZR 437/91; BAG 10. 7. 91 NZA 1992, 27, 30). Da kaum vorstellbar ist, dass diese Voraussetzungen je erfüllt werden könnten, ist auch nach der Rechtsprechung des BAG ein Freikündigen so gut wie ausgeschlossen.

Die Rechtslage ist jedoch anders, wenn der schwerbehinderte Arbeitnehmer auf einen Arbeitsplatz versetzt werden könnte, der lediglich durch **Ausübung des Direktionsrechtes** gegenüber dem bisherigen Arbeitsplatzinhaber frei gemacht werden könnte. In diesem Fall kann er gemäß § 81 Abs. 4 Ziff. 1 verlangen, dass ihm der Arbeitgeber im Rahmen des betriebsorganisatorisch möglichen und für den betroffenen Arbeitnehmer zumutbaren eine leidensgerechte Beschäftigung auch durch einen **Arbeitsplatztausch** zuweist (BAG 29. 1. 97 NZA 1997, 709, 710; LAG Hamm 17. 5. 2001 – 8(6) Sa 30/01; LAG Nieders. 25. 10. 2006 – 6 Sa 974/05; LAG Schles.-Holst. 7. 6. 2005 – 5 Sa 68/05; *Stück,* br 2007, 89, 94; *Mücke/Hiebert,* NZA 2010, 1259, 1263). Für den nicht behinderten Arbeitnehmer ist die Versetzung nur unzumutbar, wenn die hiermit verbundenen Nachteile gewichtig sind (LAG Hamm, a.a.O.; LAG Schles.-Holst. a.a.O.). 73

Streitig war, inwiefern der Arbeitgeber verpflichtet ist, auch noch 74 ein **Zustimmungsersetzungsverfahren** durchzuführen, wenn der Betriebsrat der Versetzungsmaßnahme nicht zugestimmt hat (§ 99 BetrVG). Nach der älteren Rechtsprechung des BAG war dies dem Arbeitgeber wegen der daraus entstehenden innerbetrieblichen Konflikte nicht zumutbar (BAG 29. 1. 97, a.a.O.). Diese Auffassung überzeugte nicht und wird vom BAG auch nicht mehr vertreten (U. v. 3. 12. 02 NZA 2003, 1215, 1218). Hat etwa der Betriebsrat mit offensichtlich unhaltbaren Gründen seine Zustimmung verweigert, oder hat er auf einer unrichtigen oder unvollständigen Tatsachengrundlage entschieden, kann sich der Arbeitgeber nicht nur auf die formale Position zurückziehen, wegen fehlender Zustimmung des Betriebsrats sei ihm die Versetzung des Schwerbehinderten nicht möglich (so LAG Hamm 17. 5. 2001 – 8(6) Sa 30/01). Vom Arbeitgeber sind zur Erfüllung des Anspruchs auf behindertengerechte Beschäftigung gemäß § 81 Abs. 4 Ziff. 1 konkrete und ernsthafte Bemühungen zu verlangen. Dies ergibt sich auch aus der von betrieblichen Interessenvertretungen und Arbeitgeber gemeinsam wahrzunehmenden Verantwortung für die Teilhabe schwerbehinderter Menschen gemäß § 99 Abs. 1 (BAG 3. 12. 02 NZA 2003, 1215, 1218). Verweigert der Betriebsrat die Zustimmung, ist der Arbeitgeber im Rahmen eines noch bestehenden Arbeitsverhältnisses daher verpflichtet, durch Einleitung eines Zustimmungsersetzungsverfahrens überprüfen zu lassen, ob Verweigerungsgründe objektiv bestehen. Anders beurteilt der 2. Senat des BAG die Zumutbarkeit, wenn im Verfahren beim **Integrationsamt** die Weiterbeschäftigungsmöglichkeiten des Arbeitnehmers eingehend geprüft und verneint worden sind und das Integrationsamt deshalb seine **Zustimmung** erteilt hat. Verweigert der Betriebsrat in diesem Fall die Zustimmung zu einer Versetzung, soll dem Arbeitgeber die Durchführung eines Zustimmungsersetzungsverfahrens nicht zumutbar sein, da davon auszugehen ist, dass der Widerspruch des Betriebsrates auf vertretbaren Gründen beruht. Ein Zustimmungsersetzungsverfahren ist dann nur noch ausnahmsweise beim Vorliegen besonderer Umstände zumutbar (BAG 22. 9. 05 NZA 2006, 486, 489f.).

75   Zur Durchsetzung seines Anspruchs auf behindertengerechte Beschäftigung auf einem anderen Arbeitsplatz ist der Arbeitnehmer nach der Rechtsprechung des BAG nicht verpflichtet, den Arbeitgeber vorab auf Zustimmung zur Vertragsänderung zu verklagen (BAG 10. 5. 05 NZA 2006, 155, 158). Die noch in der Vorauflage empfohlenen **Klageanträge** sind an diese Rechtsprechung anzupassen. Es reicht demnach aus, den Arbeitgeber auf Beschäftigung zu verklagen, wobei die in Betracht kommenden leidensgerechten Tätigkeiten konkret benannt werden müssen (BAG 10. 5. 05, a.a.O. S. 158). Es kann auch eine Vielzahl von unterschiedlichen Tätigkeiten in den Antrag aufgenommen werden. Damit gibt der Arbeitnehmer zu erkennen, dass er die Auswahl dem Arbeitgeber überlässt. Dies wird als zulässig erachtet (BAG 10. 5. 05, a.a.O.).

76   **b) Höherwertiger Arbeitsplatz.** Der schwerbehinderte Arbeitnehmer hat keinen Anspruch darauf, befördert zu werden. Ein allgemeiner Beförderungsanspruch oder eine absolute Vorrangstellung des Schwerbehinderten lassen sich aus § 81 Abs. 4 Ziff. 1 nicht herleiten. Die neuere Rechtsprechung des BAG betont jedoch, dass eine Beförderung nicht ausgeschlossen ist, da § 84 Abs. 4 S. 1 Ziff. 2 u. 3 Arbeitgeber zu einer besonderen Förderung des beruflichen Fortkommens schwerbehinderter Menschen verpflichtet (BAG 10. 5. 05 NZA 2006, 155, 160). Im Einzelfall kann der Arbeitgeber daher verpflichtet sein, bei der Besetzung von Stellen den Schwerbehinderten gegenüber anderen Bewerbern zu **bevorzugen.** Dies gilt jedoch nur bei **gleicher Qualifikation** und nur dann, wenn der Beschäftigung des Schwerbehinderten auf der höherwertigen Stelle keine betrieblichen Gründe entgegenstehen (BAG

28. 4. 98 NZA 1999, 152; 19. 9. 79 AP Nr. 2 zu § 11 SchwbG). Hat der Arbeitnehmer allerdings zu einem früheren Zeitpunkt die höherwertige Tätigkeit schon einmal ausgeübt und aus betriebsbedingten Gründen verloren und bedarf es zur Übernahme dieser Tätigkeit einer nur kurzen Anlernzeit, kommt auch die Übertragung einer höherwertigen Tätigkeit in Betracht (LAG Hamm 23. 3. 2009 – 8 Sa 313/08).

c) Wiedereingliederung. Ähnlich wie schon § 74 SGB V sieht § 28 **77** für Arbeitnehmer, die nach ärztlicher Feststellung ihre bisherige Tätigkeit nur teilweise ausüben können, als wirksames Mittel, um wieder in das Arbeitsleben eingegliedert zu werden, eine stufenweise Wiedereingliederung vor. Das BAG hat mehrfach entschieden, dass es sich hierbei nicht um die Fortsetzung des bisherigen Arbeitsverhältnisses handelt, sondern ein **Vertragsverhältnis eigener Art** begründet wird (BAG 28. 7. 99 NZA 1999, 1295). Da Gesichtspunkte der Rehabilitation im Vordergrund stehen und Gegenstand dieses Vertragsverhältnisses nicht die bisher geschuldete Arbeitsleistung sei, entstehen **keine Entgeltansprüche** (BAG 29. 1. 92 NZA 1992, 643; BAG 19. 4. 94 NZA 1995, 123; BAG 28. 7. 99, a.a.O.). Dies ist gerechtfertigt, da der Arbeitnehmer durch die **Fortzahlung von Krankengeld oder Übergangsgeld abgesichert** ist, der Arbeitgeber andererseits durch die Freistellung von finanziellen Belastungen motiviert werden soll, solche Wiedereingliederungsverhältnisse einzugehen (*Gagel,* NZA 2001, 988, 989). Das BAG hat einen **Anspruch** des Arbeitnehmers auf stufenweise Wiedereingliederung im Rahmen des § 74 SGB V abgelehnt (BAG 29. 1. 92 NZA 1992, 643). Als Anspruchsgrundlage kommt jedoch § 81 Abs. 4 S. 1 Ziff. 1 in Betracht, wonach schwerbehinderte Menschen Anspruch auf volle Verwertung ihrer Fähigkeiten und Kenntnisse auch im Rahmen einer anderen Beschäftigung haben. Sie können daher auch eine Beschäftigung zur stufenweisen Wiedereingliederung verlangen (LAG Hamm 17. 5. 2001 – 8 (6) Sa 30/01; *Düwell* in LPK-SGB IX § 81 RdNr. 123; *Gagel,* NZA 2001, 988). Dieser Auffassung ist das BAG gefolgt. Es hat den Wiedereingliederungsanspruch allerdings an bestimmte Voraussetzungen geknüpft. Danach ist eine ärztliche Bescheinigung über die Art und Weise der empfohlenen Beschäftigung, über den Umfang der täglichen oder wöchentlichen Arbeitszeit und den voraussichtlichen Zeitpunkt der vollen oder teilweisen Arbeitstätigkeit vorzulegen (BAG 13. 6. 06 NZA 2007, 91, 93).

2. Förderung bei der beruflichen Bildung (Ziff. 2 und Ziff. 3). **78** Bei der inner- und außerbetrieblichen Aus- und Fortbildung haben schwerbehinderte Menschen Anspruch auf eine **bevorzugte Behandlung.** Damit trägt der Gesetzgeber der Tatsache Rechnung, dass Qualifizierung in besonderem Maße vermeiden hilft, dass schwerbehinderte Arbeitnehmer bei ihrem beruflichen und betrieblichen Fortkommen ins Hintertreffen geraten. Sie müssen deshalb besonders gefördert werden. Bewerben sich daher mehrere gleich geeignete Arbeitnehmer auf eine innerbetriebliche Fortbildungsmaßnahme, ist der schwerbehinderte Interessent in jedem Fall zu berücksichtigen. Dies gilt auch für die Besetzung einer Ausbildungsstelle. Der Einstellung eines schwerbehinderten Auszubildenden ist der Vorzug zu geben (*Schröder* in Hauck/ Noftz, SGB IX, K § 81 RdNr. 36).

79   Vergleichbares gilt auch für außerbetriebliche Bildungsmaßnahmen. Dem schwerbehinderten Bewerber muss, soweit dies zumutbar ist und er geeignet ist, bevorzugt die Teilnahme daran ermöglicht werden. Dazu muss sich der Arbeitgeber ggf. aktiv für seinen schwerbehinderten Arbeitnehmer beim überörtlichen Bildungsträger einsetzen und ihm bei der Arbeits- oder Fahrtzeitgestaltung oder durch Zahlung von Fahrtkostenvorschüssen entgegenkommen (*Kossens/von der Heide/Maaß*, SGB IX, § 81 RdNr. 52; *Düwell*, LPK-SGB IX, § 81 RdNr. 111).

Soweit der Arbeitgeber eine Teilnahme ablehnt, kommt für die Durchsetzung des Anspruchs des Schwerbehinderten auch ein einstweiliges Verfügungsverfahren in Betracht.

80   **3. Behindertengerechte Einrichtung und Unterhaltung (Ziff. 4)**. Abs. 4 Ziff. 4 verpflichtet den Arbeitgeber zur behindertengerechten Umgestaltung des Arbeitsplatzes wie der Arbeitsumgebung des Schwerbehinderten. Es werden damit auch die **Betriebsstätte** und die gesamte **betriebliche Organisation** erfasst.

81   Um eine Beschäftigung schwerbehinderter Menschen zu ermöglichen, ist der Arbeitgeber verpflichtet, zumutbare organisatorische Veränderungen vorzunehmen und den Arbeitsablauf anders zu organisieren (BAG 14. 3. 06 NZA 2006, 1214; BAG 12. 7. 07 NZA 2008, 173, 177; BAG 14. 7. 83 – 2 AZR 34/82). Dies kann etwa dann verlangt werden, wenn der Arbeitnehmer nur noch Teile der geschuldeten Arbeitsleistung erbringen kann. Dann muss der Arbeitgeber die Beschäftigung des Schwerbehinderten durch eine **andere Verteilung der Arbeiten** sichern. **Beispiele**: Arbeitgeber lässt nicht mehr alle Schlosserarbeiten von allen Schlossern ausführen, sondern überträgt einen abgrenzbaren Teil wie etwa Reparaturarbeiten in der Schlosserei, die behindertengerecht ausgeführt werden können, nur dem schwerbehinderten Arbeitnehmer. Oder der Arbeitsablauf wird so umstrukturiert, dass der schwerbehinderte Arbeitnehmer aus verschiedenen Werkstücken nur die leichteren Stücke zugeteilt bekommt (BAG 14. 3. 06, a.a.O. S. 1216) oder eine schwerbehinderte Mitarbeiterin wird von einem Einsatz in Nachtschicht befreit (LAG Berlin-Brand. 4. 12. 2008 – 26 Sa 343/08). Zu derartigen Maßnahmen ist der Arbeitgeber allerdings nur verpflichtet, wenn sie nicht unzumutbar und nicht mit unverhältnismäßig hohen Aufwendungen verbunden sind (BAG 14. 3. 06, a.a.O.; BAG 14. 7. 83 2 AZR 34/82).

82   Zur behindertengerechten Umgestaltung kann auch die **Veränderung der Arbeitszeit** gehören. Dieser Anspruch besteht z. B., wenn der schwerbehinderte Arbeitnehmer aus gesundheitlichen Gründen

nicht mehr in Nachtschicht oder Wechselschicht arbeiten soll (BAG 3. 12. 02 NZA 2004, 1219, 1222; LAG Rh.-Pf. 3. 2. 2005 – 4 Sa 900/04). Der Arbeitgeber kann auch verpflichtet sein, auf eine behinderungsbedingte Verlangsamung des **Arbeitstempos** Rücksicht zu nehmen (LAG Rh.-Pf. 14. 7. 2005 – 11 Sa 253/05).

Der Arbeitgeber ist auch zur **behindertengerechten Einrichtung** 83 der Betriebsstätte verpflichtet. Dazu gehört etwa die Einrichtung von Aufzügen, betriebsnahen und geeigneten Parkplätzen (BAG 4. 2. 60 AP Nr. 7 zu § 618 BGB), behindertengerechten Zugängen zu Sozialräumen, zur Kantine, zum Büro des Betriebsrates, Personalrates oder Schwerbehindertenvertretung, behindertengerechten Toiletten und Sanitäranlagen (dazu mit weiteren Einzelheiten GK-SGB IX-*Groß-mann* § 81 RdNr. 356 ff.). Diese Verpflichtung hat weiterhin zur Folge, dass der Arbeitgeber mit der Begründung, in seinem Betrieb fehle es an einer behindertengerechten Ausstattung der Räumlichkeiten eine Beschäftigung Behinderter nicht ablehnen kann (*Düwell*, LPK-SGB IX, § 81 RdNr. 112; *Dörner*, SchwbG, § 14 RdNr. 39). Nur wenn die vom Arbeitgeber geforderte Umgestaltung unverhältnismäßig oder unzumutbar ist, entfällt die Verpflichtung.

4. Ausstattung mit Arbeitshilfen (Ziff. 5). Der schwerbehinderte 84 Arbeitnehmer kann gemäß Ziff. 5 verlangen, dass sein Arbeitsplatz mit den erforderlichen technischen Arbeitshilfen ausgestattet wird. Darunter sind Vorrichtungen zu verstehen, die es dem Schwerbehinderten erst ermöglichen oder zumindest erleichtern, Arbeitsleistungen an einem bestimmten Arbeitsplatz zu erbringen (*Cramer*, SchwbG, § 14 RdNr. 16). Dazu gehören etwa Sehhilfen, Hebehilfen, Hubwerkzeuge, besondere Arbeitsstühle, Dreh-, Schwenk- und Verschiebeeinrichtungen. Die Verpflichtung des Arbeitgebers, den Arbeitsplatz entsprechend auszustatten, steht ebenfalls unter dem **Vorbehalt der Zumutbarkeit und Verhältnismäßigkeit.** Dies wird in der Regel davon abhängig sein, ob die technische Ausrüstung möglich ist und **vom Integrationsamt gefördert** wird (§ 102 Abs. 3). Welche Maßnahmen sinnvoll sind, ist daher vom Arbeitgeber zunächst in einem Gespräch mit Vertretern des Integrationsamtes zu klären. Unterlässt der Arbeitgeber die erforderliche und zumutbare Ausstattung, kann er dem Schwerbehinderten gegenüber **schadensersatzpflichtig** werden, wenn ihn daran ein Verschulden trifft und der schwerbehinderte Arbeitnehmer mit der entsprechenden technischen Arbeitshilfe hätte eingesetzt werden können (BAG 23. 1. 2001 NZA 2001, 1020, 1022; BAG 4. 10. 05 NZA 2006, 442, 444).

5. Zumutbarkeit und Verhältnismäßigkeit (Abs. 4 S. 3). Die in 85 den Ziff. 1-5 enthaltenen Verpflichtungen des Arbeitgebers stehen unter dem Vorbehalt der Zumutbarkeit und Verhältnismäßigkeit. **Unverhältnismäßig** sind Maßnahmen, die nur mit einem besonders hohen finanziellen Aufwand durchgeführt werden können, wobei Unterstützungsleistungen durch andereTräger wie Agentur für Arbeit, Integrationsamt und sonstige Rehabilitationsträger bereits berücksichtigt sind. Dies gilt vor allem, wenn der finanzielle Aufwand nicht sicher zu einer Dauerbeschäftigung des Schwerbehinderten führt oder der umgestaltete Arbeitsplatz nur noch für eine kurze Zeit wegen des absehbaren Rentenbezugs genutzt werden kann (*Schröder* in Hauck/Noftz, SGB IX, K § 81 RdNr. 41).

86   Der Begriff der Zumutbarkeit ist weiter. Er erfasst sowohl betriebstechnische wie auch wirtschaftliche Gesichtspunkte (BAG 14. 7. 83 – 2 AZR 34/82). Teilweise wird vertreten, geforderte Maßnahmen seien dem Arbeitgeber regelmäßig dann nicht zuzumuten, wenn – in Anlehnung an die Grundsätze der krankheitsbedingten Kündigung – die finanziellen Aufwendungen die Höhe etwaiger Entgeltfortzahlungskosten für mehr als 6 Wochen für bis zu 3 Jahren übersteigen (*Mülkl/Hiebert*, NZA 2010, 1259, 1261 f.). Diese Auffassung ist abzulehnen. Die gesetzliche Regelung sieht keine allgemeine finanzielle Grenze vor. Zumutbarkeitsgrenzen können daher nur unter Berücksichtigung und Abwägung aller Umstände im jeweiligen Einzelfall ermittelt werden. **Unzumutbar** können geforderte Maßnahmen etwa sein, wenn durch sie andere Arbeitsplätze gefährdet werden oder gravierende andere Nachteile für andere Arbeitnehmer entstehen (z. B. eine andere Verteilung der Arbeiten führt dazu, dass der Arbeitskollege in einer Abteilung ausschließlich die körperlich besonders schweren Aufgaben zu erledigen hat und die Gefahr besteht, dass dies bei ihm ebenfalls zu gesundheitlichen Beeinträchtigungen führt). Allein die Tatsache, dass durch die Herausnahme eines schwerbehinderten Arbeitnehmers aus der Wechselschicht andere Arbeitnehmer stärker belastet werden und dadurch Reibereien und Unzufriedenheit in der Belegschaft entstehen können, begründet die Unzumutbarkeit nicht (LAG Rh.-Pf. 3. 2. 2005 – 4 Sa 900/04). Unzumutbar können auch Maßnahmen sein, die die wirtschaftliche Lage des Unternehmens überfordern. Hierbei sind allerdings ebenfalls die möglichen Unterstützungsleistungen durch andere Träger (Integrationsamt und Agentur für Arbeit) zu überprüfen. Außerdem kommt es auf die konkreten Einzelumstände, vor allem die Größe und wirtschaftliche Leistungsfähigkeit des Unternehmens an. Einem größeren Unternehmen, vor allem, wenn es seine Beschäftigungspflicht noch nicht erfüllt hat, werden stärkere wirtschaftliche und einschneidendere Maßnahmen zuzumuten sein als einem kleineren Betrieb.

87   **6. Darlegungs- und Beweislast:** Macht der schwerbehinderte Arbeitnehmer Ansprüche aus § 81 Abs. 4 geltend, hat er grundsätzlich die anspruchsbegründenden Voraussetzungen darzulegen und zu beweisen. Er hat daher nachvollziehbar vorzutragen, **welche konkreten Beschäftigungsmöglichkeiten** seinem Leistungsvermögen entsprechen und welche konkreten Maßnahmen erforderlich sind, damit er seiner Arbeitsverpflichtung nachkommen kann (BAG 4. 10. 05 NZA 2006, 442, 445; LAG Schlesw.-Holst. 7. 6. 2005 – 5 Sa 68/05). Der Arbeitgeber kann sich in seiner Entgegnung nicht auf die pauschale Behauptung, er verfüge über keine entsprechende Beschäftigungsmöglichkeit beschränken. Gemäß § 138 Abs 1 und 2 ZPO trifft den Gegner der primär darlegungsbelasteten Partei nämlich eine sekundäre Behauptungslast, wenn die darlegungspflichtige Partei keine nähere Kenntnis über die maßgeblichen Umstände hat, während der Gegner diese hat, da sie aus seiner Sphäre stammen, und ihm nähere Angaben auch zumutbar sind (BAG 20. 11. 03 NZA 2004, 489, 492; BAG 10. 5. 05 NZA 2006, 155, 159). Da der Arbeitgeber sämtliche Arbeitsplätze in seinem Betrieb kennt, muss er substantiiert darlegen, aus welchen Gründen die vom Arbeitnehmer vorgeschlagenen Beschäftigungsmöglichkeiten nicht in Betracht kommen. Dazu kann er etwa vortragen, dass entsprechende Tätigkeiten gar nicht vorhanden seien, der Arbeitnehmer das Anforderungsprofil nicht erfülle oder der Arbeitsplatz nicht frei und auch nicht frei gemacht werden könne (BAG 10. 5. 05, a.a.O.). Beruft der Arbeitgeber sich auf **anspruchsbehindernde Umstände** in § 81 Abs. 4 S. 3, ist er darlegungs- und beweispflichtig. Er hat dann substantiiert vorzutragen und zu beweisen, weshalb ihm die geforderten Maßnahmen unzumutbar oder mit unverhältnismäßigen Aufwendungen verbunden sind (BAG 4. 10. 05, a.a.O.; BAG 14. 3. 06 NZA 2006, 1214, 1216). Hat der Arbeitgeber seine **Präventionspflichten** gemäß § 84 nicht erfüllt und leidensgerechte Beschäftigungsmöglichkeiten deshalb nicht in dem dazu vorgesehenen Verfahren ernsthaft geprüft, gelten die Anforderungen an die Darlegungslast für den Arbeitnehmer nicht. Dann trifft den Arbeitgeber die Darlegungs- und Beweislast dafür, dass behindertengerechte Einsatzmöglichkeiten fehlen (BAG 10. 5. 05 NZA 2006, 155, 159; BAG 12. 7. 07 NZA 2008, 173, 177; LAG Schlesw. Holst. 7. 6. 2005, a.a.O.; s. Einzelheiten unter § 84 RdNr. 20). Er kann sich dann auch nicht darauf berufen, dass er nicht weiß, wie ein behindertengerechter Arbeitsplatz eingerichtet und ausgestattet werden müsste, da er sich diese Kenntnisse im Präventionsverfahren bei den in § 84 Abs. 1 genannten fachkundigen Stellen hätte beschaffen können (BAG 10. 5. 05, a.a.O. S. 445).

7. Teilzeitanspruch (Abs. 5). § 81 Abs. 5 gibt einen Anspruch auf **88** Teilzeitbeschäftigung, wenn eine solche wegen der Art oder Schwere der Behinderung notwendig ist und dem Arbeitgeber zumutbar ist. Diese Regelung wurde mit dem SchwBAG vom 29. 9. 2000 (BGBl. I S. 1349ff) eingeführt. Sie ist im Zusammenhang mit der Vorschrift des **§ 8 TzBfG** zu sehen, die ebenfalls unter bestimmten Voraussetzungen ein Recht auf Teilzeit gegenüber dem Arbeitgeber gibt. Beide Ansprüche bestehen nebeneinander. Der schwerbehinderte Arbeitnehmer kann sich neben § 81 Abs. 5 auch auf den allgemeinen Anspruch nach dem TzBfG berufen (so auch *Hanau*, NZA 2001, 1168, 1173).

89   Der Anspruch des Arbeitnehmers ist auf eine Teilzeitbeschäftigung gerichtet. Darunter versteht man nach der **Legaldefinition in § 2 TzBfG** eine kürzere wöchentliche Arbeitszeit als die eines vergleichbaren vollzeitbeschäftigten Arbeitnehmers. Anknüpfungspunkt ist demnach der **vergleichbare Arbeitnehmer** in Vollzeit, der einer gleichen oder ähnlichen Tätigkeit im Betrieb nachgeht. Ist ein vergleichbarer Arbeitnehmer im Betrieb nicht vorhanden, wird auf einen vergleichbaren Arbeitnehmer nach dem anwendbaren Tarifvertrag abgestellt bzw. auf den Tarifvertrag, der anwendbar wäre, wenn Tarifbindung vorläge.

90   Voraussetzung für den Anspruch auf Teilzeit nach Abs. 5 ist, dass die Arbeitszeitreduzierung **wegen der Art oder der Schwere der Behinderung** notwendig ist. Dies ist dann der Fall, wenn die geschuldete Arbeitsleistung aufgrund der Behinderung nicht mehr im vollen zeitlichen Umfang erfüllt werden kann, etwa weil der schwerbehinderte Arbeitnehmer **Schwierigkeiten bei der Ausübung der Tätigkeit**, (Beispiel: zu langes Stehen oder Sitzen, Konzentrationsprobleme und erhebliche Ermüdungserscheinungen nach einer bestimmten zeitlichen Beanspruchung, Probleme bei besonderen körperlichen oder psychischen Belastungen) oder **beim Erreichen des Arbeitsplatzes** hat. Dies ist vom Arbeitnehmer darzulegen und unter Beweis zu stellen etwa durch ein **ärztliches Attest** oder ggf. durch die Einholung eines entsprechenden medizinischen Sachverständigengutachtens.

91   Der Teilzeitanspruch des schwerbehinderten Arbeitnehmers gemäß Abs. 5 stellt eine **Privilegierung gegenüber dem allgemeinen Teilzeitanspruch** dar. Dies wird zum einen dadurch deutlich, dass er **auch in Kleinbetrieben** geltend gemacht werden kann und **nicht** davon abhängig ist, dass das Arbeitsverhältnis **mindestens 6 Monate besteht**. Zum anderen sind die Gründe, mit denen der Arbeitgeber den Teilzeitanspruch ablehnen kann, weniger umfassend als die in § 8 Abs. 4 TzBfG genannten betrieblichen Gründe. Der Teilzeitanspruch des Schwerbehinderten steht unter dem Vorbehalt der Zumutbarkeit gemäß Abs. 4 Satz 3. Anders als in § 8 Abs. 4 TzBfG werden **betriebliche Ablehnungsgründe nicht erwähnt**. Bereits die Ablehnungsgründe, die der Arbeitgeber gegen den allgemeinen Teilzeitanspruch anführt, müssen rational und nachvollziehbar sein und ein deutliches Gewicht haben. Die Beeinträchtigung durch Teilzeitarbeit muss auch selbst einen nicht unerheblichen Schweregrad erreichen. Weniger wesentliche Beeinträchtigungen müssen also hingenommen werden (BAG 15. 8. 06 NZA 2007, 259, 261; BAG 18. 2. 03 NZA 2003, 1392, 1395; LAG Hamm 27. 9. 02 – 10 Sa 232/02).

92   Für den Anspruch auf Teilzeitarbeit eines Schwerbehinderter gilt daher, dass dann, wenn die vom Arbeitgeber angeführten Gründe bereits gegenüber dem allgemeinen Teilzeitanspruch nicht durchgreifen würden, dies erst recht für den Teilzeitanspruch gemäß § 81 Abs. 5 gilt.

Die gesetzgeberische Absicht, die Beschäftigung Schwerbehinderter besonders zu fördern und deren Schutz zu verstärken, erfordert nämlich weitergehende Einschränkungen der unternehmerischen Entscheidungsfreiheit. Die Teilzeittätigkeit eines Schwerbehinderten ist für den Arbeitgeber daher nur **beim Vorliegen dringender betrieblicher Gründe unzumutbar** (*Schröder* in Hauck/Noftz, SGB IX, K § 81 RdNr. 44, 45). Es können die Grundsätze, die auch für den Teilzeitanspruch während der Elternzeit gemäß § 15 Abs. 7 S. 1 Ziff. 4 BEEG gelten, herangezogen werden, Danach müssen entgegenstehende betriebliche Gründe von erheblichem Gewicht sein und sich gleichsam als zwingende Hindernisse für die begehrte Arbeitszeitverkürzung darstellen (BAG 5. 6. 07 NZA 2007, 1352, 1355).

Folgende Fallgruppen sind zu unterscheiden:

- **unzumutbare Änderungen in der Arbeitsorganisation oder** 93 **im Arbeitsablauf:** ein solcher Fall ist etwa anzunehmen, wenn im Bergbau aufgrund der Teilzeitbeschäftigung eine zusätzliche Fahrt nur dieses Arbeitnehmers unter Tage erforderlich würde. Denkbar erscheint dies auch bei Baukolonnen, die gemeinsam zu einer auswärtigen Baustelle hin- und zurückfahren (*Lindemann, BB* 01, 146, 149, allerdings für den allgemeinen Teilzeitanspruch). Zusätzlicher Abstimmungsbedarf sowie die Notwendigkeit von Übergabegesprächen sind schon nach dem TzBfG keine wesentlichen Beeinträchtigungen des Arbeitsablaufes, soweit sie zeitlich nicht besonderen Aufwand bedeuten (LAG Köln 15. 3. 2006 – 3 Sa 1593/05; ArbG Mönchengladbach 30. 5. 01 NZA 2001, 970, 972; *Lindemann, BB* 01, 146, 149). Unzumutbar ist das Teilzeitbegehren auch nicht schon dann, wenn es in das vom Arbeitgeber festgelegte Organisationskonzept eingreift. Allein der Umstand, dass der Arbeitgeber darlegt, dass im Bereich, in dem der schwerbehinderte Arbeitnehmer eingesetzt wird, bislang ausschließlich Vollzeitkräfte arbeiten, schließt den Teilzeitanspruch nach Abs. 5 nicht aus, da die bislang praktizierte Arbeitszeitregelung dem Teilzeitverlangen zwingend entgegenstehen muss (LAG Köln, a.a.O.).

- **kein Ausgleich der Arbeitszeitreduzierung durch zusätzliches** 94 **Personal möglich:** dies ist nur anzunehmen, wenn der Arbeitgeber für den wegfallenden Teil der Arbeitskapazität weder eine geeignete Ersatzkraft aufgrund interner Ausschreibung im eigenen Betrieb noch auf dem allgemeinen Arbeitsmarkt findet und die Arbeitszeitreduzierung auch nicht aufgrund einer entsprechenden betrieblichen Umorganisation ausgeglichen werden kann (LAG Schl-Holst. 23. 10. 2001 – 3 Sa 393/01). Hier müssen allerdings strenge Anforderungen an die Darlegungs- und Beweislast gestellt werden. Der Arbeitgeber muss konkret darlegen, welche Bemühungen er intern und aufgrund von Stellenausschreibungen und Anfragen bei der

Agentur für Arbeit unternommen hat (so auch für den Teilzeitanspruch nach § 15 Abs. 7 BEEG: *Lindemann/Simon*, NJW 2001, 258, 262). Bloße Schwierigkeiten bei der Suche nach geeigneten Teilzeitkräften reichen bereits beim allgemeinen Teilzeitanspruch nicht aus (BAG 14. 10. 03 NZA 2004, 975, 978; LAG Hamm 27. 9. 02 – 10 Sa 232/02; ArbG Mönchengladbach 30. 5. 01 NZA 2001, 970, 973). Es dürfen auch nicht zu hohe fachliche Anforderungen an die einzustellende Ersatzkraft gestellt werden (BAG 14. 10. 2003, a.a.O.).

95 • **unteilbarer Arbeitsplatz aufgrund der besonderen Qualifikation des schwerbehinderten Arbeitnehmers** oder wegen besonderer Anforderungen an diesen Arbeitsplatz. Auch hochqualifizierte Tätigkeiten mit besonderer Fachkunde und im Leitungsbereich von Unternehmen sind nicht von vorneherein als unteilbar anzusehen (BAG 15. 12. 2009 – 9 AZR 72/09). Als Indizien können Urlaubs- und Krankheitsregelungen gelten. Sind im selben Bereich bereits Teilzeitbeschäftigungen vorhanden, ist der Einwand der Unteilbarkeit in jedem Fall ausgeschlossen. Auch Argumente wie ständige Präsenzpflichten, Verfügbarkeit für den Kunden oder ständige Überwachungsaufgaben bei Führungspersonal (ArbG Freiburg 4. 9. 01 NZA 2002, 216; *Beckschulze*, DB 2000, 2598, 2602; *Lindemann* BB 2001, 146, 149, jeweils zum allgemeinen Teilzeitanspruch) sind im Einzelnen genau zu überprüfen, vor allem im Hinblick darauf, inwieweit eine Verkleinerung des Zuständigkeitsbereiches die Einhaltung dieser Pflichten nicht doch ermöglichen kann.

Auch dann, wenn Arbeitszeiten und Öffnungszeiten bzw. Produktionszeiten im Betrieb nicht identisch sind (so etwa typischerweise im Verkaufsbereich oder bei Schichtdienst), ist von einer Teilbarkeit von Stellen aus diesen Bereichen auszugehen, da die Betriebsorganisation bereits darauf ausgerichtet ist, dass mehrere Arbeitnehmer an einer Arbeitsaufgabe zu unterschiedlichen Zeiten arbeiten.

96 • **unverhältnismäßige Aufwendungen:** das TzBfG erwähnt insoweit unverhältnismäßige Kosten. Hier ist bereits anerkannt, dass solche Kosten, die allgemein durch die Einführung der Teilzeitarbeit und die Einstellung einer Zusatzkraft entstehen, vom Gesetzgeber in Kauf genommen worden sind (BAG 21. 6. 05 NZA 2006, 316, 320; ArbG Mönchengladbach 30. 5. 01 NZA 2001, 970). Es muss sich demnach um besondere zusätzliche Kosten handeln (BAG 23. 11. 04 NZA 2005, 769, 772; ArbG Bonn 20. 6. 01 NZA 2001, 973, 975). Unverhältnismäßige Aufwendungen sind beispielshaft denkbar, wenn der teilzeitbeschäftigte Arbeitnehmer zu einzelnen Baustellen zu unterschiedlichen Zeiten als der Rest der anderen Arbeitnehmer gebracht oder abgeholt werden müsste und dadurch erhebliche Zusatzkosten entstehen, wobei zuvor die Unterstützungsmöglichkeiten durch das zuständige Integrationsamt oder andere Rehabilitationsträger geprüft werden müssen. Unverhältnismäßig können die Auf-

wendungen auch sein, wenn das Arbeitsverhältnis durch Rentenbezug ohnehin in absehbarer Zeit endet oder der Kostenaufwand aufgrund der wirtschaftlichen Lage des Unternehmens zur Gefährdung von anderen Arbeitsplätzen führt (*Schröder* in Hauck/Noftz, SGB IX, K § 81 RdNr. 41).

- **entgegenstehende staatliche oder berufsgenossenschaftliche**   97
  Arbeitsschutzvorschriften oder beamtenrechtliche Vorschrif-
  ten: Beamtenrechtliche Vorschriften können z. B. bei Wahlämtern
  gegen eine Teilzeitbeschäftigung sprechen; auch bei der monokratischen Leitung einer Behörde (z. B. Ministerium, Regierungspräsidium) ist eine Teilung der Stelle nicht möglich. Arbeitsschutzvorschriften werden dagegen einer Teilzeitbeschäftigung praktisch nicht entgegenstehen.

Die Ansprüche nach den Absätzen 4 und 5 können **jederzeit gel-**   98
tend gemacht werden. Es gilt insbesondere auch für den Anspruch auf Reduzierung der Arbeitszeit nicht die Drei-Monats-Frist des § 8 Abs. 2 TzBfG. Allerdings wird man dem Arbeitgeber eine gewisse **Vor-**
lauf- und Planungszeit für die mit der Reduzierung verbundenen organisatorischen und personellen Veränderungen einräumen müssen. Hier gibt die **Frist des § 8 Abs. 2 TzBfG** zumindest eine **Orientie-**
rungshilfe. Dem Verlangen auf **Verlängerung der Arbeitszeit** nach Wegfall der Leistungseinschränkungen wird der Arbeitgeber nur unter den allgemeinen Voraussetzungen des § 9 TzBfG nachkommen müssen, da die vorliegende Behinderung in diesem Fall keine Privilegierung mehr erfordert (möglicherweise a. A.: *Düwell*, LPK-SGB IX, § 81 RdNr. 119).

Die **Darlegungs- und Beweislast** für die Unzumutbarkeit der   99
vom Arbeitnehmer geforderten Maßnahmen gemäß Abs. 4 und der Teilzeitbeschäftigung gemäß Abs. 5 trägt der Arbeitgeber. Lediglich dafür, dass die Art oder Schwere der Behinderung ursächlich für die Notwendigkeit der Teilzeitbeschäftigung ist, ist der schwerbehinderte Arbeitnehmer darlegungs- und beweispflichtig (*Schröder* in Hauck/ Noftz, SGB IX , K § 81 RdNr. 46).

Lehnt der Arbeitgeber den Teilzeitanspruch ab und will der   100
Arbeitnehmer ihn klageweise durchsetzen, ist inzwischen höchstrichterlich geklärt, dass nicht erst die Zustimmung zur Vertragsänderung beantragt werden muss; der Beschäftigungsanspruch mit reduzierter Arbeitszeit entsteht viel mehr bei Vorliegen der gesetzlichen Voraussetzungen kraft Gesetzes (BAG 14. 10. 03 NZA 2004, 614, 617). Dies ermöglicht eine dem Schwerbehindertenschutz gerecht werdende unkompliziertere Durchsetzung des Anspruchs. Die in der Vorauflage vertretene Auffassung, dass zunächst eine **Leistungsklage**, die auf die Abgabe einer Willenserklärung gerichtet ist, erhoben werden muss, wird daher aufgegeben.

Besondere Pflichten der öffentlichen Arbeitgeber

82 [1]Die Dienststellen der öffentlichen Arbeitgeber melden den Agenturen für Arbeit frühzeitig frei werdende und neu zu besetzende sowie neue Arbeitsplätze (§ 73). [2]Haben schwerbehinderte Menschen sich um einen solchen Arbeitsplatz beworben oder sind sie von der Bundesagentur für Arbeit oder einem von dieser beauftragten Integrationsfachdienst vorgeschlagen worden, werden sie zu einem Vorstellungsgespräch eingeladen. [3]Eine Einladung ist entbehrlich, wenn die fachliche Eignung offensichtlich fehlt. [4]Einer Integrationsvereinbarung nach § 83 bedarf es nicht, wenn für die Dienststellen dem § 83 entsprechende Regelungen bereits bestehen und durchgeführt werden.

I. Allgemeines

1   Die Vorschrift übernimmt im wesentlichen die Regelung des § 14 a SchwbG in der Fassung des am 1. 10. 2000 in Kraft getretenen Gesetzes zur Bekämpfung der Arbeitslosigkeit Schwerbehinderter (SchwBAG) vom 29. 9. 2000 (BGBl. I S. 1349 ff.). Eine Veränderung hat § 82 Abs. 1 S. 1 dadurch erfahren, dass die in § 14 a SchwbG noch auf die öffentlichen Arbeitgeber im Bundesbereich beschränkte Regelung auf alle öffentlichen Arbeitgeber ausgedehnt worden ist. Die Ausgangsfassung der Vorschrift im SGB IX vom 19. 6. 2001 ist nicht wesentlich verändert worden. Durch das 4. Gesetz für moderne Dienstleistungen am Arbeitsmarkt vom 24. 12. 2003 wurden lediglich die Begriffe *Arbeitsämter* in S. 1 durch *Agenturen für Arbeit* und *Arbeitsamt* in S. 2 durch *Bundesagentur für Arbeit* ersetzt.

II. Besondere Pflichten bei der Stellenbesetzung

2   Die in § 81 Abs. 1 von allen Arbeitgebern zu erfüllenden Pflichten bei der Stellenbesetzung werden in § 82 für öffentliche Arbeitgeber besonders herausgehoben und verstärkt. Sie müssen **jeden frei werdenden, neu zu besetzenden und neuen Arbeitsplatz frühzeitig der** Agentur für Arbeit gegenüber **melden**. Der Zeitpunkt der Meldung muss so gewählt werden, dass die Agentur für Arbeit noch rechtzeitig Vermittlungsvorschläge unterbreiten kann (siehe dazu auch Erläuterungen unter § 81 RdNr. 8). Die Meldepflicht ist ausnahmslos und zwingend. Sie gilt etwa auch für alle an **Hochschulen** zu besetzenden Stellen (BAG 15. 8. 06 NZA 2007, 224; BAG 12. 9. 06 NZA 2007, 507). Es ist auch unerheblich, ob die Neubesetzung intern oder extern ausgeschrieben worden ist, da die gesetzliche Regelung keine dahinge-

henden Beschränkungen enthält (*Kossens/von der Heide/Maaß,* SGB IX, § 82 RdNr. 2; *Gagel,* Diskussionsforum B auf www.iqpr.de, Beitrag 12/2008; a. A. LAG Saarland 13. 2. 08 br 2008, 208, 211; s. dazu auch § 81 RdNr. 10).

Alle schwerbehinderten Bewerber müssen gemäß § 82 S. 2 zu einem **3** **Vorstellungsgespräch** eingeladen werden. Dies gilt auch für schwerbehinderte Menschen, die sich um Aufnahme in das Beamtenverhältnis auf Widerruf bewerben (VGH München 7. 10. 2004 − 3 CE 04.2770). Es kommt nicht darauf an, ob Schwerbehinderte sich auf Veranlassung der Agentur für Arbeit, eines Integrationsfachdienstes oder von sich aus auf den Arbeitsplatz im öffentlichen Dienst beworben haben. Es ist außerdem unerheblich, ob es sich um eine externe oder interne Bewerbung handelt. Auch im Rahmen eines internen Stellenbesetzungsverfahrens ist es sachgerecht, dass der schwerbehinderte Bewerber die Chance erhält, den Arbeitgeber im persönlichen Gespräch von seiner Eignung zu überzeugen (*Gagel,* br 2008,212; *Kossens/von der Heide/Maaß,* SGB IX, § 83 RdNr. 5; a. A. LAG Saarland 13. 2. 2008 − 1 TaBV 15/07). Die Pflicht zur Einladung zum Vorstellungsgespräch entfällt ausnahmsweise nur dann, wenn es **offensichtlich** an der **fachlichen Eignung** des Bewerbers **fehlt** (S. 3). Dies ist nur dann anzunehmen, wenn der Bewerber für die ausgeschriebene Stelle unter keinem Gesichtspunkt in Betracht kommt (LAG Schlesw.-Holst. 8. 11. 2005 − 5 Sa 277/05). Beurteilungsmaßstab ist das in der Ausschreibung enthaltene Anforderungsprofil. Erfüllt der Bewerber danach nicht einmal die in der Ausschreibung geforderten formellen und zwingenden beamtenrechtlichen Einstellungsvoraussetzungen wie z. B. einen bestimmten Schulabschluss, ist von einer offensichtlich fehlenden Eignung auszugehen (*Kossens/von der Heide/Maaß,* SGB IX, § 83 RdNr. 7). **Mindestnoten** im Examen, die ein Bewerber nicht erreicht, die aber in der Stellenausschreibung oder in den das Anforderungsprofil bestimmenden maßgeblichen Richtlinien auch nicht gefordert sind, begründen die offensichtliche Nichteignung nicht (BAG 12. 9. 06 NZA 2007, 507; BAG 21. 7. 09 NZA 2009, 1087; VGH München 7. 10. 2004 − 3 CE 04.2770 und 27. 1. 2010 − 12 B 08.1978; VGH Bad.-Württ. 4. 8. 2009 − 9 S 3330/08, Zulassung der Revision beim BVerwG 26. 5. 2010 − 5 B 58/09; a. A. LAG Sachsen 14. 9. 2005 − 2 Sa 279/05). Das Gleiche muss für nicht klar bestimmbare Anforderungskriterien gelten, die Raum für ganz unterschiedliche Interpretationen zulassen: wie etwa **Berufserfahrung** oder sehr gute **Kenntnisse** (zu weitgehend deshalb: VGH Bayern 20. 10. 2008 − 3 ZB 07.2179 und LAG Hessen 11. 3. 09 br 2009, 207, 210). Mit der in § 82 öffentlichen Arbeitgeber auferlegten Verpflichtung bezweckt der Gesetzgeber nämlich eine bewusste Besserstellung behinderter Bewerber. Sie sollen durch ihr persönliches Auftreten die Gelegenheit erhalten, den Arbeitgeber von ihrer speziellen Befähigung zu überzeugen. Mit diesem Gesetzeszweck ist eine zu großzügige Handhabung des Merkmals „offensichtliche Nichteignung" nicht zu vereinbaren (VGH Bad.-Württ. 4. 8. 2009, a.a.O.; s. auch § 81 RdNr. 45ff.).

4 Verletzt der Arbeitgeber seine Pflichten in § 82, begründet dies die Vermutung, dass der abgelehnte schwerbehinderte Bewerber wegen seiner Behinderung benachteiligt worden ist (BAG 16. 9. 08 NZA 2009, 79; BAG 12. 9. 06, NZA 2007, 507; BVerwG 22. 2. 2008 – 5 B 209/07; VGH Bad.-Württ. 4. 8. 2009, a.a.O.). Die Vermutungswirkung tritt auch dann ein, wenn die für den Arbeitgeber handelnden Personen den Hinweis des Bewerbers auf seine Schwerbehinderteneigenschaft übersehen (BAG 16. 9. 2008, a.a.O. S. 81).

5 Bei einem Verstoß gegen die Meldepflicht oder gegen die Pflicht zur Einladung zu einem Vorstellungsgespräch steht der **Personalvertretung** ein **Zustimmungsverweigerungsgrund** gemäß § 77 Abs. 2 Nr. 1 BPersVG zu, wenn damit gleichzeitig die Prüfpflichten in § 81 Abs. 1 S. 1 verletzt worden sind (s. auch § 81 RdNr. 61).

III. Integrationsvereinbarung

6 Integrationsvereinbarungen bedarf es bei Arbeitgebern im Sinne des § 73 Abs. 3 nicht, wenn für deren Dienststellen dem § 83 entsprechende Regelungen bereits bestehen und durchgeführt werden. **Allgemeine „Fürsorgeerlasse"** oder **„Schwerbehindertenrichtlinien"** genügen den Anforderungen allerdings nicht (*Cramer*, DB 2000, 2217, 2219; *Braasch*, br 2001, 177, 182; *Feldes/Kamm u.a.*, Basiskommentar zum SGB IX, § 82 RdNr. 5; a. A. *Neumann/Pahlen/Majerski-Pahlen*, SGB IX, § 82 RdNr. 7; *Kossens/von der Heide/Maaß*, SGB IX, § 82 RdNr. 8). Diese Anforderung könnten nur **dienststellenbezogene Zielvereinbarungskonzepte** erfüllen (*Seel*, br 2001, 61). Es ist daher davon auszugehen, dass auch bei den genannten öffentlichen Arbeitgebern im Bundesbereich konkrete Regelungen, die inhaltlich Integrationsvereinbarungen entsprechen, in der Regel nicht bestehen.

Integrationsvereinbarung

83 (1) ¹Die Arbeitgeber treffen mit der Schwerbehindertenvertretung und den in § 93 genannten Vertretungen in Zusammenarbeit mit dem Beauftragten des Arbeitgebers (§ 98) eine verbindliche Integrationsvereinbarung. ²Auf Antrag der Schwerbehindertenvertretung wird unter Beteiligung der in § 93 genannten Vertretungen hierüber verhandelt. ³Ist eine Schwerbehindertenvertretung nicht vorhanden, steht das Antragsrecht den in § 93 genannten Vertretungen zu.

[4]Der Arbeitgeber oder die Schwerbehindertenvertretung können das Integrationsamt einladen, sich an den Verhandlungen über die Integrationsvereinbarung zu beteiligen. [5]Der Agentur für Arbeit und dem Integrationsamt, die für den Sitz des Arbeitgebers zuständig sind, wird die Vereinbarung übermittelt.

(2) [1]Die Vereinbarung enthält Regelungen im Zusammenhang mit der Eingliederung schwerbehinderter Menschen, insbesondere zur Personalplanung, Arbeitsplatzgestaltung, Gestaltung des Arbeitsumfelds, Arbeitsorganisation, Arbeitszeit sowie Regelungen über die Durchführung in den Betrieben und Dienststellen. [2]Bei der Personalplanung werden besondere Regelungen zur Beschäftigung eines angemessenen Anteils von schwerbehinderten Frauen vorgesehen.

(2a) In der Vereinbarung können insbesondere auch Regelungen getroffen werden

1. zur angemessenen Berücksichtigung schwerbehinderter Menschen bei der Besetzung freier, frei werdender oder neuer Stellen,

2. zu einer anzustrebenden Beschäftigungsquote, einschließlich eines angemessenen Anteils schwerbehinderter Frauen,

3. zu Teilzeitarbeit,

4. zur Ausbildung behinderter Jugendlicher,

5. zur Durchführung der betrieblichen Prävention (betriebliches Eingliederungsmanagement) und zur Gesundheitsförderung

6. über die Hinzuziehung des Werks- oder Betriebsarztes auch für Beratungen über Leistungen zur Teilhabe sowie über besondere Hilfen im Arbeitsleben.

(3) In den Versammlungen schwerbehinderter Menschen berichtet der Arbeitgeber über alle Angelegenheiten im Zusammenhang mit der Eingliederung schwerbehinderter Menschen.

Übersicht

I. Allgemeines

1   Als Kernstück der gesetzlichen Neuregelung und als innovatives **Planungs- und Steuerungsinstrumentarium** zur betrieblichen Eingliederung Schwerbehinderter ist die sog. Integrationsvereinbarung anzusehen. Ihre besondere Bedeutung liegt darin, dass durch sie die Beschäftigungs- und Förderpflicht des Arbeitgebers gegenüber schwerbehinderten Menschen konkretisiert und die berufliche Integration so **betriebsnah** wie möglich gestaltet werden kann. Da der Arbeitgeber über den Abschluss einer Integrationsvereinbarung verhandeln muss, wächst der **Einfluss der Schwerbehindertenvertretung** auf die betriebliche Personalpolitik. Außerdem verändert sich die Rolle der Schwerbehindertenvertretung von der individuellen Beratung und Betreuung von Schwerbehinderten hin zu einem gleichberechtigten betrieblichen Kollektivvertretungsorgan, das neben der betrieblichen Interessenvertretung verhandlungsführend und aktiv betriebliche Veränderungsprozesse zugunsten der Beschäftigung von Behinderten in Gang setzt (*Feldes*, br 2000, 187 und br, 2002, 128; *Düwell*, BB 2000, 2570).

2   Die Verpflichtung zur Verhandlung über den Abschluss einer Integrationsvereinbarung trifft **alle Arbeitgeber**, öffentliche wie private, und unabhängig davon, ob sie ihre Beschäftigungspflicht erfüllt haben oder nicht.

3   Die Vorschrift entspricht inhaltsgleich dem bisherigen § 14 b SchwbG, der mit dem am 1.10.00 in Kraft getretenen Gesetz zur Bekämpfung der Arbeitslosigkeit Schwerbehinderter (SchwBAG) in das SchwbG aufgenommen worden ist. Ergänzt wurde die Vorschrift des § 14 b SchwbG in § 83 Abs. 1 S. 5 insofern, als die Integrationsvereinbarung jetzt auch dem Integrationsamt übermittelt werden muss. Dadurch soll die Zusammenarbeit zwischen Agentur für Arbeit und Integrationsamt verbessert werden (Begründung zum Gesetzentwurf der Fraktionen von SPD und Bündnis 90/Die Grünen, BT-Drucks. 14/5074 S. 113). Gegenüber der Ausgangsfassung des SGB IX vom 19. 6. 2001 sind durch das 3. Gesetz für moderne Dienstleistungen am Arbeitsmarkt vom 23.12.2003 (BGBl. I S. 2848) der Begriff *Arbeitsamt* durch den Begriff *Agentur für Arbeit* ersetzt worden. Einzelne weitere Regelungsgegenstände, die in eine Integrationsvereinbarung aufgenommen werden können, sind in Abs. 2a enthalten, der durch Art. 1 Nr. 19 des Gesetzes zur Förderung der Ausbildung und Beschäftigung schwerbehinderter Menschen vom 23. 4. 2004 (BGBl. I S. 606) mit Wirkung vom 1. 5. 2004 eingefügt worden ist.

II. Zustandekommen der Integrationsvereinbarung

Verhandlungen über den Abschluss einer Integrationsvereinbarung **4** können von der örtlichen Schwerbehindertenvertretung initiiert werden. Wenn eine solche nicht gewählt wurde, wird die Aufgabe von der Gesamtschwerbehindertenvertretung bzw. der Konzernschwerbehindertenvertretung wahrgenommen. Wenn eine solche nicht besteht, schließt die betriebliche Interessenvertretung (§ 93) die Vereinbarung ab. Der **Arbeitgeber** ist **verpflichtet**, sich an den **Verhandlungen zu beteiligen.** Weigert er sich, kann ein Beschlussverfahren gegen ihn eingeleitet werden und er gerichtlich zur Aufnahme von Verhandlungen gezwungen werden (*von Seggern*, AiB 2000, 717, 724; *Seel*, br 2001, 61, 65; *Kossens/von der Heide/Maaß*, SGB IX, § 83 RdNr. 6).

Einigen sich die Betriebspartner nicht auf den Abschluss einer Inte- **5** grationsvereinbarung, sieht die Vorschrift **kein Einigungsstellenverfahren** vor. Dies bedeutet, dass die Schwerbehindertenvertretung nur die Verhandlung über eine Integrationsvereinbarung, **nicht** aber ihren **Abschluss erzwingen** kann (LAG Hamm 19. 1. 2007 – 13 TaBV 58/06; *Seel*, br 2001, 61, 64; *Kossens/von der Heide/Maaß*, SGB IX, § 83 RdNr. 5; *Neumann/Pahlen/Majerski-Pahlen*, SGB IX, § 83 RdNr. 4; *Düwell*, LPK-SGB IX, § 83 RdNr. 16; *Schröder* in Hauck/Noftz, SGB IX, K § 83 RdNr. 5; a. A. *Feldes/Kamm u. a.*, Basiskommentar zum SGB IX, § 83 RdNr. 15).

Bei Nichteinigung der Betriebsparteien über den Inhalt der Integra- **6** tionsvereinbarung besteht für die Schwerbehindertenvertretung zum einen die Möglichkeit, das **Integrationsamt einzuschalten**, damit dieses seinen Einfluss zugunsten des Abschlusses einer Integrationsvereinbarung geltend macht (*Düwell*, BB 2000, 2570 f.). Das Integrationsamt kann entweder von der Schwerbehindertenvertretung oder dem Arbeitgeber eingeladen werden (*Neumann/Pahlen/Majerski-Pahlen*, SGB IX, § 83 RdNr. 4; *Kossens/von der Heide/Maaß*, SGB IX, § 83 RdNr. 3). Seine Rolle beschränkt sich in den Verhandlungen auf die eines Ratgebers und Unterstützers (*Schröder* in Hauck/Noftz, SGB IX, K § 83 RdNr. 9).

Da die Inhalte der Integrationsvereinbarung auch **Regelungen des** **7** **Gesundheitsschutzes** betreffen, besteht zum anderen für den **Betriebsrat** die Möglichkeit, sein **Mitbestimmungsrecht gemäß § 87 Abs. 1 Ziff. 7 BetrVG** geltend zu machen und darüber den Abschluss einer Integrationsvereinbarung zu erzwingen (*v. Seggern*, AiB 2000, 717, 723). Es ist nämlich anerkannt, dass der Gesundheitsschutz in § 87 Abs. 1 Ziff. 7 BetrVG nicht eng, sondern weit als Fürsorge für die menschengerechte Gestaltung der Arbeit verstanden wird (*Fitting*, BetrVG, § 87 RdNr. 262 ff.; DKK-*Klebe*, BetrVG, § 87 RdNr. 172, 181). Dies gilt außerdem auch, wenn mit der angestrebten Vereinbarung gemäß

Abs. 2a Ziff. 5, § 84 Abs. 2 ein standardisiertes betriebliches Eingliederungsmanagement im Fall der längeren oder wiederholten Erkrankung von Mitarbeitern eingeführt werden soll (s. hierzu § 84 RdNr. 18). Regelungen über die Förderung schwerbehinderter Menschen bei der Besetzung von Arbeitsplätzen können schließlich über die Vereinbarung von **Auswahlrichtlinien** gemäß § 95 Abs. 2 BetrVG durch den Betriebsrat erzwungen werden. Der Umstand, dass über denselben Regelungsgegenstand auch eine Integrationsvereinbarung abgeschlossen werden könnte, schließt den Abschluss einer Auswahlrichtlinie nicht aus. Die Rechte aus § 83 und § 95 Abs. 2 BetrVG bestehen nebeneinander (LAG Köln 3. 5. 2009 – 9 TaBV 76/04).

Davon unabhängig kommt ein **freiwilliges Einigungsstellenverfahren** nach § 76 Abs. 6 BetrVG in Betracht (*Kossens/von der Heide/ Maaß*, SGB IX, § 83 RdNr. 7; *Schröder* in Hauck/Noftz, SGB IX, K § 83 RdNr. 23).

III. Rechtscharakter

8   Die Integrationsvereinbarung ist eine Rechtsquelle eigener Art. Sie stellt einen **mehrseitigen kollektivrechtlichen Vertrag eigener Art** dar (*Schröder* in Hauck/Noftz, SGB IX, K § 83 RdNr. 22, *Düwell*, LPK-SGB IX, § 83 RdNr. 8, *v. Seggern*, AiB 2000, 717, 724; *Leuchten,* DB 2007, 2482, 2484). Da sie keinen normativen Charakter hat, kann sie **nicht** als **Betriebsvereinbarung** (a. A. *Neumann/Pahlen/Majerski-Pahlen*, SGB IX, § 83 RdNr. 8; *Kossens/von der Heide/Maaß,* SGB IX, § 83 RdNr. 4) angesehen werden. Sie wirkt nicht unmittelbar und zwingend auf die individuellen Arbeitsverträge. Sie hat auf der anderen Seite **verbindlichen Rechtscharakter** und verpflichtet den Arbeitgeber, sich entsprechend den verabredeten Integrationszielen zu verhalten und vereinbarte Verfahrensregeln einzuhalten. Als Steuerungs und Planungsinstrument für eine integrative Personalpolitik vermag sie **keine subjektiven Rechtsansprüche für einzelne Schwerbehinderte** zu begründen (LAG Bremen 9. 9. 2003 – 1 Sa 77/03; *Braasch,* br 2001, 177, 182; *Düwell,* LPK-SGB IX, § 83 RdNr. 9). Je konkreter in der Vereinbarung die Verpflichtung des Arbeitgebers ausgestaltet ist, Arbeitsplätze, Arbeitsumfeld, Arbeitsorganisation behindertengerecht zu gestalten, Schwerbehinderte beruflich zu fördern und weiter zu bilden und zu ihrer Beschäftigungssicherung durch bestimmte Maßnahmen beizutragen, desto eher können sich daraus auch **individuelle Ansprüche** vor allem **in Verbindung mit Ansprüchen aus § 81 Abs. 4** ergeben. Hält der Arbeitgeber sich nicht an die sich aus einer Integrationsvereinbarung ergebenden konkreten Verpflichtungen z. B. jeden schwerbehinderten Bewerber, der nicht offensichtlich ungeeignet ist, zum Vorstellungsgespräch einzuladen (für öffentliche Arbeit-

geber folgt diese Pflicht bereits aus § 82), kann dieser Verstoß die **Vermutung der Benachteiligung** wegen der Schwerbehinderteneigenschaft begründen (offengelassen von BAG 15. 2. 05 NZA 2005, 870, 872).

Die Integrationsvereinbarung ist **in Textform** abzufassen. Dies er- **9** gibt sich aus § 83 Abs. 1 S. 5, wonach sie dem **Integrationsamt und der Agentur für Arbeit zur Kenntnisnahme** zu übermitteln ist. Da § 83 keine bestimmte Formvorschrift enthält, ist zu schließen, dass § 126 BGB nicht gilt, die Vereinbarung also auch ohne eigenhändige Unterzeichnung wirksam ist (*Düwell,* LPK–SGB IX, § 83 RdNr. 10). Durch die Übermittlung der Vereinbarung an die Agentur für Arbeit soll diese Einblick in die besonderen innerbetrieblichen Verhältnisse erhalten und dadurch in die Lage versetzt werden, gezielter Bewerbungsvorschläge für frei werdende Stellen zu unterbreiten, eine gezieltere Qualifizierung Schwerbehinderter durchzuführen und die jeweiligen Arbeitgeber entsprechend den betrieblichen Verhältnissen besser zu beraten. Durch die Weitergabe der Integrationsvereinbarung an das Integrationsamt soll dieses sich einen Überblick über notwendige Beratungs- und Betreuungserfordernisse verschaffen können (*Braasch,* br 2001, 177, 182). Enthält die Integrationsvereinbarung keine eigene Kündigungsregelung, wird die Regelung des § 77 Abs. 5 BetrVG entsprechend anzuwenden sein und die Integrationsvereinbarung mit einer Frist von 3 Monaten gekündigt werden können (*Neumann/Pahlen/ Majerski-Pahlen,* SGB IX, § 83 RdNr. 11).

IV. Regelungsinhalte

Integrationsvereinbarungen sind Planungs- und Steuerungsinstru- **10** ment einer integrativen Personalpolitik. Sie steuern und gestalten betriebliche Integrations- und Rehabilitationsprozesse. In ihrer Funktion als **Planungsinstrument** legen sie klare verständliche und messbar formulierte Ziele fest, an die die relevanten Entscheidungsträger gebunden sind. In ihrer Funktion als **Steuerungsinstrument** strukturieren sie den Verlauf der betrieblichen Veränderungsprozesse auf die festgelegten Ziele hin. Integrationsvereinbarungen funktionieren dabei nach dem Prinzip von **Zielvereinbarungen**, die schon seit längerem aus der unternehmerischen Praxis bekannt sind. Ihr müssen daher stets eine genaue **Situationsanalyse** in Form einer Stärke-Schwäche-Analyse vorausgehen, Chancen und Gefahren beurteilt, erst dann Ziele festgelegt und Lösungskonzepte entwickelt werden (*Feldes,* br 2000, 187, 189ff.; *Düwell,* BB 2000, 2570, 2571). Sie funktionieren damit als ein auch betriebswirtschaftlich sinnvolles Instrument, da durch sie der Einsatz des richtigen Arbeitnehmers am richtigen Arbeitsplatz erreicht werden soll (*Schröder* in Hauck/Noftz, SGB IX , K § 83 RdNr. 8). Da

Behinderung sich nicht im Wesentlichen als festgefügte persönliche Eigenschaft darstellt, sondern sich im Verhältnis von behinderter Person und Umwelt zeigt, ist an der Umwelt, also auch bei der **Gestaltung der Arbeitsumgebung** anzusetzen (*Welti*, Soziale Sicherheit 2001, 146 f.). Hier greift das Instrument der Integrationsvereinbarung an und bietet eine große Chance, dass schwerbehinderte Menschen entsprechend ihrem Leistungsvermögen im Interesse des Betriebes am richtigen Arbeitsplatz eingesetzt werden, nachdem die dafür notwendigen Veränderungen geschaffen worden sind.

11   Inhaltlich geht es bei der Festlegung von konkreten Zielen, Maßnahmen und Verfahrensweisen zum Zwecke der Eingliederung schwerbehinderter Menschen um Personalplanung, Gestaltung des Arbeitsplatzes und des Arbeitsumfeldes, Arbeitsorganisation, Arbeitszeit und Verfahrensregeln (§ 83 Abs. 2). Aufgrund der besonders schwierigen Beschäftigungssituation **schwerbehinderter Frauen** hat der Gesetzgeber ausdrücklich die Verpflichtung aufgenommen, in der Integrationsvereinbarung eine Regelung über die Beschäftigung eines angemessenen Anteils von Frauen zu treffen. Die in Abs. 2 genannten Regelungsgegenstände sind zwingend in eine Integrationsvereinbarung aufzunehmen. Um das Instrument der Integrationsvereinbarung zu stärken und die Verhandlungen zu erleichtern, hat der Gesetzgeber in **Abs. 2a** beispielshaft **weitere sinnvolle Inhalte** (z. B. das betriebliche Eingliederungsmanagement) genannt, die in die Vereinbarung aufgenommen werden können (BT-Drucks.15/1783 S. 15). Hierbei handelt es sich nach dem Gesetzestext um keine abschließende Aufzählung („insbesondere"). Die in Abs. 2 und 2a genannten Regelungsgegenstände überschneiden sich inhaltlich, so dass eine strikte Trennung zwischen obligatorischen und fakultativen Themen kaum möglich ist. Abs. 2a kommt daher die Bedeutung zu, den in Abs. 2 abstrakt und allgemein umschriebenen Themen durch die Aufzählung konkreter Einzelthemen eine präzisere und verständlichere Gestalt zu geben. Dadurch sollen die Verhandlungspartner eine Hilfestellung erhalten, damit sie die Integrationsvereinbarung mit konkreten und in der Praxis umsetzbaren Regelungsgegenständen ausfüllen und nicht etwa nur abstrakte Ziele und Absichtserklärungen formulieren.

12   Integrationsvereinbarungen sind **kein einmaliges, zeitlich begrenztes Projekt.** Dies würde zur Erstarrung der betrieblichen Praxis führen. Sie sind vielmehr auf Dauer angelegt und sollen einen **immanenten Prozess der Personalentwicklung** zugunsten der Beschäftigung Schwerbehinderter in Gang setzen. Entsprechend offen für neue Entwicklungen müssen sie formuliert sein (*v. Seggern*, AiB 00, 717, 726; *Schröder* in Hauck/Noftz, SGB IX , K § 83 RdNr. 8).

13   Integrationsvereinbarungen können **folgende Gliederungsstruktur, Zielfelder und Regelungen enthalten** (*v. Seggern*, AiB 2000, 717, 725; *Seel*, br 2001, 61 f.):

1. Aufbau. 14
- Präambel
- Geltungsbereich
- Ziele und Zielvereinbarungen
- Umsetzung der Vereinbarung
- Berichtspflicht/Controlling
- Beilegung von Streitigkeiten

2. Inhalte im Einzelnen. a) Geltungsbereich. Neben einer Rege- 15
lung zum örtlichen Geltungsbereich (z. B.: Die Vereinbarung gilt im
Betrieb/Dienststelle der Fa. . . .) kann im persönlichen Geltungsbereich
aufgenommen werden, dass die Vereinbarung für schwerbehinderte
Menschen und Gleichgestellte sowie auch für behinderte Beschäftigte
im Sinne des § 2 Abs. 1 SGB IX sowie auch für Beschäftigte in Rehabilitation und für Langzeiterkrankte gilt.

b) Ziele und Zielvereinbarungen. (1) Personalplanung mit 16
dem Ziel, die Schwerbehindertenquote zu erhöhen. Es können
Regelungen zur Erfüllung der gesetzlichen Beschäftigungsquote oder
zum Erreichen einer darüber hinausgehenden Quote sowie zur Beschäftigung besonderer Gruppen von Schwerbehinderten aufgenommen werden. Es kann etwa ein bestimmter Prozentsatz für die Einstellung auszubildender Schwerbehinderter, besonders betroffener
Schwerbehinderter, behinderter Frauen oder von älteren Behinderten
festgelegt werden.

Zum Erreichen der festgelegten Beschäftigungsquoten kann ein
Zeitplan erstellt werden.

Es können weiterhin Regeln aufgestellt werden, wie eine frühest-
mögliche Suche nach schwerbehinderten Bewerbern bei künftig frei
werdenden Stellen gestaltet werden soll, wie die Zusammenarbeit mit
der Agentur für Arbeit hierbei erfolgen soll und welche Hinweise in
Ausschreibungstexten enthalten sein sollen (Beispiel: Bewerbungen
behinderter Menschen sind erwünscht. Bei gleicher Qualifikation
werden sie bevorzugt eingestellt.).

Die Vereinbarung kann schließlich zur Einrichtung neuer behindertengerechter Arbeitsplätze, die möglichst konkret benannt werden,
verpflichten. Dazu kann sie z. B. die Regelung aufnehmen, dass ausge-
gliederte leichtere Arbeitsplätze wieder in den Betrieb „zurückgeholt"
werden oder deren Schaffung oder Beibehaltung bei geplanten Betriebsänderungen berücksichtigt werden müssen.

(2) Behindertengerechte Arbeitsgestaltung mit dem Ziel der 17
Sicherung und Schaffung von Arbeitsplätzen für schwerbehin-
derte Menschen wie auch zum Zwecke einer bestmöglichen be-
ruflichen Entfaltung. Dazu können Regelungen zur Anpassung von
Arbeitsplätzen und Arbeitsanforderungen an schwerbehinderte Bewerber aufgenommen werden. Dazu gehört etwa die Überprüfung
vorhandener Arbeitsplätze am Maßstab des § 81 Abs. 4 Ziff. 1–5 und die

Aufstellung eines Maßnahme- und Zeitplanes für die Mängelbeseitigung oder andere Verbesserungen.

Die Vereinbarung kann Maßnahmen zur barrierefreien Gestaltung des Arbeitsumfeldes aufnehmen (etwa die Umrüstung oder den Neubau von Sanitäreinrichtungen, Aufzügen und anderen Gemeinschaftsräumen) einschließlich eines Zeitplanes für deren Umsetzung. Sinnvoll sind auch Angaben über die dafür zur Verfügung stehenden finanziellen Mittel.

Die Vereinbarung kann außerdem die Einrichtung von Schwerbehindertenparkplätzen oder besonderen Orientierungshilfen für seh- und hörbehinderten Menschen vorsehen.

Sie kann außerdem eine Verpflichtung zur behindertengerechten Organisation der Arbeitszeit enthalten, die die gesundheitlichen oder sozialen Bedürfnisse besonderer Behindertengruppen berücksichtigt wie etwa die von Diabetikern (Zusatzpausen), Herz-, Kreislauferkrankten oder Gehbehinderten (flexible Arbeitszeitmodelle) oder behinderten Müttern (flexible Arbeitzeit, Teilzeit).

Schließlich kann sie den Arbeitgeber zur Schaffung von Arbeits- und Leistungsbedingungen verpflichten, die etwa Leistungseinschränkungen behinderter Menschen durch längere Vorgabezeiten, Zeitzuschläge, eine höhere Personalbelegung, Zeitgutschriften und Lohnkostenausgleiche bei Teamarbeit so berücksichtigt, dass dem Team kein Nachteil entsteht.

18   **(3) Berufliche Förderung und Weiterbildung von schwerbehinderten Menschen.** Dazu wird die Verpflichtung aufgenommen, fortlaufend, mindestens jährlich den Fortbildungsbedarf zu ermitteln, wobei die Schwerbehindertenvertretung zusammen mit der Personalabteilung einen Qualifizierungsbedarfsplan entwickelt, der einzuhalten ist. Es können Regelungen aufgenommen werden, die Verpflichtungen und/oder Anreize für Vorgesetzte enthalten, damit diese behinderte Beschäftigte bei beruflichen Aufstiegsmöglichkeiten fördern und berücksichtigen. Es kann ein Entscheidungsverfahren vereinbart werden, das bei der Bewerbung von behinderten Menschen eingehalten werden muss.

Weiterhin kann eine Mindestbeteiligung an betrieblichen Fortbildungsmaßnahmen festgelegt werden und bei betrieblichen Maßnahmen Inhalte vereinbart werden, die die Belange behinderter Menschen besonders berücksichtigen.

19   **(4) Ausbildung behinderter Jugendlicher.** Dazu kann ein bestimmter Anteil an Ausbildungsstellen festgelegt werden, die pro Jahr mit behinderten Auszubildenden zu besetzen sind, sowie die Verpflichtung aufgenommen werden, dass freie Ausbildungsstellen der Agentur für Arbeit und geeigneten Schulen zu melden sind.

20   **(5) Kündigungsvermeidung.** In der Integrationsvereinbarung kann der Präventionsgedanke des § 84 konkretisiert werden und ein

Maßnahmeplan vereinbart werden, wenn Schwierigkeiten am Arbeitsplatz eines Schwerbehinderten auftreten.

Es kann weitergehend vereinbart werden, dass während der Laufzeit der Vereinbarung Kündigungen behinderter Menschen ausgeschlossen sind. Im Rahmen einer Integrationsvereinbarung kann gemäß § 83 Abs. 2a Ziff. 5 auch eine **generelle Verfahrensordnung** für das betriebliche Eingliederungsmanagement eingeführt werden.

c) Verfahrensregeln/Beilegung von Streitigkeiten. Die gesetz-   21
lichen Beteiligungsrechte der Schwerbehindertenvertretung, des Betriebsrates bzw. Personalrates können konkretisiert und eine eigene Verfahrensregelung eingeführt werden. Außerdem können **regelmäßige Gesprächstermine** vereinbart werden, in denen der Stand der Umsetzung der Integrationsvereinbarung erörtert wird.

Es kann außerdem ein **Integrationsaussschuss** gebildet werden,   22
der aus Schwerbehindertenvertretung, Betriebsrat/Personalrat, Arbeitgeber und ggfl. den Mitgliedern des Arbeitsausschuses besteht. Dabei können Regeln über die Zusammenarbeit dieses Ausschuses mit dem Integrationsamt und der Agentur für Arbeit sowie Trägern der beruflichen Bildung vereinbart werden.

Es kann ein **Entscheidungsverfahren** beim Auftreten von Meinungsverschiedenheiten bei der Auslegung und Anwendung der Integrationsvereinbarung vereinbart werden.

Es kann ein **Zeitplan** aufgestellt werden, nach dem die Umsetzung und Wirkung der Integrationsvereinbarung regelmäßig überprüft und bewertet wird und die Beteiligten sich verpflichten, auf der Grundlage ihrer Einschätzungen neu zu verhandeln und die Vereinbarung zu ändern. Eine andere Möglichkeit besteht darin, Schwerbehindertenvertretung und Arbeitgeber das Recht einzuräumen, ergänzende Vorschläge zu unterbreiten, über die die jeweils andere Seite verpflichtet ist, in Verhandlungen zu treten wie beim Abschluss der Integrationsvereinbarung selbst.

Es können weiterhin Maßnahmen zur Verbreitung des Integrationsgedankens im Betrieb verabredet werden etwa durch entsprechende **Themenschwerpunkte in Betriebsversammlungen** oder in der **betrieblichen Berufsbildung** oder bei der **Qualifizierung von Vorgesetzten**.

Um die Integrationsvereinbarung verstärkt als betriebliches Pla-   23
nungs- und Steuerungsinstrument zu installieren und somit das gesetzgeberische Ziel, eine bestmögliche und gleichberechtigte Teilhabe schwerbehinderter Menschen im Betrieb zu erreichen, ist Voraussetzung, dass die betrieblichen Interessenvertretungen sich die dafür notwendigen Qualifikationen und Kompetenzen durch entsprechende **Schulungen** aneignen, die Zusammenarbeit zwischen Betriebsrat und Schwerbehindertenvertretung entsprechend weiterentwickelt wird und ein **Informations- und Erfahrungsaustausch** zwischen ver-

schiedenen Betriebsräten und Schwerbehindertenvertretungen stattfindet (*Feldes*, br 2000, 187, 191).

24   **Beispiele und Anregungen** für Integrationsvereinbarungen können dem Leitfaden zur Integrationsvereinbarung herausg. von IG-
Metall und ver.di für Schwerbehindertenvertretungen, Betriebs- und
Personalräte (3. Auflage) sowie auch dem Internet (Suchbegriff: Integrationsvereinbarung) entnommen werden. Es findet sich dort z. B.
eine Sammlung von Integrationsvereinbarungen nach Branchen sor-
tiert unter *Rehadat-Integrationsvereinbarungen*. Dabei fällt auf, dass der
öffentliche Dienst den Großteil der Integrationsvereinbarungen stellt
und in einem Teil der Branchen (z. B. im Textilbereich, im Baugewerbe
oder in der Gastronomie) keine Integrationsvereinbarungen aufgeführt
sind.

V. Berichtspflicht des Arbeitgebers

25   Der Arbeitgeber ist gemäß § 83 Abs. 3 verpflichtet, in den Versammlungen Schwerbehinderter (§ 95 Abs. 6) über alle Angelegenheiten im
Zusammenhang mit der Integration schwerbehinderter Menschen zu
berichten. Dazu gehört es, dass der Arbeitgeber auch über den Abschluss und den Inhalt von Integrationsvereinbarungen informiert.

Prävention

84 (1) **Der Arbeitgeber schaltet bei Eintreten von personen-, ver-
haltens- oder betriebsbedingten Schwierigkeiten im Arbeits-
oder sonstigen Beschäftigungsverhältnis, die zur Gefährdung dieses
Verhältnisses führen können, möglichst frühzeitig die Schwerbehindertenvertretung und die in § 93 genannten Vertretungen sowie das Integrationsamt ein, um mit ihnen alle Möglichkeiten und alle zur Verfügung
stehenden Hilfen zur Beratung und mögliche finanzielle Leistungen zu
erörtern, mit denen die Schwierigkeiten beseitigt werden können und
das Arbeits- oder sonstige Beschäftigungsverhältnis möglichst dauerhaft fortgesetzt werden kann.**

(2) [1]**Sind Beschäftigte innerhalb eines Jahres länger als sechs Wochen ununterbrochen oder wiederholt arbeitsunfähig, klärt der Arbeitgeber mit der zuständigen Interessenvertretung im Sinne des § 93,
bei schwerbehinderten Menschen außerdem mit der Schwerbehindertenvertretung, mit Zustimmung und Beteiligung der betroffenen
Person die Möglichkeiten, wie die Arbeitsunfähigkeit möglichst über-
wunden werden und mit welchen Leistungen oder Hilfen erneuter
Arbeitsunfähigkeit vorgebeugt und der Arbeitsplatz erhalten werden
kann (betriebliches Eingliederungsmanagement).** [2]**Soweit erforder-**

lich wird der Werks- oder Betriebsarzt hinzugezogen. [3]Die betroffene Person oder ihr gesetzlicher Vertreter ist zuvor auf die Ziele des betrieblichen Eingliederungsmanagements sowie auf Art und Umfang der hierfür erhobenen und verwendeten Daten hinzuweisen. [4]Kommen Leistungen zur Teilhabe oder begleitende Hilfen im Arbeitsleben in Betracht, werden vom Arbeitgeber die örtlichen gemeinsamen Servicestellen oder bei schwerbehinderten Beschäftigten das Integrationsamt hinzugezogen. [5]Diese wirken darauf hin, dass die erforderlichen Leistungen oder Hilfen unverzüglich beantragt und innerhalb der Frist des §14 Abs. 2 Satz 2 erbracht werden. [6]Die zuständige Interessenvertretung im Sinne des §93, bei schwerbehinderten Menschen außerdem die Schwerbehindertenvertretung, können die Klärung verlangen. [7]Sie wachen darüber, dass der Arbeitgeber die ihm nach dieser Vorschrift obliegenden Verpflichtungen erfüllt.

(3) Die Rehabilitationsträger und die Integrationsämter können Arbeitgeber, die ein betriebliches Eingliederungsmanagement einführen, durch Prämien oder einen Bonus fördern.

Übersicht

I. Allgemeines

Die Vorschrift entspricht in Abs. 1 der Regelung des §14c SchwbG **1** i.d.F. des am 1.10.2000 in Kraft getretenen Gesetzes zur Bekämpfung der Arbeitslosigkeit Schwerbehinderter (SchwBAG) v. 29. 9. 2000 (BGBl. I S. 1349 ff.). Gegemüber § 14 c SchwbG wurde § 84 Abs. 1 lediglich ergänzt durch die Vorgabe einer frühzeitigen Einschaltung des Integrationsamtes. Durch Art. 1 Nr. 20 des Gesetzes zur Förderung der Ausbildung und Beschäftigung schwerbehinderter Menschen vom 23. 4. 2004 (BGBl. I S. 606) ist Abs. 2 mit Wirkung vom 1. 5. 2004 neu gefasst worden. Der Präventionsgedanke ist durch die Einführung eines betrieblichen Eingliederungsmanagements, das bereits bei einer Arbeitsunfähigkeit eines Beschäftigten von 6 Wochen im Jahr einsetzen soll, gestärkt worden. Außerdem ist die Förderung des betrieblichen Eingliederungsmanagements durch die Gewährung von Prämien oder einen Bonus mit Einfügung eines ursprünglichen Abs. 4, jetzt Abs. 3 ermöglicht worden. Die fehlerhafte Absatzbezeichung ist durch Art. 8 Nr. 3a des Gesetzes zur Vereinfachung des Verwaltungsverfahrens im Sozialrecht vom 21. 3. 2005 (BGBl. I S. 818) mit Wirkung vom 30. 3. 2005 korrigiert worden.

2   Die Vorschrift dient der Konflikt- und Gesundheitsprävention. Gefährdungen für den Bestand eines Arbeitsverhältnisses soll bereits frühzeitig durch beschäftigungssichernde Maßnahmen begegnet werden, um dadurch eine möglichst dauerhafte Erhaltung des Arbeitsplatzes zu erreichen (Begründung zum Gesetzentwurf der Fraktionen der SPD und Bündnis 90/Die Grünen, BT-Drucks. 14/5074 S. 113 und zum Entwurf der Fraktionen der SPD und Bündnis 90/Die Grünen eines Gesetzes zur Bekämpfung der Arbeitslosigkeit Schwerbehinderter vom 16. 5. 2000, BT-Drucks. 14/3372 S. 16). Rehabilitation statt Entlassung ist das Ziel des Gesetzes. Die Schwerbehindertenvertretung, die betrieblichen Interessenvertretungen gemäß § 93 und das Integrationsamt müssen in die Präventionsplanung eingeschaltet werden.

II. Geltungsbereich der Vorschrift

3   Sie gilt für alle Arbeitgeber, öffentliche und private, gleich, ob sie ihre Beschäftigungspflicht (§ 71 Abs. 1) erfüllt haben oder nicht. Es ist auch unerheblich, ob es sich um einen **Kleinbetrieb** handelt (LAG Schl.-Holst. 17. 11. 2005 – 4 Sa 328/05; *Faber,* AiB 2006, 553, 555). Auch der Umfang der Arbeitszeit oder die Beschäftigungsdauer sind nicht maßgeblich (allg. Mein: *Kossens/von der Heide/Maaß,* SGB IX, § 84 RdNr. 12; *Düwell,* LPK-SGB IX, § 84 RdNr. 55). Die Vorschrift gilt daher auch für geringfügig Beschäftigte und Teilzeitkräfte unterhalb von einer Wochenstundenzahl von 18. Die Vorschrift ist auch auf Auszubildende und sonstige zur beruflichen Bildung eingestellte Personen sowie auf Dienstverhältnisse von Beamten, Richtern und Soldaten anwendbar. Abs. 1 bezieht sich auf schwerbehinderte Menschen und ihnen Gleichgestellte, während Abs. 2 allgemein alle Beschäftigten

erfasst. Abs. 2 ist im Falle krankheitsbedingter Schwierigkeiten schwerbehinderter Menschen die speziellere Vorschrift, so dass Abs. 1 in diesem Fall nur zur Anwendung kommt, wenn eine Gefährdung des Arbeitsverhältnisses bereits bei Fehlzeiten unterhalb von 6 Wochen eingetreten ist (*Brose,* RdA 2006, 149, 152; *Düwell,* LPK-SGB IX, §84 RdNr. 8).

III. Prävention beim Auftreten personen-, verhaltens- oder betriebsbedingter Schwierigkeiten (Abs. 1)

Mit der Nennung personen-, verhaltens- und betriebsbedingter **4** Schwierigkeiten im Arbeits- oder Beschäftigungsverhältnis sind sämtliche Gründe aufgeführt, die zur Rechtfertigung einer Kündigung herangezogen werden können. Der Gesetzgeber hat damit bewusst darauf verzichtet, die Präventionsverpflichtung nur auf Schwierigkeiten zu beschränken, die im Zusammenhang mit der Behinderung stehen. Der Arbeitgeber soll viel mehr verpflichtet sein, aktiv zu werden, wenn sich erkennbar **Probleme gleich welcher Art** im Arbeitsverhältnis mit einem schwerbehinderten Menschen zeigen, die geeignet sind, den Bestand des Arbeitsverhältnis zu gefährden. Der Arbeitgeber soll vorbeugend die Schwerbehindertenvertretung, den Betriebsrat/Personalrat und das Integrationsamt einschalten, damit das Entstehen von Kündigungsgründen im Vorfeld verhindert wird (BAG 7.12.06 NZA 2007, 617, 619; *Feldes,* br 2004, 187, 188). Die Vorschrift erfasst sämtliche Arten von Kündigungen, auch die außerordentliche Kündigung und die Änderungskündigung (*Brose,* RdA 2006, 149, 150; *Feldes,* a.a.O. S. 189).

Personenbedingte Gefährdungen können auf kurzfristigen oder **5** langfristigen Erkrankungen, auf einer eingetretenen Leistungsminderung oder auf Eignungsmängeln beruhen. Verhaltensbedingte Gefährdungen betreffen den Bereich arbeitsvertraglicher Pflichtverletzungen wie etwa Unpünktlichkeiten, Arbeitsverweigerung, Störungen des Betriebsfriedens und Schlechtleistungen. Betriebsbedingte Gefährdungen können etwa durch Rationalisierungsmaßnahmen oder Auftragsmangel eintreten. In allen Fällen sind die **Vertretungen** und das **Integrationsamt frühzeitig einzuschalten**.

Da die Vertretungen und das Integrationsamt in Abs. 1 angesprochen **6** werden, ist davon auszugehen, dass sie alle in gleicher Weise und **nicht zeitlich abgestuft** in einem **Frühstadium aufgetretener Konflikte** einbezogen werden sollen. Aus der Vorschrift geht nicht hervor, dass das Integrationsamt erst nach dem Scheitern betriebs- oder dienstinterner Bemühungen eingeschaltet werden muss (a.A. *Schimanski,* br 2002, 121, 126). Dies ist auch nicht sinnvoll, da außerbetriebliche Leistungsangebote regelmäßig auf weniger Akzeptanz stoßen werden, wenn sie

erst nach möglicherweise konfliktreichen und gescheiterten Verhandlungen vorgeschlagen werden.

7   Sobald der **Arbeitgeber** das Arbeitsverhältnis als gefährdet ansieht,
hat er die Vertretungen und das Integrationsamt über die aus seiner
Sicht aufgetretenen **Schwierigkeiten zu unterrichten** und mit ihnen
alle innerbetrieblichen und außerbetrieblichen Hilfsmöglichkeiten **zu
erörtern**, mit denen die Gefährdung beseitigt und das Arbeitsverhältnis möglichst auf Dauer fortgesetzt werden kann. Den Vertretungen
muss Gelegenheit gegeben werden, den Sachverhalt zu überprüfen
und Gegenvorstellungen zu entwickeln.

8   Im Falle **wiederholter kürzerer Fehlzeiten** ist etwa zu überlegen,
ob diese nicht durch Überstunden von Arbeitskollegen ausgeglichen
werden können. Bei **längeren Ausfallzeiten** ist die Möglichkeit zu
erörtern, eine befristete Aushilfe einzustellen. Bei **Eignungsmängeln**
sind Umschulungs- und Fortbildungsmaßnahmen in Betracht zu ziehen. Bei **Leistungsstörungen** ist zu ermitteln, inwieweit medizinische oder berufliche Maßnahmen der Rehabilitation, die zur Wieder-
herstellung der Erwerbsfähigkeit führen können, zu ergreifen sind
(*Schimanski*, br 2002, 121, 124). Außerdem ist stets zu prüfen, inwieweit
eine Weiterbeschäftigung auf einem anderen Arbeitsplatz, auch ggf.
unter schlechteren Arbeitsbedingungen, möglich und zumutbar ist.

9   Dem **Integrationsamt** soll die Möglichkeit gegeben werden zu
überprüfen, welche **Hilfen** und **Leistungen** zur Teilhabe am Arbeitsleben gemäß den §§ 33 ff., vor allem welche Leistungen an Arbeitgeber
nach § 34 sowie welche Leistungen gemäß § 102 Abs. 2, 2a und 3 gewährt werden können, damit der Arbeitsplatz erhalten bleibt. Alle
dem Integrationsamt zur Verfügung stehenden Hilfen technischer und
finanzieller Art sind dem Arbeitgeber anzubieten. Die ihm von den
Vertretungen und dem Integrationsamt vorgeschlagenen Präventivmaßnahmen hat er nicht nur zur Kenntnis zu nehmen, sondern auf
Stichhaltigkeit und Umsetzbarkeit ernsthaft zu überprüfen (*Schimanski,*
br 2002, 121, 126).

10   Mit der **frühzeitigen Einschaltung** der Schwerbehindertenvertretung und der betrieblichen Interessenvertretung soll sichergestellt
werden, dass diese jedenfalls noch vor einem Zeitpunkt aktiv werden
können, zu dem bereits konkrete Kündigungsabsichten bestehen. Die
Erörterung von Präventivmaßnahmen muss deshalb dem Zustimmungsantrag beim Integrationsamt vorausgehen. Außerdem reicht es
nicht aus, inner- und außerbetriebliche Maßnahmen erst im Rahmen
der Anhörung des § 102 BetrVG zu erörtern (*Neumann/Pahlen/Majerski-
Pahlen*, SGB IX, § 84 RdNr. 7; *Düwell*, BB 2000, 2570, 2572; *Braasch*, br
2001, 177, 182; *Brose*, RdA 2006, 149, 153; *Deinert* in Deinert/Neumann,
Handbuch SGB IX, § 18 RdNr. 7).

11   Streitig ist, ob ein Präventionsverfahren auch noch durchzuführen
ist, wenn der Arbeitgeber davon ausgeht, dass die Schwierigkeiten sich

bereits zu einem Kündigungsgrund verdichtet haben. Nach der Rechtsprechung des BAG ist ein Präventionsverfahren nur sinnvoll, soweit Schwierigkeiten im Sinne des Abs. 1 noch nicht den Charakter von Kündigungsgründen haben (BAG 7. 12. 06 NZA 2007, 617f.). Nach anderer Ansicht ist auch in diesem Fall ein Präventionsverfahren nicht sinnlos, da erst im Prozess des Präventionsverfahrens festzustellen ist, ob Kündigungsreife besteht (*Düwell,* LPK-SGB IX, § 84 RdNr. 15). Dieser Auffassung ist zu folgen. Für ein Präventionsverfahren kann es deshalb nie zu spät sein, weil die Abgrenzung von „Schwierigkeiten" oder Kündigungsgründen sich nicht objektiv bestimmt sondern allein vom Arbeitgeber beurteilt wird. Durch die gesetzliche Verpflichtung zur Prävention sollen Arbeitgeber dazu angehalten werden, das Instrumentarium der Kündigungsvermeidung auch zu nutzen. Sie sollen gerade nicht annehmen, dass die Einleitung eines Präventionsverfahres keinen Sinn macht, weil ihrer Ansicht nach bereits Kündigungsgründe vorliegen. Deshalb ist das Verfahren zu jedem Zeitpunkt und für sämtliche Kündigungsarten sinnvoll. Dies gilt auch im Falle schwerwiegender vertraglicher Pflichtverletzungen (so auch *Brose,* RdA 2006, 149, 150), da zumindest aufzuklären ist, ob das Verhalten des schwerbehinderten Arbeitnehmers möglicherweise Ergebnis einer sich zuspitzenden vermeidbaren Entwicklung war (z. B. schikanöses Verhalten von Vorgesetzten oder Kollegen). Im Übrigen wirken sich die unterschiedlichen Auffassungen in der Rechtspraxis nicht aus. Ein Arbeitgeber, der vorschnell von Kündigungsreife ausgeht, riskiert nach der Rechtsprechung des BAG nämlich, dass sich im Kündigungsschutzprozess herausstellt, dass durch die Einleitung eines Präventionsverfahrens die Kündigung hätte vermieden werden können (s. dazu RdNr. 20ff).

IV. Betriebliches Eingliederungsmanagement (Abs. 2)

1. Ziele: Durch die Regelung in Abs. 2 wird durch ein sog. Betrieb- **12** liches Eingliederungsmanagement (BEM) eine Verfahrensregelung eingeführt, mit der frühzeitig gesundheitlichen Gefährdungen im Arbeitsverhältnis begegnet werden soll. Ziel eines betrieblichen Eingliederungsmanagements ist es, krankheitsbedingte Schwierigkeiten im Arbeitsverhältnis zu überwinden, erneuter Arbeitsunfähigkeit vorzubeugen und den Arbeitsplatz zu erhalten, indem alle Beteiligten des Verfahrens sich um eine **innerbetriebliche Lösung** bemühen. Die Gesundheitsprävention ist umfassender gestaltet als in Abs. 1. Sie soll nicht nur der Vermeidung von Arbeitslosigkeit dienen, sondern auch aktive Beschäftigung ermöglichen (*Düwell,* LPK-SGB IX, § 84 RdNr. 28). Die gesetzliche Regelung in Abs. 2 konkretisiert damit die gemeinsame Verantwortung von Arbeitgeber und betrieblichen Interessenvertretungen für die Gesundheit der Beschäftigten im Sinne des

§ 80 Abs. 1 Ziff. 4 und § 87 Abs. 1 Ziff. 7 BetrVG (*Welti*, NJW 2001, 2210, 2215). Sie trägt außerdem der Tatsache Rechnung, dass krankheitsbedingte Fehlzeiten und Leistungseinschränkungen ein wesentlicher Grund für Entlassungen sind ((BT-Drucks. 15/1783 S. 16; *Schimanski*, br 2002, 121, 126). So wurden im Jahr 2009 für die Beendigung des jeweiligen Arbeitsverhältnisses mit schwerbehinderten Arbeitnehmern im Zustimmungsverfahren beim Integrationsamt in ca. 25% der Fälle personenbedingte Gründe, also Fehlzeiten oder gesundheitsbedingte Leistungseinschränkungen angeführt (Jahresbericht der Bundesarbeitsgemeinschaft der Integrationsämter und Hauptfürsorgestellen von August 2010, S. 35). Angesichts der demographischen Entwicklung und der Heraufsetzung des Rentenalters müssen sich Unternehmen zukünftig verstärkt den Herausforderungen einer zunehmend älter werdenden Belegschaft und damit auch der Zunahme gesundheitlicher Probleme stellen (*Feldes*, br 2005, 48). Durch die Schaffung eines „Frühwarnsystems" sollen chronische Erkrankungen erst gar nicht entstehen oder sich verschlimmern, so dass sie schließlich zum Verlust des Arbeitsplatzes führen. Zeiten von längerer oder wiederholter Arbeitsunfähigkeit sollen nicht mehr ungenutzt verstreichen, sondern aktiv für eine **Beseitigung der Ursachen der Arbeitsunfähigkeit**, Anpassung der Beschäftigung an veränderte Leistungsfähigkeit und damit zur Sicherung der Beschäftigung genutzt werden (*Gagel*, NZA 2004, 1359, 1362; *Gagel/Schian*, br 2007, 185 f.; *Feldes*, br 2004, 187 f.). Bereits beim Auftreten erster Anhaltspunkte, die auf gesundheitliche Probleme im Arbeitsverhältnis schließen lassen, soll mit allen betrieblichen und außerbetrieblichen Akteuren eine Bestandsaufnahme gemacht, nach Möglichkeiten der Überwindung der gesundheitlichen Probleme gesucht und für eine Umsetzung ggf. unter Inanspruchnahme von Hilfen außerbetrieblicher Stellen gesorgt werden.

13   **2. Voraussetzungen:** Ein BEM ist durchzuführen, wenn Beschäftigte innerhalb eines Jahres länger als **sechs Wochen erkranken** oder Arbeitsunfähigkeitszeiträume bei mehrfachen Erkrankungen vorliegen, die insgesamt den 6-Wochen-Zeitraum überschreiten. Von der Vorschrift werden **alle Beschäftigte**, nicht nur schwerbehinderte Menschen erfasst. Dafür spricht der Wortlaut der Regelung und die ausdrückliche Erwähnung der Schwerbehindertenvertretung in Abs. 2 S. 1 und S. 6 und des Integrationsamtes in Abs. 2 S. 4 bei schwerbehinderten Menschen (BAG 12. 7. 2007 NZA 2008, 173, 175; LAG Hamm 24. 1. 2007 – 2 Sa 991/06; LAG Nieders. 25. 10. 2006 BB 2007, 719, 721; *Stück*, br 2007, 181; *Zorn*, br 2006, 42; *Britschgi*, AiB 2005, 284; a. A.: *Brose*, DB 2005, 390). Bei der Jahresfrist ist nicht auf das Kalenderjahr, sondern auf einen rückwirkenden Zeitraum von 12 Monaten abzustellen (*Stück*, a.a.O.; *Balders/Lepping*, NZA 2005, 854 f.; *Zorn*, a.a.O.; *Kossens/von der Heide/Maaß*, SGB IX, § 84 RdNr. 16; *Düwell*, LPK-SGB IX,

§ 84 RdNr. 52; *Feldes,* br 2004, 187f.). Der 6-Wochen-Zeitraum wird bei einer Arbeitsunfähigkeit von über 42 Kalendertagen überschritten. Es ist auf Kalendertage und nicht auf die Arbeitsunfähigkeit an einzelnen Arbeitstagen abzustellen. Dies stellt eine pragmatische Lösung dar, die auch dem Ziel des BEM, möglichst frühzeitig einzusetzen, entspricht (*Düwell,* a.a.O.; *Gagel/Schian,* br 2006, 46f.). Auf die Ursachen der Erkrankung kommt es nicht an, da bei Einleitung eines BEM die Art der Erkrankung zumeist unbekannt ist, außerdem der Sinn des BEM nicht bei unterschiedlichen Krankheitsursachen entfällt (*Zorn,* br 2006,42; *Gagel/Schian,* a.a.O.; a. A. *Balders/Leppers,* a.a.O.) Ein BEM ist auch dann durchzuführen, wenn keine Interessenvertretung gewählt ist (*Zorn,* a.a.O.; *Stück,* a.a.O.).

3. Beteiligte des BEM sind zwingend der betroffene Beschäftigte, **14** der Arbeitgeber, ggf. vertreten durch die Personalabteilung und die zuständige Führungskraft, der Betriebsrat oder Personalrat, bei schwerbehinderten Beschäftigten auch die Schwerbehindertenvertretung. Im Bedarfsfall ist außerdem gemäß Abs. 2 S. 2 der Werks- oder Betriebsarzt hinzuziehen. In § 3 ASiG sind die Aufgaben der **Betriebsärzte** umschrieben. Darin haben sie den Arbeitgeber in allen Fragen des Gesundheitsschutzes zu beraten, auch in Bezug auf die Gestaltung und Beurteilung der Arbeitsbedingungen. In § 3 Abs. 1 Ziff. 1f ASiG ist die Zuständigkeit für Fragen des Arbeitsplatzwechsels und der Wiedereingliederung Behinderter in den Arbeitsprozess eigens aufgeführt. Den Betriebsärzten kommt daher aufgrund ihrer medizinischen Fachkunde und ihrer Kenntnisse der Arbeitsplätze einerseits, andererseits ihrer rechtlichen Unabhängigkeit, da sie der ärztlichen Schweigepflicht (§ 8 Abs. 1 S. 3 ASiG) und keinen Weisungen (§ 8 Abs. 1 S. 1 ASiG) unterliegen, eine **wichtige Funktion für die Problemabklärung und Maßnahmeplanung** im Rahmen eines BEM zu (*Feldes,* br 2004, 187, 191). Ebenfalls sind im Bedarfsfall gemäß Abs. 2 S. 4 die gemeinsamen Servicestellen der Rehabilitationsträger im Sinne der §§ 22, 23 (so auch: LAG Berlin-Brandenburg 4. 1. 2010 – 10 Sa 2071/09), und bei schwerbehinderten Menschen das Integrationsamt hinzuziehen. Dadurch soll garantiert werden, dass zeitnah abgeklärt wird, welche Leistungen zur Teilhabe oder welche begleitenden Hilfen im Arbeitsleben zur Sicherung des Beschäftigungsverhältnisses in Betracht kommen, und zügig und verbindlich eine Entscheidung über die Gewährung dieser Leistungen erfolgt (*Feldes,* a.a.O.).

4. Zustimmung der Betroffenen (Abs. 2 S. 1). Die Einführung **15** eines BEM erfordert die Zustimmung des erkrankten Beschäftigten. Er muss allerdings zuvor über die Ziele des Eingliederungsverfahrens und die Art und den Umfang der dazu erhobenen Daten informiert werden (Abs. 2 S. 2). Das Gesetz berücksichtigt damit, dass ein erfolgreiches BEM nur auf der Grundlage von **umfassender Information** und Vertrauen des Betroffenen durchgeführt werden kann (*Gagel,*

NZA 2004, 1359f.; *Deinert,* NZA 2010, 969, 972). Eine **Mitwirkungspflicht** des Betroffenen sieht das Gesetz nicht vor (so aber: *Wetzling/ Habel,* NZA 2007, 1129). Sie würde auch dem Selbstbestimmungsrecht des Arbeitnehmers zuwiderlaufen und den Erfolg des BEM, das auf gegenseitigem Vertrauen beruht, in Frage stellen (*Gagel,* NZA 2004, 1359f.). Der Arbeitgeber kann sich bei einem unterlassenen BEM allerdings auf die Weigerung der Mitwirkung des Arbeitnehmers berufen, vorausgesetzt er hat ihn über den Zweck des BEM ausführlich aufgeklärt und ihn eindeutig aufgefordert, ein BEM-Verfahren durchzuführen (BAG 23. 4. 2008 – 2 AZR 10112/06; BAG 12. 7. 07 NZA 2008, 173, 177). Die Führung von Personalgesprächen über aufgetretene Arbeitsunfähigkeitszeiten (z. B. sog. **Krankenrückkehrgespräche**) erfüllt die Anforderungen eines BEM nicht (LAG Hamm 26. 9. 2008 – 10 Sa 1876/07; LAG Rh-Pf. 2. 4. 2009 – 10 Sa 495/08). Lehnt der Arbeitnehmer die Teilnahme an einem derartigen Gespräch ab, kann ihm nicht vorgehalten werden, er habe die Zustimmung zur Durchführung eines BEM verweigert (LAG Hamm, a.a.O.). Die einmal erteilte Zustimmung kann auch jederzeit wieder zurückgezogen werden (*Stück,* br 2007, 181; *Zorn,* br 2006, 42f.)

16   **5. Verfahren:** Das BEM stellt ein ergebnisoffenes, prozessorientiertes Verfahren dar, in dem aufgrund von Organisations- und Verfahrenspflichten die Beteiligten strukturiert zusammenwirken, um nach sach- und problemgerechten Lösungen zur Erreichung des gesetzlichen Präventionsziels zu suchen (*Oppolzer,* AiB 2007, 37f.). Es beginnt mit der Prüfung durch Auswertung der vorliegenden Daten, in welchem Einzelfall die Voraussetzungen für Klärungs- und Handlungsbedarf im Rahmen eines BEM erfüllt sind. Der Arbeitgeber **informiert den betroffenen Arbeitnehmer** und erläutert ihm Verfahren, Datenerhebung und Datenschutz. Die vorliegenden Arbeitsunfähigkeitszeiten werden dem **Betriebsrat/Personalrat** und der **Schwerbehindertenvertretung** unabhängig davon zugeleitet, ob der betroffene Arbeitnehmer der Weitergabe zugestimmt hat. Dies ist erforderlich, damit die Interessenvertretungen in die Lage versetzt werden, sich im Interesse des Einzelnen für die Durchführung eines BEM einzusetzen. Gemäß Abs. 2 S. 7 sind der Betriebsrat/Personalrat/Schwerbehindertenvertretung verpflichtet zu überwachen, ob der Arbeitgeber seiner Pflicht zur Einleitung eines BEM nachkommt. Dieser Überwachungsauftrag kann nur erfüllt werden, wenn Informationen über die Dauer der Arbeitsunfähigkeitszeiten den betrieblichen Interessenvertretungen zugänglich gemacht werden. Das **informationelle Selbstbestimmungsrecht** des Betroffenen wird dadurch nicht verletzt, da die Weitergabe dieser Mindestdaten geeignet, erforderlich und angemessen ist, um die Überwachungsaufgabe gemäß Abs. 2 S. 7 zu erfüllen.. Erst die sich anschließende Einleitung des BEM bedarf der Zustimmung des betroffenen Arbeitnehmers (VG Hamburg 10. 11. 2006 –

23 FB 17/06; *Britschgi,* AiB 2005, 284, 286; *Zorn,* br 2006, 42f; *Feldes,* br 2004, 187, 191; *Deinert,* NZA 2010, 969, 973; a. A. VGH München 30. 4. 2009 – 17 P 08.3389; OVG Berlin-Brand. 20. 11. 2008 – 60 PV 9.07 (anders noch die Vorinstanz VG Berlin 4. 4. 2007 – 61 A 28.06); VG Köln 2. 11. 2009 – 34 K 181/09.PVL). Verweigert der Arbeitnehmer die Zustimmung, kann ein BEM nicht durchgeführt werden. Liegt die Zustimmung vor, werden in einem ersten Gespräch mit allen Beteiligten zunächst eine Bestandsanalyse vorgenommen und die nächsten Schritte festgelegt, zu denen auch die **Hinzuziehung weiterer Akteure** wie die gemeinsamen Servicestellen der Rehabilitationsträger, Integrationsfachdienste, Krankenkassen, Arbeitsagentur sowie die Integrationsämter gehören können. Es werden ein **Eingliederungsplan** aufgestellt bzw. konkrete Maßnahmen vereinbart und hierbei Termine für die Umsetzung festgelegt. Die Umsetzung des Plans bzw. der Maßnahmen werden kontrolliert und dokumentiert. Am Ende erfolgt ein Abschlussgespräch, in dem der Stand und der Erfolg eine Bewertung erfahren, aus der sich ggf. neue Pläne bzw. Maßnahmen ergeben können (*Stück,* br 2007, 181; *Feldes,* a.a.O.).

6. Präventionsmaßnahmen: Konkrete Maßnahmen werden im **17** Gesetz nicht vorgeschrieben. In der Gesetzesbegründung werden nur allgemein Leistungen und Hilfen genannt, die der Gesundheitsprävention dienen sollen. Aufgrund der Zielsetzung des Gesetzgebers, die Beschäftigung zu erhalten und Kündigungen zu vermeiden, können alle Maßnahmen, die diesem Ziel näher kommen, Gegenstand eines BEM sein. Hierzu gehören: technische bzw. organisatorische **Umgestaltung** von Arbeitsplätzen, Veränderungen in der Arbeitszeit oder **Versetzungen** auf einen leidensgerechten Arbeitsplatz, innerbetriebliche **Qualifizierung** sowie die stufenweise **Wiedereingliederung** gefördert von Krankenkassen oder sonstigen Sozialversicherungsträgern (§ 74 SGB V, § 28 SGB IX). Die im Rahmen eines BEM vereinbarten Maßnahmen entsprechen damit weitgehend den Ansprüchen auf eine leidensgerechte Beschäftigung, die gemäß § 81 Abs. 4 und 5 nur schwerbehinderten Menschen zustehen.

7. Formalisiertes generelles BEM: Um Transparenz und Akzep- **18** tanz bei Betroffenen und Führungskräften zu erreichen, muss ein BEM als Zeichen einer integrativen Unternehmenskultur und nachhaltigen Personalarbeit wahrgenommen werden (*Magin/Schnetter,* br 2005, 52, 58). Das erfordert nicht nur die Durchführung eines BEM im jeweiligen Einzelfall, sondern die **Aufstellung einer Verfahrensordnung,** die eine generelle Struktur für ein betriebliches Eingliederungsmanagement vorgibt, und an deren Zielen und Abläufen die Beteiligten sich im Einzelfall halten müssen. Dies kann in Form einer **Betriebsvereinbarung oder Integrationsvereinbarung** geschehen (§ 83 Abs. 2a Ziff. 5). In ihrer konkreten Ausgestaltung kann sie sich an anerkannten Standards vergleichbarer Managementsysteme orientieren, wie sie etwa im Qualitätsmanagement verwendet werden (dazu *Oppolzer,* AiB 2007, 37). In der Verfahrensordnung werden **Regeln zur Einleitung und Durchführung** des BEM aufgestellt. Es wird der Kreis der beteiligten und verantwortlichen Personen festgelegt. Es werden die Zustimmung und Beteiligung des Betroffenen, Fragen des Datenschutzes, die Qualifizierung von Vorgesetzten, die Organisation der Hinzuziehung externer Stellen, die Planung und Durchführung der Maßnahmen sowie die Bewertung der erzielten Ergebnisse geregelt (s. z. B. Eckpunkte für eine Betriebsvereinbarung bei *Feldes,* AiB 2005, 546f.; s. auch Studie zur Umsetzung des betrieblichen Eingliederungsmanagements von *Niehaus/Marfels,* Universität Köln, 2008). Die Verfahrensordnung kann als Beteiligte auch ein sog. **Integrationsteam** vorsehen, in dem der Arbeitgeber oder sein Vertreter oder ein Mitarbeiter der Personalabteilung, ggf. ein sog. Disability Manager, ein Mitglied des Betriebsrates/Personalrates und der Schwerbehindertenvertretung sowie der werksärztliche Dienst vertreten sind. Externe Stellen stehen dem Integrationsteam nur beratend und unterstützend zur Verfügung (*Zorn,* br 2006, 42 , 45).

19   **8. Mitbestimmungsrecht:** Es ist zu differenzieren, ob es sich um die Einleitung und Durchführung eines **BEM im Einzelfall** oder um die Erstellung einer **generellen Verfahrensordnung** für das betriebliche Eingliederungsmanagement handelt. Geht es um ein betriebliches Eingliederungsmanagement in Bezug auf einen einzelnen Arbeitnehmer, steht den **betrieblichen Interessenvertretungen** ein **Initiativrecht** zu. Der Betriebsrat oder Personalrat – bei schwerbehinderten Menschen auch die Schwerbehindertenvertretung – kann also die Einleitung des BEM gemäß § 84 Abs. 2 verlangen und im Beschlussverfahren durchsetzen (*Feldes,* br 2004, 187; *Düwell,* LPK-SGB IX, § 84 RdNr. 57; *Britschgi,* AiB 2005, 284, 286; *Faber,* AiB 2006, 553, 557; *Welti,* NZS 2006, 623, 626) Dafür sprechen der Wortlaut in Abs. 2 S. 6 („Klärung verlangen") und Abs. 2 S. 7, wonach die betriebliche Interessenvertretung und die Schwerbehindertenvertretung darüber wacht, dass der Arbeitgeber seiner Verpflichtung nachkommt. Voraussetzung ist allerdings, dass die Zustimmung des betroffenen Beschäftigten vorliegt. Auch der **Betroffene** selbst hat ein Initiativrecht und kann die Einleitung eines BEM einfordern und klageweise geltend machen (*Gagel,* NZA 2004, 1359, 1361; *Britschgi,* a.a.O.; a. A. *Zorn,* br 2006, 42, 45). Führt der Arbeitgeber ein betriebliches Eingliederungsmanagement ohne Beteiligung von Betriebsrat/Personalrat/Schwerbehindertenvertretung durch, haben diese einen **Unterlassungsanspruch**, den sie ggf. auch im Wege der einstweiligen Verfügung im Beschlussverfahren durchsetzen können (*Britschgi,* a.a.O.).

Ob die Erstellung einer **generellen Verfahrensordnung** für das betriebliche Eingliederungsmanagement gemäß § 87 Abs. 1 Ziff. 1 BetrVG bzw. § 75 Abs. 3 Ziff. 15 BPersVG (Ordnung und Verhalten) oder § 87 Abs. 1 Ziff. 7 BetrVG bzw. § 75 Abs. 3 Ziff. 11 BPersVG (Gesundheitsschutz) mitbestimmungspflichtig ist, so dass Regelungen durch Betriebs- oder Dienstvereinbarung zu treffen sind, und ihr Abschluss im Wege des Beschlussverfahrens durchgesetzt werden kann, ist umstritten. Ein **Mitbestimmungsrecht** gemäß § 87 Abs. 1 Ziff. 1 BetrVG wird teilweise verneint mit der Begründung, dass die Einführung eines BEM nicht die Festlegung allgemeingültiger Verhaltensregeln beinhaltet, sondern der Klärung der Leistungsfähigkeit einzelner Arbeitnehmer dient (so etwa: *Balders/Lepping,* NZA 2005, 854, 856). Teilweise wird differenziert und ein Mitbestimmungsrecht nach § 87 Abs. 1 Ziff. 1 BetrVG nur dann angenommen, wenn der Arbeitgeber selbst ein standardisiertes BEM mit bestimmten **Verhaltensregeln** einführen will (so *Leuchten,* DB 2007, 2482, 2484). Beim Führen von Krankenrückkehrgespräche ist anerkannt, dass ein Mitbestimmungsrecht gemäß § 87 Abs. 1 Ziff. 1 BetrVG besteht (BAG 8. 11. 94 NZA 1995, 857). Da eine generelle Verfahrensordnung zum BEM regelmäßig auch Ziele und Regeln für die mit dem betroffenen Mitarbeiter zu führenden Informations- und Aufklärungsgespräche über die Ursachen seiner Erkrankung enthält, ist diese mit Krankenrückkehrgesprächen, die in einer generalisierten Art und Weise geführt werden, vergleichbar. Ein Mitbestimmungsrecht gemäß § 87 Abs. 1 Ziff. 1 BetrVG ist daher zu bejahen (so auch: *Deinert,* NZA 2010, 969, 972; *Zorn,* br 2006, 42, 45; *Gagel,* NZA 2004, 1359f.; *Oppolzer,* AiB 2007, 37, 43; *Düwell,* LPK-SGB IX, § 84 RdNr. 61; *Trenk-Hinterberger,* HK-SGB IX, § 84 RdNr. 47; *Faber,* AiB 2006, 553, 557; *Fabricius,* jurisPK-SGB IX, § 84 RdNr. 23). Das formalisierte BEM dient auch dem betrieblichen **Arbeits-Gesundheitsschutz**, da beim Auftreten längerer Krankheitszeiten bei einzelnen Arbeitnehmern auch ein allgemeiner Klärungsprozess daüber in Gang gesetzt wird, inwieweit Krankheitsursachen zukünftig durch betriebliche Veränderungen vermieden werden können. Das BEM dient damit nicht nur der Gesundheitprävention einzelner erkrankter Arbeitnehmer sondern der betrieblichen Gesundheitsprävention allgemein. Das generelle formalisierte BEM ist wie eine betriebliche Regelung zur Gefährdungsbeurteilung (§ 5 ArbSchG), bei der ein Mitbestimmungsrecht gemäß § 87 Abs. 1 Ziff. 7 BetrVG anerkannt ist (BAG 8. 6. 04 NZA 2004, 1175), als eine die Rahmenvorschrift des § 84 Abs. 2 ausfüllende, dem Gesundheitsschutz dienende Regelung der Betriebsparteien zu verstehen. Es ist daher auch ein Mitbestimmungsrecht gemäß § 87 Abs. 1 Ziff. 7 BetrVG gegeben (DKK-*Klebe,* BetrVG, § 87 RdNr. 204; *Düwell,* a.a.O.; *Zorn,* a.a.O.; *Oppolzer,* a.a.O.; *Gagel,* a.a.O.; *Kothe,* jurisPR-ArbR 16/2008 Anm. 1; *Deinert,* NZA 2010, 969, 972; a. A. *Balders/Lepping,* NZA 2005, 854, 856; *Leuchten,* DB 2007, 2482, 2485; *Trenk-Hinterberger,* a.a.O. RdNr. 49; *Faber,* a.a.O.). Werden zur Erhebung der Gesundheitsdaten **IT-Programme** genutzt, ist weiterhin ein Mitbestimmungsrecht gemäß § 87 Abs. 1

Ziff. 6 BetrVG gegeben (*Stück,* br 2007, 181, 183; *Leuchten,* a.a.O.; *Trenk-Hinterberger,* a.a.O. RdNr. 48). Da das Mitbestimmungsrecht für eine generelle BEM-Verfahrensordnung höchstrichterlich noch nicht geklärt ist, ist jedenfalls die **Einigungsstelle** gemäß § 98 Abs. 1 S. 2 ArbGG nicht offensichtlich unzuständig (LAG Schlesw.-Holst. 19. 12. 2006 – 6 TaBV 14/06; LAG Hamm 18. 12. 2009 – 13 TaBV 52/09; ArbG Dortmund 20. 6. 2005 – 5 BV 48/05; ArbG Köln 10. 1. 2008 – 12 BVGa 2/08; *Stück,* a.a.O.). Darüber hinaus können die Betriebspartner eine **freiwillige Betriebsvereinbarung** gemäß § 88 Ziff. 1 BetrVG schließen. Generelle Regeln für die Durchführung eines BEM können außerdem auch Bestandteil einer Integrationsvereinbarung gemäß § 83 Abs. 2a Ziff. 5 sein.

V. Auswirkungen eines unterlassenen Präventionsverfahrens

20 **1. Kündigungsschutzverfahren.** Die Durchführung eines Präventionsverfahrens ist **keine formelle Wirksamkeitsvoraussetzung** für den Ausspruch einer Kündigung. Die fehlende Durchführung ist auch nicht ordnungswidrig im Sinne des § 156. Die Vorschrift ist aber auch nicht nur eine Ordnungsvorschrift mit reinem appellativen Charakter mit der Folge, dass sie für die Wirksamkeit einer Kündigung ohne Bedeutung wäre (BAG 12. 7. 2007 NZA 2008, 173, 175, dazu *Kothe,* jurisPR-ArbR 16/2008 Anm.1.; BAG 7. 12. 06 NZA 2007, 617f., BAG 10. 12. 09 NZA 2010, 398f.; a. A. *Balders/Lepping,* NZA 2005, 854, 857). Sie konkretisiert viel mehr den im gesamten Kündigungsschutzrecht geltenden **Verhältnismäßigkeitsgrundsatz,** wonach die Kündigung nur als letztes Mittel zulässig ist, wenn alle zumutbaren Möglichkeiten zu ihrer Vermeidung ausgeschöpft sind. Die in § 84 Abs. 1 und 2 vorgeschriebene Prävention ist zwar nicht selbst das gegenüber der Kündigung mildere Mittel; sie dient jedoch dem Zweck zu klären, ob alternative Beschäftigungsmöglichkeiten z. B. durch Umgestaltung des Arbeitsplatzes und des Arbeitsumfeldes oder eine Weiterbeschäftigung zu geänderten Arbeitsbedingungen, und damit mildere Mittel, bestanden hätten (BAG 10. 12. 09 NZA 2010, 398f.; BAG 23. 4. 2008 – 2 AZR 1012/06; LAG Niders. 25. 10. 2006 BB 2007, 719, 722; LAG Köln 26. 10. 2009 – 2 Sa 292/09). Nutzt der Arbeitgeber daher das im Gesetz vorgesehene Präventionsverfahren nicht und kündigt er, riskiert er, dass die Unwirksamkeit der Kündigung festgestellt wird, weil andere arbeitsplatzerhaltende Möglichkeiten auf der Basis von Hilfsangeboten etwa des Integrationsamtes zur Verfügung gestanden hätten. Für die Feststellung, ob leidensgerechte Weiterbeschäftigungsmöglichkeiten in Betracht kommen, kann sich der Arbeitgeber bei einem unterlassenem Präventionsverfahren nicht auf die allgemeine Behauptung

beschränken, andere Beschäftigungsmöglichkeiten stünden für den dauerhaft erkrankten Arbeitnehmer nicht zur Verfügung. Nach der Rechtsprechung des 2. Senats des BAG hat der Arbeitgeber in einem derartigen Fall **erhöhte Anforderungen** an seine **Darlegungs- und Beweislast** im Kündigungsschutzprozess zu erfüllen. Die Kündigung ist dann nur wirksam, wenn dem Arbeitgeber der Nachweis gelingt, dass die Kündigung selbst bei Durchführung des Präventionsverfahrens nicht hätte verhindert werden können. Dazu muss er nicht nur pauschal, sondern konkret vortragen, dass und weshalb eine leidensgerechte Anpassung und Veränderung des Arbeitsplatzes, evtl. durch die Inanspruchnahme von Hilfen der Sozialversicherungsträger und ggf. des Integrationsamtes, und auch der alternative Einsatz auf einem anderen Arbeitsplatz nicht möglich oder zumutbar waren (BAG 10. 12. 09 NZA 2010, 398f.; BAG 23. 4. 2008 – 2 AZR 1012/06, dazu *Gagel,* jurisPR-ArbR 46/2008 Anm. 3; BAG 12. 7. 07, a.a.O.; BAG 7. 12. 06 NZA 2007, 617, 620; BAG 4. 10. 2005 NZA 2006, 442, 445; krit: *Tschöpe,* NZA 2008, 398). Der Arbeitgeber kann sich z. B. nicht darauf beschränken vorzutragen, dass die Art der Erkrankung eine leidensgerechte Beschäftigung auf jedem Arbeitsplatz im Betrieb ausschließe, wenn im Rahmen eines BEM nicht geprüft worden ist, ob und inwieweit auf dem bisherigen Arbeitsplatz krankmachende Faktoren (z. B. Konfliktsituationen, Mobbing am Arbeitsplatz) beseitigt werden können (LAG Köln 26. 10. 2009 – 2 Sa 292/09; zustimm. *Gagel,* jurisPR-ArbR 8/2010 Anm.5).

Diese Grundsätze gelten nicht nur bei einem gänzlich unterbliebenen BEM, sondern auch dann, wenn das BEM **nicht ordnungsgemäß** durchgeführt worden ist. Der 2. Senat hat in zwei Entscheidungen näher beschrieben, welche **Mindeststandards** einzuhalten sind, damit von einem ordnungsgemäßen BEM ausgegangen werden kann (BAG 10. 12. 09 NZA 2010, 398; BAG 10. 12. 09 NZA 2010, 639). Voraussetzung ist: (1) Die Unterrichtung und Beteiligung der im Gesetz vorgesehenen Teilnehmer eines BEM, (2) Ernsthafter, an den Zielen eines BEM orientierter Klärungsversuch mit allen Beteiligten, (3) Erörterung aller eingebrachter Vorschläge, wobei kein bestimmtes Verfahren und kein bestimmtes Ergebnis vorgegeben ist, aber auch keine Möglichkeit von vorneherein ausgeschlossen werden darf (BAG 10. 12. 2009, a.a.O.). Das LAG Düsseldorf hatte das Vorliegen eines ordnungsgemäßen BEM verneint, weil nur die Anpassung des bisherigen Arbeitsplatzes und nicht auch die Möglichkeit einer alternativen Beschäftigung auf einem anderen Arbeitsplatz geprüft worden war (LAG Düsseldorf 30. 1. 2009 – 9 Sa 699/08). Diese Auffassung hat das BAG verworfen und zur Begründung auf das BEM als einem verlaufs- und ergebnisoffenen Suchprozess verwiesen, bei dem die Beteiligten es in der Hand haben, alle sinnvoll erscheinenden Gesichtspunkte und Lösungsmöglichkeiten in das Gespräch einzubringen. Der schwerbe-

21

hinderte Arbeitnehmer, der bestimmte alternative Beschäftigungsmöglichkeiten im Rahmen des BEM nicht zum Gesprächsgegenstand
mache, könne sich daher nicht wegen der fehlenden Erörterung dieser
Möglichkeiten auf ein nicht ordnungsgemäß durchgeführtes BEM berufen (BAG 10. 12. 09, a.a.O. S. 641). Mit dieser Rechtsprechung stärkt
das BAG die vom Gesetz vorgegebene Bedeutung des BEM, indem es
beide Parteien im eigenen Interesse dazu zwingt, sich wegen der Auswirkungen im Kündigungsschutzprozess ernsthaft um Lösungsmöglichkeiten im Rahmen des BEM zu bemühen.

22   Ein BEM ist ebenfalls nicht ordnungsgemäß, wenn es **nicht rechtzeitig** erfolgt ist, weil mit der Prüfung von Beschäftigungsalternativen zu spät begonnen worden ist, so dass in der Vergangenheit frei
gewordene Arbeitsplätze zum Zeitpunkt der Kündigung besetzt sind
(ArbG Berlin 29. 1. 2009 – 33 Ca 16090/08, dazu *Gagel,* jurisPR-ArbR
24/2009 Anm.5; *Stähler,* jurisPR-SozR 10/2010 Anm.3).

23   Hat das (ordnungsgemäß) durchgeführte BEM das **positive Ergebnis**, dass eine bestimmte Maßnahme empfohlen wird, so ist der Arbeitgeber verpflichtet, vor Ausspruch einer Kündigung zunächst diese
Maßnahme als milderes Mittel **umzusetzen** (BAG 10. 12. 09 NZA
2010, 398f.). Lehnt der Arbeitnehmer eine im Rahmen des BEM vorgeschlagene alternative leidensgerechte Weiterbeschäftigungsmöglichkeit ab, bleibt der Arbeitgeber dennoch verpflichtet, das abgelehnte
Angebot durch **Änderungskündigung** anzubieten (BAG 23. 4. 08 – 2
AZR 1012/06; LAG Rh-Pfl. 2. 4. 2009 – 10 Sa 495/08). Ist die vorgeschlagene Maßnahme von einer **Mitwirkung des Arbeitnehmers**
abhängig (z. B. Teilnahme an einer REHA-Maßnahme), muss der Arbeitgeber vor Ausspruch einer Kündigung den Arbeitnehmer zunächst
unter Fristsetzung zur Umsetzung der vorgeschlagenen Maßnahme
auffordern und ihm gleichzeitig mitteilen, dass er im Weigerungsfall
mit einer Kündigung rechnen muss (BAG 10. 12. 09, a.a.O. S. 400). Hat
das (ordnungsgemäße) BEM zu dem **negativen Ergbnis** geführt, dass
keine leidensgerechten Weiterbeschäftigungsmöglichkeiten bestehen,
kann sich der Arbeitgeber im Kündigungsschutzprozess auf dieses
Ergebnis stützen (BAG 23. 4. 2008 – 2 AZR 1012/06). In diesem Fall
soll sich der Arbeitnehmer mit Erfolg weder auf alternative Beschäftigungsmöglichkeiten, die schon im Rahmen des BEM ernsthaft erörtert und verworfen worden sind, noch auf Alternativen berufen
können, die bisher nicht eingebracht wurden. Der Arbeitnehmer soll
nur noch auf Möglichkeiten verweisen können, die sich erst nach Abschluss des BEM ergeben haben (BAG 10. 12. 09 NZA 2010, 398f.).
Diese Auffassung überzeugt nicht. Sie steht im Widerspruch dazu, dass
der Arbeitnehmer gesetzlich nicht zur Teilnahme an einem BEM verpflichtet ist. Seine Ablehnung, an einem BEM mitzuwirken, muss daher, – unabhängig davon, ob der **Arbeitnehmer** die Mitwirkung vollständig ablehnt oder, ob er nur **unvollständig zum Erfolg des BEM**

beiträgt – die gleichen Rechtsfolgen nach sich ziehen. Der Arbeitnehmer, der der Durchführung eines BEM nicht zugestimmt hat, wird im Kündigungsschutzprozess mit seinem Vortrag, dass behindertengerechte Weiterbeschäftigungsmöglichkeiten bestehen, nicht von vorneherein ausgeschlossen. Es gelten für den Arbeitgeber lediglich keine erhöhten Anforderungen an die Darlegungs- und Beweislast (s. RdNr. 20). Der nur unvollständige Beitrag des Arbeitnehmers zum Gelingen des BEM kann daher nicht mit einer weitergehenden Rechtsfolge verbunden sein (so auch *Deinert,* NZA 2010, 969, 974).

Ob die vom 2. Senat entwickelten Mindeststandards im Einzelfall **24** erfüllt sind, ist im Kündigungsschutzprozess von erheblicher Bedeutung. Es wird daher darauf ankommen, konkret darlegen und beweisen zu können, ob die im Gesetz vorgesehenen Personen und Stellen tatsächlich beteiligt und, welche Vorschläge im Rahmen des BEM erörtert worden sind. Es empfiehlt sich daher, Verfahrensablauf, Gesprächsinhalte und Ergebnisse eines BEM genau zu **dokumentieren** (*Oelkers/Brugger,* NJW-Spezial 2010, 370).

Ein unterlassenes oder nicht ordnungsgemäß durchgeführtes BEM **25** hat nicht nur Auswirkungen auf aus krankheitsbedingten Gründen ausgesprochene Kündigungen. Ein unterbliebenes BEM ist auch im Rahmen einer **betriebsbedingten Kündigung,** nämlich bei der Frage, inwieweit Weiterbeschäftigungsmöglichkeiten auf vergleichbaren freien Arbeitsplätzen bestehen, und bei der Beurteilung der Sozialauswahl zu berücksichtigen (LAG Berlin-Brandenburg 4. 1. 2010 – 10 Sa 2071/09; dazu *Stähler,* jurisPR-SozR 10/2010 Anm. 3).

Auch dann, wenn **kein Kündigungsschutz** (Kleinbetrieb oder Be- **26** schäftigung von nicht mehr als 6 Monaten) besteht, ist der Arbeitgeber verpflichtet, ein Präventionsverfahren durchzuführen (so auch *Deinert* in Deinert/Neumann, Handbuch SGB IX, § 18 RdNr. 4; ders. NZA 2010, 969f.). Die unterlassene Prävention kann daher auch in diesem Fall zur Unwirksamkeit der Kündigung führen. Der 6. Senat des BAG lehnt allerdings eine Einschränkung des Kündigungsrechts auf der Grundlage des § 84 ab. Es folgert aus dem erst nach 6 Monaten eingreifenden Sonderkündigungsschutz gemäß § 90 Abs. 1 Ziff. 1, dass der Arbeitgeber während dieser Probezeit nicht verpflichtet sein soll, anderweitige Beschäftigungsmöglichkeiten zur Vermeidung der Kündigung in Betracht zu ziehen (BAG 28. 6. 07 NZA 2007, 1049, 1053). Diese Auffassung überzeugt nicht. Zum einen gilt das Präventionsverfahren gemäß § 84 Abs. 2 für alle Beschäftigte und nicht nur für schwerbehinderte Menschen, zum anderen enthält die Präventionsregelung keinen Geltungsausschluss für die ersten 6 Monate. Richtigerweise muss jedoch bei einer Kündigung während der Wartezeit ein anderer Prüfungsmaßstab angewandt werden. Beachtlich ist ein nicht durchgeführtes Präventionsverfahren jedenfalls dann, wenn ein Arbeitgeber die Zielsetzung des § 84 völlig ignoriert und sich in keiner Weise darum bemüht hat, die zukünftige Einsetzbarkeit des Arbeitnehmers zu klären (LAG 17. 11. 2005 – 4 Sa 328/05; so auch *Fabricius,* jurisPK-SGB IX, § 84 RdNr. 38). Es ist nicht auszuschließen, dass auch der 6. Senat des BAG diesem Grundsatz folgt, da er ausdrücklich eine Kündigung deshalb als nicht treuwidrig angesehen hat, weil im zu entscheidenden Fall der Arbeitgeber Versuche unternommen hatte, nach Beschäftigungsmöglichkeiten für den gesundheitlich eingeschränkten Arbeitnehmer zu suchen (BAG 28. 6. 07, a.a.O.).

27 **2. Schadensersatz.** Die fehlende Durchführung der gesetzlich vorgeschriebenen Prävention kann auch Schadensersatzansprüche des betroffenen Arbeitnehmers gemäß § 280 Abs. 1 BGB bzw. gemäß § 823 Abs. 2 BGB i. V. m. § 84 begründen, wenn eine leidensgerechte Weiterbeschäftigung bei Beachtung des Präventionsverfahrens möglich und zumutbar gewesen wäre. Als Rechtsfolge kommen Vergütungsansprüche oder die Wiedereinstellung in Betracht (*Stück,* br 2007, 181, 183; *Düwell,* LPK-SGB IX, § 84 RdNr. 83).

28 **3. Verfahren beim Integrationsamt:** Umstritten ist, ob die Durchführung eines Präventionsverfahrens formelle Rechtmäßigkeitsvoraussetzung für die Zustimmungsentscheidung des Integrationsamtes ist. Die verwaltungsgerichtliche Rechtsprechung geht überwiegend davon aus, dass dies nicht der Fall ist und daher allein das unterbliebene Präventionsverfahren noch nicht zur Zurückweisung des Zustimmungsantrags führen muss (BVerwG 29. 8. 07 NJW 2008, 166; OVG NW 5. 3. 2009 – 12 A 122/09; OVG Berlin-Brand. 28. 3. 2007 – 6 B 14.06; a. A. OVG Meckl-Vorpommern 9. 10. 03 br 2005, 143, 146). Teilweise wird im Schrifttum die Auffassung vertreten, dass ein Verstoß gegen die Vorschrift des § 84 zur **formellen Rechtswidrigkeit** des Zustimmungsbescheides führen muss (*Düwell,* LPK-SGB IX, § 84 RdNr. 75f. und § 87 RdNr. 17). Diese Ansicht ist abzulehnen, da die Frage, ob die Einhaltung der Präventionsverpflichtung gemäß § 84 als formelle Rechtmäßigkeitsvoraussetzung anzusehen ist, im Zustimmungsverfahren beim Integrationsamt nicht anders beurteilt werden kann als im arbeitsgerichtlichen Verfahren. Sie ist im Zustimmungsverfahren auch nicht als reine verfahrensrechtliche Formvorschrift zu verstehen wie die Anhörung des schwerbehinderten Menschen oder die Einholung von Stellungnahmen der betrieblichen Interessenvertretungen gemäß § 87 Abs. 2, da das Präventionsverfahren nicht Bestandteil des Zustimmungsverfahrens ist. Im Rahmen der Ermessensentscheidung des Integrationsamtes ist die unterbliebene Prävention allerdings **zu Lasten des Arbeitgebers zu berücksichtigen** (BVerwG 29. 8. 07, a.a.O.; OVG NW 5. 3. 2009, a.a.O.; OVG Berlin-Brand. 28. 3. 2007, a.a.O.; *Kayser,* br 2008, 65, 67; *Trenk-Hinterberger,* SGB IX, § 84 RdNr. 21). Sind daher Anhaltspunkte dafür gegeben, dass bei gehöriger Durchführung des Präventionsverfahrens die Möglichkeit bestanden hätte, die Kündigung zu vermeiden, darf die Zustimmung

nicht erteilt werden. Zweckmäßig und zulässig ist es außerdem, dass das **Integrationsamt** in einem Fall, in dem Maßnahmen der Prävention vor Ausspruch der Kündigung nicht erörtert worden sind, den **Arbeitgeber** zunächst auf seine **gesetzliche Verpflichtung hinweist** und ihn zur **Nachholung auffordert** (*Britschgi*, AiB 2005, 284,287; *Schimanski*, br 2002, 121, 126; *Deinert* in Deinert/Neumann, Handbuch SGB IX, §18 RdNr. 12). Das Integrationsamt ist auch deshalb verpflichtet, sorgfältig zu prüfen, ob der Arbeitgeber seiner Präventionsverpflichtung nachgekommen ist, weil nach Auffassung des BAG im Falle einer zustimmenden Entscheidung des Integrationsamtes nur beim Vorliegen besonderer Anhaltspunkte davon ausgegangen werden kann, dass bei Durchführung der Prävention nach Abs. 1 die Kündigung hätte verhindert werden können (BAG 7. 12. 06 NZA 2007, 618, 620). Dies kann allerdings nicht in gleicher Weise für das nach Abs. 2 durchzuführende BEM gelten, da andernfalls die Berücksichtigung der Zustimmungsentscheidung schwerbehinderte Menschen gegenüber nicht behinderten Menschen benachteiligen würde (LAG Düsseldorf 30. 1. 2009 – 9 Sa 699/08).

4. Beamtenverhältnis. Die Verpflichtung, ein BEM einzuleiten, **29** gilt auch im Beamtenverhältnis, wenn ein Beamter länger als 6 Wochen innerhalb von 12 Monaten oder wiederholt dienstunfähig ist. Die Verpflichtung, Maßnahmen zur Erhaltung des bisherigen Amtes oder Beschäftigungsalternativen zu klären, besteht auch dann, wenn sich bereits eine dauernde **Dienstunfähigkeit und Versetzung in den Ruhestand** gemäß §44 BBG abzeichnet, da grundsätzlich die Präventionsverpflichtung des §84 Abs. 2 Vorrang genießt (*Gagel/Schian*, br 2007, 185, 188; a. A. OVG Niedersachsen 29. 1. 2007 – 5 ME 61/07; VG Gelsenkirchen 25. 6. 2008 – 1 K 3679/07; offen gelassen: OVG NW 21. 5. 2010 – 6 A 816/09). Die Anordnung der Ruhestandsversetzung ist bei einem fehlendem Präventionsverfahren allerdings nicht bereits formell unwirksam (OVG NW 21. 5. 2010, a.a.O.; OVG NW 29. 10. 2009 – 1 A 3598/07; OVG Schlesw.-Holst. 19. 5. 2009 – 3 LB 27/08). Zu berücksichtigen ist jedoch, dass ein BEM bereits nach einer 6-wöchigen Erkrankung eingeleitet werden muss, während das Verfahren zur Beurteilung der Dienstfähigkeit erst bei einer Erkrankung von 3 Monaten innerhalb eines Zeitraumes von 6 Monaten einsetzt. Wie im Kündigungsschutzverfahren ist daher auch im Verfahren zur Versetzung in den Ruhestand zu prüfen, ob bei einer rechtzeitigen Einleitung des Präventionsverfahren die evtl. eingetretene Dienstunfähigkeit **vermeidbar** gewesen wäre. Nach einer Entscheidung des OVG Meckl-Vorpommern führt die Nichtbeachtung des §84 Abs. 1 schon zur formellen Rechtswidrigkeit einer dienstlichen Beurteilung (Beschl. v. 9. 10. 2003 br, 2005,143,146).

VI. Prämien und Bonuszahlungen (Abs. 3)

30   Abs. 3 verfolgt das Ziel, Arbeitgeber durch einen wirtschaftlichen
Anreiz zu motivieren, ein generelles betriebliches Eingliederungsmanagement einzuführen. Die Durchführung eines BEM im Einzelfall
und die Einhaltung von gesetzlichen Vorschriften, wozu der Arbeitgeber ohnehin verpflichtet ist, reichen nicht aus (*Welti,* Soziale Sicherheit
2008, 125, 129; *Deinert,* NZA 2010, 969, 971). Die Zahlung von Prämien
und Boni durch die Rehabilitationsträger und des Integrationsamtes
dient vielmehr dem Zweck, ein vorbildliches Verhalten und besonderes
Engagement bei behinderungs- und gesundheitgerechter Beschäftigung einzelner Arbeitgeber zu honorieren (*Feldes,* br 2004, 187, 193;
Deinert, a.a.O.; *Welti,* a.a.O.). Unter einem Bonus sind dabei Ermäßi-
gungen der Sozialversicherungsbeiträge zu verstehen (*Welti,* NZS
2006, 623, 628).

Kapitel 4. Kündigungsschutz

Erfordernis der Zustimmung

85 Die Kündigung des Arbeitsverhältnisses eines schwerbehinderten Menschen durch den Arbeitgeber bedarf der vorherigen Zustimmung des Integrationsamtes.

Übersicht

Müller-Wenner

I. Allgemeines

1   Die Vorschrift regelt den besonderen Kündigungsschutz schwerbehinderter Arbeitnehmer, indem sie die Wirksamkeit der arbeitge-
berseitigen Kündigung von der vorherigen Zustimmung des Integrationsamtes abhängig macht. Sie enthält eine sog. **Verbotsnorm mit
Erlaubnisvorbehalt.**

2   Zweck der Regelung ist, schwerbehinderte Arbeitnehmer in besonderer Weise vor dem Verlust ihres Arbeitsplatzes zu schützen. Sie dient
damit dem vom Gesetzgeber angegebenen Ziel, die Beschäftigung
schwerbehinderter Menschen zu fördern.

3   Zwischen diesem **gesetzgeberischen Ziel** und der **sozialen Wirk-
lichkeit** ist indessen eine erhebliche Diskrepanz festzustellen. So führt
die weit überwiegende Zahl der beim Integrationsamt abgeschlossenen
Kündigungsverfahren zum Verlust des Arbeitsplatzes. Im Jahr 2009
war dies etwa ein Anteil von 77 % (s. Jahresbericht der Bundesarbeitsgemeinschaft der Integrationsämter und Hauptfürsorgestellen, 2010,
S. 36). Diese Quote zeigt, dass die bei Arbeitgebern verbreitete Vor-
stellung, schwerbehinderte Arbeitnehmer könnten aufgrund ihres besonderen Schutzes so gut wie nicht entlassen werden, tatsächlich nicht
begründbar ist.

II. Entstehungsgeschichte

Sonderkündigungsschutz für Schwerbehinderte wurde erstmalig 4 unter dem Eindruck der Folgen des 1. Weltkrieges mit einer großen Zahl von Kriegsversehrten durch die Verordnung vom 9. 1. 1919 eingeführt. Mit § 12 SchwbeschG 1923 sah eine gesetzliche Regelung erstmals auf Dauer für Kündigungen das Erfordernis einer vorherigen Zustimmung der Hauptfürsorgestelle vor. Im Wesentlichen unverändert übernahm diese Regelung das SchwbeschG von 1953. Mit dem SchwbG 1974 wurde auch die außerordentliche Kündigung in den Sonderkündigungsschutz miteinbezogen und eine nachträgliche Heilung der ohne Zustimmung erteilten Kündigung ausgeschlossen. Das SchwbG 1986 hielt zwar am Zustimmungserfordernis vor Ausspruch der Kündigung in § 15 fest, schränkte den Schutz jedoch durch den Ausnahmekatalog in § 20, vor allem durch die Einführung der Wartezeit von 6 Monaten in § 20 Abs. 1 Nr. 1, erheblich ein.

Auch auf dem Gebiet der DDR galten besondere Kündigungs- 5 schutzvorschriften für Schwerbehinderte. Mit dem Staatsvertrag vom 25. 6. 1990 hat die DDR mit Gesetz vom 21. 6. 1990 das SchwbG von 1986 übernommen. Die noch im Einigungsvertrag vom 23. 9. 90 enthaltenen Übergangsregelungen bestehen nicht mehr.

Die Regelung des § 15 SchwbG 1986 ist in § 85 inhaltlich unverändert übernommen worden. Es wurde lediglich die Bezeichnung „Hauptfürsorgestelle" in „Integrationsamt" geändert.

III. Geltungsbereich

1. Persönlich. Der besondere Kündigungsschutz gilt für alle 6 **schwerbehinderten und ihnen gleichgestellten Arbeitnehmer.** Dies ergibt sich aus der Verweisung in § 68 Abs. 1. Gemäß § 2 Abs. 2 liegt eine Schwerbehinderung bei einem Grad der Behinderung von mindestens 50 vor; bei einem Grad der Behinderung von mindestens 30 erfolgt unter den Voraussetzungen des § 2 Abs. 3 eine Gleichstellung (siehe Erläuterungen zu § 2).

Auf den Umfang der Arbeitsleistung kommt es nicht an. Zum 7 geschützten Personenkreis gehören **Teilzeitbeschäftigte** und auch Geringfügig Beschäftigte. Dem Sonderkündigungsschutz unterfallen ebenso **Leiharbeitnehmer** oder **leitende Angestellte.** Er gilt auch für **Auszubildende** (BAG 10. 12. 87 NZA 1988, 428) und gemäß § 127 Abs. 2 auch für in **Heimarbeit** beschäftigte schwerbehinderte Menschen, obwohl diese keine Arbeitnehmer sind. Auf andere arbeitnehmerähnliche Personen kann der Sonderkündigungsschutz **nicht** analog angewendet werden.

8   Er gilt nicht für die **Mitglieder von Vertretungsorganen** von juristischen Personen oder Personengesamtheiten im Sinne des § 5 Abs. 1 S. 3 ArbGG, nicht für die **Gesellschafter** einer OHG sowie die Gesellschafter einer KG oder BGB-Gesellschaft. Mitglieder eines Vertretungsorgans einer juristischen Person, etwa der Geschäftsführer einer GmbH, genießen ausnahmsweise den Sonderkündigungsschutz, wenn sie aufgrund ihrer persönlichen Abhängigkeit und Weisungsgebundenheit in einem Arbeitsverhältnis stehen. Nur dann findet auf das Vertragsverhältnis materielles Arbeitsrecht und damit auch der Sonderkündigungsschutz Anwendung (BAG 25. 5. 99 – AZB 30/98). In der Regel ist in diesen Fällen von einem Dienstverhältnis auszugehen (OLG München 16. 5. 2007 – 14 U 399/04). Auch der Abschluss eines Geschäftsführerdienstvertrages ist kein Arbeitsvertrag (BAG 8. 6. 2000 NZA 2000, 1013).

9   Dem besonderen Kündigungsschutz unterfallen auch nicht **Richter, Beamte und Soldaten**, da sie in einem öffentlich-rechtlichen Dienst- und Treueverhältnis stehen. Hier bestehen Sonderregelungen gemäß § 128 (siehe Erläuterungen dort). Seit der Aufhebung des § 128 Abs. 2 durch das Gesetz zur Förderung der Ausbildung und Beschäftigung schwerbehinderter Menschen vom 23. 4. 2004 muss das Integrationsamt vor einer Entlassungsverfügung oder einer Versetzung in den vorzeitigen Ruhestand auch nicht mehr angehört werden.

10   **2. Räumlich.** In Deutschland lebende **Ausländer** und **Staatenlose** genießen den Kündigungsschutz in gleicher Weise wie Deutsche. Ob der Arbeitgeber eines inländischen Betriebes Deutscher ist spielt ebenfalls keine Rolle. Dagegen ist der besondere Kündigungsschutz nicht anwendbar für Betriebe im Ausland, und zwar selbst dann nicht, wenn der Arbeitgeber Deutscher ist. Es ist also nicht maßgeblich, welches Recht die Vertragsparteien in sog. Arbeitsvertragsstatuten vereinbart haben. Es gilt das sog. **Territorialprinzip.** Der Kündigungsschutz ist räumlich auf Arbeitsverhältnisse in der Bundesrepublik Deutschland **beschränkt** (BAG 30. 4. 87 NZA 1988, 135). Dies bedeutet zum einen, dass schwerbehinderte Arbeitnehmer, die mit einem Unternehmen mit Sitz im Ausland einen Arbeitsvertrag im Ausland geschlossen haben, dann aber in Deutschland nicht nur vorübergehend arbeiten, dem Sonderkündigungsschutz unterfallen können. Zum anderen kann es bedeuten, dass deutsche Arbeitnehmer bei einer Beschäftigung im Ausland den Sonderkündigungsschutz nicht mehr genießen. Dies gilt etwa dann, wenn der Einsatz des deutschen Arbeitnehmers nur und ständig im Ausland vereinbart ist, es sich also um ein **reines Auslandsarbeitsverhältnis** handelt. Ohne Bedeutung ist in diesem Fall, dass die Parteien die Anwendung deutschen Rechts vereinbart haben (BAG 30. 4. 87 NZA 1988, 135; *Reiter,* NZA 2004, 1246, 1253; *Hickl,* NZA 1988, 10, 15).

11   Liegt dagegen nur eine vorübergehende Entsendung des deutschen Arbeitnehmers z. B. auf eine auswärtige Baustelle zu **Montagearbei-**

ten im Ausland vor, ohne dass es zu einer Verlagerung des gewöhnlichen Arbeitsortes kommt, bleibt der Sonderkündigungsschutz erhalten (BAG 30. 4. 87, a. a. O.; zu Einzelheiten siehe auch *Hönsch*, NZA 1988, 113). Das Gleiche gilt, wenn schwerbehinderte Arbeitnehmer bei deutschen Dienststellen oder Zweigbetrieben im Ausland zeitlich im voraus befristet beschäftigt werden (§ 4 SGB IV: sog. **Ausstrahlungsprinzip**).

Sonderkündigungsschutz gilt auch für Schwerbehinderte, die auf **12 Schiffen** unter deutscher Flagge eingesetzt werden (GK-SGB IX-*Lampe*, § 85 RdNr. 26).

Nach Art. 56 Abs. 1a des Zusatzabkommens zum NATO-Truppenstatut vom 19. 6. 1951 mit Abkommen vom 3. 8. 59 gilt für die **Zivilbeschäftigten** der in Deutschland stationierten **alliierten Streitkräfte** ebenfalls der Sonderkündigungsschutz des SGB IX (*Neumann/Pahlen/ Majerski-Pahlen*, SGB IX, § 85 RdNr. 30; *Düwell*, LPK-SGB IX, vor § 85 RdNr. 5).

Nicht unter den Sonderkündigungsschutz fallen dagegen die Be- **13** schäftigten der gemäß den §§ 18–20 GVG exterritorialen Mitglieder diplomatischer Missionen (*Dörner*, SchwbG, § 15 RdNr. 7; *Düwell*, LPK-SGB IX, vor § 85 RdNr. 5).

3. Sachlich. Die Geltung des Sonderkündigungsschutzes setzt das **14 Bestehen eines Arbeitsverhältnisses** voraus. Das Gesetz enthält keine eigene Definition und nimmt damit Bezug auf den allgemeinen arbeitsrechtlichen Arbeitnehmerbegriff. Verwendet der Gesetzgeber nämlich einen in Literatur und Rechtsprechung gebräuchlichen Begriff, ohne ihn selbst zu definieren, spricht dies dafür, dass dieser Begriff in der herkömmlichen Bedeutung übernommen werden soll (BAG 12. 2. 92 AP Nr. 52 zu § 5 BetrVG 1972). Nach der Rechtsprechung des BAG ist Arbeitnehmer, wer seine Dienstleistung im Rahmen einer von Dritten bestimmten Arbeitsorganisation erbringt. Wesentlich ist die persönliche Abhängigkeit sowie die Eingliederung in eine fremde Betriebsorganisation (BAG 12. 9. 96 NZA 1997, 194; BAG 26. 5. 99 NZA 1999, 983). Sog. **Freie Mitarbeiter** unterliegen daher nicht dem besonderen Kündigungsschutz. Das gilt auch für behinderte Menschen, die gemäß § 138 Abs. 1 in Werkstätten für Behinderte außerhalb eines Arbeitsverhältnisses beschäftigt werden. Nicht erforderlich ist die Beschäftigung in einem Betrieb. Der besondere Kündigungsschutz ist auch im Rahmen einer Beschäftigung in einem Privathaushalt zu beachten (ArbG Düsseldorf 12. 1. 2009 – 2 Ca 6263/08).

Liegt ein sog. **Gruppenarbeitsverhältnis** vor, genießen alle Grup- **15** penmitglieder den besonderen Kündigungsschutz, obwohl nur ein Mitglied schwerbehindert ist. Ein Gruppenarbeitsverhältnis wird angenommen, wenn Arbeitnehmer zu einer gemeinsamen Dienstleistung verpflichtet sind und deshalb deren Arbeitsverhältnisse nur einheitlich gekündigt werden können. Dies ist z. B. bei der gemeinsamen

Leitung eines Kinderheims durch ein Ehepaar bejaht worden (BAG 21.10.71 AP Nr.1 zu § 611 BGB Gruppenarbeitsverhältnis). Ein vergleichbarer Fall könnte je nach Vertragsgestaltung das Hausmeisterpaar einer Schule sein, nicht aber etwa die Bau- oder Fliesenlegerkolonne, da die Arbeitsleistung auch einzeln erbracht werden kann.

16   § 85 gilt nicht für die schwerbehinderten Menschen, auf die die in § 90 Abs. 1, 2 und 2a aufgeführten **Ausnahmetatbestände** Anwendung finden. Die Zustimmungspflicht besteht danach nicht für bestimmte Arbeitsplätze, die auch bei der Berechnung der Pflichtzahl nicht mitzählen (§ 90 Abs.1 Ziff. 2) und für besondere Personengruppen (§ 90 Abs.1 Ziff. 3) sowie für die besondere Form der Entlassung aus witterungsbedingten Gründen (§ 90 Abs. 2).

Wichtigste Ausnahme vom Sonderkündigungsschutz ist nach § 90 Abs.1 Nr. 1, die erstmals in das SchwbG 1986 eingefügt wurde, ist die Regelung, dass das Arbeitsverhältnis ohne Unterbrechung zum Zeitpunkt des Kündigungszugangs **länger als 6 Monate** bestanden haben muss. Es gilt demnach auch für den besonderen Kündigungsschutz der Schwerbehinderten die Wartezeit des Kündigungsschutzgesetzes. Eine weitere wichtige Einschränkung hat der Kündigungsschutz durch die Einfügung des § 90 Abs.2a aufgrund des Gesetzes vom 23. 4. 2004 (BGBl. I S. 606) erfahren (s. dazu Erläuterungen zu § 90).

17   Vom Geltungsbereich des § 85 dagegen erfasst ist **jede Art der Kündigung**, sei es die ordentliche, die außerordentliche Kündigung oder die Änderungskündigung. Es muss sich allerdings um eine Kündigung des Arbeitgebers handeln. Die Eigenkündigung des schwerbehinderten Arbeitnehmers ist nicht zustimmungspflichtig (s. RdNr. 40).

18   Das Zustimmungserfordernis besteht im Falle der **Insolvenz** und ist auch bei der Kündigung durch den Insolvenzverwalter zu beachten (LAG Hamm 12. 2. 01 NZA-RR 2002, 157).

19   Das Zustimmungserfordernis ist auch nicht davon abhängig, dass der Arbeitgeber überhaupt **beschäftigungspflichtig** ist und ob er seine Beschäftigungspflichten gemäß §§ 71 ff. erfüllt hat. Auch die Größe des Betriebes ist ohne Bedeutung. Ausnahmeregeln für **Kleinbetriebe** wie in § 23 Abs. 1 KSchG bestehen nicht.

IV. Beendigung des Arbeitsverhältnisses durch Kündigung des Arbeitgebers

20   Der besondere Kündigungsschutz gilt für jede arbeitgeberseitige Kündigung eines schwerbehinderten oder gleichgestellten schwerbehinderten Arbeitnehmers. Voraussetzung ist entweder, dass zum Zeitpunkt des **Zugangs der Kündigung** die Schwerbehinderteneigenschaft besteht oder die Gleichstellung festgestellt ist. Es sind **verschiedene Fallgruppen** zu unterscheiden.

1. Schwerbehinderung bei Kündigungszugang. Die Feststel- 21
lung der Schwerbehinderteneigenschaft durch einen entsprechenden
Bescheid des Versorgungsamtes hat keine konstitutive, sondern nur **deklaratorische Bedeutung.** Dies ergibt sich aus § 2 Abs. 2 und § 69
Abs. 1 S. 1, wonach das Vorliegen eines GdB von 50 behördlich lediglich
festgestellt wird, sowie aus einem Umkehrschluss aus § 2 Abs. 2 S. 2,
wonach nur die Gleichstellung mit dem Tag des Antrags wirksam wird.
Der Bescheid des Versorgungsamtes erleichtert daher dem schwerbehinderten Arbeitnehmer, der sich auf seinen Kündigungsschutz beruft,
nur den Nachweis seiner Schwerbehinderteneigenschaft.

Steht zum Zeitpunkt des **Kündigungszugangs** aufgrund eines ent- 22
sprechenden **Bescheides** die Schwerbehinderung fest, ist die Kündigung zustimmungspflichtig. Das Gleiche gilt, wenn die Schwerbehinderteneigenschaft zwar nicht festgestellt, aber **offenkundig** ist. Dann
ist als Nachweis die behördliche Feststellung entbehrlich (BAG 13. 2. 08
NZA 2008, 1055; BAG 18. 2. 2000 NZA 2001, 315; BAG 16. 1. 85 NZA
1986, 31).

Die Offenkundigkeit muss sich allerdings nicht nur auf die Behinde- 23
rung selbst, sondern auch auf den Grad der Behinderung von 50 beziehen. Die Voraussetzungen für eine Gleichstellung können daher
für den Arbeitgeber nicht offenkundig sein (BAG 24. 11. 05 NZA
2006, 665, 667). Offenkundigkeit wird z. B. bei Kleinwuchs, dem Verlust von Gliedmaßen, Blindheit und Taubheit oder der abstoßenden
Entstellung des Gesichtes angenommen (BAG 18. 2. 2000, a.a.O.; BAG
13. 2. 2008, a. a. O).

2. Antrag auf Schwerbehinderung. Allgemein anerkannt ist, dass 24
es für den Erhalt des Sonderkündigungsschutzes ausreicht, dass der
schwerbehinderte Arbeitnehmer zum Zeitpunkt des **Kündigungszugangs** einen entsprechenden Antrag beim Versorgungsamt gestellt hat.
Wird die Schwerbehinderteneigenschaft **rückwirkend festgestellt**,
ist die ohne Zustimmung ausgesprochene Kündigung unwirksam
(BVerwG 15. 12. 88 NZA 1989, 554; BAG 24. 11. 05 NZA 2006, 665;
BAG 20. 1. 05 NZA 2005, 689; BAG 7. 3. 02 NZA 2002, 1145). Diese
Regelung hat durch die Vorschrift des § 90 Abs. 2a eine wesentliche
Einschränkung erfahren. § 90 Abs. 2a wird von der inzwischen gefes-
tigten Rechtsprechung so verstanden, dass Sonderkündigungsschutz
nur bei einer Antragstellung von mindestens drei Wochen vor Zugang
der Kündigung besteht (BAG 1. 3. 07 NZA 2008, 302; BAG 29. 11. 07
NZA 2008, 361; näher dazu § 90 RdNr. 37). Der bisherige Streit, ob
der Sonderkündigungsschutz auch bei einer Antragstellung kurz nach
Zugang der Kündigung besteht (s. dazu Vorauflage § 85 RdNr. 26ff), ist
damit obsolet geworden.

Umstritten ist, ob das **Integrationsamt** auf Antrag des Arbeitgebers 25
tätig werden kann und muss, wenn die Schwerbehinderteneigenschaft
noch nicht durch das Versorgungsamt festgestellt worden ist. Das ist zu

bejahen (s. Einzelheiten unter § 88 RdNr. 7). Es ist befugt, eine **Entscheidung in der Sache** zu treffen; bei einer außerordentlichen Kündigung muss es auch die Frist des § 91 Abs. 3 einhalten, andernfalls gilt die Zustimmung als erteilt (siehe Kommentierung dort). Der Arbeitgeber kann also das **Zustimmungsverfahren** auch **vorsorglich einleiten**. Es ergeht dann ein vorsorglicher Verwaltungsakt des Integrationsamtes, der dem Arbeitgeber im Falle der Zustimmung das Risiko nimmt, dass die Kündigung unwirksam wird, wenn die Schwerbehinderteneigenschaft später vom Versorgungsamt festgestellt wird (BVerwG 15. 12. 88 NZA 1989, 554; für die ordentliche Kündigung a. A.: BAG 7. 3. 02 NZA 2002, 1145 f.).

26   **3. Gleichstellung.** Während die Feststellung der Schwerbehinderung nur deklaratorische Bedeutung hat, ist die Gleichstellungsentscheidung für den Kündigungsschutz gemäß § 68 Abs. 2 **konstitutiv**. Liegt daher zum Zeitpunkt der Kündigung ein Gleichstellungsbescheid vor, ist die Kündigung zustimmungspflichtig. Das Gleiche gilt, wenn bis zu diesem Zeitpunkt ein entsprechender Antrag auf Gleichstellung gestellt ist, da gemäß § 68 Abs. 2 S. 2 die Gleichstellung mit dem Tag der Antragstellung wirksam wird (BSG 2. 3. 2000 SozR 3-3870 § 2 Nr. 1; VGH Bad.-Württ. 206.2006 – 9 S 604/06; *Neumann/ Pahlen/Majerski-Pahlen,* SGB IX, § 85 Rn. 24). In diesem Fall muss der Antrag allerdings gemäß § 90 Abs. 2a mindestens 3 Wochen vor Kündigungszugang gestellt worden sein (BAG 1. 3. 07 NZA 2008, 302). Insoweit gelten die gleichen Grundsätze wie bei der Antragstellung auf Schwerbehinderung. Wird daher durch entsprechenden behördlichen Bescheid oder nach einem gerichtlichen Verfahren die Gleichstellung nach rechtzeitiger Antragstellung festgestellt, ist die ohne Zustimmung des Integrationsamtes ausgesprochene Kündigung unwirksam.

27   **4. Kenntnis des Arbeitgebers.** Nicht erforderlich ist, dass der Arbeitgeber Kenntnis von der Schwerbehinderteneigenschaft bzw. der Gleichstellung hat. Er muss auch nicht wissen, dass seitens des Arbeitnehmers ein entsprechender Antrag gestellt worden ist. Es kommt lediglich darauf an, ob zum Zeitpunkt des Kündigungszugangs der Kündigung der Arbeitnehmer schwerbehindert oder gleichgestellt war. Auch die rückwirkende Feststellung nach einem vor Zugang der Kündigung gestellten rechtzeitigen Antrag reicht aus (BAG 5. 7. 90 NZA 1990, 612; LAG Berlin 24. 6. 91 NZA 1992, 79, 80).

28   Um sich den besonderen Kündigungsschutz zu erhalten, muss der Arbeitnehmer allerdings seinen Arbeitgeber innerhalb einer bestimmten Frist **nach Zugang der Kündigung** informieren. Nach neuerer Rechtsprechung des BAG beträgt die **Frist drei Wochen** nach Zugang der Kündigung (BAG 13. 2. 08 NZA 2008, 1055; BAG 11. 12. 08 NZA 2009, 556; BAG 6. 9. 07 NZA 2008, 407, 408; BAG 12. 1. 06 NZA 2006, 1035, 1037; *Schmidt,* NZA 2004, 79, 81; krit. LAG Hamm 10. 5. 2007 – 8 Sa 263/07; bisher ein Monat: BAG 5. 7. 90 NZA 1991, 667; BAG 31. 8. 89

NZA 1990, 612; LAG Berlin 24. 6. 91 NZA 1992, 79, 80). Grund ist die Neufassung des § 4 KSchG, wonach sämtliche Unwirksamkeitsgründe, also auch die Unwirksamkeit der Kündigung wegen fehlender Zustimmung des Integrationsamtes, innerhalb von drei Wochen geltend zu machen sind (s. auch RdNr. 74).

Vereinzelt wird vorgeschlagen, die Frist des § 9 Abs. 1 S. 1 MuSchG **29** zur Anzeige einer Schwangerschaft von zwei Wochen entsprechend anzuwenden (KR-*Etzel*, §§ 85–90 SGB IX RdNr. 24). Dies erscheint jedoch nicht möglich, da die gesetzlichen Vorschriften des SGB IX eine bestimmte Frist nicht vorsehen und deshalb eine Analogiefähigkeit nicht besteht. Nach einer anderen Auffassung soll die Unterrichtungspflicht an keine bestimmte Frist gebunden sein; vielmehr seien die allgemeinen Grundsätze der Verwirkung (Zeit- und Umstandsmoment im jeweiligen Einzelfall) heranzuziehen (so KDZ-*Zwanziger*, SGB IX, § 85 RdNr. 26; *Griebeling* in Hauck/Noftz, SGB IX, K § 85 RdNr. 14, 15, der letztlich jedoch auch an der Regelfrist der herrschenden Meinung festhalten will). Im Interesse der Rechtssicherheit und Klarheit erscheint es jedoch sinnvoll, eine bestimmte feste Frist für die Unterrichtung des Arbeitgebers anzunehmen.

Das BAG betont allerdings in neueren Entscheidungen, dass die 3- **30** Wochen-Frist lediglich eine Regelfrist ist, die den allgemeinen Verwirkungstatbestand konkretisiert. In Ausnahmefällen kann die Frist daher auch überschritten werden (BAG 23. 2. 2010 – 2 AZR 659/08). Ist es dem schwerbehinderten Menschen z. B. aus **Krankheitsgründen** (Übertragung der Grundsätze zur Erhebung der Kündigungsschutzklage) **nicht möglich**, den Arbeitgeber **zu unterrichten**, kann eine Verlängerung der Frist geboten sein. Die Überschreitung der Frist führt dann nicht zum Verlust des besonderen Kündigungsschutzes (BAG 16. 1. 85 AP Nr. 14 unter III. 4 b bb zu § 12 SchwbG = NZA 1986, 31). Das Gleiche soll gelten, wenn die Frist nur ganz **unwesentlich überschritten** wird und der Arbeitgeber Kenntnis von solchen gesundheitlichen Beeinträchtigungen des Arbeitnehmers hat, die ihrer Art nach den Schluss auf eine Schwerbehinderung nahelegen (BAG 12. 1. 06 NZA 2006, 1035f.; LAG München 23. 7. 2009 – 4 Sa 1049/08, dazu krit. *Gagel* jurisPR-ArbR 23/2010 Anm. 2; *Braasch* in Deinert/ Neumann, Handbuch SGB IX, § 19 RdNr. 61). In seiner neuesten Entscheidung (23. 2. 2010 – 2 AZR 659/08) dehnt das BAG die Überschreitungsmöglichkeit der Regelfrist zu Gunsten des schwerbehinderten Menschen noch weiter aus. Danach reicht es zur Wahrung der Frist aus, dass der Arbeitgeber über die Schwerbehinderteneigenschaft zugleich mit der **Zustellung der Klageschrift** informiert wird, solange die Klage innerhalb von 3 Wochen rechtzeitig erhoben worden ist (dazu krit. *Gagel*, jurisPR-ArbR 35/2010 Anm. 2).

Bedient sich der Arbeitnehmer zur Unterrichtung des Arbeitgebers **31** eines **Vertreters** oder eines **Boten**, muss er sich dessen Verschulden gemäß § 278 BGB zurechnen lassen. Dies gilt gemäß § 85 Abs. 2 ZPO auch für Prozessbevollmächtigte wie Rechtsanwälte, Gewerkschafts- oder Rechtssekretäre (*Griebeling* in Hauck/Noftz, SGB IX, K § 85 RdNr. 18).

32   Nach den o. a. Grundsätzen muss der Arbeitnehmer demnach seinen Arbeitgeber spätestens innerhalb von drei Wochen nach Zugang der Kündigung darüber unterrichten, dass er schwerbehindert oder gleichgestellt ist oder einen Antrag auf Anerkennung als Schwerbehinderter oder einen Gleichstellungsantrag gestellt hat. Im Streitfall muss er dies durch Vorlage des entsprechenden Bescheides oder der Antragstellung nachweisen. Die **Frist** kann dabei **voll ausgeschöpft** werden (so noch zur Monatsfrist: BAG AP Nr. 14 zu § 12 SchwbG).

33   Die Mitteilung über die Schwerbehinderteneigenschaft muss nicht notwendig gegenüber dem Arbeitgeber persönlich erfolgen; es können auch gesetzliche **Vertreter oder Mitarbeiter** informiert werden, die zur **selbstständigen Entlassung** von Arbeitnehmern **berechtigt sind** oder eine ähnlich selbstständige Stellung in Personalangelegenheiten haben (LAG München 23. 7. 2009 – 4 Sa 1049/08). Der Zugang bei einem Vorgesetzten reicht allerdings selbst dann nicht aus, wenn dieser berechtigt ist, Abmahnungen auszusprechen (BAG 5. 7. 90 NZA 1991, 667, 668). Im Falle eines **Betriebsübergangs** nach § 613a BGB muss sich der Betriebsübernehmer die Kenntnis des Betriebsveräußerers über die Schwerbehinderung oder Gleichstellung zurechnen lassen. Der Arbeitnehmer muss in diesem Fall den Betriebserwerber nicht erneut über seine Schwerbehinderteneigenschaft binnen drei Wochen nach Zugang der Kündigung informieren (BAG 11. 12. 08 NZA 2009, 556).

34   Die **Mitteilung** ist an **keine Form** gebunden. Der Arbeitnehmer kann sich auch mündlich – etwa im arbeitsgerichtlichen Gütetermin – auf seine Schwerbehinderteneigenschaft berufen und eine entsprechende Antragstellung mitteilen (BAG 15. 8. 84 AP Nr. 13 unter II 2 zu § 12 SchwbG). Aus seiner Erklärung muss jedoch für den Arbeitgeber **erkennbar** hervorgehen, dass der Arbeitnehmer sich auf seine Schwerbehinderteneigenschaft oder Gleichstellung berufen will (LAG Schlesw.-Holstein 21. 4. 2009 – 5 Sa 412/08). Dies wird verneint, wenn der Arbeitnehmer lediglich einen ablehnenden Bescheid vorlegt, ohne den Arbeitgeber gleichzeitig davon zu unterrichten, dass er gegen den Bescheid Widerspruch einlegen will. Der Arbeitgeber muss nicht selbst aufklären, ob der Bescheid bestandskräftig geworden ist (BAG 2. 6. 82 AP Nr. 8 zu § 12 SchwbG). Ausreichend ist, dass der Arbeitgeber über die Schwerbehinderteneigenschaft, die Gleichstellung oder Antragstellung durch den Betriebsrat im Rahmen des Anhörungsverfahrens gemäß § 102 BetrVG informiert wird (BAG 20. 1. 05 NZA 2005, 687, 691).

35   Hat der Arbeitnehmer rechtzeitig einen **Antrag** auf Anerkennung als Schwerbehinderter gestellt und den Arbeitgeber auch rechtzeitig

darüber informiert, kann der Arbeitgeber die **Kündigung** aussprechen, solange der Arbeitnehmer als Schwerbehinderter oder Gleichgestellter nicht anerkannt ist. Er geht dann lediglich das Risiko ein, dass bei einer späteren Feststellung der Schwerbehinderteneigenschaft die Kündigung wegen fehlender Zustimmung des Integrationsamtes nichtig ist.

5. Anerkennung erst nach Widerspruchs- oder Klageverfah 36
ren oder Verfahren gemäß § 44 SGB X. Der besondere Kündigungsschutz entfällt nicht, wenn zwar ein negativer Feststellungsbescheid zum Zeitpunkt der Kündigung vorlag, dieser aber **noch nicht unanfechtbar** ist und daher noch ungewiss ist, ob möglicherweise nach erfolgreichem Widerspruch oder Klage der Bescheid sich als rechtswidrig herausstellt und der Arbeitnehmer im Rechtsmittelverfahren eine zutreffende behördliche Anerkennungsentscheidung erzwingen kann (BAG 6.9.07 NZA 2008, 407; LAG Düsseldorf 29.3.2006 – 17 Sa 1321/05; LAG Nürnberg 4.10.2005 – 6 Sa 263/05; BVerwG 15.12.88, a.a.O.; a. A. OVG Koblenz 7.3.06 NZA 2006, 1108, 1110f.). Ist zum Zeitpunkt der Anerkennungsentscheidung das Kündigungsschutzverfahren beim Arbeitsgericht abgeschlossen, kann die Kündigung im Wege der Restitutionsklage (§ 580 ZPO) angegriffen werden (LAG Hamm 25.9.2008 – 8 Sa 963/08). Ist der ablehnende Bescheid über die Schwerbehinderteneigenschaft oder Gleichstellung dagegen bestandskräftig, kann der Arbeitgeber ohne Zustimmung des Integrationsamtes kündigen. Dies gilt auch dann, wenn der Arbeitnehmer ein Verfahren nach § 44 SGB X in Gang setzt und das Versorgungsamt aufgrund **nachträglicher Änderung der Umstände** die Schwerbehinderteneigenschaft rückwirkend zu einem Zeitpunkt vor Zugang der Kündigung noch anerkennt. Liegt nämlich ein bestandskräftiger negativer Bescheid vor, in dem die Schwerbehinderteneigenschaft abgelehnt wird, kann der Arbeitgeber darauf vertrauen, dass keine Zustimmung des Integrationsamtes mehr erforderlich ist. Andernfalls würde dem Arbeitgeber über Jahre die Ungewissheit zugemutet, ob die von ihm ausgesprochene Kündigung nicht doch noch zustimmungsbedürftig ist, ohne dass er diese Ungewissheit selbst durch eine Einschaltung des Integrationsamtes beenden könnte. Denn aufgrund der bestandskräftigen Ablehnung der Schwerbehinderteneigenschaft besteht ein objektives Verfahrenshindernis: das Zustimmungsverfahren beim Integrationsamt kann nicht betrieben werden (BAG 16.8.91 NZA 1992, 23, 26). Die Rechtslage ist vom BAG bislang anders beurteilt worden, wenn der Arbeitnehmer noch innerhalb eines Monats nach Zugang der Kündigung einen Antrag gemäß § 44 SGB X gestellt hat und den Arbeitgeber darüber ebenfalls innerhalb eines Monats unterrichtet hat (BAG 16.8.91, a.a.O.). Aufgrund der Regelung des § 90 Abs. 2a wird diese Rechtsprechung nicht mehr aufrechterhalten werden können.

37   6. Schaubild

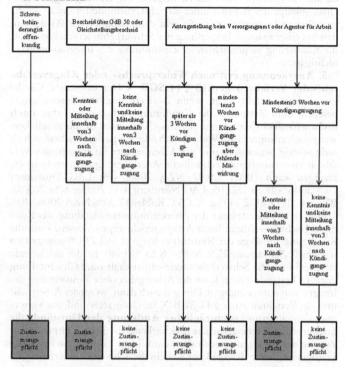

V. Sonstige Beendigung des Arbeitsverhältnisses

38   Das Arbeitsverhältnis eines schwerbehinderten Menschen kann auch auf andere Weise als durch Kündigung des Arbeitgebers enden. In diesen Fällen ist die Wirksamkeit der Beendigung nicht an die Zustimmung des Integrationsamtes gebunden.

39   **1. Eigenkündigung und Aufhebungsvertrag.** Nicht zustimmungsbedürftig sind der Abschluss eines Aufhebungsvertrages und die Eigenkündigung des schwerbehinderten Menschen. Der Schwerbehinderte ist nicht in seiner Dispositionsfreiheit eingeschränkt. Inwieweit er an seinem Arbeitsverhältnis festhalten will, kann er selbst bestimmen. Er läuft allenfalls Gefahr, dass ihm vorübergehend gemäß **§ 117 die besonderen Hilfen** für schwerbehinderte Menschen entzogen werden. Und wie jeder andere Arbeitnehmer auch riskiert er

beim Abschluss eines Aufhebungsvertrags und bei einer Eigenkündigung eine **Sperrfrist** der Agentur für Arbeit. Er muss ebenfalls wie jeder andere Arbeitnehmer auch das **Schriftformgebot** des § 623 BGB beachten. Eine mündliche Kündigung oder Aufhebungsvereinbarung ist danach unwirksam.

2. Gerichtliche Auflösung des Arbeitsverhältnisses. Für den **40** Fall, dass der schwerbehinderte Arbeitnehmer Kündigungsschutzklage erhoben hat und die Voraussetzungen des Kündigungsschutzgesetzes, also ein länger als 6 Monate bestehendes Arbeitsverhältnis (§ 1 Abs. 1 KSchG) und eine Beschäftigtenzahl von mehr als 10 Arbeitnehmern (§ 23 Abs. 2 S. 2, 3 KSchG) vorliegen, können Arbeitnehmer und Arbeitgeber gemäß §§ 9, 10 KSchG einen Auflösungsantrag stellen. Unter den dort bestimmten Voraussetzungen kann das Arbeitsverhältnis gegen Zahlung einer Abfindung aufgelöst werden.

Für den **Auflösungsantrag des Arbeitnehmers** reicht es aus, dass **41** mit der Kündigungsschutzklage auch die Sozialwidrigkeit der Kündigung geltend gemacht wird. Liegen daneben andere Unwirksamkeitsgründe vor wie etwa die fehlende Zustimmung des Integrationsamtes, ist der Auflösungsantrag dennoch zulässig (BAG 29. 1. 81 AP Nr. 6 zu § 9 KSchG 1969 III 1).

Der **Arbeitgeber** kann dagegen eine Auflösung des Arbeitsverhält- **42** nisses nur verlangen, wenn die Unwirksamkeit der Kündigung ausschließlich nach § 1 KSchG auf ihrer Sozialwidrigkeit beruht. Der Auflösungsantrag ist ausgeschlossen, wenn die Unwirksamkeit der Kündigung auch auf anderen Gründen, also etwa der fehlenden Zustimmung des Integrationsamtes, beruht (BAG 27. 9. 01 NZA 2002, 1171f.; BAG 25. 11. 93 AP Nr. 3 zu § 14 KSchG 1969 unter I. 2.; APS/*Vossen* § 85 SGB IX RdNr. 29a).

Stellt das Arbeitsgericht gemäß § 1 Abs. 2 KSchG fest, dass die Kün- **43** digung sozial nicht gerechtfertigt ist und löst das Arbeitsverhältnis gegen Zahlung einer Abfindung auf, bedarf die Beendigung keiner vorherigen Zustimmung des Integrationsamtes (BVerwG 11. 5. 2006 – 5 B 24/06; LAG Bad.-Württ. 12. 3. 2003 – 4 Sa 45/02; VGH Bad.-Württ. 12. 12. 2005 – 9 S 1580/05; a. A. OVG Lüneburg 12. 7. 1989 NZA 1990, 66).

3. Befristung und Bedingung. Endet das Arbeitsverhältnis auf- **44** grund einer Befristung oder auflösenden Bedingung, greift der besondere Kündigungsschutz nicht (*Neumann/Pahlen/Majerski-Pahlen*, SGB IX, § 85 RdNr. 45; *Düwell*, LPK–SGB IX, § 85 RdNr. 11). Für die Zulässigkeit der Befristung oder Bedingung gelten die §§ 14-21 TzBfG. Gemäß § 14 Abs. 4 TzBfG muss die **Befristungsabrede schriftlich** erfolgen. Wird ein **befristetes Probearbeitsverhältnis** vereinbart, muss ein solches dem Integrationsamt gemäß § 90 Abs. 3 innerhalb von 4 Tagen angezeigt werden. Auch das Auslaufen eines **Berufsausbildungsverhältnisses** bedarf nicht der Zustimmung des Integrationsamtes. Ausnahmen gelten gemäß § 92 für Arbeitsverhältnisse, die ohne Kündigung für den Fall teilweiser Erwerbsminderung, Erwerbsminderung auf Zeit, Berufs- oder Erwerbsunfähigkeit auf Zeit enden (siehe Erläuterungen dort).

45 **4. Abberufung aus einer Arbeitsbeschaffungsmaßnahme.** Die Agentur für Arbeit weist den förderungsbedürftigen Arbeitnehmer für die Dauer der Maßnahme zu. Unter den Voraussetzungen des § 269 Abs. 2 SGB III kann es ihn auch ohne Kündigung wieder abberufen. Die Abberufung ist zustimmungsfrei. Dies galt auch für die Auflösung eines **Eingliederungsvertrages** (§ 231 SGB III). Durch Gesetz vom 10. 12. 2001 (BGBl. I S. 3443) ist mit Wirkung zum 1. 1. 2002 diese Form der sozialrechtlichen Beschäftigung aufgehoben worden.

46 **5. Freistellung und Aussperrung.** Wird der schwerbehinderte Arbeitnehmer von seiner Arbeitspflicht befreit, stellt dies keine Kündigung dar und ist damit auch nicht zustimmungspflichtig. Auch für die Aussperrung eines schwerbehinderten Arbeitnehmers während eines Arbeitskampfes muss nicht die Zustimmung des Integrationsamtes vorliegen, da gegenüber Arbeitnehmern, die durch besondere Regelungen geschützt werden, nur eine Aussperrung mit suspendierender Wirkung dem Verhältnismäßigkeitsgrundsatz entspricht (BAG GS 21. 4. 71 AP Nr. 43 zu Art. 9 GG Arbeitskampf III C 5). Das Arbeitsverhältnis wird daher durch die Aussperrung nicht aufgelöst.

47 Auch die **Aufhebung einer personellen Maßnahme** gemäß § 100 Abs. 3 BetrVG, nachdem gerichtlich festgestellt worden ist, dass die vorläufige Maßnahme nicht aufrechterhalten werden darf, ist von keiner Zustimmung des Integrationsamtes abhängig, da die gerichtliche Entscheidung bereits rechtsgestaltend wirkt, der neu eingestellte schwerbehinderte Arbeitnehmer also nicht gekündigt werden muss (*Fitting*, BetrVG, § 100 RdNr. 18; DKK-*Kittner/Bachner*, BetrVG, § 100 RdNr. 40; *Braasch* in Deinert/Neumann, Handbuch SGB IX, § 19 RdNr. 36).

48 **6. Beschlussverfahren nach § 126 InsO.** Gemäß § 126 InsO kann der Insolvenzverwalter beim Arbeitsgericht die Feststellung beantragen, die Kündigung der im Antrag namentlich bezeichneten Arbeitnehmer sei aus dringenden betrieblichen Erfordernissen sozial gerechtfertigt. Diese Festlegung, welchen Arbeitnehmern gekündigt werden soll, ist noch nicht von einer Zustimmung des Integrationsamtes abhängig, da im Verfahren des § 126 InsO auch nur überprüft wird, ob die Kündigung sozial gerechtfertigt ist. Wird nach Beendigung dieses Verfahrens die Kündigung gegenüber einem einzelnen Arbeitnehmer ausgesprochen, muss zuvor die Zustimmung des Integrationsamtes eingeholt werden (LAG Brandenburg 18. 6. 2003 – 7 Sa 63/03; *Griebeling* in Hauck/Noftz, SGB IX, K § 85 RdNr. 33).

49 **7. Kurzarbeit.** Ist der Arbeitgeber aufgrund gesetzlicher (§ 19 KSchG), tariflicher, betrieblicher oder arbeitsvertraglicher Regelun-

gen berechtigt, Kurzarbeit einzuführen, ist die Maßnahme nicht zustimmungspflichtig. Der Sonderkündigungsschutz findet weder unmittelbar noch entsprechend Anwendung (BAG 7. 4. 70 AP Nr. 3 zu § 615 BGB Kurzarbeit). Fehlt es an der entsprechenden Rechtsgrundlage und stimmt der Arbeitnehmer der Verkürzung seiner Arbeitszeit auch nicht zu, bedarf es der Änderungskündigung. Diese ist zustimmungspflichtig.

8. Widerruf von einzelnen Arbeitsbedingungen. Hat der Arbeitgeber sich im Arbeitsvertrag den Widerruf einzelner Regelungen wie etwa die Gewährung von Zulagen vorbehalten, bedarf es zur Ausübung des Widerrufsrechtes nicht der vorherigen Zustimmung des Integrationsamtes. **50**

9. Verzicht. Der Sonderkündigungsschutz ist **unabdingbar.** Der schwerbehinderte Arbeitnehmer kann daher auf ihn nicht im Voraus vertraglich verzichten. Einschränkungen des besonderen Kündigungsschutzes in tariflichen oder betrieblichen Regelungen sind ebenfalls unzulässig. **51**

Der Schwerbehinderte ist allerdings nicht gehindert, **nach Zugang einer Kündigung** auf seinen Kündigungsschutz zu verzichten und einen **gerichtlichen oder außergerichtlichen Vergleich** abzuschließen oder eine ohne Zustimmung des Integrationsamt ausgesprochene Kündigung hinzunehmen. Auch in einer sog. **Ausgleichsquittung** kann der schwerbehinderte Arbeitnehmer auf seinen besonderen Kündigungsschutz verzichten. Dies setzt jedoch zum einen voraus, dass auf das Recht, die Kündigung klageweise anzugreifen, in der Erklärung ausdrücklich Bezug genommen worden ist (BAG 29. 6. 78 und 3. 5. 79 AP Nr. 5 und 6 zu § 4 KSchG 1969; BAG 9. 7. 91 – AZ: 2 AZR 34/82), und, dass zum anderen die Schriftform des § 623 BGB eingehalten ist. Dies erfordert, dass beide Parteien auf der gleichen Vertragsurkunde unterschrieben haben (*Düwell,* LPK-SGB IX, § 85 RdNr. 10). Im Übrigen gelten für die Wirksamkeit der Ausgleichsquittung die Bestimmungen für allgemeine Geschäftsbedingungen gemäß §§ 305c Abs. 1, 307 Abs. 1 BGB (*Neumann/Pahlen/Majerski-Pahlen,* SGB IX, § 85 RdNr. 50). **52**

10. Anfechtung. Auch die Anfechtung des Arbeitsvertrages wegen Irrtums (§ 119 BGB), arglistiger Täuschung oder widerrechtlicher Drohung (§ 123 BGB) ist nicht zustimmungsbedürftig. **53**

Die Anfechtung setzt einen Grund voraus, der schon vor oder bei Abschluss des Arbeitsvertrages vorgelegen hat und der zum Zeitpunkt der Anfechtungserklärung seine Bedeutung für das Arbeitsverhältnis noch nicht verloren haben darf (BAG 28. 3. 74 AP Nr. 3 zu § 119 BGB). Dies ist regelmäßig nicht der Fall, wenn der Arbeitnehmer bis zum Ausspruch der Kündigung den Leistungsanforderungen genügt hat und erst nach der Kündigung die Schwerbehinderung offenbart (*Neumann/Pahlen/Majerski-Pahlen,* SGB IX, § 85 RdNr. 38; *Deinert* in Deinert/Neumann, Handbuch SGB IX, § 17 RdNr. 24).

Nach der ständigen Rechtsprechung des BAG wird das Anfechtungsrecht durch das Recht zur außerordentlichen Kündigung nicht verdrängt (BAG 11. 11. 93 NZA 1994, 407; BAG 21. 2. 91 NJW 1991, 2723; BAG 28. 3. 74 AP Nr. 3 zu § 119 BGB).

54   **a) Irrtumsanfechtung (§ 119 Abs. 2 BGB).** Die **Unkenntnis über die Schwerbehinderteneigenschaft als solche** berechtigt nicht zur Anfechtung des Arbeitsvertrages gemäß § 119 Abs. 2 BGB, da sie keine **verkehrswesentliche Eigenschaft** ist. Lediglich dann, wenn der Arbeitnehmer aufgrund seiner Behinderung nicht in der Lage ist, die geschuldete Arbeitsleistung zu erbringen, kommt eine Irrtumsanfechtung gemäß § 119 Abs. 2 BGB in Betracht. Das BAG hat dies z. B. in einem Fall angenommen, in dem ein an Epilepsie erkrankter Arbeitnehmer in seiner Leistungsfähigkeit infolge dauerhafter Medikamenteneinnahme erheblich beeinträchtigt war. Es hat dabei geprüft, inwieweit sich seine Erkrankung auf den konkret für ihn vorgesehenen Aufgabenbereich ausgewirkt hat (BAG 28. 3. 74 AP Nr. 3 zu § 119 BGB).

55   Sind die Voraussetzungen für eine Anfechtung gemäß § 119 BGB gegeben, muss die Anfechtungserklärung gemäß § 121 Abs. 1 BGB **unverzüglich** erfolgen. Das BAG zieht zur zeitlichen Konkretisierung der Anfechtungsfrist die **Zwei-Wochen-Frist** des § 626 Abs. 2 BGB als **Höchstfrist** heran, wobei im Einzelfall ein Fristablauf wegen Verzögerung auch schon vor Ablauf der Zwei-Wochen-Frist eintreten kann (BAG 21. 2. 91 NJW 1991, 2723, 2726; BAG 28. 3. 74 AP Nr. 3 zu § 119 BGB).

56   **b) Anfechtung wegen arglistiger Täuschung (§ 123 Abs. 1 1. Alt. BGB).** § 123 BGB setzt grundsätzlich voraus, dass der Täuschende durch Vorspiegelung oder Entstellung von Tatsachen beim Erklärungsgegner einen Irrtum erregt und ihn zur Abgabe einer Willenserklärung veranlasst. Dies kann durch ein positives Tun, aber auch durch ein Unterlassen geschehen (BAG 11. 11. 93 NZA 94, 407, ständige Rechtsprechung). Für den Bereich der Schwerbehinderung ist anerkannt, dass eine Anfechtung wegen arglistiger Täuschung ausgeschlossen ist, wenn der Arbeitgeber nach der Schwerbehinderteneigenschaft nicht gefragt hat. Der schwerbehinderte Mensch ist **nicht zur Offenbarung verpflichtet**. Er muss nicht ungefragt den Arbeitgeber darüber informieren, dass er schwerbehindert ist. Etwas anderes gilt ausnahmsweise nur dann, wenn er zur ordnungsgemäßen Vertragserfüllung gar nicht in der Lage ist (BAG 11. 11. 93, a.a.O.).

57   Das Anfechtungsrecht ist auch dann ausgeschlossen, wenn die Täuschungshandlung keinen **Irrtum erregt** hat oder für den Einstellungsentschluss nicht **kausal** geworden ist. Dies ist etwa dann der Fall, wenn die **Schwerbehinderung offenkundig** ist (BAG 18. 10. 2000 NZA 2001, 315) oder feststeht, dass die **Einstellungsentscheidung bereits vorher getroffen** worden ist. **Beispiel:** Der Fragebogen, auf

dem die Schwerbehinderung angegeben werden muss, wird erst später
verteilt (KDZ- *Däubler*, §§ 123, 124 BGB RdNr. 29).

c) Pflicht des Arbeitnehmers zur Beantwortung der Frage 58
nach der Schwerbehinderteneigenschaft. Umstritten ist, inwieweit der Schwerbehinderte auf eine entsprechende Frage des Arbeitgebers im Einstellungsgespräch oder bei der Ausfüllung eines Fragebo-
gens wahrheitsgemäß antworten muss. Allgemein anerkannt ist, dass
der Arbeitnehmer nur auf **zulässig gestellte Fragen** des Arbeitgebers
eine wahrheitsgemäße Antwort geben muss. Ob eine Frage zulässig ist,
richtet sich danach, ob der Arbeitgeber an ihrer Beantwortung ein
berechtigtes, billigenswertes und schutzwürdiges Interesse im
Hinblick auf das Arbeitsverhältnis hat (BAG 5. 10. 95 NZA 1996, 371).

Das BAG geht noch davon aus, dass der Arbeitgeber auch **unabhängig von den Auswirkungen der Behinderteneigenschaft auf die
konkrete Tätigkeit** des Arbeitnehmers an der wahrheitsgemäßen
Beantwortung der Frage nach dem Schwerbehindertenstatus oder der
Gleichstellung ein berechtigtes Interesse hat, da an die **Beschäftigung
von schwerbehinderten Menschen Pflichten geknüpft** werden
wie etwa die Gewährung von Zusatzurlaub, Befreiung von Mehrarbeit, Einrichtung von Teilzeitarbeitsplätzen etc. Außerdem habe der
Arbeitgeber ein Interesse zu erfahren, ob er mit der Einstellung des Arbeitnehmers seiner **Beschäftigungspflicht** genügt. Das BAG hält die
Frage auch deshalb für berechtigt, weil der Arbeitgeber gemäß § 81
Abs. 1 verpflichtet sei zu prüfen, ob der zu besetzende Arbeitsplatz mit
einem arbeitslos gemeldeten schwerbehinderten Menschen besetzt
werden könne. Darüber sei auch die **Schwerbehindertenvertretung
zu unterrichten.** Diese Prüfung werde dem Arbeitgeber aber unmöglich und das Beteiligungsrecht der Schwerbehindertenvertretung
und das Mitbestimmungsrecht des Betriebsrates gemäß § 99 BetrVG
unterlaufen, wenn der schwerbehinderte Arbeitnehmer die Frage nach
seiner Schwerbehinderteneigenschaft unrichtig beantworten dürfe
(BAG 3. 12. 98 NZA 1999, 584; BAG 5. 10. 95 NZA 1996, 371, 372; BAG
11. 11. 93 NZA 1994, 407; BAG 1. 8. 85 NZA 1986, 635). Die bisher nicht
ausdrücklich aufgegebene Rechtsprechung des BAG überzeugt nicht
und wird zu Recht vom Schrifttum nahezu einhellig abgelehnt
(*Griebeling* in Hauck/Noftz, SGB IX, K § 85 RdNr. 27–30; *Düwell,*
LPK-SGB IX, § 85 RdNr. 22; *Joussen,* NJW 2003, 2857, 2860; *ders.*
NZA 2007, 174, 176f.; *Wisskirchen/Bissels,* NZA 2007, 169, 173; *Messingschlager,* NZA 2003, 301, 303; *Bayreuther,* NZA 2010, 679; KDZ-*Däubler,*
§§ 123, 124 RdNr. 27, *Neumann/Pahlen/Majerski-Pahlen,* SGB IX, § 85
RdNr. 39; a. A. *Schaub,* NZA 2003,299; offen gelassen: *Mohr,* br 2008,
34, 45). Die generelle Pflicht zur wahrheitsgemäßen Beantwortung der
Frage nach der Schwerbehinderteneigenschaft ist mit dem Zweck des
SGB IX, die Beschäftigung von Schwerbehinderten besonders zu
fördern, nicht zu vereinbaren. Die Frage trägt nicht zur Chancen-

gleichheit behinderter Bewerber bei, sondern verhindert sie, da Arbeitgeber mit der Frage nach der Schwerbehinderteneigenschaft als solcher in der Regel nur das Interesse verfolgen, eine Einstellung zu vermeiden. Das tätigkeitsneutrale Fragerecht steht damit **im Widerspruch zu § 81 Abs. 2, §§ 1 und 7 AGG**, weil die Frage direkt an das geschützte Merkmal „Schwerbehinderung„ anknüpft und daher eine **unmittelbare Diskriminierung** darstellt. Der Arbeitgeber, der den Arbeitsvertrag anfechten will, kann dies nur mit der Behauptung tun, er habe den Arbeitnehmer nicht eingestellt, habe er gewusst, er sei schwerbehindert. Damit aber räumt er ein, dass er bei Einstellung gegen das Benachteiligungsverbot des § 81 Abs. 2 habe verstoßen wollen.

59   Das mit der Pflicht zur wahrheitsgemäßen Beantwortung verbundene generelle Fragerecht des Arbeitgebers widerspricht außerdem **Art. 3 Abs. 3 S. 2 GG** (*Düwell*, LPK–SGB IX, § 85 RdNr. 18; *Deinert* in Deinert/Neumann, Handbuch SGB IX, § 17 RdNr. 18; a. A. LAG Hamm 6. 11. 2003 – 8 (16) Sa 1072/03). Das BAG hat allerdings auch nach Ergänzung des Grundgesetzes um das Benachteiligungsverbot für Behinderte an seiner Ansicht festgehalten (11. 11. 93 NZA 1994, 407; BAG 5. 10. 95 NZA 1996, 371). Es geht davon aus, dass das Fragerecht auf den Grundsatz von Treu und Glauben (§ 242 BGB) gestützt werden kann, wobei die gegensätzlichen Interessen des Arbeitsplatzbewerbers und des Arbeitgebers gegeneinander abzuwägen sind (BAG 1. 8. 85 NZA 1986, 635). Gerade bei der Auslegung derartiger Generalklauseln und der in diesem Rahmen vorzunehmenden Interessenabwägung sind nach der Rechtsprechung des BVerfG jedoch die grundrechtlich geschützten Rechtspositionen zu einem angemessenen Ausgleich zu bringen und die verfassungsrechtliche Wertordnung zu beachten. Auch das Benachteiligungsverbot Behinderter in Art 3 Abs. 3 S. 2 GG muss deshalb als Teil der objektiven Wertordnung in die Auslegung des Zivilrechtes mit einfließen (BVerfG 28. 3. 2000 NJW 2000, 2658, 2659). Das Benachteiligungsverbot soll den Schwerbehinderten gerade vor einer Behinderung in seinen Entfaltungs- und Betätigungsmöglichkeiten schützen. Es wird deshalb nicht angemessen berücksichtigt, wenn dem Arbeitgeber auch in Fällen, in denen die Behinderung keinen Einfluss auf die zu erbringende Arbeitsleistung hat, ein Fragerecht nach der Schwerbehinderteneigenschaft eingeräumt wird (*Düwell*, LPK–SGB IX, § 85 RdNr. 18; *Griebeling* in Hauck/Noftz, SGB IX, K § 85 RdNr. 28).

60   Es ist schließlich zu berücksichtigen, dass § 81 Abs. 2 in Umsetzung der **Anti-Diskriminierungsrichtlinie 2000/78 EG** in das Gesetz eingefügt worden ist. Aus der Rechtsprechung des EuGH zum Fragerecht nach der Schwangerschaft ist bekannt, dass der EUGH gerade annimmt, dass die mit der Beschäftigung einer Schwangeren verbundenen finanziellen Nachteile keinen sachlichen Grund für die Verweige-

rung der Einstellung darstellen (EUGH 8. 11. 90 – Dekker – NZA 1991, 171). Es ist daher davon auszugehen, dass der EUGH auch das tätigkeitsneutrale Fragerecht, das ebenfalls mit den Belastungen des Arbeitgebers im Arbeitsverhältnis mit einem schwerbehinderten Arbeitnehmer begründet wird, als mit der Anti-Diskriminierungsrichtlinie nicht vereinbar ansehen wird. Das BAG dürfte daher nach den vom BVerG dazu entwickelten Kriterien (Beschluss v. 6. 7. 2010 – 2 BvR 2661/06) gemäß Art. 267 Abs. 3 AEUV (vormals Art. 234 Abs. 3 EGV) verpflichtet sein, die Frage, soweit sie entscheidungserheblich ist, dem EuGH vorzulegen.

d) Fragerecht des Arbeitgebers zur positiven Diskriminie- 61 **rung nach § 5 AGG.** Teilweise wird ein berechtigtes Interesse an der Frage nach der Schwerbehinderung in dem Sonderfall bejaht, dass ein **Arbeitgeber** ausdrücklich darauf hinweist, dass er mit der Frage **beabsichtigt, Schwerbehinderte zu fördern und bevorzugt einzustellen** und dieser Beweggrund zusätzlich in einer Betriebsvereinbarung oder Integrationsvereinbarung verankert ist (*Joussen,* NZA 2007, 174, 177; *Düwell,* LPK-SGB IX, § 85 RdNr. 24; dazu krit.: *Bayreuther,* NZA 2010, 679, 680). Antwortet der Arbeitnehmer wahrheitswidrig, etwa, weil er den guten Absichten des Arbeitgebers misstraut, berechtigt die Falschbeantwortung den Arbeitgeber jedoch auch nicht zur Anfechtung, da es an der Kausalität zwischen Täuschung und Einstellung fehlt; denn der förderungsbereite Arbeitgeber hätte den schwerbehinderten Menschen bei richtiger Beantwortung der Frage gerade eingestellt (so auch: *Düwell,* a.a.O.; *Trenk-Hinterberger,* HK-SGB IX, § 85 RdNr. 38; *Deinert* in Deinert/Neumann, Handbuch SGB IX, § 17 RdNr. 16).

e) Fragerecht des Arbeitgebers nach Bestand des Arbeitsver- 62 **hältnisses nach 6 Monaten.** Dem Interesse des Arbeitgebers, über das Vorliegen einer Schwerbehinderung unterrichtet zu werden, um die damit verbundenen gesetzlichen Verpflichtungen zu erfüllen, kann auch durch eine entsprechende Frage nach Einstellung des schwerbehinderten Menschen Genüge geleistet werden. Von *Griebeling* (in Hauck/Noftz, SGB IX, K § 85 RdNr. 27a) wird deshalb das berechtigte Interesse an der Frage nach der Schwerbehinderteneigenschaft zwar bei Einstellung, nicht aber nach Abschluss des Arbeitsvertrages verneint. Richtig erscheint daran, dass nach der Einstellung der Arbeitgeber wegen der auf ihn zukommenden Pflichten während der Beschäftigung ein berechtigtes Interesse hat zu erfahren, ob er einen schwerbehinderten Mensch beschäftigt. Will man die Frage aber nach Vertragsabschluss zulassen, besteht zwar nicht mehr das Risiko der Anfechtung des Vertrages, wohl aber das **Risiko der zustimmungsfreien Kündigung innerhalb der ersten 6 Monate.** Es erscheint daher unter dem Gesichtspunkt des Zweckes des Gesetzes, die Einstellung von Behinderten zu fördern und den Bestand des Arbeitsplatzes von Schwerbehinderten zu sichern, gerechtfertigt, die **Frage** auch **während der ersten 6 Monate** des Arbeitsverhältnisses **nicht für berechtigt** anzusehen, zumal der Arbeitnehmer Leistungen wie **Zusatzurlaub** oder die Befreiung von **Mehrarbeit**, solange er den Arbeitgeber auf seine Schwerbehinderteneigenschaft nicht hinweist, nicht in Anspruch nehmen muss. Es ist deshalb ihm überlassen, inwieweit er den Arbeitgeber über seine Schwerbehinderteneigenschaft informiert und die ihm dadurch entstehenden Vorteile in Anspruch nimmt oder nicht. Dies ergibt sich auch daraus, dass der Arbeitnehmer den Arbeitgeber nach Zugang der Kündigung erst über seine Schwerbehinderteneigenschaft informieren muss, will er den Sonderkündigungsschutz behalten. Der Gesetzgeber hält also durchaus für möglich, dass ein Arbeitgeber während des Bestehens des Arbeitsverhältnisses nichts davon weiß, dass er einen schwerbehinderten Menschen beschäftigt. Die Frage kann dem Arbeitgeber auch noch nach Ablauf von 6 Monaten zugemutet werden, wenn er die **Beschäftigungsquote** nicht erfüllt hat. Denn die Ausgleichsabgabe ist gemäß § 77 Abs. 4 jährlich zu entrichten.

63 Ein berechtigtes und schutzwürdiges Interesse an der Beantwortung der Frage nach der Schwerbehinderung kann allenfalls **nach dem 6-monatigen Bestehen** des Arbeitsverhältnisses **bejaht** werden. Das schutzwürdige Interesse des Arbeitgebers folgt dann daraus, dass dem schwerbehinderten Arbeitnehmer ab diesem Zeitpunkt der besondere Kündigungsschutz der §§ 85 ff. zusteht, und der Arbeitgeber erst bei Kenntnis von der Schwerbehinderteneigenschaft Anlass hat, das Zustimmungsverfahren beim Integrationsamt einzuleiten. Damit der Arbeitgeber demnach vor Ausspruch einer Kündigung die Zustimmung beim Integrationsamt beantragen kann, muss die Frage nach der Schwerbehinderung bei einem Bestehen des Arbeitsverhältnisses von mehr als 6 Monaten wahrheitsgemäß beantwortet werden (a. A. *Deinert* in Deinert/Neumann, Handbuch SGB IX, § 17 RdNr. 29).

Bei Falschbeantwortung kommt zwar keine Anfechtung des Arbeitsverhältnisses in Betracht, da der beim Arbeitgeber entstandene Irrtum für die Einstellungsentscheidung nicht mehr kausal gewesen sein kann; es können jedoch **Schadensersatzansprüche** begründet sein und der Anspruch auf **Verzugslohn** kann **entfallen**, wenn der Arbeitgeber erst nach Ausspruch der Kündigung von der Schwerbehinderung erfährt und deshalb die Kündigung zurücknehmen muss (siehe dazu auch RdNr. 80 ff.).

64 **f) Pflicht des Arbeitnehmers zur Beantwortung der Frage nach chronischen Erkrankungen.** Seit der Einführung des AGG werden gemäß § 1 AGG vom Diskriminierungsverbot nicht nur Schwerbehinderungen, sondern sämtliche Behinderungen erfasst (s. dazu § 81 RdNr. 33). Damit ist auch die **Frage nach einer Behinderung** z. B. nach einer **chronischen Erkrankung**, die auf die Aus-

übung der Tätigkeit keinen Einfluss hat, nicht als berechtigt anzusehen (*Wisskirchen/Bissels,* NZA 2007, 169, 171f; *Preis/Bender,* NZA 2005, 1321f.; *Düwell,* LPK-SGB IX, § 85 RdNr. 23). Davon geht auch die neuere Rechtsprechung des BAG aus, wonach die tätigkeitsneutrale Frage nach einer schweren Erkrankung (Morbus Bechterew) im Hinblick auf das Vorliegen einer Behinderung als diskriminierungsrelevant anzusehen ist (BAG 17.12.09 NZA 2010, 383, 385). Mit dieser Entscheidung deutet sich möglicherweise eine Rechtsprechungsänderung an; denn ist die Frage nach einer chronischen Erkrankung, die sich als Behinderung darstellen kann, unzulässig, wird das BAG kaum mehr daran festhalten können, dass die tätigkeitsneutrale Frage nach einer Schwerbehinderung als solche nicht diskriminierungsrelevant sein soll.

Der Arbeitgeber darf damit zulässigerweise nur fragen, ob der Ar- **65** beitnehmer an gesundheitlichen Beeinträchtigungen leidet, aufgrund derer er zur Ausführung der beabsichtigten vertraglichen Tätigkeit nicht in der Lage ist (LAG Hamm 19.10. 2006 – 15 Sa 740/06; *Trenk-Hinterberger,* HK-SGB IX, § 85 RdNr. 37; *Düwell,* LPK-SGB, § 85 RdNr. 22; *Joussen,* NJW 2003, 2857, 2861; *ders.* NZA 2007, 174, 177; *Wisskirchen/Bissels,* NZA 2007, 169, 172; *Deinert* in Deinert/Neumann, Handbuch SGB IX, § 17 RdNr. 4). Nur eine solche Frage ist diskriminierungsfrei. Nur, wenn der Arbeitnehmer eine im Sinne des § 8 Abs. 1 AGG **wesentliche und entscheidende berufliche Anforderung nicht erfüllen** kann, ist die Frage des Arbeitgebers nach der Behinderung berechtigt und muss richtig beantwortet werden. Es reicht daher nicht aus, dass diese Anforderungen nur gelegentlich vorkommen und den Charakter der Tätigkeit nicht prägen oder es sich um nicht tätigkeitsbezogene Rahmenbedingungen handelt (z. B. es fehlt ein Aufzug). Kann ein Bewerber wegen seiner Behinderung keine **Wechsel- oder Nachtschicht** ausüben, wird er die Frage nach gesundheitlichen Beeinträchtigungen nur bejahen müssen, wenn es sich um eine Nachtarbeitsstelle oder Stelle in Wechselschicht handelt. Die Tatsache, dass im Arbeitsvertrag die Verpflichtung zur Leistung von **Mehrarbeit** enthalten ist, wird einen schwerbehinderten Bewerber nicht zur Offenlegung verpflichten, da unter Mehrarbeit gerade nicht die regelmäßige Arbeitszeit verstanden wird. Auch das Interesse des Arbeitgebers, erhebliche krankheitsbedingte **Fehlzeiten** während des Arbeitsverhältnisses zu vermeiden, rechtfertigt die Frage nach einer Behinderung gemäß § 8 AGG nicht, solange der Arbeitnehmer die wesentlichen und entscheidenden Anforderungen der geschuldeten Tätigkeit erfüllen kann (BAG 3.4.07 NZA 2007, 1098, 1101; a. A. *Bayreuther,* NZA 2010, 679, 680 f.).

g) Folgen einer wirksamen Anfechtung. Ist der Arbeitsvertrag **66** wirksam angefochten, ist er gemäß § 142 BGB als von Anfang an nichtig anzusehen. Ein bereits in Vollzug gesetztes Arbeitsverhältnis kann jedoch mit rückwirkender Kraft nicht mehr angefochten werden. Eine **Rückabwicklung kommt nicht in Betracht**; die Auflösung des Arbeitsverhältnisses erfolgt wie bei einer Kündigung nur für die Zukunft. Dies soll allerdings nicht gelten, wenn die Vollziehung wegen **Arbeitsunfähigkeit von Beginn an** nicht erfolgen konnte bzw. später infolge Arbeitsunfähigkeit unterbrochen wurde (BAG 16. 9. 82, 29. 8. 84 AP Nr. 24 und 27 zu § 123 BGB; BAG 3. 12. 98 NZA 1999, 584). Aus Gründen der Rechtssicherheit und Schutzbedürftigkeit des Arbeitnehmers gerade während der Arbeitsunfähigkeit bestehen dagegen allerdings Bedenken.

VI. Kündigung ohne Zustimmung des Integrationsamtes

67   Der Arbeitgeber kann eine ordentliche Kündigung erst aussprechen, wenn ihm der **Zustimmungsbescheid zugestellt** worden ist; für die außerordentliche Kündigung reicht auch eine mündliche oder telefonische Mitteilung des Integrationsamtes (siehe Erläuterungen zu § 91). Da es maßgeblich auf den Zeitpunkt des Kündigungszugangs ankommt, soll es noch ausreichend sein, wenn der Arbeitgeber das Kündigungsschreiben zwar schon absendet, es beim Arbeitnehmer aber erst zugeht, nachdem zwischenzeitlich der Zustimmungsbescheid dem Arbeitgeber zugestellt worden ist (BAG 15. 5. 97 NZA 1998, 33, 36 f.).

68   **1. Rechtsfolgen.** Wird die Kündigung ohne vorherige Zustimmung des Integrationsamtes ausgesprochen, ist sie **unheilbar nichtig**. Eine nachträgliche Einholung der Zustimmung ist nicht möglich.

69   **2. Negativattest.** Das Vorliegen eines sog. Negativattestes **beseitigt die Zustimmungssperre.** Ein solches wird erteilt, wenn das Integrationsamt auf einen Zustimmungsantrag des Arbeitgebers feststellt, dass die Kündigung nicht zustimmungspflichtig ist, weil der Arbeitnehmer z. B. nicht schwerbehindert ist und auch keinen oder keinen rechtzeitigen Antrag gestellt hat. In diesem Fall ersetzt das Negativattest die Zustimmung (BAG 27. 5. 83 AP Nr. 12 zu § 12 SchwbG). Nach entsprechender Zustellung des Negativattestes beim Arbeitgeber kann dieser die Kündigung aussprechen. Der Arbeitnehmer kann das Negativattest mit denselben Rechtsbehelfen (Widerspruch und Klage) angreifen, mit denen er auch gegen die Zustimmungsentscheidung des Integrationsamtes vorgehen kann.

70   Solange die **Entscheidung** des Integrationsamtes **über das Negativattest nicht unanfechtbar** ist, trägt der Arbeitgeber das Risiko, dass sich im Laufe des gerichtlichen Verfahrens doch noch die Zustimmungsbedürftigkeit der Kündigung herausstellt. Das gilt in dem Fall, dass das Integrationsamt ein Negativattest erteilt, obwohl der schwerbehinderte Arbeitnehmer einen Antrag auf Gleichstellung oder Schwerbehinderung gestellt hatte, und die Agentur für Arbeit oder die

für die Anerkennung der Schwerbehinderung zuständige Behörde
nach der Kündigung dem Antrag stattgibt (LAG Nürnberg 4. 10. 2005
– 6 Sa 263/05; GK–SGB IX-*Lampe,* § 85 RdNr. 183).

Ist der Bescheid über das Negativattest dagegen **bestandskräftig** ge- 71
worden, ist die Kündigung auch dann nicht nichtig, wenn sich nach
Kündigungszugang herausstellt, dass der Arbeitnehmer doch schwerbehindert war und die Zustimmung hätte eingeholt werden müssen.
Auf das Negativattest soll sich der Arbeitgeber im Falle der Unanfechtbarkeit verlassen können. Dies geht auch aus der Entscheidung des
BAG vom 27. 5. 83 hervor, da nach Rücknahme des Widerspruchs
der Bescheid über das Negativattest bestandskräftig geworden war und
das BAG eine Nichtigkeit des Bescheides abgelehnt hat (BAG 27. 5. 83
AP Nr.12 zu § 12 SchwbG).

3. Klage. Der Arbeitnehmer, der die Unwirksamkeit der Kündi- 72
gung wegen eines Verstoßes gegen § 85 geltend machen will, muss gemäß § 4 KSchG innerhalb von **3 Wochen nach Kündigungszugang**
Klage erheben. **Sachlich zuständig** ist gemäß § 1 Abs. 1 Ziff. 3 b
ArbGG das Arbeitsgericht, da über das Bestehen eines Arbeitsverhältnisses gestritten wird. Durch das Arbeitsmarktreformgesetz vom
24. 12. 2003 (BGBl. I 3002) ist die **Klagefrist** seit dem 1. 1. 2004 auf alle
Unwirksamkeitsgründe erweitert worden. Diese Sonderregelung galt
bis dahin nur im Insolvenzrecht. § 113 Abs. 2 InsO ist entsprechend aufgehoben worden. Kündigungsschutzklage ist daher innerhalb von 3
Wochen zu erheben unabhängig davon, ob der Arbeitnehmer die Unwirksamkeit der Kündigung auf einen Verstoß gegen § 85 stützt oder
geltend machen will, dass die Kündigung gemäß § 1 Abs. 2 KSchG sozial ungerechtfertigt ist. In dem Fall, in dem ausschließlich die Verletzung des § 85 gerügt werden soll, ist – anders als bei der bis zum
31. 12. 2003 geltenden Rechtslage – auch keine allgemeine Feststellungsklage gemäß § 256 ZPO, sondern ebenfalls Kündigungsschutzklage gemäß § 4 Abs. 1 S. 1 KSchG zu erheben. **Der Antrag der Kündigungsschutzklage** ergibt sich aus dem Wortlaut der gesetzlichen
Regelung in § 4 Abs. 1 S. 1 KSchG und ist wie folgt zu formulieren: *es
wird festgestellt, dass das zwischen den Parteien bestehende Arbeitsverhältnis
nicht durch die Kündigung vom . . . . . . aufgelöst wird.*

Ausnahmsweise beginnt gemäß § 4 S. 4 KSchG die 3–Wochen- 73
Frist erst **mit Zustellung des Zustimmungsbescheides beim Arbeitnehmer**. Dies gilt in dem Fall, dass zwar die Zustimmung zur
Kündigung dem Arbeitgeber bereits zugestellt ist, der Arbeitnehmer
den Zustimmungsbescheid aber erst nach Zugang der Kündigung erhält (BAG 17. 2. 82 AP Nr.1 zu § 15 SchwbG). Dies hat seinen Grund
darin, dass der Arbeitnehmer, der den Zustimmungsbescheid noch
nicht kennt, nicht beurteilen kann, ob die Kündigung bereits wegen
der fehlenden Zustimmung des Integrationsamtes nichtig ist. Die Vorschrift ist auch auf den Fall anzuwenden, dass der Arbeitgeber die Zu-

stimmung gar nicht beantragt hat, obwohl ihm die Schwerbehinderung oder Gleichstellung bekannt war oder eine offensichtliche Schwerbehinderung vorlag. Der Arbeitnehmer kann die Kündigung dann bis zur Grenze der Verwirkung auch noch nach Ablauf der 3-Wochen-Frist mit der Kündigungsschutzklage angreifen (BAG 13. 2. 08 NZA 2008, 1055, 1058; BAG 3. 7. 03 NZA 2003, 1335, 1337). Dies gilt nicht, wenn der Arbeitnehmer den Arbeitgeber erstmalig nach Ausspruch der Kündigung auf den Sonderkündigungsschutz hingewiesen hat. In diesem Fall weiß er, dass sein Arbeitgeber ein Zustimmungsverfahren nicht hat einleiten können. Mit dem Erhalt eines Zustimmungsbescheides kann er innerhalb der 3-wöchigen Klagefrist daher nicht rechnen. Die Klagefrist des § 4 S. 1 ist in diesem Fall einzuhalten (BAG 13. 2. 2008, a.a.O. S. 1059; BAG 19. 2. 09 – NJW-Spezial 2009, 415 für den Kündigungsschutz Schwangerer; LAG Köln 2. 12. 2009 – 3 Sa 500/09; *Schmidt,* NZA 2004, 79, 81).

74   Ist Klage innerhalb von 3 Wochen erhoben worden und bislang die Unwirksamkeit der Kündigung nur auf Unwirksamkeitsgründe gemäß § 1 KSchG oder nur mit dem Verstoß gegen § 85 begründet worden, kann gemäß **§ 6 KSchG** die Klage bis zum Schluss der mündlichen Verhandlung 1. Instanz auch noch auf bislang nicht geltend gemachte Gründe erweitert werden. Indem der Arbeitnehmer erwähnt, dass er gegen den Zustimmungsbescheid des Integrationsamtes Widerspruch eingelegt hat, beruft er sich auf sämtliche Unwirksamkeitsgründe, die sich im Zusammenhang mit dem Sonderkündigungsschutz schwerbehinderter Menschen ergeben können. Einzelne Aspekte wie etwa die Verletzung der Kündigungserklärungsfrist des § 88 Abs. 3 muss er nicht anführen (LAG Hamm 19. 11. 2009 – 8 Sa 771/09 mit krt. Anm. *Gerstner,* ArbR-Aktuell 2010, 129; zustimmend: *Stähler,* jurisPR-ArbR 15/2010 Anm.3).

75   Die Klagefrist ist auch dann gewahrt, wenn der schwerbehinderte Arbeitnehmer die Verletzung des § 85 mit einer allgemeinen Feststellungsklage gemäß § 256 Abs. 1 ZPO gerichtlich geltend macht oder zunächst nur **Leistungsklage** auf Zahlung der Vergütung oder auf Weiterbeschäftigung erhebt, wenn in der Klagebegründung deutlich wird, dass der Arbeitnehmer seinen Anspruch auf die Unwirksamkeit der Kündigung stützt (BAG 16. 4. 03 NZA 2003, 283). In diesen Fällen muss allerdings innerhalb der Frist des § 6 KSchG der Kündigungsschutzantrag zusätzlich gestellt werden.

76   **4. Beschäftigungsanspruch.** Neben der Feststellungsklage kann der schwerbehinderte Arbeitnehmer gerichtlich auch seine Weiterbeschäftigung nach Zugang der Kündigung bzw. nach Ablauf der Kündigungsfrist durch eine entsprechende Leistungsklage gerichtlich geltend machen. Nach den Grundsätzen der Rechtsprechung des Großen Senats des BAG ist dem **Weiterbeschäftigungsanspruch** außerhalb des Regelungsbereichs des § 102 Abs. 5 BetrVG, § 79 Abs. 2 BPersVG in

der Regel erst nach einer **obsiegenden Entscheidung 1. Instanz**
stattzugeben (BAG GS Beschl. v. 27. 2. 85 NZA 1985, 702). Während
des Kündigungsschutzprozesses überwiegt in der Regel das Interesse
des Arbeitgebers an einer Nichtbeschäftigung. **Fehlt** es jedoch an der
vorherigen **Zustimmung des Integrationsamtes** und steht die
Schwerbehinderteneigenschaft oder die Gleichstellung des Arbeitnehmers fest, ist die Kündigung offensichtlich unwirksam. In diesem Fall
überwiegt das Beschäftigungsinteresse des Arbeitnehmers bereits während des Kündigungsschutzprozesses und auch schon vor einem die
Unwirksamkeit der Kündigung feststellenden Urteil 1. Instanz. Die
Weiterbeschäftigung kann dann bereits **vor Abschluss des Klageverfahrens** im Wege der einstweiligen Verfügung durchgesetzt werden. Das Gleiche gilt, wenn das Verwaltungsgericht zu Gunsten des
schwerbehinderten Arbeitnehmers die **aufschiebende Wirkung** seines Rechtsbehelfs gemäß § 80a Abs. 3 S. 2 i. V. m. § 80 Abs. 5 VwGO gegen den zustimmenden Bescheid des Integrationsamtes wegen ernst-
licher Zweifel an der Wirksamkeit der Entscheidung **anordnet** (OVG
Bautzen 25. 8. 03 br 2004, 81f.; OVG Bremen 7. 8. 2001 – 2 B 257701;
OVG Hamburg 11. 2. 1997 – Bs 312/96; a. A.: OVG Münster 29. 12.
2003 – 12 B 957/03; VG Göttingen 18. 12. 2008 – 2 B 236/08).

5. Annahmeverzug. Ist die Kündigung wegen fehlender Zustim-   77
mung des Integrationsamtes unwirksam, hat der Arbeitnehmer Anspruch auf das ihm zustehende Arbeitsentgelt auch für den Zeitraum,
in dem der Arbeitgeber ihn zu Unrecht nicht beschäftigt hat (§ 615 S. 1
BGB). Es bedarf hierzu gemäß § 296 S. 1 BGB nicht eines **Arbeits-
kraftangebotes** des Arbeitnehmers; es ist viel mehr die Verpflichtung
des Arbeitgebers, dem Arbeitnehmer einen funktionsfähigen Arbeitsplatz bereitzustellen und ihn nach Ausspruch der Kündigung zur Arbeit aufzufordern. Hat der Arbeitnehmer sich gegen die Kündigung
zur Wehr gesetzt, hat er damit seine Leistungsbereitschaft gezeigt und
muss auch nicht nach Ende der Arbeitsunfähigkeit sein Arbeitskraftan-
gebot wiederholen (BAG 19. 4. 90 NZA 1991, 228).

Umstritten ist, inwieweit der Arbeitgeber zur **Zahlung der Vergü-**   78
tung auch verpflichtet ist, solange er **noch nicht weiß** oder noch nicht
der Nachweis erbracht ist, dass der Arbeitnehmer **schwerbehindert**
ist. Von Bedeutung ist die Frage beispielsweise in folgenden Fällen:
nachdem eine außerordentliche Kündigung oder eine ordentliche Kündigung mit einer kurzen Kündigungsfrist (im Bauhauptgewerbe: 12
Werktage) ausgesprochen worden ist, teilt der Arbeitnehmer nach Zugang der Kündigung innerhalb der Monatsfrist mit, dass er schwerbehindert ist oder einen entsprechenden Antrag gestellt hat.

Teilweise wird die Auffassung vertreten, der Arbeitgeber sei in die-   79
sen Fällen bis zur Mitteilung bzw. sogar bis zum Nachweis über die
Schwerbehinderteneigenschaft nicht zur Zahlung des Verzugslohns
verpflichtet (*Neumann/Pahlen/Majerski-Pahlen*, SGB IX, § 85 RdNr. 37;

KR-*Etzel*, §§ 85–90 SGB IX, RdNr. 30). Begründet wird die Auffassung damit, dass es in diesem Fall an einem ordnungsgemäßen Leistungsangebot fehle, da dazu auch die Mitteilung und der Nachweis über im persönlichen Bereich des Arbeitnehmers liegender Umstände wie Schwerbehinderteneigenschaft und Schwangerschaft gehöre (KR-*Etzel*, a.a.O.).

80   Dieser Ansicht kann nicht gefolgt werden (so auch *Griebeling* in Hauck/Noftz, SGB IX, K § 85 RdNr. 42; KDZ-*Zwanziger*, § 85 SchwbG RdNr. 40). Für das Leistungsangebot des Arbeitnehmers gelten die §§ 294–296 BGB. Danach hat der Arbeitnehmer grundsätzlich dem Arbeitgeber seine Arbeitsleistung in eigener Person, zur verabredeten Zeit und zum verabredeten Ort und in der vereinbarten Art und Weise anzubieten. Der Arbeitnehmer muss also leistungsbereit und leistungsfähig sein. Das Leistungsangebot ist nicht an weitere persönliche Umstände gebunden. Vor allem stellt das Vorliegen der Schwerbehinderteneigenschaft als solche die Leistungsfähigkeit gerade nicht in Frage. Allenfalls könnte der Anspruch auf Verzugslohn unter besonderen Umständen entfallen, wenn im Verhalten des Arbeitnehmers ein **böswillig unterlassener Erwerb im Sinne des § 615 S. 2 BGB** liegt. Das trifft auf die Unterlassung der Mitteilung der Schwerbehinderteneigenschaft jedoch nicht zu und ist im Regelfall zu **verneinen** (siehe für den Sonderfall, dass die Frage nach der Schwerbehinderteneigenschaft nach sechsmonatigem Bestand des Arbeitsverhältnisses falsch beantwortet wird: Erläuterungen unter RdNr. 63). Die Einhaltung der 3-Wochen-Frist zur Mitteilung ist keine Verpflichtung des Arbeitnehmers gegenüber dem Arbeitgeber. Sie dient lediglich der Festlegung eines objektiv bestimmbaren Zeitpunktes, ab dem der Arbeitgeber darauf Vertrauen können soll, dass die Wirksamkeit der Kündigung nicht mehr wegen einer ihm nicht bekannten Schwerbehinderung in Zweifel gezogen werden kann. Lediglich als Folge davon besteht für den Arbeitnehmer die Obliegenheit, im eigenen Interesse für die Kenntniserlangung des Arbeitgebers zu sorgen, um sich die Rechte aus dem Sonderkündigungsschutz zu erhalten (BAG 16.1.85 NZA 1986, 31: noch zur Monatsfrist). Will der Arbeitnehmer sich auf den Sonderkündigungsschutz nicht berufen, ist er auch nicht zur Offenbarung seiner Schwerbehinderteneigenschaft gegenüber dem Arbeitgeber verpflichtet. Der Arbeitnehmer darf die 3-Wochen-Frist auch grundsätzlich voll ausschöpfen (BAG 16.1.85, a.a.O.).

81   In der Regel ist dem Arbeitnehmer auch gar nicht bekannt, dass er sich auf den besonderen Kündigungsschutz noch nach Zugang der Kündigung berufen kann, wenn er den Arbeitgeber entsprechend rechtzeitig unterrichtet. Dies erfährt er häufig erst nach einer entsprechenden rechtlichen Beratung. Die Verweigerung des Verzugslohns käme demnach nur unter ganz besonderen Umständen in Betracht, nämlich dann, wenn der Arbeitgeber im Einzelnen darlegen und be-

weisen könnte, dass der Arbeitnehmer vorsätzlich die Mitteilung bis zum Ablauf der 3-Wochen-Frist zurückgehalten hat.

Die Ablehnung des Verzugslohn ist jedenfalls ausgeschlossen, wenn 82 der Arbeitgeber den Arbeitnehmer auch nach Kenntnis von der Schwerbehinderteneigenschaft nicht zur Arbeitsleistung auffordert.

Unter keinem rechtlichen Gesichtspunkt kann die Zahlung von Ver- 83 zugslohn verweigert werden, solange der Arbeitnehmer seine Behinderung zwar mitgeteilt, aber nur **den Nachweis über seine Schwerbehinderteneigenschaft** noch **nicht erbracht hat**. Hier hat der Arbeitgeber außerdem die Möglichkeit, das Risiko der Lohnzahlung zu minimieren, in dem er den Arbeitnehmer weiterbeschäftigt und gleichzeitig die Zustimmung zur Kündigung beim Integrationsamt beantragt.

Teilweise wird vertreten, dass der Arbeitgeber im Falle einer Mittei- 84 lung der Schwerbehinderung erst nach Zugang der Kündigung mit einem **Schadensersatzanspruch** gegen den Anspruch auf Annahmeverzugslohn des Arbeitnehmers aufrechnen könne (*Griebeling* in Hauck/Noftz, SGB IX, K § 85 RdNr. 42; *Düwell*, LPK-SGB IX, § 85 RdNr. 53). Als Schadensersatz kämen etwa die Kosten für eine Ersatzkraft in Betracht, die der Arbeitgeber nach Ablauf der Kündigungsfrist oder bei einer außerordentlichen Kündigung nach Zugang der Kündigung eingestellt habe. Der Schadensersatzanspruch sei aus positiver Vertragsverletzung begründet. Auch diese Auffassung ist **für den Regelfall abzulehnen**. Der Schadensersatzanspruch setzt ein vertragswidriges Verhalten voraus. Daran fehlt es, da der Arbeitnehmer zur Offenbarung seiner Schwerbehinderteneigenschaft oder einer entsprechenden Antragstellung nicht verpflichtet ist.

Der **Annahmeverzugsanspruch entfällt**, wenn der Arbeitnehmer 85 zur Leistung der bisher geschuldeten Arbeit wegen seiner Behinderung auch nach Ablauf des Entgeltfortzahlungszeitraums von 6 Wochen nicht mehr in der Lage ist (§ 297 BGB). Problematisch sind die Fälle, in denen der Arbeitnehmer seine Weiterbeschäftigung auf einem anderen Arbeitplatz oder nach einer seinem Leistungsvermögen angepassten Umorganisation im Betrieb verlangt (**Beispiel**: Der Arbeitnehmer war als Reparaturschlosser tätig und konnte nur noch überwiegend im Sitzen arbeiten. Die von ihm vorgeschlagenen organisatorischen Veränderungen sahen vor, dass ihm nur die im Sitzen möglichen Instandsetzungsarbeiten und der Ein- und Ausbau den anderen Schlossern übertragen werden sollten; Sachverhalt aus BAG 14. 7. 83 AZ: 2 AZR 34/82). Ein Annahmeverzugsanspruch ist insoweit zu verneinen, als der Arbeitnehmer seine **Arbeitskraft** nicht mehr für die ursprünglich geschuldete, sondern nur **für eine veränderte Arbeitsleistung** anbieten kann (BAG 23. 1. 01 NZA 2001, 1020, 1021). In Betracht zu ziehen ist in diesen Fällen jedoch ein **Schadensersatzanspruch des schwerbehinderten Arbeitnehmers** wegen der Verletzung von Fürsorgepflichten, seitens des Arbeitgebers bzw. wegen Nichterfüllung der Pflichten aus § 81 Abs. 4 Ziff. 1, 4 oder 5. Dieser ist zu bejahen, wenn der Arbeitgeber eine ihm zumutbare Umorganisation, veränderte Gestaltung oder Ausstattung des Arbeitsplatzes **schuldhaft** unterlassen hat (BAG 4. 10. 05 NJW 2006, 1691; BAG 23. 1. 01, a.a.O. S. 1022; BAG 14. 7. 83, a.a.O.; BAG 10. 7. 91 NZA 1992, 27, 29; *Düwell*, LPK-SGB IX, § 85 RdNr. 56). Hat der Arbeitgeber seine **Präventionspflichten** gemäß § 84 verletzt, ist ein Verschulden anzunehmen; den Arbeitgeber trifft außerdem eine erhöhte Darlegungs- und Beweislast in Bezug auf seine Behauptung, dass eine behindertengerechte Beschäftigung nicht möglich oder zumutbar sei (BAG 4. 10. 05, a.a.O. S. 1693f.).

VII. Aussetzung des arbeitsgerichtlichen Verfahrens

86   Ist die Schwerbehinderung oder die Gleichstellung festgestellt, liegt aber die Zustimmung des Integrationsamtes vor Ausspruch der Kündigung nicht vor, stellt das Arbeitsgericht fest, dass das Arbeitsverhältnis fortbesteht, da die Kündigung nichtig ist. Liegen sowohl über die Schwerbehinderung bzw. über die Gleichstellung wie auch über die erteilte Zustimmung **bestandskräftige Bescheide** vor, sind die **Arbeitsgerichte** an diese **gebunden**. Sie dürfen gemäß § 17 Abs. 2 GVG als öffentlich-rechtliche Vorfrage nur prüfen, ob der Verwaltungsakt, der die Vorfrage darstellt, in der Welt ist, nicht aber darüber entscheiden, ob er auch rechtmäßig ist (OVG Bautzen 25. 8. 03 br 2004, 81, 82). Über die Rechtmäßigkeit der Bescheide des Versorgungsamtes und der Agentur für Arbeit entscheidet nach Widerspruch und Klage das Sozialgericht, über die Rechtmäßigkeit der Zustimmung des Integrationsamtes das Verwaltungsgericht.

87   Problematisch sind die folgenden Fälle, in denen die behördlichen Entscheidungen noch **nicht bestandskräftig** sind: die Zustimmung des Integrationsamtes ist erteilt, gegen den Bescheid ist aber Widerspruch eingelegt worden oder die Zustimmung liegt nicht vor, der Bescheid des Versorgungsamtes über die Schwerbehinderteneigenschaft bzw. der Bescheid der Agentur für Arbeit über die Gleichstellung sind noch nicht erlassen oder mit Widerspruch oder Klage angegriffen worden. In diesen Fällen stellt sich die Frage, ob das arbeitsgerichtliche Verfahren gemäß § 148 ZPO wegen Vorgreiflichkeit auszusetzen ist.

88   Die **Aussetzung** steht grundsätzlich im **Ermessen des Gerichts** (BAG 7. 12. 06 NZA 2007, 617, 618; BAG 17. 6. 03 NZA 2003, 1329, 1331). Abzuwägen ist der Zweck der Aussetzung einerseits, nämlich einander widersprechende Entscheidungen zu verhindern, gegen das Interesse an einer baldigen Entscheidung andererseits entsprechend dem in § 9 Abs. 1, § 61a und § 64 Abs. 8 ArbGG verankerten Beschleu-

nigungsgebot (BAG 17. 6. 03, a.a.O.; BAG 15. 3. 95 AP Nr. 25 zu § 626
Verdacht einer strafbaren Handlung; LAG Berlin 24. 6. 91 NZA 1992,
79, 80). Zu berücksichtigen ist im Rahmen der Ermessensentscheidung
auch die Wahrscheinlichkeit, dass mit einer Abänderung des Bescheides, also etwa mit einer Anerkennung als Schwerbehinderter im sozialgerichtlichen Verfahren, oder einer Aufhebung der Zustimmungsentscheidung im Verwaltungsgerichtsprozess zu rechnen ist (BAG 17. 6. 03,
a.a.O. S. 1332).

Eine **Aussetzung** kommt jedenfalls nur dann **in Frage**, wenn die 89
Wirksamkeit der Kündigung nur noch vom Ergebnis der verwaltungsgerichtlichen oder sozialgerichtlichen Entscheidung abhängig
ist. Dabei muss im Aussetzungsbeschluss zumindest **kurz begründet**
werden, weshalb die Aussichten der Kündigungsschutzklage nur als
gering anzusehen sind. Es ist nicht sachgerecht, den Aussetzungsbeschluss bereits in der Güteverhandlung ohne Gelegenheit zur Stellungnahme für den Arbeitnehmer zu den Kündigungsgründen zu fassen
(LAG Köln LS NZA 1992, 766).

Ist die **Kündigung** bereits **aus anderen Gründen unwirksam** 90
(mangelhafte Betriebsratsanhörung etwa) oder sozial ungerechtfertigt
gemäß § 1 Abs. 2 KSchG, kann das Arbeitsgericht über die Kündigung
entscheiden. Eine Aussetzung kommt nicht in Betracht (LAG Hessen
12. 11. 93 NZA 1994, 576; *Wilhelm,* NZA 1988, Beil. 3, 18, 26; *Braasch* in
Deinert/Neumann, Handbuch SGB IX, § 19 RdNr. 256).

Außerdem besteht für den Arbeitnehmer, wenn eine für ihn un- 91
günstige arbeitsgerichtliche Entscheidung ergeht, die Möglichkeit, **die
Wiederaufnahme des Verfahrens** gemäß § 580 Nr. 6, Nr. 7 ZPO analog zu beantragen, wenn ihm die Schwerbehinderteneigenschaft zugesprochen wird und damit wegen fehlender Zustimmung des Integrationsamtes die Kündigung nichtig ist, oder die Zustimmungsentscheidung des Integrationsamtes im verwaltungsgerichtlichen Verfahren
aufgehoben wird (BAG 17. 6. 03 NZA 2003, 1329, 1332; BAG 15. 8. 84
AP Nr. 13 zu § 12 SchwbG; BAG 15. 3. 95 AP Nr. 25 zu § 626 Verdacht
einer strafbaren Handlung; LAG Berlin 24. 6. 91 NZA 1992, 79, 81).

Da das Verwaltungsverfahren und das sich anschließende verwal- 92
tungs- bzw. sozialgerichtliche Verfahren sich mehrere Jahre hinziehen
können, ist bei der Aussetzung Zurückhaltung geboten, zumal § 586
Abs. 2 ZPO eine Wiederaufnahmefrist von 5 Jahren enthält. Denn der
Arbeitnehmer wird während des Kündigungsschutzprozesses in der
Regel nicht weiterbeschäftigt, und den Arbeitgeber trifft das Risiko
der Lohnzahlung über einen lange zurückliegenden Zeitraum unter
dem Gesichtspunkt des Annahmeverzuges im Falle eines verlorenen
Prozesses. Aus diesen Gründen wird auch die Zuständigkeit mehrerer
Rechtswege kritisiert (so etwa *Düwell,* NZA 1991, 929, 932). Der Ge-
setzgeber hat jedoch an der **Mehrspurigkeit des Rechtsweges** festgehalten und Alternativvorschläge, wie etwa den, die Zustimmung des

Integrationsamtes in einem eigenen arbeitsgerichtlichen Beschlussverfahren entsprechend der Regelung des § 103 Abs. 2 BetrVG zu überprüfen (*Düwell*, LPK-SGB IX, § 85 RdNr. 51f.), nicht aufgegriffen.

VIII. Umsetzung der Anti-Diskriminierungsrichtlinie

93   Die Richtlinie 2000/78 EG vom 27.11.2000 enthält die Verpflichtung, bis zur Umsetzungsfrist (2. Dezember 2003) Entlassungsbedingungen zu schaffen, die eine mittelbare oder unmittelbare Diskriminierung wegen der Behinderung verhindern. In Umsetzung dieser Richtlinie hat der Gesetzgeber das gesetzliche Benachteiligungsverbot des § 81 Abs. 2 eingeführt. Auch die §§ 85 bis 92 erfüllen den Zweck der Richtlinie. Zwar fordert die Richtlinie nicht das vom Gesetzgeber eingeführte Zustimmungsverfahren. Da dieses jedoch ein besonders geeignetes Mittel ist, schwerbehinderte Arbeitnehmer vor benachteiligenden Entlassungen zu schützen, rechtfertigt die Richtlinie auch **keine Einschränkung des besonderen Kündigungsschutzes** (*Griebeling* in Hauck/Noftz, SGB IX, K § 85 RdNr. 50; *Düwell*, LPK-SGB IX, § 85 RdNr. 58).

Der EUGH hat in seinem Urteil vom 11.7.2006 (Chacon Navas – NZA 2006, 839, 840) klar gestellt, dass die Richtlinie 2000/78 EG auch für Kündigungen gilt. Das **Benachteiligungsverbot** ist daher auch bei der Beurteilung der **Wirksamkeit jeder Kündigung** zu beachten. Kündigungen generell aus dem Geltungsbereich des AGG auszuschließen, wäre mit EG-Recht nicht zu vereinbaren (*Bauer/Preis*, NZA 2006, 1261; *Sugan*, NZA 2007, 1257; *Wisskirchen*, DB 2006, 1491, 1495; *Domröse*, NZA 2006, 1320, 1323; *Busch*, AiB 2006, 467; *Bayreuther*, DB 2006, 1842; *Perreng*, AiB 2007, 578). Die Regelung des § 2 Abs. 4 AGG, der seinem Wortlaut nach Kündigungen aus dem Anwendungsbereich ausnimmt, ist daher gemeinschaftskonform so auszulegen, dass dem besonderen Schutz behinderter Arbeitnehmer vor diskriminierenden Kündigungen im Rahmen der Auslegung und Anwendung unbestimmter Rechtsbegriffe, also des Begriffes der Sozialwidrigkeit bei Anwendung des Kündigungsschutzgesetzes, und des § 242 BGB für Kündigungen außerhalb des Geltungsbereiches des Kündigungsschutzgesetzes Rechnung getragen wird (BAG 22.10.2009 – 8 AZR 642/08; BAG 6.11.08 NZA 2009, 361, 364; BAG 28.6.07 NZA 2007, 1049, 1054; LAG Berlin-Brand. 4.12.2008 – 26 Sa 343/08). Das Benachteiligungsverbot in § 81 Abs. 2 SGB IX, § 7 Abs. 1 AGG ist daher bei jeder Kündigungsmaßnahme z.B. auch **während der ersten 6 Monate** eines Arbeitsverhältnisses zu beachten (BAG 28.6.07, a.a.O.). Bei einem Verstoß gegen das Benachteiligungsverbot ist die Kündigung sozial nicht gerechtfertigt und bei fehlendem Kündigungsschutz willkürlich und treuwidrig gemäß §§ 138, 242 BGB. Im Regelfall wird der Arbeitgeber die Kündigung kaum offen mit dem Vorliegen einer Schwerbehinderung begründen, sondern andere Gründe vorgeben. Es ist allerdings zu berücksichtigen, dass es gemäß § 81 Abs. 2 S. 2 i. V. m. § 22 AGG ausreicht, dass der Arbeitnehmer Tatsachen glaubhaft macht, die eine Benachteiligung wegen der Behinderung vermuten lassen. Dazu würde z. B. der Vortrag genügen, dass die **Kündigung im unmittelbaren zeitlichen Zusammenhang mit der Mitteilung der Schwerbehinderteneigenschaft** erfolgt ist. Dann wäre der Arbeitgeber gemäß § 22 AGG verpflichtet, die Kündigungsgründe darzulegen und zu beweisen (§ 1 Abs. 1 KSchG), obwohl die Voraussetzungen des Kündigungsschutzgesetzes nicht vorliegen.

IX. Wirksamkeit der Kündigung nach anderen Vorschriften

Der besondere Kündigungsschutz der §§ 85 ff. besteht neben anderen **94** Schutzvorschriften, ersetzt diese aber nicht. Es gilt daher auch das Kündigungsverbot des **§ 9 MuSchG** während der Schwangerschaft und bis zum Ablauf von 4 Monaten nach der Entbindung. Das in § 9 Abs. 3 MuSchG vor Ausspruch einer Kündigung vorgesehene Zustimmungsverfahren wird beim Vorliegen einer Schwerbehinderung nicht durch das Zustimmungsverfahren beim Integrationsamt entbehrlich. Es gilt weiterhin der besondere Kündigungsschutz des § 18 BEEG bei der Inanspruchnahme von Elternzeit. Sind Arbeitnehmer neben ihrer Schwerbehinderung auch **Funktionsträger**, sind die Vorschriften des § 103 BetrVG, § 15 KSchG, § 108 BPersVG zu beachten. Es gelten darüber hinaus die **allgemeinen materiellen Kündigungsbeschränkungen** des § 626 BGB für den Fall der außerordentlichen Kündigung und des § 1 Abs. 2 und 3 KSchG im Fall der ordentlichen Kündigung. Schließlich sind die Beteiligungsrechte der betrieblichen Interessenvertretung und der Schwerbehindertenvertretung sowie die Anzeigepflichten im Falle der Massenentlassung gemäß §§ 17, 18 KSchG zu beachten.

1. **Kündigungsschutz gemäß § 1 Abs. 2 und 3 KSchG.** Neben **95** dem besonderen Kündigungsschutz des § 85 unterliegt der schwerbehinderte Arbeitnehmer auch dem allgemeinen Kündigungsschutz, wenn sein Arbeitsverhältnis länger als 6 Monate zum Zeitpunkt des Kündigungszugangs bestanden hat (§ 1 Abs. 1 KSchG) und im Betrieb in der Regel mehr als 10 Arbeitnehmer (Altfälle: 5 Arbeitnehmer gemäß § 23 Abs. 1 S. 2 KSchG) beschäftigt werden (§ 23 Abs. 1 S. 3 und 4 KSchG). Da die 6-monatige Wartezeit derjenigen des § 90 Abs. 1 Ziff. 1 entspricht, genießt ein schwerbehinderter Arbeitnehmer, der dem besonderen Kündigungsschutz des § 85 unterliegt, den allgemeinen Kündigungsschutz des § 1 KSchG nur in Kleinbetrieben nicht.

Gemäß § 1 Abs. 2 KSchG ist die Kündigung nur wirksam, wenn sie **96** durch **Gründe in der Person** oder **im Verhalten** des Arbeitnehmers

oder durch **dringende betriebliche Erfordernisse** sozial gerechtfertigt ist. Sowohl im Falle des Ausspruches einer personen- und verhaltensbedingten wie auch einer betriebsbedingten Kündigung ist das
Vorliegen einer Schwerbehinderung von Bedeutung.

97   Es ist anerkannt, dass bei jeder Kündigung, vor allem bei aus ver-
haltens- oder personenbedingten Gründen ausgesprochenen Kündigungen eine **Interessenabwägung** vorgenommen werden muss.
Hierbei ist zu prüfen, inwieweit das Interesse des Arbeitgebers an der
Beendigung des Arbeitsverhältnisses das Interesse des Arbeitnehmers
an dessen Fortbestand überwiegt. Im Rahmen dieser Interessenabwägung ist auch das **Vorliegen einer Schwerbehinderung zu berücksichtigen** (BAG 20. 1. 2000 NZA 2000, 768, 771). Das Interesse des
Arbeitnehmers am Erhalt seines Arbeitsplatzes kann im Falle der
Schwerbehinderung dann besonders hoch sein, wenn aufgrund der
Funktionsbeeinträchtigungen eine lang anhaltende Arbeitslosigkeit
befürchtet werden muss.

98   Im Falle der **krankheitsbedingten Kündigung** kann zusätzlich
zu berücksichtigen sein, dass die **Ursache der Schwerbehinderung**
auf die Tätigkeit des Arbeitnehmers oder auf **betriebliche Umstände**
zurückzuführen ist oder auf einen Arbeitsunfall beruht. In diesem Fall
gelten besonders strenge Maßstäbe hinsichtlich der Unzumutbarkeit
einer Weiterbeschäftigung durch den Arbeitgeber (BAG 6. 9. 89 NZA
1990, 305, 306). Aber auch bei Leistungseinschränkungen, die auf keinen betrieblichen Ursachen beruhen, ist zu prüfen, inwieweit der Arbeitnehmer auf einem **anderen Arbeitsplatz** in demselben Betrieb
oder in einem anderen Betrieb des Unternehmens beschäftigt werden
kann, der seiner Leistungsfähigkeit entspricht. Im Rahmen dieser Prüfung sind auch die Ansprüche des Arbeitnehmers gemäß § 81 Abs. 4
und der Anspruch auf Teilzeitbeschäftigung gemäß § 81 Abs. 5 mit zu
berücksichtigen sowie der Umstand, ob der Arbeitgeber das in § 84
vorgeschriebene Präventionsverfahren durchgeführt hat (s. Erläuterungen dort). Die **Prüfungskompetenzen der Arbeitsgerichte**
werden nicht durch das Zustimmungsverfahren des Integrationsamtes
beschränkt (BAG 20. 1. 2000 NZA 2000, 768, 771).

99   Im Falle einer betriebsbedingten Kündigung ist die **Schwerbehinderung** vor allem im Rahmen der **Sozialauswahl** zu berücksichtigen
(s. auch § 89 RdNr. 27). Gemäß § 1 Abs. 3 S. 1 KSchG ist unter mehreren zu kündigenden vergleichbaren Arbeitnehmern eine Auswahlentscheidung nach sozialen Kriterien vorzunehmen. Ob Arbeitnehmer
vergleichbar sind, beurteilt sich danach, ob sie vor allem nach der von
ihnen ausgeübten Tätigkeit austauschbar sind. Die Tätigkeiten müssen
nach Ausbildung und Fähigkeiten gleichwertig sein, können aber an-
dersartig sein. Vergleichbarkeit besteht nur auf der gleichen Stufe der
Betriebshierarchie (BAG 29. 3. 90 NZA 1991, 181; BAG 31. 5. 08 NZA
2008, 33, 37, ständige Rechtsprechung).

Durch das Arbeitsmarktreformgesetz vom 24.12.2003 sind die drei **100** Grunddaten: Dauer der Betriebszugehörigkeit, Lebensalter und Unterhaltspflichten um das **soziale Kriterium der Schwerbehinderung** in § 1 Abs. 3 S. 1 KSchG erweitert worden. Dieses Kriterium erfüllen nicht nur die schwerbehinderten Menschen mit einen GdB von 50 sondern auch die nach § 2 Abs. 3 Gleichgestellten (*Schiefer/Worzalla*, NZA 2004, 345, 347; *Gaul/Lunk*, NZA 2004, 184f.). Allgemein wird die Auffassung vertreten, dass in die Auswahlentscheidung schwerbehinderte und ihnen gleichgestellte Arbeitnehmer erst einbezogen werden können, wenn das Integrationsamt die Zustimmung zur Kündigung erteilt hat (*Düwell*, LPK-SGB IX, § 85 RdNr. 64; *Lunk*, NZA 2005, Beil. 1 S. 41, 44; KDZ-*Kittner/Deinert* § 1 KSchG RdNr. 486a; *Schiefer/Worzalla*, a.a.O.). Diese Auffassung greift zu kurz. Sie überzeugt nur bei Überprüfung der Sozialauswahl im arbeitsgerichtlichen Verfahren, nicht aber im Verfahren beim Integrationsamt. Hat der Arbeitgeber keinen Zustimmungsantrag gestellt, ist es richtig, dass ein gekündigter Arbeitnehmer ohne Sonderkündigungsschutz sich mangels Vergleichbarkeit auf einen sozial weniger schutzbedürftigen Arbeitnehmer mit Sonderkündigungsschutz, dem aber nicht gekündigt worden ist, nicht berufen kann. Der Arbeitgeber, der jedoch einen Zustimmungsantrag beim Integrationsamt stellt, hat bereits eine soziale Auswahlentscheidung zum Nachteil des schwerbehinderten Arbeitnehmers getroffen. Er ist daher gehalten, bereits bei dieser Entscheidung im Rahmen der von ihm getroffenen Sozialauswahl das Vorliegen der Schwerbehinderung zu berücksichtigen. Deshalb hat auch das **Integrationsamt** die **Sozialauswahl** bezüglich der ausreichenden Beachtung des Kriteriums „Schwerbehinderung" zu **überprüfen** (s. dazu § 89 RdNr. 27). Dies hat vor allem Auswirkungen bei der Erstellung eines Interessenausgleichs mit Namensliste, bei der die Sozialauswahl gemäß § 1 Abs. 5 S. 2 KSchG nur auf grobe Fehler überprüft werden kann.

Ist eine Entscheidung des Integrationsamtes entbehrlich, weil z. B. **101** der Arbeitgeber die Schwerbehinderteneigenschaft nicht kennt und über das Vorliegen auch nicht rechtzeitig in Kenntnis gesetzt worden ist, muss die Schwerbehinderung oder Gleichstellung gleichwohl im Rahmen der Sozialauswahl beachtet werden, da es auf das objektive Vorliegen ankommt (a. A. *Schiefer/Worzalla*, a.a.O.). Dies ist auch nicht unbillig, da für den Arbeitgeber im Hinblick auf die Sozialauswahl die Möglichkeit besteht, eine Befragung der Mitarbeiter durchzuführen (KDZ-*Kittner/Deinert* § 1 KSchG RdNr. 471; *Gaul/Lunk* a.a.O. S. 187). Eine **bloße Antragstellung** auf Schwerbehinderung oder Gleichstellung zum Zeitpunkt des Kündigungszugangs ist dagegen nicht zu berücksichtigen, da andernfalls eine Auswahlentscheidung wegen der erst ggf. nach Monaten erfolgten Bescheiderteilung faktisch unmöglich ist (*Lunk*, a.a.O.).

102   Ob mit der Neufassung der Regelung die Sozialauswahl auf die vier
genannten Kriterien beschränkt worden ist, ist umstritten (Dafür: BAG
31. 5. 08 NZA 2998, 33, 38; *Schaub/Linck,* AR-Handb., § 135 RdNr. 27;
dafür, aber mit engen Ausnahmen: APS/*Kiel,* § 1 KSchG, RdNr. 732 f.;
Willemsen/Annuß, NJW 2004, 177 f; *Bader,* NZA 2004, 65, 74; dagegen:
KDZ-*Kittner/Deinert* § 1 KSchG RdNr. 473; ErfK/*Oetker,* § 1 KSchG
RdNr. 335; *Kittner*/*Zwanziger-Becker,* Handbuch Arbeitsrecht, § 73
RdNr. 40; *Däubler* NZA 2004, 177, 181; *Bader* NZA 2004, 65, 74; KR-
Griebeling, § 1 KSchG RdNr. 678 1 ff). Zum alten Recht (Fassung des
KSchG vom 19. 12. 1998) hatte das BAG entschieden, dass die damals in
§ 1 Abs. 3 S. 1 KSchG a. F. bestehende Generalklausel die Einbeziehung
aller sozial beachtenswerten Umstände zulässt und daher auch eine Ein-
fach-Behinderung eines Arbeitnehmers, die seine Vermittelbarkeit auf
dem Arbeitsmarkt beeinträchtigt, berücksichtigt werden kann (BAG
17. 3. 2005 – 2 AZR 4/04). Nach der ausdrücklichen Erwähnung einer
Schwerbehinderung als soziales Kriterium in § 1 Abs. 3 S. KSchG n. F.
wird dies nur noch ausnahmsweise zulässig sein. Nach der Gesetzesbegründung schließt die **Beschränkung auf die sozialen Grunddaten**
die Beachtung **unbilliger Härten** im Einzelfall nicht aus, wenn dies
nach den betrieblichen Gegebenheiten evident einsichtig ist oder die
zusätzlich erfassbaren Tatsachen in einem unmittelbaren spezifischen
Zusmmenhang mit den im Gesetz genannten Grunddaten stehen. Berufskrankheiten oder ein vom Arbeitnehmer verschuldeter Arbeitsunfall werden ausdrücklich genannt (BT-Drucks. 15/1204 S. 11). Daraus ist
zu schließen, dass Einfach-Behinderungen nur ausnahmsweise, etwa
dann, wenn sie durch eine Berufskrankheit oder einen Berufsunfall verursacht worden sind, oder durch sie ein besonderes Arbeitsmarktrisiko
besteht, als soziale Kriterien mit einzubezogen werden können (ErfK/
Oetker, § 1 KSchG, RdNr. 335; DKK-*Kittner/Deinert,* KSchG, § 1
RdNr. 486c m. w. N.). Im Übrigen können Einfach-Behinderungen
nur im Rahmen der Interessenabwägung Berücksichtigung finden.

103   **2. Nachschieben von Kündigungsgründen.** Umstritten ist, ob
Kündigungsgründe, die **nicht Gegenstand des Zustimmungsverfahrens waren**, im anschließenden arbeitsgerichtlichen Verfahren
nachgeschoben werden können. Nach **Auffassung des BVerwG** ist
ein Nachschieben **unzulässig**, weil das Integrationsamt keine Möglichkeit hatte zu prüfen, ob die neuen Gründe im Zusammenhang mit
der Behinderung standen und, ob die spezifischen Belange des schwerbehinderten Menschen überwiegen. (BVerwG 2. 7. 92 NZA 1993, 123,
126 und 2. 7. 92 – 5 C 39/90 – BVerwGE 90, 275; so auch GK-SGB IX-
Lampe, § 88 RdNr. 102; *Braasch* in Deinert/Neumann, Handbuch SGB
IX, § 19 RdNr. 49). Das BVerwG hat offengelassen, ob dies auch für
die außerordentliche Kündigung gilt, wenn der nachgeschobene
Grund offensichtlich nicht im Zusammenhang mit der Behinderung
steht (BVerwG, a.a.O.).

Die Gegenansicht lehnt ein erneutes Zustimmungsverfahren ab, **104**
wenn das Integrationsamt bereits nach dem bislang vorgetragenen
Sachverhalt die Interessen des Arbeitgebers für vorrangig gehalten hat.
Dann werde der Schutzzweck des Gesetzes durch in den Arbeitsge-
richtsprozess eingebrachte weitergehende Gründe nicht verletzt. Die
**Rechtsprechung des BAG zum betriebsverfassungsrechtlichen
Anhörungsverfahren** gemäß § 102 BetrVG (BAG 18. 1. 80 AP Nr. 1 zu
§ 626 BGB Nachschieben von Kündigungsgründen; BAG 11. 4. 85
NZA 1986, 647) sei nicht übertragbar (LAG Sachsen-Anhalt 24. 11. 99
br 2001, 31).

Diese Auffassung überzeugt nicht. Aus der Tatsache der Zustim- **105**
mungserteilung kann nicht ohne weiteres geschlossen werden, dass für
den **neu eingebrachten Sachverhalt** nicht erstmals **behindertenspezifische Belange Bedeutung gewinnen** können. Das **Integrationsamt** muss daher Gelegenheit erhalten, die neu eingebrachten Tatsachen daraufhin erneut zu überprüfen. **Beispiel:** das Integrationsamt
stimmt trotz Bejahung eines Zusammenhangs zwischen Behinderung
und Straftat zu, weil es von einem nachgewiesenen Sachverhalt ausgeht, auf den der Arbeitgeber den Antrag auch allein gestützt hat. Im
Arbeitsgerichtsprozess wird die Kündigung nur noch mit dem bloßen
Verdacht begründet.

Steht allerdings der neue **Kündigungsgrund nicht im Zusam-** **106**
menhang mit der Behinderung und hätte das Integrationsamt auch
dann, wenn der neue Sachverhalt im Antrag enthalten gewesen wäre,
offensichtlich nicht anders entscheiden können, ist ein neues Zustimmungsverfahren entbehrlich (BAG 19. 12. 1991 – 2 AZR 367/91,
dazu krit.: *Düwell*, LPK-SGB IX, § 91 RdNr. 41; *Kreitner*, jurisPK-SGB
IX, § 91 RdNr. 36; *Braasch* in Deinert/Neumann, Handbuch SGB IX,
§ 19 RdNr. 49; offengelassen von BVerwG 2. 7. 92 NZA 1993, 123, 126
und 2. 7. 92 – 5 C 39/90 – BVerwGE 90, 275).

3. Beteiligung der betrieblichen Interessenvertretung. Eine **107**
ohne Anhörung des Betriebsrates ausgesprochene Kündigung ist gemäß § 102 Abs. 1 S. 3 BetrVG **unwirksam.** Im Bereich des öffentlichen
Dienstes ist gemäß § 79 Abs. 4 BPersVG eine ohne Beteiligung des Personalrates erfolgte Kündigung ebenfalls unwirksam. Das Gleiche gilt
für eine **nicht ordnungsgemäß durchgeführte Anhörung** (Grund-
satzentscheidung des BAG 28. 2. 74 AP Nr. 2 zu § 102 BetrVG; BAG
16. 9. 93 NZA 1994, 311, 313; ständige Rechtsprechung). Es ist hierbei
anerkannt, dass der Arbeitgeber den Betriebsrat so zu informieren hat,
dass dieser sich ohne zusätzliche eigene Nachforschungen ein Bild über
die Person des Arbeitnehmers und über die aus seiner subjektiven Sicht
maßgeblichen Kündigungsgründe machen kann (BAG, a.a.O.; BAG
11. 7. 91 NZA 1992, 38; BAG 18. 5. 94 NZA 1995, 24). Zu den dem Betriebsrat mitzuteilenden persönlichen Umstände gehören u.a. auch besondere soziale Umstände wie das Vorliegen einer Schwerbehinderung

(BAG, a.a.O.). Dies gilt selbstverständlich nur, soweit diese dem Arbeitgeber bekannt ist; er muss nicht erst eigene Nachforschungen unternehmen.

108　Vor Abschluss des Anhörungsverfahrens darf der Arbeitgeber die Kündigung nicht aussprechen. Erst wenn sich der **Betriebsrat** innerhalb der **Wochenfrist** des § 102 Abs. 2 S. 1 BetrVG oder der **3-Tages-Frist** des § 102 Abs. 2 S. 3 BetrVG nicht **geäußert** oder bereits vorher eine **abschließende Stellungnahme** abgegeben hat, darf der Arbeitgeber kündigen. Ob eine vorherige Anhörung durchgeführt worden ist, beurteilt sich danach, ob das Kündigungsschreiben den Machtbereich des Arbeitgebers erst zu einem Zeitpunkt verlässt, also abgesandt wird, zu dem entweder die Stellungnahme des Betriebsrats bereits vorliegt oder die Wochen- oder 3-Tage-Frist verstrichen ist (BAG 28. 2. 74 AP Nr. 2 zu § 102 BetrVG 1972; 13. 11. 75 AP Nr. 7 zu § 102 BetrVG 1972).

109　Die Betriebsrats- oder Personalratsanhörung kann **vor, während oder erst nach der Durchführung des Zustimmungsverfahrens** beim Integrationsamt erfolgen (BAG 11. 3. 98 – 2 AZR 401/97). Bei der außerordentlichen Kündigung ist allerdings die Frist des § 91 Abs. 2 (siehe Erläuterungen dort) zu beachten. Ist der Betriebsrat/Personalrat vor Einleitung des Zustimmungsverfahrens angehört worden, ist die Anhörung **nach dem Vorliegen der Zustimmung nicht zu wiederholen**, auch dann nicht, wenn die Zustimmung erst nach jahrelangem Rechtsstreit erteilt worden ist. Dies ist nur anders zu beurteilen, wenn sich der **Sachverhalt** zwischenzeitlich **wesentlich geändert** hat (BAG 20. 1. 2000 NZA 2000, 768, 769).

110　**4. Beteiligung der Schwerbehindertenvertretung.** Gemäß § 95 Abs. 2 ist die Schwerbehindertenvertretung vor einer Entscheidung, die einen schwerbehinderten Menschen betrifft, anzuhören. Diese Anhörungspflicht wird nicht durch die Anhörung der betrieblichen Interessenvertretung erfüllt. Die Beteiligung der Schwerbehindertenvertretung ist daher zusätzlich vorzunehmen. Sie muss vor der Durchführung des Zustimmungsverfahrens beim Integrationsamt erfolgen. Allerdings führt die unterbliebene Anhörung nach h.M. **nicht zur Unwirksamkeit der Kündigung** (siehe Erläuterungen zu § 95; § 87 RdNr. 16).

Kündigungsfrist

86 Die Kündigungsfrist beträgt mindestens vier Wochen.

Übersicht

I. Allgemeines

Die Vorschrift hat unverändert die Regelung des § 16 SchwbG über- **1** nommen. Sie legt für jede ordentliche Kündigung eine gesetzliche Mindestkündigungsfrist von 4 Wochen fest. Eine wichtige Bedeutung kam der Regelung zu, als die gesetzlichen Kündigungsfristen für gewerbliche Arbeitnehmer noch 2 Wochen betrugen. Dadurch garantierte sie allen schwerbehinderten und gleichgestellten Arbeitnehmern eine gleiche Kündigungsfrist von zumindest 4 Wochen. Mit der **Einführung des Kündigungsfristengesetzes** vom 7. Oktober 1993 ist die Bedeutung der Vorschrift nur noch gering, da bereits die gesetzliche Kündigungsfrist für alle Arbeitnehmer gemäß § 622 Abs. 1 BGB 4 Wochen beträgt.

Da § 86 lediglich eine Mindestkündigungsfrist vorschreibt, werden **2** von ihr weder verlängerte gesetzliche (§ 622 Abs. 2 BGB) noch tarifvertraglich oder einzelvertraglich vereinbarte **verlängerte Kündigungsfristen** verdrängt.

II. Anwendungsbereich

Die Vorschrift gilt für alle Arbeitsverhältnisse, die dem Sonderkün- **3** digungsschutz des § 85 unterliegen. Sie ist demnach nicht anwendbar auf Arbeitsverhältnisse, für die die **Ausnahmen des § 90** bestehen, also für Arbeitsverhältnisse während der ersten sechs Monate (§ 90 Abs. 1 Ziff. 1), für bestimmte Personengruppen (§ 90 Abs. 1, Ziff. 2 und 3) sowie für witterungsbedingte Entlassungen (§ 90 Abs. 2). Für in **Heimarbeit Beschäftigte** sieht § 127 Abs. 2 eine Sonderregelung vor. Die Kündigungsfrist bezieht sich auf ordentliche Beendigungs- wie auch auf ordentliche Änderungskündigungen.

Aus der Gesetzessystematik und dem Schutzzweck der Vorschrift er- **4** gibt sich, dass die **Frist nur für arbeitgeberseitige Kündigungen**

gilt. Die Vorschrift steht im Zusammenhang mit den Regelungen des
§ 85 und der §§ 87 bis 91. Diese enthalten Kündigungsbeschränkungen
des Arbeitgebers. Es wäre **systemfremd** anzunehmen, dass gerade
§ 86 hiervon eine Ausnahme darstellen sollte. Außerdem soll die Mindestkündigungsfrist den schwerbehinderten Arbeitnehmer vor kurzfristigen Beendigungen schützen, da dieser erfahrungsgemäß besondere Schwierigkeiten hat, nach kurzer Zeit einen neuen Arbeitsplatz zu
finden. Die **Dispositionsfreiheit des schwerbehinderten Arbeitnehmers** selbst sollte dadurch nicht eingeschränkt werden (so auch:
Kossens/von der Heide/Maaß, SGB IX, § 86 RdNr. 9; *Griebeling* in Hauck/
Noftz, SGB IX, K § 86 RdNr. 5; *Düwell,* LPK-SGB IX, § 86 RdNr. 7;
a.A. *Neumann/Pahlen/Majerski-Pahlen,* SGB IX, § 86 RdNr. 4).

III. Bedeutung der Kündigungsfrist

5   Für **Arbeitsverhältnisse,** die mit der **gesetzlichen Grundkündi-
gungsfrist** aufgelöst werden können, ist die Mindestkündigungsfrist
des § 86 ohne Bedeutung, da die Frist des § 622 Abs. 1 BGB bereits 4
Wochen zum 15. oder zum Ende eines Kalendermonats beträgt. Dies
gilt auch für die meisten tariflichen Kündigungsbestimmungen, die in
der Regel keine kürzeren Fristen vorsehen.

6   Das Gleiche gilt für **Probe- und Aushilfsarbeitsverhältnisse.**
Gemäß § 622 Abs. 3 BGB kann während einer vereinbarten Probezeit
das Arbeitsverhältnis zwar mit einer Frist von 2 Wochen beendet werden. Da § 622 Abs. 3 jedoch gleichzeitig vorsieht, dass dies nur für eine
Probezeit gilt, die nicht länger als 6 Monate besteht, ist § 86 ohne Bedeutung, da auch hier die Mindestkündigungsfrist erst nach einem
Bestehen des Arbeitsverhältnisses von über 6 Monaten anzuwenden
ist.

Gemäß § 622 Abs. 5 S. 2 Ziff. 1 BGB kann bei vorübergehenden Aus-
hilfsarbeitsverhältnissen einzelvertraglich eine kürzere Kündigungsfrist vereinbart werden. Dies gilt jedoch dann nicht, wenn das Aus-
hilfsarbeitsverhältnis über einen Zeitraum von 3 Monaten andauert.
Bei einer nur 3-monatigen aushilfsweisen Beschäftigung ist jedoch
auch die Mindestkündigungsfrist des § 86 nicht anwendbar.

7   Auch für **einzelvertragliche Kündigungsregelungen** ist die
Mindestkündigungsfrist ohne Bedeutung. Bei Kleinbetrieben mit in
der Regel nicht mehr als 20 Beschäftigten sieht § 622 Abs. 5 S. 1 Ziff. 2
BGB zwar die Möglichkeit vor, kürzere als die gesetzlichen Fristen zu
vereinbaren. Dies bezieht sich jedoch nur auf das in § 622 Abs. 1 BGB
vorgeschriebene Ende der Kündigungsfrist zum 15. oder zum Ende
eines Kalendermonats, nicht aber auf die 4-Wochen-Grundfrist. Da
demnach einzelvertraglich keine kürzere Frist als 4 Wochen vereinbart
werden darf, greift auch hier die besondere Frist des § 86 nicht.

Bedeutung hat die Mindestkündigungsfrist allerdings für **tarifliche** 8
Regelungen, die eine **kürzere als die gesetzliche Kündigungsfrist
vorsehen**. Derartige Regelungen sind gemäß § 622 Abs. 4 BGB zulässig. So können beispielsweise im Bauhauptgewerbe (§ 12 Bundesrah-
mentarifvertrag) Arbeitsverhältnisse nach sechsmonatiger Dauer unter
Einhaltung einer Frist von 12 Werktagen gekündigt werden. Der Rah-
mentarifvertrag für das Gebäudereinigerhandwerk (§ 20 Ziff. 1 RTV)
sieht eine Frist von 2 Wochen vor.

In diesen Fällen hat § 86 auch gegenwärtig noch einen Anwendungs- 9
bereich, da die Arbeitsverhältnisse von schwerbehinderten und gleichgestellten Arbeitnehmern nicht mit der kürzeren tariflichen Frist,
sondern nur mit der Mindestfrist von 4 Wochen gekündigt werden
können.

IV. Berechnung der Frist

Es gelten die §§ 186 ff. BGB. Gemäß § 187 Abs. 1 BGB wird für den 10
Beginn der Frist der Tag des Kündigungszugangs nicht gerechnet.
Die **Frist endet** gemäß § 188 Abs. 2 BGB mit Ablauf des Tages, der
durch seine Benennung dem Tage entspricht, an dem die Kündigung
zuging. Erreicht die Kündigung den schwerbehinderten Arbeitnehmer
also an einem Freitag, endet sie wiederum an einem Freitag in der 4.
Woche. Für das Ende der Frist gilt **§ 193 BGB**. Fällt das Ende der 4-
Wochen-Frist daher auf einen Samstag, Sonntag oder Feiertag, so tritt
an die Stelle dieses Tages der nächste Werktag (GK-SGB IX-*Lampe*, § 86
RdNr. 22; *Düwell*, LPK-SGB IX, § 86 RdNr. 8; *Schaub/ Linck*, ArbR-
Hdb, § 126 RdNr. 24; a.A. *Neumann/Pahlen/Majerski-Pahlen*, SGB IX,
§ 86 RdNr. 9; *Griebeling* in Hauck/Noftz, SGB IX, K § 86 RdNr. 7, der
insoweit Beginn und Ende der Frist nicht unterscheidet). § 193 BGB
gilt nicht für den Beginn der Frist. Ist die 4-Wochen-Frist nur noch
durch Kündigung an einem Samstag, Sonntag oder Feiertag einzuhalten, beginnt sie nicht erst am nächsten Werktag. Sie darf durch § 193
BGB für den Kündigenden nicht verkürzt werden (BAG 5. 3. 70 AP
Nr. 1 zu § 193 BGB; BGH 17. 2. 05 NJW 2005, 1354; *Neumann/Pahlen/
Majerski-Pahlen*, SGB IX, § 86 RdNr. 9).

§ 86 sieht keinen festen Endtermin vor. Mangels Spezialregelung 11
ist allgemein anerkannt, dass die in **§ 622 BGB enthaltenen Endtermine zu übertragen** sind (*Düwell*, LPK-SGB IX, § 86 RdNr. 8,
Griebeling in Hauck/Noftz, SGB IX, K § 86 RdNr. 6; *Dörner*, SchwbG,
§ 16 RdNr. 1). Dies bedeutet, dass gemäß § 622 Abs. 1 BGB das Arbeitsverhältnis entweder zum 15. oder zum Ende eines Kalendermonats
endet. Für **Kleinbetriebe** gilt die Regelung des § 622 Abs. 5 Ziff. 2
BGB, so dass das Arbeitsverhältnis ohne festen Endtermin aufgelöst
werden kann. Sehen **tarifliche Regelungen** bestimmte Endtermine

vor, sind diese zu beachten (BAG 25. 2. 81 AP Nr. 2 zu § 17 SchwbG
am Ende; *Düwell,* LPK-SGB IX, § 86 RdNr. 8, *Griebeling* in Hauck/
Noftz, SGB IX, K § 86 RdNr. 6; *Kossens/von der Heide/Maaß,* § 86,
RdNr. 14). Für den jeweiligen Endtermin (15. oder Ende des Monats)
gilt § 193 BGB nicht. Das Arbeitsverhältnis endet an diesem Tag auch,
wenn das Ende des Monats oder der 15. auf einen Samstag, Sonntag
oder Feiertag fällt.

V. Nichteinhaltung der Frist

12　　Beachtet der Arbeitgeber die Mindestkündigungsfrist nicht und
kündigt das Arbeitsverhältnis zu einem früheren Zeitpunkt, ist die
Kündigung erst **zum nächst zulässigen Zeitpunkt wirksam**. Ob
man insoweit von einer Teilnichtigkeit ausgeht und die Regelung des
§ 139 BGB anwendet (so *Griebeling* in Hauck/Noftz, SGB IX, K § 86
RdNr. 6; *Düwell,* LPK-SGB IX, § 86 RdNr. 10) oder die Kündigung
mit zu kurzer Kündigungsfrist in eine Kündigung mit zulässiger Kündigungsfrist gemäß § 140 BGB umdeutet (so *Kossens/von der Heide/
Maaß,* SGB IX, § 86 RdNr. 12; GK-SGB IX-*Lampe,* § 86 RdNr. 23; allgemein für die ordentliche Kündigung: *Schaub/Linck,* ArbR-Hdb.,
§ 123 RdNr. 75; KR-*Spilger* § 622 BGB RdNr. 140), ist ohne praktische
Bedeutung. Das Ergebnis ist in beiden Fällen das Gleiche: das Arbeitsverhältnis wird zum nächstzulässigen Termin beendet. Es muss nicht
etwa das Zustimmungsverfahren wiederholt und die Kündigung erneut ausgesprochen werden.

VI. Kündigungsfrist in der Insolvenz

13　　Gemäß § 113 Abs. 1 S. 2 InsO beträgt die Kündigungsfrist bei Insolvenz des Arbeitgebers **drei Monate**, wenn nicht eine kürzere Kündigungsfrist maßgeblich ist. Bedeutsam ist die Mindestkündigungsfrist
des § 86 auch hier nur in den Fällen, in denen eine **tarifliche Kündigungsfrist** eine **Beendigungsmöglichkeit unter 4 Wochen** vorsieht. Dann kann der Insolvenzverwalter das Arbeitsverhältnis mit dieser Frist nicht kündigen, wenn der Arbeitnehmer dem Sonderkündigungsschutz der §§ 85 ff. unterfällt. Auch vom **Insolvenzverwalter**
ist die Frist des **§ 86 zu beachten**. Sehen gesetzliche, tarifliche oder arbeitsvertragliche Regelungen längere Kündigungsfristen als vier Wochen vor, werden diese nicht durch die Mindestkündigungsfrist des
§ 86 verdrängt (*Griebeling* in Hauck/Noftz, SGB IX, K § 86 RdNr. 8;
KR-*Etzel* §§ 85–90 SGB IX RdNr. 131a; *Neumann/Pahlen/Majerski-Pah-
len,* SGB IX, § 86 RdNr. 5; *Kossens/von der Heide/Maaß,* SGB IX, § 86
RdNr. 10; *Düwell,* LPK-SGB IX, § 86 RdNr. 9).

Antragsverfahren

87 (1) ¹Die Zustimmung zur Kündigung beantragt der Arbeitgeber bei dem für den Sitz des Betriebes oder der Dienststelle zuständigen Integrationsamt schriftlich. ²Der Begriff des Betriebes und der Begriff der Dienststelle im Sinne des Teils 2 bestimmen sich nach dem Betriebsverfassungsgesetz und dem Personalvertretungsrecht.

(2) Das Integrationsamt holt eine Stellungnahme des Betriebsrates oder Personalrates und der Schwerbehindertenvertretung ein und hört den schwerbehinderten Menschen an.

(3) Das Integrationsamt wirkt in jeder Lage des Verfahrens auf eine gütliche Einigung hin.

Übersicht

I. Allgemeines

Die Vorschrift hat inhaltlich im Wesentlichen unverändert die Regelung des § 17 SchwbG 1986 übernommen, die ihrerseits bereits auf der Fassung des § 14 SchwbG von 1974 beruhte. Das SGB IX vom 19. 6. 2001 ersetzt lediglich die Bezeichnung Hauptfürsorgestelle durch Integrationsamt und sieht keine Einreichung des Antrags mehr in doppelter Ausfertigung vor. **1**

In der Ausgangsfassung des SGB IX vom 19. 6. 2001 war noch die Einholung einer Stellungnahme **der Agentur für Arbeit** (vormals Arbeitsamt) enthalten. Dies war im Gesetzgebungsverfahren umstritten. Im Gesetzentwurf der Fraktionen von SPD und Bündnis 90/ Die Grünen und der Bundesregierung (BT-Drucks. 14/5074 und BT- **2**

Drucks. 14/5531) war auf die Einholung einer **Stellungnahme** wegen der damit verbundenen Verzögerungen des Verfahrens noch verzichtet worden (BT-Drucks. 14/5074 S. 113), nach den Beratungen im Ausschuss für Arbeit und Sozialordnung (BT-Drucks. 14/5800 S. 30) war die Einholung einer Stellungnahme dann mit der Begründung in die Vorschrift aufgenommen worden, dass dies im Interesse einer frühzeitigen Einleitung von Maßnahmen zur Vermeidung von Arbeitslosigkeit notwendig ist. Mit dem Gesetz zur Förderung der Ausbildung und Beschäftigung schwerbehinderter Menschen vom 23. 4. 2004 (BGBl. I S. 606) ist die Einholung der Stellungnahme wieder gestrichen worden. Dies beruht auf der Beschlussempfehlung des Ausschusses für Gesundheit und Soziale Sicherung, der einer Anregung des Bundesrates gefolgt war (BT-Drucks. 15/2318 S. 16). Begründet wird die Steichung damit, dass die Agentur für Arbeit lediglich formularmäßige Stellungnahmen abgegeben habe und auf den jeweiligen Einzelfall in der Regel nicht eingegangen sei (BT-Drucks. 15/2357).

3   Die Bestimmung enthält Regelungen zur Einleitung des Zustimmungsverfahrens bis zur Entscheidung des Integrationsamtes. Dazu gehören die Antragstellung des Arbeitgebers, die örtliche Zuständigkeit des Integrationsamtes, die Einholung von Stellungnahmen sowie das Bemühen um eine gütliche Einigung. Ergänzend dazu sind die Verwaltungsverfahrensregeln des SGB X anzuwenden.

II. Form der Antragstellung

4   Das Integrationsamt wird nur auf Antrag des Arbeitgebers tätig. Die Antragstellung muss **schriftlich** erfolgen. Ist der Arbeitgeber ein Einzelunternehmer, muss dieser persönlich den Antrag unterzeichnen. Handelt es sich um eine juristische Person, muss die Unterzeichnung durch ein Mitglied des vertretungsberechtigten Organs erfolgen. Zulässig ist auch die Unterschrift durch den rechtsgeschäftlichen Vertreter des Arbeitgebers. Dies ist in der Regel ein Mitarbeiter eines Unternehmens, der sich – wie z. B. der Personalleiter oder Personalabteilungsleiter eines größeren Unternehmens – in einer Position befindet, der üblicherweise die Befugnis zur Kündigung verbunden ist (BAG 30. 5. 72 AP Nr. 1 zu § 174 BGB). Lässt der Arbeitgeber sich durch einen Bevollmächtigten vertreten, hat er dies durch eine entsprechende **Vollmacht** nachzuweisen. Fehlt es hieran, hat das Integrationsamt den Arbeitgeber aufzufordern, die Vollmacht unter Fristsetzung nachzureichen. Erfolgt dies nicht, ist der Antrag zurückzuweisen. Eine ohne Vollmacht erteilte Zustimmung ist anfechtbar (KR-*Etzel* §§ 85–90 SGB IX RdNr. 60).

5   Ob die Schriftform nur durch ein entsprechendes Antragsschreiben an das Integrationsamt gewahrt werden kann (so: *Düwell*, LPK-SGB

IX, § 87 RdNr. 6) oder auch die Übermittlung des Antrags durch **Tele -
gramm oder Telefax** ausreicht, (so: *Neumann/Pahlen/Majerski-Pahlen,*
SGB IX, § 87 RdNr. 1; *Griebeling* in Hauck/Noftz, SGB IX, K § 87
RdNr. 3; *Kossens/von der Heide/Maaß,* SGB IX, § 87 RdNr. 2; *Trenk-Hinterberger,* SGB IX, § 87 RdNr. 13; *Braasch* in Deinert/Neumann, Handbuch SGB IX, § 19 RdNr. 154; APS/*Vossen,* § 87 SGB IX, RdNr. 4) ist
umstritten. Nach der Entscheidung des Gemeinsamen Senats der
Obersten Gerichtshöfe des Bundes vom 5. 4. 2000 (NZA 2000, 959)
wird für bestimmte Schriftsätze ein Telefax sowie auch die elektronische Übertragung einer Textdatei mit eingescannter Unterschrift auf
das Faxgerät des Gerichts (sog. **Computerfax**) als formwahrend angesehen. Entsprechendes muss auch für die Antragsübermittlung an das
Integrationsamt gelten. Für die Zulassung von Telefax und Computerfax spricht weiterhin, dass das BAG auch im Falle der Zustimmungsverweigerung des Betriebsrats gemäß § 99 Abs. 3 S. 1 BetrVG entschieden hat, dass für das Erfordernis der Schriftlichkeit ein Telefax genügt
(BAG 11. 6. 02 NZA 2003, 226). § 126 BGB sei nicht anwendbar, da es
sich bei der Zustimmungsverweigerung weder um ein Rechtsgeschäft
noch um eine auf eine Rechtsfolge gerichtete Willenserklärung handelt. Das Gleiche gilt auch für die Antragstellung gemäß § 87 Abs. 1,
die ebenfalls keine Willenserklärung zur Vornahme eines Rechtsgeschäfts darstellt. Nicht ausreichend ist allerdings ein Faksimilestempel
(*Neumann/Pahlen/Majerski-Pahlen,* SGB IX, § 87 RdNr. 1; *Griebeling* in
Hauck/Noftz, SGB IX, K § 87 RdNr. 3; *KR-Etzel* §§ 85–90 RdNr. 61).
Eine **mündliche oder telefonische** Antragstellung löst keine Rechtsfolgen aus.

Ist die Schriftform nicht gewahrt, darf das **Integrationsamt** über **6**
den Antrag **nicht entscheiden.** Sie muss den Arbeitgeber jedoch auf
die **fehlende Schriftform hinweisen.** Reicht der Arbeitgeber einen
schriftlichen Antrag nicht nach, bleibt das Integrationsamt untätig; die
Situation ist so, als wäre ein Antrag gar nicht gestellt worden. Einer
ablehnenden förmlichen Entscheidung bedarf es daher nicht (*Neu-
mann/Pahlen/Majerski-Pahlen,* a.a.O.; *Griebeling* in Hauck/Noftz, K § 87
RdNr. 3a.; *Kossens/von der Heide/Maaß,* SGB IX, § 87 RdNr. 3; *Düwell,*
LPK-SGB IX, § 87 RdNr. 8; für eine solche Entscheidung: GK-SGB
IX-*Lampe,* § 87 RdNr. 25; KR-*Etzel* §§ 85–90 RdNr. 62).

Trifft das Integrationsamt eine **Entscheidung,** obwohl gar kein An- **7**
trag oder **kein schriftlicher Antrag** vorliegt, ist diese zwar nicht
nichtig, aber **fehlerhaft.** Gegen sie kann Widerspruch eingelegt werden. Die fehlende Schriftform wird auch nicht dadurch geheilt, dass
das Integrationsamt über einen nur mündlich gestellten Antrag eine
Entscheidung trifft (BVerwG 17. 3. 88 – 5 B 60/87; *Düwell,* a.a.O.; *Griebeling,* a.a.O.; GK-SGB IX-*Lampe,* § 87, a.a.O.; *Kossens/von der Heide/
Maaß,* a.a.O.; a.A. *Neumann/Pahlen/Majerski-Pahlen,* a.a.O.). Da es sich
bei der Zustimmungsentscheidung um eine Ermessensentscheidung

handelt, ist auch § 42 S. 1 SGB X nicht anzuwenden. Es kommt also nicht darauf an, ob im Falle des Vorliegens eines schriftlichen Antrags eine andere Entscheidung ausgeschlossen war (BVerwG 17.3.88, a.a.O.). Ist die Antragstellung von einem dazu nicht Berechtigten erfolgt, kann der Formfehler durch eine Genehmigung des berechtigten Antragstellers im Widerspruchsverfahren geheilt werden (VG München 24.7.2008 – M 15 K 07.2690).

8   Da die **Arbeitsgerichte** im Kündigungsschutzverfahren an den Bescheid des Integrationsamtes **gebunden** sind, überprüfen sie dessen Fehlerhaftigkeit nicht (*Griebeling*, a.a.O.; s. auch § 85 RdNr. 86).

III. Inhalt des Antrags

9   Für die Einleitung des Zustimmungsverfahrens muss der Antrag **bestimmte Mindestangaben** enthalten. So muss aus ihm eindeutig hervorgehen, dass der Arbeitgeber die Absicht hat, einen bestimmten Arbeitnehmer zu kündigen. Die **Identität des Arbeitnehmers** muss sich aus dessen Name und Anschrift ergeben. Letzteres ist erforderlich, damit das Integrationsamt den schwerbehinderten Menschen gemäß Abs. 2 auch anhören kann. Aus dem Antrag muss weiterhin die **Identität des Arbeitgebers**, also sein Name, seine Bezeichnung und der Sitz des Beschäftigungsbetriebes hervorgehen.

10   Für das Zustimmungsverfahren ist zwar wegen der Frist des § 91 Abs. 3 auch die Kündigungsart – ordentlich oder außerordentlich – von Bedeutung; es ist jedoch allgemein anerkannt, dass bei insoweit bestehenden Unklarheiten **im Zweifel** von der Beantragung einer **ordentlichen Kündigung** ausgegangen wird (KR-*Etzel* §§ 85–90 SGB IX RdNr. 71; *Griebeling* in Hauck/Noftz, SGB IX, K § 87 RdNr. 4; *Kossens/von der Heide/Maaß*, SGB IX, § 87 RdNr. 6; *Düwell*, LPK-SGB IX, § 87 RdNr. 12).

11   Will der Arbeitgeber die Zustimmung zur **außerordentlichen** Kündigung und **hilfsweise** zur **ordentlichen Kündigung** beantragen, muss er die Zustimmung zu beiden Kündigungen einholen. Nur wenn eine **Zustimmung zu beiden Kündigungen** vorliegt, kann das Arbeitsgericht die hilfsweise ausgesprochene ordentliche Kündigung für wirksam erachten. Liegt für die ordentliche Kündigung mangels Antrag dagegen keine Zustimmung vor, ist sie nichtig. Die außerordentliche Kündigung kann aus dem gleichen Grund auch **nicht** gemäß § 140 BGB in eine ordentliche Kündigung **umgedeutet** werden (*Trenk-Hinterberger*, SGB IX, § 87 RdNr. 18; *Griebeling* in Hauck/Noftz, SGB IX, K § 87 RdNr. 4; *Düwell*, LPK-SGB IX, § 87 RdNr. 13).

12   **Empfehlenswert** sind darüber hinaus **Angaben** zur persönlichen (Alter, Gesundheitszustand) und sozialen Situation (Unterhaltsver-

pflichtungen) und zur Tätigkeit des Betroffenen, zur bisherigen Dauer der Betriebszugehörigkeit und zur Beschäftigtenzahl von schwerbehinderten Menschen im Unternehmen und im Beschäftigungsbetrieb. Vor allem aber sollte der Antrag eine **genaue Darstellung der Kündigungsgründe** einschließlich Angaben dazu enthalten, weshalb Weiterbeschäftigungsmöglichkeiten im Betrieb nicht bestehen. Diese Angaben sind nicht im Hinblick auf die Einleitung des Zustimmungsverfahrens erforderlich, bilden jedoch die Grundlage für die vom Integrationsamt vorzunehmende Ermessensentscheidung gemäß §§ 89, 91. Enthält der Antrag **keine oder keine genügende Begründung,** darf das Integrationsamt die Zustimmung nicht erteilen. Es weist den Antrag als unbegründet zurück (KR-*Etzel* §§ 85–90 SGB IX RdNr. 72). Es darf insoweit auch keine Amtsermittlung vornehmen und die Gründe selbst feststellen. Gemäß § 20 SGB X hat die Behörde den Arbeitgeber allerdings zur **Begründung seines Antrags** oder zu **Ergänzungen** in der Begründung **aufzufordern** *(Kossens/von der Heide/ Maaß,* SGB IX, § 87 RdNr. 5; *Griebeling* in Hauck/Noftz, SGB IX, K § 17 RdNr. 4).

Empfehlenswert sind weiterhin **Angaben zum Bestehen einer** **13** **Schwerbehindertenvertretung, Betriebsrat oder Personalrat.** Dem Integrationsamt sollte mitgeteilt werden, dass die erforderliche Beteiligung der Schwerbehindertenvertretung bereits vor Antragstellung erfolgt ist. Vorliegende **Stellungnahmen** der betrieblichen Interessenvertretungen sollten dem Antrag beigefügt werden.

Das Integrationsamt stellt **Antragsformulare** zur Verfügung, die **14** der Verwaltungsvereinfachung dienen, aber auch dem Arbeitgeber die Gewähr bieten, dass er die Mindestanforderungen an eine ordnungsgemäße Antragstellung erfüllt hat. Es ist daher zweckmäßig, wenngleich nicht zwingend, diese Formulare zu benutzen.

IV. Zeitpunkt der Antragstellung

Lediglich für den Antrag auf Zustimmung zur **außerordentlichen** **15** **Kündigung** ist eine Frist von **2 Wochen gemäß § 91 Abs. 2** vorgeschrieben (siehe Erläuterungen dort). Ansonsten sieht das Gesetz eine bestimmte Antragsfrist nicht vor. Liegen die Kündigungsgründe allerdings schon einen längeren Zeitraum zurück, wird die dadurch indizierte geringere Bedeutung für den Kündigungsentschluss bei der Sachentscheidung des Integrationsamtes berücksichtigt werden.

V. Beteiligung der Schwerbehindertenvertretung, Betriebsrat und Personalrat

16   Gemäß § 95 Abs. 2 S. 1 ist die **Schwerbehindertenvertretung** bereits **vor der Antragstellung** umfassend über die beabsichtigte Kündigung zu **unterrichten** und **anzuhören**. Es ist ihr im Falle der ordentlichen Kündigung mit einer Frist von 1 Woche und im Falle der außerordentlichen Kündigung mit einer Frist von 3 Tagen (entsprechend § 102 Abs. 2 BetrVG) Gelegenheit zur Stellungnahme zu geben (siehe Erläuterungen zu § 95 RdNr. 37). Ist die Schwerbehindertenvertretung vor Antragstellung nicht beteiligt worden, muss das Integrationsamt den Arbeitgeber zunächst auffordern, die **Beteiligung innerhalb von 7 Tagen nachzuholen** (§ 95 Abs. 2 S. 2). Erfolgt dies nicht, ist der Zustimmungsantrag zurückzuweisen. Die Einhaltung des gesetzlich vorgesehenen **Beteiligungsverfahrens** nach § 95 Abs. 2 ist vom **Integrationsamt zu beachten** (*Düwell*, LPK–SGB IX, § 87 RdNr. 16; *Kossens/von der Heide/Maaß*, SGB IX, § 87 RdNr. 17; *Griebeling* in Hauck/Noftz, SGB IX, K § 87 RdNr. 5).

17   Im Gegensatz dazu muss eine **Anhörung der betrieblichen Interessenvertretung** (§ 102 BetrVG, § 79 BPersVG) nicht zwingend vor der Antragstellung erfolgen. Die bis zur Beantragung der Zustimmung unterlassene Beteiligung ist daher vom Integrationsamt auch nicht zu berücksichtigen.

VI. Zuständigkeit des Integrationsamtes

18   Bei welchem örtlichen Integrationsamt der Antrag zu stellen ist, richtet sich nach dem Sitz des Betriebes oder der Dienststelle, in dem oder bei der der schwerbehinderte Arbeitnehmer beschäftigt ist. Hinsichtlich des Begriffes des Betriebes und des Begriffes der Dienststelle verweist die Vorschrift auf die Regelungen des Betriebsverfassungsrechts und des Personalvertretungsrechts.

19   **1. Betriebsbegriff.** Es gelten demnach die Regelungen der §§ 1–4 BetrVG. Allerdings enthält auch das BetrVG keine begriffliche Definition; es hat sich jedoch ein an Sinn und Zweck des BetrVG orientierter eigener Betriebsbegriff in Rechtsprechung und Literatur entwickelt. Danach ist für den Betriebsbegriff entscheidend die vom Arbeitgeber hergestellte organisatorische Einheit zur Verfolgung arbeitstechnischer Zwecke und die Steuerung des Einsatzes der menschlichen Arbeitskraft von einem einheitlichen Leitungsapparat (BAG 29. 5. 91 AP Nr. 5 zu § 4 BetrVG unter II; siehe weitere Einzelheiten bei *Fitting*, BetrVG, § 1 RdNr. 63 f.; DKK-*Trümner*, BetrVG, § 1 RdNr. 31 ff.). Da das BetrVG die Beteiligungsrechte des Betriebsrats gewährleisten soll, sind Be-

triebsräte da zu wählen, wo auch die Entscheidungen des Arbeitgebers getroffen werden. Ähnliches gilt auch für die Entscheidung des Integrationsamtes. Auch dessen Zuständigkeit soll sich nach dem **Sitz des Betriebes richten**, in dem die **Personalentscheidung für den schwerbehinderten Menschen getroffen wird**. Zu berücksichtigen sind deshalb auch die Grundsätze über das Vorliegen eines **gemeinsamen Betriebes**. Ein solcher wird unter den Voraussetzungen des § 1 Abs. 2 BetrVG vermutet, wenn von mehreren rechtlich selbstständigen Unternehmen die in einer Betriebsstätte vorhandenen materiellen (z. B. Maschinen) und immateriellen (z. B. Know-how) Betriebsmittel für arbeitstechnische Zwecke (z. B. für den Verkauf von Computersoftware oder für die Automobilproduktion) gemeinsam genutzt und der Einsatz der Arbeitnehmer aus den verschiedenen Unternehmen von einem einheitlichen Leitungsapparat gesteuert wird (die gesetzliche Vermutung entspricht der ständigen Rechtsprechung des BAG zum gemeinsamen Betrieb: Beschl. v. 24. 1. 96 NZA 1996, 1110; U. v. 3. 12. 97 NZA 1998, 876; Beschl. v. 21. 2. 2001 NZA 2002, 56 LS). Zuständig ist daher in diesen Fällen das Integrationsamt am Sitz des Betriebes/Unternehmens, in dem sich die personelle Leitungsmacht befindet, in dem also die maßgeblichen Personalentscheidungen getroffen werden.

Es sind weiterhin die Regelungen des § 4 BetrVG für **Betriebsteile** 20 **und Kleinstbetriebe** zu beachten. Unter den Voraussetzungen des § 4 S. 1 BetrVG (Mindestzahl wahlberechtigter und wählbarer Arbeitnehmer, räumlich weit vom Hauptbetrieb entfernt, Aufgabenbereich und Organisation relativ eigenständig) gelten auch Betriebsteile (siehe Erläuterungen zu § 94 RdNr. 7) als selbstständige Betriebe, so dass in diesem Fall auch das Integrationsamt am Sitz dieser Betriebsteile örtlich zuständig ist. Bei Betrieben mit **mehreren Betriebsstätten**, die gemäß § 4 BetrVG nicht als selbstständig gelten, ist auf den **Sitz des Betriebes** abzustellen, von dem aus die **Leitungsmacht in personellen und sozialen Angelegenheiten ausgeübt wird** (BAG 23. 9. 82 AP Nr. 3 zu § 4 BetrVG 1972).

Für die Zuständigkeit des Integrationsamtes sind weiterhin die in der 21 Neufassung des **§ 3 BetrVG vom 23. Juli 2001** enthaltenen, den Tarifvertragsparteien eingeräumten **flexibleren Gestaltungsmöglichkeiten** zur Schaffung von Arbeitnehmervertretungen zu berücksichtigen (BAG 10. 11. 2004 – 7 ABR 117/04). Danach können auch **unternehmenseinheitliche Betriebsräte, Sparten- und Filialbetriebsräte** gebildet werden. Diese neuen betriebsverfassungsrechtlichen Organisationseinheiten gelten dann als Betriebe im Sinne des BetrVG. Auch in diesen Organisationseinheiten wird sich die örtliche Zuständigkeit danach richten, in welchem der beteiligten Betriebe entweder auf Unternehmens- oder auf regionaler Ebene die **maßgeblichen personellen und sozialen Entscheidungen getroffen werden**.

22   Eine Einzelprüfung durch das Integrationsamt, das zügig Entscheidungen zu treffen hat, wird nicht möglich sein. Es hat sich deshalb an
die **bestehenden Betriebsratsstrukturen** zu halten. Bei Verkennung
des Betriebsbegriffs ist eine Betriebsratswahl nicht nichtig, sondern
nur fehlerhaft. Solange diese nicht wirksam angefochten worden ist,
hat das Integrationsamt daher den Ort zu berücksichtigen, an dem
der für eine bestimmte Betriebsstätte zuständige Betriebsrat amtiert
(*Düwell*, LPK–SGB IX, § 87 RdNr. 23). Im Falle der in § 3 BetrVG vorgesehenen neuen Organisationseinheiten kann dies vor allem beim
Bestehen eines Spartenbetriebsrates schwierig sein, da dann zu klären
sein wird, in welcher Sparte der betroffene schwerbehinderte Arbeitnehmer tätig ist, in welchem Betrieb die jeweilige Spartenleitung sitzt
und der Betriebsrat amtiert.

23   **2. Begriff der Dienststelle.** Der Begriff der Dienststelle richtet sich
nach **§ 6 BPersVG**. Hierbei handelt es sich um einzelne Behörden, Ver-
waltungsstellen und öffentlich-rechtliche Betriebe des Bundes und der
bundesunmittelbaren Körperschaften, Anstalten und Stiftungen des
öffentlichen Rechts (GK–SGB IX-*Lampe*, § 87 RdNr. 13; *Neumann/
Pahlen/Majerski-Pahlen*, SGB IX, § 87 RdNr. 13 ff.). Sind Nebenstellen
oder Teile einer Dienststelle durch Beschluss der Beschäftigten gemäß
§ 6 Abs. 3 BPersVG verselbstständigt worden, gilt deren Dienststellen-
eigenschaft auch für die örtliche Zuständigkeit des Integrationsamtes
gemäß § 87 Abs. 1 (BAG 24. 5. 2006 – 7 ABR 40/05). Der Dienststellenbegriff des § 6 BPersVG gilt nach Art. 56 des Zusatzabkommens
zum Nato-Truppenstatut auch für die Betriebe der zivilen Arbeits-
kräfte der in Deutschland stationierten Streitkräfte anderer Nato-Staa-
ten. Für die Dienststellen im Bereich der Länder und Kommunen
gelten entsprechende Begriffsbestimmungen nach den jeweils einschlägigen Landespersonalvertretungsgesetzen.

24   **3. Antragstellung bei einer unzuständigen Behörde.** Reicht
der Arbeitgeber den Antrag bei einer sachlich oder örtlich nicht zuständigen Behörde ein, ist die Behörde verpflichtet, den Antrag unverzüglich **an die zuständige Behörde weiterzuleiten.** Der Antrag gilt jedoch erst mit seinem Eingang bei dem zuständigen Integrationsamt als
gestellt. Damit beginnen auch die Entscheidungsfristen des § 88 Abs. 1
und § 91 Abs. 2 S. 1 erst ab diesem Zeitpunkt. Auch die Antragsfrist des
§ 91 Abs. 2 S. 1 von 2 Wochen wird durch den Zugang des Antrags bei
der unzuständigen Behörde nicht gewahrt; § 16 Abs. 2 S. 2 SGB I ist
nicht anwendbar (KR–*Etzel* §§ 85–90 SGB IX RdNr. 69; *Griebeling* in
Hauck/Noftz, SGB IX, K § 87 RdNr. 6; GK–SGB IX-*Lampe*, § 87
RdNr. 17; *Kossens/von der Heide/Maaß*, SGB IX, § 87 RdNr. 7).

VII. Verwaltungsverfahren

Grundsätzlich gelten für die Verwaltungstätigkeit des Integrations- **25** amtes die Regelungen des **SGB X**, soweit § 87 keine abweichenden Bestimmungen enthält (BVerwG 11. 6. 92 Buchholz 436.61 § 15 SchwbG 1986 Nr. 5). **Besonderheiten** ergeben sich aus der Verpflichtung, den betroffenen schwerbehinderten Arbeitnehmer anzuhören, Stellungnahmen von den im Gesetz genannten Stellen einzuholen und in jeder Lage auf eine gütliche Einigung hinzuwirken.

1. Verfahrensbeteiligte. Verfahrensbeteiligt sind der **Arbeitgeber** **26** als Antragsteller und der schwerbehinderte **Arbeitnehmer** als Antragsgegner gemäß § 12 Abs. 1 Ziff. 1 SGB X. Die Beteiligtenrolle des Arbeitnehmers wird zwar nicht eigens im Gesetz erwähnt, ergibt sich jedoch aus dessen materiell-rechtlicher Betroffenheit, da allein um sein Arbeitsverhältnis gestritten wird (GK-SGB IX-*Lampe*, § 87 RdNr. 36; *Griebeling* in Hauck/Noftz, SGB IX, K § 87 RdNr. 9). Gemäß 13 SGB X können die Beteiligten sich durch **Bevollmächtigte** z. B. Verbandsvertreter oder Rechtsanwälte vertreten lassen. Keine Verfahrensbeteiligten sind die Agentur für Arbeit , die Schwerbehindertenvertretung und die betriebliche Interessenvertretung (GK-SGB IX-*Lampe*, a.a.O. RdNr. 37; *Düwell*, LPK-SGB IX, § 87 RdNr. 27; *Griebeling*, a.a.O.).

2. Sachverhaltsermittlung. Gemäß § 20 SGB X gilt der Untersu- **27** chungsgrundsatz. Danach ermittelt die Behörde den Sachverhalt **von Amts wegen**. Anknüpfend an den Antrag des Arbeitgebers ermittelt sie all das, was erforderlich ist, um die widerstreitenden Interessen von Arbeitgeber und schwerbehindertem Arbeitnehmer gegeneinander abwägen zu können (BVerwG 11. 11. 99 NZA 2000, 146). Das Integrationsamt klärt die für seine Entscheidung oder für eine gütliche Einigung **wesentlichen Umstände** auf und bedient sich dazu auch der **Beweismittel**, die es gemäß § 21 Abs. 1 SGB X nach pflichtgemäßem Ermessen zur Ermittlung des Sachverhalts für erforderlich hält (BVerwG 11. 6. 92 Buchholz 436.61 § 15 SchwbG 1986 Nr. 5). Es kann dazu gemäß § 21 Abs. 1 SGB X **Auskünfte** jeder Art einholen, **Akten** und **Urkunden** beiziehen, **Zeugen** und **Sachverständige** vernehmen und den Augenschein einnehmen. Begrenzt wird die Sachverhaltsaufklärung der Behörde durch die **Mitwirkungspflicht** der Beteiligten gemäß § 21 Abs. 2 SGB X. Zeugen und Sachverständige können durch das Integrationsamt jedoch nicht gemäß § 21 Abs. 2 SGB X zu einer Aussage verpflichtet werden, da es an einer entsprechenden Rechtsgrundlage fehlt (*Düwell*, LPK-SGB IX, § 87 RdNr. 34; *Dörner*, SchwbG, § 17 RdNr. 27; a.A. GK-SGB IX-*Lampe*, § 87 RdNr. 51, der eine entsprechende Pflicht aus § 21 Abs. 3 S. 2 SGB X herleiten will.). Zur Aufklärung des Sachverhalts kann das Integrationsamt eine **Besichtigung des Arbeitsplatzes** durchführen. Diese zu gestatten, ist der Arbeitgeber gemäß **§ 80 Abs. 7** verpflichtet, soweit dies im Interesse des schwerbehinderten Menschen erforderlich ist und Betriebsgeheimnisse dadurch nicht gefährdet werden. **§ 80 Abs. 7** bildet für den mit der Betriebseinsicht verbundenen Eingriff die spezialgesetzliche **Ermächtigungsgrundlage** (BVerwG 11. 6. 92 Buchholz 436.61 § 15 SchwBG 1986 Nr. 5). Einblick in die betrieblichen Verhältnisse zu nehmen und den Arbeitsplatz oder ggf. auch Alternativarbeitsplätze zu besichtigen, kann für die Beurteilung, inwieweit nach einer behindertengerechten Umgestaltung oder nach Unterstützungsleistungen der Agentur für Arbeit oder des Integrationsamtes eine Weiterbeschäftigung in Betracht kommt, notwendig oder jedenfalls zweckmäßig sein. In der Praxis findet deshalb häufig ein **gemeinsames Gespräch mit den Beteiligten im Beschäftigungsbetrieb** statt. Jedenfalls ist der schwerbehinderte Arbeitnehmer über die Betriebseinsicht zu informieren, über das Ergebnis zu unterrichten, und ihm ist Gelegenheit zur Stellungnahme zu geben (VG Gelsenkirchen 2. 5. 83 ZfSH/SGB 1983, 517).

28   **3. Anhörung des schwerbehinderten Arbeitnehmers**. Dem schwerbehinderten Arbeitnehmer ist gemäß § 87 Abs. 2 Gelegenheit zu geben, sich zum Zustimmungsantrag seines Arbeitgebers zu äußern. Dazu müssen ihm neben dem Antrag die weiteren **Ermittlungsergebnisse**, vor allem auch die Stellungnahmen anderer Stellen vorgelegt werden, damit er auch darauf erwidern und den Kündigungssachverhalt aus seiner Sicht darstellen kann (*Wahrendorf,* BB 1986, 523). In welcher Form die Stellungnahme erfolgen muss, ist nicht vorgeschrieben. Dies kann mündlich oder schriftlich geschehen. Gemäß § 88 Abs. 1 kann das Integrationsamt auch eine mündliche Verhandlung anberaumen und hierzu alle Beteiligten laden. Auf Wunsch des Arbeitnehmers muss sogar eine Erörterung in Form eines **persönlichen Gesprächs** stattfinden. Dies wird aus dem Wortlaut der Vorschrift gefolgert. Im Gegensatz zur Einholung von Stellungnahmen in Abs. 2 wird nämlich bezogen auf den betroffenen schwerbehinderten Menschen im gleichen Absatz der Begriff der Anhörung gebraucht (GK-SGB IX-*Lampe,* § 87 RdNr. 78; *Düwell,* LPK-SGB IX, § 87 RdNr. 29; *Griebeling* in Hauck/Noftz, SGB IX, K § 87 RdNr. 15; a. A. *Wahrendorf,* a. a. O.). Allerdings wird es vom BVerwG als zu weitgehend erachtet, vom Integrationsamt auch eine **Niederschrift** über das mündliche Gespräch oder eine **Protokollierung** der mündlichen Äußerungen des schwerbehinderten Menschen zu verlangen (BVerwG 1. 7. 93 Buchholz 436.61 § 17 SchwbG Nr. 3).

29   Ist eine **Anhörung** des schwerbehinderten Menschen **unterblieben**, ist die Entscheidung fehlerhaft und **anfechtbar**. Allerdings kann die versäumte Anhörung im **Widerspruchsverfahren nachgeholt** und damit geheilt werden (GK-SGB IX-*Lampe,* § 87 RdNr. 83; *Düwell,* LPK-SGB IX, § 87 RdNr. 29; *Wahrendorf,* BB 1986, 523). Unterbleibt sie

auch dort, ist der Bescheid aufzuheben unabhängig davon, ob in der Sache eine andere Entscheidung ergangen wäre, wenn der Arbeitnehmer angehört worden wäre (VG Gelsenkirchen 2.5.83 ZfSH/SGB 1983, 517; BSG 31.10.2002 – B 4Ra 15/01 R; BSG GS 19.2.92 NJW 1992, 2444; GK-SGB IX-*Lampe*, §87 RdNr. 84; Wahrendorf, a.a.O.).

Der Gesetzgeber geht davon aus, dass die Informationsbeschaffung **30** innerhalb der Fristen des §88 Abs. 1, aber auch innerhalb der kurzen Frist des §91 Abs. 3 S. 1 geschehen muss. Das gesamte relevante Abwägungsmaterial soll innerhalb dieser Entscheidungsfristen dem Integrationsamt zur Verfügung stehen (BVerwG 10.9.92 NZA 1993, 76).

4. Stellungnahme des Betriebsrats/Personalrats und der 31 Schwerbehindertenvertretung. Der Aufklärung der innerbetrieblichen Verhältnisse und der vom Arbeitgeber angegebenen Kündigungsgründe dienen die zwingend vom Integrationsamt einzuholenden Stellungnahmen der betrieblichen Interessenvertretung sowie der Schwerbehindertenvertretung. Damit soll das Integrationsamt auch in die Lage versetzt werden, sich ein Bild über evtl. innerbetriebliche Weiterbeschäftigungsmöglichkeiten oder über das Erfordernis von organisatorischen und technischen Veränderungen im Sinne des §81 Abs. 4 und 5 machen zu können. Diese Stellungnahmen ersetzen nicht die Beteiligung des Betriebsrates gemäß §§102, 103 BetrVG und des Personalrats gemäß §§79, 108 BPersVG (*Kossens/von der Heide/Maaß*, SGB IX, RdNr. 11; *Griebeling* in Hauck/Noftz, SGB IX, K §87 RdNr. 14; *Düwell*, LPK-SGB IX, §87 RdNr. 31). Umgekehrt wird die Einholung der Stellungnahmen auch beim Vorliegen der Äußerungen, die die betrieblichen Interessenvertretungen bereits im Rahmen der betriebsverfassungsrechtlichen oder personalvertretungsrechtlichen Beteiligung abgegeben haben, nicht entbehrlich. Dadurch soll sichergestellt werden, dass jeweils der aufgrund der konkreten Erklärungen gegenüber dem Integrationsamt vorliegende aktuelle Kenntnisstand die Grundlage für die Entscheidungsfindung bildet (*Griebeling*, a.a.O.; *Düwell*, a.a.O.).

Auch mit der Einführung des SGB IX bleibt die Frage ungeklärt, **32** ob im Falle der Zustimmung zur Kündigung eines schwerbehinderten **leitenden Angestellten** eine Stellungnahme des Betriebsrates einzuholen ist. Dies wird teilweise bejaht (so etwa GK-SGB IX-*Lampe*, §87 RdNr. 68; *Braasch* in Deinert/Neumann, Handbuch SGB IX, §19 RdNr. 173). Diese Auffassung ist jedoch abzulehnen, da das BetrVG gemäß §5 Abs. 3 S. 1 BetrVG keine Anwendung findet und der **Betriebsrat** damit auch **demokratisch nicht legitimiert** ist, die Interessen leitender Angestellter zu vertreten (so auch: *Düwell*, LPK-SGB IX, §87 RdNr. 32; *Griebeling* in Hauck/Noftz, SGB IX, K §87 RdNr. 13). Aus den Regelungen des SprAuG geht hervor, dass für die Interessenvertretung der leitenden Angestellten sog. **Sprecherausschüsse** zuständig sind. Es erscheint daher **zweckmäßig**, wenn auch rechtlich nicht geboten, dass das Integrationsamt im Rahmen seiner Amtsermittlung bei der Kündigung eines leitenden Angestellten eine **Stellungnahme** des im Betrieb gebildeten **Sprecherausschusses** einholt (*Düwell*, a.a.O.; *Griebeling*, a.a.O.).

33   Wird die Einholung einer **Stellungnahme des Betriebsrats/Personlrats** oder der Schwerbehindertenvertretung **unterlassen**, liegt ein schwerwiegender Fehler vor, der den Bescheid **anfechtbar** macht. Die Verletzung der Verfahrensvorschrift des § 87 Abs. 2 ist gemäß § 42 SGB X nur unbeachtlich, wenn keine andere Entscheidung in der Sache hätte getroffen werden können, weil ausnahmsweise eine Ermessensreduzierung auf Null eingetreten ist (BVerwG 8. 9. 95 NZA-RR 1996, 290; OVG Saarlouis 12. 2. 1997 – 8 R 38/95). Die Anforderung der Stellungnahme kann auch noch im Widerspruchsverfahren **nachgeholt** werden (BVerwG 11. 11. 99 NZA 2000, 146; OVG NW 8. 3. 96 br 1997, 47). Gibt die betriebliche Interessenvertretung auf Anforderung keine Erklärung ab, kann eine Entscheidung des Integrationsamtes trotz fehlender Stellungnahme erfolgen (*Trenk-Hinterberger*, SGB IX, § 87 RdNr. 23).

34   Hat der Arbeitgeber vor Durchführung eines **Präventionsverfahrens** den Zustimmungsantrag gemäß § 87 Abs. 1 gestellt, ist der Antrag nicht bereits aus formellen Gründen zurückzuweisen. Das Präventionsverfahren ist keine formelle Rechtmäßigkeitsvoraussetzung (BVerwG 29. 8. 07 NJW 2008, 166; BAG 12. 7. 2007 NZA 2008, 173, 175; s. unter § 84 RdNr. 28).

VIII. Gütliche Einigung

35   Abs. 3 bestimmt, dass das Integrationsamt in jeder Lage des Verfahrens auf eine gütliche Einigung hinwirken muss. Dies gilt auch im Widerspruchsverfahren. Die Entscheidungsfristen des § 88 Abs. 1 und § 91 Abs. 3 S. 1 werden durch Einigungsversuche nicht gehemmt. Vergleichsweise Regelungen werden in der Regel auf Grund einer mündlichen Verhandlung (§ 88 Abs. 1) getroffen. Sie können eine Fortsetzung des Arbeitsverhältnisses, eine Weiterbeschäftigung unter Veränderung der Arbeitsbedingungen oder auch eine Beendigung mit oder ohne Zahlung einer Abfindung beinhalten. Im Falle von Aufhebungsvereinbarungen ist die Einhaltung der Kündigungsfrist zu beachten. Daneben empfiehlt es sich, eine **Aufhebungsvereinbarung** nur nach **vorheriger Abstimmung mit der Agentur für Arbeit** zu treffen, da andernfalls das Risiko einer Sperrfrist gemäß § 144 SGB III besteht. Im Rahmen der Einigungsbemühungen ist auch das gesamte Leistungsspektrum des Integrationsamtes im Rahmen der begleitenden Hilfe nach § 102 SGB IX einzubeziehen, um eine Weiterbeschäftigung des schwerbehinderten Arbeitnehmers ggf. durch eine Umgestaltung

des Arbeitsplatzes zu ermöglichen. Damit wird allerdings kein Präventionsverfahren nachgeholt, da das Integrationsamt insoweit lediglich seine eigene Verfahrenspflicht gemäß § 87 Abs. 3 erfüllt (*Kayser*, br 2008, 65,67). Unterlässt das Integrationsamt einen Einigungsversuch, führt dies nicht zur Rechtswidrigkeit des Bescheides (allg. Mein: *Düwell*, LPK-SGB IX, § 87 RdNr. 38; *Kossens/von der Heide/Maaß*, SGB IX, § 87 RdNr. 19).

Entscheidung des Integrationsamtes

88 (1) Das Integrationsamt soll die Entscheidung, falls erforderlich auf Grund mündlicher Verhandlung, innerhalb eines Monats vom Tage des Eingangs des Antrages an treffen.

(2) ¹Die Entscheidung wird dem Arbeitgeber und dem schwerbehinderten Menschen zugestellt. ²Der Bundesagentur für Arbeit wird eine Abschrift der Entscheidung übersandt.

(3) Erteilt das Integrationsamt die Zustimmung zur Kündigung, kann der Arbeitgeber die Kündigung nur innerhalb eines Monats nach Zustellung erklären.

(4) Widerspruch und Anfechtungsklage gegen die Zustimmung des Integrationsamtes zur Kündigung haben keine aufschiebende Wirkung.

(5) ¹In den Fällen des § 89 Abs. 1 Satz 1 und Abs. 3 gilt Absatz 1 mit der Maßgabe, dass die Entscheidung innerhalb eines Monats vom Tage des Eingangs des Antrags an zu treffen ist. ²Wird innerhalb dieser Frist eine Entscheidung nicht getroffen, gilt die Zustimmung als erteilt. ³Die Absätze 3 und 4 gelten entsprechend.

I. Allgemeines

1   Die Vorschrift des § 88 SGB IX entspricht in ihrer Ausgangsfassung
vom 19. 6. 2001 im Wesentlichen inhaltsgleich der Regelung des § 18
SchwbG von 1986. Mit dem 4. Gesetz für moderne Dienstleistungen
am Arbeitsmarkt (BGBl. I S. 2954) vom 24.12. 2003 i. V. m. Art.14
Nr. 4b des kommunalen Optionsgesetzes vom 30. 7. 2004 (BGBl. I
S. 2014) wurde in Abs. 2 der Begriff Arbeitsamt durch Bundesagentur
für Arbeit ersetzt. Abs. 5 wurde mit dem Gesetz zur Förderung der
Ausbildung und Beschäftigung schwerbehinderter Menschen vom
23. 4. 2004 (BGBl. I S. 606) angefügt.

2   § 88 enthält Verfahrensregelungen über die Entscheidung des Integrationsamtes sowie über das nach Erlass der Entscheidung zu beachtende Verfahren. Ergänzend gelten die allgemeinen Verwaltungs-
verfahrensvorschriften des SGB X. § 88 ist sowohl für die ordentliche
wie für die außerordentliche Kündigung anwendbar, soweit § 91
Abs. 2–6 keine abweichende Regelung enthält. Für die außerordentliche Kündigung besteht deshalb auch das Erfordernis, auf der Basis
einer mündlichen Verhandlung zu entscheiden (Abs. 1). Ebenso ist die
aufschiebende Wirkung von Widerspruch und Anfechtungsklage ausgeschlossen (Abs. 4).

II. Mündliche Verhandlung (Abs. 1)

3   Das Integrationsamt hat nach **pflichtgemäßem Ermessen** zu entscheiden, ob es eine mündliche Verhandlung anberaumen will, zu der es
die Verfahrensbeteiligten, also den Arbeitgeber und den schwerbehinderten Arbeitnehmer lädt. Es kann auch – muss aber nicht – Vertreter
der Agentur für Arbeit, der betrieblichen Interessenvertretung oder der
Schwerbehindertenvertretung dazu laden. Außerdem kann es in der
Verhandlung Zeugen und Sachverständige hinzuziehen. Die mündliche
Verhandlung dient der umfassenden Aufklärung des Sachverhalts und
der Feststellung der beidseitigen Interessen auch im Hinblick auf eine
gütliche Einigung (*Neumann/Pahlen/Majerski-Pahlen*, SGB IX, § 88
RdNr. 6; GK–SGB IX-*Lampe*, § 88 RdNr. 10). Diese Ziele können im
Rahmen einer mündlichen Erörterung in der Regel besser und schnel-
ler erreicht werden als im Austausch schriftlicher Stellungnahmen. Ge-
boten ist die mündliche Verhandlung, wenn das Integrationsamt den
Eindruck gewinnt, dass ein Verfahrensbeteiligter zu schriftlichen Äußerungen nur unzureichend in der Lage ist (*Griebeling* in Hauck/Noftz,
SGB IX, K § 88 RdNr. 3). Sie ist allerdings keine Wirksamkeitsvoraus-
setzung für die vom Integrationsamt zu treffende Entscheidung (*Trenk-
Hinterberger*, SGB IX, § 88 RdNr. 33; *Düwell*, SGB IX, § 88 RdNr. 5).

In der Praxis ist eine mündliche Verhandlung, die entweder im Beschäftigungsbetrieb oder in der Behörde stattfindet, üblich. In der Verhandlung können sich die Verfahrensbeteiligten durch Verbandsvertreter oder Rechtsanwälte vertreten lassen (§ 13 SGB X). Die Verhandlung hat insoweit keinen gerichtlichen Charakter, als **4** sie **nicht** an **bestimmte formale Abläufe** gebunden ist. Es sind lediglich die §§ 8 ff. SGB X zu beachten. So muss ein geladener Verfahrensbeteiligter nicht erscheinen; er riskiert dann lediglich eine für ihn negative Sachentscheidung infolge einer mangelhaften Sachaufklärung. Es muss auch **kein Protokoll** erstellt werden. Die Verhandlung ist **nicht öffentlich.** Am kontradiktorischen Charakter fehlt es der Verhandlung dagegen nicht (so aber *Griebeling* in Hauck/Noftz, SGB IX, K § 87 RdNr. 3), da im Falle einer drohenden Kündigung die Interessen von Arbeitgeber und Arbeitnehmer gegensätzlicher kaum sein können.

III. Entscheidungsfrist des Integrationsamtes (Abs. 1)

Das Integrationsamt soll seine Entscheidung innerhalb eines Monats **5** nach Eingang des Antrags treffen. Die Frist ist **keine Wirksamkeitsvoraussetzung.** Wird die Frist nicht eingehalten, ist der Bescheid nicht fehlerhaft. Die Verfahrensbeteiligten haben keinen Anspruch auf Einhaltung der Monatsfrist (*Griebeling* in Hauck/Noftz, SGB IX, K § 88 RdNr. 5; *Düwell,* LPK-SGB IX, § 88 RdNr. 7). Wird die Frist allerdings unangemessen ohne jeglichen Sachgrund überschritten, kommt ein **Amtshaftungsanspruch** gemäß § 839 BGB, Art. 34 GG in Betracht. Tritt eine Verzögerung von mehr als 3 Monaten auf, kann eine **Untätigkeitsklage** beim Verwaltungsgericht gemäß § 75 VwGO erhoben werden.

Sachlich begründete Verzögerungen können durch eine **aufwän-** **6** **dige Sachverhaltsaufklärung** auftreten, oder dadurch, dass zwischen den Parteien **Vergleichsverhandlungen** geführt werden, die nicht von vornherein als aussichtslos anzusehen sind.

Umstritten ist, inwieweit das Integrationsamt das **Zustimmungs-** **7** **verfahren aussetzen** darf im Hinblick auf ein noch **nicht abgeschlossenes Feststellungsverfahren gemäß § 69.** Damit ist der Fall gemeint, dass der Arbeitnehmer bereits einen Antrag auf Anerkennung seiner Schwerbehinderteneigenschaft bzw. Gleichstellung gestellt hat, darüber aber noch keine bestandskräftige Entscheidung vorliegt. Das BVerwG hat in einer Entscheidung, in der es um die Zustimmung zu einer außerordentlichen Kündigung ging, angenommen, dass die Behörde das Zustimmungsverfahren nicht bis zum Abschluss des Feststellungsverfahrens gemäß § 69 aussetzen muss (BVerwG 15. 12. 88 NZA 1989, 554). In einem Urteil vom 16. 8. 91 (NZA 1992, 23 unter

Ziff. 4 a bb) hat das BAG, ohne dass es darauf im konkreten Fall ange-
kommen wäre, entschieden, dass während eines noch laufenden Feststellungsverfahrens das Integrationsamt nicht sofort entscheiden
könne, und jedenfalls bei einer ordentlichen Kündigung das Zustimmungsverfahren bis zur Entscheidung des Versorgungsamtes aussetzen
müsse. Diese Rspr. hat das BAG in einer weiteren Entscheidung vom
7. 3. 02 (NZA 2002, 1145 f.) bestätigt. Der Ansicht des BAG ist aus folgenden Gründen nicht zu folgen. Einigkeit besteht, dass dem Arbeitnehmer der besondere Kündigungsschutz schon zugute kommt, wenn
er ein Feststellungsverfahren gemäß § 69 eingeleitet hat, da es auf das
objektive Vorliegen der Schwerbehinderteneigenschaft ankommt und
die Feststellung nur deklaratorische Bedeutung hat und deshalb das
Integrationsamt zur Entscheidung in der Sache befugt ist
(BVerwG 15. 12. 88, a.a.O. und BAG 16. 8. 91, a.a.O.). Im Falle einer
außerordentlichen Kündigung besteht für den Arbeitgeber ein besonderes Interesse an einer möglichst zügigen Klärung, ob die Zustimmung zur Kündigung erteilt wird (BVerwG 15. 12. 88, a.a.O.). Aber
auch im Falle einer ordentlichen Kündigung kann das Abwarten einer
Anerkennungsentscheidung durch das Versorgungsamt Monate dau-
ern. Der Arbeitnehmer wird dagegen in seinen schutzwürdigen Interessen nicht benachteiligt, wenn das Integrationsamt bereits über den
Zustimmungsantrag entscheidet, während seine Anerkennung als
Schwerbehinderter noch ungewiss ist. Denn mit der Entscheidung
über den Antrag **„unterstellt"** das **Integrationsamt** das Vorliegen des
Sonderkündigungsschutzes. Es ist auch in der Lage, den Sachverhalt
festzustellen, ohne dass der GdB in seiner konkreten Höhe feststeht, da
es darauf ankommt, welche konkreten Beeinträchtigungen vorliegen
(*Griebeling* in Hauck/Noftz, SGB IX, K § 88 RdNr. 6; *Düwell*, LPK-
SGB IX, § 88 RdNr. 8; KDZ–*Zwanziger*, SGB IX, §§ 87, 88 RdNr. 21;
Braasch in Deinert/Neumann, Handbuch SGB IX, § 19 RdNr. 233;
a.A. GK-SGB IX-*Lampe*, § 88 RdNr. 30). Das Interesse an einer bloßen
Verfahrensverzögerung ist nicht schützenswert. Der Einwand, das Integrationsamt dürfe wegen der Unsicherheit über das Vorliegen der
Schwerbehinderung nicht entscheiden, greift nicht durch. Die Entscheidung kann vielmehr als sog. **vorsorglicher Verwaltungsakt** ergehen (BVerwG 15. 12. 88, a.a.O.; *Griebeling*, a.a.O.; *Düwell*, a.a.O.).
Diesem ist der Vorbehalt immanent, dass ihm nur rechtliche Bedeutung zukommt, wenn die Schwerbehinderteneigenschaft oder die
Gleichstellung später festgestellt wird. Wird die **Schwerbehinderteneigenschaft** schließlich **bestandskräftig abgelehnt**, erweist sich
der **Bescheid des Integrationsamtes** als **gegenstandslos**, ohne dass
dies für die Parteien noch mit rechtlichen und tatsächlichen Folgen verbunden wäre. Er kann, muss aber nicht aufgehoben werden (BVerwG
15. 12. 88, a.a.O.).

IV. Bescheid des Integrationsamtes

Die Entscheidung des Integrationsamtes ist ein **Verwaltungsakt** 8
mit Drittwirkung. Es gelten die Vorschriften der §§ 31 ff. SGB X. Die
Entscheidung des Integrationsamtes kann in der Zustimmungserteilung, in der Abweisung des Antrags oder in der Erteilung eines sog.
Negativattestes bestehen. Durch letzteres wird festgestellt, dass das Arbeitsverhältnis nicht dem besonderen Kündigungsschutz unterliegt,
weil z. B. die Ausnahmen des § 90 gelten.

1. Form. Der Bescheid muss **schriftlich** erlassen werden. Dies er- 9
gibt sich aus dem Zustellungserfordernis in Abs. 2 S. 1. Er muss weiterhin den Anforderungen des § 33 SGB X genügen. Dazu muss er
inhaltlich hinreichend bestimmt sein (§ 33 Abs. 1 SGB X), also
deutlich werden lassen, über welche Art der Kündigung welchen
Arbeitnehmers (Name und Anschrift) eine Entscheidung getroffen
worden ist. Er muss die erlassende Behörde, Unterschrift oder die Na-
menswiedergabe des Behördenleiters, seines Vertreters oder seines Beauftragten enthalten (§ 33 Abs. 2 SGB X). Außerdem muss er gemäß
§ 36 SGB X mit einer **Rechtsbehelfsbelehrung** versehen sein. Deren
Fehlen macht den Bescheid zwar nicht anfechtbar; der Lauf der
Rechtsbehelfsfristen für Widerspruch und Klage wird jedoch nicht in
Gang gesetzt.

Der Bescheid muss schließlich **schriftlich begründet** sein (§ 35 10
SGB X). Dadurch wird gewährleistet, dass den Verfahrensbeteiligten
eine sachliche und rechtliche Überprüfung der Entscheidung ermöglicht wird. Es reicht nicht aus, dass den Parteien in einer mündlichen
Verhandlung die Gründe mitgeteilt worden sind (GK-SGB IX-*Lampe*,
§ 88 RdNr. 43 f.; a.A. *Dörner*, SchwbG, § 18 RdNr. 38). Das kann ausnahmsweise anders sein, wenn die Erörterungen und die wesentlichen
Entscheidungsgründe im Gesprächstermin protokolliert wurden und
mit der Entscheidung den Verfahrensbeteiligten zugesandt worden
sind (*Düwell*, LPK-SGB IX, § 88 RdNr. 12). Dann wäre es Förmelei, im
Bescheid eine Wiederholung dieser Begründung verlangen zu wollen.

Fehlt die Begründung oder ist sie unzureichend, ist der Bescheid aufzuheben; die Begründung kann aber gemäß § 41 Abs. 1 Nr. 2, Abs. 2
SGB X im Widerspruchsbescheid nachträglich gegeben werden.

2. Zustellung des Bescheids (Abs. 2). Die Entscheidung des Inte- 11
grationsamtes wird sowohl dem Arbeitgeber als auch dem schwerbehinderten Menschen zugestellt. Anders als bei der außerordentlichen
Kündigung in § 91 Abs. 5 oder der Zustimmungsfiktion in § 88 Abs. 5,
bei denen von § 88 Abs. 2 abweichende Regelungen bestehen, kann die
ordentliche Kündigung erst **nach förmlicher Zustellung** der Entscheidung **an den Arbeitgeber** ausgesprochen werden (BAG 16. 10. 91
NZA 1992, 503). § 88 Abs. 2 sieht eine besondere Form der Bekannt-

gabe der Entscheidung vor; es reicht also z. B. eine fernmündliche Mitteilung nicht aus (BAG 12. 5. 05 NZA 2005, 1173). Die Entscheidung muss daher in Urschrift, Ausfertigung oder beglaubigter Abschrift übergeben oder die Urschrift vorgelegt werden. Die Zustellung ist **Wirksamkeitsvoraussetzung.** Dies gilt auch für die Entscheidung im Rechtsmittelverfahren. Wird die Zustimmung also erst im Widerspruchsverfahren erteilt, muss auch der **Widerspruchsbescheid** zugestellt werden, bevor der Arbeitgeber kündigen kann (BAG 16. 10. 91, a.a.O.). **Maßgeblich** ist der **Zugang des Kündigungsschreibens**. Schickt der Arbeitgeber die Kündigung bereits ab, bevor ihm der Zustimmungsbescheid zugestellt wird, kann die Kündigung dennoch wirksam sein, wenn ihm noch vor dem Kündigungszugang der Bescheid zugestellt wird (*Düwell*, LPK-SGB IX, § 88 RdNr. 15).

12   Die Entscheidung wird dem Arbeitgeber und dem schwerbehinderten Menschen zugestellt. Gemäß § 65 Abs. 2 SGB X sind für die Zustellung die jeweiligen Vorschriften der Verwaltungszustellungsgesetze der Länder anzuwenden (BAG 16. 9. 93 NZA 1994, 311, 312). Nach dem VwZG des Bundes, auf das landesrechtliche Regelungen Bezug nehmen (z. B. NW), wird durch die Post oder die Behörde zugestellt. Bei der Zustellung durch die Behörde händigt der Bedienstete dem Empfänger das Schriftstück aus. Dieser unterschreibt ein mit dem Datum der Aushändigung versehenes Empfangsbekenntnis. Bei einer Zustellung an einen Rechtsanwalt genügt das mit Datum und Unterschrift versehene Empfangsbekenntnis. Bei einer Versendung mittels Einschreiben gilt das Dokument gemäß § 4 Abs. 2 S. 2 VwZG am dritten Tag nach der Aufgabe zur Post als zugestellt. Dies soll sogar dann gelten, wenn feststeht, dass der Zustimmungsbescheid dem Arbeitgeber tatsächlich vor diesem Zeitpunkt zugegangen ist (LAG Hamm 9. 11. 2000 – 8 Sa 1016/00; *Düwell*, LPK-SGB IX, § 88 RdNr. 13; *Braasch* in Deinert/Neumann, Handbuch SGB IX, § 19 RdNr. 224). Dies bedeutet, dass der Arbeitgeber die vorliegende Zustimmung 3 Tage lang nicht beachten darf und erst anschließend die Kündigung aussprechen kann. Dagegen wird zu Recht eingewandt, dass bei einem tatsächlichen Zugang nicht auf eine gesetzliche Fiktion zurückgegriffen werden muss und die Zustimmungsfiktion lediglich dem Zweck dient, den Nachweis der Zustellung zu erleichtern (*Oelkers,* NJW-Spezial 2009, 82).

13   Die **Zustellung** des Bescheides an den schwerbehinderten **Arbeitnehmer** ist **keine Wirksamkeitsvoraussetzung** für die ausgesprochene Kündigung. Die Zustellung an den Arbeitnehmer muss also nicht bewirkt sein, bevor ihm die Kündigung wirksam zugehen kann (BAG 17. 2. 82 AP Nr. 1 zu § 15 SchwbG; *Griebeling* in Hauck/Noftz, SGB IX, K § 88 RdNr. 9; GK-SGB IX-*Lampe,* § 88 RdNr. 60; *Kossens/ von der Heide/Maaß,* SGB IX, § 88 RdNr. 8; a.A. *Neumann/Pahlen/ Majerski-Pahlen,* SGB IX, § 88 RdNr. 7). Wird dem Arbeitnehmer der

Bescheid erst nach Zugang der Kündigung zugestellt, beginnt allerdings die **Frist zur Erhebung der Kündigungsschutzklage** ausnahmsweise gemäß § 4 S. 4 KSchG erst ab dem Zustellungszeitpunkt beim Arbeitnehmer (s. auch § 85 RdNr. 75). Erst mit der Zustellung wird außerdem die Monatsfrist zur Erhebung von Widerspruch und Anfechtungsklage in Gang gesetzt.

Die in Abs. 2 S. 2 vorgeschriebene Zusendung einer **Abschrift** des **14** Bescheides an die Agentur für Arbeit hat lediglich verwaltungsinterne Bedeutung.

3. Bindungswirkung des Bescheides. Der Bescheid des Integra **15** tionsamtes bindet Behörden und Gerichte, solange er nicht im Widerspruchs- oder Klageverfahren aufgehoben worden ist. Dies gilt nur dann nicht, wenn er an einem besonders schwerwiegenden und offensichtlichen Mangel leidet und deshalb gemäß § 40 Abs. 1 SGB X oder aus den gesetzlich bestimmten Gründen gemäß § 40 Abs. 2 SGB X **nichtig** ist. Ein **schwerwiegender Mangel** wäre etwa zu bejahen, wenn das Integrationsamt ohne irgendein förmliches Verfahren dem Arbeitgeber gleich telefonisch die Zustimmung erklären würde oder die Zustimmung nach Zugang der Kündigung erteilt (GK–SGB IX-*Lampe,* § 88 RdNr. 82; *Griebeling* in Hauck/Noftz, SGB IX, K § 88 RdNr. 10). Auch in Bezug auf ein erteiltes **Negativattest** tritt Bindungswirkung ein (*Griebeling,* a.a.O.; *Dörner,* SchwbG, § 18 RdNr. 27). Dies gilt auch dann, wenn es in Unkenntnis über ein anhängiges Anerkennungsverfahren erteilt worden ist (BAG 27. 5. 83 AP Nr. 12 zu § 12 SchwbG). Die Entscheidung ist „nur" fehlerhaft und muss erst im Widerspruchs- bzw. Klageverfahren aufgehoben werden, ehe sie ihre Tatbestandswirkung verliert.

Bindungswirkung entfaltet der bestandskräftige Verwaltungsakt **16** auch dem Integrationsamt selbst gegenüber. Es kann seine eigene Entscheidung nur unter den engen **Voraussetzungen der §§ 44–49 SGB X aufheben** (GK-SGB IX-*Lampe,* § 88 RdNr. 86; KDZ-*Zwanziger,* §§ 87, 88 SGB IX, RdNr. 27). Der jeweils begünstigte Arbeitgeber oder schwerbehinderte Arbeitnehmer soll in den Grenzen der §§ 44–49 SGB X auf den Bestand der Entscheidung vertrauen können.

a) Rücknahme eines bestandskräftigen Bescheides. Die Aufhe **17** bung eines rechtswidrigen Zustimmungsbescheides kann gegenüber dem begünstigten Arbeitgeber nur unter den engen Voraussetzungen des § 45 SGB X erfolgen. Auf den Bestand des Bescheides kann der Arbeitgeber gemäß § 45 Abs. 2 S. 3 SGB X nicht vertrauen, wenn er ihn etwa durch **vorsätzliche oder grob fahrlässig unrichtige Angaben** erschlichen hat. Dann ist die Zustimmungsentscheidung auch mit **Wirkung für die Vergangenheit** aufzuheben, obwohl die Kündigung dem Arbeitnehmer bereits zugegangen ist. Wird der Bescheid **für die Zukunft aufgehoben,** weil die Aufhebungsentscheidung noch vor Kündigungszugang erfolgt, ist in der Regel noch kein schutzwür diges Vertrauen des Arbeitgebers entstanden (*Düwell*, LPK–SGB IX, § 88 RdNr. 22; GK–SGB IX-*Lampe*, § 88 RdNr. 92).

18   Unter den gleichen Voraussetzungen (§ 45 SGB X) kann auch eine den schwerbehinderten **Arbeitnehmer begünstigende rechtswidrige Ablehnungsentscheidung** zurückgenommen werden. Die Aufhebung wirkt allerdings nur für die Zukunft, da der Arbeitgeber die Kündigung nicht rückwirkend erklären kann und er sie für die Zukunft erst nach einer die Zustimmung erteilenden Entscheidung des Integrationsamtes aussprechen kann (GK–SGB IX-*Lampe*, § 88 RdNr. 96).

19   **b) Widerruf eines bestandskräftigen Bescheides.** Für den Widerruf eines rechtmäßigen Bescheides gelten die Regelungen der §§ 46, 47 SGB X. Der Widerruf eines den Arbeitgeber begünstigenden Zustimmungsbescheides ist unter den Voraussetzungen des § 47 SGB X zulässig. In Betracht kommt praktisch nur der Widerruf, wenn der Zustimmungsbescheid mit einer selbstständig neben dem Bescheid erteilten **Auflage** (siehe § 89 RdNr. 45) verbunden war und diese **nicht erfüllt** worden ist (GK–SGB IX-*Lampe*, § 88 RdNr. 94; *Düwell*, LPK–SGB IX, § 88 RdNr. 23; *Griebeling* in Hauck/Noftz, SGB IX, K § 88 RdNr. 11).

20   Wird die **Zustimmungsentscheidung für die Vergangenheit aufgehoben**, ist dies in einem noch anhängigen arbeitsgerichtlichen Verfahren zu berücksichtigen. Die **Kündigung** ist mangels Zustimmung des Integrationsamtes **nichtig**. Ist das arbeitsgerichtliche Verfahren bereits abgeschlossen, kommt eine Restitutionsklage (§ 580 Nr. 6 und 7 b ZPO), aber auch ein Schadensersatzanspruch gegen den Arbeitgeber in Betracht.

V. Kündigungserklärungsfrist des Arbeitgebers (Abs. 3)

21   Eine ordentliche Kündigung kann der Arbeitgeber nur innerhalb eines Monats, nachdem ihm die Entscheidung des Integrationsamtes förmlich zugestellt worden ist, aussprechen. Die Frist beginnt mit der Zustellung des Bescheides beim Arbeitgeber; wann die Entscheidung dem Arbeitnehmer zugeht, ist dagegen unerheblich (BAG 7. 12. 1982 AP Nr.1 zu § 15 SchwbG). Der Arbeitgeber erhält also eine **begrenzte Erlaubnis**, die beabsichtigte ordentliche Kündigung gegenüber dem Arbeitnehmer zu erklären (BAG 16. 10. 91 NZA 1992, 503, 504). Dies gilt auch, wenn dem Arbeitgeber erst im Widerspruchsverfahren oder nach einer Klage beim Verwaltungsgericht die Zustimmung erteilt wird. Die Frist des § 88 Abs. 3 beginnt dann mit Zustellung des Widerspruchsbescheides bzw. nach erhobener Verpflichtungsklage mit der Zustellung des daraufhin erlassenen Zustimmungsbescheides des Integrationsamtes (LAG Saarland 14. 5. 1997 – 2 Sa 271/96; s. auch RdNr. 31).

Da **Widerspruch und Anfechtungsklage keine aufschiebende Wirkung** haben (Abs. 4), wird die Frist nicht dadurch gehemmt, dass die jeweiligen Bescheide noch nicht bestandskräftig sind (*Neumann/ Pahlen/Majerski-Pahlen*, SGB IX, § 88 RdNr. 17; *Griebeling* in Hauck/ Noftz, SGB IX, K § RdNr. 12).

Die Frist des Abs. 3 ist eine **materiell-rechtliche Ausschlussfrist** 22 (BAG 16. 10. 91, a.a.O.; *Kossens/von der Heide/Maaß*, SGB IX, § 88 RdNr. 10; *Düwell*, LPK-SGB IX, § 88 RdNr. 30). Wird sie versäumt, ist die **Kündigung unwirksam**. Eine Wiedereinsetzung ist nicht möglich. Der Arbeitgeber muss einen neuen Zustimmungsantrag beim Integrationsamt stellen (*Düwell*, a.a.O. *Griebeling* in Hauck/Noftz, SGB IX, § 88 RdNr. 13).

Die **Erklärungsfrist** soll zum einen dem Arbeitnehmer schnell 23 **Klarheit verschaffen**, ob er mit einer Kündigung des Arbeitgebers noch rechnen muss; zum anderen soll gewährleistet sein, dass der gleiche Kündigungssachverhalt, der der Entscheidung des Integrationsamtes zugrunde lag, auch die Grundlage für die Kündigung bildet. Innerhalb des Zeitfensters von einem Monat kann der Arbeitgeber ggf. auch mehrere Kündigungen aussprechen. Voraussetzung ist, dass der den Kündigungen zugrunde liegende Sachverhalt identisch ist und eine weitere Kündigung nur im Hinblick auf formelle Bedenken (z. B. Zurückweisung der Kündigung wegen fehlender Vollmachtsvorlage gemäß § 174 S. 1 BGB) ausgesprochen worden ist (BAG 8. 11. 2007 – 2 AZR 425/06).

Hat der Arbeitgeber vor oder während der Beantragung der Zustim- 24 mung den Betriebsrat oder Personalrat nicht beteiligt, muss er dies innerhalb der Erklärungsfrist des § 88 Abs. 3 nachholen. Das Gleiche gilt, wenn er die betriebliche Interessenvertretung zwar vorher angehört hat, der Sachverhalt sich jedoch im Zustimmungsverfahren wesentlich verändert hat. Dann ist eine erneute Anhörung, auch der Schwerbehindertenvertretung, erforderlich. Die **Erklärungsfrist** wird durch die **Beteiligung der betrieblichen Interessenvertretung nicht gehemmt** (*Griebeling* in Hauck/Noftz, SGB IX, K § 88 RdNr. 13; GK-SGB IX-*Lampe*, § 88 RdNr. 78). Dies gilt auch für den Fall der **Insolvenz**. Auch durch die Eröffnung eines Insolvenzverfahrens wird die Erklärungsfrist nicht ausgesetzt. § 240 ZPO ist nicht entsprechend anwendbar (LAG Düsseldorf 3. 3.82 – 5 Sa 1532/81).

Trotz des insoweit missverständlichen Gesetzestextes („Kündigung 25 ..... erklären") ist allgemein anerkannt, dass es für das **Ende der Frist** entscheidend auf den **Zugang der Kündigung beim Arbeitnehmer** ankommt (LAG Hamm 19. 11. 2009 – 8 Sa 771/09; LAG Köln 27. 2. 97 NZA-RR 1997, 337; *Neumann/Pahlen/Majerski-Pahlen*, SGB IX, § 88 RdNr. 14; *Düwell*, LPK-SGB IX, § 88 RdNr. 31; *Griebeling* in Hauck/ Noftz, SGB IX, § 88 RdNr. 13; für die außerordentliche Kündigung entsprechend: BAG 3. 7. 80 AP Nr. 2 zu § 18 SchwbG unter 3 aa).

26 Für die **Berechnung der Frist** gelten die §§ 186 ff. BGB. Die Frist
beginnt mit dem Zeitpunkt der Zustellung des Bescheides beim Arbeitgeber und endet mit Ablauf des Tages, der durch seine Zahl dem
Tag entspricht, an dem die Zustellung erfolgt ist. Wird also am 16.
eines Monats zugestellt, endet die Frist am 16. des Folgemonats. Beginnt die
Frist am 31. und hat der Folgemonat nur 30 Tage, endet die Frist am 30.
und nicht etwa am 1. des weiteren Monats. Es gilt außerdem die Regelung des § 193 BGB. Fällt das Fristende auf einen Sonnabend, Sonntag
oder Feiertag, endet die Frist am nächstfolgenden Werktag (*Neumann/
Pahlen/Majerski-Pahlen,* SGB IX, § 88 RdNr. 13; GK-SGB IX-*Lampe,*
§ 88 RdNr. 73; *Griebeling* in Hauck/Noftz, SGB IX, § 88 RdNr. 13).

27 Im Falle der Erteilung eines **Negativattestes** gilt die Frist des § 88
Abs. 3 nicht, da ein solches die Feststellung beinhaltet, dass der Sonderkündigungsschutz nicht besteht und eine Zustimmungserteilung
durch das Integrationsamt nicht erforderlich ist (*Griebeling* in Hauck/
Noftz, SGB IX, § 88 RdNr. 12; GK-SGB IX-*Lampe,* § 88 RdNr. 66).

VI. Rechtsbehelfe (Abs. 4)

28 **1. Widerspruch und Anfechtungsklage.** Der schwerbehinderte
Arbeitnehmer kann gegen die Zustimmungsentscheidung, der Arbeitgeber gegen die seinen Antrag ablehnende Entscheidung **Widerspruch** innerhalb eines Monats nach Zustellung des Bescheids beim
Integrationsamt gemäß § 70 VwGO einlegen. Hilft das Integrationsamt dem Widerspruch nicht ab, entscheidet der beim zuständigen
Integrationsamt gebildete Widerspruchsausschuss (siehe zum Widerspruchsverfahren Erläuterungen zu §§ 118–121). Das Gleiche gilt für
die Erteilung eines Negativattestes. Hiergegen kann der Arbeitnehmer
ebenfalls Widerspruch einlegen.

29 Gegen den Widerspruchsbescheid kann **Anfechtungsklage** beim
Verwaltungsgericht innerhalb einer Frist von einem Monat gemäß § 74
VwGO erhoben werden. Die Anfechtungsklage ist auch die richtige
Klageart, wenn dem Arbeitgeber zunächst die Zustimmung erteilt
wird, dem Widerspruch des Arbeitnehmers aber im Widerspruchsbescheid stattgegeben wird. Dann kann der Arbeitgeber gegen die ihn
belastende Widerspruchsentscheidung gemäß § 79 Abs. 1 Nr. 2 VwGO
Anfechtungsklage erheben und die Aufhebung des Widerspruchsbescheides verlangen.

30 Widerspruch und Anfechtungsklage haben gemäß Abs. 4 **keine aufschiebende Wirkung.** Dies bedeutet, dass trotz Widerspruch und
Klage durch den Arbeitnehmer die Kündigungssperre aufgehoben
bleibt und der Arbeitgeber kündigen kann. Allerdings riskiert dieser,
dass der Arbeitnehmer mit den von ihm eingelegten Rechtsmitteln erfolgreich ist und die Kündigung mangels Zustimmung rückwirkend

nichtig ist. Umstritten ist, ob ein Antrag auf Anordnung der aufschiebenden Wirkung gemäß § 80 Abs. 1 VwGO zulässig ist, wenn die Kündigung bereits ausgesprochen worden ist. Dies wird zu Recht mit der Begründung bejaht, dass die **Anordnung der aufschiebenden Wirkung** die Rechtsposition des Arbeitnehmers im arbeitsgerichtlichen Verfahren etwa im Hinblick auf seinen Weiterbeschäftigungsanspruch verbessern kann (so: OVG Bautzen 25. 8. 03 br 2004, 81f.; OVG Bremen 7. 8. 2001 – 2 B 257701; OVG Hamburg 11. 2. 1997 – Bs 312/96; dagegen: OVG Münster 29. 12. 2003 – 12 B 957/03; VG Göttingen 18. 12. 2008 – 2 B 236/08).

2. Verpflichtungsklage. Ist der **Antrag des Arbeitgebers** sowohl 31 vom **Integrationsamt** als auch vom **Widerspruchsausschuss abgelehnt** worden, kann der Arbeitgeber Verpflichtungsklage gemäß § 42 Abs. 1 2. Alt. VwGO beim Verwaltungsgericht erheben. Sie ist deshalb die richtige Klageart, weil der Arbeitgeber den Erlass eines Verwaltungsaktes, nämlich die Zustimmungserteilung, begehrt. Ist sie erfolgreich, entscheidet das Gericht, dass der Bescheid aufgehoben wird und das Integrationsamt verpflichtet wird, die Zustimmung zu erteilen, oder ein neuer Bescheid unter Beachtung der Rechtsauffassung des Gerichts zu erlassen ist (§ 113 Abs. 5 VwGO). Die Zustimmungssperre wird in diesem Fall erst mit dem Zustimmungsbescheid des Integrationsamtes und nicht etwa bereits mit der Entscheidung des Gerichts aufgehoben. Der Arbeitgeber kann daher erst mit der Zustellung des Zustimmungsbescheids kündigen.

VII. Zustimmungsfiktion (Abs. 5)

Abs. 5 S. 1 verpflichtet das Integrationsamt in den Fällen des § 89 32 Abs. 1 S. 1 und Abs. 3, die Entscheidung **innerhalb eines Monats** nach Eingang des Antrags zu treffen, wenn eine vollständige Betriebsstilllegung oder Auflösung einer Dienststelle vorliegt und das Arbeitsentgelt noch mindestens drei Monate fortgezahlt wird oder über das Vermögen des Arbeitgebers das Insolvenzverfahren eröffnet worden ist und die Voraussetzungen des § 89 Abs. 3 Ziff. 1–4 vorliegen. Die Regelung gilt seit dem 1. 5. 2004 (s. RdNr. 1). Sie soll der Verfahrensbeschleunigung dienen und dem Interesse des Arbeitgebers an einer kurzfristigen Klärung in den Fällen Rechnung tragen, in denen das Ermessen des Integrationsamtes eingeschränkt ist (BT-Drucks.15/1783 S. 16).

Abs. 5 S. 2 enthält die **Fiktion einer zustimmenden Entschei- 33 dung** zugunsten des antragstellenden Arbeitgebers, wenn eine Entscheidung nicht innerhalb der Monatsfrist getroffen worden ist. Die Vorschrift entspricht der Fiktionsregelung, wie sie gemäß § 91 Abs. 3 S. 2 für die außerordentliche Kündigung gilt. Da die Integrationsämter bei Massenentlassungen aus Anlass von Betriebsschließungen oder wegen eingetretener Insolvenz innerhalb eines Monats regelmäßig gar nicht in der Lage sind, eine Entscheidung zu treffen, entfällt in diesen Fällen damit praktisch das Zustimmungserfordernis (so zu Recht kritisch: *Rehwald/Kossack,* AiB 2004, 604f.).

34   Für die fingierte Zustimmungsentscheidung sind alle Vorschriften und Grundsätze anwendbar, die auch maßgebend wären, wenn ein ausdrücklicher Zustimmungsbescheid ergangen wäre (BT-Drucks.15/1783 S. 16). Durch die Verweisung in Abs. 5 S. 3 auf die Absätze 3 und 4 wird deshalb klar gestellt, dass auch der fingierte Zustimmungsbescheid mit **Widerspruch und Klage** angefochten werden kann und die Rechtsbehelfe keine aufschiebende Wirkung haben. Die Widerspruchsfrist läuft allerdings erst mit Kenntnis des Arbeitnehmers vom Eintritt der Fiktion, demnach erst ab Zugang des entsprechenden Bescheids, der auf die eingetretene Zustimmungsfiktion verweist (*Rehwald/Kossack,* a.a.O.). Auch die Frist für die Erhebung der **Kündigungsschutzklage** beginnt erst mit Zugang des fingierten Zustimmungsbescheids beim Arbeitnehmer gemäß § 4 S. 4 KSchG (*Rehwald/Kossack,* a.a.O.; *Kossens/von der Heide/Maaß,* SGB IX, § 88 RdNr. 23; BAG 3. 7. 03 NZA 2003, 1335, 1337). Mit der Bezugnahme auf Abs. 3 wird deutlich, dass auch die **Kündigungserklärungsfrist** gilt. Der Arbeitgeber muss die Kündigung innerhalb eines Monats nach Eintritt der Zustimmungfiktion aussprechen. Die Erklärungsfrist beginnt mit dem Ablauf der Entscheidungsfrist und nicht erst mit Zustellung des die Zustimmung fingierenden Bescheids (*Griebeling,* NZA 2005, 494, 501; *Cramer* NZA 2004, 698, 704). Wegen des gleichen Wortlauts in § 91 Abs. 3 S. 2 und § 88 Abs. 5 S. 2 reicht es aus, dass die Entscheidung innerhalb der Monatsfrist getroffen wurde. Dazu genügt, dass ein schriftlicher Bescheid den Machtbereich der Behörde noch innerhalb der Frist verlassen hat. Sie muss dem Arbeitgeber nicht zugestellt oder schriftlich mitgeteilt werden (*Westers,* br 2004, 93f.; *Kossens/von der Heide/Maaß,* SGB IX, § 88 RdNr. 22; *Trenk-Hinterberger,* SGB IX, § 88 RdNr. 38). Wann sie ihm daher schriftlich zugeht, ist unerheblich. Hat der Arbeitgeber bzw. der Insolvenzverwalter in den Fällen des § 89 Abs. 1 S. 1 bzw. Abs. 3 die Kündigung erst binnen eines Monats nach Zustellung der Entscheidung ausgesprochen, kann die Kündigungserklärung verspätet sein, wenn bereits zu einem früheren Zeitpunkt entweder die Zustimmungsfiktion eingetreten oder die Entscheidung der Behörde erfolgt ist.

35   Die Zustimmungsfiktion ist beschränkt auf die in Abs. 5 ausdrücklich aufgeführten Fälle des § 89 Abs. 1 S. 1 und Abs. 3. Die Regelung gilt deshalb nicht für vorübergehende Betriebseinschränkungen gemäß § 89 Abs. 1 S. 2 und Änderungskündigungen gemäß § 89 Abs. 2 (BT-Drucks.15/2318 S. 16 und 15/2357 S. 24). Umstritten ist, ob für die Feststellung der Fiktion eine mögliche und zumutbare **Weiterbeschäftigungsmöglichkeit** im Sinne des § 89 Abs. 1 S. 3 zu prüfen ist. Dies ist

zu bejahen. Denn die Fiktion gilt nur, wenn ein Fall des § 89 Abs. 1 S. 1 vorliegt. Beim Bestehen von Weiterbeschäftigungsmöglichkeiten im Sinne von § 89 Abs. 1 S. 3 wird die Anwendbarkeit des § 89 Abs. 1 S. 1 gerade ausgeschlossen. Eine Erstreckung der Zustimmungsfiktion auf weitere Fälle (z. B. auf § 89 Abs. 1 S. 2) ist nach einer Sachverständigenanhörung im Gesetzgebungsverfahren nicht in die gesetzliche Regelung aufgenommen worden (BT-Drucks. 15/2357 S. 24). Daraus ist zu schließen, dass die Zustimmungsfiktion nur auf die Fälle des § 89 Abs. 1 S. 1 beschränkt werden sollte, bei denen die Voraussetzungen für eine Einschränkung des Ermessens auch tatsächlich vorliegen und nicht etwa wegen bestehender Weiterbeschäftigungsmöglichkeiten gemäß § 89 Abs. 1 S. 3 entfallen sind (so im Ergebnis auch: *Düwell*, SGB IX, § 88 RdNr. 37; a. A.: *Kossens/von der Heide/Maaß*, SGB IX, § 88 RdNr. 21; *Westers*, br 2004, 93f.).

Einschränkungen der Ermessensentscheidung

89 (1) [1]Das Integrationsamt erteilt die Zustimmung bei Kündigungen in Betrieben und Dienststellen, die nicht nur vorübergehend eingestellt oder aufgelöst werden, wenn zwischen dem Tage der Kündigung und dem Tage, bis zu dem Gehalt oder Lohn gezahlt wird, mindestens drei Monate liegen. [2]Unter der gleichen Voraussetzung soll es die Zustimmung auch bei Kündigungen in Betrieben und Dienststellen erteilen, die nicht nur vorübergehend wesentlich eingeschränkt werden, wenn die Gesamtzahl der weiterhin beschäftigten schwerbehinderten Menschen zur Erfüllung der Beschäftigungspflicht nach § 71 ausreicht. [3]Die Sätze 1 und 2 gelten nicht, wenn eine Weiterbeschäftigung auf einem anderen Arbeitsplatz desselben Betriebes oder derselben Dienststelle oder auf einem freien Arbeitsplatz in einem anderen Betrieb oder einer anderen Dienststelle desselben Arbeitgebers mit Einverständnis des schwerbehinderten Menschen möglich und für den Arbeitgeber zumutbar ist.

(2) Das Integrationsamt soll die Zustimmung erteilen, wenn dem schwerbehinderten Menschen ein anderer angemessener und zumutbarer Arbeitsplatz gesichert ist.

(3) Ist das Insolvenzverfahren über das Vermögen des Arbeitgebers eröffnet, soll das Integrationsamt die Zustimmung erteilen, wenn

1. der schwerbehinderte Mensch in einem Interessenausgleich namentlich als einer der zu entlassenden Arbeitnehmer bezeichnet ist (§ 125 der Insolvenzordnung),

2. die Schwerbehindertenvertretung beim Zustandekommen des Interessenausgleichs gemäß § 95 Abs. 2 beteiligt worden ist,

3. der Anteil der nach dem Interessenausgleich zu entlassenden
schwerbehinderten Menschen an der Zahl der beschäftigten schwerbehinderten Menschen nicht größer ist als der Anteil der zu entlassenden übrigen Arbeitnehmer an der Zahl der beschäftigten übrigen Arbeitnehmer und

4. die Gesamtzahl der schwerbehinderten Menschen, die nach
dem Interessenausgleich bei dem Arbeitgeber verbleiben sollen, zur
Erfüllung der Beschäftigungspflicht nach § 71 ausreicht.

Übersicht

I. Allgemeines

1   Die Vorschrift übernimmt in den Absätzen 1 und 2 inhaltlich unverändert die Regelung des § 19 SchwbG vom 26. August 1986. Im Wesentlichen bestand die Bestimmung schon in § 16 SchwbG von 1974,
wurde dann 1986 in § 19 Abs. 1 um S. 3 ergänzt. Mit Art. 97 des **Ein-**

führungsgesetzes zur Insolvenzordnung vom 5. 10. 1994 wurde § 19 SchwbG 1986 um Abs. 3 erweitert. Die Vorschrift gilt seit dem Inkrafttreten des SGB IX vom 19. 6. 2001 (BGBl. I S. 1046) unverändert.

Sie enthält **vier Fallgruppen**, in denen die Ermessensentscheidung 2 des Integrationsamtes eingeschränkt ist, und deshalb zugunsten des Arbeitgebers die Zustimmung erteilt werden soll. Aus der gesetzlich geregelten Ermessenseinschränkung wird deshalb im Umkehrschluss gefolgert, dass in allen anderen Fällen eine Entscheidung nach pflichtgemäßem, freien Ermessen zu treffen ist.

II. Ermessensentscheidung des Integrationsamtes

Soweit nicht die besonderen Voraussetzungen des § 89 vorliegen, 3 entscheidet das Integrationsamt über den Zustimmungsantrag des Arbeitgebers nach seinem Ermessen. Die Ermessensentscheidung ist gemäß § 39 Abs. 1 SGB I nur durch Sinn und Zweck des Schwerbehindertenrechts gebunden. Es sollen die besonderen Nachteile, denen schwerbehinderte Menschen auf dem allgemeinen Arbeitsmarkt ausgesetzt sind, berücksichtigt werden. Aus diesem Grund wird die Gestaltungsfreiheit des Arbeitgebers eingeschränkt (BVerwG 31. 7. 07 – 5 B 81/06). Die gegen diese Entscheidung des BVerwG eingelegte Verfassungsbeschwerde ist vom Bundesverfassungsgericht nicht angenommen worden (BVerfG 20. 5. 2009 – 1 BvR 2719/07). Im Rahmen der vorzunehmenden **Interessenabwägung** ist das Interesse des Arbeitgebers an der Erhaltung seiner unternehmerischen Gestaltungsmöglichkeiten gegen das Interesse des schwerbehinderten Arbeitnehmers an der Erhaltung seines Arbeitsplatzes abzuwägen (BVerwG 31. 7. 07 – 5 B 81/06; BVerwG 19. 10. 95 NZA-RR 1996, 288; BVerwG 2. 7. 92 DVBl 1992, 1490; ständige Rechtsprechung). Zum Nachteil des Arbeitgebers kann berücksichtigt werden, wenn er seiner Beschäftigungspflicht (§ 71) nicht nachgekommen ist (OVG Münster 7. 11. 2003 – 12 A 750/01).

1. Prüfungsumfang. Gemäß § 20 SGB X hat das Integrationsamt 4 die für die Interessenabwägung maßgeblichen Umstände von Amts wegen zu ermitteln. Welche Umstände dies sind, vor allem wie weit der Prüfungsumfang des Integrationsamtes reicht, ist umstritten. Der Streit bezieht sich insbesondere auf die Frage, ob die beabsichtigte Kündigung des Arbeitgebers auch in allgemeiner arbeitsrechtlicher Hinsicht vom Integrationsamt überprüft werden darf oder, ob dies den Arbeitsgerichten zu überlassen ist.

Teilweise wird die Ansicht vertreten, dass das Integrationsamt sich 5 nur auf eine **Schlüssigkeitsprüfung beschränken** und bei seiner Abwägungsentscheidung nur die vom Arbeitgeber vorgetragenen und für die Entscheidung wesentlichen Umstände zugrundelegen dürfe

(OVG Lüneburg 12. 7. 89 [LS] NZA 1990, 66; VGH München 8. 8. 85 br 1986, 45 und OVG Hamburg 14. 11. 86 NZA 1987, 566, 568, allerdings für die außerordentliche Kündigung). Diese **Ansicht ist abzulehnen.** Das Integrationsamt hat eine eigene Aufklärungspflicht gemäß § 20 SGB X und ist nicht etwa an den Tatsachenvortrag des Arbeitgebers gebunden. Es muss sich über die Richtigkeit der vom Arbeitgeber behaupteten Umstände eine eigene Überzeugung bilden (BVerwG 10. 11. 2008 – 5 B 79/08; BVerwG 24. 11. 2009 – 5 B 35/09; VG Ansbach 20. 5. 2010 – AN 14 K 09.02476). Basiert die Entscheidung auf einem nicht hinreichend aufgeklärten Sachverhalt, ist sie ermessensfehlerhaft. Welche Umstände maßgeblich sind, ist aufgrund der **Umstände des Einzelfalles zu ermitteln** (BVerwGE 19. 10. 95, a. a. O. BVerwG 6. 2. 95 Buchholz 436.61 § 15 SchwbG Nr. 9; 2. 7. 92, a. a. O.; OVG Saarland 13. 2. 01, – 3 Q 231/00; VGH München 22. 10. 08 – 12 BV 07.256 und 18. 3. 2009 – 12 B 08.3327). Würde die Aufklärung der für die Abwägungsentscheidung wesentlichen Umstände den Arbeitsgerichten überlassen, würde der **besondere Kündigungsschutz leerlaufen** und entgegen dem Gesetzeszweck keinen neben dem allgemeinen Kündigungsschutz zusätzlichen und umfassenderen Schutz gewährleisten (BVerwG 19. 10. 95, a. a. O.). Im Übrigen garantiert der Kündigungsschutz nach dem KSchG auch keinen gleichwertigen Schutz, da die Kündigung ohne Zustimmung zur Nichtigkeit der Kündigung führt und der schwerbehinderte Arbeitnehmer deshalb weiter zu beschäftigen ist, während ein Weiterbeschäftigungsanspruch im Kündigungsschutzprozess bis zur ersten obsiegenden Entscheidung in der Regel nicht besteht (BVerwG 19. 10. 95 NZA-RR 1996, 288; s. auch § 85 RdNr. 76).

6   In der verwaltungsgerichtlichen Rechtsprechung und im Schrifttum besteht Einigkeit darüber, dass das Integrationsamt grundsätzlich **die arbeitsrechtliche Wirksamkeit der beabsichtigten Kündigung** nicht zu prüfen hat. Nach Sinn und Zweck des Schwerbehindertenschutzes sollen vielmehr die **besonderen Nachteile von schwerbehinderten Menschen** auf dem allgemeinen Arbeitsmarkt ausgeglichen werden. Es soll sichergestellt werden, dass der schwerbehinderte Mensch gegenüber gesunden Arbeitnehmern nicht ins Hintertreffen gerät (BVerwG 2. 7. 92 DVBl 1992, 1490). Aus diesem Grund sei – so wird überwiegend vertreten – deshalb in der Abwägungsentscheidung die durch die Gesundheitsbeeinträchtigung bedingte besondere Stellung des Schwerbehinderten im Wirtschaftsleben zu berücksichtigen, nicht aber allgemeine soziale Interessen des Schwerbehinderten als Arbeitnehmer. Ob die **Kündigung** daher **sozial gerechtfertigt** ist, sei der Überprüfung im **arbeitsgerichtlichen Verfahren überlassen** und nicht zusätzlich noch durch das Integrationsamt zu prüfen (BVerwG 19. 8. 2004 – 5 BV 90/03; BVerwG 19. 10. 95 und 2. 7. 92, a. a. O.; VGH München 14. 11. 2006 – 9 BV 06.1431, 18. 3. 2009 – 12 B 08.3327

und 17. 9. 2009 – 12 B 09.52; OVG Thüringen 26. 11. 2003 – 3 KO 858/ 01; OVG HH 27. 11. 87 BB 1989, 220; *Kossens/von der Heide/Maaß,* SGB IX, § 89 RdNr. 2; *Griebeling* in Hauck/Noftz, SGB IX, § 89 RdNr. 4 f.; 8/*Vossen* § 19 RdNr. 2; KDZ- *Zwanziger,* § 89 SGB IX, RdNr. 5 f.; *Trenk-Hinterberger,* HK-SGB IX, § 88 RdNr. 7, 13). Dieser Ansicht ist im Grundsatz zu folgen. Im konkreten Einzelfall lässt sich allerdings zwischen Umständen, die sich **speziell** aus dem **Schwerbehinderten-schutz** ableiten und solchen, die allgemein arbeitsrechtlicher Natur sind, **nicht trennscharf unterscheiden.** Dies ist auch der Entscheidung des BVerwG vom 2. 7. 92 zu entnehmen, derzufolge das Integrationsamt z. B. die Berechtigung der vom Arbeitgeber gegenüber dem Schwerbehinderten erhobenen Vorwürfe im Einzelnen prüfen muss. Diese Entscheidung wird im Schrifttum deshalb auch kritisiert (*Düwell,* LPK-SGB IX, § 89 RdNr. 12, 22; *Dörner,* SchwbG, § 18 RdNr. 18).

Ausgangspunkt ist, dass das Integrationsamt gemäß § 20 SGB X 7 von Amts wegen all das ermitteln und dann auch berücksichtigen muss, was erforderlich ist, um die gegensätzlichen Interessen des Arbeitgebers und des schwerbehinderten Arbeitnehmers gegeneinander abwägen zu können. Es hat sowohl die vom Arbeitgeber im Zustimmungsantrag genannten Gründe wie auch die vom Arbeitnehmer vorgetragenen Umstände und Argumente zu berücksichtigen, da erst die umfassende Überprüfung aller Gesichtspunkte die Beurteilung zulässt, ob die Kündigung die besondere Stellung des schwerbehinderten Menschen berührt. Den Schwerbehinderten trifft insoweit auch eine **Mitwirkungspflicht,** das Integrationsamt über die seiner Meinung nach relevanten Umstände zu informieren (OVG NW 23. 1. 92 NZA 1992, 844).

Im Rahmen seiner Prüfung ist das Integrationsamt außerdem ver- 8 pflichtet, die sich aus dem Vorbringen beider Parteien aufdrängende **notwendige Sachverhaltsaufklärung** vorzunehmen. Dazu gehört ggf. auch die Vernehmung von Zeugen. Es kann dies nicht mit dem Hinweis, dies sei allein Aufgabe des Arbeitsgerichts, unterlassen (OVG NW 12. 2. 2009 – 12 A 3108/08). Es erscheint daher gerechtfertigt, von der **Prüfung nur solche Umstände auszuschließen, die rein ar-beitsrechtlicher Art** sind und **spezifische Belange des schwerbe-hinderten Menschen nicht betreffen können** (BVerwG 19. 10. 95 NZA-RR 1996, 288 und 2. 7. 92 DVBl 1992, 1490; VGH München 18. 6. 2008 – 12 BV 05.2467; OVG Berlin-Brand. 28. 3. 2007 – 6 B 14.06). Dazu gehört etwa die Prüfung, ob die Kündigung das Maßrege-lungsverbot des § 612a BGB verletzt (VGH München 14. 11. 2006 – 9 BV 06.1431) oder allgemein die Grundsätze der Sozialauswahl gewahrt sind (BVerwG 11. 11. 99 NZA 2000, 146, 148, s. auch RdNr. 27). Streitig ist, ob zu den rein arbeitsrechtlichen Prüfungskriterien die Erforder-lichkeit einer **Abmahnung** zählt (bejahend:. BVerwG 2. 7.92, a. a. O.;

Kreitner, jurisPK-SGB IX, § 89 RdNr. 8; *Griebeling* in Hauck/Noftz, SGB IX, K § 89 RdNr. 8; ablehnend: OVG NW 22. 11. 2006 – 12 A 1474/05). Auch hier wird zu differenzieren sein. Die Frage, ob als milderes Mittel zunächst eine Abmahnung auszusprechen war, kann nur unter Berücksichtigung der Schwere des Pflichtenverstoßes und eines evtl. bestehenden Zusammenhangs mit der Behinderung beurteilt werden. Diese Prüfung ist deshalb auch durch das Integrationsamt vorzunehmen (so auch: OVG NW, a. a. O.) Die Bewertung, ob eine erteilte Abmahnung wirksam ist, ist dagegen rein arbeitsrechtlicher Natur und daher den Arbeitsgerichten zu überlassen.

9   Ausnahmsweise ist die Zustimmung des Integrationsamtes allein aus Gründen des allgemeinen Arbeitsrechts zu verweigern, wenn die arbeitsrechtliche Unwirksamkeit der Kündigung **offensichtlich** ist (VGH München 14. 11. 2006 – 9 BV 06.1431, 18. 3. 2009 – 12 B 08.3327 und 17. 9. 2009 – 12 B 09.52; *Kossens/von der Heide/Maaß,* SGB IX, § 89 RdNr. 2; *Düwell,* LPK-SGB IX, § 89 RdNr. 8; BVerwG offengelassen: 2. 7. 92, a. a. O.).

10   **2. Beurteilungszeitpunkt.** Nach der Rechtsprechung ist für die Beurteilung, ob die Zustimmung zu erteilen ist, abweichend von den ansonsten geltenden Grundsätzen der verwaltungsgerichtlichen Nachprüfung einer behördlichen Entscheidung auf den **Zeitpunkt der Kündigungserklärung** und nicht auf den Zeitpunkt der Widerspruchsentscheidung abzustellen. Es können daher auch beim späteren Widerspruch oder im gerichtlichen Verfahren keine Tatsachen mehr berücksichtigt werden, die erst nach der Kündigung eintreten und die nicht mehr zu dem der Kündigung zugrundeliegenden historischen Sachverhalt gehören (BVerwG 7. 3. 91 NZA 1991, 511; OVG NW 23. 1. 92 NZA 1992, 844; OVG Brandenburg 20. 3. 96 – 4 A 171/95; a. A. VGH Bad.Württ. 14. 5. 80 BB 1981, 615).

Dies gilt allerdings nur dann, wenn das Integrationsamt die Zustimmung erteilt und der schwerbehinderte Arbeitnehmer gegen die Entscheidung Widerspruch eingelegt hat. Nur dann liegt eine Kündigung des Arbeitgebers vor, die rechtsgestaltende Wirkungen entfalten kann. Ist dagegen die Zustimmung versagt worden, der Arbeitgeber greift die Entscheidung des Integrationsamtes mit dem Rechtsmittel des Widerspruchs an und erhebt gegen die Widerspruchsentscheidung Verpflichtungsklage beim Verwaltungsgericht, sind die **Verhältnisse zum Zeitpunkt der letzten Verwaltungsentscheidung maßgeblich** (BVerwG 22. 1. 93 br 1994, 21; zum Ganzen: *Kaiser,* br 1998, 3 mit instruktiven Beispielen).

11   **3. Kündigungsgründe im Einzelnen.** Der Kündigungsschutz im Schwerbehindertenrecht hat besonderes Gewicht, wenn die Kündigung auf **Gründe** gestützt wird, die in der **Behinderung** ihre **Ursache** haben. Denn gerade dann konkretisiert und bewährt sich der Schutzzweck des Gesetzes, der darin besteht, den schwerbehinderten

Menschen vor behinderungsbedingten Nachteilen im Arbeitsleben zu schützen und ihm durch Erhaltung seines Arbeitsplatzes eine selbstbestimmte und gleichberechtigte Teilhabe am Arbeitsleben zu ermöglichen. Es soll sichergestellt werden, dass die besonderen gesetzgeberischen Anstrengungen, einem Schwerbehinderten eine seinen Kenntnissen und Fähigkeiten angemessene Beschäftigung zu verschaffen, nicht dadurch wieder zunichte gemacht werden, dass sich Arbeitgeber der ihnen aus sozialpolitischen Überlegungen auferlegten Pflichten, Schwerbehinderte in den Arbeitsprozess einzugliedern, durch Kündigung wieder entledigen. Dies gilt vor allem dann, wenn der **Entlassungswunsch auf der Schwerbehinderung** beruht (VGH München 9. 3. 95 br 1995, 199). Deshalb sind in diesen Fällen an die **Zumutbarkeitsgrenze** des Arbeitgebers für eine Weiterbeschäftigung des Arbeitnehmers **besonders hohe Anforderungen** zu stellen. Umgekehrt sind die Interessen des schwerbehinderten Menschen geringer zu gewichten, je weniger ein Zusammenhang zwischen Behinderung und Kündigungsgrund besteht (BVerwG 19. 10. 95 NZA-RR 1996, 288 und 16. 6. 90 – 5 B 127/89; OVG NW 7. 11. 2003 – 12 A 750/01; VGH München 22. 10. 08 – 12 BV 07.2256; 14. 3. 2008 – 12 ZB 07.1720; 17. 9. 2009 – 12 B 09.52; OVH HH 27. 11. 87 BB 1989, 220). Bei einem **fehlenden Zusammenhang** zwischen Kündigungsgrund und Behinderung ist allerdings nicht etwa die Zustimmung zu erteilen; es müssen vielmehr auch dann die beiderseitigen **Interessen im konkreten Einzelfall** auch unter Berücksichtigung des Schwerbehindertenschutzes miteinander **abgewogen werden** und etwa die besondere Schwierigkeit für Schwerbehinderte auf dem Arbeitsmarkt, eine neue Stelle zu finden, gewichtet werden (OVG HH 27. 11. 87, a.a.O.). Da die Frage, ob die Kündigungsgründe auf der Behinderung beruhen, von zentraler Bedeutung ist, ist die Entscheidung ermessensfehlerhaft, wenn das Integrationsamt diese Frage nicht ausreichend aufklärt und seine Entscheidung deshalb auf einer unsicheren Tatsachengrundlage ergangen ist (OVG Berlin-Brand. 28. 3. 2007 – 6 B 14.06).

a) Personenbedingte Gründe. Diese Grundsätze haben eine besondere Bedeutung beim Ausspruch einer Kündigung wegen **Leistungsminderung** oder einer **krankheitsbedingten Kündigung**. Immer dann, wenn der Arbeitgeber die Kündigung auf Minderleistungen oder krankheitsbedingte Fehlzeiten stützt, ist vom Integrationsamt aufzuklären, ob Fehlzeiten oder Leistungsminderung zumindest auch auf der **Behinderung beruhen**. Bei der behaupteten Minderleistung ist weiterhin zu ermitteln, welchen **Umfang** und welche **Auswirkungen** die Leistungsdefizite konkret auf die Arbeitsleistung haben. Diese Ermittlungen sind nicht den Arbeitsgerichten zu überlassen. Sie sind vom Integrationsamt vorzunehmen (BVerwG 19. 10. 95 NZA-RR 1996, 288).

12

13   Im Falle der krankheitsbedingten Kündigung sind die Behaup-
tungen des Arbeitgebers über die **Fehlzeiten** des Arbeitnehmers **in
der Vergangenheit** auf ihre Richtigkeit hin durch das Integrationsamt
zu überprüfen. Auch die **Prognose**, inwieweit mit ähnlichen Fehlzeiten in der Zukunft zu rechnen ist, ist in die **Prüfung** mit einzubeziehen (OVG NRW 21. 3. 90 br 1991, 93; VG Arnsberg 24. 9. 96 br 1997,
112 und 4. 6. 2009 – AN 14 K 08.01069; *Düwell,* LPK-SGB IX, § 89
RdNr. 15). Insofern unterscheidet sich die Prüfung nicht von der all-
gemein-arbeitsrechtlichen.

14   Fraglich ist allerdings, welche Maßnahmen das Integrationsamt zur
Aufklärung des Sachverhalts ergreifen kann, ob es etwa auch zur Prüfung der noch bestehenden Leistungsfähigkeit des Arbeitnehmers oder
zur Prüfung der Zukunftsprognose eine **ärztliche Begutachtung**
veranlassen darf. Dies ist als zu weitreichend abzulehnen.

15   Aufgabe des Integrationsamtes ist es nicht, die materiellen Kündigungsgründe im Rahmen eines langwierigen Aufklärungsprozesses
durch die Einholung ärztlicher Gutachten oder eigene Begutachtungen einzuleiten (so aber wohl OVG Saarland 3. 4.95 br 1995, 154, 156;
Düwell, LPK-SGB IX, § 89 RdNr. 15). Bereits durch die Festlegung einer Entscheidungsfrist gemäß § 88 Abs. 1 von nur einem Monat hat der
Gesetzgeber einer weitreichenden und alle Mittel ausschöpfenden Aufklärung des Sachverhalts Grenzen setzen wollen. Außerdem verbietet
auch die Doppelgleisigkeit des Rechtsweges eine derartige Begutachtung, da es durch eine Aufklärung des medizinischen Sachverhalts von
Amts wegen durch Begutachtungen des Integrationsamtes zu einer **im
zivilgerichtlichen Verfahren nicht vorgesehenen Verschiebung
der Darlegungs- und Beweislasten** zugunsten des beweisbelasteten
Arbeitgebers kommen kann. Für die Darlegung der Kündigungsgründe ist dieser darlegungs- und beweispflichtig. Allerdings muss der
Arbeitnehmer im Arbeitsgerichtsprozess die durch Fehlzeiten begründete Negativprognose entkräften und ggf. sich auch begutachten lassen. Bis es dazu kommt, sind jedoch ärztliche Stellungnahmen einzuholen; außerdem können die Parteien Einfluss auf die Auswahl des
Gutachters nehmen. Durch eine ärztliche Begutachtung des Integrationsamtes, die sich der Arbeitgeber im arbeitsgerichtlichen Prozess zu
eigen machen kann, gewinnt dieser Vorteile, die er sonst im Zivilpro-
zess nicht hätte. Der besondere Kündigungsschutz wäre dann in der
Gefahr, sich in sein Gegenteil zu verkehren, und der schwerbehinderte
Arbeitnehmer könnte gegenüber einem nicht behinderten Arbeitnehmer benachteiligt werden.

16   Die Behörde hat darüber hinaus zu prüfen, inwieweit eine **Weiterbeschäftigung** des schwerbehinderten Arbeitnehmers **möglich** ist.
Die Prüfung erstreckt sich darauf, ob eine Fortsetzung des Arbeitsverhältnisses auf dem bisherigen Arbeitsplatz nach behinderungsgerechter Ausgestaltung oder ein Einsatz auf einem anderen Arbeitsplatz unter

ggf. veränderten Arbeitsbedingungen (z. B. Herausnahme aus dem Schichtdienst) in Frage kommt (BVerwG 16. 6. 1990 Buchholz 436.61 § 15 SchwbG Nr. 3, S. 5; BVerwG 11. 9. 90 Buchholz 436.61 § 15 SchwbG 1986 Nr. 4; s. Einzelheiten unter § 81 RdNr. 69ff). Dabei hat sie vor allem zu berücksichtigen, ob der Arbeitgeber seinen **Verpflichtungen zu einer behindertengerechten Beschäftigung** gemäß § 81 Abs. 4 und 5 nachkommt und ein entsprechendes **Präventionsverfahren** gemäß § 84 dem Zustimmungsantrag vorausgegangen ist (so auch *Gagel,* jurisPR-ArbR 40/2006 Anm. 6; *Düwell,* LPK-SGB IX, § 89 RdNr. 11; *Griebeling* in Hauck/Noftz, SGB IX, K § 89 RdNr. 5). Ist dies nicht der Fall, kann das Integrationsamt den Arbeitgeber auffordern, zunächst die verpflichtende Prävention nachzuholen. Tut es das nicht, muss es das unterlassene Präventionsverfahren im Rahmen der Ermessensentscheidung berücksichtigen und die **Zustimmung verweigern**, wenn bei Durchführung der Prävention behindertengerechte Beschäftigungsmöglichkeiten bestanden hätten und damit die Kündigung hätte vermieden werden können (BVerwG 29. 8. 07 NJW 2008, 166; s. Einzelheiten unter § 84 RdNr 20ff). Teilweise wird von der Verwaltungsgerichtsbarkeit allerdings die Bedeutung des Präventionsverfahrens verkannt und dem schwerbehinderten Arbeitnehmer auferlegt, konkrete behindertengerechte Weiterbeschäftigungsmöglichkeiten zu benennen (OVG NW 5. 3. 2009 – 12 A 122/09). Insoweit ist der Rechtsprechung des BAG zu folgen, wonach bei unterlassener Prävention der Arbeitgeber das Fehlen einer möglichen und zumutbaren behindertengerechten Weiterbeschäftigungsmöglichkeit konkret darzulegen hat (BAG 23. 4. 2008 – 2 AZR 1012/06; s. Einzelheiten unter § 84 RdNr. 20, 28)

Beruhen die **krankheitsbedingten Ausfälle auf der Behinderung**, werden an die Unzumutbarkeit einer Weiterbeschäftigung **strenge Anforderungen** gestellt. Es ist anerkannt, dass der Arbeitgeber sogar verpflichtet sein kann, den Arbeitnehmer „durchzuschleppen" (dazu krit.: *Düwell,* LPK-SGB IX, § 89 RdNr. 16.; *Gagel* jurisPR-ArbR 40/2006 Anm.6). Diese Verpflichtung soll nur da ihre Grenze finden, wo die Weiterbeschäftigung „**allen Gesetzen wirtschaftlicher Vernunft**" **widerspricht** (BVerwG 16. 6. 90 – 5 B 127/89 – und 19. 10. 95 NZA-RR 1996, 288.; OVG Saarland 13. 2. 01 – 3 Q 231/00; VGH München 22. 10. 08 – 12 BV 07.2256 u. 18. 3. 2009 – 12 B 08.3327). So ist die äußerste Zumutbarkeitsgrenze beispielsweise erst als überschritten angesehen worden bei einer ununterbrochen über zwei Jahre währenden Arbeitsunfähigkeit (OVG Saarland 3. 4. 1995 br 1995, 154). In einer anderen Entscheidung wurde die Beschäftigung als nicht mehr zumutbar angesehen, nachdem der schwerbehinderte Mensch in den letzten 3 Jahren vor der Kündigung an mehr als der Hälfte der Arbeitstage nicht gearbeitet hat und die Besserung des Gesundheitszustandes aussichtslos war (OVG Münster 27. 2. 1998 br 1998, 170).

18   Das Integrationsamt ist verpflichtet, die Möglichkeit der Weiterbeschäftigung des schwerbehinderten Arbeitnehmers durch eine eigene Sachverhaltsvermittlung zu überprüfen. Es kann sich nicht nur auf die Angaben der Beteiligten verlassen (VGH München 22. 10. 2008 – 12 BV 07.2256). Inwiefern eine **Umorganisation der Arbeit** im Betrieb so möglich ist, dass der schwerbehinderte Arbeitnehmer seine Tätigkeit fortsetzen kann (z. b. Arbeitsverrichtung überwiegend im Sitzen), muss das Integrationsamt ggf. auch durch eine **Betriebsbegehung** klären, wenn es anders ausreichende Erkenntnisse über den Arbeitsplatz nicht erwerben kann (VGH München, a.a.O.; OVG Saarland 3. 4. 95 br 1995, 154).

19   Der Schutzgedanke der Rehabilitation gebietet es darüber hinaus, dass der Arbeitgeber auch das Ende einer ihn nicht mit Entgeltfortzahlungskosten belastenden **Schulungsmaßnahme** abwarten muss, ehe er Kündigungsmaßnahmen plant. Ein Abwarten ist nur dann nicht zumutbar, wenn bereits vor Abschluss der Schulungsmaßnahme mit hinreichender Sicherheit erkennbar ist, dass für den schwerbehinderten Arbeitnehmer kein behinderungsgerechter Einsatz nach Ende der Umschulung bestehen wird (BVerwG 16. 6. 1990 Buchholz 436.61 § 15 SchwbG Nr. 3; LAG Hamm 20. 1. 00 NZA-RR 2000, 239).

20   Ist eine behindertengerechte Weiterbeschäftigung ausgeschlossen, ist die im Rahmen einer krankheitsbedingten Kündigung vorzunehmende abschließende Bewertung, inwieweit die vorliegenden und in der Zukunft zu erwartenden Fehlzeiten zu einer erheblichen Beeinträchtigung betrieblicher Interessen **(konkrete betriebliche Ablaufstörungen)** bzw. zu einer **erheblichen wirtschaftlichen Belastung** etwa durch Entgeltfortzahlungskosten führen, den Arbeitsgerichten überlassen.

21   **b) Verhaltensbedingte Gründe.** Ob im Rahmen einer verhaltensbedingten Kündigung das Integrationsamt die vom Arbeitgeber vorgetragenen **Gründe von Amts wegen aufklären** muss, ist streitig. Teilweise wird die Ansicht vertreten, dass die Prüfung, ob die vom Arbeitgeber erhobenen Vorwürfe tatsächlich vorliegen, den Arbeitsgerichten überlassen bleiben soll (VGH Bayern 9. 3. 95 br 1995, 199; *Düwell*, LPK-SGB IX, § 89 RdNr. 22). Nach Ansicht des BVerwG müssen die vom Arbeitgeber behaupteten Pflichtverletzungen des Arbeitnehmers dagegen auf ihre Berechtigung hin überprüft werden. Das Integrationsamt muss deshalb auch aufklären, in wessen Verantwortungsbereich etwa die dem Arbeitnehmer vorgeworfenen Streitigkeiten fallen (BVerwG 2. 7. 92 DVBl 1992, 1490; so auch: OVG NW 12. 2. 2009 – 12 A 3108/08 und 22. 11. 2006 – 12 A 1474/05). Dieser Auffassung ist zu folgen. Denn ohne eine **ausreichend ermittelte Tatsachengrundlage**, wozu auch die Frage gehört, wer die Verantwortung für Störungen im Arbeitsverhältnis trägt, kann die Pflichtverletzung im Rahmen der vorzunehmenden Interessenabwägung nicht gewichtet werden. Diese Prüfung kann deshalb nicht den Arbeitsgerichten überlassen bleiben. Außerdem wird sich erst durch die Ermittlung, ob und inwieweit die geschilderten Vorwürfe tatsächlich zutreffen, beurteilen lassen, ob zwischen Kündigungsgrund und Behinderung ein Zusammenhang besteht.

Im Rahmen seiner Ermittlungen muss das Integrationsamt vor al- **22** lem prüfen, inwieweit der behauptete **Pflichtenverstoß im Zusammenhang mit der Behinderung** des Arbeitnehmers steht. Hierbei ist ein großzügiger Maßstab zugrunde zu legen (VGH München 14. 3. 2008 – 12 ZB 07.1720). Dies kann etwa der Fall sein, wenn der Arbeitnehmer infolge seiner Behinderung von anderen Kollegen provoziert wird und sich dann aggressiv verhält (*Dörner*, SchwbG, § 18 RdNr. 18). Auch behinderungsbedingte Reifeverzögerungen können Grund für das beanstandete Verhalten sein (VGH München a.a.O.). In diesen Fällen wird das Integrationsamt auch die Möglichkeit einer Beschäftigung auf einem **anderen Arbeitsplatz**, evtl. in einer anderen Abteilung überprüfen müssen.

Das Integrationsamt hat auch im Falle der verhaltensbedingten Kün- **23** digung zu klären, ob der Arbeitgeber seiner **Präventionspflicht** gemäß § 84 Abs. 1 nachgekommen ist. Es hat die Zustimmung zu verweigern, wenn sich herausstellt, dass z. B. zum Abbau des behinderungsbedingten aggressiven Verhaltens zunächst therapeutische Maßnahmen wie ein Anti-Aggressionstraining (*Düwell*, LPK-SGB IX, § 89 RdNr. 24) durchgeführt werden können oder eine Versetzung in Betracht kommt (Zum Abmahnungserfordernis: s. RdNr. 8).

c) Betriebsbedingte Gründe. Auch im Falle einer geplanten be- **24** triebsbedingten Kündigung ist der vom Arbeitgeber vorgetragene **Sachverhalt** im Rahmen der Amtsermittlung auf seine **Richtigkeit** hin **zu überprüfen** und vor allem zu klären, inwieweit der Schwerbehinderte von der geplanten Maßnahme tatsächlich betroffen ist und sein **Arbeitsplatz weggefallen** ist (OVG NRW 23. 1. 92 NZA 1992, 844). Dabei sind die vom Arbeitnehmer und der betrieblichen Interessenvertretung sowie der Schwerbehindertenvertretung angeführten Einwände zu berücksichtigen.

Ein Zusammenhang zwischen Kündigungsgrund und Schwerbe- **25** hinderung wird im Fall der betriebsbedingten Kündigung in der Regel nicht gegeben sein. Dies entbebt das Integrationsamt jedoch nicht von der Verpflichtung, die sich speziell aus dem Schwerbehindertenschutz ableitenden Erwägungen in die Interessenabwägung einzubeziehen. Dazu gehört vor allem eine aufgrund der Behinderung **schwere Vermittlungsfähigkeit** auf den Arbeitsmarkt (OVG HH 27. 11. 87 BB 1989, 220).

Im Fall der betriebsbedingten Kündigung konzentriert sich die Prü- **26** fung vor allem auf die **Möglichkeit der Weiterbeschäftigung** des Schwerbehinderten. Hierbei ist die grundsätzliche Verpflichtung des

Arbeitgebers gemäß § 81 Abs. 3, Abs. 4 Ziff. 1 zu berücksichtigen,
Schwerbehinderte so zu beschäftigen, dass sie ihre Fähigkeiten und
Kenntnisse voll verwerten können. Diese Pflicht gilt vor allem, solange die **Pflichtquote nicht erfüllt** wird. Die Norm des § 81 Abs. 3
und 4 beinhaltet eine privatrechtlich **gesteigerte Fürsorgepflicht**
und begrenzt insoweit die unternehmerische Dispositionsfreiheit
(BAG 10. 7. 91 NZA 1992, 27). Die **unternehmerische Entscheidung**,
die nicht selbst auf ihre sachliche Rechtfertigung oder Zweckmäßigkeit zu überprüfen ist, kann **offenbar unsachlich oder willkürlich**
sein, wenn sie gegen die gesetzliche Verpflichtung gemäß § 81 Abs. 4,
dem schwerbehinderten Arbeitnehmer eine leidensgerechte Beschäftigung zu ermöglichen, verstößt. Dies hat das LAG Berlin-Brandenburg
in einem Fall angenommen, in dem ein schwerbehinderter Arbeitnehmer nach einem Arbeitsunfall zunächst auf einen behindertengerechten Arbeitsplatz versetzt worden war, der Arbeitgeber später aber eine
Umorganisation und Umverteilung der Tätigkeiten in der Weise vornehmen wollte, dass gerade der Arbeitsplatz des behinderten Arbeitnehmers wegfiel (LAG Berlin-Brand. 30. 3. 2010 – 7 Sa 58/10). Die in
§ 81 Abs. 3 enthaltene Verpflichtung, einer möglichst großen Zahl von
Schwerbehinderten dauerhafte Beschäftigung zu geben, kann daher
im Einzelfall auch bedeuten, dass eine **outsourcing-Maßnahme**, mit
der gerade behindertengerechte Arbeitsplätze in Wegfall geraten sind,
wieder rückgängig gemacht werden muss oder eine **Fremdvergabe**
unterlassen werden muss, wenn der Einsatz Schwerbehinderter anders
nicht zu realisieren ist (so auch *Düwell,* LPK-SGB IX, § 89 RdNr. 27).
Typischer Fall ist der Pförtnerdienst, der auf ein Überwachungsunter-
nehmen übertragen werden soll, oder ein Kurier- und Botendienst, der
an eine Spedition fremdvergeben werden soll.

27   Die Frage, inwieweit der Arbeitgeber u. a. auch die Schwerbehinderung im Rahmen der **Sozialauswahl** ausreichend beachtet hat, soll
dagegen allein von den **Arbeitsgerichten** entschieden werden (OVG
HH 27. 11. 87 BB 1989, 220; *Düwell,* LPK-SGB IX, § 89 RdNr. 28;).
Auch das BVerwG prüft grundsätzlich nur eine offenkundig fehlerhafte Sozialauswahl, hält aber auch eine Überprüfung der Sozialauswahl im Hinblick auf spezifische Gesichtspunkte des Schwerbehindertenschutzes für sachgerecht (BVerwG 11. 11. 99 NZA 2000, 146, 148).
Dieser Gedanke ist fortzuentwickeln. Die Beschränkung der Prüfung
der Sozialauswahl nur noch auf offensichtliche Mängel kann nicht
mehr ausnahmslos gelten, da seit dem 1. 1. 2004 auch die Schwerbehinderung eines der in § 1 Abs. 3 KSchG ausdrücklich genannten
und zwingend zu berücksichtigenden Kriterien der Sozialauswahl ist.
Dadurch wird den besonderen Schutzinteressen schwerbehinderter
Menschen und ihren besonderen Schwierigkeiten, eine neue Arbeitsstelle am Arbeitsmarkt zu finden, Rechnung getragen. Ob das soziale
Kriterium der Schwerbehinderung etwa bei der Erstellung eines So-

zialplans mit Namensliste vom Arbeitgeber berücksichtigt worden ist, ist auch vom Integrationsamt zu prüfen, da der Arbeitgeber mit dem Antrag auf Zustimmung bereits eine Auswahl zu Ungunsten des schwerbehinderten Arbeitnehmer getroffen hat (s. Einzelheiten unter § 85 RdNr. 102).

III. Ermessensbindung (Abs. 1 und 2)

Die Ermessensentscheidung ist unter den Voraussetzungen des Abs. 1   28
und Abs. 2 ausnahmsweise eingeschränkt. In allen übrigen Fällen entscheidet das Integrationsamt nach pflichtgemäßem Ermessen, ob es dem Kündigungsantrag des Arbeitgeber zustimmt oder nicht (BVerwG 19. 10. 95 NZA-RR 1996, 288). In folgenden drei Fällen ist das Ermessen eingeschränkt:
- Es liegt eine Betriebsstilllegung oder Dienststellenauflösung vor,   29
  der schwerbehinderte Arbeitnehmer erhält für 3 Monate nach dem Tage des Kündigungszugang seinen Lohn oder sein Gehalt fortgezahlt und eine Weiterbeschäftigungsmöglichkeit auf einem anderen Arbeitsplatz besteht nicht (Abs. 1 S. 1 u. S. 3).
- Es liegt eine wesentliche Betriebseinschränkung vor, der schwer-   30
  behinderte Arbeitnehmer erhält ebenfalls die 3-monatige Gehaltszahlung und es besteht keine anderweitige Weiterbeschäftigungsmöglichkeit. Zusätzlich muss auch nach der Betriebseinschränkung durch die verbleibenden Arbeitnehmer die Pflichtquote erfüllt werden (Abs. 1 S. 2 u. 3).
- Dem schwerbehinderten Arbeitnehmer ist ein anderer angemessener   31
  und zumutbarer Arbeitsplatz gesichert (Abs. 2).

1. Betriebsstilllegung. Der in § 89 Abs. 1 S. 1 verwendete Begriff   32
der nicht nur vorübergehenden Einstellung des Betriebes oder Dienststelle entspricht der Betriebsstilllegung in § 15 Abs. 4 KSchG und § 111 S. 3 Ziff. 1 BetrVG. Es sind deshalb die **Auslegungsgrundsätze** heranzuziehen, die zu **§ 15 KSchG** und **§ 111 BetrVG** entwickelt worden sind (OVG Brandenburg 20. 3. 96 – Az 4 171/95; APS/ *Vossen,* § 89 SGB IX, RdNr. 6; *Düwell,* LPK–SGB IX, § 89 RdNr. 35; *Griebeling* in Hauck/Noftz, SGB IX, K § 89 RdNr. 12). Bei seiner Entscheidung muss das Integrationsamt sicherstellen, dass die (beabsichtigte) Betriebsstilllegung seitens des Arbeitgebers nicht nur behauptet wird. Es muss also überprüfen, ob Anhaltspunkte für eine Stilllegungsabsicht tatsächlich vorliegen (OVG Bautzen 25. 8. 03 br 2004, 81, 83).

Nach ständiger Rechtsprechung des BAG liegt eine **Betriebsstill-**   33
legung vor, wenn die zwischen Arbeitnehmer und Arbeitgeber bestehende Betriebs- und Produktionsgemeinschaft aufgelöst wird (BAG 22. 11. 05 NZA 2006, 736, 739; BAG 30. 5. 06 NZA 2006, 1122, 1124). Davon ist auszugehen, wenn die wirtschaftliche Betätigung in

der ernstlichen Absicht eingestellt wird, den bisherigen Betriebszweck
dauernd oder für eine unbestimmte, wirtschaftlich nicht unerhebliche
Zeitspanne nicht weiter zu verfolgen (BAG 27. 9. 84 AP Nr. 39 zu
§ 613 a BGB; BAG 19. 6. 91 NZA 1991, 891; BAG 11. 3. 98 NZA 1998,
879). Lediglich eine **Betriebsunterbrechung** liegt vor, wenn z. B. aus
Witterungsgründen nur eine Pause während der Wintermonate eingelegt wird oder es sich um einen Saison- oder Kampagnebetrieb handelt
(*Dörner*, SchwbG, § 19 RdNr. 6). Auch die **Eröffnung des Insolvenzverfahrens** allein stellt noch keine Betriebsstilllegung dar; dazu bedarf
es erst einer entsprechenden Entscheidung durch den Insolvenzverwalter (BAG 11. 3. 98, a.a.O.).

34   Bei **Veräußerung des Betriebes** und dem damit verbundenen
Wechsel des Inhabers des Betriebes liegt ebenfalls keine Betriebsstilllegung vor, sondern eine Fortführung des Betriebes durch den Betriebserwerber gemäß § 613 a BGB (BAG 26. 4. 2007 – 8 AZR 695/05;
BAG 27. 9. 84 AP Nr. 39 zu § 613 a BGB, ständige Rechtsprechung).
Dieser tritt in die Arbeitsverhältnisse mit dem bisherigen Betriebsinhaber ein. Von einem Betriebsübergang ist auch auszugehen, wenn ein
in Insolvenz gefallenes Unternehmen von einer **Auffanggesellschaft**
übernommen und weitergeführt wird (VGH Bad.Württ. 14. 5. 80 BB
1981, 615).

35   Die Zustimmung muss nicht erst erteilt werden, wenn der Betrieb
bereits stillgelegt ist. Es reicht auch die **endgültige und ernsthafte
Stilllegungsabsicht**. Wird die Kündigung aber auf die zukünftige
betriebliche Entwicklung gestützt, so müssen, um Missbrauch zu verhindern, die betrieblichen Umstände bereits **greifbare Formen** angenommen haben. Dafür können Indizien wie etwa ein entsprechender Gesellschafterbeschluss, Kundgabe gegenüber Geschäftspartnern,
Verhandlungen über einen Interessenausgleich, nur noch Auftrags-
abwicklung und keine Hereinnahme größerer neuer Aufträge sprechen
(*Griebeling* in Hauck/Noftz, SGB IX, K § 89 RdNr. 13). Wenn zum
Zeitpunkt des Zustimmungsantrags noch über eine **Weiterführung**
des Betriebes **verhandelt** wird, spricht dies gegen die ernsthafte Stilllegungsabsicht (BAG 11. 3. 98 NZA 1998, 879).

36   **Maßgeblicher Zeitpunkt** für die Beurteilung der Stilllegungsabsicht sind die Verhältnisse zum Zeitpunkt der Kündigungserklärung.
Das Integrationsamt muss also prüfen, inwieweit die vorgetragenen
Umstände unter Berücksichtigung einer vernünftigen betriebswirtschaftlichen Betrachtungsweise eine endgültige Stilllegung erwarten
lassen, und ausschließen, dass sich an dieser Planung bis zur Kündigung
etwas ändert (*Düwell*, LPK-SGB IX, § 89 RdNr. 37).

37   Problematisch ist der Fall, dass **nach der Zustimmungserteilung
Verkaufsverhandlungen** mit einem potentiellen Erwerber aufgenommen werden. Da für die Beurteilung des Zustimmungsantrags
maßgeblich auf den Zeitpunkt des Zugangs der Kündigungserklärung

abzustellen ist, kommt es darauf an, ob zu diesem Zeitpunkt bereits Anhaltspunkte vorhanden waren, die einen Verkauf hinreichend wahrscheinlich erwarten ließen. Bestand zu diesem Zeitpunkt keine **Aussicht auf** eine **Übernahme** und ändert sich dies nur später **unvorhergesehen**, wird die ursprüngliche Stilllegungsabsicht dadurch nicht in Frage gestellt (BAG 11. 3. 98 NZA 1998, 879; OVG Brandenburg 20. 3. 96 – 4 A 171/95; OVG NW 3. 10. 89 br 1990, 89). Der Bescheid ist daher wirksam. Gegen ihn kann aber, wenn er noch nicht bestandskräftig ist, in eine neue Sachprüfung im Widerspruchsverfahren gemäß § 118 Abs. 1 eingetreten werden.

Gegen eine überraschende Betriebsübernahme spricht allerdings, **38** wenn der Betrieb **alsbald wiedereröffnet** wird (in der BAG-Entscheidung v. 27. 9. 84 waren es 2 Monate: AP Nr. 39 zu § 613 a BGB). Dieser Umstand kann im Widerspruchs- und Klageverfahren daher als wichtiges Indiz gegen die bisherige Prognoseentscheidung des Integrationsamtes gewertet und noch berücksichtigt werden.

Ob ein Betriebsübergang vorliegt, bedarf in der Regel einer umfas- **39** senden rechtlichen und tatsächlichen Prüfung, so dass die Entscheidung bis auf eine Evidenzkontrolle den Arbeitsgerichten zu überlassen ist (OVG Münster 21. 3. 00 br 2000, 205 im Falle eines Zustimmungsantrags zur Kündigung einer Arbeitnehmerin in der Elternzeit; VG Ansbach 25. 3. 2010 – AN 14 K 09.02214; *Westers,* br 2004, 93, 94).

Bei Bestandskraft des Bescheides kommt auch eine **Rücknahme** ge- **40** mäß den §§ 44, 45 SGB X in Betracht, wenn der **Bescheid rechtswidrig** ist und der Arbeitgeber zur Rechtswidrigkeit bewusst durch **falsche Angaben** beigetragen hat (*Düwell,* LPK-SGB IX, § 89 RdNr. 38).

Der nicht nur vorübergehenden Einstellung entspricht bei der **öf-** **41** **fentlichen Verwaltung** die **Auflösung.** Diese liegt vor, wenn die vorgesetzte Dienststelle kraft ihrer Organisationsgewalt eine Behörde, selbstständige Verwaltungsstelle oder einen öffentlichen Betrieb aufhebt (APS/*Vossen,* § 89 SGB IX, RdNr. 6b; *Griebeling* in Hauck/Noftz, SGB IX, K § 89 RdNr. 12; *Neumann/Pahlen/Majerski-Pahlen,* SGB IX, § 89 RdNr. 14).

2. Dauerhafte wesentliche Einschränkung (Abs. 1 S. 2). Der Be- **42** griff der wesentlichen Einschränkung entspricht demjenigen des § 111 S. 3 Nr. 1 BetrVG (OVG NW 12. 12. 89 br 1991, 66). Gemeint sind Konstellationen, in denen zwar der Betriebszweck weiterverfolgt wird, aber nur unter erheblicher Einschränkung der Betriebsorganisation. Die Herabsetzung der Leistungsfähigkeit des Betriebes kann durch eine Verringerung der sächlichen Betriebsmittel wie durch eine **Einschränkung der Zahl der beschäftigten Arbeitnehmer** bedingt sein (BAG 28. 4. 93 NZA 1993, 1142). Die **Aufgabe eines Produktionszweiges** unter gleichzeitiger Änderung des Unternehmenszwecks bzw. der Unternehmensorganisation stellt regelmäßig eine wesentliche Einschränkung des Betriebes dar (OVG NW 12. 12. 1989, a.a.O.; OVG NW

3. 10. 89 br 1990, 89, 90: Aufgabe eines Dentallabors in einer zahnärzt-
lichen Praxis; *Griebeling* in Hauck/Noftz, SGB IX, K § 89 RdNr. 17).
Dasselbe gilt für die **Stilllegung** einer ganzen **Betriebsabteilung**.
(APS/*Vossen*, § 89 SGB IX, RdNr. 10; *Neumann/Pahlen/Majerski-Pahlen*,
SGB IX, § 89 RdNr. 12), es sei denn sie ist sowohl für den gesamten Betrieb als auch bezogen auf den Umfang der Personalreduzierung von
ganz untergeordneter Bedeutung (so entschieden für die Auflösung
einer Reinigungsabteilung in einem Druckbetrieb mit Verlag: BAG
6. 12. 88 AP Nr. 26 zu § 111 BetrVG 1972). Auch der **bloße Personalabbau** unter Beibehaltung der sächlichen Betriebsmittel kann in einer
bestimmten Größenordnung eine Betriebseinschränkung darstellen.
Für die Frage, wann eine wesentliche Einschränkung anzunehmen ist,
können die **Zahlenangaben des § 17 Abs. 1 KSchG** als Richtschnur
herangezogen werden (BAG 22. 5. 79 AP Nr. 4 zu § 111 BetrVG 1972;
OVG NW 12. 12. 89 br 1991, 66). Maßgeblich ist die Gesamtzahl der
Arbeitnehmer, die voraussichtlich betroffen sind. Der Zeitraum von 30
Kalendertagen in § 17 Abs. 1 KSchG gilt allerdings wie bei § 111 BetrVG
nicht. Der Personalabbau kann sich also auch in **zeitlichen Stufen
vollziehen**, muss aber auf einer **einheitlichen unternehmerischen
Planung** beruhen (BAG 22. 5. 79, a.a.O.; ArbG HH 17. 10. 97 AiB 98,
526; *Fitting*, BetrVG, § 111 RdNr. 76).

Bei **größeren Unternehmen** hat das BAG vorausgesetzt, dass mindestens 5 % der Belegschaft von der Maßnahme betroffen sein müssen
(BAG 28. 3. 06 NZA 2006, 932, 933 ständ. Rechtsprechung; *Griebeling*
in Hauck/Noftz, SGB IX, K § 89 RdNr. 17).

43   Eine Betriebseinschränkung liegt schließlich nur vor, wenn es sich
nicht um eine nur vorübergehende Herabsetzung der Leistungsfähigkeit des Betriebes handelt. Es darf sich also **nicht um gewöhnliche
Schwankungen der Betriebstätigkeit** handeln, wie sie zum üblichen Erscheinungsbild z. B. eines Saisonbetriebes gehören. Die Betriebseinschränkung muss vielmehr für einen unbestimmten und wirtschaftlich erheblichen Zeitraum geplant sein (BAG 22. 5. 79 AP Nr. 4
zu § 111 BetrVG 1972; GK-SGB IX-*Lampe*, § 89 RdNr. 48; *Düwell*,
LPK-SGB IX, § 89 RdNr. 46; *Griebeling* in Hauck/Noftz, SGB IX, K
§ 89 RdNr. 17).

44   **3. Entgeltzahlung für drei Monate.** Die gesetzliche Regelung in
Abs. 1 S. 1 fordert, dass nach dem Tage des Kündigungszugangs noch
für mindestens 3 Monate Gehalt oder Lohn fortgezahlt werden muss.
Der **Rechtsgrund der Zahlung** ist hierbei **unerheblich**. Er kann sich
aus einer einzelvertraglichen Zusage oder aus einer tariflichen oder
betrieblichen Vereinbarung ergeben. Die Verpflichtung kann auch auf
einer verlängerten Kündigungsfrist beruhen (GK-SGB IX-*Lampe*, § 89
RdNr. 33; KDZ-*Zwanziger*, § 89 SGB IX, RdNr. 17). Entscheidend ist,
dass die Vergütung noch für drei Monate nach Zugang der Kündigung
gesichert ist (BAG 12. 7. 90 NZA 1991, 348).

Durch das Integrationsamt kann die Sicherung in unterschiedlicher **45** Weise erreicht werden. Es kann die Zustimmungserteilung mit einer **aufschiebenden Bedingung** verknüpfen, so dass diese erst mit der Zahlung des Arbeitsentgelts wirksam wird und der Arbeitgeber auch erst danach die Kündigung aussprechen kann. Das Integrationsamt kann weiterhin die Zustimmung auch unter einer **auflösenden Bedingung** erteilen mit der Folge, dass der Arbeitgeber zwar sofort kündigen kann, die Zustimmung aber mit Wirkung für die Vergangenheit wegfällt, wenn er nicht zahlt, und seine Kündigung ebenfalls nachträglich unwirksam wird. Schließlich kann die Zustimmung auch unter einer **Auflage** erteilt werden. In diesem Fall kann der Arbeitgeber ebenfalls nach Zustimmung die Kündigung aussprechen. Erfüllt er die Auflage nicht, **zahlt** für drei Monate das Arbeitsentgelt also **nicht** weiter, wird die Kündigung zwar nicht unwirksam; die **Zustimmung** kann jedoch gemäß § 47 Abs. 1 Nr. 2, § 32 Abs. 2 Nr. 4 SGB X **widerrufen** werden mit Wirkung für die Zukunft (BAG 12. 7. 90 NZA 1991, 348; APS/*Vossen*, § 89 SGB IX, RdNr. 8; *Cramer*, SchwbG, § 19 RdNr. 5; *Griebeling* in Hauck/Noftz, SGB IX, K § 89 RdNr. 10; *Düwell*, LPK-SGB IX, § 89 RdNr. 55).

Der Zustimmungsbescheid muss im Übrigen eindeutig erkennen **46** lassen, ob und unter welcher Voraussetzung die Zustimmung erteilt ist. Bei Unklarheiten ist daher nicht von einer bedingten Zustimmung auszugehen. Es entspricht auch der **Praxis** der meisten Integrationsämter, die Zustimmung im Falle einer Betriebsstilllegung nicht von einer Zahlungsverpflichtung des Arbeitgebers abhängig zu machen, sondern nur mit einer **Auflage** zu versehen, die bei unvollständiger Zahlung des Arbeitgebers widerruflich ist (BAG 12. 7. 90 NZA 1991, 348, 350).

Liegt keine Zusage des Arbeitgebers oder Vereinbarung über die Ver- **47** gütungszahlung von mindestens noch drei Monaten vor, darf das Integrationsamt die ermessensbindenden Voraussetzungen nicht eigenständig durch den Erlass einer Nebenbestimmung, in der die Zahlungsverpflichtung enthalten ist, herbeiführen. Das Integrationsamt muss in diesem Fall vielmehr eine Entscheidung nach freiem Ermessen treffen, die bei einer vollständigen insolvenzbedingten Betriebsstilllegung auch ohne Ermessensbindung gemäß § 89 Abs. 1 S. 1 zwingend zur Erteilung der Zustimmung führen kann (VG Dresden 14. 2009 – 1 K 449/08).

Höchstrichterlich ungeklärt ist die Frage, ob der gesetzlich gefor- **48** derten Zahlung mit einer entsprechenden vertraglichen Verpflichtung bereits Genüge getan wird oder die tatsächliche Gewährung der Vergütung verlangt werden muss. Es reicht nicht aus, dass der Arbeitnehmer die Fortzahlung des Arbeitsentgelts für drei Monate nur beanspruchen kann; die **Zahlung** muss auch **tatsächlich erfolgen** (so auch *Dörner*, SchwbG, § 19 RdNr. 21; *Düwell*, LPK-SGB IX, § 89 RdNr. 55; offengelassen: BAG 12. 7. 90 NZA 1991, 348; a.A. OVG Münster 3. 10. 89 br

1990, 89, 91 f.; *Westers,* br 2004, 93, 94). Der Sinn der Vorschrift, dem Schwerbehinderten noch für drei Monate die Zahlung von Arbeitsentgelt zu sichern, ginge sonst vielfach ins Leere, wenn zur Sicherung auch nicht erfüllte oder unerfüllbare Ansprüche genügen würden, oder der Arbeitnehmer sie erst im Klageverfahren durchsetzen müsste.

49   Streitig ist auch, ob die Vorschrift dem schwerbehinderten Arbeitnehmer einen eigenständigen Entgeltfortzahlungsanspruch gewährt, oder, ob der Schwerbehinderte wie jeder andere Arbeitnehmer auch **nur Entgelt nach allgemeinen arbeitsrechtlichen Grundsätzen** beanspruchen kann. Diese Frage stellt sich, wenn der Schwerbehinderte während der dreimonatigen Kündigungsfrist über 6 Wochen arbeitsunfähig krank ist und **Krankengeld** erhält. Das BAG hat dies bislang zwar nicht ausdrücklich entschieden, jedoch in seiner Entscheidung vom 12. 7. 90 (NZA 1991, 348, 350) angeführt, dass für Zeiten krankheitsbedingter Arbeitsunfähigkeit kein über die für alle Arbeitnehmer geltenden Vorschriften hinausgehender Anspruch auf Fortzahlung der Vergütung im Krankheitsfalle aus dem seit 1974 geltenden Schwerbehindertenrecht hergeleitet werden könne. Dem ist auch für die Fortzahlung der Vergütung gemäß § 89 Abs. 1 S. 1 zu folgen, da die Vorschrift insoweit keine Besserstellung des schwerbehinderten Menschen bezweckt (*Düwell,* LPK-SGB IX, § 89 RdNr. 51). Während der Kündigungsfrist hat der arbeitsunfähige Arbeitnehmer daher **keinen über 6 Wochen hinaus bestehenden Entgeltzahlungsanspruch.** Anders ist die Rechtslage, wenn der Arbeitgeber sich vertraglich verpflichtet hat, über die Kündigungsfrist hinaus Arbeitsentgelt zu zahlen. Insoweit besteht keine vergleichbare Situation mit anderen nicht schwerbehinderten Arbeitnehmern und der Anspruch steht nicht im synallagmatischen Verhältnis von Leistung und Gegenleistung. In diesem Fall hat der Arbeitgeber im Krankheitsfalle auch Arbeitsentgelt über 6 Wochen zu gewähren.

50   Weiterhin besteht die Zahlungspflicht unabhängig von der Zahlung von Lohnersatzleistungen wie **Insolvenzgeld** und **Arbeitslosengeld** (GK-SGB-*Lampe,* § 89 RdNr. 34; KDZ-*Zwanziger,* § 89 SchwbG RdNr. 17). Auch Leistungen wie **Kündigungsschutzabfindungen,** Nachteilausgleichszahlungen (§ 113 BetrVG) oder **Urlaubsabgeltungsansprüche** sind nicht anzurechnen (*Düwell,* LPK-SGB IX, § 89 RdNr. 52.; *Neumann/Pahlen/Majerski-Pahlen,* SGB IX, § 89 RdNr. 17, GK-SGB IX-*Lampe,* § 89 RdNr. 34, 35).

51   Die Auflage zur Fortzahlung des Arbeitsentgelts für 3 Monate oder eine entsprechend bedingte Zustimmung kann das Integrationsamt auch dem **Insolvenzverwalter** erteilen, wenn dieser den Betrieb stilllegt oder wesentlich einschränkt (BAG 1. 7. 90 NZA 1991, 348).

52   **4. Erfüllung der Pflichtquote (Abs. 1 S. 2)**. Im Falle der wesentlichen Betriebseinschränkung setzt § 89 Abs. 1 S. 2 weiterhin voraus, dass die Gesamtzahl der nach der Betriebseinschränkung noch verblei-

benden schwerbehinderten Menschen ausreicht, um noch die Pflichtquote des § 71 zu erfüllen (siehe dazu Erläuterungen zu §§ 71 ff.). Dafür
spielt es keine Rolle, ob der Arbeitgeber in der Vergangenheit die
Quote überschritten hat (*Düwell*, LPK-SGB IX, § 89 RdNr. 47). Die
Quote ist unternehmensbezogen zu erfüllen. Deshalb kann sie der Arbeitgeber auch durch die Beschäftigung Schwerbehinderter in anderen
Betrieben erreichen. Da das Integrationsamt den Zustimmungsbescheid mit Nebenbestimmungen gemäß § 32 SGB X versehen kann,
kann es das Erreichen der Pflichtquote nach Durchführung der Betriebseinschränkung auch durch die Erteilung einer entsprechenden
Auflage oder aufschiebenden Bedingung sichern (*Düwell*, LPK-SGB
IX, § 89 RdNr. 48).

5. Anderweitige Weiterbeschäftigung (Abs. 1 S. 3). Die Ermes-   **53**
sensbindung des § 89 Abs. 1 S. 1 und 2 tritt trotz Vorliegens einer Betriebsstilllegung oder wesentlichen Einschränkung nicht ein, wenn
die Weiterbeschäftigung des schwerbehinderten Arbeitnehmers mit
dessen Zustimmung auf einem anderen Arbeitsplatz desselben Betriebes oder derselben Dienststelle oder auf einem freien Arbeitsplatz eines
anderen Betriebes oder anderen Dienststelle desselben Arbeitgebers
möglich und für den Arbeitgeber zumutbar ist.

Die gesetzliche Regelung entspricht im Wesentlichen § 1 Abs. 2 S. 2   **54**
Nr. 1 b und Nr. 2 b KSchG. Im Unterschied zu Nr. 2 b KSchG ist allerdings die Weiterbeschäftigung an einer anderen Dienststelle nicht an
denselben Verwaltungszweig an demselben Dienstort gebunden. Im
Übrigen kann aber die Rechtsprechung des BAG zur Weiterbeschäftigung auf einem anderen Arbeitsplatz nach den Regelungen im KSchG
übertragen werden (*Griebeling* in Hauck/Noftz, SGB IX, K § 89
RdNr. 15; APS/*Vossen*, § 89 SGB IX, RdNr. 12; *Cramer*, SchwbG, § 19
RdNr. 5 a).

Stellt das Integrationsamt fest, dass eine **anderweitige Beschäfti-**   **55**
gungsmöglichkeit gemäß Abs. 1 S. 3 besteht und ist der Arbeitnehmer auch einverstanden, auf dem anderen Arbeitsplatz eingesetzt zu
werden, ist davon auszugehen, dass das Integrationsamt auch im Rahmen seiner dann zu treffenden freien Ermessensentscheidung die **Zu-**
stimmung verweigern muss (*Düwell*, LPK-SGB IX, § 89 RdNr. 57).

a) Anderer Arbeitsplatz in demselben Betrieb oder in der-   **56**
selben Dienststelle (Abs. 1 S. 3 1. Alt.). Die Möglichkeit einer Weiterbeschäftigung im selben Betrieb oder Dienststelle kommt nur in
Betracht, wenn es sich nicht um eine Stilllegung oder Auflösung, sondern um eine **wesentliche Einschränkung** handelt (§ 89 Abs. 1 S. 2).

Das Integrationsamt hat durch Anhörung des Arbeitnehmers und auf-   **57**
grund der Stellungnahme der betrieblichen Interessenvertretung und
der Schwerbehindertenvertretung zu ermitteln, ob es im Betrieb einen
Arbeitsplatz gibt, den der Schwerbehinderte nach seiner Ausbildung
und seinen Fähigkeiten ausfüllen kann. Gibt es im selben Betrieb einen

geeigneten anderen Arbeitsplatz, der auch frei ist, ist dem Arbeitgeber in jedem Fall zumutbar, dem Schwerbehinderten diese Arbeitsstelle
zuzuweisen (BVerwG 11.11.90 Buchholz 436.61 § 15 SchwbG 1986
Nr. 4). Hierbei sind auch die Verpflichtungen des Arbeitgebers, den Arbeitsplatz gemäß § 81 Abs. 4 zunächst **behindertengerecht einzurichten**, zu beachten (*Düwell*, LPK–SGB IX, § 89 RdNr. 62).

58   Innerhalb desselben Betriebes ist die Beschäftigungspflicht des Arbeitgebers indessen nicht auf freie Arbeitsplätze beschränkt. Aufgrund
des unterschiedlichen Gesetzeswortlauts in § 89 Abs. 1 S. 3: „anderer"
Arbeitsplatz und „freier Arbeitsplatz" ist vielmehr davon auszugehen,
dass in die Prüfung, ob eine anderweitige Beschäftigung in Betracht
kommt, nicht nur freie, sondern auch von anderen Arbeitnehmern **besetzte Arbeitsplätze** einzubeziehen sind (*Griebeling* in Hauck/Noftz,
SGB IX, K § 89 RdNr. 18; APS/*Vossen,* § 89 SGB IX, RdNr. 13; KR-
Etzel, §§ 85–90 SGB IX RdNr. 92; KDZ-*Zwanziger,* § 89 SGB IX
RdNr. 19; a. A. *Trenk-Hinterberger*, HK–SGB IX, § 89 RdNr. 37).

59   Die Prüfung einer Weiterbeschäftigung erstreckt sich hierbei gemäß
§ 89 Abs. 1 S. 3 auch auf Arbeitsplätze, auf denen der schwerbehinderte
Arbeitnehmer erst nach **Änderung seiner Arbeitsbedingungen**
eingesetzt werden kann. Es sind daher anders als im Rahmen der sozialen Auswahl im Sinne des § 1 Abs. 3 KSchG nicht nur Arbeitnehmer auf
vergleichbaren Arbeitsplätzen in die Auswahlentscheidung einzubeziehen. Die Beschäftigung auf einem „anderen" Arbeitsplatz kann daher
auch mit einer geringeren Entlohnung, einer längeren Einarbeitungszeit oder einer Verringerung der Arbeitszeit verbunden sein (GK–SGB
IX–*Lampe*, § 89 RdNr. 65) Voraussetzung ist allerdings, dass der schwerbehinderte Arbeitnehmer mit den geänderten Arbeitsbedingungen
einverstanden ist (*Trenk-Hinterberger*, HK–SGB IX, § 89 RdNr. 36).

60   Kommt unter diesen Voraussetzungen eine Weiterbeschäftigung auf
einem besetzten anderen Arbeitsplatz in Betracht, hat der Arbeitgeber
zunächst zu prüfen, ob er seinen Berieb entsprechend umorganisieren
und im Rahmen seines Direktionsrechtes den betroffenen Arbeitnehmer versetzen oder umsetzen kann (*Griebeling* in Hauck/Noftz, SGB
IX, K § 89; *Kreitner,* jurisPK–SGB IX, § 89 RdNr. 32). Ist dies nicht
möglich, stellt sich die Frage, wie eine Auswahl zwischen dem bisherigen Arbeitsplatzbesitzer und dem Schwerbehinderten zu erfolgen hat.
Allgemein anerkannt ist, dass eine Prüfung nach den **Grundsätzen
der Sozialauswahl** vorzunehmen ist (*Griebeling* in Hauck/Noftz,
SGB IX, K § 89 RdNr. 18; *Düwell*, LPK–SGB IX, § 89 RdNr. 60; APS/
Vossen, § 89 SGB IX, RdNr. 13; KR-*Etzel* §§ 85–90 RdNr. 93). Erscheint es danach **nicht ausgeschlossen**, dass ein **besetzter Arbeitsplatz durch den schwerbehinderten Arbeitnehmer ausgefüllt
werden kann**, hat dies jedenfalls zur Folge, dass keine Ermessensbindung gemäß § 89 Abs. 1 S. 2 mehr besteht und das Integrationsamt seine
Entscheidung nach pflichtgemäßen Ermessen zu treffen hat.

b) Anderer Arbeitsplatz in einem anderen Betrieb oder ande- 61
ren Dienststelle (Abs. 1 S. 3 2. Alt.). Eine Weiterbeschäftigung in einem anderen Betrieb ist auch im Falle der Stilllegung möglich, da diese sich nicht auf sämtliche Betriebe eines Unternehmens zu erstrecken braucht. Voraussetzung für die Weiterbeschäftigung auf einem anderen Arbeitsplatz in einem anderen Betrieb ist, dass der **Arbeitsplatz zum Zeitpunkt der Kündigung frei** ist. Hierfür reicht es aus, dass er voraussehbar mit hinreichender Sicherheit bis zum Ablauf der Kündigungsfrist frei wird. Frei sein können auch Arbeitsplätze, die erst nach Ablauf der Kündigungsfrist zu besetzen sind, wenn dies im Zeitpunkt der Kündigungsfrist absehbar ist und der Überbrückungszeitraum zwischen Kündigungsfrist und dem Freiwerden dem Arbeitgeber zumutbar ist (BAG 15. 12. 94 NZA 1995, 521). Endet der in § 89 Abs. 1 S. 1 und 2 festzusetzende Entgeltfortzahlungszeitraum von 3 Monaten erst nach der Kündigungsfrist, ist es dem Arbeitgeber in jedem Fall zumutbar, Arbeitsplätze zu berücksichtigen, die erst nach Ablauf dieser drei Monate frei werden (*Griebeling* in Hauck/Noftz, SGB IX, K § 89 RdNr. 16; *Düwell,* LPK-SGB IX, § 89 RdNr. 59).

Die Zumutbarkeit richtet sich weiterhin danach, ob der **Überbrü-** 62
ckungszeitraum bis zum Einsatz des Arbeitnehmers dem Zeitraum entspricht, den ein anderer Stellenbewerber zur Einarbeitung benötigen würde. Anhaltspunkte können die Probezeitvereinbarung sein, die mit einem neu eingestellten Arbeitnehmer vereinbart werden würde (BAG 15. 12. 94 NZA 1995, 521), wobei die Weiterbeschäftigung eines schwerbehinderten Arbeitnehmers nur ausnahmsweise bei einem krassen Missverhältnis zwischen Überbrückungszeitraum und Einarbeitungszeit aufgrund der besonderen Schutzbedürftigkeit nicht zumutbar sein dürfte.

Weiterhin muss die Weiterbeschäftigung dem schwerbehinderten 63
Arbeitnehmer aufgrund seiner **Qualifikation** auch möglich sein. Bestehen insoweit Zweifel, muss das Integrationsamt prüfen und ggf. durch Verhandlungen mit dem Arbeitgeber, dem Betriebsrat und der Schwerbehindertenvertretung klären, inwieweit durch eine entsprechende **Nachschulung** die Eignungsvoraussetzungen geschaffen werden können.

Die Beschäftigung kann auf einem gleichwertigen, grundsätzlich 64
auch auf einem **geringwertigeren Arbeitsplatz** erfolgen, da die Weiterbeschäftigung in jedem Fall das Einverständnis des schwerbehinderten Arbeitnehmers voraussetzt. Es erscheint gerechtfertigt, wegen des besonderen Schutz- und Förderzwecks des Schwerbehindertenrechts in § 81 Abs. 4 Ziff. 1–3 auch **Beförderungsstellen** bei der Frage der Zumutbarkeit nicht von vornherein auszuschließen, wenn der Schwerbehinderte geeignet ist und sein Einverständnis erklärt hat (*Griebeling* in Hauck/Noftz, SGB IX, K § 89 RdNr. 16; *Düwell,* LPK-SGB IX, § 89 RdNr. 62).

65   Der Arbeitgeber ist grundsätzlich nicht verpflichtet, einen **Arbeitsplatz neu** zu **schaffen** oder durch Kündigung oder Umsetzung anderer Arbeitnehmer **frei zu machen.** Eine derartige Vorrangstellung gegenüber anderen nicht behinderten Arbeitnehmern räumt das Gesetz schwerbehinderten Menschen nicht ein (OVG HH 27. 11. 87 BB 1989, 220; *Düwell,* LPK-SGB IX, § 89 RdNr. 60). Eine Auswahlentscheidung nach sozialen Kriterien zu treffen, scheidet hier schon deshalb aus, weil die Sozialauswahl betriebsbezogen vorzunehmen ist.

66   **6. „Muss"- bzw. „Soll"-Zustimmung (Abs. 1 S. 2 und 3).** Liegt eine **Betriebsstilllegung oder Dienststellenauflösung** vor, wird Entgelt für drei Monate gezahlt, und ist auch eine Weiterbeschäftigungsmöglichkeit auf einem anderen Arbeitsplatz nicht gegeben, ist die Zustimmung gemäß Abs. 1 S. 1 ausnahmslos zu erteilen. Die Zustimmung ist ein „Muss".

67   Bei Vorliegen einer **wesentlichen Einschränkung des Betriebes** gemäß Abs. 1 S. 2, Entgeltzahlung, Erreichen der Pflichtquote und fehlender Weiterbeschäftigungsmöglichkeit soll die Zustimmung erteilt werden. Im Regelfall bedeutet auch hier das „Soll" ein „Muss" Nur beim Vorliegen besonderer Umstände, bei denen anzunehmen ist, dass ein **atypischer Fall** vorliegt, darf die Behörde nach pflichtgemäßem Ermessen entscheiden (BVerwG 6. 3. 95 Buchholz 436.61 SchwbG § 19 Nr. 1; *Griebeling* in Hauck/Noftz, SGB IX, K § 89 RdNr. 11; *Düwell,* LPK-SGB IX, § 89 RdNr. 34). Dazu muss nach den Umständen im Einzelfall beurteilt werden, ob der Kündigungssachverhalt Besonderheiten zugunsten des schwerbehinderten Menschen aufweist, der es sachlich rechtfertigt, die Zustimmung entgegen dem gesetzlichen Regelfall zu verweigern.

68   **7. Sicherung eines anderen angemessenen und zumutbaren Arbeitsplatzes (Abs. 2).** Die Zustimmung soll ebenfalls erteilt werden, wenn für den Schwerbehinderten ein anderer angemessener und zumutbarer Arbeitsplatz gesichert ist. Dieser Tatbestand gilt für jede Art von Kündigung, vor allem für die **Änderungskündigung.** Anders, als bei der anderweitigen Beschäftigungsmöglichkeit nach Abs. 1 S. 3 erfasst Abs. 2 gerade den Fall, dass der schwerbehinderte Arbeitnehmer **mit dem angebotenen Arbeitsplatz nicht einverstanden** ist. Das Angebot des Arbeitgebers kann sich auf die Änderung der Arbeitsbedingungen in Betrieben seines Arbeitgebers beziehen, kann aber auch die Weiterbeschäftigung auf einen Arbeitsplatz bei einem anderen Arbeitgeber beinhalten (APS/*Vossen,* § 89 SGB IX, RdNr. 15; *Griebeling* in Hauck/Noftz, SGB IX, K § 89 RdNr. 19; *Düwell,* LPK-SGB IX, § 89 RdNr. 63).

69   **a) Angemessenheit und Zumutbarkeit.** Der andere Arbeitsplatz muss zumutbar und angemessen sein. Die **Angemessenheit** beurteilt sich im Vergleich der neuen Arbeitsbedingungen zu den bisher vertraglich vereinbarten Bedingungen. In den Vergleich einzubeziehen sind die Höhe der Vergütung, Gratifikationszahlungen, betriebliche Altersversorgung, Fortbildungs- und Aufstiegsmöglichkeiten, die Art der Tätigkeit und die Arbeitsanforderungen. Letztere müssen der Vorbildung des Arbeitnehmers und seiner körperlichen Eignung entsprechen. Das Arbeitsentgelt muss nicht mit dem bisherigen identisch sein. Der schwerbehinderte Mensch hat allerdings auch nicht jede Einkommensminderung hinzunehmen. Ist die Lohneinbuße mit einer gravierenden Verschlechterung seiner Lebensstellung verbunden, ist sie unangemessen (OVG NW 3. 2. 2009 − 12 A 2931/08; *Paschke*, Diskussionsforum Rehabilitations- und Teilhaberecht, Diskussionsbeitrag Nr.4/2010). Die Herabgruppierung um eine Vergütungsgruppe ist noch als angemessen angesehen worden, nicht dagegen eine Herabstufung etwa vom höheren Dienst in den gehobenen Dienst (BVerwG 12. 1. 66 AP Nr.6 zu § 18 SchwBeschG). Für die Beurteilung der Angemessenheit des Einkommensverlustes ist auf die Nettovergütung, nicht die Bruttovergütung abzustellen (VGH München 17. 9. 2009 − 12 B 09.52).

In der Regel ist ein angemessener Arbeitsplatz auch **zumutbar**. Im **70** Rahmen der Zumutbarkeitsprüfung sind jedoch weitere Umstände, die sich nicht auf die Bedingungen der Arbeit und des Arbeitsplatzes selbst beziehen, zu berücksichtigen. Das gilt etwa für die verkehrsmäßige Anbindung der neuen Arbeitsstelle, das Verhältnisse in der neuen Umgebung, die zu erwartende Zusammenarbeit mit Arbeitskollegen und Vorgesetzten, evtl. Folgekosten sowie die finanzielle, soziale und familiäre Situation des Schwerbehinderten (OVG Koblenz 28. 11. 96 br 1997, 210; APS/*Vossen*, § 89 SGB IX, RdNr. 17; *Neumann/Pahlen/Majerski-Pahlen*, SGB IX, § 89 RdNr. 30; *Griebeling* in Hauck/Noftz, SGB IX, K § 89 RdNr. 19).

b) Gesicherter anderer Arbeitsplatz. Gesichert ist der Arbeits- **71** platz, wenn dem Arbeitnehmer eine **verbindliche Einstellungszusage** gegeben worden ist (OVG Koblenz 28. 11. 96, a.a.O.; *Griebeling* in Hauck/Noftz, SGB IX, K § 89 RdNr. 19). Nicht ausreichend ist, wenn bei Begründung eines neuen Arbeitsverhältnisses erst noch die **Wartezeit** von sechs Monaten zurückgelegt werden muss. Ein gesichertes Arbeitsverhältnis ist vielmehr erst bei einer entsprechenden Anrechnung der früheren Betriebszugehörigkeit anzunehmen (GK-SGB IX-*Lampe*, § 89 RdNr. 93; *Neumann/Pahlen/Majerski-Pahlen*, SGB IX, § 89 RdNr. 29; *Braasch* in Deinert/Neumann, Handbuch SGB IX, § 19 RdNr. 220; a.A. *Griebeling* in Hauck/Noftz, SGB IX, K § 89 RdNr. 19; *Düwell*, LPK-SGB IX, § 89 RdNr. 66; KDZ-*Zwanziger*, § 89 SGB IX RdNr. 41); denn von einer ausreichenden Sicherung kann kaum ausgegangen werden, wenn das Arbeitsverhältnis noch während der Probezeit innerhalb der ersten sechs Monate ohne Zustimmung des Integrationsamtes und ohne Kündigungsschutz nach dem KSchG wieder aufgelöst werden kann. Allgemein anerkannt ist dagegen, dass ein Arbeitsverhältnis, das nur **befristet oder auflösend bedingt** abgeschlossen wird, nicht als gesichert gelten kann (*Düwell*, a.a.O.; GK-SGB IX-*Lampe*, a.a.O RdNr. 94; *Neumann/Pahlen/Majerski-Pahlen*„ a.a.O.; KDZ-*Zwanziger*, a.a.O.).

72   Liegen die **Voraussetzungen der Abs. 1 und Abs. 2 nicht** vor, führt dies nicht dazu, dass das Integrationsamt die Zustimmung zu versagen hätte. In diesem Fall greifen lediglich die Ermessenseinschränkungen nicht ein, die Zustimmung muss also nicht erteilt werden. Es ist vielmehr nach **pflichtgemäßem Ermessen** zu entscheiden, wobei auch dann im Einzelfall eine Ermessensbindung nicht ausgeschlossen ist, nämlich dann, wenn jede andere Entscheidung als die Erteilung der Zustimmung ermessensfehlerhaft wäre (so OVG Brand. 17. 10. 2003 – 4 B 59/03; VG Dresden 1. 4. 2009 – 1 K 449/08 für den Fall, dass eine vollständige Betriebsstilllegung mit Wegfall sämtlicher Arbeitsplätze vorlag).

IV. Ermessensbindung in der Insolvenz (Abs. 3)

73   In Abs. 3 wird das Ermessen des Integrationsamtes im Falle der Eröffnung des Insolvenzverfahrens eingeschränkt. Bei Vorliegen der Voraussetzungen der Ziff. 1–4 soll das Integrationsamt die Zustimmung erteilen. Dadurch soll einerseits dem Umstand Rechnung getragen werden, dass Betriebsänderungen zügig durchgeführt werden müssen; andererseits soll dem schwerbehinderten Arbeitnehmer der besondere Kündigungsschutz gegenüber ungerechtfertigten Kündigungen auch in der Insolvenz nicht genommen werden. Ob die Tatbestandsvoraussetzungen des Abs. 3 erfüllt sind, ist vom Integrationsamt und von den Verwaltungsgerichten in vollem Umfang zu überprüfen (VGH München 24. 8. 2006 – 9 ZB 05.442).

74   **1. Interessenausgleich (Ziff. 1).** Voraussetzung ist, dass die Kündigung im Rahmen einer **Betriebsänderung** geplant ist. Dies ergibt sich aus der Verweisung auf § 125 InsO, der seinerseits auf § 111 BetrVG Bezug nimmt. Weitere Voraussetzung ist, dass zwischen Insolvenzverwalter und Betriebsrat ein **Interessenausgleich wirksam** abgeschlossen worden ist, in dem der zu entlassende Arbeitnehmer **namentlich aufgeführt** wird.

75   **2. Schwerbehindertenvertretung (Ziff. 2).** Gemäß Ziff. 2 muss die Schwerbehindertenvertretung beim Zustandekommen des Interessenausgleich ordnungsgemäß entsprechend der Regelung des § 95 Abs. 2 beteiligt worden sein. Dazu gehört, dass sie vor der Beantragung der Zustimmung **umfassend und rechtzeitig** wie auch der Betriebsrat gemäß § 111 S. 1 BetrVG **unterrichtet** worden ist (*Griebeling* in Hauck/Noftz, SGB IX, K § 89 RdNr. 20; KDZ-*Zwanziger*, § 89 SchwbG RdNr. 27). Außerdem muss sie **Gelegenheit zur Stellungnahme** erhalten; zustimmen muss sie nicht.

Besteht **keine Schwerbehindertenvertretung**, tritt auch die Er- 76
messensbindung des § 89 Abs. 3 nicht ein; denn nur dann, wenn die
beabsichtigte Kündigungsmaßnahme durch die Schwerbehindertenvertretung überprüft werden konnte, ist es gerechtfertigt, die Erteilung der Zustimmung für den Regelfall vorzugeben. Ist daher keine
Schwerbehindertenvertretung, auch keine Gesamt- oder Konzernschwerbehindertenvertretung (§ 97 Abs. 6 S. 1 u. 2) zu beteiligen, hat
das Integrationsamt nach freiem Ermessen zu entscheiden (*Griebeling* in
Hauck/Noftz, SGB IX, K § 89 RdNr. 20; *Düwell,* LPK-SGB IX, § 89
RdNr. 68; KDZ-*Zwanziger,* § 89 SGB IX RdNr. 29; *Braasch* in Deinert/
Neumann, Handbuch SGB IX, § 19 RdNr. 222f.; a. A. *Neumann/Pah-
len/Majerski-Pahlen*, SGB IX, § 89 RdNr. 34; ErfK/*Rolfs,* § 89 SGB IX,
RdNr. 10).

3. Sicherung der Beschäftigung schwerbehinderter Menschen 77
(Ziff. 3 u. 4). Die Ziff. 3 und 4 sollen gewährleisten, dass im Rahmen
eines Insolvenzverfahrens nicht gerade eine hohe Anzahl schwerbehinderter Menschen entlassen wird. Ein **Sonderopfer Schwerbehinderter** soll **ausgeschlossen** werden. Deshalb darf gemäß Ziff. 3 die Zahl
der zu kündigenden schwerbehinderten Arbeitnehmer insgesamt eine
bestimmte Quote nicht übersteigen. Dazu wird die Anzahl entlassener
Schwerbehinderter mit der Anzahl der nach dem Interessenausgleich
noch beschäftigten schwerbehinderten Menschen verglichen. Dieselbe
vergleichende Betrachtung wird bei der Anzahl der vor und nach dem
Interessenausgleich beschäftigten nicht behinderten Arbeitnehmer
vorgenommen. Der jeweilig ermittelte Anteil an der Gesamtbeschäf-
tigung darf sich nicht zu Ungunsten der Schwerbehinderten verändert
haben (**Beispiel**: Im Betrieb sind insgesamt 600 Beschäftigte, davon
30 Schwerbehinderte. Entlassen werden sollen 100 Arbeitnehmer.
Dann kann der Insolvenzverwalter gemäß Ziff. 3 nicht mehr als 5
Schwerbehinderten kündigen. Nur bei einer Verteilung von 95 zu 5
verbleibt nämlich der Anteil von 5 % Schwerbehinderten an der Ge-
samtbeschäftigtenzahl erhalten).

Ob für die Vergleichsrechnung auf die Verhältnisse im Betrieb oder 78
im Unternehmen abzustellen ist, ist danach zu beurteilen, ob der Interessenausgleich vom Betriebsrat oder wegen einer betriebsübergreifen-
den Betriebsänderung vom Gesamtbetriebsrat abgeschlossen worden
ist (KDZ-*Zwanziger,* § 89 SGB IX, RdNr. 31; *Kossens/von der Heide/
Maaß,* SGB IX, § 89 RdNr. 28).

Schließlich muss gemäß Ziff. 4 die Zahl der schwerbehinderten Ar- 79
beitnehmer, die noch beschäftigt werden, ausreichen, um die **Beschäftigungspflicht gemäß § 71** zu erfüllen. Hierbei kommt es nicht darauf an, ob die Pflichtquote vor der Betriebsänderung eingehalten war
oder nicht. Die Zustimmung soll nur erteilt werden, wenn die Pflichtquote nach Durchführung der Betriebsänderung auch zum ersten Mal
erst erreicht wird (*Düwell,* LPK-SGB IX, § 89 RdNr. 70). Die Einhal-

tung der Pflichtquote ist wie auch im Fall des § 89 Abs. 1 S. 2 unternehmensbezogen zu beurteilen, da auch die gesetzliche Regelung in § 71 die Erfüllung der Pflichtquote vom Arbeitgeber und nicht vom einzelnen Betrieb verlangt (KDZ–*Zwanziger*, § 89 SGB IX RdNr. 35; a. A. *Düwell*, LPK-SGB IX, § 89 RdNr. 70). Es gibt keinen Grund, von dieser Betrachtungsweise bei Eröffnung eines Insolvenzverfahrens abzuweichen.

Ausnahmen

90 (1) Die Vorschriften dieses Kapitels gelten nicht für schwerbehinderte Menschen,

1. deren Arbeitsverhältnis zum Zeitpunkt des Zugangs der Kündigungserklärung ohne Unterbrechung noch nicht länger als sechs Monate besteht oder

2. die auf Stellen im Sinne des § 73 Abs. 2 Nr. 2 bis 5 beschäftigt werden oder

3. deren Arbeitsverhältnis durch Kündigung beendet wird, sofern sie

a) das 58. Lebensjahr vollendet haben und Anspruch auf eine Abfindung, Entschädigung oder ähnliche Leistung auf Grund eines Sozialplanes haben oder

b) Anspruch auf Knappschaftsausgleichsleistung nach dem Sechsten Buch oder auf Anpassungsgeld für entlassene Arbeitnehmer des Bergbaus haben,

wenn der Arbeitgeber ihnen die Kündigungsabsicht rechtzeitig mitgeteilt hat und sie der beabsichtigten Kündigung bis zu deren Ausspruch nicht widersprechen.

(2) Die Vorschriften dieses Kapitels finden ferner bei Entlassungen, die aus Witterungsgründen vorgenommen werden, keine Anwendung, sofern die Wiedereinstellung der schwerbehinderten Menschen bei Wiederaufnahme der Arbeit gewährleistet ist.

(2a) Die Vorschriften dieses Kapitels finden ferner keine Anwendung, wenn zum Zeitpunkt der Kündigung die Eigenschaft als schwerbehinderter Mensch nicht nachgewiesen ist oder das Versorgungsamt nach Ablauf der Frist des § 69 Abs. 1 Satz 2 eine Feststellung wegen fehlender Mitwirkung nicht treffen konnte.

(3) Der Arbeitgeber zeigt Einstellungen auf Probe und die Beendigung von Arbeitsverhältnissen schwerbehinderter Menschen in den Fällen des Absatzes 1 Nr. 1 unabhängig von der Anzeigepflicht nach anderen Gesetzen dem Integrationsamt innerhalb von vier Tagen an.

Übersicht

I. Allgemeines

§ 90 nimmt vom besonderen Kündigungsschutz der §§ 85–92 die **1** in Abs. 1 bis Abs. 2a beschriebenen Fälle aus. Diese im Gesetz enumerativ **aufgeführten Ausnahmen sind abschließend** und können auch nicht durch eine analoge Anwendung auf andere Fallgruppen ausgedehnt werden (*Kossens/von der Heide/Maaß,* SGB IX, § 90 RdNr. 1; *Griebeling* in Hauck/Noftz, SGB IX, K § 89 RdNr. 3; *Düwell,* LPK-SGB IX, § 90 RdNr. 3 mit kritischer Anmerk. zur Entscheid. des BAG 4. 2. 93 AP Nr. 2 zu § 21 SchwbG, die zwar im konkreten Fall eine entsprechende Anwendung ablehnt, die Ausnahmevorschrift des § 20 SchwbG aber im Grundsatz für analogiefähig hält).

Abs. 3 enthält die Pflicht, Probearbeitsverhältnisse und Entlassungen innerhalb der Wartefrist dem Integrationsamt anzuzeigen.

Bereits die SchwBeschG von 1920, 1923 und 1953 enthielten Ausnah- **2** mevorschriften für bestimmte Personengruppen und vorübergehende Beschäftigungen. Das SchwbG 1974 (BGBl. I S. 1006) schloss das erstmals für Kündigungen eingeführte Zustimmungserfordernis ebenfalls für bestimmte atypische Beschäftigungsverhältnisse, wie sie heute in § 90 Abs. 1 Nr. 2 aufgeführt sind, und für vorübergehende Beschäftigungsverhältnisse bis zu sechs Monaten aus. Mit der seit dem 1. 8. 1986 geltenden Fassung des SchwbG 1986 (BGBl. I S. 1421) wurden die Ausnahmen in § 20 SchwbG dadurch erheblich ausgedehnt, dass der Kündigungsschutz nicht mehr ab Beginn des Arbeitsverhältnisses sondern erst nach einer ununterbrochenen Dauer von sechs Monaten einsetzte. Diese Regelung wurde in das SGB IX in der Fassung vom 19.6.2001 inhaltlich unverändert übernommen. Durch Art. 1 Nr. 21a des Gesetzes zur Förderung der Ausbildung und Beschäftigung schwerbehinderter Menschen vom 23.4.2004 (BGBl. I S. 606) ist die Vorschrift um eine weitere Ausnahme mit Wirkung vom 1.5.2004 durch die Anfügung des Abs. 2a ergänzt worden.

3   Da durch Gesetz zur Einordnung des Sozialhilferechts in das SGB vom 27.12.2003 (BGBl. I S. 3022) § 73 Abs. 2 Nr. 6 weggefallen war, ist mit Wirkung vom 1.1.2005 durch Gesetz zur Förderung der Ausbildung und Beschäftigung schwerbehinderter Menschen vom 23.4.2004 in Abs. 1 Nr. 2 auch die Verweisung auf § 73 Abs. 2 Nr. 2 bis 5 entsprechend verändert worden.

II. Kündigungen in den ersten sechs Monaten (Abs. 1 Ziff. 1)

4   Besteht das Arbeitsverhältnis zum Zeitpunkt des Kündigungszugangs ohne Unterbrechung noch keine 6 Monate, ist die Kündigung nicht zustimmungspflichtig. Der Arbeitgeber kann **ohne vorherige Zustimmung** des Integrationsamtes kündigen. Die Frist des § 90 Abs. 1 Ziff. 1 ist der **Wartezeit** des § 1 Abs. 1 KSchG nachgebildet. Es gelten deshalb für die Berechnung die gleichen Grundsätze (BAG 19.6.07 NZA 2007, 1103; BAG 4.2.93 AP Nr. 2 zu § 21 SchwbG). Die 6-Monatsfrist ist einseitig zwingend und kann daher nur zu Gunsten des schwerbehinderten Arbeitnehmers durch eine entsprechende Vereinbarung abgekürzt oder abbedungen werden.

5   **1. Berechnung der Wartezeit.** Maßgeblich ist nicht die tatsächliche ununterbrochene Beschäftigungszeit, sondern der **rechtliche Bestand** des Arbeitsverhältnisses. (BAG 23.9.76 AP Nr. 1 zu § 1 KSchG Wartezeit). Zeiten, in denen der Arbeitnehmer etwa wegen Krankheit, Urlaub, Mutterschutz oder wegen eines Arbeitskampfes nicht gearbeitet hat, unterbrechen das Arbeitsverhältnis daher nicht.

6   Die **Frist beginnt** nicht mit dem Zeitpunkt des Vertragsabschlusses; es kommt vielmehr darauf an, wann der Arbeitnehmer absprachegemäß die Arbeit tatsächlich aufnehmen sollte (BAG 16.3.00 NZA 2000, 1337f.). Erkrankt der Arbeitnehmer an diesem Tag, beginnt die Frist dennoch mit dem verabredeten Datum der Arbeitsaufnahme (*Griebeling* in Hauck/Noftz, SGB IX, K § 90 RdNr. 7; APS/*Dörner*, § 1 KSchG, RdNr. 30). Das **Ende der 6-monatigen Wartezeit** berechnet sich gemäß § 188 Abs. 2 BGB. Hat das Arbeitsverhältnis z. B. am 1.4. begon-

nen, enden die sechs Monate am 30. 9.; ab 1. 10. besteht Kündigungsschutz.

Die Kündigung ist nur zustimmungsfrei, wenn die Wartezeit von 6   **7**
Monaten zum **Zeitpunkt des Kündigungszugangs** noch nicht abgelaufen ist. Auf den Ablauf der Kündigungsfrist kommt es nicht an
(BAG 25. 2. 81 AP Nr. 2 zu § 17 SchwbG). Der Arbeitgeber darf die
Wartefrist bis zum Ende ausschöpfen. Nur in besonderen Ausnahmefällen, nämlich dann, wenn der Arbeitgeber die Kündigung nur deshalb vor Ende der Wartezeit ausspricht, um den Eintritt des besonderen
Kündigungsschutzes zu vereiteln, kann ein Fall des § 162 BGB angenommen werden (*Griebeling* in Hauck/Noftz, SGB IX, K § 90
RdNr. 7; *Neumann/Pahlen/Majerski-Pahlen*, SGB IX, § 90 RdNr. 7;
APS/*Vossen*, § 90 SGB IX, RdNr. 3). (**Beispiel**: eine Betriebsabteilung
soll nach den Planungen des Arbeitgebers stillgelegt werden; dem
schwerbehinderten Arbeitnehmer wird als einzigem von allen anderen
betroffenen Arbeitnehmern bereits 6 Monate vor der Durchführung
der Maßnahme gekündigt). Das Risiko, dass das Kündigungsschreiben
dem Arbeitnehmer rechtzeitig zugeht, trägt der Arbeitgeber. Er muss
den Zugang ggf. unter Beweis stellen. Verhindert allerdings der Arbeitnehmer dadurch, dass er vorsätzlich eine falsche Anschrift mitteilt, den
rechtzeitigen Zugang, ist er nach Treu und Glauben so zu behandeln,
als wäre das Kündigungsschreiben innerhalb der Wartezeit zugegangen
(BAG 22. 9. 05 NZA 2005, 204, 206).

2. Anrechnung vergangener Rechtsverhältnisse. Die Zeiten ei   **8**
nes **Ausbildungsverhältnisses** im Sinne des § 1 Abs. 2, § 3 BBiG und
des § 19 BBiG, das zeitlich nahtlos in ein Arbeitsverhältnis übergeht,
werden für die Erfüllung der Wartezeit berücksichtigt (BAG 18. 11. 99
NZA 2000, 529). **Fortbildungsmaßnahmen** gemäß § 1 Abs. 4 und
§ 53 BBiG sind nur anzurechnen, soweit die Maßnahmen im Rahmen
eines Arbeitsverhältnisses durchgeführt werden (BAG 18. 11. 99, a.a.O.).

Beschäftigungszeiten in einer **Arbeitsbeschaffungsmaßnahme**   **9**
gemäß §§ 260 ff. SGB III sind anzurechnen, wenn sich unmittelbar an
die Maßnahme ein unbefristetes Arbeitsverhältnis anschließt (BAG
12. 2. 81 AP Nr. 1 zu § 5 BAT).

Nicht anrechenbar dagegen sind Beschäftigungszeiten aus einer   **10**
Fortbildungsmaßnahme gemäß § 77 SGB III, da zwischen dem
Teilnehmer der Maßnahme und dem die Maßnahme durchführenden
Träger in der Regel kein Arbeitsverhältnis begründet wird. Allein die
Durchführung der Maßnahme reicht für die Annahme eines konkludenten Vertragsabschlusses zwischen Maßnahmeträger und Fortzubildenden nicht aus (BAG 8. 4. 88 – 2 AZR 684/87). Dasselbe gilt für Zeiten, in denen der Betroffene an einer Maßnahme nach § 16 d SGB II
(„Ein-Euro-Job") im Betrieb teilgenommen hat.

Die streitige Frage, ob Zeiten aus einem **Eingliederungsverhältnis**   **11**
nach §§ 231 ff. SGB III berücksichtigt werden, ist höchstrichterlich

geklärt worden. Da durch den Eingliederungsvertrag kein Arbeitsverhältnis begründet wird, sondern gemäß § 234 Abs. 2 SGB III Vorschriften des allgemeinen Arbeitsrechts nur entsprechend angewendet
werden, werden diese Vorbeschäftigungszeiten nicht angerechnet
(BAG 17. 5. 01 DB 2001, 2354).

12   Im Fall eines **Betriebsinhaberwechsels** gemäß § 613 a BGB oder
beim Eintritt einer Gesamtrechtsnachfolge nach dem UmwG, werden
Beschäftigungszeiten aus dem Arbeitsverhältnis mit dem Betriebs-
vorgänger berücksichtigt (*Griebeling* in Hauck/Noftz, SGB IX, K § 90
RdNr. 4; *Düwell,* LPK-SGB IX, § 90 RdNr. 15; KDZ-*Kittner,* § 1
KSchG RdNr. 27).

13   Keine Berücksichtigung findet dagegen die Beschäftigung, die im
Rahmen eines Dienstvertrages als **freier Mitarbeiter** ausgeübt worden ist, da es sich nicht um ein Arbeitsverhältnis handelt (BAG
11. 12. 96 NZA 1997, 818, 820).

14   **3. Unterbrechungen.** Grundsätzlich wird die Wartezeit nur bei
rechtlich ununterbrochenem Bestand des Arbeitsverhältnisses erfüllt.
Schließt sich allerdings an ein rechtlich beendetes Arbeitsverhältnis
nahtlos ein weiteres Arbeitsverhältnis zum selben Arbeitgeber an,
ist von einem ununterbrochenen Bestehen auszugehen (BAG 23. 9. 76
AP Nr. 1 zu § 1 KSchG Wartezeit; APS/*Vossen,* § 90 SGB IX, RdNr. 4;
Düwell, LPK-SGB IX, § 90 RdNr. 6).

15   Bei einer zeitlichen Unterbrechung zwischen zwei Arbeitsverhältnissen kann die Vorbeschäftigungszeit ebenfalls auf die Wartezeit angerechnet werden. Die Rechtsprechung hat dies bejaht, wenn zwischen
beiden Arbeitsverhältnissen ein **enger sachlicher Zusammenhang**
besteht. Eine gesetzliche Vermutungsregelung für die Annahme eines
engen sachlichen Zusammenhangs bei einer Unterbrechung **von weniger als sechs Monaten** enthielten § 1 Abs. 3 S. 2 BeschFG und § 14
Abs. 3 S. 3 TzBfG a. F. Gründe der Rechtssicherheit und Rechtsklarheit
sprechen dafür, die frühere Vermutungsregelung heranzuziehen, damit
das Integrationsamt mit der Feststellung des Unterbrechungszeitraums
ohne weitere nähere Prüfung von Einzelumständen entscheiden kann,
ob die Kündigung zustimmungspflichtig ist oder nicht (so auch:
Düwell, LPK-SGB IX, § 90 RdNr. 9). Der Arbeitgeber kann die Vermutung allerdings durch Umstände, die gegen einen engen Zusammenhang sprechen, widerlegen (z. B. Ausübung einer ganz anderen Tätigkeit oder zu deutlich geänderten Arbeitsbedingungen). Das BAG lehnt
jedoch nach wie vor die Festlegung einer zeitlichen Grenze ab (BAG
19. 6. 07 NZA 2007, 1103; BAG 16. 3. 00 NZA 2000, 1337f.). Nach h.M.
ist daher davon auszugehen, dass der enge sachliche Zusammenhang
nicht nur nach der zeitlichen Dauer, sondern darüber hinaus nach dem
Anlass der Unterbrechung beurteilt werden muss. Wird das Arbeitsverhältnis bereits nach wenigen Tagen fortgesetzt, ist von keiner rechtlich relevanten Unterbrechung auszugehen. Handelt es sich dagegen

Ausnahmen **§ 90**

um einen längeren Zeitraum von einigen Wochen (BAG: 3 Wochen
20. 8. 98 NZA 1999, 481) oder Monaten, sind zusätzlich die Umstände
der Unterbrechung zu berücksichtigen. Von Bedeutung ist hierbei, aus
welchem Anlass das Arbeitsverhältnis beendet wurde, und ob es nach
der Unterbrechung in unveränderter oder zumindest ähnlicher Form
wieder fortgesetzt worden ist. Je länger die rein zeitliche Unterbrechung ist, desto gewichtiger müssen die für einen sachlichen Zusammenhang sprechenden Umstände sein (BAG 20. 8. 98, a.a.O.). Den
engen sachlichen Zusammenhang hat das BAG z. B. bejaht bei einem
Lehrer, dessen Arbeitsverhältnis nur während der Schulferien unterbrochen war (BAG 19. 6. 2007, a.a.O.).

Die Beschäftigungszeit aus einem vorherigen Arbeitsverhältnis wird **16**
trotz rechtlich relevanter Unterbrechung angerechnet, wenn zwischen
den Parteien eine **Anrechnungsvereinbarung** getroffen worden ist.
Eine solche kommt auch in Betracht, wenn die Beschäftigungszeit aus
einem Arbeitsverhältnis mit einem anderen Arbeitgeber angerechnet
werden soll. Handelt es sich um zwei **Arbeitsverhältnisse innerhalb
eines Konzerns**, ist nach den Umständen des Einzelfalls zu beurteilen,
ob der Abschluss einer derartigen Anrechnungsvereinbarung durch
schlüssiges Verhalten angenommen werden kann (KDZ-*Kittner/Dei-
nert*, § 1 KSchG RdNr. 26).

III. Beschäftigungen gemäß § 73 Abs. 2 Ziff. 2–5

§ 90 Ziff. 2 nimmt Bezug auf § 73 Abs. 2 Ziff. 2–5. Personen, die auf **17**
diesen Stellen beschäftigt werden, genießen den besonderen Kündigungsschutz nicht. Sie können **ohne Zustimmung des Integrationsamtes** gekündigt werden. Für sie gilt auch nicht die vierwöchige
Kündigungsfrist des § 86. Die in Ziff. 2 genannten Beschäftigungen
erfolgen in erster Linie aus religiösen und karitativen Beweggründen
(z. B. Rote-Kreuz-Schwestern). Unter Ziff. 3 fallen Personen, deren
Beschäftigung vorrangig als Mittel zur Behebung physischer, psychischer oder sonstiger in der Person des Beschäftigten liegender Defizite
eingesetzt wird. Personen, die von geregelter Arbeit entwöhnt sind
oder sich an eine solche nie gewöhnt haben, sollen an diese Arbeit wieder herangeführt werden. Die Beschäftigung erfolgt also vorwiegend
aus therapeutischen Gründen (BAG 4. 2. 93 NZA 1994, 214, 216). Diese
in § 73 Abs. 2 Ziff. 2 und 3 genannten Personengruppen stehen schon
nicht in einem Arbeitsverhältnis, so dass deren Erwähnung eigentlich
überflüssig ist (*Düwell*, LPK-SGB IX, § 90 RdNr. 29; *Neumann/Pahlen/
Majerski-Pahlen*, SGB IX, § 90 RdNr. 12).

Die Ausnahmen in § 73 Abs. 2 Ziff. 4 und 5 sind in der besonderen **18**
Gestaltung der Arbeitsverhältnisse begründet. So unterfallen Personen, die an **Arbeitsbeschaffungsmaßnahmen** gemäß §§ 260 ff. SGB

III teilnehmen, dem besonderen Kündigungsschutz nicht. Ausgenommen waren bis zum 31.12. 2004 auch Personen, die nach § 19 BSHG in Arbeitsverhältnissen **beschäftigt** waren (§ 73 Abs. 2 Ziff. 6 a. F.). Mit Einführung des SGB XII ist § 19 BSGH weggefallen. Schließlich sind von der Zustimmungspflicht die in § 73 Abs. 2 Ziff. 5 genannten Personen, die aufgrund demokratischer Wahlvorschriften **in ihre Stellen gewählt** werden, ausgenommen (wie z. B. bei politischen Parteien, Verbänden und Gewerkschaften).

IV. Arbeitnehmer mit sozialer Absicherung (Abs. 1 Ziff. 3)

19   Arbeitnehmer, die bereits durch andere Sozialleistungen finanziell abgesichert sind, und deren **Ausscheiden einvernehmlich** gewollt ist, sollen ohne Zustimmungsverfahren gekündigt werden können.

20   **1. Personen nach dem 58. Lebensjahr (Ziff. 3a).** Zu dieser Personengruppe gehören Arbeitnehmer, die spätestens zum Zeitpunkt des Kündigungszugangs ihr 58. Lebensjahr vollendet haben und Anspruch auf eine **Abfindung** oder **ähnliche Leistung** aufgrund eines Sozialplanes haben. Der Abfindungsanspruch muss nicht erst nach dem 58. Lebensjahr entstanden sein; er kann bereits früher begründet werden. Die **Rechtsgrundlage** für die finanzielle Leistung muss **kollektiver Art** sein. Sie kann sich also entweder aus einem mit dem Betriebsrat abgeschlossenen Sozialplan gemäß § 112 BetrVG oder aus einer tariflichen oder tarifvertretungsrechtlichen Regelung ergeben. Aus ihr müssen Ansprüche des Arbeitnehmers gemäß § 77 Abs. 4 BetrVG, § 4 Abs. 1 TVG unmittelbar hervorgehen (LAG Köln 4. 4. 97 AiB 1998, 351). Ansprüche auf Nachteilsausgleich gemäß § 113 BetrVG, einzelvertraglich oder in einem gerichtlichen Vergleich vereinbarte Abfindungsansprüche reichen nicht *(Braasch* in Deinert/Neumann, Handbuch SGB IX, § 19 RdNr. 123; *Griebeling* in Hauck/Noftz, SGB IX, K § 90 RdNr. 11; *Düwell,* LPK-SGB IX, § 90 RdNr. 22). Während der Überlegungszeit des Arbeitnehmers, ob er auf den besonderen Kündigungsschutz verzichten will, muss der Sozialplan bereits abgeschlossen sein; noch laufende Verhandlungen bieten noch keine genügende Sicherheit *(Griebeling,* a.a.O.). Teilweise werden Bedenken gegen die Wirksamkeit der Regelung wegen Verstoßes gegen das Verbot der Altersdiskriminierung gemäß §§ 1, 7 AGG erhoben *(Bertelsmann,* ZESAR 2005, 242, 249; DB/*Brors,* AGG, § 10 RdNr. 115; a. A. ErfK/*Rolfs,* SGB IX, § 90 RdNr. 3). Diese sind jedoch nicht durchschlagend, da der ältere Arbeitnehmer nach der gesetzlichen Regelung jederzeit die Möglichkeit des Widerspruches hat und ihm damit der volle Sonderkündigungsschutz erhalten bleibt.

21   **2. Personen mit Anspruch auf Knappschaftsausgleichsleistungen (Ziff. 3 b).** Als sozial genügend abgesichert gelten auch Arbeit-

nehmer, die Anspruch auf Knappschaftsausgleichsleistungen gemäß
§ 238 SGB VI oder auf Anpassungsgeld für entlassene Arbeitnehmer
des Bergbaus haben. Hierbei handelt es sich um ein systematisches
öffentlich gefördertes Ausscheiden aus dem Erwerbsleben, das an Alter
und Beschäftigungsdauer anknüpft. Das Ausscheiden dieser Arbeit-
nehmergruppe soll durch ein Zustimmungsverfahren beim Integrationsamt nicht erschwert werden.

Der Ausschluss der Zustimmungspflicht des Integrationsamtes ist   22
nicht davon abhängig, dass über die Knappschaftsleistung schon ein
bestandskräftiger Bescheid ergangen ist; allerdings ist davon auszugehen, dass bei dessen Fehlen der Arbeitnehmer in der Regel seine
Zustimmung nicht erteilen wird (*Dörner*, SchwbG, § 20 Anm. IV 3.;
Griebeling in Hauck/Noftz, SGB IX, K § 90 RdNr. 11).

Auf die Höhe der Leistung kommt es auch nicht an, da der Arbeit-   23
nehmer, wenn ihm die finanzielle Absicherung nicht ausreicht, von
seinem Widerspruchsrecht Gebrauch machen kann *(Neumann/Pahlen/
Majerski-Pahlen*, SGB IX, § 90 RdNr. 16; *Düwell*, LPK-SGB IX, § 90
RdNr. 22).

3. Unterrichtung. Die Voraussetzungen der Ziff. 3 a und b sind   24
nur gegeben, wenn der Arbeitgeber dem Arbeitnehmer die **Kündigungsabsicht rechtzeitig mitteilt**. Die Unterrichtung ist an keine
Form gebunden. Sie muss jedoch zumindest Angaben zur Art der Kündigung, zur Kündigungsfrist und zum Kündigungstermin enthalten
(*Dörner*, SchwbG, § 20 Anm. IV. 4). Über die Möglichkeit des Widerspruchs muss der Arbeitgeber nicht unterrichten (*Neumann/Pahlen/
Majerski-Pahlen*, SGB IX, § 90 RdNr. 17; *Griebeling* in Hauck/Noftz,
SGB IX, K § 90 RdNr. 13). Rechtzeitig ist die Mitteilung nur dann,
wenn der Arbeitnehmer noch genügend Zeit hat, um zu überlegen, ob
er der Kündigung widersprechen will oder nicht. Umstritten ist, wie
viel **Bedenkzeit** dem Arbeitnehmer mindestens eingeräumt werden
muss. Teilweise wird die Regelung des § 102 Abs. 2 BetrVG (so KR-*Etzel*
§§ 85–90 SGB IX, RdNr. 49; *Düwell*, LPK-SGB IX, § 90 RdNr. 24)
entsprechend angewandt und eine Mindestfrist von 1 Woche für angemessen angesehen; teilweise wird die 3-Wochen-Frist entsprechend
der Regelung des § 4 KSchG (*Neumann/Pahlen/Majerski-Pahlen*, SGB
IX, § 90 RdNr. 17; *Kossens/von der Heide/Maaß*, SGB IX, § 90 RdNr. 9;
im Ergebnis wohl auch: *Griebeling* in Hauck/Noftz, SGB IX, K § 90
RdNr. 14) oder die Widerspruchsfrist des § 613a Abs. 6 BGB bzw. die
Entscheidungsfrist des Integrationsamtes in § 88 Abs. 1 von einem Monat (*Trenk-Hinterberger*, SGB IX, § 90 RdNr. 21; *Feldes/Kamm u. a.*, SGB
IX, § 90 RdNr. 10) herangezogen oder eine Fristbestimmung ganz abgelehnt und nur eine Einzelfallentscheidung befürwortet (GK-SGB
IX-*Lampe*, § 20 RdNr. 35f.; *Dörner*, SchwbG, § 20 Anm. IV. 5; APS/*Vossen*, § 90 SGB IX, RdNr. 8). Eine Mindestfrist von 1 Woche erscheint
generell als zu kurz, da der Arbeitnehmer evtl. noch Erkundigungen

über seine Sozialleistungen bei anderen Stellen einholen muss und sich beraten lassen möchte. Keine Frist anzugeben, die zumindest als Orientierung dienen soll, birgt die Gefahr von Rechtsunsicherheit, da der Arbeitnehmer dann damit rechnen muss, dass seine Nichtäußerung innerhalb kürzerer Zeit als Zustimmung angesehen wird. Es erscheint daher richtig, sich an der **3-Wochen-Frist des § 4 KSchG als Mindestfrist zu orientieren.** Erst nach Ablauf dieser Frist wird der Arbeitgeber, wenn der Arbeitnehmer in dieser Zeit keine Einwände erhoben hat oder Anhaltspunkte dafür bestehen, dass der Arbeitnehmer eine längere Überlegenszeit benötigt, davon ausgehen können, dass ein Widerspruch nicht mehr erfolgen wird.

25   Ist die Unterrichtung nicht ordnungsgemäß oder nicht rechtzeitig erfolgt, bleibt die Kündigung zustimmungspflichtig. Ist die Kündigung ohne vorherige Zustimmung erklärt worden, ist sie wegen Verstoßes gegen § 85 unwirksam.

26   **4. Widerspruch.** Der Arbeitnehmer kann der Kündigungsabsicht widersprechen. Dies kann **formlos** geschehen und muss auch nicht begründet werden. Es reicht auch jeder Einwand, ob gegen die Kündigung als solche, gegen die Frist oder den Beendigungstermin (*Neumann/Pahlen/Majerski-Pahlen*, SGB IX, § 90 RdNr. 18; *Griebeling* in Hauck/Noftz, SGB IX, K § 90 RdNr. 15). Ein fehlender Widerspruch beinhaltet jedoch nicht ohne weiteres die Zustimmung zur Aufhebung des Arbeitsverhältnisses. Die Zustimmung hat nur zur Folge, dass das Zustimmungsverfahren entbehrlich wird (*Neumann/Pahlen/Majerski-Pahlen,* a.a.O.).

27   Der **Widerspruch** kann **bis zum Zugang der Kündigung** erklärt werden (*Griebeling, a.a.O.*; *Neumann/Pahlen/Majerski-Pahlen,* SGB IX, § 90 RdNr. 18; ; GK-SGB IX-*Lampe,* § 90 RdNr. 40; a.A. *Düwell,* LPK-SGB IX, § 90 RdNr. 25, der auf den Zeitpunkt des Ausspruchs abstellen will). Dieser Zeitpunkt ist maßgeblich, da auch sonst das Gesetz maßgeblich auf den Kündigungszugang abstellt, etwa für die Frage, wann die Kündigungserklärung des Arbeitgebers beim Arbeitnehmer vorliegen muss, damit die Frist des § 88 Abs. 3 eingehalten ist.

28   Im Zustimmungsverfahren oder auch im Rechtsmittelverfahren kann der Widerspruch jederzeit wieder zurückgenommen werden. Dann erledigt sich das Verfahren; der Arbeitgeber kann die Kündigung aussprechen.

V. Witterungsbedingte Entlassungen (Abs. 2)

29   Der besondere Kündigungsschutz der §§ 85 ff. entfällt bei Kündigungen, die aus witterungsbedingten Gründen erfolgen, und bei denen die Wiedereinstellung des Arbeitnehmers gewährleistet ist. Sie sind weder zustimmungsbedürftig noch gilt die Mindestkündigungsfrist des § 86.

1. Witterungseinflüsse. Witterungsbedingt ist die Entlassung, **30** wenn die Arbeitsleistung des Arbeitnehmers wegen schlechter klimatischer Verhältnisse wie dauerhaftem Regen, Schnee, Frost, andauernder Dürre oder zu großer Hitze praktisch nicht erbracht werden kann. Anwendbar ist die Vorschrift auf alle Wirtschaftszweige, die ihre Arbeiten typischerweise im Freien erledigen wie etwa die Land- und Forstwirtschaft, Tagebergbau, Binnenschifffahrt, bestimmte Montagetätigkeiten in der Metallindustrie oder Elektroarbeiten im Bereich des Kabelbaus. Grundsätzlich gehören dazu auch das Bauhauptgewerbe, das Baunebengewerbe wie das Dachdeckerhandwerk oder das Gerüstbaugewerbe und der Gartenbau. Die genannten Bereiche scheiden dennoch aus, da **tarifliche Regelungen** wie etwa § 12 Ziff. 2 des für allgemeinverbindlich erklärten Bundesrahmentarifvertrages für das Baugewerbe (BRTV), § 50 RTV Dachdeckerhandwerk, § 13 RTV Gerüstbaugewerbe und § 14 BRTV Garten- und Landschaftsbau ausdrücklich **Kündigungen aus Witterungsgründen ausschließen.**

Streitig ist, ob eine witterungsbedingte Entlassung nur dann vor- **31** liegt, wenn aus Witterungsgründen **Aufträge nicht ausgeführt werden** können, oder auch dann, wenn aus Witterungsgründen **Aufträge fehlen** (für Letzteres: LAG München 24. 10. 86 LS NZA 1987, 522; *Kossens/von der Heide/Maaß,* SGB IX, § 90 RdNr. 14; *Griebeling* in Hauck/Noftz, SGB IX, K § 90 RdNr. 16; APS/*Vossen,* § 90 SGB IX, RdNr. 9a; GK-SGB IX-*Lampe,* § 90 RdNr. 44; *Kreitner,* jurisPK-SGB IX, § 90 RdNr. 24). Diese Auffassung ist zu weitgehend und birgt die Gefahr von Missbräuchen. Werden auch mittelbare Folgen der schlechten Witterung wie ein dadurch ausgelöster Auftragsrückgang einbezogen, kann nicht mehr trennscharf unterschieden werden, inwieweit dieser auf ganz anderen allgemeinen – wirtschaftlichen oder konjunkturellen – Ursachen beruht. Praktisch wird auf diese Weise der Zeitpunkt der Arbeitsaufnahme über das Ende der schlechten Wetterperiode hinausgeschoben, da als Folge der schlechten Witterung noch nicht genügend Aufträge eingegangen sind. Im Interesse der Rechtssicherheit und der Beschränkung der Vorschrift auf wirkliche Ausnahmen reicht ein **witterungsbedingter Auftragsmangel** daher **nicht** (so auch *Neumann/Pahlen/Majerski-Pahlen,* SGB IX, § 90 RdNr. 20; *Braasch* in Deinert/Neumann, Handbuch SGB IX, § 19 RdNr. 127).

Da der Ausfall der Arbeitsleistung auf der schlechten Witterung be- **32** ruhen muss, entfällt der besondere Kündigungsschutz nicht, wenn der Arbeitnehmer mit anderen zumutbaren Arbeiten etwa im **Innendienst** beschäftigt werden kann. Die Vorschrift ist auch nicht anwendbar auf Arbeitnehmer, die von Witterungseinflüssen unabhängig etwa im Büro eines Betriebes arbeiten, in dem Außenarbeiten wegen schlechter Witterung nicht durchgeführt werden können (*Neumann/ Pahlen/Majerski-Pahlen,* a.a.O.; *Kossens/von der Heide/Maaß,* SGB IX,

§ 90 RdNr. 13; *Braasch* in Deinert/Neumann, a.a.O.; GK-SGB IX-*Lampe*, a.a.O.; *Düwell, LPK-SGB IX*, § 90 RdNr. 28; a.A. *Griebeling* in Hauck/Noftz, SGB IX, K § 90 RdNr. 16).

33 **2. Wiedereinstellungszusage.** Der besondere Kündigungsschutz entfällt bei witterungsbedingten Entlassungen nur, wenn der Arbeitgeber sich aufgrund eines Tarifvertrages, einer Betriebsvereinbarung oder einer einzelvertraglichen Zusage verpflichtet hat, nach Ende der Schlechtwetterperiode den Arbeitnehmer wieder einzustellen. Diese Einstellungszusage muss dem Arbeitnehmer **zum Zeitpunkt des Kündigungszugangs** erteilt werden.

34 Wird die Zusage später nicht erfüllt, hat dies keinen Einfluss auf die Wirksamkeit der ausgesprochenen Kündigung, da es für die Beurteilung der Wirksamkeit der Kündigung auf die Verhältnisse zum Kündigungszeitpunkt ankommt. Der Arbeitnehmer muss seinen **Wiedereinstellungsanspruch** vielmehr **gerichtlich durchsetzen** (*Griebeling* in Hauck/Noftz, SGB IX, K § 90 RdNr. 18; *Düwell, LPK-SGB IX*, § 90 RdNr. 30; *Kossens/von der Heide/Maaß,* SGB IX, § 90 RdNr. 16; *Kreitner,* jurisPK-SGB IX, § 90 RdNr. 25; GK-SGB IX-*Lampe*, § 90 RdNr. 48; *Neumann/Pahlen/Majerski-Pahlen,* SGB IX, § 90 RdNr. 22; *Braasch* in Deinert/Neumann, Handbuch SGB IX, § 19 RdNr. 131). Der Antrag ist auf Abgabe einer Willenserklärung zum Abschluss eines Arbeitsvertrages gerichtet (BAG 28. 6. 2000 NZA 2000, 1097 f.). Die Annahmeerklärung des Arbeitgebers wird mit der Rechtskraft des Urteils gemäß § 894 ZPO fingiert. Für die Zeit zwischen der Entstehung des Wiedereinstellungsanspruchs und der Rechtskraft stehen dem Arbeitnehmer Schadensersatzansprüche auf die entgangene Vergütung gemäß §§ 280, 286 BGB zu (BAG 28. 6. 2000, a.a.O.).

VI. Nachweis der Schwerbehinderung (Abs. 2a)

35 Abs. 2a gilt seit dem 1. 5. 2004. Nach der Begründung des Ausschusses für Gesundheit und soziale Sicherheit zur Aufnahme des Abs. 2a soll die Neuregelung verhindern, dass noch kurz vor Ausspruch einer Kündigung ein aussichtsloses Anerkennungsverfahren betrieben wird (BT-Drucks. 15/2357 S. 24). Deshalb soll die Kündigung nicht zustimmungspflichtig sein, wenn die Schwerbehinderteneigenschaft weder offenkundig noch durch einen entsprechenden Bescheid zum Zeitpunkt des Kündigungszugangs festgestellt ist. Der Sonderkündigungsschutz soll weiter entfallen, wenn ein Antragsverfahren zwar anhängig ist, wegen fehlender Mitwirkung des Antragstellers über den Antrag aber nicht innerhalb der Frist des § 69 Abs. 1 S. 2 entschieden werden konnte. Die Auslegung der sprachlich verunglückten Regelung ist umstritten. Nach überwiegender Auffassung in der Literatur und der Rechtsprechung der Instanzgerichte, der sich das BAG in der

Entscheidung vom 1. 3. 07 (NZA 2008, 302) angeschlossen hat, ist
von folgenden Grundsätzen auszugehen:
1. **Feststellungsbescheid vor Kündigungszugang (Abs. 2a 1.** 36
Alt.). Die Kündigung ist zustimmungspflichtig, wenn die Schwerbehinderteneigenschaft durch das Versorgungsamt oder die Gleichstellung durch die Agentur für Arbeit durch einen entsprechenden
Bescheid festgestellt ist (Abs. 2a 1. Alt.). Dem Bescheid stehen Feststellungen über die Minderung der Erwerbsfähigkeit in einem Rentenbescheid nach §69 Abs. 2 gleich (BT-Drucks. 15/2357 S. 24). Die in
Abs. 2a 1. Alt. gewählte Formulierung „nachgewiesen" bedeutet nicht,
dass dem Arbeitgeber der Bescheid bereits vor Zugang der Kündigung
vorgelegt worden sein muss (BAG 1. 3. 07, a.a.O.; LAG Schlesw.-Holst.
21. 4. 2009 – 5 Sa 412/08; LAG Düsseldorf 29. 3. 2006 – 17 Sa 1321/05;
Neumann/Pahlen/Majerski-Pahlen, SGB IX, §90 RdNr. 23; *Westers*, br
2004, 93, 96; *Griebeling*, NZA 2005, 494, 496f.; *Schlewing*, NZA 2005,
1218, 1220; *Rehwald/Kossack*, AiB 2004, 604, 606; a. A. *Bauer/Powietzka*,
NZA-RR 2004, 505, 507). Es reicht aus, dass ein Feststellungsbescheid
existiert und der Arbeitgeber dies weiß oder der schwerbehinderte Arbeitnehmer ihn spätestens 3 Wochen nach Zugang der Kündigung davon in Kenntnis setzt (s. §85 RdNr. 27ff).
2. **Antragstellung vor Kündigungszugang (Abs. 2a 2. Alt.).** 37
Hat der Arbeitnehmer bislang nur einen Antrag gestellt, gilt die Regelung des Abs. 2a 2. Alt. Nach nunmehr h. M. muss der **Antrag mindestens 3 Wochen** vor Zugang der Kündigung gestellt worden sein
(BAG 1. 3. 07 NZA 2008, 302; BAG 29. 11. 07 NZA 2008, 361; LAG
Schles. Holst. 11. 12. 2007 – 5 Sa 386/07; *Westers*, a.a.O.; *Friemel/Walk*,
AiB 2005, 598; *Düwell*, BB 2004, 2811, 2813; a. A. LAG Düsseldorf
29. 3. 2006 – 17 Sa 1321/05). Die Frist wird daraus abgeleitet, dass die für
die Ausführung des §69 SGB IX zuständigen Behörden (Versorgungsämter, je nach Landesrecht kommunale Behörden) für die Bearbeitung
der Anerkennungsanträge im Regelfall eine Höchstbearbeitungsfrist
von drei Wochen einzuhalten haben (§69 Abs. 1 S. 2 i. V. m. §14 Abs. 2
S. 2 SGB IX), was allenfalls bei einer entsprechend frühzeitigen Antragstellung gelingen kann (BAG 1. 3. 2007, a.a.O.). Diese Frist lässt sich
jedoch weder auf die Vorschrift des §90 Abs. 2a selbst zurücknehmen noch der
doppelten Verweisung auf §69 und §14 SGB IX. Besteht nämlich gemäß §14 Abs. 2 S. 4 die Notwendigkeit, zur Beurteilung der Schwerbehinderteneigenschaft ein Gutachten einzuholen – was in der Regel
der Fall ist, – sieht §14 Abs. 2 eine gesamte Bearbeitungsdauer von 7
Wochen vor. Insofern sprechen nach wie vor erhebliche Gründe dagegen, eine im Gesetz nicht enthaltene Regel- oder Vorfrist festzulegen
(insofern überzeugend: LAG Düsseldorf 29. 3. 2006, a.a.O.; *Bitzer*,
NZA 2006, 1082, 1084). Hätte der Gesetzgeber eine Antragsstellung
binnen 3 Wochen verlangen wollen, hätte er diese in die gesetzliche
Vorschrift aufnehmen können. Die Rechtspraxis hat sich inzwischen

jedoch auf die einzuhaltende Frist von drei Wochen eingestellt, da sie praktikabel und geeignet ist, entsprechend dem Gesetzeszweck, zu mehr Rechtssicherheit und zur Missbrauchsvermeidung durch kurzfristige Antragstellungen beizutragen. Die Zustimmungspflicht entfällt demnach in zwei Fällen: der Arbeitnehmer hat die Schwerbehinderung nicht 3 Wochen vor Zugang der Kündigung beantragt oder der Antrag liegt der Behörde zwar rechtzeitig zur Bearbeitung vor, der Arbeitnehmer hat jedoch seine **Mitwirkungspflichten** gemäß § 60 SGB I schuldhaft verletzt, etwa trotz Aufforderung die erforderlichen Angaben und Unterlagen nicht beigebracht, so dass sich die Entscheidung aus diesem Grund verzögert hat. Ärztliche Untersuchungsbefunde oder Gutachten müssen nicht mit dem Antrag zusammen vorgelegt werden (LAG Schles.-Holst. 11. 12. 2007 – 5 Sa 386/07). Ist die lange Verfahrensdauer auf Ursachen in der Sphäre der Behörde zurückzuführen, z. B. weil ein Antrag zwischen zwei Behörden nicht rechtzeitig weitergeleitet wurde, liegt eine Verletzung der Mitwirkungspflicht nicht vor (LAG Köln 27. 11. 2006 – 14 Sa 396/06; LAG Düsseldorf 29. 3. 2006 – 17 Sa 1321/05). Dabei ist es unerheblich, dass der Antrag zunächst bei einer unzuständigen Behörde eingegangen ist (LAG Köln, a.a.O.).

38   **3. Gleichstellung.** Die Regelung des Abs. 2 a gilt auch für **gleichgestellte Arbeitnehmer** . Dies folgt aus der Generalverweisung des § 68 Abs. 3, wonach die besonderen Regelungen für schwerbehinderte Menschen auch auf Gleichgestellte Anwendung finden. Außerdem ist es sachlich nicht gerechtfertigt, die weniger schutzbedürftige Gruppe der Gleichgestellten gegenüber der Gruppe der schwerbehinderten Menschen besser zu stellen (BAG 1. 3.07 NZA 2008, 302; *Griebeling,* NZA 2005, 494, 496; *Kossens/von der Heide/Maaß,* § 90 Rn 18; *Rehwald/ Kossack,* AiB 2004, 604, 606; APS/ *Vossen,* § 90 SGB IX, RdNr. 10e). Die Gegenansicht führt neben dem Wortlaut der Vorschrift als weiteres Argument die Beteiligung des Arbeitgebers am Gleichstellungsverfahren an (*Düwell,* LPK-SGB IX, § 90 RdNr. 47; *ders.,* BB 2004, 2811, 2813; *Schlewing,* NZA 05, 1218, 1224). Dies überzeugt deshalb nicht, weil die gesetzliche Regelung den Missbrauch von kurz vor Ausspruch der Kündigung gestellten Anerkennungsanträgen verhindern will. Gerade von solchen Anträgen erhält der Arbeitgeber aber auch im Gleichstellungsverfahren in der Regel nicht mehr vor Ausspruch der Kündigung Kenntnis.

39   **4. Darlegungs- und Beweislast.** Der Arbeitnehmer ist darlegungs- und beweispflichtig dafür, dass er Sonderkündigungsschutz genießt. Den Nachweis erbringt er durch Vorlage des entsprechenden Feststellungsbescheides oder durch Vorlage einer entsprechenden Antragstellung. Beruft sich der Arbeitgeber auf den Ausnahmetatbestand des § 90 Abs. 2a, reicht der pauschale Einwand aus, der Arbeitnehmer habe den Antrag nicht innerhalb der 3-Wochen-Frist gestellt und seine

Mitwirkungspflichten verletzt. Der Arbeitnehmer muss anschließend substantiiert vortragen, da nur er am Feststellungsverfahren gegenüber dem Versorgungsamt beteiligt ist, und daher nur er die Einzelheiten im Verfahrensablauf schildern und ggf. zum Beweis die Beiziehung der Verwaltungsakten anbieten kann (*Griebeling,* NZA 2005, 494, 498f.; *Schlewing,* NZA 2005, 1218, 1222f.; a. A. ArbG Düsseldorf 29.10.04 NZA-RR 2005, 138f). Er wird daher einerseits die Eingangsbestätigung seines Antrags bei der zuständigen Behörde vorlegen müssen; für die Erfüllung seiner Mitwirkungspflichten wird es andererseits genügen, dass er vorträgt, dass er jedem Auskunftsverlangen der Behörde nachgekommen ist. Aus dem Umstand, dass nach drei Wochen noch kein Bescheid vorliegt, kann nämlich keinesfalls auf fehlende Mitwirkung geschlossen werden, da es in der Praxis völlig illusorisch ist, dass die Bearbeitungsfrist des § 14 Abs. 2 SGB IX eingehalten wird.

5. Negativer Feststellungsbescheid vor Kündigungszugang. 40
Die Kündigung bedarf auch der Zustimmung, wenn der Arbeitnehmer den Antrag zwar drei Wochen vor Zugang der Kündigung ordnungsgemäß gestellt hat, das Versorgungsamt aber die Schwerbehinderteneigenschaft bzw. die Agentur für Arbeit die Gleichstellung abgelehnt hat. Ist der Bescheid noch **nicht bestandskräftig**, muss das Integrationsamt über den Zustimmungsantrag des Arbeitgebers in der Sache entscheiden. Die Zustimmung ist nicht entbehrlich. Das Integrationsamt ist nicht berechtigt, ein sog. **Negativattest** zu erteilen (BAG 6.9.07 NZA 2008, 407; LAG Hamm 10.5.2007 – 8 Sa 263/07; LAG Köln 16.6.2006 – 12 Sa 168/06; LAG Bad-Württ. 15.2.2007 – 3 Sa 49/06; LAG Nürnberg 4.10.2005 – 6 Sa 263/05; LAG Düsseldorf 29.3.2006 – 17 Sa 1321/05). Die gegenteilige Auffassung, der auch die Praxis der Integrationsämter gefolgt war, schloss aus der Tatsache, dass in diesen Fällen bereits eine (negative) Feststellung der Behörde vorlag, dass insoweit kein Fall des Abs. 2a 2. Alt. gegeben sei, es also bei der 1. Alt, dem Erfordernis des Nachweises, verbleibe. Da dieser mangels eines positiven Feststellungsbescheids aber nicht erfolgen könne, sei die Kündigung nicht zustimmungspflichtig (OVG Koblenz 7.3.06, NZA 2006, 1108, 1110 f; OVG NW 13.6.2006 – 12 A 1778/06; VG Arnsberg 14.3.2006 br 07, 26; *Westers,* br 2004, 93, 97; *Schlewing,* NZA 2005, 1218, 1221). Dieser Auffassung hat sich das BAG nicht angeschlossen und zu Recht angenommen, dass der Fall, dass ein Arbeitnehmer zunächst einen erfolglosen Anerkennungsantrag gestellt hat, der erst im Widerspruchs- oder Klageverfahren Erfolg hat, im Gesetz durch Abs. 2a nicht geregelt ist (BAG 6.9.2007, a.a.O.). Es muss daher bei der bisherigen Rechtslage bleiben, wonach es für die Frage der Zustimmungspflichtigkeit nur darauf ankommt, dass zum Zeitpunkt der Kündigung objektiv die Schwerbehinderteneigenschaft vorliegt. Mit der Einfügung des Abs. 2a sollte lediglich verhindert werden, dass

noch kurz vor der Kündigung ein in der Regel aussichtsloses Anerkennungsverfahren geführt wird. Dies ist aber nicht der Fall, wenn ein Arbeitnehmer den Antrag bereits längere Zeit vor der Kündigung gestellt hat, und lediglich die nicht sachgerechte Behandlung des Falls durch Versorgungsamt oder Agentur für Arbeit zu einer erst im Widerspruchs- oder Klageverfahren erfolgreichen Anerkennung der Schwerbehinderung oder Gleichstellung führt. Es gibt auch gerade im Hinblick auf den Gesetzeszweck der Missbrauchsvermeidung keinen sachlichen Grund dafür, den Arbeitnehmer über dessen erst kürzlich (mindestens drei Wochen) gestellten Antrag noch nicht entschieden wurde, in den Sonderkündigungsschutz einzubeziehen, nicht aber den Arbeitnehmer, dessen bereits vor Monaten gestellter Antrag zunächst abgelehnt wurde.

VII. Anzeigepflicht (Abs. 3)

41   Probearbeitsverhältnisse und Kündigungen während der Wartezeit (Abs. 1 Ziff. 1) sind dem Integrationsamt innerhalb von 4 Tagen anzuzeigen. Andere Befristungen oder Beendigungen durch etwa Aufhebungsverträge unterliegen nicht der Anzeigepflicht.

42   **Probearbeitsverhältnisse** sind dabei nicht nur befristete Arbeitsverhältnisse sondern auch unbefristete Verträge mit vorgeschalteter Probezeit (GK-SGB IX-*Lampe*, § 90 RdNr. 14; *Griebeling* in Hauck/Noftz, SGB IX, § 90 RdNr. 8).

43   Der Zweck der Anzeigepflicht besteht darin, dass das Integrationsamt seine Aufgaben gemäß § 102 wahrnehmen kann und ggf. **begleitende Hilfe** durch Beratungshilfe oder finanzielle Mittel für z. B. technische Arbeitshilfen oder eine behindertengerechte Einrichtung des Arbeitsplatzes anbieten kann (BAG 21. 3. 80 AP Nr.1 zu § 17 SchwbG; APS/*Vossen*, § 90 SGB IX, RdNr. 12; *Neumann/Pahlen/Majerski-Pahlen*, SGB IX, § 90 RdNr. 26; *Düwell*, LPK-SGB IX, § 90 RdNr. 31; *Griebeling, a. a. O.*). Dadurch soll vermieden werden, dass der Arbeitnehmer noch innerhalb der Probezeit wieder entlassen wird, obwohl dies durch Unterstützungsleistungen hätte verhindert werden können. Auch bei der Beendigung des Arbeitsverhältnisses noch während der ersten sechs Monate soll das Integrationsamt durch die Anzeige in die Lage versetzt werden, den Arbeitgeber zum einen durch Hilfsangebote noch zur Aufgabe seiner Kündigungsabsicht bewegen zu können; zum anderen soll ihm eine Prüfung ermöglicht werden, welche Rehabilitationsleistungen für den schwerbehinderten Arbeitnehmer sinnvoll wären, um einer erneuten Entlassung in einem späteren Arbeitsverhältnis vorzubeugen.

44   Die **4-tägige Anzeigepflicht berechnet sich** im Probearbeitsverhältnis ab dem Zeitpunkt der vereinbarten Arbeitsaufnahme

(APS/*Vossen,* § 90 SGB IX, RdNr. 13; *Neumann/Pahlen/Majerski-Pahlen,* SGB IX, § 90 RdNr. 25). Für die Anzeige einer Beendigung des Arbeitsverhältnisses während der ersten sechs Monate ist auf den **Zeitpunkt des Kündigungszugangs** und nicht auf das Ende der Kündigungsfrist abzustellen. Zwar spricht der Wortlaut dagegen; der Sinn und Zweck der Anzeigepflicht gebietet es jedoch, das Integrationsamt nicht erst nach Ablauf der Kündigungsfrist in Kenntnis zu setzen, da zu diesem Zeitpunkt Hilfsangebote in jedem Fall zu spät kämen (*Kossens/von der Heide/Maaß,* SGB IX, § 90 RdNr. 30; *Griebeling* in Hauck/Noftz, SGB IX, K § 90 RdNr. 8; *Düwell,* LPK-SGB IX, § 90 RdNr. 31; *Dörner,* SchwbG, § 20 SchwbG Anm. VI. 2; a.A. *Neumann/Pahlen/Majerski-Pahlen,* a.a.O. RdNr. 26; GK–SGB IX-*Lampe,* § 90 RdNr. 126; *Braasch* in Deinert/Neumann, Handbuch SGB IX, § 19 RdNr. 133).

Die Anzeigepflicht ist eine **vertragliche Nebenpflicht**. Ihre Verletzung ist **sanktionslos**. Weder ist die Kündigung bei einem Verstoß unwirksam (BAG 21. 3. 80 AP Nr.1 zu § 17 SchwbG LAG Berlin–Brand. 27. 8. 2010 − 13 Sa 988/10; dazu *Gagel,* jurisPR-ArbR 47/2010 Anm. 5) noch stellt die unterlassene Anzeige eine Ordnungswidrigkeit dar. Große praktische Bedeutung kommt ihr daher nicht zu. Allenfalls kommt ein **Schadensersatzanspruch** wegen positiver Vertragsverletzung in Betracht, wenn durch eine unterbliebene Anzeige Hilfsleistungen des Integrationsamtes nicht oder nur mit Verzögerung gewährt wurden, bei deren (rechtzeitiger) Gewährung der Arbeitgeber das Arbeitsverhältnis nicht beendet hätte (BAG 21. 3. 80, a.a.O.; LAG Berlin-Brand. 27. 8. 2010, a.a.O.; *Düwell,* a.a.O. RdNr. 33; *Griebeling,* a.a.O. RdNr. 9). Aber auch dies ist ein theoretischer Fall, da ein entsprechender Beweis so gut wie nicht zu führen sein wird.

45

Außerordentliche Kündigung

91 (1) Die Vorschriften dieses Kapitels gelten mit Ausnahme von § 86 auch bei außerordentlicher Kündigung, soweit sich aus den folgenden Bestimmungen nichts Abweichendes ergibt.

(2) ¹Die Zustimmung zur Kündigung kann nur innerhalb von zwei Wochen beantragt werden; maßgebend ist der Eingang des Antrages bei dem Integrationsamt. ²Die Frist beginnt mit dem Zeitpunkt, in dem der Arbeitgeber von den für die Kündigung maßgebenden Tatsachen Kenntnis erlangt.

(3) ¹Das Integrationsamt trifft die Entscheidung innerhalb von zwei Wochen vom Tage des Eingangs des Antrages an. ²Wird innerhalb dieser Frist eine Entscheidung nicht getroffen, gilt die Zustimmung als erteilt.

(4) Das Integrationsamt soll die Zustimmung erteilen, wenn die Kündigung aus einem Grunde erfolgt, der nicht im Zusammenhang mit der Behinderung steht.

(5) Die Kündigung kann auch nach Ablauf der Frist des § 626 Abs. 2 Satz 1 des Bürgerlichen Gesetzbuchs erfolgen, wenn sie unverzüglich nach Erteilung der Zustimmung erklärt wird.

(6) Schwerbehinderte Menschen, denen lediglich aus Anlass eines Streiks oder einer Aussperrung fristlos gekündigt worden ist, werden nach Beendigung des Streiks oder der Aussperrung wieder eingestellt.

Übersicht

I. Allgemeines

1   Die Vorschrift übernimmt inhaltlich unverändert die Regelung des § 21 SchwbG vom 26. August 1986.

Erst durch das seit dem 1. 5. 1974 geltende SchwbG wurde die Zustimmungspflicht allgemein auf außerordentliche Kündigungen ausgedehnt. In den bis dahin gültigen Regelungen des SchwBeschG bestand das Zustimmungserfordernis nur, wenn die Kündigung im unmittelbaren Zusammenhang mit der Gesundheitsstörung stand. Dies brachte für den Arbeitgeber die Schwierigkeit mit sich, dass er bereits für die Antragstellung beurteilen musste, ob ein derartiger Zusammenhang zu bejahen war. War seine Einschätzung falsch, war die Kündigung mangels Zustimmung nichtig. Mit der Einführung der generellen Zustimmungspflicht seit 1. 5. 1974 bleibt die Prüfung, ob ein Zusammenhang zwischen Kündigungsgrund und Behinderung besteht, für die Zustimmungserteilung des Integrationsamtes von Bedeutung (§ 91 Abs. 4). Das SchwbG 1986 verlängerte die Entscheidungsfrist für die Hauptfürsorgestelle von 10 Tagen auf 2 Wochen.

Durch die Regelung in § 91 wird einerseits klargestellt, dass das Zu- 2
stimmungserfordernis des § 85 sowie die Regelungen der §§ 87–90
grundsätzlich auch auf die außerordentliche Kündigung Anwendung
finden; andererseits enthalten die Abs. 2 bis 6 Sonderbestimmungen.
Diese beinhalten vor allem vom Integrationsamt und Arbeitgeber einzuhaltende kurze Fristen (Abs. 2, 3 und 5), sowie die Ermessenseinschränkung in Abs. 4. Sie dienen damit einerseits dem Interesse des Arbeitgebers an einer zügigen Entscheidung des Integrationsamtes (Abs. 3
und 4), andererseits dem Interesse des Arbeitnehmers, alsbald Klarheit
über die Kündigungsentscheidung des Arbeitgebers zu gewinnen
(Abs. 2 und 5).

§ 91 enthält keine abschließende Regelung. Ergänzend ist daher die 3
Vorschrift des § 626 Abs. 1 BGB anwendbar, die das Vorliegen eines
wichtigen Grundes für den Ausspruch jeder außerordentlichen Kündigung voraussetzt.

II. Geltungsbereich

Für die außerordentliche Kündigung gelten hinsichtlich des per- 4
sönlichen, räumlichen und sachlichen Geltungsbereich die gleichen
Grundsätze wie bei einer ordentlichen Kündigung (siehe Erläuterungen zu § 85). Die Zustimmungspflicht setzt daher ebenfalls das Bestehen eines **Arbeitsverhältnisses**, das Vorliegen der **Schwerbehinderteneigenschaft** oder einer **Gleichstellung** oder zumindest zum
Zeitpunkt des Kündigungszugangs eine entsprechende rechtzeitige
Antragstellung gemäß § 90 Abs. 2a (s. dort RdNr. 37) voraus. Schließlich muss dem Arbeitgeber die Schwerbehinderteneigenschaft oder
Gleichstellung bekannt sein oder innerhalb von drei Wochen nach
Kündigungszugang durch eine entsprechende Mitteilung des Arbeitnehmers bekannt werden (BAG 12.1.06 NZA 2006, 1035, 1037; s. § 85
RdNr. 27ff.). Die Rechtsprechung des BAG hat auch im außerordentlichen Kündigungsverfahren an der **Mitteilungsfrist von drei Wochen (früher ein Monat)** festgehalten und zu Recht keine Unterrichtung innerhalb einer kürzeren Frist verlangt (BAG 14.5.82 AP Nr. 4 zu
§ 18 SchwbG; 16.1.85 AP Nr. 14 zu § 12 SchwbG mit krit. Anm. Mei-
sel; a. A. *Dörner*, SchwbG, § 21 Anm. I 2.). Zwar hat der Arbeitgeber ein
Interesse, schnell zu wissen, ob die von ihm beabsichtigte Kündigung
der Zustimmung des Integrationsamtes bedarf; aus Gründen der
Rechtsklarheit erscheint es jedoch gerechtfertigt, nicht unterschiedliche Mitteilungsfristen festzulegen, je nachdem, um welche Art von
Kündigung es sich handelt. Unsicherheiten entstünden vor allem,
wenn, was in der Praxis nicht selten ist, aus dem Kündigungsschreiben
nicht eindeutig hervorgeht, ob die Kündigung als außerordentliche gewollt ist oder lediglich keine Frist eingehalten wurde. Außerdem müss-

ten Ausnahmen im Falle der außerordentlichen Kündigung mit Auslauffrist festgelegt werden, um insoweit sachlich nicht gerechtfertigte Ungleichbehandlungen zu vermeiden.

III. Antragsfrist des Arbeitgebers (Abs. 2)

5   Für die Antragstellung gilt das in § 87 geregelte Verfahren. Der Antrag muss hinreichend bestimmt sein, vor allem auch eindeutig erkennen lassen, dass der Ausspruch einer außerordentlichen Kündigung beabsichtigt ist. Er muss bei dem für den Sitz des Betriebes oder der Dienststelle zuständigen Integrationsamt gestellt werden.

6   Eine außerordentliche Kündigung kann gemäß § 626 Abs. 2 BGB nur **innerhalb von 2 Wochen** erfolgen. Dieser Regelung ist die Vorschrift des § 91 Abs. 2 nachgebildet worden. Sie ist gegenüber § 626 Abs. 2 BGB lex specialis und wandelt die Ausschlussfrist in § 626 BGB insoweit ab, als an die Stelle des Ausspruches der Kündigung die Stellung des Zustimmungsantrags beim Integrationsamt tritt und damit die Ausschlussfrist gewissermaßen vorverlagert wird in das Zustimmungsverfahren (BAG 22. 1. 87 AP Nr. 24 zu § 103 BetrVG = NZA 1987, 563). § 626 Abs. 2 BGB ist rechtlich neben § 91 Abs. 2 anzuwenden; als speziellere Regelung geht sie dem § 626 Abs. 2 BGB nur vor, wenn die Zwei-Wochen-Frist bereits abgelaufen ist (BAG 15. 11. 2001 NZA 2002, 971 unter ausdrücklicher Aufgabe der bisherigen Rechtsprechung: Beschl. v. 22. 1. 87, a.a.O.).

7   Für den **Fristbeginn** kann auf die zu § 626 Abs. 2 BGB entwickelten Grundsätze zurückgegriffen werden, da § 91 Abs. 2 S. 2 wie § 626 Abs. 2 BGB auf den Zeitpunkt abstellt, in dem der Arbeitgeber von **den für die Kündigung maßgebenden Tatsachen Kenntnis** erhält (BVerwG 2. 5. 96 Buchholz 436.61 § 21 SchwbG Nr. 7; BAG 1. 2. 07 NZA 2007, 744, 746; BAG 18. 12. 86 – 2 AZR 36/86). Es kommt hierbei auf eine sichere und möglichst vollständige Kenntnis vom Kündigungssachverhalt an; selbst grobe fahrlässige Unkenntnis genügt nicht (BVerwG, 2. 5. 96, a.a.O; BAG 1. 2. 2007, a a.O.; BAG 29. 7. 93 NZA 1994, 171 – ständige Rechtsprechung). Die Ausschlussfrist ist so lange gehemmt, solange der Arbeitgeber den Sachverhalt aufklärt und mit der gebotenen Eile noch eigene **Ermittlungen** anstellt, um sich eine umfassende und zuverlässige Kenntnis vom Kündigungssachverhalt zu verschaffen. Hierzu gehören Aspekte, die für und gegen den Arbeitnehmer sprechen, die Anhörung des Betroffenen innerhalb einer kurzen Frist (BAG 2. 3. 06 NZA 2006, 1211, 1214: in der Regel eine Woche) sowie auch die Beschaffung und Sicherung möglicher Beweismittel (BAG 1. 2. 2007, a.a.O.). Die Ermittlungen sind als abgeschlossen anzusehen, wenn die Umstände, die der Arbeitgeber für die Kündigung wesentlich hält, aufgeklärt sind (BAG 18. 12. 86 – 2 AZR 36/86). Der

Fristbeginn wird nicht dadurch herausgeschoben oder gehemmt, dass der Arbeitgeber den Arbeitnehmer zunächst unter Fortzahlung der Vergütung freistellt (LAG München 17. 1. 2008 – 6 Sa 658/07). Im Falle einer Kündigung wegen einer Straftat kann der Arbeitgeber auch das Ergebnis eines **staatsanwaltschaftlichen Ermittlungsverfahrens oder Gerichtsverfahrens** abwarten. Dies gilt aber nur, wenn er die Kündigung nicht auf den Verdacht einer Straftat, sondern auf die Tatbegehung stützen will und tatsächlich den Zustimmungsantrag erst stellt, wenn das strafrechtliche Verfahren abgeschlossen ist (BAG 29. 7. 93 NZA 1994, 171). Im Übrigen wird bei den für die Kenntnis maßgebenden Tatsachen unterschieden, ob der Kündigungsgrund einen in sich abgeschlossenen Lebenssachverhalt oder einen **Dauertatbestand** darstellt, der sich über einen längeren Zeitraum ununterbrochen hinzieht. Letzteres wird etwa im Fall einer lang andauernden Arbeitsunfähigkeit oder im Fall des **unentschuldigten Fehlens** angenommen. Die 2-Wochen-Frist des § 626 Abs. 2 BGB setzt in diesen Fällen erst ein, wenn die Fehlzeit beendet ist und der Arbeitnehmer wieder im Betrieb erscheint (BAG 22. 1. 98 NZA 1998, 708; BAG 13. 5. 04 NZA 2004, 1271, 1272).,

Obwohl § 91 Abs. 2 S. 2 und § 626 Abs. 2 S. 2 BGB keine identische **8** Formulierung enthalten, wird für den Fristbeginn in beiden Fällen auf die **Kenntnis des Kündigungsberechtigten** abgestellt (BVerwG 15. 9. 2005 – 5 B 48/05). Bei juristischen Personen ist dies regelmäßig das gesetzlich zuständige Vertretungsorgan (BAG 25. 2. 98 NZA 1998, 747), aber auch Mitarbeiter, die kraft Rechtsgeschäfts (z. B. Erteilung von Prokura oder Generalvollmacht) oder durch Übertragung einer selbstständigen Entlassungsbefugnis zur Vertretung berechtigt sind (BAG 5. 7. 90 AP Nr. 1 zu § 15 SchwbG 1986). Die Kenntnis einzelner Mitglieder des Organs oder auch anderer Mitarbeiter des Betriebs kann dem Kündigungsberechtigten nur zugerechnet werden, wenn deren Stellung im Betrieb nach den Umständen erwarten lässt, dass sie den Kündigungsberechtigten vom Sachverhalt informieren, und die verzögerte Kenntniserlangung durch eine schuldhaft fehlerhafte Organisation des Betriebs verursacht worden ist (BAG 18. 5. 94 NZA 1994, 1086). Nicht ausreichend ist, wenn der Mitarbeiter lediglich zum Ausspruch von Abmahnungen berechtigt ist (BAG 5. 7. 90, a.a.O.).

Nach der Rechtsprechung des BAG und des BVerwG kann die **9** Zwei-Wochen-Frist auch noch gewahrt werden, wenn der Arbeitgeber erst **nach Zugang der Kündigung von der Antragstellung oder der Schwerbehinderteneigenschaft erfährt**. In diesem Fall beginnt die 2-Wochen-Frist erst mit der Kenntnis über die Schwerbehinderteneigenschaft bzw. über die Antragstellung, da es sich auch hierbei um eine für die Kündigung maßgebliche Tatsache handelt (BAG 14. 5. 82 AP Nr. 4 zu § 18 SchwbG unter I 3. a dd; BVerwG 5. 10. 95 Buchholz 436.61 § 21 SchwbG Nr. 6; VGH Bad.-Württ. 20. 6. 06 br 2007, 23). Dies kann jedoch nicht uneingeschränkt gelten. Geht der Arbeitgeber nämlich davon aus, dass die Kündigung nicht zustimmungspflichtig ist, muss er die Frist des § 626 Abs. 2 BGB einhalten. Hat er diese versäumt, kann ihm nicht dadurch ein Vorteil erwachsen, dass er später von der Schwerbehinderteneigenschaft des Arbeitnehmers erfährt. Dies würde eine nicht gerechtfertigte Benachteiligung Schwerbehinderter gemäß § 81 Abs. 2 darstellen (*Kossens/von der Heide/Maaß*, SGB IX, § 91 RdNr. 9; *Griebeling* in Hauck/Noftz, SGB IX, K § 91 RdNr. 7; *Düwell*, LPK-SGB IX, § 91 RdNr. 16). Der Arbeitgeber soll lediglich hinsichtlich der Fristversäumung keinen Nachteil erfahren, wenn er erst später darüber unterrichtet wird, dass die Kündigung zustimmungspflichtig ist (BAG 15. 11. 2001 NZA 2002, 971, 973). Die Frist beginnt daher nur in den Fällen ab Kenntnis von der Schwerbehinderteneigenschaft, in denen die ursprüngliche Kündigung unter Beachtung der Frist des § 626 Abs. 2 BGB ausgesprochen worden war. Dieser Auffassung hat sich inzwischen auch das BAG angeschlossen (BAG 2. 3. 06 NZA 2006, 1211, 1213).

10   Hat der Arbeitgeber den Zustimmungsantrag innerhalb der Zwei-Wochen-Frist beim Integrationsamt gestellt, weil er vom Arbeitnehmer über die Antragstellung beim Versorgungsamt informiert worden ist, ist die Kündigung nicht wegen Verstreichens der Frist des § 626 Abs. 2 BGB unwirksam, wenn sich **herausstellt, dass das Integrationsamt nicht hätte eingeschaltet werden müssen**, weil keine Schwerbehinderteneigenschaft besteht. Das BAG (27. 2. 87 NZA 1988, 429) nimmt zu Recht an, dass es **treuwidrig** wäre und ein in sich widersprüchliches Verhalten darstellt, wenn der Arbeitnehmer, der den Arbeitgeber über die Antragstellung selbst informiert und ihn dadurch veranlasst hat, das Zustimmungsverfahren beim Integrationsamt einzuleiten, sich nunmehr auf die Ausschlussfrist des § 626 Abs. 2 BGB berufen könnte. Das Interesse des Arbeitnehmers an alsbaldiger Klarstellung, ob der Arbeitgeber ein bestimmtes Verhalten zum Anlass für eine außerordentliche Kündigung nimmt, ist im Übrigen durch die rechtzeitige Antragstellung beim Integrationsamt gewahrt (BAG 27. 2. 87 NZA 1988, 429). Sobald der Arbeitgeber allerdings erfährt, dass keine Schwerbehinderteneigenschaft vorliegt, muss er die Kündigung in entsprechender Anwendung des § 91 Abs. 5 unverzüglich aussprechen (KDZ-*Zwanziger*, § 91 SGB IX RdNr. 4; APS/*Vossen*, § 91 SGB IX, RdNr. 8).

11   Mit der Antragstellung hat der Arbeitgeber dem Integrationsamt den Nachweis über die Einhaltung der 2-Wochen-Frist zu erbringen. Er muss der Behörde daher mitteilen, wann er vollständige Kenntnis vom Kündigungssachverhalt erworben hat. Ggf., soweit dies noch innerhalb der kurzen Entscheidungsfrist möglich ist, muss das Integrationsamt den Arbeitgeber auf die Unvollständigkeit seiner Angaben hinweisen. Die **Einhaltung der Frist** des § 91 Abs. 2 ist **von Amts wegen durch das Integrationsamt zu prüfen**. Bei der Prüfung ist

auf den **Eingang des Antrags** abzustellen. Ein Antrag geht ein, wenn
er tatsächlich in die Verfügungsgewalt der öffentlichen Stelle gelangt.
Der Antrag kann auch noch fristwahrend nach Dienstschluss gestellt
und dem Pförtner übergeben werden (BAG 9. 2. 94 NZA 1994, 1030,
1031). Der Zustimmungsantrag ist zurückzuweisen, ohne dass er in der
Sache geprüft wird, wenn die 2-Wochen-Frist verstrichen ist (BVerwG
2. 5. 96 Buchholz 436.61 § 21 SchwbG Nr. 7). Eine **Wiedereinsetzung**
ist ausgeschlossen (*Kossens/von der Heide/Maaß,* SGB IX, § 91 RdNr. 8;
Griebeling in Hauck/Noftz, SGB IX, § 91 RdNr. 8).

Die **Prüfungskompetenz** über die rechtzeitige Antragstellung ge-   12
mäß § 91 Abs. 2 liegt allein beim Integrationsamt und im Falle von Widerspruch und Klage bei den Verwaltungsgerichten (BVerwG 2. 5. 96,
a.a.O.; BAG 2. 3. 06 NZA 2006, 1211, 1213). Die Arbeitsgerichte können die Feststellung, dass die Kündigung wegen einer Verletzung des
§ 91 Abs. 2 unwirksam ist, allenfalls auf eine offensichtliche Versäumung der 2-Wochen-Frist stützen, wenn sich außerdem aus dem Bescheid ergibt, dass die Einhaltung der Frist behördlich gar nicht überprüft worden ist (*Griebeling* in Hauck/Noftz, SGB IX, K § 91 RdNr. 8a;
Trenk-Hinterberger, HK-SGB IX, § 89 RdNr. 22; für eine noch weitergehende Prüfung: *Frenski,* BB 2001, 570). Da die Fristen des § 91 Abs. 2
S. 1 und die des § 626 Abs. 2 S. 1 BGB nebeneinander bestehen und
einander nicht verdrängen, hat das **Arbeitsgericht** allerdings die
Wahrung der **Frist des § 626 Abs. 2 S. 1 BGB** eigenständig zu prü-
fen. Auch dann, wenn das Integrationsamt die Ausschlussfrist des § 91
Abs. 2 S. 1 bejaht hat, ist das Arbeitsgericht nicht daran gehindert, eine
Verletzung der Frist des § 626 Abs. 2 BGB anzunehmen (BAG 1. 2. 07
NZA 2007, 744, 745; BAG 2. 3. 2006, a.a.O.; LAG Köln 4. 2. 2010 – 6 Sa
1045/09; LAG München 17. 1. 2008 – 6 Sa 658/07; *Kossens/von der Heide/
Maaß,* SGB IX, § 89 RdNr. 7; *Düwell,* LPK-SGB IX, § 89 RdNr. 27;
Trenk-Hinterberger, a.a.O.)

IV. Entscheidungsfrist des Integrationsamtes (Abs. 3 S. 1)

Nach § 91 Abs. 3 hat das Integrationsamt die Entscheidung, ob es   13
der Kündigung zustimmt, innerhalb von **2 Wochen vom Tage des
Antrageingangs** zu treffen. Die Frist beginnt gemäß § 187 Abs. 1
BGB, § 26 Abs. 1 SGB X am Tage nach dem Eingang des Antrages beim
zuständigen Integrationsamt. Sie endet zwei Wochen danach mit Ablauf des Tages, der durch seine Benennung dem Tage entspricht, an dem
der Antrag beim Integrationsamt eingegangen ist. Die Fristberechnung
erfolgt gemäß § 188 Abs. 2 BGB, § 26 Abs. 1 SGB X (BAG 9. 2. 94
NZA 1994, 1030, 1031). Geht der Antrag also an einem Dienstag ein, beginnt die Frist am Mittwoch zu laufen und endet wieder an einem
Mittwoch in 2 Wochen.

14   Für das Entscheidungsverfahren sind die Regelungen der §§ 87, 88 zu beachten, wobei die Fristen des § 88 Abs. 1 und 3 wegen einer abweichenden Regelung in § 91 nicht zur Anwendung kommen.

15   Der **Amtsermittlungsgrundsatz** (§ 20 SGB X) kommt uneingeschränkt zum Zuge. Trotz der Kürze der zur Verfügung stehenden Zeit muss der für die Entscheidung **wesentliche Sachverhalt aufgeklärt** werden. Gemäß § 87 Abs. 2 sind auch die **Stellungnahmen** der betrieblichen Interessenvertretung und der Schwerbehindertenvertretung **einzuholen** sowie eine Anhörung des Schwerbehinderten durchzuführen. Denn nur auf der Grundlage des so recherchierten entscheidungserheblichen Abwägungsmateriales lässt sich auch die Frage beurteilen, ob der Kündigungsgrund im Zusammenhang mit der Behinderung steht (BVerwG 10. 9. 92 NZA 1993, 76, 77). Die Stellungnahmen können mit einer kurzen Frist von 3 Tagen – angelehnt an die Frist des § 102 Abs. 2 S. 3 BetrVG – unter Zuhilfenahme von e-mail oder Fax oder notfalls auch telefonisch eingeholt werden (*Neumann/Pahlen/Majerski-Pahlen, SGB IX, § 91 RdNr. 18; Griebeling* in Hauck/Noftz, SGB IX, K § 91 RdNr. 9; *Düwell, LPK-SGB IX, § 91 RdNr. 19). Eine ohne Einholung der notwendigen Stellungnahmen getroffene Entscheidung ist fehlerhaft. Im Widerspruchsverfahren kann der Fehler allerdings noch geheilt werden (BVerwG 10. 2. 97 Buchholz 436.61 § 17 SchwbG Nr. 7).

16   Umstritten ist, ob das **Integrationsamt** die Frist ohne Entscheidung verstreichen lassen darf, mit der Folge, dass dann die Zustimmungsfiktion eintritt, wenn es sich angesichts der Kürze der Zeit und des umfangreich zu ermittelnden Sachverhalts **nicht in der Lage sieht, eine Entscheidung zu treffen** (dafür: *Neumann/Pahlen/Majerski-Pahlen, SGB IX, § 91 RdNr. 19; dagegen: GK-SGB IX-Lampe, § 91 RdNr. 39). Nach dem im Verwaltungsrecht geltenden Grundsatz der objektiven Beweislast trägt jeder im Rahmen des anzuwendenden materiellen Rechts die Beweislast für die Tatsachen, die den geltend gemachten Anspruch begründen (*Leitherer* in Meyer-Ladewig, SGG, § 103 RdNr. 19a). Es trifft demnach zu, dass in dem Fall, dass der Arbeitgeber innerhalb der vorgegebenen Zeit die für seinen Zustimmungsantrag erforderlichen Umstände nicht ausreichend beibringen und unter Beweis stellen kann, nur eine Zustimmungsverweigerung in Betracht kommt (GK-SGB IX-*Lampe*, a.a.O.). Die Regeln der objektiven Beweislast greifen jedoch erst dann, wenn im Rahmen der Amtsermittlung alle Ermittlungsmöglichkeiten ausgeschöpft worden sind (*Leitherer* in Meyer-Ladewig, a.a.O.). Das Integrationsamt darf die Zustimmung daher nicht mit der Begründung versagen, es habe wegen nicht abgeschlossener Ermittlungen den Sachverhalt nicht genügend aufklären können (APS/*Vossen, § 91 SGB IX, RdNr. 11; *Neumann/Pahlen/ Majerski-Pahlen, SGB IX, § 91 RdNr. 19; *Griebeling* in Hauck/Noftz, SGB IX, K § 91 RdNr. 13; *Kreitner,* jurisPK-SGB IX, § 91 RdNr. 27).

V. Zustimmungsfiktion (Abs. 3 S. 2)

Trifft das Integrationsamt innerhalb der Frist von zwei Wochen **17** keine Entscheidung, gilt die Zustimmung als erteilt. Umstritten ist, wann das Integrationsamt die Entscheidung getroffen hat und wann daher die Zustimmungsfiktion eingreift. Dieser Streit ist dann von Bedeutung, wenn ein die Zustimmung ablehnender Bescheid noch am letzten Tag der Frist von der Behörde zur Post gegeben worden ist, der Arbeitgeber darüber aber erst später mündlich oder schriftlich informiert wird. Teilweise wird die Auffassung vertreten, dass die Entscheidung erst mit **Bekanntgabe an den Arbeitgeber** getroffen ist, da es sich bei der Entscheidung um einen Verwaltungsakt handelt, der erst mit seiner Bekanntmachung an den Betroffenen gemäß § 39 SGB X wirksam wird (so die ältere Rechtspr. des 2. Senats des BAG bis 1994, etwa U. v. 3. 7. 80 AP Nr. 2 zu § 18 SchwbG; *Griebeling* in Hauck/Noftz, SGB IX, K § 91 RdNr. 15; *Neumann/Pahlen/Majerski-Pahlen*, SGB IX, § 91 RdNr. 19; *Dörner*, SchwbG, § 21 Anm. III. 4. b dd). Nach anderer Auffassung reicht es aus, dass die **Entscheidung innerhalb der 2-Wochen-Frist getroffen und zur Post gegeben worden ist,** behördenintern der Entscheidungsvorgang also abgeschlossen worden ist. Dies wird damit begründet, dass die Fiktionswirkung nicht an die Wirksamkeit des Verwaltungsaktes anknüpfe, sondern an den Abschluss des Entscheidungsvorganges. Die Entscheidung sei jedoch abgeschlossen, wenn das Integrationsamt alles Erforderliche für die Entscheidung seinerseits getan hat (so BAG U. v. 9. 2. 94 unter ausdrücklicher Aufgabe der bisherigen Rechtspr. des 2. Senats in NZA 1994, 1030, 1032; BAG U. des 7. Senats v. 16. 3. 83 AP Nr. 6 zu § 18 SchwbG; BAG 12. 5. 05 NZA 2005, 1173f., anders noch die Vorinstanz: LAG Düsseldorf 29. 1. 04 NZA-RR 2004, 406; *Kossens/von der Heide/Maaß;* SGB IX, § 91 RdNr. 12; APS/ *Vossen,* § 91 SGB IX, RdNr. 14, 15.; KDZ-*Zwanziger,* § 91 SchwbG RdNr. 12; *Braasch* in Deinert/Neumann, Handbuch SGB IX, § 19 RdNr. 236).

Dem ist zu folgen. Dem Gesetzeszweck der Verfahrensbeschleuni- **18** gung hat das Integrationsamt genügt, wenn der fertige Bescheid innerhalb von zwei Wochen den Machtbereich der Behörde verlassen hat. Die Zustimmungsfiktion tritt nicht ein, wenn sich die Bekanntgabe der Entscheidung ohne Verschulden der Behörde z. B. wegen verlängerter Postlaufzeiten, Unerrreichbarkeit des Arbeitgebers verzögert. Die Entscheidung des Integrationsamtes innerhalb der 2-Wochen-Frist, die Zustimmung zu verweigern, schließt die Zustimmungsfiktion daher aus. Dem Arbeitgeber entstehen dadurch keine Nachteile, da er sich beim Integrationsamt telefonisch erkundigen kann, welche Entscheidung getroffen worden ist.

19 Wegen des unterschiedlichen Wortlauts in § 88 Abs. 2 S. 1 („zugestellt") und § 91 Abs. 2 S. 2 („getroffen") muss die Entscheidung dem Arbeitgeber nicht schriftlich mitgeteilt oder sogar zugestellt werden, sondern **jede Art der Bekanntgabe, auch mündlich oder telefonisch,** reicht aus. Dies entspricht auch dem aus den Regelungen des § 91 erkennbaren Beschleunigungsgrundsatz des Zustimmungsverfahrens (BAG 12. 8. 99 NZA 1999, 1267, 1269; BAG 9. 2. 94 NZA 1994, 1030; BAG 15. 11. 90 NZA 1991, 553; *Griebeling* in Hauck/Noftz, SGB IX, K § 91 RdNr. 16; *Neumann/Pahlen/Majerski-Pahlen,* SGB IX, § 91 RdNr. 19). Die Entscheidung muss zum Zeitpunkt der Mitteilung an den Arbeitgeber auch behördenintern noch nicht in schriftlicher Form vorliegen (BAG 12. 5. 05 NZA 2005, 1173, 1174).

20 Ist die **Mitteilung des Integrationsamtes unklar** und weicht sie von der späteren schriftlich zugestellten Entscheidung ab, muss der Arbeitgeber im anschließenden arbeitsgerichtlichen Kündigungsschutzprozess eine Klarstellung oder Ergänzung der behördlichen Entscheidung herbeiführen. Andernfalls kann im arbeitsgerichtlichen Prozess nicht festgestellt werden, dass eine Zustimmungsentscheidung zur ausgesprochenen (außerordentlichen fristlosen) Kündigung des Arbeitgebers vorlag (LAG Hamm 12. 12. 2005 – 8 Sa 1700/05: hier war unklar, ob die Zustimmung zur fristlosen außerordentlichen Kündigung oder zu einer außerordentlichen Kündigung mit sozialer Auslauffrist erteilt worden war).

21 Auch die **fingierte Zustimmungsentscheidung** ist ein Verwaltungsakt, den der schwerbehinderte Mensch mit **Widerspruch und Anfechtungsklage** angreifen kann. § 91 Abs. 3 S. 2 ist Ausdruck des Beschleunigungsgrundsatzes. Sie dient dem Interesse des Arbeitgebers an einer möglichst kurzfristigen Klärung der Frage, ob die öffentlich-rechtliche Wirksamkeitsvoraussetzung für die außerordentliche Kündigung vorliegt. Es bedeutet aber nicht, dass das Integrationsamt untätig bleiben darf und eine Zustimmung nicht erforderlich ist. Deshalb wird das Integrationsamt dadurch, dass es eine Entscheidung nicht innerhalb der Frist trifft, auch nicht der Pflicht enthoben, den Beteiligten die als erteilt geltende Zustimmung **schriftlich zu bestätigen.** Diese Entscheidung ist auch mit einer Rechtsbehelfsbelehrung (§ 36 SGB X) für den Schwerbehinderten zu versehen (BVerwG 10. 9. 92 NZA 1993, 76). Das Integrationsamt hat darüber hinaus auch die **Möglichkeit,** dem Schwerbehinderten einen **förmlichen Zustimmungsbescheid** nach Ablauf der 2-Wochen-Frist mit einer entsprechenden Rechtsmittelbelehrung zuzusenden (*Düwell,* LPK-SGB IX, § 91 RdNr. 20).

VI. Kündigungsfrist des Arbeitgebers (Abs. 5)

Aus § 91 Abs. 5 ergibt sich, dass der Arbeitgeber die Kündigung auch   **22** noch **nach Ablauf der Frist des § 626 Abs. 2 BGB** aussprechen kann. Dies ist die Folge davon, dass gemäß Abs. 2 die Frist des § 626 Abs. 2 bereits durch die Beantragung des Zustimmungsantrags gewahrt wird. Damit wird berücksichtigt, dass es dem Arbeitgeber in der Regel wegen des vorgeschalteten Zustimmungsverfahrens gar nicht möglich sein wird, dem Arbeitnehmer unter Wahrung der Frist des § 626 Abs. 2 BGB auch noch die Kündigung zu erteilen (BAG 21. 4. 05 NZA 2005, 991, 992; BAG 15. 11. 2001 NZA 2002, 971, 973).

Abs. 5 stellt außerdem klar, dass **nach der Entscheidung des Inte-**   **23** **grationsamts keine neue 2-Wochen-Frist** für den Ausspruch der Kündigung in Gang gesetzt wird, sondern die Kündigung **unverzüglich** zu erfolgen hat (BAG 1. 2. 07 NZA 2007, 744, 748; BAG 2. 3. 06 NZA 2006, 1211, 1214; BAG 3. 7. 80 AP Nr. 2 zu § 18 SchwbG; BAG 22. 1. 87 AP Nr. 24 zu § 103 BetrVG). Unverzüglich bedeutet nicht sofort und beinhaltet auch keine starre Zeitvorgabe. Entsprechend der Legaldefinition in § 121 Abs. 1 S. 1 BGB ist darunter eine Reaktion ohne schuldhaftes Zögern zu verstehen. Dem Arbeitgeber ist eine **angemessene Überlegensfrist** einzuräumen, die die Umstände des Einzelfalls und die gegenseitigen Interessen berücksichtigt (BAG 1. 2. 07 NZA 2007, 744, 748; BAG 21. 4. 05 NZA 2005, 991, 992; LAG Berlin-Brand. 16. 4. 2010 – 9 Sa 63/10). In der Regel kann die Frist aber nur **sehr knapp** sein und nur **2-3 Tage** umfassen, da der Arbeitgeber durch das Zustimmungsverfahren schon ausreichend Zeit zum Überlegen hatte (BAG 3. 7. 80, a. a. O.).

Schafft es der Arbeitgeber, trotz des vorgeschalteten Zustimmungs-   **24** verfahrens dem Arbeitnehmer noch **innerhalb der 2-Wochen-Frist des § 626 Abs. 2 BGB** zu **kündigen,** muss **nicht zusätzlich** geprüft werden, ob die Kündigung auch **unverzüglich** nach der Entscheidung des Integrationsamtes zugegangen ist (BAG 15. 11. 2001 NZA 2002, 971, 973; *Griebeling* in Hauck/Noftz, SGB IX, K § 91 RdNr. 17; *Kossens/ von der Heide/Maaß,* SGB IX, § 91 RdNr. 29; *Frenski,* BB 2001, 570, 572).

Dies ergibt sich bereits aus dem Wortlaut der Vorschrift. Danach   **25** setzt die Regelung einen Ablauf der Frist des § 626 Abs. 2 BGB voraus (*Frenski,* a. a. O.). Das Ergebnis entspricht auch dem Sinn und Zweck der Vorschrift. Sie dient dem Schutz des Arbeitgebers. Ist die 2-Wochen-Frist des § 626 Abs. 2 BGB nicht abgelaufen, bedarf der Arbeitgeber keines Schutzes. Er würde im Gegenteil sogar benachteiligt, wenn die allgemein geltende Frist des § 626 Abs. 2 BGB ohne Grund verkürzt würde. Er kann sie daher vollständig ausschöpfen (BAG 13. 5. 04 NZA 2004, 1271, 1272; BAG 15. 11. 2001, a. a. O. S. 973).

26   Die **Frist beginnt** mit der Zustimmungserteilung oder ab dem Zeitpunkt der Zustimmungsfiktion. Die Entscheidung des Integrationsamtes kann auch in der Erteilung eines sog. **Negativattestes** bestehen, da dieses ebenfalls die Kündigungssperre beseitigt. Wird dem Arbeitgeber die Zustimmung vor Ablauf der Entscheidungsfrist mitgeteilt, ist dieser Zeitpunkt maßgeblich; erfolgt die Mitteilung erst danach, ist der entscheidende Zeitpunkt das Ende der zweiwöchigen Frist des Abs. 3 (BAG 3. 4. 86 AP Nr. 9 zu § 18 SchwbG). Die Frist beginnt dann am 15. Tag nach dem Eingang des Zustimmungsantrags. Fällt das Ende der Entscheidungsfrist auf einen Samstag, Sonntag oder Feiertag gilt § 193 BGB.

27   Für die Bekanntgabe reicht eine mündliche oder fernmündliche Unterrichtung aus; es muss keine Mitteilung in schriftlicher Form oder eine Zustellung erfolgen (BAG 21. 4. 05 NZA 2005, 991, 992). Dies kann im Einzelfall bedeuten, dass ein (irrtümliches) **Abwarten des Arbeitgebers auf einen schriftlichen Bescheid schädlich** sein kann, wenn dadurch die Kündigung zu spät ausgesprochen wird (**Beispiel**: Tritt die Zustimmungsfiktion am 19. 8. ein, die schriftliche Mitteilung darüber geht erst 1 Woche später am 26. 8. beim Arbeitgeber ein, muss er trotzdem ab 20. 8. die außerordentliche Kündigung unverzüglich erklären. Reagiert er erst am 27. 8., wird dies verspätet sein). Die Kündigung kann aber auch „zu früh" ausgesprochen werden, wenn das Integrationsamt z. B. mündlich darauf hinweist, dass es „die Sache verfristen lasse", und der Arbeitgeber unmittelbar nach dieser Auskunft die Kündigung überreicht. In diesem Fall liegt keine Zustimmungsentscheidung des Integrationsamtes vor, da die Erklärung gerade beinhaltet, keine Entscheidung treffen und die Frist des Abs. 3 verstreichen lassen zu wollen (BAG 19. 6. 07 NJW 2007, 3454). Der Arbeitgeber konnte in diesem Fall daher wirksam erst nach Eintritt der Zustimmungfiktion kündigen (BAG 19. 6. 07, a. a. O.). Zur Fristwahrung wird sich der Arbeitgeber im eigenen Interesse sowohl über den Eingang seines Antrags wie auch darüber informieren müssen, ob eine Entscheidung des Integrationsamtes möglicherweise bereits innerhalb der Frist des Abs. 3 getroffen worden ist (s. RdNr. 17 ff.).

28   Wird die Zustimmung erst im **Widerspruchsverfahren** erteilt, ist nicht die Zustellung des Widerspruchsbescheides maßgeblich, sondern die etwa in einer mündlichen Verhandlung zuvor erteilte mündliche Mitteilung, dass die Zustimmung erteilt wird (BAG 21. 4. 05 NZA 2005, 991, 992). Ausnahmsweise hat das BAG in seiner Entscheidung vom 21. 4. 2005 die Kündigung des Arbeitgebers dennnoch als „unverzüglich" im Sinne des § 91 Abs. 5 angesehen, weil die Auffassung des Arbeitgebers, es komme auf die Zustellung des Widerspruchsbescheides an, noch vertretbar war, solange diese Rechtsfrage höchstrichterlich nicht geklärt war (BAG 21. 4. 2005, a. a. O.).

Maßgeblich für die Wahrung der Kündigungserklärungsfrist ist, **29** wann das **Kündigungsschreiben dem Arbeitnehmer zugeht** (BAG 3.4.86 AP Nr.9 zu §18 SchwbG). Der Arbeitgeber hat dafür zu sorgen, notfalls durch Boten, dass den Arbeitnehmer das Kündigungsschreiben unverzüglich erreicht. Ausnahmsweise kann es jedoch **treuwidrig** sein, sich auf den verspäteten Kündigungszugang zu berufen, wenn der Arbeitnehmer über das Zustimmungsverfahren beim Integrationsamt informiert war und er auch einen Benachrichtigungsschein über die Niederlegung des Kündigungsschreibens zur Kenntnis genommen hat, dieses aber bei der Post nicht abholt (BAG 3.4.86, a.a.O.).

Dem Arbeitgeber ist es unbenommen, die **Beteiligung des Be-** **30** **triebsrates** gemäß §102 BetrVG auch noch während oder nach dem Zustimmungsverfahren zu veranlassen. Entscheidet er sich für eine Anhörung erst nach der zustimmenden Entscheidung des Integrationsamtes, muss er den Betriebsrat **unverzüglich** um Stellungnahme zur Kündigung auffordern. In der Regel muss dies am **ersten Tag nach der Zustimmungserteilung** geschehen. Sobald die Stellungnahme des Betriebsrates vorliegt oder die 3-Tage-Frist des §102 Abs.2 S.3 BetrVG verstrichen ist, ist der Arbeitgeber weiterhin verpflichtet, im darauffolgenden Tag für einen Zugang der Kündigung beim Arbeitnehmer zu sorgen (BAG 22.1.87 AP Nr.24 zu §103 BetrVG; BAG 27.5.83 AP Nr.12 zu §12 SchwbG; BAG 3.7.80 AP Nr.2 zu §18 SchwbG). In seiner Entscheidung vom 22.1.87 (a.a.O.) hat das BAG klargestellt, dass es diese besonders knappen Fristen nur dann verlangt, wenn der Arbeitgeber das Anhörungsverfahren erst nach der Zustimmungserteilung erstmals oder wiederholt einleitet.

Handelt es sich um einen **Mandatsträger** und muss deshalb die Zu- **31** stimmung des Betriebsrates oder Personalrates vor Ausspruch der Kündigung vorliegen, muss der Arbeitgeber nicht bereits vor der Zustimmung des Integrationsamtes ein Zustimmungsersetzungsverfahren einleiten, um die 2-Wochen-Frist zu wahren. Vielmehr tritt **an die Stelle der Kündigung der Antrag an das Arbeitsgericht** nach §103 Abs.2 BetrVG (BAG 22.1.87 AP Nr.24 zu §103 BetrVG). Dies bedeutet, dass der Arbeitgeber bei der beabsichtigten Kündigung eines Mandatsträgers unverzüglich nach der Zustimmungsentscheidung des Integrationsamtes den Antrag auf Zustimmungsersetzung beim Arbeitsgericht stellen muss und ihm hierfür die gleiche kurze Überlegensfrist von nur wenigen Tagen zur Verfügung steht wie dann, wenn er dem Arbeitnehmer die Kündigung erteilt. Den Arbeitgeber bereits vor der Zustimmungserteilung zur Stellung des Zustimmungsersetzungsantrags zu zwingen, macht keinen Sinn und wäre unzweckmäßig, weil dem Antrag das Rechtsschutzinteresse fehlt, wenn das Integrationsamt später die Zustimmung versagt (BAG 22.1.87, a.a.O.).

VII. Entscheidung des Integrationsamtes (Abs. 4)

32   Die Entscheidung des Integrationsamtes richtet sich grundsätzlich danach, ob die Kündigung aus einem Grund erfolgt, der nicht mit der Behinderung im Zusammenhang steht oder nicht.

33   **1. Kein Zusammenhang zwischen Behinderung und Kündigungsgrund.** In diesem Fall sieht Abs. 4 vor, dass das Integrationsamt im **Regelfall die Zustimmung zu erteilen hat.** Das „Soll" ist im verwaltungsrechtlichen Sinne als „Muss" zu verstehen (BVerwG 10. 9. 1992 5 C 80/88, LS in NZA 1994, 420; BVerwG 10. 9. 92 – 5 C 39/ 88 NZA 1993, 76, 78; BVerwG 2. 7. 92 – 5 C 39/90 Buchholz 436.61 § 21 SchwbG 1986 Nr. 3; BVerwG 2. 7. 92 – 5 C 31/91 NZA 1993, 123).

34   Die Zustimmungserteilung in diesem Fall ist begründet in dem gesetzgeberischen Zweck, die spezifischen Schutzinteressen schwerbehinderter Menschen zur Geltung zu bringen, also die aus ihrer Behinderung resultierenden Benachteiligungen auf dem Arbeitsmarkt auszugleichen. **Allgemeine soziale Abwägungsinteressen**, die nichts mit der Behinderung zu tun haben, sind dagegen der Prüfung durch die **Arbeitsgerichte** vorbehalten. Wenn der schwerbehinderte Arbeitnehmer einen Grund für eine Kündigung gegeben hat, der nicht mit der Behinderung im Zusammenhang steht, hat das Kündigungsinteresse des Arbeitgebers demnach grundsätzlich Vorrang und die Zustimmung ist zu erteilen (BVerwG, a.a.O.).

35   Trotz fehlenden Zusammenhangs besteht die Zustimmungspflicht des Abs. 4 ausnahmsweise nicht, wenn besondere **atypische Umstände** vorliegen. Ein derartiger atypischer Fall soll gegeben sein, wenn die außerordentliche Kündigung den Schwerbehinderten in einer die Schutzzwecke des Schwerbehindertenrechts berührenden Weise besonders hart trifft, ihm im Vergleich zu anderen von Kündigung betroffenen Schwerbehinderten also ein Sonderopfer abverlangt wird (BVerwG 10. 9. 1992 – 5 C 80/88, LS in NZA 1994, 420; BVerwG 10. 9. 92 – 5 C 39/88 NZA 1993, 76, 78; BVerwG 2. 7. 92 – 5 C 39/90 Buchholz 436.61 § 21 SchwbG 1986 Nr. 3; BVerwG 2. 7. 92 – 5 C 31/91 NZA 1993, 123).

36   Allgemeine **schlechte Vermittlungschancen** auf dem Arbeitsmarkt, langjährige Beschäftigung oder fortgeschrittenes Alter begründen noch keine atypische Fallgestaltung, da sie keine außergewöhnlichen Umstände sind, sondern typische besondere soziale Belange von schwerbehinderten Menschen darstellen (BVerwG, a.a.O.; OVG NW 22. 1. 2009 – 12 A 2094/08). Schlechte Vermittlungschancen begründen dann eine atypische Fallgestaltung, wenn sie aufgrund einer nach Art oder Schwere besonders gelagerten Behinderung über die typische Benachteiligung von Schwerbehinderten hinausgehen (BVerwG, a.a.O.). Vorstellbar ist dies in einem Fall, in dem etwa der Arbeitsplatz

des Schwerbehinderten mit aufwendigen technischen Arbeitshilfen behindertengerecht durch Mittel des Integrationsamtes ausgestattet worden ist und aufgrund der spezifischen Behinderung eine Vermittlung auf einen anderen Arbeitsplatz ausgeschlossen ist.

Umstritten ist, inwieweit das Integrationsamt **prüfen** muss, ob ein **37** **wichtiger Grund** im Sinne des § 626 Abs. 1 BGB gegeben ist. Nach der Rechtsprechung des BVerwG ist dies grundsätzlich den Arbeitsgerichten vorbehalten; denn der besondere Kündigungsschutz diene dazu, die behinderungsbedingten Nachteile auszugleichen, nicht aber eine umfassende Abwägung aller gegenläufigen Interessen zwischen Arbeitgeber und Arbeitnehmer vorzunehmen. Außerdem wäre eine Beurteilung des wichtigen Grundes im Sinne des § 626 Abs. 1 BGB innerhalb der kurzen Zwei-Wochen-Frist auch nicht möglich (BVerwG 2. 7. 92 NZA 1993, 123, 125; OVG HH 14. 11. 86 NZA 1987, 566; Bay.VGH 29. 3. 90 br 1990, 136; OVG Münster 8. 3. 96 br 1997, 47; OVG Münster 5. 9. 89 EzA § 21 SchwbG 1986 Nr. 1; *Griebeling* in Hauck/ Noftz, SGB IX, K § 91 RdNr. 11; APS/*Vossen,* § 91 SGB IX, RdNr. 18; KR-*Etzel,* § 91 SGB IX RdNr. 19).

Lediglich in dem Fall, dass sich aus den vom Arbeitgeber geltend **38** gemachten Gründen sowie aus den im Zustimmungsverfahren ermittelten Fakten **offensichtlich kein wichtiger Grund** für eine Kündigung **herleiten lässt, sei es geboten,** die Zustimmung auch wegen des Fehlens eines wichtigen Grundes im Sinne des § 626 Abs. 1 BGB zu verweigern (BVerwG 18. 9. 1996 – 5 B 109/96; VGH Bad.-Württ. 24. 11. 2005 – 9 S 2178/05; OVG HH 14. 11. 86 NZA 1987, 566 und OVG Münster 5. 9. 89 EzA SchwbG 1986 § 21 Nr. 1; *Griebeling* in Hauck/ Noftz, SGB IX, K § 91 RdNr. 11; KR-*Etzel,* § 91 SGB IX RdNr. 20; KDZ-*Zwanziger,* § 91 SGB IX RdNr. 9; Offengelassen: BVerwG 2. 7. 92 NZA 1993, 123, 126; auch eine Evidenzprüfung ablehnend: *Kreitner,* jurisPK-SGB IX, § 91 RdNr. 28).

Die Gegenansicht kritisiert die Rechtsprechung des BVerwG, da **39** auch die Berücksichtigung atypischer Umstände letztlich eine unter Beachtung der Umstände des Einzelfalls durchgeführte Interessenabwägung im Rahmen des § 626 Abs. 1 BGB sei und fordert von den Verwaltungsgerichten auch, das Vorliegen eines wichtigen Grundes zu prüfen (*Dörner,* SchwbG, § 21 Anm. IV. 2. a und b; *Cramer,* SchwbG, § 21 RdNr. 7; *Neumann/Pahlen/Majerski-Pahlen,* SGB IX, § 91 RdNr. 21; GK-SGB IX-*Lampe,* § 91 RdNr. 49; KDZ-*Zwanziger,* § 91, SGB IX RdNr. 9).

Im Grundsatz ist der Auffassung des BVerwG zu folgen, da in der **40** Tat sowohl eine umfassende Sachverhaltsaufklärung als auch eine abschließende arbeitsrechtliche Bewertung des Vorliegens eines wichtigen Grundes bei Beachtung der knappen gesetzlichen Zeitvorgabe nicht möglich ist und damit auch nicht zu sachgerechten Ergebnissen führen kann. Soweit daher nicht spezifische Schutzinteressen des

Schwerbehinderten betroffen sind, ist die Überprüfung der Rechtfertigung einer außerordentlichen Kündigung wie auch bei jedem anderen Arbeitnehmer, der von einer außerordentlichen Kündigung betroffen ist, grundsätzlich den Arbeitsgerichten zu überlassen.

41   Darüber hinaus ist die Ablehnung der Zustimmung aber auch dann
gerechtfertigt, wenn der vom Arbeitgeber angeführte oder **von Amts
wegen ermittelte unstreitige Sachverhalt schon objektiv nicht
geeignet ist, einen wichtigen Grund** im Sinne des § 626 Abs. 1 BGB
abzugeben (so auch VG Frankfurt 17. 1. 2006 – 7 E 2541/05; *Kossens/von
der Heide/Maaß,* SGB IX, § 91 RdNr. 22; *Dörner,* SchwbG, § 21 Anm. IV.
2 c aa; *Düwell,* LPK-SGB IX, § 91 RdNr. 26; *Trenk-Hinterberger,* HK-
SGB IX, § 91 RdNr. 36; a. A. ErfK-*Rolfs,* § 91, RdNr. 6). In seiner Entscheidung vom 2. 7. 92 (NZA 1993, 123, 126) geht im Übrigen das
BVerwG vergleichbar vor, in dem es Feststellungen dazu trifft, dass der
Sachverhalt, den der Arbeitgeber zur Begründung vorträgt, von den
Besonderheiten des Einzelfalles abgesehen, einen wichtigen Grund
darstellen kann.

42   Bei der Prüfung des Zustimmungsantrags sind daher **zwei Fallgruppen** zu unterscheiden (so ähnlich auch *Dörner,* SchwbG, § 21
SchwbG Anm. IV. 2 c; *Düwell,* LPK-SGB IX, § 91 RdNr. 26):

      (1) Der vom Arbeitgeber **vorgetragene oder unstreitige Sachver-
halt** erfüllt **offensichtlich** nicht die Voraussetzungen eines wichtigen
Grundes oder ist zumindest **objektiv ungeeignet**, einen wichtigen
Grund abzugeben. Offensichtlichkeit müsste z. B. in dem Fall an-
genommen werden, dass ein Arbeitgeber wegen Stilllegung seines
Betriebes meint, einen Grund zur fristlosen Kündigung zu haben. Ob-
jektiv ungeeignet wäre z. B. der Vortrag des Arbeitgebers, der schwer-
behinderte Arbeitnehmer sei zwei Mal wenige Minuten zu spät zur
Arbeit erschienen. In beiden Fällen müsste das Integrationsamt die
Zustimmung verweigern.

43   (2) Der vom Arbeitgeber **angegebene Sachverhalt ist objektiv
geeignet**, einen wichtigen Grund abzugeben. Der Arbeitgeber behauptet z. B., der Arbeitnehmer habe betriebseigenes Material unter-
schlagen oder die Kassiererin habe Geld aus der Kasse in ihre eigene
Tasche gesteckt oder es sei im Betrieb zu einer tätlichen Auseinandersetzung gekommen oder der Arbeitnehmer habe eigenmächtig Urlaub
genommen. Bleiben lediglich die **Umstände im Einzelnen streitig,**
(etwa, ob die Mitnahme von betriebseigenem Material nicht doch üblich war, der Urlaub nicht doch genehmigt war etc.), ist die **genaue
Aufklärung** den **Arbeitsgerichten** überlassen. Stellt das Integrationsamt fest, dass **kein Zusammenhang** zwischen Behinderung und
Kündigungsgrund besteht, ist die allgemein arbeitsrechtliche Prüfung,
inwieweit es dem Kündigenden unter Berücksichtigung aller Umstände und unter Abwägung der beidseitigen Interessen unzumutbar
ist, das Arbeitsverhältnis fortzusetzen, nicht mehr durch das Integra-

tionsamt, sondern ebenfalls durch die Arbeitsgerichte vorzunehmen. Die Zustimmung ist daher **in der Regel zu erteilen**, da spezifische Schutzinteressen schwerbehinderter Menschen, die im Vorfeld der Kündigung zu prüfen sind, nicht mehr greifen. Die durch die Behinderung bedingte besonders schützenswerte Stellung des schwerbehinderten Menschen wird nicht mehr berührt. Er befindet sich in der Stellung wie jeder andere Arbeitnehmer auch, dem außerordentlich wegen behaupteter erheblicher Pflichtverletzungen gekündigt wird (anderer Ansicht: *Neumann/Pahlen/Majerski-Pahlen*, SGB IX, § 91 RdNr. 21; *Düwell*, LPK-SGB IX, § 91 RdNr. 26; *Dörner*, SchwbG, § 21 Anm. IV. 2c bb, die auch hier eine Prüfung des wichtigen Grundes aufgrund des gegenwärtigen Erkenntnisstandes des Integrationsamtes zulassen wollen, obwohl auch sie im Fall der ordentlichen Kündigung die Prüfung der allgemeinen Sozialwidrigkeit der Kündigung den Arbeitsgerichten überlassen wollen).

2. Zusammenhang zwischen Kündigungsgrund und Behinderung. In diesem Fall gilt die Zustimmungspflicht des Abs. 4 nicht. Das Integrationsamt entscheidet nach pflichtgemäßem freien Ermessen. Es hat eine umfassende Interessenabwägung vorzunehmen, bei der alle Umstände, die für oder gegen die Weiterbeschäftigung des schwerbehinderten Menschen sprechen, berücksichtigt werden (*Düwell*, LPK-SGB IX, § 91 RdNr. 24). Die Ermessensentscheidung kann auch rechtmäßig zu dem Ergebnis führen, die Zustimmung zu erteilen. So hat das OVG Münster in einem Fall, in dem der Hausmeister einer Grundschule Geldbeträge aus den Taschen von Lehrern gestohlen hatte, um seine Heroinsucht zu finanzieren, trotz des bestehenden Zusammenhangs zwischen dem vertragswidrigen Verhalten und der Behinderung wegen der Besonderheiten des Falles das Integrationsamt für verpflichtet angesehen, die Zustimmung zu erteilen (OVG NW 23. 5. 00 br 2000, 176). **44**

Der **Zusammenhang** muss kein unmittelbarer sein; ein **mittelbarer** reicht aus. Ein solcher ist etwa dann anzunehmen, wenn das vertragswidrige Verhalten durch die gesundheitliche Schädigung hervorgerufen worden ist (Belästigung durch einen Hirnverletzten: BAG 17. 5. 57 AP Nr. 1 zu § 19 SchwBeschG). Ein Zusammenhang kann beispielshaft anzunehmen sein, wenn eine tätliche Auseinandersetzung durch das behinderungsbedingt aggressive Verhalten des Arbeitnehmers ausgelöst worden ist oder behinderungsbedingte Reifeverzögerungen vorliegen (VGH München 14. 3. 2008 – 12 ZB 07.1720; weitere Beispiele bei: *Braasch* in Deinert/Neumann, Handbuch SGB IX, § 19 RdNr. 193 Fn. 358). Häufiges Zuspätkommen oder wiederholte Nachlässigkeiten während der Arbeit können auf einer chronischen Suchterkrankung beruhen. Es reicht auch aus, dass zwischen dem behaupteten Kündigungsgrund und dem ausgeübten Amt als Vertrauensperson ein Zusammenhang besteht (LAG Düsseldorf 4. 12. 02 AiB 2004, 444). **45**

46   Das Integrationsamt hat seinerseits alles Erforderliche zu ermitteln, um beurteilen zu können, ob ein Zusammenhang zwischen dem **Kündigungsgrund** und der **Behinderung** besteht. Die Beweislast für den fehlenden Zusammenhang liegt jedoch beim Arbeitgeber (*Neumann/Pahlen/Majerski-Pahlen,* SGB IX, § 91 RdNr. 25; APS/*Vossen,* § 91 SGB IX, RdNr. 20). Bleiben also **Zweifel**, tritt die Ermessensbindung des § 91 Abs. 4 nicht ein; die Behörde muss keine Zustimmung erteilen, sondern nach pflichtgemäßem freien **Ermessen** entscheiden.

VIII. Hilfsweise ordentliche Kündigung und Umdeutung

47   Neben der außerordentlichen Kündigung spricht der Arbeitgeber häufig auch hilfsweise eine ordentliche fristgerechte Kündigung aus. Vielfach kann zudem die außerordentliche Kündigung gemäß § 140 BGB in eine ordentliche Kündigung umgedeutet werden, wenn dies dem erkennbaren Willen des Arbeitgebers entspricht. Im Schwerbehindertenrecht ist dies jedoch nur dann zulässig, wenn eine **gesonderte Zustimmung des Integrationsamtes** auch für die ordentliche Kündigung vorliegt. Die Zustimmung zur außerordentlichen Kündigung enthält nicht gleichzeitig die Zustimmung zur ordentlichen Kündigung (LAG Berlin 9. 7. 84 NZA 1985, 95; LAG Köln 11. 8. 98 NZA-RR 1999, 415; LAG Schlesw.-Holst. 8. 9. 1998 – 1 Sa 111/98; *Griebeling* in Hauck/Noftz, SGB IX, K § 91 RdNr. 20; *Düwell,* LPK-SGB IX, § 91 RdNr. 36; *Neumann/Pahlen/Majerski-Pahlen,* SGB IX, § 91 RdNr. 7; *Kossens/von der Heide/Maaß,* SGB IX, § 91 RdNr. 20). Soweit die Kündigungsgründe nicht im Zusammenhang mit der Behinderung stehen, kommt eine Umdeutung gemäß § 43 Abs. 3 SGB X schon deshalb nicht in Betracht, weil die Zustimmung zur außerordentlichen Kündigung in der Regel auf einer gebundenen Ermessensentscheidung gemäß § 91 Abs. 4 beruht und die Zustimmung zur ordentlichen Kündigung aufgrund einer freien Ermessensentscheidung ergehen müsste (LAG Schlesw.-Holst. 8. 9. 1998 – 1 Sa 111/98). Aber auch in dem Fall, dass beim Bestehen eines Zusammenhangs auch die Zustimmung zur außerordentlichen Kündigung nach freiem pflichtgemäßem Ermessen zu treffen ist, kann nicht angenommen werden, dass in der Zustimmung zur außerordentlichen Kündigung immer auch die Zustimmung zur „milderen" ordentlichen Kündigung enthalten ist (so aber KR-*Etzel* § 91 SGB IX RdNr. 35 bis auf den Fall der Zustimmungsfiktion).

48   Die abweichende Ansicht überzeugt deshalb nicht, weil beide Verfahren vor allem bezogen auf die unterschiedliche Entscheidungsfrist, die im Falle der ordentlichen Kündigung dem Integrationsamt eine viel sorgfältigere Prüfung ermöglicht, erheblich voneinander abweichen.

IX. Sonderfall der außerordentlichen Kündigung mit Auslauffrist

Nach der Rechtsprechung des BAG soll auch für die sog. außer- **49** ordentliche Kündigung mit sozialer Auslauffrist die Regelung des § 91 gelten (BAG 12. 5. 05 NZA 2005, 1173f; BAG 12. 8. 99 NZA 1999, 1267). Darunter fallen Kündigungen, die gegenüber Arbeitnehmern ausgesprochen werden, bei denen aufgrund einzelvertraglicher, betrieblicher oder tariflicher Vorschriften (z. B. § 34 Abs. 2 TVöD, § 11 Abs. 9 MTV Einzelhandel oder § 20 Ziff. 4 EMTV Metall und Elektroindustrie NW) nach längerer Betriebszugehörigkeit und Erreichens einer bestimmten Altersgrenze das Recht zur ordentlichen Kündigung ausgeschlossen ist. Die **Regelungen des § 91** können auf diese Fälle jedoch **nicht uneingeschränkt Anwendung finden**. Die Rechtsprechung des BAG wird zu Recht kritisiert (*Griebeling* in Hauck/Noftz, SGB IX, K § 91 RdNr. 4; *Düwell*, LPK-SGB IX, § 91 RdNr. 11). Die uneingeschränkte Anwendung des § 91 steht im **Widerspruch zur eigenen Rechtsprechung des BAG** und den darin entwickelten besonders strengen Maßstäben, die an die Wirksamkeit einer außerordentlichen Kündigung mit sozialer Auslauffrist anzulegen sind. Danach liegt im Ausnahmefall beim Wegfall jeglicher Beschäftigungsmöglichkeit ein wichtiger betriebsbedingter bzw. personenbedingter Grund vor. Auch eine Weiterbeschäftigung ist nur ausnahmsweise für den Arbeitgeber unzumutbar, wenn er dem Arbeitnehmer über einen längeren Zeitraum Lohn fortzahlen müsste, obwohl er ihn z. B. wegen Betriebsstilllegung nicht mehr einsetzen kann (BAG 12. 8. 99 NZA 1999, 1267; BAG 5. 2. 98 NZA 1998, 771). Darüber hinaus ist der Arbeitgeber verpflichtet, mit allen zumutbaren Mitteln, ggf. auch durch eine entsprechende Umorganisation und das Freimachen geeigneter gleichwertiger Arbeitsplätze eine Weiterbeschäftigung des Arbeitnehmers im Betrieb bzw. Unternehmen zu versuchen (BAG, a.a.O. und U. v. 6. 11. 97 NZA 1998, 833).

Bei der Frage, wann dem Arbeitgeber die Weiterbeschäftigung zu- **50** mutbar ist, spielt auch die Kündigungsfrist eine Rolle, die bei einer ordentlichen Kündigungsfrist maßgebend wäre. Außerdem sollen die im Falle der ordentlichen Kündigung geltenden schärferen Beteiligungsrechte des Personalrates oder die längere Stellungnahmefrist des § 102 Abs. 2 S. 1 BetrVG und das Widerspruchsrecht des § 102 Abs. 3–5 BetrVG Anwendung finden (BAG 5. 2. 98 NZA 1998, 771). Dies wird damit begründet, dass ansonsten ein **nicht zu rechtfertigender Wertungswiderspruch** bestünde, wenn der Arbeitnehmer, der noch ordentlich gekündigt werden kann, besser gestellt wäre als der Arbeitnehmer, bei dem die ordentliche Kündigung ausgeschlossen ist (BAG 5. 2. 98, a.a.O.).

51   Diese Gesichtspunkte sind auch bei der Frage, ob die Regeln des § 91 uneingeschränkt auf außerordentliche Kündigungen mit sozialer Auslauffrist übertragen werden können, zu berücksichtigen. Gemäß § 91 Abs. 4 ist in der Regel keine Ermessensentscheidung zu treffen, wenn kein Zusammenhang zwischen Behinderung und Kündigungsgrund besteht; in diesen Fällen ist vielmehr regelmäßig die Zustimmung zu erteilen. Dies bedeutet, dass etwa im Falle betrieblicher Kündigungsgründe, bei denen in der Regel kein Zusammenhang zur Behinderung besteht, bei außerordentlichen Kündigungen mit sozialer Auslauffrist die Zustimmung zu erteilen wäre, während bei ordentlich kündbaren Arbeitnehmern eine Ermessensentscheidung nur mit den Einschränkungen des § 89 getroffen werden müsste. Dies stellt den Wertungswiderspruch dar, der nach Ansicht des BAG regelmäßig gerade vermieden werden soll. Insofern erscheint es gerechtfertigt, dass das Integrationsamt der **außerordentlichen Kündigung mit sozialer Auslauffrist nur unter den Voraussetzungen der §§ 88, 89 zustimmen kann** und **weder § 91 Abs. 4 noch das beschleunigte Verfahren des § 91 Abs. 3 anzuwenden sind** (so auch *Griebeling* in Hauck/Noftz, SGB IX, K § 91 RdNr. 4; *Düwell*, LPK-SGB IX, § 91 RdNr. 11; KDZ-*Zwanziger,* SGB IX, § 91 RdNr. 2; *Braasch* in Deinert/ Neumann, Handbuch SGB IX, § 19 RdNr. 110). Die Fristbestimmungen des § 91 Abs. 2 und 5 sind dagegen Schutzbestimmungen zugunsten des Schwerbehinderten. Hiervon abzuweichen gibt es keinen Grund. Das Gleiche gilt auch für die Form der Bekanntgabe an den Arbeitgeber (BAG 12. 8. 99 NZA 1999, 1267; *Griebeling*, a.a.O.; *Düwell*, a.a.O.). So wird etwa auch im Fall nicht behinderter Arbeitnehmer die Ausschlussfrist des § 626 Abs. 2 BGB bei ordentlich unkündbaren Arbeitnehmern weiter angewendet.

X. Streik oder Aussperrung (Abs. 6)

52   § 91 Abs. 6 bestimmt, dass der schwerbehinderte Arbeitnehmer nach Ende eines Arbeitskampfes wieder eingestellt werden muss, wenn ihm aus Anlass eines Streiks oder Aussperrung außerordentlich gekündigt worden ist. Insoweit knüpft die Vorschrift an eine längst überholte Rechtsauffassung an, nach der der Arbeitgeber das Arbeitsverhältnis wegen der Teilnahme an einem Streik fristlos lösen konnte. Heute läuft die Vorschrift praktisch leer, da **Arbeitnehmer** nach der Rechtsprechung des BAG **aus Anlass eines Arbeitskampfes nicht entlassen werden dürfen** (BAG GS 21. 4. 71 AP Nr. 43 zu Art. 9 GG Arbeitskampf; BAG 17. 12. 76 AP Nr. 51 zu Art. 9 GG Arbeitskampf), bei Streik und Aussperrung außerdem die **Pflichten** aus dem Arbeitsverhältnis lediglich **suspendiert** werden (BAG 3. 8. 99 NZA 2000, 487; BAG 17. 6. 97 NZA 1998, 47, ständige Rechtspr.).

Kündigt ein Arbeitgeber dennoch, ist die Kündigung zustimmungs- **53** pflichtig. Diese ist allerdings nicht zu erteilen, da bereits offensichtlich ein wichtiger Grund zur Auflösung des Arbeitsverhältnisses nicht besteht.

Allenfalls bei Teilnahme an einem **rechtswidrigen Streik** kommt **54** der Vorschrift noch eine eingeschränkte praktische Bedeutung zu. Da im Falle der bloßen Teilnahme an einer rechtswidrigen Arbeitsniederlegung eine außerordentliche Kündigung grundsätzlich in Betracht kommen kann (BAG 14. 2. 78 AP Nr. 59 zu Art. 9 GG Arbeitskampf), ist in diesem Fall auch die Vorschrift des § 91 Abs. 6 anwendbar. Erteilt das Integrationsamt nämlich die Zustimmung und hält die außerordentliche Kündigung auch einer arbeitsgerichtlichen Überprüfung stand, muss der schwerbehinderte Mensch nach Beendigung der Arbeitskampfmaßnahme gemäß § 91 Abs. 6 **wieder eingestellt werden**. Unter Beachtung des Gebots der Verhältnismäßigkeit hält die Rechtsprechung des BAG den Arbeitgeber für berechtigt, auf einen rechtswidrigen Streik auch mit der **lösenden Aussperrung** zu reagieren (BAG GS 21. 4. 71 AP Nr. 43 zu Art. 9 GG Arbeitskampf). Insoweit ist jedoch kein Raum für die Regelung des § 91 Abs. 6, da auch nicht behinderten Arbeitnehmern ein Wiedereinstellungsanspruch nach billigem Ermessen zusteht (BAG GS 21. 4. 71, a.a.O.; dazu auch: *Langer*, NZA 1991, Beil. 3, 24 f.).

Eine außerordentliche Kündigung kommt auch bei **Streikexzes- 55 sen**, also Begehung von Straftaten anlässlich eines rechtmäßigen Streiks, in Betracht. In diesen Fällen ist die Regelung des § 91 Abs. 6 allerdings **nicht anwendbar**, weil die Kündigung nicht nur wegen der Teilnahme am Arbeitskampf erfolgt ist. In der Praxis wird die Wiedereinstellung in diesen Fällen allerdings durch tarifvertragliche **Maßregelungsverbote** gewährleistet.

Erweiterter Beendigungsschutz

92 [1]Die Beendigung des Arbeitsverhältnisses eines schwerbehinderten Menschen bedarf auch dann der vorherigen Zustimmung des Integrationsamtes, wenn sie im Falle des Eintritts einer teilweisen Erwerbsminderung, der Erwerbsminderung auf Zeit, der Berufsunfähigkeit oder der Erwerbsunfähigkeit auf Zeit ohne Kündigung erfolgt. [2]Die Vorschriften dieses Kapitels über die Zustimmung zur ordentlichen Kündigung gelten entsprechend.

Übersicht

I. Allgemeines

1   Im SchwBeschG waren Beendigungen des Arbeitsverhältnisses außerhalb von Kündigungen zustimmungsfrei. Mit dem SchwbG 1974 wurde erstmals der besondere Kündigungsschutz auch für Schwerbehinderte eingeführt, deren Arbeitsverhältnis nicht durch Kündigung, sondern durch den Eintritt der auflösenden Bedingung „Bezug einer Rente wegen Berufsunfähigkeit" beendet wurde. Mit dem Änderungsgesetz vom 9. 7. 79 wurde die Regelung auf Erwerbsunfähigkeitsrenten auf Zeit ausgedehnt. Mit Wirkung vom 1. 1. 01 ist § 22 SchwbG an die gesetzlichen Neuregelungen des Gesetzes zur Reform der Renten wegen verminderter Erwerbsfähigkeit (EM-ReformG) vom 20. 12. 2000 angepasst und die Zustimmungspflicht auf die Fälle der teilweisen oder vollen Erwerbsminderung ausgedehnt worden (Begründung zum Gesetzentwurf der Fraktionen von SPD und Bündnis 90/Die Grünen, BT-Drucks. 14/5074 S. 113). In dieser Fassung ist § 22 SchwbG als § 92 inhaltlich unverändert übernommen worden.

2   Der Zweck der Vorschrift geht dahin, das **Mitspracherecht des Integrationsamtes zu sichern**, wenn tarifliche, betriebliche oder einzelvertragliche Regelungen die Beendigung des Arbeitsverhältnisses ohne Kündigung aufgrund des Eintritts von Berufsunfähigkeit, Erwerbunfähigkeit auf Zeit oder teilweise bzw. voller Erwerbsminderung auf Zeit vorsehen (BAG 28. 6. 95 NZA 1996, 374, 376). Der Schutz der schwerbehinderten Menschen wird dadurch erweitert, weil der besondere Kündigungsschutz des § 85 Beendigungstatbestände außerhalb von Kündigungen nicht erfasst.

II. Anwendungsbereich

3   Die Vorschrift hat an Bedeutung verloren, da die insoweit vor allem im öffentlichen Dienst geltenden tariflichen Regelungen (§ 59 BAT, § 56 MTV für die Arbeiter des Bundes und § 62 MTV für die Arbeiter der Länder) 1985 dahingehend geändert worden sind, dass die **Gewährung einer Rente auf Zeit** nicht mehr zur automatischen Beendigung des Arbeitsverhältnisses, sondern nur noch zu dessen Ruhen führt. Dies gilt auch seit Einführung des TVöD und TV-L gemäß § 33 Abs. 2 TVöD bzw. § 33 Abs. 2 TV-L. Die in § 33 Abs. 1 TVöD enthaltene Beendigung des Arbeitsverhältnisses beim Bezug einer **Rente auf Dauer** stellt eine auflösende Bedingung dar, die das BAG als sachlich gerechtfertigt angesehen hat (BAG 15. 3. 2006 – 7 AZR 332/05 zur gleichlautenden Vorschrift des § 59 Abs. 1 BAT; dazu krit. *Gagel*, jurisPR-ArbR 6/2008 Anm. 4).

Außerdem hat das BAG entschieden, dass die Regelungen, die eine **4** Beendigung im Falle des Bezuges einer **Berufsunfähigkeitsrente** (seit 1. 1. 2001 **teilweise Erwerbsminderungsrente**) vorsehen, in der Weise gesetzeskonform auszulegen sind, dass eine Umgehung des §1 KSchG oder der §§ 626, 622 BGB ausgeschlossen ist. Dies ist nur gewährleistet, wenn das Arbeitsverhältnis nur dann auflösend bedingt endet, wenn keine zumutbaren Weiterbeschäftigungsmöglichkeiten für den Arbeitnehmer bestehen (BAG 28. 6. 95 NZA 1996, 374; BAG 31. 7. 02 NZA 2003, 620f.). Diese Einschränkung wird in den Regelungen des §33 Abs. 3 TVöD und §33 Abs. 3 TV-L berücksichtigt. Bei Weiterbeschäftigungsmöglichkeiten für das vom Rentenversicherungsträger festgestellte Leistungsvermögen ruht bzw. endet das Arbeitsverhältnis nach den tariflichen Vorschriften daher nicht. §33 **Abs. 3 TVöD** verpflichtet allerdings den Arbeitnehmer, der **Weiterbeschäftigungsmöglichkeiten** geltend machen will, dies innerhalb einer **Frist von 2 Wochen** schriftlich zu beantragen. Für den Beginn der Frist kommt es auf die Zustellung des Rentenbescheides, nicht auf die Zustellung der Zustimmungsentscheidung des Integrationsamtes an (LAG Meckl.-Vorpomm. 11. 9. 2007 – 5 Sa 110/079). Nach der Rechtsprechung des BAG ist die Regelung des §33 Abs. 3 TVöD wirksam. Den Arbeitgeber soll im Hinblick auf die Antragstellung auch keine Hinweispflicht treffen (BAG 15. 3. 2006 – 7 AZR 332/05 zur gleichlautenden Vorschrift des §59 Abs. 3 BAT; zu Recht krit. dazu: *Gagel*, jurisPR-ArbR 6/2008 Anm.4). Hat der Arbeitnehmer daher die Frist versäumt oder den Antrag nicht schriftlich gestellt, endet das Arbeitsverhältnis auch dann, wenn Weiterbeschäftigungsmöglichkeiten bestanden hätten. In diesem Fall bleibt also ein Anwendungsfall des §92 bestehen.

Für die Beendigung des Arbeitsverhältnisses wegen **dauerhafter** **5** **Erwerbsunfähigkeit** oder **voller Erwerbsminderung auf Dauer** ist §92 seinem Wortlaut nach schon nicht anwendbar. Damit beschränkt sich der Anwendungsbereich praktisch auf die Fälle der **Erwerbsunfähigkeit auf Zeit (§314 b SGB VI))**, der teilweisen oder **vollen Erwerbsminderung auf Zeit (§102 Abs. 2 SGB VI)** und der **Berufsunfähigkeit (§240, §302b SGB VI) bzw. teilweisen Erwerbsminderung (§43 Abs. 1 S. 2 SGB VI).**

Anerkannt ist weiterhin, dass §92 entsprechend Anwendung findet **6** auf sog. **Dienstordnungsangestellte**, die etwa bei Sozialversicherungsträgern beschäftigt werden und auf deren Arbeitsverhältnis Beamtenrecht anzuwenden ist. Werden sie wegen Dienstunfähigkeit in den Ruhestand versetzt, gilt nicht §128; es ist vielmehr die Zustimmung des Integrationsamtes einzuholen (BAG 20. 10. 77 AP Nr.1 zu §19 SchwbG; APS/*Vossen*, §92 SGB IX, RdNr. 12; KDZ-*Zwanziger*, §92 SchwbG RdNr. 3; *Neumann/Pahlen/Majerski-Pahlen*, SGB IX, §92 RdNr. 7).

7   Der geschützte Personenkreis ist im Übrigen derselbe wie im Falle
des Ausspruchs einer ordentlichen Kündigung. Der betroffene Arbeitnehmer muss **schwerbehindert** oder **gleichgestellt** sein oder zumindest einen dahingehenden Antrag gestellt haben. Maßgeblicher
Zeitpunkt für die Antragstellung ist ein dem Kündigungszeitpunkt
vergleichbarer Zeitpunkt. Dieser wird allgemein im Zeitpunkt des
Zugangs des Rentenbescheids gesehen (BAG 28.6.95 NZA 1996,
374; *Dörner*, SchwbG, § 22 RdNr. 8; *Düwell*, LPK-SGB IX, § 92
RdNr. 5). Da auch für die Anwendung des § 92 die Ausnahmeregelungen in § 90 gelten, muss unter Berücksichtigung der Regelung des
§ 90 Abs. 2a der Antrag mindestens drei Wochen vor Zugang des
Rentenbescheids beim Versorgungsamt bzw. der Agentur für Arbeit
eingereicht worden sein (LAG Bad.-Württ. 15.2.2007 – 3 Sa 49/06;
s. Einzelheiten unter § 90 RdNr. 37).

8   Weiterhin setzt die Zustimmungspflicht des § 92 voraus, dass der
Arbeitgeber **Kenntnis** von der Schwerbehinderteneigenschaft, der
Gleichstellung oder der entsprechenden Antragstellung hat. Auch hier
gilt die **Drei-Wochen-Frist** (bislang ein Monat, s. § 85 RdNr. 28) für
die Unterrichtung des Arbeitgebers über die Schwerbehinderung oder
Gleichstellung. Teilweise wird vertreten, dass die neue dreiwöchige
Frist hier nicht anzuwenden sei, weil mangels Kündigung auch keine
Klagefrist gelte (*Düwell*, LPK-SGB IX, § 92 RdNr. 13). Es ist richtig,
dass die Klagefrist des § 4 KSchG und in der Regel auch die dreiwöchige Klagefrist des § 17 TzBfG nicht einzuhalten ist, da im Falle der
Beendigung des Arbeitsverhältnisses infolge Rentengewährung nicht
über die Wirksamkeit der auflösenden Bedingung gestritten wird sondern darüber, ob die Voraussetzungen der auflösenden Bedingung tatsächlich vorliegen (BAG 23.6.04 NZA 2005, 520, 521; LAG Berlin
28.3.2006 – 7 Sa 1970/05). Dies gilt aber nicht ausnahmslos, da die Klagefrist des § 17 TzBfG zu beachten ist, wenn streitig ist, ob und zu welchem Zeitpunkt bei Vorliegen der vereinbarten Voraussetzungen das
Arbeitsverhältnis endet (LAG Berlin, a.a.O.). Wegen der Vergleichbarkeit des in den Regelungen des § 85 und des § 92 verankerten Sonderkündigungsschutzes ist es außerdem auch sachlich gerechtfertigt, beide
Gruppen in Bezug auf die Unterrichtung des Arbeitgebers gleich zu
behandeln. Unterrichtet der Arbeitnehmer daher seinen Arbeitgeber
nicht innerhalb der Frist von drei Wochen über seine Schwerbehinderteneigenschaft, Gleichstellung oder entsprechenden Antragstellung,
verliert er den besonderen Kündigungsschutz. Das BAG hat offengelassen, ob für den **Beginn der Frist** auf den Zeitpunkt der Stellung
des Rentenantrags oder auf den Zeitpunkt des **Zugangs des Rentenbescheids** abzustellen ist (BAG 28.6.95 NZA 1996, 374). In der Literatur wird zu Recht allgemein auf Letzteres abgestellt; nur dieser Zeitpunkt ist mit dem des Kündigungszugangs vergleichbar, weil erst die
Zustellung des Rentenbescheids die automatische Beendigung des Ar-

beitsverhältnisses auslöst (*Dörner*, SchwbG, § 22 SchwbG RdNr. 9; *Griebeling* in Hauck/Noftz, SGB IX, K § 92 RdNr. 4; APS/*Vossen*, § 92 SGB IX, RdNr. 14). Lediglich dann, wenn die tarifliche Vorschrift für die Beendigung des Arbeitsverhältnisses noch eine schriftliche Nachricht des Arbeitgebers vorsieht, berechnet sich die Drei-Wochen-Frist erst ab Zugang dieser Mitteilung beim Arbeitnehmer (*Dörner*, SchwbG, § 22 RdNr. 9).

III. Verfahren

Entsprechend der **Verweisungsregelung in S. 2** gelten die Verfah-   9
rensregeln, die im Falle einer ordentlichen Kündigung einzuhalten sind. Dies sind die §§ 85–89 mit Ausnahme der Kündigungsfrist des § 86, der Mindestkündigungsfrist des § 88 Abs. 3 sowie der Ermessenseinschränkung in § 89 Abs. 1 und 3. Gemäß § 87 Abs. 2 sind auch die Stellungnahmen von Betriebsrat, Personalrat und Schwerbehindertenvertretung einzuholen (*Düwell*, LPK-SGB IX, § 92 RdNr. 8; *Kayser*, br 2008, 153, 157).

Die Zustimmung des Integrationsamtes muss vor der Beendigung   10
des Arbeitsverhältnisses vorliegen. Die **Zustimmung** ist zu **beantragen**, wenn dem Arbeitnehmer der **Rentenbescheid zugestellt** worden ist und dem Arbeitgeber die **Schwerbehinderung bekannt** ist. Kennt der Arbeitgeber die Schwerbehinderung, weiß aber noch nichts vom Rentenbescheid, besteht das Arbeitsverhältnis so lange fort, bis die Zustimmung des Integrationsamtes eingeholt ist (*Düwell*, LPK-SGB IX, § 92 RdNr. 8; *Griebeling* in Hauck/Noftz, SGB IX, K § 92 RdNr. 4; *Dörner*, SchwbG, § 22 RdNr. 18). Diese kann der Arbeitgeber, ohne dass er an eine Frist gebunden wäre, auch noch zu einem viel späteren Zeitpunkt beantragen, nachdem er über das Vorliegen des Rentenbescheides in Kenntnis gesetzt worden ist (*Dörner*, a.a.O.; *Düwell*, a.a.O.; *Griebeling*, a.a.O.). Ohne Zustimmung wird auch eine in der tariflichen Regelung enthaltene Auslauffrist gehemmt. Diese Frist beginnt erst mit der Zustimmungserteilung.

IV. Entscheidung des Integrationsamtes

Das Integrationsamt hat eine Entscheidung nach **pflichtgemäßem**   11
Ermessen zu treffen. Die Ermessenseinschränkungen des § 89 Abs. 1 und 3 gelten nicht.

Es ist zu unterscheiden, aus welchem Grund die in der jeweiligen ta-   12
riflichen Vorschrift oder sonstigen Vereinbarung enthaltene auflösende Bedingung eingetreten ist.

- **Berufsunfähigkeitsrenten** werden nur noch übergangsweise gewährt für Personen, die vor dem 2. 1. 1961 geboren wurden. Berufsunfähig ist ein schwerbehinderter Mensch, wenn er seine bisherige berufliche Tätigkeit nicht mehr ausüben kann und auch keine zumutbaren Verweisungstätigkeiten in Betracht kommen. **Teilweise Erwersminderung** liegt vor, wenn der schwerbehinderter Mensch wegen Krankheit oder Behinderung nur noch eine Erwerbstätigkeit unter den üblichen Bedingungen des allgemeinen Arbeitsmarktes zwischen 3 und weniger als 6 Stunden täglich ausüben kann (§ 43 Abs. 1 S. 2 SGB VI). Da bei Beschäftigten, die teilweise erwerbsgemindert oder berufsunfähig sind, nicht ausgeschlossen ist, dass sie noch in der Lage sind, andere Beschäftigungen ohne Einschränkungen zu übernehmen, muss das Integrationsamt prüfen, ob eine **anderweitige Beschäftigung** im Betrieb möglich ist, die der Arbeitnehmer trotz seiner gesundheitlichen Einschränkungen ausüben kann (BAG 28. 6. 95 NZA 1996, 374). Bei der Gewährung einer teilweisen Erwerbsminderungsrente ist vor allem die Möglichkeit einer Teilzeitbeschäftigung gemäß § 81 Abs. 5 S. 2 zu berücksichtigen. Besteht eine zumutbare Weiterbeschäftigungsmöglichkeit, ist die Zustimmung nicht zu erteilen (*Dörner*, SchwbG, § 22 RdNr. 19; *Düwell*, LPK-SGB IX, § 92 RdNr. 9). Ob ein **Arbeitsplatz**, auf dem der schwerbehinderte Arbeitnehmer eingesetzt werden kann, **frei** ist, ist danach zu beurteilen, ob dieser zum Zeitpunkt der auflösenden Bedingung, also zum im Tarifvertrag vorgesehenen Zeitpunkt der Beendigung des Arbeitsverhältnisses frei ist oder in absehbarer Zeit frei wird. Das ist im Fall des § 33 Abs. 1 TVöD der Ablauf des Monats, in dem der Zustimmungsbescheid des Integrationsamtes zugestellt wird (LAG Berlin 28. 3. 2006 – 7 Sa 1970/05). Hat der Arbeitnehmer sein Weiterbeschäftigungsverlangen nicht oder nicht fristgerecht gemäß **§ 33 Abs. 3 TVöD** geltend gemacht, muss vor einer Beendigung des Arbeitsverhältnisses die Zustimmung gemäß § 92 eingeholt werden. Das Integrationsamt ist nicht berechtigt, das **versäumte Weiterbeschäftigungsverlangen** zu Ungunsten des Arbeitnehmers in die Interessenabwägung zu berücksichtigen, da der fehlende Antrag auf Unkenntnis der zu wahrenden Frist beruhen kann. Es ist also eine umfassende Sachverhaltaufklärung und Interessenabwägung durch das Integrationsamt vorzunehmen (*Kayser,* br 2008, 153, 157).

Im Falle einer **teilweisen Erwerbsminderungsrente auf Zeit** sehen die tariflichen Regelungen des öffentlichen Dienstes bereits keine Beendigung des Arbeitsverhältnis, sondern nur ein **Ruhen** vor. Stellt der Arbeitgeber trotzdem einen Zustimmungsantrag, muss ihm ein **Negativattest** erteilt werden, da Zustimmungspflicht nicht besteht. Sieht eine tarifliche, betriebliche oder einzelvertragliche Regelung auch bei einer Berufsunfähigkeitsrente oder teilweisen Erwerbsminderungsrente auf Zeit eine Beendigung des Arbeitsverhältnisses vor, ist das Integrationsamt neben der Prüfung anderweitiger Beschäftigungsmöglichkeiten gehalten, im Rahmen einer **gütlichen Einigung** die Vereinbarung eines Ruhens der gegenseitigen Verpflichtungen aus dem Arbeitsverhältnis für die Dauer des Bezuges der Rente anzuregen (*Düwell,* LPK-SGB IX, § 92 RdNr. 9).

- Im Falle einer **Zeitrente wegen voller Erwerbsminderung** – 13 bei der eine Erwerbstätigkeit auf dem allgemeinen Arbeitsmarkt nur noch unterhalb von 3 Stunden täglich wegen Krankheit oder Behinderung möglich ist (§ 43 Abs. 2 S. 2 SGB VI) – ist in der Regel die Zustimmung zu erteilen, weil eine Weiterbeschäftigungsmöglichkeit ausgeschlossen ist. Das Integrationsamt hat lediglich im Rahmen der vorzunehmenden Interessenabwägung zu überprüfen, inwieweit vom Arbeitgeber ein Freihalten des Arbeitsplatzes für die Dauer der Rente verlangt werden kann (*Griebeling* in Hauck/Noftz, SGB IX, K § 92 RdNr. 5; *Düwell* LPK-SGB IX, § 92 RdNr. 9; *Neumann/Pahlen/*Majerski-Pahlen, SGB IX, § 92 RdNr. 2). Dies kommt in Betracht, wenn der Arbeitgeber zumutbare Überbrückungsmaßnahmen wie etwa eine befristete Einstellung ergreifen kann. Es ist außerdem zu prüfen, ob eine Weiterbeschäftigung mit **reduzierter Arbeitszeit** gemäß § 81 Abs. 5 S. 3 möglich ist (BAG 14. 10. 03 NZA 2004, 614, 617). Dies gilt vor allem für **Renten,** die nicht aus medizinischen, sondern **aus arbeitsmarktbedingten Gründen** wegen voller Erwersbsminderung gewährt werden, da in diesen Fällen ein Restleistungsvermögen noch vorhanden ist (so zutreffend: *Trenk-Hinterberger,* HK-SGB IX, § 92 RdNr. 7; *Kayser,* br 2008, 153, 158). Im Rahmen der Interessenabwägung ist zu Gunsten des Arbeitgebers eine tarifliche Regelung zu berücksichtigen, die für den Fall, dass die Voraussetzungen einer Erwerbsminderungsrente wegfallen, eine **Wiedereinstellungszusage** enthält. Liegt eine dementsprechende Zusage des Arbeitgebers auf Wiedereinstellung auf einen gleichwertigen Arbeitsplatz vor, ist die Zustimmung zu erteilen (VG Augsburg 12. 5. 2009 – Au 3 K 08.294).

- Sieht die tarifliche Regelung im Falle der Gewährung einer Zeit- 14 rente keine Beendigung, sondern ein **Ruhen des Arbeitsverhältnisses** vor (z. B. § 33 Abs. 2 S. 5 und 6 TVöD) ist die **Anwendbarkeit** des § 92 **umstritten.** Für eine Geltung der Regelung auch in diesen Fällen wird der Schutzzweck des Gesetzes angeführt, der auch im Falle des Ruhens die Prüfung des Integrationsamtes verlange, ob der Arbeitnehmer mit seinem Restleistungsvermögen eingesetzt werden könne (*Neumann/Pahlen/Majerski-Pahlen,* SGB IX, § 92 RdNr. 4; *Trenk-Hinterberger,* HK-SGB IX, § 92 RdNr. 12). Diese Ansicht ist abzulehnen (so auch: *Griebeling,* in Hauck/Noftz, § 92 RdNr. 3b; ErfK-*Rolfs,*§ 92 SGB IX RdNr. 1). Zum einen steht dieser

Auslegung bereits der eindeutige Wortlaut der Regelung entgegen, wonach die *Beendigung des Arbeitsverhältnisses* der Zustimmung bedarf; zum anderen wird der Schutz des Arbeitnehmers dadurch ausreichend gewahrt, dass Weiterbeschäftigungsmöglichkeiten im Rahmen des Präventionsverfahren gemäß § 84 zu prüfen sind. Im Übrigen sehen die tariflichen Regelungen etwa im öffentlichen Dienst vor, dass im Falle zumutbarer Weiterbeschäftigungsmöglichkeiten nicht einmal ein Ruhen des Arbeitsverhältnisses eintritt (§ 33 Abs. 3 TVöD). Stellt der Arbeitgeber in diesem Fall einen Zustimmungsantrag, ist ihm ein **Negativattest** zu erteilen, da Zustimmungspflicht nicht besteht.

Trotz ruhenden Arbeitsverhältnisses ist der Arbeitgeber nicht von vorneherein gehindert, eine **krankheitsbedingte Kündigung** auszusprechen. Diese bedarf dann allerdings der Zustimmung des Integrationsamtes gemäß § 85 (VGH Bad.-Württ. 15. 7. 97 br 1998,75).

15 • Bei der **parallelen Gewährung zweier Renten**, nämlich einer unbefristeten Rente wegen teilweiser Erwerbsminderung und einer Rente wegen voller Erwerbsminderung auf Zeit ist umstritten, ob das Arbeitsverhältnis aufgrund der tariflichen Regelung (§ 33 TVöD) ruht oder beendet ist. Ist es nicht beendet, ist auch die Zustimmung des Integrationsamtes entbehrlich. Nach richtiger Auffassung sind die tariflichen Vorschriften so auszulegen, dass die Fortsetzung des Arbeitsverhältnisses Vorrang vor der Beendigung hat, das Arbeitsverhältnis also ruht (OVG Rh. Pfl. 17. 12. 2004 – 12 A 11602/04; a. A. BAG 15. 3. 2006 – 7 AZR 332/05).

16 • Besteht **eine volle Erwerbsminderung auf Dauer,** muss ebenfalls die Zustimmung des Integrationsamtes nach § 92 nicht eingeholt werden (LAG Sachsen 21. 7. 2006 – 2 Sa 818/05; *Düwell,* LPK-SGB IX, § 92 RdNr. 11; *Kossens/von der Heide/Maaß,* SGB IX, § 92 RdNr. 5; *Neumann/Pahlen/Majerski-Pahlen,* SGB IX, § 92 RdNr. 4). Beantragt der Arbeitgeber dennoch die Zustimmung, ist der Arbeitgeber auf die Entbehrlichkeit der Zustimmung hinzuweisen oder ihm ein Negativattest zu erteilen (*Dörner,* SchwbG, a.a.O. RdNr. 21; GK-SGB IX-*Lampe,* § 92 RdNr. 24).

Kapitel 5. Betriebs-, Personal-, Richter-, Staatsanwalts- und Präsidialrat, Schwerbehindertenvertretung, Beauftragter des Arbeitgebers

Aufgaben des Betriebs-, Personal-, Richter-, Staatsanwalts- und Präsidialrates

93 [1]Betriebs-, Personal-, Richter-, Staatsanwalts- und Präsidialrat fördern die Eingliederung schwerbehinderter Menschen. [2]Sie achten insbesondere darauf, dass die dem Arbeitgeber nach den §§ 71, 72 und 81 bis 84 obliegenden Verpflichtungen erfüllt werden; sie wirken auf die Wahl der Schwerbehindertenvertretung hin.

Übersicht

I. Allgemeines

Die Vorschrift übernimmt inhaltlich unverändert die Regelung des **1** § 23 SchwbG vom 23. 8. 1986 in das SGB IX vom 19. 6. 2001.

Sie enthält in S. 1 die allgemeine Verpflichtung der im Gesetz genannten Interessenvertretungen in Betrieb und Dienststelle, die Eingliederung schwerbehinderter Menschen zu fördern. Diese Verpflichtung findet sich entsprechend auch in § 80 Abs. 1 Ziff. 4 BetrVG, § 68 Abs. 1 Ziff. 4 BPersVG und § 52 DRiG. Sie richtet sich auch an die jeweiligen Stufenvertretungen im Rahmen ihrer Zuständigkeiten (Gesamtbetriebsrat: §§ 47, 50 BetrVG; Konzernbetriebsrat: §§ 54, 58 BetrVG; Gesamtpersonalrat: §§ 55, 56 BPersVG; Bezirks- und Haupt-

personalrat: §§ 53 ff. BPersVG). In S. 2 wird diese Verpflichtung durch
Beispiele konkretisiert.

II. Personalvertretungsorgane

2   Die Verpflichtung richtet sich an den Betriebs-, Personal-, Richter-,
Staatsanwalts- und Präsidialrat, ohne deren Zuständigkeiten zu erweitern. Da sie die Interessen aller Beschäftigten im Betrieb oder
Dienststelle wahrzunehmen haben und dazu auch schwerbehinderte
Menschen gehören, sind sie auch zur Wahrung der besonderen Belange
dieser Gruppe verpflichtet. Sie haben sich dazu des gesamten Instru-
mentariums zu bedienen, das ihnen durch Mitbestimmungs- und Mitwirkungsrechte gesetzlich zur Verfügung steht.

3   **1. Betriebs- und Personalrat.** Gemäß § 1 BetrVG werden Betriebsräte gewählt in Betrieben mit in der Regel mindestens fünf ständigen wahlberechtigten Arbeitnehmern, von denen drei wählbar sein
müssen. Gemäß § 12 BPersVG und den entsprechenden Personalvertre-
tungsgesetzen der Länder gilt Entsprechendes für die Wahl des Personalrates.

4   **2. Richterrat und Präsidialrat.** Gemäß §§ 49, 50 DRiG wird eine
eigene Richtervertretung, der Richterrat, gewählt. Er vertritt Richter
und Richterinnen in allen allgemeinen und sozialen Angelegenheiten.
Er ist das Personalvertretungsorgan der Richter. Er hat deshalb auch
gegenüber den schwerbehinderten Richtern die Verpflichtungen, die
gegenüber den sonstigen Mitarbeitern der Personalrat hat. Der Präsidialrat wird gemäß den §§ 49, 54 DRiG gewählt. Er ist in Abhängigkeit von besonderen landesrechtlichen Bestimmungen in der Regel bei
der erstmaligen Anstellung von Richtern auf Lebenszeit und immer
bei der Beförderung von Richtern zu beteiligen. Er ist für die personellen Angelegenheiten der Richter das zuständige Vertretungsorgan.

5   **3. Staatsanwaltsrat.** Nach landesrechtlichen Regelungen bilden
auch Staatsanwälte eigene Vertretungen, die die gleichen Rechte und
Pflichten wie Richterräte besitzen. Den Staatsanwaltsrat trifft demnach die Verpflichtung, für die Förderung schwerbehinderter Staatsanwälte einzutreten.

III. Aufgaben der Vertretungen

6   § 93 S. 1 wiederholt die allgemeine Verpflichtung, die sich bereits
aus den §§ 80 Abs. 1 Ziff. 4 BetrVG und 68 Abs. 1 Ziff. 4 BPersVG ergibt, dass die betriebliche und dienstliche Interessenvertretung die
Eingliederung Schwerbehinderter zu fördern hat. Sie stellt damit
klar, dass dies nicht etwa nur die Aufgabe der Schwerbehindertenver-

tretung ist. Diese Verpflichtung trifft das jeweilige Personalvertretungsorgan vielmehr in gleicher Weise. Sie hat besondere Bedeutung, weil der Schwerbehindertenvertretung nur sehr viel schwächere Beteiligungsrechte zur Verfügung stehen; die Durchsetzung der Interessen schwerbehinderter Menschen wird deshalb wirkungsvoll nur **mit Hilfe der stärker ausgestalteten echten Mitbestimmungsrechte** der Personalvertretungsorgane möglich. Darüber hinaus werden in **kleinen Betrieben** oder kleinen Dienststellen Betriebsräte und Personalräte bestehen, ohne dass dort gleichzeitig immer die Voraussetzungen für die Bildung einer Schwerbehindertenvertretung gegeben sind. In diesen Fällen liegt die Verpflichtung, die Teilhabe schwerbehinderter Menschen am Arbeitsleben zu fördern, allein bei der betrieblichen und dienstlichen Interessenvertretung. Sie besteht auch unabhängig von der Beschäftigungspflicht des Arbeitgebers gemäß § 71 Abs. 1.

1. Überwachungsaufgaben. Die betriebliche und dienstliche Interessenvertretung hat die Aufgabe, die Erfüllung der gesetzlichen Pflichten durch den Arbeitgeber zu überwachen. Dazu führt S. 2 beispielshaft die dem Arbeitgeber obliegenden Pflichten aus den §§ 71, 72 und 81 bis 84 auf. Die Überwachungsaufgabe bezieht sich demnach auf: **7**

- die Erfüllung der **Beschäftigungspflicht** gemäß den §§ 71, 72, 81 Abs. 3;
- die Einhaltung der **Prüfpflicht** in Bezug auf die Besetzung freier Stellen mit schwerbehinderten Menschen und der bei dieser Prüfung bestehenden Beteiligungsrechte der Schwerbehindertenvertretung gemäß § 81 Abs. 1;
- die Beachtung des **Diskriminierungsverbotes** gemäß § 81 Abs. 2;
- die Erfüllung von Ansprüchen auf **behindertengerechte Beschäftigung** gemäß § 81 Abs. 4 und 5;
- die Einhaltung der **Meldepflichten** gemäß § 82;
- Erfüllung der Verpflichtungen im Hinblick auf den Abschluss einer **Integrationsvereinbarung** gemäß § 83;
- Beachtung der in § 84 vorgesehenen **Präventionsmaßnahmen.**

Diese Überwachungspflichten sind **nicht abschließend**, wie sich aus der Verwendung des Begriffes: „insbesondere" ergibt. Darüber hinaus ist die Überwachungspflicht als allgemeine Aufgabe auch den §§ 80 Abs. 1 Ziff. 1 BetrVG und 68 Abs. 1 Ziff. 2 BPersVG zu entnehmen. Die betriebliche und dienstliche Interessenvertretung hat daher auch die Pflicht, die Einhaltung anderer gesetzlicher Regelungen zugunsten schwerbehinderter Menschen, die in S. 2 nicht ausdrücklich aufgeführt sind, zu überwachen. Dazu gehört etwa auch die **Einhaltung der Beteiligungsrechte** gegenüber der Schwerbehindertenvertretung gemäß § 95 Abs. 2. **8**

2. Initiative zur Wahl einer Schwerbehindertenvertretung **9** **(S. 2 letzter Hs.).** Die betriebliche oder dienstliche Interessenvertre-

tung ist verpflichtet, die Wahl einer Schwerbehindertenvertretung in
Betrieben oder Dienststellen zu initiieren, in denen die Voraussetzungen für die Bildung einer Schwerbehindertenvertretung gegeben sind,
bisher eine solche aber nicht gewählt worden ist. Die Verpflichtung ist
zwingend (Gesetzentwurf der Bundesregierung zur Änderung des
SchwbG vom 3. 4. 1985, BT Drucks. 10/3138 S. 21 ff). Ihrer Verpflichtung kommt die kollektive Interessenvertretung dadurch nach, dass sie
zum Zwecke der Wahl eines Wahlvorstandes gemäß § 1 Abs. 2 S. 2,
§ 19 Abs. 2, § 24 Abs. 2 S. 1 SchwbVWO zu einer **Versammlung**
schwerbehinderter Menschen einlädt. Selbst kann sie einen Wahlvorstand nicht bestellen. Ggf. muss sie auch darauf hinwirken, dass
Betriebe und Dienststellen gemäß § 94 Abs. 1 S. 4 für die Wahl einer
Schwerbehindertenvertretung zusammengefasst werden.

10   **3. Aufgaben nach dem BetrVG und BPersVG.** Um die Eingliederung schwerbehinderter Menschen zu fördern, ist die kollektive
Interessenvertretung verpflichtet, ihre Beteiligungsrechte nach betriebsverfassungsrechtlichen und personalvertretungsrechtlichen Regelungen zugunsten der Beschäftigung oder zugunsten sonstiger
Belange schwerbehinderter Menschen wahrzunehmen.

11   Dazu kann im Einzelfall gehören, dass der Betriebsrat **die Zustimmung zur Einstellung** eines nicht schwerbehinderten Bewerbers
gemäß § 99 Abs. 2 Ziff. 1 BetrVG **verweigert**, wenn die Beschäftigungspflicht gemäß § 71 nicht erfüllt ist und die Stelle statt mit einem
qualifizierten schwerbehinderten Bewerber mit einem Nichtbehinderten besetzt worden ist (*Masuch* in Hauck/Noftz, SGB IX, K § 93
RdNr. 11; DKK-*Kittner/Bachner*, BetrVG, § 99 RdNr. 175; *Kossens/von
der Heide/Maaß*, SGB IX, § 93 RdNr. 14; offengelassen BAG 10. 11.92
NZA 1993, 376; a. A. ArbG Lüneburg 27. 5. 86 NZA 1987, 67).

Dazu kann weiterhin die **Zustimmungsverweigerung** gemäß
§ 99 Abs. 2 Ziff. 1 BetrVG gehören, weil die **Prüf- und Konsultationspflichten** des § 81 Abs. 1 S. 1 und 2 nicht beachtet wurden (BAG
17. 6. 08 NZA 2008, 1139; BAG 14. 11. 1989 AP Nr. 77 zu § 99 BetrVG;
BAG 10. 11. 92, a.a.O.; *Düwell*, BB 2000, 2570, 2572; DKK-*Kittner/
Bachner*, BetrVG, § 99 RdNr. 174 und 175), die Erörterungspflicht in
§ 81 Abs. 1 S. 7 nicht erfüllt wurde (*Düwell*, a.a.O.) oder die vom Arbeitgeber beabsichtigte personelle Maßnahme gegen das **Diskriminierungsverbot** des § 81 Abs. 2 verstößt (so etwa anerkannt bei Verstößen gegen den Gleichbehandlungsgrundsatz gemäß § 611a BGB:
Fitting, BetrVG, § 99 RdNr. 154; DKK-*Kittner/Bachner*, BetrVG, § 99
RdNr. 174). Ein Zustimmungsverweigerungsrecht wegen Verletzung
von Prüf- und Kosultationspflichten besteht nach Ansicht des 1. Senats
des BAG allerdings nur im Falle der Einstellung und nicht im Falle der
Versetzung eines nicht schwerbehinderten Beschäftigten, da im Falle
der Versetzung schwerbehinderte genauso wie nicht behinderte externe
Bewerber von der Stellenbesetzung von vornherein ausgeschlossen

seien (BAG 17. 6. 2008, a.a.O.; a. A. noch die Vorinstanz LAG Hessen 17. 10. 06 – 4 TaBV 42/06; s. dazu auch § 81 RdNr. 28). Keinen Zustimmungsverweigerungsgrund stellt es nach der Rechtsprechung des BAG dagegen dar, wenn die personelle Maßnahme unter **Verletzung von Beteiligungsrechten** vorgenommen worden ist (BAG 28. 1. 86 AP Nr. 34 zu § 99 BetrVG, ständige Rspr.; *Fitting*, BetrVG, § 99 RdNr. 206). Allerdings kann der Betriebsrat in diesen Fällen den Arbeitgeber auf die fehlerhafte Unterrichtung hinweisen, so dass die Zustimmungsfiktion des § 99 Abs. 3 S. 2 BetrVG nicht eintritt (BAG 28. 1. 86, a.a.O.). Dies muss entsprechend für die fehlende Beteiligung der Schwerbehindertenvertretung gemäß § 95 Abs. 2 gelten, auf die der Betriebsrat im Rahmen des Zustimmungsverfahrens den Arbeitgeber ebenfalls hinweisen kann.

Die Verpflichtung in § 93 S. 1 bedeutet weiterhin, dass die kollektive **12** Interessenvertretung im Rahmen eines **Kündigungsschutzverfahrens** eine **Stellungnahme** gemäß § 87 Abs. 2 abgibt, die der Aufgabe, an der Eingliederung schwerbehinderter Menschen im Betrieb mitzuwirken, angemessen Rechnung trägt.

§ 93 S. 1 verpflichtet die Interessenvertretung außerdem, im Rah- **13** men ihrer Beteiligung bei der technischen oder organisatorischen **Veränderung von Arbeitsplätzen, des Arbeitsablaufs oder der Arbeitsumgebung** gemäß § 90 BetrVG bzw. § 78 Abs. 4 BPersVG bereits im Planungsstadium die Belange schwerbehinderter Menschen an einer behindertengerechten Gestaltung mit einzubringen (*Masuch* in Hauck/Noftz, SGB IX, K § 93 RdNr. 13).

Betriebsrat und Personalrat sind gemäß § 84 Abs. 2 S. 6 und 7 am **be-** **14** **trieblichen Eingliederungsmanagement** zu beteiligen. Auch ohne vorherige Zustimmung sind den betrieblichen Interessenvertretungen Informationen über die Arbeitsunfähigkeitszeiten der Beschäftigten mitzuteilen, damit sie ihrer Überwachungsaufgabe gemäß § 93 S. 2 dahingehend nachkommen können, dass für alle in Betracht zu ziehenden Betroffenen das gesetzlich vorgeschriebene Präventionsverfahren eingeleitet wird (VG Berlin 4. 4. 2007 – 61 A 28.06; siehe dazu auch § 84 RdNr. 16).

Die Vorschrift enthält weiterhin die Verpflichtung, dass die Interes- **15** senvertretung im Rahmen ihrer Aufgabenwahrnehmung gemäß § 80 Abs. 1 BetrVG bzw. § 68 Abs. 1 BPersVG zugunsten schwerbehinderter Menschen initiativ wird und **konkrete Maßnahmen** beim Arbeitgeber gemäß § 80 Abs. 1 Ziff. 2 BetrVG, § 68 Abs. 1 Ziff. 1 BPersVG **verlangt** und hierbei **Anregungen** schwerbehinderter Beschäftigter gemäß § 80 Abs. 1 Ziff. 3 BetrVG, § 68 Abs. 1 Ziff. 3 BPersVG **aufgreift**. So vermittelt z. B. eine Schulungsveranstaltung, die sich mit der Eingliederung Schwerbehinderter und der behindertengerechten Gestaltung von Arbeitsplätzen befasst, Kenntnisse, die im Sinne des § 37 Abs. 6 BetrVG als erforderlich anzusehen sind, unabhängig davon, ob im Betrieb eine Schwerbehindertenvertretung besteht (LAG Hamm 9. 3. 2009 – 10 TaBV 34/06).

16   Schließlich ist die Interessenvertretung gehalten, sich mit **Beschwerden** schwerbehinderter Menschen gemäß §§ 84, 85 BetrVG ernsthaft zu befassen und beim Arbeitgeber für Abhilfe zu sorgen, wenn sie sie für berechtigt hält, ggf. durch Anrufung der Einigungsstelle.

IV. Zusammenarbeit mit der Schwerbehindertenvertretung

17   Betriebsrat bzw. Personalrat sind dazu verpflichtet, die im Betrieb oder Dienststelle bestehende Schwerbehindertenvertretung zu allen ihren Sitzungen und Besprechungen mit dem Arbeitgeber rechtzeitig unter Mitteilung der Tagesordnung einzuladen (§ 95 Abs. 4 und 5 SGB IX, § 32 BetrVG, 40 BPersVG). Wenn dies von der Schwerbehindertenvertretung beantragt wird, sind gemäß § 95 Abs. 4 Beschlüsse für die Dauer von einer Woche auszusetzen.

V. Verfahrensfragen

18   Streitigkeiten über Verpflichtungen gemäß § 93 sind im Beschlussverfahren entweder vor dem Arbeitsgericht oder im Bereich des öffentlichen Dienstes vor dem Verwaltungsgericht auszutragen (VG Berlin 4. 4. 2007 – 61 A 28.06).

Wahl und Amtszeit der Schwerbehindertenvertretung

94   **(1)** [1]In Betrieben und Dienststellen, in denen wenigstens fünf schwerbehinderte Menschen nicht nur vorübergehend beschäftigt sind, werden eine Vertrauensperson und wenigstens ein stellvertretendes Mitglied gewählt, das die Vertrauensperson im Falle der Verhinderung durch Abwesenheit oder Wahrnehmung anderer Aufgaben vertritt. [2]Ferner wählen bei Gerichten, denen mindestens fünf schwerbehinderte Richter oder Richterinnen angehören, diese einen Richter oder eine Richterin zu ihrer Schwerbehindertenvertretung. [3]Satz 2 gilt entsprechend für Staatsanwälte oder Staatsanwältinnen, soweit für sie eine besondere Personalvertretung gebildet wird. [4]Betriebe oder Dienststellen, die die Voraussetzungen des Satzes 1 nicht erfüllen, können für die Wahl mit räumlich nahe liegenden Betrieben des Arbeitgebers oder gleichstufigen Dienststellen derselben Verwaltung zusammengefasst werden; soweit erforderlich, können Gerichte unterschiedlicher Gerichtszweige und Stufen zusammengefasst werden. [5]Über die Zusammenfassung entscheidet der Arbeitgeber im Benehmen mit dem für den Sitz der Betriebe oder Dienststellen einschließlich Gerichten zuständigen Integrationsamt.

(2) Wahlberechtigt sind alle in dem Betrieb oder der Dienststelle beschäftigten schwerbehinderten Menschen.

(3) [1]Wählbar sind alle in dem Betrieb oder der Dienststelle nicht nur vorübergehend Beschäftigten, die am Wahltage das 18. Lebensjahr vollendet haben und dem Betrieb oder der Dienststelle seit sechs Monaten angehören; besteht der Betrieb oder die Dienststelle weniger als ein Jahr, so bedarf es für die Wählbarkeit nicht der sechsmonatigen Zugehörigkeit. [2]Nicht wählbar ist, wer kraft Gesetzes dem Betriebs-, Personal-, Richter-, Staatsanwalts- oder Präsidialrat nicht angehören kann.

(4) Bei Dienststellen der Bundeswehr, bei denen eine Vertretung der Soldaten nach dem Bundespersonalvertretungsgesetz zu wählen ist, sind auch schwerbehinderte Soldaten und Soldatinnen wahlberechtigt und auch Soldaten und Soldatinnen wählbar.

(5) Die regelmäßigen Wahlen finden alle vier Jahre in der Zeit vom 1. Oktober bis 30. November statt. [2]Außerhalb dieser Zeit finden Wahlen statt, wenn

1. das Amt der Schwerbehindertenvertretung vorzeitig erlischt und ein stellvertretendes Mitglied nicht nachrückt,

2. die Wahl mit Erfolg angefochten worden ist oder

3. eine Schwerbehindertenvertretung noch nicht gewählt ist.

[3]Hat außerhalb des für die regelmäßigen Wahlen festgelegten Zeitraumes eine Wahl der Schwerbehindertenvertretung stattgefunden, wird die Schwerbehindertenvertretung in dem auf die Wahl folgenden nächsten Zeitraum der regelmäßigen Wahlen neu gewählt. [4]Hat die Amtszeit der Schwerbehindertenvertretung zum Beginn des für die regelmäßigen Wahlen festgelegten Zeitraums noch nicht ein Jahr betragen, wird die Schwerbehindertenvertretung im übernächsten Zeitraum für regelmäßige Wahlen neu gewählt.

(6) [1]Die Vertrauensperson und das stellvertretende Mitglied werden in geheimer und unmittelbarer Wahl nach den Grundsätzen der Mehrheitswahl gewählt. [2]Im Übrigen sind die Vorschriften über die Wahlanfechtung, den Wahlschutz und die Wahlkosten bei der Wahl des Betriebs-, Personal-, Richter-, Staatsanwalts- oder Präsidialrates sinngemäß anzuwenden. [3]In Betrieben und Dienststellen mit weniger als 50 wahlberechtigten schwerbehinderten Menschen wird die Vertrauensperson und das stellvertretende Mitglied im vereinfachten Wahlverfahren gewählt, sofern der Betrieb oder die Dienststelle nicht aus räumlich weit auseinander liegenden Teilen besteht. [4]Ist in einem

Betrieb oder einer Dienststelle eine Schwerbehindertenvertretung nicht gewählt, so kann das für den Betrieb oder die Dienststelle zuständige Integrationsamt zu einer Versammlung schwerbehinderter Menschen zum Zwecke der Wahl eines Wahlvorstandes einladen.

(7) ¹Die Amtszeit der Schwerbehindertenvertretung beträgt vier Jahre. ²Sie beginnt mit der Bekanntgabe des Wahlergebnisses oder, wenn die Amtszeit der bisherigen Schwerbehindertenvertretung noch nicht beendet ist, mit deren Ablauf. ³Das Amt erlischt vorzeitig, wenn die Vertrauensperson es niederlegt, aus dem Arbeits-, Dienst-oder Richterverhältnis ausscheidet oder die Wählbarkeit verliert. ⁴Scheidet die Vertrauensperson vorzeitig aus dem Amt aus, rückt das mit der höchsten Stimmenzahl gewählte stellvertretende Mitglied für den Rest der Amtszeit nach; dies gilt für das stellvertretende Mitglied entsprechend. ⁵Auf Antrag eines Viertels der wahlberechtigten schwerbehinderten Menschen kann der Widerspruchsausschuss bei dem Integrationsamt (§ 119) das Erlöschen des Amtes einer Vertrauensperson wegen grober Verletzung ihrer Pflichten beschließen.

Übersicht

I. Allgemeines

Die Vorschrift des SGB IX überträgt inhaltsgleich die Regelung des § 24 SchwbG 1986. Veränderungen im Wortlaut sind vor allem im Interesse geschlechtsneutraler Formulierung vorgenommen worden. So heißt es jetzt Vertrauensperson und stellvertretendes Mitglied, hinzugefügt wurden jeweils Richterinnen, Staatsanwältinnen und Soldatinnen. **1**

Die Vorschrift regelt die Wahlvoraussetzungen, aktives und passives Wahlrecht, das Wahlverfahren und die Amtszeit der Schwerbehindertenvertretung und der stellvertretenden Mitglieder. Auf der Grundlage der Ermächtigung in § 100 hat die Bundesregierung mit Zustimmung des Bundesrates eine Wahlordnung erlassen, in der weitere Einzelheiten des Wahlverfahrens geregelt sind (abgedruckt im Anhang 4). **2**

Während der kollektiven Interessenvertretung wie Betriebsrat und Personalrat die allgemeine Vertretung der Beschäftigten obliegt, vertritt die Schwerbehindertenvertretung gezielt die Interessen der schwerbehinderten Menschen und der ihnen Gleichgestellten. Beide Vertretungen handeln hierbei gleichrangig (GK-SGB IX-*Schimanski*, § 94 RdNr. 2 f.). Durch die Einführung des SGB IX ist zudem die **Rolle der Schwerbehindertenvertretung** durch eine Erweiterung ihrer Zuständigkeit deutlich **gestärkt** worden. So hat sie sich auch um die Belange von Beschäftigten zu kümmern, die noch nicht als Schwerbehinderte oder Gleichgestellte anerkannt sind und ihnen bei entsprechenden Anträgen behilflich zu sein (§ 95 Abs. 1 S. 3). Weiterhin muss sie am Verfahren nach § 81 Abs. 1 und beim Vorliegen von Vermittlungsvorschlägen der Agentur für Arbeit beteiligt werden (§ 95 Abs. 2 S. 3). Vor allem aber kommt der Schwerbehindertenvertretung eine neue richtungsweisende Rolle zu, wenn es um die Initiative zu Verhandlungen zum Abschluss einer Integrationsvereinbarung gemäß § 83 geht. **3**

Nach der gesetzlichen Regelung ist eine Schwerbehindertenvertretung zu wählen, wenn im Betrieb oder Dienststelle mindestens 5 schwerbehinderte oder ihnen gleichgestellte behinderte Menschen nicht nur vorübergehend beschäftigt sind. In diesem Fall hält der Gesetzgeber eine Schwerbehindertenvertretung für erforderlich, ohne dass die Wahl selbstverständlich erzwingbar wäre. Anders als die Wahl zum Betriebsrat oder Personalrat besteht die **Schwerbehindertenvertretung** unabhängig von der Zahl der schwerbehinderten Beschäftigten lediglich **aus einer Person**. Daneben ist mindestens ein stellvertretendes Mitglied zu wählen. **4**

Da die Regelungen über Wahl und Amtszeit mit denen der betrieblichen Interessenvertretungen im Betriebsverfassungs- und Personalvertretungsrecht korrespondieren, sind die entsprechenden Vorschriften **5** in diesen Gesetzen zu berücksichtigen (*Neumann/Pahlen/Majerski-Pahlen*, SGB IX, § 94 RdNr. 1).

II. Wahlvoraussetzungen

6   Die Wahl zur Schwerbehindertenvertretung setzt voraus, dass **mindestens 5 Schwerbehinderte oder Gleichgestellte** in dem Betrieb oder der Dienststelle nicht nur vorübergehend beschäftigt sind. Diese Voraussetzungen müssen zwar grundsätzlich am Wahltag vorliegen; da jedoch **bei Einleitung der Wahl, also bei der Einladung zur Wahlversammlung** zu prüfen ist, ob eine Wahl zur Schwerbehindertenvertretung stattfinden kann, ist dieser Zeitpunkt maßgeblich, wenn nicht vorhersehbare personelle Änderungen zwischen der Einladung zur Wahlversammlung und dem Wahltag eintreten (a. A.: *Masuch* in Hauck/Noftz, SGB IX, K § 94 RdNr. 4; *Kossens/von der Heide/Maaß*, SGB IX, 94 RdNr. 4, die nur auf den Wahltag abstellen wollen). Dies ist aus Gründen der Rechtssicherheit gerechtfertigt, damit die Vertrauensperson zum Zeitpunkt der Einladung verlässlich einschätzen kann, ob sie die Wahl einleiten kann. Ist allerdings bereits absehbar, dass ein schwerbehinderter Mensch bis zum Wahltag aus dem Betrieb ausscheidet und dadurch die Anzahl der Wahlberechtigten auf unter fünf sinkt, kann die Wahl nicht mehr stattfinden. Auf den Zeitpunkt der Einleitung der Wahl stellt die Rechtsprechung des BAG mit überzeugender Begründung im Übrigen auch bei der Frage ab, ob im vereinfachten oder im förmlichen Verfahren zu wählen ist (BAG 16. 11. 05 NZA 2006, 340; s. auch RdNr. 31). Anders als bei der Betriebsratswahl, bei der es gemäß § 1 Abs. 1 BetrVG auf die im Betrieb in der Regel bestehende Beschäftigtenzahl ankommt, ist gemäß § 94 Abs. 1 S. 1 und Abs. 6 S. 3 die möglicherweise auch nur vorübergehende Beschäftigungssituation zum Zeitpunkt der Wahl maßgeblich. Es kommt daher – anders als bei der Betriebsratswahl – nicht auf eine prognostische Bewertung der zukünftigen personellen Entwicklung an (BAG 16. 11. 05, a.a.O. S. 342).

7   **1. Wahl im Betrieb oder Dienststelle.** Nach § 87 Abs. 1 S. 2 richten sich die Begriffe des Betriebes und der Dienststelle für das gesamte Schwerbehindertenrecht nach den Bestimmungen des Betriebsverfassungsgesetzes und des Personalvertretungsrechts (siehe auch Kommentierung zu § 87). Die Wahl der Vertrauensperson erfolgt grundsätzlich in derselben Struktur, in der auch der Betriebsrat oder Personalrat gewählt wird. Ist daher durch Tarifvertrag gemäß § 3 Abs. 1 Ziff. 3 BetrVG wirksam die Bildung von Standortbetriebsräten geregelt worden, gilt dies auch für die Wahl der Schwerbehindertenvertretung (BAG 10. 11. 04 AiB 2005, 619 m. Anm. *Stather*).

Auch in **Betriebsteilen und Kleinstbetrieben,** Teilen einer Dienststelle und Nebenstellen sind eigene Schwerbehindertenvertretungen zu wählen, soweit die Mindestzahl von fünf schwerbehinderten oder gleichgestellten behinderten Menschen erreicht wird und die Betriebsteile als selbstständig im Sinne des § 4 S. 1 BetrVG bzw. § 6 Abs. 3 BPersVG gelten. Derartige Betriebsteile sind räumlich und organisatorisch unterscheidbare Betriebsbereiche, die regelmäßig innerhalb des Betriebes eine bestimmte Aufgabe zu erfüllen haben, aber wegen ihrer Eingliederung in die Organisation des Gesamtbetriebes allein nicht bestehen können (*Fitting*, BetrVG, § 4 RdNr. 7; DKK-*Trümmer*, BetrVG, § 4 RdNr. 28). Sie gelten als selbstständig, wenn sie entweder räumlich weit vom Hauptbetrieb entfernt sind oder (bei räumlicher Nähe) durch Aufgabenbereich und Organisation eigenständig sind. Eigenständigkeit in diesem Sinne ist zu bejahen, wenn die **Betriebsstättenleitung** die **überwiegende Entscheidungskompetenz in personellen und sozialen Angelegenheiten** besitzt (BAG Beschlüsse v. 23. 9. 82 und 17. 2. 83 AP Nr. 3 und 4 zu § 4 BetrVG 1972). Im Interesse einer entscheidungsnahen und arbeitnehmernahen Gestaltung der Beteiligungsstrukturen ist in Betriebsteilen, die als selbstständig im obigen Sinne gelten, sowohl eine eigene betriebliche Interessenvertretung als auch eine eigene Schwerbehindertenvertretung zu wählen. Selbstständige Betriebsteile können z. B. eigenständig geführte **Filialen** im Einzelhandelsbereich (BAG 26. 6. 96 – 7 ABR 51/95) oder eigenverantwortlich geführte einzelne Restaurants einer Restaurantkette sein (BAG 25. 11. 93 NZA 1994, 837).

Seit der Änderung des § 4 BetrVG durch das Betriebsverfassungs- **8** reformgesetzes vom 23. 7. 2001 (BGBl. I S. 1852) können die Arbeitnehmer eines nach S. 1 als selbstständig geltenden Betriebes dafür **optieren, an der Wahl des Betriebsrats im Hauptbetrieb teilzunehmen**. Es stellt sich deshalb die Frage der Übertragbarkeit dieser Norm auf die Wahl zur Schwerbehindertenvertretung. Dagegen spricht, dass die Verweisung des § 87 Abs. 1 S. 2 sich nur auf den Betriebsbegriff bezieht und § 94 Abs. 6 S. 2 bezüglich der Wahlvorschriften ausdrücklich nur die Anwendung der Vorschriften über die Wahlanfechtung, den Wahlschutz und die Wahlkosten aus dem Betriebsverfassungs- und Personalvertretungsrecht erwähnt. Dieser Gesichtspunkt kann im Ergebnis jedoch nicht durchgreifen.

Die den Arbeitnehmern in § 4 S. 2 BetrVG eingeräumte Möglichkeit **9** soll der Atomisierung betrieblicher Interessenvertretungen in Fällen einer dezentralen betrieblichen Organisation entgegenwirken. Dieser Gesetzeszweck rechtfertigt eine entsprechende Anwendung der Regelung auch für die Wahl der Schwerbehindertenvertretung. Auch hier kann es im Interesse einer effektiven Aufgabenerfüllung sinnvoll sein, an der Wahl der Schwerbehindertenvertretung im Hauptbetrieb teilzunehmen, da dort die wesentlichen Entscheidungen im personellen und sozialen Bereich, die die schwerbehinderten Menschen auch im Betriebsteil betreffen, gefasst werden. Haben daher die **Arbeitnehmer**

für die Zugehörigkeit zum Hauptbetrieb optiert, wirkt dies auch **für die Wahl der Schwerbehindertenvertretung** (so auch *Düwell*, LPK-SGB IX, § 94 RdNr. 16).

10   **2. Wahl einer gemeinsamen Schwerbehindertenvertretung.** Für den Fall, dass Betriebsteile oder auch Betriebe die **Mindestzahl** von 5 schwerbehinderten Menschen **nicht erreichen**, sieht die Vorschrift in Abs. 1 S. 4 eine Sonderregelung vor. In diesem Fall können diese Betriebe mit räumlich nahegelegenen Betrieben desselben Arbeitgebers **zusammengefasst** werden. Für den Begriff der **räumlichen Nähe** ist auf die Rechtsprechung zur vergleichbaren Vorschrift des § 4 BetrVG zurückzugreifen. Danach sind vor allem die Verkehrsmöglichkeiten entscheidend für die Entfernung, da sowohl die Interessenvertreter sich untereinander wie auch die Arbeitnehmer die Interessenvertretung leicht erreichen können sollen (BAG 24. 2. 76 AP Nr. 2 zu § 4 BetrVG).

11   Über die **Zusammenfassung** entscheidet der **Arbeitgeber** (siehe gesetzl. Definition in § 73 Abs. 1 und 3) gemäß Abs. 1 S. 5 „**im Benehmen**" mit dem **Integrationsamt**, das für den Sitz der Betriebe oder Dienststellen zuständig ist. Sind mehrere Integrationsämter zuständig, müssen mehrere Ämter beteiligt werden. „Im Benehmen" bedeutet, dass der Arbeitgeber dem Integrationsamt Gelegenheit zur Stellungnahme geben, sein Vorhaben erörtern und auf eine Verständigung hinwirken muss. Gebunden ist der Arbeitgeber an die Stellungnahme des Integrationsamtes allerdings nicht (*Kossens/von der Heide/Maaß*, SGB IX, § 94 RdNr. 12; *Neumann/Pahlen/Majerski-Pahlen*, SGB IX, § 94 RdNr. 14; *Masuch* in Hauck/Noftz, SGB IX, K § 94 RdNr. 8). In der Praxis wird das Benehmen dadurch hergestellt, dass der Arbeitgeber das zuständige Integrationsamt über die beabsichtigte Zusammenlegung informiert und um Einverständnis bittet. Sobald das Einverständnis gegeben ist, werden die betroffenen Betriebe und Dienststellen für die nächste Wahl zusammengefasst und eine einheitliche Wahl durchgeführt (*Heuser,* br 1990, 25, 27).

12   Der Arbeitgeber entscheidet über die Zusammenfassung nicht nur in positiver sondern auch in negativer Weise: er kann sie auch ablehnen oder wieder aufheben. Da die **betriebliche Interessenvertretung** gemäß § 93 S. 2 auf die Wahl der Schwerbehindertenvertretung hinzuwirken hat, steht ihr auch ein **Initiativrecht hinsichtlich der Zusammenfassungsentscheidung** zu (GK-SGB IX-*Schimanski*, § 94 RdNr. 39; *Masuch* in Hauck/Noftz, SGB IX, K § 94 RdNr. 8).

13   Die Entscheidung des Arbeitgebers über die Zusammenfassung wirkt jeweils für **eine Wahlperiode**. Sie muss deshalb auch **vor der Wahl** getroffen sein (*Neumann/Pahlen/Majerski-Pahlen*, SGB IX, § 94 RdNr. 18; *Masuch* in Hauck/Noftz, SGB IX, K § 94 RdNr. 9) und denen, die die Wahl einleiten können, also der vorhandenen Schwerbehindertenvertretung, dem Betriebsrat bzw. Personalrat oder dem Inte-

grationsamt oder den wahlberechtigten schwerbehinderten Menschen bekannt gegeben werden (*Neumann/Pahlen/Majerski-Pahlen*, a.a.O.). Auch wenn der Arbeitgeber nach der Wahl seine Entscheidung über die Zusammenfassung ändert oder die Voraussetzungen für die Zusammenfassung nachträglich wegfallen, ist die Schwerbehindertenvertretung wirksam gewählt und bleibt im Amt. Ein Grund für eine Neuwahl besteht nicht (*Cramer*, SchwbG, § 24 RdNr. 4; *Neumann/Pahlen/Majerski-Pahlen*, SGB IX, § 94 RdNr. 17).

3. Mindestzahl von Schwerbehinderten. Die Wahl zur Schwer- **14** behindertenvertretung setzt eine „nicht nur vorübergehende" Beschäftigung von mindestens 5 Schwerbehinderten oder Gleichgestellten voraus. Es ist umstritten, ob eine Beschäftigung erst bei einer vereinbarten Beschäftigungsdauer von über 6 Monaten (so *Neumann/Pahlen/Majerski-Pahlen*, SGB IX, § 94 RdNr. 7; *Kossens/von der Heide/Maaß*, SGB IX, § 94 RdNr. 7) angenommen werden kann oder, ob die Vorschrift nur die auch in § 73 Abs. 3 erwähnten **kurzzeitigen Beschäftigungen** von höchstens 8 Wochen ausschließt (so *Cramer*, SchwbG, § 24 RdNr. 5; *Trenk-Hinterberger*, HK-SGB IX, § 94 RdNr. 12). Letzter Ansicht ist zu folgen. Auf die Voraussetzungen für das passive Wahlrecht in § 94 Abs. 3 kann nicht Bezug genommen werden, da hier ausdrücklich die Sechs-Monatsfrist benannt ist, die im Übrigen auch nicht ausnahmslos gilt. Auch das Argument, dass der Begriff in § 3 SchwbG 1986 verwendet wurde und dort einen Zeitraum von 6 Monaten beinhaltete und deshalb im gleichen Gesetz auch gleich verwendet werden soll, spricht nicht für eine gleiche Auslegung. Zum einen erwähnt § 2 SGB IX – anders als noch die Regelung des § 3 SchwbG – den Begriff „nicht nur vorübergehend" nicht mehr, sondern legt den Zeitraum ausdrücklich auf länger als sechs Monate fest; zum anderen muss bei Auslegung eines unbestimmten Rechtsbegriffes der jeweilige Normzusammenhang berücksichtigt werden. In § 2 geht es um die Feststellung der Behinderung, in § 94 darum, welche Arten von Beschäftigungen sinnvollerweise bei der Frage, ob in einem Betrieb eine Schwerbehindertenvertretung bestehen sollte, Berücksichtigung finden sollen. Es spricht nichts dafür, dass der Gesetzgeber die Voraussetzungen restriktiv handhaben wollte. **Befristete Beschäftigungen bis zu 6 Monaten außer Betracht** zu lassen, erscheint auch **nicht sachgerecht**, weil es sich zum einen um reine vorgeschaltete Probearbeitsverhältnisse handeln kann, die in eine Dauerbeschäftigung übergehen können, zum anderen in einem Betrieb ein Arbeitsplatz immer wieder mit befristet Beschäftigten besetzt werden kann, so dass die Voraussetzung einer Beschäftigung von 5 Schwerbehinderten insgesamt gesehen trotz der Einzelbefristungen erfüllt sein kann.

Ob schwerbehinderte Menschen auf Arbeitsplätzen beschäftigt **15** werden, die als **Arbeitsplätze im Sinne von 73** gelten, ist **ohne Bedeutung**. Es kommt nur darauf an, ob sie im Betrieb beschäftigt sind.

Deshalb zählen zur Mindestzahl von 5 schwerbehinderten Beschäftigten arbeitnehmerähnliche Personen z. B. Handelsvertreter nicht mit, wohl aber in entsprechender Anwendung des § 5 Abs. 1 S. 2 BetrVG die in Heimarbeit Beschäftigten, die in der Hauptsache für einen Betrieb arbeiten. Ebenfalls nicht mit zu berücksichtigen ist der schwerbehinderte Arbeitgeber, wohl aber anders als in § 5 BetrVG schwerbehinderte **leitende Angestellte** (*Neumann/Pahlen/Majerski-Pahlen*, SGB IX, § 94 RdNr. 5).

III. Sonderregelungen im öffentlichen Dienst, für Gerichte und Staatsanwaltschaft

16   Der **Begriff der Dienststelle** richtet sich nach § 6 BPersVG und den entsprechenden Regelungen der Personalvertretungsgesetze in den Ländern. Nach der Begriffsbestimmung der Rechtsprechung des BVerwG und des BAG wird unter Dienststelle im personalvertretungsrechtlichen Sinne eine tatsächlich organisatorisch verselbstständigte Verwaltungseinheit verstanden, der ein örtlich und sachlich bestimmtes Aufgabengebiet zur Wahrnehmung zugewiesen ist und die ihren inneren Betriebsablauf eigenverantwortlich bestimmt (BAG 18. 1. 1990 – AZR 386/89). Nebenstellen und Teile einer Dienststelle gelten als selbstständige Dienststellen, wenn die Mehrheit ihrer wahlberechtigten Beschäftigten dies in geheimer Abstimmung beschließt.

17   Für die **Zusammenfassung** der Dienststellen der öffentlichen Verwaltung gilt dasselbe wie für die Zusammenfassung von Betrieben mit der Einschränkung, dass beide Dienststellen der gleichen Verwaltung und der gleichen Stufe angehören müssen.

18   Sind an einem **Gericht** mindestens fünf schwerbehinderte Richter/Richterinnen tätig, wählen sie gemäß den Verfahrensregeln in §§ 24–27 SchwbVWO eine eigene Schwerbehindertenvertretung. Diese besteht dann neben den Schwerbehindertenvertretungen der nichtrichterlichen Bediensteten. Hier gilt für die **Zusammenfassung eine Ausnahme**. Es können auch unterschiedliche Gerichtszweige und verschiedene Instanzen zusammengefasst werden, wenn sie räumlich nah beieinander liegen und jede für sich die Mindestzahl von fünf schwerbehinderten Richtern nicht erreichen. Durch das Gesetz in § 94 Abs. 1 ist die Wahl einer **gemeinsamen Schwerbehindertenvertretung** durch **Richter** und die an einem Gericht beschäftigten **übrigen Beschäftigten ausgeschlossen**. Dies gilt auch dann, wenn die Mindestzahl der schwerbehinderten Richter wie auch der sonstigen schwerbehinderten Beschäftigten nicht erreicht wird (BVerwG 8. 12. 99 NZA-RR 2000, 333). Dieses Ergebnis führt nicht dazu, dass die Wahl einer Schwerbehindertenvertretung ganz unterbleiben muss. Bei Nichterfüllung der zahlenmäßigen Voraussetzung sieht das Gesetz

vielmehr eine andere Lösung vor, nämlich die Zusammenfassung räumlich naheliegender gleichstufiger Dienststellen bzw. die Zusammenfassung von Gerichten auch unterschiedlicher Gerichtszweige und -stufen.

Die Entscheidung über die **Zusammenfassung** von Dienststellen **19** und Gerichten ist nach **pflichtgemäßem Ermessen** zu treffen. Liegen die gesetzlichen Voraussetzungen vor, ist die Zusammenfassung durch den Arbeitgeber vorzunehmen (BVerwG 8. 12. 99 NZA-RR 2000, 333). Dessen Entscheidung unterliegt damit einer stärkeren gerichtlichen Kontrolle als im Bereich privater Unternehmen. Die Entscheidung kann seitens der Personalvertretung gerichtlich überprüft werden (*Düwell*, LPK-SGB IX, § 94 RdNr. 27).

Staatsanwälte und **Staatsanwältinnen** können eine eigene Schwer- **20** behindertenvertretung nur wählen, wenn sie auch einen eigenen Personalrat gewählt haben. Ist dies nicht der Fall, nehmen sie an der Wahl der Schwerbehindertenvertretung ihrer Behörde teil.

IV. Sonderregelungen für Soldaten

Gemäß Abs. 4 sind in den Dienststellen der Bundeswehr nur Schwer- **21** behindertenvertretungen zu wählen, wenn dort eine Vertretung nach dem BPersVG gewählt wird. Dies ist wegen der Besonderheiten im militärischen Bereich meist nicht der Fall. In den Einheiten, Stäben und Schulen der Bundeswehr werden keine Personalvertretungen, sondern nur sog. Vertrauenspersonen nach dem Soldatenbeteiligungsgesetz vom 16. 1. 1991 in der Fassung vom 15. 4. 1997 gewählt. In den Dienststellen, in denen tatsächlich eine **Personalvertretung** nach dem BPersVG besteht und gemäß § 49 SoldatenbeteiligungsG Soldatenvertreter zu den Personalvertretungen hinzugewählt werden, kann **auch eine eigene Schwerbehindertenvertretung** gemäß Abs. 4 gewählt werden. Dabei ist jeder schwerbehinderte Soldat oder Soldatin wahlberechtigt, wählbar sind auch nicht schwerbehinderte Soldaten und Soldatinnen.

V. Aktives Wahlrecht

Wahlberechtigt sind alle im Betrieb oder in der Dienststelle beschäf- **22** tigten Schwerbehinderten und die ihnen Gleichgestellten. Es kommt weder auf das Lebensalter oder auf die Betriebszugehörigkeit noch auf die Stellung im Betrieb an. Anders als bei der Mindestzahl sind auch vorübergehend Beschäftigte nicht ausgeschlossen. Maßgeblich ist, dass sie im Betrieb eingegliedert sind: das Wahlrecht fehlt deshalb nur arbeitnehmerähnlichen Personen wie z. B. Handelsvertretern, Arbeit-

nehmern in **Altersteilzeit**, die sich in der Freistellungsphase befinden
(BAG 16. 11. 05 NZA 2006, 340 = AiB 2006, 447 m. Anm. *Rudolph*;
BAG 16. 4. 03 NZA 1345,1347; *Sieg*, NZA 2002, 1064 f.), in **Heimarbeit** Beschäftigten (*Neumann/Pahlen/Majerski-Pahlen*, SGB IX, § 94
RdNr. 23; *Kossens/von der Heide/Maaß*, SGB IX, § 94 RdNr. 20) und
dem **Arbeitgeber** im Sinne des § 5 Abs. 2 Ziff. 1 und 2 BetrVG bzw.
dem Dienststellenleiter im Sinne des § 7 BPersVG. Schwerbehinderte
Beschäftigte, die außerhalb des Betriebes oder der Dienststelle arbeiten, wie etwa Arbeitnehmer im Außendienst oder auf Telearbeitsplät-
zen (siehe auch Klarstellung in § 5 Abs. 1 BetrVG) sind wahlberechtigt.
Dies gilt ebenfalls für **leitende Angestellte** im Sinne des § 5 Abs. 3
BetrVG, für schwerbehinderte Arbeitnehmer, deren Arbeitsverhältnis
aufgrund einer befristeten Erwerbsminderungsrente ruht (BAG
16. 11. 2005, a.a.O.) sowie für **Beschäftigungen auf Stellen, die im
Sinne des § 73 Abs. 2 und 3** nicht als Arbeitsplätze gelten, da schon
vom Wortlaut her der Begriff der Beschäftigung weiter reicht als der
der Arbeit. Deshalb sind auch schwerbehinderte Rehabilitanden einer
Einrichtung der beruflichen Rehabilitation, obwohl sie in keinem Arbeitsverhältnis stehen, wahlberechtigt (BAG 16. 4. 03 NZA 2003, 1106).
Das Gleiche gilt für schwerbehinderte Teilnehmer an berufsvorberei-
tenden Maßnahmen oder Arbeitsbeschaffungsmaßnahmen (*Rudolph*,
Soziale Sicherheit 2010, 270, 271). Es ist Aufgabe der Schwerbehinder-
tenvertretung, die Interessen aller Schwerbehinderter im Betrieb zu
vertreten und nicht nur diejenigen schwerbehinderter Arbeitnehmer
(BAG 26. 6. 01 – 7 ABR 50/99; *Neumann/Pahlen/Majerski-Pahlen*, SGB
IX, § 94 RdNr. 24; GK-SGB IX-*Schimanski*, § 94 RdNr. 46; *Masuch* in
Hauck/Noftz, SGB IX, K § 94 RdNr. 11). Einen schwerbehinderten
Leiharbeitnehmer steht entsprechend der Regelung in § 7 S. 2
BetrVG das aktive Wahlrecht zu, wenn er länger als drei Monate im Betrieb eingesetzt wird (GK-SGB IX-*Schimanski*, § 94 RdNr. 45; *Rudolph*,
a.a.O. S. 272). Auch ein schwerbehinderter **Beauftragter** des Arbeit-
gebers ist wahlberechtigt, da er nicht gemäß § 98 den Arbeitgeber in
seiner Arbeitgeberfunktion vertritt (*Neumann/Pahlen/Majerski-Pahlen*,
SGB IX, § 94 RdNr. 23; a. A. VG Aachen 25. 11. 1999 – 16 K 371/99,
PVL; *Düwell*, LPK-SGB IX, § 94 RdNr. 12). Wahlberechtigt sind allerdings nur schwerbehinderte Menschen, deren **Schwerbehinderteneigenschaft** im Sinne des § 69 oder deren **Gleichstellung** gemäß § 68
Abs. 2 **festgestellt** ist, wobei der entsprechende Bescheid noch **nicht
bestandskräftig** zu sein braucht (*Cramer*, SchwBG, § 24 RdNr. 10).
Wer erst einen **Antrag** auf Anerkennung als Schwerbehinderter oder
einen Antrag auf Gleichstellung gestellt hat, ist nicht wahlberechtigt.
Die Wirksamkeit der Wahl kann nicht von der Entscheidung über den
Antrag abhängig gemacht werden (*Neumann/Pahlen/Majerksi-Pahlen*,
SGB IX, § 94 RdNr. 23; GK-SGB IX-*Schimanski*, § 94 RdNr. 48;
Masuch in Hauck/Noftz, SGB IX, K § 94 RdNr. 11). Das Gleiche gilt,

wenn die Schwerbehinderteneigenschaft oder die Gleichstellung zwar festgestellt ist, der Beschäftigte sich darauf jedoch nicht beruft. Auch dann kann er sein Wahlrecht nicht rückwirkend ausüben. Die Wahl bleibt wirksam (BSG 4. 3. 1994 – AZ 11 BAr 139/93; *Neumann/Pahlen/ Majerski-Pahlen*, a.a.O.). Auf die **Geschäftsfähigkeit** des Wahlberechtigten kommt es nicht an. Da gerade die entmündigten, geschäftsunfähigen oder vermindert geschäftsfähigen Schwerbehinderten auf die Interessenvertretung durch die Schwerbehindertenvertretung besonders angewiesen sind, sollen sie auch das Recht haben, sie zu wählen (*Heuser,* br 1990, 25, 28; *Sieg,* NZA 2002, 1064 f.).

VI. Passives Wahlrecht

Der Kreis derjenigen, die gewählt werden können (passives Wahl-   **23** recht) ist zum einen weiter als derjenigen, die wählen dürfen. Die Schwerbehinderteneigenschaft ist nämlich keine Voraussetzung der Wählbarkeit. Es können vielmehr **auch nicht schwerbehinderte Menschen** gewählt werden. Zum anderen wird der Kreis der wählbaren Personen eingeschränkt. So ist nur wählbar, wer am Wahltag das **18. Lebensjahr** vollendet, wer **nicht nur vorübergehend beschäftigt** ist und wer mindestens eine **sechsmonatige Betriebs- oder Dienstzugehörigkeit** aufzuweisen hat. Vorübergehend beschäftigt ist, wer von vorneherein nur für eine kurze Aushilfstätigkeit eingestellt worden ist (siehe auch Erläuterungen zu § 73 RdNr. 21). In diesem Fall würde das passive Wahlrecht auch kaum sinnvoll sein, da die Amtszeit in kurzer Zeit bereits wieder enden würde. Ein jedenfalls auf sechs Monate befristetes Arbeitsverhältnis schließt das passive Wahlrecht dagegen nicht aus (*Masuch* in Hauck/Noftz, SGB IX, K § 94 RdNr. 13). Bei der Dauer der Betriebs- oder Dienstzugehörigkeit werden **vorangegangene Beschäftigungszeiten** im Falle eines Betriebsübergangs gemäß § 613 a BGB oder einer befristeten Vorbeschäftigung beim selben Arbeitgeber mitberücksichtigt. Dies ist ebenfalls der Fall, wenn Vorbeschäftigungszeiten wegen des Bestehens eines engen sachlichen Zusammenhangs zwischen früherem und neuem Arbeitsverhältnis anzurechnen sind (BAG 6. 12. 76 AP Nr. 2 zu § 1 KSchG Wartezeit; *Masuch* in Hauck/Noftz, SGB IX, K § 94 RdNr. 13). Ausnahmsweise muss die sechsmonatige Beschäftigungsdauer nicht erfüllt sein, wenn der Betrieb oder die Dienststelle selbst zum Zeitpunkt der Wahl noch kein Jahr besteht. Dann darf jede beschäftigte Person gewählt werden unabhängig von ihrer Betriebszugehörigkeit.

Weiterhin wird der Kreis der wählbaren Personen dadurch einge-   **24** schränkt, dass nicht wählbar ist, wer kraft Gesetzes dem Betriebs- oder Personalrat (§ 5 Abs. 2 und 3 BetrVG, § 7 BPersVG), Richter-, Staatsanwalt- oder Präsidialrat nicht angehören kann. Nicht wählbar sind

demnach leitende Angestellte, gemäß § 14 Abs. 3 BPersVG der Dienststellenleiter sowie Beschäftigte, die zu selbstständigen Entscheidungen
in Personalangelegenheiten der Dienststelle befugt sind. Wer **nicht in
einem Arbeits- oder Ausbildungsverhältnis** steht, kann ebenfalls
nicht gewählt werden. Es scheiden deshalb auch alle Beschäftigten aus,
die aus religiösen oder karitativen Gründen arbeiten oder in erster
Linie zu ihrer Heilung, Wiedereingewöhnung oder Erziehung beschäftigt werden (siehe auch Komm. zu § 73 RdNr. 16 f.). Auch **Rehabilitanden in reinen Berufsausbildungswerken** sind keine zum Betriebsrat wählbaren Arbeitnehmer (BAG 26. 1. 1994 NZA 1995, 120; BAG
27. 6. 01 – AZ 7 ABR 50/99). Ausgeschlossen sind außerdem **Leiharbeitnehmer** gemäß § 14 Abs. 2 AüG und **Altersteilzeitler** während
der Freistellungsphase (*Kossens/von der Heide/Maaß*, SGB IX, § 94 RdNr.
25; *Kuhlmann*, br 2002, 1 f.) sowie der **Beauftragte** des Arbeitgebers.

25   Bis zum 31. 12. 2004 waren gemäß § 14 Abs. 2 S. 1 BPersVG Beschäftigte im öffentlichen Dienst ausgeschlossen, die in der Woche regelmäßig weniger als 18 Stunden arbeiteten. Mit Wirkung vom 1. 1. 2005
gilt diese Regelung nicht mehr, so dass seitdem alle **Teilzeitbeschäftigten** gewählt werden können.

26   Nicht wählbar ist auch, wer aufgrund einer **strafgerichtlichen Verurteilung** die Fähigkeit, Rechte aus öffentlichen Wahlen zu erlangen,
nicht besitzt (§ 8 Abs. 1 S. 3 BetrVG und § 14 Abs. 1 S. 2 BPersVG). Dies
tritt gemäß § 45 Abs. 1 StGB immer dann ein, wenn eine Verurteilung
wegen eines Verbrechens zu einer Mindestfreiheitsstrafe von einem Jahr
erfolgt ist. Der Verlust ist auf fünf Jahre nach Rechtskraft des Urteils beschränkt.

VII. Wahlperiode

27   Die Wahl findet turnusmäßig **alle 4 Jahre** in der Zeit vom **1. 10. bis
zum 30. 11.** statt. Die letzte Wahl hat im Herbst 2010 stattgefunden.
Der Zeitraum ist auf die Wahl zum Betriebs- und Personalrat abgestimmt, die ebenfalls alle 4 Jahre in der Zeit vom 1. März bis 31. Mai
durchgeführt wird. **Ausnahmsweise** findet **außerhalb des regulären Zeitraums** eine Wahl in drei vom Gesetz in Abs. 5 S. 2 Ziff. 1–3
genannten Fällen statt:

- Das Amt der Schwerbehindertenvertretung erlischt vorzeitig (siehe
  dazu RdNr. 50) und es gibt kein nachrückendes stellvertretendes
  Mitglied.
- Die Wahl ist erfolgreich angefochten (siehe dazu RdNr. 42 ff.)
- Es findet erstmalig die Wahl einer Schwerbehindertenvertretung
  statt.

In diesen Fällen ist außerhalb des regelmäßigen Wahlturnus zu wählen. Die nächste Wahl findet dann aber wieder im regelmäßigen Wahl-

zeitraum statt, auch dann, wenn dies zu einer verkürzten Amtsperiode führt. Ausnahmsweise soll dies nicht erfolgen, wenn die Schwerbehindertenvertretung zu diesem Zeitpunkt noch nicht ein Jahr im Amt ist. Damit sollen zu kurze Amtsperioden und Neuwahlen in zu kurzen Abständen vermieden werden.

VIII. Wahlgrundsätze und Durchführung der Wahl

In zwei getrennten Wahlgängen werden die Schwerbehinderten- **28** vertretung und das stellvertretende Mitglied bzw. die stellvertretenden Mitglieder gewählt (§ 5 Abs. 1 S. 2 Ziff. 7 und § 9 Abs. 2 S. 2 SchwBVWO). Es sind unterschiedliche Vorschlagslisten für beide Wahlen einzureichen, wobei die Wahlbewerber für die Schwerbehindertenvertretung und für die Stellvertretung vorgeschlagen werden können (§ 6 Abs. 1 S. 4 SchbVWO). Der Annahme einer getrennt vorzunehmenden Wahl steht es nicht entgegen, wenn zur Reduzierung des Verwaltungsaufwandes eine gleichzeitige Stimmabgabe erfolgt (BAG 29. 7. 2009 – 7 ABR 91/07). Es gilt das **Mehrheitsprinzip**. Für die Schwerbehindertenvertretung ist **eine Person** zu wählen. Stellen sich mehrere Personen zur Wahl, ist die Person mit den meisten Stimmen gewählt. Bei **Stimmengleichheit** entscheidet gemäß § 13 Abs. 2 S. 2 SchwbVWO das Los. Diese Regelung schließt es nicht aus, dass im vereinfachten Wahlverfahren (s. RdNr. 32) statt des Losentscheids ein zweiter Wahlgang unmittelbar anschließend durchgeführt wird, da das gesetzgeberische Ziel, ohne zeitliche Verzögerung für ein eindeutiges Wahlergebnis zu sorgen, erreicht wird und § 13 Abs. 2 SchwbVWO über § 20 Abs. 4 SchwbVWO auch nur entsprechend Anwendung findet (LAG München 27. 9. 2005 – 8 TaBV 29/05). Für die **Stellvertretung** können auch mehrere Mitglieder gewählt werden, wenn im förmlichen Verfahren der Wahlvorstand und im vereinfachten Wahlverfahren die Wahlversammlung einen entsprechenden Beschluss über die Anzahl der zu wählenden stellvertretenden Mitglieder fasst . Gewählt sind dann jeweils die Mitglieder mit den meisten Stimmen.

Die Wahl ist **geheim und unmittelbar**. Sie darf also nicht durch **29** Akklamation oder öffentliche Stimmabgabe, sondern muss schriftlich durch **Stimmzettel** evtl. in einer Wahlkabine erfolgen. Unmittelbar bedeutet, dass die Stimme nur persönlich, wenn auch schriftlich, und nicht etwa durch Einschaltung von „Wahlmännern" abgegeben werden darf.

Es wird entweder im **vereinfachten oder im förmlichen Verfah- 30 ren** gewählt. Dies hängt von der Zahl der wahlberechtigten schwerbehinderten Menschen ab. Sind in der Dienststelle oder dem Betrieb, in dem gewählt werden soll, **weniger als 50** wahlberechtigte schwerbehinderte Menschen beschäftigt, wird immer im vereinfachten Wahlverfahren gewählt. Eine Ausnahme besteht nur dann, wenn der Betrieb oder die Dienststelle aus räumlich weit auseinanderliegenden Teilen besteht (Abs. 6 S. 3). Dies beurteilt sich nach dem Umständen im Einzelfall und richtet sich vor allem nach den konkreten Verkehrsverhältnissen (*Heuser,* br 1990, 25). Das BAG hat die Wahl im förmlichen Verfahren für erforderlich gehalten in einem Fall, in denen die Verkaufsstellen in einer Entferung von bis zu 60 km auseinander lagen (BAG 7. 4. 04 NZA 2004, 745). Sind mindestens 50 wahlberechtigte schwerbehinderte Menschen im Betrieb oder Dienststelle beschäftigt, wird immer im förmlichen Wahlverfahren gewählt.

31   Für die Feststellung der Anzahl der Wahlberechtigten ist nicht der Wahltag maßgeblich, sondern der **Zeitpunkt der Einleitung der Wahl**, also im vereinfachten Verfahren die Einladung zur Wahlversammlung und im förmlichen Verfahren der Erlass des Wahlausschreibens. Bei einem Abstellen auf den Wahltag wäre die kontinuierliche Vertretung schwerbehinderter Menschen im Betrieb nicht sicher gestellt, da bei Veränderungen des Grenzwertes bis zum Wahltag die Wahl abgebrochen werden und in der zutreffenden Verfahrensart erneut eingeleitet werden müsste mit der Folge, dass zeitweilig keine Schwerbehindertenvertretung existieren würde (BAG 16. 11. 05 NZA 2006, 340, 342 = AiB 2006,447 m. Anm. *Rudolph*; *Kohte,* jurisPR-ArbR 12/ 2006 Anm.1). Da außerdem keine Prognose über die Anzahl schwerbehinderter Menschen am Wahltag möglich ist, ist es richtig auf den Zeitpunkt abzustellen, zu dem die Entscheidung über die Art des Verfahrens getroffen werden muss.

32   **1. Vereinfachtes Wahlverfahren.** Im vereinfachten Wahlverfahren (dazu Einzelheiten bei *Kamm,* AiB 2006, 498, 499f.) hat die amtierende Schwerbehindertenvertretung spätestens 3 Wochen vor Ende ihrer Amtszeit zu einer **Wahlversammlung** einzuladen, in der die Wahl stattfindet. Dies kann für den Fall, dass eine Schwerbehindertenvertretung nicht besteht, auch durch den Betriebs- oder Personalrat, drei Wahlberechtigte oder das Integrationsamt geschehen (§ 19 SchwbVWO). Nach der **Wahl eines Versammlungsleiters** (§ 20 Abs. 1 SchwbWO) wird in der Wahlversammlung mit Stimmenmehrheit beschlossen, **wie viele stellvertretende Mitglieder** und ob diese in einem Wahlgang gewählt werden sollen (§ 20 Abs. 2 SchwbVWO). Wahlvorschläge können von jedem Wahlberechtigten ohne Stützunterschriften abgegeben werden. Der Wahlvorschlag kann auch durch Zuruf erfolgen. Ein Wahlbewerber kann sich auch selbst vorschlagen (LAG Bad.-Württ. 12. 3. 2003 – 4 Sa 45/02). Das Wahlrecht wird durch die Abgabe von Stimmzetteln ausgeübt (§ 20 Abs. 3 SchwbVWO). In gleicher Weise, aber in einem getrennten Wahlgang erfolgt die Wahl der Stellvertretung. Auf den Stimmzetteln werden die vorgeschlagenen Personen in alphabetischer Reihenfolge aufgeführt. Nach Abschluss der Wahl und öffentlicher Stimmenauszählung muss

das **Wahlergebnis unverzüglich festgestellt** werden (§20 Abs. 3 SchwbVWO). Für die Benachrichtigung des Gewählten und für die Bekanntmachung gelten die entsprechenden Vorschriften des förmlichen Verfahrens (§20 Abs. 4 SchwbVWO).

2. Förmliches Verfahren. Im förmlichen Wahlverfahren (dazu Einzelheiten bei *Sieg,* NZA 2002, 1064; *Kamm,* AiB 2006, 498, 500) muss spätestens 8 Wochen vor dem Ende der Amtszeit die amtierende Schwerbehindertenvertretung einen **Wahlvorstand** bestellen. Ist eine solche nicht vorhanden, können auch die betriebliche Interessenvertretung, das Integrationsamt oder mindestens drei Wahlberechtigte eine Versammlung einberufen, in der ein Wahlvorstand gewählt werden soll (§1 SchwbVWO). Die Aufgabe des Wahlvorstandes besteht darin, die **Wählerliste** unverzüglich auszulegen und das **Wahlausschreiben** zu erstellen und bekannt zu machen (§5 SchwbVWO). Nach Erlass des Wahlausschreibens können die Wahlberechtigten innerhalb von 2 Wochen schriftliche **Wahlvorschläge** einreichen (§6 SchwbVWO). Jeder Vorschlag muss mindestens 3 Stützunterschriften enthalten (§6 Abs. 2 SchwbVWO). Sie müssen im Original und eigenhändig unterzeichnet beim Wahlvorstand eingehen. Ein Telefax (Telekopie) wahrt die in §6 Abs. 1 S. 1, Abs. 2 S. 1 SchwbVWO vorgeschriebene Form nicht (BAG 20. 1. 2010 – 7 ABR 39/08). Nach der Prüfung der Wahlvorschläge müssen spätestens eine Woche vor dem Wahltermin die Wahlvorschläge bekannt gegeben werden (§8 SchwbVWO). Die Wahl erfolgt geheim durch **Abgabe eines Stimmzettels** in einem Wahlumschlag (§9 und 10 SchwbVWO). Bei Abwesenheit vom Betrieb zum Zeitpunkt der Wahl ist gemäß §11 SchwbVWO **Briefwahl** möglich. Nach Abschluss der Wahl und öffentlicher Stimmauszählung stellt der Wahlvorstand das Ergebnis fest (§13 SchwbVWO). Unverzüglich danach benachrichtigt der Wahlvorstand die gewählte Vertrauensperson und das gewählte stellvertretende Mitglied schriftlich. Geht nicht innerhalb von 3 Arbeitstagen eine Erklärung beim Wahlvorstand ein, gilt die Wahl als angenommen (§14 SchwbVWO). Die Wahl wird durch einen zweiwöchigen öffentlichen Aushang bekannt gemacht. Es erfolgt eine Mitteilung über den Ausgang der Wahl an den Arbeitgeber und an den Betriebsrat bzw. Personalrat (§15 SchwbVWO).

IX. Wahl und Aufgaben des stellvertretenden Mitglieds

In Betrieben und Dienststellen ist neben der Vertrauensperson wenigstens ein stellvertretendes Mitglied zu wählen. Wird allerdings zum Wahlzeitpunkt der Vertrauensperson ausnahmsweise keine Stellvertretung gewählt, bleibt die Wahl der Vertrauensperson dennoch wirksam.

Über die Zahl der stellvertretenden Mitglieder beschließt im förmlichen Wahlverfahren nicht die Versammlung der schwerbehinderten

Menschen sondern der Wahlvorstand (§ 2 Abs. 4 SchwbVWO). Im förmlichen Wahlverfahren ist unter den Voraussetzungen des § 11 SchwbVWO auch eine **Briefwahl** für einzelne Wahlberechtigte oder generell möglich.

36 Die Amtszeit des stellvertretenden Mitglieds ist grundsätzlich an diejenige der Vertrauensperson gebunden. Deshalb wird in der Regel auch die Wahl der Schwerbehindertenvertretung zeitgleich mit der der stellvertretenden Mitglieder stattfinden. Zwingend ist dies jedoch nicht. § 17 SchwbVWO sieht ausdrücklich die **Nachwahl** des stellvertretenden Mitglieds vor. Dies kann etwa dann erforderlich sein, wenn durch Ausscheiden der Vertrauensperson das einzige stellvertretende Mitglied nachrückt, oder die Wahl zur Stellvertretung erfolgreich angefochten worden ist oder sich zum Zeitpunkt der Wahl zur Schwerbehindertenvertretung niemand findet, der sich als stellvertretendes Mitglied wählen lassen will. In diesen Fällen muss gemäß § 21 SchwbVWO nachgewählt werden. Die Wahl der Stellvertretung findet dann außerhalb des regulären Wahlzeitraums statt (*Masuch* in Hauck/Noftz, SGB IX, K § 94 RdNr. 26).

37 Das stellvertretende Mitglied darf bis auf den besonderen Fall des § 95 Abs. 1 S. 4 (siehe Kommentierung dort) nur tätig werden, wenn die Vertrauensperson **tatsächlich verhindert** ist. Dies ist nicht nur dann der Fall, wenn die Vertrauensperson abwesend ist (z. B. bei Krankheit oder Urlaub), sondern auch, wenn sie andere Aufgaben wahrnehmen muss, z. B. bei einer Terminskollision (BAG 7. 4. 04 NZA 2004, 1103, 1106; *Cramer*, SchwbG, § 24 RdNr. 7). Befindet sich die Vertrauensperson in Elternzeit, liegt nicht zwangsläufig ein Fall der zeitweiligen Verhinderung vor (BAG 25. 5. 05 NZA 2005, 1002).

38 Als Verhinderung ist auch der nicht ausdrücklich geregelte Fall anzusehen, dass die Vertrauensperson an der Ausübung ihres Amtes **rechtlich gehindert** ist, weil sie ansonsten in eigener Angelegenheit tätig würde. **Beispiel**: Die Vertrauensperson soll außerordentlich gekündigt werden (BAG 26. 8. 81 AP Nr.13 zu § 103 BetrVG; *Cramer*, SchwbG, § 24 RdNr. 7; *Düwell*, LPK-SGB IX, § 95 RdNr. 18).

X. Wahlschutz, Wahlkosten und Wahlanfechtung

39 Abs. 6 S. 2 sieht hinsichtlich des Schutzes der Wahl, der Kosten und der Anfechtung eine sinngemäße Anwendung der Vorschriften im Betriebsverfassungs- und Personalvertretungsrecht vor.

40 Wie sich auch aus § 96 Abs. 3 ergibt, sind die Mitglieder des Wahlvorstandes und die Wahlbewerber für die Schwerbehindertenvertretung wie für die Stellvertretung ebenfalls vor **Kündigungen, Abordnungen und Versetzungen** gemäß § 15 Abs. 3 KSchG geschützt (siehe Komm. zu § 96 RdNr. 11 ff.). Das gilt gemäß § 15 Abs. 3a KSchG

analog auch für die ersten drei Arbeitnehmer, die zu einer **Wahl** der Schwerbehindertenvertretung **einladen** oder die Wahl eines Wahlvorstandes einleiten (*Kossens/von der Heide/Maaß*, SGB IX, § 94 RdNr. 35; *Neumann/Pahlen/Majerski-Pahlen*, SGB IX, § 94 RdNr. 41). Außerdem darf niemand bei der Ausübung seines Wahlrechts beschränkt werden oder der ungestörte Ablauf der Wahl beeinträchtigt werden (§ 20 Abs. 1 BetrVG und § 24 Abs. 1 BPersVG). Verboten ist auch jede **Wahlbeeinflussung** durch Zufügung oder Androhung von Nachteilen sowie durch die Gewährung von Vorteilen (§ 20 Abs. 2 BetrVG).

Die **Kosten der Wahl** sind den entsprechenden Vorschriften **41** im Betriebsverfassungsrecht (§ 20 Abs. 3) und Personalvertretungsrecht (§ 24 Abs. 2 BPersVG) vom Arbeitgeber zu tragen. Dazu zählen die erforderlichen Sachkosten der Wahl, die erforderlichen persönlichen Kosten der Wahlvorstandsmitglieder einschließlich deren Schulung zum Zwecke einer ordnungsgemäßen Vorbereitung und Durchführung der Wahl (siehe im Einzelnen die Kommentierungen zu § 20 BetrVG und § 24 BPersVG). Zu den Kosten der Wahl zählt auch die notwendige Versäumnis von Arbeitszeit bei der Teilnahme an Versammlungen und der Ausübung des Wahlrechts.

Ebenfalls entsprechend anwendbar sind die Vorschriften über die **42** **Wahlanfechtung** in § 19 BetrVG und § 25 BPersVG. Die Anfechtbarkeit der Wahl ist zu unterscheiden von ihrer Nichtigkeit. Eine **nichtige Wahl** liegt nur in besonderen Fällen vor, wenn ein grober und offensichtlicher Verstoß gegen wesentliche Wahlregeln stattgefunden hat und nicht einmal der Anschein einer legalen Wahl gegeben ist (BAG 24. 1. 1964 AP Nr. 6 zu § 3 BetrVG 1952; LAG Hamm 19. 9. 2008 – 10 TaBV 53/08; DKK-*Schneider*, BetrVG, § 19 RdNr. 39; *Fitting*, BetrVG, § 19 RdNr. 4). Dies ist etwa dann gegeben, wenn gegen zwingende Wahlgrundsätze in § 94 Abs. 6 S. 1 verstoßen worden ist und z. B. die Wahl durch Akklamation erfolgt ist (OVG NW 7. 4. 04 br 2006, 20, 23) oder im förmlichen Wahlverfahren ganz ohne Wahlvorstand (weitere Beispiele: *Fitting*, BetrVG, § 19 RdNr. 5 und DKK-*Schneider*, BetrVG, § 19 RdNr. 40).

Voraussetzung für die **Anfechtbarkeit** der Wahl ist gemäß § 19 **43** BetrVG, dass gegen **wesentliche Vorschriften** über das Wahlrecht, die Wählbarkeit oder das Wahlverfahren in der SchwbVWO **verstoßen** worden ist und eine Berichtigung nicht mehr rechtzeitig erfolgt ist; zur Wahlanfechtung berechtigen nur erhebliche Verstöße. Das sind solche, die zu einem anderen Wahlergebnis geführt haben oder hätten führen können (DKK-*Schneider*, BetrVG, § 19 RdNr. 4; *Fitting*, BetrVG, § 19 RdNr. 24). **Beispiele** für wesentliche Verstöße sind etwa die Nichtzulassung Wahlberechtigter zur Wahl (BAG 29. 3. und 25. 6. 1974 AP Nr. 2 und 3 zu § 19 BetrVG 1972) oder die Zulassung nicht wählbarer Personen (unter 18 Jahre oder leitende Angestellte) als Wahlkandidaten (BAG 28. 11. 77 AP Nr. 2 zu § 8 BetrVG), das Fehlen einer

Wählerliste (BAG 27. 4. 76 AP Nr. 4 zu § 19 BetrVG 1972), unvollständige Hinweise im **Wahlausschreiben** dazu, wer wählbar ist (BAG 20. 1. 2010 – 7 ABR 39/08: das Wahlausschreiben enthielt keine Angabe dazu, dass bei der Wahl zur Bezirksschwerbehindertenvertretung auch Soldaten wählbar waren), die fehlende oder nicht ordnungsgemäße Bekanntgabe des Wahlausschreibens (BAG 27. 4. 1976, a.a.O.; LAG Köln: 11. 4. 2008 – 11 TaBV 80/07: Wahlausschreiben zur Wahl der Konzernschwerbehindertenvertretung war nicht in allen Betrieben des Konzerns ausgehängt, sondern entgegen § 5 Abs. 2 SchwbVWO per Rundmail und Intranet bekannt gemacht worden), oder die unzulässige Anwendung des vereinfachten **Wahlverfahrens** (BAG 22. 3. 2006 – 7 ABR 9/05; BAG 7. 4. 04 NZA 2004, 745; *Masuch* in Hauck/Noftz, SGB IX, K § 94 RdNr. 33) oder die Verkennung des **Betriebsbegriffes** durch den Wahlvorstand (BAG 17. 1. 1978 AP Nr. 1 zu § 1 BetrVG 1972; BAG 13. 11. 96 AP Nr. 4 zu § 30 MantelG DDR; weitere Beispiele bei *Fitting*, BetrVG, § 19 RdNr. 12, 16, 22; *Sieg*, NZA 2002, 1064, 1069 und DKK-*Schneider*, BetrVG, § 19 RdNr. 5 u. 9).

44   Wenn der Verstoß noch rechtzeitig berichtigt werden kann, ist eine Anfechtung nicht möglich. Dies ist dann der Fall, wenn die Berichtigung zu einem Zeitpunkt erfolgt, zu dem die Wahl danach noch ordnungsgemäß ablaufen kann *(Fitting*, BetrVG, § 19 RdNr. 23; DKK-*Schneider*, BetrVG, § 19 RdNr. 4).

45   Die Erheblichkeit des wesentlichen Verstoßes richtet sich danach, ob es nach der allgemeinen Lebenserfahrung und den konkreten Einzelumständen nicht ganz unwahrscheinlich ist, dass das **Wahlergebnis ohne den Verstoß anders ausgefallen wäre**. Unwahrscheinlich ist dies z. B., wenn ein Beschäftigter unberechtigt mitgewählt hat, die Wahlkandidaten in ihren erreichten Stimmen aber so weit auseinanderliegen, dass die unberechtigte Stimmabgabe für das Wahlergebnis ganz ohne Einfluss geblieben ist *(Fitting*, BetrVG, § 19 RdNr. 24). Lässt sich nicht sicher feststellen, ob sich der Verstoß ausgewirkt hat, ist eine Beeinflussung des Wahlergebnisses zu bejahen (BAG 20. 1. 2010 – 7 ABR 39/08; BAG 21. 1. 2007 – 7 ABR 65/07; BAG 24. 5. 2006 – 7 ABR 40/05; LAG Hamm 19. 9. 2008 – 10 TaBV 53/08; *Fitting*, BetrVG, § 19 RdNr. 26).

46   **Anfechtungsberechtigt** sind gemäß § 19 Abs. 2 BetrVG bzw. § 25 BPersVG mindestens drei Wahlberechtigte sowie der Arbeitgeber oder Dienststellenleiter. Einer im Betrieb oder Dienststelle vertretenen Gewerkschaft steht kein Recht zur Anfechtung zu (anders noch die Vorauflage), da ihr im Gegensatz zur Wahl des Betriebsrates oder Personalrates bei der Wahl der Schwerbehindertenvertretung keine Beteiligungsrechte eingeräumt werden (BAG 29. 7. 09 NZA 2009, 1221; OVG NW 7. 4. 04 br 2006, 20, 22). Die **Anfechtungsfrist** beträgt 2 Wochen (§ 19 Abs. 2 BetrVG) bzw. 12 Arbeitstage im öffentlichen Dienst (§ 25 BPersVG) vom Tage der Bekanntmachung des Wahlergebnisses an. Die

Frist ist eine Ausschlussfrist. Mit Ablauf der Frist erlischt die Anfechtungsmöglichkeit.

Da es sich bei der Wahl der Vertrauensperson und der stellvertre- **47** tenden Mitglieder um zwei getrennt durchzuführende und damit voneinander unabhängige Wahlen handelt, sind beide Wahlen – anders als die Wahl des Betriebsrates, die die Wahl von Stellvertretern nicht kennt – jeweils eigenständig anfechtbar (BAG 29. 7. 2009 – 7 ABR 91/07).

XI. Dauer und Beendigung der Amtszeit

1. Amtsdauer. Die reguläre Amtszeit der Schwerbehindertenver- **48** tretung beträgt 4 Jahre. Sie beginnt mit der **Bekanntgabe des Wahlergebnisses** in Betrieben, in denen bislang noch keine Schwerbehindertenvertretung gewählt war oder die Amtszeit der bisherigen Schwerbehindertenvertretung zu diesem Zeitpunkt schon beendet ist. Ist die 4-jährige Amtszeit der bisherigen Schwerbehindertenvertretung noch nicht abgelaufen, beginnt die Amtszeit der neuen Schwerbehindertenvertretung nicht mit der Bekanntgabe des Wahlergebnisses, sondern erst unmittelbar nach dem **Ende der Amtszeit der früheren Schwerbehindertenvertretung** (GK-SGB IX-*Schimanski*, § 94 RdNr. 155; *Neumann/Pahlen/Majerski-Pahlen*, SGB IX, § 94 RdNr. 43; *Masuch* in Hauck/Noftz, SGB IX, K § 94 RdNr. 35). Dies gilt allerdings nur für die Fälle, in denen die Wahl im turnusmäßigen Rhythmus abgelaufen ist. Ist eine Schwerbehindertenvertretung **außerhalb des regulären Wahlturnus** von 4 Jahren gewählt worden (Abs. 5 S. 3), verkürzt oder verlängert sich die Amtszeit. Sie verkürzt sich, wenn die Schwerbehindertenvertretung zum Zeitpunkt der regelmäßigen Wahlen bereits mindestens ein Jahr im Amt ist und verlängert sich, wenn dies noch nicht der Fall ist. In diesen Fällen beginnt die Amtszeit der neuen Schwerbehindertenvertretung mit der Bekanntgabe des Wahlergebnisses und endet erst mit dem im Gesetz vorgesehenen spätesten Ende nach 4 Jahren *(Fitting,* BetrVG, § 21 RdNr. 23; DKK-*Buschmann,* BetrVG, § 21 RdNr. 22).

Wird keine neue Schwerbehindertenvertretung gewählt, endet die **49** Amtszeit der bisherigen Schwerbehindertenvertretung immer nach 4 Jahren. Für den Fall, dass die Schwerbehindertenvertretung zum Zeitpunkt der turnusgemäßen Wahlen noch kein Jahr im Amt ist, muss die Amtszeit spätestens am 31. 10. der übernächsten regulären Wahlperiode enden, wenn zu diesem Zeitpunkt die Wahl einer neuen Schwerbehindertenvertretung nicht zustande gekommen ist.

2. Vorzeitige Beendigung der Amtszeit. Das Gesetz sieht in **50** Abs. 7 S. 3 **drei Fallgruppen** vor, in denen das Amt der Schwerbehindertenvertretung vorzeitig erlischt:

- **Niederlegung des Amtes** durch die Vertrauensperson. Dies erfolgt aufgrund einer Entscheidung der Vertrauensperson, die nicht begründet werden muss. Mit dem Zugang der Erklärung gegenüber dem Arbeitgeber und der betrieblichen Interessenvertretung (§ 15 SchwbVWO) endet das Amt unwiderruflich (GK-SGB IX-*Schimanski*, § 94 RdNr. 173; *Masuch* in Hauck/Noftz, SGB IX, K § 94 RdNr. 40).

- **Ausscheiden aus dem Arbeits- oder Dienstverhältnis**. Das Amt ist an die Beschäftigung im jeweiligen Betrieb oder Dienststelle geknüpft. Endet daher die Beschäftigung der Vertrauensperson, erlischt auch das Amt. Hier ergeben sich aber besondere Probleme im Falle der Stilllegung, Spaltung oder Zusammenlegung von Betrieben oder Betriebsteilen (siehe dazu auch RdNr. 56). Befindet sich die Vertrauensperson in **Elternzeit**, endet das Amt nicht, da das Arbeitsverhältnis rechtlich fortbesteht und eine Rückkehr in den Betrieb nach Ende der Elternzeit möglich ist. Dies ist anerkannt für die Betriebsratstätigkeit (BAG 25. 5. 05 NZA 2005, 2002) und muss entsprechend gemäß § 96 Abs. 3 für die Schwerbehindertenvertretung gelten (*Düwell*, LPK-SGB IX, § 94 RdNr. 60).

- **Verlust der Wählbarkeit**. Dies ist etwa der Fall, wenn die Vertrauensperson die Fähigkeit, Rechte aus öffentlichen Wahlen zu erlangen, gemäß § 8 Abs. 1 S. 3 BetrVG, § 14 Abs. 1 S. 2 BPersVG nicht mehr besitzt; weiterhin dann, wenn sie etwa zum Kreis der leitenden Angestellten gemäß § 5 Abs. 3 BetrVG gehört oder in einen anderen Betrieb oder in eine andere Dienststelle versetzt worden ist. Da die Vertrauensperson, die während der **Altersteilzeit** in die Freistellungsphase eintritt, nicht mehr wählbar ist, endet in diesem Fall das Amt ebenfalls vorzeitig (so entschieden vom BAG für einen Arbeitnehmervertreter im Aufsichtsrat: 25. 10. 00 NZA 2001, 461).

51   Wenn die **Anzahl** der schwerbehinderten Beschäftigten während der laufenden Amtsperiode **unter fünf sinkt**, ist umstritten, ob die Schwerbehindertenvertretung im Amt bleibt und lediglich eine Neuwahl ausgeschlossen ist (so *Neumann/Pahlen/Majerski-Pahlen*, SGB IX, § 94 RdNr. 43) oder die Schwerbehindertenvertretung ihre Organfähigkeit verliert und die Amtszeit beendet ist (so LAG Niedersachs. 20. 8. 2008 – 15 TaBV 145/07; *Trenk-Hinterberger*, HK-SGB IX, § 94 RdNr. 39). Für den Betriebsrat ist anerkannt, dass dessen Amtszeit bei einem dauerhaften Absinken der Beschäftigtenzahl unter fünf endet, weil der Betrieb gemäß § 1 BetrVG nicht mehr betriebsratsfähig ist (BAG 7. 4. 2004 – 7 ABR 41/03; *Fitting*, BetrVG, § 21 RdNr. 31; DKK-*Buschmann*, BetrVG, § 21 RdNr. 26). Dies kann jedoch nicht ausnahmslos für die Schwerbehindertenvertretung gelten. Sinkt nämlich lediglich die Zahl der schwerbehinderten Menschen und nicht auch die Zahl der Beschäftigten insgesamt unter fünf, muss die Schwerbehindertenvertretung bei der Besetzung freier Stellen ihre Beteiligungsrechte zugunsten

schwerbehinderter Menschen wahrnehmen können, wenn der Arbeitgeber ohne die Ersatzeinstellung schwerbehinderter Menschen die Beschäftigtenpflichtquote nicht erfüllt (LAG Niedersachs, a.a.O.).

3. Abwahl der Vertrauensperson. Eine Abwahl sieht Abs. 7 S. 5 **52** nur in besonderen Fällen vor, wenn der **Widerspruchsausschuss des zuständigen Integrationsamtes** das Erlöschen des Amtes wegen **grober Pflichtverletzung** beschließt. Der Widerspruchausschuss wird auf Antrag eines Viertels der Wahlberechtigten tätig. Die Pflichten der Schwerbehindertenvertretung werden in §§ 94–99 aufgeführt. Die Verletzung ist nur grob, wenn sie objektiv erheblich und offensichtlich schwerwiegend ist (DKK-*Trittin*, BetrVG, § 23 RdNr. 10; *Fitting*, BetrVG, § 23 RdNr. 14). Bei der Beurteilung kann auch die entsprechende Regelung des § 23 Abs. 1 BetrVG für den Ausschluss eines Mitglieds aus dem Betriebsrat herangezogen werden. Das Verhalten der Vertrauensperson muss zudem schuldhaft, also grob fahrlässig oder vorsätzlich sein. Eine einmalige grobe Pflichtverletzung oder mehrfache leichte Verstöße reichen noch nicht aus (*Masuch* in Hauck/Noftz, SGB IX, K § 94 RdNr. 43; *Esser/Isenhardt*, jurisPK-SGB IX, § 94 RdNr. 37; a. A. *Fitting*, BetrVG, § 23 RdNr. 17). **Beispiele** für grobe Pflichtverletzungen sind etwa: wiederholte Schweigepflichtverletzungen, ungerechtfertigte gehässige Diffamierungen von BR-Mitgliedern, grundsätzliche Ablehnung der Zusammenarbeit mit der betrieblichen Interessenvertretung in § 99 (*Masuch* in Hauck/Noftz, SGB IX, K § 94 RdNr. 44; GK-SGB IX-*Schimanski*, § 94 RdNr. 178; weitere Beispiele bei *Fitting*, BetrVG, § 23 RdNr. 19 und DKK-*Trittin*, BetrVG, § 23 RdNr. 19). Von der Verletzung von Amtspflichten zu unterscheiden, ist die Verletzung der Pflichten aus dem Arbeitsverhältnis. Ein Verstoß nur gegen Pflichten aus dem Arbeitsvertrag hat regelmäßig lediglich arbeitsrechtliche Folgen. Nur ausnahmsweise können Amtspflichtverstöße gleichzeitig auch Pflichten aus dem Arbeitsverhältnis verletzen, etwa bei der Entfernung von der Arbeit unter dem Vorwand, schwerbehinderte Menschen an einem anderen Ort betreuen zu müssen (*Masuch* in Hauck/Noftz, SGB IX, K § 94 RdNr. 45; *Fitting*, BetrVG, § 23 RdNr. 22).

Der **Antrag auf Amtsenthebung** hat **keine suspendierende Wir** **53** **kung**. Erst bei bestandskräftiger Entscheidung durch den Widerspruchsausschuss oder nach rechtskräftiger Abweisung der verwaltungsgerichtlichen Klage der Vertrauensperson gegen ihre Amtsenthebung erlischt das Amt. Widerspruch und Klage der Vertrauensperson haben grundsätzlich aufschiebende Wirkung gemäß § 80 Abs. 1 VwGO. Das Integrationsamt kann in besonders dringenden Fällen auf der Grundlage des § 80 Abs. 2 Ziff. 4 VwGO die sofortige Vollziehung des Amtsenthebungsbeschlusses anordnen. Dagegen kann sich die abgesetzte Vertrauensperson mit einem Antrag nach § 80 Abs. 5 VwGO wehren.

54   Erlischt das Amt in den o.a. Fällen vorzeitig, **rückt** das mit der höchsten Stimmenzahl gewählte **stellvertretende Mitglied nach,** und das Mitglied mit der zweithöchsten Stimmenzahl wird stellvertretendes Mitglied. Beide nachrückenden Mitglieder verbleiben dann für die restliche Zeit bis zu den nächsten regulären Wahlen im Amt.

55   Rückt kein Mitglied nach, muss gemäß Abs. 5 S. 2 Ziff. 1 **neu gewählt werden,** und zwar außerhalb der turnusmäßigen Wahlen mit der Folge, dass die Vertrauensperson grundsätzlich bis zur nächsten regulären Wahl im Amt bleibt (Abs. 5 S. 3 und 4). Das Gleiche gilt, wenn das Amt des stellvertretenden Mitgliedes vorzeitig erlischt, weil niemand mehr nachrückt. § 17 SchwbVWO sieht hier eine gesonderte Nachwahl vor.

XII. Übergangsmandat

56   In Umsetzung des Art. 6 der Richtlinie 2001/23/EG des Rates vom 12. März 2001 zur Angleichung der Rechtsvorschriften der Mitgliedsstaaten über die Wahrung von Ansprüchen der Arbeitnehmer beim Übergang von Unternehmen, Betrieben oder Betriebsteilen hat das Betriebsverfassungsreformgesetz in § 21a BetrVG für den Betriebsrat ein Übergangsmandat verankert. Danach steht dem Betriebsrat bei jeder Form der Betriebsspaltung (Abs. 1) oder Zusammenlegung von Betrieben oder Betriebsteilen zu einem Betrieb (Abs. 2) ein Übergangsmandat zu, wenn die Organisationsänderung zum Wegfall des bisherigen Betriebsrates führt oder ein Teil der Arbeitnehmerschaft aus dem Zuständigkeitsbereich des Betriebsrates herausfällt und die Arbeitnehmer dadurch ihren betriebsverfassungsrechtlichen Schutz verlieren würden. Im SGB IX fehlt eine entsprechende ausdrückliche Regelung. Die **Vorschrift ist jedoch für die Schwerbehindertenvertretung analog anzuwenden**. Dies ist zum einen deshalb sachlich gerechtfertigt, weil die Vertrauensperson gemäß § 96 Abs. 3 die gleiche persönliche Rechtsstellung besitzt wie die Mitglieder des Betriebsrates, zum anderen wegen der Regelungsabsicht des Gesetzgebers, der zur Schaffung des Übergangsmandats für den Betriebsrat geführt hat. Diese besteht darin, die Arbeitnehmer im Anschluss an eine betriebliche Umstrukturierung vor dem Verlust der Beteiligungsrechte zu schützen. Dieser Zweck spricht auch für die Übertragung des Übergangsmandates für die Schwerbehindertenvertretung. Auch diese ist in Zeiten betrieblicher Umstrukturierungsmaßnahmen gefordert, zugunsten der schwerbehinderten Menschen tätig zu werden und darüber zu wachen, dass die Interessen der Schwerbehinderten beachtet werden (so auch *Düwell,* LPK–SGB IX § 94 RdNr. 63; *ders.* in Deinert/Neumann, Handbuch SGB IX, § 20 RdNr. 81 f.; *Neumann/Pahlen/Majerski-Pahlen,* SGB IX, § 94 RdNr. 43; ein Übergangsmandat noch vor dem Betriebsverfas-

sungsreformgesetz bejahend: *Schimanski,* br 1999, 129). Es ist daher davon auszugehen, dass der Gesetzgeber des SGB IX das Problem des Übergangsmandates für die Schwerbehindertenvertretung lediglich übersehen hat (*Düwell,* a.a.O.). Es ist allerdings zu berücksichtigen, dass kein Raum für eine analoge Anwendung des § 21a BetrVG in den Fällen besteht, in denen gemäß § 97 Abs. 1 eine Gesamtschwerbehindertenvertretung gewählt ist, da § 97 Abs. 6 ausdrücklich regelt, dass die Interessen der schwerbehinderten Menschen in Betrieben ohne Schwerbehindertenvertretung von der Gesamtschwerbehindertenvertretung wahrgenommen werden (so zutreffend: *Düwell,* a.a.O.).

XIII. Rechtsstreitigkeiten

Streitigkeiten über Wahl und Amtszeit der Schwerbehindertenvertretung werden vor dem für den jeweiligen Betrieb zuständigen Arbeitsgericht geführt. Dies gilt gemäß § 2a Abs. 1 Ziff. 3a ArbGG auch für Streitigkeiten im öffentlichen Dienst (anders noch die Vorauflage; BAG 11. 11. 03 br 2004, 12; LAG Hamm 19. 9. 2008 – 10 TaBV 53/08; *Düwell,* LPK-SGB IX, § 94 RdNr. 65; *Kossens/von der Heide/Maaß,* SGB IX, § 94 RdNr. 46; a. A. *Lamster,* NZA 2004, 301; siehe auch unter § 95 RdNr. 76). Die richtige Verfahrensart ist das Beschlussverfahren.

Aufgaben der Schwerbehindertenvertretung

95 (1) [1]Die Schwerbehindertenvertretung fördert die Eingliederung schwerbehinderter Menschen in den Betrieb oder die Dienststelle, vertritt ihre Interessen in dem Betrieb oder der Dienststelle und steht ihnen beratend und helfend zur Seite. [2]Sie erfüllt ihre Aufgaben insbesondere dadurch, dass sie

1. darüber wacht, dass die zugunsten schwerbehinderter Menschen geltenden Gesetze, Verordnungen, Tarifverträge, Betriebs- oder Dienstvereinbarungen und Verwaltungsanordnungen durchgeführt, insbesondere auch die dem Arbeitgeber nach den §§ 71, 72 und 81 bis 84 obliegenden Verpflichtungen erfüllt werden,

2. Maßnahmen, die den schwerbehinderten Menschen dienen, insbesondere auch präventive Maßnahmen, bei den zuständigen Stellen beantragt,

3. Anregungen und Beschwerden von schwerbehinderten Menschen entgegennimmt und, falls sie berechtigt erscheinen, durch Verhandlung mit dem Arbeitgeber auf eine Erledigung hinwirkt; sie unterrichtet die schwerbehinderten Menschen über den Stand und das Ergebnis der Verhandlungen.

[3]Die Schwerbehindertenvertretung unterstützt Beschäftigte auch bei Anträgen an die für die Durchführung des Bundesversorgungsgesetzes zuständigen Behörden auf Feststellung einer Behinderung, ihres Grades und einer Schwerbehinderung sowie bei Anträgen auf Gleichstellung an die Agentur für Arbeit. [4]In Betrieben und Dienststellen mit in der Regel mehr als 100 schwerbehinderten Menschen kann sie nach Unterrichtung des Arbeitgebers das mit der höchsten Stimmenzahl gewählte stellvertretende Mitglied zu bestimmten Aufgaben heranziehen, in Betrieben und Dienststellen mit mehr als 200 schwerbehinderten Menschen das mit der nächsthöchsten Stimmzahl gewählte weitere stellvertretende Mitglied. [5]Die Heranziehung zu bestimmten Aufgaben schließt die Abstimmung untereinander ein.

(2) [1]Der Arbeitgeber hat die Schwerbehindertenvertretung in allen Angelegenheiten, die einen einzelnen oder die schwerbehinderten Menschen als Gruppe berühren, unverzüglich und umfassend zu unterrichten und vor einer Entscheidung anzuhören; er hat ihr die getroffene Entscheidung unverzüglich mitzuteilen. [2]Die Durchführung oder Vollziehung einer ohne Beteiligung nach Satz 1 getroffenen Entscheidung ist auszusetzen, die Beteiligung ist innerhalb von sieben Tagen nachzuholen; sodann ist endgültig zu entscheiden. [3]Die Schwerbehindertenvertretung hat das Recht auf Beteiligung am Verfahren nach § 81 Abs. 1 und beim Vorliegen von Vermittlungsvorschlägen der Bundesagentur für Arbeit nach § 81 Abs. 1 oder von Bewerbungen schwerbehinderter Menschen das Recht auf Einsicht in die entscheidungsrelevanten Teile der Bewerbungsunterlagen und Teilnahme an Vorstellungsgesprächen.

(3) [1]Der schwerbehinderte Mensch hat das Recht, bei Einsicht in die über ihn geführte Personalakte oder ihn betreffende Daten des Arbeitgebers die Schwerbehindertenvertretung hinzuzuziehen. [2]Die Schwerbehindertenvertretung bewahrt über den Inhalt der Daten Stillschweigen, soweit sie der schwerbehinderte Mensch nicht von dieser Verpflichtung entbunden hat.

(4) [1]Die Schwerbehindertenvertretung hat das Recht, an allen Sitzungen des Betriebs-, Personal-, Richter-, Staatsanwalts- oder Präsidialrates und deren Ausschüssen sowie des Arbeitsschutzausschusses beratend teilzunehmen; sie kann beantragen, Angelegenheiten, die einzelne oder die schwerbehinderten Menschen als Gruppe besonders betreffen, auf die Tagesordnung der nächsten Sitzung zu setzen. [2]Erachtet sie einen Beschluss des Betriebs-, Personal-, Richter-, Staatsanwalts- oder Präsidialrates als eine erhebliche Beeinträchtigung wichtiger Interessen schwerbehinderter Menschen oder ist sie entgegen Absatz 2 Satz 1 nicht beteiligt worden, wird auf ihren Antrag der Beschluss für die Dauer von einer Woche vom Zeitpunkt der Beschlussfassung an ausgesetzt; die Vorschriften des Betriebsverfassungsgeset-

zes und des Personalvertretungsrechtes über die Aussetzung von Beschlüssen gelten entsprechend. [3]Durch die Aussetzung wird eine Frist nicht verlängert. [4]In den Fällen des § 21 e Abs. 1 und 3 des Gerichtsverfassungsgesetzes ist die Schwerbehindertenvertretung, außer in Eilfällen, auf Antrag eines betroffenen schwerbehinderten Richters oder einer schwerbehinderten Richterin vor dem Präsidium des Gerichtes zu hören.

(5) Die Schwerbehindertenvertretung wird zu Besprechungen nach § 74 Abs. 1 des Betriebsverfassungsgesetzes, § 66 Abs. 1 des Bundespersonalvertretungsgesetzes sowie den entsprechenden Vorschriften des sonstigen Personalvertretungsrechtes zwischen dem Arbeitgeber und den in Absatz 4 genannten Vertretungen hinzugezogen.

(6) [1]Die Schwerbehindertenvertretung hat das Recht, mindestens einmal im Kalenderjahr eine Versammlung schwerbehinderter Menschen im Betrieb oder in der Dienststelle durchzuführen. [2]Die für Betriebs- und Personalversammlungen geltenden Vorschriften finden entsprechende Anwendung.

(7) Sind in einer Angelegenheit sowohl die Schwerbehindertenvertretung der Richter und Richterinnen als auch die Schwerbehindertenvertretung der übrigen Bediensteten beteiligt, so handeln sie gemeinsam.

(8) Die Schwerbehindertenvertretung kann an Betriebs- und Personalversammlungen in Betrieben und Dienststellen teilnehmen, für die sie als Schwerbehindertenvertretung zuständig ist, und hat dort ein Rederecht, auch wenn die Mitglieder der Schwerbehindertenvertretung nicht Angehörige des Betriebes oder der Dienststelle sind.

Übersicht

I. Allgemeines

1   In der Vorschrift werden die Aufgaben der Schwerbehindertenvertretung und ihre Beteiligungsrechte gegenüber dem Arbeitgeber und
den betrieblichen Interessenvertretungen geregelt. Die in Abs. 1 S. 2
und 3 aufgezählten Aufgaben sind nicht abschließend, was durch den
Begriff *insbesondere* deutlich wird.

2   Schon das SchwBeschG 1920 sah eine Vertretung Schwerbehinderter
vor. Mit den SchwG 1974, 1986 und dem SchwBAG vom 29. 9. 2000
wurden die Aufgaben und die Beteiligungsrechte der Schwerbehindertenvertretung zunehmend erweitert. Die Vorschrift übernimmt inhaltlich im Wesentlichen unverändert die Regelung des § 25 SchwbG 1986.
Eingefügt wurde durch das SGB IX lediglich die in Abs. 2 S. 3 geregelte Teilnahme der Schwerbehindertenvertretung am Verfahren nach
§ 81 Abs. 1 und bei Bewerbungen schwerbehinderter Menschen. Durch
das 4. Gesetz für moderne Dienstleistungen am Arbeitsmarkt vom
24. 12. 2003 (BGBl. I S. 2954) i.V. m. Art 14 Nr. 4b des kommunalen
Optionsgesetzes vom 30. 7. 2004 (BGBl. I S. 2014) ist in Abs. 1 S. 3 und
Abs. 2 S. 3 jeweils die Formulierung *Arbeitsamt* durch *Agentur für Arbeit*
ersetzt worden. Abs. 1 S. 4 ist durch das Gesetz zur Förderung der Ausbildung und Beschäftigung vom 23. 4. 2004 (BGBl. I S. 606) geändert
und die Heranziehung des stellvertretenden Mitgliedes zu bestimmten
Aufgaben bereits ab Überschreitung der Grenze von 100 schwerbehinderten Menschen im Betrieb ermöglicht worden. Durch das gleiche
Gesetz ist Abs. 1 um Satz 5 ergänzt und Abs. 8 angefügt worden.

II. Aufgaben der Schwerbehindertenvertretung
im Einzelnen

3   Zunächst wird generalklauselartig umschrieben, dass die Aufgabe
der Schwerbehindertenvertretung darin besteht, die Eingliederung
schwerbehinderter Menschen zu fördern, ihre Interessen im Betrieb
oder in der Dienststelle zu vertreten und den einzelnen Schwerbehin-

derten beratend und helfend zur Seite zu stehen. Die Eingliederungs-
aufgabe obliegt daneben auch den kollektiven Interessenvertretungen
wie Betriebsrat (§ 80 Abs. 1 Ziff. 4 BetrVG), Personalrat (§ 68 Abs. 1
Nr. 4 BPersVG) Richtervertretung und Staatsanwaltsschaftsrat (§ 52
DRiG).

Die Aufgaben der Schwerbehindertenvertretung sind dabei sehr **4**
vielschichtig ausgestaltet. Sie haben sowohl eine kollektive wie individuelle Seite, sie gelten sowohl gegenüber bereits beschäftigten schwerbehinderten Arbeitnehmern wie auch gegenüber arbeitslosen und arbeitsuchenden schwerbehinderten Menschen (Abs. 2 S. 3 i.V. mit § 81
Abs. 1). Es muss sich auch nicht um schwerbehinderte Arbeitnehmer
handeln; es reicht aus, dass schwerbehinderte Menschen beschäftigt
werden. Deshalb nimmt die Schwerbehindertenvertretung auch die
Interessen **schwerbehinderter Rehabilitanden** in einer Einrichtung
der beruflichen Rehabilitation wahr (BAG 16. 4. 03 NZA 2003, 1105,
1108).

Die Schwerbehindertenvertretung hat darüber hinaus auch die Inter- **5**
essen schwerbehinderter Menschen insgesamt zu vertreten, soweit ein
Bezug zum Betrieb oder zur Dienststelle besteht (*Cramer*, SchwbG,
§ 25 RdNr. 2). Sie kann sich deshalb auch z. B. für die Einrichtung
behindertengerechter Kundenparkplätze und für Barrierefreiheit auf
dem Betriebs- oder Verkaufsgelände einsetzen (Bihr u. a./*Dusel/Hoff,*
SGB IX, § 95 RdNr. 4).

Die kollektive Seite der Interessenvertretung wird in der Überwa- **6**
chungsfunktion in Abs. 1 Ziff. 1 und ihren Beteiligungs- und Ver-
sammlungsrechten in Abs. 2, Abs. 4 bis 6 deutlich; ihre individuelle
Unterstützungsfunktion zeigt sich insbesondere bei der Hilfestellung,
die die Schwerbehindertenvertretung einzelnen schwerbehinderten
Menschen bei der Verwirklichung ihrer Rechte geben soll (vor allem
in Abs. 1 S. 3).

1. Überwachungsaufgaben (Abs. 1 S. 2 Ziff. 1). Das Kontroll- **7**
und Überwachungsrecht der Schwerbehindertenvertretung entspricht
dem Recht, das auch der betrieblichen Interessenvertretung etwa in
§ 80 Abs. 1 Ziff. 1 BetrVG eingeräumt wird. Auf die hierzu ergangene
Rechtsprechung kann daher verwiesen werden. Die Überwachungsaufgabe gibt der Schwerbehindertenvertretung nicht das Recht, individuelle Ansprüche schwerbehinderter Arbeitnehmer an deren Stelle
durchzusetzen, z. B. die Rechtsfrage zu klären, ob ein schwerbehinderter Bewerber zum Vorstellungsgespräch gemäß § 82 hätte geladen werden müssen (so aber LAG Saarland 13. 2. 08 br 2008, 208; zu Recht a. A.
Gagel, br 2008, 212). Die Schwerbehindertenvertretung kann lediglich
beim Arbeitgeber die Verletzung gesetzlicher Vorschriften beanstanden, auf Abhilfe drängen und den betroffenen schwerbehinderten
Menschen auf seine rechtlichen Möglichkeiten hinweisen (so auch
Düwell, LPK-SGB IX, § 95 RdNr. 11).

8   Die Überwachungsrechte beziehen sich auf die **Einhaltung folgender Regelungen im SGB IX** selbst:
- Einhaltung der Pflichtquote in § 71, § 81 Abs. 3 sowie Beachtung der Beschäftigungspflicht besonderer Gruppen schwerbehinderter Menschen (§ 72)
- Einhaltung der Prüfpflichten des Arbeitgebers bei der Besetzung freier Arbeitplätze (§ 81 Abs. 1)
- Einhaltung des Diskriminierungsverbotes in § 81 Abs. 2
- Einhaltung der Vorschrift zur behindertengerechten Beschäftigung und Ausgestaltung des Arbeitsplatzes gemäß § 81 Abs. 4
- Einhaltung der Einrichtungspflicht von Teilzeitarbeitsplätzen und Beschäftigung auf Teilzeitstellen (§ 81 Abs. 5)
- Einhaltung der Verpflichtung des öffentlichen Arbeitgebers zur Ladung zum Vorstellungsgespräch gemäß § 82 (LAG Saarland 13. 2. 08 br 2008, 208)
- Einhaltung der Präventionspflichten gemäß § 84 und der Verpflichtungen aus einer Integrationsvereinbarung gemäß § 83
- Einhaltung des Verbotes von Entgeltnachteilen infolge der Behinderung (§ 123)
- Einhaltung des Gebotes auf Freistellung von Mehrarbeit (§ 124) und der Gewährung von Zusatzurlaub (§ 125)

9   Darüber hinaus hat die Schwerbehindertenvertretung auf die Beachtung von **Arbeitnehmerschutzbestimmungen** und allgemein all denjenigen **Regelungen** zu achten, die nicht nur zugunsten von Schwerbehinderten ergangen sind, sondern **zugunsten von schwerbehinderten Menschen sich auswirken**. Dies bezieht sich auch nicht nur auf Gesetze sondern in gleicher Weise auf die im Gesetz genannten untergesetzlichen Normen wie etwa Tarifverträge und Betriebsvereinbarungen oder Verwaltungsanordnungen.

10   Um der Überwachungspflicht nachzukommen, stehen der Schwerbehindertenvertretung umfassende **Unterrichtungsrechte** zu. Ohne die notwendigen Informationen ist die Schwerbehindertenvertretung nicht in der Lage, ihren Überwachungsaufgaben nachzukommen. Sie hat deshalb gegenüber dem Arbeitgeber einen entsprechenden Informationsanspruch (*Masuch* in Hauck/Noftz, SGB IX, K § 95 RdNr. 15). Dieser umfasst auch das Recht des unbeschränkten **Zutritts zu den Arbeitsplätzen** der schwerbehinderten Beschäftigten (BAG zum Zutrittsrecht des Betriebsrats: 13. 6. 89 AP Nr. 36 zu § 80 BetrVG 72) sowie das Recht, bei den durch staatliche Aufsichtsorgane durchgeführten Betriebsbesichtigungen herangezogen zu werden (GK-SGB IX-*Schimanski*, § 25 RdNr. 35).

11   **2. Initiative für behindertengerechte Maßnahmen (Abs. 1 S. 2 Nr. 2).** In dieser Vorschrift ist ein Initiativrecht der Schwerbehindertenvertretung festgelegt, vergleichbar den Regelungen in § 80 Abs. 1 Ziff. 2 BetrVG und § 68 Abs. 1 Ziff. 1 BPersVG. Die Schwerbehindertenvertretung kann beim Arbeitgeber, aber auch bei anderen zuständigen Stellen, **Maßnahmen beantragen**, die den Schwerbehinderten dienen. Andere Stellen sind etwa die örtlichen Fürsorgestellen, das Integrationsamt, die Berufsgenossenschaft und die Agentur für Arbeit. Sie kann hierbei von sich aus tätig werden ohne von einem oder einer Gruppe von schwerbehinderten Menschen beauftragt zu sein. Besonders verpflichtet ist sie jedoch zu derartigen Anträgen, wenn Schwerbehinderte ihr entsprechende Anregungen geben oder Beschwerden vorbringen. Zuständige Stellen im Sinne des § 95 Abs. 1 S. 2 Nr. 2 sind jedoch keine Gerichte, so dass die Schwerbehindertenvertretung nicht berechtigt ist, gerichtliche Entscheidungen für einzelne schwerbehinderte Menschen zu erwirken (so aber LAG Saarland 13. 2. 08 br 2008, 208; ablehnend auch *Gagel,* br 2008, 212). Bei allen Initiativen ist eine **Zusammenarbeit mit dem Betriebsrat** sinnvoll, um zu erreichen, dass dieser sich der Angelegenheit ebenfalls annimmt und die Erledigung ggf. erzwingt, falls es sich um eine mitbestimmungspflichtige Angelegenheit nach dem BetrVG handelt. Der Schwerbehindertenvertretung fehlt die Rechtsmacht, eigene Initiativen auch gegen den Widerstand des Arbeitgebers durchzusetzen, da § 95 **nur ein Mitwirkungs- nicht aber ein Mitbestimmungsrecht gewährt**.

Der Begriff der den **„schwerbehinderten Menschen dienen-** 12 **den Maßnahmen"** ist **weit auszulegen** (*Masuch* in Hauck/Noftz, SGB IX, K § 95 RdNr. 17). Darunter sind demnach alle Initiativen zu verstehen, die sich zugunsten von schwerbehinderten Menschen auswirken und vor allem ihre Lage und Stellung im Betrieb verbessern. Dazu zählt etwa Folgendes:

- Maßnahmen zur beruflichen Förderung
- Umorganisation von Arbeitsabläufen und Umgestaltung der Arbeitsumgebung
- Unterstützung bei der Durchsetzung einer Teilzeitbeschäftigung
- Ausstattung von Arbeitplätzen etwa mit einer bestimmten technischen Ausstattung
- Gewährleistung der Barrierefreiheit im Betrieb (z. B. die Abschrägung von Treppen oder die Absenkung von Bordsteinkanten)
- Beschaffung von betriebsnahen besonderen Parkplätzen
- Leistungen zur medizinischen Rehabilitation (§§ 26 ff.) oder zur Teilhabe am Arbeitsleben (§§ 33 ff.)

Gegenüber der Vorgängerregelung in § 25 SchwbG ist die Vorschrift 13 um **„präventive Maßnahmen"** erweitert worden. Hierunter sind alle Maßnahmen zu verstehen, die im Sinne von § 84 bereits vorbeugend Gefährdungen im Arbeitsverhältnis vermeiden helfen sowie der Tendenz einer Ausgliederung gerade älterer oder behinderter Arbeitnehmer (z. B. auch durch Frühverrentung) entgegenwirken durch eine entsprechende behinderten- und altersgerechte Gestaltung von Arbeitsbedingungen etwa im Rahmen eines betrieblichen Eingliederungsmanagements gemäß § 84 Abs. 2 (s. Kommentierung dort). Dieser gesetzliche Vorrang der Prävention wird in § 95 Abs. 1 S. 1 Ziff. 2 für den Einsatz der Schwerbehindertenvertretung noch einmal besonders herausgestellt. Zielgruppe präventiver Maßnahmen sind nicht allein schwerbehinderte sondern vor allem **von Behinderung bedrohte, langzeiterkrankte und dauerhaft gesundheitlich beeinträchtigte Menschen** (*Feldes,* br 2002, 128, 130).

14   Welche konkreten Maßnahmen durch die Schwerbehindertenvertretung ergriffen werden sollen, darf im Betrieb auch durch eine **Umfrage** geklärt werden (BAG 8. 2. 77 AP Nr. 10 zu § 80 BetrVG).

15   **3. Anregungen und Beschwerden (Abs. 1 S. 2 Ziff. 3).** Die Schwerbehindertenvertretung hat weiterhin die Aufgabe, Beschwerden und Anregungen von Schwerbehinderten entgegenzunehmen, diese auf ihre sachliche Berechtigung hin zu prüfen und im Rahmen ihrer Möglichkeiten für Abhilfe oder Umsetzung der Vorschläge zu sorgen. Eine vergleichbare Regelung enthält auch § 85 BetrVG. Anders als der Betriebsrat kann die Schwerbehindertenvertretung die **Durchsetzung** der von ihr für sachlich berechtigt angesehenen Anregungen oder Beschwerden allerdings nicht erzwingen. Eine Regelung wie in § 85 Abs. 2 BetrVG enthält § 95 nicht. Die Schwerbehindertenvertretung ist daher darauf verwiesen, **gesprächsweise,** also durch ihre Überzeugungskraft für Abhilfe beim Arbeitgeber zu sorgen. Bei der Beurteilung, ob das Anliegen eines Schwerbehinderten sachlich begründet ist, steht der Vertretung ein weiter Ermessensspielraum zur Verfügung. Auch wenn sich die Beanstandung später als sachlich nicht begründet herausstellen sollte, ist dies unschädlich (*Masuch* in Hauck/Noftz, SGB IX, K § 95 RdNr. 19).

16   Über die Behandlung der Anregungen und Beschwerden sind die **Beschwerdeführer in angemessenen Abständen auf dem Laufenden zu halten.** Ihnen ist also mindestens mitzuteilen, ob die Schwerbehindertenvertretung ihr Anliegen aufgreifen will, welche Maßnahmen sie unternehmen will, wann mit einem Ergebnis gerechnet werden kann und mit welchem Ergebnis die Angelegenheit geendet hat (*Neumann/Pahlen/Majerski-Pahlen,* SGB IX, § 95 RdNr. 7).

17   Damit die Schwerbehindertenvertretung auch für Anliegen der schwerbehinderten Menschen erreichbar ist, sollte sie eine **Sprechstunde** einrichten (wie nach § 39 BetrVG für den Betriebsrat). Das Recht dazu ergibt sich mittelbar aus der Regelung des § 96 Abs. 9, wonach der Schwerbehindertenvertretung Räume auch zur Abhaltung von Sprechstunden zur Verfügung zu stellen sind.

18   **Sachlich zuständig** ist die Schwerbehindertenvertretung nur **für Beschwerden** und Anregungen schwerbehinderter Beschäftigter. Andere Arbeitnehmer muss sie mit ihren Anliegen an die kollektive Interessenvertretung verweisen (*Düwell,* LPK-SGB IX, § 95 RdNr. 14).

Schwerbehinderte Arbeitnehmer haben daneben auch die Möglich- **19**
keit, sich an der Schwerbehindertenvertretung vorbei auch unmittelbar an ihre betriebliche Interessenvertretung wegen einer Beschwerde
(§§ 84, 85 BetrVG) zu wenden. Sie müssen nicht nur oder vorrangig
die Schwerbehindertenvertretung einschalten.

4. Unterstützung bei der Stellung von Anträgen (Abs. 1 S. 3). **20**
Die Schwerbehindertenvertretung ist befugt, Arbeitnehmer bei der
Antragstellung gemäß § 69 SGB IX zu unterstützen. Dies bedeutet,
dass sie einem Arbeitnehmer bei der Antragstellung auf Feststellung
der Schwerbehinderteneigenschaft, aber auch bei Verschlimmerungs-
anträgen und bei Anträgen auf Gleichstellung Hilfe leisten muss, wenn
der **Beschäftigte dies wünscht.** Eine Vertretung im **Verwaltungs-
oder gerichtlichen Verfahren** ist dagegen gesetzlich nicht vorgesehen. Sie kann ihn nur über Rechtsbehelfe belehren und Rechtsaus-
künfte auch nur begrenzt auf ihren Aufgabenbereich erteilen. Die
Erörterung von die Beschäftigten berührenden Rechtsfragen ist den
betrieblichen Interessenvertretungen im Rahmen ihres Aufgaben-
kreises seit dem am 1. 7. 2008 in Kraft getretenen Rechtsdienstleis-
tungsgesetz (RDG) in § 2 Abs. 3 Ziff. 3 ausdrücklich gestattet. Die
Schwerbehindertenvertretung sollte Beschäftigte dennoch – auch aus
Haftungsgründen – bei Unsicherheiten oder komplexeren Fragestel-
lungen auf die Rechtsauskunftsstellen der Gewerkschaften oder der
Behindertenverbände verweisen.

III. Dauervertretung (Abs. 1 S. 4)

Die Schwerbehindertenvertretung ist kein Kollegialorgan. Sie be- **21**
steht aus einem Mitglied, der mit den meisten Stimmen gewählten
Vertrauensperson. In der Regel ist die Vertretung der Vertrauensperson
durch das stellvertretende Mitglied auf den Fall der Verhinderung beschränkt (siehe dazu Kommentierung zu § 94).

§ 95 Abs. 1 S. 4 regelt den auf bestimmte Aufgaben beschränkten Fall **22**
der **ständigen Vertretung** der Vertrauensperson durch ein stellvertretendes Mitglied. Voraussetzung hierfür ist die Beschäftigung von in der
Regel mehr als **100 schwerbehinderten Menschen.** Nach § 25
SchwbG war die Zahl noch auf 300 schwerbehinderte Beschäftigte
festgelegt. Mit der Herabsetzung der Grenzzahl auf 200 mit der Einführung des SGB IX vom 19. 6. 2001 vollzog der Gesetzgeber eine Entwicklung aus dem Betriebsverfassungsrecht nach. Nach dem geänderten § 9 BetrVG ist ein Betriebsratsmitglied nun schon bei 200 Beschäftigten freizustellen. Der Gesetzgeber des SGB IX ging davon aus, dass
infolge des **Aufgabenzuwachses** für die Schwerbehindertenvertretung eine Dauervertretung bereits notwendig ist, wenn im Betrieb
mehr als 200 schwerbehinderte Menschen beschäftigt werden, weil an-

dernfalls die auf sie zukommenden Aufgaben nicht mehr bewältigt werden können. Die Zahl ist durch das Gesetz zur Förderung der Ausbildung und Beschäftigung schwerbehinderter Menschen vom 23. 4. 2004 erneut gesenkt worden, und zwar auf 100 schwerbehinderte Menschen. Diese Gesetzesänderung berücksichtigt, dass die Aufgabenbelastung bereits bei dieser Anzahl von Schwerbehinderten von der Vertrauensperson allein nicht mehr zu bewältigen ist (BT-Drucks. 15/1783 S. 16). An dieser Zahl hat die Bundesregierung auch nach Ablehnung des Bundesrats wegen zusätzlicher Kostenbelastung festgehalten (BT-Drucks. 15/2318 S. 16, S. 22; s. dazu auch *Cramer,* NZA 2004, 698, 705). Sind mehr als 200 schwerbehinderte Menschen beschäftigt, kann außerdem gemäß § 95 Abs. 1 S. 4 eine weitere Aufgabenübertragung auf das gewählte weitere stellvertretende Mitglied erfolgen.

23   Zur Zahl der im Betrieb oder Dienststelle beschäftigten schwerbehinderten Menschen gehören auch die Arbeitnehmer, die in zum Betrieb gehörenden Betriebsteilen oder Nebenbetrieben arbeiten, wie auch die leitenden Angestellten. Auch die in Heimarbeit Beschäftigten im Sinne des § 127 zählen dazu.

24   Für die **Ermittlung der Beschäftigtenzahl** stellt das Gesetz wie in einigen anderen Regelungen (§ 17, § 23 KSchG, §§ 1, 9, 38, 111 BetrVG) auf die **in der Regel** beschäftigten schwerbehinderten Menschen ab, wobei es bei der Ermittlung der Anzahl schwerbehinderter Menschen nur auf die **Kopfzahl** ankommt und nicht etwa auf den Zeitanteil ihrer Beschäftigung, da eine vergleichbare Regelung wie in § 23 Abs. 1 S. 4 KSchG fehlt. In der Regel bedeutet, dass weder die aktuelle Zahl zu einem beliebigen Zeitpunkt noch eine Durchschnittsberechnung bezogen auf das vergangene Jahr maßgeblich ist; es muss vielmehr die personelle Situation im Rückblick wie auch die **Personalentwicklung** in der Zukunft betrachtet werden (BAG 12. 10. 1976 AP Nr. 1 zu § 8 BetrVG 1972 III 3 c; BAG 31. 1. 1991 AP Nr. 11 zu § 23 KSchG). Letzteres muss durch Fakten belegt werden. Vorübergehende Erhöhungen wie auch Verringerungen sowie geringfügige Schwankungen spielen keine Rolle.

25   Die **Vertrauensperson** entscheidet, ob sie für bestimmte Aufgaben das stellvertretende Mitglied heranzieht. Sie **entscheidet** dies nach **pflichtgemäßem Ermessen**. Sie muss nicht, kann aber die Dauervertretung wählen. Mit der Aufgabe betraut werden kann allerdings nur das stellvertretende Mitglied, das mit der höchsten Stimmenzahl gewählt wurde. Andere stellvertretende Mitglieder können nur dann herangezogen werden, wenn die **erste stellvertretende Person** die Aufgabenübernahme abgelehnt hat. **Welche Aufgaben** das stellvertretende Mitglied übernimmt, entscheidet ebenfalls die Vertrauensperson allein. Sinnvollerweise erfolgt die Übertragung allerdings in Abstimmung mit dem stellvertretenden Mitglied . Eine Aufgabenabgrenzung bietet sich beispielhaft in der Weise an, dass das stellvertretende Mit-

glied für bestimmte räumlich auseinanderliegende Betriebsteile oder Abteilungen im Betrieb oder für bestimmte schwerbehinderte Menschen nach Alphabet oder für die Mitwirkung in bestimmten Ausschüssen zuständig ist.

Ist die Übertragung vorgenommen, nimmt das **stellvertretende** **26** **Mitglied** diese Aufgaben auch **eigenverantwortlich** mit allen Rechten und Pflichten wahr (§ 95 Abs. 3). Die Vertrauensperson behält allerdings das Recht, die Aufgabenübertragung jederzeit wieder **rückgängig zu machen, zu erweitern oder einzuschränken** (GK-SGB IX-*Schimanski*, § 95 RdNr. 65).

Bei einer Anzahl von **mehr als 200** schwerbehinderten Menschen **27** kann die Vertrauensperson auch das zweite stellvertretende Mitglied zur Wahrnehmung bestimmter Aufgaben heranziehen. Auch hier ist trotz des anderslautenden Wortlauts auf die Beschäftigtenanzahl „in der Regel" abzustellen. Es gibt keinen sachlichen Grund, die Anzahl von 100 schwerbehinderten Menschen anders als die Anzahl von 200 schwerbehinderten Menschen zu bemessen (so auch *Düwell*, LPK-SGB IX, § 95 RdNr. 27).

Bei **Verhinderung des ersten stellvertretenden Mitglieds** kann **28** die Vertrauensperson die Aufgabenwahrnehmung nicht auf das gewählte weitere stellvertretende Mitglied übertragen (BAG 7. 4. 04 NZA 2004, 1103). Zwar ist die Entscheidung des BAG noch zur alten Regelung ergangen, in der die Hinzuziehung eines weiteren stellvertretenden Mitglieds gesetzlich nicht vorgesehen war. Die Begründung des BAG hat jedoch weiterhin Bestand, da auch nach der gesetzlichen Neuregelung das stellvertretende und das ggf. bei einer Zahl von über 200 schwerbehinderten Menschen weitere stellvertretende Mitglied nur für ihren jeweiligen bestimmten festgelegten Aufgabenbereich herangezogen werden, und das Gesetz nach wie vor eine Vertretung des stellvertretenden Mitglieds im Verhinderungsfall durch ein weiteres stellvertretende Mitglied nicht vorsieht (a. A. *Düwell*, LPK-SGB IX, § 95 RdNr. 28). Im Verhinderungsfall des stellvertretenden Mitglieds (z. B. Urlaub oder Erkrankung) übernimmt die Vertrauensperson daher den übertragenen Aufgabenbereich wieder selbst (BAG 7. 4. 2004, a.a.O). Treten dadurch im konkreten Einzelfall Terminskollisionen auf, ist die Vertrauensperson verhindert und wird durch das weitere stellvertretende Mitglied vertreten.

Die Vertrauensperson muss den Arbeitgeber von der Übertra- **29** **gung und auch von jeder Änderung** vorher **unterrichten** und ihm hierzu die Art der Aufgabenübertragung und das stellvertretende Mitglied bzw. die stellvertretenden Mitglieder benennen. Dies ist schon im Hinblick auf den Freistellungsanspruch des stellvertretenden Mitglieds gemäß § 96 Abs. 4 S. 3 erforderlich. Einer **Genehmigung** der Heranziehung durch den Arbeitgeber bedarf es nicht. Es ist der gesetzlichen Regelung auch nicht zu entnehmen, dass die Übertragung zur

Aufgabenbewältigung erforderlich sein und deshalb dem Arbeitgeber gegenüber erläutert werden muss (so aber: *Trenk-Hinterberger*, HK–SGB IX, § 95 RdNr. 11; *Düwell*, LPK–SGB IX, § 95 RdNr. 23). Der Gesetzgeber geht vielmehr bei der festgelegten hohen Anzahl von schwerbehinderten Menschen davon aus, dass die Aufgabenbelastung so groß ist, dass eine Einbeziehung des stellvertretenden Mitglieds angezeigt ist (BT-Drucks.15/1783 S. 16). Bis zur Grenze einer kaum denkbaren willkürlichen Entscheidung wird die Vertrauensperson die Heranziehung daher eigenständig und ohne nähere Begründung beschließen können.

30   Die Ergänzung des Abs. 1 durch **S. 5** dient lediglich der Klarstellung dahingehend, dass bei der Heranziehung des stellvertretenden Mitglieds oder zweier stellvertretender Mitglieder eine **Abstimmung untereinander** zu erfolgen hat (BT-Drucks. 15/1783 S. 16). Dadurch sollen im betrieblichen Alltag aufgetretene Schwierigkeiten beseitigt werden (so Stellungnahme der Bundesregierung: BT-Drucks.15/2318 S. 22 auf die Kritik des Bundesrates, es handele sich um eine unnötige Regulierung: BT-Drucks.15/2318 S. 17). Eine Abstimmung wird vor allem dann erforderlich, wenn es um Überschneidungen im sachlichen Aufgabenbereich oder darum geht, wer an welchen Sitzungen teilnimmt. Da auch die Heranziehung von stellvertretenden Mitgliedern die Schwerbehindertenvertretung nicht zu einem Kollegialorgan werden lässt, wird im Zweifels- oder Konfliktfall die Entscheidung der Vertrauensperson den Ausschlag geben.

IV. Beteiligungsrechte der Schwerbehindertenvertretung gegenüber dem Arbeitgeber (Abs. 2)

31   Die Schwerbehindertenvertretung ist vom Arbeitgeber in allen Angelegenheiten, die einen einzelnen Schwerbehinderten oder die Schwerbehinderten als Gruppe berühren, unverzüglich und umfassend zu unterrichten und vor einer Entscheidung zu hören. Im Unterschied zum früher geltenden Rechtszustand (§ 25 Abs. 2 SchwbG 1986) ist nicht mehr nur eine rechtzeitige, sondern sogar eine unverzügliche Unterrichtung erforderlich.

32   Abs. 2 enthält die **Kernvorschrift des Beteiligungsrechts** der Schwerbehindertenvertretung. Es bestehen Unterrichtungs-, Anhörungs- und Erörterungsrechte. Voraussetzung für die unterschiedlichen Formen der Beteiligung ist stets, dass es sich um Angelegenheiten handelt, die die schwerbehinderten Menschen als Einzelne oder als Gruppe berühren. Eine Ausdehnung der Beteiligungsrechte auf **behinderte Menschen**, die weder schwerbehindert noch gleichgestellt sind, ist dem Gesetz nicht zu entnehmen (LAG Berlin-Brand. 2. 6. 2009 – 3 Sa 499/09). Umstritten ist, ob eine bloße **Mitbetroffen-**

heit ausreicht. Das wird verbreitet als nicht ausreichend angesehen (LAG Köln 8. 4. 2009 – 8 TaBV 113/08; LAG München 30. 8. 89 NZA 1990, 28; *Masuch* in Hauck/Noftz, SGB IX, K § 95 RdNr. 28; *Düwell*, LPK-SGB IX § 95 RdNr. 31; *ders.* in Deinert/Neumann, Handbuch SGB IX, § 20 RdNr. 162). Beteiligungsrechte sollen nach dieser Auffassung dann ausgeschlossen sein, wenn Maßnahmen schwerbehinderte und nicht schwerbehinderte Menschen in gleichem Maße betreffen, weil die Interessenvertretung aller Arbeitnehmer dem Betriebsrat/ Personalrat obliege (*Düwell*, LPK-SGB IX, § 95 RdNr. 31; *Esser/Isenhardt*, jurisPK-SGB IX, § 95 RdNr. 17). Dieser Ansicht hat sich auch das BAG angeschlossen (Beschl. v. 17. 8. 2010 – 9 ABR 83/09; so auch die Vorinstanz: LAG Köln, a.a.O.). Nach anderer Auffassung ist es ausreichend, dass Maßnahmen oder Entscheidungen des Arbeitgebers sich nur mittelbar auf schwerbehinderte Menschen auswirken; sie müssen nicht unmittelbar oder in spezifischer Weise betroffen sein (*Cramer*, SchwbG, § 25 RdNr. 6; *Neumann/Pahlen/Majerski-Pahlen*, SGB IX, § 95 RdNr. 10; GK-SGB IX-*Schimanski*, § 95 RdNr. 67). Dieser Ansicht ist zu folgen, da andernfalls das Beteiligungsrecht bei allgemeinen Maßnahmen des Arbeitgebers, die alle Arbeitnehmer betreffen, leer laufen könnte, obwohl sich möglicherweise erst durch die Beteiligung der Schwerbehindertenvertretung herausstellt, dass bei den geplanten Maßnahme des Arbeitgebers spezifische Interessen Schwerbehinderter zu berücksichtigen sind. Eine Beteiligung ist daher bei **allen Maßnahmen** geboten, die die **Ordnung im Betrieb** wie etwa die Torkontrolle, die Einrichtung und Belegungsordnung von Parkplätzen, die Benutzungsordnung für Wasch- und Umkleideräume, Kleiderordnungen etc. (siehe im Einzelnen Kommentierungen zu § 87 Abs. 1 Ziff. 1 BetrVG) betreffen sowie bei allen **Änderungen der Arbeitsanforderungen, der Arbeitsabläufe, der Arbeitszeit**, bei der Anordnung von Überstunden, Umorganisationen und der Verlagerung von Arbeitsplätzen. Weiterhin ist die Schwerbehindertenvertretung bei **allen personellen Maßnahmen**, die sich auf schwerbehinderte Menschen auswirken können, weil sie übergangen, nicht berücksichtigt oder in anderer Weise betroffen sind, zu beteiligen. Das gilt aber auch bei einer Besetzung einer **Stelle mit Personalleitungsfunktion** als solche, bei der keine Vermittlungsvorschläge der Agentur für Arbeit oder Bewerbungen schwerbehinderter Menschen vorliegen; denn die herausgehobene personelle Leitungsrolle schließt es nicht aus, dass die Besetzungsentscheidung nicht bedachte Auswirkungen gerade für schwerbehinderte Menschen hat, auf die die Schwerbehindertenvertretung Gelegenheit erhalten muss, den Arbeitgeber hinzuweisen (a. A. BAG 17. 8. 2010 – 9 ABR 83/09, so schon die Vorinstanz: LAG Köln 8. 4. 2009 – 8 TaBV 113/08; *Neumann/Pahlen/Majerski-Pahlen*, SGB IX, § 95 RdNr. 10). Beteiligungsrechte bestehen auch bei Versetzungen, Höhergruppierungen, Beförderungen,

der Genehmigung einer Nebentätigkeit, Teilnahme an Fortbildungsmaßnahmen, Verlängerung der Probezeit, Einteilung zum Schichtdienst oder auch bei dienstlichen Beurteilungen. Letzteres ist umstritten. Das BVerwG verneint für den Bereich des öffentlichen Dienstes
eine Beteiligungspflicht, soweit die jeweilige personelle Maßnahme –
hier die **dienstliche Beurteilung** – keinen Verwaltungsakt darstellt
(BVerwG 14. 12. 90 2 B 106/90 NJW 1991, 2097; so auch: OVG NW
4. 1. 2010 – 6 B 1482/09). Diese Ansicht ist abzulehnen. § 95 Abs. 2
räumt der Schwerbehindertenvertretung in allen Angelegenheiten,
die Schwerbehinderte betreffen, ein Beteiligungsrecht ein. Auch
Maßnahmen des öffentlichen Arbeitgebers, die wegen fehlender Außenwirkung nicht als Verwaltungsakt zu qualifizieren sind, stellten
Entscheidungen dar, die eine weitreichende Bedeutung für den be-
troffenen schwerbehinderten Menschen haben können (dafür auch:
VG Berlin 29. 8. 91 – 7 A 53/89; *Neumann/Pahlen/Majerski-Pahlen*, SGB
IX, § 95 RdNr. 10; *Masuch* in Hauck/Noftz, SGB IX, K § 95 RdNr. 31;
Düwell, LPK-SGB IX § 95 RdNr. 17). Es ist allerdings zu berücksich-
tigen, dass besondere Verfahrensregelungen – etwa die für alle
Dienststellen des Landes NRW zum SGB IX erlassene Richtlinie zur
Durchführung der Rehabilitation und Teilhabe behinderter Men-
schen – eine Beteiligung der Schwerbehindertenvertretung auch bei
dienstlichen Beurteilungen ausdrücklich vorsehen (Ziff. 10. 2. 2. der
Richtlinie). In diesen Fällen ist die Vertrauensperson, soweit dem
Dienstherrn die Schwerbehinderteneigenschaft bekannt ist, hinzuzuziehen. Ihre Nicht-Beteiligung führt zu einer fehlerhaften dienstlichen Beurteilung (OVG NW 4. 1. 2010 – 6 B 1482/09).

33   **1. Informationsrecht.** Die Unterrichtungspflicht besteht in allen
Angelegenheiten, die schwerbehinderte Menschen berühren. Dieser
Pflicht korrespondierend hat die Schwerbehindertenvertretung einen
gerichtlich durchsetzbaren Auskunftsanspruch (BAG 26. 1. 88 AP
Nr. 31 zu § 80 BetrVG zum entspr. Anspruch des Betriebsrats; *Masuch*
in Hauck/Noftz, SGB IX, K § 95 RdNr. 29). Die Verletzung der Un-
terrichtungspflicht stellt eine Ordnungswidrigkeit gemäß § 156 Abs. 1
Ziff. 9 dar.

34   Zur Information verpflichtet ist der Arbeitgeber auch dann, wenn
der einzelne **Schwerbehinderte dies nicht ausdrücklich wünscht
oder sogar ablehnt.** Die Unterrichtungspflicht besteht auch nicht
nur, wenn die Schwerbehindertenvertretung eine bestimmte Information verlangt. Die Auskünfte können schriftlich oder mündlich erfolgen. Sie müssen **unverzüglich** erteilt werden, also so frühzeitig, dass
die Schwerbehindertenvertretung noch in der Lage ist, durch Stellungnahmen zu reagieren und auf den Entscheidungsprozess Einfluss zu
nehmen.

35   Die Unterrichtung muss **umfassend** erfolgen. Sie muss die Tatsachen so vollständig und verständlich wiedergeben, dass die Schwer-

behindertenvertretung in die Lage versetzt wird, sich ein eigenes Bild
der Sachlage machen zu können.

Ist die Vertrauensperson gleichzeitig Mitglied des Betriebsrates, muss   **36**
sie sich die Kenntnisse, die sie in dieser Funktion erfahren hat, zurechnen lassen (LAG München 30. 8. 89 NZA 1990, 28).

2. Anhörungsrecht. Eine Anhörungspflicht des Arbeitgebers be-   **37**
steht, bevor dieser eine Entscheidung trifft. Soll also in Angelegenheiten, die schwerbehinderte Menschen berühren, eine Maßnahme
getroffen werden, ist die Schwerbehindertenvertretung nicht nur zu
informieren; ihr ist auch die **Gelegenheit zur Stellungnahme** zu
geben. Der Arbeitgeber soll sich dann zunächst mit den Anregungen
und Einwendungen der Schwerbehindertenvertretung befassen müssen und sie prüfen, ehe er die Entscheidung trifft.

Das Gesetz sieht **keine bestimmte Frist** vor, innerhalb derer die   **38**
Schwerbehindertenvertretung Stellung nehmen muss. Es hängt von
der Dringlichkeit der Entscheidung und der Vollständigkeit der Unterrichtung ab, wie zügig eine Reaktion der Schwerbehindertenvertretung erwartet werden kann. Als **Orientierung** können die Fristen
des § 102 Abs. 2 BetrVG dienen. In eiligen Fällen erscheint daher in
der Regel eine Frist von drei Tagen, ansonsten mindestens von einer
Woche angemessen (*Masuch* in Hauck/Noftz, SGB IX, K § 95
RdNr. 34; GK-SGB IX-*Schimanski*, § 95 RdNr. 88; *Düwell*, LPK-SGB
IX § 95 RdNr. 37).

Die Anhörungspflicht des Arbeitgebers beinhaltet ein **Mitwir-**   **39**
kungs- nicht ein Mitbestimmungsrecht der Schwerbehindertenvertretung (BAG 15. 8. 06 NZA 2007, 224, 226; BAG 28. 6. 07 NZA
2007, 1049, 1054). Die Möglichkeiten der Schwerbehindertenvertretung beschränken sich daher darauf, den Arbeitgeber durch Anregungen und Vorschläge – also argumentativ – zu veranlassen, die Eingliederung schwerbehinderter Menschen zu fördern (BAG 15. 8. 06, a.a.O.;
LAG Hessen 7. 9. 2006 – 5 TaBV 185/04). Der Arbeitgeber kann sich bei
seiner Entscheidung über die vorgetragenen Einwände hinwegsetzen.
Er ist allerdings gehalten, im Rahmen der Verpflichtung zur engen Zusammenarbeit (§ 99) die Einwände ernsthaft zu prüfen.

Die **Verletzung der Anhörungspflicht** stellt ebenfalls eine Ord-   **40**
nungswidrigkeit gemäß § 156 Abs. 1 Ziff. 9 dar und kann mit einer
Geldbuße bis zu 10.000 Euro geahndet werden (siehe Kommentierung
zu § 156). Allerdings ist eine ohne Beteiligung der Schwerbehindertenvertretung getroffene Entscheidung (z. B. die Kündigung eines
Schwerbehinderten) nicht bereits aus diesem Grund unwirksam (BAG
28. 7. 83 DB 1984, 133).

3. Unterrichtungsrecht nach getroffener Entscheidung. Der   **41**
Arbeitgeber ist verpflichtet, der Schwerbehindertenvertretung die
Entscheidung unverzüglich mitzuteilen, in der Regel also unmittelbar
nach dem Zeitpunkt, zu dem sie getroffen worden ist. Die Verletzung

dieser Verpflichtung ist nicht mit einer Sanktion verbunden. Sie ist in
§ 156 nicht als Ordnungswidrigkeit aufgeführt.

42   **4. Erörterungsrecht und Einsichtsrecht im Verfahren nach
§ 81 Abs. 1.** Gemäß § 95 Abs. 2 S. 3 ist die Schwerbehindertenvertretung auch am Verfahren bei der **Besetzung von Arbeitsplätzen** gemäß § 81 Abs. 1 zu beteiligen. Danach sind Arbeitgeber gemäß § 81
Abs. 1 verpflichtet zu prüfen, ob freie Arbeitsplätze mit schwerbehinderten Menschen, die arbeitslos oder arbeitssuchend gemeldet sind, besetzt werden können. In diesem Prozess ist die Schwerbehindertenvertretung zu beteiligen, damit sie ihrer **Mitprüfungsaufgabe**, ob die
Besetzung freier Arbeitsplätze mit schwerbehinderten Menschen in
Betracht kommt, gerecht werden kann. Sie kann dazu die Vorlage notwendiger Unterlagen wie die Stellenbeschreibung, die Ausschreibung
der Stelle sowie andere Pläne, die die Gestaltung des Arbeitsplatzes betreffen, verlangen. Nur dann ist es ihr möglich zu beurteilen, inwiefern
die Stelle mit einem Schwerbehinderten besetzt werden kann.

43   Beteiligungsrechte bestehen auch beim Vorliegen von **Vermittlungsvorschlägen der Agentur für Arbeit** und sonstigen **Bewerbungen**. Im Rahmen des Verfahrens nach § 81 Abs. 1 bestehen nicht
nur Unterrichtungs- und Anhörungsrechte. Der Arbeitgeber ist
darüber hinaus verpflichtet, seine **beabsichtigte Entscheidung** mit
der Schwerbehindertenvertretung zu **erörtern**, die wechselseitigen
Gründe sind gegeneinander abzuwägen. Die letzte Entscheidung bleibt
allerdings auch nach Erörterung der Angelegenheit beim Arbeitgeber
(siehe im Einzelnen die Kommentierung zu § 81).

44   Der Schwerbehindertenvertretung ist gemäß § 95 Abs. 2 S. 3 darüber
hinaus **Einsicht** in die entscheidungsrelevanten Teile der **Bewerbungsunterlagen** zu gewähren. Sie hat außerdem das Recht, an **Vorstellungsgesprächen** teilzunehmen. Diese Beteiligungsrechte sind in
das SGB IX vom 19. 6. 2001 auf Vorschlag des Bundesrates aufgenommen worden (Stellungnahme des Bundesrates zum Gesetzentwurf
der Regierungsfraktionen SPD und Bündnis 90/Die Grünen, BT-
Drucks. 14/5531 S. 10). Für die Regelung war maßgeblich, dass die
Schwerbehindertenvertretung im Rahmen des § 81 Abs. 1 eine begründete Stellungnahme abgeben muss, wenn sie mit der Einstellungsentscheidung des Arbeitgebers nicht einverstanden ist. Dies ist ihr aber
nur möglich, wenn sie die Bewerbungsunterlagen eingesehen hat und
auch am Vorstellungsgespräch teilgenommen hat. Nur dann kann sie
die Eignung der verschiedenen Bewerber auf der gleichen Tatsachengrundlage beurteilen wie auch der Arbeitgeber (Bericht des Ausschusses für Arbeit und Sozialordnung zum Gesetzentwurf der Fraktionen
SPD und Bündnis 90/Die Grünen, BT-Drucks. 14/5800 S. 30). Da die
Vorschrift bezüglich des Beteiligungsrechts auf die Entscheidungsrele-
vanz abstellt, wird sich immer da, wo es auf einen **Eignungsvergleich**
zwischen behinderten und nicht behinderten Bewerbern ankommt,

das Einsichts- und Teilnahmerecht auch auf die **Unterlagen und das Vorstellungsgespräch des nicht behinderten Bewerbers** beziehen müssen (so auch *Hansen,* NZA 2001, 986, 988). Dies geht im Übrigen auch aus der Stellungnahme des Bundesrates zum Gesetzentwurf der Regierungsfraktionen SPD und Bündnis 90/Die Grünen (BT-Drucks. 14/5531 S. 10/11) sowie dem Bericht des Ausschusses für Arbeit und Sozialordnung zum Gesetzentwurf der Fraktionen SPD und Bündnis 90/Die Grünen BT-Drucks. 14/5800 S. 30) hervor. Die Schwerbehindertenvertretung ist allerdings nicht zur Teilnahme an Vorstellungsgesprächen verpflichtet. Sie muss nur so rechtzeitig über den Termin des Vorstellungsgesprächs informiert werden, dass ihr eine Teilnahme möglich ist (LAG Köln 21. 1. 2009 – 3 Sa 1369/08).

5. Rechtsfolgen der unterlassenen Beteiligung. Hier ist grund- **45** sätzlich zu unterscheiden, ob der Arbeitgeber die von ihm getroffene Entscheidung bereits vollzogen hat oder nicht. Vom Vollzug ist z. B. auszugehen, wenn das Kündigungsschreiben dem Arbeitnehmer bereits zugegangen oder die Versetzungsmaßnahme durchgeführt worden ist.

a) Aussetzungsrecht bei noch nicht vollzogener Entschei- 46 dung. Ist die Schwerbehindertenvertretung vor der getroffenen Entscheidung nicht beteiligt worden, kann sie gemäß § 95 Abs. 2 S. 2 vom Arbeitgeber verlangen, dass die Maßnahme nicht durchgeführt wird, solange nicht die Beteiligung nachgeholt wird.

Die gesetzliche Regelung sieht vor, dass die **Entscheidung auszusetzen** ist und das Versäumte innerhalb von **7 Tagen nachzuholen** ist. Es empfiehlt sich, den Arbeitgeber hierzu schriftlich mit kurzer Frist aufzufordern. Kommt er dieser Aufforderung nicht nach, kann der Anspruch auf Aussetzung der Entscheidung im arbeitsgerichtlichen Beschlussverfahren unter Inanspruchnahme einstweiligen Rechtsschutzes durchgesetzt werden (BAG 10. 11. 92 NZA 1993, 376, 378; LAG Düsseldorf 30. 10. 2008 – 15 TaBV 114/08; *Neumann/Pahlen/Majerski-Pahlen,* SGB IX, § 95 RdNr. 16; *Masuch* in Hauck/Noftz, SGB IX, K § 95 RdNr. 35; *Düwell,* LPK-SGB IX § 95 RdNr. 42; Bihr u. a./*Dusel/Hoff,* SGB IX, § 95 RdNr. 21).

Während der Aussetzung ist die **Entscheidung** des Arbeitgebers **47 schwebend unwirksam.** Sie **darf nicht durchgeführt werden** und muss vom schwerbehinderten Menschen auch **nicht beachtet werden** (*Masuch* in Hauck/Noftz, SGB IX, K § 95 RdNr. 36; GK-SGB IX-*Schimanski,* § 95 RdNr. 112, 116; *Cramer,* SchwbG, § 25 RdNr. 7 a). Innerhalb von 7 Tagen muss die **Beteiligung nachgeholt werden.** Die Frist beginnt mit dem Zeitpunkt, zu dem der Schwerbehindertenvertretung die Entscheidung mitgeteilt worden ist. Mit Ablauf der Frist wird sie nicht automatisch wirksam. Es muss vielmehr erst die Beteiligung nachgeholt werden: die Schwerbehindertenvertretung muss unterrichtet, ihr Gelegenheit zur Stellungnahme gegeben und ihr das

Ergebnis mitgeteilt werden. Dies bedeutet, dass das Verbot, die Maßnahme durchzuführen, auch länger währen kann, falls der Arbeitgeber
die Beteiligung auch nach Ablauf der Frist noch nicht nachgeholt hat.
In diesem Fall bleibt die Entscheidung des Arbeitgebers schwebend unwirksam und kann nicht vollzogen werden. Holt der Arbeitgeber die
Beteiligung nach, sind zwei Möglichkeiten denkbar: 1. er bestätigt die
erste Entscheidung, was die Regel sein wird. Dann wird die bereits
getroffene Entscheidung wirksam. 2. er entscheidet abweichend. Dann
ist die ursprüngliche Entscheidung unwirksam und muss rückgängig
gemacht werden.

48   Das Gleiche muss gelten, wenn der Arbeitgeber die von ihm getroffene **Entscheidung durchführt, obwohl** er von der Schwerbehindertenvertretung **zur Aussetzung aufgefordert** worden ist. Auch
dann ist seine Entscheidung bis zur nachgeholten Beteiligung schwebend unwirksam und muss vom schwerbehinderten Menschen nicht
beachtet werden. Einer für ihn ungünstigen Maßnahme muss der
schwerbehinderte Arbeitnehmer nicht Folge leisten. Es erscheint daher
sinnvoll, dass die Schwerbehindertenvertretung den Betroffenen unverzüglich von der fehlenden Beteiligung und der Geltendmachung
des Aussetzungsrechts informiert.

49   **b) Aussetzungsrecht bei vollzogener Entscheidung.** Praktisch
ins Leere geht das Aussetzungsrecht, wenn der Arbeitgeber seine
Entscheidung vollzogen hat, bevor die Schwerbehindertenvertretung
die Aussetzung von ihm verlangen konnte.

Die **durchgeführte Maßnahme** ist trotz unterbliebener Beteiligung **wirksam** und muss vom schwerbehinderten Arbeitnehmer auch
befolgt werden.

Dies folgt aus der speziellen Ausgestaltung der Aussetzungsregelung.
Das Beteiligungsrecht des § 95 Abs. 2 ist nicht Wirksamkeitsvoraussetzung für eine Entscheidung des Arbeitgebers (BAG 28. 7. 83 DB 1984,
133; BAG 3. 4. 86 AP Nr. 9 zu § 18 SchwbG unter III. 2.; LAG Rh. Pfalz
18. 8. 93 NZA 1993, 1133; *Cramer,* NZA 2004, 698, 705; *Trenk-Hinterberger,* HK-SGB IX, § 95 RdNr. 26; *Düwell,* LPK-SGB IX, § 95 RdNr. 40;
Esser/Isenhardt, jurisPK-SGB IX, § 95 RdNr. 19; krit.: GK-SGB IX-
Schimanski, § 95 RdNr. 100ff). Die Regelung ist lediglich als Ordnungsvorschrift ausgestaltet, was sich aus § 156 Abs. 1 Ziff. 9 ergibt
(LAG Berlin 24. 6. 91 NZA 1992, 79, 80). Dies geht auch daraus hervor,
dass die Anhörung als Wirksamkeitsvoraussetzung in anderen Vorschriften besonders gekennzeichnet ist (z. B. § 102 Abs. 1 BetrVG).
Daran fehlt es hier (LAG Rh.-Pf. 18. 8. 93, a.a.O.). Die Anhörung der
Schwerbehindertenvertretung hat auch im Falle von Kündigungen
sachlich nur die Bedeutung einer Vorprüfung, weil die Rechte der
schwerbehinderten Arbeitnehmer durch das Integrationsamt und den
Widerspruchsausschuss gewahrt werden (LAG Berlin 24. 6. 91 NZA
1992, 79, 80).

Unterbleibt die Beteiligung der Schwerbehindertenvertretung da- 50
gegen vor einer verwaltungsrechtlichen Entscheidung, ist der **Verwaltungsakt fehlerhaft**. Er kann durch Widerspruch und Klage angefochten und vom Gericht aufgehoben werden (BVerwG 17.9.81 DVBl
1982, 582; OVG NW 15.3.2010 – 6 A 4435/06; OVG Berlin 28.6.89 br
1990, Sonderheft, S. 44; VGH Hessen 17.8.89 br 2001, 127). Das OVG
Münster hat außerdem mit überzeugender Begründung entschieden,
dass die Dienstbehörde auch noch vor Erlass des Widerspruchsbescheides die Schwerbehindertenvertretung beteiligen muss, wenn sie erst im
Widerspruchsverfahren von der Schwerbehinderteneigenschaft des
Beamten Kenntnis erhält (OVG NW, a.a.O.). Denn zum einen ist die
endgültige Entscheidung erst mit Abschluss des Widerspruchsverfahrens getroffen, zum anderen sieht § 95 Abs. 2 S. 2 eine nachholende Beteiligung der Schwerbehindertenvertretung bis zu diesem Zeitpunkt
ausdrücklich vor. Ausnahmsweise ist die Entscheidung trotz unterbliebener Beteiligung der Schwerbehindertenvertretung nicht ermessensfehlerhaft, wenn von vornherein und bei jeder Betrachtungsweise der
Verfahrensverstoß die Entscheidung in der Sache nicht beeinflusst hat.
Das ist nicht der Fall, wenn nicht auszuschließen ist, dass die Schwerbehindertenvertretung bei rechtzeitiger und ordnungsgemäßer Beteiligung zu berücksichtigende Einwände erhoben hätte (OVG NW,
a.a.O.).

Wird die Schwerbehindertenvertretung im Besetzungsverfahren ei- 51
ner Stelle nicht oder nicht ordnungsgemäß beteiligt, begründet dies
außerdem die Vermutung, dass der schwerbehinderte Bewerber bei der
Einstellung wegen seiner Behinderung **benachteiligt** worden ist
(BAG 15.2.05 NZA 2005, 870; BAG 16.9.08 NZA 2009, 79, 83; s. Einzelheiten unter § 81 RdNr. 45).

6. Einsichtsrecht in Personalakte. Schon nach dem Schwerbehin- 52
dertengesetz hatte jeder Schwerbehinderte das Recht, bei Einsicht in
seine Personalakte die Schwerbehindertenvertretung hinzuzuziehen.
Mit § 95 Abs. 3 ist dieses Recht noch dahingehend erweitert worden,
dass das Einsichtsrecht sich auf alle über einen schwerbehinderten
Menschen beim Arbeitgeber geführte Daten bezieht. Damit sind
Einwände des Arbeitgebers, es handele sich bei den betreffenden personenbezogenen Daten nicht um Bestandteile der Personalakte, ausgeschlossen. Auch bei diesen **neben der Personalakte geführten
Daten** ist klar gestellt, dass bei Einsichtnahme der schwerbehinderte
Mensch die Schwerbehindertenvertretung hinzuziehen kann.

Unerheblich ist, in welcher Form die über einen bestimmten Schwer- 53
behinderten gesammelten Unterlagen geführt werden. Auch die in
elektronischen Datenbanken gespeicherten Personaldaten zählen
dazu (siehe im Einzelnen auch die Kommentierungen zu § 83 BetrVG).

Die Schwerbehindertenvertretung hat nach dem Gesetz **kein eige-** 54
nes Einsichtsrecht. Der schwerbehinderte Mensch kann sie lediglich

zu seiner **Unterstützung hinzuziehen**. Sie soll ihn als sachkundige
Vertretung beraten, und ihn evtl. über die beruflichen Auswirkungen
der über ihn geführten Daten informieren. Das Recht zur Einsichtnahme geht daher auch nur so weit, wie auch das Recht dazu dem
Schwerbehinderten selbst zusteht. Kein Anspruch besteht auf Einsicht
in Prozessakten oder werksärztliche Unterlagen, die nicht Teil der
Personalakte sind (Bihr u. a./*Dusel/Hoff*, SGB IX, § 95 RdNr. 28). Gewährt werden muss die Einsichtnahme während der Arbeitszeit ohne
Minderung des Arbeitsentgelts.

55   **Über den Inhalt der Daten** ist Stillschweigen zu bewahren. Die
Schweigepflicht ist für alle der Schwerbehindertenvertretung infolge
ihres Amtes bekannt gewordenen Angelegenheiten bereits allgemein
in § 96 Abs. 7 normiert. Im Zusammenhang mit der Akteneinsicht
wird die Schweigepflicht noch einmal betont, andererseits auch das
Recht des Schwerbehinderten hervorgehoben, die Schwerbehindertenvertretung von ihrer Schweigepflicht zu entbinden. Dies kann für
die Verfolgung berechtigter Interessen im Einzelfall sinnvoll sein. Begrenzt wird das Recht, über den Inhalt der Akte zu berichten, soweit
Rechte Dritter berührt werden (so z. B. wenn die Personalakte eine
Auseinandersetzung zwischen Mitarbeitern dokumentiert: Bihr u. a./
Dusel/Hoff, SGB IX, § 95 RdNr. 30).

V. Beteiligungsrechte gegenüber den betrieblichen Interessenvertretungen (Abs. 4)

56   **1. Teilnahme an Sitzungen.** Die Regelung über die Teilnahme-
rechte der Schwerbehindertenvertretung knüpft an die Regelung im
Betriebsverfassungsrecht an (§ 32 BetrVG). Da der Betriebsrat über
seine gesetzlichen Aufgaben grundsätzlich in Sitzungen (siehe § 29
BetrVG) berät und beschließt, soll der Schwerbehindertenvertretung
daran ein Teilnahmerecht gesichert werden. Dadurch wird sicher gestellt, dass zum einen die Schwerbehindertenvertretung über das **betriebliche Geschehen** in gleicher Weise wie die betriebliche Interessenvertretung **informiert** ist; zum anderen soll gewährleistet werden,
dass die Schwerbehindertenvertretung auf die **Willensbildung und
Entscheidungsfindung Einfluss nehmen kann** und damit die
Belange der Schwerbehinderten Berücksichtigung finden können.
Deshalb bezieht sich das Teilnahmerecht auch nicht nur auf Betriebsratssitzungen, sondern gleichfalls auf **sämtliche Sitzungen der gemäß §§ 27 und 28 BetrVG gebildeten Ausschüsse** sowie auf Sit-
zungen der **Arbeitsgruppen** gemäß § 28a BetrVG (*Kossens/von der
Heide/Maaß*, SGB IX, § 95 RdNr. 30; *Neumann/Pahlen/Majerski-Pahlen*,
SGB IX, § 95 RdNr. 14). Es erstreckt sich auch auf Sitzungen eines im
Personalrat gebildeten Vorstands (LAG München 14. 11. 2008 – 5 TaBV

36/08). Der Gesetzgeber hat ausdrücklich geregelt, dass das Teilnahmerecht sich auch auf den Arbeitsschutzausschuss bezieht, der gemäß § 11 ASiG vom Arbeitgeber gebildet wird und sich mit Fragen der Arbeitssicherheit und des Unfallschutzes befasst. Damit ist jedoch das Teilnahmerecht für andere gemeinsame Ausschüsse nicht ausgeschlossen. Es besteht vielmehr auch in Bezug auf Sitzungen anderer gemäß § 28 Abs. 2 BetrVG gebildeter gemeinsamer Ausschüsse von Arbeitgeber und Betriebsrat (BAG 21. 4. 93 NZA 1994, 43; *Esser/Isenhardt,* jurisPK-SGB IX, § 95 RdNr. 22; *Neumann/Pahlen/Majerski-Pahlen,* SGB IX, § 95 RdNr. 14; a.A. Bihr u. a./*Dusel/Hoff,* SGB IX, § 95 RdNr. 32). Da sich die Willensbildung und Entscheidungsfindung in gemeinsamen Ausschüssen vollzieht, würde die Schwerbehindertenvertretung keinen Einfluss nehmen können, wenn ihr ein Teilnahmerecht dort versagt würde. Dass in diesen Ausschüssen auch der Arbeitgeber anwesend ist, spricht nicht gegen das Teilnahmerecht, da § 95 Abs. 5 ein Teilnahmerecht zu **Besprechungen** zwischen Betriebsrat und Arbeitgeber nach § 74 Abs. 1 BetrV, § 66 BPersVG (sog. Monatsgesprächen) ausdrücklich vorsieht.

Die Schwerbehindertenvertretung hat auch ein Recht, an den Sitzungen des **Wirtschaftsausschusses** (§ 106 BetrVG) teilzunehmen (BAG 4. 6. 87 AP Nr. 2 zu § 22 SchwbG; BAG 21. 4. 93 NZA 1994, 43; LAG Köln 5. 7. 2001 AP Nr. 3 zu § 26 SchwbG 1986; DKK- *Däubler,* BetrVG, § 108 RdNr. 14; *Ftitting,* BetrVG, § 108 RdNr. 23; *Neumann/ Pahlen/Majerski-Pahlen,* SGB IX, § 95 RdNr. 14; a.A. Bihr u. a./*Dusel/ Hoff,* SGB IX, § 95 RdNr. 32). **57**

Die Vertrauensperson hat in den oben genannten Gremien **kein Stimmrecht**, sie kann nur mit **beratender Stimme** teilnehmen; ihr steht jedoch Rederecht und ein Antragsrecht für die Tagesordnung zu. Ist sie verhindert, hat das erste stellvertretende Mitglied das Teilnahmerecht. Ist die Vertrauensperson gleichzeitig Mitglied der betrieblichen Interessenvertretung, tritt es in Doppelfunktion auf und muss nicht vertreten werden. Da die Teilnahme gesetzlich nicht als Pflicht, sondern als Recht formuliert ist, stellt es **keine Amtspflichtverletzung** dar, wenn die Schwerbehindertenvertretung nicht an allen Sitzungen teilnimmt. Dies ergibt sich mittelbar auch aus § 29 Abs. 2 S. 5 BetrVG, wonach nur Betriebsratsmitglieder und Mitglieder der Jugend- und Auszubildendenvertretung ihre Verhinderung unter Angabe von Gründen mitzuteilen haben. **58**

Das Teilnahmerecht besteht unabhängig davon, welche Themen auf der Sitzung behandelt werden sollen. Lediglich beim **Antragsrecht** für die Tagesordnung regelt das Gesetz in Abs. 4 S. 1, dass es sich um **Schwerbehinderte besonders betreffende Angelegenheiten** handeln muss. Aufgrund des Teilnahmerechts ist die Schwerbehindertenvertretung zu jeder Sitzung des Gremiums und der Ausschüsse von der betrieblichen Interessenvertretung unter Überreichung der **59**

Tagesordnung **einzuladen** (§ 29 Abs. 2 S. 4 BetrVG; § 34 Abs. 2 S. 4 BPersVG).

60 Ob der Schwerbehindertenvertretung eine **Protokollabschrift** gemäß § 34 BetrVG zu erteilen ist, ist umstritten (dafür: *Masuch* in Hauck/ Noftz, SGB IX, K § 95 RdNr. 44; *Kossens/von der Heide/Maaß*, SGB IX, § 95 RdNr. 31; a.A. DKK-*Wedde*, BetrVG, § 34 RdNr. 16; *Fitting*, BetrVG, § 34 RdNr. 24). Da die Schwerbehindertenvertretung unter bestimmten Voraussetzungen sogar die Aussetzung von Beschlüssen der betrieblichen Interessenvertretung verlangen kann, ist es geboten, ihr beispielsweise zur Überprüfung, inwieweit die von ihr zugunsten der Schwerbehinderten wahrgenommenen Aktivitäten auch in der Niederschrift enthalten sind, ein Protokoll der Sitzung auszuhändigen.

61 Das **Teilnahmerecht** kann der Schwerbehindertenvertretung nicht durch den Personalrat/Betriebsrat oder dessen Vorsitzenden **entzogen** werden etwa wegen des Verstoßes gegen die Verschwiegenheitspflicht. Nur unter strengen Voraussetzungen und allenfalls dann, wenn das Verhalten der Vertrauensperson eine Behinderung der Arbeit von Betriebsrat oder Personalrat darstellt und Wiederholungsgefahr besteht, kann der Ausschluss von der Sitzungsteilnahme in Betracht kommen (VG Frankfurt 16. 10. 2003 – 23 LG 5583/03 (V)).

62 Eine spezielle Regelung enthält **§ 34 Abs. 3 BPersVG**. Danach hat die Schwerbehindertenvertretung ein eigenes Antragsrecht, die Einberufung des Personalrates zu verlangen in Angelegenheiten, die schwerbehinderte Menschen besonders betreffen.

63 Die Schwerbehindertenvertretung hat gemäß Abs. 5 S. 1 auch das Recht, an den sog. **Monatsgesprächen** i.S. von § 74 Abs. 1 BetrVG, § 66 Abs. 1 BPersVG teilzunehmen (OVG Münster 2. 10. 98 NZA-RR 1999, 278). Das Teilnahmerecht besteht auch nicht nur dann, wenn Angelegenheiten, die Schwerbehinderte besonders betreffen, auf der Tagesordnung stehen. Werden die Monatsgespräche vom Gesamtbetriebsrat geführt, steht das Teilnahmerecht entsprechend der Gesamtschwerbehindertenvertretung (§ 52 BetrVG) zu. An den monatlichen Besprechungen im Sinne des § 74 BetrVG nehmen grundsätzlich alle Betriebsratsmitglieder teil (LAG Schlesw.-Holst. 10. 9. 2008 – 3 TaBV 26/08; *Fitting*, BetrVG, § 74 RdNr. 7). Werden die monatlich stattfindenden Gespräche allerdings auf zwei Betriebsratsmitglieder delegiert, ist es sachlich nicht gerechtfertigt, ein Teilnahmerecht der Schwerbehindertenvertretung deshalb abzulehnen, weil die Delegation nicht durch förmlichen Beschluss des Betriebsrats erfolgt ist (*Düwell*, LPK-SGB IX, § 95 RdNr. 52; so aber Arbeitsgericht Hannover 7. 2. 2006 – 6 BV 13/05). Das Teilnahmerecht der Schwerbehindertenvertretung erstreckt sich im Übrigen nicht auf alle Zusammenkünfte, die zwischen Arbeitgeber und betrieblicher Interessenvertretung vereinbart werden. Die gesetzliche Regelung will vielmehr sicherstellen, dass die Schwerbehindertenvertretung dort beratend mitwirkt, wo sich in Sitzungen

und Gremien die Willensbildung und Entscheidungsfindung vollzieht (LAG Schlesw.-Holst. 10. 9. 2008 – 3 TaBV 26/08). Finden daher nur vorbereitende **informelle Gespräche** zwischen der betrieblichen Interessenvertretung oder ihren einzelnen Mitgliedern und dem Arbeitgeber statt, besteht kein Teilnahmerecht (LAG Schlesw.-Holst., a.a.O.; LAG München 14. 11. 2008 – 5 TaBV 36/08).

2. Aussetzung von Beschlüssen. Wichtiges Instrumentarium auf **64** die interne Willensbildung der betrieblichen Interessenvertretung Einfluss zu nehmen, ist das der Schwerbehindertenvertretung in § 95 Abs. 4 S. 2 und 3 eingeräumte Recht, eine Aussetzung der Beschlüsse der Interessenvertungen für die Dauer von einer Woche zu verlangen. Die Aussetzungsrechte in § 35 BetrVG und § 39 BPersVG gelten entsprechend. Die darin enthaltenen Fristen sind vergleichbar. Lediglich § 39 Abs. 1 S. 1 BPersVG sieht eine Frist von sechs Arbeitstagen vor. Die Aussetzungsdauer im Hinblick auf Beschlüsse der Personalvertretung ist damit in der Regel einen Tag länger als in § 95 Abs. 4, da eine Arbeitswoche regelmäßig nur fünf Arbeitstage umfasst. Das Aussetzungsrecht besteht zum einen immer dann, wenn die **Beteiligungsrechte** in Abs. 2 S. 1 **durch den Arbeitgeber nicht beachtet** worden sind; zum anderen dann, wenn mit dem Beschluss **wichtige Interessen von schwerbehinderten Menschen beeinträchtigt** worden sind. Ob dies der Fall ist, entscheidet nach pflichtgemäßem Ermessen allein die Schwerbehindertenvertretung. Sie hat insoweit einen weiten **Beurteilungsspielraum.** Der Antrag ist an keine Form gebunden, er sollte jedoch nachvollziehbar begründet werden. Die Schwerbehindertenvertretung ist allerdings nicht verpflichtet, Nachweise für eine ihrer Auffassung nach vorliegende erhebliche Beeinträchtigung beizubringen.

Wird die Aussetzung beantragt, darf die betriebliche Interessenvertretung **65** tretung den Beschluss eine Woche lang nicht vollziehen. Der Antrag wird deshalb sinnvollerweise noch in der Sitzung der betrieblichen Interessenvertretung gestellt, da sich die Wochenfrist nicht durch eine spätere Antragstellung verlängert. Die Aussetzung kann dann nur noch für den Rest der Frist verlangt werden.

Die Aussetzung kann seitens der Schwerbehindertenvertretung im **66** Beschlussverfahren im Wege der **einstweiligen Verfügung** erzwungen werden. Sie kann nicht mehr beantragt und durchgesetzt werden, wenn der Beschluss des Betriebs- oder Personalrates bereits durchgeführt worden ist *(Fitting,* BetrVG, § 35 RdNr. 29; *Neumann/Pahlen/ Majerski-Pahlen,* SGB IX, § 95 RdNr. 16). Insofern stellt sich das Aussetzungsrecht als „stumpfes Schwert" dar, das auf Gutwilligkeit und Verständigungsbereitschaft der verschiedenen kollektiven Interessenvertretungen setzt. Die Wochenfrist soll im Wesentlichen dazu genutzt werden, erneut über die Angelegenheit **ins Gespräch zu kommen** und nach **gemeinsamen Lösungen** zu suchen.

67   Diese Intention des Gesetzes wird noch dadurch verstärkt, dass nach § 95 Abs. 4 S. 3 die **Aussetzung nicht zu einer Fristverlängerung** führt. Beschlüsse der betrieblichen Interessenvertretung, die an Fristen gebunden sind, sind etwa die Zustimmung **bei personellen Maßnahmen** gemäß § 99 Abs. 3 BetrVG und die Mitteilung von Bedenken gemäß § 102 Abs. 2 BetrVG. In beiden Fällen beträgt die Frist eine Woche. Die Aussetzung des Beschlusses führt nach der gesetzlichen Regelung demnach nicht automatisch dazu, dass diese Fristen verlängert werden. Andererseits ist der Betriebsrat bei Vorliegen eines Aussetzungsantrags gehindert, den Beschluss bis zum Ablauf der Wochenfrist zu vollziehen. Aufgrund dieses Widerspruchs ist umstritten, welche **rechtliche Wirkung der Aussetzungsantrag** in diesen Fällen hat. Zum Teil wird angenommen, dass der Zustimmungsbeschluss des Betriebsrates nicht wirksam ist, (so *Masuch* in Hauck/Noftz, SGB IX, K § 95 RdNr. 52), teilweise wird der Betriebsrat für verpflichtet gehalten, seine Zustimmung bis zur endgültigen Beschlussfassung zu verweigern (so *Neumann/Pahlen/Majerski-Pahlen*, SGB IX, § 95 RdNr. 18). Eine andere Meinung hält den Betriebsrat nur für verpflichtet, den Arbeitgeber über den Aussetzungsantrag zu informieren und alles ihm Mögliche dafür zu tun, dass der Arbeitgeber die Maßnahme bis zur erneuten Beschlussfassung des Betriebsrat zurückstellt (*Fitting*, BetrVG, § 35 RdNr. 30; DKK-*Wedde*, BetrVG, § 35 RdNr. 11). Der letzten Auffassung ist zu folgen. Wäre der Beschluss des Betriebsrates während der Aussetzung nicht wirksam, würde dies dazu führen, dass innerhalb der Wochenfrist keine Stellungnahme erfolgen könnte. Dies hätte im Rahmen des § 102 Abs. 2 BetrVG und des § 99 Abs. 3 BetrVG zur Folge, dass die Zustimmung als erteilt gilt. Damit würde dem beabsichtigten Ziel der beantragten Aussetzung durch die Schwerbehindertenvertretung gerade nicht gerecht. Außerdem würde sich je nach dem Inhalt des gefassten Beschlusses eine Auffassung durchsetzen, die der Mehrheitsmeinung im Organ der betrieblichen Interessenvertretung nicht entspräch. So etwa dann, wenn der Betriebsrat der Kündigung mit Gründen widersprechen will, die nicht die Zustimmung der Schwerbehindertenvertretung finden. Dieser Einwand gilt auch gegenüber der Auffassung, nach der der Betriebsrat verpflichtet sein soll, seine Zustimmung auf einen Aussetzungsantrag hin generell zu verweigern. Auch hier wird der betrieblichen Interessenvertretung eine nicht mehr revidierbare Reaktion aufgenötigt, obwohl der von ihr einmal gefasste Beschluss durch den Aussetzungsantrag nur zeitweilig und nicht auf Dauer aufgehoben werden kann.

68   Entscheidet die betriebliche Interessenvertretung in gleicher Weise wie vor der Aussetzung oder nur mit geringen Abweichungen, kann die Schwerbehindertenvertretung nicht erneut die Aussetzung beantragen. Etwas anderes gilt, wenn ein neuer Beschluss gefasst wird.

VI. Sonderregelung für Richter

Für die Gerichtsbarkeit sieht § 95 Abs. 4 S. 4 eine Sonderregelung **69** vor. Die Schwerbehindertenvertretung hat **kein Recht, an den Sitzungen der Richter- und Präsidialräte teilzunehmen.** Sie kann auch **keine Aussetzung** von Beschlüssen verlangen. Stattdessen hat sie das Recht, auf Antrag des betroffenen schwerbehinderten Richters vom Präsidium des Gerichts in den Fällen des § 21e Abs. 1 und Abs. 3 GVG **angehört** zu werden. Nach § 21 e Abs. 1 GVG bestimmt das Präsidium die Besetzung der Spruchkörper, bestellt die Ermittlungsrichter, regelt die Vertretung und verteilt die Geschäfte. § 21 e Abs. 3 GVG ordnet an, dass grundsätzlich die Bestimmungen während des laufenden Geschäftsjahres nicht geändert werden. Ausnahmen bestehen bei Überlastung oder nicht genügender Auslastung eines Richters oder Spruchkörpers oder im Fall eins Wechsels oder dauernden Verhinderung eines Richters. Das Anhörungsrecht entfällt nur in Eilfällen.

Eine weitere Sonderregelung findet sich in Abs. 7. Diese trägt der **70** Tatsache Rechnung, dass es **bei Gerichten zwei Schwerbehindertenvertretungen** geben kann, die der Richter und die der übrigen beim jeweiligen Gericht beschäftigten Schwerbehinderten. Beide handeln in Angelegenheiten, von denen alle Schwerbehinderten betroffen sind, gemeinsam. Daraus folgt jedoch nicht, dass sie immer einheitlich vorgehen müssen; sie dürfen auch unterschiedliche Standpunkte vertreten (*Neumann/Pahlen/Majerski-Pahlen*, SGB IX, § 95 RdNr. 22; GK-SGB IX-*Schimanski*, § 95 RdNr. 178; Bihr u. a./*Dusel/Hoff*, SGB IX, § 95 RdNr. 41).

VII. Versammlungsrecht (§ 95 Abs. 6)

Mindestens einmal im Jahr ist die Schwerbehindertenvertretung be- **71** rechtigt, aber nicht verpflichtet, eine Versammlung aller schwerbehinderter Menschen und ihnen Gleichgestellter im Betrieb oder in der Dienststelle abzuhalten. Ihr ist es auch erlaubt, **mehr als eine Versammlung** durchzuführen, wenn ein **besonderer Grund** dazu vorliegt: z. B. Information der Schwerbehinderten über einen besonderen betrieblichen Vorgang wie eine bevorstehende Betriebsänderung (siehe im Einzelnen auch die Kommentierungen zu § 43 BetrVG). Die Vorschriften der §§ 42 ff. BetrVG, §§ 48 BPersVG sind entsprechend anzuwenden.

Die Versammlung findet **während der Arbeitszeit** statt. Ein **72** Verdienstausfall darf dadurch nicht entstehen. Für schwerbehinderte Menschen, die an der Versammlung nur außerhalb ihrer persönlichen Arbeitszeit teilnehmen können, besteht ein Anspruch auf Freizeitausgleich. Auch notwendige **Fahrtkosten**, die dadurch für einzelne Teilnehmer entstehen, müssen vom Arbeitgeber erstattet werden.

73   Der Arbeitgeber oder dessen Beauftragter (§ 98), ein Vertreter aller im Betrieb oder der Dienststelle vertretenen Gewerkschaften sowie des zuständigen Arbeitgeberverbandes können an der Versammlung mit beratender Stimme teilnehmen. Sie müssen deshalb von der Schwerbehindertenvertretung auch eingeladen werden. Umstritten ist, ob darüber hinaus Vertreter der zuständigen Agentur für Arbeit oder des Integrationsamtes sowie ein Betriebsrats- oder Personalratsmitglied ein Teilnahmerecht haben (dafür: *Neumann/Pahlen/Majerski- Pahlen*, SGB IX, § 95 RdNr. 21 und *Masuch* in Hauck/Noftz, SGB IX, K/Noftz, SGB IX, § 95 RdNr. 59; dagegen: *Cramer*, SchwbG, § 25 RdNr. 20). Dies ist zu bejahen. Sinn der Versammlung ist es, schwerbehinderte Menschen über die sie betreffenden Angelegenheiten im Betrieb oder der Dienststelle zu unterrichten. Dazu kann es sinnvoll sein, sich bei in den Versammlungen auftretenden Fragen der besonderen Sach- und Fachkunde der Agentur für Arbeit oder des Integrationsamtes und der betrieblichen Interessenvertretungen zu bedienen. Der Schwerbehindertenvertretung ist daher das **Recht** einzuräumen, **neben dem Arbeitgeber und den Verbandsvertretern weitere Personen zu der einberufenen Versammlung einzuladen**. Aufgrund des Gebotes der vertrauensvollen Zusammenarbeit ist die betriebliche Interessenvertretung darüber hinaus berechtigt, von sich aus der Versammlung beizuwohnen.

74   Die **Einladung** der Schwerbehinderten erfolgt in der Regel über einen Aushang am Schwarzen Brett oder ein Rundschreiben. Soweit alle potentiellen Teilnehmer Zugang zu einem PC mit e-mail-Funktion haben, kann die Einladung auch per Mail verbreitet werden. Sie muss rechtzeitig und unter Mitteilung der Tagesordnung erfolgen. Ort und Zeitpunkt der Versammlung sind mit dem Arbeitgeber abzusprechen.

VIII. Teilnahmerecht an Betriebs- und Personalversammlungen (Abs. 8)

74 a   Durch das Gesetz zur Förderung der Ausbildung und Beschäftigung vom 23. 4. 2004 ist Abs. 8 eingefügt worden. Die Regelung stellt klar, dass die Schwerbehindertenvertretung an Personalversammlungen eines Betriebes oder einer Dienststelle, für die sie zuständig ist, teilnehmen kann. Sie hat dort auch Rederecht. Dies gilt bei der Zusammenfassung von Betrieben oder Dienststellen gemäß § 94 Abs. 1 S. 4 auch für die Teilnahme an Personalversammulungen in Betrieben oder Dienststellen, denen sie zwar nicht angehört, in denen sie aber gewählt worden ist (*Cramer*, NZA 2004, 698, 705). Damit wird Bedenken im Hinblick auf die Nichtöffentlichkeit von Betriebs – und Personalversammlungen sowie Bedenken gegen die Anwesenheit betriebsfremder

Personen Rechnung getragen (BT-Drucks. 15/2357 S. 25). Obwohl es an einer Verweisung in § 97 Abs. 7 fehlt, gilt das Teilnahmerecht entsprechend auch für die Gesamt-Schwerbehindertenvertretung sowie im öffentlichen Dienst auch für die Bezirks- und Haupt-Schwerbehindertenvertretung (*Cramer*, a.a.O.).

IX. Rechtsstreitigkeiten

Streitigkeiten über die Rechte und Pflichten der Schwerbehindertenvertretung, soweit es sich um deren Beteiligungsrechte im weitesten Sinne gegenüber dem Arbeitgeber bzw. der Dienststelle oder anderen Organen der Betriebsverfassung oder der Personalvertretung handelt, sind im **arbeitsgerichtlichen Beschlussverfahren** zu entscheiden. Dies ergibt sich aus der Neuregelung in § 2 a Abs. 1 Nr. 3a, Abs. 2 ArbGG. Diese Rechte und Pflichten haben ihre Grundlage nämlich nicht im Arbeitsverhältnis, sondern in dem von den Vertrauenspersonen wahrgenommenen Amt der Schwerbehindertenvertretung (so die grundlegende Entscheidung des BAG vom 21. 9. 1989 NZA 1990, 362). **75**

Nach allgemeiner Auffassung ist der Regelung in § 2a Abs. 1 Nr. 3 a ArbGG eine für den Bereich der Schwerbehindertenvertretung **generelle Zuständigkeit** der **Arbeitsgerichtsbarkeit** auch für Streitigkeiten in Dienststellen des öffentlichen Dienstes zu entnehmen (BAG 11. 11. 03 br 2004, 12; LAG Sachsen 2. 10. 2009 – 2 TaBVGa 4/09; LAG Köln 17. 11. 2008 – 2 TaBV 63/08; *Düwell*, LPK-SGB IX, § 95 RdNr. 73; *Neumann/Pahlen/Majerski-Pahlen*, SGB IX, § 95 RdNr. 16; a. A.: *Lamster*, NZA 2004, 301). Auch die Verwaltungsgerichtsbarkeit schließt sich dieser Auffassung zunehmend an (VG Ansbach 29. 7. 2008 – AN 8 P 08.00604; VG Berlin 8. 7. 2007 – 62 A 11.03; VG Oldenburg 1. 12. 2009 – 8 A 1483/09; a. A. VG Frankfurt 16. 10. 2003 – 23 LG 5583/03). Die in der Vorauflage vertretene Gegenansicht wird aufgegeben. Es erscheint sachgerecht, von der gesetzlichen Regelung in § 2 a Abs. 1 Ziff. 3 a ArbGG eine für sämtliche organschaftlichen Streitigkeiten der Schwerbehindertenvertretung einheitliche Zuständigkeit ausschließlich bei der Arbeitsgerichtsbarkeit im Interesse der Einheitlichkeit der Rechtsprechung anzunehmen. Hierbei ist vom Gesetzgeber die unterschiedliche gerichtliche Zuständigkeit für Streitigkeiten zwischen Personalrat und Dienststelle (Verwaltungsgericht) und zwischen Schwerbehindertenvertretung und Dienststelle (Arbeitsgericht) bewusst in Kauf genommen worden. Die Zuständigkeit im Falle organschaftlicher Streitigkeiten der Schwerbehindertenvertretung liegt ausnahmslos bei den Arbeitsgerichten. Damit unvereinbar und auch nicht sachgerecht ist es, bei der Zuweisung zur Arbeits- oder Verwaltungsgerichtsbarkeit erneut eine Differenzierung danach vorzunehmen, ob die Schwerbehindertenvertretung **Rechte** gegenüber dem Arbeit- **76** geber oder **gegenüber dem Betriebsrat oder Personalrat** geltend macht (so aber VG Frankfurt 16. 10. 2003 – 23 LG 5583/03 (V)). Macht daher eine Vertrauensperson ihr Recht auf Teilnahme an Personalrats- oder Betriebsratssitzungen geltend, berührt der Anspruch zwar auch die Geschäftsführung der betrieblichen Interessenvertretung; es handelt sich jedoch vor allem um ein in § 95 Abs. 4 verankertes Recht der Schwerbehindertenvertretung, das nach der gesetzlichen Regelung in § 2a Abs. 1 Ziff. 3a ArbGG der Arbeitsgerichtsbarkeit zugewiesen ist (a. A. VG Frankfurt, a. a. O.).

Persönliche Rechte und Pflichten der Vertrauenspersonen, der schwerbehinderten Menschen

96 (1) Die Vertrauenspersonen führen ihr Amt unentgeltlich als Ehrenamt.

(2) Die Vertrauenspersonen dürfen in der Ausübung ihres Amtes nicht behindert oder wegen ihres Amtes nicht benachteiligt oder begünstigt werden; dies gilt auch für ihre berufliche Entwicklung.

(3) [1]Die Vertrauenspersonen besitzen gegenüber dem Arbeitgeber die gleiche persönliche Rechtsstellung, insbesondere den gleichen Kündigungs-, Versetzungs- und Abordnungsschutz wie ein Mitglied des Betriebs-, Personal-, Staatsanwalts- oder Richterrates. [2]Das stellvertretende Mitglied besitzt während der Dauer der Vertretung und der Heranziehung nach § 95 Abs. 1 Satz 4 die gleiche persönliche Rechtsstellung wie die Vertrauensperson, im Übrigen die gleiche Rechtsstellung wie Ersatzmitglieder der in Satz 1 genannten Vertretungen.

(4) [1]Die Vertrauenspersonen werden von ihrer beruflichen Tätigkeit ohne Minderung des Arbeitsentgelts oder der Dienstbezüge befreit, wenn und soweit es zur Durchführung ihrer Aufgaben erforderlich ist. [2]Sind in den Betrieben und Dienststellen in der Regel wenigstens 200 schwerbehinderte Menschen beschäftigt, wird die Vertrauensperson auf ihren Wunsch freigestellt; weiter gehende Vereinbarungen sind zulässig. [3]Satz 1 gilt entsprechend für die Teilnahme an Schulungs- und Bildungsveranstaltungen, soweit diese Kenntnisse vermitteln, die für die Arbeit der Schwerbehindertenvertretung erforderlich sind. [4]Satz 3 gilt auch für das mit der höchsten Stimmenzahl gewählte stellvertretende Mitglied, wenn wegen

  1. ständiger Heranziehung nach § 95,

  2. häufiger Vertretung der Vertrauensperson für längere Zeit,

  3. absehbaren Nachrückens in das Amt der Schwerbehindertenvertretung in kurzer Frist

die Teilnahme an Bildungs- und Schulungsveranstaltungen erforderlich ist.

(5) [1]Freigestellte Vertrauenspersonen dürfen von inner- oder außerbetrieblichen Maßnahmen der Berufsförderung nicht ausgeschlossen werden. [2]Innerhalb eines Jahres nach Beendigung ihrer Freistellung ist ihnen im Rahmen der Möglichkeiten des Betriebes oder der Dienststelle Gelegenheit zu geben, eine wegen der Freistellung unterbliebene berufliche Entwicklung in dem Betrieb oder der Dienststelle nachzuholen. [3]Für Vertrauenspersonen, die drei volle aufeinander folgende Amtszeiten freigestellt waren, erhöht sich der genannte Zeitraum auf zwei Jahre.

(6) Zum Ausgleich für ihre Tätigkeit, die aus betriebsbedingten oder dienstlichen Gründen außerhalb der Arbeitszeit durchzuführen ist, haben die Vertrauenspersonen Anspruch auf entsprechende Arbeits- oder Dienstbefreiung unter Fortzahlung des Arbeitsentgelts oder der Dienstbezüge.

(7) [1]Die Vertrauenspersonen sind verpflichtet,

1. über ihnen wegen ihres Amtes bekannt gewordene persönliche Verhältnisse und Angelegenheiten von Beschäftigten im Sinne des § 73, die ihrer Bedeutung oder ihrem Inhalt nach einer vertraulichen Behandlung bedürfen, Stillschweigen zu bewahren und

2. ihnen wegen ihres Amtes bekannt gewordene und vom Arbeitgeber ausdrücklich als geheimhaltungsbedürftig bezeichnete Betriebs- oder Geschäftsgeheimnisse nicht zu offenbaren und nicht zu verwerten.

[2]Diese Pflichten gelten auch nach dem Ausscheiden aus dem Amt. [3]Sie gelten nicht gegenüber der Bundesagentur für Arbeit, den Integrationsämtern und den Rehabilitationsträgern, soweit deren Aufgaben den schwerbehinderten Menschen gegenüber es erfordern, gegenüber den Vertrauenspersonen in den Stufenvertretungen (§ 97) sowie gegenüber den in § 79 Abs. 1 des Betriebsverfassungsgesetzes und den in den entsprechenden Vorschriften des Personalvertretungsrechtes genannten Vertretungen, Personen und Stellen.

(8) [1]Die durch die Tätigkeit der Schwerbehindertenvertretung entstehenden Kosten trägt der Arbeitgeber. [2]Das Gleiche gilt für die durch die Teilnahme des mit der höchsten Stimmenzahl gewählten stellvertretenden Mitglieds an Schulungs- und Bildungsveranstaltungen nach Absatz 4 Satz 3 entstehenden Kosten.

(9) Die Räume und der Geschäftsbedarf, die der Arbeitgeber dem Betriebs-, Personal-, Richter-, Staatsanwalts- oder Präsidialrat für dessen Sitzungen, Sprechstunden und laufende Geschäftsführung zur Verfügung stellt, stehen für die gleichen Zwecke auch der Schwerbehindertenvertretung zur Verfügung, soweit ihr hierfür nicht eigene Räume und sächliche Mittel zur Verfügung gestellt werden.

Übersicht

I. Allgemeines

1   Die Regelung entspricht § 26 SchwbG in der Fassung der Bekanntmachung vom 26. August 1986. In § 96 ist mit der Einführung des SGB IX vom 19. 6. 2001 die geschlechtsneutrale Bezeichnung Vertrauensperson und stellvertretendes Mitglied aufgenommen worden ohne weitere inhaltliche Veränderungen. Durch das 3. Gesetz für moderne Dienstleistungen am Arbeitsmarkt vom 23. 12. 2003 (BGBl. I S. 2848) ist in Abs. 7 S. 3 die Formulierung *Bundesanstalt für Arbeit* durch *Bundesagentur für Arbeit* ersetzt worden.

2   Die Vorschrift regelt die persönliche Rechtsstellung der Vertrauensperson und des stellvertretenden Mitglieds. Sie **entspricht** im Wesentlichen **der rechtlichen Stellung der anderen betrieblichen Interessenvertreter**, wie sie in § 37 BetrVG und § 46 BPersV ausgestaltet ist. Insoweit kann ergänzend auf Kommentierung und Rechtsprechung zu diesen Vorschriften verwiesen werden.

II. Ehrenamt

3   Wie Betriebsräte und Personalräte gemäß § 37 Abs. 1 BetrVG und § 46 Abs. 1 BPersVG führt die Vertrauensperson gemäß Abs. 1 ihr Amt **unentgeltlich** als Ehrenamt. Amt ist hierbei nicht im öffentlich-recht-

lichen Sinne zu verstehen. Die Vertrauensperson übt **keine öffentlich-rechtlichen Amtsbefugnisse** aus. Sie steht vielmehr weiterhin
in einem Arbeitsverhältnis, dessen Rechte und Pflichten lediglich
durch die Wahrnehmung der Aufgaben als Vertrauensperson der
Schwerbehinderten modifiziert werden. Sie nimmt die Interessen der
schwerbehinderten Menschen wahr und übt ihr Amt **frei von jeglichen Weisungen** seitens des Arbeitgebers, der Behörden oder auch
von den Schwerbehinderten selbst wahr. Von ihnen wird sie allerdings
in ihrer Amtsführung kontrolliert etwa in der Versammlung der
Schwerbehinderten gemäß § 95 Abs. 6. Vor allem ist das Ehrenamt
durch die **Unentgeltlichkeit** gekennzeichnet. Die Vertrauensperson
erhält für die Amtsführung keine besondere Vergütung. Vor allem dadurch, aber auch durch die Weisungsfreiheit soll die **innere Unabhängigkeit** der Vertrauensperson gewährleistet werden. Für die Wahrnehmung der Aufgaben dürfen an die Vertrauensperson der Schwerbehinderten auch nicht mittelbar oder versteckt finanzielle Zuwendungen
fließen. Nur die mit der **Amtsführung verbunden Kosten** werden
erstattet (siehe RdNr. 57ff.). Dies kann auch durch die Vereinbarung
einer Pauschale geschehen, wenn diese im Durchschnitt die realen Auslagen und Aufwendungen abdeckt und nicht etwa doch verstecktes zusätzliches Entgelt enthält *(Fitting, BetrVG, § 37 RdNr. 8; DKK-Wedde,*
BetrVG, § 37 RdNr. 3; *Kossens/von der Heide/Maaß*, SGB IX, § 96
RdNr. 2; *Masuch* in Hauck/Noftz, SGB IX, K § 96 RdNr. 4). Verstöße
gegen die Unentgeltlichkeit der Amtsführung werden in § 156 nicht als
Ordnungswidrigkeit geahndet. Die **Annahme unzulässiger materieller Zuwendungen** kann jedoch eine **grobe Amtspflichtverletzung** darstellen und das Erlöschen des Amtes gemäß § 94 Abs. 7 zur
Folge haben.

III. Behinderungs-, Benachteiligungs- und Begünstigungsverbot (Abs. 2)

Die Regelung in Abs. 2 entspricht im Wesentlichen den Regelungen **4**
in § 78 BetrVG und § 107 BPersVG. Das Behinderungsverbot gewährleistet die Funktionsfähigkeit der Schwerbehindertenvertretung. Es
schützt die Vertrauensperson in ihrer Amtsführung. Der Schutz erstreckt sich auch auf das amtierende stellvertretende Mitglied.

Der Begriff der Behinderung umfasst jede unzulässige Er- **5**
schwerung, Störung oder sogar Verhinderung der Aufgabenwahrnehmung durch die Schwerbehindertenvertretung. Ein **Verschulden** oder
eine Absicht ist **nicht erforderlich** (BAG 12. 11. 97 NZA 1998, 559).
Die Behinderung kann sowohl in einem Tun wie auch in einem Unterlassen bestehen. Das **Behinderungsverbot** richtet sich sowohl gegen
den Arbeitgeber als auch gegen andere wie etwa die betrieblichen In-

teressenvertretungen, Behörden, Gewerkschaftsvertreter oder Arbeitgeberverbände. **Beispiele für Behinderungen** sind etwa das Entfernen von Mitteilungen für Schwerbehinderte vom Schwarzen Brett, das Verbot oder das Abraten, die Schwerbehindertenversammlung aufzusuchen, beharrliche Vorenthaltung von Sachmitteln wie Räumen und Materialien oder ständige Verletzung der gesetzlich vorgesehenen Unterrichtungspflichten und Beteiligungsrechte in § 95 Abs. 2, § 81 Abs. 1 (GK-SGB IX-*Schimanski*, § 96, RdNr. 21; *Fitting*, BetrVG, § 78 RdNr. 9 und DKK-*Buschmann*, BetrVG, § 78 RdNr. 14 mit weiteren Beispielen). Eine Behinderung kann es auch darstellen, wenn der Arbeitgeber gegenüber der Belegschaft gezielt die Kosten herausstellt, die durch die Amtstätigkeit der Interessenvertretung entstehen, ohne darauf hinzuweisen, dass diese entsprechend den gesetzlichen Vorgaben und nicht etwa nach Gutdünken der betrieblichen Interessenvertretung entstanden sind (BAG 19. 7. 95 NZA 1996, 332; BAG 12. 11. 97 NZA 1998, 559). Im Falle der Behinderung hat die Schwerbehindertenvertretung wie die betriebliche Interessenvertretung einen **Unterlassungsanspruch** gegenüber dem Arbeitgeber (BAG 12.11.97, a.a.O.; BAG 7. 4. 04 NZA 2004, 1103, 1106).

6   Das **Benachteiligungsverbot** schützt die Vertrauensperson vor **persönlichen Nachteilen**, die sie wegen ihrer ehrenamtlichen Tätigkeit erleidet. Ob eine Benachteiligung vorliegt, ist danach zu beurteilen, ob die Vertrauensperson wegen ihrer Amtstätigkeit und nicht aus sachlichen oder in ihrer Person liegenden Gründe im Vergleich zu anderen Arbeitnehmern schlechter gestellt wird. Verglichen wird die Vertrauensperson mit einem Arbeitnehmer oder Bediensteten, der zum Zeitpunkt der Wahl ähnliche Tätigkeiten ausgeübt hat und dafür in ähnlicher Art und Weise wie die Vertrauensperson selbst fachlich und persönlich qualifiziert war (BAG 11.12.1991 NZA 1993, 909). Auch hier kommt es auf eine Benachteiligungsabsicht nicht an. Die Schlechterstellung muss nur objektiv gegeben sein. **Ursache für die Benachteiligung** muss die **Amtstätigkeit** sein. Für den Nachweis des Kausalzusammenhangs reicht **Wahrscheinlichkeit** aus (GK-SGB IX-*Schimanski*, § 96, RdNr. 27; *Masuch* in Hauck/Noftz, SGB IX, K § 96 RdNr. 10). Das Benachteiligungsverbot steht im engen Zusammenhang mit Abs. 4 S. 1. Diese Vorschrift sichert der Vertrauensperson die Höhe des vor Übernahme des Ehrenamtes erzielten Arbeitsentgelts. **Beispiele für unzulässige Benachteiligungen** sind etwa: Ausschluss von besonderen Zuwendungen oder Vergünstigungen, außerordentliche Kündigung nur der Vertrauensperson, obwohl an einem Vorfall mehrere Arbeitnehmer beteiligt waren, Angabe der Amtstätigkeit im Zeugnis gegen den Willen des Amtsträgers, Verweigerung der erforderlichen Arbeitsbefreiung unter Berufung auf allgemeine dienstliche Belange (BAG 7. 4. 04 NZA 2004, 1103, 1106), Ausschluss vom Bewährungsaufstieg (weitere Beispiele: *Fiiting*, BetrVG, § 78 RdNr. 18

und DKK-*Buschmann*, BetrVG, § 78 RdNr. 14). **Amtsbedingte Versetzungen** auf einen geringer bezahlten Arbeitsplatz stellen ebenfalls unzulässige Benachteiligungen dar. Dies gilt jedoch nicht für eine Versetzung auf einen gleichwertigen Arbeitsplatz ohne Minderung des Arbeitsentgelts im Rahmen des Direktionsrechts des Arbeitgebers (BAG 9. 6. 82 AP Nr. 1 zu § 107 BPersVG). Bei derartigen Maßnahmen ist allerdings zu prüfen, ob mit der neuen Tätigkeit möglicherweise Chancen für eine Höhergruppierung oder eine Beförderung, die mit der bisherigen Tätigkeit verbunden waren, verloren gegangen sind (Anm. *Herschel* zum Urteil des BAG v. 9. 6. 82, a.a.O.).

Das Benachteiligungsverbot bezieht auch die **berufliche Entwicklung** ein. Dieser Grundsatz wird in Abs. 5 näher ausgestaltet (siehe RdNr. 50). Ein Verstoß kann vorliegen, wenn die Vertrauensperson aufgrund ihrer Freistellung eine **Aufstiegsposition** nicht erhalten hat und ohne ihre Amtstätigkeit aufgrund ihrer Qualifikation (im öffentlichen Dienst unter Beachtung der Kriterien Eignung und Leistung gemäß Art. 33 Abs. 2 GG) die Beförderungsstelle erreicht hätte (BAG 31. 10. 1985 AP Nr. 5 zu § 46 BPersVG). Eine Beeinträchtigung in der beruflichen Entwicklung kann auch gegeben sein, wenn ein nur befristet beschäftigter Amtsträger wegen seiner Amtstätigkeit nicht in ein **unbefristetes Arbeitsverhältnis** übernommen wird, obwohl eine Übernahme ansonsten üblich ist *(Fitting,* BetrVG, § 78, RdNr. 19; DKK-*Buschmann*, BetrVG, § 78 RdNr. 21). 7

Verstöße gegen das Benachteiligungsverbot können einen **Schadensersatzanspruch** gemäß § 823 Abs. 2 BGB auslösen (BAG 31. 10. 85, a.a.O. und 9. 6. 82, a.a.O.), da § 96 Abs. 2 wie § 78 S. 2 BetrVG und § 46 Abs. 3 S. 3 BPersVG Schutzgesetz im Sinne des § 823 Abs. 2 BGB ist (*Masuch* in Hauck/Noftz, SGB IX, K § 96 RdNr. 12; GK-SGB IX-*Schimanski*, § 96, RdNr. 31). 8

Unzulässig ist ebenfalls eine Begünstigung der Vertrauensperson wegen ihrer Amtstätigkeit. Die Schwerbehindertenvertretung darf aus ihrer Amtsausübung auch keinen materiellen oder immateriellen Vorteil gewinnen. Dies wäre mit dem Prinzip der Ehrenamtlichkeit nicht vereinbar und würde die innere Unabhängigkeit der Vertrauensperson beeinträchtigen. Beispiele für **unzulässige Begünstigungen** sind etwa die Gewährung eines besonders günstigen Darlehens oder überhöhte Zahlungen für Auslagen und Reisekosten *(Fitting,* BetrVG, § 78, RdNr. 22; DKK-*Buschmann*, BetrVG, § 78 RdNr. 26a; BAG 28. 3. 2007 – 7 ABR 33/06; BAG 29. 1. 74 AP Nr. 8 zu § 37 BetrVG 72; BAG 23. 6. 75 AP Nr. 10 zu § 40 BetrVG, wonach für alle Arbeitnehmer geltende verbindliche Reisekostenregelungen auch für Reisekosten der Amtsträger anzuwenden sind). Vereinbarungen, die eine unzulässige Begünstigung enthalten, sind wegen Gesetzesverstoß gemäß § 134 BGB nichtig. 9

IV. Persönliche Rechtsstellung der Vertrauensperson

10   Abs. 3 S. 1 enthält zunächst den allgemeinen Grundsatz, dass die Vertrauensperson die gleiche persönliche Rechtsstellung wie das Mitglied der betrieblichen Interessenvertretung genießt. Dies bedeutet, dass die §§ 46, 47 BPersVG und §§ 37, 103 BetrVG sowie §§ 15, 16 KSchG entsprechend auch für die Vertrauenspersonen gelten. Auch im Bereich des DRiG sind die Vorschriften sinngemäß anzuwenden, soweit sie nicht dem Sinn und Zweck der Regelungen über den Richterrat widersprechen (*Masuch* in Hauck/Noftz, SGB IX, K § 96 RdNr. 18). Die Regelungen über die persönliche Rechtsstellung der Vertrauenspersonen beschränken sich nicht auf den Kündigungs-, Versetzungs- und Abordnungsschutz. Auch die Bestimmungen in Abs. 4 und 5 über die persönliche Rechtsstellung der Vertrauensperson enthalten keine abschließende Regelung (BAG 14. 8. 86 NZA 1987, 277). Durch die Generalklausel in Abs. 3 erfolgt vielmehr eine darüber hinausgehende Gleichstellung mit anderen Mandatsträgern, wie sich bereits aus der Verwendung des Wortes „insbesondere" ergibt.

11   **1. Kündigungs- Versetzungs- und Abordnungsschutz (Abs. 3 S. 1).** Die Vorschrift stellt die Vertrauensperson bezogen auf den Schutz vor Kündigungen, Versetzungen und Abordnungen ausdrücklich den Mitgliedern der betrieblichen Interessenvertretung gleich. Für Kündigungen der Vertrauensperson gelten demnach die Regelungen in § 15 KSchG i.V. mit § 103 BetrVG und §§ 47, 108 BPersVG. Damit trägt die Regelung der Tatsache Rechnung, dass Vertrauenspersonen wie die Mitglieder der betrieblichen Interessenvertretungen aufgrund ihrer Amtstätigkeit in besondere Interessenkonflikte geraten können, und sie deshalb eines **erhöhten Arbeitsplatzschutzes** bedürfen (BAG 18. 2. 93 NZA 1994, 74; APS/*Böck* § 15 KSchG RdNr. 155). Der besondere Schutz gilt auch für **Wahlbewerber** für die Schwerbehindertenvertretung (LAG Bad.-Württ. 12. 3. 2003 – 4 Sa 45/02; Arbeitsgericht Stuttgart 24. 4. 2008 – 10 Ca 1658/07; *Düwell* in Deinert/Neumann, Handbuch SGB IX, § 20 RdNr. 128; s. auch § 94 RdNr. 40).

12   Wird die Vertrauensperson gekündigt, kann dies nur außerordentlich bei Vorliegen eines **wichtigen Grundes** und erst nach **Zustimmung des Betriebsrates bzw. Personalrates** geschehen. Vereinzelt wird die Auffassung vertreten, dass die **Zustimmung der Schwerbehindertenvertretung** erforderlich ist, weil das Zustimmungserfordernis die Funktionsfähigkeit des jeweils betroffenen betrieblichen Organs sichern will und die Schwerbehindertenvertretung eigenständig ist (LAG Hamm 21. 1. 2011 – 13 TaBV 72/10; ArbG Dortmund 15. 9. 2009 – 7 BV 61/09; *Düwell*, LPK-SGB IX, § 96 RdNr. 27; *ders.* in Deinert/Neumann, Handbuch SGB IX, § 20 RdNr. 257; *Trenk-Hinterberger*, HK-SGB IX, § 96 RdNr. 10). Die Auffassung ist abzulehnen, da

mit dem Hinweis in § 96 Abs. 3 S. 1 auf den vergleichbaren Schutz von Betriebsrats- und Personalratsmitgliedern gleichzeitig auf die diese Personen schützenden Vorschriften des § 103 BetrVG, § 15 KSchG und §§ 47, 108 BPersVG verwiesen wird. Diese Vorschriften sehen aber nur eine Zustimmung von Betriebsrat bzw. Personalrat vor. Außerdem ist die Annahme eines Zustimmungserfordernisses der Schwerbehindertenvertretung nicht damit zu vereinbaren, dass der Schwerbehindertenvertretung gesetzlich keine Mitbestimmungsrechte, sondern lediglich Mitwirkungsrechte eingeräumt werden. Würde der Schwerbehindertenvertretung im Fall der Kündigung, Versetzung oder Abordnung der Vertrauensperson ausnahmsweise eine so gewichtige Rolle zukommen, hätte es hierzu einer ausdrücklichen gesetzlichen Regelung bedurft. Allgemein wird daher – ohne weitere Begründung – von der Zustimmungspflicht allein der betrieblichen und dienstlichen Interessenvertretung ausgegangen (BAG 23. 6. 93 NZA 1993, 1052; VGH Bad.-Württ. 20. 6. 1989 – 15 S 896/89; LAG Düsseldorf 18. 3. 1999 – 11 Sa 1950/98; *Fitting,* BetrVG, § 103 RdNr. 6; DKK-*Kittner/Bachner,* BetrVG, § 103 RdNr. 11; *Kossens/von der Heide/Maaß,* SGB IX, § 96 RdNr. 13; *Neumann/Pahlen/Majerski-Pahlen,* SGB IX, § 96 RdNr. 5; *Braasch* in Deinert/Neumann, Handbuch SGB IX, § 19 RdNr. 106). Wird die Zustimmung nicht erteilt, muss der Arbeitgeber ein **Zustimmungsersetzungsverfahren** beim Arbeitsgericht bzw. Verwaltungsgericht einleiten und kann die Kündigung erst nach einer entsprechenden, die Zustimmung ersetzenden rechtskräftigen gerichtlichen Entscheidung aussprechen. Besteht kein Betriebsrat oder Personalrat, muss der Arbeitgeber die Zustimmung unmittelbar beim Gericht beantragen. Voraussetzung für die Ersetzung der Zustimmung des Betriebsrates zur Kündigung ist das Vorliegen eines wichtigen Grundes im Sinne des § 626 Abs. 1 BGB. Es ist zu prüfen, ob unter Berücksichtigung aller Umstände des Einzelfalls und der Belange beider Vertragsteile die Fortsetzung des Arbeitsverhältnisses zugemutet werden kann (LAG Düsseldorf 4. 12. 2002 – 4 Sa 852/02: wichtigen Grund verneint im Fall der Selbstbefreiung der Vertrauensperson zur Teilnahme an einem Seminar). Hierbei ist auf die **fiktive Kündigungsfrist**, die ohne den besonderen Kündigungsschutz bei einer ordentlichen Kündigung gelten würde, abzustellen (BAG 18. 2. 93 NZA 1994, 74, ständige Rspr.). Zur Wahrung der **Ausschlussfrist des § 626 Abs. 2 BGB** ist es erforderlich, dass der Arbeitgeber ab Kenntnis des Kündigungsgrundes noch innerhalb der 2-Wochen-Frist die Zustimmung beim Betriebsrat oder Personalrat beantragt und dies so rechtzeitig erfolgt, dass im Falle der Zustimmungsverweigerung ebenfalls noch innerhalb dieser Frist das gerichtliche Ersetzungsverfahren beantragt werden kann (BAG 18. 8. 77 AP Nr. 10 zu § 103 BetrVG 72, ständige Rspr.). Nach Erteilung der Zustimmung durch die betriebliche Interessenvertretung oder aufgrund gerichtlicher Ersetzungsentscheidung muss die Kündigung unverzüglich (siehe Erläuterungen zu § 91) ausgesprochen werden. Ist die **Vertrauensperson** gleichzeitig **schwerbehindert**, ist neben der Zustimmung durch Betriebsrat oder Personalrat die **vorherige Zustimmung des Integrationsamtes** gemäß § 91 erforderlich. Hier kann das Zustimmungsersetzungsverfahren auch erst unverzüglich nach Erteilung der Zustimmung durch das Integrationsamt eingeleitet werden, weil es keinen Sinn macht, den Arbeitgeber zur Einleitung des Zustimmungsersetzungsverfahren zu zwingen, wenn das Integrationsamt möglicherweise die Zustimmung versagt und daher dem Zustimmungsersetzungsverfahren das Rechtsschutzbedürfnis fehlt (BAG 22. 1. 87 NZA 1987, 563).

Der besondere Kündigungsschutz setzt mit dem Beginn der Amtszeit ein und endet mit deren Beendigung, auch bei einem vorzeitigen Ausscheiden der Vertrauensperson.

13   Ist die **Kündigung ohne Zustimmung des Betriebsrates** oder Personalrates ausgesprochen worden, ist sie wegen Gesetzesverstoßes gemäß § 134 BGB unheilbar nichtig. Seit der Änderung des KSchG durch das Gesetz zu Reformen am Arbeitsmarkt vom 24. 12. 2003 (BGBl. I S. 3002) ist auch in diesem Fall gemäß § 13 Abs. 3 KSchG die 3-Wochen-Frist des § 4 KSchG einzuhalten (*Fitting*, BetrVG, § 103, RdNr. 60; DKK-*Kittner/Bachner*, BetrVG, § 103 RdNr. 57; *Kossens/von der Heide/Maaß*, SGB IX, § 96 RdNr. 13). Soweit die Kündigungsschutzklage ausschließlich auf die fehlende Zustimmung gestützt wird, scheidet eine **Auflösung des Arbeitsverhältnisses** gemäß § 13 Abs. 1 S. 3 i.V.m. §§ 9, 10 KSchG aus. Wird dagegen innerhalb der 3-Wochen-Frist neben der fehlenden Zustimmung darüber hinaus noch das Fehlen des wichtigen Grundes oder die Nichteinhaltung der Frist des § 626 Abs. 2 BGB gerügt, kann auch die Auflösung gegen Zahlung einer angemessenen Abfindung gemäß § 13 Abs. 1 S. 3 KSchG verlangt werden. Dies gilt allerdings nur für den Auflösungsantrag des Arbeitnehmers (siehe auch Erläuterungen unter § 85). Bei einer fehlenden Zustimmung des Betriebsrates ist für den Arbeitgeber der Auflösungsantrag stets unzulässig (BAG 9. 10. 79 AP Nr. 4 zu § 9 KSchG). Ist die Zustimmung erteilt oder ersetzt worden, hat die Vertrauensperson wie jeder andere Arbeitnehmer das Recht, Kündigungsschutzklage gegen die außerordentliche Kündigung zu erheben.

14   Besonders geschützt ist die Vertrauensperson auch noch über die Beendigung der Amtszeit hinaus für ein Jahr danach (§ 15 Abs. 1 S. 2 und Abs. 2 S. 2 KSchG). Innerhalb dieses Jahres kann die Vertrauensperson nur aus wichtigem Grund gekündigt werden (**nachwirkender Kündigungsschutz**). Dieser Schutz besteht auch, wenn das Amt vorzeitig endet (etwa durch Rücktritt oder Ausscheiden der Vertrauensperson aus dem Betrieb oder der Dienststelle). Ausnahmsweise gilt dies nicht, wenn die Beendigung der Amtszeit auf einer gerichtlichen Entscheidung beruht. Für die Vertrauensperson ist dies der Fall, wenn der

Widerspruchsausschuss des Integrationsamtes das Erlöschen des Amtes gemäß § 94 Abs. 7 S. 5 beschließt und die Entscheidung bestandskräftig ist (*Neumann/Pahlen/Majerski-Pahlen*, SGB IX, § 96 RdNr. 6).

Der besondere Schutz für Vertrauenspersonen gilt auch für Än- **15** derungskündigungen, nicht aber für **kündigungsunabhängige Beendigungen** des Arbeitsverhältnisses infolge Befristungsende oder Aufhebungsvereinbarung.

Die Entlassung einer Vertrauensperson ist demnach grundsätzlich **16** nur aufgrund einer außerordentlichen Kündigung möglich. Ausnahmen sehen die Vorschriften in § 15 Abs. 4 und 5 KSchG im Falle der **Stilllegung eines Betriebes oder einer Betriebsabteilung ohne Übernahmemöglichkeit** des Amtsträgers in eine andere Abteilung vor (BAG 13. 8. 92 NZA 1993, 224; LAG Köln 26. 6. 2006 – 14 Sa 111/06).

Weiterhin besteht **Abordnungs- und Versetzungsschutz**. Auch **17** insoweit ist die Vertrauensperson den Mitgliedern der Personalvertretung und des Betriebsrates gleichgestellt. Der Schutz gilt auch für Beamte und Richter, soweit nicht Sonderregelungen bestehen. Im Bereich des Personalvertretungsrechts bestand gemäß **§ 47 Abs. 2 BPersVG** schon immer ein Versetzungs- und Abordnungsschutz. Dieser wurde für in Betrieben tätige Vertrauenspersonen allgemein aus dem Grundsatz des Behinderungs- und Benachteiligungsgebotes hergeleitet (*Masuch* in Hauck/Noftz, SGB IX, K § 96 RdNr. 21). Seit der Novellierung des Betriebsverfassungsgesetzes sieht **§ 103 Abs. 3 BetrVG** ausdrücklich auch einen Versetzungsschutz für Mitglieder des Betriebsrates vor. Die Vorschrift gilt damit über § 96 Abs. 3 S. 1 jetzt auch für Vertrauenspersonen. Damit bedarf die **Versetzung einer Vertrauensperson** der **Zustimmung des Betriebsrates bzw. der des Personalrates**, soweit die Vertrauensperson ihrer Versetzung nicht zugestimmt hat.

Im Übrigen sind **die Regelungen in § 47 Abs. 2 BPersVG und** **18** **§ 103 Abs. 3 BetrVG nicht deckungsgleich.** § 103 Abs. 3 macht nur solche Versetzungen von einer Zustimmung des Betriebsrates abhängig, die zu einem Amts- oder Wählbarkeitsverlust führen. Diese Einschränkung enthält § 47 Abs. 2 BPersVG nicht. Hier wird sogar ausdrücklich klargestellt, dass auch die mit einem Wechsel des Dienstortes verbundene Umsetzung innerhalb einer Dienststelle zustimmungsbedürftig ist. Da bei dieser Maßnahme das Personalratsmitglied innerhalb der Dienststelle verbleibt, bleibt auch sein Amt erhalten. Weiterhin beinhaltet der Versetzungsschutz des Personalratsmitglieds, dass eine Versetzung nur aus **wichtigem dienstlichen Grund** zulässig ist. Eine Versetzung gemäß § 103 Abs. 3 BetrVG ist nur zulässig, wenn der Arbeitgeber **dringende betriebliche Erfordernisse** für seine Maßnahme nachweist und diese vorrangig gegenüber der Kontinuität der Amtsführung sind. Dass damit der Versetzungsschutz für Vertrauenspersonen je nachdem, ob sie in einer öffentlichen Dienststelle oder einem Betrieb beschäftigt sind, unterschiedlich geregelt ist, ist nicht glücklich, muss aber hingenommen werden. Eine Vereinheitlichung scheidet aus, da dies zu einem unterschiedlichen Schutz der Amtsträger im gleichen Betrieb bzw. der gleichen Dienststelle führen würde. Vorrangig muss daher der gleiche Versetzungsschutz für die Schwerbehindertenvertretung und die Mitglieder des Betriebsrates einerseits und für die Schwerbehindertenvertretung und die Mitglieder des Personalrates andererseits gelten.

19   Unabhängig vom Bestehen des besonderen Versetzungsschutzes in § 103 Abs. 3 BetrVG ist der Betriebsrat gemäß § 99 Abs. 1 BetrVG in Unternehmen mit in der Regel mehr als 20 wahlberechtigten Arbeitnehmern zu beteiligen und seine Zustimmung einzuholen. Aus den in § 99 Abs. 2 BetrVG genannten Gründen kann der Betriebsrat daher wie bei jedem Arbeitnehmer die Zustimmung auch bei der Versetzung der Vertrauensperson verweigern.

20   Für Beamte im Vorbereitungsdienst und für Beschäftigte in vergleichbarer Berufsausbildung gilt der besondere Kündigungs- und Versetzungsschutz gemäß § 47 Abs. 2 BPersVG nicht.

21   **2. Vorübergehende Arbeitsfreistellung. a) Arbeitsbefreiung (Abs. 4 S. 1).** Die Vertrauensperson hat wie Betriebsrats- und Personalratsmitglieder (§ 37 Abs. 2 BetrVG und § 46 Abs. 2 BPersVG) Anspruch darauf, von der Arbeit freigestellt zu werden, soweit dies zur Ausübung der Tätigkeit als Vertrauensperson erforderlich ist. Es muss sich also um **notwendige Amtstätigkeit** handeln. Die Arbeitsbefreiung muss sich auf die zur Erledigung einer bestimmten Aufgabe erforderliche Dauer beziehen (BAG 7. 4. 04 NZA 2004, 1103, 1106). Ob dies der Fall ist, ist weder rein subjektiv noch nur nach objektiven Kriterien zu entscheiden. Der Vertrauensperson steht ein Beurteilungsspielraum zu. Es ist darauf abzustellen, ob sie bei gewissenhafter Überlegung und vernünftiger Würdigung aller Umstände die Arbeitsversäumung für erforderlich halten durfte *(Fitting,* BetrVG, § 37 RdNr. 38; DKK-*Kittner,* BetrVG, § 37 RdNr. 26, 31). Das Gesetz räumt den Aufgaben der Schwerbehindertenvertretung außerdem Vorrang gegenüber den arbeits- und dienstvertraglichen Pflichten ein (GK-SGB IX-*Schimanski,* § 96 RdNr. 95). Um erforderliche Amtstätigkeit handelt es sich in jedem Fall, wenn die Vertrauensperson an **Sitzungen** des Betriebsrates bzw. Personalrates und deren Ausschüssen sowie an Besprechungen gemäß § 95 Abs. 5 teilnimmt. Aber auch außerhalb von Sitzungen ist die Vertrauensperson von der Arbeit freizustellen, wenn dies zur Aufgabenerfüllung notwendig ist. **Beispiele** sind etwa das Aufsuchen eines schwerbehinderten Arbeitnehmers an seinem Arbeitsplatz oder die Durchführung von Sprechstunden *(Fitting,* BetrVG, § 37, RdNr. 23 mit weiteren Beispielen), aber auch die **Verhandlungen mit Behörden** wie der Agentur für Arbeit oder dem Integrationsamt. Auch die

Teilnahme an einer Gerichtsverhandlung als Zuhörer kann erforderlich sein, wenn dort eine für die Arbeit der Schwerbehindertenvertretung wesentliche Frage behandelt wird *(Fitting,* BetrVG, § 37 RdNr. 28). Geboten ist auch die Befreiung von der Arbeitsleistung zur **Vor-** und **Nachbereitung von Sitzungen** und Gesprächen sowie zur Abfassung von **Stellungnahmen** und dem **Führen von Telefonaten** (etwa im Rahmen des § 81 Abs. 1 oder § 87 Abs. 2), weil es sich dabei um erforderliche Amtstätigkeit handelt. Hier ist in der Praxis oft der zeitliche Umfang und die Häufigkeit der Arbeitsbefreiung streitig. Es ist daher sinnvoll, Absprachen mit dem Arbeitgeber zu treffen, wie viel Zeit pro Tag oder Woche für diese Verwaltungstätigkeiten pauschal angesetzt werden kann. Im Übrigen wird es auf die Zahl der zu betreuenden Schwerbehinderten und die aktuell gerade anstehenden Probleme im Betrieb ankommen, wie viel Zeit die Vertrauensperson für Schriftverkehr mit Behörden und dem Arbeitgeber aufwenden muss.

Da der Vertrauensperson ein **Beurteilungsspielraum** zusteht so- 22 wohl hinsichtlich der Frage, ob Amtstätigkeit vorliegt als auch in welchem Umfang sie erforderlich ist, kommt eine **Abmahnung** wegen arbeitsvertraglicher Pflichtverletzungen nur ausnahmsweise und nur in ganz eindeutigen Fällen in Betracht. Müsste die Vertrauensperson schon in Zweifelsfällen wegen der Verkennung der Rechtslage mit einer Abmahnung rechnen, könnte sie nicht mehr unbefangen ihre Amtstätigkeit ausüben *(Fitting,* BetrVG, § 37, RdNr. 34).

In der Regel ist die Vertrauensperson für die Ausübung ihrer Amts- 23 tätigkeit für einen bestimmten Zeitraum von ihrer Arbeitsverpflichtung freizustellen. Es kann aber auch erforderlich sein, dass die Vertrauensperson **von einer bestimmten Art der Arbeit freizustellen** ist, wenn ihr ansonsten die Amtsführung nicht möglich ist (z. B. bei Wechselschicht oder Nachtschicht wegen der Erreichbarkeit der schwerbehinderten Beschäftigten). Es kann auch notwendig sein, die Vertrauensperson vom Rest einer (Nacht)schicht zu befreien, damit sie am nächsten Tag die Aufgaben als Schwerbehindertenvertretung wahrnehmen kann *(Fitting,* BetrVG, § 37, RdNr. 43; DKK- *Kittner,* BetrVG, § 37 RdNr. 42). Der Arbeitgeber kann auch verpflichtet sein, der Vertrauensperson ein **geringeres Arbeitspensum** zu übertragen, damit sie in der Lage ist, ihr Amt auszuüben (BAG 14. 3. 90 AP Nr. 78 zu § 37 BetrVG). Dies ist z. B. in Fällen erforderlich, in denen die Arbeitszeiten nicht festgelegt sind, sondern sich über die Zuweisung von Arbeit regulieren (z. B. sog. Vertrauensarbeitszeit).

b) Abmeldung. Wie auch das Betriebsrats- oder Personalratsmit- 24 glied ist die Vertrauensperson verpflichtet, sich bei ihrem Vorgesetzten abzumelden, bevor sie sich zur Wahrnehmung ihrer Aufgaben vom Arbeitsplatz entfernt. Nach der Rechtsprechung des BAG besteht keine Verpflichtung, stichwortartig die Art der beabsichtigten Amtstätigkeit mitzuteilen. **Angaben zum Ort und zur voraussichtlichen Dauer**

reichen aus (BAG 15. 3. 95 NZA 1995, 961; BAG 7. 4. 04 NZA 2004, 1103, 1106). Ausnahmsweise ist auch die Angabe des Ortes nicht erforderlich, wenn dadurch Rückschlüsse auf den Beschäftigten möglich sind (DKK-*Wedde*, BetrVG, § 37 RdNr. 44; *Fitting*, BetrVG, § 37, RdNr. 51). Nach Beendigung der Amtstätigkeit muss sich die Vertrauensperson bei ihrem Vorgesetzten auch wieder **zurückmelden**. An- und Abmeldung sollen den Arbeitgeber in die Lage versetzen, den Arbeitsablauf entsprechend zu organisieren.

25   Erhebt der Arbeitgeber Einwände, weshalb aus **betrieblichen Gründen** die Vertrauensperson gerade **unabkömmlich** ist, ist diese zwar verpflichtet zu überprüfen, ob eine Verschiebung möglich ist. Ist die **Amtsausübung** jedoch dringlich, hat sie im Konflikt mit der Arbeitsverpflichtung den **Vorrang**. Die Dringlichkeit hat die Vertrauensperson dem Arbeitgeber darzulegen (BAG 15. 3. 95 NZA 1995, 961). Die Entfernung vom Arbeitsplatz bedarf nicht der Zustimmung des Arbeitgebers (BAG 7. 4. 04 NZA 2004, 1103, 1106). Die Vertrauensperson kann auch **gegen den Willen** des Arbeitgebers den Arbeitsplatz verlassen, um ihrer Amtstätigkeit nachzukommen (BAG 7. 4. 04, a.a.O.).

26   **c) Entgeltfortzahlung.** Für die Dauer der Aufgabenerfüllung hat die Vertrauensperson Anspruch auf die Arbeitsvergütung, die sie erhalten hätte, wenn sie gearbeitet hätte. Es gilt das **Lohnausfallprinzip** (BAG 30. 4. 87 AP Nr. 3 zu § 23 SchwbG; OVG NW 31. 5. 2007 – 1 A 1050/06). Es besteht Anspruch auf die volle bisherige Arbeitsvergütung incl. Prämien und Gratifikationen, Zuschlägen für Nacht-, Mehr- und Sonntagsarbeit, ebenso wie für Erschwernis- und Schmutzzulagen, da diese **Zulagen** nicht Aufwendungsersatz, sondern Bestandteile des Arbeitsentgelts sind (*Neumann/Pahlen/Majerski-Pahlen*, SGB IX, § 96 RdNr. 12; *Cramer*, SchwbG, § 26 RdNr. 12; *Fitting*, BetrVG, § 37 RdNr. 63f.; DKK- *Wedde*, BetrVG, § 37 RdNr. 48). Hat die Vertrauensperson im **Akkord** gearbeitet, muss ihr der ausgefallene Akkordverdienst weitergezahlt werden. Im Falle von **Kurzarbeit** erhält auch die Vertrauensperson Kurzarbeitergeld, wenn sie im Falle der Arbeitsleistung von Kurzarbeit betroffen gewesen wäre. Führt die Vertrauensperson allerdings während der Kurzarbeitsperiode Amtstätigkeiten aus, ist der ihr zustehende Verdienst zu zahlen (*Fitting*, BetrVG, § 37 RdNr. 69; DKK-*Wedde*, BetrVG, § 37 RdNr. 49). Lediglich Leistungen, die reinen Aufwendungscharakter haben wie etwa Wegegelder, Fahrtkostenerstattung oder die Fernauslösung nach dem BundesmontageTV, müssen nicht weitergewährt werden (BAG 8. 9. 91 NZA 1992, 936; *Fitting*, BetrVG, § 37 BetrVG, RdNr. 66; DKK- *Wedde*, BetrVG, § 37 RdNr. 51).

27   Für den **Lohnfortzahlungsanspruch** ist entscheidend, dass die Arbeitsbefreiung tatsächlich für die Erledigung von Aufgaben der Schwerbehindertenvertretung erforderlich war. Anders als bei der Arbeitsbefreiung muss die Vertrauensperson im Streitfall daher auch **An-**

gaben zu Art und Umfang ihrer Amtstätigkeiten machen (dazu im Einzelnen, auch zur abgestuften Darlegungslast: BAG 15. 3. 95 NZA 1995, 961).

In der Regel ist davon auszugehen, dass die Vertrauensperson ihrer 28 Amtstätigkeit während ihrer Arbeitszeit nachgeht. Ist dies jedoch aus betriebsbedingten oder dienstlichen Gründen nicht möglich, ordnet Abs. 6 einen entsprechenden **Freizeitausgleich** unter Fortzahlung des Arbeitsentgelts an. Im Gegensatz zu § 37 Abs. 3 BetrVG sieht die Vorschrift für Vertrauenspersonen **keine Mehrarbeitsvergütung** vor, wenn der Anspruch auf Freizeitausgleich nicht innerhalb eines Monats erfüllt wird. Eine analoge Anwendung kommt nicht in Betracht (*Masuch* in Hauck/Noftz, SGB IX, K § 96 RdNr. 38; *Cramer*, SchwbG, § 26 RdNr. 14; *Neumann/Pahlen/Majerski-Pahlen*, SGB IX, § 96 RdNr. 18; GK-SGB IX-*Schimanski*, § 96 RdNr. 154). Anspruch auf Freizeitausgleich besteht nur dann, wenn die Ursache dafür, dass die Amtstätigkeit außerhalb der Arbeitszeit stattfinden muss, in der Sphäre des Betriebes liegt (*Masuch* in Hauck/Noftz, SGB IX, K § 96 RdNr. 38; *Fitting*, BetrVG, § 37 RdNr. 80). Dies ist etwa bei Schichtarbeit der Fall. Bei **Teilzeitbeschäftigten** war streitig, ob es sich um betriebsbedingte Ursachen handelt, wenn deren Amtstätigkeit außerhalb der persönlichen Arbeitszeit stattfindet. Seit der Neufassung des § 37 Abs. 3 BetrVG ist klargestellt, dass auch unterschiedliche Arbeitszeiten sich nicht nachteilig auf die persönliche Rechtsstellung der betrieblichen Interessenvertreter auswirken dürfen. Findet die Amtstätigkeit daher außerhalb der persönlichen Arbeitszeit statt, handelt es sich gemäß § 37 Abs. 3 S. 2 BetrVG um einen betriebsbedingten Grund mit der Folge, dass der Vertrauensperson Freizeitausgleich gemäß Abs. 6 zu gewähren ist (*Düwell*, LPK-SGB IX, § 96 RdNr. 3; *Fitting,* BetrVG, § 37 RdNr. 81ff; DKK-*Wedde*, BetrVG, § 37 RdNr. 58b).

3. Vollständige Arbeitsfreistellung (Abs. 4 S. 2). Ab einer An- 29 **zahl von mindestens 200 beschäftigten Schwerbehinderten** ist gesetzlich eine vollständige Freistellung der Vertrauensperson von ihrer Arbeitsleistung vorgesehen. Die Freistellung erfolgt auf Wunsch der Vertrauensperson. Sie bedarf keiner besonderen Begründung. Abs. 4 enthält keine starre Freistellungsstaffel. Lediglich bei einer Anzahl von 200 Schwerbehinderten wird eine Freistellung regelmäßig angenommen. Die Regelung schließt es nicht aus, dass eine generelle Freistellung auch unterhalb einer Beschäftigtenzahl von 200 Schwerbehinderten erforderlich sein kann. Dies beurteilt sich nach den konkreten Verhältnissen im Betrieb oder Dienststelle, etwa nach der Lage und Beschaffenheit der Arbeitsplätze, der Reichweite des Betreuungsgebietes oder nach der Anzahl von Schwerbehinderten im Sinne des § 72 (BAG 14. 8. 86 NZA 1987, 277; VG Düsseldorf 6. 2. 2003 – 34 K 5942/01.PVL). Da der Gesetzgeber in § 95 Abs. 1 S. 4 eine Hinzuziehung des stellvertretenden Mitglieds bereits bei einer Zahl von schwerbehinder-

ten Menschen von in der Regel mehr als 100 wegen der besonderen
Aufgabenbelastung für zulässig hält, ist mit derselben Begründung
jedenfalls eine Freistellung der Vertrauensperson ab dieser Anzahl von
Schwerbehinderten möglich (*Cramer,* NZA 2004, 698, 705). Die Vertrauensperson hat dann allerdings darzulegen und nachzuweisen, weshalb ohne generelle Freistellung die Aufgaben der Schwerbehindertenvertretung nicht ordnungsgemäß erfüllt werden können (*Cramer,*
SchwbG, § 26 RdNr. 11; *Neumann/Pahlen/Majerski-Pahlen,* SGB IX,
§ 96 RdNr. 10).

30   Anders als in § 46 Abs. 3 und 5 BPersVG, § 38 Abs. 1 S. 3 BetrVG sind
Teilfreistellungen der Vertrauensperson im Gesetz nicht ausdrücklich
vorgesehen. Wegen der in § 96 Abs. 3 S. 1 enthaltenen allgemeinen
Gleichstellung mit Betriebsrats- und Personalratsmitgliedern sind die
Regelungen in § 46 Abs. 3 und 5 BPersVG, § 38 Abs. 1 S. 3 BetrVG
jedoch entsprechend anzuwenden (so auch *Düwell,* LPK-SGB IX, § 96
RdNr. 17; *Neumann/Pahlen/Majerski-Pahlen,* SGB IX, § 96 RdNr. 10).
Darüber hinaus kann der Anspruch auf Arbeitsbefreiung auch in der
Weise erfüllt werden, dass für die Wahrnehmung bestimmter regelmäßig anfallender Aufgaben wie etwa für die Teilnahme an Sitzungen
oder für die Durchführung von Sprechstunden ein bestimmter Anteil
der Arbeitszeit von vornherein mit dem Arbeitgeber festgelegt wird.

31   Auch bei vollständiger Freistellung besteht **Anspruch auf Entgeltfortzahlung** entsprechend dem Lohnausfallprinzip (BAG 30. 4. 87
NZA 1988, 172; siehe auch RdNr. 26). Die freigestellte Vertrauensperson erhält die Vergütung, die sie erhalten hätte, wenn sie an ihrer Arbeitsstelle verblieben und gearbeitet hätte. Für die Beurteilung sind die
vergleichbaren Mitarbeiter und deren Verdienst heranzuziehen.
Vergleichbar sind die Arbeitsplätze, auf denen die Vertrauenspersonen
arbeiten müssten, wenn ihre Freistellung beendet würde (BAG
30. 4. 87 NZA 1988, 172). Dies festzustellen, kann im Einzelfall schwierig sein. Für die Frage, inwieweit **Überstundenvergütungen** zu
gewähren sind, kann auf Indizien zurückgegriffen werden, und zwar
sowohl auf regelmäßig geleistete Überstunden in der Vergangenheit
wie auch auf die tatsächliche Leistung von Überstunden vergleichbarer
Arbeitnehmer während der Freistellung (BAG 29. 6. 88 AP Nr. 1 zu § 24
BPersVG; BAG 30. 4. 87 AP Nr. 3 zu § 23 SchwbG; *Schneider,* NZA
1984, 21; zur Vergleichbarkeit: BAG 11. 12. 91 NZA 1993, 909). Dies gilt
allerdings nur dann, falls die Mehrarbeit nicht vorrangig durch Freizeitausgleich sondern tatsächlich im Wege der Vergütungszahlung an
vergleichbare Beschäftigte ausgeglichen wird (OVG NW 31. 5. 2007 –
1 A 1050/06).

32   Da die vollständig freigestellten Personalratsmitglieder gemäß § 46
Abs. 5 S. 1 BPersVG, § 40 Abs. 2 LPVG NW eine pauschale **Aufwandsentschädigung** erhalten, ist diese auch an die generell freigestellte Vertrauensperson der Schwerbehinderten zu leisten (BAG 14. 8. 86 NZA

1987, 277; a. A. LAG Köln 17. 11. 2008 – 2 TaBV 63/08). In einer neueren Entscheidung verneint das BAG den Anspruch auf pauschale Aufwandsdeckung mit der Begründung, § 96 Abs. 3 S. 1 verpflichte zu keiner in jeglicher Hinsicht gleichen Behandlung der Vertrauensperson mit Personalratsmitgliedern (U. v. 2. 6. 2010 – 7 ABR 24/09). Diese Auffassung überzeugt nicht, da die Gleichbehandlung gerade durch den Zweck der Aufwandsentschädigung sachlich gerechtfertigt ist. Sie soll den Personalratsmitgliedern die Aufwendungen ersetzen, die typischerweise mit der Amtstätigkeit verbunden sind. In gleicher Weise haben aber auch Vertrauenspersonen typische Aufwendungen bei ihrer Beratungs- und Betreuungstätigkeit.

Die **bisherige Arbeitsvergütung** erhält die generell freigestellte 33
Vertrauensperson auch dann, wenn sie infolge ihrer Amtstätigkeit in die **Tagschicht versetzt** werden muss, um die von ihr vertretenen schwerbehinderten Menschen erreichen zu können, und damit ein geringeres Arbeitsentgelt als etwa bei Nacht- oder Wechselschicht verbunden ist. Die Arbeitsvergütung der freigestellten Vertrauensperson ist auch der laufenden Vergütung vergleichbarer Arbeitnehmer anzupassen.

War die Vertrauensperson vor ihrer Freistellung außerhalb des Be- 34
triebes an wechselnden Einsatzorten oder auf einer auswärtigen Betriebsstätte tätig, ändert sich mit der vollständigen Freistellung der Leistungsort. Für das frei gestellte Betriebsratsmitglied ist der neue Leistungsort der Sitz des Betriebsrates, da dort die Betriebsratstätigkeit auszuüben ist (BAG 28. 8. 91 NZA 1992, 72; BAG 13. 6. 07 NZA 2007, 1301). Entsprechendes gilt für den **Leistungsort** der Vertrauensperson. Auch sie wird in der Regel dort ihr Amt ausüben, wo auch die betriebliche oder dienstliche Interessenvertretung, Arbeitgeber und ggf. der Beauftragte des Arbeitgeber sitzen, da sie gemäß § 99 mit diesen betrieblichen Gruppen zur engen Zusammenarbeit verpflichtet ist. Aufgrund der Änderung des Leistungsortes steht der Vertrauensperson **kein Erstattungsanspruch** für evtl. durch einen längeren Anfahrtsweg entstehende **zusätzliche Fahrtkosten** zu (BAG 28. 8. 91, a.a.O.; BAG 13. 6. 07, a.a.O).

4. Schulungs- und Bildungsveranstaltungen (§ 96 Abs. 4 S. 3). 35
Vertrauenspersonen der schwerbehinderten Menschen sind für die Teilnahme an Schulungs- und Bildungsveranstaltungen von ihrer beruflichen Tätigkeit ohne Minderung des Arbeitsentgelts oder der Dienstbezüge zu befreien, soweit diese Kenntnisse vermitteln, die für die Arbeit der Schwerbehindertenvertretung erforderlich sind. Die Regelung ist der in § 37 Abs. 6 BetrVG und § 47 Abs. 6 BPersVG nachgebildet. Es gibt deshalb keinen sachlichen Grund, weshalb der Begriff der Erforderlichkeit, wie er im Regelungsbereich des Betriebsverfassungsrechts verstanden wird, nicht im Bereich des Schwerbehindertenrechts denselben Inhalt haben sollte (LAG Köln 5. 7. 2001 AP Nr. 3 zu § 26 SchwbG

1986). Danach sind **erforderliche Kenntnisse** nur solche, die nach Art und Umfang der konkreten Situation des Betriebes von der Schwerbehindertenvertretung benötigt werden, um ihre derzeitigen oder demnächst anfallenden Aufgaben sachgerecht zu erfüllen. Es reicht nicht aus, dass die Vermittlung der Kenntnisse nützlich ist (BAG 19. 7. 1995 NZA 1996, 443; BAG 19. 3. 2008 – 7 ABR 2/07; LAG Düsseldorf 11. 8. 2009 – 17 Sa 430/09; ständige Rspr.; *Schiefer*, NZA 1993, 822, 827). Die Teilnahme einer Vertrauensperson ist auch dann nicht erforderlich, wenn diese in der Vergangenheit bereits an Veranstaltungen teilgenommen hat, die diese Kenntnisse vermittelten. Dann fehlt es an der **Schulungsbedürftigkeit**. Der Anspruch ist aber nicht schon dann ausgeschlossen, wenn die Vertrauensperson ihre Aufgaben bereits einige Jahre ausgeübt hat. Auf ein Selbststudium kann sie nicht verwiesen werden (BAG 19. 3. 2008 – 7 ABR 2/07; LAG Düsseldorf 11. 8. 2009 – 17 Sa 430/09). Auch eine nur noch kurze restliche Amtszeit von 8–10 Monaten schließt den Schulungsbedarf nicht aus (BAG, a.a.O.).

36   Handelt es sich um die **Vermittlung von Grundkenntnissen** für eine erstmalig gewählte Vertrauensperson, muss weder ein besonderer betriebsbezogener Anlass noch die Schulungsbedürftigkeit dargelegt werden. Die Erforderlichkeit wird vielmehr unterstellt (BAG 19. 3. 2008 – 7 ABR 2/07; *Fitting*, BetrVG, § 37 RdNr. 143f; *Masuch* in Hauck/Noftz, SGB IX, K § 96 RdNr. 30).

37   Um nach Art und Umfang erforderliche Schulungen handelt es sich auch bei den **von den Integrationsämtern durchgeführten Schulungsmaßnahmen**, da diese gesetzlich verpflichtet sind, gemäß § 102 Abs. 2 S. 6 letzter Hs. die Vertrauenspersonen zu schulen (GK-SGB IX-*Schimanski*, § 96 RdNr. 128; *Cramer*, SchwbG, § 26 RdNr. 18; *Masuch* in Hauck/Noftz, SGB IX, K § 96 RdNr. 31). Bei diesen Schulungen entstehen in der Regel nur Fahrt-, Verpflegungs- und Übernachtungskosten, nicht aber Kosten für Räume, Arbeitsmaterialien oder Referentenhonorare, da diese aus Mitteln der Ausgleichsabgabe getragen werden (§ 29 SchwbAV). Das Schulungsangebot durch die Integrationsämter schließt es nicht aus, dass daneben auch die Teilnahme an Bildungsmaßnahmen anderer Träger, etwa Gewerkschaften, Arbeitgeber- und Behindertenverbänden (§ 29 SchwbAV) erforderlich sein kann (LAG Düsseldorf 11. 8. 2009 – 17 Sa 430/09). Es muss auch nicht das kostengünstigste Angebot ausgewählt werden (BAG 19. 3. 2008 – 7 ABR 2/ 07). Die Teilnahme an diesen Veranstaltungen kann allerdings auf ihre Erforderlichkeit und hinsichtlich der geltend gemachten Sachkosten auf ihre **Verhältnismäßigkeit** hin überprüft werden (BAG 16. 8. 77 AP Nr.1 zu § 23 SchwbG; GK-SGB IX-*Schimanski*, § 96 RdNr. 128f.; *Masuch* in Hauck/Noftz, SGB IX, K § 96 RdNr. 31).

38   Handelt es sich weder um Grundschulungen noch um vom Integrationsamt veranstaltete Schulungen ist die Prüfung der **Erforderlichkeit** wie auch im Rahmen des § 37 Abs. 6 BetrVG im Einzelfall schwie-

rig. Für die sachgerechte Aufgabenerfüllung sind **Kenntnisse über die aktuelle Gesetzeslage und Rechtsprechung** des BAG/BSG im Schwerbehindertenrecht notwendig (BAG 20.12.95 NZA 1996, 895; GK-SGB IX-*Schimanski*, § 96 RdNr.121). Das Gleiche gilt für Schulungen über Ursachen von Behinderungen, Einsatzmöglichkeiten im Betrieb sowie über die behinderungsgerechte Gestaltung von Arbeitsplätzen, da von der Schwerbehindertenvertretung im Rahmen von **Präventionsmaßnahmen** (§ 84) kompetente Vorschläge erwartet werden (GK-SGB IX-*Schimanski*, § 96 RdNr.120). Erforderlich sind ebenfalls Schulungen über das in § 83 eingeführte innerbetriebliche Regelungsinstrument **Integrationsvereinbarung** oder ein Seminar zum Thema „Gesamtschwerbehindertenvertretung oder Konzernbehindertenvertretung", wenn die teilnehmende Vertrauensperson insoweit zur Wahl ansteht (LAG Düsseldorf 11.8.2009 – 17 Sa 430/09).

Auch nicht nur speziell für Schwerbehindertenvertretungen veranstaltete Schulungen können für die sachgerechte Wahrnehmung der Aufgaben der Vertrauensperson erforderlich sein. Schulungsinhalt müssen **nicht nur behindertenspezifische Themen** sein. Die Thematik muss sich lediglich dem Aufgabenbereich dem Schwerbehindertenvertretung zuordnen lassen (LAG Düsseldorf 11.8.2009 – 17 Sa 430/09; LAG Hessen 12.10.06 br 2008, 120 und 14.1.2010 – 9 TaBVGa 229/09). Deshalb ist eine Schulung zum Entgeltrahmenabkommen für die Metallindustrie (ERA), bei der die Beurteilung von Belastungskriterien Auswirkungen auch für schwerbehinderte Menschen hat, als erforderlich angesehen worden (LAG Hessen, a.a.O.). Das Gleiche gilt etwa für Bildungsangebote zum **Arbeitsschutz oder zur Arbeitssicherheit** (BAG 15.5.86 AP Nr.54 zu § 37 BetrVG; GK-SGB IX-*Schimanski*, § 96, RdNr.118), zur **Gestaltung von Arbeitsplätzen**, zum Arbeitsablauf und zur Arbeitsumgebung, zur Lohngestaltung oder zur Arbeitszeit (dies vor allem im Hinblick auf geplante Verhandlungen über den Abschluss einer Integrationsvereinbarung gemäß § 83) oder zum Umgang mit psychisch kranken Menschen (LAG Hessen 14.1.2010 – 9 TaBVGa 229/09). **39**

Anerkannt ist ebenfalls, dass aufgrund des Teilnahmerechts der Vertrauensperson an Sitzungen des Wirtschaftsausschusses, eine Schulung erforderlich ist, die **Basiswissen** über die Funktion und Tätigkeit eines **Wirtschaftsausschusses** sowie Grundkenntnisse des betrieblichen Rechnungswesens, des handelsrechtlichen Jahresabschlusses und der Bilanzpolitik vermittelt (LAG Köln 5.7.2001 AP Nr.3 zu § 26 SchwbG 1986). **40**

Im Rahmen des § 37 Abs.6 BetrVG ist anerkannt, dass gerade der **Betriebsratsvorsitzende** und dessen Stellvertreter erfahrungsgemäß in einem weit stärkeren Maße und intensiverem Umfang um Rat und Auskunft angegangen werden und deshalb in besonderem Maße über Kenntnisse verfügen müssen. Aus diesem Grund muss diesen beiden **41**

Personen eine breitere und intensive Schulung zukommen (DKK-
Wedde, BetrVG, § 37 RdNr. 102; *Fitting*, BetrVG, § 37 RdNr. 167). **Dieselbe Rolle** hat im Schwerbehindertenrecht die **Vertrauensperson**.
Diese Rolle ist mit der Einführung des SGB IX durch die Erweiterung
von Beteiligungsrechten in den §§ 81 bis 84 außerdem gestärkt worden, was mit erhöhten Erwartungen an die Amtsführung durch die
Vertrauenspersonen verbunden ist. Neben den Anforderungen an die
fachliche Kompetenz sind auch die Ansprüche an die Kommunikationsfähigkeit, Gesprächs- und Verhandlungsführung der Vertrauensperson gewachsen. Deshalb werden gerade in größeren Betrieben auch
Schulungen zur **Sprech- und Argumentationstechnik** erforderlich
sein, wenn z. B. konkrete Verhandlungen über den Abschluss von Integrationsvereinbarungen zu führen sind (BAG 15. 2. 95 NZA 1995,
1036).

42   Hinsichtlich der **Dauer der Veranstaltungen** sieht das Gesetz keine
bestimmte zeitliche Begrenzung vor. Maßgebend sind Umfang und
Schwierigkeit des zu vermittelnden Unterrichtsstoffs (Bay.VGH 30. 6. 99
– 18 PC 99.1849). Für Betriebsratsmitglieder sind im Rahmen des § 37
Abs. 6 Schulungen von einer Dauer bis zu 2 Wochen anerkannt worden
(BAG 8. 2. 77 AP Nr. 26 zu § 37 BetrVG; *Masuch* in Hauck/Noftz, SGB
IX, K § 96 RdNr. 30; DKK-*Wedde*, BetrVG, § 37 RdNr. 117).

43   Auch dann, wenn der Arbeitgeber der Teilnahme der Vertrauensperson an der Schulungsmaßnahme widerspricht, weil er sie für nicht
erforderlich hält, kann die Vertrauensperson an ihr teilnehmen (DKK-
Kittner, BetrVG, § 37 RdNr. 134; *Fitting*, BetrVG, § 37 RdNr. 250
m. w. N.). Da der Arbeitgeber in diesen Fällen regelmäßig die Lohnzahlung für die Dauer der Schulungsmaßnahme und die Erstattung der
Schulungskosten verweigert, wird die Vertrauensperson Arbeitsentgelt
und Schulungskosten ggf. einklagen müssen.

44   Hat der Arbeitgeber die Mitteilung über die **Teilnahme** der Vertrauensperson an einer Schulungsmaßnahme **unwidersprochen** ent-
gegengenommen, kann er nach der Teilnahme keine Einwände mehr
gegen die Fortzahlung des Arbeitsentgelts erheben (Schaub/*Koch*,
ArbR-Hdb, § 221 RdNr. 44 m. w. N.).

45   Das BAG hat die Frage, ob die Vertrauensperson, die **außerhalb** ihrer
Arbeitszeit an einer **Schulungs- oder Bildungsveranstaltung** teil-
nimmt, gemäß § 96 Abs. 6. Anspruch auf **Freizeitausgleich** hat, verneint. Es hat dies zum einen damit begründet, dass nur in S. 3 des § 26
Abs. 4 SchwbG a.F. (jetzt Abs. 4) die Teilnahme an Schulungs- und Bildungsveranstaltungen erwähnt wird und nicht bei der Regelung des
Freizeitausgleiches in Abs. 6. Zum anderen hat es die vergleichbare
Regelung in § 37 Abs. 3 und Abs. 6 BetrVG herangezogen und angenommen, dass auch Betriebsratsmitglieder für die Teilnahme an
Schulungsmaßnahmen außerhalb ihrer Arbeitszeit keinen Anspruch
auf Gewährung von Freizeitausgleich haben und eine Besserstellung

der Vertrauenspersonen im Vergleich zu den Betriebs- und Personal-
räten nicht gerechtfertigt wäre (BAG 14. 3. 90 NZA 1990, 698). Letzteres ist allerdings seit der Novellierung des Betriebsverfassungsrechtes
nicht mehr haltbar. **Betriebsratmitgliedern** steht nunmehr gemäß
dem in § 37 Abs. 6 S. 1 BetrVG enthaltenen Verweis auf § 37 Abs. 3
BetrVG ein entsprechender Freizeitausgleich zu, wenn sie aus betrieblichen Gründen, wozu Besonderheiten in der betrieblichen Arbeitszeit-
gestaltung (z. B. rollierende Arbeitszeitsysteme und Schichtarbeit) und
auch Teilzeitarbeit gehören, Schulungsveranstaltungen außerhalb ihrer
Arbeitszeit besuchen. In diesem Fall ist der Umfang des Ausgleichsan-
spruchs unter Einbeziehung der Arbeitsbefreiung allerdings begrenzt
auf die Arbeitszeit eines vollzeitbeschäftigten Arbeitnehmers (§ 37
Abs. 6 S. 2 BetrVG). Entsprechend dem Grundsatz des § 96 Abs. 3 S. 1
und, weil generell nicht anzunehmen ist, dass die Vertrauenspersonen
insoweit schlechter als Betriebsratsmitglieder gestellt werden sollten,
ist hier von einer nur versehentlich unterbliebenen gesetzgeberischen
Anpassung auch im Schwerbehindertenrecht auszugehen.

V. Persönliche Rechtsstellung der stellvertretenden Mitglieder (Abs. 3 S. 2 und Abs. 4 S. 4)

Auch die stellvertretenden Mitglieder besitzen den besonderen Kün-   **46**
digungs-, Versetzungs- und Abordnungsschutz (§ 15 KSchG und § 103
BetrVG) **während der Dauer der Vertretung** und für den Fall, dass
sie gemäß § 95 Abs. 1 S. 4 für **bestimmte Aufgaben dauernd herangezogen** werden. Der besondere Schutz beginnt im Falle der Vertretung an dem Tag, an dem die Vertrauensperson erstmals verhindert
ist. Er besteht in gleicher Weise unabhängig davon, ob die Vertrauensperson nur vorübergehend oder endgültig nicht tätig werden kann. Es
gelten die entsprechenden Regelungen wie für Ersatzmitglieder im
Betriebs- und Personalvertretungsrecht (Siehe hierzu: *Fitting*, BetrVG,
§ 103 RdNr. 6, 9; § 25 RdNr. 15 ff.). Nicht ausreichend ist, dass die
Vertrauensperson nur für die Wahrnehmung bestimmter Aufgaben
verhindert ist. Der Verhinderungsfall ist nicht aufgaben- sondern zeit-
bezogen (*Masuch* in Hauck/Noftz, SGB IX, K 96 § RdNr. 24). Liegt
jedoch eine Terminskollision vor, so dass die Vertrauensperson zeitlich
nur eine Aufgabe wahrnehmen kann, liegt ebenfalls ein Verhinderungsfall vor (*Düwell* in Deinert/Neumann, Handbuch SGB IX, § 20
RdNr. 65; GK-SGB IX-*Schimanski*, § 96 RdNr. 86). Nach Ende der
Vertretung besteht der **nachwirkende Kündigungsschutz** des § 15
Abs. 1 S. 2 und Abs. 2 S. 2 für ein Jahr unabhängig von der Dauer der
Vertretung.

Das stellvertretende Mitglied, das gemäß § 95 Abs. 1 S. 4 für be-   **47**
stimmte Aufgaben herangezogen wird, wird im Gesetz ausdrücklich in

seiner persönlichen Rechtsstellung der Vertrauensperson gleichgestellt. Es genießt damit auch den besonderen Kündigungs-, Versetzungs- und Abordnungsschutz.

48   Im Vertretungsfall oder für den Fall der Heranziehung hat das stellvertretende Mitglied ebenfalls wie die Vertrauensperson **Anspruch auf Freistellung** von der Arbeitsverpflichtung unter Fortzahlung der Vergütung, die es erhalten hätte, wenn es gearbeitet hätte (BAG 7. 4. 04 NZA 2004, 1103, 1106). Es gelten die gleichen Grundsätze (siehe RdNr. 26 ff). Einen vollständigen Freistellungsanspruch entsprechend der Regelung, wie sie in Abs. 4 S. 2 für die Vertrauensperson besteht, hat das stellvertretende Mitglied nicht. Es kann nur von Fall zu Fall im Vertretungsfalls und bei der Hinzuziehung für bestimmte Aufgaben frei gestellt werden (BAG 7. 4. 04 NZA 2004, 1103, 1106; VG Aachen 12. 10. 2006 – 16 K 758/06.PVL).

49   Gemäß Abs. 4 S. 4 besteht ebenfalls ein **Teilnahmerecht an Schulungsveranstaltungen** unter Fortzahlung des Gehaltes für das erste stellvertretende Mitglied unter den gleichen Voraussetzungen wie sie auch für den Anspruch der Vertrauensperson gelten. Dieses Teilnahmerecht gilt zum einen für das stellvertretende Mitglied, das zur Wahrnehmung bestimmter Aufgaben herangezogen wird; es besteht darüber hinaus jedoch auch für das erste stellvertretende Mitglied, das häufiger und für längere Zeit die Vertrauensperson vertritt, und greift bereits im **Vorfeld des Vertretungsfalles**, nämlich dann, wenn ein Nachrücken bereits absehbar ist. Ein Schulungsanspruch des stellvertretenden Mitglieds wurde von der älteren Rechtsprechung des BAG zu § 26 SchwbG auch bei einer Vertretung in größerem Umfang abgelehnt (BAG 14. 12. 94 NZA 1995, 593). Diese Rechtsprechung ist jetzt obsolet, da der Gesetzgeber in § 96 Abs. 4 S. 4 klar gestellt hat, dass ein Schulungsanspruch in derartigen Fällen gegeben ist.

VI. Tätigkeits- und Entgeltschutz nach Freistellung (Abs. 5)

50   Die Vorschrift konkretisiert das allgemeine Benachteiligungsverbot. Gerade vollständig frei gestellte Vertrauenspersonen müssen dagegen geschützt werden, dass sie infolge der Freistellung ihre beruflichen Fertigkeiten und Kenntnisse verlieren und damit den **Anschluss an die betriebliche Entwicklung** verpassen. Deshalb dürfen sie zum einen nicht von inner- und außerbetrieblichen Maßnahmen der Berufsförderung ausgeschlossen werden, zum anderen müssen sie nach Beendigung ihrer Amtstätigkeit eine **unterbliebene berufliche Entwicklung nachholen** können. Entsprechende Vorschriften finden sich für Betriebsrats- und Personalratsmitglieder (§ 38 Abs. 4 BetrVG und § 8 letzter Hs. BPersV). Allerdings bezieht sich der Anspruch nur darauf, bei der Teilnahme an berufsfördernden Maßnahmen so berücksichtigt

zu werden, wie dies der Fall ohne die Freistellung gewesen wäre
(DKK-*Wedde*, BetrVG, § 38 RdNr. 76; *Fitting*, BetrVG § 38 RdNr. 98).
Hierbei ist darauf abzustellen, an welchen betrieblichen Fortbildungsmaßnahmen **vergleichbare Arbeitnehmer**, also zum Zeitpunkt der
Wahl in ähnlicher Weise fachlich und persönlich qualifizierte Arbeitnehmer, im Betrieb teilgenommen haben (zur Vergleichbarkeit: BAG
11. 12. 91 NZA 1993, 909; *Schneider*, NZA 1984, 21, 22). Bei der Nachholung von **Fortbildungsmaßnahmen** sind freigestellte Vertrauenspersonen **bevorzugt** zu behandeln. Ihnen ist innerhalb eines Jahres
nach Beendigung der Freistellung im Rahmen der Möglichkeiten des
Betriebes die Chance zu geben, eine entsprechende Schulung zu besuchen *(Fitting,* BetrVG, § 38 RdNr. 99 f.; DKK-*Wedde*, BetrVG, § 38
RdNr. 77). Die Frist erhöht sich auf zwei Jahre im Falle einer Freistellung über drei volle aufeinander folgende Amtsperioden.

VII. Geheimhaltungspflichten (Abs. 7)

Abs. 7 verpflichtet die Vertrauensperson zur Verschwiegenheit. Als 51
Interessenvertreter und Vertraute schwerbehinderter Beschäftigter
können der Vertrauensperson **vertrauliche persönliche Angelegenheiten** und Verhältnisse **einzelner schwerbehinderter Beschäftigter** bekannt werden. Vertrauliche Informationen erfährt sie außerdem aufgrund des Rechtes, Einsicht in Bewerbungsunterlagen und in
die Personalakte gemäß § 95 Abs. 2 und 3 nehmen zu können. Aufgrund des Teilnahmerechts an allen Betriebsratssitzungen und Ausschüssen (§ 95 Abs. 4) besteht die Möglichkeit, dass der Vertrauensperson **Betriebs- und Geschäftsgeheimnisse** bekannt werden. Aus
diesem Grund normiert die Vorschrift eine besondere Verpflichtung
zur Geheimhaltung. Sie geht über die allgemeine dienstrechtliche und
arbeitsrechtliche Schweigepflicht hinaus und entspricht derjenigen von
Personalrats- und Betriebsratsmitgliedern (§ 10 BPersVG und § 79
BetrVG). Ein Verstoß gegen diese Verpflichtung stellt eine Straftat gemäß § 155 dar.

Die Verschwiegenheitspflicht bezieht sich auf vertrauliche Informa- 52
tionen, die der Vertrauensperson **im Rahmen ihrer Amtsführung**
bekannt werden. Werden sie ihr also allgemein als Arbeitskollege/in
privat mitgeteilt, unterfällt die Information nicht der Schweigepflicht
gemäß Abs. 7 (möglicherweise aber der Schweigepflicht nach allgemeinen zivilrechtlichen Vorschriften).

Ziff. 1 umfasst die Schweigepflicht im Verhältnis Vertrauensperson 53
und schwerbehinderter Beschäftigter. Da Ziff. 1 auf § 73 Bezug nimmt,
sind alle im Betrieb oder Dienststelle Beschäftigte (nicht nur Schwerbehinderte) erfasst und auch die in § 73 Abs. 2 genannten Personengruppen. **Geschützt** sind **alle auf eine Person bezogenen Daten**

wie etwa Krankheiten, finanzielle Verhältnisse und andere Sozialdaten (**Sozialgeheimnis** in § 35 Abs. 1 SGB I). Weiterhin müssen die Daten oder mitgeteilten Umstände ihrem Inhalt oder ihrer Bedeutung nach **geheimhaltungsbedürftig** sein. Dies bestimmt sich nicht objektiv; vielmehr richtet sich das nach dem subjektiven Interesse des jeweiligen Betroffenen an der Geheimhaltung, da nur so das verfassungsrechtlich anerkannte informationelle Selbstbestimmungsrecht des Einzelnen gewahrt bleibt (*BVerfG* 15.12.83 NJW 1984, 419; GK-SGB IX-*Schimanski*, § 96 RdNr. 183; *Masuch* in Hauck/Noftz, SGB IX, K § 96 RdNr. 41). Es reicht daher aus, dass der einzelne schwerbehinderte Mensch **wahrscheinlich ein Interesse an der Geheimhaltung** hat. Im Übrigen ist er durch die Vertrauensperson danach zu fragen, ob er eine Geheimhaltung wünscht. Stimmt der Betroffene der Offenlegung seiner persönlichen Daten und Angelegenheiten zu, besteht keine Verpflichtung zur Verschwiegenheit. Im Zweifelsfall hat die Vertrauensperson jedoch Stillschweigen zu wahren (GK-SGB IX-*Schimanski*, a.a.O.).

54   Ziff. 2 bezieht sich auf die Geheimhaltung von Betriebs- und Geschäftsgeheimnissen und damit auf das Verhältnis von Schwerbehindertenvertretung und Arbeitgeber. Voraussetzung ist zunächst, dass es sich um **objektiv feststellbare Betriebs- und Geschäftsgeheimnisse** handelt. Der Arbeitgeber muss ein **berechtigtes Interesse** an ihrer Geheimhaltung haben. Es reicht nicht, dass der Arbeitgeber eine Angelegenheit allein durch deren Bezeichnung zum Betriebs- oder Geschäftsgeheimnis erklärt (*Fitting*, BetrVG, § 79 RdNr. 3; DKK-*Buschmann*, BetrVG, § 79 RdNr. 6, 6 a). **Beispiele** sind etwa Kundenlisten, Kalkulationsunterlagen, Produktbestandteile, Liquidität des Unternehmens, Absatzplanung oder Diensterfindungen (weitere Beispiele: *Fitting*, BetrVG, § 79 RdNr. 4; DKK-*Buschmann*, BetrVG, § 79 RdNr. 9), nicht aber Entlassungspläne (*Masuch* in Hauck/Noftz, SGB IX, K § 96 RdNr. 42) oder beabsichtigte Betriebsänderungen. Geheimhaltungsbedürftig sind betriebliche oder geschäftliche Umstände allerdings nur dann, wenn vom **Arbeitgeber ausdrücklich darauf hingewiesen** wird, dass sie vertraulich sind. Dies muss nicht in einer bestimmten Form geschehen, für die Schwerbehindertenvertretung jedoch klar und unmissverständlich sein (DKK-*Buschmann*, BetrVG, § 79 RdNr. 11; *Fitting*, BetrVG, § 79 RdNr. 5).

55   Die Vertrauensperson darf die vertrauliche Information des Arbeitgebers **nicht offenbaren und verwerten**. Dies bedeutet, dass sie nicht an unberechtigte Dritte weitergegeben werden darf. Sie darf außerdem nicht zu eigenen wirtschaftlichen Zwecken ausgenutzt werden.

56   Die Verschwiegenheitspflicht wirkt auch noch **über das Ende der Amtszeit** hinaus. Grundsätzlich gilt sie auch **gegenüber jedermann**. Hiervon gibt es jedoch **Ausnahmen**: Abs. 7 S. 3 nennt selbst eine Reihe von **Behörden** wie die Bundesagentur für Arbeit, die Integra-

tionsämter und die Rehabilitationsträger, gegenüber denen der Geheimnisschutz nicht gilt. Eine Offenbarungspflicht besteht jedoch nur eingeschränkt, nämlich nur insoweit die Informationsweitergabe zur Aufgabenerfüllung dieser Behörden im Einzelfall geeignet und erforderlich ist. Auch gegenüber den **Stufenvertretungen** gemäß § 97 besteht keine Verschwiegenheitspflicht, da deren Vertrauenspersonen selbst gemäß § 97 Abs. 7 i.V. mit § 96 Abs. 7 wiederum der Schweigepflicht unterliegen. Das Gleiche gilt für die Mitglieder der betrieblichen **Interessenvertretungen** wie Personal-, Betriebs-, Richter-, Staatsanwalts- oder Präsidialrat sowie für Personen, die etwa als Sachverständige, sachkundige Arbeitnehmer, Vertreter von Gewerkschaften oder Arbeitgeberverbänden berechtigt an Sitzungen der betrieblichen Interessenvertretung teilnehmen. Auch diese Personen unterliegen ihrerseits gemäß § 79 BetrVG und § 10 BPersVG der Schweigepflicht. Handelt es sich allerdings um persönliche Umstände, die ein Beschäftigter der Vertrauensperson anvertraut hat, hat diese Geheimhaltung auch gegenüber Mitgliedern der betrieblichen Interessenvertretung zu wahren, es sei denn der Betroffene hat der Offenbarung ausdrücklich zugestimmt (GK-SGB IX-*Schimanski*, § 96 RdNr. 183; *Masuch* in Hauck/Noftz, SGB IX, K § 96 RdNr. 44).

VIII. Kosten der Amtsführung (Abs. 8)

Gemäß Abs. 8 trägt der Arbeitgeber die durch die Tätigkeit der **57** Schwerbehindertenvertretung entstehenden Kosten. Entsprechende Regelungen enthalten auch § 40 BetrVG und § 44 Abs. 1 BPersVG. Der Arbeitgeber hat der Schwerbehindertenvertretung die Kosten zu erstatten, die für eine **pflichtgemäße Aufgabenerfüllung erforderlich** sind (DKK-*Wedde*, BetrVG, § 40 RdNr. 3; *Fitting*, BetrVG, § 40 RdNr. 9). Dazu gehören die **Kosten für die laufende Geschäftsführung** wie etwa Telefon- und Portogebühren, Kosten für die Anschaffung von Gesetzestexten und mindestens einem Kommentar zum SGB IX nach Wahl der Vertrauensperson (*Neumann/Pahlen/Majerski-Pahlen*, SGB IX, § 96 RdNr. 23; *Cramer*, SchwbG, § 26 RdNr. 16) – wobei nach Ansicht der Autorin der hier vorliegende Kommentar selbstverständlich vorzugwürdig ist – sowie **Fahrt- oder Reisekosten** der Vertrauensperson (BAG 28. 4. 88 NZA 1988, 701; LAG Nied.-Sachs. 7. 8. 2008 – 7 TaBV 148/07). Kosten der persönlichen Lebensführung zählen grundsätzlich nicht dazu. Muss die Vertrauensperson allerdings Amtsaufgaben außerhalb ihrer persönlichen Arbeitszeit wahrnehmen, sind Aufwendungen, die ihr für die **Betreuung ihrer minderjährigen Kinder** während dieser Zeit entstehen, vom Arbeitgeber zu erstatten (so entschieden vom BAG für ein alleinerziehendes Betriebsratsmitglied: 23. 6. 2010 – 7 ABR 103/08).

58   Zu den zu erstattenden Aufwendungen gehören auch **Gerichts- und Rechtsanwaltskosten**, die aufgrund von Streitigkeiten über Rechte der Schwerbehindertenvertretung gegenüber dem Arbeitgeber entstehen. Ob die Schwerbehindertenvertretung im Verfahren obsiegt oder unterlegen ist, ist für die Kostenerstattung unerheblich. Die Rechtsverfolgung darf nur nicht offensichtlich aussichtslos oder mutwillig sein (BAG 19. 4. 89 AP Nr. 29 zu § 40 BetrVG, ständige Rechtsprechung; DKK-*Wedde*, BetrVG, § 40 RdNr. 25). Anwaltskosten, die im Rahmen eines **Zustimmungsersetzungsverfahren** der Vertrauensperson gemäß § 103 BetrVG entstehen, soweit sie selbst gekündigt worden ist, müssen vom Arbeitgeber nicht ersetzt werden (allerdings wohl im Falle des Obsiegens im gleichen Umfang wie im entsprechenden Kündigungsschutzprozess: BAG 21. 1. 1990 AP Nr. 28 zu § 103 BetrVG).

59   Die Kostenerstattungspflicht des Arbeitgebers gilt auch für entstandene Schulungskosten der Vertrauensperson und des stellvertretenden Mitglieds soweit deren Teilnahme erforderlich war (siehe dazu RdNr. 35 ff.).

IX. Sachmittel (Abs. 9)

60   Die Schwerbehindertenvertretung hat keinen Anspruch auf eigene Räume und eigenes Büropersonal. Ihr steht lediglich ein **Mitbenutzungsrecht** für die der betrieblichen Interessenvertretung zur Verfügung gestellten Sachmittel zu. Diese kann jedenfalls einen funktionsgerechten Büroraum, ein sog. Schwarzes Brett, Telefon, Telefax und Kopiergerät (zumindest Mitbenutzung), Zurverfügungstellung von Büropersonal und ggf. einen PC verlangen (siehe im Einzelnen: *Fitting*, BetrVG, § 40 RdNr. 114 ff. und DKK-*Wedde*, BetrVG, § 40 RdNr. 89 ff). Wenn der Gesetzgeber nur ein Mitbenutzungsrecht einräumt, geht er davon aus, dass **Schwerbehindertenvertretung und betriebliche Interessenvertretung sich über die Nutzungsrechte verständigen** und entsprechend der Regelung des § 99 zusammenarbeiten und sich gegenseitig unterstützen. Die betriebliche Interessenvertretung wird sich daher mit der Schwerbehindertenvertretung etwa über die Abhaltung von Sprechstunden oder Verwaltungstätigkeit im gemeinsam zu nutzenden Raum einigen, ihr einen **abschließbaren Schrank** für aufzubewahrende Materialien zur Verfügung stellen und ihr **Platz für Nachrichten am Schwarzen Brett** einräumen müssen. Mögliche Streitigkeiten werden zwischen der Schwerbehindertenvertretung und der betrieblichen Interessenvertretung im **Beschlussverfahren** vor dem Arbeitsgericht ausgetragen (s. RdNr. 65). Der Arbeitgeber wird nur ausnahmsweise, etwa, wenn ansonsten die Vertraulichkeit im Verhältnis zu den Schwerbehinderten nicht gewahrt werden kann oder die

Räumlichkeiten und Sachmittel nicht ausreichen und daher eine ordnungsgemäße Amtsführung nicht möglich ist, einen eigenen Raum und eigene Sachmittel zur Verfügung stellen müssen (GK-SGB IX-*Schimanski*, § 96 RdNr. 212, 212b, 213; *Masuch* in Hauck/Noftz, SGB IX, K § 96 RdNr. 47).

X. Rechtsstreitigkeiten

In welchem Verfahren Streitigkeiten zwischen Arbeitgeber und **61** Schwerbehindertenvertretung auszutragen sind, war streitig, ist durch die Rechtsprechung des BAG aber inzwischen geklärt (BAG 21. 9. 89 NZA 1990, 362; BAG 30. 3. 2010 – 7 AZB 32/09). Danach sind Streitigkeiten über die Rechte und Pflichten der Schwerbehindertenvertretung, soweit es sich um deren Beteiligungsrechte im weitesten Sinne gegenüber dem Arbeitgeber, der Dienststelle oder anderen Organen der Betriebsverfassung handelt, im **Beschlussverfahren** zu entscheiden. Seit der **Neuregelung des § 2 a Abs. 1 Nr. 3 a ArbGG** ist dies auch gesetzlich klargestellt. Allerdings wird **§ 96 in der Regelung des ArbGG nicht erwähnt**. Daraus kann jedoch nicht geschlossen werden, dass Streitigkeiten zwischen der Schwerbehindertenvertretung und dem Arbeitgeber um Ansprüche aus § 96 generell nicht im Beschlussverfahren zu entscheiden sind. Es ist kein Hinweis erkennbar, dass der Gesetzgeber mit der Neufassung des § 2 a Abs. 1 Nr. 3 a ArbGG die bis dahin bestehende Rechtslage ändern wollte (BAG 30. 3. 2010 – 7 AZB 32/09; LAG Köln 5. 7. 2001 AP Nr. 3 zu § 26 SchwbG 1986).

Dementsprechend gilt für Rechtsstreitigkeiten im Rahmen des § 96 **62** folgendes: Streitigkeiten über die **Unterlassung einer Störung, Behinderung, Benachteiligung oder Begünstigung** der Amtstätigkeit sind im arbeitsrechtlichen **Beschlussverfahren** durchzuführen. Allerdings ist der Antrag nur zulässig, wenn die Unterlassung eines konkret benannten Verhaltens gefordert wird *(Fitting,* BetrVG, § 78 RdNr. 25). Hiervon zu unterscheiden ist, dass die Vertrauensperson sich auf das Benachteiligungsverbot stützt und vorträgt, ohne die Übernahme des Amtes der Schwerbehindertenvertretung hätte sie eine bestimmte berufliche Entwicklung genommen und daher stünde ihr ein Arbeitsentgelt entsprechend einer bestimmten betrieblichen Arbeitsstelle zu. Hier ist im Urteilsverfahren zu entscheiden (z. B. BAG 11. 12. 91 NZA 1993, 909; OVG NW 31. 5. 2007 – 1 A 1050/06).

Streitigkeiten über die **Fortzahlung des Arbeitsentgelts** während **63** der Amtstätigkeit, während der generellen Freistellung oder während der Dauer einer Schulungsmaßnahme gemäß Abs. 4, über die Gewährung von **Freizeitausgleich** gemäß Abs. 6 oder die Teilnahme an Berufsbildungsmaßnahmen nach Abs. 5 sind im Urteilsverfahren zu entscheiden (*Cramer,* SchwbG, § 26 RdNr. 23; DKK-*Wedde,* BetrVG, § 37

RdNr. 160 f und § 38 RdNr. 83; *Fitting*, BetrVG, § 37, RdNr. 253 und § 38 RdNr. 110).

64 Für Streitigkeiten über die Erstattung von **Kosten für die Amtsführung und Schulungskosten** (wie etwa Reise-, Verpflegungs-, Übernachtungs- und anteilige Referentenkosten) gemäß Abs. 8 ist das Beschlussverfahren die richtige Verfahrensart (BAG 30. 3. 2010 – 7 AZB 32/09; LAG Nürnberg 22. 10. 2007 – 6 Ta 155/07; LAG Köln 17. 11. 2008 – 2 TaBV 63/08; LAG Nied.-Sachs. 7. 8. 2008 – 7 TaBV 148/ 07; *Fitting*, BetrVG, § 37 RdNr. 257, § 40 RdNr. 138 f.; DKK-*Wedde*, BetrVG, § 37 RdNr. 160 und § 40 RdNr. 123). Dies gilt ebenfalls für den Streit über die **Freistellung** von der beruflichen Tätigkeit gemäß Abs. 4 S. 1 oder die Freistellung zur Teilnahme an einer Schulung gemäß Abs. 4 S. 3 (LAG Nürnberg, a.a.O.).

65 Umstritten ist, ob für Rechtsstreitigkeiten im Beschlussverfahren die **Verwaltungsgerichtsbarkeit oder die Arbeitsgerichtsbarkeit** zuständig ist, je nachdem, ob die Schwerbehindertenvertretung in einer Dienststelle im öffentlich-rechtlichen Bereich oder im Betrieb eines privaten Arbeitgebers gebildet ist. Für eine entsprechende Differenzierung spricht, dass § 96 in der gesetzlichen Regelung des § 2a Abs. 1 Ziff. 3a ArbGG nicht enthalten ist, während im Gegensatz dazu die §§ 94, 95 ausdrücklich aufgeführt sind. Richtigerweise ist jedoch anzunehmen, dass mit der gesetzlichen Zuständigkeitsregelung in § 2a Abs. 1 Ziff. 3a ArbGG der **Arbeitsgerichtsbarkeit** eine umfassende Zuständigkeit für alle im Beschlussverfahren zu entscheidenden **organschaftlichen Streitigkeiten** der Schwerbehindertenvertretung übertragen werden sollte. Ein erheblicher Teil der in § 96 geregelten Sachverhalte enthält keine persönlichen Rechte und Pflichten, die sich aus dem Arbeits- oder Dienstverhältnis ergeben, sondern solche, die auf der Amtstätigkeit der Schwerbehindertenvertretung beruhen, also kollektivrechtliche Angelegenheiten sind, und deshalb auch in der Verfahrensart des Beschlussverfahrens zu entscheiden sind (BAG 30. 3. 2010 – 7 AzB 32/09; LAG Nürnberg 22. 10. 2007 – 6 Ta 155/07; LAG Sachsen 2. 10. 2009 – 2 TaBVga 4/09). Da für diese Regelungsstreitigkeiten im Gesetz keine Regelung über Verfahrensart und Zuständigkeit enthalten ist, liegt eine planwidrige Gesetzeslücke vor, die durch eine entsprechende Anwendung des § 2a Abs. 1 Ziff. 3a ArbGG zu schließen ist (BAG, a.a.O.). Dafür spricht auch die Sachnähe, die zwischen den Aufgaben und Rechten der Schwerbehindertenvertretung in §§ 94, 95 einerseits und denen in § 96 andererseits existiert. So stehen z. B. Ansprüche der Vertrauensperson auf Freistellung gemäß § 96 Abs. 4 oder der Kostenübernahme gemäß Abs. 8 im Zusammenhang mit der Aufgabenwahrnehmung der Vertrauensperson gemäß § 95 Abs. 2 oder der Wahl und Amtszeit gemäß § 94. Auch die Gesamtschau der Regelungen spricht daher für eine ausschließliche Zuständigkeit der Arbeitsgerichtsbarkeit für sämtliche organschaftlichen Streitigkeiten gemäß §§ 94, 95, 96 (BAG, a.a.O.; LAG Nürnberg, a.a.O.; LAG Köln 17. 11. 2008 – 2 TaBV 63/08; LAG Düsseldorf 30. 7. 2009 – 15 Ta 400/09; LAG Nied.-Sachs. 7. 8. 2008 – 7 TaBV 148/07; VG Köln 12. 10. 2007 – 33 K 3447/07.PVB; VG Ansbach 29. 7. 2008 – AN 8 P 08.00604; VG Sigmaringen 28. 8. 2008 – 1 K 1683/08; a. A. VG Aachen 12. 10. 2006 – 16 K 758/06.PVL und OVG NW 6. 8. 2002 – 1 E 141/ 02.PVL für den Freistellungsanspruch der Vertrauensperson gemäß § 96 Abs. 4). Ist dagegen das **Urteilsverfahren** die richtige Verfahrensart, bleibt es bei der Gespaltenheit des Rechtsweges zur Arbeitsgerichts – oder zur Verwaltungsgerichtsbarkeit, je nachdem, ob ein Beamter oder ein Arbeitnehmer seine Rechte geltend macht (OVG NW 31. 5. 2007 – 1 A 1050/06; VG Ansbach 29. 7. 2008 – AN 8 P 08.00604; VG Oldenburg 1. 12. 2009 – 8 A 1483/09). Auch die Ersetzung der Zustimmung des Personalrats im Falle der Kündigung einer Vertrauensperson ist von § 2a Abs. 1 Ziff. 3a ArbGG nicht erfasst, da es sich um die persönliche Rechtsstellung der Vertrauensperson gemäß § 96 Abs. 3 handelt und keine organschaftliche Streitigkeit der Schwerbehindertenvertretung sondern des Betriebsrates bzw. Personalrates vorliegt (Schaub/*Koch*, ArbR-Hdb, § 266 RdNr. 24; a.A. Germelmann/*Matthes*, ArbGG, § 2a RdNr. 24).

Konzern-, Gesamt-, Bezirks- und Hauptschwerbehindertenvertretung

97 (1) ¹Ist für mehrere Betriebe eines Arbeitgebers ein Gesamtbetriebsrat oder für den Geschäftsbereich mehrerer Dienststellen ein Gesamtpersonalrat errichtet, wählen die Schwerbehindertenvertretungen der einzelnen Betriebe oder Dienststellen eine Gesamtschwerbehindertenvertretung. ²Ist eine Schwerbehindertenvertretung nur in einem der Betriebe oder in einer der Dienststellen gewählt, nimmt sie die Rechte und Pflichten der Gesamtschwerbehindertenvertretung wahr.

(2) ¹Ist für mehrere Unternehmen ein Konzernbetriebsrat errichtet, wählen die Gesamtschwerbehindertenvertretungen eine Konzernschwerbehindertenvertretung. ²Besteht ein Konzernunternehmen nur aus einem Betrieb, für den eine Schwerbehindertenvertretung gewählt ist, hat sie das Wahlrecht wie eine Gesamtschwerbehindertenvertretung.

(3) ¹Für den Geschäftsbereich mehrstufiger Verwaltungen, bei denen ein Bezirks- oder Hauptpersonalrat gebildet ist, gilt Absatz 1 sinngemäß mit der Maßgabe, dass bei den Mittelbehörden von deren Schwerbehindertenvertretung und den Schwerbehindertenvertretungen der nachgeordneten Dienststellen eine Bezirksschwerbehindertenvertretung zu wählen ist. ²Bei den obersten Dienstbehörden ist von deren Schwerbehindertenvertretung und den Bezirksschwerbehin-

dertenvertretungen des Geschäftsbereichs eine Hauptschwerbehindertenvertretung zu wählen; ist die Zahl der Bezirksschwerbehindertenvertretungen niedriger als zehn, sind auch die Schwerbehindertenvertretungen der nachgeordneten Dienststellen wahlberechtigt.

(4) [1]Für Gerichte eines Zweiges der Gerichtsbarkeit, für die ein Bezirks- oder Hauptrichterrat gebildet ist, gilt Absatz 3 entsprechend. [2]Sind in einem Zweig der Gerichtsbarkeit bei den Gerichten der Länder mehrere Schwerbehindertenvertretungen nach § 94 zu wählen und ist in diesem Zweig kein Hauptrichterrat gebildet, ist in entsprechender Anwendung von Absatz 3 eine Hauptschwerbehindertenvertretung zu wählen. [3]Die Hauptschwerbehindertenvertretung nimmt die Aufgabe der Schwerbehindertenvertretung gegenüber dem Präsidialrat wahr.

(5) Für jede Vertrauensperson, die nach den Absätzen 1 bis 4 neu zu wählen ist, wird wenigstens ein stellvertretendes Mitglied gewählt.

(6) [1]Die Gesamtschwerbehindertenvertretung vertritt die Interessen der schwerbehinderten Menschen in Angelegenheiten, die das Gesamtunternehmen oder mehrere Betriebe oder Dienststellen des Arbeitgebers betreffen und von den Schwerbehindertenvertretungen der einzelnen Betriebe oder Dienststellen nicht geregelt werden können, sowie die Interessen der schwerbehinderten Menschen, die in einem Betrieb oder einer Dienststelle tätig sind, für die eine Schwerbehindertenvertretung nicht gewählt ist, dies umfasst auch Verhandlungen und den Abschluss entsprechender Integrationsvereinbarungen. [2]Satz 1 gilt entsprechend für die Konzern-, Bezirks- und Hauptschwerbehindertenvertretung sowie für die Schwerbehindertenvertretung der obersten Dienstbehörde, wenn bei einer mehrstufigen Verwaltung Stufenvertretungen nicht gewählt sind. [3]Die nach Satz 2 zuständige Schwerbehindertenvertretung ist auch in persönlichen Angelegenheiten schwerbehinderter Menschen, über die eine übergeordnete Dienststelle entscheidet, zuständig; sie gibt der Schwerbehindertenvertretung der Dienststelle, die den schwerbehinderten Menschen beschäftigt, Gelegenheit zur Äußerung. [4]Satz 3 gilt nicht in den Fällen, in denen der Personalrat der Beschäftigungsbehörde zu beteiligen ist.

(7) § 94 Abs. 3 bis 7, § 95 Abs. 1 Satz 4, Abs. 2, 4, 5 und 7 und § 96 gelten entsprechend, § 94 Abs. 5 mit der Maßgabe, dass die Wahl der Gesamt- und Bezirksschwerbehindertenvertretungen in der Zeit vom 1. Dezember bis 31. Januar, die der Konzern- und Hauptschwerbehindertenvertretungen in der Zeit vom 1. Februar bis 31. März stattfindet.

(8) § 95 Abs. 6 gilt für die Durchführung von Versammlungen der Vertrauens- und der Bezirksvertrauenspersonen durch die Gesamt-, Bezirks- oder Hauptschwerbehindertenvertretung entsprechend.

I. Allgemeines

Die Vorschrift regelt in Parallele zum Betriebsverfassungs- und **1**
Personalvertretungsrecht die Wahl von Stufenvertretungen, die auf
den verschiedenen hierarchischen Ebenen der privaten Unternehmen
und der Dienststellen des öffentlichen Dienstes die Interessenvertretung schwerbehinderter Menschen sicherstellen sollen. Im Wesentlichen entspricht die Vorschrift der Regelung des § 27 SchwbG vom
26. 8. 1986. Durch das am 1. 10. 2000 in Kraft getretene Gesetz zur Bekämpfung der Arbeitslosigkeit Schwerbehinderter vom 29. 9. 2000
(SchwBAG) ist die Wahl einer **Konzernschwerbehindertenvertretung** eingeführt worden. Mit dem Gesetz zur Gleichstellung behinderter Menschen und zur Änderung anderer Gesetze vom 27. 4. 02
(BGBl. I S. 1467) ist die bisher offensichtlich unrichtige Verweisung
in § 97 Abs. 4 Sätze 1 und 2 und Abs. 5 des SGB IX vom 19. 6. 2001
korrigiert worden. Durch das Gesetz zur Förderung der Ausbildung
und Beschäftigung schwerbehinderter Menschen vom 23. 4. 2004
(BGBl. I S. 606) ist durch Anfügung eines Halbsatzes in Abs. 6 S. 1
klar gestellt worden, dass auch die Stufenschwerbehindertenvertre-
tungen über Integrationsvereinbarungen verhandeln und diese ab-
schließen können.

II. Gesamtschwerbehindertenvertretung (Abs. 1)

Gemäß § 47 Abs. 1 BetrVG wird ein Gesamtbetriebsrat errichtet, **2**
wenn ein Unternehmen mehrere Betriebsräte hat. § 55 i.V. mit § 6
Abs. 3 BPersV sieht die Bildung eines Gesamtpersonalrates in Behörden
mit Nebenstellen und Teilen einer Dienststelle, die räumlich weit von
dieser entfernt sind, vor. In Abhängigkeit dazu regelt Abs. 1, dass im-

mer dann, wenn ein **Gesamtbetriebsrat oder Gesamtpersonalrat besteht**, auch eine Gesamtschwerbehindertenvertretung zu wählen ist. Dies ist zwingend. Auf diese Weise soll sichergestellt werden, dass die Interessen der Schwerbehinderten auch in diesen Beteiligungsgremien berücksichtigt werden. Entsprechend enthält § 52 BetrVG das Recht der Gesamtschwerbehindertenvertretung, an den **Sitzungen des Gesamtbetriebsrates** teilzunehmen.

3   Die Gesamtschwerbehindertenvertretung muss gewählt werden, wenn zum Wahlzeitpunkt ein Gesamtbetriebsrat bzw. Gesamtpersonalrat errichtet ist. Sie besteht auch weiter, wenn vorübergehend etwa durch Ablauf der Amtszeit der einzelnen Betriebs- oder Personalräte kein Gesamtbetriebsrat oder Gesamtpersonalrat besteht.

4   **Gewählt** wird die Gesamtschwerbehindertenvertretung von den **Vertrauenspersonen der einzelnen Schwerbehindertenvertretungen**. Es besteht kein Urwahlrecht aller schwerbehinderten Menschen aus den einzelnen Betrieben oder Dienststellen.

5   In Abs. 1 S. 2 ist der Sonderfall geregelt, dass im Unternehmen oder in beteiligten Dienststellen **nur in einem Betrieb** oder einer **Dienststelle eine Schwerbehindertenvertretung** besteht. In diesem Fall kann die Wahl einer Gesamtschwerbehindertenvertretung nicht stattfinden. Deshalb übernimmt die **örtliche Schwerbehindertenvertretung** ausnahmsweise eine **Doppelfunktion**. Sie nimmt auch die Aufgaben der Gesamtschwerbehindertenvertretung für alle Betriebe des Unternehmens bzw. Dienststellen, für die ein Gesamtbetriebsrat bzw. Gesamtpersonalrat gebildet ist, wahr. Dies ist erforderlich, damit eine „Vertretungslücke" vermieden wird und eine Interessenvertretung auch auf Unternehmensebene sichergestellt ist. In diesem Fall nimmt die örtliche Schwerbehindertenvertretung an den Sitzungen des Gesamtbetriebsrates und Gesamtpersonalrates teil.

III. Konzernschwerbehindertenvertretung (Abs. 2)

6   Während die Errichtung eines Konzernbetriebsrates in § 54 BetrVG in privaten Unternehmen nicht obligatorisch ist, ist die Wahl einer Konzernschwerbehindertenvertretung **zwingend, wenn ein Konzernbetriebsrat besteht**. Es soll damit die Interessenvertretung schwerbehinderter Menschen auch auf Konzernebene sichergestellt werden. Die Konzernschwerbehindertenvertretung hat gemäß § 59 a BetrVG ausdrücklich das Recht, an allen Sitzungen des Konzernbetriebsrates mit beratender Stimme teilzunehmen.

7   **Gewählt** wird die Konzernschwerbehindertenvertretung von den **Vertrauenspersonen der einzelnen Gesamtschwerbehindertenvertretungen**. In Abs. 2 S. 2 ist der Sonderfall geregelt, dass ein Kon-

zernunternehmen nur aus einem Betrieb besteht und in diesem Betrieb eine Schwerbehindertenvertretung gewählt ist. Dann ist die Vertrauensperson dieser Schwerbehindertenvertretung wahlberechtigt für die Wahl der Konzernschwerbehindertenvertretung. Das Gleiche gilt, wenn sich ein Konzernunternehmen zwar aus mehreren Betrieben zusammensetzt, jedoch nur in einem Betrieb eine Schwerbehindertenvertretung gewählt ist. Dann nimmt diese Schwerbehindertenvertretung bereits gemäß Abs. 1 S. 2 die Funktion der Gesamtschwerbehindertenvertretung wahr und ist in dieser Funktion auch wahlberechtigt.

IV. Bezirks- und Hauptschwerbehindertenvertretung (Abs. 3)

Bezirksschwerbehindertenvertretung und Hauptschwerbehinderten- **8** tenvertretung betreffen den **öffentlichen Dienst** und sind da zu wählen, wo im mehrstufigen Verwaltungsaufbau entsprechend auf der Ebene der Mittelbehörden (z. B. Bezirksregierungen des Landes) **Bezirkspersonalräte** und auf der Ebene der obersten Behörde (z. B. Innenministerium des Landes) ein **Hauptpersonalrat** gebildet sind. Beispiele für den dreistufigen Verwaltungsaufbau sind etwa die Bundesagentur für Arbeit, die Regionaldirektionen (frühere Landesarbeitsämter) und die Agenturen für Arbeit. Mit der Wahl der entsprechenden Schwerbehindertenvertretungen auf Stufenebene soll die Interessenvertretung der schwerbehinderten Menschen auf der jeweils höheren Stufe gewährleistet werden. **Gewählt** wird die **Bezirksschwerbehindertenvertretung** durch die jeweiligen Schwerbehindertenvertretungen der unteren Behörden (im Beispiel die Schwerbehindertenvertretungen der einzelnen Agenturen für Arbeit) gemeinsam mit der Schwerbehindertenvertretung der Mittelbehörde (im Beispiel die Schwerbehindertenvertretung der Regionaldirektionen). Eine Urwahl aller schwerbehinderten Beschäftigten der beteiligten Unter- und Mittelbehörden findet auch hier nicht statt. Falls im Geschäftsbereich des Bezirkspersonalrats nur eine Schwerbehindertenvertretung besteht, so gilt § 97 Abs. 1 S. 2 entsprechend. Diese Schwerbehindertenvertretung nimmt dann gleichzeitig die Aufgaben der Bezirksschwerbehindertenvertretung wahr.

Die **Hauptschwerbehindertenvertretung** wird durch die Schwer- **9** behindertenvertretung der obersten Behörde (im Beispiel die Schwerbehindertenvertretung der Bundesagentur für Arbeit) und den jeweiligen Bezirksschwerbehindertenvertretungen (im Beispiel die Bezirksschwerbehindertenvertretungen der Regionaldirektionen) gewählt. Einen Sonderfall regelt Abs. 3 S. 2. letzter Hs. Erreicht die Zahl der **Bezirksschwerbehindertenvertretungen nicht 10**, so wählen auch die Schwerbehindertenvertretungen der nachgeordneten Behörden, also der unteren Behörden, mit. Dazu zählen nicht nur die unmittelbar nachgeordneten Behörden, sondern alle **nachgeordneten Dienststellen**, auch personalvertretungsrechtlich verselbständigte Außen- und Nebenstellen im Sinne der §§ 1, 6 BPersVG, da § 97 Abs. 3 S. 2 nicht zwischen Schwerbehindertenvertretungen der unmittelbar nachgeordneten und den weiter nachgeordneten Behörden differenziert (BAG 24. 5. 2006 – 7 ABR 40/05 = LS NZA 2006, 1240; genauso die Vorinstanz: LAG Berlin 1. 2. 2005 – 5 TaBV 2627/03). Das Wahlrecht der nachgeordneten Behörden ist auch nicht auf die Behörden beschränkt, für die keine Bezirksschwerbehindertenvertretung gewählt worden ist (BAG 24. 5. 2006, a.a.O.). Wegen der Auffangzuständigkeit der Gesamtschwerbehindertenvertretung für Aufgaben, die die einzelnen Schwerbehindertenvertretungen nicht regeln können, steht dieser kein Wahlrecht für die Hauptschwerbehindertenvertretung zu, da die einzelnen Schwerbehindertenvertretungen das Wahlrecht ausüben können (BAG 24. 5. 2006, a.a.O.; LAG Berlin 1. 2. 2005, a.a.O.). Problematisch ist die Wahlberechtigung der Bezirksschwerbehindertenvertretungen bei sog. **Bündelungsbehörden**, die in fachlicher Hinsicht mehreren Ressorts der obersten Dienstbehörde unterstellt sind. Dazu hat das BVerwG in Bezug auf die **Wahlberechtigung** der Bezirksschwerbehindertenvertretungen der Bezirksregierungen (Mittelbehörden) im Land NW entschieden, dass diese nur zur Wahl der Hauptschwerbehindertenvertretung beim Innenminister berechtigt sind und nicht auch zur Wahl der Hauptschwerbehindertenvertretung des Ministeriums für Arbeit, Gesundheit und Soziales, obwohl bei der Bezirksregierung Schwerbehinderte beschäftigt sind, die nicht der Dienstaufsicht des Innenministerium unterfallen. Begründet wird dies damit, dass wahlberechtigt nur die Bezirksschwerbehindertenvertretungen der Mittelbehörden seien, die dem **Geschäftsbereich der jeweiligen obersten Dienstbehörde zugeordnet** sind. Die Bezirksregierungen gehören aber nicht zum Geschäftsbereich des Ministeriums für Arbeit, Gesundheit und Soziales (BVerwG 2. 6. 87, Buchholz 436.61 § 24 Nr. 2). Da der Gesetzgeber in Kenntnis dieser Rechtsprechung die Regelung in § 97 Abs. 3 S. 2 nicht verändert hat, muss davon ausgegangen werden, dass der Gesetzgeber diese billigt (so auch *Düwell*, LPK-SGB IX, § 97 RdNr. 26). Der Gesamtschwerbehindertenvertretung für staatliche Behörden kommt keine schwerbehindertenrechtliche Funktion in Bezug auf die **Kommunen** als Arbeitgeber wegen deren Selbstverwaltung zu (BVerwG 29. 8. 2007 – 5 B 77/07).

V. Bezirksschwerbehindertenvertretung und Hauptschwerbehindertenvertretung der Richter (Abs. 4)

Auch in der Gerichtsbarkeit werden in Abhängigkeit vom Bestehen   10
von Bezirks- und Hauptrichterräten Schwerbehindertenvertretungen
auf den jeweiligen Instanzebenen eines Gerichtszweiges gebildet. Eine
Bezirksschwerbehindertenvertretung wird von den jeweiligen Schwerbehindertenvertretungen an den Gerichten 1. Instanz (etwa den Amts-
und Landgerichten) und der Schwerbehindertenvertretung des jeweiligen Gerichtes 2. Instanz (z. B. Oberlandesgericht) gewählt. Auch hier
gilt Abs. 1 S. 2 entsprechend, wonach beim Bestehen nur einer Schwerbehindertenvertretung an den beteiligten Gerichten 1. und 2. Instanz
diese auch die Aufgaben der Bezirksschwerbehindertenvertretung
wahrnimmt.

Die richterlichen Bezirksschwerbehindertenvertretungen wählen   11
gemeinsam mit der Schwerbehindertenvertretung auf der **Ebene des
Landesministeriums** die **Hauptschwerbehindertenvertretung**.
Eine solche wird ausnahmsweise auch dann gebildet, wenn kein
Hauptrichterrat besteht. Voraussetzung ist, dass im Zweig der Gerichtsbarkeit der Länder mehrere Schwerbehindertenvertretungen gewählt
sind. Dies hat deshalb eine **besondere Bedeutung**, weil die Hauptschwerbehindertenvertretung bei personellen Angelegenheiten, etwa
Beförderungen von Richtern, im zuständigen Mitwirkungsorgan,
dem **Präsidialrat**, die Interessen der schwerbehinderten Richter vertritt. Die Vertrauensperson der Hauptschwerbehindertenvertretung hat
dann das Recht, an den Sitzungen des Präsidialrates der jeweiligen Gerichtsbarkeit auf Landesebene teilzunehmen.

Bei den **Bundesgerichten** nimmt die Schwerbehindertenvertretung des jeweiligen Gerichtszweiges die Aufgaben gegenüber dem Präsidialrat wahr.

In der Gerichtsbarkeit besteht die Besonderheit, dass bei der Wahl   12
der Vertrauenspersonen auch für die Bezirksschwerbehindertenvertretung und die Hauptschwerbehindertenvertretung **nur Richter** gewählt werden können.

VI. Stellvertretung

Auch für die Gesamt-Konzern-Bezirks- und Hauptschwerbehinder-   13
tenvertretung sind jeweils stellvertretende Mitglieder zu wählen, damit die Funktionsfähigkeit des Amtes auch auf der Ebene der Stufenvertretungen im Falle der Verhinderung der Vertrauensperson gewahrt
bleibt. Unter den Voraussetzungen des § 95 Abs. 1 S. 4 kann das stellvertretende Mitglied einer Stufenvertretung mit der höchsten Stimmen-

zahl über die Verweisung in Abs. 7 S. 1 auch **für bestimmte Aufgaben herangezogen werden**. Diese Verweisung war im SchwbG in der Fassung der Bekanntmachung vom 26. 8. 1986 noch nicht enthalten. Sie ist erst mit dem am 1. 10. 2000 in Kraft getretenen Gesetz zur Bekämpfung der Arbeitslosigkeit Schwerbehinderter in das SGB IX aufgenommen worden.

14   Über die **Anzahl der stellvertretenden Mitglieder** entscheidet gemäß § 22 Abs. 3 S. 2 i.V. mit § 20 Abs. 2 S. 1 SchwbVWO die Wahlversammlung der wahlberechtigten Vertrauenspersonen. Dies gilt gemäß § 27 i.V. mit § 25 Abs. 1 SchwbVWO auch für die Gerichtsbarkeit. Scheidet die Vertrauensperson einer Stufenvertretung aus, rückt das stellvertretende Mitglied mit der höchsten Stimmenzahl nach.

VII. Aufgaben (Abs. 6)

15   Die Aufgaben der Stufenvertretungen sind keine anderen, als sie auch die Schwerbehindertenvertretungen auf der Ebene der Betriebe und Dienststellen wahrnehmen. Dies ergibt sich aus der Verweisung des Abs. 7 auf § 95 Abs. 2 bis 5. Abs. 6 regelt die **Verteilung der Zuständigkeiten** zwischen den Schwerbehindertenvertretungen auf der Ebene des Betriebes oder der Dienststelle und den jeweiligen Schwerbehindertenvertretungen der höheren Ebenen in der Unternehmenshierarchie bzw. im mehrstufigen Verwaltungsaufbau. Die Vorschrift ist der Regelung zum Aufgabenbereich des Gesamt- und Konzernbetriebsrates in den §§ 50 und 58 BetrVG nachgebildet. Die Aufgabenabgrenzung erfolgt in der Weise, dass die jeweilige Stufenvertretung nur für Angelegenheiten ihrer Stufe tätig werden darf. Bei der Gesamt-,Bezirks- oder Hauptschwerbehindertenvertretung muss es sich also um Aufgaben handeln, die das **Gesamtunternehmen** oder **mehrere Betriebe oder Dienststellen betreffen**. Im Falle der Zuständigkeit der Konzernschwerbehindertenvertretung muss es sich um Angelegenheiten des Konzerns oder mehrerer Konzernunternehmen handeln. Es gilt außerdem das **Subsidiaritätsprinzip**. Die Stufenvertretungen dürfen darüber hinaus nur tätig werden, wenn die Angelegenheit von den unteren Schwerbehindertenvertretungen nicht geregelt werden können. Dies ist nach h.M. nicht nur bei objektiver Unmöglichkeit zu bejahen, sondern auch dann, wenn ein zwingendes Erfordernis für eine betriebs-, dienststellen- oder unternehmensübergreifende einheitliche Regelung besteht (BAG 14.11.06 NZA 2007, 399, 401; BAG 6.12.88 NZA 1989, 478; *Fitting*, BetrVG, § 50, RdNr. 21 ff.; *Neumann/Pahlen/Majerski-Pahlen*, SGB IX, § 97 RdNr. 11; kritisch dazu: DKK-*Trittin*, BetrVG, § 50 RdNr. 24 ff.). Zweckmäßigkeitsgründe reichen jedenfalls im Bereich der erzwingbaren Mitbestimmung nicht aus (BAG 14. 11. 06, a.a.O.).

Von diesem Grundsatz in Abs. 6 S. 1 weicht Abs. 6 S. 3 dann ab, wenn **16** eine **übergeordnete Dienststelle** für die Entscheidung (z. B. über eine Beförderung) zuständig ist. In diesem Fall vertritt die **nächst höhere Stufenvertretung** und nicht die örtliche Schwerbehindertenvertretung die Interessen der Schwerbehinderten. Dann kommt es nicht darauf an, ob die Schwerbehindertenvertretung der einzelnen Dienststelle die Angelegenheit nicht selbst regeln könnte. Die an der übergeordneten Dienststelle gebildete Gesamtschwerbehindertenvertretung hat vielmehr das alleinige Beteiligungsrecht. Diese ist allerdings verpflichtet, vor Abgabe ihrer Stellungnahme sich mit der Schwerbehindertenvertretung der Dienststelle, in der der Schwerbehinderte beschäftigt ist, in Verbindung zu setzen und deren Meinung zu hören. Wegen ggf. größerer Sachnähe und Kenntnissen der örtlichen Gegebenheiten soll ihr Gelegenheit gegeben werden, sich zu äußern (LAG Köln 14. 12. 2009 – 5 TaBV 62/09). Diese Verfahrensweise soll auch sicherstellen, dass weder partikulare Interessen einer Dienststelle noch nur übergeordnete Interessen Berücksichtigung finden. Ist jedoch nach den jeweiligen Landespersonalvertretungsgesetzen (etwa in **Hessen** und **Niedersachsen**) vorgesehen, dass auch im Falle der Entscheidung der übergeordneten Dienstbehörde der Personalrat der Beschäftigungsbehörde zu beteiligen ist, soll dies entsprechend gemäß Abs. 6 S. 4 auch für die Zuständigkeit der Schwerbehindertenvertretung gelten. Zu beteiligen ist dann ebenfalls die Schwerbehindertenvertretung der Beschäftigungsbehörde. Dadurch soll erreicht werden, dass für personelle Angelegenheiten, die Schwerbehinderte betreffen, stets die Interessenvertretungen derselben Stufen beteiligt werden müssen.

Die **Abgrenzung der Aufgaben** der einzelnen Schwerbehinder- **17** tenvertretung hat sich daran zu orientieren, wie die **Kompetenzen zwischen Gesamt- und Konzernbetriebsrat bzw. Bezirks- und Hauptpersonalrat** abgegrenzt werden (LAG Köln, a.a.O). Wenn die Angelegenheit in den Kompetenzbereich dieser Vertretungen fällt, gilt dies auch für die jeweilige Vertretung der Schwerbehinderten, da nur dann sicher gestellt ist, dass deren besondere Interessen auch auf allen Ebenen der Unternehmenshierarchie und im Verwaltungsaufbau Beachtung finden. Die Vertrauenspersonen der Gesamt-, Konzern-, Bezirks- und Hauptschwerbehindertenvertretung sind berechtigt, an den **Sitzungen** der betrieblichen und dienstlichen Interessenvertretung und ihren **Ausschüssen auf der jeweiligen Stufe** mit beratender Stimme teilzunehmen und haben hierbei auch das Recht, gemäß Abs. 7 i.V. mit § 95 Abs. 4 die Aussetzung von Beschlüssen zu verlangen. Dies gilt auch für sog. **Monatsgespräche**, die gemäß § 74 Abs. 1 BetrVG zwischen der Gesamtschwerbehindertenvertretung und dem Arbeitgeber stattfinden (ArbG Hannover 7. 2. 2006 – 6 BV 13/05; s. auch § 95 RdNr. 63).

18   Soweit Angelegenheiten in eine Integrationsvereinbarung aufge-
nommen werden sollen, die das Gesamtunternehmen oder mehrere
Betriebe oder Dienststellen betreffen und von der einzelnen Schwer-
behindertenvertretung nicht geregelt werden können, haben auch die
Stufenvertretungen gemäß Abs. 6 S. 1 letzter Halbsatz das Recht auf
Verhandlungen und Abschluss von **Integrationsvereinbarungen**
(*Cramer,* NZA 2004, 698, 706). Die gesetzliche Ergänzung in Abs. 6
S. 1 dient der Verdeutlichung dieses Anspruchs (BT-Drucks. 15/1783
S. 169).

19   Ausnahmsweise nimmt die Gesamtschwerbehindertenvertretung
die Aufgaben der örtlichen Schwerbehindertenvertretung wahr, wenn
in einem Betrieb oder einer Dienststelle keine Schwerbehindertenvertretung gewählt ist, etwa, weil die Zahl von mindestens 5 Schwerbehinderten nicht erreicht ist. Das Gleiche gilt für die nächst höheren Stufenvertretungen. Die Konzernschwerbehindertenvertretung
nimmt also gleichzeitig die Aufgaben der Gesamtschwerbehindertenvertretung in einem Unternehmen des Konzerns wahr, in der keine
Gesamtschwerbehindertenvertretung gewählt ist. Entsprechendes gilt
für die Hauptschwerbehindertenvertretung, wenn keine Bezirksschwerbehindertenvertretung besteht. Ist die **Gesamtschwerbehindertenvertretung** auch **als Schwerbehindertenvertretung tätig**,
hat dies eine besondere Bedeutung für alle personellen Angelegenheiten, da ihr sämtliche **Beteiligungsrechte gemäß § 95** zustehen.
Sie muss deshalb in ihrer Funktion als örtliche Schwerbehindertenvertretung z. B. beteiligt werden bei der Anhörung vor Ausspruch einer
Kündigung gemäß § 95 Abs. 2 (BAG 28. 7. 83 DB 1984, 133), im Bewerbungsverfahren gemäß § 81 Abs. 1, bei der Einsicht in die Personalakte
gemäß § 95 Abs. 3 oder im Präventionsverfahren gemäß § 84 (*Düwell,*
LPK-SGB IX, § 97 RdNr. 12). Sie kann weiterhin auch zur Unterstützung bei Anträgen auf Anerkennung als Schwerbehinderter gemäß
§ 95 Abs. 1 S. 3 herangezogen werden. Diese Beteiligungsrechte stehen
ihr im Gegensatz dazu in ihrer Funktion als Gesamtschwerbehindertenvertretung gemäß Abs. 7 nicht zu.

VIII. Wahl und Amtszeit

20   Aus der Verweisung in Abs. 7 S. 1 auf § 94 Abs. 3 bis 7 ergibt sich, dass
für das Wahlverfahren der Stufenvertretungen die gleichen Grundsätze
wie für die Wahl der Schwerbehindertenvertretungen gelten. Das
aktive Wahlrecht ist abweichend geregelt, da wahlberechtigt nur
Vertrauenspersonen und nicht die einzelnen Schwerbehinderten in
den Betrieben oder Dienststellen sind. **Wählbar** sind dagegen nicht
nur Vertrauenspersonen, wie sich aus der Verweisung auf die Regelung zum passiven Wahlrecht in § 94 Abs. 3 ergibt, sondern **jeder Be-**

schäftigte der Betriebe oder Dienststellen, der zur Vertrauensperson gewählt werden kann. Einzelheiten der Wahl ergeben sich aus der SchwbVWO (§ 22 SchwbVWO). Sind allerdings nur **zwei Vertrauenspersonen wahlberechtigt**, regelt § 22 Abs. 2 SchwbVWO, dass diese im Einvernehmen die entsprechende Stufenvertretung bestimmen. Können sie sich nicht einigen, entscheidet das Los. Gemäß § 22 Abs. 3 SchwbVWO muss auch nicht das förmliche Wahlverfahren mit Bestellung des Wahlvorstandes eingeleitet werden; bei rechtzeitiger Einberufung vor Ablauf der Amtszeit reicht es vielmehr aus, dass eine Versammlung der wahlberechtigten Vertrauenspersonen stattfindet und dort gemäß § 20 SchwbVWO im **vereinfachten Verfahren** die Wahl durchgeführt wird. In der **Gerichtsbarkeit** wird gemäß § 27 SchwbVWO die Wahl der Bezirks- und der Hauptschwerbehindertenvertretung wie diejenige der Schwerbehindertenvertretung der schwerbehinderten Richter und Richterinnen durchgeführt. Wahlberechtigt sind allerdings auch hier nur die Vertrauenspersonen der jeweiligen Schwerbehindertenvertretungen bzw. Bezirksschwerbehindertenvertretungen.

Die **Wahlgrundsätze** (geheim und unmittelbar, Mehrheitswahl) **21** sowie die Vorschriften zur Wahlanfechtung (s. auch § 94 RdNr. 43), zum Wahlschutz und zu den Wahlkosten gelten für die Stufenvertretungen ebenfalls, wobei die Wahlberechtigten bereits durch ihre Stellung als Vertrauenspersonen geschützt sind. Aus § 22 Abs. 1 S. 1 SchwbVWO i.V. mit dem Klammerzusatz ergibt sich, dass bei der Wahl der höherstufigen Schwerbehindertenvertretungen nur eine **schriftliche Stimmabgabe** gemäß §§ 11, 12 SchwbVWO möglich ist (OVG NW 19. 4. 93 br 1993, 172f.).

Wie die Schwerbehindertenvertretungen werden auch die Stufen- **22** vertretungen **alle vier Jahre gewählt**. Der **Wahlzeitraum** wird gemäß Abs. 7 allerdings **modifiziert**, da erst die Wahl der Vertrauenspersonen, die die Stufenvertretungen wählen, durchgeführt werden muss. Entsprechend findet die Wahl der Gesamtschwerbehindertenvertretung und der Bezirksschwerbehindertenvertretung in der Zeit vom 1. 12. bis 31. 1. und die Wahl der Konzernschwerbehindertenvertretung und der Hauptschwerbehindertenvertretung anschließend in der Zeit vom 1. 2 bis 31. 3. statt. Bei der Festlegung des Wahltermins und dem Erlass des Wahlausschreibens ist darauf Rücksicht zu nehmen, dass die Wahlen, aus denen sich der Kreis der aktuell Wahlberechtigten ergibt, tatsächlich schon stattgefunden haben (OVG NW 19. 4. 93 br 1993, 172 f.).

IX. Persönliche Rechtsstellung

23   Die Vertrauenspersonen der Stufenvertretungen genießen die gleiche persönliche Rechtsstellung wie die der Schwerbehindertenvertretung der einzelnen Betriebe und Dienststellen. § 96 ist durch die Verweisung in Abs. 7 S. 1 entsprechend anwendbar. Die Vertrauenspersonen der Stufenvertretungen führen ihr Amt ebenfalls als Ehrenamt unentgeltlich aus; sie dürfen nicht behindert, benachteiligt oder begünstigt werden. Sie unterliegen dem besonderen Kündigungsschutz, haben das Recht gegen Fortzahlung ihres bisherigen Entgelts freigestellt zu werden und dürfen von Maßnahmen der beruflichen Förderung nicht ausgeschlossen werden. Die Kosten, die durch ihre Amtstätigkeit entstehen, sind ihnen vom Arbeitgeber gemäß § 96 Abs. 8 zu erstatten.

24   In diesem Sinne hat das BAG entschieden, dass die **Reisekosten** der Bezirksschwerbehindertenvertretung vom Arbeitgeber ersetzt werden müssen, wenn die Bezirksvertrauensperson an einer durch die örtliche Schwerbehindertenvertretung einberufene örtliche Versammlung der Schwerbehinderten teilnimmt (BAG 28. 4. 88 NZA 1988, 701).

25   Die Vertrauenspersonen der Stufenvertretungen sind wie die Vertrauenspersonen der Schwerbehindertenvertretungen zur **Vertraulichkeit** verpflichtet. Da Abs. 7 auch auf § 96 Abs. 4 S. 2 Bezug nimmt, besteht das Recht der vollständigen **Freistellung** ab einer Zahl von 200 Schwerbehinderten in den beteiligten Betrieben oder Dienststellen. Soweit bereits auf der Ebene eines Betriebes oder einer Dienststelle die Vertrauensperson freigestellt ist, erscheint es praktisch sinnvoll, diese Vertrauensperson auch zur Gesamt-, Konzern-, Bezirks- oder Hauptschwerbehindertenvertretung zu wählen (*Düwell*, LPK-SGB IX § 97 RdNr. 29). Das Gesetz schließt es jedoch nicht aus, dass eine weitere Vertrauensperson auf der Ebene der Stufenvertretung ihre Freistellung verlangt.

X. Versammlung (Abs. 8)

26   Durch die Verweisung auf § 95 Abs. 6 wird klargestellt, dass die jeweilige Stufenvertretung das Recht hat, eine Versammlung der Vertrauenspersonen durchzuführen. Dazu lädt die Gesamt- und Bezirksschwerbehindertenvertretung die Vertrauenspersonen der Schwerbehindertenvertretungen ein und die Hauptschwerbehindertenvertretung die Vertrauenspersonen der Bezirksschwerbehindertenvertretungen. Entsprechend der Regelung des § 97 Abs. 3 S. 2 sind bei einer Zahl von Bezirksschwerbehindertenvertretungen unter 10 auch die Schwerbehindertenvertretungen der nachgeordneten Behörden einzuladen.

Nicht erwähnt wird in Abs. 8 die **Konzernschwerbehinderten-** 27
vertretung. Auch ihr muss aber das Recht zustehen, die Vertrauenspersonen der Gesamtschwerbehindertenvertretungen zu einer Versammlung einzuladen. Dafür spricht auch, dass in § 22 Abs. 3 SchwVWO eine Versammlung der Konzernschwerbehindertenvertretung unter Bezugnahme auf § 97 Abs. 8 vorausgesetzt wird (*Masuch* in Hauck/ Noftz, SGB IX, K § 97 RdNr. 24ff.; *Düwell*, LPK-SGB IX, § 97 RdNr. 23; *Kossens/von der Heide/Maaß*, SGB IX, § 97 RdNr. 12; a. A. Bihr u. a./*Dusel/Hoff*, SGB IX, § 97 RdNr. 13).

Beauftragter des Arbeitgebers

98 [1]Der Arbeitgeber bestellt einen Beauftragten, der ihn in Angelegenheiten schwerbehinderter Menschen verantwortlich vertritt; falls erforderlich, können mehrere Beauftragte bestellt werden. [2]Der Beauftragte soll nach Möglichkeit selbst ein schwerbehinderter Mensch sein. [3]Der Beauftragte achtet vor allem darauf, dass dem Arbeitgeber obliegende Verpflichtungen erfüllt werden.

Übersicht

I. Allgemeines

Die Bestellung eines Beauftragten kannte bereits das SchwBeschädG 1
von 1920. Die Vorgängerregelung des § 28 SchwbG 1986 ist durch das am 1. 10. 2000 in Kraft getretene Gesetz zur Bekämpfung der Arbeitslosigkeit Schwerbehinderter vom 29. 9. 2000 (BGBl. I S. 1394) in S. 1 SchwbG um die **verantwortliche** Vertretung ergänzend worden. Weiterhin ist in § 28 S. 2 bestimmt worden, dass der Beauftragte nach Möglichkeit selbst schwerbehindert sein sollte. Diese Fassung des § 28 SchwbG ist dann im Wesentlichen in die Regelung des SGB IX vom 19. 6. 2001 übernommen worden.

Sinn und Zweck der gesetzlich vorgeschriebenen Bestellung eines 2
Beauftragten auf Arbeitgeberseite ist es, für die Schwerbehinderten im Betrieb oder Dienststelle, für die Schwerbehindertenvertretung und gegenüber den zuständigen Behörden wie der Agentur für Arbeit und dem Integrationsamt einen kompetenten und präsenten Ansprechpartner zu haben, der sich mit den Problemen Schwerbehinderter auskennt und die Einhaltung der gesetzlichen Pflichten kontrolliert.

II. Bestellung

3   Die Vorschrift **verpflichtet jeden Arbeitgeber**, einen Beauftragten für Schwerbehindertenangelegenheiten zu bestellen. Weder ist Voraussetzung für die Bestellung, dass der Arbeitgeber beschäftigungspflichtig gemäß § 71 Abs. 1 ist noch, dass eine Schwerbehindertenvertretung besteht. **Ausnahmsweise** ist in Unternehmen, die die Zahl von mindestens 20 Arbeitsplätzen nicht erreichen (also nicht beschäftigungspflichtig sind) und auch keinen schwerbehinderten Menschen beschäftigen, die Bestellung nicht erforderlich, da in diesem Fall die Aufgabe des Beauftragten, den Arbeitgeber in Schwerbehindertenangelegenheiten zu vertreten, entfällt (*Neumann/Pahlen/Majerksi-Pahlen*, SGB IX, § 98 RdNr. 1; GK-SGB IX-*Schimanski*, § 98 RdNr. 13; *Düwell*, LPK-SGB IX § 98 RdNr. 3).

Zur Bestellung verpflichtet sind das Unternehmen und der öffentliche Arbeitgeber im Sinne des § 71 Abs. 3 und nicht der einzelne Betrieb oder die einzelne Dienststelle.

4   Der Arbeitgeber ist nicht berechtigt, sich selbst als Beauftragten einzusetzen, da die Bestellung gemäß S. 3 ausdrücklich auch der Kontrolle des Arbeitgebers dienen soll. Allenfalls in **Kleinbetrieben** unter 20 Beschäftigten kann die Personenidentität von Arbeitgeber und Beauftragtem zugelassen werden, vorausgesetzt der Arbeitgeber regelt auch sonst sämtliche Personalangelegenheiten allein (*Kossens/von der Heide/Maaß*, SGB IX, § 98 RdNr. 4; *Cramer*, SchwbG, § 28 RdNr. 4; weitergehend: SGB IX-*Schimanski*, § 98 RdNr. 13; a. A. *Neumann/Pahlen/Majerski-Pahlen*, SGB IX, § 98 RdNr. 3).

5   Falls erforderlich können **mehrere Beauftragte** bestellt werden. Dies entscheidet der Arbeitgeber nach pflichtgemäßem Ermessen. Notwendig kann dies dann sein, wenn das Unternehmen aus mehreren Betrieben besteht, die räumlich weit auseinanderliegen. Dann ist der Beauftragte nur dann ein präsenter Ansprechpartner, und die Zusammenarbeit auch mit den örtlichen Behörden wie Integrationsamt und Agentur für Arbeit kann nur funktionieren, wenn ein Beauftragter für die einzelnen Betriebe oder nachgeordneten Dienststellen bestellt ist.

6   Die **Bestellung** erfolgt durch einseitige Willenserklärung des Arbeitgebers. Wen der Arbeitgeber benennt, ist gesetzlich nicht vorgeschrieben. Nur **nach Möglichkeit** soll der Beauftragte selbst ein **schwerbehinderter Mensch** sein. Mit der Funktion des Beauftragten als Vertreter des Arbeitgebers in Schwerbehindertenangelegenheiten ist es in der Regel kaum vereinbar, eine Vertrauensperson oder ein Mitglied der betrieblichen Interessenvertretung zum Beauftragten zu bestimmen (*Kossens/von der Heide/Maaß*, SGB IX, § 98 RdNr. 5; *Cramer*, SchwbG, § 28 RdNr. 5). In der Praxis bestellt der Arbeitgeber

meistens einen **Mitarbeiter** oder auch **leitenden Angestellten der Personalabteilung**. Letzterer nimmt bereits aufgrund seines Anstellungsvertrages Arbeitgeberfunktionen wahr, so dass es nahe liegt, ihm auch die verantwortliche Vertretung der Schwerbehindertenangelegenheiten zu übertragen. Als Beauftragte besonders geeignet sind wegen ihrer Fachkenntnisse im Unternehmen tätige Sicherheitsingenieure (*Neumann/Pahlen/Majerski-Pahlen*, SGB IX, § 98 RdNr. 3; *Düwell*, LPK-SGB IX, § 98 RdNr. 6). Soweit der Anstellungsvertrag dazu nicht verpflichtet, kann die Bestellung allerdings nicht gegen den Willen des Beauftragten erfolgen. Niemand ist verpflichtet, die Rolle des Beauftragten im Unternehmen zu übernehmen, wenn dies nicht zum Umfang seiner arbeitsvertraglichen Verpflichtungen gehört (GK-SGB IX-*Schimanski*, § 98 RdNr. 14; *Düwell* in LPK-SGB IX § 98 RdNr. 7).

In welchem Umfang der Beauftragte den Arbeitgeber in Schwer- 7 behindertenangelegenheiten **vertritt**, muss durch diesen klar festgelegt werden. Unklarheiten gehen zu seinen Lasten (GK-SGB IX-*Schimanski*, § 98 RdNr. 30). Es erscheint daher ratsam, den Umfang der Vollmachtserteilung schriftlich festzuhalten, wobei ausreichend ist, auf die Verpflichtungen des Teils 2 des SGB IX zu verweisen (*Masuch* in Hauck/Noftz, SGB IX, K § 98 RdNr. 3). Im Rahmen der Bevollmächtigung vertritt der Beauftragte den Arbeitgeber gemäß § 164 BGB wirksam nach außen. Die **Vollmachtserteilung** erfolgt gemäß § 167 BGB durch Erklärung gegenüber dem Beauftragten sowie gegenüber Dritten, nämlich gegenüber der zuständigen Agentur für Arbeit und dem zuständigen Integrationsamt gemäß § 80 Abs. 8. Nach § 170 BGB bleibt die Vollmacht diesen Ämtern gegenüber so lange wirksam, bis ihnen das Erlöschen oder Veränderungen durch den Arbeitgeber angezeigt werden.

Damit auch den **Beschäftigten** in den Betrieben und Dienststellen 8 bekannt ist, an wen sie sich in Angelegenheiten der Schwerbehinderten wenden müssen, ist **der Beauftragte** auch diesen und der **Schwerbehindertenvertretung bekannt zu machen** (GK-SGB IX-*Schimanski*, § 98 RdNr. 20).

Da der Beauftragte den Arbeitgeber nach der gesetzlichen Regelung 9 verantwortlich vertritt, ist besondere Sorgfalt auf seine Auswahl zu verwenden. Er muss für seine Aufgabe fachlich und auch menschlich geeignet sein.

Die Bestellung des Beauftragten kann zwar von der Schwerbehin- 10 dertenvertretung, der betrieblichen Interessenvertretung oder dem Integrationsamt angemahnt werden; erzwungen werden kann sie nicht. Ihre Unterlassung stellt auch keine Ordnungswidrigkeit im Sinne des § 156 dar. Da die Bestellung spezifische Belange schwerbehinderter Menschen betrifft, ist die **Schwerbehindertenvertretung** allerdings gemäß § 95 Abs. 2 S. 1 vor der Entscheidung rechtzeitig und umfassend zu informieren und **anzuhören**. Anschließend ist ihr die Entscheidung mitzuteilen (*Düwell*, LPK-SGB IX, § 98 RdNr. 8).

11   Die **Abberufung** des Beauftragten folgt ebenfalls durch einseitige empfangsbedürftige Willenserklärung des Arbeitgebers. Auch der Beauftragte kann sein Amt niederlegen, falls er nicht arbeitsvertraglich zur Übernahme dieser Aufgabe verpflichtet ist (GK-SGB IX-*Schimanski*, § 98 RdNr. 34; *Düwell*, LPK-SGB IX § 98 RdNr. 9; a.A. *Cramer*, SchwbG, § 98 RdNr. 8). Im Gesetz findet sich keine Regelung dazu, dass die Schwerbehindertenvertretung oder die betriebliche Interessenvertretung die Abberufung des Beauftragten verlangen könnten (*Cramer*, SchwbG, § 28 RdNr. 9; *Düwell*, LPK-SGB IX § 98 RdNr. 9, der unter den Voraussetzungen des § 104 BetrVG den Betriebsrat für berechtigt hält, die Entlassung oder Versetzung des Beauftragten zu verlangen. Dies setzt allerdings voraus, dass der Beauftragte Arbeitnehmer gemäß § 5 Abs. 1 BetrVG und nicht leitender Angestellter ist.).

III. Aufgaben

12   Der Beauftragte hat gemäß S. 3 vor allem darauf zu achten, dass die gesetzlichen Verpflichtungen des Arbeitgebers gegenüber schwerbehinderten Menschen eingehalten werden. Im Rahmen seiner Vollmachtserteilung sorgt er selbst mit Wirkung für den Arbeitgeber dafür, dass die gesetzlichen Pflichten erfüllt werden. Zu seinen **Kontrollaufgaben** gehört z. B., die Einhaltung der Beschäftigungspflichten des Arbeitgebers gemäß §§ 71, 72 zu überwachen. Deshalb bestimmt § 80 Abs. 2 S. 3, dass auch dem Beauftragten eine Kopie der Anzeige und des Verzeichnisses zu übermitteln ist. Weiterhin hat er zu kontrollieren, dass die sonstigen Pflichten des Arbeitgebers gemäß §§ 80 ff. – etwa die Prüfpflicht des § 81 Abs. 1 – eingehalten und die Beteiligungsrechte der Schwerbehindertenvertretung gemäß § 95 Abs. 2 gewahrt werden. So verpflichtet § 99 den Beauftragten ausdrücklich neben dem Arbeitgeber zur **Zusammenarbeit** mit der Schwerbehindertenvertretung und den betrieblichen Interessenvertretungen.

13   Auch dann, wenn der **Arbeitgeber** Schwerbehindertenangelegenheiten auf den Beauftragten verantwortlich übertragen hat, kann er sich dadurch seiner **Verantwortung** für die Erfüllung seiner gesetzlichen Pflichten gegenüber den Schwerbehinderten **nicht entziehen**. Dies wäre vor allem mit der Kontrollfunktion des Beauftragten nicht zu vereinbaren (*Masuch* in Hauck/Noftz, SGB IX, K § 98 RdNr. 9). Der Arbeitgeber bleibt zum einen zur **sorgfältigen Auswahl** und zur **Aufsicht** des von ihm bestellten Beauftragten verpflichtet und kann bei fehlenden Aufsichtsmaßnahmen gemäß § 130 OWiG ordnungswidrig handeln (OLG Hamm 16.7.2003 – 4 Ss 373/03 OWi). Dazu gehört es auch, dass der Arbeitgeber für die **notwendige Qualifizierung seines Beauftragten** durch die entsprechende Teilnahme an Schulungs- und Fortbildungsmaßnahmen des Integrationsamtes oder anderer Träger sorgt (§ 102 Abs. 2 S. 6). Zum anderen kann nur nach den Umständen im Einzelfall und der Reichweite der Bevollmächtigung beurteilt werden, wie weit die persönliche Verantwortung des Beauftragten bei der Verletzung von gesetzlichen Pflichten reicht. So hat das Amtsgericht Düsseldorf gegen einen Beauftragten wegen dessen wiederholter Nichtbeteiligung der Schwerbehindertenvertretung bei der Besetzung von Beförderungsstellen gemäß § 95 Abs. 2 (§ 25 Abs. 2 SchwbG) ein Bußgeld wegen einer Ordnungswidrigkeit gemäß § 156 Abs. 1 Ziff. 9 (§ 68 Abs. 1 SchwbG) festgesetzt (AG Düsseldorf 8. 2. 90 br 1991, 118). Hat etwa der Arbeitgeber den Beauftragten mit der Führung des Verzeichnisses gemäß § 80 Abs. 1 und der Erstattung der Anzeige gemäß § 80 Abs. 2 beauftragt, wird dieser in der Regel ebenfalls ordnungswidrig gemäß § 156 Abs. 1 Ziff. 2 und 3 handeln, wenn diese Pflichten nicht erfüllt werden. Dies muss aber anders beurteilt werden, wenn der Arbeitgeber dem Beauftragten die notwendigen Daten vorenthält oder verzögert, und die Versäumung der Pflichten darauf beruht. Auch für die Verletzung der Beschäftigungspflicht gemäß § 71 Abs. 1 wird der Arbeitgeber in der Regel verantwortlich bleiben und selbst ordnungswidrig handeln. Dies kann allenfalls dann anders sein, wenn der Beauftragte als leitender Angestellter selbstständig Einstellungen und Entlassungen vornehmen kann (s. auch § 156 RdNr. 6 f.).

IV. Rechtsstreitigkeiten

Streitigkeiten über den Umfang der Beauftragung sind zwischen **14** privatem Arbeitgeber und beauftragten Arbeitnehmer beim Arbeitsgericht, im Beamtenverhältnis beim Verwaltungsgericht zu führen. Ist umstritten, inwieweit der Beauftragte die Beteiligungsrechte der Schwerbehindertenvertretung verletzt hat, ist das arbeitsgerichtliche Beschlussverfahren die richtige Verfahrensart.

Der Beauftragte ist außerdem in entsprechender Anwendung des § 10 S. 1 ArbGG beteiligungsfähig (*Düwell*, LPK-SGB IX § 98 RdNr. 21; *Neumann/Pahlen/Majerski-Pahlen*, SGB IX, § 98 RdNr. 6; *Germelmann/Matthes/Prütting/Müller-Glöge*, ArbGG, § 10 RdNr. 26).

Zusammenarbeit

99 (1) Arbeitgeber, Beauftragter des Arbeitgebers, Schwerbehindertenvertretung und Betriebs-, Personal-, Richter-, Staatsan-
walts- oder Präsidialrat arbeiten zur Teilhabe schwerbehinderter Menschen am Arbeitsleben in dem Betrieb oder der Dienststelle eng zusammen.

(2) ¹Die in Absatz 1 genannten Personen und Vertretungen, die mit
der Durchführung des Teils 2 beauftragten Stellen und die Rehabilitationsträger unterstützen sich gegenseitig bei der Erfüllung ihrer Aufgaben. ²Vertrauensperson und Beauftragter des Arbeitgebers sind
Verbindungspersonen zur Bundesagentur für Arbeit und zu dem Integrationsamt.

I. Allgemeines

1 Die Regelung der Zusammenarbeit war bereits im Schwerbehindertengesetz vom 26. 8. 1986 enthalten. Sie ist inhaltsgleich in das SGB IX
übernommen worden. Durch das 3. Gesetz für moderne Dienstleistungen am Arbeitsmarkt vom 23. 12. 2003 (BGBl. I S. 2848) ist in Abs. 2
S. 2 die Formulierung *Bundesanstalt für Arbeit* durch *Bundesagentur für Arbeit* ersetzt worden.

Vergleichbar ist die Regelung den Vorschriften in § 2 Abs. 1 BetrVG
und § 2 Abs. 1 BPersVG. Sie verpflichtet sowohl zur innerbetrieblichen
wie auch zur außerbetrieblichen Zusammenarbeit zur Erfüllung des
gemeinsamen Zieles, die Teilhabe schwerbehinderter Menschen am
Arbeitsleben zu fördern.

II. Zusammenarbeit innerhalb des Betriebes (Abs. 1)

2 Die Vorschrift enthält eine **zwingende Verpflichtung**. Adressaten
sind der Arbeitgeber, der Beauftragte, die Schwerbehindertenvertretung und die betrieblichen Interessenvertretungen. Verbunden durch
ein gemeinsames Ziel, nämlich den schwerbehinderten Menschen die
Teilhabe an der Beschäftigung in Betrieb oder Dienststelle zu ermöglichen, sollen die im Gesetz aufgeführten Personen und Vertretungen

zusammenarbeiten. Damit ist gemeint, dass sie nicht gegeneinander, nicht nebeneinander, nicht aneinander vorbei arbeiten, sondern sich **miteinander abstimmen**, sich **gegenseitig unterrichten** und **nach gemeinsamen Lösungen suchen**. Zusammenarbeit bedeutet andererseits nicht, dass bestehende Interessensgegensätze verwischt werden sollen und eine Interessenvertretung nicht auch konfliktorientiert geschehen kann. Mit der Einfügung des Begriffes „eng", der in § 2 Abs. 1 BetrVG und § 2 Abs. 1 BPersVG fehlt, schreibt das Gesetz eine intensive Zusammenarbeit vor. Das Merkmal „Zusammenarbeit" enthält, ohne dass dies im Gesetz eigens erwähnt wird (anders insoweit in den betriebsverfassungs- und personalvertretungsrechtlichen Vorschriften), die Komponente einer **vertrauensvollen Kooperation**, da Zusammenarbeit ohne gegenseitiges Vertrauen gar nicht funktionieren kann.

Die Verpflichtung zur Zusammenarbeit ist als **Generalklausel** zu 3
verstehen, deren rechtliche Bedeutung vor allem darin besteht, dass sie zur **Auslegung anderer Vorschriften** herangezogen werden kann. Sie gibt vor allem vor, in welcher Art und Weise die gesetzlichen Beteiligungsrechte der Schwerbehindertenvertretung ausgefüllt werden sollen. Dazu gehört es, **Beteiligungsrechte nicht nur formell zu beachten** sondern Stellungnahmen etwa im Rahmen der Einstellung von schwerbehinderten Menschen gemäß § 81 Abs. 1, § 95 Abs. 2 ernst zu nehmen und wirklich im Entscheidungsprozess zu berücksichtigen, oder Verhandlungen mit der Schwerbehindertenvertretung über eine Integrationsvereinbarung mit dem ernsthaften Willen zu führen, zu einer Einigung zu kommen. Aus § 99 leitet sich auch die Verpflichtung des Arbeitgebers ab, ein **Zustimmungersetzungsverfahren** einzuleiten, wenn der Betriebsrat des aufnehmenden Betriebes der Versetzung eines schwerbehinderten Menschen auf einen behindertengerechten Arbeitsplatz nicht zustimmt (BAG 3. 12. 02 NZA 2003, 1215, 1217). Zur Zusammenarbeit gehört auf beiden Seiten außerdem ein **ständiger Informationsaustausch**; denn nur wenn alle Adressaten der Zusammenarbeit die gleiche Informationsbasis haben, kann für das gemeinsame Ziel der Integration schwerbehinderter Menschen in den Betrieb oder die Dienststelle erfolgreich zusammengearbeitet werden. Deshalb folgt aus § 99 die Verpflichtung des Arbeitgebers, der Schwerbehindertenvertretung alle die bei ihm tätigen und von ihr repräsentierten schwerbehinderten Menschen zu benennen, wozu in Einrichtungen der beruflichen Rehabilitation auch die in Ausbildung befindlichen schwerbehinderten Rehabilitanden gehören (BAG 16. 4. 03 NZA 2003, 1105, 1107). Enge vertrauensvolle Zusammenarbeit zeigt sich weiterhin darin, dass der Arbeitgeber die Schwerbehindertenvertretung im Einzelfall auch außerhalb gesetzlicher Beteiligungsrechte einbezieht, sie etwa zu einem behördlichen Gespräch über eine personelle Angelegenheit eines Schwerbehinderten mit hinzuzieht (GK-SGB IX-*Schimanski*, § 99 RdNr. 16). Umgekehrt gehört es eben-

falls zur geforderten engen Zusammenarbeit, dass die Schwerbehindertenvertretung im Falle der vereinzelten Verletzung von Beteiligungsrechten zunächst versucht, mit dem Arbeitgeber ein klärendes Gespräch zu führen, ehe etwa die Anzeige einer Ordnungswidrigkeit erfolgt.

4   Das Gebot der Zusammenarbeit erstreckt sich auch auf das **Verhältnis Schwerbehindertenvertretung und betriebliche Interessenvertretung.** Es entfaltet Wirkung etwa im Rahmen des § 96 Abs. 9, wenn es um die Beteiligung der Schwerbehindertenvertretung an den der betrieblichen Interessenvertretung vom Arbeitgeber zur Verfügung gestellten Räumlichkeiten und Sachmitteln geht. Der Grundsatz der engen und vertrauensvollen Zusammenarbeit zeigt sich z. B. auch darin, dass die betriebliche Interessenvertretung sich mit Anliegen und Anträgen der Schwerbehindertenvertretung im Rahmen des § 95 Abs. 4 ernsthaft in ihren Sitzungen befasst.

5   Das Zusammenarbeitsgebot richtet sich auch an die jeweiligen **Stufenvertretungen** sowohl auf Seiten der betrieblichen Interessenvertretung wie auf Seiten der Schwerbehindertenvertretung (GK-SGB IX-*Schimanski*, § 99 RdNr. 23; *Neumann/Pahlen/Majerski-Pahlen*, SGB IX, § 99 RdNr. 2).

III. Zusammenarbeit mit außerbetrieblichen Stellen (Abs. 2 S. 1)

6   Abs. 2 enthält die Verpflichtung zur außerbetrieblichen Zusammenarbeit. Die in Abs. 1 genannten Personen und Vertretungen einerseits sowie die außerbetrieblichen Stellen andererseits haben sich **gegenseitig** zu **unterstützen bei der Integration** schwerbehinderter Menschen in das Arbeitsleben, z. B. durch die Schaffung oder Erhaltung eines behindertengerechten, ihren Fähigkeiten und Qualifikationen entsprechenden Arbeitsplatzes. Die außerbetrieblichen Stellen, die mit dieser gesetzlichen Aufgabe vor allem befasst sind, sind die Versorgungsämter (§ 69), die Integrationsämter (§§ 101, 102), die Agenturen für Arbeit (§§ 101, 104) sowie die in § 6 genannten Rehabilitationsträger.

7   Die gegenseitige Unterstützung ist vor allem im Hinblick auf die Verpflichtungen des Arbeitgebers im Rahmen der Prüfpflicht des § 81 Abs. 1 und den damit korrespondierenden Beratungspflichten der Bundesagentur für Arbeit gemäß § 104 von Bedeutung. Entsprechendes gilt etwa für die Verpflichtung des Arbeitgebers gemäß § 81 Abs. 4 und im Rahmen des Präventionsverfahrens gemäß § 84, eine behinderungsgerechte Gestaltung des Arbeitsplatzes, der Arbeitsorganisation und der Arbeitszeit vorzunehmen. Auch hierzu ist eine enge Zusammenarbeit mit dem zuständigen Integrationsamt notwendig, das ge

mäß § 33 die zur möglichst dauerhaften Teilhabe am Arbeitsleben erforderlichen Leistungen und Hilfen zur Erlangung oder Erhaltung des Arbeitsplatzes zu erbringen hat.

Zusammenarbeit und gegenseitige Unterstützung beinhalten wie **8** auch im Falle der innerbetrieblichen Zusammenarbeit vor allem die wechselseitige Information und Erörterung der einzelnen Schwerbehindertenangelegenheit sowie die **Gewährung von Leistungen im Einzelfall**. Eine Verpflichtung zu enger Zusammenarbeit ist schließlich in § 111 Abs. 3 im Hinblick auf die sog. Integrationsfachdienste normiert.

IV. Verbindungspersonen (Abs. 2 S. 2)

Die Vorschrift bestimmt als Verbindungspersonen zur Bundesagentur **9** für Arbeit und zum Integrationsamt den **Beauftragten** und die **Vertrauensperson**. Damit wird diesen beiden Personen die Rolle eines Hauptansprechpartners in Betrieb oder Dienststelle für die mit Schwerbehindertenangelegenheiten befassten Behörden zugewiesen. In aller Regel sollen sich die genannten Behörden mit diesen **Ansprechpartnern** zunächst in allen Angelegenheiten, die Schwerbehinderte betreffen, in Verbindung setzen; dies bedeutet umgekehrt, dass diese sich ihrerseits auch unmittelbar mit einem Anliegen an die genannten Behörden wenden können (GK-SGB IX-*Schimanski*, § 99 RdNr. 28; *Düwell*, LPK-SGB IX § 99 RdNr. 6).

Nicht ausdrücklich genannt sind in Abs. 2 S. 2 die **Versorgungs-** **10** **ämter**. Dies hat seinen Grund darin, dass diese bis auf die Feststellung der Behinderung und ihres Grades und der Ausstellung des entsprechenden Ausweises (§ 69) **keine mit der Durchführung des Teils 2 beauftragte Stelle** sind. Zwar gehört es gemäß § 95 Abs. 1 S. 3 zu den Aufgaben der Schwerbehindertenvertretung, die Beschäftigten bei der Stellung von Anträgen zum Versorgungsamt auf Feststellung der Schwerbehinderteneigenschaft zu unterstützen; Ansprechpartner für das Versorgungsamt könnte die Vertrauensperson jedoch in diesem Fall nur nach einer ausdrücklichen Zustimmung des einzelnen Beschäftigten sein und nicht etwa kraft Gesetzes gemäß Abs. 2 S. 2 (a. A. *Düwell*, LPK-SGB IX § 99 RdNr. 6).

Verordnungsermächtigung

100 Die Bundesregierung wird ermächtigt, durch Rechtsverordnung mit Zustimmung des Bundesrates nähere Vorschriften über die Vorbereitung und Durchführung der Wahl der Schwerbehindertenvertretung und ihrer Stufenvertretungen zu erlassen.

1   Die Vorschrift übernimmt die Verordnungsermächtigung in § 24 Abs. 7 SchwbG 1986 und überträgt den Text inhaltlich unverändert in eine eigene Norm.

Von der Verordnungsermächtigung hat die Bundesregierung durch den Erlass der Schwerbehindertenwahlordnung (SchwbVWO) Gebrauch gemacht. Sie enthält die näheren Bestimmungen über die Vorbereitung und die Durchführung der Wahl der Schwerbehindertenvertretung und ihrer Stufenvertretungen.

2   Die bereits aufgrund der Ermächtigung in § 24 Abs. 7 SchwbG erlassene Verordnung in der Fassung der Bekanntmachung vom 24. 4. 1990 (BGBl. I S. 811) ist zwei Mal geändert worden: zum einen durch Art. 3 des SchwBAG vom 29. 9. 2000 (BGBl. I S. 1394) wegen der erstmaligen Wahl der Konzernschwerbehindertenvertretung und zum anderen durch Art. 54 des Gesetzes vom 19. 6. 01 – SGB IX, Rehabilitation und Teilhabe behinderter Menschen – (BGBl. I S. 1046, 1125 ff.), um die Wahlordnung den sprachlichen Veränderungen im SGB IX anzupassen.

Kapitel 6. Durchführung der Regelungen zur Teilhabe schwerbehinderter Menschen

Das Kapitel 6 regelt die Zusammenarbeit der Integrationsämter und **1** der Bundesagentur für Arbeit (§ 101 SGB IX) und legt deren Aufgaben fest (§§ 102 und 104 SGB IX). Weiter wird die Einrichtung eines beratenden Ausschusses für behinderte Menschen bei dem Integrationsamt (§ 103 SGB IX) und eines solchen Ausschusses bei der Bundesagentur für Arbeit (§ 105 SGB IX) vorgeschrieben. Gemeinsame Vorschriften für diese Ausschüsse enthält § 106 SGB IX. § 107 SGB IX ermöglicht die Übertragung von Aufgaben der Versorgungsämter und der Integrationsämter an andere Stellen.

Zusammenarbeit der Integrationsämter und der Bundesagentur für Arbeit

101 (1) Soweit die besonderen Regelungen zur Teilhabe schwerbehinderter Menschen am Arbeitsleben nicht durch freie Entschließung der Arbeitgeber erfüllt werden, werden sie

1. in den Ländern von dem Amt für die Sicherung der Integration schwerbehinderter Menschen im Arbeitsleben (Integrationsamt) und

2. von der Bundesagentur für Arbeit

in enger Zusammenarbeit durchgeführt.

(2) Die den Rehabilitationsträgern nach den geltenden Vorschriften obliegenden Aufgaben bleiben unberührt.

I. Allgemeines

§ 101 SGB IX regelt das Verhältnis zwischen Arbeitgebern, Integra- **1** tionsämtern und Bundesagentur für Arbeit. § 101 Abs. 1 Hs. 1 SGB IX beinhaltet die **Aufforderung an Arbeitgeber**, ihre gesetzlichen Verpflichtungen gegenüber schwerbehinderten Menschen freiwillig zu erfüllen. Soweit **behördliches Handeln** notwendig wird, setzen die Integrationsämter und die Bundesagentur für Arbeit die besonderen Regelungen zur Teilhabe schwerbehinderter Menschen am Arbeitsleben **in enger Zusammenarbeit** um (§ 101 Abs. 1 Hs. 2 SGB IX). § 101 Abs. 2 SGB IX stellt klar, dass die Aufgaben der **Rehabilitationsträger** durch das Schwerbehindertenrecht des 2. Teils des SGB IX nicht eingeschränkt werden.

II. Soziale Verpflichtung der Arbeitgeber (Abs. 1 Hs. 1)

2   § 101 Abs. 1 SGB IX beinhaltet zunächst den Appell an Arbeitgeber, die besonderen Regelungen zur Teilhabe schwerbehinderter Menschen am Arbeitsleben durch freie Entschließung zu erfüllen. Die Vorschrift hat nur deklaratorische Bedeutung (vgl. *Pahlen* in: Neumann/Pahlen/ Majerski-Pahlen, SGB IX, § 101 RdNr. 7). Die „besonderen Regelungen zur Teilhabe schwerbehinderter Menschen am Arbeitsleben" haben folgende Gegenstände:
– die **Beschäftigungspflicht** der Arbeitgeber (§§ 71 ff. SGB IX),
– die sonstigen **Pflichten der Arbeitgeber** und die **Rechte schwerbehinderter Menschen** nach den §§ 80 ff. SGB IX, insbesondere im Zusammenhang mit der Begründung von Arbeitsverhältnissen (§ 81 Abs. 1 SGB IX), dem Benachteiligungsverbot (§ 81 Abs. 2 SGB IX), der Ausgestaltung der Beschäftigung schwerbehinderter Menschen auf behinderungsgerechten Arbeitsplätzen (§ 81 Abs. 3–5 SGB IX), dem Abschluss von Integrationsvereinbarungen (§ 83 SGB IX) und der Prävention (§ 84 SGB IX),
– den besonderen **Kündigungsschutz** nach Maßgabe der §§ 85 ff. SGB IX,
– die Aufgabenstellung von allgemeinen **Mitbestimmungsgremien** und Schwerbehindertenvertretungen sowie Beauftragten der Arbeitgeber nach den §§ 93 ff. SGB IX.

3   Arbeitgeber sollen die sich aus den genannten Regelungen ergebenden Pflichten vorrangig durch **freie Entschließung**, also nicht erst auf Grund staatlichen Zwangs erfüllen. § 101 Abs. 1 SGB IX hat jedoch insoweit nur **deklaratorischen und programmatischen Charakter**, weil die behördliche und erforderlichenfalls die gerichtliche Durchsetzung der Arbeitgeberpflichten unbenommen bleibt (vgl. *Seidel/Götze* in: Hauck/Noftz, SGB IX, § 101 RdNr. 1; *Kossens* in: Kossens/von der Heide/Maaß, SGB IX, § 101 RdNr. 2). So bedarf die Kündigung des Arbeitsverhältnisses eines schwerbehinderten Menschen durch den Arbeitgeber der vorherigen Zustimmung des Integrationsamtes. Die Einhaltung der sonstigen Pflichten der Arbeitgeber und der Rechte schwerbehinderter Menschen kann arbeitsgerichtlich durchgesetzt werden. Darüber hinaus kann die Verletzung einiger Arbeitgeberpflichten mit Bußgeldern bis zu 2 500 Euro geahndet werden (§ 156 SGB IX). Keinesfalls handelt es sich damit um ein „Gesetz des guten Willens", dessen Geltung von dem Befolgungswillen der Arbeitgeber abhinge.

4   Die Zusammenarbeit von Arbeitgebern und Integrationsämtern ist Gegenstand der **Vereinbarung zur Schaffung und Sicherung von Arbeitsplätzen für Behinderte** der Bundesvereinigung der Deutschen Arbeitgeberverbände und der Arbeitsgemeinschaft der Deutschen Hauptfürsorgestellen vom 4. 11. 1994 (br 1995, 25).

III. Behördliche Zusammenarbeit (Abs. 1 Hs. 2)

Die Anordnung einer **engen Zusammenarbeit** der Integrati- 5
onsämter der Länder und der **Bundesagentur für Arbeit** in § 101
Abs. 1 Hs. 2 SGB IX erstreckt sich auf die in § 102 SGB IX für
Integrationsämter und in § 104 SGB IX für die Bundesagentur für
Arbeit näher geregelten Aufgaben bei der Durchführung des Schwerbehindertenrechts. Neben diesem allgemeinen schwerbehindertenrechtlichen Zusammenarbeitsgebot existieren **verwaltungsverfahrensrechtliche Vorgaben** zur Zusammenarbeit der Leistungsträger
(§§ 86 ff. SGB X) und **spezielle Kooperationsanordnungen** z. B.
in § 102 Abs. 2 Satz 1 SGB IX (begleitende Hilfe im Arbeitsleben), in
§ 87 Abs. 2 SGB IX (Stellungnahme der Agentur für Arbeit zur Vorbereitung der Zustimmungsentscheidung des Integrationsamtes zur
Kündigung schwerbehinderter Arbeitnehmer) und in § 117 Abs. 1
SGB IX (Entziehung der besonderen Hilfen für schwerbehinderte
Menschen). Soweit die Form der Zusammenarbeit zwischen den Integrationsämtern und den Dienststellen der Bundesagentur für Arbeit nicht gesetzlich bestimmt ist, ist sie bisher durch eine gemeinsame Verfahrensregelung zwischen der Bundesarbeitsgemeinschaft
der Hauptfürsorgestellen und der Bundesagentur für Arbeit aus dem
Jahre 1978 konkretisiert worden.

Die Agenturen für Arbeit haben sich bei der **Arbeitsvermittlung** 6
schwerbehinderter Menschen (§ 104 Abs. 1 Nr. 1 SGB IX) mit dem zuständigen Integrationsamt abzustimmen, soweit **begleitende Hilfen**
des Integrationsamtes aus den Mitteln der Ausgleichsabgabe (vgl. § 102
Abs. 3 SGB IX) erforderlich werden. Gewährt das Integrationsamt Hilfen zur Gründung und Erhaltung einer **selbstständigen Existenz**
(§ 102 Abs. 3 Satz 1 Nr. 1 Buchst. c SGB IX, § 21 SchwbAV), prüft es die
Zweckmäßigkeit der selbstständigen Tätigkeit des behinderten Menschen unter Berücksichtigung von Auskünften der Arbeitsverwaltung
zu Lage und Entwicklung des Arbeitsmarkts.

Eine Abstimmung beider Behörden ist auch erforderlich bei der 7
Durchführung des **Anzeigeverfahrens** (§ 104 Abs. 1 Nr. 6 SGB IX,
§ 80 Abs. 2 Satz 2 SGB IX), der Überwachung der Erfüllung der **Beschäftigungspflicht** (§ 104 Abs. 1 Nr. 7 SGB IX, §§ 71 ff. SGB IX), der
Zulassung der **Anrechnung** Beschäftigter auf die Zahl der Pflichtarbeitsplätze (§ 75 Abs. 2 SGB IX), der **Mehrfachanrechnung** (§ 76
SGB IX) und der Erhebung der **Ausgleichsabgabe** (§ 102 Abs. 1 Nr. 1
SGB IX, § 77 Abs. 4 SGB IX). Die Integrationsämter erheben die Ausgleichsabgabe auf der Grundlage von Feststellungen der Arbeitsverwaltung.

Begrenzt wird die **Intensität der Zusammenarbeit** von Integra- 8
tionsämtern als Landesbehörden (Art. 83 GG) und der Bundesagentur

für Arbeit als bundesunmittelbare Körperschaft des öffentlichen Rechts (Art. 86 GG) durch das **Verbot der Mischverwaltung.** Soweit das SGB IX deshalb die Form des Zusammenwirkens nicht ausdrücklich vorgibt (so § 117 Abs. 1 SGB IX: „im Benehmen"), kommen im Wesentlichen Informationsaustausch, Handlungsabsprachen und gutachtliche Stellungnahmen in Betracht, wobei die jeweiligen Entscheidungszuständigkeiten unberührt bleiben (*Dau*, LPK-SGB IX, § 101 RdNr. 6).

IV. Aufgaben der Rehabilitationsträger (Abs. 2)

9   Nach § 101 Abs. 2 SGB IX bleiben die den Rehabilitationsträgern obliegenden Aufgaben unberührt. **Rehabilitationsträger** sind nach **§ 6 Abs. 1 SGB IX** die gesetzlichen Krankenkassen, die Bundesagentur für Arbeit, die Träger der gesetzlichen Unfallversicherung, die Träger der gesetzlichen Rentenversicherung, die Träger der Kriegsopferversorgung, die Träger der öffentlichen Jugendhilfe und die Träger der Sozialhilfe. Im Rahmen ihrer Zuständigkeit erbringen Rehabilitationsträger **auch Leistungen zur Teilhabe am Arbeitsleben** nebst unterhaltsichernden und anderen ergänzenden Leistungen (§ 5 Nr. 2, 3 SGB IX, §§ 33 ff., §§ 44 SGB IX).

10   Mit § 101 Abs. 2 SGB IX wird nicht nur die **Eigenständigkeit** der Leistungserbringung durch Rehabilitationsträger zum Ausdruck gebracht, sondern auch deren **Vorrang** vor Maßnahmen des Schwerbehindertenrechts. Die Regelung verdeutlicht, dass das Schwerbehindertenrecht zusätzliche Hilfen zur Teilhabe schwerbehinderter Menschen bereitstellt und damit Leistungen der Rehabilitationsträger ergänzt (vgl. *Dau*, LPK-SGB IX, § 101 RdNr. 7).

11   Der **allgemeine Grundsatz des Vorrangs von Rehabilitationsleistungen** wird **konkretisiert** in § 102 Abs. 5 Satz 2 SGB IX. Leistungen der Rehabilitationsträger dürfen nach dieser Vorschrift auch dann nicht deshalb versagt werden, weil nach den besonderen Regelungen für schwerbehinderte Menschen entsprechende Leistungen vorgesehen sind, wenn auf sie ein Rechtsanspruch nicht besteht. Eine Aufstockung durch Leistungen des Integrationsamtes findet nicht statt.

12   Nach **§ 77 Abs. 5 Satz 1 SGB IX** darf die Ausgleichsabgabe nur für besondere Leistungen zur Förderung der Teilhabe schwerbehinderter Menschen am Arbeitsleben einschließlich begleitender Hilfe im Arbeitsleben verwendet werden, soweit Mittel für denselben Zweck nicht von anderer Seite zu leisten sind oder geleistet werden. Entsprechende Vorgaben finden sich in § 15 Abs. 2 Satz 2 SchwbAV, § 18 Abs. 1 SchwbAV, § 32 Abs. 2 SchwbAV. Bei Leistungen zur begleitenden Hilfe im Arbeitsleben bleibt der Nachrang der Träger der Sozialhilfe gemäß § 2 SGB XII unberührt (§ 18 Abs. 1 Satz 2 SchwbAV).

Nach § 102 Abs. 6 SGB IX werden die Integrationsämter in das **Zu-** 13
ständigkeitsklärungsverfahren des § 14 SGB IX einbezogen, ohne
selbst Rehabilitationsträger zu sein (dazu *Mrozynski,* SGB XI Teil 1,
§ 14 RdNr. 22 zur Antragstellung bei unzuständigen Leistungsträgern
s.a. § 16 Abs. 2 SGB I).

Aufgaben des Integrationsamtes

102 (1) ¹Das Integrationsamt hat folgende Aufgaben:

1. die Erhebung und Verwendung der Ausgleichsabgabe,

2. den Kündigungsschutz,

3. die begleitende Hilfe im Arbeitsleben,

**4. die zeitweilige Entziehung der besonderen Hilfen für schwer-
behinderte Menschen (§ 117).**
²Die Integrationsämter werden so ausgestattet, dass sie ihre Aufgaben umfassend und qualifiziert erfüllen können. ³Hierfür wird
besonders geschultes Personal mit Fachkenntnissen des Schwerbehindertenrechts eingesetzt.

(2) ¹Die begleitende Hilfe im Arbeitsleben wird in enger Zusammenarbeit mit der Bundesagentur für Arbeit und den übrigen Rehabilitationsträgern durchgeführt. ²Sie soll dahin wirken, dass die schwerbehinderten Menschen in ihrer sozialen Stellung nicht absinken, auf Arbeitsplätzen beschäftigt werden, auf denen sie ihre Fähigkeiten und
Kenntnisse voll verwerten und weiterentwickeln können sowie durch
Leistungen der Rehabilitationsträger und Maßnahmen der Arbeitgeber befähigt werden, sich am Arbeitsplatz und im Wettbewerb mit
nichtbehinderten Menschen zu behaupten. ³Dabei gelten als Arbeitsplätze auch Stellen, auf denen Beschäftigte befristet oder als Teilzeitbeschäftigte in einem Umfang von mindestens 15 Stunden wöchentlich
beschäftigt werden. ⁴Die begleitende Hilfe im Arbeitsleben umfasst
auch die aus den Umständen des Einzelfalls notwendige psychosoziale Betreuung schwerbehinderter Menschen. ⁵Das Integrationsamt
kann bei der Durchführung der begleitenden Hilfen im Arbeitsleben
Integrationsfachdienste einschließlich psychosozialer Dienste freier
gemeinnütziger Einrichtungen und Organisationen beteiligen. ⁶Das
Integrationsamt soll außerdem darauf Einfluss nehmen, dass Schwierigkeiten im Arbeitsleben verhindert oder beseitigt werden; es führt
hierzu auch Schulungs- und Bildungsmaßnahmen für Vertrauenspersonen, Beauftragte der Arbeitgeber, Betriebs-, Personal-, Richter-,
Staatsanwalts- und Präsidialräte durch. ⁷Das Integrationsamt benennt in enger Abstimmung mit den Beteiligten des örtlichen Arbeitsmarktes Ansprechpartner, die in Handwerks- sowie in Industrie- und

Handelskammern für die Arbeitgeber zur Verfügung stehen, um sie über Funktion und Aufgaben der Integrationsfachdienste aufzuklären, über Möglichkeiten der begleitenden Hilfe im Arbeitsleben zu informieren und Kontakt zum Integrationsfachdienst herzustellen.

(3) [1]Das Integrationsamt kann im Rahmen seiner Zuständigkeit für die begleitende Hilfe im Arbeitsleben aus den ihm zur Verfügung stehenden Mitteln auch Geldleistungen erbringen, insbesondere

1. an schwerbehinderte Menschen
a) für technische Arbeitshilfen,

b) zum Erreichen des Arbeitsplatzes,

c) zur Gründung und Erhaltung einer selbstständigen beruflichen Existenz,

d) zur Beschaffung, Ausstattung und Erhaltung einer behinderungsgerechten Wohnung,

e) zur Teilnahme an Maßnahmen zur Erhaltung und Erweiterung beruflicher Kenntnisse und Fertigkeiten und

f) in besonderen Lebenslagen,

2. an Arbeitgeber

a) zur behinderungsgerechten Einrichtung von Arbeits- und Ausbildungsplätzen für schwerbehinderte Menschen und

b) für Zuschüsse zu Gebühren, insbesondere Prüfungsgebühren, bei der Berufsausbildung besonders betroffener schwerbehinderter Jugendlicher und junger Erwachsener,

c) für Prämien und Zuschüsse zu den Kosten der Berufsausbildung behinderter Jugendlicher und junger Erwachsener, die für die Zeit der Berufsausbildung schwerbehinderter Menschen nach § 68 Abs. 4 gleichgestellt worden sind,

d) für Prämien zur Einführung eines betrieblichen Eingliederungsmanagements und

e) für außergewöhnliche Belastungen, die mit der Beschäftigung schwerbehinderter Menschen im Sinne des § 72 Abs. 1 Nr. 1 Buchstabe a bis d, von schwerbehinderten Menschen im Anschluss an eine Beschäftigung in einer anerkannten Werkstatt für behinderte Menschen oder im Sinne des § 75 Abs. 2 verbunden sind, vor allem, wenn ohne diese Leistungen das Beschäftigungsverhältnis gefährdet würde,

3. an Träger von Integrationsfachdiensten einschließlich psychosozialer Dienste freier gemeinnütziger Einrichtungen und Organisationen sowie an Träger von Integrationsprojekten.

[2]Es kann ferner Leistungen zur Durchführung von Aufklärungs-, Schulungs- und Bildungsmaßnahmen erbringen.

(3a) Schwerbehinderte Menschen haben im Rahmen der Zuständigkeit des Integrationsamtes aus den ihm aus der Ausgleichsabgabe zur Verfügung stehenden Mitteln Anspruch auf Übernahme der Kosten einer Berufsbegleitung nach § 38a Abs. 3.

(4) Schwerbehinderte Menschen haben im Rahmen der Zuständigkeit des Integrationsamtes für die begleitende Hilfe im Arbeitsleben aus den ihm aus der Ausgleichsabgabe zur Verfügung stehenden Mitteln Anspruch auf Übernahme der Kosten einer notwendigen Arbeitsassistenz.

(5) [1]Verpflichtungen anderer werden durch die Absätze 3 und 4 nicht berührt. [2]Leistungen der Rehabilitationsträger nach § 6 Abs. 1 Nr. 1 bis 5 dürfen, auch wenn auf sie ein Rechtsanspruch nicht besteht, nicht deshalb versagt werden, weil nach den besonderen Regelungen für schwerbehinderte Menschen entsprechende Leistungen vorgesehen sind; eine Aufstockung durch Leistungen des Integrationsamtes findet nicht statt.

(6) [1]§ 14 gilt sinngemäß, wenn bei dem Integrationsamt eine Leistung zur Teilhabe am Arbeitsleben beantragt wird. [2]Das Gleiche gilt, wenn ein Antrag bei einem Rehabilitationsträger gestellt und der Antrag von diesem nach § 16 Abs. 2 des Ersten Buches an das Integrationsamt weitergeleitet worden ist. [3]Ist die unverzügliche Erbringung einer Leistung zur Teilhabe am Arbeitsleben erforderlich, so kann das Integrationsamt die Leistung vorläufig erbringen. [4]Hat das Integrationsamt eine Leistung erbracht, für die ein anderer Träger zuständig ist, so erstattet dieser die auf die Leistung entfallenden Aufwendungen.

(7) [1]Das Integrationsamt kann seine Leistungen zur begleitenden Hilfe im Arbeitsleben auch als persönliches Budget ausführen. [2]§ 17 gilt entsprechend.

Übersicht

I. Allgemeines

1   § 102 Abs. 1 SGB IX umschreibt die **Aufgaben des Integrationsamtes.** Weitere Aufgaben finden sich im SGB IX in den §§ 80, 81 und
94 SGB IX. Die weiteren Absätze des § 102 SGB IX gestalten die
begleitenden Hilfen im Arbeitsleben durch Integrationsämter sowie ihr Verhältnis zu den Leistungen der Rehabilitationsträger aus.
Die Vorschrift wird ergänzt durch die auf der Grundlage des § 79 SGB
IX erlassene **Schwerbehinderten-Ausgleichsabgabeverordnung
(SchwbAV)** vom 28. 3. 1988 (BGBl. I S. 484), zuletzt geändert durch
Gesetz vom 22. 12. 2008 (BGBl. I S. 2959; abgedruckt als Anhang 3).
Ein **Adressenverzeichnis** der Integrationsämter und einen **Informa-
tionsservice** bietet die Internetdarstellung der Bundesarbeitsgemein-
schaft der Integrationsämter und Hauptfürsorgestellen (BIH) in Karls-
ruhe (www.integrationsaemter.de).

II. Aufgabenstellung (§ 102 Abs. 1 Satz 1 SGB IX)

2   § 102 Abs. 1 SGB IX enthält eine **Zuständigkeitsbestimmung** der
Integrationsämter für vier wesentliche Aufgaben. Lediglich hinsichtlich der **begleitenden Hilfe im Arbeitsleben** (Nr. 3) ist die Zustän-

digkeitsbestimmung konstitutiv. Die Erhebung und Verwendung der **Ausgleichsabgabe** (Nr. 1) durch Integrationsämter ergibt sich bereits aus § 77 Abs. 4 bis 7 SGB IX, die Zuständigkeit für die Durchführung des **Kündigungsschutzes** (Nr. 2) aus den §§ 87 ff. SGB IX und die Zuständigkeit für die zeitweilige **Entziehung der besonderen Hilfen** (Nr. 4) aus § 117 SGB IX.

Der **Aufgabenkatalog** des § 102 Abs. 1 SGB IX ist **nicht abschlie-** 3 **ßend.** So obliegt den Integrationsämtern darüber hinaus die Überwachung der Beschäftigungspflicht der Arbeitgeber nach § 80 SGB IX und die Unterstützung der Arbeitgeber bei der behinderungsgerechten Ausgestaltung der Beschäftigung schwerbehinderter Menschen nach § 81 Abs. 4 Satz 2 SGB IX. Die Integrationsämter sind einbezogen in die Bildung von Schwerbehindertenvertretungen (§ 94 Abs. 1 Satz 5 SGB IX, § 94 Abs. 6 Satz 4 SGB IX). **Rehabilitationsträger** haben das zuständige Integrationsamt zur Klärung eines Hilfebedarfs nach Teil 2 des SGB IX zu beteiligen (§ 11 Abs. 3 SGB IX). Gemeinsame örtliche **Servicestellen** der Rehabilitationsträger beraten behinderte Menschen, ihre Vertrauenspersonen und Personensorgeberechtigten unter **Beteiligung der Integrationsämter** über einen schwerbehindertenrechtlichen Hilfebedarf (§ 22 Abs. 1 Satz 3 SGB IX). Nach § 10 Abs. 2 SGB IX ist das Integrationsamt für die **Koordinierung** der Leistungen und sonstigen Hilfen für schwerbehinderte Menschen nach Teil 2 des SGB IX verantwortlich.

III. Ausstattung der Integrationsämter (§ 102 Abs. 1 Sätze 2, 3 SGB IX)

Die durch das Gesetz zur Förderung der Ausbildung und Beschäfti- 4 gung schwerbehinderter Menschen vom 23. 4. 2004 (BGBl. I S. 606) in Abs. 1 eingefügten Sätze 2 und 3 sollen sicherstellen, dass die Integrationsämter mit hinreichend qualifiziertem Personal ausgestattet sind (vgl. BT-Drucks. 15/1783). Das Personal muss insbesondere mit den für die betriebliche Integration schwerbehinderter Menschen maßgeblichen arbeitswissenschaftlichen, betriebsorganisatorischen, arbeitspsychologischen und arbeitsschutzrechtlichen Aspekten hinreichend vertraut sein. Mitarbeiter der Integrationsämter müssen in der Lage sein, geeignete Vorschläge zur Beschäftigung schwerbehinderter Menschen und zur Ausstattung ihrer Arbeitsplätze zu machen, die sowohl den betrieblichen Interessen als auch den Belangen des Betroffenen Rechnung tragen (GK-SGB IX-*Spiolek*, § 102 RdNr. 39; zur begleitenden Hilfe als Managementaufgabe: *Matzeder* br 2002, 40). Hierzu setzen die Integrationsämter auch beratende Ingenieure ein (zu Ingenieur-Fachdiensten: *Seidel* br 2002, 50). Das Personal kann mit Mitteln der Ausgleichsabgabe qualifiziert werden (§ 29 Abs. 2 Satz 2 SchwbAV).

Diese Regelung ist mit der Ermächtigungsgrundlage vereinbar (vgl. *Simon* in: jurisPK SGB IX, § 102 RdNr. 23).

IV. Begleitende Hilfe im Arbeitsleben (§ 102 Abs. 2, 3 SGB IX)

5 **1. Begriff: „Begleitende Hilfen im Arbeitsleben".** Kennzeichen der begleitenden Hilfen im Arbeitsleben ist zunächst, dass sie sich auf das Arbeitsleben beziehen. Hilfen, die auf andere Bedarfe (z. B. medizinische) ausgerichtet sind, sind nicht erfasst. Nach **§ 17 Abs. 2 SchwbAV** können Leistungen, die der Teilhabe schwerbehinderter Menschen am Arbeitsleben nicht oder nur mittelbar dienen, im Rahmen der begleitenden Hilfe im Arbeitsleben nicht erbracht werden. Insbesondere können **medizinische Maßnahmen** sowie **Urlaubs- und Freizeitmaßnahmen** nicht gefördert werden.

6 Ein weiteres Kennzeichen der begleitenden Hilfen im Arbeitsleben ist ihre von den Rehabilitationsleistungen abweichende **Zielsetzung.** Der Schwerpunkt der begleitenden Hilfe der Integrationsämter liegt bei der Förderung bereits eingestellter schwerbehinderter Menschen, während sich die Leistungen der Bundesagentur für Arbeit auf die Förderung der Einstellung selbst konzentrieren. Von daher liegt es nahe, wenn die Arbeitsverwaltung im Falle einer erfolgreichen Vermittlung eines schwerbehinderten Menschen ggfs. erforderliche begleitende Hilfen zur Sicherung der beruflichen Eingliederung mit dem zuständigen Integrationsamt abstimmt. **Zuständigkeitsüberschneidungen** ergeben sich bei der Ersteingliederung/Einstellung schwerbehinderter Menschen, weil hier die begleitende Hilfe bereits im Kontext der der Agentur für Arbeit obliegenden Vermittlung einsetzen kann. So erfasst § 17 Abs. 1 Satz 2 SchwbAV bestimmte Leistungen der begleitenden Hilfe im Arbeitsleben zur Ermöglichung der Aufnahme einer dauerhaften Beschäftigung (s. a. § 18 Abs. 2 Nr. 1 SchwbAV; *Seidel* in: Hauck/Noftz, SGB IX, § 102 RdNr. 36). Von den Leistungen anderer Rehabilitationsträger unterscheiden sich begleitende Hilfen im Arbeitsleben durch ihre weitergehende Zielsetzung. Sie sollen die Arbeit für schwerbehinderte Menschen zumutbar gestalten (vgl. *Simon* in: jurisPK-SGB IX § 102 RdNr. 27.

7 **2. Kein Rechtsanspruch.** Die Erbringung der begleitenden Hilfe im Arbeitsleben steht im Ermessen der Integrationsämter. Der Gesetzgeber hat davon abgesehen, einen Rechtsanspruch der behinderten Menschen auf die vielfältigen Leistungen der begleitenden Hilfe zu begründen, weil dies auf beachtliche rechtliche und praktische Bedenken stoße (BT-Drucks. 14/3372, S. 20). Eine Ausnahme gilt für die Arbeitsassistenz (Abs. 4).

8 Die Integrationsämter werden auf Antrag des behinderten Menschen oder des Arbeitgebers, aber auch von Amts wegen, etwa auf Grund von

Betriebsbesuchen, tätig (§ 18 SGB X; *Seidel* in: Hauck/Noftz, SGB IX, § 102 RdNr. 32: „aktives Integrationsamt"; *Matzeder* br 2002, 40, 43: Begleitende Hilfe als „Bringschuld" der Integrationsämter).

Die Integrationsämter haben ihr Ermessen entsprechend dem Zweck 9 der Ermächtigung auszuüben und die gesetzlichen Grenzen des Ermessens einzuhalten. Auf die pflichtgemäße **Ausübung des Ermessens** besteht ein Anspruch (§ 39 Abs. 1 SGB I). Die Integrationsämter haben sich von daher bei Entscheidungen über Leistungen der begleitenden Hilfe im Arbeitsleben an der gesetzlichen Zielsetzung zu orientieren, die Selbstbestimmung und gleichberechtigte Teilhabe behinderter Menschen am Leben in der Gesellschaft zu fördern, Benachteiligungen zu vermeiden oder ihnen entgegenzuwirken. Dabei ist den besonderen Bedürfnissen behinderter Frauen Rechnung zu tragen (§ 1 SGB IX). Die begleitende Hilfe im Arbeitsleben dient der Verwirklichung des sozialen Rechtes behinderter Menschen auf Hilfe, die notwendig ist, um ihnen einen ihren Neigungen und Fähigkeiten entsprechenden Platz im Arbeitsleben zu sichern, ihre Entwicklung zu fördern und ihre Teilhabe am Leben in der Gesellschaft und eine möglichst selbstständige und selbstbestimmte Lebensführung zu ermöglichen oder zu erleichtern sowie Benachteiligungen auf Grund der Behinderung entgegenzuwirken (§ 10 SGB I). Dieses soziale Recht behinderter Menschen ist bei der Ausübung von Ermessen durch die Integrationsämter zu beachten; dabei ist sicherzustellen, dass es möglichst weitgehend verwirklicht wird (§ 2 Abs. 2 SGB I).

Da die begleitende Hilfe aus dem Aufkommen der **Ausgleichsab- 10 gabe** finanziert wird (§ 77 Abs. 5 SGB IX, § 14 Abs. 1 Nr. 2 SchwbAV), erscheint es als zulässig, auch den finanziellen Aspekt der insofern **begrenzten Mittel** als ermessensrelevanten Gesichtspunkt zu berücksichtigen (*Seidel* in: Hauck/Noftz, SGB IX, § 102 RdNr. 24). Erweist sich jedoch eine konkrete Maßnahme der begleitenden Hilfe im Arbeitsleben zur Sicherung eines behinderungsgerechten Arbeitsplatzes im Sinne der Aufgabenbeschreibung des § 102 Abs. 2 Satz 2 SGB IX als zwingend erforderlich, wird sich das Ermessen des Integrationsamtes dahingehend „**auf null**" reduzieren, dass eine Bewilligung zu erfolgen hat (GK-SGB IX-*Spiolek*, § 102 RdNr. 58).

3. Verfahren. Die Entscheidung über Leistungen der begleitenden 11 Hilfe ergeht durch **Verwaltungsakt** des Integrationsamtes, wobei die **Begründung** auch die Gesichtspunkte erkennen lassen muss, von denen die Behörde bei der Ausübung ihres Ermessens ausgegangen ist (§ 35 Abs. 1 Satz 3 SGB X).

Über den **Widerspruch** des durch die Ablehnung beschwerten be- 12 hinderten Menschen oder Arbeitgebers entscheidet der Widerspruchsausschuss bei dem Integrationsamt (§§ 118 f. SGB IX).

4. Enge Zusammenarbeit zwischen Integrationsamt und Bun- 13 desagentur für Arbeit (§ 102 Abs. 2 Satz 1 SGB IX). § 102 Abs. 2

Satz 1 SGB IX enthält den **Grundsatz der engen Zusammenarbeit** des Integrationsamtes mit der Bundesagentur für Arbeit und wiederholt damit das bereits in § 101 Abs. 1 SGB IX enthaltene entsprechende Gebot (vgl. § 101 RdNr. 6 ff.).

14   Soweit die Bundesagentur für Arbeit nicht als Rehabilitationsträger im Sinne des § 6 SGB IX, sondern in Erfüllung der Aufgaben des § 104 SGB IX tätig wird, greift der Subsidiaritätsgrundsatz des § 102 Abs. 5 SGB IX nicht. Vielmehr steht das Leistungsangebot der Integrationsämter nach § 102 SGB IX und das der Bundesagentur für Arbeit nach § 104 SGB IX **gleichrangig nebeneinander**, so dass erhöhter **Koordinierungs-** und **Kooperationsbedarf** besteht.

15   **5. Ziele der begleitenden Hilfe im Arbeitsleben (§ 102 Abs. 2 Satz 2 SGB IX).** In § 102 Abs. 2 Satz 2 SGB IX wird die Unterstützung der betrieblichen Eingliederung schwerbehinderter Menschen als Aufgabe der Integrationsämter beschrieben. Als Teilziele werden benannt:

– Verhinderung des Absinkens der sozialen Stellung,
– Beschäftigung auf qualifikationsentsprechenden Arbeitsplätzen,
– Gelegenheit zur Weiterentwicklung von Fähigkeiten und Kenntnissen,
– Stärkung der sozialen Kompetenz am Arbeitsplatz sowie
– Stärkung der Wettbewerbsfähigkeit gegenüber nichtbehinderten Menschen.

16   Die Verwirklichung der Aufgaben der begleitenden Hilfe setzt eine **Kooperation** zwischen Integrationsämtern und **Arbeitgebern** voraus. Die Mitarbeiter der Integrationsämter haben sich über die betrieblichen Belange zu informieren, ihre eigenen Kenntnisse und Erfahrungen einzubringen und die geeignete Hilfe im Beratungsprozess zu vermitteln. Dies erfordert **fachkundiges Personal** der Integrationsämter (s. RdNr. 4).

17   **Arbeitgeber** sind zur Mitwirkung an den begleitenden Hilfen der Integrationsämter verpflichtet. Dies ergibt sich aus dem **systematischen Zusammenhang** der begleitenden Hilfe im Arbeitsleben mit den **Arbeitgeberpflichten aus § 81 Abs. 3 bis 5 SGB IX** (dazu: Seidel SuP 2002, 31). Arbeitgeber haben demnach durch geeignete Maßnahmen sicherzustellen, dass in ihren Betrieben und Dienststellen wenigstens die vorgeschriebene Zahl schwerbehinderter Menschen eine möglichst dauerhafte behinderungsgerechte Beschäftigung finden kann. Schwerbehinderte Menschen haben gegenüber ihrem Arbeitgeber u. a. einen Rechtsanspruch auf eine Beschäftigung, bei der sie ihre Fähigkeiten und Kenntnisse möglichst voll verwerten und weiterentwickeln können, und auf eine behinderungsgerechte Ausstattung der Arbeitsstätte und des Arbeitsplatzes. Der in § 81 Abs. 4 Satz 2, Abs. 5 Satz 2 SGB IX angeordneten Unterstützung der Arbeitgeber bei der Erfüllung dieser Verpflichtungen durch die Integrationsämter dient die begleitende Hilfe im Arbeitsleben. Dementsprechend haben die Ar-

beitgeber den Beauftragten des Integrationsamtes auf Verlangen **Einblick in ihren Betrieb** oder ihre Dienststelle zu geben (§ 80 Abs. 7 SGB IX) und auf Verlangen **Auskünfte** zu erteilen, die zur Durchführung der begleitenden Hilfe erforderlich sind (§ 80 Abs. 5 SGB IX). Die **Schwerbehindertenvertretung** überwacht die Erfüllung der Arbeitgeberpflichten aus § 81 SGB IX und kann selbständig bei dem zuständigen Integrationsamt begleitende Hilfen beantragen (§ 95 Abs. 1 Satz 2 Nr. 1 und 2 SGB IX). Die Vertrauensperson der schwerbehinderten Menschen (§ 96 SGB IX) und der Beauftragte des Arbeitgebers (§ 98 SGB IX) sind **Verbindungspersonen** zum Integrationsamt (§ 99 Abs. 2 Satz 2 SGB IX).

6. Arbeitsbegleitende Hilfe für befristet oder teilzeitbeschäftigte schwerbehinderte Menschen (§ 102 Abs. 2 Satz 3 SGB IX). 18 Nach § 102 Abs. 2 Satz 3 SGB IX kommt die begleitende Hilfe auch schwerbehinderten Menschen zugute, die in befristeten Arbeitsverhältnissen oder als Teilzeitbeschäftigte in einem Umfang von mindestens 15 Stunden wöchentlich beschäftigt werden. Nach der **allgemeinen Arbeitsplatzdefinition in § 73 SGB IX** gelten als Arbeitsplätze nicht Stellen, die nach der Natur der Arbeit oder nach den zwischen den Parteien getroffenen Vereinbarungen nur auf die Dauer von höchstens acht Wochen besetzt sind, sowie Stellen, auf denen Beschäftigte weniger als 18 Stunden wöchentlich beschäftigt werden. Hinsichtlich des Umfangs der Teilzeitbeschäftigung ist die 15-Stunden-Grenze des § 102 Abs. 2 Satz 3 SGB IX **lex specialis.** Die Regelung stellt klar, dass die begleitende Hilfe im Arbeitsleben nicht nur bei unbefristeten, sondern auch bei befristeten Voll- und Teilzeit-Beschäftigungsverhältnissen im Sinne des § 73 Abs. 1 SGB IX mit einer Dauer von mehr als acht Wochen möglich ist, abweichend von § 73 Abs. 3 SGB IX auch für Teilzeitarbeitsverhältnisse ab mindestens 15 Stunden wöchentlich (BT-Drucks. 14/3372, S. 20).

7. Sicherstellung der psychosozialen Betreuung (§ 102 Abs. 2 19 **Satz 4 SGB IX).** Die nach den Umständen des Einzelfalls notwendige psychosoziale Betreuung gewährleisten die Integrationsämter durch eigene psychosoziale Dienste (zu Konzeption und Qualitätsmanagement in der psychosozialen Betreuung: *Brand* br 1998, 34; *Beule u. a.* br 2000, 93). Daneben können sie nach § 102 Abs. 2 Satz 5 SGB IX psychosoziale **Dienste freier gemeinnütziger Einrichtungen und Organisationen** beteiligen, wobei die Integrationsämter den behinderten Menschen und ihren Arbeitgebern gegenüber für die sachgerechte Aufgabenerfüllung verantwortlich bleiben. Freie gemeinnützige Träger psychosozialer Dienste, die das Integrationsamt an der Durchführung der ihr obliegenden Aufgabe der im Einzelfall erforderlichen psychosozialen Betreuung schwerbehinderter Menschen unter Fortbestand ihrer Verantwortlichkeit beteiligt, können Leistungen zu den daraus entstehenden notwendigen Kosten erhalten (§ 102 Abs. 3 Satz 1 Nr. 3

SGB IX, § 28 Abs. 1 SchwbAV). Die externen Dienste haben fachliche Anforderungen zu erfüllen (§ 28 Abs. 2 SchwbAV). Die Maßnahmen müssen auf der Grundlage einer **Vereinbarung** zwischen dem Integrationsamt und dem Träger des psychosozialen Dienstes stattfinden, die auch das Nähere über die Höhe der zu übernehmenden Kosten bestimmt (§ 28 Abs. 3 SchwbAV).

20 **8. Beteiligung der Integrationsfachdienste (§ 102 Abs. 2 Satz 5 SGB IX).** Das Integrationsamt kann bei der Durchführung der begleitenden Hilfe Integrationsfachdienste im Sinne der §§ 109 ff. SGB IX beteiligen. Auch hier bleibt das Integrationsamt für die Ausführung der Leistung verantwortlich (§ 111 Abs. 1 Satz 2 SGB IX). Näheres zur Beauftragung, Zusammenarbeit, fachlichen Leitung, Aufsicht sowie zur Qualitätssicherung und Ergebnisbeobachtung wird zwischen dem Integrationsamt und dem Träger des Integrationsfachdienstes auf der Grundlage einer bundesweiten **Mustervereinbarung** vertraglich geregelt (vgl. § 111 Abs. 4 SGB IX). Im Auftrag legt das Integrationsamt in Abstimmung mit dem Integrationsfachdienst Art, Umfang und Dauer des im Einzelfall notwendigen Einsatzes des Integrationsfachdienstes sowie das Entgelt fest (§ 111 Abs. 2 SGB IX). Der Integrationsfachdienst hat mit dem Integrationsamt eng zusammenzuarbeiten (§ 111 Abs. 3 Nr. 2 SGB IX).

21 Die gesetzliche Option der Hinzuziehung eines Integrationsfachdienstes lässt das Recht des Integrationsamtes, eigene psychosoziale Dienste zu beteiligen, unberührt. Allerdings ist es das Ziel, dass Integrationsämter ebenso wie Agenturen für Arbeit nur **denselben Integrationsfachdienst** beauftragen, der möglichst einen psychosozialen Dienst umfasst, so dass damit auch den schwerbehinderten Menschen Rechnung getragen werden kann, die der psychosozialen Betreuung durch einen solchen Dienst bedürfen. Von den Agenturen für Arbeit und den Integrationsämtern sollen nicht unterschiedliche Fachdienste beteiligt werden (BT-Drucks. 14/3372, S. 20, 23). Die **Vergütung** für die Inanspruchnahme von Integrationsfachdiensten kann bei Beauftragung durch das Integrationsamt aus Mitteln der Ausgleichsabgabe erbracht werden (§ 113 SGB IX, § 27 a SchwbAV).

22 **9. Bildungs- und Schulungsmaßnahmen durch das Integrationsamt (§ 102 Abs. 2 Satz 6 SGB IX).** § 102 Abs. 2 Satz 6 SGB IX verknüpft die begleitende Hilfe des Integrationsamtes mit der **betrieblichen Interessenvertretung** schwerbehinderter Arbeitnehmer. Das Integrationsamt führt **Schulungs- und Bildungsmaßnahmen** für Vertrauenspersonen schwerbehinderter Menschen (§§ 94 ff. SGB IX), Beauftragte der Arbeitgeber (§ 98 SGB IX), Betriebs-, Personal-, Richter-, Staatsanwalts- und Präsidialräte zur Verhinderung oder Beseitigung von **Schwierigkeiten im Arbeitsleben** durch. Sie dienen insbesondere der Information über die Rechte schwerbehinderter Menschen, die Notwendigkeit besonderer Unterstützung und die

diesbezüglichen Aufgaben der Vertretungsgremien. Neben Veranstaltungen der Integrationsämter werden auch **Maßnahmen anderer Träger** gefördert, wenn sie erforderlich und die Integrationsämter an ihrer inhaltlichen Gestaltung maßgeblich beteiligt sind (§ 29 Abs. 1 SchwbAV). Aufklärungsmaßnahmen sowie Schulungs- und Bildungsmaßnahmen für Personen außerhalb der in § 102 Abs. 2 Satz 6 SGB IX benannten Zielgruppe, die die Teilhabe schwerbehinderter Menschen am Arbeitsleben zum Gegenstand haben, können ebenfalls gefördert werden (§ 103 Abs. 3 Satz 2 SGB IX, § 29 Abs. 2 SchwbAV).

10. Benennung von Ansprechpartnern (§ 102 Abs. 2 Satz 7 23 **SGB IX).** Um eine effektivere Beratung sicherzustellen, wurden die Integrationsämter verpflichtet, den Arbeitgebern Gesprächspartner bei den Handwerkskammern und den Industrie- und Handelskammern zu benennen.

IV. Geldleistungen (§ 102 Abs. 3 SGB IX)

1. Allgemeines. Der **Katalog der Geldleistungen** des Integrati- 24 onsamtes aus den ihm zur Verfügung stehenden Mitteln in § 102 Abs. 3 SGB IX (s. a. § 17 Abs. 1 Satz 1 SchwbAV) ist nicht abschließend („insbesondere"). Die Formulierung „im Rahmen seiner Zuständigkeit" ist im Zusammenhang mit dem in Abs. 5 enthaltenen Grundsatz der **Subsidiarität** der begleitenden Hilfe im Arbeitsleben gegenüber Leistungen vorrangig zuständiger Rehabilitationsträger zu verstehen. Die Vorschrift differenziert zwischen

– Leistungen an **schwerbehinderte Menschen** (§ 102 Abs. 3 Satz 1 Nr. 1 SGB IX, §§ 19 ff. SchwbAV),
– Leistungen an **Arbeitgeber** (§ 102 Abs. 3 Satz 1 Nr. 2 SGB IX, §§ 26 f. SchwbAV),
– **Leistungen an Dritte** (§ 102 Abs. 3 Satz 1 Nr. 3 SGB IX, §§ 27a ff. SchwbAV).

Nach der **Öffnungsklausel** des § 17 Abs. 1 Satz 2 SchwbAV können daneben solche Leistungen unter besonderen Umständen an Träger sonstiger Maßnahmen erbracht werden, die dazu dienen und geeignet sind, die Teilhabe schwerbehinderter Menschen am Arbeitsleben auf dem allgemeinen Arbeitsmarkt (Aufnahme, Ausübung oder Sicherung einer möglichst dauerhaften Beschäftigung) zu ermöglichen, zu erleichtern oder zu sichern.

Aus § 102 Abs. 3 SGB XII ergibt sich **kein Anspruch** auf die Geld- 25 leistung selbst oder auf eine Ermessensentscheidung (vgl. *Simon* in: jurisPK-SGB IX, § 102 RdNr. 34). Die Leistungsvoraussetzungen werden in § 18 SchwbAV festgelegt.

2. Geldleistungen an schwerbehinderte Menschen. Die **Geld-** 26 **leistungen** der begleitenden Hilfe im Arbeitsleben **an schwerbehin-**

derte Menschen können nur erbracht werden, wenn die Teilhabe am Arbeitsleben auf dem allgemeinen Arbeitsmarkt unter Berücksichtigung von Art oder Schwere der Behinderung auf **besondere Schwierigkeiten** stößt und **durch** die Leistungen ermöglicht, erleichtert oder gesichert werden kann. Außerdem darf es dem schwerbehinderten Menschen wegen des **behinderungsbedingten Bedarfs** nicht zuzumuten sein, die erforderlichen Mittel selbst aufzubringen. In den übrigen Fällen sind seine **Einkommensverhältnisse** zu berücksichtigen (§ 18 Abs. 2 SchwbAV).

27 Geldleistungen können als **einmalige** oder **laufende** Leistungen erbracht werden. Laufende Leistungen sind in der Regel zu befristen. Leistungen können wiederholt erbracht werden (§ 18 Abs. 3 SchwbAV).

28 Für die Beschaffung **technischer Arbeitshilfen** (§ 102 Abs. 3 Satz 1 Nr. 1 Buchst. a SGB IX), ihre Wartung, Instandsetzung und die Ausbildung des schwerbehinderten Menschen im Gebrauch können die Kosten bis zur vollen Höhe übernommen werden. Gleiches gilt für die Ersatzbeschaffung und die Beschaffung zur Anpassung an die technische Weiterentwicklung (§ 19 SchwbAV). Abzugrenzen sind Hilfsmittel zum allgemeinen Behinderungsausgleich (§ 33 SGB V), die in der Regel als Leistungen zur medizinischen Rehabilitation (§ 26 Abs. 2 Nr. 6 SGB IX, § 31 SGB IX) bereitzustellen sind. Bei arbeitsplatzbezogenen technischen Hilfen sind diejenigen, die mit der Betriebseinrichtung fest verbunden sind (Arbeitstische, Werkbänke, Spezialmaschinen u. a.) vorrangig vom **Arbeitgeber** nach **§ 81 Abs. 4 Satz 1 Nr. 5 SGB IX** bereitzustellen. Hier kommt eine ergänzende Förderung des Arbeitgebers gem. § 102 Abs. 3 Satz 1 Nr. 2 Buchst. a SGB IX in Betracht, soweit die Erfüllung der Arbeitgeberpflicht zur behinderungsgerechten Ausgestaltung des Arbeitsumfeldes für diesen nicht zumutbar oder mit unverhältnismäßigen Aufwendungen verbunden wäre (§ 81 Abs. 4 Satz 3 SGB IX). Der **Anwendungsbereich des § 102 Abs. 3 Satz 1 Nr. 1 Buchst. a SGB IX** beschränkt sich damit auf technische Arbeitshilfen, die nicht betriebsbezogen sind oder trotz ihrer Betriebsbezogenheit im Besitz des schwerbehinderten Arbeitnehmers verbleiben (z. B. Spezialbrillen, spezielle Schutzschuhe, besondere Werkzeuge und kleinere technische Geräte; vgl. GK-SGB IX-*Spiolek*, § 102 RdNr. 64). Technische Arbeitshilfen gehören zum Leistungsspektrum vorrangig zuständiger Träger der **beruflichen Rehabilitation** (§ 33 Abs. 8 Satz 1 Nr. 5 SGB IX).

29 Geldleistungen zum **Erreichen des Arbeitsplatzes** (§ 102 Abs. 3 Satz 1 Nr. 1 Buchst. b SGB IX) werden schwerbehinderten Menschen in Anwendung der Verordnung über Kraftfahrzeughilfe zur beruflichen Rehabilitation **(KfzHV)** vom 28. 9. 1987 (BGBl. I S. 2251), zuletzt geändert durch Gesetz vom 23. 12. 2003 (BGBl. I S. 2848) gewährt (§ 20 SchwbAV, § 1 KfzHV). Die **Kraftfahrzeughilfe** umfasst Leistungen zur Beschaffung eines Kraftfahrzeugs, für eine behinderungsbedingte Zusatzausstattung und zur Erlangung einer Fahrerlaubnis

(§ 2 KfzHV). Die Leistungen setzen voraus, dass der behinderte Mensch infolge seiner Behinderung nicht nur vorübergehend auf die Benutzung eines Kraftfahrzeugs angewiesen ist, um seinen Arbeits- oder Ausbildungsort oder den Ort einer sonstigen Leistung der beruflichen Bildung zu erreichen, und dass der behinderte Mensch ein Kraftfahrzeug führen kann oder gewährleistet ist, dass ein Dritter das Kraftfahrzeug für ihn führt (§ 3 Abs. 1 KfzHV). Da die Kraftfahrzeughilfe auch zum Leistungsangebot zur Teilhabe am Arbeitsleben der vorrangig zuständigen Rehabilitationsträger gehört (§ 5 Nr. 2 SGB IX, § 6 Abs. 1 Nr. 2, 3–5 SGB IX, § 33 Abs. 8 Nr. 1 SGB IX), verbleibt im Rahmen der begleitenden Hilfe der Integrationsämter die Förderung von nicht sozialversicherten Beamten und Selbständigen.

Geldleistungen an schwerbehinderte Menschen zur Gründung und 30 Erhaltung einer **selbständigen beruflichen Existenz** (§ 102 Abs. 3 Satz 1 Nr. 1 Buchst. c SGB IX; Überblicksaufsatz: *Seidel* SuP 2001, 377) können als **Darlehen** oder **Zinszuschüsse** gewährt werden. Leistungsvoraussetzung ist nach § 21 SchwbAV, dass

– der schwerbehinderte Mensch die erforderlichen persönlichen und fachlichen Voraussetzungen für die Ausübung der Tätigkeit erfüllt,
– der schwerbehinderte Mensch seinen Lebensunterhalt durch die Tätigkeit voraussichtlich auf Dauer im Wesentlichen sicherstellen kann, und
– die Tätigkeit unter Berücksichtigung von Lage und Entwicklung des Arbeitsmarkts zweckmäßig ist.

Nicht erforderlich ist es, dass die selbständige Tätigkeit die Haupterwerbsgrundlage des behinderten Menschen darstellt. Eine Förderung kommt auch dann in Betracht, wenn das Vorhaben es ermöglicht, neben **Familienpflichten** zeitlich flexibel einer Erwerbstätigkeit nachzugehen. Dies gilt ebenfalls, wenn der behinderte Mensch aus gesundheitlichen Gründen nur mit **reduzierter Stundenzahl** arbeitet und im Übrigen der Lebensunterhalt z. B. durch das Einkommen des Partners gesichert ist. Untergrenze ist ein Tätigkeitsumfang von 15 Stunden wöchentlich (*Seidel* SuP 2001, 377, 379). Sonstige Leistungen zur Deckung von Kosten des **laufenden Betriebs** können nicht erbracht werden.

Geldleistungen zur Beschaffung, Ausstattung und Erhaltung einer 31 **behinderungsgerechten Wohnung** (§ 102 Abs. 3 Satz 1 Nr. 1 Buchst. d SGB IX, zum Gesetzgebungsverfahren vgl. RdNr. 2) werden als Zuschüsse, Zinszuschüsse oder Darlehen erbracht. Höhe, Tilgung und Verzinsung bestimmen sich nach den Umständen des Einzelfalls (§ 22 Abs. 2 SchwbAV). Neben der **Beschaffung** von behinderungsgerechtem Wohnraum im Sinne des § 2 Abs. 2 des Zweiten Wohnungsbaugesetzes sind die **Anpassung** von Wohnraum und seiner Ausstattung an die besonderen behinderungsbedingten Bedürfnisse und der **Umzug** in eine behinderungsgerechte oder erheblich verkehrsgünstiger zum Arbeitsplatz gelegene Wohnung förderfähig (§ 22 Abs. 1 SchwbAV).

Leistungen von anderer Seite sind nur insoweit anzurechnen, als sie
schwerbehinderten Menschen für denselben Zweck wegen der Behinderung zu erbringen sind oder erbracht werden (§ 22 Abs. 3 SchwbAV).
Die Wohnungshilfe wird als Leistung zur Teilhabe am Arbeitsleben von
vorrangig zuständigen Rehabilitationsträgern erbracht (§ 33 Abs. 8 Satz
1 Nr. 6 SGB IX).

32   Geldleistungen für **Hilfen zur beruflichen Förderung** im Sinne
des § 102 Abs. 3 Satz 1 Nr. 1 Buchst. e SGB IX, § 24 SchwbAV werden
erbracht, wenn der schwerbehinderte Mensch an inner- oder außerbetrieblichen **Maßnahmen der beruflichen Bildung** zur Erhaltung
und Erweiterung seiner beruflichen Kenntnisse und Fertigkeiten oder
zur Anpassung an die technische Entwicklung teilnimmt. Vor allem bei
besonderen Fortbildungs- und Anpassungsmaßnahmen, die nach Art,
Umfang und Dauer den Bedürfnissen des schwerbehinderten Menschen entsprechen, können Zuschüsse bis zur Höhe der ihm durch die
Teilnahme an diesen Maßnahmen entstehenden Aufwendungen gewährt werden. Hilfen können auch zum beruflichen Aufstieg erbracht
werden. Vorrangig zuständige **Rehabilitationsträger** bieten entsprechende Leistungen zur Teilhabe im Arbeitsleben (§ 33 Abs. 3 Nr. 2–4
SGB IX).

33   Geldleistungen an schwerbehinderte Menschen **in besonderen Lebenslagen** (§ 102 Abs. 3 Satz 1 Nr. 1 Buchst. f SGB IX, § 25 SchwbAV)
werden erbracht, wenn und soweit sie unter Berücksichtigung von Art
und Schwere der Behinderung erforderlich sind, um die Teilhabe am
Arbeitsleben auf dem allgemeinen Arbeitsmarkt zu ermöglichen, zu
erleichtern oder zu sichern. Auch im Rahmen dieser **Auffangregelung** zur Berücksichtigung individueller Hilfebedarfe muss der konkrete Bezug zur Eingliederung in das Arbeitsleben gegeben sein.

34   **3. Geldleistungen an Arbeitgeber.** Geldleistungen an **Arbeitgeber zur behinderungsgerechten Einrichtung von Arbeitsplätzen**
für schwerbehinderte Menschen (§ 102 Abs. 3 Satz 1 Nr. 2 Buchst. a
SGB IX, § 26 SchwbAV) können als **Darlehen** oder **Zuschuss** bis zur
vollen Höhe der entstehenden notwendigen Kosten für folgende Maßnahmen gewährt werden:

- behinderungsgerechte Einrichtung und Unterhaltung der Arbeitsstätten einschließlich der Betriebsanlagen, Maschinen und Geräte,
- Einrichtung von Teilzeitarbeitsplätzen,
- Ausstattung von Arbeits- oder Ausbildungsplätzen mit notwendigen technischen Arbeitshilfen, deren Wartung und Instandsetzung
  sowie die Ausbildung des schwerbehinderten Menschen im Gebrauch der geförderten Gegenstände,
- sonstige Maßnahmen, durch die eine möglichst dauerhafte behinderungsgerechte Beschäftigung schwerbehinderter Menschen in Betrieben oder Dienststellen ermöglicht, erleichtert oder gesichert
  werden kann.

Gleiches gilt für Ersatzbeschaffungen oder Beschaffungen zur Anpassung an die technische Weiterentwicklung.

Art und **Höhe** der Leistung an Arbeitgeber bestimmen sich nach 35 den **Umständen des Einzelfalls**, insbesondere unter Berücksichtigung, ob eine **Verpflichtung des Arbeitgebers** zur Durchführung von Maßnahmen gemäß § 81 Abs. 3 Satz 1, Abs. 4 Satz 1 Nr. 4 und 5 und Abs. 5 Satz 1 SGB IX besteht und erfüllt wird sowie ob schwerbehinderte Menschen ohne **Beschäftigungspflicht** oder über die Beschäftigungspflicht hinaus (§ 71 SGB IX) oder im Rahmen der Erfüllung der besonderen Beschäftigungspflicht gegenüber bei der Teilhabe am Arbeitsleben **besonders betroffenen** schwerbehinderten Menschen (§ 71 Abs. 1 Satz 2, § 72 SGB IX) beschäftigt werden (§ 26 Abs. 2 SchwbAV). Die begleitende Hilfe des Integrationsamtes in Form von Geldleistungen für Arbeitgeber kommt insbesondere in Betracht, wenn die alleinige Kostentragung für den Arbeitgeber **nicht zumutbar** oder mit **unverhältnismäßigen Aufwendungen** verbunden wäre und damit ein Rechtsanspruch des schwerbehinderten Menschen gegenüber dem Arbeitgeber nicht besteht (§ 81 Abs. 4 Satz 3 SGB IX; s.a. GK-SGB IX-*Spiolek*, § 102 RdNr. 78). Vorrangig zuständige **Rehabilitationsträger** gewähren an Arbeitgeber als Leistung zur Teilhabe am Arbeitsleben Zuschüsse für Arbeitshilfen im Betrieb (§ 34 Abs. 1 Satz 1 Nr. 3 SGB IX).

Weiter gehören zu den Leistungen für Arbeitgeber **Zuschüsse zu** 36 **den Gebühren bei der Berufsausbildung besonders betroffener schwerbehinderter Jugendlicher und junger Erwachsener** (§ 102 Abs. 3 S. 1 Nr. 2b SGB IX, § 26a SchwbAV). Nach § 26a SchwbAV ist die Förderung nur bei Arbeitgebern mit weniger als 20 Beschäftigten möglich. Bei der Definition des Jugendlichen und des jungen Erwachsenen wird auf das SGB VIII zurückgegriffen, nach dessen § 7 zu diesem Personenkreis gehört, wer noch nicht das 27. Lebensjahr vollendet hat (vgl. BIH-Empfehlungen Anhang IV).

Arbeitgeber können ferner Zuschüsse zu den Kosten der Berufsaus- 37 bildung behinderter Jugendlicher und junger Erwachsener erhalten, die für die Zeit der Berufsausbildung nach § 68 Abs. 4 SGB IX mit schwerbehinderten Menschen gleichgestellt sind (§ 102 Abs. 3 S. 1 Nr. 2c SGB IX, § 26b SchwbAV). Personen i.d.S. sind vor allem lernbehinderte junge Menschen. Bezüglich des Begriffes der Jugendlichen und der jungen Erwachsenen gilt das in RdNr. 36 Gesagte entsprechend.

Arbeitgeber können **Prämien** erhalten, um ein **betriebliches Ein-** 38 **gliederungsmanagement einzuführen** (§ 102 Abs. 3 S. 1 Nr. 2d SGB IX, § 26c SchwbAV). Das betriebliche Eingliederungsmanagement wird in § 84 Abs. 2 SGB IX geregelt (s. § 84 RdNr. 12ff.). Mit der Prämie soll errreicht werden, dass das Arbeitsverhältnis schwerbehinderter und diesen gleichgestellter Arbeitnehmer sichergestellt wird. Maßnahmen des betrieblichen Eingliederungsmanagements können die Einschaltung eines Betriebsarztes, die Änderung des Arbeitsplatzes, die Suche nach einem anderen geeigneten Arbeitsplatz oder die Einschaltung anderer sein.

39   Arbeitgeber können Zuschüsse zur **Abgeltung außergewöhnlicher Belastungen** erhalten, die mit der Beschäftigung eines schwerbehinderten Menschen verbunden sind, der nach Art oder Schwere seiner Behinderung **im Arbeitsleben besonders betroffen** ist (§ 72 Abs. 1 Satz 1 Buchst. a bis d SGB IX) oder in **Teilzeit** (§ 75 Abs. 2 SGB IX) beschäftigt wird, vor allem, wenn ohne diese Leistungen das Beschäftigungsverhältnis gefährdet würde (§ 102 Abs. 3 Satz 1 Nr. 2 Buchst. e SGB IX, § 27 Abs. 1 SchwbAV). **Außergewöhnliche Belastungen** sind überdurchschnittlich hohe finanzielle Aufwendungen oder sonstige Belastungen, die einem Arbeitgeber bei der Beschäftigung eines schwerbehinderten Menschen auch nach Ausschöpfung aller Möglichkeiten entstehen und für die die Kosten zu tragen für den Arbeitgeber nach Art oder Höhe unzumutbar ist (§ 27 Abs. 2 SchwbAV). Die Dauer des Zuschusses richtet sich nach den Umständen des Einzelfalls (§ 27 Abs. 3 SchwbAV).

40   **4. Geldleistungen an Träger.** Das Integrationsamt kann an die Träger von **Integrationsfachdiensten** einschließlich psychologischer Dienste freier gemeinnütziger Einrichtungen und Organisationen und an Träger von Integrationsprojekten Geldleistungen erbringen (§ 102 Abs. 3 S. 1 Nr. 3 SGB IX, § 28 SchwbAV). Beauftragt das Integrationsamt im Rahmen der begleitenden Hilfe einen Integrationsfachdienst (§§ 109 ff. SGB IX), kann dieser Leistungen aus dem Aufkommen der Ausgleichsabgabe zu den durch seine Inanspruchnahme entstehenden notwendigen Kosten erhalten (§ 17 Abs. 1 Satz 1 Nr. 3, § 27 a SchwbAV). Darüber hinaus können nach § 102 Abs. 3 Satz 1 Nr. 3 SGB IX i.V.m. § 28 a SchwbAV **Integrationsprojekte** im Sinne der §§ 132 ff. SGB IX Leistungen für Aufbau, Erweiterung, Modernisierung und Ausstattung einschließlich einer betriebswirtschaftlichen Beratung und besonderen Aufwand erhalten. Durch die mit dem SGB IX bewirkte Ergänzung der Regelung (vgl. RdNr. 2) ist den Integrationsämtern auch die Förderung der von **öffentlichen Arbeitgebern** geführten Integrationsbetriebe und -abteilungen übertragen worden. Die Erbringung von Leistungen an Integrationsbetriebe und -abteilungen obliegt vorrangig dem Ausgleichsfonds beim BMAS (§ 134 SGB IX, § 41 Abs. 1 Satz 1 Nr. 3 SchwbAV).

41   Die in § 102 Abs. 3 Satz 2 SGB IX, § 29 Abs. 2 SchwbAV vorgesehenen Leistungen zur Durchführung von **Aufklärungs-, Schulungs- und Bildungsmaßnahmen,** die die Teilhabe schwerbehinderter Menschen am Arbeitsleben zum Gegenstand haben, wenden sich an andere als die in § 102 Abs. 2 Satz 6 SGB IX genannten Personen. Darüber hinaus können Informationsschriften und -veranstaltungen über Rechte, Pflichten, Leistungen und sonstige Eingliederungshilfen so-

wie Nachteilsausgleiche nach dem SGB IX und anderen Vorschriften gefördert werden.

Im Jahre **2008** gaben die **Integrationsämter** insgesamt 341,99 Mio. **42** Euro für Leistungen aus. Hiervon entfielen auf Leistungen an Arbeitgeber 183,35 Mio. Euro (Investitionsförderung und Lohnkostenzuschüsse ohne Integrationsprojekte: 131,55 Mio. Euro, auf die Förderung von Integrationsprojekte: 44,94 Mio. Euro, auf Arbeitsmarktprogramme: 6,86 Mio. Euro), auf Leistungen an schwerbehinderte Menschen 25,02 Mio. Euro, auf Leistungen an freie Träger zur psychosozialen Betreuung einschließlich der Förderung von Integrationsfachdiensten 61,77 Mio. Euro, auf die institutionelle Förderung 62,52 Mio. Euro, auf sonstige Leistungen 8,14 Mio. Euro und auf trägerübergreifende persönliche Budget 0,14 Mio. Euro (vgl. Bundesarbeitsgemeinschaft der Integrationsämter und Hauptfürsorgestellen (Hrsg.), Jahresbericht 2008/2009, S. 17).

V. Übernahme der Kosten der Berufsbegleitung (§ 102 Abs. 3 a SGB IX)

Schwerbehinderte Menschen haben gegen das Intergrationsamt Anspruch auf Übernahme der Kosten einer Berufsbegleitung nach § 38a Abs. 3 SGB IX. Voraussetzung ist, dass eine Berufsbegleitung im Sinne von § 38 a Abs. 3 SGB IX vorliegt. Hierzu muss ein reguläres Arbeitsverhältnis zwischen dem schwerbehinderten Menschen und dem Arbeitgeber vorliegen, das durch die Maßnahmen der Berufsbegleitung stabilisiert wird. Neben Job-Coaching umfasst die Berufsbegleitung auch die Arbeit mit dem beruflichen Umfeld, z. B. mit Arbeitskolleginnen und -kollegen (vgl. *Vogt* in: Kossens/von der Heide/Maaß, SGB IX, § 38 a RdNr. 9). Das Intergrationsamt muss für die Berufsbegleitung nur aufkommen, soweit es zuständig ist.

VI. Arbeitsassistenz (§ 102 Abs. 4 SGB IX)

§ 102 Abs. 4 SGB IX räumt schwerbehinderten Menschen einen **44** **Rechtsanspruch** auf **Arbeitsassistenz** ein (zu fachlichen und juristischen Aspekten der Arbeitsassistenz: *Schneider/Adlhoch* br 2001, 51; *Schneider* SuP 2000, 389; Informationen der Bundesarbeitsgemeinschaft für Unterstützte Beschäftigung – BAG UB – unter www.arbeitsassistenz.de). Die Ausgestaltung als Rechtsanspruch stellt innerhalb der begleitenden Hilfe im Arbeitsleben eine Besonderheit dar, da diese im Übrigen im Ermessen des Integrationsamtes liegt (BT-Drucks. 14/3372, S. 20, vgl. RdNr. 7ff.). Die Leistung der Arbeitsassistenz beinhaltet **arbeitgeberorganisierte** und **arbeitnehmerorganisierte** Leistungsangebote. Beide Leistungsmöglichkeiten stehen zur Wahl des schwerbehinderten Menschen.

45   Die von dem schwerbehinderten Menschen selbst organisierte Form der Arbeitsassistenz stellt hohe Anforderungen an den schwerbehinderten Menschen in seiner **Arbeitgeberfunktion**. Die Antragsteller – Arbeitgeber oder schwerbehinderte Menschen – werden von den Integrationsämtern über die bestehenden Fördermöglichkeiten gemäß § 102 Abs. 3 Satz 1 Nr. 2 Buchst. e SGB IX i.V.m. § 27 SchwbAV (Leistungen bei außergewöhnlichen Belastungen) sowie gemäß § 102 Abs. 4 SGB IX i.V.m. § 17 Abs. 1 a SchwbAV (Arbeitsassistenz) informiert. Dabei zeigt sich, dass mehrheitlich eine Bewilligung nach der ersten Alternative von den Beteiligten favorisiert wird. Ausschlaggebend dafür scheint zu sein, dass die Pflichten und Verantwortlichkeiten, die dem schwerbehinderten Menschen als Arbeitgeber einer Assistenzkraft entstehen, häufig davon abhalten, diese Leistung zu beantragen. Zwischenzeitlich treten professionelle Anbieter von **Arbeitsassistenz-Diensten** auf, welche die Gewinnung eines Arbeitsassistenten und die Arbeitgeberfunktionen samt der Vertretungen in Krankheits- und Urlaubsfällen übernehmen, was aber insgesamt zu einer Verteuerung führen kann (Antwort der Bundesregierung vom 5.3.2002 auf eine Kleine Anfrage der PDS-Fraktion zu den Wirkungen des Gesetzes zur Bekämpfung der Arbeitslosigkeit Schwerbehinderter, BT-Drucks. 14/8441, S. 29).

46   Seitens der Integrationsämter findet **keine generelle Überprüfung** der bewilligten Leistungen für eine vom Arbeitgeber organisierte personelle Unterstützung (§ 102 Abs. 3 Satz 1 Nr. 2 Buchst. b SGB IX) mit dem Ziel statt, die Voraussetzungen für eine Arbeitsassistenz nach § 102 Abs. 4 SGB IX zu überprüfen. Die Voraussetzungen für eine arbeitnehmerorganisierte Arbeitsassistenz nach neuem Recht werden nur auf **Antrag** des betroffenen schwerbehinderten Menschen geprüft (BT-Drucks. 14/8441, S. 30).

47   **Begrifflich** ist Arbeitsassistenz die über gelegentliche Handreichungen hinausgehende, zeitlich wie tätigkeitsbezogen **regelmäßig wiederkehrende Unterstützung** von schwerbehinderten Menschen bei der **Arbeitsausführung** in Form einer von ihnen selbst beauftragten persönlichen Arbeitsplatzassistenz im Rahmen der Erlangung oder Erhaltung eines Arbeitsplatzes auf dem allgemeinen Arbeitsmarkt. Sie beinhaltet insbesondere **Hilfstätigkeiten** bei der Erbringung der seitens der schwerbehinderten Menschen arbeitsvertraglich geschuldeten Arbeitsaufgabe. Dazu zählen auch Vorlesekräfte für Blinde und hochgradig Sehbehinderte sowie – bei kontinuierlichem, umfangreichen Bedarf – der Einsatz von Gebärdendolmetschern. Die Leistung setzt voraus, dass die schwerbehinderten Menschen in der Lage sind, den das Beschäftigungsverhältnis inhaltlich prägenden **Kernbereich** der arbeitsvertraglich geschuldeten Arbeitsaufgaben selbstständig zu erbrin-

gen. Das **Austauschverhältnis** Arbeit gegen Entgelt muss im Wesentlichen gewahrt bleiben (*Mrozynski,* SGB IX Teil 1, § 33 RdNr. 73 f.; *Seidel* in: Hauck/Noftz, SGB IX, § 102 RdNr. 60; *Braasch* br 2001, 177, 184). Der über Arbeitsassistenz **abzudeckende Hilfebedarf** bezieht sich nur auf arbeitsplatzbezogene oder arbeitsausführende Hilfeleistungen (BT-Drucks. 14/8441, S. 29).

Notwendig im Sinne des § 102 Abs. 4 SGB IX ist die Arbeits- **48** assistenz, wenn dem schwerbehinderten Menschen erst dadurch eine den Anforderungen des allgemeinen Arbeitsmarkts entsprechende Erbringung der jeweils arbeitsvertraglich geschuldeten Tätigkeit wettbewerbsfähig ermöglicht wird. Andere Möglichkeiten der begleitenden Hilfe im Arbeitsleben wie die behinderungsgerechte Ausstattung des Arbeitsplatzes und berufliche Qualifizierung müssen ausgeschöpft sein (s. a. *Deusch,* LPK-SGB IX, § 33 RdNr. 25 ff.). Die Auswahl eines dem Fähigkeitsprofil entsprechenden Arbeitsplatzes im Wege einer innerbetrieblichen Umsetzung oder Versetzung kann nur dann verlangt werden, wenn es sich um eine für den behinderten Menschen zumutbare gleichwertige Alternative handelt.

Das Nähere über die Voraussetzungen des Anspruchs auf Arbeits- **49** assistenz sowie über die Höhe, Dauer und Ausführung der Leistung soll auf der Grundlage der gesetzlichen Ermächtigung in § 108 SGB IX in einer **Rechtsverordnung** der Bundesregierung mit Zustimmung des Bundesrates geregelt werden. Der nach dem Willen des Gesetzgebers unverzügliche Erlass der Verordnung steht aus, was jedoch die Geltendmachung des Anspruchs nicht hindert. Es gelten die **allgemeinen Leistungsvoraussetzungen** des § 18 SchwbAV (BT-Drucks. 14/3372, S. 21, 27), so dass in Anwendung des § 18 Abs. 2 Nr. 2 SchwbAV bei der Höhe der Leistungsgewährung auf ein vertretbares Verhältnis zu dem von dem schwerbehinderten Menschen erzielten Arbeitseinkommen abzustellen ist.

Die von den Integrationsämtern entwickelten und mit dem BMAS **50** abgestimmten **„Empfehlungen" der Bundesarbeitsgemeinschaft der Integrationsämter und Hauptfürsorgestellen** (br 2001, Heft 2, Beilage 1) sehen Leistungen an schwerbehinderte Menschen vor, die sich nach Höhe und Dauer an der zeitlichen Inanspruchnahme von Arbeitsassistenz ausrichten und bis zu 1 100 Euro, vereinzelt auch darüber, betragen. Es ist ein **Bewilligungszeitraum** von in der Regel zwei Jahren vorgesehen, auf Antrag können die Leistungen wiederholt erbracht werden.

Im Hinblick auf den Rechtscharakter der „Vorläufigen Empfeh- **51** lungen" als für Betroffene und Gerichte nicht verbindliche **Verwaltungsrichtlinien** und die Ausgestaltung des § 102 Abs. 4 SGB IX als **Rechtsanspruch** des schwerbehinderten Menschen entfaltet die Regelung der **Nr. 1.4 der Empfehlungen** keine Rechtswirkung. Demnach ist der Anspruch dem Grunde und/oder der Höhe nach beschränkt auf Mittel der Ausgleichsabgabe in dem Umfang, in dem sie dem örtlich zuständigen Integrationsamt im Jahr des Eingangs des Förderantrags zur Verfügung stehen. Diese verwaltungsseitige Vorgabe einer **Begrenzung des Rechtsanspruchs** auf Übernahme von Assistenzkosten nach Maßgabe ihrer Finanzierbarkeit findet in § 102 Abs. 4 SGB IX keine Grundlage. Mit der gesetzlichen Formulierung „aus den ihm zur Verfügung stehenden Mitteln der Ausgleichsabgabe" ist allein die **Abgrenzung der Kostenträgerschaft** gegenüber den Rehabilitationsträgern (§ 33 Abs. 8 SGB IX) angesprochen. Eine Anspruchsbegrenzung bedarf einer eindeutigen **gesetzlichen Regelung**, zumal es ansonsten in der Hand der Integrationsämter läge, den Rechtsanspruch behinderter Menschen auf Kostenübernahme durch Mittelverschiebungen zugunsten anderer Verwendungszwecke der Ausgleichsabgabe ganz oder teilweise zu unterlaufen. Von daher ist der Kritik des VDK an der fehlenden gesetzlichen Regelung der Leistungsvoraussetzungen und des Leistungsumfangs zuzustimmen (Stellungnahme des VdK zum SGB IX-Entwurf, SuP 2001, 169, 175).

52   **Förderungsfähig** ist nur der Arbeitsassistenzbedarf schwerbehinderter Menschen in tariflich oder ortsüblich entlohnten **Beschäftigungsverhältnissen** auf Arbeitsplätzen im Sinne des § 73 SGB IX, § 102 Abs. 2 Satz 3 SGB IX, d. h. es muss ein Mindestbeschäftigungsumfang des schwerbehinderten Menschen von 15 Stunden wöchentlich vorliegen.

53   Bei der arbeitnehmerorganisierten Arbeitsassistenz bestehen zwischen der Assistenzkraft und dem Arbeitgeber des behinderten Menschen **keine vertraglichen Rechtsbeziehungen**. Die Organisations- und Anleitungskompetenz für die Assistenzkraft liegt bei dem schwerbehinderten Mitarbeiter. Gleichwohl besteht angesichts des Hausrechts des Arbeitgebers die Notwendigkeit einer **Abstimmung mit dem Arbeitgeber**. Die Integrationsämter verlangen deshalb eine schriftliche Erklärung des Arbeitgebers, dass er mit dem Einsatz einer nicht von ihm angestellten betriebsfremden Assistenzkraft einverstanden ist. Aus dem in § 81 Abs. 4 Satz 1 Nr. 4 SGB IX enthaltenen Rechtsanspruch des behinderten Menschen gegenüber seinem Arbeitgeber auf behinderungsgerechte Einrichtung und Unterhaltung der Arbeitsstätten ist abzuleiten, dass Arbeitgeber in der Regel (Zumutbarkeitsgrenze entsprechend § 81 Abs. 4 Satz 3 SGB IX) **verpflichtet** sind, Arbeitsassistenten den **Zutritt zum Betrieb zu erlauben** (s.a. *Braasch* br 2001, 177, 184).

54   Das SGB IX hat die Übernahme der Kosten einer notwendigen Arbeitsassistenz auch als **Rehabilitationsleistung** zur Erlangung eines Arbeitsplatzes eingeführt (§ 33 Abs. 8 Satz 1 Nr. 3 SGB IX). Diese durch den zuständigen Rehabilitationsträger (§ 6 Abs. 1 Nr. 1–5 SGB IX) für die Dauer von **bis zu drei Jahren** zu erbringende Leistung wird in Abstimmung mit dem Rehabilitationsträger durch das Integrationsamt

nach § 102 Abs. 4 SGB IX ausgeführt. Der Rehabilitationsträger erstattet dem Integrationsamt seine Aufwendungen (§ 33 Abs. 8 Satz 2–3 SGB IX). Die Rehabilitationsleistung nach dieser Regelung ist gegenüber dem Anspruch aus § 102 Abs. 4 SGB IX **vorrangig** (§ 102 Abs. 5 SGB IX, § 18 Abs. 1 SchwbAV). Der Anspruch aus § 102 Abs. 4 SGB IX bleibt gemäß § 33 Abs. 8 Satz 4 SGB IX unberührt, so dass sich nach Ablauf der Förderungshöchstdauer von drei Jahren für die Leistung des Rehabilitationsträgers die **zeitlich nicht begrenzte Förderung** der Arbeitsassistenz durch das Integrationsamt aus den Mitteln der Ausgleichsabgabe anschließen kann (*Mrozynski*, SGB IX Teil 1, § 33 RdNr. 72). Da das Integrationsamt von Beginn an die Leistung ausführt, wird ein Trägerwechsel und damit möglicherweise verbunden auch der Wechsel der Assistenzkraft vermieden (BT-Drucks. 14/5074, S. 108).

VII. Verhältnis zu Leistungen anderer Träger (§ 102 Abs. 5 SGB IX)

Nach **§ 102 Abs. 5 Satz 1 SGB IX** bleiben Verpflichtungen anderer 55 durch die vom Integrationsamt zu erbringenden Leistungen der begleitenden Hilfe im Arbeitsleben unberührt. Dies betrifft das Verhältnis zu den Leistungen der Bundesagentur für Arbeit nach § 104 Abs. 1 Nr. 1–4 SGB IX. Insoweit gilt das Prinzip der **Gleichrangigkeit** mit der Anforderung an die beteiligten Behörden, die Leistungserbringung zu koordinieren. Hat die Bundesagentur für Arbeit allerdings geleistet, kommt gemäß § 18 Abs. 1 Satz 1 SchwbAV eine gleichgeartete Leistung im Rahmen der begleitenden Hilfe durch das Integrationsamt nicht mehr in Betracht (GK-SGB IX-*Spiolek*, § 102 RdNr. 82).

§ 102 Abs. 5 Satz 2 SGB IX beschreibt den **generellen Nachrang** 56 der vom Integrationsamt bereitzustellenden begleitenden Hilfe im Arbeitsleben gegenüber den von den **Rehabilitationsträgern** nach § 6 Abs. 1 Nr. 1–5 SGB IX zu gewährenden Leistungen zur Teilhabe am Arbeitsleben (§ 5 Nr. 2 SGB IX, §§ 33 ff. SGB IX). Der Subsidiaritätsgrundsatz gilt auch dann, wenn auf Rehabilitationsleistungen kein Rechtsanspruch besteht. Rehabilitationsträgern ist es untersagt, insbesondere Ermessensleistungen deshalb zu versagen, weil das Schwerbehindertenrecht entsprechende Leistungen vorsieht. Das **Aufstockungsverbot** des § 102 Abs. 5 Satz 2 Halbs. 2 SGB IX soll sicherstellen, dass jeder Rehabilitationsträger in Erfüllung seines Auftrages aus § 4 Abs. 2 Satz 2 SGB IX im Rahmen seiner Zuständigkeit die nach Lage des Einzelfalls erforderlichen Leistungen so vollständig, umfassend und in gleicher Qualität erbringt, dass Leistungen eines anderen Trägers möglichst nicht erforderlich werden (vgl. *Dau*, LPK-SGB IX, § 102 RdNr. 20).

57   Mit der Beschränkung der Regelung auf die in § 6 Abs. 1 Nr. 1–5 SGB IX aufgeführten Rehabilitationsträger wird dem **Nachrang von Leistungen der Träger der Sozialhilfe** nach § 2 SGB XII Rechnung getragen (s.a. § 18 Abs. 1 Satz 2 SchwbAV). Entsprechendes gilt für die Träger der öffentlichen Jugendhilfe – § 6 Abs. 1 Nr. 6 SGB IX – (BT-Drucks. 14/5800, S. 30).

VIII. Zuständigkeitsklärung (§ 102 Abs. 6 SGB IX)

58   Mit **§ 102 Abs. 6 Satz 1 SGB IX** werden die Integrationsämter, die selbst nicht Rehabilitationsträger im Sinne des § 6 SGB IX sind, in die **Zuständigkeitsklärung nach § 14 SGB IX** einbezogen (BT-Drucks. 14/5074, S. 113 f.: Integrationsämter verfahren wie Rehabilitationsträger nach § 14 SGB IX). Beantragt ein behinderter Mensch bei einem Integrationsamt eine Rehabilitationsleistung zur Teilhabe am Arbeitsleben, leitet das Integrationsamt den Antrag gemäß § 14 Abs. 1 Satz 2 SGB IX unverzüglich dem seiner Auffassung nach zuständigen Rehabilitationsträger zu. Die **Weiterleitungspflicht** ergibt sich bereits aus § 16 Abs. 2 SGB I. Für die Klärung einer zweifelhaften Zuständigkeit setzt § 14 Abs. 1 Satz 1 SGB IX die **kurze Frist** von zwei Wochen nach Antragseingang (zu weiteren Einzelheiten der Zuständigkeitsklärung wie Entscheidungsfrist, Begutachtung, vorläufige Leistungen und Erstattungen vgl. *Mrozynski,* SGB IX Teil 1, § 14 RdNr. 7 ff.).

59   Entsprechend der Klarstellung in **§ 102 Abs. 6 Satz 2 SGB IX** findet die allgemeine Regelung des § 16 SGB I Anwendung, wenn ein Antrag auf begleitende Hilfe im Arbeitsleben zunächst bei einem Rehabilitationsträger gestellt wird und von diesem nach dem in dieser Vorschrift vorgesehenen Verfahren dem Integrationsamt zugeleitet wird. Die Folge ist, dass der Antrag von dem Integrationsamt im Rahmen des in § 14 SGB IX vorgesehenen Verfahrens an den für die Erbringung der Leistung vorrangig zuständigen Rehabilitationsträger (vgl. § 102 Abs. 5 SGB IX) weitergeleitet werden kann. Gelangt das Integrationsamt zu der Überzeugung, es handele sich um eine Leistung, für die der ursprünglich angegangene Rehabilitationsträger zuständig ist, kann der Antrag auch an diesen Träger zurückgeleitet werden. Dieser muss dann über den Antrag nach § 14 SGB IX entscheiden (BT-Drucks. 14/5800, S. 31).

IX. Persönliches Budget (§ 102 Abs. 7 SGB IX)

60   Das Integrationsamt kann die Leistungen als persönliches Budget ausführen. Die Entscheidung hierüber steht in seinem Ermessen. § 17 SGB IX gilt entsprechend.

Das persönliche Budget soll behinderten Menschen ermöglichen, **61**
ein selbstbestimmtes Leben zu führen (§ 17 Abs. 2 S. 1 SGB IX).
Ferner sollen durch die Stärkung ambulanter Hilfen und die Verringerung des
Verwaltungsaufwands **Kosten eingespart** werden.

Das persönliche Budget ist so zu **bemessen**, dass der individuelle **62**
Bedarf gedeckt ist und die erforderliche Beratung und Unterstützung
erfolgen kann (§ 17 Abs. 3 S. 2 SGB IX). Es soll die ohne das persönliches Budget zu erbringenden Leistungen nicht überschreiten (§ 17
Abs. 3 S. 4 SGB IX). Die Ermittlung der Höhe des persönlichen Budgets ist gesetzlich nicht detailliert geregelt. Deshalb finden sich in der
Praxis unterschiedliche Ansätze der Bedarfsermittlung. An die Höhe
des persönlichen Budgets sind die Betroffenen für sechs Monate gebunden.

Das persönliches Budget wird nur auf Grund **Antrags** erbracht **63**
(§ 17 Abs. 2 S. 1 SGB IX). Zur Antragstellung ist der behinderte Mensch
nicht verpflichtet. Er ist berechtigt, das persönliche Budget weiterhin
als Sachleistung zu beziehen. Er kann das persönliche Budget auch auf
einen Teil beschränken.

An welchen der beteiligten Träger der Antrag gestellt wird, ist uner- **64**
heblich. Der Antrag kann **formlos** gestellt werden. Da der Träger für
das persönliche Budget zuständig ist, an den der Antrag gestellt wurde,
ist der Antrag sinnvollerweise bei dem Träger zu stellen, der mit der
Sache am intensivsten befasst ist.

Das persönliches Budget wird i.d.R. als **Geldleistung** ausgeführt **65**
(§ 17 Abs. 3 S. 1 Hs. 1 SGB IX). Laufende Leistungen werden monatlich
ausbezahlt (§ 17 Abs. 3 S. 1 Hs. 2 SGB IX). In begründeten Einzelfällen
kann das persönliche Budget in Form von **Gutscheinen** erbracht werden (z. B. wenn Zweifel am zweckentsprechenden Einsatz des persönlichen Budgets bestehen). **Laufende Geldleistungen** werden **monatlich vorausgezahlt**.

Beratender Ausschuss für behinderte Menschen bei dem Integra-
tionsamt

103 (1) ¹Bei jedem Integrationsamt wird ein Beratender Ausschuss für behinderte Menschen gebildet, der die Teilhabe der
behinderten Menschen am Arbeitsleben fördert, das Integrationsamt
bei der Durchführung der besonderen Regelungen für schwerbehinderte Menschen zur Teilhabe am Arbeitsleben unterstützt und bei der
Vergabe der Mittel der Ausgleichsabgabe mitwirkt. ²Soweit die Mittel
der Ausgleichsabgabe zur institutionellen Förderung verwendet werden, macht der Beratende Ausschuss Vorschläge für die Entscheidungen
des Integrationsamtes.

(2) Der Ausschuss besteht aus zehn Mitgliedern, und zwar aus

zwei Mitgliedern, die die Arbeitnehmer und Arbeitnehmerinnen vertreten,

zwei Mitgliedern, die die privaten und öffentlichen Arbeitgeber vertreten,

vier Mitgliedern, die die Organisationen behinderter Menschen vertreten,

einem Mitglied, das das·jeweilige Land vertritt,

einem Mitglied, das die Bundesagentur für Arbeit vertritt.

(3) [1]Für jedes Mitglied ist ein Stellvertreter oder eine Stellvertreterin zu berufen. [2]Mitglieder und Stellvertreter oder Stellvertreterinnen sollen im Bezirk des Integrationsamtes ihren Wohnsitz haben.

(4) [1]Das Integrationsamt beruft auf Vorschlag

der Gewerkschaften des jeweiligen Landes zwei Mitglieder,

der Arbeitgeberverbände des jeweiligen Landes ein Mitglied,

der zuständigen obersten Landesbehörde oder der von ihr bestimmten Behörde ein Mitglied,

der Organisationen behinderter Menschen des jeweiligen Landes, die nach der Zusammensetzung ihrer Mitglieder dazu berufen sind, die behinderten Menschen in ihrer Gesamtheit zu vertreten, vier Mitglieder.

[2]Die zuständige oberste Landesbehörde oder die von ihr bestimmte Behörde und die Bundesagentur für Arbeit berufen je ein Mitglied.

I. Allgemeines

1   § 103 SGB IX verpflichtet zur Bildung von Beratenden Ausschüssen für behinderte Menschen **bei jedem Integrationsamt** und regelt deren **Aufgaben, Zusammensetzung** und die **Bestellung der Mitglieder.**

2   Bei der **Bundesagentur für Arbeit** wird ebenfalls ein Beratender Ausschuss für behinderte Menschen gebildet (§ 105 SGB IX). In § 106 SGB IX finden sich für beide Ausschüsse **gemeinsame Vorschriften** über die innere Struktur und die Beschlussfassung dieser Gremien. Ein vergleichbares Beratungsgremium stellt der nach § 64 SGB IX beim BMAS zu bildende **Beirat für die Teilhabe behinderter Menschen** dar. Die Mitwirkung von Vertretern der schwerbehinderten Arbeitnehmer und der Arbeitgeber an konkreten Verwaltungsentscheidungen erfolgt in den Widerspruchsausschüssen bei den Integrationsämtern (§§ 118 f. SGB IX).

II. Aufgaben (§ 103 Abs. 1 SGB IX)

Durch die bei jedem Integrationsamt zu bildenden Beratenden Aus- **3**
schüsse für behinderte Menschen sollen insbesondere Arbeitnehmer-
und Arbeitgebervertreter und Vertreter der schwerbehinderten Menschen das Integrationsamt bei der Durchführung der besonderen Regelungen für schwerbehinderte Menschen zur Teilhabe am Arbeitsleben
unterstützen und bei der Vergabe der Mittel der Ausgleichsabgabe
mitwirken. Der Regelung liegt die Annahme zu Grunde, dass die aktive Teilnahme von Betroffenen und Beteiligten eine wesentliche Voraussetzung für eine erfolgreiche Integrationsarbeit der Ämter darstellt.

Hinsichtlich der **unterstützenden Funktion** bei der Aufgabener- **4**
füllung ist auf den **Tätigkeitskatalog des § 102 Abs. 1 Nr. 2–4 SGB
IX** abzustellen. Hier ist das Mitwirkungsrecht des Ausschusses derart
schwach ausgeprägt, dass lediglich Ratschläge, Empfehlungen, Anregungen o.ä. ohne jeden Verbindlichkeitscharakter etwa zur Ausgestaltung der begleitenden Hilfe im Arbeitsleben nach § 102 Abs. 2–6
SGB IX oder zur Handhabung des besonderen Kündigungsschutzes
nach den §§ 85 ff. SGB IX in Betracht kommen. Mit der beratenden
und unterstützenden Funktion der Ausschüsse korrespondiert ein umfassendes **Informationsrecht** gegenüber dem Integrationsamt über
die Aufgabenerfüllung in diesen Tätigkeitsbereichen. Das Integrationsamt liefert dem Ausschuss damit die Grundlagen seiner Vorschläge
(*Seidel/Brodkorb* in: Hauck/Noftz, SGB IX, § 103 RdNr. 5). Vor grundlegenden, über den Einzelfall hinausgehenden Entscheidungen soll
das Integrationsamt den Ausschuss einberufen und **anhören** (*Pahlen*
in: Neumann/Pahlen/Majerski-Pahlen, SGB IX, § 103 RdNr. 3). Die
Ausschussmitglieder unterliegen der in § 130 SGB IX normierten Geheimhaltungspflicht.

Das Mitwirkungsrecht des Beratenden Ausschusses ist stärker aus- **5**
geprägt, soweit es um die **Vergabe der Mittel der Ausgleichsabgabe**
geht. Die Verwendungszwecke der Ausgleichsabgabe ergeben sich aus
§ 14 SchwbAV. Es handelt sich um Leistungen zur Förderung des **Ar-
beits- und Ausbildungsplatzangebots** für schwerbehinderte Menschen, Leistungen zur **begleitenden Hilfe** im Arbeitsleben, Leistungen für **Einrichtungen** zur Teilhabe schwerbehinderter Menschen
und Leistungen zur Durchführung von **Forschungs- und Modellvorhaben** auf dem Gebiet der Teilhabe schwerbehinderter Menschen
am Arbeitsleben. Bei der Vergabe von Mitteln des Ausgleichsfonds
(§ 78 SGB IX) wirkt der Beirat für die Teilhabe behinderter Menschen
beim BMA mit (§ 64 Satz 2 Nr. 1 SGB IX).

Das Integrationsamt ist nach **§ 77 Abs. 5 Satz 3 SGB IX** verpflich- **6**
tet, dem Beratenden Ausschuss für behinderte Menschen auf dessen
Verlangen eine Übersicht über die Verwendung der Ausgleichsabgabe

zu geben. Es handelt sich um eine **spezielle Ausprägung** der **allgemeinen Informationspflicht** des Integrationsamtes gegenüber dem Ausschuss. Mit der gesetzlichen Anordnung einer **Mitwirkung** des Beratenden Ausschusses bei der Vergabe von Mitteln der Ausgleichsabgabe ist verbunden, dass dem Integrationsamt die **Mittelvergabe ohne seine Beteiligung untersagt** ist (*Pahlen* in: Neumann/Pahlen/ Majerski-Pahlen, SGB IX, § 103 RdNr. 4). Das Integrationsamt hat den Ausschuss zuvor zu unterrichten, anzuhören und seine Stellungnahme in die Entscheidungsfindung einzubeziehen. Es besteht zwar keine Bindung an die Stellungnahme des Ausschusses. Der Beratende Ausschuss hat jedoch zumindest einen **Anspruch** darauf, dass das Integrationsamt diesem gegenüber **begründet**, warum seinen Vorschlägen oder Einwänden gegen die beabsichtigte Verwaltungsentscheidung nicht Rechnung getragen wird (*Seidel/Brodkorb* in: Hauck/Noftz, SGB IX, § 103 RdNr. 6).

7   Soweit die Mittel der Ausgleichsabgabe zur **institutionellen Förderung** verwendet werden, hat der Beratende Ausschuss nach § 103 **Abs. 1 Satz 2 SGB IX** dem Integrationsamt Entscheidungsvorschläge zu unterbreiten. Während derartige Vorschläge im Bereich der individuellen Förderung schwerbehinderter Menschen nur zulässig sind, handelt es sich für die institutionelle Förderung um eine **Pflichtaufgabe** des Beratenden Ausschusses. Er kommt dieser Aufgabe nach, indem er zu vorliegenden Förderanträgen Stellung nimmt und vorschlägt, ob, wie und in welcher Höhe antragsgemäß Mittel vergeben werden sollen. Der Ausschuss kann daneben unabhängig vom Vorliegen eines Förderantrags konkrete Vorhaben initiieren und zur institutionellen Förderung vorschlagen (GK-SGB IX-*Spiolek*, § 103 RdNr. 16). Liegt die nach § 103 Abs. 1 Satz 2 SGB IX erforderliche Stellungnahme des Beratenden Ausschusses zu einem Antrag auf institutionelle Förderung nicht vor, ist die gleichwohl ergehende Entscheidung des Integrationsamtes **verfahrensfehlerhaft** und damit rechtswidrig. Da im Regelfall nicht offensichtlich sein dürfte, dass die fehlende Mitwirkung des Beratenden Ausschusses die Entscheidung in der Sache nicht beeinflusst hat, kann der Verfahrensfehler gemäß § 42 Satz 1 SGB X streitentscheidend sein. Der Verfahrensfehler ist nach § 41 Abs. 1 Nr. 4, Abs. 2 SGB X **unbeachtlich**, wenn der Beschluss des Beratenden Ausschusses über den Entscheidungsvorschlag bis zur letzten Tatsacheninstanz eines verwaltungsgerichtlichen Verfahrens nachgeholt wird.

III. Zusammensetzung (§ 103 Abs. 2–3 SGB IX)

8   Der Beratende Ausschuss besteht nach § 103 **Abs. 2 SGB IX** aus zehn Mitgliedern. Sie vertreten die Gruppen der Arbeitnehmer und der Arbeitgeber, die Organisationen behinderter Menschen sowie das

jeweilige Bundesland und die Bundesagentur für Arbeit. Das **Übergewicht** von Vertretern der Arbeitnehmer und der Organisationen behinderter Menschen entspricht der Bezeichnung des Ausschusses als
Gremium für behinderte Menschen und der einer **Interessenvertretung** ähnlichen Aufgabenstellung. Von daher liegt es nahe, dass jedenfalls als Arbeitnehmervertreter von den vorschlagsberechtigten Gewerkschaften schwerbehinderte Menschen bzw. Vertrauenspersonen
der schwerbehinderten Menschen (§§ 94 ff. SGB IX) vorgeschlagen
werden. Ungeachtet der bisher entgegenstehenden Rechtswirklichkeit
in Vertretungsgremien erscheint es auf Grund der **Zielbestimmung
in § 1 Satz 2 SGB IX**, den besonderen Bedürfnissen behinderter
Frauen Rechnung zu tragen, als geboten, eine **paritätische Besetzung** des Beratenden Ausschusses mit Frauen und Männern anzustreben. Für den Beirat für die Teilhabe behinderter Menschen beim
BMAS (§ 64 SGB IX) verlangt der Gesetzgeber ausdrücklich, dass die
vorschlagenden Stellen darauf hinzuwirken haben, dass eine gleichberechtigte Vertretung von Männern und Frauen geschaffen und erhalten
wird (BT-Drucks. 14/5074, S. 111). Dies muss auch für die Beratenden
Ausschüsse gelten.

Entsprechend der Vorgabe des **§ 103 Abs. 3 Satz 1 SGB IX** ist für   9
jedes Mitglied des Beratenden Ausschusses ein **stellvertretendes Mitglied** zu berufen, um die **fortlaufende Handlungsfähigkeit** des
Gremiums zu gewährleisten. Die **Beschlussfähigkeit** des Ausschusses
setzt die Anwesenheit von wenigstens der Hälfte der Mitglieder bzw.
der stellvertretenden Mitglieder voraus (§ 106 Abs. 2 SGB IX). Das
ordentliche Mitglied kann im Verhinderungsfall nur durch seinen
persönlichen Stellvertreter vertreten werden (*Kossens* in: Kossens/von
der Heide/Maaß, SGB IX, § 103 RdNr. 6). Die Stellvertreter werden
ebenso wie die ordentlichen Mitglieder des Beratenden Ausschusses
nach dem in § 103 Abs. 4 SGB IX bestimmten Modus berufen.

Mitglieder und stellvertretende Mitglieder sollen nach **§ 103 Abs. 3**   10
Satz 2 SGB IX ihren **Wohnsitz** im Bezirk des Integrationsamtes
haben, damit sich die Tätigkeit des Beratenden Ausschusses auch auf
die Kenntnis der örtlichen Gegebenheiten stützen kann. In begründeten Einzelfällen kann von dieser „Soll-Regelung" abgewichen werden
(*Seidel/Brodkorb* in: Hauck/Noftz, SGB IX, § 103 RdNr. 7).

IV. Bestellung der Mitglieder (§ 103 Abs. 4 SGB IX)

Nach **§ 103 Abs. 4 Satz 1 SGB IX** beruft das Integrationsamt auf   11
Vorschlag der Gewerkschaften die zwei Arbeitnehmervertreter. Vorschlagsberechtigt können nur Gewerkschaften sein, die für die Vertretung von Arbeitnehmerinteressen in dem jeweiligen Bundesland nach
Tarifvertragsfähigkeit und Mitgliederzahl eine wesentliche Bedeutung

haben. Es handelt sich regelmäßig um die Gewerkschaften des Deutschen Gewerkschaftsbundes (DGB). Nach der gesetzlichen Regelung ist davon auszugehen, dass **Vorschläge** für das Integrationsamt **bindend** sind (S. a. *Dau,* LPK-SGB IX, § 103 RdNr. 7).

12   Mangels näherer Konkretisierung ist zur Auswahl der nach § 103 Abs. 4 SGB IX für vier Mitglieder des Ausschusses vorschlagsberechtigten **Organisationen behinderter Menschen** auf die in § 14 Abs. 3 **Satz 2 SGG** für die Vorschlagslisten der ehrenamtlichen Richter in der Sozialgerichtsbarkeit getroffene Regelung abzustellen. Demnach handelt es sich um Vereinigungen, deren satzungsmäßige Aufgaben die gemeinschaftliche Interessenvertretung, die Beratung und die Vertretung der behinderten Menschen wesentlich umfassen und die unter Berücksichtigung von Art und Umfang ihrer bisherigen Tätigkeit sowie ihres Mitgliederkreises die Gewähr für eine sachkundige Erfüllung dieser Aufgaben bieten. Hierunter fallen u. a. der VdK und der Sozialverband Deutschland, die die Interessen behinderter Menschen ungeachtet der Behinderungsursache und der Behinderungsart sachkundig vertreten.

13   Der Vertreter der **öffentlichen Arbeitgeber** und der Vertreter der Bundesagentur für Arbeit im Beratenden Ausschuss werden nicht vom Integrationsamt berufen, sondern von der zuständigen obersten Landesbehörde bzw. der Bundesagentur für Arbeit (**§ 103 Abs. 4 Satz 2 SGB IX**).

Aufgaben der Bundesagentur für Arbeit

104 (1) Die Bundesagentur für Arbeit hat folgende Aufgaben:

1. die Berufsberatung, Ausbildungsvermittlung und Arbeitsvermittlung schwerbehinderter Menschen einschließlich der Vermittlung von in Werkstätten für behinderte Menschen Beschäftigten auf den allgemeinen Arbeitsmarkt,

2. die Beratung der Arbeitgeber bei der Besetzung von Ausbildungs- und Arbeitsplätzen mit schwerbehinderten Menschen,

3. die Förderung der Teilhabe schwerbehinderter Menschen am Arbeitsleben auf dem allgemeinen Arbeitsmarkt, insbesondere von schwerbehinderten Menschen,

a) die wegen Art oder Schwere ihrer Behinderung oder sonstiger Umstände im Arbeitsleben besonders betroffen sind (§ 72 Abs. 1),

b) die langzeitarbeitslos im Sinne des § 18 des Dritten Buches sind,

c) die im Anschluss an eine Beschäftigung in einer anerkannten Werkstatt für behinderte Menschen oder einem Integrationsprojekt eingestellt werden,

d) die als Teilzeitbeschäftigte eingestellt werden oder

e) die zur Aus- oder Weiterbildung eingestellt werden,

4. im Rahmen von Arbeitsbeschaffungsmaßnahmen die besondere Förderung schwerbehinderter Menschen,

5. die Gleichstellung, deren Widerruf und Rücknahme,

6. die Durchführung des Anzeigeverfahrens (§ 80 Abs. 2 und 4),

7. die Überwachung der Erfüllung der Beschäftigungspflicht,

8. die Zulassung der Anrechnung und der Mehrfachanrechnung (§ 75 Abs. 2, § 76 Abs. 1 und 2),

9. die Erfassung der Werkstätten für behinderte Menschen, ihre Anerkennung und die Aufhebung der Anerkennung.

(2) ¹Die Bundesagentur für Arbeit übermittelt dem Bundesministerium für Arbeit und Soziales jährlich die Ergebnisse ihrer Förderung der Teilhabe schwerbehinderter Menschen am Arbeitsleben auf dem allgemeinen Arbeitsmarkt nach dessen näherer Bestimmung und fachlicher Weisung. ²Zu den Ergebnissen gehören Angaben über die Zahl der geförderten Arbeitgeber und schwerbehinderten Menschen, die insgesamt aufgewandten Mittel und die durchschnittlichen Förderungsbeträge. ³Die Bundesagentur für Arbeit veröffentlicht diese Ergebnisse.

(3) ¹Die Bundesagentur für Arbeit führt befristete überregionale und regionale Arbeitsmarktprogramme zum Abbau der Arbeitslosigkeit schwerbehinderter Menschen, besonderer Gruppen schwerbehinderter Menschen, insbesondere schwerbehinderter Frauen, sowie zur Förderung des Ausbildungsplatzangebots für schwerbehinderte Menschen durch, die ihr durch Verwaltungsvereinbarung gemäß § 368 Abs. 2 Satz 2 und Abs. 3 Satz 1 des Dritten Buches unter Zuweisung der entsprechenden Mittel übertragen werden. ²Über den Abschluss von Verwaltungsvereinbarungen mit den Ländern ist das Bundesministerium für Arbeit und Soziales zu unterrichten.

(4) Die Bundesagentur für Arbeit richtet zur Durchführung der ihr in Teil 2 und der ihr im Dritten Buch zur Teilhabe behinderter und schwerbehinderter Menschen am Arbeitsleben übertragenen Aufgaben in allen Agenturen für Arbeit besondere Stellen ein; bei der personellen Ausstattung dieser Stellen trägt sie dem besonderen Aufwand bei der Beratung und Vermittlung des zu betreuenden Personenkreises sowie bei der Durchführung der sonstigen Aufgaben nach Absatz 1 Rechnung.

(5) Im Rahmen der Beratung der Arbeitgeber nach Absatz 1 Nr. 2 hat die Bundesagentur für Arbeit

1. dem Arbeitgeber zur Besetzung von Arbeitsplätzen geeignete arbeitslose oder arbeitssuchende schwerbehinderte Menschen unter

Darlegung der Leistungsfähigkeit und der Auswirkungen der jeweiligen Behinderung auf die angebotene Stelle vorzuschlagen,

2. ihre Fördermöglichkeiten aufzuzeigen, so weit wie möglich und erforderlich, auch die entsprechenden Hilfen der Rehabilitationsträger und der begleitenden Hilfe im Arbeitsleben durch die Integrationsämter.

Übersicht

I. Allgemeines

1   Die Vorschrift enthält in Abs. 1 und 5 eine Beschreibung der **schwerbehindertenrechtlichen Aufgaben der Bundesagentur für Arbeit**. Der Aufgabenkatalog ist **nicht abschließend**. Weitere, in § 104 SGB IX nicht aufgeführte Aufgaben sind:
– die Unterstützung des Arbeitgebers bei Errichtung und Ausstattung behinderungsgerechter Arbeitsplätze nach § 81 Abs. 4 Satz 2 SGB IX,
– die Stellungnahme im Kündigungszustimmungsverfahren des Integrationsamtes nach § 87 Abs. 2 SGB IX,
– die Zusammenarbeit mit Vertrauenspersonen der schwerbehinderten Menschen und Beauftragten der Arbeitgeber nach § 99 Abs. 2 SGB IX,
– die Verfolgung von Ordnungswidrigkeiten nach § 156 Abs. 3 SGB IX.
Die Regelung stellt das Gegenstück zu § 102 SGB IX dar, der die Aufgaben des Integrationsamtes beinhaltet. Beide Behörden führen ihre schwerbehindertenrechtlichen Aufgaben in enger **Zusammenarbeit** durch (§ 101 Abs. 1 SGB IX, § 102 Abs. 2 Satz 1 SGB IX), wobei die den **Rehabilitationsträgern** obliegenden Aufgaben unberührt bleiben (§ 101 Abs. 2 SGB IX).

2   Es gilt der allgemeine Grundsatz des **Vorrangs von Rehabilitationsleistungen** vor Leistungen des Schwerbehindertenrechts (vgl. § 101 RdNr. 11 f.). Leistungen, die von der Bundesagentur für Arbeit als Rehabilitationsträger nach § 5 Nr. 2 und 3 i.V.m. § 6 Abs. 1 Nr. 2 SGB IX, §§ 33 ff. SGB IX, § 3 Abs. 1 Nr. 7, §§ 97 ff. SGB III zur Teilhabe behinderter Menschen am Arbeitsleben erbracht werden, werden von

§ 104 SGB IX als **Spezialregelung** für die Durchführung der besonderen Regelungen zur **Teilhabe schwerbehinderter Menschen** nicht erfasst (s. a. *Kossens* in: Kossens/von der Heide/Maaß, SGB IX, § 104 RdNr. 3; *Braasch* br 2001, 177, 184). Während behinderte Menschen auf die **besonderen Leistungen zur Teilhabe** am Arbeitsleben der Bundesagentur für Arbeit, insbesondere zur Förderung der beruflichen Aus- und Weiterbildung einschließlich Berufsvorbereitung sowie blindentechnischer und vergleichbarer spezieller Grundausbildungen nach § 3 Abs. 5 SGB III, § 102 SGB III einen **Rechtsanspruch** haben, steht die Erbringung **allgemeiner Rehabilitationsleistungen** im Ermessen der Behörde (§ 100 SGB III). Allerdings ist die Bundesagentur für Arbeit insbesondere gegenüber den Trägern der gesetzlichen Rentenversicherung für allgemeine und besondere Leistungen zur Teilhabe am Arbeitsleben nur **nachrangig zuständig** (§ 6 Abs. 1 Nr. 4 SGB IX, § 7 Satz 2 SGB IX i.V.m. § 22 Abs. 2 SGB III; zur Zuständigkeitsklärung vgl. § 14 SGB IX). Die vorrangige Leistungspflicht der Rentenversicherungträger hat zur Folge, dass die Bundesagentur für Arbeit Rehabilitationsleistungen für jüngere behinderte Menschen erbringt, die die versicherungsrechtlichen Voraussetzungen für Teilhabeleistungen aus der gesetzlichen Rentenversicherung (§§ 11, 16 SGB VI) nicht erfüllen.

Die **Grenzen** zwischen beruflicher Rehabilitation und begleitender **3** Hilfe im Arbeitsleben für schwerbehinderte Menschen werden zunehmend **unscharf** (*Mrozynski*, SGB IX Teil 1, § 33 RdNr. 4). Die Aufgabenbeschreibung in § 104 Abs. 1 Nr. 1, 3, 4 SGB IX enthält individuelle Leistungen der beruflichen Rehabilitation der Bundesagentur für Arbeit. Schwerbehindertenrechtliche Instrumente wie die Beteiligung von Integrationsfachdiensten (§§ 109 ff. SGB IX) und Arbeitsassistenz (§ 102 Abs. 4 SGB IX) sind Bestandteil der beruflichen Rehabilitation geworden (§ 33 Abs. 6 Nr. 8, § 33 Abs. 8 Nr. 3 SGB IX). Soweit § 104 Abs. 1 SGB IX allgemeine Aufgaben der Bundesagentur für Arbeit wie Berufsberatung (§ 3 Abs. 1 Nr. 1 SGB III, §§ 29 ff. SGB III) und Arbeitsvermittlung (§ 3 Abs. 1 Nr. 1 SGB III, §§ 35 ff. SGB III) enthält, hat dies klarstellenden Charakter im Hinblick auf die Abgrenzung zur Aufgabenstellung der Integrationsämter.

Darüber hinaus regelt § 104 SGB IX in Abs. 2 die **Berichtspflicht 4** der Bundesagentur für Arbeit gegenüber dem BMAS, in Abs. 3 werden der Bundesagentur **Arbeitsmarktprogramme** für beruflich besonders betroffene schwerbehinderte Menschen auferlegt, und in Abs. 4 werden **organisatorische Vorgaben** zur Betreuung schwerbehinderter Menschen durch die Arbeitsverwaltung gemacht.

II. Aufgabenstellung (§ 104 Abs. 1, 5 SGB IX)

5   Die in **§ 104 Abs. 1 Nr. 1**, **§§ 29 ff.**, 35 ff. SGB III geregelten Leistungen der Arbeitsförderung sollen dazu beitragen, dass ein hoher Beschäftigungsstand erreicht und die Beschäftigungsstruktur ständig verbessert wird. Sie sind darauf auszurichten, das Entstehen von Arbeitslosigkeit zu vermeiden oder die Dauer der Arbeitslosigkeit zu verkürzen. Dabei ist die Gleichstellung von Frauen und Männern als durchgängiges Prinzip zu verfolgen (§ 1 Abs. 1 SGB III). Die Leistungen sollen insbesondere den Ausgleich von Angebot und Nachfrage auf dem Ausbildungs- und Arbeitsmarkt unterstützen, die zügige Besetzung offener Stellen ermöglichen, die individuelle Beschäftigungsfähigkeit durch Erhalt und Ausbau von Kenntnissen, Fertigkeiten sowie Fähigkeiten fördern, unterwertiger Beschäftigung entgegenwirken und zu einer Weiterentwicklung der regionalen Beschäftigungs- und Infrastruktur beitragen (§ 1 Abs. 2 SGB III). Es gilt der Vorrang der Vermittlung in Ausbildung und Arbeit vor dem Bezug von Entgeltersatzleistungen (§ 4 SGB III), der Vorrang der aktiven Arbeitsförderung (§ 5 SGB III). Bei der Vermeidung von Langzeitarbeitslosigkeit ist den besonderen Bedürfnissen schwerbehinderter Menschen angemessen Rechnung zu tragen (§ 6 Abs. 1 Satz 4 SGB III).

6   Die **Berufsberatung** umfasst die Erteilung von Auskunft und Rat
   – zur Berufswahl, beruflichen Entwicklung und zum Berufswechsel,
   – zur Lage und Entwicklung des Arbeitsmarktes und der Berufe,
   – zu den Möglichkeiten der beruflichen Bildung,
   – zur Ausbildungs- und Arbeitsplatzsuche,
   – zu Leistungen der Arbeitsförderung.
   Die Berufsberatung erstreckt sich auch auf die Erteilung von Auskunft und Rat zu Fragen der Ausbildungsförderung und der schulischen Bildung, soweit sie für die Berufswahl und die berufliche Bildung von Bedeutung sind (§ 30 SGB III). Bei der Berufsberatung sind Neigung, Eignung und Leistungsfähigkeit der Ratsuchenden sowie die Beschäftigungsmöglichkeiten zu berücksichtigen (§ 31 Abs. 1 SGB III).

7   Die Agentur für Arbeit hat Ausbildungsuchenden, Arbeitsuchenden und Arbeitgebern **Ausbildungsvermittlung** und **Arbeitsvermittlung** anzubieten. Die Vermittlung umfasst alle Tätigkeiten, die darauf gerichtet sind, Ausbildungsuchende mit Arbeitgebern zur Begründung eines Ausbildungsverhältnisses und Arbeitsuchende mit Arbeitgebern zur Begründung eines Beschäftigungsverhältnisses zusammenzubringen (§ 35 Abs. 1 SGB III). Die Agentur für Arbeit hat die Neigung, Eignung und Leistungsfähigkeit der Ausbildungsuchenden und Arbeitsuchenden sowie die Anforderungen der angebotenen Stellen zu berücksichtigen, erforderlichenfalls die Teilnahme an einer Maßnahme

zur Eignungsfeststellung vorzusehen und mit dem Arbeitslosen oder Ausbildungsuchenden eine Eingliederungsvereinbarung zu treffen (§ 35 Abs. 2–4 SGB III). Die Agentur für Arbeit darf nicht vermitteln, wenn ein Ausbildungs- oder Arbeitsverhältnis begründet werden soll, das gegen ein Gesetz oder die guten Sitten verstößt (§ 36 Abs. 1 SGB III). Dies beinhaltet die Beachtung der gesetzlichen und tarifvertraglichen Mindestarbeitsbedingungen, wobei letztere nur im Falle der Tarifgebundenheit der Arbeitsvertragsparteien von der Bundesagentur zu berücksichtigen sind (*Peters-Lange* in Gagel, SGB III, § 36 RdNr. 3 ff., 8 ff.). Die Agentur für Arbeit darf Einschränkungen, die der Arbeitgeber für eine Vermittlung hinsichtlich Geschlecht, Alter, Gesundheitszustand oder Staatsangehörigkeit des Ausbildungsuchenden und Arbeitsuchenden oder ähnlicher Merkmale vornimmt, nur berücksichtigen, wenn diese Einschränkungen nach Art der auszuübenden Tätigkeit unerlässlich sind (§ 36 Abs. 2 SGB IX). Bei Arbeitslosen und von Arbeitslosigkeit bedrohten Arbeitsuchenden sowie Ausbildungsuchenden können als unterstützende Leistungen Bewerbungs- und Reisekosten übernommen werden (§§ 45 f. SGB III). Beratung und Vermittlung werden in der Regel unentgeltlich angeboten (§ 43 SGB III).

In der Zeit von Oktober 2000 bis September 2001 wurden nach Mitteilung der Bundesagentur für Arbeit von den Agenturen für Arbeit insgesamt 53 142 schwerbehinderte Menschen **vermittelt**, darunter 33 312 Männer und 19 830 Frauen (BT-Drucks. 14/8441, S. 10).   **8**

Der Hinweis in § 104 Abs. 1 Nr. 1 SGB IX auf die **Vermittlung von in WfbM Beschäftigten auf den allgemeinen Arbeitsmarkt** dient der Klarstellung, dass die Vermittlung von behinderten Menschen, die in WfbM (§§ 136 ff. SGB IX) beschäftigt werden, aber den Übergang auf den allgemeinen Arbeitsmarkt anstreben, zu den Aufgaben der Arbeitsvermittlung durch die Bundesagentur für Arbeit gehört. Die Regelung verdeutlicht, dass eine stärkere Einbeziehung der Agenturen für Arbeit in die Vermittlung von in WfbM beschäftigten Behinderten auf den allgemeinen Arbeitsmarkt zu erfolgen hat (BT-Drucks. 14/3372, S. 21). Sie steht in Zusammenhang mit der Verpflichtung der Werkstätten aus § 136 Abs. 1 Satz 3 SGB IX, den Übergang geeigneter Personen auf den allgemeinen Arbeitsmarkt zu fördern (vgl. § 136 RdNr. 20 ff.).   **9**

Die **Beratung der Arbeitgeber** bei der Besetzung von Ausbildungs- und Arbeitsplätzen mit schwerbehinderten Menschen (**§ 104 Abs. 1 Nr. 2 SGB IX**) konkretisiert die in **§ 81 Abs. 3 Satz 2 SGB IX** normierte Aufgabe der Agenturen für Arbeit, Arbeitgeber bei der Erfüllung ihrer Pflicht zur möglichst dauerhaften behinderungsgerechten Beschäftigung wenigstens der vorgeschriebenen Zahl schwerbehinderter Menschen zu unterstützen. Die Arbeitsmarktberatung von Arbeitgebern ist reguläre Aufgabe der Bundesagentur für Arbeit   **10**

(§ 3 Abs. 2 Nr. 1, § 29 Abs. 1, §§ 34, 40 SGB III). Sie soll nach § 34 SGB III dazu beitragen, Arbeitgeber bei der Besetzung von Ausbildungs- und Arbeitsplätzen zu unterstützen. Sie umfasst die Erteilung von Auskunft und Rat

– zur Lage und Entwicklung des Arbeitsmarktes und der Berufe,
– zur Besetzung von Ausbildungs- und Arbeitsplätzen,
– zur Gestaltung von Arbeitsplätzen, Arbeitsbedingungen und der Arbeitszeit,
– zur betrieblichen Aus- und Weiterbildung,
– zur Eingliederung förderungsbedürftiger Auszubildender und Arbeitnehmer,
– zu Leistungen der Arbeitsförderung.

Die Agentur für Arbeit soll die Beratung zur Gewinnung von Ausbildungs- und Arbeitsplätzen nutzen. Es soll auch von sich aus Verbindung zu Arbeitgebern aufnehmen und halten.

11   In **§ 104 Abs. 5 SGB IX** wird die schwerbehindertenrechtliche Verpflichtung der Agenturen für Arbeit zur **Arbeitgeberberatung konkretisiert**. Von Bedeutung ist insbesondere, dass die dem Arbeitgeber vorgeschlagenen Bewerber für die Besetzung des Arbeitsplatzes auch geeignet sein müssen. Das Agentur für Arbeit hat sich daher ggfs. frühzeitig um eine betriebsnahe Qualifizierung zu bemühen (BT-Drucks. 14/3372, S. 21 f.). Die Regelung ist im Zusammenhang mit der Verpflichtung des Arbeitgeber nach § 81 Abs. 1 SGB IX zu sehen. Danach haben Arbeitgeber zu prüfen, ob freie Arbeitsplätze mit schwerbehinderten Menschen, insbesondere mit bei der Agentur für Arbeit arbeitslos oder arbeitsuchend gemeldeten schwerbehinderten Menschen, besetzt werden können. Die Agentur für Arbeit oder ein vom ihm nach § 110 Abs. 1 Nr. 2 SGB IX, § 111 SGB IX beauftragter Integrationsfachdienst schlägt den Arbeitgebern geeignete schwerbehinderte Menschen vor (§ 81 Abs. 1 Satz 3 SGB IX).

12   § 104 Abs. 5 Nr. 1 SGB IX verlangt von der Agentur für Arbeit hierbei die Darlegung der individuellen Leistungsfähigkeit des schwerbehinderten Stellenbewerbers und der Auswirkung der Behinderung auf die angebotene Stelle. Dies soll **Vorbehalten von Arbeitgebern** gegenüber der **Leistungsfähigkeit** schwerbehinderter Menschen entgegenwirken. Der Grad der Behinderung von wenigstens 50 als Voraussetzung der Schwerbehinderteneigenschaft bedeutet nicht, dass der Betroffene in entsprechendem Umfang in seiner beruflichen Leistungsfähigkeit gemindert ist (vgl. Komm. zu § 69).

13   Das Aufzeigen von neben der Anrechnung auf die Pflichtplatzquote bestehenden **Fördermöglichkeiten** (§ 104 Abs. 5 Nr. 2 SGB IX) soll ebenfalls dem Arbeitgeber die Entscheidung für die Einstellung schwerbehinderter Menschen erleichtern. Hier konkretisiert sich das Zusammenarbeitsgebot von Arbeitsverwaltung und Integrationsämtern, da neben vorrangigen **Rehabilitationsleistungen** zur Teilhabe am Arbeitsleben an den behinderten Menschen und an den Arbeitgeber (§§ 33 f. SGB IX) Leistungen der **begleitenden Hilfe im Arbeitsleben** (§ 102 Abs. 2–4 SGB IX) aus den Mitteln der Ausgleichsabgabe in Betracht kommen. Die Agenturen für Arbeit selbst erbringen an Arbeitgeber Leistungen zur Förderung der Teilhabe behinderter Menschen nach Maßgabe der §§ 236 ff. SGB III, nämlich Zuschüsse für die **betriebliche Aus- oder Weiterbildung** (§ 236 SGB III) und für eine **behinderungsgerechte Ausstattung** von Ausbildungs- oder Arbeitsplätzen (§ 237 SGB III). Arbeitgebern können die Kosten für eine befristete **Probebeschäftigung** behinderter, schwerbehinderter und ihnen gleichgestellter Menschen bis zu einer Dauer von drei Monaten erstattet werden (§ 238 SGB III). Für besonders betroffene schwerbehinderte Menschen können **Eingliederungszuschüsse** und **Zuschüsse zur Ausbildungsvergütung** gewährt werden (§§ 104 Abs. 1 Nr. 3 SGB IX, § 217 ff. und 235 a SGB III).

§ 104 Abs. 1 Nr. 3 SGB IX benennt die schwerbehinderten Men- 14 schen, deren Teilhabe am Arbeitsleben auf dem allgemeinen Arbeitsmarkt von den Agenturen für Arbeit durch **Eingliederungszuschüsse** nach § 217 ff. SGB III und **Zuschüsse zur Ausbildungsvergütung** nach § 235 a SGB III gefördert werden kann. Der **Katalog beruflich besonders betroffener förderungsbedürftiger schwerbehinderter Menschen** ist nicht abschließend („insbesondere"). Es wird zunächst Bezug genommen auf die in § 72 Abs. 1 SGB IX aufgeführten besonderen Gruppen schwerbehinderter Menschen. Es handelt sich um nach **Art oder Schwere der Behinderung** im Arbeitsleben besonders betroffene Personen und schwerbehinderte Menschen, die das **50. Lebensjahr** vollendet haben. **Langzeitarbeitslos** sind Arbeitslose, die ein Jahr und länger arbeitslos sind (§ 18 Abs. 1 SGB III), wobei der Begriff der Arbeitslosigkeit in § 16 SGB III definiert ist. **Arbeitslos** sind demnach Personen, die, wie beim Anspruch auf Arbeitslosengeld

- vorübergehend nicht in einem Beschäftigungsverhältnis stehen,
- eine versicherungspflichtige Beschäftigung suchen und dabei den Vermittlungsbemühungen der Agentur für Arbeit zur Verfügung stehen und
- sich bei der Agentur für Arbeit arbeitslos gemeldet haben.

Die bisherige Beschäftigung in einer **WfbM** (§§ 136 ff. SGB IX) oder einem **Integrationsprojekt** (§§ 132 ff. SGB IX) sind weitere förderungswürdige Tatbestände. **Teilzeitbeschäftigung** im Sinne dieser Vorschrift setzt einen Beschäftigungsumfang von wenigstens 18 Stunden wöchentlich voraus, da eine § 102 Abs. 2 Satz 3 SGB IX entsprechende Vorschrift fehlt und deshalb die allgemeine Arbeitsplatzdefinition des § 73 Abs. 3 SGB IX Anwendung findet.

Zum Zwecke der **Verwaltungsvereinfachung** und besseren **Trans-** 15 **parenz** für alle beteiligten Stellen ist die bisherige zusätzliche Förderung bei der Einstellung schwerbehinderter Menschen durch die Bundesagentur für Arbeit aus Ausgleichsabgabemitteln mit dem Gesetz zur Bekämpfung der Arbeitslosigkeit Schwerbehinderter vom 29. 9. 2000 als **zusätzlicher Fördertatbestand** in das SGB III übernommen worden (BT-Drucks. 14/3372, S. 25). Die Eingliederungszuschüsse nach § 219 SGB III dürfen **ausschließlich** für schwerbehinderte Menschen im Sinne des **§ 104 Abs. 1 Nr. 3 Buchst. a–d SGB IX** erbracht werden, weil § 219 Abs. 1 SGB III allein auf die in dieser Vorschrift benannten Gruppen von schwerbehinderten Menschen Bezug nimmt (*Brandts* in: Niesel/Brand, SGB III, § 219 RdNr. 6; *Feckler* in: GK–SGB III, § 222 a RdNr. 3; *Hennig,* SGB III, § 222 a RdNr. 4). **Empfänger der Leistung** ist der Arbeitgeber, der mit dem schwerbehinderten Menschen ein sozialversicherungspflichtiges Beschäftigungsverhältnis begründet. Soweit **gleichgestellte behinderte Menschen** die Kriterien des § 104 Abs. 1 Nr. 3 Buchst. a–d SGB IX erfüllen, können für sie ebenfalls Eingliederungszuschüsse gewährt werden (§ 68 Abs. 3 SGB IX, § 219 SGB III).

16   Es handelt sich bei den Eingliederungszuschüssen um **Ermessensleistungen** der Bundesagentur für Arbeit, wobei sich das Ermessen sowohl auf das „Ob" als auch auf die Höhe und die Dauer der Leistung erstreckt („können (. . .) erhalten" in § 219 a Abs. 1 SGB III, § 39 SGB I, § 2 Abs. 2 SGB I, § 35 Abs. 1 Satz 3 SGB X). Eingliederungszuschüsse werden von der Agentur für Arbeit erbracht, in deren Bezirk der Betrieb des Arbeitgebers liegt. Der **Antrag** ist gem. § 324 Abs. 1 SGB III i.d.R. vor Abschluss des Arbeitsvertrages mit dem förderungsbedürftigen Arbeitnehmer zu stellen, wobei die Agentur für Arbeit zur Vermeidung unbilliger Härten eine verspätete Antragstellung zulassen kann (*Brandts* in: Niesel/Brand, SGB III, § 217 RdNr. 40).

17   **Zweck der Eingliederungszuschüsse** für besonders betroffene schwerbehinderte Menschen ist entweder, dem Arbeitgeber einen gewissen Ausgleich für Aufwendungen zur Einarbeitung der eingestellten schwerbehinderten Menschen zu verschaffen oder ihm einen Anreiz zur Kompensation befürchteter oder tatsächlicher Minderleistungen zu Beginn des Arbeitsverhältnisses zu geben (*Göbel* Der Arbeitgeber 2000, Heft 10, 17, 19). Damit soll das Ziel erreicht werden, diesen benachteiligten Personenkreis verstärkt in den allgemeinen Arbeitsmarkt einzugliedern. Eingliederungszuschüsse dienen nach der gesetzlichen Zielbestimmung in § 217 SGB III generell der Eingliederung förderungsbedürftiger Arbeitnehmer durch Zuschüsse an Arbeitgeber zu den Arbeitsentgelten zum **Ausgleich von Minderleistungen.** Förderungsbedürftig sind demnach Arbeitnehmer, die ohne die Leistung nicht oder nicht dauerhaft in den Arbeitsmarkt eingegliedert werden können. Der Vorrang einer finanziell nicht geförderten Vermittlung nach § 4 Abs. 2 SGB III bleibt unberührt (*Feckler* in: GK–SGB III, § 217 RdNr. 9).

Eingliederungszuschüsse für besonders betroffene schwerbehinderte 18
Menschen dürfen **70 % des berücksichtigungsfähigen Arbeitsentgelts** nicht übersteigen (§ 219 Abs. 1 Satz 1 SGB III). Innerhalb dieser
Höchstgrenze darf die Bundesagentur für Arbeit sowohl in einer Anordnung nach § 224 SGB III als auch im Einzelfall nach dessen Umständen unter Anwendung von pflichtgemäßem Ermessen differenzieren. Die **Förderungsdauer** darf 36 Monate, bei schwerbehinderten
Menschen, die das 55. Lebensjahr vollendet haben, 96 Monate nicht
übersteigen (§ 219 Abs. 1 Satz 2 SGB III). Bei der Ermessensentscheidung über Höhe und Dauer der Förderung berücksichtigt die Agentur
für Arbeit, ob der schwerbehinderte Mensch **ohne gesetzliche Verpflichtung** oder über die Beschäftigungspflicht nach den §§ 71 ff.
SGB IX hinaus eingestellt und beschäftigt wird. Stellt ein Arbeitgeber
mit weniger als 20 Arbeitsplätzen oder ein Arbeitgeber, der die Pflichtplatzquote von 5 % bereits erfüllt hat, einen besonders betroffenen
schwerbehinderten Menschen ein, soll dies die Höhe des Zuschusses
positiv beeinflussen. Durch die Höhe des Zuschusses wird in diesen
Fällen ein **zusätzlicher Anreiz** geschaffen, mehr Personen der förderungsbedürftigen Zielgruppe einzustellen (*Brandts* in: Niesel/Brand,
SGB III, § 219 RdNr.3). Zudem soll bei der Dauer der Förderung eine
geförderte befristete Vorbeschäftigung beim Arbeitgeber angemessen berücksichtigt werden (§ 219 Abs. 2 SGB III). Die Entscheidung steht im Ermessen der Agentur für Arbeit. Dies soll eine flexible
Handhabung ermöglichen, um dem jeweiligen Einzelfall besser gerecht zu werden (BT-Drucks. 14/7347, S. 83). Der Eingliederungszuschuss wird nach Ablauf von 12 Monaten bzw. 24 Monaten bei älteren
schwerbehinderten Arbeitnehmern entsprechend der zu erwartenden
Zunahme der Leistungsfähigkeit des Arbeitnehmers und den abnehmenden Eingliederungserfordernissen gegenüber der bisherigen Förderungshöhe um mindestens 10 % jährlich **vermindert**; er darf aber
30 % nicht unterschreiten (§ 219 Abs. 3 SGB III)

Förderungsausschlüsse und **Rückzahlungsverpflichtungen** in 19
Missbrauchsfällen und bei Zielverfehlung wegen vorzeitiger Beendigung des geförderten Beschäftigungsverhältnisses enthält § 221 SGB
III. So ist die **Förderung ausgeschlossen**, wenn zu vermuten ist, dass
der Arbeitgeber die **Beendigung** eines Beschäftigungsverhältnisses
veranlasst hat, um einen Eingliederungszuschuss zu erhalten, oder die
Einstellung bei einem früheren Arbeitgeber erfolgt, bei dem der
Arbeitnehmer während der letzten vier Jahre vor Förderungsbeginn
mehr als drei Monate versicherungspflichtig beschäftigt war. Letzterer
Förderungsausschluss gilt nicht, wenn es sich um eine **befristete** Beschäftigung schwerbehinderter Menschen im Sinne des § 104 Abs. 1
Nr. 3 Buchst. a–d SGB IX handelt (§ 221 Abs. 1 Nr. 2 SGB III). Eingliederungszuschüsse für besonders betroffene schwerbehinderte Menschen mit Ausnahme solcher für ältere schwerbehinderte Menschen im

Sinne des § 219 Abs. 2 SGB III sind **teilweise zurückzuzahlen**, wenn das Beschäftigungsverhältnis während des Förderungszeitraums oder innerhalb eines Zeitraums, welcher der Förderungsdauer entspricht, längstens jedoch von zwölf Monaten, nach Ende des Förderungszeitraums beendet wird. Dies gilt nicht, wenn der Arbeitgeber zur ordentlichen Kündigung berechtigt war, die Beendigung des Arbeitsverhältnisses auf Bestreben des Arbeitnehmers hin erfolgt, ohne dass der Arbeitgeber den Grund hierfür zu vertreten hat, oder der Arbeitnehmer das Mindestalter für den Bezug der gesetzlichen Altersrente erreicht hat. Die Rückzahlung ist auf die **Hälfte des Förderungsbetrages**, höchstens aber den in den letzten zwölf Monaten vor der Beendigung des Beschäftigungsverhältnisses gewährten Förderungsbetrag begrenzt (§ 221 Abs. 2 Satz 3 SGB III).

20   Für andere als die von § 104 Abs. 1 Nr. 3 Buchst. a–d SGB IX erfassten schwerbehinderten Menschen ergibt sich die Höhe und die Dauer des Eingliederungszuschusses aus **§ 218 Abs. 2 SGB III**. Soweit § 219 SGB III einschlägig ist, geht die Förderung nach dieser Sonderregelung der nach den §§ 217 ff. SGB III vor, auch wenn sie sich auf dieselben Ziele erstreckt (*Hennig*, SGB III, § 222 a RdNr. 3).

21   Arbeitgeber können nach § 235 a Abs. 1 SGB III für die **betriebliche Aus- oder Weiterbildung** von schwerbehinderten Menschen im Sinne des § 104 Abs. 1 Nr. 3 Buchst. e SGB IX oder von gleichgestellten behinderten Menschen (§ 68 Abs. 3 SGB IX, § 222 a Abs. 5 SGB III) durch **Zuschüsse zur Ausbildungsvergütung** oder vergleichbaren Vergütung gefördert werden, wenn die Aus- oder Weiterbildung **sonst nicht zu erreichen** ist. Auf die Leistung besteht kein Rechtsanspruch, sie steht vielmehr im pflichtgemäßen **Ermessen** der Bundesagentur für Arbeit (*Brandts* in: Niesel/Brand, SGB III, § 235 a RdNr. 5). Die Förderung der betrieblichen Aus- und Weiterbildung ist auch in anderen als Ausbildungsberufen möglich.

22   Die Zuschüsse sollen regelmäßig **80 % der monatlichen Ausbildungsvergütung** für das letzte Ausbildungsjahr oder der vergleichbaren Vergütung einschließlich des darauf entfallenden Arbeitgeberanteils am Gesamtsozialversicherungsbeitrag nicht übersteigen (§ 235a Abs. 2 Satz 1 SGB III). In begründeten Ausnahmefällen können Zuschüsse bis zur Höhe der Ausbildungsvergütung für das letzte Ausbildungsjahr erbracht werden (§ 235a Abs. 2 SGB III). Bei **Übernahme** schwerbehinderter Menschen in ein Arbeitsverhältnis durch den ausbildenden oder einen anderen Arbeitgeber im Anschluss an eine abgeschlossene Aus- oder Weiterbildung kann ein **Eingliederungszuschuss** in Höhe von bis zu 70 % des berücksichtigungsfähigen Arbeitsentgelts (§ 218 Abs. 3 SGB III) für die Dauer von einem Jahr erbracht werden, sofern während der Aus- oder Weiterbildung Zuschüsse erbracht worden sind (§ 235 a Abs. 3 Satz 2 SGB III). Ein zeitlich nahtloser Anschluss des Arbeitsverhältnisses an die vorangegangene Aus- oder Weiterbildung ist für diese zusätzliche Förderung nicht erforderlich (*Brandts* in: Niesel/Brand, SGB III, § 235 a RdNr. 10).

§ 22 Abs. 2 Satz 2 SGB III stellt sicher, dass Eingliederungs- 23 zuschüsse nach § 219 SGB III und Zuschüsse zur Ausbildungsvergütung nach § 235 a SGB III für schwerbehinderte Menschen auch dann erbracht werden dürfen, wenn ein anderer Rehabilitationsträger zuständig ist. In diesem Fall werden die Leistungen des anderen Leistungsträgers angerechnet. Die **Finanzierung** der Förderung besonders betroffener schwerbehinderter Menschen nach den §§ 222 a, 235 a SGB III erfolgt nicht aus Beitragsmitteln der Bundesagentur für Arbeit (§ 340 SGB III), sondern aus den Mitteln des Ausgleichsfonds beim BMAS (§ 78 SGB IX, § 41 Abs. 1 Satz 1 Nr. 1 SchwAV).

Die besondere Förderung schwerbehinderter Menschen im Rahmen 24 von **Arbeitsbeschaffungsmaßnahmen** (§§ 260 ff. SGB III) und **Strukturanpassungsmaßnahmen** (§§ 272 ff. SGB III) ist nach § **104 Abs. 1 Nr. 4 SGB IX** eine weitere Aufgabe der Bundesagentur für Arbeit. Nach § 263 Abs. 2 Nr. 4 SGB III kann die Agentur für Arbeit unabhängig vom Vorliegen der allgemeinen Voraussetzungen die **Förderungsbedürftigkeit für ABM** bei Arbeitnehmern feststellen, die wegen Art oder Schwere ihrer Behinderung nur durch Zuweisung in die Maßnahme beruflich stabilisiert oder qualifiziert werden können. In diesen bevorzugt zu fördernden Maßnahmen darf der **Zuschuss** bis zu 100 % des berücksichtigungsfähigen Arbeitsentgelts betragen (§ 264 Abs. 3 Satz 2 SGB III). Bei der Beschäftigung eines schwerbehinderten Menschen sind auch die Kosten einer notwendigen **Arbeitsassistenz** (§ 33 Abs. 8 Satz 1 Nr. 3 SGB IX, § 102 Abs. 4 SGB IX) zu übernehmen. Bei der ABM für besonders förderungsbedürftige Arbeitnehmer kommt die **verstärkte Förderung** nach § 266 Abs. 2 Nr. 2 SGB III und eine verlängerte **Maßnahmedauer** von bis zu 36 Monaten (§ 267 Abs. 2–3 SGB III) in Betracht.

Die Bundesagentur für Arbeit ist nach § **104 Abs. 1 Nr. 5 SGB IX** 25 zuständig für die **Gleichstellung** behinderter Menschen mit schwerbehinderten Menschen sowie für deren Widerruf und Rücknahme. Für die Gleichstellung ergibt sich dies bereits aus § 68 Abs. 2 Satz 1 SGB IX (vgl. § 68 RdNr. 6 ff.). Die Gleichstellung kommt nach § 2 Abs. 3 SGB IX für behinderte Menschen mit einem GdB von 30 oder 40 in Betracht, die infolge ihrer Behinderung ohne die Gleichstellung einen geeigneten Arbeitsplatz nicht erlangen oder nicht behalten können. Die besonderen Regelungen für gleichgestellte behinderte Menschen werden nach dem **Widerruf** (§ 47 SGB X) oder der **Rücknahme** (§ 45 SGB X) der Gleichstellung nicht mehr angewendet. Der Widerruf der Gleichstellung ist zulässig, wenn die Voraussetzungen nach § 2 Abs. 3 i.V.m. § 68 Abs. 2 SGB IX weggefallen sind (§ 116 Abs. 2 SGB IX).

26   Die Zuständigkeit für die **Durchführung des Anzeigeverfahrens** (§ 80 Abs. 2 und 4 SGB IX) nach § 104 Abs. 1 Nr. 6 SGB IX ergibt sich bereits unmittelbar aus § 80 Abs. 2 Satz 1 SGB IX. Die von den Arbeitgebern der Arbeitsverwaltung mitzuteilenden Daten dienen der Berechnung des Umfangs der Beschäftigungspflicht, zur Überwachung ihrer Erfüllung und der Erhebung der Ausgleichsabgabe. Die Agenturen für Arbeit leiten die erhobenen Daten an die Integrationsämter zur Erhebung der Ausgleichsabgabe weiter.

27   Zu den Aufgaben der Bundesagentur für Arbeit gehören nach § 104 Abs. 1 Nr. 7–8 SGB IX die **Überwachung der Erfüllung der Beschäftigungspflicht** der Arbeitgeber (§§ 71 ff. SGB IX) und die Zulassung der **Anrechnung** bei Teilzeitbeschäftigung und der **Mehrfachanrechnung** bei besonderen Schwierigkeiten der Teilhabe am Arbeitsleben auf Pflichtarbeitsplätze (§ 75 Abs. 2, § 76 Abs. 1–2 SGB IX).

28   Die Aufgabe der Erfassung der **WfbM**, ihre Anerkennung und die Aufhebung der Anerkennung (§ 104 Abs. 1 Nr. 9 SGB IX) wird in § 142 SGB IX i.V.m. §§ 17 ff. WVO näher ausgestaltet (vgl. Komm. zu § 142).
Die Zuständigkeitsbestimmung für die Erfassung der **Integrationsfachdienste** sowie die Erbringung finanzieller Leistungen aus den Mitteln der Ausgleichsabgabe an diese Dienste (§ 104 Abs. 1 Nr. 10 SGB IX) ist eine Ergänzung des Aufgabenkatalogs aufgrund der Einfügung der §§ 109 ff. SGB IX über die Integrationsfachdienste in das Schwerbehindertenrecht mit Wirkung zum 1. 10. 2000. Die Vergütung der Inanspruchnahme von Integrationsfachdiensten kann bei Beauftragung durch die Bundesagentur für Arbeit aus den Mitteln der Ausgleichsabgabe erfolgen (§ 113 Satz 2 SGB IX).

III. Berichtspflicht (§ 104 Abs. 2 SGB IX)

29   Die bis zum 30. 9. 2000 in § 33 Abs. 2 SchwbG und im Ersten Abschnitt der SchwbAV getroffenen Regelungen zur besonderen Förderung der Eingliederung und Beschäftigung Schwerbehinderter sind aus Gründen der Verwaltungsvereinfachung und der besseren Transparenz als zusätzliche Fördertatbestände in das SGB III aufgenommen worden (§§ 217 ff., 235a SGB III i.V.m. § 104 Abs. 1 Nr. 3 SGB IX, vgl. RdNr. 15 ff.). § 104 Abs. 2 SGB IX erlegt der Bundesagentur für Arbeit in diesem Zusammenhang eine jährliche **Berichtspflicht** gegenüber dem BMAS auf. Die Berichterstattung soll die Förderung der Teilhabe schwerbehinderter Menschen auf dem allgemeinen Arbeitsmarkt nach dem SGB III aus Haushaltsmitteln der Bundesagentur für Arbeit unter Verwendung der ihr aus Ausgleichsabgabemitteln des Ausgleichsfonds zugewiesenen Mitteln **transparent** machen (BT-Drucks. 14/3372, S. 21). Dem dient auch die **Veröffentlichung** der Förderungsergeb-

nisse mit Angaben über die Zahl der geförderten Arbeitgeber und schwerbehinderten Menschen, die insgesamt aufgewandten Mittel und die durchschnittlichen Förderungsbeträge (§ 104 Abs. 2 Satz 2–3 SGB IX).

IV. Arbeitsmarktprogramme (§ 104 Abs. 3 SGB IX)

Mit § 104 Abs. 3 SGB IX wird klargestellt, dass die Durchführung **30** befristeter überregionaler und regionaler **Arbeitsmarktprogramme** zum Abbau der Arbeitslosigkeit schwerbehinderter Menschen, besonderer Gruppen schwerbehinderter Menschen oder schwerbehinderter Frauen sowie zur Förderung des Ausbildungsangebots für schwerbehinderte Menschen aus Mitteln der Ausgleichsabgabe der Integrationsämter und des Ausgleichsfonds beim BMAS **Aufgabe der Bundesagentur für Arbeit** ist (BT-Drucks. 14/3372, S. 21). Die Durchführung solcher Sonderprogramme ist der Bundesagentur für Arbeit nach § 368 Abs. 2 Satz 2, Abs. 3 Satz 1 SGB III zu übertragen.

Besondere Gruppen von schwerbehinderten Menschen im Sinne **31** des § 104 Abs. 3 SGB IX sind insbesondere solche, die wegen Art oder Schwere der Behinderung oder sonstiger Umstände im Arbeitsleben besonders betroffen sind (§ 104 Abs. 1 Nr. 3 Buchst. a SGB IX i.V.m. § 72 Abs. 1 SGB IX), langzeitarbeitslose schwerbehinderte Menschen sowie schwerbehinderte Menschen im Übergang von Beschäftigungen in WfbM und Integrationsprojekten auf den regulären allgemeinen Arbeitsmarkt (§ 104 Abs. 1 Nr. 3 Buchst. b–c SGB IX). Arbeitsmarktprogramme für **schwerbehinderte Frauen** sollen auf die Beseitigung bestehender Nachteile sowie auf die Überwindung des geschlechtsspezifischen Ausbildungs- und Arbeitsmarktes hinwirken. Sie sollen – wie andere Maßnahmen auch – in ihrer zeitlichen, inhaltlichen und organisatorischen Ausgestaltung die Lebensverhältnisse von Menschen mit **Familienpflichten** berücksichtigen (vgl. § 8 Abs. 1 SGB III, § 8 a SGB III, § 1 Satz 2 SGB IX, § 9 Abs. 1 Satz 2–3 SGB IX, § 33 Abs. 2 SGB IX).

Nach § 370 Abs. 2 Satz 2 SGB III kann die **Bundesregierung** **32** der Bundesagentur für Arbeit die Durchführung befristeter Arbeitsmarktprogramme durch **Verwaltungsvereinbarung** übertragen. Die **Regionaldirektionen** können nach § 368 Abs. 3 SGB III durch Verwaltungsvereinbarung die Durchführung befristeter **Arbeitsmarktprogramme der Länder** übernehmen.

Die Integrationsämter können nach § 16 SchwbAV der Bundes- **33** agentur für Arbeit **Mittel der Ausgleichsabgabe** zur Durchführung befristeter regionaler Arbeitsmarktprogramme gemäß § 104 Abs. 3 SGB IX zuweisen. Zur Durchführung befristeter überregionaler Arbeitsmarktprogramme können **Mittel aus dem Ausgleichsfonds** beim BMAS verwendet werden (§ 78 SGB IX, § 41 Abs. 1 Satz 1 Nr. 2 SchwbAV).

34   Die **Ländersonderprogramme**, deren Durchführung das jeweilige Land der Bundesagentur für Arbeit überträgt, ergänzen die Leistungen zur besonderen Förderung der Eingliederung schwerbehinderter Menschen aus den Mitteln der Ausgleichsabgabe des Bundes (Ausgleichsfonds). Bei der schwierigen Arbeitsmarktsituation gerade für schwerbehinderte Menschen tragen diese Förderleistungen wesentlich dazu bei, einer noch ungünstigeren Entwicklung entgegenzuwirken. Zur besseren Übersichtlichkeit wird eine Angleichung der Sonderprogramme hinsichtlich Personenkreis, Leistungsvoraussetzungen und Leistungsumfang angestrebt (BT-Drucks. 13/9514, S. 74).

V. Stellen für Beratung und Vermittlung
(§ 104 Abs. 4 SGB IX)

35   Nach den Feststellungen der Bundesagentur für Arbeit im Rahmen der Modellversuche zum Agentur für Arbeit 2000 hängt die erfolgreiche Vermittlung von schwerbehinderten Menschen entscheidend davon ab, ob diese Aufgabe von einer **eigenständigen Organisationseinheit** wahrgenommen wird. § 104 Abs. 4 SGB IX behält deshalb die Einrichtung besonderer Stellen zur Durchführung der Aufgaben der Bundesagentur für Arbeit zur Teilhabe behinderter und schwerbehinderter Menschen bei. Die besonderen Stellen sind für **alle Agenturen für Arbeit obligatorisch.** Für den Fall, dass in den Geschäftsstellen die Bildung solcher Stellen nicht möglich ist, soll dort eine fachliche Schwerpunktbildung erfolgen. Die sachgerechte Wahrnehmung der Aufgaben der Bundesagentur nach § 104 Abs. 1 SGB IX erfordert eine angemessene Personalausstattung. Bei der **Personalbemessung** dieser Stellen muss dem besonderen Aufwand bei der Wahrnehmung der Aufgaben nach Teil 2 des SGB IX Rechnung getragen werden (vgl. BT-Drucks. 14/3372, S. 21).

Beratender Ausschuss für behinderte Menschen bei der Bundesagentur für Arbeit

105 (1) Bei der Zentrale der Bundesagentur für Arbeit wird ein Beratender Ausschuss für behinderte Menschen gebildet, der die Teilhabe der behinderten Menschen am Arbeitsleben durch Vorschläge fördert und die Bundesagentur für Arbeit bei der Durchführung der in Teil 2 und im Dritten Buch zur Teilhabe behinderter und schwerbehinderter Menschen am Arbeitsleben übertragenen Aufgaben unterstützt.

(2) Der Ausschuss besteht aus elf Mitgliedern, und zwar aus

zwei Mitgliedern, die die Arbeitnehmer und Arbeitnehmerinnen vertreten,

zwei Mitgliedern, die die privaten und öffentlichen Arbeitgeber vertreten,

fünf Mitgliedern, die die Organisationen behinderter Menschen vertreten,

einem Mitglied, das die Integrationsämter vertritt,

einem Mitglied, das das Bundesministerium für Arbeit und Soziales vertritt.

(3) Für jedes Mitglied ist ein Stellvertreter oder eine Stellvertreterin zu berufen.

(4) [1]Der Vorstand der Bundesagentur für Arbeit beruft die Mitglieder, die Arbeitnehmer und Arbeitgeber vertreten, auf Vorschlag ihrer Gruppenvertreter im Verwaltungsrat der Bundesagentur für Arbeit. [2]Er beruft auf Vorschlag der Organisationen behinderter Menschen, die nach der Zusammensetzung ihrer Mitglieder dazu berufen sind, die behinderten Menschen in ihrer Gesamtheit auf Bundesebene zu vertreten, die Mitglieder, die Organisationen der behinderten Menschen vertreten. [3]Auf Vorschlag der Bundesarbeitsgemeinschaft der Integrationsämter und Hauptfürsorgestellen beruft er das Mitglied, das die Integrationsämter vertritt, und auf Vorschlag des Bundesministeriums für Arbeit und Soziales das Mitglied, das dieses vertritt.

I. Allgemeines

Die Vorschrift verpflichtet die Bundesagentur für Arbeit, bei ihrer **Zentrale** in Nürnberg einen Beratenden Ausschuss für behinderte Menschen zu bilden. Anders als bei den Beratenden Ausschüssen der regionalen Integrationsämter (§ 103 SGB IX) handelt es sich um ein **zentrales Beratungsgremium** mit bundesweiter Reichweite. Insoweit besteht Ähnlichkeit mit dem **Beirat** für die Teilhabe behinderter Menschen beim BMAS (**§ 64 SGB IX**). Während die Beratenden Ausschüsse der **Integrationsämter** auch bei konkreten Entscheidungen über die Vergabe der Mittel der Ausgleichsabgabe mitwirken (**§ 103 Abs. 1 SGB IX**), beschränkt sich die Mitwirkung des Beratenden Ausschusses bei der Bundesagentur für Arbeit auf Vorschläge und Stellungnahmen zu **übergreifenden Fragen** der Teilhabe behinderter Menschen am Arbeitsleben von grundsätzlicher Bedeutung. In **§ 106 SGB IX** finden sich für beide Ausschüsse **gemeinsame Vorschriften** über die innere Struktur und die Beschlussfassung dieser Gremien. Die

1

Mitwirkung von Vertretern der schwerbehinderten Arbeitnehmer und der Arbeitgeber an konkreten Verwaltungsentscheidungen erfolgt in den **Widerspruchsausschüssen** bei der Bundesagentur für Arbeit (§ 120 SGB IX).

II. Aufgaben (§ 105 Abs. 1 SGB IX)

2   Die Aufgabenbeschreibung in § 105 Abs. 1 SGB IX ist allgemein gehalten. Der Aufgabenbereich der zur Förderung der Teilhabe behinderter Menschen am Arbeitsleben **im SGB III übertragenen Aufgaben** bezieht sich auf die Tätigkeit der Bundesagentur für Arbeit als **Rehabilitationsträger** gemäß §§ 6 Abs. 1 Nr. 2, §§ 33 ff. SGB IX, §§ 97 ff. (Förderung der Teilhabe behinderter Menschen am Arbeitsleben), §§ 236 ff. (Leistungen an Arbeitgeber zur Förderung der Teilhabe am Arbeitsleben), §§ 248 ff. SGB III (Förderung von Einrichtungen der beruflichen Rehabilitation). Hierbei wird nicht zwischen **behinderten Menschen** (Legaldefinition: § 2 Abs. 1 SGB IX) und **schwerbehinderten Menschen** im Sinne des § 2 Abs. 2 i.V.m. § 69 SGB IX unterschieden. Die der Bundesagentur für Arbeit bei der **Durchführung der in Teil 2 des SGB IX übertragenen Aufgaben** sind im Wesentlichen Teil des Aufgabenkatalogs in § 104 Abs. 1 SGB IX. Eine scharfe **Grenzziehung** zwischen den der Bundesagentur zur Teilhabe behinderter Menschen im SGB III übertragenen Aufgaben und als Behörde zur Durchführung der besonderen Regelungen zur Teilhabe schwerbehinderter Menschen ist weder durchgängig möglich noch notwendig (s.a. *Brodkorb* in: Hauck/Noftz, SGB IX, § 105 RdNr. 4). So ist die Erbringung von Eingliederungszuschüssen für besonders betroffene schwerbehinderte Menschen und von Zuschüssen zur Ausbildungsvergütung schwerbehinderter Menschen (§§ 217 ff., 235 a SGB III) aus Mitteln der Ausgleichsabgabe einerseits eine Aufgabe zur Förderung der Teilhabe schwerbehinderter Menschen nach § 104 Abs. 1 Nr. 3 SGB IX, andererseits erfolgt die gesetzliche Ausgestaltung dieser Leistungen nicht im Schwerbehindertenrecht des Teils 2 des SGB IX, sondern in speziellen Fördertatbeständen des SGB III.

3   Als Mitwirkungsformen des Beratenden Ausschusses enthält § 105 Abs. 1 SGB IX das Unterbreiten von **Vorschlägen** und die **Unterstützung** der Bundesagentur bei der Aufgabendurchführung. Hieraus folgt zwingend, dass der Ausschuss keinerlei Mitbestimmungsrechte und Entscheidungsbefugnisse hat (vgl. *Simon* in: jurisPK-SGB IX § 105 RdNr. 10). Auf Grund der beratenden Funktion des Ausschusses kann er lediglich Stellungnahmen und Empfehlungen vorlegen sowie Vorschläge machen, an die die Bundesagentur für Arbeit nicht gebunden ist.

Der Ausschuss kann seine beratende und unterstützende Funktion **4** nur sachgerecht erfüllen, wenn die Zentrale der Bundesagentur mit ihm eng zusammenarbeitet. So obliegt es der Zentrale, den Ausschuss über alle grundlegenden Angelegenheiten der Teilhabe behinderter Menschen am Arbeitsleben fortlaufend zu unterrichten (*Masuch* in: Hauck/Noftz, SGB IX, § 105 RdNr. 6). Die **Informationspflicht** der Bundesagentur erstreckt sich auch auf die erschöpfende Beantwortung von diesbezüglichen Fragen des Ausschusses.

Die Unterstützung der Bundesagentur bei der Aufgabenerfüllung **5** beinhaltet eine nach **außen wirkende Tätigkeit** des Beratenden Ausschusses. Dabei kann es sich um Öffentlichkeitsarbeit oder um ein Hineinwirken in die entsendenden Verbände, Organisationen und Behörden handeln (*Pahlen* in: Neumann/Pahlen/Majerski-Pahlen, SGB IX, § 105 RdNr. 17). Die in § 130 SGB IX normierten **Geheimhaltungspflichten** sind jedoch zu beachten.

III. Zusammensetzung (§ 105 Abs. 2 SGB IX)

Der Beratende Ausschuss besteht nach § 105 Abs. 2 SGB IX aus **elf** **6** **Mitgliedern.** Sie vertreten die Gruppen der an der Selbstverwaltung der Bundesagentur (§§ 371 ff.) beteiligten **Arbeitnehmer** und **Arbeitgeber**, die Organisationen behinderter Menschen, die Integrationsämter und das BMAS. Die starke Vertretung der **Organisationen behinderter Menschen** entspricht der Bezeichnung des Ausschusses und der einer Interessenvertretung ähnlichen Aufgabenstellung. Die Beteiligung eines Vertreters der **Integrationsämter** trägt dem Gebot einer engen Zusammenarbeit von Arbeitsverwaltung und Integrationsämtern bei der Durchführung der besonderen Regelungen zur Teilhabe schwerbehinderter Menschen Rechnung (§ 101 Abs. 1, § 102 Abs. 2 Satz 1 SGB IX). Die Hinzuziehung eines Vertreters des **BMAS** entspricht dem auf grundsätzliche behinderten- und arbeitsmarktpolitische Fragen gerichteten Wirkungsbereich des Beratenden Ausschusses.

Ungeachtet der bisher entgegenstehenden Rechtswirklichkeit in **7** Vertretungsgremien erscheint es auf Grund der **Zielbestimmung in** **§ 1 Satz 2 SGB IX**, den besonderen Bedürfnissen behinderter Frauen Rechnung zu tragen, als geboten, eine **paritätische Besetzung** des Beratenden Ausschusses mit Frauen und Männern anzustreben. Für die Mitglieder der Selbstverwaltung der Bundesagentur für Arbeit ist in § 377 Abs. 2 Satz 2 SGB III die Berücksichtigung von Frauen und Männern mit dem Ziel einer gleichberechtigten Teilhabe in den Gruppen vorgesehen. Für den Beirat für die Teilhabe behinderter Menschen beim BMAS nach § 64 SGB IX verlangt der Gesetzgeber in der Gesetzesbegründung, dass die vorschlagenden Stellen darauf hinzuwirken haben, dass eine gleichberechtigte Vertretung von Männern und

Frauen geschaffen und erhalten wird (BT-Drucks. 14/5074, S. 111). Dies muss auch für den Beratenden Ausschuss gelten.

IV. Bestellung stellvertretender Mitglieder (§ 105 Abs. 3 SGB IX)

8   Entsprechend der Vorgabe in § 105 Abs. 3 SGB IX ist für jedes ordentliche Mitglied des Beratenden Ausschusses **ein stellvertretendes Mitglied** zu berufen, um die fortlaufende Handlungsfähigkeit des Gremiums zu gewährleisten. Die Beschlussfähigkeit des Ausschusses setzt die Anwesenheit von wenigstens der Hälfte der Mitglieder bzw. der stellvertretenden Mitglieder voraus (§ 106 Abs. 2 SGB IX). Das ordentliche Mitglied kann im Vertretungsfall nur durch seinen persönlichen Vertreter vertreten werden (*Pahlen* in: Neumann/Pahlen/Pahlen-Majerski, SGB IX, § 105 RdNr. 5). Stellvertretende Mitglieder des Beratenden Ausschusses werden ebenso wie die ordentlichen Mitglieder nach dem in § 105 Abs. 4 SGB IX bestimmten Modus berufen (*Kossens* in: Kossens/von der Heide/Maaß, SGB IX, § 105 RdNr. 11).

V. Berufung der Mitglieder (§ 105 Abs. 4 SGB IX)

9   Der Vorstand der Bundesagentur für Arbeit beruft die Mitglieder, die Arbeitnehmer und Arbeitgeber vertreten, auf Vorschlag ihrer **Gruppenvertreter im Verwaltungsrat** der Bundesagentur in den Beratenden Ausschuss. Der Verwaltungsrat ist das zentrale Selbstverwaltungsorgan der Bundesagentur für Arbeit. Er überwacht den Vorstand und die Verwaltung, beschließt die Satzung und erlässt die Anordnungen der Bundesagentur, mit denen auch die Ermessensleistungen der aktiven Arbeitsmarktpolitik näher ausgestaltet werden (§ 367 SGB III). Der Verwaltungsrat setzt sich zu gleichen Teilen aus Vertretern der Arbeitnehmer, der Arbeitgeber und der öffentlichen Körperschaften zusammen (§ 371 Abs. 5 SGB III). Im Sinne einer Anbindung des Beratenden Ausschusses an dieses zentrale Entscheidungsgremium ist es zweckmäßig, das Vorschlagsrecht dessen Gruppenvertretern zuzubilligen. Die Vorgeschlagenen können, müssen aber nicht zugleich Mitglied des Verwaltungsrates sein (*Pahlen* in: Neumann/Pahlen/Majerski-Pahlen, SGB IX, § 105 RdNr. 8).

10   Vorschlagsberechtigt für fünf Mitglieder und stellvertretende Mitglieder sind die **Organisationen behinderter Menschen**, die nach der Zusammensetzung ihrer Mitglieder dazu berufen sind, die behinderten Menschen in ihrer Gesamtheit auf Bundesebene zu vertreten. Es kann sich demnach nur um Selbsthilfe- und Behindertenverbände handeln, die über eine **bundesweite Ausdehnung** verfügen und nach

ihrer Satzung die Interessen behinderter Menschen ungeachtet der **Be**-**hinderungsart** und der **Behinderungsursache** vertreten. Vorschläge von Zusammenschlüssen von Verbänden (Spitzenverbänden) sind zulässig. Als vorschlagsberechtigt kommen – in naturgemäß nicht abschließender Aufzählung – der VdK, der Sozialverband Deutschland und die Bundesarbeitsgemeinschaft Hilfe für Behinderte e.V. (BAGH) in Betracht. Verbände, die nur bestimmte Behindertengruppen vertreten, sind zwar nicht selbst vorschlagsberechtigt. Gleichwohl kann ein vorschlagsberechtigter Verband ihre Vertreter in seinen Vorschlag an den Vorstand der Bundesagentur für Arbeit einbeziehen (GK-SchwbG-*Spiolek,* § 105 RdNr. 28). Der Vorstand der Bundesagentur für Arbeit hat bei der **Berücksichtigung der Vorschläge** eine der Mitgliederzahl und der Bedeutung der vorschlagenden Organisationen entsprechende Repräsentanz im Beratenden Ausschuss herzustellen. § 390 Abs. 2 Satz 3 SGB III, wonach bei Vorschlägen mehrerer Vorschlagsberechtigter die Sitze **anteilsmäßig** unter billiger Berücksichtigung der **Minderheiten** zu verteilen sind, gilt entsprechend. An die **Reihenfolge** der Vorschläge für ordentliche und stellvertretende Mitglieder auf den Vorschlagslisten ist der Vorstand der Bundesagentur gebunden.

Gemeinsame Vorschriften

106 (1) [1]Die Beratenden Ausschüsse für behinderte Menschen (§§ 103, 105) wählen aus den ihnen angehörenden Mitgliedern von Seiten der Arbeitnehmer, Arbeitgeber oder Organisationen behinderter Menschen jeweils für die Dauer eines Jahres einen Vorsitzenden oder eine Vorsitzende und einen Stellvertreter oder eine Stellvertreterin. [2]Die Gewählten dürfen nicht derselben Gruppe angehören. [3]Die Gruppen stellen in regelmäßig jährlich wechselnder Reihenfolge den Vorsitzenden oder die Vorsitzende und den Stellvertreter oder die Stellvertreterin. [4]Die Reihenfolge wird durch die Beendigung der Amtszeit der Mitglieder nicht unterbrochen. [5]Scheidet der Vorsitzende oder die Vorsitzende oder der Stellvertreter oder die Stellvertreterin aus, wird er oder sie neu gewählt.

(2) [1]Die Beratenden Ausschüsse für behinderte Menschen sind beschlussfähig, wenn wenigstens die Hälfte der Mitglieder anwesend ist. [2]Die Beschlüsse und Entscheidungen werden mit einfacher Stimmenmehrheit getroffen.

(3) [1]Die Mitglieder der Beratenden Ausschüsse für behinderte Menschen üben ihre Tätigkeit ehrenamtlich aus. [2]Ihre Amtszeit beträgt vier Jahre.

I. Allgemeines

1   § 106 SGB IX beinhaltet Regelungen zur **inneren Struktur**, zum **Verfahren** und zur **Rechtsstellung** der Mitglieder der Beratenden Ausschüsse bei den Integrationsämtern (§ 103 SGB IX) und der Zentrale der Bundesagentur für Arbeit (§ 105 SGB IX). Das Verfahren des **Beirats für die Teilhabe behinderter Menschen** (§ 64 SGB IX) wird in § 65 SGB IX eigenständig geregelt. Im Übrigen verweist diese Vorschrift auf § 106 SGB IX.

2   § 106 Abs. 1 und 2 SGB IX gilt für den **Widerspruchsausschuss** bei dem Integrationsamt (§ 119 SGB IX) und den Widerspruchsausschuss bei der Bundesagentur für Arbeit (§ 120 SGB IX) entsprechend (§ 121 Abs. 1 SGB IX). Eine **Geheimhaltungspflicht** u. a. für die Mitglieder der Beratenden Ausschüsse wird in § 130 SGB IX festgelegt. Die Ausschüsse haben die Möglichkeit, weitere Einzelheiten ihres Verfahrens kraft autonomen Organisationsrechts in einer **Geschäftsordnung** festzulegen (*Kossens* in: Kossens/von der Heide/Maaß, SGB IX, § 106 RdNr. 2; *Dau*, LPK-SGB IX, § 106 RdNr. 2; *Seidel* in: Hauck/Noftz, SGB IX, § 106 RdNr. 1).

II. Vorsitz (§ 106 Abs. 1 SGB IX)

3   § 106 Abs. 1 Satz 1 SGB IX beschränkt die Möglichkeit, den **Vorsitz** bzw. **stellvertretenden Vorsitz** in Beratenden Ausschüssen zu übernehmen, auf Mitglieder der Gruppen der Arbeitnehmer, der Arbeitgeber und der Organisationen behinderter Menschen. Dies trägt dem einer Interessenvertretung ähnlichen Charakter der Ausschüsse Rechnung, denn es wirkt einer Dominierung der Gremien durch Behördenvertreter entgegen. Bei der entsprechenden Anwendung der Regelung auf die **Widerspruchsausschüsse** (§ 121 Abs. 1 SGB IX) beschränkt sich das passive Wahlrecht mangels Vertretern der Organisationen behinderter Menschen auf die Gruppenvertreter von schwerbehinderten Arbeitnehmern und Arbeitgebern (*Pahlen* in: Neumann/Pahlen/Majerski-Pahlen, SGB IX, § 106 RdNr. 2).

4   **Aufgabe des Vorsitzenden** der Beratenden Ausschüsse ist es, die Sitzungen vorzubereiten, einzuberufen und zu leiten; er führt die laufenden Geschäfte (vgl. *Simon* in: jurisPK-SGB IX, § 106 RdNr. 10). Er wird in seiner Amtführung durch das Integrationsamt bzw. die Zentrale der Bundesagentur für Arbeit unterstützt.

5   Auch wenn die Vorschrift von einer **Wahl** der Vorsitzenden und Stellvertreter spricht, wird die Wahlmöglichkeit durch weitere Vorgaben begrenzt. So dürfen die Gewählten **nicht derselben Gruppe** angehören. Die drei in Frage kommenden Gruppen stellen in regel-

mäßig **jährlich wechselnder Reihenfolge** den Vorsitzenden und den Stellvertreter. Dies hat zur Folge, dass faktisch mit der ersten Wahl die Reihenfolge des rotierenden Vorsitzes für die kommenden Jahre bereits festgelegt wird. Wahlberechtigt sind alle Ausschussmitglieder, im Verhinderungsfall ihre persönlichen Stellvertreter. Die Wahl erfolgt mit einfacher Mehrheit, wobei die Beschlussfähigkeit gemäß § 106 Abs. 2 SGB IX festzustellen ist.

Endet die vierjährige Amtszeit des Vorsitzenden oder seines Stell- 6
vertreters als Ausschussmitglied (§ 106 Abs. 3 Satz 3 SGB IX) im Laufe seiner einjährigen Amtszeit oder scheidet er aus anderen Gründen vorzeitig aus dem Ausschuss aus, so wird für den Rest der einjährigen Amtszeit ein **Nachfolger** aus seiner Gruppe gewählt. Dies stellt sicher, dass die Reihenfolge durch die Beendigung der Amtszeit der Mitglieder nicht unterbrochen wird (*Seidel* in: Hauck/Noftz, SGB IX, § 106 RdNr. 7; *Dau*, LPK-SGB IX, § 106 RdNr. 4).

III. Beschlussfassung (§ 106 Abs. 2 SGB IX)

§ 106 Abs. 2 SGB IX enthält Vorgaben zur Beschlussfassung Beraten- 7
der Ausschüsse. Demnach setzt die **Beschlussfähigkeit** die **Anwesenheit** von wenigstens der Hälfte der Mitglieder oder ihrer persönlichen Stellvertreter voraus. In Sitzungen des Beratenden Ausschusses bei den Integrationsämtern müssen fünf Mitglieder bzw. Stellvertreter, in Sitzungen des Beratenden Ausschusses bei der Bundesagentur für Arbeit sechs Mitglieder oder Stellvertreter körperlich anwesend sein (Telefon- oder Videokonferenzen sind nicht vorgesehen). Für die Beschlussfähigkeit ist es unmaßgeblich, ob alle Gruppen vertreten sind. Die gesetzliche Regelung gibt nicht zwingend vor, dass die Anwesenheit des **Vorsitzenden** oder seines Vertreters Voraussetzung für die Beschlussfähigkeit wäre (a.A. *Seidel* in: Hauck/Noftz, SGB IX, § 106 RdNr. 9; *Pahlen* in: Neumann/Pahlen/Neumann-Pahlen, SGB IX, § 106 RdNr. 6). Im Interesse einer ordnungsgemäßen Sitzungsleitung sollte die Anwesenheitspflicht des Vorsitzenden oder seines Vertreters in der Geschäftsordnung der Ausschüsse geregelt werden.

Die Beschlüsse und Entscheidungen werden nach § 106 Abs. 2 Satz 8
2 SGB IX mit **einfacher Mehrheit** der anwesenden Mitglieder getroffen. Maßgeblich ist die Mehrheit der anwesenden Stimmen. Bei **Stimmengleichheit** gilt ein Antrag als abgelehnt. Der Vorsitzende oder sein Vertreter hat kein ausschlaggebendes Stimmrecht (*Dau*, LPK-SGB IX, § 106 RdNr. 3; *Seidel* in: Hauck/Noftz, SGB IX, § 106 RdNr. 10; *Kossens* in: Kossens/von der Heide/Maaß, SGB IX, § 106 RdNr. 5). Es kann **offen** oder **geheim** abgestimmt werden, worüber auf Antrag eines Mitgliedes eine Entscheidung des Gremiums herbeizuführen ist. Auch wenn eine diesbezügliche gesetzliche Vorgabe fehlt, erscheint es

als sachdienlich, zumindest ein **Ergebnisprotokoll** von den Sitzungen der Ausschüsse zu erstellen.

IV. Rechtsstellung der Mitglieder, Amtszeit (§ 106 Abs. 3 SGB IX)

9   Die Mitglieder der Beratenden Ausschüsse für behinderte Menschen üben ihre Tätigkeit nach § 106 Abs. 3 Satz 1 SGB IX **ehrenamtlich** aus. Daraus folgt, dass eine **Vergütung** der Sitzungstätigkeit nicht in Betracht kommt. **Auslagen** von Fahrtkosten und Verdienstausfall können von den Integrationsämtern bzw. der Bundesagentur für Arbeit, denen die Ausschüsse zugeordnet sind, ersetzt werden. Aus dem Aufkommen der Ausgleichsabgabe dürfen diese Kosten gemäß § 77 Abs. 5 Satz 2 SGB IX nicht bestritten werden.

10   Die Mitglieder sind nicht weisungsgebunden (vgl. *Simon* in: juris-PK-SGB IX § 106 RdNr. 14).

11   Die **Amtszeit** der Mitglieder beträgt nach § 106 Abs. 3 Satz 2 SGB IX vier Jahre. Die Amtszeit beginnt mit der Berufung und endet vier Jahre später mit dem Tag, der dem Tag der Berufung entspricht. Scheiden Ausschussmitglieder vor Ablauf dieser Zeit aus oder verlieren sie ihren Status als Behörden- oder Organisationsvertreter, sind sie durch **Neuberufung** zu ersetzen. Für neuberufene Mitglieder beträgt die Amtzeit wiederum vier Jahre, so dass die Ämter der Ausschussmitglieder zu verschiedenen Zeitpunkten enden können (a.A. *Seidel* in: Hauck/Noftz, SGB IX, § 106 RdNr. 15: Neuberufung nur für den Rest der Amtszeit).

12   Die vorzeitige **Abberufung** von Ausschussmitgliedern ist nicht geregelt. Angesichts der gesetzlich garantierten vierjährigen Amtszeit kommt bei Fortbestehen der formalen Berufungsvoraussetzungen (insbesondere Zugehörigkeit zur jeweiligen Gruppe) allein eine Einflussnahme des vorschlagsberechtigten Verbandes bzw. der vorschlagsberechtigten Behörde auf das Mitglied mit dem Ziel einer Amtsniederlegung in Betracht. Eine vorzeitige Abberufung gegen den Willen des Ausschussmitgliedes allein wegen inhaltlicher Meinungsverschiedenheiten mit der vorschlagsberechtigten Organisation ist damit unzulässig *(Pahlen* in: Neumann/Pahlen/Majerski-Pahlen, SGB IX, § 106 RdNr. 9; a.A. *Kossens* in: Kossens/von der Heide/Maaß, SGB IX, § 106 RdNr. 7: auch Abberufung durch entsendende Organisation).

V. Geheimhaltungspflicht

13   Die Mitglieder der beratenden Ausschüsse sind zur Geheimhaltung verpflichtet (§ 130 SGB IX). Der Geheimhaltungspflicht unterliegen

die im Rahmen der Ausschusstätigkeit bekannt gewordenen persönlichen Daten und Betriebs- und Geschäftsgeheimnisse (vgl. *Seidel* in: Hauck/Noftz, SGB IX K § 106 RdNr. 16).

Übertragung von Aufgaben

107 (1) ¹Die Landesregierung oder die von ihr bestimmte Stelle kann die Verlängerung der Gültigkeitsdauer der Ausweise nach § 69 Abs. 5, für die eine Feststellung nach § 69 Abs. 1 nicht zu treffen ist, auf andere Behörden übertragen. ²Im Übrigen kann sie andere Behörden zur Aushändigung der Ausweise heranziehen.

(2) Die Landesregierung oder die von ihr bestimmte Stelle kann Aufgaben und Befugnisse des Integrationsamtes nach Teil 2 auf örtliche Fürsorgestellen übertragen oder die Heranziehung örtlicher Fürsorgestellen zur Durchführung der den Integrationsämtern obliegenden Aufgaben bestimmen.

I. Allgemeines, Regelungsinhalt der Vorschrift

§ 107 SGB IX ermächtigt die Landesregierung oder die von ihr bestimmte Stelle, die den **Versorgungsämtern** obliegende Verlängerung und Aushändigung von **Schwerbehindertenausweisen** auf andere Behörden zu übertragen (Abs. 1) sowie Aufgaben und Befugnisse des **Integrationsamtes** auf örtliche Fürsorgestellen zu verlagern (Abs. 2). **1**

II. Schwerbehindertenausweise (§ 107 Abs. 1 SGB IX)

Nach § 69 Abs. 1 Satz 1, Abs. 4 SGB IX stellen die **Versorgungs-** **2** **ämter** das Vorliegen einer Behinderung und den GdB sowie die gesundheitlichen Voraussetzungen für die Inanspruchnahme von Nachteilsausgleichen (Merkzeichen) fest. Auf Grund dieser Feststellungen stellen die Versorgungsämter nach § 69 Abs. 5 SGB IX einen **Ausweis** über die Eigenschaft als schwerbehinderter Mensch, den GdB sowie über weitere gesundheitliche Merkmale aus. Der Ausweis dient dem Nachweis für die Inanspruchnahme von Leistungen und sonstigen Hilfen, die schwerbehinderten Menschen nach Teil 2 des SGB IX oder nach anderen Vorschriften zustehen. Die Gültigkeitsdauer des Ausweises wird für die Dauer von längstens fünf Jahren befristet und kann auf Antrag höchstens zweimal verlängert werden (§ 6 SchwbAwV; vgl. § 69 RdNr. 105 ff.).

Eine **Ausnahme** von dieser ausschließlichen Zuständigkeit der Versorgungsverwaltung für Statusfeststellungen nach § 69 SGB IX lässt **3**

§ 107 Abs. 1 Satz 1 SGB IX für die **Ausweisverlängerung** zu, wenn eine Feststellung nach § 69 Abs. 1 SGB IX, also über das Vorliegen einer Behinderung und des GdB, nicht erforderlich wird. Dies muss Feststellungen nach § 69 Abs. 4 SGB IX zu den gesundheitlichen Voraussetzungen von Nachteilsausgleichen einschließen. Nur wenn derartige Feststellungen bei bestandskräftigen Feststellungsbescheiden der Versorgungsämter nicht zu treffen sind, kommt eine Übertragung der Verlängerung der Gültigkeitsdauer der Ausweise auf andere Behörden in Betracht. Begehrt dagegen der behinderte Mensch im Zusammenhang mit der Ausweisverlängerung eine Erhöhung des GdB oder die Feststellung der gesundheitlichen Voraussetzungen für Nachteilsausgleiche, führt allein das Versorgungsamt ein diesbezügliches Verwaltungsverfahren durch (zum **Entscheidungsmonopol** der Versorgungsverwaltung für schwerbehindertenrechtliche Statusfeststellungen: § 69 RdNr. 14 ff).

4 Ohne weitere Einschränkung kann die Landesregierung oder die von ihr bestimmte Stelle andere Behörden zur **Aushändigung der Ausweise** heranziehen (§ 107 Abs. 1 Satz 2 SGB IX). **Zweck** dieser Aufgabendelegation ist die Bereitstellung einer **ortsnahen Dienstleistung** für schwerbehinderte Menschen. Von der Möglichkeit der Übertragung haben Baden-Württemberg, Nordrhein-Westfalen, Schleswig-Holstein und das Saarland Gebrauch gemacht (vgl. *Kossens* in: Kossens/von der Heide/Maaß, SGB IX, § 107 RdNr. 3).

5 Ungeachtet der Regelung in § 107 Abs. 1 SGB IX haben Gemeinden, Sozialleistungsträger und andere deutsche Behörden Anträge von behinderten Menschen auf Ausstellung und Verlängerung von Schwerbehindertenausweisen entgegenzunehmen und unverzüglich an das örtlich zuständige Versorgungsamt weiterzuleiten (§ 16 Abs. 2 SGB I).

III. Aufgaben des Integrationsamtes (§ 107 Abs. 2 SGB IX)

6 Mit § 107 Abs. 2 SGB IX wird die Landesregierung oder die von ihr bestimmte Stelle ermächtigt, Aufgaben und Befugnisse des Integrationsamtes nach Teil 2 des SGB IX auf **örtliche Fürsorgestellen** zu übertragen oder die Heranziehung örtlicher Fürsorgestellen zur Aufgabendurchführung zu bestimmen. Die Regelung ermöglicht es, kreisfreie Städte und Kreise als örtliche Träger der Sozialhilfe (§ 3 SGB XII) an der Durchführung des Schwerbehindertenrechts zu beteiligen. Während mit der Aufgabenübertragung die Verantwortlichkeit für die Aufgabenwahrnehmung auf die örtlichen Fürsorgestellen übergeht, bleibt diese bei der Heranziehung zur Aufgabendurchführung bei den Integrationsämtern (vgl. *Masuch* in: Hauck/Noftz, SGB IX, § 107 RdNr. 7).

Aufgaben der Integrationsämter im Sinne dieser Vorschrift sind ins- 7
besondere diejenigen nach § 102 Abs. 1 SGB IX, also die Erhebung und
Verwendung der Ausgleichsabgabe, der Kündigungsschutz, die begleitende Hilfe im Arbeitsleben und die zeitweilige Entziehung der
besonderen Hilfen für schwerbehinderte Menschen. Im Sinne einer
orts- und betriebsnahen Ausgestaltung der **begleitenden Hilfe im
Arbeitsleben** (§ 102 Abs. 2–4 SGB IX) bietet sich vor allem hier eine
Heranziehung örtlicher Fürsorgestellen an. So werden in Nordrhein-
Westfalen u. a. Betriebsbesuche, Sachverhaltsermittlungen in Kündigungsverfahren, Einladungen zu Schwerbehindertenversammlungen,
die Unterstützung von Schwerbehindertenvertretungen und die
Durchführung der begleitenden Hilfe im Arbeitsleben auf die örtlichen Fürsorgestellen übertragen, soweit nicht das Integrationsamt
mit seinen Fachdiensten in Anspruch genommen wird. Das Integrationsamt hat dabei auf eine einheitliche und wirksame Durchführung
der den Fürsorgestellen obliegenden Aufgaben und Befugnisse hinzuwirken (§ 1 der Verordnung zur Regelung von Zuständigkeiten nach
dem SGB IX vom 31. 1. 1989, GV. NW. 1989, 78).

Die Tätigkeit des **Widerspruchsausschusses** bei dem Integrations- 8
amt wird vom Anwendungsbereich des § 107 SGB IX nicht erfasst.
§ 118 Abs. 1 SGB IX regelt als lex specialis, dass bei Verwaltungsakten
der Integrationsämter und der örtlichen Fürsorgestellen (§ 107 Abs. 2)
der Widerspruchsausschuss bei dem Integrationsamt (§ 119) den Widerspruchsbescheid erlässt. Von daher können Entscheidungen über Widersprüche nicht durch Aufgabendelegation an örtliche Fürsorgestellen dem Widerspruchsausschuss entzogen werden (vgl. *Masuch* in:
Hauck / Noftz, SGB IX, K § 107 RdNr. 8).

Verordnungsermächtigung

108 Die Bundesregierung wird ermächtigt, durch Rechtsverordnung mit Zustimmung des Bundesrates das Nähere über die
Voraussetzungen des Anspruchs nach § 33 Abs. 8 Nr. 3 und § 102 Abs. 4
sowie über die Höhe, Dauer und Ausführung der Leistungen zu regeln.

§ 108 SGB IX ermächtigt die Bundesregierung, das Nähere über die 1
Voraussetzungen des Anspruchs auf Arbeitsassistenz sowie über die
Höhe, Dauer und Ausführung zur Arbeitsassistenz durch Rechtsver-
ordnung zu regeln.

Der nach dem Willen des Gesetzgebers **unverzügliche Erlass** der 2
Rechtsverordnung (BT-Drucks. 14/3372, S. 21) steht weiterhin aus,
was zwar die Geltendmachung des Anspruchs nicht hindert. Gleichwohl erscheint es angesichts der unpräzisen gesetzlichen Ausgestaltung
des Rechtsanspruchs auf Arbeitsassistenz in § 102 Abs. 4 SGB IX, § 33

Abs. 8 SGB IX als problematisch, dass nunmehr die Verwaltung die
Grenzen des Rechtsanspruchs mit **„Empfehlungen"** der Bundesarbeitsgemeinschaft der Integrationsämter und Hauptfürsorgestellen (br
2001, Heft 2, Beilage 1) selbst definiert (vgl. § 102 RdNr. 37 f.). Anders
als bei einer Rechtsverordnung auf der Grundlage einer gesetzlichen
Ermächtigung (Art. 80 GG) sind die Vorgaben dieser Empfehlungen
als Verwaltungsbinnenrecht im Verhältnis zu den Anspruchsberechtigten rechtlich unverbindlich und unterliegen der inhaltlichen Überprüfung durch die Sozialgerichtsbarkeit. Die von *Kossens* in: Kossens/von
der Heide/Maaß, SGB IX, § 108 RdNr. 1 mitgeteilte Vorgehensweise
der Bundesregierung, vor Erlass der Rechtsverordnung die Erfahrungen mit der Umsetzung der „Vorläufigen Empfehlungen" abzuwarten,
überzeugt deshalb nicht. Im Streitfall sind die Sozialgerichte gefordert,
einer Verkürzung des Rechtsanspruchs auf Arbeitsassistenz durch die
„Vorläufigen Empfehlungen" entgegenzutreten.

Kapitel 7. Integrationsfachdienste

Kapitel 7 regelt Einzelheiten der Integrationsfachdienste. § 109 SGB **1** IX definiert den Begriff der Integrationsfachdienste und bestimmt den Personenkreis, an den sich die Leistung der Integrationsfachdienste richtet. § 110 SGB IX legt die Aufgaben der Integrationsfachdienste fest. § 111 SGB IX enthält Einzelheiten zur Beauftragung der Integrationsfachdienste durch die Integrationsämter bzw. die Rehabilitationsträger, belässt aber die Letztverwortung bei den Letztgenannten. § 112 SGB IX bestimmt die fachlichen Anforderungen an die Integrationsfachdienste. § 113 SGB IX verpflichtet die Auftraggeber zur Vergütung der Integrationsfachdienste. § 114 SGB IX regelt schließlich die Ergebnisbeobachtung.

Begriff und Personenkreis

109 (1) Integrationsfachdienste sind Dienste Dritter, die bei der Durchführung der Maßnahmen zur Teilhabe schwerbehinderter Menschen am Arbeitsleben beteiligt werden.

(2) Schwerbehinderte Menschen im Sinne des Absatzes 1 sind insbesondere

1. schwerbehinderte Menschen mit einem besonderen Bedarf an arbeitsbegleitender Betreuung,

2. schwerbehinderte Menschen, die nach zielgerichteter Vorbereitung durch die Werkstatt für behinderte Menschen am Arbeitsleben auf dem allgemeinen Arbeitsmarkt teilhaben sollen und dabei auf aufwendige, personalintensive, individuelle arbeitsbegleitende Hilfen angewiesen sind sowie

3. schwerbehinderte Schulabgänger, die für die Aufnahme einer Beschäftigung auf dem allgemeinen Arbeitsmarkt auf die Unterstützung eines Integrationsfachdienstes angewiesen sind.

(3) Ein besonderer Bedarf an arbeits- und berufsbegleitender Betreuung ist insbesondere gegeben bei schwerbehinderten Menschen mit geistiger oder seelischer Behinderung oder mit einer schweren Körper-, Sinnes- oder Mehrfachbehinderung, die sich im Arbeitsleben besonders nachteilig auswirkt und allein oder zusammen mit weiteren vermittlungshemmenden Umständen (Alter, Langzeitarbeitslosigkeit, unzureichende Qualifikation, Leistungsminderung) die Teilhabe am Arbeitsleben auf dem allgemeinen Arbeitsmarkt erschwert.

(4) [1]Der Integrationsfachdienst kann im Rahmen der Aufgaben-stellung nach Absatz 1 auch zur beruflichen Eingliederung von be-hinderten Menschen, die nicht schwerbehindert sind, tätig werden. [2]Hierbei wird den besonderen Bedürfnissen seelisch behinderter oder von einer seelischen Behinderung bedrohter Menschen Rechnung ge-tragen.

I. Allgemeines

2   In § 109 Abs. 1 SGB IX werden die Integrationsfachdienste definiert, die im Auftrag der **Bundesagentur für Arbeit** und nunmehr auf Grund ausdrücklicher gesetzlicher Regelung auch der **Rehabilita-tionsträger** einschließlich der überörtlichen Träger der Sozialhilfe (§ 6 SGB IX) und der **Integrationsämter** bei der Durchführung ihrer Aufgaben gegenüber schwerbehinderten Menschen beteiligt werden können. Die weiteren Absätze des § 109 SGB IX definieren die **Ziel-gruppe** von Integrationsfachdiensten.

3   § 109 SGB IX basiert auf Erfahrungen mit **modellhaften externen Fachdiensten** zur Unterstützung der begleitenden Hilfe im Arbeitsle-ben der Hauptfürsorgestellen (jetzt: Integrationsämter, § 102 Abs. 2–4 SGB IX), die seit Anfang der neunziger Jahre unter verschiedener Bezeichnung aufgebaut und mit Mitteln der Ausgleichsabgabe in An-spruch genommen wurden. **Konzepte** für solche Integrationsfach-dienste wurden 1997 in Form „Vorläufiger Grundsätze" im BMA ent-wickelt. Es setzte sich die Erkenntnis durch, dass ein Teil der arbeits-losen schwerbehinderten Menschen auch unter Ausschöpfung bereits vorhandener Fördermöglichkeiten nur dann in das Arbeitsleben auf dem allgemeinen Arbeitsmarkt eingegliedert würden, wenn beson-dere externe Fachdienste zur Unterstützung der Arbeitsverwaltung bei der Vermittlung und zur Unterstützung der Hauptfürsorgestellen bei der nachgehenden arbeitsbegleitenden Betreuung zur Verfügung stün-den. Als **Zielgruppe** wurden insbesondere Ältere, Langzeitarbeits-lose, unzureichend beruflich Qualifizierte und wegen Art oder Schwere der Behinderung besonders Betroffene angesehen. Auf der Basis der Konzepte sollte in einer **Modellphase bis zum Jahre 2001** ein Projekt je Bundesland durch Übernahme der erforderlichen Perso-nal- und Sachkosten aus dem Ausgleichsfonds beim BMA (§ 78 SGB IX) gefördert werden. In dieser Zeit sollten unter wissenschaftlicher Begleitung nähere Erkenntnisse über die notwendige Ausstattung, den Finanzierungsaufwand und die Effizienz solcher trägerübergreifend tätigen Einrichtungen gewonnen werden. Im Falle der Bewährung der Modelle war eine spätere Entscheidung über eine regelhafte Förderung vorgesehen (Vierter Bericht der Bundesregierung über die Lage der Behinderten und die Entwicklung der Rehabilitation vom 18. 12. 1997,

BT-Drucks. 13/9514, S. 74 f.; *Matzeder* br 1998, 29; *Ernst* br 1998, 155; Bericht über ein Modellprojekt: *Marquardt* Rehabilitation 2001, 138). Die Integrationsfachdienste waren **2007** in **89.784** Fällen tätig. Es **4** wurden **6.635 schwerbehinderte Menschen** auf den allgemeinen Arbeitsmarkt **vermittelt** (vgl. Bundesarbeitsgemeinschaft der Integrationsämter und der Hauptfürsorgestellen, Jahresbericht 2007/ 2008). Eine Adressenliste der Integrationsfachdienste sowie weitere Informationen bietet die Internetdarstellung der **Bundesarbeitsgemeinschaft für Unterstützte Beschäftigung** (www.bag-ub.de). Die gemeinsamen örtlichen **Servicestellen** der Rehabilitationsträger (§ 22 SGB IX) haben behinderte Menschen in geeigneten Fällen auf das Leistungsangebot der Integrationsfachdienste hinzuweisen.

II. Begriff „Integrationsfachdienst" (§ 109 Abs. 1 SGB IX)

§ 109 Abs. 1 SGB IX definiert Integrationsfachdienste als Dienste **5** Dritter, die im Auftrag der Bundesagentur für Arbeit, der Rehabilitationsträger und der Integrationsämter bei der Durchführung der Maßnahmen zur Teilhabe schwerbehinderter Menschen am Arbeitsleben beteiligt sind. Leistungen zur Teilhabe am Arbeitsleben als **Rehabilitationsträger** erbringen die Bundesagentur für Arbeit, die Träger der gesetzlichen Unfallversicherung, die Träger der gesetzlichen Rentenversicherung, die Träger der Kriegsopferversorgung, die Träger der öffentlichen Jugendhilfe und die Träger der Sozialhilfe (§ 5 Nr. 2, § 6 Abs. 1 SGB IX). Die Ermächtigung in § 115 SGB IX räumt dem BMAS die Möglichkeit ein, das Nähere über den Begriff und die Aufgaben (§ 110 SGB IX) des Integrationsfachdienstes durch **Rechtsverordnung** zu regeln.

Dienste Dritter im Sinne dieser Regelung sind trägerübergreifend **6** tätige Einrichtungen, wobei deren Organisationsform gesetzlich nicht vorgegeben ist und eine konkretisierte Rechtsverordnung nach § 115 SGB IX aussteht. Es kann sich um Dienste von **Wohlfahrtsverbänden, Behindertenverbänden, Selbsthilfegruppen** oder **Arbeitgeberverbänden** sowie um **gewerbliche Dienste** handeln, soweit den Trägern gegenüber rechtliche oder organisatorische und wirtschaftliche Eigenständigkeit besteht (§ 112 Abs. 1 Nr. 4 SGB IX). Ausgeschlossen sind lediglich eigene Dienste der Bundesagentur für Arbeit, anderer Rehabilitationsträger im Sinne des § 6 SGB IX und der Integrationsämter (*Dau/Deutsch*, LPK-SGB IX, § 109 RdNr. 15). So sind die **besonderen Stellen der Agenturen für Arbeit** zur Teilhabe behinderter und schwerbehinderter Menschen am Arbeitsleben nach § 104 Abs. 4 SGB IX und die **Fachdienste der Integrationsämter** (§ 102 Abs. 2 SGB IX) keine Integrationsfachdienste nach den

§§ 109 ff. SGB IX. Anstelle des Aufbaus externer Integrationsfachdienste hätte auch die Alternative des quantitativen und qualitativen Ausbaus dieser bestehenden behördeninternen Dienste bestanden. Die Gesetz gewordene Regelung nimmt **Parallelstrukturen** – auch zur Heranziehung berufsbegleitender und psychosozialer Dienste freier gemeinnütziger Einrichtungen und Organisationen nach § 102 Abs. 2 Satz 5 SGB IX – in Kauf. Hierfür dürfte die dem Zeitgeist entsprechende Annahme ausschlaggebend gewesen sein, dass nur externe Fachdienste ihre Aufgaben hinreichend unbürokratisch, flexibel, kundenfreundlich, arbeitgebernah und nicht zuletzt kostengünstig wahrnehmen könnten und von daher Eigeneinrichtungen der Sozialleistungsträger überlegen seien.

7   Unbestreitbarer Vorteil der externen Fachdienste ist ihre **leistungsträgerübergreifende Ausrichtung**, was sie ungeachtet der Kostenträgerschaft zu konstanten Ansprechpartnern u. a. für schwerbehinderte Menschen, Arbeitgeber und Einrichtungen der schulischen und beruflichen Bildung und Rehabilitation macht. Integrationsfachdienste durchbrechen die **institutionelle Trennung** zwischen berufsvorbereitenden und qualifizierenden Maßnahmen, der Arbeitsvermittlung und der begleitenden Hilfe bei bestehendem Arbeitsverhältnis. So verstehen sich Integrationsfachdienste als vernetzte, flexible und regionale **Serviceeinrichtungen** zur passgenauen Vermittlung und Stabilisierung von Arbeitverhältnissen.

8   Die Besonderheit und der zusätzliche Nutzen der Integrationsfachdienste besteht nach Auffassung der Bundesarbeitsgemeinschaft für Unterstützte Beschäftigung (Integrationsfachdienste – Ziele und Aufgaben, www.bag-ub.de) in einer **schnittstellenübergreifenden Arbeit** innerhalb des gegliederten Rehabilitationssystems. Dazu eigne sich im Besonderen das Konzept des **Casemanagements** (s.a. *Matzeder* br 1998, 29, 32 f.). Dieses basiere im Wesentlichen auf der optimalen Zusammenführung verschiedener Leistungen zu einem gemeinsamen Ziel. Eine solche „Prozessoptimierung" ermögliche ein effektives und flexibles Vorgehen im Einzelfall. Dabei seien Arbeitsuchende bzw. Arbeitnehmer und Unternehmen die zentralen „Kunden". Der Fallmanager sorge auf Grund seiner Fachlichkeit für einen effizienten Informationsaustausch zwischen den Beteiligten und eine enge „Verzahnung" der erforderlichen Unterstützungsleistungen.

9   **Zweck der Integrationsfachdienste** muss sein, im Auftrag der Bundesagentur für Arbeit, der weiteren Rehabilitationsträger und der Integrationsämter bei der Durchführung der **Maßnahmen zur Teilhabe schwerbehinderter Menschen** am Arbeitsleben beteiligt zu werden. Damit nimmt § 109 Abs.1 SGB IX Bezug auf die in den §§ 33 ff. SGB IX geregelten Leistungen der Rehabilitationsträger zur Teilhabe am Arbeitsleben. Darüber hinaus sind die besonderen Regelungen zur Teilhabe schwerbehinderter Menschen im Arbeitsleben an-

gesprochen, insbesondere die diesbezüglichen Aufgaben der Integrationsämter (§ 102 SGB IX) und der Bundesagentur für Arbeit (§ 104 SGB IX).

III. Zielgruppe (§ 109 Abs. 2–4 SGB IX)

In § 109 Abs. 2–3 SGB IX wird in nicht abschließender Weise („insbesondere") der **Personenkreis** derjenigen schwerbehinderten Menschen umschrieben, bei denen ein Integrationsfachdienst beteiligt werden kann. Es handelt sich um schwerbehinderte Menschen mit einem **besonderen Bedarf an arbeits- und berufsbegleitender Betreuung** vor Begründung eines Arbeitsverhältnisses (einschließlich eines betrieblichen Ausbildungsverhältnisses) und in der ersten Phase während des Arbeitsverhältnisses. Dazu gehören schwerbehinderte Menschen mit geistiger oder seelischer Behinderung, aber auch mit einer schweren Körper-, Sinnes- oder Mehrfachbehinderung, die sich im Arbeitsleben besonders nachteilig auswirkt und allein oder zusammen mit weiteren Faktoren die Eingliederung auf den allgemeinen Arbeitsmarkt erschwert (BT-Drucks. 14/3372, S. 22). Der besondere Betreuungsbedarf wird regelmäßig bei schwerbehinderten Menschen gegeben sein, bei denen ein GdB von wenigstens 50 allein infolge geistiger oder seelischer Behinderung oder eines Anfallsleidens vorliegt. Der Gesetzgeber unterstellt bei diesem Personenkreis eine besondere Betroffenheit im Arbeitsleben (vgl. § 72 Abs. 1 Nr. 1 Buchst. d SGB IX i.V.m. § 104 Abs. 1 Nr. 3 Buchst. a SGB IX). **10**

Die in § 109 Abs. 2 Nr. 2 SGB IX angeführte Zielgruppe von behinderten Menschen, die bisher in **WfbM** im Rahmen arbeitnehmerähnlicher Beschäftigungsverhältnisse tätig waren (vgl. §§ 136 ff. SGB IX), ist durch den Werkstattträger bei dem **Übergang auf den allgemeinen Arbeitsmarkt** durch geeignete Maßnahmen zu fördern (§ 136 Abs. 1 Satz 3 SGB IX; vgl. § 136 RdNr. 38 ff.). Es trägt dem **Wunsch- und Wahlrecht** schwerbehinderter Menschen (§ 9 SGB IX) Rechnung, u. a. durch die ergänzende Beteiligung von Integrationsfachdiensten eine alternative Beschäftigung auf dem regulären allgemeinen Arbeitsmarkt oder in einem Integrationsprojekt (§§ 132 ff. SGB IX) zu ermöglichen. Die WfbM sehen sich durch derartige konkurrierende Angebote zur Teilhabe besonders betroffener schwerbehinderter Menschen am Arbeitsleben in ihrer bisherigen **Monopolstellung** für die Beschäftigung dieses Personenkreises beeinträchtigt und sind gefordert, sich an einer Vernetzung der verschiedenen Angebote zu beteiligen (vgl. § 136 RdNr. 6). **11**

Nach § 109 Abs. 2 Nr. 3 SGB IX können die Integrationsfachdienste auch im Interesse schwerbehinderter **(Sonder-)Schulabgänger** tätig werden, um z. B. geeignete berufsvorbereitende Maßnahmen (§ 33 **12**

Abs. 3 Nr. 2 SGB IX) bei Bildungsträgern zu erschließen und so die Aufnahme in eine WfbM zu vermeiden (BT-Drucks. 14/5074, S. 114). Bei Schulabgängern und WfbM-Beschäftigten sieht jedoch die Bundesagentur für Arbeit **keine Priorität** für eine Beteiligung der Integrationsfachdienste, weil es ihr vorrangig um den Abbau der registrierten Arbeitslosigkeit geht, worunter Abgänger von Sonderschulen und behinderte Menschen in WfbM nicht fallen. Auch stehen diese behinderten Menschen regelmäßig nicht im Leistungsbezug der Agenturen für Arbeit (*Ernst* br 2001, 66, 69). Da zudem die Begleitung von WfbM-Beschäftigten auf den allgemeinen Arbeitsmarkt für Integrationsfachdienste betreuungsintensiv ist, droht entgegen dem gesetzlichen Auftrag eine Vernachlässigung dieser Personengruppen.

13   Die in § 109 Abs. 3 SGB IX genannten weiteren **vermittlungshemmenden Umstände** wie **Alter** (ab Vollendung des 50. Lebensjahres, § 72 Abs. 1 Nr. 2 SGB IX), **Langzeitarbeitslosigkeit** (Definition in § 18 SGB III: Mindestens ein Jahr Arbeitslosigkeit i.S. des § 16 SGB III), **unzureichende Qualifikation** (insbesondere Fehlen einer abgeschlossenen Berufsausbildung) und **Leistungsminderung** beinhalten keine abschließende Aufzählung. Es handelt sich um Regelbeispiele. Zu berücksichtigen sind alle vermittlungshemmenden Faktoren und Umstände des Einzelfalls, so auch geschlechtsspezifische Benachteiligungen und familiäre Verpflichtungen (vgl. § 1 Satz 2 SGB IX, §§ 8, 8 a SGB III; s.a. *Schröder* in: Hauck/Noftz, SGB IX, § 109 RdNr. 10; *Kossens* in: Kossens/von der Heide/Maaß, SGB IX, § 109 RdNr. 10).

14   Nach **§ 109 Abs. 4 SGB IX** können Integrationsfachdienste auch für solche behinderten Menschen tätig werden, bei denen eine versorgungsamtliche Feststellung der Schwerbehinderteneigenschaft mit einem GdB von wenigstens 50 (§ 2 Abs. 2 SGB IX i.V.m. § 69 SGB IX) nicht vorliegt. Von dieser Regelung sind **gleichgestellte behinderte Menschen** (§ 2 Abs. 3 SGB IX i.V.m. § 68 Abs. 2 SGB IX) nicht betroffen, da für diesen Personenkreis nach § 68 Abs. 3 SGB IX die besonderen Regelungen für schwerbehinderte Menschen und damit auch die §§ 109 ff. SGB IX ohnehin Anwendung finden. **Sonstige Personen** können die Dienste eines Integrationsfachdienstes in Anspruch nehmen, wenn bei ihnen eine **Behinderung** im Sinne des § 2 Abs. 1 SGB IX und ein **besonderer Bedarf** an arbeits- und berufsbegleitender Betreuung im Sinne des § 109 Abs. 2–3 SGB IX vorliegt. Der individuelle Bedarf ist hier streng zu prüfen, da es sich um eine Ausnahmevorschrift zum Regelfall der Betreuung schwerbehinderter Menschen handelt. Praktische Relevanz kann die Beteiligung von Integrationsfachdiensten trotz fehlender Schwerbehinderteneigenschaft bei der Inanspruchnahme von Leistungen der **Rehabilitationsträger** haben. Die Beteiligung von Integrationsfachdiensten zählt nach § 33 Abs. 6 Nr. 8 SGB IX zu deren Leistungen zur Teilhabe am Arbeitsleben.

Aufgaben

110 (1) Die Integrationsfachdienste können zur Teilhabe schwerbehinderter Menschen am Arbeitsleben (Aufnahme, Ausübung und Sicherung einer möglichst dauerhaften Beschäftigung) beteiligt werden, indem sie

1. die schwerbehinderten Menschen beraten, unterstützen und auf geeignete Arbeitsplätze vermitteln,

2. die Arbeitgeber informieren, beraten und ihnen Hilfe leisten.

(2) Zu den Aufgaben des Integrationsfachdienstes gehört es,

1. die Fähigkeiten der zugewiesenen schwerbehinderten Menschen zu bewerten und einzuschätzen und dabei ein individuelles Fähigkeits-, Leistungs- und Interessenprofil zur Vorbereitung auf den allgemeinen Arbeitsmarkt in enger Kooperation mit den schwerbehinderten Menschen, dem Auftraggeber und der abgebenden Einrichtung der schulischen oder beruflichen Bildung oder Rehabilitation zu erarbeiten,

1a. die Bundesagentur für Arbeit auf deren Anforderung bei der Berufsorientierung und Berufsberatung in den Schulen einschließlich der auf jeden einzelnen Jugendlichen bezogenen Dokumentation der Ergebnisse zu unterstützen,

1b. die betriebliche Ausbildung schwerbehinderter, insbesondere seelisch und lernbehinderter Jugendlicher zu begleiten,

2. geeignete Arbeitsplätze (§ 73) auf dem allgemeinen Arbeitsmarkt zu erschließen,

3. die schwerbehinderten Menschen auf die vorgesehenen Arbeitsplätze vorzubereiten,

4. die schwerbehinderten Menschen, solange erforderlich, am Arbeitsplatz oder beim Training der berufspraktischen Fähigkeiten am konkreten Arbeitsplatz zu begleiten,

5. mit Zustimmung des schwerbehinderten Menschen die Mitarbeiter im Betrieb oder in der Dienststelle über Art und Auswirkungen der Behinderung und über entsprechende Verhaltensregeln zu informieren und zu beraten,

6. eine Nachbetreuung, Krisenintervention oder psychosoziale Betreuung durchzuführen sowie

7. als Ansprechpartner für die Arbeitgeber zur Verfügung zu stehen, über die Leistungen für Arbeitgeber zu informieren und für die Arbeitgeber diese Leistungen abzuklären,

8. in Zusammenarbeit mit den Rehabilitationsträgern und den Integrationsämtern die für den schwerbehinderten Menschen benötigten Leistungen zu klären und bei der Beantragung zu unterstützen.

I. Allgemeines

1   § 110 SGB IX legt die **Aufgaben des Integrationsfachdienstes**
fest. Zu diesen gehört es, die schwerbehinderten Menschen zu beraten,
zu unterstützen und auf geeignete Arbeitsplätze zu vermitteln und dem
Betrieb oder der Verwaltung die notwendige Information, Beratung
und Hilfe anzubieten. Dabei werden die Aufgaben im Einzelnen in
Absatz 2 aufgeführt.

II. Tätigkeitsbereich

2   § 110 Abs. 1 SGB IX grenzt die Beteiligung des Integrationsfachdienstes auf die Aufnahme, Ausübung und Sicherung einer möglichst
dauerhaften Beschäftigung ein. Es besteht **keine gesetzliche Rang-
folge** dieser Betätigungsfelder. Gleichwohl werden die Integrationsfachdienste mit der trägerbezogenen Vorgabe möglichst hoher Vermitt-
lungszahlen konfrontiert, was zu einer Vernachlässigung der Nach-
haltigkeit der Vermittlungen (behinderungsgerechter Arbeitsplatz,
Dauerhaftigkeit des Arbeitsverhältnisses) und der individuellen Nachbetreuung führen kann. So führt der **Vermittlungsdruck** dazu, dass
die Agenturen für Arbeit den Integrationsfachdiensten z.T. nur sehr
kurze Betreuungszeiten für Arbeitsuchende von drei bis sechs Monaten
zugestehen und die arbeitsbegleitende Betreuung auf die Dauer der
Probezeit beschränken (BAG UB, Stellungnahme zur Situation der Integrationsfachdienste, Februar 2002, S. 2).

3   Als **Kriterien** für eine erfolgreiche Unterstützung der **Aufnahme
einer dauerhaften Tätigkeit** des schwerbehinderten Menschen auf
dem allgemeinen Arbeitsmarkt durch Integrationsfachdienste sind der
niedrigschwellige Zugang für die Betroffenen, die Motivation und Beratung der Arbeitsuchenden, die optimale Passung von Anforderungen
und Fähigkeiten, die Bereitstellung von betrieblichen Erprobungs-
möglichkeiten z.B. in Form von Praktika, die individuelle Arbeitsplatzgestaltung, die lösungsorientierte betriebliche Beratung, flexible
und zeitnahe Kriseninterventionen sowie die Stabilisierung des Beschäftigungsverhältnisses durch nachgehende Unterstützung anzusehen. Hierzu beschreibt § 110 konkrete behinderten- und arbeitgeber-
bezogene Aufgaben des Integrationsfachdienstes.

4   Im Interesse des **niedrigschwelligen Zugangs** können schwerbehinderte Menschen, Arbeitgeber oder sonstige Stellen (Kliniken,
Ärzte, Sonderschulen, WfbM, Reha-Einrichtungen) **unmittelbar
Kontakt** mit den Integrationsfachdiensten aufnehmen. Es erfolgt zunächst eine fachdienstliche Beratung zur Anliegens-, Ziel- und Koope-
rationsklärung sowie zur Klärung der Zuständigkeit. Anschließend

wird die weitergehende Betreuung des schwerbehinderten Menschen mit der Agentur für Arbeit (für arbeitsuchende schwerbehinderte Menschen), dem Integrationsamt (für beschäftigte schwerbehinderte Menschen) oder dem für Leistungen zur Teilhabe am Arbeitsleben zuständigen Rehabilitationsträger abgestimmt (§ 1 Abs. 4 der Mustervereinbarung über die Zusammenarbeit mit Integrationsfachdiensten (Grundvertrag), br 2001, 78 f.).

III. Behindertenbezogene Aufgaben

Nach § 110 Abs. 1 Nr. 1 SGB IX werden schwerbehinderte Menschen **5** durch Integrationsfachdienste beraten, unterstützt und auf geeignete Arbeitsplätze vermittelt. Diese **allgemeine Beschreibung** der behindertenbezogenen Aufgaben wird ergänzt durch **spezielle Aufgabenzuweisungen** in § 110 Abs. 2 Nr. 1, 1a, 1b, 3, 4 und 6 SGB IX. Der Katalog des Abs. 2 hat keinen abschließenden Charakter, so dass nach den Umständen des Einzelfalls notwendige ergänzende Maßnahmen getroffen werden können (s.a. *Kossens* in: Kossens/von der Heide/Maaß, SGB IX, § 110 RdNr. 3).

Für die Erstellung eines **individuellen Fähigkeits-, Leistungs- 6 und Interessenprofils** zur Vorbereitung auf den allgemeinen Arbeitsmarkt schreibt § 102 Abs. 2 Nr. 1 SGB IX zunächst eine **Kooperation** mit dem schwerbehinderten Menschen vor, um dem Leitbild der Förderung von **Selbstbestimmung** und gleichberechtigter Teilhabe gerecht zu werden (§ 1 SGB IX). Da die **Auftraggeber** des Integrationsfachdienstes nach § 111 Abs. 1 Satz 2 SGB IX für die Ausführung der Leistung verantwortlich bleiben, ist auch die enge Kooperation mit ihnen zwingend erforderlich. Dies gilt ebenso für **abgebende Einrichtungen** der schulischen oder beruflichen Bildung oder Rehabilitation wie z. B. Sonderschulen oder WfbM, um die individuellen Kenntnisse und Fähigkeiten des behinderten Menschen umfassend aufnehmen zu können.

In Zusammenarbeit mit dem schwerbehinderten Menschen werden **7** **Perspektiven der beruflichen Teilhabe am Arbeitsleben** entwickelt, Bewerbungsunterlagen zusammengestellt und Übergänge in eine Beschäftigung – wie betriebliche Trainingsmaßnahmen oder Probebeschäftigungen – vorbereitet. Dabei wird ggfs. die **Mitarbeit des Bewerbers** besonders angesprochen und aktiviert, um die erforderliche Eingliederungs- und Veränderungsbereitschaft zu entwickeln und beizubehalten. Es gilt die **soziale Kompetenz** des schwerbehinderten Menschen und damit die Basis für Motivation und Durchsetzungsfähigkeit zu stärken. Erscheint das primäre Ziel einer Vermittlung auf den allgemeinen Arbeitsmarkt aufgrund **individueller Vermittlungshemmnisse** in nächster Zeit nicht als erreichbar, werden weitere Begleitungsziele als Zwischenstufen zur Vermittlung auf den allgemeinen Arbeitsmarkt vorgeschlagen (z. B. berufliche Qualifizierung, Reha-Maßnahmen) und der Fortgang der Begleitung mit dem Kostenträger abgesprochen. Ziel der Beratung und Begleitung kann es auch sein, eine Abklärung der beruflichen Gesamtsituation des Bewerbers mit Abschätzung von kurz- und mittelfristigen Vermittlungschancen auf dem allgemeinen Arbeitsmarkt vorzunehmen. Dieses Ziel ist insbesondere dann gegeben, wenn in absehbarer Zeit eine Teilhabe am Arbeitsleben auf dem allgemeinen Arbeitsmarkt nicht realisierbar erscheint oder sich im Laufe der Beratung gravierende einschränkende Faktoren auf Seiten des Bewerbers herausstellen.

8   Mit der Unterstützung der Bundesagentur bei der **Berufsorientierung** und der **Berufsberatung** (§ 110 Abs. 2 Nr. 1a SGB IX) soll die Zusammenarbeit zwischen Integrationsfachdiensten und Schulen verbessert werden, um so die Chancen schwerbehinderter Menschen zur Teilhabe am Arbeitmarkt und einen nahtlosen Übergang in Ausbildungsverhältnisse zu verbessern (vgl. *Simon* in: jurisPK-SGB IX, § 110 RdNr. 11).

9   Weiter sind schwerbehinderte, geistig behinderte und seelisch behinderte **Jugendliche** in der Ausbildung durch den Integrationsfachdienst zu **begleiten** (§ 110 Abs. 2 Nr. 1b SGB IX).

10   Die **Vorbereitung** des schwerbehinderten Menschen auf den vorgesehenen Arbeitsplatz (§ 110 Abs. 2 Nr. 3 SGB IX) soll den Bewerber mit den Anforderungen des konkreten Arbeitsplatzes vertraut machen und seine Kenntnisse und Fähigkeiten entsprechend trainieren. Dies schließt die Ermöglichung von Betriebspraktika ein.

11   Die **nachgehende Begleitung** des behinderten Menschen am Arbeitsplatz oder beim Training der berufspraktischen Fähigkeiten am konkreten Arbeitsplatz (§ 110 Abs. 2 Nr. 4 SGB IX) wird in der Regel bis zum Ende der Probezeit, d. h. **sechs Monate** nach der Vermittlung, durch den Integrationsfachdienst gewährleistet. Aus der gesetzlichen Formulierung „solange erforderlich" ergibt sich eine derartige Befristung nicht, so dass im Einzelfall durchaus eine längere Zuständigkeit des Integrationsfachdienstes gegeben sein kann. Angesichts der Vergütung der Fachdienste mit pauschalen Vermittlungs- und Erfolgshonoraren (vgl. Komm. zu § 113 SGB IX) ist eine intensive und andauernde nachgehende Begleitung für die Fachdienste jedoch wirtschaftlich schwer darstellbar (s.a. *Ernst* br 2001, 66, 70). Von daher erscheint es zur Sicherung der Vermittlungserfolge als sachgerecht, bei erhöhtem Betreuungsbedarf hilfsweise bereits ab der Vermittlung in ein Beschäftigungsverhältnis von einer **Zuständigkeit der Integrationsämter** für die begleitende Hilfe im Arbeitsleben (§ 102 Abs. 2–4 SGB IX) auszugehen. Besteht nach erfolgter Arbeitsaufnahme die Notwendigkeit einer Fortsetzung der Begleitung des schwerbehinderten Arbeitnehmers, informiert der Integrationsfachdienst das zuständige **Integra-**

tionsamt und sorgt für eine Absprache über die Weiterbetreuung im Rahmen der **begleitenden Hilfe im Arbeitsleben.**

Die nachgehende Begleitung des schwerbehinderten Menschen **12** durch den Integrationsfachdienst schließt nach § 110 Abs. 2 Nr. 6 SGB IX eine Nachbetreuung, **Krisenintervention** und **psychosoziale Betreuung** ein. Hier ergeben sich Überschneidungen mit den von den Integrationsämtern eingesetzten psychosozialen und berufsbegleitenden Diensten. Auch soweit sie gemäß § 111 Abs. 5 Satz 2 SGB IX in die Integrationsfachdienste integriert werden, müssen diese Dienste im Rahmen der begleitenden Hilfe im Arbeitsleben der Integrationsämter nach § 102 Abs. 2 SGB IX **unbefristet** zur Verfügung stehen.

IV. Arbeitgeberbezogene Aufgaben

Nach § 110 Abs. 1 Nr. 2 SGB IX **informieren** und **beraten** Integra- **13** tionsfachdienste die Arbeitgeber und leisten ihnen **Hilfe.** Diese allgemeine Beschreibung der arbeitgeberbezogenen Aufgaben wird in § 110 Abs. 2 Nr. 2, 5 und 7 SGB IX durch spezielle Aufgabenzuweisungen ergänzt.

Die **Erschließung geeigneter Arbeitsplätze** auf dem allgemeinen **14** Arbeitsmarkt (§ 110 Abs. 2 Nr. 2 SGB IX) hat zentrale Bedeutung für den Erfolg der Arbeit von Integrationsfachdiensten. Dies setzt voraus, dass die Dienste möglichst **arbeitsmarktnah** operieren, persönliche **Kontakte** zu den Arbeitgebern des Einzugsgebietes pflegen, eine qualifizierte Beratung anbieten und dabei ihre **Koordinierungsfunktion** hinsichtlich der Bereitstellung von Fördermitteln zur Finanzierung der Eingliederungskosten gegenüber den Unternehmen hinreichend darstellen und praktisch ausüben können. Die Erschließung von Arbeitsplätzen für die Zielgruppe der Fachdienste kann nur gelingen, wenn auf die organisatorischen, fachlichen und psychosozialen Anforderungen am Arbeitsplatz und im Betrieb gezielt eingegangen wird. Um dem Arbeitgeber eine realistische Beurteilung des Beschäftigungsrisikos zu ermöglichen, müssen bei jeder Personalentscheidung die wichtigsten Fragen zur beruflichen und sozialen Kompetenz des künftigen Mitarbeiters beantwortet und ggfs. dokumentiert werden können (*Matzeder* br 1998, 29, 30 f.; zu Methoden eines Eingliederungsmanagements: *Matzeder* br 2000, 33 und br 2002, 40; zu Informations- und Beratungsprozessen: *Wahler/Mauch* br 2000, 38). Der Integrationsfachdienst hat den **Arbeitgebern seines Einzugsgebietes** – auch unaufgefordert – **geeignete schwerbehinderte Menschen** zur Einstellung auf freie Arbeitsplätze **vorzuschlagen** (§ 81 Abs. 1 Satz 3 SGB IX).

Widerstände gegen die Einstellung von **Mitarbeitern mit ein-** **15** **geschränktem Leistungsvermögen** werden nicht nur von der Personalführung, sondern auch von potentiellen Vorgesetzten und Kollegen angemeldet. Personalabbau, moderne Produktionsmethoden, rigide Arbeitsorganisation und überzogene Leistungserwartungen führen dazu, dass zusätzliche Belastungen unmittelbar auf die betroffenen Kollegen zurückschlagen. Der Leistungsdruck und der Gruppenzwang verändern soziales Verhalten und mindern Zugeständnisse an das Leistungsvermögen einzelner Kollegen. Diese Aspekte erschweren die betriebliche Integration schwerbehinderter Menschen. Integrationsfachdiensten obliegt es, vor diesem Hintergrund mit Zustimmung des betroffenen **Kollegen** im Betrieb oder der Dienststelle über Art und Auswirkungen der Behinderung und über entsprechende Verhaltensregeln **zu informieren** und **zu beraten** (§ 110 Abs. 2 Nr. 5 SGB IX) und als **Ansprechpartner** für Arbeitgeber zur Verfügung zu stehen (§ 110 Abs. 2 Nr. 7 SGB IX). Von der kommunikativen und fachlichen Kompetenz der Mitarbeiter des Integrationsfachdienstes (vgl. § 112 SGB IX) wird es abhängen, inwieweit Vorbehalten gegen behinderte Menschen und Entsolidarisierung im Betrieb entgegengewirkt werden kann.

16   Der Zusatz in § 110 Abs. 2 Nr. 5 SGB IX „mit Zustimmung des **schwerbehinderten Menschen**", stellt klar, dass auch Integrationsfachdienste den **Sozialdatenschutz** gemäß § 35 SGB I, §§ 67 ff. SGB X zu beachten haben. § 35 Abs. 1 Satz 4 SGB I verpflichtet Integrationsfachdienste ausdrücklich zur **Wahrung des Sozialgeheimnisses**. Eine Selbstverpflichtung zur Wahrung des Datenschutzes enthält § 6 der Mustervereinbarung nach § 111 Abs. 4 SGB IX.

17   Der Integrationsfachdienst hat seine Akquisitionsbemühungen auf Arbeitsplätze im Sinne des **§ 73 SGB IX** auszurichten. Demnach sind **Arbeitsplätze** alle Stellen, auf denen Arbeitnehmer, Beamte, Richter sowie Auszubildende und andere zu ihrer beruflichen Bildung Eingestellte beschäftigt werden. § 73 Abs. 2 SGB IX enthält einen Ausschlusskatalog, der durch § 110 Abs. 2 Nr. 2 SGB IX ebenfalls in Bezug genommen wird. Es erscheint jedoch nicht als sachdienlich, Integrationsfachdienste von der Vermittlung von **Arbeitsbeschaffungsmaßnahmen** (§ 73 Abs. 2 Nr. 4 SGB IX) auszunehmen.

18   Nach § 81 Abs. 5 SGB IX haben die Arbeitgeber mit Unterstützung der Integrationsämter die Einrichtung von **Teilzeitarbeitsplätzen** zu fördern. Schwerbehinderte Menschen haben demnach einen Anspruch auf Teilzeitbeschäftigung, wenn die kürzere Arbeitszeit wegen Art oder Schwere der Behinderung notwendig ist. Die Erschließung von Teilzeitarbeitsplätzen durch Integrationsfachdienste ist zur Verwirklichung dieses Rechtsanspruchs schwerbehinderter Menschen erforderlich, jedoch auf Stellen begrenzt, auf denen Beschäftigte mindestens 18 Stunden wöchentlich beschäftigt werden (§ 110 Abs. 2 Nr. 2 SGB IX i.V.m. § 73 Abs. 3 SGB IX).

19   Arbeitsplätze sind **geeignet** i.S. des § 110 Abs. 2 Nr. 2 SGB IX, wenn ihre Anforderungen mit dem nach § 110 Abs. 2 Nr. 1 SGB IX erarbeite-

ten individuellen Fähigkeits-, Leistungs- und Interessenprofil des
schwerbehinderten Menschen übereinstimmen oder durch gezieltes
Training der berufspraktischen Fähigkeiten in angemessener Zeit er-
füllbar sind (s.a. *Schröder* in: Hauck/Noftz, SGB IX, § 110 RdNr. 11).
Darüber hinaus müssen der Arbeitsplatz und das Arbeitsumfeld **behinderungsgerecht ausgestaltet** sein oder werden. Dabei ist zu berücksichtigen, dass der schwerbehinderte Mitarbeiter gegenüber seinem
(künftigen) Arbeitgeber einen **Rechtsanspruch** auf die behinderungsgerechte Einrichtung und Unterhaltung der Arbeitsstätten einschließlich der Betriebsanlagen, Maschinen, Geräte sowie der Gestaltung der
Arbeitsplätze, des Arbeitsumfeldes, der Arbeitsorganisation und der Arbeitszeit unter besonderer Berücksichtigung der Unfallgefahr hat (§ 81
Abs. 4 Satz 1 Nr. 4 SGB IX). Hier obliegt es dem Integrationsfachdienst,
die Durchsetzung dieses Rechtsanspruchs des schwerbehinderten Menschen durch entsprechende Absprachen mit dem Arbeitgeber und durch
Betriebsbesichtigungen sicherzustellen. Die **Unterstützung des Arbeitgebers** bei der Durchführung der erforderlichen Maßnahmen
durch die Abentur für Arbeit, das Integrationsamt (§ 81 Abs. 4 Satz 2
SGB IX, § 102 Abs. 2–4 SGB IX, § 104 Abs. 1 Nr. 3, Abs. 3 SGB IX) oder
durch den Rehabilitationsträger im Rahmen der Leistungen zur Teilhaben am Arbeitsleben (§ 34 SGB IX) ist vom Integrationsfachdienst
gegenüber dem Arbeitgeber darzustellen.

Beauftragung und Verantwortlichkeit

111 (1) ¹Die Integrationsfachdienste werden im Auftrag der Integrationsämter oder der Rehabilitationsträger tätig. ²Diese
bleiben für die Ausführung der Leistung verantwortlich.

(2) Im Auftrag legt der Auftraggeber in Abstimmung mit dem Integrationsfachdienst Art, Umfang und Dauer des im Einzelfall notwendigen Einsatzes des Integrationsfachdienstes sowie das Entgelt fest.

(3) Der Integrationsfachdienst arbeitet insbesondere mit

1. den zuständigen Stellen der Bundesagentur für Arbeit,

2. dem Integrationsamt,

3. dem zuständigen Rehabilitationsträger, insbesondere den Be-
rufshelfern der gesetzlichen Unfallversicherung,

4. dem Arbeitgeber, der Schwerbehindertenvertretung und den
anderen betrieblichen Interessenvertretungen,

5. der abgebenden Einrichtung der schulischen oder beruflichen
Bildung oder Rehabilitation mit ihren begleitenden Diensten und inter-
nen Integrationsfachkräften oder -diensten zur Unterstützung von
Teilnehmenden an Leistungen zur Teilhabe am Arbeitsleben,

5a. den Handwerks-, den Industrie- und Handelskammern sowie den berufsständischen Organisationen,

6. wenn notwendig auch mit anderen Stellen und Personen, eng zusammen.

(4) [1]Näheres zur Beauftragung, Zusammenarbeit, fachlichen Leitung, Aufsicht sowie zur Qualitätssicherung und Ergebnisbeobachtung wird zwischen dem Auftraggeber und dem Träger des Integrationsfachdienstes vertraglich geregelt. [2]Die Vereinbarungen sollen im Interesse finanzieller Planungssicherheit auf eine Dauer von mindestens drei Jahren abgeschlossen werden.

(5) Die Integrationsämter wirken darauf hin, dass die berufsbegleitenden und psychosozialen Dienste bei den von ihnen beauftragten Integrationsfachdiensten konzentriert werden.

I. Allgemeines

1   § 111 SGB IX regelt das **Verhältnis** zwischen dem Integrationsfachdienst und den auftraggebenden Rehabilitationsträgern, begründet ein **Kooperationsgebot** mit allen an der beruflichen Eingliederung von schwerbehinderten Menschen beteiligten Stellen und Personen und weist der **Bundesagentur für Arbeit** die Verantwortung für die Einrichtung einer ausreichenden Zahl von Integrationsfachdiensten zu.

II. Verhältnis zu Auftraggebern (§ 111 Abs. 1–2 SGB IX)

2   Integrationsfachdienste werden nach § 111 Abs. 1 SGB IX im Verwaltungsauftrag tätig. Die Beauftragung von Integrationsfachdiensten durch **Integrationsämter** erfolgt im Rahmen der begleitenden Hilfe im Arbeitsleben nach § 102 Abs. 2 Satz 5 SGB IX und durch **Rehabilitationsträger** als Leistung zur Teilhabe am Arbeitsleben nach § 33 Abs. 6 Nr. 8 SGB IX. Die **Bundesagentur für Arbeit** kann zusätzlich den Integrationsfachdienst nach § 46 SGB III mit der Vermittlung schwerbehinderter Menschen beauftragen. Dies gilt auch für die Grundsicherung für Arbeitsuchende (§ 16 SGB II).

3   Die Integrationsämter und die Rehabilitationsträger entscheiden im Rahmen ihrer Zuständigkeit über die Beteiligung eines Integrationsfachdienstes. Im Verhältnis zum schwerbehinderten Menschen ist diese Entscheidung nach pflichtgemäßem **Ermessen** zu treffen (§ 39 SGB I, § 2 Abs. 2 SGB I, § 35 Abs. 1 Satz 3 SGB X), wobei der Zielbestimmung des § 1 SGB IX, die Selbstbestimmung und gleichberechtigte Teilhabe behinderter Menschen zu fördern, Benachteiligungen zu

vermeide oder ihnen entgegenzuwirken, Rechnung zu tragen ist. Es besteht jedoch kein Rechtsanspruch des schwerbehinderten Menschen auf Beteiligung eines Integrationsfachdienstes (*Simon* in: jurisPK-SGB IX, § 111 RdNr. 15).

Der Auftraggeber bleibt für die **Ausführung der Leistung verant-** **4** **wortlich** (§ 111 Abs. 1 Satz 2 SGB IX). Die sprachliche Ausgestaltung in § 111 Abs. 1 Satz 2 SGB IX entspricht **§ 17 Abs. 1 Satz 2 SGB IX.** Nach dieser Regelung bleibt der Rehabilitationsträger für die Ausführung der Leistung verantwortlich, soweit er Leistungen zur Teilhabe unter Inanspruchnahme von geeigneten, insbesondere auch freien und gemeinnützigen oder privaten Rehabilitationsdiensten und -einrichtungen ausführt. Der auftraggebende Leistungsträger hat somit **sicherzustellen**, dass der Integrationsfachdienst die Gewähr für eine sachgerechte, die Rechte und Interessen des schwerbehinderten Menschen wahrende Erfüllung der Aufgaben bietet (§ 97 SGB X; s.a. § 17 Abs. 3 Satz 3 SGB I: Nachprüfung der zweckentsprechenden Verwendung bei der Inanspruchnahme öffentlicher Mittel). Dieses Gebot gilt insbesondere für den personellen und sachlich organisatorischen Bereich und schließt die vertraglich zu vereinbarende Möglichkeit von **Kontrollen** hinsichtlich der **Qualität, Zuverlässigkeit** und Wahrung von **Betroffeneninteressen** ein. Die Leistungsträger haben das Fortbestehen der fachlichen Voraussetzungen (§ 112 SGB IX) zu überwachen, wobei die Art und Weise der Überprüfung lediglich durch den Grundsatz der Verhältnismäßigkeit begrenzt wird (vgl. *Schroeder-Printzen*, SGB X, § 97 RdNr. 3; KassKomm-*Scholz*, § 97 SGB X RdNr. 24, 28). Der Auftraggeber bleibt auch für die Einhaltung der **datenschutzrechtlichen Vorschriften** verantwortlich (§ 80 SGB X). Der Auftraggeber **haftet** für Pflichtverletzungen des von ihm mit der Ausführung seiner Leistungen beauftragten Integrationsfachdienstes (*Schröder* in: Hauck/Noftz, SGB IX, § 111 RdNr. 5 f.). Soweit **§ 3 der Mustervereinbarung** nach § 111 Abs. 4 SGB IX (br 2001, 78) vorsieht, dass die fachliche Verantwortung für den Integrationsfachdienst bei seinem Träger liegt, ist dies angesichts der gesetzlichen Vorgabe einer Verantwortlichkeit des Auftraggebers für die Aufgabenwahrnehmung zumindest missverständlich.

Das **Angebot** des Leistungsträgers, einen Integrationsfachdienst zu **5** beauftragen, ist für den schwerbehinderten Menschen **nicht verbindlich**. Er ist auch unter dem Gesichtspunkt sozialrechtlicher Mitwirkungspflichten (§§ 64, 66 SGB I, § 117 Abs. 1 SGB IX) nicht gehalten, auf die Dienstleistung der Integrationsfachdienste zurückzugreifen, sondern kann in Ausübung seines **Wunsch- und Wahlrechtes** (§ 9 SGB IX) sanktionslos verlangen, die behördeninterne begleitende Hilfe der Integrationsämter (§ 102 SGB IX) oder die Unterstützung der besonderen Stellen der Agenturen für Arbeit nach § 104 Abs. 4 SGB IX in Anspruch zu nehmen. Es bedarf einer ausdrücklichen **Einver-**

ständniserklärung des schwerbehinderten Menschen zu der Beauftragung eines Integrationsfachdienstes und der damit verbundenen Weiterleitung persönlicher Daten.

III. Inhalt des Auftrages (§ 111 Abs. 2 SGB IX)

6   § 111 Abs. 2 SGB IX macht Vorgaben zum Inhalt des Auftrages. Demnach legt der Auftraggeber in Abstimmung mit dem Integrationsfachdienst im Auftrag Art, Umfang und Dauer des im Einzelfall notwendigen Einsatzes sowie das Entgelt nach § 113 SGB IX fest.

IV. Zusammenarbeit (§ 111 Abs. 3 SGB IX)

7   § 111 Abs. 3 SGB IX bestimmt, dass die Integrationsfachdienste mit den zuständigen Stellen in der Agentur für Arbeit (§ 104 Abs. 4 SGB IX), dem Integrationsamt, dem zuständigen Rehabilitationsträger (§ 6 SGB IX), dem Arbeitgeber, betrieblichen Interessenvertretungen, abgebenden Einrichtungen, den Handwerks-, Industrie- und Handelskammern und berufsständischen Organisationen sowie, soweit notwendig, auch mit anderen Stellen und Personen **eng zusammenarbeiten**. Andere Stellen und Personen können Beratungsstellen, Rehabilitationseinrichtungen, behandelnde Ärzte und Psychotherapeuten oder Personen aus dem sozialen oder familiären Umfeld, Betreuer und Arbeitskollegen sein. Die Regelung stellt eine Ausprägung der **schnittstellenübergreifenden Arbeit** der Integrationsfachdienste dar (vgl. § 109 RdNr. 9 f.).

V. Vertragsgestaltung (§ 111 Abs. 4 SGB IX)

8   Näheres zur Beauftragung, Zusammenarbeit, fachlichen Leitung, Aufsicht sowie zur Qualitätssicherung und Ergebnisbeobachtung ist zwischen dem Integrationsfachdienst und dem Auftraggeber nach § 111 Abs. 4 SGB IX **vertraglich** zu regeln. Im Interesse der finanziellen Planungssicherheit sollen die Leistungserbringungsverträge als **Grundverträge** auf die Dauer von mindestens drei Jahren abgeschlossen werden.

9   § 111 Abs. 4 SGB IX wird durch **§ 113 SGB IX** ergänzt. Dort wird klargestellt, dass die Tätigkeit der Integrationsfachdienste zu vergüten ist (Abs. 1) und dass die Bundesarbeitsgemeinschaft der Integrationsämter und Hauptfürsorgestellen mit den Rehabilitationsträgern eine gemeinsame Empfehlung zur Inanspruchnahme der Integrationsfachdienste durch die Rehabilitationsträger erarbeiten (Abs. 2).

Die Integrationsämter beauftragen die Integrationsfachdienste auf **10** der Grundlage einer Mustervertrages der Bundesarbeitsgemeinschaft der Integrationsämter und Hauptfürsorgestellen. Dieser Vertrag regelt den Vertragsgegenstand und den Zuständigkeitsbereich (§ 1), die Zielgruppen, Aufgaben und die Beauftragung (§ 2), die Pflichten des Trägers des Integrationsfachdienstes (§ 4), die Finanzierung des Integrationsfachdienstes (§ 4), die personelle und sächliche Ausstattung des Integrationsfachdienstes (§ 5), die Bildung eines Koordinierungsausschusses (§ 6), die Qualitätssicherung und Dokumentation (§ 7), den Datenschutz (§ 8) und Beginn, Geltungsdauer und Beendigung (§ 8) (vgl. *Schröder* in: Hauck/Noftz, SGB IX K § 114).

Die zwischen Leistungsträgern und Integrationsfachdiensten abzu- **11** schließenden **Grundverträge** sind nicht starr an die Vorgaben der Mustervereinbarung gebunden. So können regionale Besonderheiten **Abweichungen** rechtfertigen. **Ergänzende Regelungen** z. B. zu Instrumenten der Qualitätssicherung und der Kontrolle der Aufgabenwahrnehmung durch die Auftraggeber sind zulässig.

VI. Einrichtung von Integrationsfachdiensten (§ 111 Abs. 5 SGB IX)

§ 111 Abs. 5 SGB IX verpflichtet die Integrationsämter, darauf hinzu- **12** wirken, dass die berufsbegleitenden und psychosozialen Dienste bei den von ihnen beauftragten Integrationsdiensten konzentriert werden.

Fachliche Anforderungen

112 (1) Die Integrationsfachdienste müssen

1. nach der personellen, räumlichen und sächlichen Ausstattung in der Lage sein, ihre gesetzlichen Aufgaben wahrzunehmen,

2. über Erfahrungen mit dem zu unterstützenden Personenkreis (§ 109 Abs. 2) verfügen,

3. mit Fachkräften ausgestattet sein, die über eine geeignete Berufsqualifikation, eine psychosoziale oder arbeitspädagogische Zusatzqualifikation und ausreichende Berufserfahrung verfügen, sowie

4. rechtlich oder organisatorisch und wirtschaftlich eigenständig sein.

(2) ¹Der Personalbedarf eines Integrationsfachdienstes richtet sich nach den konkreten Bedürfnissen unter Berücksichtigung der Zahl der Betreuungs- und Beratungsfälle, des durchschnittlichen Betreuungs-

und Beratungsaufwands, der Größe des regionalen Einzugsbereichs
und der Zahl der zu beratenden Arbeitgeber. [2]Den besonderen Bedürfnissen besonderer Gruppen schwerbehinderter Menschen, insbesondere schwerbehinderter Frauen, und der Notwendigkeit einer
psychosozialen Betreuung soll durch eine Differenzierung innerhalb
des Integrationsfachdienstes Rechnung getragen werden.

(3) [1]Bei der Stellenbesetzung des Integrationsfachdienstes werden
schwerbehinderte Menschen bevorzugt berücksichtigt. [2]Dabei wird
ein angemessener Anteil der Stellen mit schwerbehinderten Frauen
besetzt.

I. Allgemeines

1 § 112 SGB IX regelt die **fachlichen Voraussetzungen**, denen ein
Integrationsfachdienst vor allem in personeller Hinsicht genügen muss.
Die Erfüllung dieser Voraussetzungen ist erforderlich, um als Auftrag-
nehmer von den Integrationsämtern und den Rehabilitationsträgern
bei der Durchführung der Maßnahmen zur Teilhabe (schwer)behin-
derter Menschen beteiligt zu werden. Der Abschluss eines **Grundver-
trages** gemäß § 111 Abs. 4 SGB IX ist an die Erfüllung der fachlichen
Voraussetzungen geknüpft. Darüber hinaus findet anders als bei den
WfbM (§ 142 SGB IX) kein förmliches Anerkennungsverfahren für
Integrationsfachdienste statt. Es erfolgt lediglich eine **Erfassung** der
Fachdienste durch die Bundesagentur für Arbeit (§ 104 Abs. 1 Nr. 10
SGB IX).

II. Fachliche Anforderungen (§ 112 Abs. 1 SGB IX)

2 Integrationsfachdienste müssen gemäß § 112 Abs. 1 SGB IX nach ihrer personellen, räumlichen und sächlichen Ausstattung in der Lage
sein, ihre gesetzlichen Aufgaben nach § 110 SGB IX zu erfüllen. Sie
müssen über Erfahrungen mit dem zu unterstützenden Personenkreis,
wie er in § 109 Abs. 2 SGB IX umschrieben ist, verfügen und mit Fachkräften ausgestattet sein, die über eine geeignete Berufsqualifikation,
eine psychosoziale oder arbeitspädagogische Zusatzqualifikation und
eine ausreichende Berufserfahrung verfügen. Über diese vagen gesetzlichen Vorgaben gibt es keine weiteren Präzisierungen durch Gesetz
oder Rechtsverordnung. Es erscheint als problematisch, die personelle
Ausstattung der Integrationsfachdienste anders als im Werkstättenrecht
(§ 136 Abs. 1 Satz 4 SGB IX i.V.m. §§ 9 f. WVO) dem freien Spiel der
Kräfteverhältnisse zwischen Kostenträgern und Leistungserbringern
zu überlassen.

Aus dem Erfordernis von **Erfahrungen** mit der zu begleitenden 3
Klientel folgt, dass insbesondere Träger heranzuziehen sind, die bereits
in der Vergangenheit an der Integration schwerbehinderter Menschen
auf dem allgemeinen Arbeitsmarkt mitgewirkt haben und auch über
Kontakte zu Wirtschaft und Verwaltungen des Einzugsgebietes verfügen. Dies kann für Träger gelten, die im Auftrag der Integrationsämter
begleitende Hilfe im Arbeitsleben einschließlich psychosozialer Dienste erbracht haben, aber auch für Träger von Berufsbildungswerken,
Berufsförderungswerken oder WfbM (*Schröder* in: Hauck/Noftz, SGB
IX, § 112 RdNr. 5).

Hinsichtlich der **beruflichen Qualifikation** der Mitarbeiter von 4
Integrationsfachdiensten sind die Vorgaben anders als im Werkstättenrecht (vgl. §§ 9 f. WVO) wenig konkret. Den Beruf des „Integrations-
beraters" gibt es bisher nicht. In der Regel verfügen die Mitarbeiter
über eine Ausbildung in einem **Sozialberuf**, z. B. als Sozialarbeiter/
Sozialpädagoge. Dies ist bei einer Spezialisierung auf Sozialberatung
und Behindertenarbeit als geeignete Grundlage für die Tätigkeit in einem Integrationsfachdienst anzusehen. Zusätzliche Qualifizierungen
im betriebswirtschaftlichen und rechtlichen Bereich sind erforderlich.
Strategien der Arbeitsplatzerschließung einschließlich kommunikati-
ver Aspekte sollten Gegenstand von Fortbildungen sein (*Ernst* br 1998,
155, 158; *Matzeder* br 1998, 29, 32). § 112 Abs. 1 Nr. 3 SGB IX macht
deutlich, dass auch eine **wirtschaftsnahe Basisqualifikation** z. B.
von Betriebswirten als geeignet angesehen werden kann, wobei die erforderliche psychosoziale oder arbeitspädagogische Zusatzqualifikation und sachnahe Berufserfahrung nachzuweisen sind.

Integrationsfachdienste können **rechtlich selbständig** sein. Ist das 5
nicht der Fall, müssen sie zumindest **organisatorisch und wirtschaftlich selbständig** sein (§ 112 Abs. 1 Nr. 4 SGB IX). Damit wird
eine fachliche Unabhängigkeit von der Trägerorganisation bezweckt
(vgl. BT-Drucks. 14/3772, S. 23). Es muss zumindest eine organisatorische Trennung zum Träger des Integrationsfachdienstes und eine eigene
Buchführung geben. Die wirtschaftliche Selbständigkeit soll sicherstellen, dass nicht andere Angelegenheiten des Trägers aus Mitteln für
den Integrationsfachdienst mitfinanziert werden. Eine bestimmte
Rechtsform ist nicht vorgeschrieben (*Schröder* in: Hauck/Noftz, SGB
IX, § 112 RdNr. 7 f.). Die Integrationsfachdienste sind so einzurichten,
dass sie von behinderten Menschen und Arbeitgebern als **eigenständiges Dienstleistungsangebot** wahrgenommen werden können. Sie
werden damit zu einem festen Bestandteil der sozialen Infrastruktur
wie z. B. die WfbM (*Dau/Deutsch,* LPK-SGB IX, § 112 RdNr. 5).

III. Personalbedarf, Binnendifferenzierung (§ 112 Abs. 2 SGB IX)

6   Der **Personalbedarf** eines Integrationsfachdienstes richtet sich gemäß § 112 Abs. 2 SGB IX nach den konkreten Bedürfnissen unter
Berücksichtigung der Zahl der Betreuungs- und Beratungsfälle, des
durchschnittlichen Betreuungs- und Beratungsaufwands, der Größe
des regionalen Einzugsbereichs und der Zahl der zu beratenden Betriebe und Verwaltungen. Einen **Personalschlüssel** wollte der Gesetzgeber mangels hinreichenden Erfahrungswissens nicht festlegen (BT-
Drucks. 14/3372, S. 23). Dies sollte entsprechend dem Werkstättenrecht
in der nach § 115 SGB IX zu erlassenen Rechtsverordnung geschehen.
Derzeit haben faktisch Zahl, Art und Vergütung der den Integrationsfachdiensten erteilten Aufträge bestimmenden Einfluss auf die Personalausstattung (s.a. *Dau/Deutsch,* LPK-SGB IX, § 112 RdNr. 6).
7   Die in § 112 Abs. 2 Satz 2 SGB IX als fachliche Anforderung vorgegebene **Binnendifferenzierung** des Angebotes von Integrationsfachdiensten betrifft neben schwerbehinderten Frauen (s.a. § 1 Satz 2
SGB IX) bestimmte Behinderungsarten (z. B. gehörlose und blinde
Menschen; seelisch behinderte Menschen) und Personen im Übergang
von WfbM auf den allgemeinen Arbeitsmarkt. Dabei soll der Fach-
dienst den besonderen Bedürfnissen dieser Gruppen und der Notwendigkeit psychosozialer Betreuung Rechnung tragen.

IV. Schwerbehinderte Mitarbeiter (§ 112 Abs. 3 SGB IX)

8   Die Anordnung einer **bevorzugten Berücksichtigung** von
schwerbehinderten Mitarbeitern nach § 112 Abs. 3 SGB IX geht über
die allgemeine Beschäftigungspflicht der Arbeitgeber nach § 71 SGB
IX hinaus. Der Gesetzgeber beabsichtigt eine überdurchschnittliche
Beschäftigung schwerbehinderter Menschen als Mitarbeiter von Integrationsfachdiensten, wobei **Frauen** angemessen, d. h. hälftig zu berücksichtigen sind.
9   Die Anfang 2002 beauftragten Integrationsfachdienste beschäftigen
insgesamt 805 Personen, davon 464 Frauen. 77 Beschäftigte sind
schwerbehindert, davon 40 Frauen. Sie bringen ihre **besonderen
Kenntnisse und Erfahrungen** als schwerbehinderte Menschen in die
Arbeit der Integrationsfachdienste ein. Zudem wird die Nutzung der
behinderungsspezifischen Kompetenzen von **Selbsthilfegruppen**
und **Behindertenverbänden** durch eine enge Zusammenarbeit vor
Ort sichergestellt (BT-Drucks. 14/8441, S. 24).

Finanzielle Leistungen

113 (1) ¹Die Inanspruchnahme von Integrationsfachdiensten wird vom Auftraggeber vergütet. ²Die Vergütung für die Inanspruchnahme von Integrationsfachdiensten kann bei Beauftragung durch das Integrationsamt aus Mitteln der Ausgleichsabgabe erbracht werden.

(2) ¹Die Bundesarbeitsgemeinschaft der Integrationsämter und Hauptfürsorgestellen vereinbart mit den Rehabilitationsträgern nach § 6 Abs. 1 Nr. 2 bis 5 unter Beteiligung der maßgeblichen Verbände, darunter der Bundesarbeitsgemeinschaft, in der sich die Integrationsfachdienste zusammengeschlossen haben, eine gemeinsame Empfehlung zur Inanspruchnahme der Integrationsfachdienste durch die Rehabilitationsträger, zur Zusammenarbeit und zur Finanzierung der Kosten, die dem Integrationsfachdienst bei der Wahrnehmung der Aufgaben der Rehabilitationsträger entstehen. ²§ 13 Abs. 7 und 8 gilt entsprechend.

I. Allgemeines

§ 113 Abs. 1 Satz 1 SGB IX begründet dem Grunde nach den **Vergü-** 1 **tungsanspruch** des Integrationsfachdienstes gegenüber seinem Auftraggeber, ohne diesen näher auszugestalten. § 113 Abs. 2 SGB IX sieht die Vereinbarung einer Empfehlung zur Inanspruchnahme der Integrationsfachdienste und zur Zusammenarbeit und zur Finanzierung der Kosten der Inanspruchnahme vor.

II. Vergütung der Integrationsfachdienste (§ 113 Abs. 1 SGB IX)

Die Integrationsfachdienste sind vom Auftraggeber zu vergüten 2 (§ 113 Abs. 1 Satz 1 SGB IX). Die Höhe der Vergütung wird gesetzlich nicht festgelegt. Der Gesetzgeber geht vielmehr davon aus, dass die Höhe der Vergütung für die Inanspruchnahme des Integrationsfachdienstes zwischen dem Auftraggeber und dem Träger des Fachdienstes **vertraglich zu vereinbaren** ist (BT-Drucks. 14/3372, S. 23).

Soweit es um die Teilhabe schwerbehinderter Menschen am Arbeits- 3 leben geht, können die Entgelte aus den Mitteln der **Ausgleichsabgabe** finanziert werden (§ 77 Abs. 5 SGB IX, § 27 a SchwbAV). Die Bundesagentur für Arbeit erhält zum Aufbau und zur Förderung von Integrationsfachdiensten Zuweisungen aus dem **Ausgleichsfonds** beim BMAS (§ 78 SGB IX, § 41 Abs. 1 Satz 1 Nr. 3 SchwbAV; vgl. zum finanziellen Umfang: § 109 RdNr. 5). Die Kosten für die Vermittlung und nachfolgende Betreuung behinderter Menschen, die nicht schwerbehindert sind (§ 33 Abs. 6 Nr. 8 SGB IX, § 109 Abs. 4 SGB IX), tragen die zuständigen **Rehabilitationsträger** (§ 6 SGB IX) aus deren jeweiligen Haushaltsmitteln.

III. Vergütung der Integrationsfachdienste (§ 113 Abs. 2 SGB IX)

4   Die Bundesarbeitsgemeinschaft der Integrationsämter und Hauptfürsorgestellen vereinbart mit den Rehabilitationsträgern gemeinsame Empfehlungen zur Inanspruchnahme der Integrationsdienste durch die Rehabilitationsträger, zur Zusammenarbeit und zu den Kosten der Integrationsfachdienste (§ 113 Abs. 2 Satz 1 SGB IX). Eine entsprechende Empfehlung ist erarbeitet worden: Gemeinsame Empfehlung nach § 113 Abs. 2 SGB IX zur Inanspruchnahme der Integrationsfachdienste durch die Rehabilitationsträger, zur Zusammenarbeit und zur Finanzierung der Kosten, die dem Integrationsfachdienst bei der Wahrnehmung der Aufgaben der Rehabilitationsträger entstehen (Gemeinsame Empfehlung „Integrationsfachdienste") von 16. 12.2004; zuletzt geändert am 25. 6. 2009; www.bar-frankfurt.de).

Ergebnisbeobachtung

114 (1) [1]Der Integrationsfachdienst dokumentiert Verlauf und Ergebnis der jeweiligen Bemühungen um die Förderung der Teilhabe am Arbeitsleben. [2]Er erstellt jährlich eine zusammenfassende Darstellung der Ergebnisse und legt diese den Auftraggebern nach deren näherer gemeinsamer Maßgabe vor. [3]Diese Zusammenstellung soll insbesondere geschlechtsdifferenzierte Angaben enthalten zu

1. den Zu- und Abgängen an Betreuungsfällen im Kalenderjahr,

2. dem Bestand an Betreuungsfällen,

3. der Zahl der abgeschlossenen Fälle, differenziert nach Aufnahme einer Ausbildung, einer befristeten oder unbefristeten Beschäftigung, einer Beschäftigung in einem Integrationsprojekt oder in einer Werkstatt für behinderte Menschen.

(2) [1]Der Integrationsfachdienst dokumentiert auch die Ergebnisse seiner Bemühungen zur Unterstützung der Bundesagentur für Arbeit und die Begleitung der betrieblichen Ausbildung nach § 110 Abs. 2 Nr. 1a und 1b unter Einbeziehung geschlechtsdifferenzierter Daten und Besonderheiten sowie der Art der Behinderung. [2]Er erstellt zum 30. September 2006 eine zusammenfassende Darstellung der Ergebnisse und legt diese dem zuständigen Integrationsamt vor. [3]Die Bun-

desarbeitsgemeinschaft der Integrationsämter und Hauptfürsorgestellen bereitet die Ergebnisse auf und stellt sie dem Bundesministerium für Arbeit und Soziales zur Vorbereitung des Berichtes nach
§ 160 Abs. 2 bis zum 31. Dezember 2006 zur Verfügung.

I. Allgemeines

Nach § 114 Abs. 1 Satz 1 SGB IX haben Integrationsfachdienste **Ver-** 1
lauf und **Ergebnis** ihrer Bemühungen um die Förderung der Teilhabe
am Arbeitsleben in jedem **Einzelfall** zu **dokumentieren**. Die Fall-
dokumentationen sind fortlaufend und möglichst durch EDV standar-
disiert zu führen. Sie sollen es dem Auftraggeber ermöglichen, seiner
fortbestehenden **Verantwortung** für die Ausführung der Leistung
(§ 111 Abs. 1 Satz 2 SGB IX) gerecht zu werden und ggfs. steuernd in
die Tätigkeit des Integrationsfachdienstes einzugreifen.

Integrationsfachdienste erstellen darüber hinaus jährlich eine **zu-** 2
sammenfassende Darstellung der Ergebnisse und legen diese den
Auftraggebern nach deren näherer gemeinsamer Maßgabe vor. Die zusammenfassende Darstellung wird jeweils bis zum 31. 3. des Folgejahres
erstellt (§ 4 der Mustervereinbarung über die Zusammenarbeit der
Integrationsfachdienste). Die Erörterung der Ergebnisse mit den Fachdiensten, deren Verbänden und anderen Beteiligten hat das Ziel, die
Zusammenarbeit mit den Integrationsfachdiensten und ihr Mitwirken
an einer verbesserten Teilhabe schwerbehinderter Menschen am Arbeitsleben weiterzuentwickeln und zu optimieren (BT-Drucks. 14/
8441, S. 23).

Eine Konkretisierung der Dokumentationspflichten beinhaltet § 7 3
Abs. 2 der Gemeinsamen Empfehlung nach § 113 Abs. 2 SGB IX.

In den Dokumentationen und jährlichen Zusammenfassungen sind 4
personenbezogene Daten zu anonymisieren (BT-Drucks. 14/5074,
S. 114).

§ 114 Abs. 2 SGB IX verpflichtet den Integrationsfachdienst, die Zu- 5
sammenarbeit mit den Agenturen für Arbeit zu deren **Unterstützung**
bei der **Berufsorientierung** und **Berufsberatung** in den Schulen
und die Begleitung der betrieblichen Ausbildung schwerbehinderter,
insbesondere seelisch und lernbehinderter Jugendlicher zu dokumentieren. Dies soll ermöglichen, die Wirksamkeit dieser Zusammenarbeit
zu beobachten und ggfs. Vorschläge zur Weiterentwicklung der Maßnahmen zu treffen (vgl. *Simon* in: jurisPK-SGB IX, § 114 RdNr. 9).

Verordnungsermächtigung

115 (1) Das Bundesministerium für Arbeit und Soziales wird ermächtigt, durch Rechtsverordnung mit Zustimmung des Bundesrates das Nähere über den Begriff und die Aufgaben des Integrationsfachdienstes, die für sie geltenden fachlichen Anforderungen und die finanziellen Leistungen zu regeln.

(2) Vereinbaren die Bundesarbeitsgemeinschaft der Integrationsämter und Hauptfürsorgestellen und die Rehabilitationsträger nicht innerhalb von sechs Monaten, nachdem das Bundesministerium für Arbeit und Soziales sie dazu aufgefordert hat, eine gemeinsame Empfehlung nach § 113 Abs. 2 oder ändern sie die unzureichend gewordene Empfehlung nicht innerhalb dieser Frist, kann das Bundesministerium für Arbeit und Soziales Regelungen durch Rechtsverordnung mit Zustimmung des Bundesrates erlassen.

1   § 115 Abs. 1 SGB IX ermächtigt das Bundesministerium für Arbeit und Soziales, Näheres über Begriff und Aufgaben des Integrationsfachdienstes, die für diesen geltenden fachlichen Anforderungen sowie die finanziellen Leistungen zu regeln. Bislang wurde von der Ermächtigung noch nicht Gebrauch gemacht.

2   § 113 Abs. 2 SGB IX sieht die Vereinbarung Gemeinsamer Empfehlungen zur Inanspruchnahme der Integrationsfachdienste vor. Werden die auf dieser Grundlage erlassenen Empfehlungen nicht rechtzeitig geändert, kann das Bundesministerium Regelungen durch Rechtsverordnung treffen (§ 115 Abs. 2 SGB IX). Bislang wurde keine Verordnung nach § 115 Abs. 2 SGB IX erlassen.

Kapitel 8. Beendigung der Anwendung der besonderen Regelungen zur Teilhabe schwerbehinderter und gleichgestellter behinderter Menschen

Kapitel 8 bestimmt, wann die besonderen Regelungen zur Teilhabe 1 am Arbeitsleben (§ 116 SGB IX) nicht mehr anzuwenden und die besonderen Hilfen für schwerbehinderte Menschen zu entziehen (§ 117 SGB IX) sind.

Beendigung der Anwendung der besonderen Regelungen zur Teilhabe schwerbehinderter Menschen

116 (1) Die besonderen Regelungen für schwerbehinderte Menschen werden nicht angewendet nach dem Wegfall der Voraussetzungen nach § 2 Abs. 2; wenn sich der Grad der Behinderung auf weniger als 50 verringert, jedoch erst am Ende des dritten Kalendermonats nach Eintritt der Unanfechtbarkeit des die Verringerung feststellenden Bescheides.

(2) [1]Die besonderen Regelungen für gleichgestellte behinderte Menschen werden nach dem Widerruf oder der Rücknahme der Gleichstellung nicht mehr angewendet. [2]Der Widerruf der Gleichstellung ist zulässig, wenn die Voraussetzungen nach § 2 Abs. 3 in Verbindung mit § 68 Abs. 2 weggefallen sind. [3]Er wird erst am Ende des dritten Kalendermonats nach Eintritt seiner Unanfechtbarkeit wirksam.

(3) Bis zur Beendigung der Anwendung der besonderen Regelungen für schwerbehinderte Menschen und ihnen gleichgestellte behinderte Menschen werden die behinderten Menschen dem Arbeitgeber auf die Zahl der Pflichtarbeitsplätze für schwerbehinderte Menschen angerechnet.

I. Allgemeines

§ 116 SGB IX steht in systematischem Zusammenhang mit den 1 §§ 68 f. SGB IX. Nach § 68 Abs. 1 SGB IX gelten die besonderen Regelungen zur Teilhabe schwerbehinderter Menschen in Teil 2 des SGB IX für schwerbehinderte und diesen gleichgestellte behinderte Menschen.

Während § 69 SGB IX das Verfahren des Versorgungsamtes zur Feststellung einer Behinderung, des GdB und weiterer gesundheitlicher Merkmale einschließlich der **Feststellung einer Schwerbehinderteneigenschaft** gemäß § 2 Abs. 2 SGB IX regelt, macht § 116 SGB IX Vorgaben zur **Beendigung des Schutzes** schwerbehinderter und ihnen gleichgestellter Menschen.

II. Wegfall der Schwerbehinderung (§ 116 Abs. 1 SGB IX)

2   Die **besonderen Regelungen für schwerbehinderte Menschen** werden nicht angewandt nach dem Wegfall der Tatbestandsmerkmale der Schwerbehinderteneigenschaft in § 2 Abs. 2 SGB IX. Bei den **besonderen Regelungen des Teils 2 des SGB IX** handelt es sich um die Anrechnung der Beschäftigung des schwerbehinderten Menschen auf die Pflichtplatzquote des Arbeitgebers (§§ 71 ff. SGB IX), die Rechte schwerbehinderter Menschen im Betrieb (§ 81 SGB IX), den besonderen Kündigungsschutz (§ 85 ff. SGB IX), das besondere Mitwirkungsrecht (§§ 93 ff. SGB IX), Nachteilsausgleiche unter zusätzlichen gesundheitlichen Voraussetzungen (§ 69 Abs. 4 SGB IX), Vergünstigungen wie die Freistellung von Mehrarbeit und den Zusatzurlaub (§§ 124 f. SGB IX) sowie die Fördermöglichkeiten des Integrationsamtes (§ 102 SGB IX) und der Bundesagentur für Arbeit (§ 104 SGB IX) zur Teilhabe schwerbehinderter Menschen am Arbeitsleben.

3   Die **Voraussetzungen der Schwerbehinderteneigenschaft** sind, dass
 – der **GdB** des behinderten Menschen wenigstens 50 beträgt, und
 – der behinderte Mensch seinen **Wohnsitz, gewöhnlichen Aufenthalt** (§ 30 Abs. 3 SGB I) oder seinen **Arbeitsplatz** im Sinne des § 73 SGB IX rechtmäßig im Geltungsbereich des SGB IX hat (§ 2 Abs. 2 SGB IX).
Der Wegfall der tatbestandlichen Voraussetzungen hinsichtlich des **Inlandsbezuges** bewirkt nach § 116 Abs. 1 Halbs. 1 SGB IX unmittelbar die Nichtanwendung des Schwerbehindertenrechts. Eine Schonfrist besteht in diesem Falle nicht. Die gesetzliche Vorgabe eines Inlandsbezuges der Schwerbehinderteneigenschaft führt z. B. dazu, dass bei einem Beamten, der seinen Wohnsitz oder gewöhnlichen Aufenthalt außerhalb der Bundesrepublik Deutschland hat, nach Versetzung in den Ruhestand gemäß § 116 Abs. 1 SGB IX die Anwendung der besonderen Regelungen zur Teilhabe schwerbehinderter Menschen endet (LSG Rheinland-Pfalz 22. 6. 2001 – L 6 SB 106/00 – br 2002, 24).

4   Der **Status** der Schwerbehinderung und die Berechtigung zur Inanspruchnahme von Nachteilsausgleichen beginnen grundsätzlich mit dem Vorliegen der gesetzlichen Voraussetzungen (vgl. § 69 RdNr. 25). Der **Feststellungsbescheid** der Versorgungsverwaltung hat deshalb

nur deklaratorische Wirkung. Er dient mit dem auf seiner Grundlage ausgestellten Schwerbehindertenausweis (§ 69 Abs. 5 SGB IX) dem Nachweis über die Schwerbehinderteneigenschaft und hat Tatbestandswirkung für andere Behörden (vgl. § 69 RdNr. 24). Ebenso **endet** die Schwerbehinderteneigenschaft **kraft Gesetzes** mit dem Wegfall der sie begründenden tatbestandlichen Voraussetzungen (*Dau,* LPK-SGB IX, § 116 RdNr. 5; *Kossens* in: Kossens/von der Heide/Maaß, SGB IX, § 116 RdNr. 2).

Liegt ein bestandskräftiger **Verwaltungsakt über die Feststellung** 5 **der Schwerbehinderteneigenschaft** vor, muss das Versorgungsamt ihn wegen Änderung in den tatsächlichen Verhältnissen **aufheben**, um seine Wirksamkeit zu beenden (§ 39 Abs. 2 SGB X, § 48 Abs. 1 SGB X; vgl. dazu § 69 RdNr. 54 ff.). Der Wegfall von tatbestandlichen Voraussetzungen der Schwerbehinderteneigenschaft stellt eine wesentliche tatsächliche Änderung im Sinne des § 48 Abs. 1 SGB X dar. In diesen Fällen endet die Anwendung des Schwerbehindertenrechts mit der **Bestandskraft des Aufhebungsbescheides (§ 77 SGG)**, weil Widerspruch und Klage bei dem zuständigen Sozialgericht (§ 51 Abs. 1 Nr. 7 SGG) aufschiebende Wirkung haben (§ 86 a Abs. 1 SGG; vgl. allgemein zu Rechtsbehelfen § 69 RdNr. 106 ff.).

Eine Ausnahme von der unmittelbaren Beendigung der Anwen- 6 dung des Schwerbehindertenrechts bei Wegfall der tatbestandlichen Voraussetzungen des § 2 Abs. 2 SGB IX stellt die **dreimonatige Schonfrist** in § 116 Abs. 1 Halbs. 2 SGB IX für den Hauptanwendungsfall des Absinkens des GdB auf weniger als 50 dar. Es handelt sich in der Regel um bisher schwerbehinderte Menschen, bei denen auf Grund einer **Besserung der gesundheitlichen Verhältnisse** die Versorgungsverwaltung durch Aufhebungsbescheid nach § 48 Abs. 1 SGB X einen GdB von weniger als 50 feststellt. Diesem Personenkreis wird eine Umstellungsfrist zugebilligt, die auch dann zum Tragen kommt, wenn keine neue Feststellung erfolgt, weil es an einem verbleibenden GdB von wenigstens 20 mangelt (vgl. § 69 Abs. 1 Satz 3 SGB IX; s.a. *Kossens* in: Kossens/von der Heide/Maaß, SGB IX, § 116 RdNr. 3). Die Auslauffrist gilt auch dann, wenn die gegenüber einer eigenständigen GdB-Feststellung der Versorgungsverwaltung vorgreifliche Feststellung einer MdE in einem **Rentenbescheid** nach § 69 Abs. 2 SGB IX (vgl. § 69 RdNr. 40 ff.) auf unter 50 % herabgesetzt wird. Ebenso wie die Feststellung der MdE gilt deren Herabsetzung zugleich als Feststellung des neuen GdB (§ 69 Abs. 2 Satz 2 SGB IX; *Dau,* LPK-SGB IX, § 116 RdNr. 6).

Die Dreimonatsfrist **beginnt** mit der **Unanfechtbarkeit** des die 7 Verringerung von GdB/MdE feststellenden Bescheides. Diese tritt ein, wenn der gegen diesen Bescheid gegebene Rechtsbehelf nicht oder erfolglos eingelegt wird (§ 77 SGG). Abzuwarten ist zunächst die Monatsfrist zur Widerspruchseinlegung (§ 84 SGG, ggfs. Jahresfrist nach

§ 66 Abs. 2 SGG). Wird der Widerspruch durch Widerspruchsbescheid zurückgewiesen, bleibt die Unanfechtbarkeit einen weiteren Monat in der Schwebe (Klagefrist nach § 87 SGG). Die Klageerhebung, ggfs. auch Berufungs- und Revisionsverfahren können die Unanfechtbarkeit der Verwaltungsentscheidung über Jahre hinauszögern.

8 Die **Schonfrist endet** am Ende des dritten Kalendermonats nach Eintritt der Unanfechtbarkeit. Die Mitteilung des Versorgungsamtes über den **Zeitpunkt der Beendigung** der Anwendung des Schwerbehindertenrechts erfolgt nicht lediglich in Erfüllung allgemeiner Beratungspflichten, sondern regelt konkret den jeweiligen Einzelfall mit Außenwirkung durch **anfechtbaren Verwaltungsakt**. Diese Feststellung wirkt sich auf die in RdNr. 2 genannten Rechtsverhältnisse bisher schwerbehinderter Menschen aus und setzt eine rechtliche Wertung voraus, wann der die Verringerung des GdB feststellende Bescheid unanfechtbar geworden ist. Ohne diese Feststellung könnte weder der Zeitpunkt für die Einziehung des Schwerbehindertenausweises festgelegt werden, noch könnten sich ohne eine solche verbindliche Regelung Arbeitgeber und Arbeitnehmer sowie die betroffenen Behörden (z. B. Sozialversicherungsträger, Finanzämter, Integrationsämter) auf die geänderte Situation einstellen (BSG 4. 7. 1989 – 9 RVs 3/88 – BSGE 65, 185 = SozR 1300 § 48 Nr. 57). Einer **Rücknahme** der Feststellung der Schwerbehinderteneigenschaft mit **Wirkung für die Vergangenheit** bei anfänglicher Rechtswidrigkeit (§ 45 SGB X) steht die Schonfrist des § 116 Abs. 1 SGB IX entgegen (LSG Rheinland-Pfalz 11. 8. 1997 – L 4 Vs 158/96).

9 Bis zum **Ablauf der Schonfrist** verbleiben die bisher schwerbehinderten Menschen trotz des Wegfalls der tatsächlichen Voraussetzungen des Schwerbehindertenstatus die in Teil 2 des SGB IX begründeten **Rechte und Vergünstigungen** dieses Personenkreises. Dies umfasst auch die gegenüber dem Arbeitgeber bestehenden Ansprüche z. B. auf Freistellung von Mehrarbeit und Zusatzurlaub oder das Zustimmungserfordernis zur Kündigung. Die Zustimmung des Integrationsamtes ist auch dann erforderlich, wenn die Kündigung zwar während der Schonfrist ausgesprochen wird, aber die Kündigungsfrist erst nach Beendigung der Anwendbarkeit des Schwerbehindertenrechts ausläuft *(Pahlen* in: Neumann/PahlenMajerski-Pahlen, SGB IX, § 116 RdNr. 14). Die Schonfrist des § 116 SGB IX gilt nicht für die Bemessung der **Pauschbeträge nach § 33 b EStG** (BFH 22. 9. 1989 – III R 167/86 – DB 1990, 258; *Kossens* in: Kossens/von der Heide/Maaß, SGB IX, § 116 RdNr. 4). Diese steuerrechtliche Vorschrift ermöglicht die Geltendmachung von Behinderten-Pauschbeträgen ungeachtet der Schwerbehinderteneigenschaft bereits ab einem GdB von 30. Es handelt sich um keine besondere Regelung zur Teilhabe schwerbehinderter Menschen im Sinne des § 116 Abs. 1 SGB IX.

III. Gleichstellung (§ 116 Abs. 2 SGB IX)

Der Bescheid der Arbeitsverwaltung über die Gleichstellung behin- 10
derter Menschen mit schwerbehinderten Menschen hat **konstitutive
Wirkung** (vgl. § 68 RdNr. 4 f.). Von daher endet nach § 116 Abs. 2 SGB
IX die Anwendung des Schwerbehindertenrechts für gleichgestellte
behinderte Menschen bei Wegfall der tatbestandlichen Gleichstellungsvoraussetzungen nicht kraft Gesetzes, sondern nur auf Grund des
Widerrufs oder der **Rücknahme** des **Gleichstellungsbescheides.**
Materielle Gleichstellungsvoraussetzungen des § 2 Abs. 3 SGB 11
IX sind das Vorliegen eines GdB von 30 oder 40, der Inlandsbezug ent-
sprechend § 2 Abs. 2 SGB IX sowie der Umstand, dass der behinderte
Mensch infolge seiner Behinderung ohne die Gleichstellung einen geeigneten Arbeitsplatz im Sinne des § 73 SGB IX nicht erlangen oder
nicht behalten kann (dazu § 68 RdNr. 5; *Mrozynski, SGB IX* Teil 1, § 2
RdNr. 54 ff.).

Fallen diese Anspruchsvoraussetzungen nachträglich weg, kann die 12
zuständige Agentur für Arbeit den **Gleichstellungsbescheid widerrufen.** § 116 Abs. 2 Satz 2 SGB IX stellt eine gesetzliche **Erlaubnis-
norm** zum **Widerruf** eines (ursprünglich) rechtmäßigen begünstigenden Verwaltungsaktes gemäß **§ 47 Abs. 1 Nr. 1 SGB X** dar. Anders als
bei einer Aufhebung nach § 48 Abs. 1 Satz 1 SGB X („ist aufzuheben")
handelt es sich bei dem Widerruf des Gleichstellungsbescheides um
eine **Ermessensentscheidung** der Arbeitsverwaltung („darf widerrufen werden"). Dies bedeutet, dass die Agentur für Arbeit trotz Wegfalls
von tatbestandlichen Voraussetzungen im Rahmen der pflichtgemäßen
Ausübung des Ermessens (§ 2 Abs. 2 Satz 2 SGB I, § 39 SGB I, § 35
Abs. 1 Satz 3 SGB X) zu dem Ergebnis kommen kann, auf Grund der
Umstände des Einzelfalls die Gleichstellung des behinderten Menschen fortbestehen zu lassen (vgl. *von Wulffen/Wiesner, SGB X*, § 47
RdNr. 11; *Pahlen* in: Neumann/Pahlen/Majerski-Pahlen, SGB IX,
§ 116 RdNr. 10; a.A. *Kossens* in: Kossens/von der Heide/Maaß, SGB
IX, § 116 RdNr. 9).

Der Widerruf der Gleichstellung ist nur mit **Wirkung für die Zu-** 13
kunft möglich. Eine **Aufhebung** des Gleichstellungsbescheides nach
§ 48 Abs. 1 Satz 1 SGB X wegen wesentlicher Änderung der tatsächlichen Verhältnisse kommt im Falle des Wegfalls der tatbestandlichen
Voraussetzungen der Gleichstellung nicht in Betracht, weil § 116 Abs. 2
Satz 2 SGB IX als lex specialis vorgeht (s.a. *Dau,* LPK-SGB IX, § 116
RdNr. 10 ff.; *Pahlen* in: Neumann/Pahlen/Majerski-Pahlen, SGB IX,
§ 116 RdNr. 7; a.A. *Masuch* in: Hauck/Noftz, SGB IX, § 116 RdNr. 15).
Ein Widerruf ist nicht erforderlich, wenn die Gleichstellung von Anfang an gemäß § 68 Abs. 2 Satz 3 SGB IX **befristet** worden ist. In diesem Falle erledigt sich der Gleichstellungsbescheid automatisch und

ohne dreimonatige Schonfrist mit Ablauf der Befristung, ohne dass es einer diesbezüglichen bescheidmäßigen Feststellung bedarf (§ 39 Abs. 2 SGB X). Am **Verwaltungsverfahren** über den Widerruf des Gleichstellungsbescheides ist der Arbeitgeber ebensowenig beteiligt wie am Verwaltungsverfahren zur Erteilung der Gleichstellung (vgl. § 68 RdNr. 36 ff.; a. A. *Kossens* in: Kossens/von der Heide/Maaß, SGB IX, § 116 RdNr. 10).

14 Ist die Gleichstellung von Anfang an rechtswidrig gewesen, kommt nur eine **Rücknahme des Gleichstellungsbescheides** unter den strengen Voraussetzungen des § 45 SGB X (Fristen, Vertrauensschutzprüfung, Ermessensentscheidung) in Betracht. Nach § 116 Abs. 2 Satz 1 SGB IX werden die besonderen Regelungen für gleichgestellte behinderte Menschen (vgl. § 68 Abs. 3 SGB IX: Schwerbehindertenrecht ohne § 125 SGB IX und Kapitel 13) **nach der Rücknahme** der Gleichstellung nicht mehr angewendet. Damit ist für eine Rücknahme mit **Wirkung für die Vergangenheit** nach § 45 Abs. 1, Abs. 4 SGB X kein Raum (*Masuch* in: Hauck/Noftz, SGB IX, § 116 RdNr. 19; a. A. *Kossens* in: Kossens/von der Heide/Maaß, SGB IX, § 116 RdNr. 8 und *Pahlen* in: Neumann/Pahlen/Majerski-Pahlen, SGB IX, § 116 RdNr. 12).

15 Die **dreimonatige Schonfrist** des § 116 Abs. 2 Satz 3 SGB IX kommt nur bei dem Widerruf der Gleichstellung, nicht aber bei der Rücknahme des Gleichstellungsbescheides zur Anwendung. Beginn der Frist ist wie in Abs. 1 der Eintritt der Unanfechtbarkeit des Widerrufsbescheides. Von daher hat es der gleichgestellte behinderte Mensch in der Hand, die Vorzüge der Gleichstellung während der Ausschöpfung des Rechtsweges weiter in Anspruch zu nehmen (vgl. RdNr. 8 ff.).

IV. Pflichtplatzzahl (§ 116 Abs. 3 SGB IX)

16 § 116 Abs. 3 SGB IX kann nur klarstellenden Charakter haben. Wenn nach § 116 Abs. 1 und 2 SGB IX das Ende der Anwendbarkeit der besonderen Regelungen für schwerbehinderte und gleichgestellte behinderte Menschen geregelt wird, gilt dies selbstverständlich auch für die **Anrechnung auf die Pflichtarbeitsplätze** für schwerbehinderte Menschen nach den §§ 71 ff. SGB IX. Auf Grund ausdrücklicher gesetzlicher Regelung begünstigen somit die Schonfristen der Absätze 1 und 2 nicht nur den behinderten Menschen, sondern auch seinen Arbeitgeber bei der Erfüllung der Beschäftigungspflicht.

17 Die Anrechnung auf die Pflichtplatzzahl endet somit am Ende des dritten Kalendermonats nach Eintritt der Unanfechtbarkeit des die Verringerung des GdB auf weniger als 50 feststellenden Bescheides bzw. des Bescheides über den Widerruf einer Gleichstellung. In den übrigen Fällen des Wegfalls tatbestandlicher Voraussetzungen der Schwerbehinderteneigenschaft und der Rücknahme der Gleichstel-

lung endet die Anrechnung bereits mit Bekanntgabe des Aufhebungs-
oder Rücknahmebescheides (§§ 45, 48 SGB X), soweit nicht infolge
der Einlegung von Rechtsbehelfen aufschiebende Wirkung eintritt.

Entziehung der besonderen Hilfen für schwerbehinderte Menschen

117 (1) [1]Einem schwerbehinderten Menschen, der einen zumutbaren Arbeitsplatz ohne berechtigten Grund zurückweist
oder aufgibt oder sich ohne berechtigten Grund weigert, an einer Maßnahme zur Teilhabe am Arbeitsleben teilzunehmen, oder sonst durch
sein Verhalten seine Teilhabe am Arbeitsleben schuldhaft vereitelt, kann
das Integrationsamt im Benehmen mit der Bundesagentur für Arbeit die
besonderen Hilfen für schwerbehinderte Menschen zeitweilig entziehen. [2]Dies gilt auch für gleichgestellte behinderte Menschen.

(2) [1]Vor der Entscheidung über die Entziehung wird der schwerbehinderte Mensch gehört. [2]In der Entscheidung wird die Frist bestimmt,
für die sie gilt. [3]Die Frist läuft vom Tage der Entscheidung an und beträgt nicht mehr als sechs Monate. [4]Die Entscheidung wird dem
schwerbehinderten Menschen bekannt gegeben.

I. Allgemeines

§ 117 SGB IX stellt den Integrationsämtern ein **Disziplinierungs-** 1
instrument für schwerbehinderte Menschen und gleichgestellte behinderte Menschen zur Verfügung, die sich der Teilhabe am Arbeitsleben widersetzen, also für arbeitsunwillig gehalten werden. Es bestehen
Ähnlichkeiten zur arbeitsförderungsrechtlichen **Sperrzeitregelung**
des § 144 SGB III und zur Leitungsversagung wegen fehlender **Mitwirkung** nach den §§ 64, 66 SGB I (zu den Rechtsgrundlagen der Mitwirkung im Schwerbehindertenrecht: BSG 12. 2. 1997 − RVs 9 2/96 −
SozR 3–3870 § 4 Nr. 17).

Erkenntnisse zum **praktischen Nutzen** der Vorschrift liegen nicht 2
vor, zumal deren Anwendung bei der Auslegung des unbestimmten
Rechtsbegriffs des berechtigten Grundes und bei der Verschuldensprü-
fung einzelfallbezogene und z.T. schwierige **Abwägungen** zu etwaigen behinderungsbedingten Ursachen des beanstandeten Verhaltens
des schwerbehinderten Menschen erforderlich macht (s.a. *Masuch* in:
Hauck/Noftz, SGB IX, § 117 RdNr. 4). Die Vorschrift gibt dem Integrationsamt keine Handhabe, bei Meinungsverschiedenheiten über
verschiedene Möglichkeiten der begleitenden Hilfe im Arbeitsleben
(§ 102 Abs. 2–4 SGB IX) gegenüber dem schwerbehinderten Menschen seine Auffassung mit Androhung des Hilfeentzugs durchzuset-

zen. Das in § 9 SGB IX, § 33 SGB I normierte **Wunsch- und Wahlrecht des Leistungsberechtigten** ist auch bei den Leistungen zur Teilhabe schwerbehinderter Menschen zu beachten.

II. Entzug von besonderen Hilfen für schwerbehinderte Menschen (§ 117 Abs. 1 SGB IX)

3   In einem **abschließenden Katalog** führt § 117 Abs. 1 Satz 1 SGB IX die zur zeitweisen Entziehung der besonderen Hilfen für schwerbehinderte Menschen berechtigenden **Entziehungstatbestände** auf. Es handelt sich um
- die **Zurückweisung** eines zumutbaren Arbeitsplatzes ohne berechtigenden Grund,
- die **Aufgabe** eines zumutbaren Arbeitsplatzes ohne berechtigenden Grund,
- die **Weigerung** ohne berechtigenden Grund, an einer Maßnahme zur Teilhabe am Arbeitsleben teilzunehmen,
- die sonstige schuldhafte **Vereitelung** der Teilhabe am Arbeitsleben durch das Verhalten des schwerbehinderten Menschen.

4   Zur Auslegung der **unbestimmten Rechtsbegriffe** des § 117 Abs. 1 SGB IX kann z.T. auf Rechtsprechung und Literatur zu entsprechenden Begrifflichkeiten in **§ 144 SGB III** zurückgegriffen werden. Dies gilt insbesondere für den **wichtigen Grund** im Sinne des § 144 Abs. 1 SGB III, wobei jedoch der **berechtigende Grund** nach § 117 Abs. 1 SGB IX weiter gefasst ist. Der berechtigende Grund ermöglicht die Berücksichtigung auch nicht arbeitsplatzbezogener persönlicher Gründe wirtschaftlicher, familiärer, psychischer oder rein menschlicher Art (*Masuch* in: Hauck/Noftz, SGB IX, § 117 RdNr. 11).

5   **Besonderheiten des Schwerbehindertenrechts** sind zu berücksichtigen. So definiert § 102 Abs. 2 Satz 2 SGB IX als **Ziel der begleitenden Hilfe** im Arbeitsleben, dass die schwerbehinderten Menschen in ihrer sozialen Stellung nicht absinken, auf Arbeitsplätzen beschäftigt werden, auf denen sie ihre Fähigkeiten und Kenntnisse voll verwerten und weiterentwickeln können, sowie durch Leistungen der Rehabilitationsträger und Maßnahmen der Arbeitgeber befähigt werden, sich am Arbeitsplatz und im Wettbewerb mit nichtbehinderten Menschen zu behaupten. So werden Arbeitsaufgaben auf Grund von Konflikten im Betrieb eher die Frage nach **berufsbegleitenden und psychosozialen Hilfen** für die betroffenen schwerbehinderten Menschen aufwerfen (vgl. § 102 Abs. 2 Satz 4–6 SGB IX), als dass sie Anlass für eine Disziplinierung nach § 117 SGB IX sein können. Dabei dürfte es weniger darum gehen, den schwerbehinderten Menschen durch gütliches Zureden auf den „rechten Weg" zu bringen (so *Pahlen* in: Neumann/Pahlen/Majerski-Pahlen, SGB IX, § 117 RdNr. 2), als vielmehr

um eine Konfliktschlichtung unter allen Beteiligten, die auch Art und Auswirkungen der Behinderung einbezieht. Es ist nach § 102 Abs. 2 Satz 6 SGB IX **Aufgabe des Integrationsamtes**, darauf Einfluss zu nehmen, dass Schwierigkeiten im Arbeitsleben verhindert oder beseitigt werden. Insofern ist die neue **Behinderungsdefinition** des § 2 Abs. 1 SGB IX zu berücksichtigen, wonach die Behinderung eine **soziale Situation** auf Grund individueller und gesellschaftlicher Faktoren erfasst (vgl. § 69 RdNr. 26 ff.). Dies bestätigt die Notwendigkeit, die für das (Fehl-)Verhalten des schwerbehinderten Menschen maßgeblichen Faktoren in seiner gesellschaftlichen und insbesondere betrieblichen Umwelt in ihrer negativen Wechselwirkung mit den gesundheitlichen und funktionalen Beeinträchtigungen zu erkennen und in die Auslegung des „berechtigten Grundes" nach § 117 Abs. 1 SGB IX einfließen zu lassen.

Bei der Beurteilung der **Zumutbarkeit eines Arbeitsplatzes** ist **6** davon auszugehen, dass diese nur bei solchen Arbeitsplätzen gegeben ist, die den Anforderungen des **§ 81 Abs. 4 und 5 SGB IX** genügen. Arbeitsplätze in **Integrationsprojekten** (§§ 132 ff. SGB IX) sind dem allgemeinen Arbeitsmarkt zuzurechnen und werden damit von § 117 Abs. 1 SGB IX erfasst. Ergänzend sind die **arbeitsförderungsrechtlichen Anforderungen** an eine zumutbare Beschäftigung nach § 121 SGB III heranzuziehen (s. a. *Masuch* in: Hauck/Noftz, SGB IX, § 117 RdNr. 5; *Kossens* in: Kossens/von der Heide/Maaß, SGB IX, § 117 RdNr. 3). Demnach sind einem Arbeitslosen alle seiner Arbeitsfähigkeit entsprechenden Beschäftigungen zumutbar, soweit allgemeine und personenbezogene Gründe der Zumutbarkeit einer Beschäftigung nicht entgegenstehen.

Aus **allgemeinen Gründen** ist eine Beschäftigung insbesondere **7** nicht zumutbar, wenn die Beschäftigung gegen gesetzliche, tarifliche oder in Betriebsvereinbarungen festgelegte Bestimmungen über Arbeitsbedingungen oder gegen Bestimmungen des Arbeitsschutzes verstößt (§ 121 Abs. 2 SGB III). Aus **personenbezogenen Gründen** ist eine Beschäftigung einem Arbeitslosen insbesondere nicht zumutbar, wenn das daraus erzielbare **Arbeitsentgelt** erheblich niedriger ist als das der Bemessung des Arbeitslosengeldes zu Grunde liegende Arbeitsentgelt. In den ersten drei Monaten der Arbeitslosigkeit ist eine Minderung um mehr als 20 % und in den folgenden drei Monaten um mehr als 30 % dieses Arbeitsentgelts nicht zumutbar. Vom siebten Monat der Arbeitslosigkeit an ist dem Arbeitslosen eine Beschäftigung nur dann nicht zumutbar, wenn das daraus erzielbare Nettoeinkommen unter Berücksichtigung der mit der Beschäftigung zusammenhängenden Aufwendungen niedriger ist als das Arbeitslosengeld (§ 121 Abs. 3 SGB III). Diese Regelung ist im Rahmen der Zumutbarkeit nach § 117 Abs. 1 SGB IX nicht uneingeschränkt zu übernehmen. Vielmehr muss Beachtung finden, dass die begleitende Hilfe im Arbeitsleben zum Ziel hat, schwerbehinderte Menschen vor dem **Absinken in ihrer sozialen Stellung** und damit auch in ihrer Einkommenssituation zu bewahren (§ 102 Abs. 2 Satz 2 SGB IX). Dem kann dadurch Rechnung getragen werden, dass auf Dauer jedenfalls eine Minderung des bisherigen Arbeitsentgelts um mehr als 20 % nicht zumutbar ist (gegen die Zumutbarkeit unterwertiger Beschäftigung s.a. GK-SGB IX-*Schimanski*, § 117 RdNr. 26, 37; a.A. *Kossens* in: Kossens/von der Heide/Maaß, § 117 RdNr. 5 und *Pahlen* in: Neumann/Pahlen/Majerski-Pahlen, SGB IX, § 117 RdNr. 7). Eine **untertarifliche Bezahlung** ist ebenfalls ein Indiz für die Unzumutbarkeit eines Arbeitsplatzes.

8   Die in § 121 Abs. 4 SGB III als zumutbar bezeichneten **Pendelzeiten** von bis zu zweieinhalb Stunden täglich sind zu modizifieren, wenn Art und Ausmaß der Behinderung dies erfordern. Soweit § 121 Abs. 5 SGB III dem Arbeitslosen **befristete Beschäftigungen**, vorübergehend **getrennte Haushaltsführung** und **ausbildungsfremde Beschäftigungen** zumutet, können dem behinderungsbedingte Einschränkungen entgegenstehen. Außerdem ist die schwerbehindertenrechtliche Vorgabe einer Beschäftigung auf Arbeitsplätzen zu beachten, die eine volle Verwertung und Weiterentwicklung der Fähigkeiten und Kenntnisse des schwerbehinderten Menschen erlauben (§ 81 Abs. 4 Satz 1 Nr. 1 SGB IX, § 102 Abs. 2 Satz 2 SGB IX).

9   Die **Aufgabe eines Arbeitsplatzes** nach § 117 Abs. 1 Satz 1 SGB IX umfasst die arbeitnehmerseitige ordentliche und fristlose Kündigung und den Aufhebungsvertrag in beiderseitigem Einvernehmen. Bei einem **Aufhebungsvertrag** ist danach zu differenzieren, ob die Gründe für die Beendigung des Beschäftigungsverhältnisses dem schwerbehinderten Menschen oder dem Arbeitgeber (z. B. bei betriebsbedingten Gründen) zuzurechnen sind. Anders als in § 144 Abs. 1 Nr. 1 SGB III wird die Lösung des Beschäftigungsverhältnisses durch den **Arbeitgeber** auf Grund arbeitsvertragswidrigen Verhaltens des Arbeitnehmers vom Tatbestand des § 117 Abs. 1 SGB IX nicht erfasst. Deshalb stellt auch die fristlose Kündigung des Beschäftigungsverhältnisses durch den Arbeitgeber bei Verfehlungen des schwerbehinderten Menschen keine Aufgabe im Sinne des § 117 Abs. 1 Satz 1 SGB IX dar (*Masuch* in: Hauck/Noftz, SGB IX, § 117 RdNr. 6; a.A. *Kossens* in: Kossens/von der Heide/Maaß, SGB IX, § 117 RdNr. 4). In derartigen Fällen kommt allein die Annahme einer schuldhaften Vereitelung der Teilhabe am Arbeitsleben durch das Verhalten des schwerbehinderten Menschen in Betracht.

10   Die **Zurückweisung eines Arbeitsplatzes** bezieht sich auf die **Vermittlungstätigkeit** der Bundesagentur für Arbeit (§ 104 Abs. 1 Nr. 1 SGB IX) oder der von ihr beteiligten Integrationsfachdienste (§ 110 Abs. 1 Nr. 1 SGB IX). Der schwerbehinderte Mensch muss bereit sein, sich auf einen geeigneten und zumutbaren Arbeitsplatz vermitteln zu lassen. Dem unberechtigten Zurückweisen eines Arbeitsplatzangebo-

tes gleichgestellt ist die Weigerung, an einer **Maßnahme zur Teilhabe am Arbeitsleben** teilzunehmen. Es handelt sich um Maßnahmen der Rehabilitationsträger im Rahmen der Leistungen zur Teilhabe am Arbeitsleben nach den §§ 33 ff. SGB IX, insbesondere in Berufsbildungswerken, Berufsförderungswerken und vergleichbaren Einrichtungen der beruflichen Rehabilitation (§ 35 SGB IX). Abgesehen davon, dass berechtigten Wünschen des schwerbehinderten Menschen immer zu entsprechen ist (§ 9 SGB IX, § 33 SGB I), sind schwerbehinderte Menschen nicht verpflichtet, zur Vermeidung einer Sanktionierung nach § 117 SGB IX gegen ihren Willen eine Beschäftigung in **WfbM** (§§ 39 ff., 136 ff. SGB IX) aufzunehmen oder der Beteiligung eines externen **Integrationsfachdienstes** zuzustimmen.

Der schwerbehinderte Mensch darf im Übrigen unsanktioniert **11** **Maßnahmen** zur Teilhabe am Arbeitsleben **ablehnen**, wenn diese ihm nach den Umständen des Einzelfalls nicht zumutbar sind oder ein sonstiger zur Ablehnung berechtigender Grund vorliegt. Dies gilt für Maßnahmen, die nicht dazu beitragen, die Erwerbsfähigkeit des schwerbehinderten Menschen entsprechend seiner Leistungsfähigkeit zu erhalten, zu verbessern, herzustellen oder wiederherzustellen (vgl. § 33 Abs. 1 SGB IX), sondern eine **Dequalifizierung** gegenüber dem erreichten beruflichen Status begünstigen (*Masuch* in: Hauck/Noftz, SGB IX, § 107 RdNr. 8; a. A. *Kossens* in: Kossens/von der Heide/Maaß, § 117 RdNr. 5). Ein berechtigter Ablehnungsgrund kann auch vorliegen, wenn die dem schwerbehinderten Menschen vorgeschlagene Maßnahme keine wohnortnahen, zeitlich flexiblen oder in Teilzeit nutzbaren Angebote beinhaltet, um die Bewältigung von **Familienpflichten** zu ermöglichen (§ 1 Satz 2 SGB IX, § 9 Abs. 1 Satz 2–3 SGB IX, § 33 Abs. 2 SGB IX, § 8 a SGB III).

Der schwerbehinderte Mensch kann durch sein Verhalten seine Teilhabe **12** am Arbeitsleben **schuldhaft vereiteln**. Es gilt ein **subjektiver Verschuldensmaßstab**, wobei der schwerbehinderte Mensch die Entziehung der besonderen Hilfen als Folge seines Verhaltens vorhersehen können muss. Schuldhaftes Verhalten liegt vor, wenn der Betroffene nicht die Sorgfalt anwendet, die ihm nach den gesamten Umständen nach allgemeiner Verkehrsanschauung zuzumuten ist. Das Fehlverhalten kann gegenüber Arbeitgebern, Integrationsämtern, Agenturen für Arbeit und Integrationsfachdiensten zu Tage treten. Die Vereitelung der Teilhabe kann durch eine von dem schwerbehinderten Menschen ausgehende gravierende Störung des Betriebsfriedens, hartnäckige Arbeitsverweigerung oder unangemessenes Verhalten bei Vorstellungsgesprächen bedingt sein. Es muss sich in jedem Fall um schwerwiegende, nicht auf Art und Ausmaß der Behinderung zurückzuführende Verfehlungen handeln, die in ihrem Gewicht den übrigen Entzugstatbeständen des § 117 Abs. 1 SGB IX entsprechen. Ein Hilfeentzug kommt nach dem **Verhältnismäßigkeitsgrundsatz** nur in Betracht, wenn mildere

Mittel des Einwirkens auf den schwerbehinderten Menschen nicht mehr zur Verfügung stehen und das Übermaßgebot beachtet wird (s.a. *Masuch* in: Hauck/Noftz, SGB IX, § 107 RdNr. 9 f.).

III. Verfahren und Entscheidung

13 Zuständig für die Entziehung der besonderen Hilfen ist das Integrationsamt, das im Benehmen mit der Bundesagentur für Arbeit entscheidet. Die **Herstellung des Benehmens** beinhaltet eine Konsultation der beteiligten Behörde, wobei die Stellungnahme der Bundesagentur für Arbeit für das Integrationsamt nicht verbindlich ist. Unterbleibt die geforderte Mitwirkung der Bundesagentur für Arbeit, ist die gleichwohl ergehende Entscheidung des Integrationsamtes zwar nicht nichtig, aber verfahrensfehlerhaft (§ 40 Abs. 3 Nr. 4 SGB X). Der Verfahrensfehler kann bis zur letzten Tatsacheninstanz eines verwaltungsgerichtlichen Verfahrens geheilt werden (§ 41 Abs. 1 Nr. 5, Abs. 2 SGB X).

14 Vor der Entscheidung ist der schwerbehinderte Mensch **zu hören** (§ 117 Abs. 2 Satz 1 SGB IX). Es gelten die für eine **Anhörung** nach § 24 Abs. 1 SGB X entwickelten Grundsätze (vgl. *von Wulffen*, SGB X, § 24 RdNr. 7 ff. m.w.Nw.). So ist dem schwerbehinderten Menschen in einer i.d.R. **schriftlichen Anhörungsmitteilung** durch das Integrationsamt der **entscheidungserhebliche Sachverhalt** mitzuteilen. Dem Betroffenen ist eine **Frist von mindestens zwei Wochen** zur Abgabe einer Stellungnahme zu den für die beabsichtigte Entscheidung erheblichen Tatsachen einzuräumen. Erst nach Fristablauf und Prüfung etwaiger Einwände des schwerbehinderten Menschen darf der Bescheid über den Entzug der besonderen Hilfen ergehen. Die unterbliebene oder unzureichende Anhörung des Betroffenen stellt einen Verfahrensfehler dar, der im Rechtsstreit nur begrenzt heilbar ist (§ 41 Abs. 1 Nr. 3, Abs. 2–3 SGB X, § 42 SGB X).

15 Das Integrationsamt entscheidet über den Entzug der besonderen Hilfen nach pflichtgemäßem **Ermessen** (§ 117 Abs. 1 Satz 1 SGB IX: „kann"; § 2 Abs. 2 SGB I, § 39 SGB I). Dabei sind insbesondere der **Ausnahmecharakter** eines Hilfeentzugs im Schwerbehindertenrecht und **nachteilige Folgen** für den **weiteren Verlauf der Teilhabe** am Arbeitsleben des Betroffenen zu berücksichtigen. Eine unreflektierte Bestrafung abweichenden Verhaltens entspricht nicht dem Zweck der Ermächtigung zur Ermessensausübung. Die Sanktion dient zwar auch der Ahndung schuldhaft herbeigeführter Integrationsbehinderungen, soll aber zugleich den Betroffenen zu künftigem eingliederungskonformen Verhalten bewegen (*Dau*, LPK-SGB IX, § 117 RdNr. 9). Im Rahmen der **Bekanntgabe** der Entscheidung an den schwerbehinderten Menschen (§ 117 Abs. 2 Satz 4 SGB IX, § 37 SGB X, § 39 Abs. 1 SGB X) müssen die Gesichtspunkte benannt werden, von denen das

Integrationsamt bei der Ausübung seines Ermessens ausgegangen ist (§ 35 Abs. 1 Satz 3 SGB X, § 41 Abs. 1 Nr. 2, Abs. 2–3 SGB X, § 42 SGB X). Eine ermessensfehlerhafte Entscheidung wird auf die Klage des Betroffenen im Verwaltungsgerichtsverfahren aufgehoben. Der schriftlich zu erlassene Verwaltungsakt muss eine Rechtsbehelfsbelehrung enthalten (§ 36 SGB X). Widerspruch und Klage gegen die Entscheidung des Integrationsamtes haben **aufschiebende Wirkung** (§ 80 Abs. 1 VwGO), so dass die Entziehung der besonderen Hilfen zunächst nicht wirksam wird.

IV. Rechtsfolgen

In der Entscheidung des Integrationsamtes wird die **Frist** bestimmt, für die der Entzug der besonderen Hilfen gilt. Die Frist läuft vom Tage der Entscheidung an und beträgt nicht mehr als **sechs Monate** (§ 117 Abs. 2 Satz 2–3 SGB IX). Dem Integrationsamt ist nicht nur über das „ob" des Hilfeentzuges, sondern auch über dessen Dauer **Ermessen** eingeräumt worden. Die Verwaltungsentscheidung muss somit auch die Gesichtspunkte erkennen lassen, die für die Bestimmung der Entzugsdauer maßgebend gewesen sind. Insbesondere bei erstmaligem Fehlverhalten des schwerbehinderten Menschen dürfte ein volles Ausschöpfen des Zeitrahmens in der Regel unverhältnismäßig sein. **16**

Das Integrationsamt kann die besonderen Hilfen für schwerbehinderte Menschen **ganz oder teilweise** entziehen. Diese Rechtsfolge ist beschränkt auf schwerbehindertenrechtliche **Hilfen nach Teil 2 des SGB IX**. Vergünstigungen nach anderen Gesetzen, z. B. steuerrechtlicher Art, oder Leistungen der Rehabilitationsträger nach den §§ 33 ff. SGB IX werden nicht erfasst. Betroffen sein können der besondere Kündigungsschutz (§§ 85 ff. SGB IX), der Vorrang schwerbehinderter Menschen bei der Einstellung (§ 81 Abs. 1 SGB IX), betriebliche Mitwirkungsrechte für schwerbehinderte Menschen (§§ 93 ff. SGB IX), der Anspruch auf Freistellung von Mehrarbeit (§ 124 SGB IX), die begleitende Hilfe im Arbeitsleben des Integrationsamtes (§ 102 Abs. 2–4 SGB IX) und die Förderung der Teilhabe schwerbehinderter Menschen durch die Bundesagentur für Arbeit (§ 104 SGB IX) sowie die Freifahrtberechtigung nach § 145 SGB IX. **17**

Unter Berücksichtigung des Eingliederungszwecks des Schwerbehindertenrechts und des Verhältnismäßigkeitsgrundsatzes mag es zwar im Einzelfall geboten erscheinen, einen schwerbehinderten Menschen auf Grund massiven Fehlverhaltens befristet von **bestimmten Hilfen** auszuschließen. Es ist aber kaum ein Gesichtspunkt ersichtlich, unter dem der **Totalentzug** sämtlicher besonderer Hilfen einschließlich des Kündigungsschutzes gerechtfertigt wäre. **18**

19   Der Anspruch auf **Zusatzurlaub** gemäß § 125 SGB IX ist eine besondere Hilfe für schwerbehinderte Menschen im Arbeitsleben. Soweit er bei einem teilweisen Hilfeentzug ausdrücklich eingeschlossen worden ist oder ein Totalentzug erfolgt, wird der Anspruch des schwerbehinderten Menschen von fünf Arbeitstagen im Urlaubsjahr entsprechend der Entzugsdauer anteilig verkürzt (a.A. *Masuch* in: Hauck/Noftz, SGB IX, § 117 RdNr. 18).

20   Während des Entzugszeitraumes bleibt die Anrechnung der Beschäftigung des betroffenen schwerbehinderten Menschen auf die **Pflichtplatzquote** seines Arbeitgebers (§§ 71 ff. SGB IX) erhalten (*Dau*, LPK-SGB IX, § 117 RdNr. 10; *Masuch* in: Hauck/Noftz, SGB IX, § 117 RdNr. 19; *Kossens* in: Kossens/von der Heide/Maaß, § 117 RdNr. 8; a.A. *Pahlen* in: Neumann/Pahlen/Majerski-Pahlen, SGB IX, § 117 RdNr. 14). Der von der Versorgungsverwaltung im Feststellungsverfahren nach § 69 SGB IX begründete **Status** als schwerbehinderter Mensch bleibt ungeachtet eines Hilfeentzugs nach § 117 SGB IX bestehen. Entsprechendes gilt für die von der Arbeitsverwaltung erteilte Gleichstellung nach § 2 Abs. 3 SGB IX i.V.m. § 68 Abs. 2–3 SGB IX. Eine § 116 Abs. 3 SGB IX entsprechende Regelung zur Beendigung der Anrechnung fehlt. Von daher beschäftigt der Arbeitgeber auch während des Entzugszeitraums in Erfüllung seiner Beschäftigungspflicht aus § 71 Abs. 1 SGB IX einen schwerbehinderten oder gleichgestellten behinderten Menschen im Sinne des § 2 Abs. 2–3 SGB IX.

Kapitel 9. Widerspruchsverfahren

Kapitel 9 bestimmt in § 118 SGB IX die Zuständigkeit für das Widerspruchsverfahren. Weiter wird die Besetzung der Widerspruchsausschüsse beim Integrationsamt und bei der Bundesagentur für Arbeit bestimmt (§ 119 SGB IX). § 121 SGB IX befasst sich schließlich mit dem Verfahren.

Widerspruch

118 (1) ¹Den Widerspruchsbescheid nach § 73 der Verwaltungsgerichtsordnung erlässt bei Verwaltungsakten der Integrationsämter und bei Verwaltungsakten der örtlichen Fürsorgestellen (§ 107 Abs. 2) der Widerspruchsausschuss bei dem Integrationsamt (§ 119). ²Des Vorverfahrens bedarf es auch, wenn den Verwaltungsakt ein Integrationsamt erlassen hat, das bei einer obersten Landesbehörde besteht.

(2) Den Widerspruchsbescheid nach § 85 des Sozialgerichtsgesetzes erlässt bei Verwaltungsakten, welche die Bundesagentur für Arbeit auf Grund des Teils 2 erlässt, der Widerspruchsausschuss der Bundesagentur für Arbeit.

I. Allgemeines

§ 118 SGB IX ist Ausdruck des **zweigleisigen Rechtschutzes** im Schwerbehindertenrecht. Widerspruchsbescheide bei Widersprüchen gegen **Verwaltungsakte** (Legaldefinition: § 31 SGB X) der **Integrationsämter** und von ihnen nach § 107 SGB IX herangezogenen örtlichen Fürsorgestellen im Rahmen der Aufgabenwahrnehmung nach § 102 SGB IX erlässt der Widerspruchssausschuss bei dem Integrationsamt (§ 119 SGB IX). Der Widerspruchsbescheid ist vor den Gerichten der **allgemeinen Verwaltungsgerichtsbarkeit** anfechtbar (§ 40 Abs. 1 VwGO). Widerspruchsbescheide bei Widersprüchen gegen Verwaltungsakte, die die Bundesagentur für Arbeit auf Grund des Teils 2 des SGB IX erlässt, ergehen durch den Widerspruchsausschuss der Bundesagentur für Arbeit nach § 120 SGB IX. In diesen Fällen ist nach § 51 Abs. 1 Nr. 4 SGG der Rechtsweg zu den Gerichten der **Sozialgerichtsbarkeit** gegeben. Diese entscheiden auch über Streitigkeiten im Zusammenhang mit Statusfeststellungen der Versorgungsämter nach § 69 SGB IX (§ 51 Abs. 1 Nr. 7 SGG).

2　　Bei Streitigkeiten um die **Kündigung** schwerbehinderter Menschen
kommt als dritte Gerichtsbarkeit die Arbeitsgerichtsbarkeit ins Spiel,
die für Kündigungsschutzklagen des schwerbehinderten Menschen zuständig ist. Diese **Zersplitterung des Rechtsschutzes** im Schwerbehindertenrecht ist wenig praktikabel (s.a. § 69 RdNr. 112). Eine
generelle Zuständigkeit der Sozialgerichtsbarkeit für Angelegenheiten nach dem **Sozialgesetzbuch** würde die Handhabung des Ver-
waltungsverfahrensrechts (SGB I, SGB X) vereinheitlichen, die Berücksichtigung der wechselseitigen Bezüge des Sozialrechts erleichtern
und auch dem Umstand Rechnung tragen, dass mit dem SGB IX die
Sozialhilfeträger in den Kreis der Rehabilitationsträger aufgenommen
worden sind (§ 6 SGB IX). Darüber hinaus haben die **Sozialgerichte**
unter Beweis gestellt, dass ihre Besetzung der erstinstanzlichen Kammern mit einem Berufsrichter und zwei ehrenamtlichen Richtern
einen in quantitativer wie qualitativer Hinsicht zufriedenstellenden
Sozialrechtsschutz ermöglicht. Reibungsverluste und Zwänge hierar-
chisch strukturierter Spruchkörper der Verwaltungsgerichte mit drei
Berufsrichtern werden vermieden. Anders als in der Verwaltungsgerichtsbarkeit wirken in den Kammern der Sozialgerichte fachgebiets-
bezogen ausgewählte **ehrenamtliche Richter** mit, die berufliche und
persönliche Erfahrungen mit sozialrechtsrelevanten Lebenssachverhal-
ten haben (§ 12 SGG).

II. Widerspruchsverfahren nach der VwGO

3　　Für das **Widerspruchsverfahren** bei Widersprüchen gegen Entscheidungen der **Integrationsämter** gelten nach § 62 SGB X die
§§ 68 ff. VwGO, ergänzt durch die Verfahrensvorschriften des § 121
SGB IX. § 118 Abs. 1 SGB IX schreibt abweichend von § 73 Abs. 1 Satz 1
Nr. 1–2 VwGO (nächsthöhere Behörde) den Erlass des Widerspruchsbescheides durch einen besonderen **Widerspruchsausschuss** vor.
Nach § 73 Abs. 2 VwGO geht eine derartige spezialgesetzliche Aufga-
benzuweisung der allgemeinen Regelung des Abs. 1 vor. Abweichend
von § 68 Abs. 1 Satz 2 VwGO schreibt § 118 Abs. 1 Satz 2 SGB IX die
Durchführung eines Widerspruchsverfahrens als **Prozessvoraussetzung** für die Erhebung einer Anfechtungs- und Verpflichtungsklage
auch dann vor, wenn den Verwaltungsakt ein Integrationsamt erlassen
hat, das bei einer **obersten Landesbehörde** besteht.

III. Widerspruchsverfahren nach dem SGG

4　　§ 118 Abs. 2 SGB IX enthält die Parallelregelung für die Behandlung
von Widersprüchen gegen Entscheidungen der Bundesagentur für Ar-

beit. Abweichend von § 85 Abs. 2 Nr. 3 SGG wird die Zuständigkeit des besonderen Widerspruchsausschusses bei der Bundesagentur für Arbeit begründet. Für das **Widerspruchsverfahren** gelten nach § 62 SGB X die §§ 78 ff. SGG, ergänzt durch die Verfahrensvorschriften des § 121 SGB IX (zum Widerspruchs- und nachfolgenden Klageverfahren vgl. § 69 RdNr. 106 ff.). Auch hier ist die Nachprüfung von Rechtmäßigkeit und Zweckmäßigkeit des Verwaltungsaktes in einem Vorverfahren obligatorische **Prozessvoraussetzung** für die Erhebung einer Anfechtungsklage (§ 78 Abs. 1 Satz 1 SGG).

Widerspruchsverfahren haben neben ihrer Funktion als Klagevor- 5
aussetzung die Aufgabe, eine verwaltungsinterne Überprüfung von **Rechtmäßigkeit** und **Zweckmäßigkeit** der Verwaltungsentscheidung zu ermöglichen. Letztere ist nicht mehr Gegenstand der gerichtlichen Kontrolle. Die Zusammensetzung der Widerspruchsausschüsse nach den §§ 119 f. SGB IX soll dabei den **besonderen Interessen der Betroffenen**, insbesondere der schwerbehinderten Arbeitnehmer und der Arbeitgeber, Rechnung tragen. Entsprechend dem Grundsatz der **Gesetzmäßigkeit der Verwaltung** (Art. 20 Abs. 3 GG) soll das Widerspruchsverfahren die **Selbstkontrolle** der Verwaltung ermöglichen. Soweit diese Aufgabe ernsthaft wahrgenommen wird und auch die notwendige Sachverhaltsaufklärung (§§ 20 f. SGB X) erfolgt, kann das Widerspruchsverfahren seine **Filterfunktion** zur Vermeidung überflüssiger Klageverfahren erfüllen.

Bei der Entscheidung des Integrationsamtes über einen Antrag des 6
Arbeitgebers auf **Zustimmung zur Kündigung** eines schwerbehinderten Arbeitnehmers haben Widerspruch und Anfechtungsklage gegen die Zustimmung des Integrationsamtes abweichend von § 80 Abs. 1 VwGO **keine aufschiebende Wirkung** (§ 88 Abs. 4 SGB IX; zur aufschiebenden Wirkung von Widerspruch und Anfechtungsklage bei Entscheidungen der Arbeitsverwaltung vgl. § 86a SGG). Über die Widersprüche ist zur Vermeidung einer **Untätigkeitsklage** innerhalb von drei Monaten zu entscheiden (§ 75 VwGO, § 88 Abs. 2 SGG).

Widerspruchsausschuss bei dem Integrationsamt

119 (1) Bei jedem Integrationsamt besteht ein Widerspruchsausschuss aus sieben Mitgliedern, und zwar aus

zwei Mitgliedern, die schwerbehinderte Arbeitnehmer oder Arbeitnehmerinnen sind,

zwei Mitgliedern, die Arbeitgeber sind,

einem Mitglied, das das Integrationsamt vertritt,

einem Mitglied, das die Bundesagentur für Arbeit vertritt,

einer Vertrauensperson schwerbehinderter Menschen.

(2) Für jedes Mitglied wird ein Stellvertreter oder eine Stellvertreterin berufen.

(3) [1]Das Integrationsamt beruft

auf Vorschlag der Organisationen behinderter Menschen des jeweiligen Landes die Mitglieder, die Arbeitnehmer sind,

auf Vorschlag der jeweils für das Land zuständigen Arbeitgeberverbände die Mitglieder, die Arbeitgeber sind, sowie

die Vertrauensperson.

[2]Die zuständige oberste Landesbehörde oder die von ihr bestimmte Behörde beruft das Mitglied, das das Integrationsamt vertritt. [3]Die Bundesagentur für Arbeit beruft das Mitglied, das sie vertritt. [4]Entsprechendes gilt für die Berufung des Stellvertreters oder der Stellvertreterin des jeweiligen Mitglieds.

(4) [1]In Kündigungsangelegenheiten schwerbehinderter Menschen, die bei einer Dienststelle oder in einem Betrieb beschäftigt sind, der zum Geschäftsbereich des Bundesministeriums der Verteidigung gehört, treten an die Stelle der Mitglieder, die Arbeitgeber sind, Angehörige des öffentlichen Dienstes. [2]Dem Integrationsamt werden ein Mitglied und sein Stellvertreter oder seine Stellvertreterin von den von der Bundesregierung bestimmten Bundesbehörden benannt. [3]Eines der Mitglieder, die schwerbehinderte Arbeitnehmer oder Arbeitnehmerinnen sind, muss dem öffentlichen Dienst angehören.

(5) [1]Die Amtszeit der Mitglieder der Widerspruchsausschüsse beträgt vier Jahre. [2]Die Mitglieder der Ausschüsse üben ihre Tätigkeit unentgeltlich aus.

I. Allgemeines

1   § 119 SGB IX verpflichtet jedes Integrationsamt, einen Widerspruchsausschuss einzurichten, und enthält **Organisationsregelungen** hinsichtlich der Zusammensetzung des Widerspruchsausschusses und der Berufung, Amtszeit und Ehrenamtlichkeit seiner Mitglieder. Entsprechendes regelt § 120 SGB IX für den Widerspruchsausschuss bei der Bundesagentur für Arbeit. Vorschriften zum **Widerspruchsverfahren** finden sich in § 62 SGB X i.V.m. §§ 68 ff. VwGO, ergänzt durch Verfahrensvorschriften des § 121 SGB IX, der die **Gemeinsamen Vorschriften für Beratende Ausschüsse** in § 106 Abs. 1–2 SGB IX für entsprechend anwendbar erklärt.

2   Die **Aufgabenkreise** des **Beratenden Ausschusses** für behinderte Menschen bei dem Integrationsamt (§ 103 SGB IX) und des **Widerspruchsausschusses** sind voneinander abzugrenzen. Während der Beratende Ausschuss das Integrationsamt bei der Durchführung der be-

sonderen Regelungen für schwerbehinderte Menschen zur Teilhabe am Arbeitsleben unterstützt und bei der Vergabe der Mittel der Ausgleichsabgabe mitwirkt, kommt dem Widerspruchsausschuss die Aufgabe der **Bescheidung von Widersprüchen** gegen Verwaltungsakte des Integrationsamtes und der von ihm hinzugezogenen örtlichen Fürsorgestellen zu. Darüber hinaus entscheidet der Widerspruchsausschuss nach § 94 Abs. 7 Satz 5 SGB IX ohne vorhergehendes Verwaltungsverfahren über das **Erlöschen des Amtes einer Vertrauensperson** der schwerbehinderten Menschen wegen grober Pflichtverletzung.

II. Zusammensetzung (§ 119 Abs. 1–2 SGB IX)

Der Widerspruchsausschuss besteht aus **sieben** ordentlichen Mitgliedern und sieben stellvertretenden Mitgliedern. Dabei kommt den **Vertretern des Arbeitslebens** ein Übergewicht zu, das sich aus der auf die Teilhabe schwerbehinderter Menschen am Arbeitsleben gerichteten **Aufgabenstellung des Integrationsamtes (§ 102 SGB IX)** erklärt. Die zu überprüfenden Verwaltungsakte des Integrationsamtes betreffen insbesondere die Erhebung und Verwendung der Ausgleichsabgabe, den besonderen Kündigungsschutz und die begleitende Hilfe im Arbeitsleben. Besondere **persönliche Voraussetzungen** z. B. an das Alter, die Qualifikation und die Staatsangehörigkeit der Mitglieder des Widerspruchsausschusses existieren nicht (s. a. *Masuch* in: Hauck/Noftz, SGB IX, § 119 RdNr. 5; a. A. hinsichtlich eines Erfordernisses der deutschen Staatsangehörigkeit: *Pahlen* in: Neumann/Pahlen/Majerski-Pahlen, SGB IX, § 119 RdNr. 22). 3

Angesichts der Zielbestimmung in § 1 Satz 2 SGB IX, den besonderen Bedürfnissen behinderter Frauen Rechnung zu tragen, ist eine **paritätische Besetzung** des Ausschusses mit **Frauen und Männern** anzustreben. Für den Beirat für die Teilhabe behinderter Menschen beim BMAS (§ 64 SGB IX) verlangt der Gesetzgeber ausdrücklich, dass die vorschlagenden Stellen darauf hinzuwirken haben, dass eine gleichberechtigte Vertretung von Männern und Frauen geschaffen und erhalten wird (BT-Drucks. 14/5074, S. 111). Dies muss auch für die Widerspruchsausschüsse nach den §§ 119 f. SGB IX gelten. 4

Schwerbehinderte Arbeitnehmer müssen Arbeitnehmer im arbeitsrechtlichen Sinne sein, die entweder durch das Versorgungsamt als schwerbehindert (§ 2 Abs. 2 SGB IX i.V.m. § 69 SGB IX) anerkannt oder durch die Bundesagentur für Arbeit nach § 2 Abs. 3 SGB IX i.V.m. § 68 Abs. 2–3 SGB IX gleichgestellt worden sind. 5

Die Mitglieder aus dem Kreis der **Arbeitgeber** müssen selbst Arbeitgeber sein. Dies umfasst in Anlehnung an § 16 Abs. 4 SGG 6
– Personen, die regelmäßig mindestens einen versicherungspflichtigen Arbeitnehmer beschäftigen,

- bei Betrieben einer juristischen Person oder einer Personengesamtheit Personen, die kraft Gesetzes, Satzung oder Gesellschaftsvertrag
  allein oder als Mitglieder des Vertretungsorgans zur Vertretung der
  juristischen Person oder der Personengesamtheit berufen sind,
- Beamte und Angestellte des Bundes, der Länder, der Gemeinden
  und Gemeindeverbände sowie bei anderen Körperschaften, Anstalten und Stiftungen des öffentlichen Rechts nach näherer Anordnung der zuständigen obersten Bundes- oder Landesbehörde,
- Personen, denen Prokura oder Generalvollmacht erteilt ist, sowie
  leitende Angestellte,
- Mitglieder und Angestellte von Vereinigungen von Arbeitgebern
  sowie Vorstandsmitglieder und Angestellte von Zusammenschlüssen solcher Vereinigungen, wenn diese Personen kraft Satzung oder
  Vollmacht zur Vertretung befugt sind.

7   Das **Integrationsamt,** das die mit dem Widerspruch angefochtene
Entscheidung getroffen hat, ist mit einem Mitglied im Widerspruchsausschuss vertreten. Dieses Mitglied soll die Interessen der Behörde
wahrnehmen, ohne als ehrenamtliches Organmitglied weisungsgebunden zu sein. Die Beteiligung eines Vertreters der **Bundesagentur
für Arbeit** ist Ausdruck der engen Zusammenarbeit von Integrationsamt und Bundesagentur für Arbeit bei der Durchführung des Schwerbehindertenrechts (§ 101 Abs. 1 SGB IX). Insbesondere bei Widerspruchsverfahren um die Zustimmung zur Kündigung von schwerbehinderten Menschen sollen auf diese Weise aktuelle Erkenntnisse
über die Arbeitsmarktlage in die Entscheidung des Widerspruchsausschusses einfließen (zur Beteiligung der Arbeitsverwaltung am Antragsverfahren vgl. § 87 Abs. 2 SGB IX; s.a. GK-SGB IX-*Schimanski,*
§ 119 RdNr. 14). Durch die Beteiligung einer **Vertrauensperson** der
schwerbehinderten Menschen (vgl. §§ 94 ff. SGB IX) sollen betriebliche Erfahrungen mit der Durchführung des Schwerbehindertenrechts
aus der Sicht der Mitwirkungsgremien in die Entscheidungsfindung
einfließen.

8   Entsprechend der Vorgabe in § 119 Abs. 2 SGB IX ist für jedes Mitglied des Widerspruchsausschusses ein **stellvertretendes Mitglied** zu
berufen, um die fortlaufende Handlungsfähigkeit des Gremiums zu
gewährleisten. Die Beschlussfähigkeit des Ausschusses setzt die Anwesenheit von wenigstens der Hälfte der Mitglieder bzw. der stellvertretenden Mitglieder voraus (§ 121 Abs. 1 SGB IX i.V.m. § 106 Abs. 2
SGB IX). Das ordentliche Mitglied kann im Verhinderungsfall nur
durch seinen persönlichen Stellvertreter vertreten werden (*Masuch* in:
Hauck/Noftz, SGB IX, § 119 RdNr. 5; *Kossens* in: Kossens/von der
Heide/Maaß, SGB IX, § 119 RdNr. 6). Die stellvertretenden Mitglieder werden ebenso wie die ordentlichen Mitglieder nach dem in § 119
Abs. 3 SGB IX bestimmten Modus berufen.

III. Vorschlagsrecht und Berufung der Mitglieder
(§ 119 Abs. 3 SGB IX)

Zuständig für die **Berufung** der Mitglieder des Widerspruchsaus- 9
schusses sind nach § 119 Abs. 3 SGB IX das Integrationsamt, die zuständige oberste Landesbehörde (i.d.R. Landessozialministerium) und
die Bundesagentur für Arbeit. Das Integrationsamt ist hinsichtlich der
Arbeitnehmer- und Arbeitgebervertreter bei der Berufung an die Vorschläge der **vorschlagsberechtigten Verbände** grundsätzlich gebunden. Werden Vorschläge von mehreren vorschlagsberechtigten Verbänden eingereicht, hat die Auswahl von Mitgliedern und Stellvertretern
der Gruppe eine der Mitgliederzahl und der Bedeutung der vorschlagenden Organisationen entsprechende Repräsentanz im Widerspruchsausschuss herzustellen. Die **anteilsmäßige Verteilung der Sitze** erfolgt unter billiger Berücksichtigung der Minderheiten, soweit dies die
Gruppengröße im Widerspruchsausschuss erlaubt. Das stellvertretende
Mitglied kann einer anderen Organisation angehören als das zu vertre-
tende ordentliche Mitglied. An die **Reihenfolge** der Vorschläge auf
Vorschlagslisten ist das Integrationsamt gebunden. Die Mitgliedschaft
in einem Beratenden Ausschuss für behinderte Menschen oder dem
Beirat für die Teilhabe behinderter Menschen (§ 64 SGB IX) steht der
Berufung in den Widerspruchsausschuss nicht entgegen.

Die **Vertrauensperson** der schwerbehinderten Menschen wird un- 10
mittelbar von dem Integrationsamt ausgesucht und berufen. Eine Vorschlagsberechtigung ist nicht vorgesehen. Dies schließt nicht aus, die
ansonsten im Rahmen des § 119 SGB IX nicht vorschlagsberechtigten
Gewerkschaften um Vorschläge geeigneter betrieblicher Interessenvertreter zu bitten.

Als vorschlagsberechtigte **Organisationen behinderter Menschen** 11
können nur solche Verbände angesehen werden, deren Organisations-
bereich sich auf das gesamte Bundesland erstreckt. Es kommen demnach **Landesverbände** überregionaler Selbsthilfe- und Behindertenverbände in Betracht. Lokale Organisationen sind nicht solche „des
jeweiligen Landes" gemäß § 119 Abs. 3 Satz 1 SGB IX (s.a. *Masuch* in:
Hauck/Noftz, SGB IX, § 119 RdNr. 9). Anders als in § 103 Abs. 4 SGB
IX und § 105 Abs. 4 SGB IX zu den Beratenden Ausschüssen verlangt
§ 119 Abs. 3 SGB IX für die Vorschlagsberechtigung der Organisationen
behinderter Menschen nicht ausdrücklich, dass diese die behinderten
Menschen **in ihrer Gesamtheit**, also ungeachtet von Ursache, Art und
Ausmaß der Behinderung vertreten. Gleichwohl sind im Hinblick auf
die umfassende Aufgabenstellung des Widerspruchsausschusses Selbst-
hilfe- und Behindertenverbände, die nach ihrer Satzung die Interessen
behinderter Menschen **ungeachtet der Behinderungsart und der
Behinderungsursache** vertreten, in erster Linie als vorschlagsberech-

tigt anzusehen. Im Übrigen ist mangels näherer gesetzlicher Konkretisierung bei der Auswahl der vorschlagsberechtigten Organisationen behinderter Menschen auf die in **§ 14 Abs. 3 Satz 2 SGG** für die Vorschlagslisten der ehrenamtlichen Richter in der Sozialgerichtsbarkeit getroffene Regelung abzustellen (vgl. § 103 RdNr. 12).

IV. Besondere Zusammensetzung (§ 119 Abs. 4 SGB IX)

12   § 119 Abs. 4 SGB IX enthält die Vorgabe einer abweichenden Besetzung des Widerspruchsausschusses in Kündigungsangelegenheiten schwerbehinderter Menschen (§§ 85 ff. SGB IX), die bei einer **Dienststelle der öffentlichen Verwaltung** von Bund, Ländern, Gemeinden oder sonstigen Körperschaften, Stiftungen und Anstalten des öffentlichen Rechts oder in einem **Betrieb** beschäftigt sind, der zum **Geschäftsbereich des Bundesministeriums der Verteidigung** gehört. Kündigungsangelegenheiten schwerbehinderter Menschen in **anderen öffentlichen Betrieben** werden von der Vorschrift nicht erfasst, sondern unterfallen der regulären Besetzung des Widerspruchsausschusses gem. § 119 Abs. 1 SGB IX (Bihr/Fuchs/Krauskopf/Lewering *Quaas*, SGB IX, § 119 RdNr. 9).

13   In den Fällen des § 119 Abs. 4 SGB IX treten an die Stelle der Arbeitgebervertreter **Angehörige des öffentlichen Dienstes**, wobei dem Integrationsamt ein Mitglied nebst Stellvertreter von den von der Bundesregierung bestimmten Bundesbehörden (Bundesinnenministerium) benannt wird. Außerdem muss ein Mitglied des Widerspruchsausschusses aus der Gruppe der schwerbehinderten Arbeitnehmer dem öffentlichen Dienst angehören. Diese besondere Zusammensetzung des Widerspruchsausschusses soll den **Interessen des öffentlichen Dienstes** und der dort beschäftigten schwerbehinderten Menschen Rechnung tragen, wobei die Beschränkung auf öffentliche **Betriebe** im Geschäftsbereich des Verteidigungsministeriums nicht einleuchtet. Da allgemein **Dienststellen** der öffentlichen Verwaltung erfasst werden, handelt es sich entgegen *Masuch* in: Hauck/Noftz, SGB IX, § 119 RdNr. 13 jedoch um keine auf den Verteidigungsbereich beschränkte Regelung. Für Angehörige des **Bundesnachrichtendienstes** trifft § 158 Nr. 4 SGB IX eine Sonderregelung zur Besetzung des Widerspruchsausschusses.

V. Amtszeit und Rechtsstellung der Mitglieder (§ 119 Abs. 5 SGB IX)

14   § 119 Abs. 5 SGB IX beinhaltet Vorgaben zu **Amtszeit** und **Unentgeltlichkeit** der Tätigkeit der Mitglieder des Widerspruchsausschusses.

Nicht ausdrücklich benannt, aber gemeint ist die Ausübung eines **öffentlichen Ehrenamtes**, was auch die Erstattung von Auslagen und Verdienstausfall durch das Integrationsamt nicht ausschließt (s.a. § 106 RdNr. 9 ff.). Die Behördenvertreter im Widerspruchsausschuss sind in Ausübung des Ehrenamtes nicht weisungsgebunden. Die Mitglieder des Widerspruchsausschusses unterliegen der **Geheimhaltungspflicht** nach § 130 SGB IX.

Widerspruchsausschüsse der Bundesagentur für Arbeit

120 (1) Die Bundesagentur für Arbeit richtet Widerspruchsausschüsse ein, die aus sieben Mitgliedern bestehen, und zwar aus

zwei Mitgliedern, die schwerbehinderte Arbeitnehmer oder Arbeitnehmerinnen sind,

zwei Mitgliedern, die Arbeitgeber sind,

einem Mitglied, das das Integrationsamt vertritt,

einem Mitglied, das die Bundesagentur für Arbeit vertritt,

einer Vertrauensperson schwerbehinderter Menschen.

(2) Für jedes Mitglied wird ein Stellvertreter oder eine Stellvertreterin berufen.

(3) [1]Die Bundesagentur für Arbeit beruft

die Mitglieder, die Arbeitnehmer oder Arbeitnehmerinnen sind, auf Vorschlag der jeweils zuständigen Organisationen behinderter Menschen, der im Benehmen mit den jeweils zuständigen Gewerkschaften, die für die Vertretung der Arbeitnehmerinteressen wesentliche Bedeutung haben, gemacht wird,

die Mitglieder, die Arbeitgeber sind, auf Vorschlag der jeweils zuständigen Arbeitgeberverbände, soweit sie für die Vertretung von Arbeitgeberinteressen wesentliche Bedeutung haben, sowie

das Mitglied, das die Bundesagentur für Arbeit vertritt und

die Vertrauensperson.

[2]Die zuständige oberste Landesbehörde oder die von ihr bestimmte Behörde beruft das Mitglied, das das Integrationsamt vertritt. [3]Entsprechendes gilt für die Berufung des Stellvertreters oder der Stellvertreterin des jeweiligen Mitglieds.

(4) § 119 Abs. 5 gilt entsprechend.

I. Allgemeines

1　§ 120 SGB IX verpflichtet als Parallelregelung zu § 119 SGB IX die
Bundesagentur für Arbeit, Widerspruchsausschüsse einzurichten, und
enthält **Organisationsvorgaben** hinsichtlich der **Zusammensetzung** des Widerspruchsausschusses und der **Berufung** seiner Mitglieder. Bezüglich der **besonderen Zusammensetzung** bei Widerspruchsverfahren um die Kündigung schwerbehinderter Menschen aus
dem öffentlichen Dienst wird in § 120 Abs. 4 SGB IX auf § 119 Abs. 4
SGB IX Bezug genommen. Die Regelung über **Amtszeit** und **Unentgeltlichkeit** der Tätigkeit in Widerspruchsausschüssen in § 119 Abs. 5
SGB IX gilt auch für die Widerspruchsausschüsse der Bundesagentur
für Arbeit.

2　§ 120 SGB IX steht in engem Zusammenhang mit § 118 Abs. 2 SGB
IX, der der Bundesagentur Entscheidungskompetenz in Widerspruchsverfahren im Schwerbehindertenrecht einräumt. Ergänzt wird
§ 120 durch § 121 SGB IX, der verfahrensrechtliche Besonderheiten
festlegt.

3　Vorschriften zum **Widerspruchsverfahren** finden sich in § 62
SGB X i.V.m. §§ 78 ff. SGG, ergänzt durch die Verfahrensvorschriften
des § 121 SGB IX, der die Gemeinsamen Vorschriften für Beratende
Ausschüsse für behinderte Menschen in § 106 Abs. 1–2 SGB IX für entsprechend anwendbar erklärt.

4　Die **Aufgabenkreise** des **Beratenden Ausschusses für behinderte Menschen bei der Zentrale der Bundesagentur für Arbeit**
nach § 105 SGB IX und der **Widerspruchsausschüsse bei der Bundesagentur für Arbeit** sind voneinander abzugrenzen. Während der
Beratende Ausschuss ein zentrales Beratungsgremium zur Unterstützung der Bundesagentur für Arbeit bei der Durchführung des Schwerbehindertenrechts darstellt, obliegt den Widerspruchsausschüssen die
Bescheidung von Widersprüchen gegen Verwaltungsakte, die die Bundesagentur für Arbeit auf Grund des Teils 2 des SGB IX erlassen. Die
Aufgaben der Bundesagentur für Arbeit im Schwerbehindertenrecht
ergeben sich aus § 104 SGB IX.

II. Einrichtung und Besetzung der Widerspruchsausschüsse (§ 120 Abs. 1, 2 SGB IX)

5　Hinsichtlich der **ordentlichen** und der **stellvertretenden Mitglieder** der Widerspruchsausschüsse der Bundesagentur für Arbeit entspricht § 120 Abs. 1–2 SGB IX den Vorgaben des § 119 Abs. 1–2 SGB IX
zur Zusammensetzung des Widerspruchsausschusses bei dem Integrationsamt. Auf die diesbezügliche Kommentierung wird verwiesen.

III. Berufung und Vorschlagsrecht (§ 120 Abs. 3 SGB IX)

Zuständig für die **Berufung** ist die **Bundesagentur für Arbeit** 6
(§ 120 Abs. 3 SGB IX). Die **Vorschlagsberechtigung** für die Vertreter
der schwerbehinderten Arbeitnehmer und der Arbeitgeber liegt wie
nach § 119 Abs. 3 SGB IX bei den **Organisationen behinderter Menschen** und den **Arbeitgeberverbänden** (vgl. dortige Kommentierung). Eine weitere Besonderheit liegt darin, dass die Organisationen
behinderter Menschen ihre Vorschläge **im Benehmen** mit den zuständigen **Gewerkschaften** zu unterbreiten haben. Dabei sollen die
Gewerkschaften Berücksichtigung finden, die für die Vertretung von
Arbeitnehmerinteressen wesentliche Bedeutung haben. Es dürfte deshalb genügen, wenn die Behindertenverbände ihre Vorschläge mit
dem Deutschen Gewerkschaftsbund (DGB) abstimmen, der wiederum seine Mitgliedsgewerkschaften beteiligen kann. Es ist nicht
erforderlich, dass der ungeachtet des Benehmenserfordernisses allein
vorschlagsberechtigte Behindertenverband mit der Gewerkschaft ein
Einvernehmen über die Vorschläge erzielt.

IV. Amtszeit und Rechtsstellung der Mitglieder der Widerspruchsausschüsse (§ 120 Abs. 4 SGB IX)

Bezüglich der Amtszeit und der Rechtsstellung der Mitglieder der 7
Widerspruchsausschüsse verweist § 120 Abs. 4 SGB IX auf § 119 Abs. 5
SGB IX, so dass auf die Kommentierung zu dieser Vorschrift verwiesen
werden kann (vgl. § 119 RdNr. 14).

Verfahrensvorschriften

121 (1) Für den Widerspruchsausschuss bei dem Integrationsamt
(§ 119) und die Widerspruchsausschüsse bei der Bundesagentur für Arbeit (§ 120) gilt § 106 Abs. 1 und 2 entsprechend.

(2) Im Widerspruchsverfahren nach Teil 2 Kapitel 4 werden der Arbeitgeber und der schwerbehinderte Mensch vor der Entscheidung
gehört; in den übrigen Fällen verbleibt es bei der Anhörung des
Widerspruchsführers.

(3) ¹Die Mitglieder der Ausschüsse können wegen Besorgnis der
Befangenheit abgelehnt werden. ²Über die Ablehnung entscheidet
der Ausschuss, dem das Mitglied angehört.

I. Allgemeines

1   § 121 SGB IX enthält ergänzende Verfahrensvorschriften für das Widerspruchsverfahren im Schwerbehindertenrecht. Im Übrigen sind für **Widerspruchsverfahren** bei Verwaltungsakten der **Integrationsämter** und der von diesen herangezogenen örtlichen Fürsorgestellen (§ 107 Abs. 2 SGB IX) nach § 62 SGB X die Regelungen über das Vorverfahren in den §§ 68 ff. VwGO maßgeblich. Für Widerspruchsverfahren bei Verwaltungsakten, welche die Bundesagentur für Arbeit auf Grund schwerbehindertenrechtlicher Vorschriften erlässt, richtet sich das Vorverfahren gemäß § 62 SGB X nach den §§ 78 ff. SGG. Darüber hinaus sind verwaltungsverfahrensrechtliche Vorschriften u. a. zu den **Verfahrensbeteiligten** (§ 12 SGB X), **Bevollmächtigten** und Beiständen (§ 13 SGB X), dem **Untersuchungsgrundsatz** (§ 20 SGB X), den **Beweismitteln** (§ 21 SGB X) und der **Akteneinsicht** (§ 25 SGB X) anwendbar. Das sozialrechtliche Widerspruchsverfahren ist **kostenfrei** (§ 64 SGB X), die Erstattung von Kosten des Widerspruchsführers richtet sich nach § 63 SGB X (vgl. zum Widerspruchsverfahren § 69 RdNr. 117 ff.).

II. Vorsitz und Beschlussfassung (§ 121 Abs. 1 SGB IX)

2   § 121 Abs. 1 SGB IX verweist zur Regelung einiger Fragen der **inneren Organisation** der Widerspruchsausschüsse auf § 106 Abs. 1–2 SGB IX (vgl. § 106 RdNr. 3 ff.).

3   Die **„entsprechende Anwendung"** des § 106 Abs. 1 SGB IX bedeutet, dass die Widerspruchsausschüsse bei den Integrationsämtern und der Bundesagentur für Arbeit ihre **Vorsitzenden** und deren Stellvertreter im jährlichen Wechsel aus den Gruppen der schwerbehinderten Arbeitnehmer und der Arbeitgeber wählen. Andere Mitglieder der Widerspruchsausschüsse sind nicht wählbar. Stimmberechtigt sind alle Ausschussmitglieder (*Pahlen* in: Neumann/Pahlen/Majerski-Pahlen, SGB IX, § 121 RdNr. 8).

4   Die **Bezugnahme auf § 106 Abs. 2 SGB IX** hinsichtlich der **Beschlussfassung** greift in vollem Umfang, so dass auf die diesbezügliche Kommentierung verwiesen werden kann (§ 106 RdNr. 7 f.). Ergänzend ist auf die Entscheidung des Hessischen VGH vom 10. 8. 1993 (9 UE 1274/90 – ESVGH 44, 42) hinzuweisen, wonach eine **Stimmenthaltung** bei der Entscheidung über einen Widerspruch im Widerspruchsausschuss bei dem Integrationsamt unzulässig ist. Wenn der Gesetzgeber einem **pluralistisch zusammengesetzten Gremium** wie dem Widerspruchsausschuss Einzelentscheidungskompetenzen einräume, so sei davon auszugehen, dass er die Erwartung daran

knüpfe, dass die einzelnen Ausschussmitglieder auf Grund ihrer unterschiedlichen Sichtweisen und ihrer verschiedenen Erfahrungshorizonte als Schwerbehinderte, Schwerbehindertenvertreter, Arbeitgeber und Behördenvertreter nicht nur Fragen der beabsichtigten Kündigung erörterten, sondern darüber hinaus auch **jedes einzelne Mitglied** aus seiner Sicht der Dinge Stellung beziehe. Damit lasse sich eine Stimmenthaltung nicht vereinbaren.

III. Anhörung von Verfahrensbeteiligten
(§ 121 Abs. 2 SGB IX)

Die **Anhörung des Widerspruchsführers** vor Erlass des Wider-   5
spruchsbescheides ist nach § 121 Abs. 2 SGB IX zwingend vorgeschrieben. Es handelt sich um eine spezielle verfahrensrechtliche Ausprägung des **Anspruchs auf rechtliches Gehör** (Art. 103 Abs. 1 GG, § 108 Abs. 2 VwGO, § 62 SGG). Die Anhörung hat den zu § 24 Abs. 1 SGB X entwickelten Maßstäben zu genügen (vgl. *von Wulffen*, SGB X, § 24 RdNr. 7 ff. m.w.Nw.). Dem schwerbehinderten Menschen ist Gelegenheit zu geben, sich zu den für die Entscheidung **erheblichen Tatsachen** zu äußern. Deshalb sind dem Betroffenen diese Tatsachen (z. B. Ergebnisse einer im Widerspruchsverfahren durchgeführten Sachverhaltsaufklärung) in einer grundsätzlich schriftlichen **Anhörungsmitteilung** darzulegen (s.a. *Masuch* in: Hauck/Noftz, SGB IX, § 121 RdNr. 11). Ihm ist Gelegenheit zu geben, innerhalb einer **Äußerungsfrist** von i.d.R. wenigstens **zwei Wochen** vor Erlass des Widerspruchsbescheides Stellung zu nehmen.

Das Integrationsamt ist verpflichtet, in Kündigungsangelegenheiten   6
dem schwerbehinderten Menschen und dem Arbeitgeber vor der Entscheidung über den Widerspruch Gelegenheit zu geben, sich zu einer im Widerspruchsverfahren von ihm eingeholten **ärztlichen Stellungnahme** zum Gesundheitszustand des schwerbehinderten Menschen zu äußern. Dies gilt auch dann, wenn die Verfahrensbeteiligten in der Sitzung des Widerspruchsausschusses, die zum Einholen der ärztlichen Stellungnahme geführt hat, bereits angehört worden sind (Hessischer VGH 29. 9. 1987, ZFSH/SGB 1988, 304). Das Unterlassen der Anhörung im Widerspruchsverfahren oder ihre unzureichende Durchführung stellen einen **Verfahrensfehler** dar, der den Widerspruchsbescheid **anfechtbar** macht (§ 41 Abs. 1 Nr. 3, Abs. 3, § 42 Satz 2 SGB X). Eine ordnungsgemäße Anhörung kann nach § 41 Abs. 2 SGB X bis zur letzten Tatsacheninstanz eines sozial- oder verwaltungsgerichtlichen Verfahrens nachgeholt werden.

Entschließt sich der Widerspruchsausschuss, zusätzlich zur Ein-   7
holung schriftlicher Stellungnahmen der Verfahrensbeteiligten eine **mündliche Verhandlung** durchzuführen, hat er im Verfahren auf Zu-

stimmung zur Kündigung eines schwerbehinderten Menschen den Arbeitgeber und den schwerbehinderten Menschen **zur Verhandlung zu laden**, um ihnen Gelegenheit zu mündlichem Vorbringen zu geben. Anderenfalls liegt ein zur Aufhebung der Widerspruchsentscheidung führender Verfahrensmangel vor (VGH Baden-Württemberg 5. 8. 1996 7 S 338/94 ESVGH 46, 309).

8   § 121 Abs. 2 Halb. 1 SGB IX enthält eine **Sonderregelung** für Widerspruchsverfahren über die **Zustimmung des Integrationsamtes zur Kündigung** schwerbehinderter Menschen (§§ 85 ff. SGB IX). In diesen zweiseitigen Verfahren erstreckt sich die Anhörungspflicht nicht nur auf den Widerspruchsführer, sondern auf den schwerbehinderten Menschen und den Arbeitgeber. Der Gesetzgeber des SGB IX geht davon aus, dass nur in Angelegenheiten des besonderen Kündigungsschutzes eine Anhörung von schwerbehindertem Arbeitnehmer und Arbeitgeber Sinn macht (BT-Drucks. 14/5800, S. 31; BT-Drucks. 14/5531, S. 11). In allen anderen Fällen, in denen es z. B. um die Erbringung von Leistungen aus der Ausgleichsabgabe geht, ist nur der jeweilige Widerspruchsführer zu hören.

IV. Ablehnung wegen Besorgnis der Befangenheit (§ 121 Abs. 3 SGB IX)

9   § 121 Abs. 3 SGB IX knüpft an die **allgemeine Regelung des § 17 SGB X** zur Ablehnung wegen der Besorgnis der Befangenheit an. In § 121 Abs. 3 Satz 1 SGB IX wird klargestellt, dass auch die Mitglieder der Widerspruchsausschüsse nach den §§ 119 f. SGB IX wegen Besorgnis der Befangenheit abgelehnt werden können. Nach Satz 2 entscheidet der **Ausschuss** über die Ablehnung, dem das abgelehnte Mitglied angehört. Das **betroffene Ausschussmitglied** darf bei der Entscheidung über den Ablehnungsantrag gemäß § 17 Abs. 2 SGB X i.V.m. § 16 Abs. 4 Satz 3 SGB X nicht mitwirken. Tritt dadurch **Beschlussunfähigkeit** des Widerspruchsausschusses ein (§ 121 Abs. 1 SGB IX i.V.m. § 106 Abs. 2 SGB IX), ist die Widerspruchsverhandlung zu vertagen, um in neuer Besetzung den Ablehnungsantrag zu bescheiden (s.a. *Masuch* in: Hauck/Noftz, SGB IX, § 121 RdNr. 12). Das **ausgeschlossene Mitglied** darf bei der weiteren Beratung und Beschlussfassung nicht zugegen sein (§ 17 Abs. 2 SGB X i.V.m. § 16 Abs. 4 Satz 4 SGB X).

10   Der **Beschluss des Widerspruchsausschusses**, mit dem ein Ablehnungsgesuch gegenüber einem Ausschussmitglied zurückgewiesen worden ist, kann nicht mit einem Rechtsbehelf selbstständig angefochten werden. Vielmehr kann der Beteiligte erst mit seiner **Klage** gegen den Ausgangsbescheid in der Fassung des Widerspruchsbescheides geltend machen, an der Widerspruchsentscheidung hätten befangene und deshalb zu Recht abgelehnte Ausschussmitglieder mitgewirkt.

Auf diesen möglichen Rechtswidrigkeitsgrund kann der Kläger sich mit seiner Klage gegen die Sachentscheidung aber nur dann berufen, wenn er sich sein Ablehnungsrecht durch **rechtzeitige Geltendmachung des Ablehnungsgrundes** im Verwaltungsverfahren erhalten hat. Die Ablehnung nach § 121 Abs. 3 SGB IX wird unzulässig, wenn sich der Antragsteller zuvor **rügelos in die mündliche Verhandlung des Widerspruchsausschusses einlässt,** ohne den ihm bekannten Ablehnungsgrund geltend zu machen (BVerwG 2. 7. 1992 – 5 C 39/90 – BVerwGE 90, 287).

Die **Besorgnis der Befangenheit** ist gegeben, wenn ein Grund **11** vorliegt, der geeignet ist, Misstrauen gegen eine unparteiische Amtsausübung zu rechtfertigen (§ 17 Abs. 1 Satz 1 SGB X). Dies verlangt einen vernünftigen Grund, der einen Verfahrensbeteiligten von seinem Standpunkt aus befürchten lassen kann, dass ein Ausschussmitglied nicht unparteiisch sachlich entscheiden wird. Es kommt dabei nicht darauf an, ob das Ausschussmitglied tatsächlich befangen ist. Besorgnis der Befangenheit kann z. B. bestehen bei **Freundschaft** oder **Feindschaft** im Verhältnis zum Beteiligten oder dessen Bevollmächtigten, **entfernterer Verwandschaft** als nach dem Angehörigenbegriff des § 16 Abs. 5 SGB X, bei **unsachlichem Verhalten** oder Mitwirkung in einem **vorangegangenen Verwaltungsverfahren.** Besorgnis der Befangenheit kommt auch in Betracht, wenn ein Ausschussmitglied durch seine Mitwirkung an der Entscheidung einen mittelbaren **Vor- oder Nachteil** erlangen kann. Nicht ausreichend sind z. B. sachliche Meinungsäußerungen zu den Erfolgsaussichten eines Beteiligten, unter Umständen aber **unangemessenes Drängen** auf Antrags- bzw. Widerspruchsrücknahme (vgl. *von Wulffen*, SGB X, § 17 RdNr. 4 m. w. Nw.). Dass der Vorsitzende des Widerspruchsausschusses als **Geschäftsführer eines Arbeitgeberverbandes** gewissermaßen die Arbeitgeberseite repräsentiert, stellt für sich allein keinen Ablehnungsgrund dar. Dies ergibt sich bereits aus § 119 Abs. 1 SGB IX und § 120 Abs. 1 SGB IX, wonach das Gesetz selbst die Mitwirkung von „Repräsentanten" der Arbeitgeberseite vorsieht (BVerwG 2. 7. 1992 5 C 51/90 E 90, 287). Liegt ein **absoluter Ausschließungsgrund i. S. d. § 16 SGB X** vor, ist das betroffene Ausschussmitglied kraft Gesetzes von der Mitwirkung an der Widerspruchsentscheidung ausgeschlossen.

Kapitel 10. Sonstige Vorschriften

Vorrang der schwerbehinderten Menschen

122 Verpflichtungen zur bevorzugten Einstellung und Beschäftigung bestimmter Personenkreise nach anderen Gesetzen entbinden den Arbeitgeber nicht von der Verpflichtung zur Beschäftigung schwerbehinderter Menschen nach den besonderen Regelungen für schwerbehinderte Menschen.

I. Entstehungsgeschichte

1   Auf dem Hintergrund der Folgen des 2. Weltkrieges, der viele Menschen „notleidend" und „betreuungsbedürftig" werden ließ, ist die Regelung durch § 31 Abs. 1 SchwbeschG 1953 (BGBl. I S. 389) eingeführt worden. Gegenüber anderen schutzbedürftigen Personengruppen sollte nach Auffassung des damaligen Gesetzgebers Schwerbeschädigten wegen deren lebenslanger Schädigung eine Vorrangstellung eingeräumt werden (vgl. im Einzelnen: GK-SGB IX-*Lampe*, § 122 RdNr. 2 u. 3).

2   Diese Vorrangstellung ist sowohl in das SchwbG 1979 (§ 41) wie auch in das SchwbG von 1986 (§ 44) übernommen worden. Die jetzige Vorschrift entspricht der Regelung des § 44 SchwbG vom 26. 8. 86.

II. Bedeutung der Vorschrift

3   Die Regelung stellt klar, dass der Arbeitgeber sich von seinen Pflichten gegenüber schwerbehinderten Menschen nicht mit dem Hinweis auf gesetzliche Verpflichtungen gegenüber anderen schutzbedürftigen Personengruppen entlasten kann (*Neumann/Pahlen/Majerski-Pahlen* SGB IX, § 122 RdNr. 2; *Kossens/von der Heide/Maaß*, SGB IX, § 122 RdNr. 6; *Düwell*, LPK-SGB IX, § 122 RdNr. 3; *Masuch* in Hauck/ Noftz, SGB IX, K § 122 RdNr. 5). Er muss also in jedem Fall die Beschäftigungspflichten gemäß §§ 71, 72 erfüllen, unabhängig davon, ob er auch zur Beschäftigung anderer Personen verpflichtet ist. Dieser Grundsatz spielte vor allem eine Rolle gegenüber gesetzlichen Pflichten zur Beschäftigung oder bevorzugten Wiedereinstellung nach § 35 Bundesentschädigungsgesetz (BEG) vom 29. 6. 1956, §§ 9, 21 des Bundesgesetzes zur Regelung der Wiedergutmachung nationalsozialistischen Unrechts für Angehörige des öffentlichen Dienstes, für Heim-

kehrer gemäß § 7, 8 Heimkehrergesetz, bei der Rückkehr von Evakuierten nach § 15 BundesevakuiertenG (BEvG) und für die bevorzugte Arbeitsvermittlung für Vertriebene und Flüchtlinge gemäß § 77 des BundesvertriebenenG (BVFG) (siehe Einzelheiten in GK-SGB IX-*Lampe*, § 122 RdNr. 6 f.). Diese Vorschriften existieren teilweise nicht mehr, teilweise haben sie jede Bedeutung verloren. Aktuell ist heute dagegen noch die Beschäftigungspflicht privater und öffentlicher Arbeitgeber gegenüber **Inhabern eines Bergmannversorgungsscheins** nach den entsprechenden Landesvorschriften in Niedersachsen, Nordrhein-Westfalen und dem Saarland. Die **Pflichten** gegenüber Inhabern eines Bergmannversorgungsscheins sowie gegenüber schwerbehinderten Menschen sind demnach **nebeneinander zu erfüllen**. Ein Konkurrenzproblem stellt sich hier jedoch nicht, da gemäß § 75 Abs. 4 auch Inhaber eines Bergmannversorgungsscheins auf einen Pflichtarbeitsplatz angerechnet werden.

Welche Bedeutung der Vorschrift neben der o.a. Klarstellungsfunk- **4** tion zukommt, ist nicht klar. Allgemein anerkannt ist zweierlei: zum einen, dass aus ihr trotz der insoweit irreführenden Überschrift **nicht** auf eine **absolute Vorrangstellung** Schwerbehinderter bei der **Einstellung** sowie der Beschäftigung auf **Beförderungsstellen** geschlossen werden kann. Dies wird auch dadurch deutlich, dass § 81 Abs. 2 S. 2 SGB IX i. V. m. § 15 Abs. 6 AGG den Anspruch auf die Begründung eines Arbeitsverhältnisses oder Beschäftigungsverhältnisses ausdrücklich ausschließt; weiterhin soll die Vorschrift nicht zu einer Ausweitung individueller Ansprüche führen, sie soll vielmehr die bereits nach anderen Regelungen etwa gemäß § 81 bestehenden Ansprüche auf benachteiligungsfreie Einstellung, behindertengerechte Beschäftigung und ggf. bevorzugte Teilnahme an Aufstiegsmöglichkeiten (siehe Erläuterungen dort) verstärken (*Masuch* in Hauck/Noftz, SGB IX, K § 122 RdNr. 5; GK-SGB IX-*Großmann*, § 122 RdNr. 14). Auch die Rechtsprechung des BAG hat zwar die Einräumung eines „absoluten Vorrangs" Schwerbehinderter im Verhältnis zu anderen Stellenbewerbern abgelehnt, es aber für möglich gehalten, dass es bei **gleicher Qualifikation** geboten sein kann, den schwerbehinderten Bewerber vorzuziehen, wenn betriebliche oder sonstige sachliche Gründe nicht entgegenstehen (BAG 19. 9. 79 AP Nr. 2 zu § 11 SchwbG; BAG 5. 9. 91 – 8 AZR 462/90; zurückhaltender insoweit: BVerwG 22. 10. 91 Buchholz 232 § 79 BBG Nr. 106). Soweit daher gemäß § 81 dem einzelnen Schwerbehinderten ein individueller Vorrang bei der Einstellung oder Beschäftigung bei gleicher Eignung und Qualifikation gegenüber anderen Bewerbern einzuräumen ist, wird die Annahme eines solchen **individuellen Anspruchs** durch § 122 bestätigt und verstärkt.

Schwierigkeiten, welche Reichweite und Bedeutung die gesetzliche **5** Vorrangstellung schwerbehinderter Menschen hat, können vor allem in der **Konkurrenz mit weiblichen Bewerbern** auftreten. Nach den landesgesetzlichen Frauenförder- und Gleichstellungsgesetzen (z. B. § 7 LGG NRW) sind Frauen im öffentlichen Dienst unter Beachtung des Grundsatzes von Eignung, Befähigung und fachlicher Leistung bei der Einstellung oder der Besetzung von Beförderungsstellen bevorzugt zu berücksichtigen, wenn in einzelnen Beschäftigungsbereichen Frauen in geringerer Anzahl beschäftigt sind. Die besondere Förderpflicht von Schwerbehinderten und Frauen bei der Beschäftigung und beim Aufstieg sind als **gleichrangig** anzusehen. Dem (öffentlichen) Arbeitgeber wird daher ein **Auswahlermessen** zustehen, welcher Fördermaxime er im Einzelfall den Vorrang gibt (*Neumann/Pahlen/Majerski-Pahlen*, SGB IX, § 122 RdNr. 4).

Arbeitsentgelt und Dienstbezüge

123   **(1)** [1]Bei der Bemessung des Arbeitsentgelts und der Dienstbezüge aus einem bestehenden Beschäftigungsverhältnis werden Renten und vergleichbare Leistungen, die wegen der Behinderung bezogen werden, nicht berücksichtigt. [2]Die völlige oder teilweise Anrechnung dieser Leistungen auf das Arbeitsentgelt oder die Dienstbezüge ist unzulässig.

(2) Absatz 1 gilt nicht für Zeiträume, in denen die Beschäftigung tatsächlich nicht ausgeübt wird und die Vorschriften über die Zahlung der Rente oder der vergleichbaren Leistung eine Anrechnung oder ein Ruhen vorsehen, wenn Arbeitsentgelt oder Dienstbezüge gezahlt werden.

Übersicht

I. Allgemeines

1   Die Vorschrift übernimmt die Regelung des § 45 SchwbG (bis zum 31. 7. 1974: § 42 SchwbG) in der Fassung der Bekanntmachung vom 26. 8. 1986, wobei Abs. 2 durch das Rentenreformgesetz 1992 angefügt

worden ist. Eine ähnliche Regelung bestand bereits vor dem 1. 5. 74 in § 33 und bis heute in § 83 Bundesversorgungsgesetz (BVG).

Sinn und Zweck der Vorschrift gehen dahin, den Schwerbehinderten 2 vor **finanziellen Nachteilen** in seinem Beschäftigungsverhältnis zu schützen, wenn ihm zum Ausgleich von Nachteilen, die mit seiner Behinderung zusammenhängen, **gesetzliche Sozialleistungen** gewährt werden. Der Arbeitgeber soll daran gehindert werden, diese Leistungen bei der Zahlung seiner Vergütungen mindernd zu berücksichtigen. Insofern enthält die Vorschrift den Grundsatz, dass der schwerbehinderte Mensch für die ihm vertraglich übertragene Arbeit voll leistungsfähig ist und anderweitig bezogene Leistungen (vor allem Rentenleistungen) deshalb den Entgeltanspruch auch nicht teilweise ersetzen dürfen. Es handelt sich um ein **gesetzliches Verbot** im Sinne des § 134 BGB. Einschränkungen ergeben sich allerdings für Arbeitgeberleistungen, soweit das Arbeitsverhältnis ruht oder beendet ist.

II. Anwendungsbereich

Die Vorschrift gilt für alle schwerbehinderten Menschen und die 3 ihnen Gleichgestellten, die in einem Beschäftigungsverhältnis stehen, ob als Arbeitnehmer, Auszubildende, Beamte, Richter oder Soldaten. Sie ist auch auf arbeitnehmerähnliche Personen und Beschäftigte in Heimarbeit (§ 127) anwendbar. Zum Zeitpunkt der Anrechnungsmöglichkeit müssen die gesetzlichen Erfordernisse für die Anerkennung als Schwerbehinderter objektiv vorliegen; die behördliche Feststellung muss zu diesem Zeitpunkt noch nicht gegeben sein (BAG 9. 12. 81 AP Nr. 2 zu § 42 SchwbG).

1. Arbeitsentgelt und Dienstbezüge. Der Begriff des Arbeits- 4 entgelts und der Dienstbezüge ist **weit zu fassen**. Geschützt sind alle Formen der Vergütung für die Leistung abhängiger Arbeit ohne Rücksicht auf ihre Bezeichnung und Voraussetzung (BAG 19. 7. 83 AP Nr. 9 zu § 5 BetrAVG). Dazu gehören neben Löhnen und Gehältern auch Zulagen, Prämien, Provisionen, Sonderzahlungen wie zusätzliches Urlaubs- und Weihnachtsgeld, Jubiläumsgelder, Lohnersatzleistungen wie Urlaubsentgelt und Entgeltfortzahlung im Krankheitsfalle, ebenfalls Naturalleistungen und Sachzuwendungen wie Dienstwohnung, Dienstwagen oder freie Verpflegung. Dazu zählen auch die Dienstbezüge von Beamten, Richtern und Soldaten gemäß § 1 Abs. 2 und 3 BBesG. Neben dem Grundgehalt gehören dazu auch der Ortszuschlag, andere Zulagen, Kindergeld, Sachbezüge usw.

a) Betriebsrente. Leistungen aus der betrieblichen Altersversor- 5 gung zählen nicht zum geschützten Arbeitsentgelt. Auf sie können gesetzliche Versorgungsleistungen wie Rentenzahlungen oder die Zahlung von Verletztengeld bei der Berechnung der Gesamtversorgung

angerechnet werden. Grund dafür ist, dass Betriebsrenten im Rahmen von Gesamtversorgungssystemen dem **gleichen Zweck dienen** wie die anzurechnenden Sozialleistungen, nämlich der Sicherung des Versorgungsbedarfs des Rentners auf der Basis seines bisherigen Lebensstandards (BAG 19. 7. 83 AP Nr. 8 und Nr. 9 zu § 5 BetrAVG). Problematischer ist die Anrechnung von **Unfallrenten** auf die betriebliche Altersversorgung. Während das BAG eine Anrechnungsmöglichkeit wegen Verstoßes gegen den Gleichbehandlungsgrundsatz zunächst verneint hatte, (BAG 17. 1. 1980 AP Nr. 3 zu § 5 BetrAVG), hat es in späteren Entscheidungen eine differenzierte Sichtweise eingenommen und eine Anrechnung teilweise zugelassen (BAG 19. 7. 83, a. a. O.). Da die Unfallrente zum Teil Verdienstausfallschäden ausgleichen, zum Teil für den Verlust der körperlichen Unversehrtheit, also für immaterielle Schäden, entschädigen soll, ist zwischen einem **anrechnungsfähigen** und einem **anrechnungsfreien Teil** zu unterscheiden. Bezüglich des Ausgleiches von Verdienstminderungen darf eine Anrechnung erfolgen. Sieht die Versorgungsordnung eine derartige Differenzierung nicht vor, muss die Aufteilung nach billigem Ermessen (§ 315 BGB) durch die Gerichte vorgenommen werden. Für den Aufteilungsmaßstab zieht die Rechtsprechung das Recht der Kriegsopferversorgung heran, da dort zwischen der Grundrente, die die körperliche Beeinträchtigung und Mehraufwendungen entschädigt, und der Ausgleichsrente, die Verdienstminderungen ausgleicht, unterschieden wird. Es muss also geprüft werden, welche Grundrente nach dem BundesversorgungsG der Schwerbehinderte bei der bei ihm festgestellten Minderung der Erwerbsfähigkeit bezogen hätte. Dieser aus der Grundrente fiktiv errechnete Betrag darf nicht angerechnet werden (BAG 19. 7. 83 AP Nr. 8 und Nr. 9 zu § 5 BetrAVG).

6   Bei der **Festlegung von Gesamtversorgungsobergrenzen** bei der Gewährung einer betrieblichen Alterversorgung ist es zulässig, bei schwerbehinderten Arbeitnehmern die gleiche fiktive Nettoversorgungsobergrenze vorzusehen wie bei nicht behinderten Arbeitnehmern. Dies ist deshalb problematisch, weil damit die Steuervergünstigungen, die Schwerbehinderte bei ihren Bezügen im bestehenden Beschäftigungsverhältnis erhalten, bei der Festsetzung der pauschalierten Nettoobergrenze nicht berücksichtigt werden. Das BAG sieht dies mit Rücksicht auf die Notwendigkeit einer pauschalierenden Betrachtungsweise als zulässig an (BAG 24. 8. 93 AP Nr. 19 zu § 1 BetrAVG Ablösung).

7   **b) Lohnausgleichszahlungen.** Nicht zum geschützten Arbeitsentgelt gehören Leistungen, die der Arbeitgeber bis zur Rentengewährung als Ausgleich für eine geringere Entlohnung infolge Leistungsminderung zahlt (BAG 10. 11. 82 AP Nr. 4 zu § 42 SchwbG). Im vom BAG entschiedenen Fall konnte ein Schwerbehinderter wegen seiner Behinderung seine bisherige Tätigkeit nicht mehr ausüben. Aufgrund dessen wurde er auf einen geringer entlohnten Arbeitsplatz umgesetzt. Zum Ausgleich erhielt er eine Zulage. Die Vereinbarung, wonach die Zulage entfällt, wenn wegen der gleichen Leistungsminderung die Rentengewährung erfolgt, ist zulässig, da die Ausgleichszahlung nur im **Vorgriff auf die zu erwartende Sozialleistung** zur Sicherung des bisherigen Lebensstandards in der Art eines Schadensausgleiches gezahlt wurde. Das Gleiche gilt für die **tarifliche Verdienstsicherung**. Die Anrechnung oder Rückerstattung der Einkünfte aus der Verdienstsicherung bei Bezug von aus demselben Anlass zustehender anderweitiger Leistungen stellt keinen Verstoß gegen § 123 (§ 42 SchwbG) dar (BAG 8. 12. 82, AP Nr. 7 zu § 42 SchwbG).

2. Renten und vergleichbare Leistungen. Nach § 123 dürfen **8** Renten und vergleichbare Leistungen, die wegen der Behinderung bezogen werden, bei der Bemessung des Arbeitsentgelts und der Dienstbezüge nicht berücksichtigt werden. Der Begriff der Renten und vergleichbaren Leistungen ist wegen des Schutzzwecks der Norm **weit zu fassen** (GK-SGB IX-*Lampe*, § 123 RdNr. 21; *Masuch* in Hauck/Noftz, SGB IX, K § 123 RdNr. 10). Sie müssen jedoch wegen der Behinderung bezogen werden. In Betracht kommen Renten nach dem BVG und nach anderen Vorschriften, die lediglich hinsichtlich der Rechtsfolgen auf das BVG verweisen. Dies gilt etwa für Entschädigungsleistungen nach den §§ 80 ff. Soldatenversorgungsgesetz, nach den §§ 47 ff. Zivildienstgesetz sowie nach § 1 Opferentschädigungsgesetz für die Opfer von Gewalttaten. Auch Entschädigungsleistungen auf der Grundlage der §§ 51 ff. Bundesseuchengesetz in der bis zum 31. 12. 2000 geltenden Fassung bzw. der §§ 60 ff. des seit dem 1. Januar 2001 geltenden Infektionsschutzgesetzes sind grundsätzlich von der Anrechnung ausgeschlossen. Für diese Geschädigten sieht allerdings § 83 BVG bereits ein eigenständiges Anrechnungsverbot vor.

Ebenfalls in Betracht kommen Renten nach der gesetzlichen Rentenversicherung und Unfallrenten. Vergleichbare Leistungen sind neben den Renten alle Leistungen, die als **Ausgleich für behinderungsbedingte Nachteile** gezahlt werden. Dazu gehören etwa KFZ-Hilfe, Hilfsmittel und Kriegsopferfürsorge nach dem BVG oder die in der gesetzlichen Unfallversicherung vorgesehenen Leistungen der Heilbehandlung, Übergangsgeld oder ergänzende Leistungen der Rehabilitation. Dazu zählen auch die berufsfördernden Leistungen der Rehabilitation, die gemäß den §§ 97 ff. SGB III einschließlich Übergangsgeld durch die Bundesagentur für Arbeit gewährt werden. Allerdings ist unter bestimmten Voraussetzungen umgekehrt gesetzlich bestimmt, dass das gezahlte Arbeitsentgelt oder die Dienstbezüge z. B. auf das Übergangsgeld angerechnet werden. Dies schließt das Anrechnungsverbot des Abs. 1 nicht aus.

Ob die gewährten Renten oder vergleichbaren Leistungen vom Anrechnungsverbot erfasst werden, hängt davon ab, ob sie **wegen der**

Behinderung bezogen werden. Es muss also überprüft werden, ob die Rentenleistung aus dem gleichen Grund gewährt wird, der auch zur Anerkennung der Schwerbehinderteneigenschaft oder der Gleichstellung geführt hat. Dies ist nicht immer schon dann zu verneinen, wenn die im Bescheid des Versorgungsamtes festgestellten Funktionsbeeinträchtigungen nicht mit den Gesundheitsstörungen übereinstimmen, wegen derer Rentenleistungen bezogen werden. Dann muss im Einzelfall aufgeklärt werden, ob die bisher nur im Rentenbescheid enthaltenen Gesundheitsstörungen auch zur Anerkennung der Schwerbehinderteneigenschaft und umgekehrt bislang im Rentenbescheid nicht berücksichtigte Funktionsbeeinträchtigungen im Bescheid des Versorgungsamtes auch zur Rentengewährung geführt hätten (BAG 16. 11. 82 AP Nr. 10 zu § 42 SchwbG).

11   Das Anrechnungsverbot erstreckt sich nicht auf die **Altersrente** wegen Erreichens einer gesetzlichen Altersgrenze oder auf den vorzeitigen Bezug von Altersrente für langjährig Versicherte gemäß § 36 SGB VI, da diese Renten nicht wegen der Behinderung bezogen werden, sondern von Behinderten wie Nichtbehinderten in Anspruch genommen werden (BAG 10. 11. 82 AP Nr. 5 zu § 42 SchwbG; 16. 11. 82 AP Nr. 9 zu § 42 SchwbG); wohl aber erfasst das Anrechnungsverbot die **Altersrente für Schwerbehinderte** gemäß § 37 SGB VI.

12   **3. Bestehendes Beschäftigungsverhältnis.** Mit der seit 1. 1. 1982 geltenden Fassung des § 42 SchwbG wollte der Gesetzgeber vor allem im Hinblick auf den Anspruch von Übergangsgeld klarstellen, dass eine Anrechnung von Renten auf Arbeitsentgelte und Dienstbezüge, die erst für die Zeit nach Beendigung des Arbeitsverhältnisses gezahlt werden, wirksam ist.

13   **a) Übergangsgeld.** Nach der Rechtsprechung des BAG war es unzulässig, Rentenleistungen Schwerbehinderter wie etwa vorgezogenes Altersruhegeld auf das bei Beendigung des Beschäftigungsverhältnis im **öffentlichen Dienst** zu zahlende Übergangsgeld (§§ 62, 63 BAT) anzurechnen. Das BAG sah einen Verstoß gegen die Vorschrift des § 42 SchwbG i.d.F. v. 29. 4. 74 (BAG 16. 11. 82 – 3 AZR 454/80 – AP Nr.6 zu § 42 SchwbG und 3 AZR 160/82 AP Nr. 9 zu § 42 SchwbG).

14   Durch das 2. Haushaltsstrukturgesetz vom 22. 12. 81 wurde **§ 42 SchwbG** dahingehend **geändert**, dass das Anrechnungsverbot sich nur auf Arbeitsentgelt und Dienstbezüge aus einem bestehenden Beschäftigungsverhältnis bezieht. Dies hat zur Folge, dass seitdem durch den Gesetzgeber geklärt ist, dass auch Schwerbehinderte die Anrechnung ihrer Sozialversicherungsrenten auf das Übergangsgeld hinnehmen müssen (BAG 16. 11. 82 AP Nr. 8 zu § 42 SchwbG). Das BVerfG hat entschieden, dass die Änderung des damaligen § 42 SchwbG auch hinsichtlich seiner **tatbestandlichen Rückanknüpfung** verfassungsgemäß ist (Beschl. v. 20. 1. 88 – 2 BvL 23/82 – BVerfGE 77, 370). Die Anrechnungsmöglichkeit des Übergangsgeldes ist zukünftig ohne

Bedeutung, da der den BAT ablösende TVöD (Geltung seit dem
1. 10. 2005) die Zahlung eines Übergangsgeldes nicht mehr vorsieht.
b) Abfindungen. Die Anrechnung von Abfindungen etwa aus ei- 15
nem Sozialplan oder aufgrund einer tariflichen Regelung ist im Falle
des Bezuges von Leistungen aus der gesetzlichen Rentenversicherung
zulässig. So ist nach der Rechtsprechung des BAG eine tarifliche Regelung wirksam, nach der sich eine Abfindungszahlung verringert, wenn
der (schwerbehinderte) Arbeitnehmer innerhalb von 15 Monaten nach
Beendigung des Arbeitsverhältnisses eine Erwerbsunfähigkeitsrente
(jetzt: Rente wegen voller Erwerbsminderung) bezieht (BAG 28. 10.
99 NZA 2000, 778). Ein Verstoß gegen § 123 Abs. 1 (§ 45 SchwbG
1986) liegt ebenfalls nicht vor, weil es sich bei der Abfindung um eine
finanzielle Leistung des Arbeitgebers nicht aus dem bestehenden, sondern aus dem beendeten Beschäftigungsverhältnis handelt. Ein Verstoß
gegen Art 3 Abs. 3 S. 2 GG wird ebenfalls verneint, weil sogar dann,
wenn ein Fall mittelbarer Diskriminierung bejaht werden könnte, ein
sachlicher Grund für die Anrechnung darin liegt, dass der Arbeitnehmer, der eine Rente aus der gesetzlichen Rentenversicherung erhält,
dauerhaft finanziell abgesichert ist (BAG 28. 10. 99 NZA 2000, 778).
Hat der Arbeitnehmer die Abfindung bereits erhalten, ist er gemäß der
tariflichen Regelung auch verpflichtet, diese (ggf. anteilig) zurückzuzahlen. Es verstößt auch weder gegen den Gleichbehandlungsgrundsatz noch gegen § 123, einen schwerbehinderten Arbeitnehmer, der
ohne Abschlagszahlungen Altersrente erhält, von Leistungen auszunehmen, die ein Sozialplan zum Ausgleich für Rentenabschläge vorsieht (LAG Köln 16. 3. 2005 – 7 Sa 1189/04).

Ob die Anrechnungsmöglichkeit auch für Abfindungen gelten 16
kann, die als **Nachteilsausgleich gemäß § 113 BetrVG** gezahlt werden, ist zweifelhaft, da § 113 in erster Linie Sanktionsnorm ist und be-
triebsverfassungsrechtliche Rechte des Betriebsrates sicherstellen will.
Die Ausgleichszahlungen sind das Sanktionsmittel und dienen nicht
vorrangig der Absicherung der betroffenen Arbeitnehmer. Es leuchtet
deshalb nicht ein, weshalb zu Gunsten des Arbeitgebers die Sanktion
geringer ausfallen soll, wenn ein Arbeitnehmer Leistungen aus der gesetzlichen Rentenversicherung bezieht (so auch: *Kossens/von der Heide/
Maaß*, SGB IX, § 123 RdNr. 7; *Neumann/Pahlen/Majerski-Pahlen*, SGB
IX, § 123 RdNr. 4; für eine Anrechnung auch in diesem Fall: *Trenk-Hinterberger*, HK-SGB IX, § 123 RdNr. 8; offen gelassen: *Düwell*, LPK-SGB
IX, § 123 RdNr. 12).

4. Ruhendes Beschäftigungsverhältnis (Abs. 2). Durch das 17
SchwbG-ÄndG von 1986 ist Abs. 2 angefügt worden und dadurch der
Anrechnungsschutz weiter eingeschränkt worden. Das Anrechnungsverbot des Abs. 1 gilt danach unter der Voraussetzung nicht, dass zum
einen die Beschäftigung tatsächlich nicht ausgeübt wird und zum anderen sozialrechtliche Vorschriften ihrerseits die Anrechnung oder das

Ruhen der Rente oder vergleichbaren Leistung ausdrücklich vorsehen, wenn Arbeitsentgelt oder Dienstbezüge gezahlt werden. § 94 SGB VI, der eine derartige Regelung enthielt, ist mit Wirkung zum 1.1.2008 durch Art. 1 Nr. 27 des Gesetzes vom 20. 4. 2007 allerdings aufgehoben worden. Mit der Anfügung des Abs. 2 sollte vor allem eine vom Gesetzgeber nicht beabsichtigte Ungleichbehandlung von Schwerbehinderten und Nichtbehinderten bei der **Zahlung von Krankenbezügen** beseitigt werden. In Tarifverträgen ist teilweise eine über die 6-wöchige Entgeltfortzahlung hinausgehende Zahlung von Krankenbezügen enthalten. § 22 Abs. 3 TVöD (vormals § 37 II BAT: Zahlung von bis zu 26 Wochen) sieht die Zahlung eines Krankengeldzuschusses bis zum Ende der 39. Woche ab Beginn der Arbeitunfähigkeit vor, regelt aber in § 22 Abs. 4 TVöD (vormals § 33 Abs. 7 BAT) gleichzeitig, dass diese Krankenbezüge nicht über den Zeitpunkt hinaus gezahlt werden, von dem an Bezüge aus der gesetzlichen Rentenversicherung oder sonstiger Versorgungseinrichtungen bezogen werden. Mit Urteil vom 28. 3. 1984 hatte das BAG diese Regelung zu § 37 BAT wegen Verstoßes gegen § 42 SchwbG für unzulässig gehalten, wenn die Kürzung der Krankenbezüge wegen einer Rente erfolgt, die ein Schwerbehinderter wegen seiner Behinderung bezieht (BAG 28. 3. 84 NZA 1984, 126). Schwerbehinderte bezogen daher über den Zeitraum von 2 Monaten hinaus ausschließlich tarifliche Krankenbezüge, da nach rentenrechtlichen Vorschriften der Anspruch auf EU–BU–Rente (jetzt: Rente wegen Erwerbsminderung gemäß § 43 SGB VI) ruhte, wenn er für mehr als zwei Monate mit einem Anspruch auf Arbeitsentgelt zusammentraf. Mit der Anfügung des Abs. 2 ist die Anrechnung von Krankenbezügen nunmehr zulässig, da das Anrechnungsverbot seitdem nicht mehr für Zeiträume gilt, in denen die Beschäftigung tatsächlich nicht ausgeübt wird (BAG 29. 6. 00 NZA 2001, 670).

18   Dies gilt allerdings nur, soweit (tarifliche) Vereinbarungen die Zahlung von Krankenbezügen über die gesetzlich zwingend vorgeschriebene **Entgeltfortzahlung** im Krankheitsfalle hinaus vorsehen. Für einen Zeitraum, in dem ein Arbeitnehmer Fortzahlung der Vergütung im Krankheitsfall von in der Regel 6 Wochen (§ 3 EFZG) verlangen kann, ist die Anrechnung ausgeschlossen, da die gesetzliche Entgeltfortzahlung nach § 12 EFZG unabdingbar ist (BAG 29. 6. 2000 NZA 2001, 670, 673).

19   Auch andere im **ruhenden Arbeitsverhältnis** gezahlte Bezüge wie vor allem **Sonderzuwendungen** wie etwa Weihnachtsgeld sind vom Anrechnungsverbot nicht erfasst. Nach der Rechtsprechung des BAG ist eine tarifliche Regelung zulässig, wonach Sonderzahlungen für Zeiten gekürzt werden, in denen das Arbeitsverhältnis aufgrund des Bezuges einer Rente teilweiser oder voller Erwerbsminderung auf Zeit ruht. Es verstößt auch nicht gegen das Benachteiligungsverbot Behinderter gemäß Art 3 Abs. 3 GG, wenn nach dem Grund

des Ruhens differenziert wird und die gleiche Kürzungsmöglichkeit nicht auch für Abwesenheitszeiten während des Erziehungsurlaubes oder des Wehr- und Zivildienstes vorgesehen ist (BAG 18. 8. 99 – 10 AZR 613/98).

Nach der Rechtsprechung des BAG besteht auch dann kein An- **20** spruch auf die Zahlung von Sonderzuwendungen, wenn Arbeitsleistungen wegen **lang andauernder Erkrankung** tatsächlich nicht mehr erbracht werden, ein Rentenantrag gestellt ist und der Arbeitgeber auf sein **Direktionsrecht verzichtet** hat, um dem Arbeitnehmer die Zahlung von Arbeitslosengeld zu ermöglichen (BAG 11. 2. 98 BB 1998, 2367, ständige Rechtspr.). Auch in diesen Fällen steht das Berücksichtigungsverbot des Abs. 1 der Zahlungseinstellung nicht entgegen, wenn dem Schwerbehinderten wegen seiner Behinderung eine Rente wegen teilweiser oder voller Erwerbsminderung auf Zeit gewährt wird, weil das Beschäftigungsverhältnis gemäß Abs. 2 tatsächlich nicht ausgeübt wird.

5. Minderleistungsklauseln. In ganz wenigen Tarifverträgen sind **21** sog. Minderleistungsklauseln enthalten, die den Arbeitgeber berechtigen, Arbeitnehmer, die körperlich oder geistig erheblich minderleistungsfähig sind, mit Löhnen unterhalb der tariflichen Lohnsätze zu beschäftigen. Solche Klauseln sind etwa in § 11 BRTV vom 10. 1. 03 für die Arbeitnehmer der land- und fortwirtschaftlichen Lohnunternehmen oder in § 10 Abs. 6 MTV Textilreinigungsgewerbe vom 27. 6. 02 enthalten. In der Literatur wird unter Bezugnahme auf Urteile des BAG angenommen, dass derartige Klauseln zulässig sind (*Trenk-Hinterberger*, HK-SGB IX, § 123 RdNr. 15; *Neumann/Pahlen/Majerski-Pahlen*, SGB IX, § 123 RdNr. 7; *Kossens/von der Heide/Maaß*, SGB IX, § 123 RdNr. 8; *ErfK/Rolfs*, SGB IX, § 123 RdNr. 1) Die dazu zitierten Entscheidungen (BAG 8. 12. 1982 AP Nr. 7 zu § 42 SchwbG; 10. 7. 1991 AP Nr. 1 zu § 14 SchwbG 1986) befassen sich jedoch nicht mit tariflichen Minderleistungsklauseln, sondern mit der Frage der Verdienstsicherung (s. RdNr. 7). Allenfalls aus zwei weiteren Entscheidungen lässt sich schließen, dass das BAG sie grundsätzlich für wirksam hält (BAG 11. 9. 1974 – 5 AZR 567/73; BAG 26. 1. 1983 AP Nr. 14 zu § 1 TVG Metallindustrie). Tarifliche Minderleistungsklauseln werden im Hinblick auf das Benachteiligungsverbot schwerbehinderter Menschen und des Anspruchs auf behindertengerechte Beschäftigung restriktiv ausgelegt werden müssen und nur in ganz wenigen Ausnahmefällen anwendbar sein. Es wird vor ihrer Anwendung regelmäßig zu prüfen sein, inwieweit die Minderleistung nicht durch Eingliederungszuschüsse nach § 217 SGB III oder Entgeltzuschüsse des Integrationsamtes gemäß § 102 ausgeglichen werden kann (*Düwell*, LPK-SGB IX, § 123 RdNr. 16; *Jeschke* in Deinert/Neumann, Handbuch SGB IX, § 18 RdNr. 45; *Lauter*, br 1983, 49, 51f.).

Mehrarbeit

124 Schwerbehinderte Menschen werden auf ihr Verlangen von Mehrarbeit freigestellt.

Übersicht

I. Allgemeines

1   Die Vorschrift übernimmt inhaltlich unverändert die Regelung des § 46 SchwbG in der Fassung der Bekanntmachung vom 26.8.1986 (BGBl. I S. 1421). Ihr Sinn und Zweck geht dahin, schwerbehinderte Menschen vor zeitlicher Überbeanspruchung zu schützen und damit ihre Leistungsfähigkeit zu erhalten.

II. Geltungsbereich

2   § 124 ist auf alle schwerbehinderten Menschen und die ihnen Gleichgestellten anwendbar. Die Norm bezieht alle Arbeitnehmer, Beamte und Richter ein, gemäß § 128 Abs. 4 S. 2 Soldaten nur, soweit dies mit den Besonderheiten ihres Dienstverhältnisses vereinbar ist. Auf die Art der Behinderung und die Art der Tätigkeit kommt es nicht an.

III. Mehrarbeit

3   § 124 definiert nicht, was unter Mehrarbeit zu verstehen ist. Auch das **Arbeitszeitgesetz** (ArbZG) vom 6.6.94 erwähnt den Begriff der Mehrarbeit im Gegensatz zur davor geltenden Arbeitszeitordnung (AZO) nicht mehr. Der Begriff bleibt demnach umstritten. Teilweise wird in der Literatur angenommen, dass Mehrarbeit immer dann vorliege, wenn die **individuelle Arbeitszeitverpflichtung** überschritten ist (*Masuch* in Hauck/Noftz, SGB IX, K § 124 RdNr. 7 f.; *Lauter,* br 1983, 49; GK-SGB IX–*Lampe,* § 46 RdNr. 16 ff; *Neumann/Pahlen/Majerski-Pahlen,* SGB IX, § 124 RdNr. 3 in der Vorauflage; *Jeschke* in Deinert/

Neumann, Handbuch SGB IX, § 18 RdNr. 58; *Düwell*, LPK-SGB IX, § 124 RdNr. 4 in der Vorauflage). Aus der Tatsache, dass das ArbZG den Begriff der Mehrarbeit nicht mehr verwendet, wird u.a. geschlossen, dass der Gesetzgeber die Festlegung der Arbeitszeit bewusst anderen Gesetzen, Tarifverträgen, Betriebsvereinbarungen und Arbeitsverträgen überlassen hat. Außerdem werde in vielen tariflichen Regelungen nicht zwischen Mehrarbeit und Überstunden unterschieden, sondern beides synonym gebraucht, so dass auch aus dem Wortlaut des § 124 nicht geschlossen werden könne, der Gesetzgeber habe an der gesetzlichen Höchstarbeitszeit der AZO festhalten wollen (*Masuch* in Hauck/Noftz, SGB IX, K § 124 RdNr. 7 f.; *Dörner*, SchwbG, § 46 Anm. III 2 a; GK-SGB IX-*Lampe*, § 124 RdNr. 10).

Die zur alten AZO ergangene Rechtsprechung des BAG hat die dort **4** geregelte **Höchstarbeitszeit von 8 Stunden** pro Arbeitstag zugrunde gelegt und als Mehrarbeit diejenige Arbeit definiert, die über die regelmäßige gesetzliche Arbeitszeit von 8 Stunden pro Werktag hinausgeht. Das BAG verweist auf den Zweck der Norm, den Schutz des Schwerbehinderten vor **Überbeanspruchung**. Diese drohe bei einer täglichen Arbeitszeit von mehr als 8 Stunden, weil nach medizinischen Erkenntnissen ein 8-Stunden-Arbeitstag das Höchstmaß dessen darstellt, das noch für Gesundheit und Wohlbefinden von Arbeitnehmern tragbar ist (BAG 8. 11. 89 NZA 1990, 309). An dieser Rechtsprechung hat das BAG auch nach Einführung des Arbeitszeitgesetzes vom 6. 6. 1994 mit überzeugender Begründung festgehalten (BAG 3. 12. 02 NZA 2004, 1219; zustimmend: *Trenk-Hinterberger*, HK-SGB IX, § 124 RdNr. 11; *Düwell*, LPK-SGB IX, § 124 RdNr. 4 und *Neumann/Pahlen/Majerski-Pahlen*, SGB IX, § 124 RdNr. 3 unter Aufgabe ihrer in der Vorauflage vertretenen Ansicht). Ausgangspunkt für die Auslegung des Begriffes der Mehrarbeit ist der **Schutzzweck der Norm**. Dieser besteht zum einen darin, den Schwerbehinderten vor besonderen körperlichen und seelischen Belastungen, die durch verlängerte Arbeitszeiten verursacht werden können, zu schützen. Zum anderen soll der Schutzzweck der Norm die gleichberechtigte Teilhabe des schwerbehinderten Menschen am Leben in der Gesellschaft fördern. Dazu muss ihm ausreichend freie Zeit an jedem einzelnen Werktag zur Verfügung stehen, damit er vergleichbar wie ein Nichtbehinderter arbeitsfreie Zeit etwa für notwendige tägliche Verrichtungen oder z. B. für kulturelle Angebote oder soziale Kontakte nutzen kann (BAG, a.a.O. S. 1221). Dieser der Norm zugrunde liegende **Gedanke des Arbeits- und Gesundheitsschutzes** einerseits und der **Sicherstellung gleicher Teilhabechancen** andererseits ist ein **absoluter**, der nicht in Abhängigkeit davon, welche individuellen Arbeitszeitregelungen anwendbar sind, wechseln kann (BAG, a.a.O.; LAG Frankf. 26. 4. 01 AZ: 5 Sa 1070/00; ArbG Aachen 2. 12. 99 Az: 9 (7) Sa 3454/99; VGH Bad.-Württ. 6. 9. 2006 – 9 S 1119/06). Er orientiert sich nicht an dem individuellen Leistungsvermögen.

Die Ablehnung von Mehrarbeit muss deshalb auch nicht näher mit konkreten Leistungseinschränkungen begründet werden (s. RdNr. 7). Die Norm legt vielmehr einen abstrakten und typisierenden Maßstab zugrunde. Der Gegenansicht, die die Grenze der Belastbarkeit eines Schwerbehinderten nach der jeweiligen individuellen Arbeitszeitverpflichtung ausrichten will, legt aber genau diesen mit dem Schutzzweck der Norm nicht zu vereinbarenden individuellen Maßstab an. Da die für den einzelnen Schwerbehinderten jeweils geltende regelmäßige Arbeitszeit jedoch nicht unbedingt seiner behindertenbedingten Leistungsgrenze entsprechen muss, stellt auch nicht jede Überschreitung der individuellen Arbeitszeit eine mit dem Schutzzweck des Gesetzes nicht zu vereinbarende Überbeanspruchung dar. Die Arbeitszeit von schwerbehinderten Vollzeitbeschäftigten wie die von nicht behinderten Beschäftigten beruht in der Regel auf den jeweiligen tariflichen oder betrieblichen Regelungen. Ob die **Arbeitszeitverpflichtung** 35 Stunden oder 40 Stunden pro Woche umfasst, steht **nicht im Zusammenhang mit der Behinderung**. Auch nicht jede Teilzeitbeschäftigung eines schwerbehinderten Beschäftigten (z. B. schwerbehinderte Mutter mit kleinen Kindern) ist behindertenbedingt.

5   Dieser Schutzzweck der Norm wird auch nicht durch einzelvertragliche, betriebliche und tarifvertragliche **Flexibilisierungsregelungen** gesichert, die an einzelnen Arbeitstagen eine über 8 Stunden hinausgehende Arbeitszeit zulassen, solange nur im Ausgleichszeitraum keine Überschreitung der regelmäßigen Arbeitszeit erfolgt. Flexibisierungen in Tarifverträgen orientieren sich an betrieblichen Interessen und nicht an den besonderen Belangen schwerbehinderter Menschen (BAG, a.a.O.). Gesundheitsschutz und Teilhabechancen erfordern es, schwerbehinderte Menschen gerade vor einer zu hohen arbeitstäglichen Beanspruchung zu schützen. Mit diesem Schutzgedanken ist daher nur eine tägliche Begrenzung der Arbeitszeit auf 8 Stunden vereinbar. Auch der **spätere Ausgleich in Freizeit** oder verkürzter Arbeitszeit (evtl. Monate später) vermag die tägliche Überbeanspruchung nicht aufzuwiegen. Der Grundsatz des 8-Stunden-Tages dient außerdem der **Rechtsklarheit** (BAG, a.a.O.). Er versetzt Schwerbehinderte in die Lage, die von ihnen geforderten Überstunden, die die tägliche Arbeitszeit von 8 Stunden überschreiten, auf gesicherter gesetzlicher Grundlage ablehnen zu können, ohne dass sie daran auch durch das Versprechen eines Freizeitausgleiches zu einem späteren Zeitpunkt gehindert werden.

IV. Bereitschaftsdienst und Rufbereitschaft

6   Seit dem Gesetz zu Reformen am Arbeitsmarkt vom 24.12.2003 (BGBl. I S. 3002) gelten Bereitschaftsdienst und Arbeitsbereitschaft als Arbeitszeit. Das Arbeitszeitgesetz ist in § 5 Abs. 3 und § 7 Abs. 2 Ziff. 1

entsprechend geändert worden. Dazu sah sich der Gesetzgeber nach Entscheidungen des EuGH (3. 10. 00 – Simap – NZA 2000, 1226 und 9. 9. 03 NZA 2003, 1019) und des BAG vom 18. 2. 03 (NZA 2003, 742) zur EG-Arbeitszeitrichtlinie (93/104/EG vom 23. 11. 1993, redaktionell neu gefasst durch Richtlinie 2003/88/EG vom 4. 11. 2003) gezwungen (BT-Drucks. 15/1587 S. 29). Im Falle des **Bereitschaftsdienstes** muss sich der Arbeitnehmer an einer vom Arbeitgeber bestimmten Stelle aufhalten, um bei Abruf seine volle Arbeitstätigkeit unverzüglich aufnehmen zu können. **Arbeitsbereitschaft** liegt vor, wenn der Arbeitnehmer verpflichtet ist, am Arbeitsplatz anwesend zu sein und gewisse Kontroll- und Beobachtungspflichten auszuüben, die ihn in die Lage versetzen, seine Arbeitspflichten aus eigener Entscheidung sofort aufnehmen zu können (BT-Drucks. 15/1587 S. 29). Da beide Arbeitsformen als Arbeitszeit gelten, sind sie auch auf die Höchstarbeitszeit im Sinne des § 3 S. 1 ArbZG anzurechnen (BAG 16. 3. 04 NZA 2004, 928; BAG 21. 11. 06 NZA 2007, 446). Der schwerbehinderte Arbeitnehmer kann daher die **Freistellung von Mehrarbeit** auch dann verlangen, wenn er unter Einbeziehung von Bereitschaftsdiensten oder Arbeitsbereitschaft mehr als 8 Stunden pro Arbeitstag arbeitet (BAG, a.a.O.). Dies gilt nicht in gleicher Weise für die sog. **Rufbereitschaft**. Der in Rufbereitschaft verbrachte gesamte Dienst ist, wie sich aus § 5 Abs. 3 und § 7 Abs. 2 Ziff. 1 ArbZG ergibt, unverändert nicht als Arbeitszeit zu bewerten (BT-Drucks. 15/1587 S. 30). Diese Arbeitsform liegt vor, wenn der Arbeitnehmer lediglich verpflichtet ist, sich auf Abruf zur Arbeit an einem dem Arbeitgeber anzuzeigenden selbst gewählten Ort bereithalten und z. B. sein Handy einschalten muss. Er muss lediglich in der Lage sein, seine Arbeit alsbald aufzunehmen. Ist die Zeitspanne dagegen, in der der Arbeitgeber die Arbeitsaufnahme erwartet, genau festgelegt (z. B. 10 bis 20 min.), ist die freie Wahl des Aufenthaltsortes so eingeschränkt, dass von Arbeits – und nicht mehr Rufbereitschaft auszugehen ist (BAG 19. 12. 91 NZA 1992, 560; BAG 31. 1. 02 NZA 2002, 871 LS). Rufbereitschaft als solche ist keine Arbeitszeit; wohl aber die während der Rufbereitschaft tatsächlich geleistete Arbeit (BT-Drucks., a.a.O.; LAG Hamm 30. 3. 2006 – 8 Sa 1992/04). Ob daher Rufbereitschaft zur Mehrarbeit führt, beurteilt sich danach, ob es unter Berücksichtigung der Dauer der vorangehenden Arbeitsschicht bereits nach kurzer Dauer zur Überschreitung der gesetzlichen Arbeitszeit von 8 Stunden kommt (bejaht bei einer Arbeitsschicht von 7,42 Std. arbeitstäglich: LAG Hamm, a.a.O.).

V. Freistellungsverlangen

Verlangt der schwerbehinderte Beschäftigte, von Mehrarbeit frei gestellt zu werden, so tritt bei Erfüllung der Voraussetzungen die Rechts- **7** folge der Freistellung allein mit dem Verlangen ein. Der Arbeitnehmer ist nicht mehr verpflichtet, Mehrarbeit auszuüben, der Arbeitgeber hat kein Recht mehr, sie zu fordern (BAG 3. 12. 02 NZA 2004, 1219, 1221). Die Verweigerung von Mehrarbeit stellt daher auch keine arbeitsvertragliche Pflichtverletzung dar. Das Verlangen muss auch nicht für jeden Tag oder für jede Arbeitswoche wiederholt werden (BAG, a.a.O.). Die Freistellung bedarf auch **keiner Genehmigung oder Freistellungserklärung** des Arbeitgebers. Voraussetzung ist lediglich, dass der schwerbehinderte Arbeitnehmer sich gegenüber seinem Arbeitgeber auf seine **Schwerbehinderteneigenschaft berufen** hat und seine Freistellung von Mehrarbeit **verlangt hat** (BAG, a.a.O. ; BVerwG 9. 3. 93 – AZ 1 D 4/92; *Neumann/Pahlen/Majerski-Pahlen*, SGB IX, § 124 RdNr. 5). Ohne diese Erklärung ist er also nicht befugt, die Arbeitsstelle einfach zu verlassen. Das Freistellungsverlangen ist weiterhin so **rechtzeitig** wie möglich zu stellen, damit der Arbeitgeber entsprechend disponieren kann (*Masuch* in Hauck/Noftz, SGB IX, K § 124 RdNr. 15; *Neumann/Pahlen/Majerski-Pahlen*, SGB IX, § 124 RdNr. 5; GK-SGB IX-*Lampe*, § 124 RdNr. 29). Verlangt der Arbeitgeber jedoch seinerseits kurzfristig die Durchführung von Arbeiten nach acht geleisteten Arbeitsstunden noch am selben Tag, kann auch das Freistellungsverlangen nur entsprechend kurzfristig erfolgen. Auf einen konkreten Zusammenhang zwischen der der Behinderung zugrunde liegenden Erkrankung und der Begrenzung der Arbeitszeit kommt es nicht an (BAG, a.a.O.; LAG Hamm 30. 3. 2006 – 8 Sa 1992/04; VGH Bad.-Württ. 6. 9. 2006 – 9 S 1119/06). Der schwerbehinderte Mensch muss daher sein Freistellungsverlangen nicht mit bei ihm vorliegenden konkreten Leistungseinschränkungen begründen. Es ist deshalb auch unerheblich, ob der schwerbehinderte Arbeitnehmer in der Vergangenheit Mehrarbeit geleistet hat (VGH Bad.-Württ., a.a.O.).

8   Die Freistellung von **Nacht-, Feiertags- und Sonntagsarbeit** kann nicht auf § 124 gestützt werden. Dies sieht die Vorschrift für schwerbehinderte Menschen im Gegensatz zu anderen Schutznormen zu Gunsten Jugendlicher (§§ 14, 17 und 18 JArbSchG), oder stillender und werdender Mütter (§ 8 MuSchG) nicht vor. Auch für eine Beschränkung der Arbeitszeit auf **nur 5 Tage** in der Woche kann sich der schwerbehinderte Arbeitnehmer nicht auf § 124 berufen. Entsprechende Ansprüche können sich allerdings aus § 81 Abs. 4 Ziff. 4 ergeben (BAG 3. 12. 02 NZA 2004, 1219; *Neumann/Pahlen/Majerski-Pahlen*, SGB IX, § 124 RdNr. 3). Das Gleiche gilt auch für jede andere Überschreitung der individuellen Arbeitszeit etwa bei Ausübung einer Teilzeitbeschäftigung (LAG Nürnberg 9. 1. 2007 – 7 Sa 79/06).

VI. Besonderheiten im Beamtenverhältnis

Auch schwerbehinderte Beamte können verlangen, dass sie keine 9
Mehrarbeit leisten müssen. Da die Beamtengesetze des Bundes und der
Länder im Gegensatz zum Arbeitszeitgesetz eine Definition der
Mehrarbeit enthalten (z. B. § 88 BBG in der ab 12. 2. 2009 geltenden
Fassung), ist für sie nicht die Überschreitung der gesetzlichen Höchst-
arbeitszeit von acht Stunden pro Werktag in § 3 S. 1 ArbZG, sondern
die der **beamtenrechtlich festgelegten Arbeitszeit** (z. B. 44 Stun-
den wöchentlich für Bundesbeamte gemäß § 87 BBG) maßgeblich
(BVerwG 30. 1. 2008 – 2 B 59/07; VGH München 27. 1. 2009 – 15 BV
08.263).

VII. Verfahrensfragen

Rechtsstreitigkeiten über das Leistungsverweigerungsrecht des 10
schwerbehinderten Menschen aus § 124 sind bei Arbeitnehmern vor
den Arbeitsgerichten, bei Beamten vor den Verwaltungsgerichten zu
führen.

Zusatzurlaub

125 (1) ¹Schwerbehinderte Menschen haben Anspruch auf einen
bezahlten zusätzlichen Urlaub von fünf Arbeitstagen im Urlaubsjahr; verteilt sich die regelmäßige Arbeitszeit des schwerbehinderten Menschen auf mehr oder weniger als fünf Arbeitstage in der Kalenderwoche, erhöht oder vermindert sich der Zusatzurlaub entsprechend.
²Soweit tarifliche, betriebliche oder sonstige Urlaubsregelungen für
schwerbehinderte Menschen einen längeren Zusatzurlaub vorsehen,
bleiben sie unberührt.

(2) ¹Besteht die Schwerbehinderteneigenschaft nicht während des
gesamten Kalenderjahres, so hat der schwerbehinderte Mensch für
jeden vollen Monat der im Beschäftigungsverhältnis vorliegenden
Schwerbehinderteneigenschaft einen Anspruch auf ein Zwölftel des
Zusatzurlaubs nach Absatz 1 Satz 1. ²Bruchteile von Urlaubstagen, die
mindestens einen halben Tag ergeben, sind auf volle Urlaubstage aufzurunden. ³Der so ermittelte Zusatzurlaub ist dem Erholungsurlaub
hinzuzurechnen und kann bei einem nicht im ganzen Kalenderjahr bestehenden Beschäftigungsverhältnis nicht erneut gemindert werden.

(3) Wird die Eigenschaft als schwerbehinderter Mensch nach § 69
Abs. 1 und 2 rückwirkend festgestellt, finden auch für die Übertrag-

barkeit des Zusatzurlaubs in das nächste Kalenderjahr die dem Beschäftigungsverhältnis zugrunde liegenden urlaubsrechtlichen Regelungen Anwendung.

Übersicht

I. Allgemeines

1 Zusatzurlaub von 3 Werktagen wurde erstmalig 1941 Angestellten
und Beamten im öffentlichen Dienst aufgrund von Erlassen gewährt.
Nach 1945 folgten gesetzliche Regelungen über einen Zusatzurlaub in
einzelnen Bundesländern. Diese wurden schrittweise durch Schwerbe-
schädigtengesetze von 1953, 1961 und schließlich durch das SchwbG 1974
verdrängt und vereinheitlicht. Das SchwbG 1974 sah in § 44 vor, dass alle
um mindestens 50 % Erwerbsgeminderten ohne Rücksicht auf die Ursachen der Behinderung einen bezahlten Urlaub von 6 Arbeitstagen erhalten sollten. Dies hatte zur Folge, dass diejenigen Schwerbehinderten,
die in der Arbeitswoche kürzer arbeiteten, einen längeren Zusatzurlaub
erhielten, nämlich bei 5 Arbeitstagen einen Urlaub von 1 Woche und 1
Tag. Dies wurde als nicht sachgerecht angesehen und deshalb im § 47
SchwbG 1986 dahingehend modifiziert, dass sich die Urlaubsdauer nach
der Zahl der Arbeitstage in der Kalenderwoche richten sollte. Die Regelung des § 47 SchwbG 1986 ist inhaltlich unverändert in die Vorschrift
des SGB IX vom 19. 6. 2001 übernommen worden. Mit Wirkung vom
1. 5. 2004 sind durch das Gesetz zur Förderung der Ausbildung und
Beschäftigung schwerbehinderter Menschen vom 23. 4. 2004 (BGBl. I
S. 606) die Absätze 2 und 3 angefügt worden. Abs. 2 sieht bei Eintritt
oder Wegfall der Schwerbehinderteneigenschaft im Verlauf des Urlaubsjahres einen anteiligen Urlaubsanspruch vor. Abs. 3 soll eine Kumulation von Urlaubsansprüchen aus den vorangegangenen Urlaubsjahren
bei rückwirkender Feststellung der Schwerbehinderteneigenschaft ausschließen (Gesetzesbegründung, BT-Drucks. 15/1783 S. 18).

Mit der Gewährung zusätzlicher Urlaubstage wird dem **besonderen** 2
Erholungsbedürfnis schwerbehinderter Menschen Rechnung getragen. Zwar ist der Umfang des jedem Beschäftigten zustehenden Erholungsurlaubes vom Zeitpunkt der Einführung des Zusatzurlaubes im Jahre 1953 von zwei Wochen auf heute mindestens vier Wochen und durch tarifliche Regelungen in der Regel auf sechs Wochen angestiegen. Dies ändert jedoch nichts daran, dass typisierend davon auszugehen ist, dass Schwerbehinderte aufgrund ihrer gesundheitlichen Beeinträchtigungen längere Zeiten der Regeneration als andere Beschäftigte benötigen, damit ihre Arbeitskraft erhalten bleibt (BAG 24.10.06 NZA 2007, 330, 332). Zusätzlich ist zu berücksichtigen, dass die Belastungen im Arbeitsleben durch zunehmenden Arbeitsdruck gestiegen sind. Die Gewährung von Zusatzurlaub hat daher weiterhin ihre Berechtigung (allgemeine Meinung: BAG 24.10.2006, a.a.O.; *Neumann/Pahlen/Majerski-Pahlen*, SGB IX, § 125 RdNr. 6 f.; *Düwell*, LPK-SGB IX, § 125 RdNr. 4; *Masuch* in Hauck/Noftz, SGB IX, K § 125 RdNr. 5; a. A. *Gravenhorst*, NZA 2005, 803f.). Der Einwand von Arbeitgeberseite, dass gerade der Zusatzurlaub als Einstellungshemmnis wirke, verfängt schon – unabhängig davon, ob er tatsächlich zutrifft – deshalb nicht, da dies typischerweise für Schutzgesetze aller Art gilt (z. B. Mutterschutz, Kündigungsschutz), ohne dass dies allein ihre Abschaffung rechtfertigen könnte. Dies widerspräche auch dem Ziel des SGB IX, das Einstellung und Beschäftigung durch ein reichhaltiges Angebot von Hilfen fördern will und nicht durch den Abbau von zum Schutz und Erhaltung der gesundheitlichen Leistungsfähigkeit schwerbehinderter Menschen erlassener Regelungen.

II. Anwendungsbereich

Anspruchsberechtigt sind alle **schwerbehinderten Beschäftigten**, 3
nicht aber die ihnen **Gleichgestellten**, da § 68 Abs. 3 die Anwendbarkeit der Regelung über den Zusatzurlaub ausdrücklich ausgeschlossen hat. Der Zusatzurlaub ist demnach allen Arbeitnehmern, Auszubildenden, Beamten (§ 128 Abs. 1), Richtern (§ 128 Abs. 3) und Soldaten (§ 128 Abs. 4) zu gewähren. Für in Heimarbeit Beschäftigte gilt die Sonderregelung des § 127 Abs. 3.

III. Urlaubsdauer

Dem schwerbehinderten Beschäftigten steht ein zusätzlicher Urlaub 4
von 5 Arbeitstagen zu, wenn sich seine Arbeitszeit in der Arbeitswoche auf 5 Arbeitstage verteilt. Ist die **Arbeitszeit anders verteilt**, erhöht oder vermindert sich der zusätzliche Urlaub entsprechend. Wird also

etwa an 3 Tagen in der Woche gearbeitet, beträgt auch der Zusatzurlaub nur 3 Arbeitstage. Ist die regelmäßige Arbeitszeit auf 6 Werktage in der Woche verteilt, erhöht sich auch der Zusatzurlaub auf 6 Tage im Jahr. Ist die Arbeitszeit nicht gleichmäßig auf die Kalenderwoche verteilt, arbeitet der Arbeitnehmer z. B. innerhalb eines Zeitraumes von 8 Wochen in zwei Wochen an sechs und in sechs Wochen an fünf Kalendertagen, muss die Erhöhung des zusätzlichen Urlaubs auf das Urlaubsjahr berechnet werden. Der Arbeitnehmer, dessen regelmäßige Arbeitszeit sich auf fünf Arbeitstage in der Woche verteilt, ist zur Arbeitsleistung an 260 Arbeitstagen verpflichtet., Bei einer erhöhten Arbeitsverpflichtung muss dies auf Arbeitstage oder Werktage im Jahr umgerechnet werden (BAG 20. 8. 02 NZA 2003, 1046, 1048; BAG 19. 1. 2010 – 9 AZR 246/09 und 9 AZR 426/09). Im obigen Beispielsfall waren dies 273 Arbeitstage. Der Zusatzurlaub wird dann wie folgt errechnet: 273 : 260 x 5 = 5,25 Tage (BAG. 22. 10. 91 NZA 1992, 797). Bei einer unterschiedlichen Verteilung der Arbeitszeit auf 6 Werktage in der Woche sind grundsätzlich pro Kalenderjahr 312 Werktage zugrunde zu legen, da die Berechnungsvorschrift in § 11 Abs. 1 S. 1 BUrlG auf 13 Wochen im Kalendervierteljahr abstellt (BAG 20. 8. 02, a. a. O.). Im Beispielsfall lautet die Berechnung dann wie folgt: 273 AT : 312 KT x 6 = 5,25 zusätzliche Urlaubstage.

5 Ergeben sich bei der Umrechnung **Bruchteile** von Urlaubstagen von mindestens einem halben Tag sind sie aufzurunden. Die seit dem 1. 5. 2004 bestehende gesetzliche Regelung in Abs. 2 S. 2, die unmittelbar nur für den Fall gilt, dass die Schwerbehinderteneigenschaft gemäß Abs. 2 S. 1 nicht im gesamten Kalenderjahr bestanden hat, ist in diesen Fällen zumindest analog anzuwenden. Es ist nicht sachgerecht, innerhalb derselben Norm unterschiedliche Berechnungen beim Entstehen von Bruchteilen vorzunehmen (*Fenski,* NZA 2004, 1255f.; *Masuch* in Hauck/Noftz, SGB IX, K § 125 RdNr. 28; a. A. *Düwell,* LPK-SGB IX, § 125 RdNr. 11; *Neumann/Pahlen/Majerski-Pahlen,* SGB IX, § 125 RdNr. 10). Eine entsprechende stundenweise Arbeitsfreistellung ist demnach nur noch in dem Fall zu gewähren, dass die Umrechnung zu Bruchteilen unter 0,5 Urlaubstagen führt (BAG 26. 4. 90 NZA 1990, 940. BAG 22. 10. 91 NZA 1992, 797 zur früheren Gesetzeslage). Eine Abrundung sieht die gesetzliche Regelung nämlich nicht vor. Der Bundesrat hatte sich mit einem entsprechenden Vorschlag nicht durchgesetzt (BT-Drucks. 15/2318 S. 19).

6 Der Zusatzurlaub führt zu einer **Aufstockung des gesetzlich, tariflich oder einzelvertraglich festgelegten Urlaubs**. Es wird nicht etwa nur der gesetzliche Mindesturlaub von 4 Wochen nach § 3 Abs. 1 BUrlG ergänzt (BAG 24. 10. 06 NZA 2007, 330 f.). Der Urlaubsanspruch, den Schwerbehinderte erhalten, muss sich daher von dem Urlaubanspruch sonstiger Beschäftigter unterscheiden. An diesem Grundsatz hat das LAG Potsdam auch in Bezug auf den vertraglichen

Urlaubsanspruch von behinderten und schwerbehinderten Menschen in einer Werkstatt für Behinderte festgehalten, und eine einheitlich für alle Beschäftigte festgesetzte Urlaubsdauer deshalb nicht gebilligt, obwohl in der Einrichtung ausschließlich gesundheitlich stark beeinträchtigte Arbeitnehmer tätig sind (LAG Potsdam 22. 2. 2007 – 5 Sa 1861/06; dazu krit. *Gagel*, jurisPR-ArbR 31/2007 Anm.6).

Für den Zusatzurlaub gilt grundsätzlich, dass er bis auf das Merkmal **7** der Schwerbehinderteneigenschaft dem Anspruch auf Erholungsurlaub folgt (**Grundsatz der Akzessorietät**). Wie auch beim Grundurlaub (§ 4 BUrlG) besteht deshalb Anspruch auf Zusatzurlaub erst nach einem Bestehen des Arbeitsverhältnisses von 6 Monaten. Ein Teilurlaub durch **Zwölftelung** des Urlaubsanspruch (1/12 pro vollen Monat des rechtlichen Bestandes des Arbeitsverhältnisses, nicht unbedingt also pro Kalendermonat) kommt nur im **Eintritts- oder Austrittsjahr** in Betracht. Hier gelten die Regelungen des § 5 BUrlG. Der volle Zusatzurlaubsanspruch besteht auch dann, wenn der schwerbehinderte Arbeitnehmer nach sechsmonatigem Bestehen des Arbeitsverhältnisses in der zweiten Hälfte des Kalenderjahres aus dem Arbeitsverhältnis ausscheidet (BAG 21. 2. 95 NZA 1995, 839; BAG 24. 10. 06 AiB 2007, 254 mit zustimm. Anm. *Peter*, AiB 2007, 256). Gezwölftelt wird also nur, wenn der schwerbehinderte Arbeitnehmer noch **keine 6 Monate** beschäftigt ist oder nach 6 Monaten in der **ersten Hälfte des Kalenderjahres** ausscheidet. Dann steht ihm pro vollen Beschäftigungsmonat ein Zwölftel des Zusatzurlaubes zu. Ausnahmsweise scheidet eine Zwölftelung aus, wenn die Schwerbehinderung erst im laufenden Kalenderjahr eingetreten ist und daher gemäß Abs. 2 S. 1 bereits ein nur anteiliger Urlaubsanspruch besteht. Abs. 2 S. 3 bestimmt in diesem Fall ausdrücklich, dass eine **erneute Minderung** des Zusatzurlaubes **ausgeschlossen** ist.

Soweit tarifliche Regelungen nicht zwischem tariflichem und ge- **8** setzlichem Urlaub unterscheiden, gelten sie auch für den Zusatzurlaub (BAG 14. 3. 06 NZA 2006, 1232, 1236). Sieht daher eine tarifliche Regelung Urlaubsabgeltung nicht nur im Fall der Beendigung des Arbeitsverhältnisses, sondern auch im Falle einer längeren Erkrankung vor, gilt dies auch für den Zusatzurlaub (BAG 14. 3. 06, a.a.O. S. 1235). Zwölftelungsregelungen in **Tarifverträgen** gelten für den gesetzlichen Zusatzurlaub nicht, da den Tarifvertragsparteien die Befugnis fehlt, den Zusatzurlaub oder den gesetzlichen Mindesturlaub nach dem BUrlG zu Ungunsten des schwerbehinderten Arbeitnehmers zu ändern (§ 13 Abs. 1 S. 3, § 5 BUrlG). Es handelt sich um zwingendes Recht (BAG 8. 3. 1994 NZA 1994, 1095, 1097).

IV. Lage des Urlaubs

9   Da der Zusatzurlaub dem allgemeinen Urlaubsanspruch akzessorisch
ist, sind das BUrlG oder entsprechende tarifliche Urlaubsregelungen
auch auf den Zusatzurlaub anzuwenden (BAG 14. 3. 06 NZA 2006,
1232, 1235). Für die zeitliche Lage des Urlaubs gilt daher grundsätzlich
§ 7 Abs. 1 BUrlG. Danach sind die **Urlaubswünsche des Arbeitnehmers** zu berücksichtigen, wenn nicht dringende betriebliche Belange
oder Urlaubswünsche anderer Arbeitnehmer, die unter sozialen Gründen den Vorrang verdienen, dagegen stehen. § 7 Abs. 1 S. 1 ist tariflich
zu Ungunsten der Arbeitnehmer abänderbar (§ 13 Abs. 1 BUrlG). Dies
gilt damit auch für die zeitliche Lage des Zusatzurlaubes. Eine **tarifliche Regelung**, wonach der Urlaub im Schulbereich in die Schulferien
zu legen ist, ist daher auch für den Zusatzurlaub wirksam (BAG 13. 2. 96
NZA 1996, 1103; LAG Köln 9. 10. 2007 – 9 Ta 262/07).

V. Feststellung der Schwerbehinderteneigenschaft

10   Bis zur Neuregelung des Abs. 2 durch das Gesetz zur Förderung der
Ausbildung und Beschäftigung schwerbehinderter Menschen vom
23. 4. 04 war anerkannt, dass der volle Zusatzurlaub und nicht etwa nur
ein anteiliger Urlaub in dem **Kalenderjahr** entstand, in dem die
Schwerbehinderung festgestellt wurde, ohne dass es darauf ankam, zu
welchem Zeitpunkt dies geschehen war (ständige Rechtsprechung des
BAG: Urteile vom 25. 6. 96 NZA 1996, 1153; 21. 2. 95 NZA 1995, 746;
26. 4. 90 NZA 1990, 940). Durch die gesetzlche Neuregelung ist diese
Rechtsprechung obsolet. Gemäß Abs. 2 S. 1 hat ein schwerbehinderter
Mensch nunmehr keinen Anspruch auf den vollen Zusatzurlaub, wenn
die Schwerbehinderteneigenschaft nicht während des gesamten Kalenderjahres vorliegt. Ihm steht viel mehr **ein Zwölftel** des Zusatzurlaub
für jeden vollen Monat zu, für den er als Schwerbehinderter anerkannt
ist. **Bruchteile**, die mindestens einen halben Urlaubstag ergeben, sind
gemäß Abs. 2 S. 2 aufzurunden. Da die Regelung keine Abrundung
vorsieht, sind Bruchteile unterhalb von 0,5 stundenweise zu gewähren
(*Cramer*, NZA 2004, 698, 711; *Düwell*, LPK–SGB IX, § 125 RdNr. 16;
Neumann/Pahlen/Majerski-Pahlen, SGB IX, § 125 RdNr. 10). Eine **weitere Zwölftelung** des Zusatzurlaubes wegen eines späteren Be-
schäftigungsbeginns oder eines vorzeitigen Ausscheidens aus dem Arbeitsverhältnis findet gemäß Abs. 2 S. 3 nicht statt. **Beispiel**: Die
Schwerbehinderteneigenschaft wird zum 15. 2. 2009 festgestellt. Der
schwerbehinderte Arbeitnehmer, der an 5 Tagen in der Woche arbeitet,
scheidet nach langjähriger Beschäftigung zum 30. 6. 2009 aus dem Arbeitsverhältnis aus. Sein Zusatzurlaub beträgt in diesem Fall: 5 : 12 Mo-

nate x 4 Monate = 1,66 aufgerundet auf 2 Tage, da die Schwerbehinderteneigenschaft 4 volle Monate bestanden hat. Der gesetzliche Mindesturlaub beträgt gemäß § 5 Abs. 1 c) BUrlG 20 Tage : 12 Monate x 6 Monate = 9,99, aufgerundet gemäß § § 5 Abs. 2 BUrlG auf 10 Tage. Da gemäß Abs. 2 S. 3 eine erneute Zwölftelung des Zusatzurlaubes gemäß § 5 Abs. 1 c BUrlG nicht erfolgen darf, beträgt der Urlaubsanspruch insgesamt 12 Tage und nicht etwa 11 Tage (22 : 12 Monate x 6 Monate).

Es kommt nicht darauf an, wann der **Feststellungsbescheid** über **11** die Anerkennung der Schwerbehinderteneigenschaft erlassen worden ist, da der Feststellung nur deklaratorische Bedeutung zukommt. Maßgeblich ist der Zeitpunkt, zu dem objektiv die Schwerbehinderung besteht. Wird sie daher **rückwirkend** für das laufende Kalenderjahr festgestellt, erwirbt der schwerbehinderte Beschäftigte den Zusatzurlaub ebenfalls für jeden vollen Monat, für den seine Schwerbehinderteneigenschaft anerkannt worden ist. Durch die Neuregelung in Abs. 3 wird klar gestellt, dass für die Übertragbarkeit des Urlaubs die allgemeinen Urlaubsregeln gemäß § 7 Abs. 3 BUrlG gelten. Der Anspruch auf Zusatzurlaub erlischt daher, wenn der rückwirkend anerkannte Zusatzurlaub weder im Kalenderjahr noch im Übertragungszeitraum genommen oder geltend gemacht worden ist (s. auch RdNr. 15 ff.).

Die Tatsache, dass noch unsicher ist, ob der Arbeitnehmer im laufen- **12** den Kalenderjahr die Anerkennung als Schwerbehinderter erreicht, ist kein ausreichender Grund zur Übertragung des Zusatzurlaubes (BAG 21. 2. 95 NZA 1995, 746 und 1008). Es **reicht** daher auch **nicht**, dass der Arbeitnehmer dem Arbeitgeber mitteilt, dass er die **Schwerbehinderung beantragt** hat und er deshalb den **Zusatzurlaub vorsorglich** geltend mache. Um den Anspruch auf Zusatzurlaub für das vergangene Jahr zu sichern, muss er viel mehr den Arbeitgeber konkret zur Urlaubserteilung auffordern, bevor die Schwerbehinderung festgestellt ist (BAG 21. 2. 95, a.a.O.; BAG 28. 1. 82 AP Nr. 3 zu § 44 SchwbG; BAG 26. 6. 86 NZA 1986, 833; *Fenski,* NZA 2004, 1255, 1257; *Neumann/Pahlen/Majerski-Pahlen,* SGB IX, § 125 RdNr. 9). In diesem Fall wird er jedoch in der Regel Schwierigkeiten haben, seine Schwerbehinderung nachzuweisen (BAG 26. 6. 86 NZA 87, 98). Eine unbedingte vorherige Geltendmachung des Zusatzurlaubs ist daher lebensfremd und geschieht praktisch nicht (zu Recht deshalb krit. *Fenski, a.a.O.*). Macht der Arbeitnehmer den Zusatzurlaub also erst im Folgejahr geltend, nachdem er rückwirkend für das vergangene Kalenderjahr als Schwerbehinderter anerkannt wurde, kann er den Zusatzurlaub nicht mehr im Übertragungszeitraum beanspruchen. Wird die Schwerbehinderteneigenschaft dagegen noch im laufenden Kalenderjahr festgestellt und der Arbeitnehmer verlangt seinen Zusatzurlaub noch bis zum 31. 12. desselben Jahres, kann dieser entsprechend den gesetzlichen oder tariflichen Übertragungsvoraussetzungen bzw. auch dann, wenn eine entsprechende betriebliche Übung einer automatischen Übertragung ins nächste Kalenderjahr besteht, noch im folgenden Kalenderjahr genommen werden (BAG 21. 2. 95 NZA 1995, 746).

13   Erlischt der Schwerbehindertenschutz gemäß § 116 Abs. 1 wegen Wegfall der Voraussetzungen des § 2 Abs. 2, entfällt mit dem **Verlust der Schwerbehinderteneigenschaft** auch der Anspruch auf Zusatzurlaub. Der Verlust im Laufe des Kalenderjahres ist entsprechend wie der Erwerb der Schwerbehinderung im laufenden Kalenderjahr zu behandeln (LAG Niedersachsen 25. 3. 98 DB 1998, 1292; *Masuch* in Hauck/Noftz, SGB IX, K § 125 RdNr. 14; *Düwell*, LPK-SGB IX, § 125 RdNr. 17). Er kann daher unter Anwendung des Zwölftelungsprinzips in Abs. 2 S. 1 anteilig verlangt werden. Zu beachten ist allerdings die gemäß § 116 Abs. 1 bestehende **3-monatige Nachfrist** nach Unanfechtbarkeit des Feststellungsbescheides über das Erlöschen des Schwerbehindertenschutzes, während der die Schwerbehinderteneigenschaft noch besteht. Daraus folgt, dass der schwerbehinderte Beschäftigte seinen Zusatzurlaub bis zum Ende der Nachfrist noch verlangen und in Anspruch nehmen kann. Ist ihm dies allerdings aus Krankheitsgründen nicht möglich, gelten auch hier die allgemeinen Regeln zum Verfall (s. RdNr. 15ff.). Schwierigkeiten könnten entstehen, wenn trotz konkret geäußerten Urlaubswunsches der Arbeitgeber den **Zusatzurlaub in der Nachfrist nicht gewährt**. Die Situation ist damit der vergleichbar, in der der Arbeitgeber dem Urlaubsverlangen im Übertragungszeitraum nicht nachkommt. Beide Fälle sind daher gleich zu behandeln: Der Arbeitgeber gerät demnach in Verzug und hat auch noch nach Ablauf der Nachfrist **Ersatzurlaub gemäß § 249 S. 1 BGB** (siehe dazu RdNr. 20) zu gewähren.

14   Die **Entziehung der besonderen Hilfen** gemäß § 117 hat keine Auswirkungen auf den Zusatzurlaub, da diese nicht den Schwerbehindertenstatus als solchen betreffen, sondern nur an diesen Stutus anknüpfende Hilfen beenden (*Düwell*, LPK-SGB IX, § 125 RdNr. 18; *Kossens/von der Heide/Maaß*, SGB IX, § 125 RdNr. 30; *Masuch* in Hauck/Noftz, SGB IX, K § 117 RdNr. 14).

VI. Übertragung und Verfall

15   Auch der Zusatzurlaub ist auf das Kalenderjahr beschränkt, muss also rechtzeitig vor Ablauf des Urlaubsjahres geltend gemacht werden; ansonsten verfällt er (BAG Urteile v. 21. 2. 95 NZA 1995, 746; 839 und 1008). Liegen die gesetzlichen oder tariflichen Übertragungsvoraussetzungen vor, kann der Zusatzurlaub wie der gesetzliche oder tarifliche Urlaub auch noch bis zum 31. 3. des Folgejahres genommen werden. Gemäß § 7 Abs. 3 BUrlG ist die **Übertragung bis zum 31. 3. des folgenden Kalenderjahres** zulässig, wenn der Urlaub aus dringenden

betrieblichen oder in der Person des Arbeitnehmers liegenden Gründen im Urlaubjahr nicht genommen werden konnte.

War es dem Arbeitnehmer aus Krankheitsgründen unmöglich, den **16** Zusatzurlaub zu nehmen, verfiel er nach der seit 1982 bestehenden Rechtsprechung des BAG wie der Grundurlaub, wenn die **Arbeitsunfähigkeit bis zum Ende des Übertragungszeitraum** andauerte (BAG 13. 5. 82 AP Nr. 4 zu § 7 BUrlG Übertragung; BAG 28. 11. 90 NZA 1991, 423; BAG 21. 1. 97 NZA 1997, 889). Seit der Entscheidung des Europäischen Gerichtshofes vom 20. 1. 2009 (C 350/06 und C-520/06 – Schultz-Hoff – NZA 2009, 135) und der ihr folgenden Entscheidung des BAG vom 24. 3. 2009 (NZA 2009, 538) gelten diese Grundsätze nicht mehr. Der EUGH hat festgestellt, dass nationale Vorschriften, nach denen der Urlaubsanspruch erlischt, wenn der Arbeitnehmer während des Bezugszeitraums oder eines Teils davon und/oder im Übertragungszeitraum arbeitsunfähig war und er deshalb den Urlaub nicht nehmen konnte, mit Art. 7 Abs. 1 der Arbeitszeitrichtlinie 2003/88/EG nicht zu vereinbaren sind. Im Anschluss an diese Entscheidung hat das BAG eine richtlinienkonforme Rechtsfortbildung durch teleologische Reduktion der zeitlichen Grenzen des § 7 Abs. 3 S. 1 und 4 BUrlG in Fällen krankheitsbedingter Arbeitsunfähigkeit bis zum Ende des Urlaubsjahres und/oder des Übertragungszeitraums für erforderlich gehalten (BAG 24. 3. 2009, a.a.O.). Damit steht fest, dass jedenfalls der gesetzliche **Mindesturlaub von vier Wochen nicht mehr verfällt,** wenn der Urlaub allein aus krankheitsbedingten Gründen im Kalenderjahr oder im Übertragungszeitraum nicht realisiert werden kann. Der gleiche Grundsatz gilt auch für die Urlaubsabgeltung im Falle der Beendigung des Arbeitsverhältnisses. Urlaubsansprüche, die bis zu diesem Zeitpunkt aus Krankheitsgründen nicht genommen werden konnten, sind finanziell abzugelten (EuGH 20. 1. 09, a.a.O. S. 138f.; BAG 24. 3. 09, a.a.O.).

Nicht alle Folgen dieser Rechtsprechungsänderung sind geklärt. **17** Zur Frage, inwieweit Art. 7 der Arbeitszeitrichtlinie 2003/88/EG eine **Kumulation von Urlaubsansprüchen** für mehrere Jahre im Falle einer lang andauernden Erkrankung fordert, oder die Richtlinie unter Hinzuziehung von Art. 9 Abs. 1 des Übereinkommens Nr. 132 der internationalen Arbeitsorganisation vom 24. 6. 1970 einer Befristung des Urlaubsanspruchs auf längstens 18 Monate zugänglich ist, ist ein erneutes Vorabentscheidungsersuchen beim EuGH anhängig (LAG Hamm 15. 4. 2010 – 16 Sa 1176/09). Höchstrichterlich noch nicht geklärt ist weiterhin, ob der vom Arbeitgeber zu erfüllende Urlaubsanspruch auch das zu zahlende zusätzliche Urlaubsgeld erfasst. Das ist zu bejahen, da anerkannt ist, dass, soweit tarifliche Regelungen nicht zwischen tariflichem und gesetzlichem Urlaub unterscheiden, für sämtliche zu gewährenden Urlaubstage das **zusätzliche Urlaubsgeld** zu leisten ist (BAG 14. 3. 06 NZA 2006, 1232). Auch die Frage, ob während einer

Rente wegen teilweiser oder voller Erwersminderung auf Zeit entstandene Urlaubsansprüche, mit der Beendigung des Arbeitsverhältnisses abzugelten bzw. nach Ende der Zeitrente nachzugewähren sind,
ist vom BAG noch nicht entschieden. Auch dies ist zu bejahen, da
gesetzliche Ruhensregelungen wie in § 17 Abs. 1 BEEG fehlen und Erwerbsminderung gleichzeitig auch das Bestehen von Arbeitsunfähigkeit einschließt (so auch LAG Hamm, a.a.O.; LAG Bad.-Württ.
29. 4. 2010 – 11 Sa 64/09, dazu *Berscheid*, jurisPR-ArbR 37/2010
Anm.4).

18   Umstritten ist, ob diese Urlaubsgrundsätze auch für den **Zusatzurlaub** für schwerbehinderte Menschen gelten. Da das Gemeinschaftsrecht keinen Zusatzurlaub für schwerbehinderte Menschen fordert,
wird teilweise vertreten, dass der Verfall des Zusatzurlaubs anderen Regeln unterworfen ist als der im BUrlG enthaltene gesetzliche Mindesturlaub (LAG Berlin-Brand. 2. 10. 2009 – 6 Sa 1215/09; ArbG Berlin
22. 4. 2009 – 56 Ca 21280/08; *Gaul/Josten/Strauf*, BB 2009, 497f.; *Subatzus*, DB 2009, 510, 512; GK-SGB IX-*Lampe*, § 125 RdNr. 21). Dieser
Auffassung hat sich das BAG mit überzeugender Begründung nicht
angeschlossen (BAG 23. 3. 10 NZA 2010, 810). Es hat festgestellt, dass
der Zusatzurlaub zwar nicht gemeinschaftsrechtlich verbürgt ist, er
jedoch wegen des innerstaatlichen **Grundsatzes der urlaubsrechtlichen Akzessorietät** von der Wirkung des Gemeinschaftsrechts berührt wird und dadurch das Schicksal des gesetzlichen Mindesturlaubs
teilt (BAG, a.a.O.). Wegen des gesundheitspolitisch identischen Zweckes von allgemeinem Urlaubsanspruch und Zusatzurlaub finden
nämlich die für die Entstehung und den Verfall des Zusatzurlaubs bestehenden Regeln des § 7 BUrlG Anwendung. Dies war schon nach der
bisherigen Rechtsprechung anerkannt (BAG 26. 6. 1986 AP Nr. 6 zu
§ 44 SchwbG unter 2.a; LAG Rh.-Pfl. 15. 5. 2007 – 3 Sa 73/07). Die Anwendung der allgemeinen Urlaubsregeln ergibt sich außerdem aus dem
Begriff „Zusatzurlaub" und zum anderen aus der Verwendung des Begriffes „auch" in § 125 Abs. 3, wodurch deutlich wird, dass die allgemeinen urlaubsrechtlichen Regelungen nicht nur in dem in § 125 Abs. 3
enthaltenen Sonderfall Anwendung finden. Im Falle der Arbeitsunfähigkeit über den 31.3. des Folgejahres erlischt daher auch der Schwerbe-
hindertenzusatzurlaub nicht (BAG 23. 3. 2010, a.a.O.; LAG Düsseldorf
2. 2. 2009 – 12 Sa 486/06; LAG Bad.-Württ. 29. 4. 2010 – 11 Sa 64/09;
LAG Hamburg 29. 10. 2009 – 2 Sa 146/09; *Kohte*, jurisPR-ArbR 25/
2009 Anm.1; *Pulz*, jurisPR-ArbR 12/2010 Anm.5; *Jeschke* in Deinert/
Neumann, Handbuch SGB IX, § 18 RdNr. 70, *Düwell*, LPK-SGB IX,
§ 125 RdNr. 34; *Trenk-Hinterberger*, HK-SGB IX, § 125 RdNr. 16b;
Rehwald, AiB 2009, 242).

19   Arbeitgeber genießen keinen **Vertrauensschutz** auf die Fortdauer
der seit 1982 bestehenden Rechtsprechung (BAG 23. 3. 10 NZA 2010,
810, 817ff). Das BAG hatte zunächst nur entschieden, dass Arbeitgeber

jedenfalls seit der Vorlage des LAG Düsseldorf vom 2.8.2006 in der Sache Schultz-Hoff mit einer Änderung der Rechtsprechung zum Urlaubsrecht rechnen mussten (U. v. 24.3.2009 NZA 2009, 538, 545). In seiner Entscheidung vom 23.3.2010 nimmt das BAG nunmehr an, dass Arbeitgeber bereits mit dem Ablauf der Umsetzungsfrist für die erste Arbeitszeitrichtlinie 93/104/EG am 23.11.1996 auf die Fortdauer der bisherigen Rechtsprechung zum Urlaubsrecht nicht mehr vertrauen konnten (BAG 23.3.2010, a.a.O.). Dies wird damit begründet, dass Vertrauen in richtlinienwidrige Rechtsprechung nicht schutzwürdig ist. Gegen diese Auffassung bestehen insoweit Bedenken, als nicht ausreichend berücksichtigt wird, dass auch nach höchstrichterlicher Rechtsprechung der Verfall von Urlaubsansprüchen nicht gemeinschaftswidrig war, und auch das BAG selbst noch nach Ablauf der Umsetzungsfrist der Richtlinie an seiner bisherigen Rechtsprechung unverändert festgehalten hat.

VII. Schadensersatz

Macht der Arbeitnehmer seinen Urlaubsanspruch so frühzeitig geltend, dass dem Arbeitgeber die Gewährung des Urlaubes noch bis zum Ablauf des Übertragungszeitraums möglich ist, gerät der Arbeitgeber, wenn er dem Urlaubsverlangen nicht nachkommt, mit der Erfüllung des Urlaubsanspruches in **Verzug**. Voraussetzung ist allerdings, dass der Arbeitnehmer seinen Urlaubswunsch für einen konkreten Zeitraum beantragt hat (BAG 15.3.05 NZA 2006, 994, 996). Dem Arbeitnehmer steht in diesem Fall ein Schadensersatzanspruch gemäß §§ 281 Abs. 1, 280 Abs. 1, 286 Abs. 1, §§ 287 S. 2, 249 S. 1 BGB zu. Da mit Ablauf des Übertragungszeitraums der Urlaub verfallen und damit die Urlaubserfüllung unmöglich geworden ist, tritt an die Stelle des zu erfüllenden Urlaubsanspruches ein **Ersatzanspruch in gleicher Höhe** (ständige Rspr. des BAG: Urteile v. 7.11.85 NZA 392 und 393; 22.10.91 NZA 1992, 797; 21.2.95 NZA 1995, 839; 15.3.05, a.a.O.). Ist die Urlaubserteilung wegen zwischenzeitlicher Beendigung des Arbeitsverhältnisses unmöglich geworden, steht dem Arbeitnehmer ein Schadensersatzanspruch in Geld gemäß § 251 BGB zu. **20**

VIII. Abgeltung

Für den Zusatzurlaub gilt auch § 7 Abs. 4 BUrlG. Bei Beendigung des Arbeitsverhältnisses ist der noch nicht gewährte Urlaub abzugelten. Hinsichtlich Befristung und Erfüllbarkeit ist er an die gleichen Voraussetzungen wie der sonstige Urlaubsanspruch gebunden. Er ist kein Abfindungsanspruch. Er setzt also voraus, dass der Urlaubsanspruch **noch** **21**

erfüllt werden könnte, wenn das Arbeitsverhältnis noch bestünde. Um sich evtl. Schadensersatzansprüche zu sichern, muss der Arbeitnehmer demnach auch bei Beendigung des Arbeitsverhältnisses seine Urlaubsansprüche rechtzeitig geltend machen (BAG 7. 1. 95 NZA 1995, 531). Ist der Arbeitnehmer bei Beendigung des Arbeitsverhältnisses erkrankt und erlangt seine Arbeitsfähigkeit auch nicht mehr bis zum Ende des Kalenderjahres bzw. bis zum Ablauf des Übertragungszeitraumes, **verfällt** der Urlaubsabgeltungsanspruch nicht (s. RdNr. 15ff.).

22   Die Ersetzung des Freistellungs- durch den Abgeltungsanspruch vollzieht sich bei Beendigung des Arbeitsverhältnisses von Gesetzes wegen. Der Abgeltungsanspruch ist deshalb auch **nicht** davon **abhängig,** dass dem Arbeitgeber bei Beendigung des Arbeitsverhältnisses die **Schwerbehinderung bekannt** ist. Der Zusatzurlaub muss vom Arbeitnehmer nicht schon vor Ende des Arbeitsverhältnisses geltend gemacht werden (BAG 25. 6. 96 NZA 1996, 1153). Wenn er die Schwerbehinderung nicht schon vorher mitteilt, ist dies auch nicht treuwidrig (BAG 25. 6. 96, a. a. O.).

IX. Verzicht

23   Auf den Zusatzurlaub wie auch auf den gesetzlichen Mindesturlaub kann nicht verzichtet werden, etwa durch eine **Ausgleichsquittung** oder im Rahmen eines **Vergleichs.** Dies bestimmt § 13 Abs. 1 BUrlG (BAG 25. 6. 96 NZA 1996, 1153).

X. Urlaubsentgelt und zusätzliches Urlaubsgeld

24   Wie während der Dauer des Grundurlaubes gemäß § 11 BUrlG das Arbeitsentgelt weiter zu gewähren ist, ist der **regelmäßig erzielte Arbeitsverdienst** auch während des Zusatzurlaubes weiterzuzahlen. Für den Zusatzurlaub gelten keine Besonderheiten. Soweit keine günstigeren tariflichen, betrieblichen oder vertraglichen Regelungen bestehen, berechnet sich das Urlaubsentgelt nach dem **Durchschnittsverdienst der letzten 13 Wochen vor Beginn des Urlaubs** (§ 11 BUrlG). Hinsichtlich des Zeitfaktors ist darauf abzustellen, wie viele Stunden (also auch **Überstunden**) der Arbeitnehmer gearbeitet hätte, wenn er nicht urlaubsbedingt von der Arbeit freigestellt worden wäre; hinsichtlich des Geldfaktors sind die im Bezugszeitraum geleisteten **Überstundenzuschläge** allerdings nicht zu berücksichtigen (BAG 9. 11. 99 NZA 2000, 1335, 1337).

25   Neben der Zahlung von Urlaubsentgelt sehen tarifliche, betriebliche oder arbeitsvertragliche Vereinbarungen die Zahlung eines zusätzlich zu zahlenden Urlaubsgeldes vor. Einen gesetzlichen Anspruch auf diese

Leistung gibt es nicht. Regelt ein **Tarifvertrag**, dass zusätzlich zum Urlaubsentgelt ein Zuschlag oder **zusätzliches Urlaubgeld** zu zahlen ist, gilt dies auch für den Zusatzurlaub für Schwerbehinderte, wenn der Tarifvertrag keine Einschränkungen enthält, vor allem keine Unterscheidung zwischen dem tariflichen und dem gesetzlichen Urlaubsanspruch trifft (BAG 14. 3. 06 NZA 2006, 1232, 1236). Gewährt der Tarifvertrag dagegen ausdrücklich das zusätzliche Urlaubsgeld nur für die tariflich festgelegten Urlaubstage, entfällt das Urlaubsgeld für den gesetzlichen Zusatzurlaub (BAG 30. 7. 86 NZA 1986, 831).

XI. Beamtenverhältnis

§ 125 ist auch im Beamtenverhältnis anwendbar (§ 128 Abs. 1). Es be- **26** stehen im Bund und in den Ländern allerdings besondere Urlaubsverordnungen, die eine mit § 7 BUrlG vergleichbare Übertragungsvorschrift des Urlaubes in das folgende Kalenderjahr vorsehen, wobei der Übertragungszeitraum abweichende Regelungen enthält (z. B. 9 Monate in den Urlaubsverordnungen in Niedersachsen oder NRW, im Bund: 12 Monate). Umstritten ist, ob die Entscheidung des EuGH vom 20. 1. 2009 zum Verfall von Urlaubsansprüchen bei Arbeitsunfähigkeit (s. RdNr. 15ff.) auch im Beamtenrecht Anwendung findet. Teilweise wird vertreten, dass die sog. Arbeitszeitrichtlinie 2003/88 EG nur Arbeitnehmer und nicht auch Beamte erfasse (VG Koblenz 21. 7. 2009 – 6 K 1253/08.KO; VG Hannover 29. 4. 2010 – 13 A 3250/09; VG Ansbach 19. 5. 2010 – AN 11 K 10.00486) und eine unmittelbare Geltung der Richtlinie mangels Vorliegens der Anforderungen des Art.249 Abs. 3 EGV nicht in Betracht kämen (VG Koblenz, a.a.O.). Diese Auffassung überzeugt nicht. Von der Richtlinie werden **alle Beschäftigten**, auch solche in einem öffentlich-rechtlichen Dienstverhältnis Beschäftigte, also auch Beamte erfasst (so auch OVG Münster 7. 5. 2009 – 1 A 2652/07; OVG Rh.-Pf. 30. 3. 2010 – 2 A 11321/09; VG Gelsenkirchen 4. 8. 2009 – 1 L 667/09; VG Berlin 10. 6. 2010 – 5 K 175.09). Da die Umsetzungsfrist der ersten Arbeitszeitrichtlinie 93/104/ EG (nur redaktionell neu gefasst durch die Richtlinie 2003/88 EG vom 4. 11. 2003) am 23. 11. 1996 verstrichen ist, gilt Art. 7 der Richtlinie 2003/88 EG gegenüber dem öffentlichen Dienstgeber als Träger öffentlicher Gewalt unmittelbar (VG Berlin, a.a.O; VG Gelsenkirchen, a.a.O.). Die Gegenansicht kann sich insoweit nicht auf die Entscheidung des BAG vom 24. 3. 09 (NZA 2009, 538) berufen, da Arbeitgeber des dortigen Vefahrens ein privater Verein war. Daraus ergibt sich, dass auch im Beamtenverhältnis weder der Mindesturlaub von vier Wochen noch der Zusatzurlaub für Schwerbehinderte verfallen, wenn der Urlaub auch im Übertragungszeitraum ausschließlich aus Krankheitsgründen nicht genommen werden konnte (so auch VG Gelsenkirchen, a.a.O.; a. A. VG Hannover, a.a.O.). Umstritten ist weiterhin, ob auch der Ausschluss einer **finanziellen Abgeltung** im Beamtenrecht gemeinschaftswidrig ist. Da es an einer entsprechenden gesetzlichen Regelung in § 89 BBG und in den Urlaubsverordnungen der Ländern fehlt, soll nach der Rechtsprechung des BVerwG nicht erteilter Erholungsurlaub – und damit entsprechend auch der Zusatzurlaub – nicht in Geld abgegolten werden können. Die darin bestehende unterschiedliche rechtliche Behandlung von Beamten und Arbeitnehmern verstoße nicht gegen Art. 3 Abs. 1 GG (BVerwG 31. 7. 1997 – 2 B 138/96). Für diese Auffassung sprechen gute Gründe: Zum einen ist der Arbeitszeitrichtlinie in Art. 7 Abs. 2 keine allgemeine finanzielle Abgeltungsverpflichtung zu entnehmen, zum anderen sind die besonderen verfassungsrechtlichen und einfachgesetzlichen Besonderheiten im Beamtenverhältnis zu berücksichtigen, die langandauernd arbeitsunfähige Beamte im Vergleich zu Arbeitnehmern insofern bevorzugen, als Beamte – anders als Arbeitnehmer – während der gesamten Zeit ihrer Erkrankung ihre volle Besoldung erhalten und damit im Gegensatz zu Arbeitnehmern keine finanziellen Verluste erleiden (so auch OVG Rh-Pfl., a.a.O.; VG Ansbach, a.a.O.; VG Hannover, a.a.O.; a.A. VG Berlin, a.a.O.). Da der EuGH diese Frage zur Auslegung der Arbeitszeitrichtlinie noch nicht entschieden hat, dürften das BVerwG bzw. die Instanzgerichte, soweit sie die Revision nicht zulassen, nach den zur Vorlagepflicht vom BVerfG entwickelten Kriterien (Beschluss v. 6. 7. 2010 – 2 BvR 2661/06) verpflichtet sein, die Frage dem EuGH zur Entscheidung gemäß Art 267 Abs. 3 AEUV (vormals Art. 234 Abs. 3 EG-Vertrag) vorzulegen.

XII. Verlängerung des Zusatzurlaubs (§ 125 Abs. 1 S. 2)

27   Gemäß Abs. 1 S. 2 sind Regelungen, die einen verlängerten Zusatzurlaub vorsehen, zulässig. Dies kann aufgrund von Tarifverträgen, Betriebsvereinbarungen oder Arbeitsverträgen der Fall sein. Die Vereinbarung eines kürzeren Zusatzurlaubes wäre dagegen wegen Gesetzesverstoß nichtig.

28   Die in Abs. 1 S. 2 enthaltene Öffnungsklausel erfasste auch die weitergehende Regelung über den Zusatzurlaub im **Saarland** (§ 1 des Saarländischen Gesetzes Nr. 186 vom 22. 6. 1950 i.d.F. des Gesetzes vom 30. 6. 1951). Dieses Gesetz sah einen Zusatzurlaub von 3 Arbeitstagen für sog. Minderbehinderte mit einem Behinderungsgrad zwischen 25 und unter 50 vor. Die saarländische Regelung verstößt nicht gegen Bundesrecht (BAG 27. 5. 97 NZA 1998, 649). Seit der Aufhebung der Vorschrift mit Wirkung zum 1. 1. 2000 durch Gesetz vom 23. 6. 1999 (ABl. S. 1263) hat sich die Bedeutung der Regelung auf eine Bestandschutzgarantie reduziert. So bestimmt § 2 des Gesetzes vom 23. 6. 1999,

dass Anspruchsberechtigte, die bis zu diesem Zeitpunkt den zusätzlichen Urlaub verlangen konnten, ihn auch weiterhin erhalten (dazu BAG 15. 11. 2005 – 9 AZR 633/04).

XIII. Rechtsstreitigkeiten

Im Falle von Streitigkeiten über den Zusatzurlaub ist bei Arbeitnehmern die Arbeitsgerichtsbarkeit, bei Beamten und Richtern die Verwaltungsgerichtsbarkeit zuständig. **29**

Nachteilsausgleich

126 (1) Die Vorschriften über Hilfen für behinderte Menschen zum Ausgleich behinderungsbedingter Nachteile oder Mehraufwendungen (Nachteilsausgleich) werden so gestaltet, dass sie unabhängig von der Ursache der Behinderung der Art oder Schwere der Behinderung Rechnung tragen.

(2) Nachteilsausgleiche, die auf Grund bisher geltender Rechtsvorschriften erfolgen, bleiben unberührt.

I. Allgemeines

§ 126 SGB IX beruht auf der im Jahre 1974 begonnenen Neuorientierung des Schwerbehindertenrechts am Grundsatz der **Finalität** und damit auf der Abkehr von der Begünstigung bestimmter Behinderungsursachen (entschädigungsrechtliche Kausalität; vgl. vor § 68 RdNr. 17 ff.). § 126 Abs. 1 SGB IX enthält eine **Legaldefinition** des Begriffs „Nachteilsausgleich", ein **Differenzierungsverbot** nach der Behinderungsursache und ein **Differenzierungsgebot** nach Art und Schwere der Behinderung. In § 126 Abs. 2 SGB IX ist eine **Bestandsschutzklausel** für Nachteilsausgleiche vorgesehen, die auf Grund geänderter oder aufgehobener Rechtsvorschriften gewährt worden sind. **Systematisch** wirkt die Regelung im Kapitel 10 „sonstige Vorschriften" etwas verloren. Sinnvoller wäre sie als Programmsatz und Auslegungsregel in Kapitel 1 den Vorschriften zur Inanspruchnahme von Nachteilsausgleichen (§ 69 Abs. 4 und 5 SGB IX) vorangestellt worden. Die gesundheitlichen Voraussetzungen für die Inanspruchnahme von Nachteilsausgleichen werden durch diesbezügliche **Feststellungen der Versorgungsämter** (§ 69 Abs. 4 SGB IX) und die Aufnahme entsprechender **Merkzeichen** in den Schwerbehindertenausweis (§ 69 Abs. 5 SGB IX i.V.m. der **SchwbAwV**, abgedruckt als Anhang 2) nachgewiesen. Eine **Übersicht der Merkzeichen** befindet sich in der Kommentierung zu § 69 RdNr. 69. **1**

II. Gestaltung der Nachteilsausgleiche (Abs. 1)

2　　Die Vorschrift stellt einen **Programmsatz** des Gesetzgebers dar (vgl. *Kossens* in: Kossens/von der Heide/Maaß, SGB IX, § 126 SGB IX RdNr. 1). Adressaten sind Gesetz- und Verordnungsgeber, die die Grundsätze des § 126 SGB IX bei der Ausgestaltung von Nachteilsausgleichen für behinderte Menschen zu berücksichtigen haben. Als Anspruchsgrundlage für soziale Rechte behinderter Menschen kommt die Regelung nicht in Betracht (vgl. *Griese* in: jurisPK-SGB IX, § 126 RdNr. 2).

3　　§ 126 SGB IX **gilt für schwerbehinderte** und diesen **gleichgestellte behinderte Menschen**. Dies ergibt sich unmittelbar aus § 68 Abs. 1 SGB IX (a. A. *Kossens* in: Kossens/von der Heide/Maaß, SGB IX, § 126 SGB IX RdNr. 1).

4　　Mit § 126 Abs. 1 SGB IX nicht vereinbar ist die Ausgestaltung des **Merkzeichens „1.Kl."** (§ 3 Abs. 1 Nr. 6 SchwbAwV). Dieses Merkzeichen wird in den Schwerbehindertenausweis eingetragen, wenn der schwerbehinderte Mensch die im Verkehr mit Eisenbahnen tariflich festgelegten gesundheitlichen Voraussetzungen für die Benutzung der 1. Wagenklasse mit Fahrausweis der 2. Wagenklasse erfüllt. Die Deutsche Bahn AG gewährt in ihren Tarifen jedoch nur Kriegsbeschädigten und NS-Verfolgten mit einer MdE um wenigstens 70 v.H. das Recht zur Nutzung der 1. Wagenklasse ohne Aufpreis. Von daher verstößt § 3 Abs. 1 Nr. 6 SchwbAwV gegen das Differenzierungsverbot hinsichtlich der Behinderungsursache in § 126 Abs. 1 SGB IX. Demgegenüber hat der Gesetzgeber im Jahre 1979 den **Anspruch auf unentgeltliche Beförderung** schwerbehinderter Menschen von der Behinderungsursache gelöst (vgl. § 145 RdNr. 8 ff.). Als Relikt der bis dahin geltenden Privilegierung von Kriegsbeschädigen ist die Bestandsschutzvorschrift des § 145 Abs. 1 Satz 5 Nr. 3 in das SGB IX übernommen worden.

5　　Von dem **Differenzierungsverbot** nach der Behinderungsursache unberührt bleiben unterschiedliche Leistungsansprüche behinderter Menschen im **gegliederten System der sozialen Sicherung**. So erhalten Arbeitsunfallopfer, an Berufskrankheiten leidende behinderte Menschen und Anspruchsberechtigte im sozialen Entschädigungsrecht (u. a. Kriegs- und Wehrdienstbeschädigte, Impfschadensopfer, Opfer von Gewalttaten) eine Verletzten- bzw. Grundrente nach dem Grad der schädigungsbedingten MdE. Auch die Zuständigkeit der Rehabilitationsträger und die Ausgestaltung der Rehabilitation ist z.T. abhängig von der Behinderungsursache (§ 6 SGB IX). Das Differenzierungsverbot des § 126 Abs. 1 SGB IX greift nur insoweit, als ein soziales Recht des behinderten Menschen nicht in einem spezifischen Teilsystem der sozialen Sicherheit begründet ist, sondern wie im Schwerbehindertenrecht allein auf dem Umstand der Behinderung beruht.

Aus dem **Differenzierungsgebot** hinsichtlich Art und Schwere 6
der Behinderung in § 126 Abs. 1 SGB IX leitet das BSG ab, dass Nachteilsausgleiche gemäß ihrem Zweck nur dann gewährt werden können,
wenn der auszugleichende Nachteil auf die Behinderung zurückgeht
und nicht auch gleichaltrige Gesunde trifft (BSG 12. 2. 1997 – RVs 1/95
– SozR 3–3870 § 4 Nr. 18 hinsichtlich der Nichtbefreiung eines Kleinkindes von der Rundfunkgebührenpflicht, Merkzeichen „RF").

III. Übergangsrecht (Abs. 2)

Nach Abs. 2 haben nach früherem Recht eingeräumte Nachteilsaus- 7
gleiche Bestandsschutz.

Beschäftigung schwerbehinderter Menschen in Heimarbeit

127 (1) Schwerbehinderte Menschen, die in Heimarbeit beschäftigt oder diesen gleichgestellt sind (§ 1 Abs. 1 und 2 des Heimarbeitsgesetzes) und in der Hauptsache für den gleichen Auftraggeber
arbeiten, werden auf die Arbeitsplätze für schwerbehinderte Menschen
dieses Auftraggebers angerechnet.

(2) [1]Für in Heimarbeit beschäftigte und diesen gleichgestellte
schwerbehinderte Menschen wird die in § 29 Abs. 2 des Heimarbeitsgesetzes festgelegte Kündigungsfrist von zwei Wochen auf vier Wochen erhöht; die Vorschrift des § 29 Abs. 7 des Heimarbeitsgesetzes ist
sinngemäß anzuwenden. [2]Der besondere Kündigungsschutz schwerbehinderter Menschen im Sinne des Kapitels 4 gilt auch für die in
Satz 1 genannten Personen.

(3) [1]Die Bezahlung des zusätzlichen Urlaubs der in Heimarbeit beschäftigten oder diesen gleichgestellten schwerbehinderten Menschen
erfolgt nach den für die Bezahlung ihres sonstigen Urlaubs geltenden
Berechnungsgrundsätzen. [2]Sofern eine besondere Regelung nicht
besteht, erhalten die schwerbehinderten Menschen als zusätzliches
Urlaubsgeld 2 Prozent des in der Zeit vom 1. Mai des vergangenen bis
zum 30. April des laufenden Jahres verdienten Arbeitsentgelts ausschließlich der Unkostenzuschläge.

(4) [1]Schwerbehinderte Menschen, die als fremde Hilfskräfte eines
Hausgewerbetreibenden oder eines Gleichgestellten beschäftigt werden (§ 2 Abs. 6 des Heimarbeitsgesetzes) können auf Antrag eines
Auftraggebers auch auf dessen Pflichtarbeitsplätze für schwerbehinderte Menschen angerechnet werden, wenn der Arbeitgeber in der
Hauptsache für diesen Auftraggeber arbeitet. [2]Wird einem schwerbehinderten Menschen im Sinne des Satzes 1, dessen Anrechnung die

Bundesagentur für Arbeit zugelassen hat, durch seinen Arbeitgeber gekündigt, weil der Auftraggeber die Zuteilung von Arbeit eingestellt oder die regelmäßige Arbeitsmenge erheblich herabgesetzt hat, erstattet der Auftraggeber dem Arbeitgeber die Aufwendungen für die Zahlung des regelmäßigen Arbeitsverdienstes an den schwerbehinderten Menschen bis zur rechtmäßigen Beendigung seines Arbeitsverhältnisses.

(5) Werden fremde Hilfskräfte eines Hausgewerbetreibenden oder eines Gleichgestellten (§ 2 Abs. 6 des Heimarbeitsgesetzes) einem Auftraggeber gemäß Absatz 4 auf seine Arbeitsplätze für schwerbehinderte Menschen angerechnet, erstattet der Auftraggeber die dem Arbeitgeber nach Absatz 3 entstehenden Aufwendungen.

(6) Die den Arbeitgeber nach § 80 Abs. 1 und 5 treffenden Verpflichtungen gelten auch für Personen, die Heimarbeit ausgeben.

Übersicht

I. Allgemeines

1   Die Regelung des SGB IX geht im Wesentlichen zurück auf das SchwbG von 1974 (BGBl. I S. 1006) und übernimmt inhaltlich unverändert § 49 SchwbG vom 26. 8. 1986 (BGBl. I S. 1421), zuletzt geändert durch das Gesetz vom 26. 7. 1994 (BGBl. I S. 1792). Durch das 4. Gesetz für moderne Dienstleistungen am Arbeitsmarkt vom 24. 12. 2003 (BGBl. I S. 2954) i.V. m. Art. 14 Nr. 4b des kommunalen Optionsgesetzes vom 30. 7. 2004 (BGBl. I S. 2014) ist in Abs. 4 S. 2 die Formulierung *Arbeitsamt* durch *Bundesagentur für Arbeit* ersetzt worden.

2   Die Norm bestimmt, dass Heimarbeiter, Hausgewerbetreibende oder diesen Gleichgestellte in den besonderen Schutz des Schwerbehindertenrechts miteinzubeziehen sind. Dies hat seinen Grund darin, dass sie als sog. **arbeitnehmerähnliche Personen** wegen ihrer besonderen wirtschaftlichen Abhängigkeit wie Arbeitnehmer schutzbedürftig sind.

3   Es werden allerdings nicht sämtliche Vorschriften des Schwerbehindertenrechts angewandt, da Heimarbeiter nicht in den Betrieb ein-

gegliedert sind. Die Regelungen zur Einstellung und Beschäftigung (§§ 71, 72, 81) wie auch zur Mehrarbeit (§ 124) gelten deshalb nicht. Wohl aber sind die Regelungen zum Kündigungsschutz (§§ 85 ff.), zur Mindestkündigungsfrist (§ 86) und zum Zusatzurlaub (§ 125) anzuwenden.

II. Begriff des Heimarbeiters, Hausgewerbetreibenden und Gleichgestellten

Was unter dem Begriff des in Heimarbeit Beschäftigten zu verstehen   **4** ist, wird in § 2 Abs. 1 und 2 des Heimarbeitsgesetzes (HAG) definiert. Danach sind **Heimarbeiter** diejenigen, die ihre Arbeitsstätte selbst auswählen und dort allein oder mit Familienangehörigen für einen oder mehrere Auftraggeber arbeiten und diesem die Verwertung des Arbeitsergebnisses überlassen. Sie müssen weiterhin erwerbsmäßig tätig werden, also aus der Tätigkeit ihren Lebensunterhalt bestreiten. Gewerblich muss die Tätigkeit nicht sein. Es kann sich also auch um (qualifizierte) Angestelltentätigkeiten (z. B. Bürotätigkeiten in einem home-office) handeln (*Düwell*, LPK–SGB IX, § 127 RdNr. 5; *Masuch* in Hauck/Noftz; SGB IX, K § 127 RdNr. 6; offengelassen BAG 25. 3. 92 NZA 1992, 899, 902). **Hausgewerbetreibende** unterscheiden sich vom Heimarbeiter nur dadurch, dass sie noch fremde Hilfskräfte oder Heimarbeiter – allerdings dürfen es höchstens zwei sein – beschäftigen. Dabei müssen sie selbst wesentlich mitarbeiten. Gemeinsames Kennzeichen beider Personengruppen ist, dass sie **wirtschaftlich**, aber **nicht persönlich abhängig** sind, also nicht betrieblich eingegliedert sind und keinem Weisungsrecht unterliegen. Sie sind daher keine Arbeitnehmer, sondern arbeitnehmerähnliche Personen. Auch in § 5 Abs. 1 S. 2 BetrVG **gelten** sie nur als Arbeitnehmer.

Aufgrund einer Entscheidung des Heimarbeitsausschusses mit Zu-   **5** stimmung der obersten Arbeitsbehörde des Landes (§ 1 Abs. 4, §§ 3 und 4 HAG) können auch weitere natürliche Personen den in Heimarbeit Beschäftigten gleichgestellt werden. Kriterium für die **Gleichstellung** ist deren **vergleichbare Schutzbedürftigkeit**, die gemäß § 1 Abs. 1 S. 2 HAG nach dem Ausmaß der wirtschaftlichen Abhängigkeit beurteilt wird. Die in Betracht kommenden Personengruppen sind in § 1 Abs. 2 a–d HAG aufgeführt. Dazu zählen Heimarbeiter, die nicht gewerblich tätig sind (Fallgruppe a), Hausgewerbetreibende, die mehr als zwei fremde Hilfskräfte oder Heimarbeiter beschäftigen (Fallgruppe b), im Lohnauftrag arbeitende Gewerbetreibende (Fallgruppe c), die keine eigene Absatzorganisation unterhalten, sondern auf Bestellung arbeiten (BAG 19. 1. 88 NZA 1988, 805) und **Zwischenmeister** (Fallgruppe d). Darunter wird gemäß § 2 Abs. 3 HAG derjenige verstanden, der als Mittler die ihm vom Auftraggeber übertragene Arbeit an den in

Heimarbeit Beschäftigten weitergibt. Er darf selbst nicht Arbeitnehmer sein, kann aber daneben auch noch selbst Heimarbeiter oder Hausgewerbetreibender sein.

III. Begriff der Hilfskraft und des Auftraggebers

6   Fremde Hilfskräfte sind Arbeitnehmer, die in der Arbeitsstätte eines Hausgewerbetreibenden oder eines Gleichgestellten beschäftigt werden (§ 2 Abs. 6 HAG). Auftraggeber sind die Unternehmer, die Heimarbeit ausgeben. Sie verwerten die Arbeit des in Heimarbeit Beschäftigten und tragen auch das Verwertungsrisiko (GK-SGB IX-*Lampe*, § 127 RdNr. 18; *Neumann/Pahlen/Majerski-Pahlen*, SGB IX, § 127 RdNr. 8).

IV. Anrechnung auf Pflichtarbeitsplätze (Abs. 1 und Abs. 4)

7   Da gemäß § 73 Abs. 1 Arbeitsplätze nur Stellen sind, auf denen Arbeitnehmer und Arbeitnehmerinnen beschäftigt werden und in Heimarbeit Beschäftigte keine Arbeitnehmer sind, werden Heimarbeitsplätze bei der Berechnung der Pflichtquote in § 71 nicht berücksichtigt. In der früheren Vorschrift des § 35 SchwbG 1961 war dies noch anders geregelt. Danach wurde die Zahl der Arbeitsplätze nach der für einen Arbeitsplatz maßgeblichen Arbeitsmenge festgelegt. Da die Vorschrift sich als wenig praktikabel erwies und ihre Einhaltung kaum zu überwachen war, wurde sie seit 1965 nicht mehr angewandt und in das SchwbG von 1974 nicht mehr aufgenommen (*Neumann/Pahlen/ Majerski-Pahlen*, SGB IX, § 127 RdNr. 11). Die Vergabe von Heimarbeit hat also seitdem auf die **Berechnung der Zahl der Pflichtplätze keinen Einfluss**.

8   Ein in Heimarbeit Beschäftigter wird dem Arbeitgeber jedoch auf die **Pflichtzahl angerechnet**, wenn dieser in der **Hauptsache für den gleichen Auftraggeber** arbeitet. Diese Formulierung findet sich in ähnlicher Weise auch in § 5 Abs. 1 S. 2 BetrVG, wonach in Heimarbeit Beschäftigte als Arbeitnehmer gelten, wenn sie in der Hauptsache für den Betrieb arbeiten.

9   Es ist anerkannt, dass die Erfüllung dieser Voraussetzung davon abhängig ist, in welchem Umfang der Auftraggeber die Arbeitskraft des Heimarbeiters in Anspruch nimmt. Es kommt also nicht auf den Verdienst sondern auf den Umfang der Arbeitszeit an. Dadurch soll im Verhältnis zu mehreren Auftraggebern klar gestellt werden, wem der Heimarbeiter zuzuordnen ist (BAG 27. 9. 74 AP Nr. 1 zu § 6 BetrVG). Davon zu unterscheiden ist, dass eine nur geringfügige zeitliche Inanspruchnahme die Anrechnung ausschließen muss, da andernfalls der

Auftraggeber auch mit einer noch so kurzen Heimarbeitstätigkeit sich die Zahlung der Ausgleichsabgabe ersparen könnte (*Otten*, NZA 1987, 478). Anhaltspunkt bietet die Regelung des § 75 Abs. 2, nach der bei einer Beschäftigung unterhalb von 18 Stunden in der Woche eine Anrechnung grundsätzlich ausgeschlossen ist. Diese Grenze muss mindestens auch für die Anrechnung von in Heimarbeit Beschäftigten gelten. Zu Recht geht Otten davon aus, dass bei einem Einsatz von schwerbehinderten Menschen im Betrieb die Belastung für den Arbeitgeber höher ist als bei einer Beschäftigung in Heimarbeit. Es erscheint daher gerechtfertigt, die Anrechnung sogar nur bei einer Tätigkeit des in Heimarbeit Beschäftigten, die noch **über 18 Stunden wöchentlich deutlich hinausgeht**, zuzulassen (*Otten*, a.a.O. S. 481).

Arbeitet der in Heimarbeit Beschäftigte für **mehrere Auftragge-** **10** **ber**, muss ein Vergleich der zeitlichen Inanspruchnahme erweisen, für welchen Auftraggeber er überwiegend tätig ist. Ist er für jeden der Auftraggeber nur geringfügig tätig, kommt eine Anrechnung für keinen Auftraggeber in Betracht (*Neumann-Pahlen/Majerski-Pahlen*, SGB IX, § 127 RdNr. 14).

Die Anrechnung ist nur für einen **Auftraggeber** möglich, der nicht **11** nur Heimarbeit ausgibt, sondern daneben noch einen **Betrieb** oder mehrere Betriebe hat und deshalb beschäftigungspflichtig gemäß § 71 Abs. 1 ist.

Abs. 4 sieht auch die Möglichkeit vor, dass eine **fremde Hilfskraft**, **12** die bei einem Hausgewerbetreibenden oder Gleichgestellten beschäftigt ist, auf die Zahl der Pflichtplätze des Auftraggebers angerechnet wird. Voraussetzung ist, dass der Hausgewerbetreibende oder Gleichgestellte seinerseits für diesen Auftraggeber in der Hauptsache tätig wird. Über die Anrechnung muss allerdings auf **Antrag** des Auftraggebers durch die zuständige **Agentur für Arbeit** entschieden werden. Dies ergibt sich indirekt aus der Regelung des Abs. 4 S. 2.

V. Kündigungsfrist und Kündigungsschutz (Abs. 2)

Gemäß § 29 HAG bedarf die Beendigung des Beschäftigungsver- **13** hältnisses eines in Heimarbeit Beschäftigten der Kündigung. Es kann beiderseits an jedem Tag für den Ablauf des folgenden Tages gekündigt werden (§ 29 Abs. 1 HAG); besteht das Beschäftigungsverhältnis mit einem Auftraggeber oder Zwischenmeister länger als 4 Wochen, erhöht sich die Kündigungsfrist auf zwei Wochen (§ 29 Abs. 2 HAG), bei einer überwiegenden Beschäftigung durch einen Auftraggeber beträgt die Kündigungsfrist vier Wochen zum 15. oder zum Ende eines Kalendermonats (§ 29 Abs. 3 HAG). Die verlängerten Kündigungsfristen sind in Anlehnung an § 622 BGB in § 29 Abs. 4 HAG geregelt. Bei schwerbehinderten Heimarbeitern oder Hausgewerbetreibenden oder

Gleichgestellten sieht Abs. 2 S. 1 eine von § 29 Abs. 2 HAG abweichende Kündigungsfrist vor. Dauert das Beschäftigungsverhältnis demnach länger als 4 Wochen an, kann ein schwerbehinderter in Heimarbeit Beschäftigter nur mit einer **Frist von 4 Wochen** gekündigt werden. Diese Regelung **privilegiert** schwerbehinderte Heimarbeiter auch im Vergleich zu anderen beschäftigten schwerbehinderten Menschen, da die Mindestkündigungsfrist von 4 Wochen (§ 86) gemäß § 90 Abs. 1 Ziff. 1 erst gilt, wenn das Arbeitsverhältnis länger als 6 Monate bestanden hat. In den ersten 4 Wochen des Beschäftigungsverhältnisses sieht § 127 dagegen keine Besonderheit vor, so dass die kurze Kündigungsfrist des § 29 Abs. 1 HAG gilt.

14   Während der vierwöchigen Kündigungsfrist des Abs. 2 ist ausdrücklich auch die Regelung des § 29 Abs. 7 HAG anwendbar. Danach steht dem in Heimarbeit Beschäftigten oder Gleichgestellten **während der Kündigungsfrist** auch bei Ausgabe weniger Aufträge **1/6 des Gesamtbetrages** zu, den sie in den dem Kündigungszugang vorausgegangenen 24 Wochen erhalten haben. Dadurch soll verhindert werden, dass dem in Heimarbeit Beschäftigten während der Kündigungsfrist weniger Aufträge zugeteilt werden und dadurch die Kündigungsbestimmungen umgangen werden.

15   Um einer „Aushungerung" des in Heimarbeit Beschäftigten vorzubeugen, bestimmt § 29 Abs. 8 HAG, dass die Kündigungsfrist auch dann einzuhalten ist, wenn ein Auftraggeber oder Zwischenmeister die Arbeitsmenge um ein Viertel verringern will, die er mindestens ein Jahr lang regelmäßig an den in Heimarbeit Beschäftigten ausgegeben hat. Zur Feststellung der **bisherigen Arbeitsmenge** werden die vom in Heimarbeit Beschäftigten zu führenden **Entgeltbücher** (§ 9 HAG) herangezogen.

16   Eine besondere Regelung findet sich in Abs. 4 S. 2 für die Kündigung der Arbeitnehmer (fremden Hilfskräfte), die gemäß Abs. 4 S. 1 bei einem in Heimarbeit Beschäftigten oder Gleichgestellten arbeiten und als Schwerbehinderte auf einen Pflichtarbeitsplatz des Auftraggebers angerechnet werden. Wird die **fremde Hilfskraft** gekündigt, weil der Auftraggeber die Aufträge einstellt oder erheblich reduziert (zur Beurteilung wird man den Maßstab des § 29 Abs. 8 HAG [Verringerung um mindestens ¼] heranziehen können), hat der Arbeitgeber, also der in Heimarbeit Beschäftigte, einen Ersatzanspruch gegen seinen Auftraggeber. Das regelmäßige Arbeitsentgelt und sonstige Aufwendungen, die der Arbeitgeber an seine Hilfskraft während der Kündigungsfrist zahlt, erhält er von seinem Auftraggeber erstattet.

17   Das **Kündigungsschutzgesetz** findet auf Beschäftigungsverhältnisse in Heimarbeit keine Anwendung. Im Gegensatz dazu gilt der besondere Kündigungsschutz für schwerbehinderte Menschen und ihnen Gleichgestellte. Die Vorschrift nimmt in Abs. 2 S. 2 ausdrücklich Bezug auf Kapitel 4 und damit auf die Regelungen der §§ 85 ff. Schwer-

behinderte Heimarbeiter, Hausgewerbetreibende und Gleichgestellte sind daher, wenn ihr Beschäftigungsverhältnis länger als sechs Monate bestanden hat, nur mit **vorheriger Zustimmung des Integrationsamtes kündbar.** Es gelten die Ausnahmefälle des § 90 auch im Beschäftigungsverhältnis in Heimarbeit. Auch die sonstigen **Regelungen des Kapitels 4** (Kündigungsschutz) sind anzuwenden, so auch die Regelung des § 91 im Falle einer außerordentlichen Kündigung. Lediglich § 86 (Kündigungsfrist) wird durch die Spezialregelung des § 127 Abs. 2 S. 1 ersetzt.

VI. Urlaub (Abs. 3 und 5)

Auch die in Heimarbeit Beschäftigten und Gleichgestellten haben **18** Anspruch auf Erholungsurlaub gemäß der Regelung des § 12 BUrlG, tariflichen oder arbeitsvertraglichen Regelungen. Es gilt die jeweils günstigste Bestimmung (§ 13 BUrlG). Für Jugendliche folgt der Grundurlaubsanspruch aus § 19 JArbSchG und staffelt sich entsprechend dem Alter. Aus Abs. 3 ergibt sich, dass schwerbehinderten in Heimarbeit Beschäftigten auch der **Zusatzurlaub** des § 125 zusteht. Gleichgestellte gemäß § 2 Abs. 3 SGB IX erhalten auch im Beschäftigungsverhältnis in Heimarbeit den Zusatzurlaub nicht (§ 68 Abs. 3).

Da in Heimarbeit Beschäftigte nicht im Betrieb des Auftraggebers **19** eingegliedert sind, haben sie auch keinen Freistellungsanspruch während des Urlaubs. Ihr Urlaubsanspruch wird daher in Form eines **besonders berechneten Urlaubsentgelts** realisiert. Für den Grundurlaub ergibt sich die Berechnung aus § 12 BUrlG oder § 19 Abs. 4 JArbSchG. Missverständlich ist insoweit die in § 127 Abs. 3 verwandte Formulierung „zusätzliches Urlaubsgeld", da es sich nicht um eine zum Urlaubsentgelt, sondern lediglich zum sonstigen Arbeitsentgelt zusätzlich geleistete Vergütung handelt (*Düwell*, LPK-SGB IX, § 127 RdNr. 14).

Auf 24 Werktage bezogen beträgt das Urlaubsentgelt gemäß § 12 **20** BUrlG 9,1 % des in der Zeit vom 1. Mai bis zum 30. April des folgenden Jahres oder bis zur Beendigung des Beschäftigungsverhältnisses verdienten Arbeitsentgeltes, ausgenommen etwa Unkostenzuschläge und andere Auslagen. Für den Zusatzurlaub für Schwerbehinderte in Heimarbeit Beschäftigte sieht Abs. 3 S. 2 eine vergleichbare Berechnungsregelung vor. Danach erhalten diese zusätzlich 2 % ihres in der Zeit vom 1. Mai des vergangenen bis zum 30. April des laufenden Jahres verdienten Arbeitsentgelts. Ihnen steht daher ein Prozentsatz von insgesamt 11,1 % zu (*Neumann/Pahlen/Majerski-Pahlen*, SGB IX, § 127 RdNr. 23; GK-SGB IX-*Lampe*, § 127 RdNr. 47). Trotz geringfügig abweichender Formulierung in § 12 Ziff. 1 BUrlG und § 127 Abs. 3 S. 2 ist der Bezugszeitraum in beiden Fällen gleich zu verstehen. Es ist von einer **realen** und nicht fiktiven **Berechnungsgrundlage** auszugehen und auf den Verdienst ab 1. Mai des vergangenen bis zum 30. 4. des laufenden Jahres abzustellen (GK-SGB IX-*Lampe*, § 127 RdNr. 48).

21   Die **Auszahlung des Urlaubsentgeltes** soll gemäß § 12 Ziff. 3 BUrlG mit der letzten Entgeltabrechnung vor Antritt des Urlaubes erfolgen. Hiervon abzuweichen, ist jedoch unschädlich. Zweckmäßiger erscheint es, da der in Heimarbeit Beschäftigte keinen Freistellungsanspruch gegen seinen Auftraggeber hat, das Urlaubsentgelt als Zuschlag zum monatlichen Entgelt auszuzahlen (GK-SGB IX-*Lampe*, § 127 RdNr. 50; *Düwell*, LPK-SGB IX, § 127 RdNr. 16).

22   Eine Sonderregelung besteht gemäß Abs. 5 für den Urlaubsanspruch von Hilfskräften. Da die **Hilfskräfte** Arbeitnehmer sind, steht ihnen der Urlaubsanspruch nach den §§ 3 ff. BUrlG bzw. nach entsprechenden günstigeren tariflichen oder arbeitsvertraglichen Vereinbarungen gegen ihren Arbeitgeber, also den in Heimarbeit Beschäftigten bzw. Gleichgestellten, zu. Abs. 5 bestimmt, dass der Arbeitgeber gegen seinen Auftraggeber einen Anspruch auf Erstattung dieser Urlaubsaufwendungen hat, wenn die Hilfskraft dem Auftraggeber auf dessen Pflichtplätze angerechnet wird.

VII. Sonstige Pflichten des Auftraggebers (Abs. 6)

23   Gemäß Abs. 6 ist derjenige, der Heimarbeit ausgibt, also der Auftraggeber oder Zwischenmeister, lediglich zur **Führung des Verzeichnisses** gemäß § 80 Abs. 1 und zur **Auskunft** gemäß § 80 Abs. 5 gegenüber der Bundesagentur für Arbeit und dem Integrationsamt verpflichtet. Weitere Verpflichtungen etwa auf eine behindertengerechte Gestaltung von Arbeitsplätzen (§ 81 Abs. 4) bestehen mangels Eingliederung der in Heimarbeit Beschäftigten in den Betrieb des Auftraggebers nicht.

VIII. Verfahrensfragen

24   Rechtsstreitigkeiten um Entgelte und Urlaubsgewährung oder Kündigung sind vor den Arbeitsgerichten gemäß § 5 Abs. 1 S. 2, § 2 Ziff. 3 ArbGG zu führen. Streitigkeiten um die Anrechnung gemäß § 127 Abs. 4, die durch die Agentur für Arbeit zugelassen werden muss, sind beim Sozialgericht anhängig zu machen (§ 51 Abs. 1 Ziff. 4 SGG). Ansonsten bestehen hinsichtlich des Streits um die Schwerbehinderteneigenschaft oder die Zustimmung des Integrationsamtes zur Kündigung keine Besonderheiten. Insoweit ist die Sozialgerichtsbarkeit bzw. die Verwaltungsgerichtsbarkeit zuständig.

Schwerbehinderte Beamte und Beamtinnen, Richter und Richterinnen, Soldaten und Soldatinnen

128 (1) Die besonderen Vorschriften und Grundsätze für die Besetzung der Beamtenstellen sind unbeschadet der Geltung des Teils 2 auch für schwerbehinderte Beamte und Beamtinnen so zu gestalten, dass die Einstellung und Beschäftigung schwerbehinderter Menschen gefördert und ein angemessener Anteil schwerbehinderter Menschen unter den Beamten und Beamtinnen erreicht wird.

(2) weggefallen

(3) Die Vorschriften des Absatzes 1 finden auf Richter und Richterinnen entsprechende Anwendung.

(4) [1]Für die persönliche Rechtsstellung schwerbehinderter Soldaten und Soldatinnen gelten § 2 Abs. 1 und 2, §§ 69, 93 bis 99, 116 Abs. 1 sowie §§ 123, 125, 126 und 145 bis 147. [2]Im Übrigen gelten für Soldaten und Soldatinnen die Vorschriften über die persönliche Rechtsstellung der schwerbehinderten Menschen, soweit sie mit den Besonderheiten des Dienstverhältnisses vereinbar sind.

Übersicht

I. Allgemeines

Die Vorschrift übernimmt die Regelung des § 50 SchwbG in der 1 Fassung der Bekanntmachung vom 26.8.1986 in das SGB IX vom 19.6.2001. Sie bezweckt eine die Besonderheiten des öffentlich-rechtlichen Dienstverhältnisses berücksichtigende gleichwertige Förderung der Teilhabe schwerbehinderter Menschen. Durch das Gesetz zur Förderung der Ausbildung und Beschäftigung schwerbehinderter Menschen vom 23.4.2004 (BGBl I S. 606) ist mit Wirkung vom 1.5.2004 Absatz 2 aufgehoben worden. Als Folgeänderung musste in Absatz 3 die Inbezugnahme auf Absatz 2 gestrichen werden. Die Regelungen, die das Bestehen eines Arbeitsverhältnisses voraussetzen, wie etwa der Kündigungsschutz gemäß §§ 85 ff., finden auf das Beamtenverhältnis keine Anwendung. Mit Wegfall von Absatz 2 ist auch keine Anhörung des Integrationsamtes mehr erforderlich, wenn Beamte in den vorzeitigen Ruhestand versetzt oder entlassen werden.

II. Einstellungsförderung

2   Abs. 1 stellt grundsätzlich klar, dass die Regelungen des Teils 2 zur
Teilhabe schwerbehinderter Menschen nicht nur für schwerbehinderte
Arbeitnehmer, sondern auch für schwerbehinderte Beamte und Beamtinnen gelten. Darüber hinaus sollen die besonderen Vorschriften
und Grundsätze, die für die Einstellung und Beschäftigung von Beamten gelten, so gestaltet und angewendet werden, dass sie für eine
Einstellung und Beschäftigung Schwerbehinderter förderlich sind.
     Bereits durch die Vorschriften der § 71 Abs. 1, § 73 Abs. 1 ist klar, dass
auch öffentliche Arbeitgeber beschäftigungspflichtig sind. Darüber
hinaus legt jedoch § 128 Abs. 1 ausdrücklich fest, dass die allgemeine
Beschäftigungspflicht durch die Beschäftigung eines angemessenen
Anteils schwerbehinderter Menschen unter den Beamten und Beamtinnen zu erfüllen ist. Öffentliche Arbeitgeber könnten ihrer Verpflichtung auch dadurch Genüge tun, dass sie im Wesentlichen schwerbehinderte Arbeiter und Angestellte und nicht schwerbehinderte Beamte oder Richter einstellen. Um dies zu verhindern schreibt Abs. 1
vor, dass unter den beschäftigten Schwerbehinderten auch ein **angemessener Anteil von Beamten und Richtern** ist. Die Angemessenheit orientiert sich am Anteil, den Beamte und Richter insgesamt am
Personal des beschäftigungspflichtigen öffentlichen Arbeitgebers stellen. Dieser Anteil soll sich bei der Beschäftigung schwerbehinderter
Beamter und Richter widerspiegeln. Dies zu überwachen, ist Verpflichtung der Bundesagentur für Arbeit gemäß § 104 Abs. 1 Ziff. 7. Als
Ordnungswidrigkeit wird ein Verstoß nicht geahndet.

3   Den öffentlichen Arbeitgeber treffen die **Verpflichtungen des § 81**
in gleicher Weise wie den privaten Arbeitgeber. Dies gilt auch für die
Einstellung von Beamten und Beamtinnen. Deshalb sind beim Freiwerden von Beamtenstellen die Meldepflichten der §§ 82, 81 Abs. 1
gegenüber der Agentur für Arbeit zu beachten und schwerbehinderte
Bewerber zu einem Vorstellungsgespräch einzuladen, wenn deren
fachliche Eignung nicht offensichtlich fehlt (§ 82). Über Vermittlungsvorschläge der Agentur für Arbeit oder Bewerbungen sind gemäß § 81
Abs. 1 die **Schwerbehindertenvertretung** sowie der zuständige **Personalrat** zu unterrichten und vor der Einstellungsentscheidung zu **beteiligen**.

4   Darüber hinaus treffen den öffentlichen Arbeitgeber auch besondere
Förderpflichten bei der Besetzung von Beamtenstellen. § 128 Abs. 1
enthält insoweit eine Verpflichtung, die sich an den Normgeber wie den
Normanwender bei der Besetzung von Beamtenstellen richtet (*Masuch*
in Hauck/Noftz, SGB IX, K § 128 RdNr. 7). Im Normsetzungsbereich
zählen hierzu etwa die auf der Ebene des Bundes für den jeweiligen Geschäftsbereich der Bundesministerien erlassenen **Schwerbehinderten-**

richtlinien sowie die in den einzelnen Ländern erlassenen Richtlinien und Erlasse für die jeweiligen Landesverwaltungen (s. Überblick b. *Kossens/von der Heide/Maaß*, SGB IX, §128 RdNr. 5). Darüber hinaus gehören dazu die **Laufbahnverordnungen** des Bundes (§5 BLVO) und der Länder (z. B. §6 Abs. 3 LVO NW), die veränderte **Altersgrenzen** für schwerbehinderte Laufbahnbewerber bei der Einstellung oder Übernahme als Beamte auf Probe vorsehen. Da es sich hierbei um pauschalierte Ausnahmeregelungen handelt, können darüber hinaus nicht noch weitere Gesichtspunkte (etwa Altersüberschreitung wegen Geburt und Betreuung von Kindern gemäß §6 Abs. 2 LVO) berücksichtigt und eine noch weitergehende Überschreitung der Altersgrenzen zugelassen werden (OVG Münster 26. 3. 01 – AZ 6 A 4698/00). Wird die Schwerbehinderteneigenschaft rückwirkend festgestellt, ist die für schwerbehinderte Menschen geltende laufbahnrechtliche Höchstaltersgrenze auch noch im Laufe des gerichtlichen Verfahrens zu Gunsten des schwerbehinderten Beamten anzuwenden mit der Folge, dass die ursprünglich rechtmäßige Ablehnung eines Beamtenbewerbers rechtswidrig wird (OVG NW 31. 3. 2006 – 6 A 349/05).

Bei der Besetzung einer Beamtenstelle ist außerdem das **Benachtei-** 5 **ligungsverbot** in Art. 3 Abs. 3 S. 2 GG, §81 Abs. 2 SGB IX, §§24, 1, 7 AGG zu beachten. Hierbei sind zwei miteinander kollidierende Verfassungsregelungen, nämlich den Grundsatz der gesundheitlichen Eignung gemäß Art 33 Abs. 2 GG einerseits und das Benachteiligungsverbot wegen einer Behinderung in Art 3 Abs. 3 S. 2 GG im Wege der praktischen Konkordanz zur Geltung zu bringen (OVG Hamburg 26. 9. 2008 – 1 Bf 19/08). Dies erfolgt in der Weise, dass für behinderte Bewerber auf Beamtenstellen **nicht die gleichen strengen Anforderungen** gelten, wie sie für die **gesundheitliche Eignung** nicht behinderter Bewerber entwickelt worden sind (BVerwG 21. 6. 2007 – 2 A 6/06; OVG Hamburg, a.a.O.). Für die gesundheitliche Eignung, die dem Diskriminierungsverbot und dem Förderungsgedanken des §128 Abs. 1 Rechnung trägt, ist daher ein **anderer Maßstab** anzuwenden. Auch das BVerwG hält zwar grundsätzlich an der allgemeinen gesundheitlichen Eignungsprüfung fest, fordert bei der **Verbeamtung** behinderter Menschen jedoch die Anwendung allgemeiner Maßstäbe nur bei im Einzelfall vorliegender zwingender Gründe. Ansonsten kann die Eignung nur verneint werden, wenn eine hohe Wahrscheinlichkeit vorzeitiger dauernder Dienstunfähigkeit oder häufiger krankheitsbedingter Fehlzeiten besteht (BVerwG 23. 4. 2009 – 2 B 79/08). Die Laufbahnverordnungen des Bundes (§5 Abs. 1 BLVO) und der Länder (z. B. §13 Abs. 1 LVO NW) sowie Fürsorgeerlasse des Bundes und der Länder sehen ebenfalls vor, dass von Schwerbehinderten bei der Einstellung und Beförderung nur ein Mindestmaß körperlicher Eignung verlangt werden darf. Das OVG Hamburg hat in Anwendung dieser Vorschriften die **Gesundheitsprüfung** deshalb in der Weise **eingeschränkt,**

dass für etwa 10 Jahre nur eine höhere Wahrscheinlichkeit als 50% dafür
sprechen muss, dass der Beamte dienstfähig bleibt und in diesem Zeitraum keine krankheitsbedingten Fehlzeiten von mehr als etwa zwei
Monaten pro Jahr auftreten, wobei die Wahrscheinlichkeit einer ein-
maligen etwas längeren Ausfallzeit einer positiven Prognose nicht entgegensteht (OVG Hamburg, a.a.O.).

6   Demgegenüber werden das Benachteiligungsverbot sowie die in
§ 128 Abs. 1 normierte Förderungsverpflichtung schwerbehinderter
Menschen von einem Teil der Oberwaltungsgerichte in Entscheidungen nicht beachtet, die sich ebenfalls mit der Einstellung von Beamten
oder der Entlassung von Beamten auf Probe mangels gesundheitlicher
Eignung befassen (so etwa OVG Sachsen-Anhalt 13. 10. 2005 – 1 L 25/
05; VGH Bayern 17. 1. 2006 – 3 CS 05.1157; OVG Nieders. 10. 12. 2003 –
ME 358/03; OVG NW 15. 2. 2005 – 6 B 2743/04 u. 7. 9. 2005 – 6 B
1254/05). Dies ist jedoch im Hinblick auf die **EG-Richtlinie 2000/78**,
deren Umsetzung das Benachteiligungsverbot Behinderter im AGG
dient, und der dazu ergangenen Entscheidung des EuGH vom 11. 7.
2006 (NZA 2006, 839), die das Benachteiligungsverbot auf einfache
Behinderungen ausdehnt, geboten. Bei der Beurteilung der gesundheitlichen Eignung sind die konkreten gesundheitlichen Anforderungen daher stets daraufhin zu überprüfen, ob sie den Beamten **mittelbar diskriminieren** (so auch: OVG Hamburg, a.a.O.; *Trenk-Hinterberger*, HK-SGB IX, § 128 RdNr. 5ff.; *Roetteken*, jurisPR-ArbR 22/2006
Anm. 3; s. auch § 81 RdNr. 37 ff.).

7   Teilweise wird die Ablehnung der Verbeamtung wegen fehlender
gesundheitlicher Eignung mit der **besonderen Ausgestaltung des
Beamtenverhältnisses** durch das Lebenszeitprinzip und der Verpflichtung des Dienstherrn zur lebenslangen Alimentation sachlich
gerechtfertigt. Deshalb stelle auch die Berücksichtigung vorzeitiger
Dienstunfähigkeit einen Sachgrund im Sinne des § 8 AGG dar (so VG
Gelsenkirchen 12. 3. 2008 – 1 K 6980/03; VG Hannover 19. 11. 2009 – 13
A 6085/08). Diese Auffassung ist abzulehnen. Es trifft zu, dass eine unterschiedliche Behandlung gemäß § 8 AGG zulässig ist, wenn der Beamte wegen der Bedingungen der auszuübenden Tätigkeit eine wesentliche und entscheidende berufliche Anforderung nicht erfüllt. Unter
„Bedingungen" im Sinne des § 8 Abs. 1 2. Alt. AGG sind jedoch nicht
die mit dem Beamtenverhältnis verbundenen rechtlichen Besonderheiten wie der beamtenrechtliche Status zu verstehen, sondern nur mit
der Ausübung der Tätigkeit verbundene tatsächliche Bedingungen.
Andernfalls könnten mit der Entscheidung, Stellen nur als Beamtenstellen auszuweisen, behinderte Menschen regelmäßig von der Einstellung in den öffentlichen Dienst ausgeschlossen werden.

8   Auch die **Auswahlentscheidung** zwischen behinderten und nicht
behinderten Bewerbern muss im Falle der Einstellung oder Beförderung unter Beachtung des Benachteiligungsverbotes und der zu

Gunsten schwerbehinderter Menschen vorliegenden Verordnungen und Richtlinien getroffen werden. Hierbei begründet die Schwerbehinderteneigenschaft als solche keinen Anspruch auf eine bestimmte Position. Die Entscheidung ist – wie auch sonst – nach den Grundsätzen des Art. 33 Abs. 2 GG vorzunehmen, also nach Eignung, Befähigung und fachlicher Leistung. Der am besten geeignete Bewerber ist auszuwählen. Die Schwerbehinderteneigenschaft ist im Rahmen der Auswahlentscheidung zwar ein beachtenswertes Hilfskriterium, das sich aber nicht stets gegenüber anderen Kriterien durchsetzt (OVG Nieders. 14. 4. 03 br 2003, 224; VG Göttingen 24. 6. 2009 – 3 B 135/09; VG Wiesbaden 15. 9. 2008 – 8 L 904/08.WI). Der Grundsatz der „Bestenauslese" nach Art. 33 GG wird also nicht aufgehoben, ist jedoch im Hinblick auf das Kriterium gesundheitliche Eignung schwerbehinderter Menschen eingeschränkt. Bei im Übrigen **gleicher Qualifikation** können die zu Gunsten schwerbehinderter Menschen bestehenden Regelungen deshalb dazu führen, dass der schwerbehinderte Bewerber dem nicht behinderten Bewerber vorgezogen werden muss und nur die Einstellung des Schwerbehinderten sich als die sachlich richtige, ermessensfehlerfreie Entscheidung erweist (*Düwell*, LPK–SGB IX, § 128 RdNr. 9; BVerwG 15. 2. 90, NVwZ-RR 1990, 489 allerdings nur im Falle des Nachweises der „absolut gleichen" Qualifikation; so auch: OVG Lüneburg 14. 4. 03 br 2003, 224). Die vorrangige Berücksichtigung der Schwerbehinderteneigenschaft bei gleicher Qualifikation kann im Wege der **Konkurrentenklage** geltend gemacht werden.

III. Beschäftigungsförderung

Zunächst gilt die gesetzliche Verpflichtung in § 81 Abs. 4 Ziff. 1, **9** schwerbehinderte Menschen so zu beschäftigen, dass sie ihre Fähigkeiten und Kenntnisse möglichst voll verwerten und weiterentwickeln können, auch im Beamtenverhältnis. Gegenüber schwerbehinderten Beamten und Beamtinnen bestehen auch die weiteren in § 81 Abs. 4 **genannten Verpflichtungen,** vor allem auch zur behindertengerechten Ausstattung des Arbeitsplatzes und Gestaltung der Arbeitsorganisation sowie des Arbeitsumfeldes (siehe Erläuterungen zu § 81). Unter den Voraussetzungen des § 81 Abs. 5 besteht auch ein Anspruch auf **Teilzeitbeschäftigung.** Auch im Beamtenverhältnis ist der Dienstherr verpflichtet, alle in Betracht kommenden Möglichkeiten einer behindertengerechten Beschäftigung auszuschöpfen, bevor er eine Weiterbeschäftigung ausschließt (*Gagel*, jurisPR-ArbR 9/2009 Anm. 19). Dies entspricht auch dem in § 42 Abs. 3 BBG und in den jeweiligen Landesbeamtengesetzen enthaltenen Grundsatz **Weiterverwendung statt Versorgung** (BVerwG 26. 3. 2009 – 2 C 73/08; OVG NW 2. 7. 2009 – 6 A 3712/06). Darüber hinaus sehen besondere Vorschriften eine weitergehende Förderpflicht im Bund und in den Ländern durch die jeweiligen Laufbahnverordnungen (z. B. § 13 Abs. 3 LVO NW) und die sog. Schwerbehindertenrichtlinien vor. Danach sollen etwa bei der Beurteilung des schwerbehinderten Beamten dessen verminderte Leistungsfähigkeit aufgrund der Behinderung berücksichtigt und besondere Anstrengungen positiv hervorgehoben werden. Dies bedeutet z. B., dass bei Beurteilungen in Bezug auf die **Quantität der Arbeitsleistung**, also Arbeitstempo und Belastbarkeit nicht die gleichen Maßstäbe wie bei nicht behinderten Beamten angelegt werden dürfen (BVerwG 5. 8. 83 – AZ: 2 B 89/82). **Qualitative Leistungsminderungen** sind allerdings nicht zu berücksichtigen, da dies dem Leistungsgrundsatz im öffentlichen Dienstrecht widerspricht und zu einer Bevorzugung Schwerbehinderter führen würde (BVerwG 25. 2. 88 DÖV 1988, 599). Auch im **Prüfungswesen** sehen die Laufbahnverordnungen Erleichterungen etwa für Körperbehinderte vor (z. B. § 13 Abs. 2 LVO NW).

10   Nach verwaltungsgerichtlicher Rechtsprechung besteht regelmäßig kein Anspruch auf eine behindertengerechte Beschäftigung ausschließlich im **Polizeidienst**, wenn feststeht, dass der Beamte polizeidienstuntauglich ist. Dies wird mit den Besonderheiten im Polizeivollzugsdienst begründet, der eine erhöhte und flexible Einsetzbarkeit sowie eine besondere körperliche Eignung voraussetze (OVG NW 30. 10. 2009 – 6 A 1151/07; OVG NW 27. 4. 2010 – 6 A 224/08). Nach Ansicht des BVerfG gilt das Erfordernis vollumfänglicher Polizeidienstfähigkeit unter **Beachtung des Benachteiligungsverbotes** jedoch nicht uneingeschränkt. So liegt ein Verstoß gegen Art. 33 Abs. 2 und Art. 3 Abs. 3 S. 2 GG vor, wenn ein im Polizeivollzugsdienst trotz gesundheitlicher Einschränkungen weiter verwendeter Beamter für ein Beförderungsamt mit der Begründung abgelehnt wird, er erfülle die volle Polizeidiensttauglichkeit nicht (BVerfG 10. 12. 2008 – 2 BvR 2571/07, anders noch die Vorinstanzen OVG Sachsen 2. 11. 2007 – 2 B 403/069 und VG Dresden 9. 5. 2006 – 11 K 972/05).

IV. Beteiligung der Schwerbehindertenvertretung

11   Vor der Entlassung oder Versetzung eines Beamten in den Ruhestand war gemäß § 128 Abs. 2 bis zum 1. 5. 2004 das **Integrationsamt** zu beteiligen. Ohne weitere Begründung hat der Gesetzgeber Abs. 2 gestrichen (BT-Drucks. 15/1783 S. 19; s. RdNr. 1). Geblieben ist allerdings die Verpflichtung, vor der Entlassung oder Versetzung in den Ruhestand die **Schwerbehindertenvertretung** der Dienststelle, die den Beamten beschäftigt, **anzuhören**. Die Streichung des Hinweises auf die Beteiligungsnotwendigkeit in § 128 Abs. 2 S. 2 hat daran nichts geändert, da sich die Anhörungspflicht aus **§ 95 Abs. 2** ergibt (*Cramer*, NZA 2004, 698, 712; *Neumann/Pahlen/Majerski-Pahlen*, SGB IX, § 128

RdNr. 12; *Düwell*, LPK-SGB IX, § 128 RdNr. 11). Dies gilt auch bei der durch den Beamten selbst beantragten Entlassung oder Versetzung in den Ruhestand. Dies hat seinen Grund darin, dass die Schwerbehindertenvertretung neben den Belangen des Betroffenen auch die Interessen anderer schwerbehinderter Beschäftigter berücksichtigen muss. Will die Dienststelle demnach einen Beamten entlassen oder in den Ruhestand versetzen oder auch sonst eine personelle Entscheidung treffen, die einen schwerbehinderten Beamten/Beamtin berührt, muss sie zunächst die zuständige Schwerbehindertenvertretung von der beabsichtigten Maßnahme unverzüglich und umfassend unterrichten und vor der Entscheidung anhören. Die Schwerbehindertenvertretung muss also beteiligt werden, bevor die Zurruhesetzungsverfügung oder der Entlassungsbescheid dem betroffenen Beamten zugestellt worden ist (BVerwG 2. 2. 1988 – 2 CB 53/87; OVG Münster 12. 10. 87 br 1988, 116). Anschließend ist ihr die getroffene Entscheidung unverzüglich mitzuteilen (§ 95 Abs. 2 S. 1 letzt. Hs).

Der Dienstherr ist auch verpflichtet, vor der Zurruhesetzungsverfü- **12** gung ein **betriebliches Eingliederungsmanagement** gemäß § 84 Abs. 2 durchzuführen, um die Möglichkeiten einer alternativen leidensgerechten Weiterbeschäftigung zu überprüfen (offen gelassen: OVG Münster 21. 5. 2010 – 6 A 816/09). § 84 ist jedoch nicht als Verfahrensvorschrift ausgestaltet, so dass nicht der Verstoß als solcher zur formellen Rechtswidrigkeit des Bescheides führt (OVG Münster, a.a.O.; s. auch § 84 RdNr. 29).

Gemäß § 97 Abs. 6 S. 3 ist die **Stufenvertretung** anzuhören, wenn **13** die Entscheidung von der übergeordneten Dienststelle getroffen wird (s. auch § 97 RdNr. 16). Besteht in einer Dienststelle keine Schwerbehindertenvertretung, werden die Interessen schwerbehinderter Menschen gemäß § 96 Abs. 6 S. 1 von der Gesamtschwerbehindertenvertretung bzw. gemäß § 96 Abs. 6 S. 2 von der Bezirksschwerbehindertenvertretung wahrgenommen. Dementsprechend müssen diese Vertretungen im Falle der Entlassung oder Versetzung in den Ruhestand vorab beteiligt werden (*Düwell*, LPK-SGB IX, § 128 RdNr. 11).

Ist die Schwerbehindertenvertretung **nicht beteiligt** worden, kann **14** sie bis zur Durchführung der Entscheidung die **Aussetzung der Maßnahme** gemäß § 95 Abs. 2 S. 2 verlangen (s. § 95 RdNr. 46ff.). Die fehlende Beteiligung kann grundsätzlich im Widerspruchsverfahren auch nicht mehr nachgeholt werden (BVerwG 22. 8. 1990 – 2 B 15/90; OVG Münster 19. 6. 2007 – 6 B 383/07). Die Beteiligung der Schwerbehindertenvertretung setzt allerdings voraus, dass der Beamte vor der personellen Maßnahme seinen Dienstherrn auf seine **Schwerbehinderteneigenschaft hingewiesen** hat. Hat er dies unterlassen, kann er sich nach der Entscheidung nicht mehr auf eine unterbliebene Anhörung der Schwerbehindertenvertretung berufen (BVerwG 17. 8. 1998 – 2 B 61/98; BVerwG 22. 8. 1990 – 2 B 15/90). Dies soll jedoch aus-

nahmsweise in einem Beförderungsverfahren dann nicht gelten, wenn
das Verwaltungsverfahren noch nicht abgeschlossen ist, im Bewerbungsverfahren auch keine Fristen gesetzt werden, bis zu denen sämtliche Tatsachen geltend zu machen sind, und daher im Widerspruchsverfahren die Schwerbehinderteneigenschaft noch berücksichtigt werden kann (OVG Münster, a.a.O.).

15   Ob eine trotz **fehlender Anhörung der Schwerbehindertenvertretung vollzogene Entscheidung** im öffentlichen Dienstrecht
rechtswidrig ist, ist umstritten. Während die ältere Rechtsprechung des
BVerwG davon ausging, dass eine ohne Beteiligung der Schwerbehindertenvertretung ergangene Entscheidung anfechtbar ist (BVerwG
17. 9. 1981 – 2 C 12/80), ist der neueren Rechtsprechung des BVerwG zu
entnehmen, dass die unterbliebene Anhörung nicht mehr zur Rechtswidrigkeit führen soll (BVerwG 17. 8. 1998 – 2 B 61/98; BVerwG
15. 2. 90 NVwZ-RR 1990, 489–491; BVerwG 25. 10. 1989 – 2 B 115/89).
Dieser Rechtsprechung folgt das OVG Münster mit überzeugender Begründung nicht (OVG Münster, a.a.O.; zustimm. *Gagel*, jurisPR-ArbR
34/2007 Anm.2; so auch OVG Nieders. 14. 4. 03 br 2003, 224, *Düwell,*
LPK-SGB IX, § 128 RdNr. 12). Handelt es sich um eine Ermessensentscheidung des Dienstherrn, kann sie **ermessensfehlerhaft** sein, weil
die **Überlegungen der Schwerbehindertenvertretung nicht** in die
Entscheidung **miteinbezogen** werden konnten. Unter Verletzung der
Beteiligungspflicht erlassene Verwaltungsakte sind daher mit einem
Verfahrensfehler behaftet, der diese rechtswidrig und damit anfechtbar
macht (BVerwG 15. 2. 90, a.a.O.; OVG Berlin 28. 6. 89 br 1990, 44; OVG
Nieders. 14. 4. 03 br 2003, 224). Ein Ermessensfehler liegt nur dann
nicht vor, wenn ausgeschlossen werden kann, dass durch die Überlegungen der Schwerbehindertenvertretung die Entscheidung in keinem
Fall zugunsten des betroffenen schwerbehinderten Beamten hätte beeinflusst werden können (OVG Nieders., a.a.O.; OVG Münster, a.a.O;
OVG Lüneburg 14. 4. 03 br 2003, 224, 226). Entscheidungserheblich ist
hierbei auch die nachträgliche Einlassung der Schwerbehindertenvertretung. Erklärt sie z. B., dass sie die vollzogene Entscheidung auch bei
vorheriger Anhörung gebilligt hätte, so ist ein Ermessensfehler nicht anzunehmen (VerwG 15. 2. 90 NVwZ-RR 1990, 489–491). Die fehlende
Beteiligung der Schwerbehindertenvertretung begründet außerdem
die **Vermutung einer Benachteiligung** wegen der Schwerbehinderung und kann zu Entschädigungs- und Schadensersatzansprüchen
führen (s. dazu § 81 RdNr. 45ff.).

V. Richter (Abs. 3)

16   Die Vorschrift erstreckt die Anwendung der Absätze 1 und 2 auch
auf schwerbehinderte und gleichgestellte Richter und Richterinnen.

Eine **ausdrückliche Einbeziehung** ist deshalb erforderlich, weil es sich aufgrund der persönlichen und sachlichen Unabhängigkeit um ein Dienstverhältnis besonderer Art handelt (**Art. 92, 97 GG**). Anzuwenden ist die Vorschrift auf alle Richter und Richterinnen im Sinne des § 9 DRiG, demnach auf Richter auf Lebenszeit (§ 10 DRiG), auf Probe (§ 12) und kraft Auftrags (§ 14), nicht aber auf Richter auf Zeit (§ 11) und nicht auf ehrenamtliche Richter, da sie nicht im besonderen Dienstverhältnis stehen.

Die **Einstellung und Beschäftigung** von schwerbehinderten Richtern sind ebenfalls **besonders zu fördern**. Auch für sie gilt die Regelung des § 5 Abs. 1 BLVO und die entsprechenden Laufbahnverordnungen der Länder, wonach für die Einstellung und Beförderung von Schwerbehinderten nur ein Mindestmaß an körperlicher Eignung zu verlangen ist. Aus diesem Grund können etwa auch Blinde Richter werden, nicht aber wohl Taubstumme, da ein Mindestmaß an Verständigung und unmittelbarem Eindruck vom Prozessgeschehen in der mündlichen Verhandlung erforderlich ist (a.A. *Masuch* in Hauck/ Noftz, SGB IX, K § 128 RdNr. 15). **17**

Bezogen auf die Qualifikation können die Anforderungen an schwerbehinderte Richter bei der Einstellung und Beschäftigung auch auf Beförderungsstellen nicht geringer sein. Es kann allerdings gerechtfertigt sein, aufgrund der Behinderung eine **quantitativ geringere Dezernatszuteilung** vorzunehmen (GK-SGB IX-*Lampe*, § 128 RdNr. 30, *Düwell*, LPK-SGB IX, § 128 RdNr. 14). **18**

Bei der Entlassung von Richtern (z. B. bei Nichtübernahme nach Ablauf der Probezeit gemäß § 22 DRiG) und vorzeitigen Versetzung in den Ruhestand wegen Dienstunfähigkeit (§ 34 DRiG) ist zuvor die für Richter zuständige **Schwerbehindertenvertretung zu hören**. **19**

VI. Soldaten (Abs. 4)

Sowohl unter Berufssoldaten wie unter Wehrpflichtigen finden sich auch Schwerbehinderte, da die Schwerbehinderteneigenschaft nicht von vorneherein zur Annahme der Wehrdienstunfähigkeit im Sinne der §§ 8 a, 9 WpflG führt. Sie sind lediglich gemäß § 11 Abs. 1 Ziff. 4 WpflG vom Wehrdienst befreit. **20**

Abs. 4 enthält deshalb eine Sonderregelung für Soldaten. Danach sind die in S. 1 genannten Vorschriften unbedingt, weitere die persönliche Rechtsstellung des Soldaten berührenden Vorschriften des Gesetzes gemäß S. 2 nur **eingeschränkt anwendbar**. Da die Vorschriften über die Beschäftigungspflicht (§§ 71 ff.) nicht die persönliche Rechtsstellung betreffen, sind sie nicht anwendbar. **21**

Ohne Einschränkungen gelten gemäß Abs. 4 S. 1 die Vorschriften über **22**

- die Feststellung der Schwerbehinderteneigenschaft (§ 2 Abs. 1 und 2, § 69) und deren Wegfall (§ 116 Abs. 1)
- das gesamte Kapitel 5, also vor allem die Regelungen über die Tätigkeit des Personalrates und der Schwerbehindertenvertretung. Gemäß § 95 Abs. 2 ist damit auch in allen Angelegenheiten, die schwerbehinderte Soldaten betreffen, vorab die Schwerbehindertenvertretung zu beteiligen.
- das Anrechnungsverbot gemäß § 123, der Zusatzurlaub gemäß § 125 und der Nachteilsausgleich gemäß § 126.
- die unentgeltliche Beförderung im öffentlichen Personenverkehr (§§ 145–147)

23   Darüber hinaus regelt Abs. 4 S. 2, dass weitere Schutzvorschriften für Soldaten nur anwendbar sind, wenn sie mit den **Besonderheiten des soldatischen Dienstverhältnisses** vereinbar sind. Dazu gehören etwa die Regelungen über Mehrarbeit (§ 124) oder die Ansprüche auf behindertengerechte Beschäftigung gemäß § 81 Abs. 4 und 5.

24   Unanwendbar sind neben den Regelungen über die Beschäftigungspflicht auch die Vorschriften über die Gleichstellung gemäß § 2 Abs. 3, den Kündigungsschutz (§§ 85 ff.), die Werkstätten für Behinderte (Kap. 12) und die Förderung der Einstellung durch die Agentur für Arbeit und das Integrationsamt (§§ 101 ff.) (*Masuch* in Hauck/Noftz, SGB IX, K § 128 RdNr. 22; GK-SGB IX-*Lampe*, § 128 RdNr. 37).

25   Die Sonderregelung des § 128 Abs. 4 gilt auch für schwerbehinderte **Zivildienstleistende.** Dies ergibt sich daraus, dass gemäß § 78 Abs. 2 ZDG der Zivildienst bei Anwendung der Vorschriften des öffentlichen Dienstrechts dem Wehrdienst aufgrund der Wehrpflicht gleichgestellt ist (GK-SGB IX-*Lampe*, § 128 RdNr. 38).

Unabhängige Tätigkeit

129 Soweit zur Ausübung einer unabhängigen Tätigkeit eine Zulassung erforderlich ist, soll schwerbehinderten Menschen, die eine Zulassung beantragen, bei fachlicher Eignung und Erfüllung der sonstigen gesetzlichen Voraussetzungen die Zulassung bevorzugt erteilt werden.

I. Allgemeines

1   Die Vorschrift entspricht inhaltlich unverändert § 51 SchwbG 1986. Sinn und Zweck der Regelung gehen dahin, Schwerbehinderten auch die Aufnahme einer selbstständigen Tätigkeit zu erleichtern. Streitig ist, ob die Vorschrift nur für schwerbehinderte Menschen oder auch für diesen gleichgestellte behinderte Menschen gilt. Da § 68 Abs. 3 Gleich-

gestellte lediglich von der Regelung über den Zusatzurlaub (§ 125) und von der unentgeltlichen Beförderung im öffentlichen Personenverkehr (Kap. 13) ausschließt, ist die Vorschrift auch auf **Gleichgestellte** anzuwenden (*Kossens/von der Heide/Maaß*, SGB IX, § 129 RdNr. 3; *Neumann/Pahlen/Majerski-Pahlen*, SGB IX, § 129 RdNr. 1; *Trenk-Hinterberger*, HK-SGB IX, § 129 RdNr. 3; a.A. *Masuch* in Hauck/Noftz, SGB IX, K § 129 RdNr. 1).

II. Anwendungsbereich

Der Begriff der unabhängigen Tätigkeit ist weit gefasst und beinhaltet jede **weisungsfrei gestaltete Tätigkeit**, deren Ausübung an eine öffentlich-rechtliche Zulassung gebunden ist. Auch der Begriff der **Zulassung** wird nicht eng verstanden, sondern erstreckt sich auch auf Konzession, Erlaubnis und Approbation (*Kossens/von der Heide/Maaß*, SGB IX, § 129 RdNr. 5; *Masuch* in Hauck/Noftz, SGB IX, K § 129 RdNr. 4; GK-SGB IX-*Marschner*, § 129 RdNr. 2). 2

Der Anwendungsbereich der Vorschrift ist dennoch **praktisch gering**, da zum einen nur selten die Ausübung einer Tätigkeit an eine Zulassung gebunden ist (z. B. Bezirksschornsteinfeger, Gaststätten, Rechtsanwälte, Notare, Vertragsärzte) und zum anderen beim Vorliegen der subjektiven und ggf. objektiven Zulassungsvoraussetzungen ein Rechtsanspruch auf Zulassung ohnehin besteht. Der Anwendungsbereich der Vorschrift beschränkt sich demnach auf die Fälle, in denen die über die Zulassung zu entscheidende Stelle einen **Ermessensspielraum** hat. Dann muss in die Ermessensentscheidung auch die in § 129 gesetzlich vorgeschriebene Bevorzugung Schwerbehinderter einfließen. Wird dies unterlassen, ist die Entscheidung fehlerhaft (BGH 13. 10. 86 DNotZ 1987, 448; BGH 16. 3. 98 NJW-RR 1998, 1281). 3

Praktisch bedeutsam ist die Vorschrift daher im Bereich der **Notarzulassung**. Der BGH hat insoweit entschieden, dass es zwar keinen Ermessensfehler darstellt, wenn die allgemeine 5-jährige **Wartezeit** der Notariatsbewerber für Schwerbehinderte nicht generell verkürzt wird; die Behörde muss jedoch im Einzelfall prüfen, inwieweit durch die Behinderung ein Zeitverlust eingetreten ist, der den schwerbehinderten Menschen daran gehindert haben könnte, die Wartezeit zu erfüllen (BGH 16. 3. 98 NJW-RR 1998, 1281). In NRW sieht § 17 Abs. 4 AVNot v. 8. 3. 2002 in der Fassung v. 4. 11. 2004 eine Bevorzugung Schwerbehinderter im Rahmen der Auswahlentscheidung bei gleicher Punktzahl vor. Im Bereich der **vertragsärztlichen Zulassung** steht dem Zulassungsausschuss gemäß § 103 Abs. 4 S. 3 SGB V ein Auswahlermessen zu, welcher Bewerber unter mehreren als Nachfolger des bisherigen Vertragsarztes die ausgeschriebene Praxis fortführen darf. Bei dieser Ermessensentscheidung wird der Zulassungsausschuss aufgrund 4 der Vorschrift des § 129 das Vorliegen einer Schwerbehinderung bei einem der Bewerber zu berücksichtigen haben.

5   Im Rahmen der **begleitenden Hilfe im Arbeitsleben** sieht § 102 Abs. 3 Ziff. 1 die Möglichkeit vor, Geldleistungen auch zur Gründung und Erhaltung einer selbstständigen Existenz zu gewähren.

Geheimhaltungspflicht

130 (1) Die Beschäftigten der Integrationsämter, der Bundesagentur für Arbeit, der Rehabilitationsträger einschließlich ihrer Beschäftigten in gemeinsamen Servicestellen sowie der von diesen Stellen beauftragten Integrationsfachdienste und die Mitglieder der Ausschüsse und des Beirates für die Teilhabe behinderter Menschen (§ 64) und ihre Stellvertreter oder Stellvertreterinnen sowie zur Durchführung ihrer Aufgaben hinzugezogene Sachverständige sind verpflichtet,

1. über ihnen wegen ihres Amtes oder Auftrages bekannt gewordene persönliche Verhältnisse und Angelegenheiten von Beschäftigten auf Arbeitsplätzen für schwerbehinderte Menschen, die ihrer Bedeutung oder ihrem Inhalt nach einer vertraulichen Behandlung bedürfen, Stillschweigen zu bewahren, und

2. ihnen wegen ihres Amtes oder Auftrages bekannt gewordene und vom Arbeitgeber ausdrücklich als geheimhaltungsbedürftig bezeichnete Betriebs- oder Geschäftsgeheimnisse nicht zu offenbaren und nicht zu verwerten.

(2) ¹Diese Pflichten gelten auch nach dem Ausscheiden aus dem Amt oder nach Beendigung des Auftrages. ²Sie gelten nicht gegenüber der Bundesagentur für Arbeit, den Integrationsämtern und den Rehabilitationsträgern, soweit deren Aufgaben gegenüber schwerbehinderten Menschen es erfordern, gegenüber der Schwerbehindertenvertretung sowie gegenüber den in § 79 Abs. 1 des Betriebsverfassungsgesetzes und den in den entsprechenden Vorschriften des Personalvertretungsrechts genannten Vertretungen, Personen und Stellen.

I. Allgemeines

Die Vorschrift übernimmt inhaltlich unverändert die Regelung des 1
$\S$ 52 SchwbG 1986. $\S$ 130 erweitert den Geltungsbereich auch auf die
Beschäftigten der mit dem SGB IX neu geschaffenen Servicestellen
($\S\S$ 22, 23) und Integrationsfachdienste ($\S\S$ 109 ff.). Durch das 3.
Gesetz für moderne Dienstleistungen am Arbeitsmarkt vom 23. 12. 2003
(BGBl. I S. 2848) ist die Formulierung *Bundesanstalt für Arbeit* in Abs. 1
und Abs. 2 S. 2 jeweils durch *Bundesagentur für Arbeit* ersetzt worden.

Da bereits durch die Regelungen des $\S$ 35 SGB I in Verbindung mit 2
$\S\S$ 67 ff. SGB X die Sozialdaten als Teil des allgemeinen Persönlich-
keitsrechtes geschützt werden, kommt $\S$ 130 im Wesentlichen nur eine
ergänzende und das **informationelle Selbstbestimmungsrecht** des
Betroffenen verstärkende Bedeutung zu.

Obwohl bereits $\S$ 52 SchwbG als veränderungsbedürftig und anpas- 3
sungsbedürftig im Hinblick auf die in $\S$ 35 Abs. 1 SGB I und $\S\S$ 67 ff.
SGB X verwendete moderne Begrifflichkeit (etwa: Sozialdaten statt
persönliche Verhältnisse und Angelegenheiten) angesehen wurde
(siehe GK-SGB IX-*Marschner* $\S$ 130 RdNr. 2; *Masuch* in Hauck/Noftz,
SGB IX, K $\S$ 130 RdNr. 6), hat der Gesetzgeber die bisherige Fassung
beibehalten. Er hat damit die Anwendung der $\S\S$ 35 SGB I und 67 ff.
SGB X aber nicht einschränken wollen. Vor allem enthält $\S$ 130 keine
abweichende Regelung im Sinne des $\S$ 37 S. 1 SGB I. Er hat vielmehr
die Geheimhaltungspflichten des in der Vorschrift genannten Personenkreises nur konkretisieren und herausheben wollen (*Kossens/von der
Heide/Maaß*, SGB IX, $\S$ 130 RdNr. 1; *Masuch* in Hauck/Noftz, SGB
IX, K $\S$ 130 RdNr. 1 und 6).

II. Verpflichteter Personenkreis

In $\S$ 35 Abs. 1 SGB I wird die Verpflichtung zur Wahrung des Sozial- 4
geheimnisses den Leistungsträgern als Institutionen auferlegt, während in $\S$ 130 die **Beschäftigten der in Abs. 1 aufgeführten Stellen**,
also der Integrationsämter, der Bundesagentur für Arbeit, der Rehabilitationsträger, der gemeinsamen Servicestellen und der beauftragten
Integrationsfachdienste sowie die Mitglieder und stellvertretenden
Mitglieder des Beirates gemäß $\S$ 64 und der Ausschüsse verpflichtet
werden. Ausschüsse sind alle im SGB IX genannten Ausschüsse, also
die beratenden Ausschüsse gemäß $\S$ 103 und $\S$ 105 sowie die Widerspruchsausschüsse beim Integrationsamt ($\S$ 119) und bei der Bundesagentur für Arbeit ($\S$ 120). Verpflichtet werden außerdem die von den
in Abs. 1 genannten Stellen herangezogenen **Sachverständigen**.

III. Geschützter Personenkreis

5   Unter den Schutzbereich des Gesetzes fallen nach Ziff. 1 alle **Personen**, die bei einem privaten oder öffentlichen Arbeitgeber **beschäftigt werden**. Personen, die auf Arbeitsplätzen gemäß § 73 Abs. 2 eingesetzt werden, sind vom Schutz nicht ausgenommen (*Neumann/Pahlen/ Majerski-Pahlen*, SGB IX, § 130 RdNr. 5; *Kossens/von der Heide/Maaß*, SGB IX, § 130 RdNr. 8). Die Beschäftigten müssen auch nicht schwerbehindert oder gleichgestellt sein; sie können auch nicht behindert sein (*Neumann/Pahlen/Majerski-Pahlen*, SGB IX, § 130 RdNr. 5; *Griese*, jurisPK-SGB IX, § 130 RdNr. 13).

6   Nach Ziff. 2 gehören zum geschützten Personenkreis weiterhin **Arbeitgeber**. Hierbei kann es sich auch um juristische Personen handeln (*Masuch* in Hauck/Noftz, SGB IX, K § 130 RdNr. 16; GK-SGB IX-*Marschner*, § 130 RdNr. 10). Dies ergibt sich im Übrigen auch aus § 67 Abs. 1 SGB X.

IV. Sachlicher Schutzbereich

7   Der Geheimnisschutz umfasst die persönlichen Verhältnisse und Angelegenheiten der Beschäftigten sowie Betriebs- und Geschäftsgeheimnisse der Arbeitgeber, soweit diese Informationen im Rahmen der Aufgabenwahrnehmung des SGB IX offenbart werden. Damit wird dem Umstand Rechnung getragen, dass zur Verwirklichung der Aufgaben des SGB IX den Beschäftigten und den Arbeitgebern Mitwirkungspflichten auferlegt werden, bei deren Erfüllung Daten offengelegt werden müssen, an deren Geheimhaltung die Betroffenen ein schutzwürdiges Interesse haben. § 130 i.V. mit § 35 SGB I gibt den Betroffenen daher ein **subjektiv öffentliches Recht** gegen die in Abs. 1 genannten Personen, die geheimzuhaltenden Tatsachen nicht zu offenbaren (BSG 25. 10. 1978 SozR 1200 § 35 Nr. 1; *Masuch* in Hauck/Noftz, SGB IX, K § 130 RdNr. 7).

8   **1. Persönliche Angelegenheiten (Ziff. 1).** Nach der Legaldefinition in § 67 Abs. 1 SGB X sind Sozialdaten Einzelangaben über persönliche oder sachliche Verhältnisse einer bestimmten oder bestimmbaren natürlichen Person, die von einem Leistungsträger im Hinblick auf dessen Aufgaben erhoben, verarbeitet oder genutzt werden. Nicht anders ist auch der sachliche Schutzbereich des § 130 Ziff. 1 definiert. Es geht um den **Schutz von Sozialdaten**, die im Rahmen der Aufgabenwahrnehmung des SGB IX bekannt werden. Die Regelung in Ziff. 1, wonach Angelegenheiten, soweit sie ihrer Bedeutung oder ihrem Inhalt nach einer vertraulichen Behandlung bedürfen, dem Geheimnisschutz unterliegen, ist auch nicht einschränkend zu verstehen. Es sind alle Sozialdaten im Sinne des § 67 Abs. 1 SGB X geschützt. Eine wertende Unterscheidung zwischen „sensiblen" und „harmlosen" Daten ist nicht zulässig.

2. Betriebs- und Geschäftsgeheimnisse (Ziff. 2). Nach der **9** Legaldefinition des § 67 Abs. 1 SGB X sind unter Betriebs- und Geschäftsgeheimnissen **alle betriebs- und geschäftsbezogenen Daten**, auch von juristischen Personen zu verstehen, die **Geheimnischarakter** haben. Gemäß § 35 Abs. 4 SGB I stehen sie Sozialdaten gleich. Geschäftsgeheimnisse betreffen den kaufmännischen Bereich. Dazu zählen etwa Unterlagen oder Informationen über die Kalkulation, die Absatzplanung, die Auftragslage, die Finanzverhältnisse, die Lohnkosten oder das Marketing. Betriebsgeheimnisse beziehen sich dagegen auf den betrieblichen und produktiven Bereich und erfassen etwa Daten über Produktionsmethoden, Maschinen, neue technische Verfahren oder Konstruktionen.

Ziff. 2 regelt, dass der Arbeitgeber die Betriebs- oder Geschäfts- **10** geheimnisse ausdrücklich als geheimhaltungsbedürftig zu bezeichnen hat. Dafür ist keine bestimmte Form vorgeschrieben; der entsprechende Wille des Arbeitgebers muss allerdings eindeutig erkennbar sein (*Neumann/Pahlen/Majerski-Pahlen*, SGB IX, § 130 RdNr. 7; *Kossens/ von der Heide/Maaß*, SGB IX, § 130 RdNr. 11). Daneben muss die **Tatsache selbst Geheimnischarakter** haben (§ 67 Abs. 1 S. 2 SGB X). Dies entscheidet sich nach sachlichen Gesichtspunkten und ist nur der Fall, wenn der Arbeitgeber an der Geheimhaltung ein **berechtigtes wirtschaftliches Interesse** hat (*Neumann/Pahlen/Majerski-Pahlen*, SGB IX, § 130 RdNr. 6; *Trenk-Hinterberger*, HK-SGB IX, § 130 RdNr. 9; GK-SGB IX-*Marschner*, § 130 RdNr. 11; *Masuch* in Hauck/Noftz, SGB IX, K § 130 RdNr. 16).

Gemäß Abs. 2 besteht die Pflicht zur Geheimhaltung auch noch über das Ende der Amtszeit oder des Auftrags hinaus. Sie gilt damit zeitlich unbeschränkt.

V. Ausnahmen (Abs. 2 S. 2)

Eingeschränkt wird die Geheimhaltungspflicht gegenüber der **11** **Bundesagentur für Arbeit, den Integrationsämtern und den Rehabilitationsträgern.** Sie besteht diesen Stellen gegenüber nicht, soweit diese ihrerseits bestimmte Daten für ihre Aufgabenwahrnehmung im Interesse schwerbehinderter Menschen benötigen. Insoweit sind die Übermittlungsbefugnisse näher in den §§ 68 ff. SGB X geregelt. Ist nach diesen Regelungen die Offenbarung erlaubt, berechtigt dies auch die in § 130 Verpflichteten zur Weitergabe von Daten (*Masuch* in Hauck/Noftz, SGB IX, K § 130 RdNr. 22).

12   Keine Geheimhaltungspflicht besteht außerdem gegenüber den
Schwerbehindertenvertretungen sowie den **betrieblichen und
dienstlichen Interessenvertretungen** gemäß § 93, also Betriebsrat,
Personalrat, Richter-, Staatsanwalts- und Präsidialrat. Grund dafür ist,
dass diese Vertretungen ihrerseits zur Geheimhaltung gemäß § 96
Abs. 7 SGB IX, § 79 BetrVG, § 10 BPersVG verpflichtet sind.

13   Darüber hinaus besteht keine Verpflichtung zur Geheimhaltung,
wenn der Betroffene selbst in die Offenbarung seiner Daten **eingewil-
ligt** hat. § 130 enthält keine von der Regelung des § 67 b SGB X abweichende Bestimmung (§ 37 SGB I).

VI. Rechtsfolgen der Geheimnisverletzung

14   Ein schuldhafter Verstoß gegen die Geheimhaltungspflicht des
§ 130 durch eine der in Abs. 1 genannten Personen stellt eine **Straftat**
gemäß § 155 dar (siehe Erläuterungen dort). Als weitere Straftaten
kommen § 203 Abs. 2 StGB und § 85a SGB X oder eine Ordnungswidrigkeit gemäß § 85 SGB X in Betracht.

15   Darüber hinaus können dem Betroffenen bei einer Verletzung der
Geheimhaltungspflicht **Folgenbeseitigungsansprüche** und **Schadensersatzansprüche** zustehen. § 130 ist Schutzgesetz im Sinne des
§ 823 Abs. 2 BGB, so dass ein Amtshaftungsanspruch gemäß Art. 34
GG i.V. mit § 839 Abs. 1 BGB in Betracht kommt.

16   **Vertrauenspersonen** können wegen grober Verletzung ihrer
Pflichten aufgrund einer Entscheidung des Widerspruchsausschusses
des Integrationsamtes gemäß § 94 Abs. 7 ihr Amt verlieren. Zwar sieht
das Gesetz keine Möglichkeit vor, Mitglieder von Ausschüssen bei grober Verletzung ihrer Pflichten abzuberufen; zu Recht wird jedoch allgemein angenommen, dass den jeweiligen Ausschüssen die Möglichkeit zur Abberufung in diesem Fall ebenfalls zustehen muss (*Neumann/
Pahlen/Majerski-Pahlen*, SGB IX, § 130 RdNr. 11; *Kossens/von der Heide/
Maaß*, SGB IX, § 130 RdNr. 17; GK-SGB IX–*Marschner*, § 130 RdNr. 6;
Masuch in Hauck/Noftz, K § 130 RdNr. 26).

17   Der Betroffene hat außerdem die Möglichkeit, bei erstmalig drohen-
der unbefugter Offenbarung eine **vorbeugende Unterlassungsklage**
zu erheben, und im Falle der wiederholten unbefugten Offenbarung
mit einer Unterlassungsklage seinen Anspruch auf Geheimhaltung gerichtlich durchzusetzen (BSG 25. 10. 79 SozR 1200 § 35 Nr. 1).

Statistik

131 (1) ¹Über schwerbehinderte Menschen wird alle zwei Jahre eine Bundesstatistik durchgeführt. ²Sie umfasst folgende Tatbestände:

1. die Zahl der schwerbehinderten Menschen mit gültigem Ausweis,
2. persönliche Merkmale schwerbehinderter Menschen wie Alter, Geschlecht, Staatsangehörigkeit, Wohnort,

3. Art, Ursache und Grad der Behinderung.

(2) ¹Für die Erhebung besteht Auskunftspflicht. ²Auskunftspflichtig sind die nach § 69 Abs. 1 und 5 zuständigen Behörden.

Die Pflicht zur Führung einer Bundesstatistik über schwerbehin- 1 derte Menschen wurde erstmals in das SchwbG 1974 eingeführt. Die Vorschrift des SGB IX übernimmt inhaltlich unverändert die Regelung des § 53 SchwbG 1986, zuletzt geändert durch das Gesetz vom 19.12.1997 (BGBl. I S. 3158).

Die Vorschrift steht im Zusammenhang mit dem **Bundesstatistik-** 2 **gesetz** (BStatG). Gemäß § 5 Abs. 1 BStatG bedürfen Bundesstatistiken einer gesetzlichen Ermächtigungsgrundlage, da sie einen Eingriff in das **informationelle Selbstbestimmungsrecht** darstellen. Für die Statistik über schwerbehinderte Menschen ist daher § 131 Ermächtigungsgrundlage und legt die Erhebungsmerkmale, die Art der Erhebung, den Erhebungszeitraum und die Auskunftspflicht fest. Von der 2-jährigen Statistik werden nicht alle behinderten Menschen erfasst, sondern nur Schwerbehinderte mit einen Grad der Behinderung von mindestens 50, die über einen gültigen Ausweis verfügen. **Erhebungsmerkmale** sind Alter, Geschlecht, Staatsangehörigkeit, Wohnort, Art, Ursache und Grad der Behinderung. Sie werden anonymisiert. Die Erhebungsmerkmale sind außerdem abschließend.

Gemäß Abs. 2 i. V. mit § 15 BStatG sind die **Versorgungsämter** 3 (§ 69 Abs. 1 und Abs. 5) auskunftspflichtig.

Nach der zuletzt im Januar 2009 erschienenen **Statistik des statistischen Bundesamtes** waren am **31.12.2007** 6,9 Mio. schwerbehinderte Menschen mit gültigem Ausweis anerkannt. Dies entsprach einem Anteil von 8,4% der Bevölkerung. Über die Hälfte (51,9%) waren Männer. Mit fortgeschrittenem Alter stieg der Anteil von Personen mit Behinderungen. So war ein Viertel (28,4%) 75 Jahre und älter und knapp die Hälfte (46,3%) 55 bis 74 Jahre alt. Der Anteil der unter 25-Jährigen lag dagegen nur bei 4,0%. Der ganz überwiegende Teil der Behinderungen, nämlich 82,3%, wurde durch eine Krankheit verursacht. Nur bei 4,4% der Menschen war die Behinderung angeboren und nur bei 2,2% beruhte sie auf einem Unfall oder einer Berufskrankheit (s. nähere Einzelheiten unter: www.destatis.de).

Kapitel 11. Integrationsprojekte

1   Die §§ 132–134 SGB IX regeln Einzelheiten der Integrationsprojekte.

2   Mit den Integrationsprojekten soll der Übergang arbeitsloser schwerbehinderter Menschen durch eine längere Phase der Beschäftigung und Qualifizierung in einem hierfür besonders geeigneten Beschäftigungs-/Integrationsprojekt ermöglicht werden. In einer Modellphase wurden vor allem seelisch behinderte Menschen, in geringem Umfang auch geistig-, lern- oder sinnesbehinderte Menschen in den neunziger Jahren des vorigen Jahrhunderts in Selbsthilfefirmen beschäftigt (ausführlich zur Entwicklung **„marktorientierter" und „maßnahmeorientierter" Selbsthilfefirmen** sowie **„geschützter Betriebsabteilungen"** in der DDR und **speziellen Abteilungen** zur Beschäftigung leistungsgeminderter Mitarbeiter in einigen westdeutschen Großbetrieben als Vorläufer der Integrationsprojekte: *Adlhoch* in: Ernst/Adlhoch/Seel, SGB IX, vor § 132 RdNr. 1 ff.). Die Begleitung wurde durch externe Fachdienste, die die Hauptfürsorgestellen aus der Ausgleichsabgabe finanzierten, sichergestellt. Einzelheiten regelten die **„Vorläufigen Grundsätze"** und **„Förderrichtlinien"** des BMA. In der Modellphase sollten nähere Erkenntnisse über die notwendige Ausstattung, den Finanzierungsaufwand und die Effizienz solcher trägerübergreifend tätigen Einrichtungen gewonnen werden (zu Einzelheiten Vierter Bericht der Bundesregierung über die Lage der Behinderten und die Entwicklung der Rehabilitation vom 18. 12. 1997, BT-Drucks. 13/9514, S. 74 f.; zu einzelnen Modellen: *Ehrenheim* br 2000, 89). Diese Integrationsprojekte betätigten sich in den verschiedensten Branchen wie Gastronomie und Kantinen, Industriedienstleistungen, Wäschereien, Einzelhandel, Landschaftspflege, Satz und Druck.

3   Noch bevor die Ergebnisse der Modellprojekte vorlagen, wurde durch das Gesetz vom 29. 9. 2000 mit Wirkung zum 1. 10. 2000 die Förderung von Integrationsprojekten in den **§§ 53a ff. SchwbG** geregelt. Der Gesetzgeber ging davon aus, dass für arbeitslose Schwerbehinderte, für die eine WfB nicht die adäquate Einrichtung zur Beschäftigung und Qualifizierung sei, besondere Integrationsprojekte als **„dritter" Weg** oder als **Brücke zur Eingliederung** in eine reguläre Beschäftigung auf dem allgemeinen Arbeitsmarkt zu schaffen seien. Nur so erhielten diese Schwerbehinderten eine reelle Chance zur (Wieder-) Eingliederung in das „normale" Arbeitsleben. Diese Integrationsprojekte seien – obwohl dem allgemeinen Arbeitsmarkt angehörend – zwischen dem allgemeinen Arbeitsmarkt und den WfB angesiedelt

und sollten auch den **Übergang** Schwerbehinderter von WfB auf den allgemeinen Arbeitsmarkt (vgl. § 136 Abs. 1 Satz 3 SGB IX) ermöglichen (BT-Drucks. 14/3372, S. 23 f.).

Das SGB IX regelt die **finanzielle Förderung** von Integrationsun- **4** ternehmen und öffentlichen Arbeitgebern mit Integrationsbetrieben und Integrationsabteilungen durch das **Integrationsamt** aus Mitteln der Ausgleichsabgabe in § 134 SGB IX i.V.m. § 102 Abs. 3 Satz 1 Nr. 3 SGB IX. Unternehmensinterne Integrationsbetriebe und Integrationsabteilungen werden durch die **Bundesagentur für Arbeit** aus Mitteln des Ausgleichsfonds (§ 78 SGB IX) unterstützt (§ 134 SGB IX i.V.m. § 41 Abs. 1 Satz 1 Nr. 3 SchwbAV) unterstützt. Zusätzlich besteht die Möglichkeit, **individuelle Leistungen** an Arbeitgeber und schwerbehinderte Arbeitnehmer zu erbringen (§ 102 Abs. 3 Satz 1 Nr. 1 und Nr. 2 SGB IX). Die Bundesarbeitsgemeinschaft der Integrationsämter und Hauptfürsorgestellen (BIH) hat **Empfehlungen zur Förderung von Integrationsprojekten** (www. http://www.bag-if.de/2010/06/ neue-richtlinien-der-bih-zur-forderung-von-integrationsprojekten/ Stand: 9. 6. 2010. 5. 11. 2010 10:47) erarbeitet.

Eine Übersicht über die Integrationsfirmen findet sich in www.inte- **5** grationsfirmen.de.

Begriff und Personenkreis

132 (1) Integrationsprojekte sind rechtlich und wirtschaftlich selbstständige Unternehmen (Integrationsunternehmen) oder unternehmensinterne oder von öffentlichen Arbeitgebern im Sinne des § 71 Abs. 3 geführte Betriebe (Integrationsbetriebe) oder Abteilungen (Integrationsabteilungen) zur Beschäftigung schwerbehinderter Menschen auf dem allgemeinen Arbeitsmarkt, deren Teilhabe an einer sonstigen Beschäftigung auf dem allgemeinen Arbeitsmarkt auf Grund von Art oder Schwere der Behinderung oder wegen sonstiger Umstände voraussichtlich trotz Ausschöpfens aller Fördermöglichkeiten und des Einsatzes von Integrationsfachdiensten auf besondere Schwierigkeiten stößt.

(2) Schwerbehinderte Menschen nach Absatz 1 sind insbesondere

1. schwerbehinderte Menschen mit geistiger oder seelischer Behinderung oder mit einer schweren Körper-, Sinnes- oder Mehrfachbehinderung, die sich im Arbeitsleben besonders nachteilig auswirkt und allein oder zusammen mit weiteren vermittlungshemmenden Umständen die Teilhabe am allgemeinen Arbeitsmarkt außerhalb eines Integrationsprojekts erschwert oder verhindert,

2. schwerbehinderte Menschen, die nach zielgerichteter Vorbereitung in einer Werkstatt für behinderte Menschen oder in einer psych-

iatrischen Einrichtung für den Übergang in einen Betrieb oder eine
Dienststelle auf dem allgemeinen Arbeitsmarkt in Betracht kommen
und auf diesen Übergang vorbereitet werden sollen, sowie

3. schwerbehinderte Menschen nach Beendigung einer schulischen
Bildung, die nur dann Aussicht auf eine Beschäftigung auf dem allgemeinen Arbeitsmarkt haben, wenn sie zuvor in einem Integrationsprojekt an berufsvorbereitenden Bildungsmaßnahmen teilnehmen
und dort beschäftigt und weiterqualifiziert werden.

(3) ¹Integrationsunternehmen beschäftigen mindestens 25 Prozent
schwerbehinderte Menschen im Sinne von Absatz 1. ²Der Anteil der
schwerbehinderten Menschen soll in der Regel 50 Prozent nicht übersteigen.

I. Allgemeines

1　　§ 132 SGB IX definiert in Abs. 1 den Begriff des Integrationsprojektes. In Abs. 2 wird die Zielgruppe der Integrationsprojekte umschrieben. Abs. 3 setzt einen Mindest- und einen Höchstbeschäftigungsanteil
schwerbehinderter Menschen in Integrationsunternehmen fest.

II. Integrationsprojekte (§ 132 Abs. 1 SGB IX)

2　　Integrationsprojekte können in rechtlich und wirtschaftlich selbstständigen Unternehmen (**Integrationsunternehmen**) und in unternehmensinternen bzw. von öffentlichen Arbeitgebern geführten Betrieben und Abteilungen (**Integrationsbetriebe**) durchgeführt werden (§ 132 Abs. 1 SGB IX).

3　　**Integrationsunternehmen** sind rechtlich selbstständig, wenn sie
auf Dauer angelegt **erwerbswirtschaftliche Zwecke** in Konkurrenz
zu anderen Marktteilnehmern in **wirtschaftlicher Selbstständigkeit**
und **eigener Rechtsträgerschaft** verfolgen. Erwerbswirtschaftliche
Zwecke können auch gemeinnützige Unternehmen verfolgen. Bei rein
ideeller Zwecksetzung fehlt jedoch die wirtschaftliche Selbstständigkeit von Integrationsunternehmen. Integrationsunternehmen müssen
in der **Rechtsform** der Einzelkaufleute, Personengesellschaften oder
Kapitalgesellschaften betrieben werden. Als rechtlich selbstständig
sind im **Privatrecht** die GmbH, der rechtsfähige wirtschaftliche Verein, die Genossenschaft, die AG sowie die OHG und die KG anzusehen.
Juristische Personen des **öffentlichen Rechts** mit wirtschaftlicher
Zwecksetzung wie Stiftungen und rechtsfähige Anstalten des öffentlichen Rechts können sich als Integrationsunternehmen betätigen, nicht
jedoch Eigenbetriebe der öffentlichen Hand ohne eigene Rechtsper-
sönlichkeit. Integrationsunternehmen sind nach den Regeln des Han-

dels- und Gesellschaftsrechts buchführungspflichtig und haben ihre Gewinne und Verluste auszuweisen.

Integrationsbetriebe sind abgrenzbare organisatorische Einheiten **4** von (Gesamt-) Unternehmen, innerhalb derer ein oder mehrere Arbeitgeber mit Hilfe von sachlichen und immateriellen Mitteln einen oder mehrere arbeitstechnische Zwecke fortgesetzt verfolgen, die sich nicht in der Befriedigung des Eigenbedarfs erschöpfen. Es muss eine **einheitliche Organisation** bestehen, in der durch einen einheitlichen Leitungsapparat Betriebsmittel eingesetzt und der Arbeitskräfteeinsatz gesteuert wird. Die Betriebsorganisation muss auf eine gewisse Dauer angelegt sein und über eine institutionalisierte Leitungsmacht im sozialen und personellen Bereich verfügen, also zuständig sein für Einstellungen und Entlassungen (*Schröder* in: Hauck/Noftz, SGB IX, § 132 RdNr. 6 f.; *Adlhoch* in: Ernst/Adlhoch/Seel, SGB IX, § 132 RdNr. 4, jeweils m.w.Nw.). **Unternehmensinterne** Integrationsbetriebe können nur **rechtlich unselbstständige Betriebe** von Unternehmen sein, die nicht Integrationsunternehmen sind und selbst erwerbswirtschaftliche Zwecke verfolgen. Rechtlich unselbstständige Zweckbetriebe z. B. von **Verbänden der freien Wohlfahrtspflege, Behindertenverbänden** oder **WfbM** gehören mangels primärer erwerbswirtschaftlicher Zwecksetzung dieser Verbände und Einrichtungen nicht zu den Integrationsprojekten i.S. des § 132 Abs. 1 SGB IX (*Adlhoch* in: Ernst/ Adlhoch/Seel, SGB IX, § 132 RdNr. 11, 14; *Schröder* in: Hauck/Noftz, SGB IX, § 132 RdNr. 14 f.).

Die in § 71 Abs. 3 SGB IX abschließend aufgezählten **öffentlichen** **5** **Arbeitgeber**, also Bundes- und Landesbehörden, Gebietskörperschaften, Kommunalverbände, sonstige Körperschaften, Anstalten und Stiftungen des öffentlichen Rechts, können Integrationsbetriebe und Integrationsabteilungen führen (§ 132 Abs. 1 SGB IX). Hiermit soll für die Zielgruppe der Integrationsprojekte das im öffentlichen Dienst erschließbare Arbeitsplatzpotenzial genutzt werden (BT-Drucks. 14/ 5531, S. 11 f.).

Unternehmensinterne Integrationsabteilungen sind rechtlich **6** und organisatorisch unselbstständige Betriebsteile von Unternehmen, die selbst nicht Integrationsunternehmen sind, eine erwerbswirtschaftliche Zwecksetzung verfolgen und rechtlich selbstständig sind. Von daher ist es einer **WfbM** als Einrichtung der beruflichen Rehabilitation auch verwehrt, sich um eine Integrationsabteilung als Integrationsprojekt zu erweitern.

Zweck sowohl der Integrationsunternehmen als auch der Integrati- **7** onsbetriebe ist, beruflich besonders betroffene schwerbehinderte Menschen auf behinderungsgerechten Arbeitsplätzen zu beschäftigen und sie arbeitsbegleitend zu betreuen und zu beschäftigen (§ 133 SGB IX). Die Integrationsprojekte müssen nicht anerkannt werden; anders die WfbM (§ 142 SGB IX).

8   Weiteres Tatbestandsmerkmal des Begriffs „Integrationsprojekt" ist
dessen **Aufgabe, beruflich besonders betroffene schwerbehinderte Menschen auf dem allgemeinen Arbeitsmarkt** zu beschäftigen. Dies muss in einem Angebot behinderungsgerechter Arbeitsplätze
und arbeitsbegleitender Betreuung und Qualifizierung gem. § 133
SGB IX zum Ausdruck kommen.

III. Zielgruppe (§ 132 Abs. 1, 2 SGB IX)

9   In den Integrationsprojekten sollen arbeitslose schwerbehinderte
Menschen beschäftigt und qualifiziert werden, die in einer WfbM un-
terfordert wären, auf dem allgemeinen Arbeitsmarkt jedoch auf Grund
von Art und Schwere ihrer Behinderung oder wegen sonstiger Gründe
trotz Ausschöpfens aller Fördermöglichkeiten und des Einsatzes von
Integrationsfachdiensten (noch) **nicht wettbewerbsfähig** sind und
deren Teilhabe am Arbeitsleben deshalb auf besondere Schwierigkeiten
stößt. **Sonstige vermittlungshemmende Umstände** im Sinne des
§ 132 Abs. 1 SGB IX sind insbesondere Alter, Langzeitarbeitslosigkeit,
unzureichende Qualifikation und Leistungsminderung (vgl. § 109
Abs. 3 SGB IX). Die betroffenen Gruppen schwerbehinderter Menschen werden in § 132 Abs. 2 SGB IX aufgezählt.

10   Vor der Beschäftigung in einem Integrationsprojekt müssen alle För-
dermöglichkeiten ausgeschöpft worden sein (§ 132 Abs. 1 SGB IX).
Vorrangige Fördermöglichkeiten sind Maßnahmen der beruflichen
Rehabilitation und der begleitenden Hilfe im Arbeitsleben (§§ 33 ff.
SGB IX, §§ 97 ff. SGB III, § 102 Abs. 2 bis 4 SGB IX). Die **besonderen
Schwierigkeiten** bei der Erlangung einer sonstigen Beschäftigung
auf dem allgemeinen Arbeitsmarkt müssen **voraussichtlich** bestehen.
Hieraus folgt, dass vor Aufnahme in ein Integrationsprojekt nicht sämtliche denkbare Fördermöglichkeiten vor der Aufnahme in das Integrationsprojekt tatsächlich ausgeschöpft worden sein müssen. Maßgeblich
ist eine **prognostische Bewertung der Eingliederungschancen**
unter Berücksichtigung geeigneter Fördermöglichkeiten und der Einschaltung eines Integrationsfachdienstes (*Adlhoch* in: Ernst/Adlhoch/
Seel, SGB IX, § 132 RdNr. 18).

11   Die Zielgruppe von Integrationsprojekten in § 132 Abs. 2 SGB IX
wird **nicht abschließend** („insbesondere") aufgezählt. In die Integrationsprojekte können auch schwerbehinderte Menschen aufgenommen
werden, die an einer anderen als der in § 132 Abs. 2 SGB IX benannten
Behinderungsformen leiden. Die Zielgruppe der Integrationsprojekte
überschneidet sich mit jener der Integrationsfachdienste gem. § 109
Abs. 2 und Abs. 3 SGB IX. § 132 Abs. 2 SGB IX unterscheidet **drei
Gruppen von beruflich besonders betroffenen schwerbehinderten Menschen:**

- **Nr. 1**: Personen, bei denen sich die näherer bezeichnete **Behinderung** im Arbeitsleben **besonders nachteilig auswirkt** und allein oder zusammen mit weiteren vermittlungshemmenden Umständen (in der Person des Betroffenen oder der Lage des Arbeitsmarkts) die Teilhabe am allgemeinen Arbeitsmarkt außerhalb eines Integrationsprojekts erschwert oder verhindert. In diesen Fällen dürfte zur Abklärung einer **vorrangigen Beschäftigung** auf einem geeigneten Arbeitsplatz des „normalen" Arbeitsmarkts die vorherige Einschaltung eines Integrationsfachdienstes geboten sein (vgl. § 110 SGB IX).
- **Nr. 2**: schwerbehinderte Menschen, die zur Vorbereitung des **Übergangs auf den allgemeinen Arbeitsmarkt** bisher in einer **WfbM** oder in **psychiatrischen Einrichtungen** beschäftigt waren. Die Betroffenen müssen in dieser **Einrichtung** zielgerichtet auf den Übergang **vorbereitet** worden sein. Weiter muss diese Vorbereitung unter praxisnäheren Bedingungen des allgemeinen Arbeitsmarkts in einem Integrationsprojekt **fortgesetzt** werden. Für die **WfbM** ist die Förderung des Übergangs geeigneter Personen auf den allgemeinen Arbeitsmarkt durch besondere Maßnahmen eine gesetzliche Verpflichtung (**§ 136 Abs. 1 Satz 3 SGB IX i.V.m. § 5 Abs. 4 und Abs. 5 WVO**). Sie hat eine Übergangsgruppe mit besonderen Förderangeboten einzurichten, individuelle Förderpläne zu entwickeln sowie Trainingsmaßnahmen, Betriebspraktika und die zeitweise Beschäftigung auf ausgelagerten Arbeitsplätzen zu ermöglichen. Sie hat die notwendige **arbeitsbegleitende Betreuung** in der Übergangsphase sicherzustellen und darauf hinzuwirken, dass der zuständige **Rehabilitationsträger** seine Leistungen und nach dem Ausscheiden des behinderten Menschen aus der Werkstatt das **Integrationsamt**, ggfs. unter Beteiligung eines **Integrationsfachdienstes**, die begleitende Hilfe im Arbeits- und Berufsleben einbringen. Die WfbM hat die **Bundesagentur für Arbeit** bei der Durchführung der vorbereitenden Maßnahmen in die Bemühungen zur Vermittlung auf dem allgemeinen Arbeitsmarkt einzubeziehen. Das **Integrationsprojekt** bietet durch geeignete Maßnahmen zur Vorbereitung auf eine Beschäftigung in dem Projekt an (§ 133 SGB IX). Dies erfordert an der **Schnittstelle zum Übergang** von der WfbM auf den allgemeinen Arbeitsmarkt unter Zuhilfenahme eines Integrationsprojektes eine intensive **Abstimmung** der begleitenden Maßnahmen (vgl. *Wendt* Rehabilitation 2001, 92, 95). Behinderte Menschen, die im Anschluss an eine WfbM-Beschäftigung in einem Integrationsprojekt tätig sind, werden in der gesetzlichen **Rentenversicherung** nach den für WfbM maßgeblichen Regelungen nach einem Mindestentgelt i.H.v. 80 % der Bezugsgröße weiterversichert (§§ 162 Nr. 2 a, § 168 Abs. 1 Nr. 2 a SGB VI). Der Bund erstattet dem Integrationsprojekt die **Rentenversicherungsbeiträge**, die auf den Betrag zwischen dem tatsächlich erzielten monatlichen Arbeitsent-

gelt und 80 % der monatlichen Bezugsgröße entfallen, wenn das tatsächlich erzielte monatliche Arbeitsentgelt 80 % der monatlichen Bezugsgröße nicht übersteigt (§ 179 Abs. 1 SGB VI). Die **volle Erwerbsminderung** eines WfbM-Beschäftigten wird durch den Übertritt in ein Integrationsprojekt nicht unterbrochen, wenn dieser Eingliederungsversuch in den allgemeinen Arbeitsmarkt scheitert und der behinderte Mensch in die WfbM zurückkehrt (§ 43 Abs. 2 Satz 3 Nr. 2 SGB VI).

– **Nr. 3: Schwerbehinderte Schulabgänger** insbesondere aus Sonderschulen, die nur dann Aussicht auf eine Beschäftigung auf dem allgemeinen Arbeitsmarkt haben, wenn sie zuvor in einem Integrationsprojekt an berufsvorbereitenden Bildungsmaßnahmen teilnehmen und dort beschäftigt und weiterqualifiziert werden (dazu *Wendt* NDV 2000, 105, 106). Bei dieser jugendlichen Zielgruppe dient die Beschäftigung in einem Integrationsprojekt der Verhinderung von Arbeitslosigkeit und einer Ausgliederung aus dem allgemeinen Arbeitsmarkt durch Aufnahme in eine WfbM. Die **Teilnahme an beruflichen Bildungsmaßnahmen** in dem Integrationsprojekt ist verbindlich vorgeschrieben.

IV. Schwerbehindertenanteil in Integrationsunternehmen (§ 132 Abs. 3)

12 § 132 Abs. 3 SGB IX legt für rechtlich und wirtschaftlich selbstständige **Integrationsunternehmen** für die Beschäftigung schwerbehinderter Menschen in Integrationsprojekten Mindest- und Höchstgrenzen fest.

13 Der Anteil besonders beruflich betroffener schwerbehinderter Menschen im Sinne von § 132 Abs. 1 SGB IX i.V.m. § 132 Abs. 2 SGB IX darf **25 %** nicht unterschreiten (§ 132 Abs. 3 S. 1 SGB IX).

14 Zur Sicherung der Wirtschaftlichkeit und Wettbewerbsfähigkeit der Integrationsunternehmen ist auch eine **„Höchstgrenze"** bestimmt. Der Anteil der beschäftigten schwerbehinderten Menschen soll **50 %** nicht überschreiten. In **Ausnahmefällen**, in denen z. B. bestehende „Integrations"- oder „Selbsthilfefirmen" in der Praxis bewiesen haben, dass wirtschaftliche Ergebnisse auch mit einem höheren Anteil an beschäftigten schwerbehinderten Menschen erreicht werden können, soll ein höherer Anteil möglich sein (BT-Drucks. 14/3372, S. 24).

V. Rechtsstellung der Mitarbeiter

15 Behinderte wie nichtbehinderte **Mitarbeiter von Integrationsprojekten** stehen in regulären sozialversicherungspflichtigen Arbeits-

verhältnissen. Anders als arbeitnehmerähnlich beschäftigte behinderte Menschen in WfbM (§ 138 SGB IX, § 13 WVO) sind sie **Arbeitnehmer**, deren Rechte und Pflichten sich aus dem abzuschließenden Arbeitsvertrag, den jeweils einschlägigen Tarifverträgen und dem staatlichen Arbeitnehmerschutzrecht ergeben. Schwerbehinderte Mitarbeiter unterliegen insbesondere dem Sonderkündigungsschutz der §§ 85 ff. SGB IX. Die Vorbereitung auf eine Beschäftigung in einem Integrationsprojekt gem. § 133 SGB IX begründet demgegenüber noch keinen Arbeitnehmerstatus, sondern entspricht eher einem Betriebspraktikum im Rahmen der beruflichen Rehabilitation.

Aufgaben

133 Die Integrationsprojekte bieten den schwerbehinderten Menschen Beschäftigung und arbeitsbegleitende Betreuung an, soweit erforderlich auch Maßnahmen der beruflichen Weiterbildung oder Gelegenheit zur Teilnahme an entsprechenden außerbetrieblichen Maßnahmen und Unterstützung bei der Vermittlung in eine sonstige Beschäftigung in einem Betrieb oder eine Dienststelle auf dem allgemeinen Arbeitsmarkt sowie geeignete Maßnahmen zur Vorbereitung auf eine Beschäftigung in einem Integrationsprojekt.

I. Allgemeines

§ 133 SGB IX bestimmt die Aufgaben der Integrationsprojekte. Sie **1** haben **Beschäftigung** und **arbeitsbegleitende Betreuung** anzubieten. Darüber hinaus können in Einzelfällen Maßnahmen der **beruflichen Weiterbildung** oder Möglichkeiten zur Teilnahme an entsprechenden außerbetrieblichen Maßnahmen erforderlich sein. Wenn notwendig, hat das Beschäftigungsprojekt einen Beschäftigten, der in eine Beschäftigung in einen Betrieb oder eine Dienststelle **wechseln** will, dabei zu unterstützen. Eine solche Unterstützung ist regelmäßig dann nicht erforderlich, wenn zu dieser Unterstützung **Integrationsfachdienste** (§§ 109 ff. SGB IX) zur Verfügung stehen. In den Fällen, in denen dies möglich ist, wird nicht eine Dauerbeschäftigung in dem Integrtionsprojekt, sondern die **Vorbereitung** der beruflich besonders betroffenen schwerbehinderten Menschen auf eine Beschäftigung auf dem **„normalen" allgemeinen Arbeitsmarkt** angestrebt (BT-Drucks. 14/3372, S. 24).

Die Integrationsprojekte sind nicht neben der WfbM bestehende **2** weitere Einrichtungen der beruflichen Rehabilitation, sondern **spezielle strukturierte Integrationsangebote** die rein wirtschaftliche Betätigung am Markt ergänzen.

II. Arbeitsbegleitende Betreuung

3   Die arbeitsbegleitende Betreuung bezieht sich auf die unmittelbare
berufliche Tätigkeit im Integrationsprojekt. Sie dient der beruflichen
Stabilisierung und Weiterentwicklung des schwerbehinderten Mitarbeiters. Unter arbeitsbegleitender Betreuung sind arbeitsmotivierende
und arbeitsstabilisierende, anleitende sowie psychosoziale **Unterstüt-
zungsmaßnahmen bei der Arbeitsausführung** zu verstehen. Darunter fällt auch die personelle Unterstützung eines schwerbehinderten
Mitarbeiters durch eine beim Integrationsprojekt beschäftigte Hilfskraft im Sinne einer Arbeitsassistenz (vgl. § 102 Abs. 4 SGB IX).

4   Anders als in WfbM mit ihren begleitenden pädagogischen, sozialen
und medizinischen Diensten (§ 10 WVO) soll in Integrationsprojekten
keine allgemeine **Sozialarbeit** betrieben werden. Im Vordergrund
steht hier ein reguläres Arbeitsverhältnis mit arbeitsvertraglichen
Pflichten auch für den schwerbehinderten Menschen, so dass eine
Überbetonung der betreuenden Funktion des Integrationsprojektes
dem Charakter einer Beschäftigung unter möglichst realen Bedingungen des allgemeinen Arbeitsmarktes widerspräche. Anzustreben ist
eine klare Rollenverteilung zwischen Integrationsprojekt und Integrationsfachdienst. Das Integrationsprojekt ist **Arbeitgeber**. Der Integrationsfachdienst ist **externer Berater** z. B. zur Krisenintervention und
psychosozialen Betreuung (§ 110 Abs. 2 Nr. 6 SGB IX) (s.a. *Haines/
Deutsch*, LPK–SGB IX, § 133 RdNr. 8).

III. Maßnahmen der beruflichen Weiterbildung

5   Zur Teilnahme an geeigneten innerbetrieblichen oder außerbetrieblichen Maßnahmen der **beruflichen Weiterbildung** sind die schwerbehinderten Mitarbeiter von Integrationsprojekten in angemessenem
Umfang von der Arbeitsleistung **freizustellen**. Die Teilnahme von
schwerbehinderten **Schulabgängern** i.S. des § 132 Abs. 2 Nr. 3 SGB
IX an berufsvorbereitenden Bildungsmaßnahmen und Maßnahmen
zur Weiterqualifizierung ist als fachliche Anforderung an Integrationsprojekte zwingend vorgesehen.

IV. Maßnahmen zur Vorbereitung auf eine Beschäftigung

6   Die Integrationsprojekte müssen geeignete **Maßnahmen zur Vorbereitung** auf eine Beschäftigung in einem Integrationsprojekt anbieten. Hiermit soll ermöglicht werden, in Integrationsprojekten auch
solche, insbesondere seelisch schwerbehinderte Menschen, durch ge-

eignete Fördermaßnahmen mit Leistungen des zuständigen Rehabilitationsträgers nach § 33 SGB IX auf eine Beschäftigung in einem Integrationsprojekt vorzubereiten, die noch nicht auf dem allgemeinen Arbeitsmarkt – auch nicht in einem Integrationsprojekt – beschäftigt werden können (BT-Drucks. 14/5800, S. 31). Ein derartiges vorbereitendes Angebot von Integrationsprojekten könnte dazu beitragen, insbesondere für körperlich und seelisch behinderte Menschen oftmals nicht adäquate Aufenthalte in WfbM zu vermeiden. Mangels konkreter Vorgaben haben die Integrationsprojekte in der **Ausgestaltung der Angebote** einen weiten Spielraum, den jeweiligen individuellen Bedürfnissen des behinderten Menschen z. B. im Rahmen von Praktika oder Probebeschäftigungen Rechnung zu tragen.

V. Rechtsanspruch

Schwerbehinderte Arbeitnehmer in Integrationsprojekten haben gegenüber ihrem Arbeitgeber einen **Rechtsanspruch** auf die in § 133 SGB IX vorgesehene arbeitsbegleitende Betreuung und berufliche Weiterbildung. Dieser Rechtsanspruch ergänzt die auch für die Beschäftigung in Integrationsprojekten geltenden Ansprüche schwerbehinderter Arbeitnehmer auf teilhabefördernde Maßnahmen des Arbeitgebers aus **§ 81 Abs. 4 und 5 SGB IX** (s.a. *Adlhoch* in: Ernst/Adlhoch/Seel, SGB IX, § 133 RdNr. 4). 7

Finanzielle Leistungen

134 Integrationsprojekte können aus Mitteln der Ausgleichsabgabe Leistungen für Aufbau, Erweiterung, Modernisierung und Ausstattung einschließlich einer betriebswirtschaftlichen Beratung und für besonderen Aufwand erhalten.

I. Allgemeines

§ 134 SGB XI stellt sicher, dass Integrationsprojekte eine **institutionelle Förderung** zu Aufbau, Erweiterung, Modernisierung und Ausstattung einschließlich einer betriebswirtschaftlichen Beratung sowie Leistungen für besonderen Aufwand aus dem Aufkommen der **Ausgleichsabgabe** (§ 77 SGB IX, § 102 Abs. 3 Satz 1 Nr. 3 SGB IX) erhalten können. Damit sollen Nachteile ausgeglichen werden, die sich aus dem Zweck und der Zusammensetzung des Personals ergeben (vgl. *Dau/Deusch* in: LPK-SGB IX, § 134 RdNr. 6), und der **Aufbau einer ausreichenden Zahl an Integrationsprojekten** ermöglicht werden. 1

Nähere Einzelheiten bleiben der **Verordnung** nach § 135 SGB IX vorbehalten, sobald abschließende Erkenntnisse aus den Modellprojekten und der Begleitforschung vorliegen.

2   § 134 SGB IX enthält **keine abschließende Regelung** der finanziellen Hilfen an Integrationsprojekte. Daneben können individuelle Leistungen durch die Bundesagentur für Arbeit, die Integrationsämter und die Rehabilitationsträger nach den für sie geltenden Rechtsvorschriften gewährt werden (Gesetzesbegründung zu § 53 c SchwbG: BT-Drucks. 14/3372, S. 24).

3   Bei der Förderung von **Integrationsunternehmen** handelt es sich um eine Leistung im Rahmen der begleitenden Hilfe im Arbeitsleben (§ 102 Abs. 1 Satz 1 Nr. 3 SGB IX), bei der Förderung von **unternehmensinternen Integrationsbetrieben und -abteilungen** (§ 132 Abs. 1 SGB IX) außerhalb von öffentlichen Arbeitgebern um Leistungen aus dem Ausgleichsfonds beim BMAS (§ 78 SGB IX). Die Förderung von Integrationsunternehmen dem Grunde nach sowie Art und Umfang der Förderung und ihre regionale Verteilung stehen im **Ermessen des Integrationsamtes** (§ 134: Integrationsprojekte „können" erhalten).

4   Die Förderung im Rahmen der begleitenden Hilfe im Arbeitsleben setzt voraus, dass die Integrationsprojekte **Arbeitsplätze** im Sinne des § 73 SGB IX i.V.m. § 102 Abs. 2 Satz 3 SGB IX einrichten. Maßnahmen i.S. des § 133 SGB IX zur **Vorbereitung** auf eine Beschäftigung in einem Integrationsprojekt sind i.d.R. nicht förderfähig, weil sie die Ausschlusstatbestände des § 73 Abs. 2 Nr. 1 und Nr. 3 SGB IX erfüllen. Hier kommen Leistungen des zuständigen **Rehabilitationsträgers** gem. § 33 Abs. 3 Nr. 1 (Trainingsmaßnahme), Nr. 3 (berufliche Anpassung und Weiterbildung) und Nr. 6 (sonstige Hilfen) SGB IX in Betracht (s.a. *Adlhoch* in: Ernst/Adlhoch/Seel, SGB IX, § 133 RdNr. 9, § 134 RdNr. 6).

5   Die Leistungen nach § 134 SGB IX sind als spezifische projektbezogene Förderung gegenüber den Leistungen des Integrationsamtes an Arbeitgeber zur Schaffung von Arbeits- und Ausbildungsplätzen gem. **§ 102 Abs. 3 Satz 1 Nr. 2 SGB IX, § 15 SchwbAV** vorrangig. § 134 SGB IX ist insoweit als **lex specialis** anzusehen (*Schröder* in: Hauck/Noftz, SGB IX, § 134 RdNr. 24; *Adlhoch* in: Ernst/Adlhoch/Seel, SGB IX, § 134 RdNr. 5). An Stelle der Leistungen nach § 15 SchwbAV wird wegen der vorrangigen und in ihren Voraussetzungen weiterer Vorschrift des § 134 SGB IX, die auch Ersatzbeschaffungen im Rahmen von Modernisierungen zulässt, eine Förderung nur nach dieser Vorschrift erbracht. Auch die Förderung der behinderungsgerechten Einrichtung von Arbeitsplätzen nach **§ 26 SchwbAV** wird regelmäßig beim Aufbau der Integrationsprojekte in den Leistungen nach § 134 SGB IX enthalten sein, kann aber bei nachträglichen Anpassungen und Einzelmaßnahmen ergänzend in Betracht kommen. Leistungen bei

außergewöhnlichen Belastungen (**§ 27 SchwbAV**) sind für Integrationsprojekte zuschussfähig, soweit diese nicht bereits durch Abgeltung des besonderen Aufwandes nach § 134 SGB IX ausgeglichen werden. **Individuelle Leistungen** an schwerbehinderte **Arbeitnehmer** nach § 102 Abs. 3 Satz 1 Nr. 1 SGB IX können unter Beachtung der allgemeinen Fördervoraussetzungen für die begleitende Hilfe im Arbeitsleben **uneingeschränkt erbracht** werden.

Bei der Prüfung der Notwendigkeit einer persönlichen **Arbeitsassis-** 6
tenz nach § 102 Abs. 4 SGB IX ist zu berücksichtigen, dass Integrationsprojekte auf Grund ihrer besonderen Aufgabenstellung nach § 133 SGB IX eine besondere arbeitsbegleitende Betreuung zu erbringen haben, für die sie vorrangige Leistungen nach § 134 SGB IX, § 27 SchwbAV erhalten können (Empfehlungen der Bundesarbeitsgemeinschaft der Integrationsämter und Hauptfürsorgestellen (BIH) zur Förderung von Integrationsprojekten, www.http://www.bag-if.de/2010/06/neue-richtlinien-der-bih-zur-forderung-von-integrationsprojekten/ Stand: 9. 6. 2010. 5. 11. 2010 10:47, Ziffer 5.1 ff.; weitergehend *Adlhoch* in Ernst/Adlhoch/Seel, SGB IX, § 134 RdNr. 35: kein individueller Kostenübernahmeanspruch des behinderten Menschen für Arbeitsassistenz nach § 102 Abs. 4 SGB IX bei Beschäftigung in Integrationsprojekt).

II. Förderungsvoraussetzungen

Die Förderung von Integrationsprojekten setzt voraus, dass diese 7
wegen ihrer Zuordnung zum allgemeinen Arbeitsmarkt dem Integrationsamt eine **Konzeption** vorlegen können, die erwarten lässt, dass die Integrationsprojekte sich in einem wirtschaftlich erfolgversprechenden Marktsegment betätigen und dadurch **dauerhaft existenzfähig** sein können. Erforderlich ist eine **konkrete Projektskizze** mit nachvollziehbaren Aussagen mindestens zu den geplanten Produkten/ Dienstleistungen, zum Personalkonzept und zur Finanzierung der Investitionen und des laufenden Geschäftsbetriebes. Die Konzeption soll erkennen lassen, dass die **betriebswirtschaftliche Planung** wesentlich darauf ausgerichtet ist, einen überwiegenden Teil der laufenden Kosten des Betriebes durch die Erzielung von Erlösen am Markt und nur nachrangig durch laufende öffentliche Zuschüsse zu decken. Diesem Zweck dient die Vorlage von Erklärungen möglicher Auftraggeber über ihre Absicht, dem Integrationsprojekt Aufträge zu erteilen. Das Integrationsamt kann zur Vorbereitung seiner Förderentscheidung die Vorlage eines betriebswirtschaftlichen Gutachtens verlangen oder sich eine prognostische Auskunft über die voraussichtliche wirtschaftliche Tragfähigkeit des Projekts durch Einschaltung anderer geeigneter sachverständiger Stellen (z. B. IHK) erteilen lassen (BIH-Empfehlungen zur Förderung von Integrationsprojekten, Ziffer 3.1; *Schröder* in:

Hauck/Noftz, SGB IX, § 134 RdNr. 5; *Adlhoch* in: Ernst/Adlhoch/ Seel, SGB IX, § 134 RdNr. 20).

8   Weitere Fördervoraussetzung für Integrationsprojekte ist das Vorhandensein **behinderungsgerechter Arbeitsplätze**, einer qualitativ und quantitativ ausreichenden **arbeitsbegleitenden Betreuung** und der erforderlichen **Maßnahmen der beruflichen Weiterbildung** (§ 133 SGB IX). Integrationsunternehmen haben darüber hinaus den **Mindest- und Höchstbeschäftigungsanteil** schwerbehinderter Menschen nach § 132 Abs. 3 SGB IX einzuhalten.

III. Art und Umfang der Förderung

9   § 134 SGB IX legt den Förderungsumfang nicht fest. Zur Bestimmung des Leistungsumfangs kann auf die vergleichbaren **Förderbestimmungen der** §§ 30 ff. SchwbAV für Rehabilitationseinrichtungen zurückgegriffen werden.

10   Die Förderung für **Aufbau, Erweiterung, Modernisierung und Ausstattung** der Integrationsprojekte nach § 134 SGB IX umfasst Aufwendungen, die **investiv notwendig** sind, um **Arbeitsplätze** für die in § 132 Abs. 1 i.V.m. Abs. 2 SGB IX beschriebene Zielgruppe **zu schaffen** und **zu erhalten**. Dazu gehören die Kosten für Bau, Umbau und Instandsetzung von Gebäuden, für Einrichtungs- und Ausstattungsgegenstände, insbesondere für Maschinen und Geräte zur Arbeitsplatzausstattung. Nicht gefördert werden können dagegen **Grundstücks-** und **Personalkosten**, Aufwendungen für **Kredite** und **Kosten des laufenden Geschäftsbetriebes** (s.a. § 30 Abs. 3 SchwbAV, § 32 Abs. 3 SchwbAV). Bauinvestitionen müssen in einem angemessenen Verhältnis zum geplanten Umfang des Betriebes und den sonstigen Förderleistungen stehen.

11   **Art und Höhe der Leistungen** stehen im Ermessen des Integrationsamtes und bestimmen sich nach den Umständen des Einzelfalls, insbesondere nach dem Anteil der auf Arbeitsplätzen nach § 73 Abs. 1 i.V.m. § 102 Abs. 2 Satz 3 SGB IX beschäftigten schwerbehinderten Menschen. In Anwendung des Rechtsgedankens in § 33 Abs. 2 SchwbAV kann auch die wirtschaftliche Situation des Integrationsprojekts unter dem Gesichtspunkt des Erhalts von Arbeitsplätzen für die beruflich besonders betroffene Zielgruppe Berücksichtigung finden. Die **Zuwendungen** können als Zuschüsse, Darlehen und Zinszuschüsse zur Verbilligung von Fremdmitteln gewährt werden (vgl. § 33 SchwbAV). Der **Eigenanteil** des Integrationsprojekts soll in der Regel 20 % der gesamten Aufwendungen nicht unterschreiten (*Kossens* in: Kossens/von der Heide/Maaß, SGB IX, § 134 RdNr. 3; s.a. § 32 Abs. 1 SchwbAV, § 15 Abs. 2 Satz 1 SchwbAV, § 26 Abs. 3 SchwbAV, § 41 Abs. 5 SchwbAV: jeweils Erfordernis einer angemessenen Eigenbeteili-

gung des Zuwendungsempfängers). Die Förderung von **Modernisierungsinvestitionen** ist möglich, soweit diese Kosten nicht aus den Rücklagen auf Grund von Abschreibungen gedeckt werden können (zum Ganzen: BIH-Empfehlungen zur Förderung von Integrationsprojekten, Ziffer 4.1; *Adlhoch* in: Ernst/Adlhoch/Seel, SGB IX, § 134 RdNr. 12 ff.; *Schröder* in: Hauck/Noftz, SGB IX, § 134 RdNr. 8 ff.).

Ergänzt wird die institutionelle Förderung nach § 134 SGB IX durch **12** die Bereitstellung einer **betriebswirtschaftlichen Beratung** für Integrationsprojekte. Sie beinhaltet

– die Gründungsberatung,
– die laufende betriebswirtschaftliche Beratung,
– die Beratung in Krisenphasen,
– das institutionalisierte Beratungsangebot.

In der **Gründungsphase von Integrationsprojekten** kann die **13** Existenzgründungsberatung, die betriebswirtschaftliche Projekterarbeitung und die Durchführung von Marktrecherchen durch Dritte mit 70 % der entstehenden Kosten, höchstens aber mit 4 500 Euro bezuschusst werden. Dieser Zuschuss deckt auch die ggfs. entstehenden Gutachterkosten im Antragsverfahren mit ab. Die Förderung ist erst nach Vorlage eines vorläufigen und aussagekräftigen Exposes möglich (BIH-Empfehlungen zur Förderung von Integrationsprojekten, Ziffer 4. 2. 1; Die Empfehlungen haben die Rechtsqualität von Verwaltungsvorschriften und sind hinsichtlich der Begrenzung des Förderungsumfangs gegenüber den Integrationsprojekten nicht rechtsverbindlich).

Die notwendigen Aufwendungen für die **laufende betriebswirt 14 schaftliche Beratung** durch Dritte, insbesondere zur Unterstützung der weiteren strategischen Unternehmensplanung, bei Investitionsentscheidungen, Projekt- und Produktkalkulationen, Erweiterungs- und Verlagerungsvorhaben, Kapazitätsberechnungen, dem Aufbau von Liquiditätsplanungen und -kontrollen können zu 70 % der entstehenden Kosten, jedoch höchstens zu 2 500 Euro pro Jahr bezuschusst werden (a.a.O., Ziffer 4. 2. 2).

Über die Förderung von **Beratungen in Krisen- und Konsoli 15 dierungsphasen** des Integrationsprojekts wird nach den Notwendigkeiten des Einzelfalls unter Berücksichtigung der Betriebsgröße, der Situation am Markt und des beschäftigten Personenkreises entschieden (a.a.O., Ziffer 4. 2. 3).

An Stelle einer Förderung der vorstehenden Beratungen kann die **16** Förderung auch durch Einrichtung einer **festen Stelle** bei Dritten zur betriebswirtschaftlichen Beratung von Integrationsprojekten erfolgen (a.a.O., Ziffer 4. 2. 4)

Die Integrationsprojekte können schließlich aus Mitteln der Ausgleichsabgabe **17** schließlich Leistungen für **besonderen Aufwand** erhalten (§ 134 SGB IX). Besonderer Aufwand ist ein über die Kostenstruktur branchengleicher Unternehmen ähnlicher Betriebsgröße hinausgehender Aufwand, der auf die Beschäftigung einer das übliche Maß deutlich übersteigenden Anzahl beruflich besonders betroffener schwerbehinderter Menschen im Sinne des § 132 Abs. 1 i.V.m. Abs. 2 SGB IX, auf die in § 133 SGB IX geforderte arbeitsbegleitende Betreuung sowie auf die Verfolgung qualifizierender und rehabilitativer Ziele zurückzuführen ist. Unter einem besonderen Aufwand, der die Wettbewerbsfähigkeit der Integrationsprojekte mit anderen Unternehmen des allgemeinen Arbeitsmarktes beeinträchtigt, fällt eine überdurchschnittlich aufwendige arbeitsbegleitende Unterstützung des schwerbehinderten Arbeitnehmers einschließlich der Notwendigkeit zeitweiser oder dauerhafter psychosozialer Betreuung am Arbeitsplatz sowie die Notwendigkeit, in einem überdurchschnittlich hohen Maße flexible und an die Fähigkeiten der Mitarbeiter angepasste Betriebsstrukturen und -prozesse vorzuhalten. Der besondere Aufwand kann dem Integrationsprojekt pauschaliert mit einem monatlichen Betrag von bis zu 200 Euro pro beschäftigtem schwerbehinderten Arbeitnehmer ausgeglichen werden. Die Abgeltung des besonderen Aufwandes ist auch bei Arbeitsunfähigkeit des schwerbehinderten Mitarbeiters oder bei seiner Abwesenheit aus sonstigen Gründen bis zu einer Dauer von 6 Wochen vorgesehen. Sie kann neben laufenden Leistungen der Bundesagentur für Arbeit zur Eingliederung schwerbehinderter Menschen nach dem SGB III erbracht werden (vgl. BIH-Empfehlungen zur Förderung von Integrationsunternehmen, Ziffer 4.3; *Adlhoch* in: Ernst/Adlhoch/Seel, SGB IX, § 134 RdNr. 24 ff.; *Schröder* in: Hauck/Noftz, SGB IX, § 134 RdNr. 18 ff.).

18   Nicht zu den erstattungsfähigen besonderen Aufwendungen im Sinne des § 134 SGB IX gehören Aufwendungen, die den Integrationsprojekten bei der Beschäftigung schwerbehinderter Menschen auf Grund **gesetzlicher Verpflichtungen** zugunsten dieses Personenkreises wie jedem anderen Arbeitgeber entstehen, ohne dass eine Rechtsgrundlage für einen Erstattungsanspruch ersichtlich wäre (Zusatzurlaub gem. § 125 SGB IX; Besonderer Kündigungsschutz gem. den §§ 85 ff. SGB IX; Entgeltfortzahlung bei Arbeitsunfähigkeit gem. § 3 EFZG; dazu ausführlich *Adlhoch* br 2001, 8, 16; str., a.A. *Pahlen* in: Neumann/Pahlen/Majerski-Pahlen, SGB IX, § 134 RdNr. 9).

IV. Kostenträger und Verfahren

19   Für sämtliche Leistungen der begleitenden Hilfe an Integrationsunternehmen im Sinne des § 132 Abs. 1 SGB IX und an Integrationsbetriebe und -abteilungen öffentlicher Arbeitgeber im Sinne des § 71 Abs. 3 SGB IX ist nach § 102 Abs. 3 Satz 1 Nr. 3 SGB IX das **Integrationsamt** zuständig.

Die Förderung von Integrationsbetrieben und -abteilungen (mit **20** Ausnahme öffentlicher Arbeitgeber) erfolgt aus Mitteln des **Ausgleichsfonds beim BMAS** (§ 78 SGB IX) auf der Grundlage des § 41 Abs. 1 Satz 1 Nr. 3 SchwbAV. Daneben ist die individuelle Arbeitgeberförderung durch das Integrationsamt nach § 102 Abs. 3 Satz 1 Nr. 2 SGB IX möglich, wobei Leistungen der Träger der beruflichen Rehabilitation vorrangig sind (§ 102 Abs. 5 SGB IX, § 34 SGB IX). Die **zersplitterte Förderzuständigkeit** für Integrationsprojekte erscheint als misslungen. Sie wird abgemildert durch folgende Verwaltungspraxis: Die Anträge von Integrationsbetrieben und -abteilungen auf Förderung aus dem **Ausgleichsfonds beim BMAS** nach § 41 Abs. 1 Satz 1 Nr. 3 SchwbAV werden von dem örtlich zuständigen Integrationsamt nach dessen Empfehlungen **vorgeprüft** und mit einem befürwortenden oder ablehnenden Fördervorschlag an das BMA weitergeleitet.

Örtlich zuständig ist das Integrationsamt, in dessen Bereich der Sitz **21** des Betriebes oder Nebenbetriebes des Integrationsprojektes liegt.

Leistungen können vom Monat der **Antragstellung** an erbracht **22** werden. Laufende Leistungen werden in der Regel vierteljährlich gegen Vorlage der entsprechenden Nachweise ausbezahlt. Integrationsprojekte haben dem Integrationsamt die zweckentsprechende **Verwendung** der Geldleistungen **nachzuweisen**. Bei der Erbringung von laufenden Pauschalbeträgen sind in vierteljährlichem Abstand ein Verzeichnis der beschäftigten schwerbehinderten Menschen und Gehaltsnachweise vorzulegen. Zur Einhaltung der mit der Förderung investiver Aufwendungen im Förderbescheid ausgesprochenen **Arbeitsplatzbindungen** sind von den Integrationsprojekten geeignete **Sicherheiten** zu stellen.

Gegen eine ablehnende Förderentscheidung des Integrationsamtes **23** kann das Integrationsprojekt **Widerspruch** einlegen. Den Widerspruchsbescheid erlässt der Widerspruchsausschuss bei dem Integrationsamt (§§ 118 f. SGB IX). Anschließend steht der Rechtsweg zur Verwaltungsgerichtsbarkeit offen (§ 40 Abs. 1 VwGO).

Verordnungsermächtigung

135 Das Bundesministerium für Arbeit und Soziales wird ermächtigt, durch Rechtsverordnung mit Zustimmung des Bundesrates das Nähere über den Begriff und die Aufgaben der Integrationsprojekte, die für sie geltenden fachlichen Anforderungen, die Aufnahmevoraussetzungen und die finanziellen Leistungen zu regeln.

§ 135 SGB IX ermächtigt das BMAS zur Regelung des Begriffes, **1** der Aufgaben, der fachlichen Anforderungen, der Aufnahmevoraussetzungen der Integrationsprojekte und der fachlichen Anforderungen.

2   Bislang wurde keine Rechtsverordnung auf Grund von § 135 SGB
IX erlassen. Eine Vereinheitlichung der Verwaltungspraxis wird mit
den **Empfehlungen** der Bundesarbeitsgemeinschaft der Integrationsämter und Hauptfürsorgestellen zur Förderung von Integrationsprojekten (http://www.bag-if.de/2010/06/neue-richtlinien-der-bih-zur-
forderung-von-integrationsprojekten/Stand: 9. 6. 2010;   6. 11. 2010
7:38) angestrebt. Bei diesen handelt es sich um **Verwaltungsvorschriften**, die keine rechtsverbindlichen anspruchsbegrenzende Regelungen treffen können. Sie sind gerichtlich in vollem Umfang überprüfbar.

3   Der Erlass einer Rechtsverordnung wäre sinnvoll, um **einheitliche
fachliche Standards** zu gewährleistungen und um **Mitnahme-
effekte** bei der Förderung privatwirtschaftlicher Unternehmen zu vermeiden.

4   Ein **förmliches Anerkennungsverfahren** für förderungswürdige
Integrationsprojekte wie für WfbM (vgl. § 142 SGB IX i.V.m. §§ 17 ff.
WVO) kann mangels diesbezüglicher gesetzlicher Ermächtigung auf
dem Verordnungswege nicht eingeführt werden (*Adlhoch* in: Ernst/
Adlhoch/Seel, SGB IX, § 135 RdNr. 3).

Kapitel 12. Werkstätten für behinderte Menschen

Die Werkstätten für behinderte Menschen (im Folgenden WfbM) **1** sind seit Mitte der sechziger Jahre vor allem von freien und kirchlichen Trägern der Behindertenhilfe gegründet und entwickelt worden. Sie wurden damals **beschützende oder geschützte Werkstätten** genannt. Für einen erheblichen Teil der im Arbeitsleben stehenden Menschen mit Behinderungen sind die Werkstätten seither das einzige Instrument zur beruflichen Bildung und Beschäftigung. Dies gilt insbesondere für die Hauptgruppe der in WfbM Beschäftigten, den geistig behinderten Menschen. Die WfbM sind Einrichtungen zur **Eingliederung in das Arbeitsleben** für diejenigen behinderten Menschen, die trotz Behinderung und stark geminderter Leistungsfähigkeit am Arbeitsleben teilnehmen können, denen das aber wegen ihrer Behinderung auf dem allgemeinen Arbeitsmarkt nicht oder noch nicht möglich ist. Sie sollen diesen behinderten Menschen ermöglichen, ihre Leistungs- oder Erwerbsfähigkeit zu erhalten, zu entwickeln, zu verbessern oder wiederherzustellen, ihre Persönlichkeit weiterzuentwickeln und ihre Beschäftigung zu ermöglichen oder zu sichern (§ 39 SGB IX).

In der Bundesrebublik Deutschland besteht ein **flächendeckendes 2 Netz an WfbM**: In 707 anerkannten Werkstätten fanden am 31.12. **2006** ca. 190 942 behinderte Menschen Förderung, Beschäftigung, Betreuung und berufliche Bildung.

Das Werkstättenrecht findet seine **historischen Wurzeln** in der **3 Eingliederungshilfe** des BSHG aus dem Jahre 1961. Durch das Arbeitsförderungsgesetz aus dem Jahre 1969 wurde die Zuständigkeit für die Ausbildung der Rehabilitanden der **Arbeitsverwaltung** übertragen. Diese konkretisierte diese Aufgabe im Jahre 1970 durch die Anordnung der Bundesanstalt für Arbeit über die Arbeits- und Berufsförderung Behinderter (A-Reha). Im Jahre 1980 wurden die Rechtsgrundlagen der WfbM in das **SchwbG von 1974** aufgenommen. Diese Vorschriften wurden 1980 durch die WVO ergänzt (vgl. allgemein zur Geschichte des Schwerbehindertenrechts § 68 RdNr. 17). Mit dem **Gesetz zur Reform der Sozialhilfe vom 23.7.1996** (BGBl. I S. 1088) wurde klargestellt, dass die behinderten Menschen in WfbM **arbeitnehmerähnliche** Personen sind. Weiter wurden die Werkstattträger zu einer angemessenen Entlohnung verpflichtet und die Zuständigkeit für Streitigkeiten aus dem Werkstattverhältnis der **Arbeitsgerichtsbarkeit** begründet (jetzt: § 138 SGB IX; § 2 Abs. 1 Nr. 10

ArbGG). Die Werkstätten wurden zunächst in § 5 Abs. 4 WVO, mit dem **Gesetz zur Bekämpfung der Arbeitslosigkeit Schwerbehinderter vom 29. 9. 2000** (BGBl. I. S. 1394) in § 54 SchwbG verpflichtet, den Übergang geeigneter Behinderter auf den allgemeinen Arbeitsmarkt durch geeignete Maßnahmen, z. B. eine zeitweise Beschäftigung auf ausgelagerten Arbeitsplätzen, zu fördern (jetzt: § 136 Abs. 1 Satz 3 SGB IX). Seit der Sozialhilfereform 1996 und fortgesetzt durch das SGB IX wird die **Monopolstellung der WfbM** durch konkurrierende Angebote zur Integration schwerbehinderter Menschen in das Arbeitsleben in Frage gestellt. Nicht zuletzt als Ausprägung des Wunsch- und Wahlrechts der Leistungsberechtigten bei der Inanspruchnahme von Rehabilitationsleistungen (§ 9 SGB IX) können nunmehr anstelle einer WfbM auch Beschäftigungsmöglichkeiten in arbeitsmarktnäheren **Integrationsprojekten** (§ 132 SGB IX) oder zur Beschäftigung auf dem allgemeinen Arbeitsmarkt eine arbeits- und berufsbegleitende Betreuung durch **Integrationsfachdienste** (§§ 109 ff. SGB IX) bis hin zur **Arbeitsassistenz** (§ 102 Abs. 4 SGB IX) in Anspruch genommen werden (zur Entwicklung des Werkstättenrechts vgl.: *Wendt* RsDE Nr. 36, 1997, 43; *Dau/Jacobs,* LPK–SGB IX, vor § 136 RdNr. 1 ff.). Diese Entwicklung mit der Chance eines **leistungssteigernden Wettbewerbs** stellt die WfbM vor neue Anforderungen hinsichtlich der **Qualitätssicherung** (zur Kritik einer u. a. der bisherigen Monopolstellung der WfbM geschuldeten „Bequemlichkeitshaltung" gegenüber behinderten Menschen in WfbM: *Quambusch,* Das Recht der geistig Behinderten, 4. Aufl. 2001, RdNr. 350 ff.; *Quambusch* ZFSH/SGB 2001, 515) und hinsichtlich einer **Vernetzung** mit Beschäftigungsformen auf dem allgemeinen Arbeitsmarkt (dazu *Wendt* Rehabilitation 2001, 92; zu Alternativen zur WfbM s.a. *Mrozynski,* SGB IX Teil 1, § 39 RdNr. 16 ff.).

4   Kapitel 12 des SGB IX regelt Einzelheiten der Rechtstellung der Werkstätten für behinderte Menschen (im Folgenden WfbM) und der Rechtstellung der behinderten Menschen in den WfbM. In § 136 SGB IX werden **Begriff und Aufgaben** der WfbM geregelt (Abs. 1 und 3) sowie **Aufnahmevoraussetzungen** von Seiten des behinderten Menschen definiert (Abs. 2). Die folgenden Vorschriften des **Werkstättenrechts** beinhalten den Aufnahme- und Beschäftigungsanspruch des behinderten Menschen (§ 137 SGB IX), die Rechtsstellung und den Arbeitsentgeltanspruch (§ 138 SGB IX), die Mitwirkung (§ 139 SGB IX), die Anrechnung von Aufträgen auf die Ausgleichsabgabe (§ 140 SGB IX), die Vergabe von Aufträgen der öffentlichen Hand (§ 141 SGB IX), das Anerkennungsverfahren (§ 142 SGB IX) sowie eine Regelung für Blindenwerkstätten (§ 143 SGB IX). Die auf der Grundlage der Verordnungsermächtigung in § 144 Abs. 1 SGB IX erlassene **Werkstättenverordnung (WVO)** vom 13. 8. 1980, zuletzt geändert durch Art. 8 des Gesetzes zur Einführung Unterstützter Beschäftigung vom 22. 12.

2008 (BGBl. I S. 2959; abgedruckt als Anhang 5) enthält ergänzende Regelungen zu den fachlichen Anforderungen an WfbM und zum Verfahren zur Anerkennung als WfbM. Auf Grund des § 144 Abs. 2 SGB IX hat das BMAS die **Werkstätten-Mitwirkungsverordnung (WMVO)** vom 25. 6. 2001 (BGBl. I S. 1297; abgedruckt als Anhang 6) erlassen. Sie bestimmt Einzelheiten der Errichtung, der Zusammensetzung, der Wahl und der Aufgaben des Werkstattrates sowie die Gegenstände, die Art und den Umfang der Mitwirkung behinderter Menschen in der WfbM (dazu Thiel ZMV 2001, 219).

Das Werkstättenrecht des 12. Kapitels des SGB IX wird ergänzt durch 5 die **leistungsrechtlichen Vorschriften in den §§ 39–43 SGB IX** (vgl. dazu die Kommentierung von *Mrozynski*, SGB IX Teil 1, §§ 39 ff.). Diese Vorschriften legen die von den Rehabilitationsträgern im Rahmen ihrer nach § 42 SGB IX vorgegebenen Zuständigkeit im **Eingangs- und Berufsbildungsbereich** (§ 40 SGB IX) sowie im **Arbeitsbereich** (§ 41 SGB IX) der WfbM zu erbringenden Leistungen. Sind Leistungen nach dem SGB XII zu erbringen, so handelt es sich hierbei um Leistungen der **Eingliederungshilfe** für behinderte Menschen nach § 54 Abs. 1 Satz 1 SGB XII. Diese beschränken sich auf den Arbeitsbereich der Werkstatt (§ 42 Abs. 2 SGB IX). Besteht keine Zuständigkeit vorrangig zuständiger Leistungsträger der gesetzlichen Unfall- und Rentenversicherung, der sozialen Entschädigung und der öffentlichen Jugendhilfe, tritt für Leistungen im Eingangsverfahren und im Berufsbildungsbereich die **Auffangzuständigkeit** der **Bundesagentur für Arbeit** (§ 42 Abs. 1 Nr. 1 SGB IX) und im Arbeitsbereich der **Sozialhilfeträger** (§ 42 Abs. 2 Nr. 4 SGB IX) ein. Nach § 92 Abs. 2 Satz 1 SGB XII ist die Inanspruchnahme der in dieser Vorschrift genannten Personen bei Leistungen im Arbeitsbereich der WfbM auf den in der Werkstatt erbrachten Lebensunterhalt (i.d.R. das Mittagessen) beschränkt. Eine **Bedürftigkeitsprüfung** erübrigt sich somit ungeachtet des Alters des behinderten Menschen bei der Entscheidung über die Bewilligung von Leistungen im Rahmen der sozialhilferechtlichen Eingliederungshilfe, auf die ein Rechtsanspruch des behinderten Menschen besteht. Damit ist die eigentliche Eingliederungsleistung Werkstattbeschäftigung ebenso in vollem Umfang vom Sozialhilfeträger zu übernehmen wie die Maßnahmekosten bei der medizinischen Rehabilitation und der übrigen Leistungen zur Teilhabe am Arbeitsleben (BT-Drucks. 14/5074, S. 124; dazu *Finke* br 2002, 5). Dies ist Ausfluss der mit dem SGB IX bewirkten Einbeziehung der Sozialhilfeträger in den Kreis der Rehabilitationsträger (§ 6 Abs. 1 Nr. 7 SGB IX).

Begriff und Aufgaben der Werkstatt für behinderte Menschen

136 (1) [1]Die Werkstatt für behinderte Menschen ist eine Einrichtung zur Teilhabe behinderter Menschen am Arbeitsleben im Sinne des Kapitels 5 des Teils 1 und zur Eingliederung in das Arbeitsleben. [2]Sie hat denjenigen behinderten Menschen, die wegen Art oder Schwere der Behinderung nicht, noch nicht oder noch nicht wieder auf dem allgemeinen Arbeitsmarkt beschäftigt werden können,

1. eine angemessene berufliche Bildung und eine Beschäftigung zu einem ihrer Leistung angemessenen Arbeitsentgelt aus dem Arbeitsergebnis anzubieten und

2. zu ermöglichen, ihre Leistungs- oder Erwerbsfähigkeit zu erhalten, zu entwickeln, zu erhöhen oder wiederzugewinnen und dabei ihre Persönlichkeit weiterzuentwickeln.

[3]Sie fördert den Übergang geeigneter Personen auf den allgemeinen Arbeitsmarkt durch geeignete Maßnahmen. [4]Sie verfügt über ein möglichst breites Angebot an Berufsbildungs- und Arbeitsplätzen sowie über qualifiziertes Personal und einen begleitenden Dienst. [5]Zum Angebot an Berufsbildungs- und Arbeitsplätzen gehören ausgelagerte Plätze auf dem allgemeinen Arbeitsmarkt. [6]Die ausgelagerten Arbeitsplätze werden zum Zwecke des Übergangs und als dauerhaft ausgelagerte Plätze angeboten.

(2) [1]Die Werkstatt steht allen behinderten Menschen im Sinne des Absatzes 1 unabhängig von Art oder Schwere der Behinderung offen, sofern erwartet werden kann, dass sie spätestens nach Teilnahme an Maßnahmen im Berufsbildungsbereich wenigstens ein Mindestmaß wirtschaftlich verwertbarer Arbeitsleistung erbringen werden. [2]Dies ist nicht der Fall bei behinderten Menschen, bei denen trotz einer der Behinderung angemessenen Betreuung eine erhebliche Selbst- oder Fremdgefährdung zu erwarten ist oder das Ausmaß der erforderlichen Betreuung und Pflege die Teilnahme an Maßnahmen im Berufsbildungsbereich oder sonstige Umstände ein Mindestmaß wirtschaftlich verwertbarer Arbeitsleistung im Arbeitsbereich dauerhaft nicht zulassen.

(3) Behinderte Menschen, die die Voraussetzungen für eine Beschäftigung in einer Werkstatt nicht erfüllen, sollen in Einrichtungen oder Gruppen betreut und gefördert werden, die der Werkstatt angegliedert sind.

Übersicht

I. Allgemeines

§ 136 SGB IX definiert den Begriff der Werkstatt für behinderte **1** Menschen (Abs. 1 Satz 1) und benennt deren Aufgaben (Abs. 1 Satz 2). § 136 Abs. 2 SGB IX legt die Voraussetzungen der Aufnahme eines behinderten Menschen in einer WfbM fest. § 136 Abs. 3 SGB IX befasst sich schließlich mit den Förder- und Betreuungsstätten.

II. Werkstattbegriff (§ 136 Abs. 1 Satz 1 SGB IX)

§ 136 Abs. 1 Satz 1 SGB IX definiert die WfbM als Einrichtung zur **2** **Teilhabe** behinderter Menschen am Arbeitsleben im Sinne des Kapitels 5 des Teils 1 des SGB IX und zur **Eingliederung** in das Arbeitsleben. Der Begriff der WfbM wird für alle Regelungsbereiche des Sozialgesetzbuchs **einheitlich definiert** und findet somit Anwendung auf sozialversicherungsrechtliche Tatbestände wie die Versicherungspflicht behinderter Menschen in der gesetzlichen Krankenversicherung nach § 5 Abs. 1 Nr. 7 SGB V und in der gesetzlichen Rentenversicherung nach § 1 Satz 1 Nr. 2 a SGB VI sowie auf Tatbestände des Sozialleistungsrechts (z. B. Eingliederungshilfe nach § 54 Abs. 1 Satz 1 SGB XII, Leistungen zur Teilhabe am Arbeitsleben nach § 102 Abs. 2 SGB III, § 16 SGB VI, § 35 SGB VII). Die Legaldefinition der WfbM ist Grundlage der öffentlich-rechtlichen Anerkennung als förderfähige Werkstatt nach § 142 SGB IX i.V.m. § 17 WVO.

Rehabilitationsleistungen zur Teilhabe am Arbeitsleben werden erbracht, um die Erwerbsfähigkeit behinderter Menschen entsprechend ihrer Leistungsfähigkeit zu erhalten, zu verbessern, herzustellen oder **3** wiederherzustellen und ihre Teilhabe am Arbeitsleben möglichst auf

Dauer zu sichern (§ 33 Abs. 1 SGB IX). In § 39 SGB IX wird diese Zielbestimmung für die WfbM konkretisiert. § 54 Abs. 1 SchwbG bezeichnete die WfbM lediglich als Einrichtung zur Eingliederung Behinderter in das Arbeitsleben. Die **Erweiterung der Begriffsdefinition** in
§ 136 Abs. 1 Satz 1 SGB IX unter Bezugnahme auf das allgemeine Rehabilitationsrecht des Teils 1 des SGB IX bringt nunmehr den Charakter
der WfbM als eine von mehreren **Einrichtungen der beruflichen
Rehabilitation** zum Ausdruck (vgl. § 4 Abs. 1 Nr. 3, § 5 Nr. 2, §§ 35,
39 SGB IX). Zugleich hebt die Vorschrift den **Doppelcharakter** der
WfbM hervor: Einerseits ist sie eine Einrichtung, in der die Teilhabe
behinderter Menschen am Arbeitsleben vorbereitet werden soll. Andererseits ist sie eine Einrichtung, in der die Eingliederung in das Arbeitsleben – allerdings abgeschottet vom allgemeinen Arbeitsmarkt – tatsächlich bewirkt wird. Dies beinhaltet die Besonderheit der WfbM,
dass Sozialleistungen auch erbracht werden, wenn das Ziel einer Eingliederung auf den allgemeinen Arbeitsmarkt trotz Förderung in der
Werkstatt nicht erreicht wird und der behinderte Mensch daher auf
Dauer im Arbeitsbereich der Werkstatt bleibt (*Dau/Jacobs,* LPK-SGB
IX, § 136 RdNr. 5; *Götze* in: Hauck/Noftz, SGB IX, § 136 RdNr. 6).

4   Kennzeichnend für WfbM ist ihr Doppelcharakter in anderer Hinsicht: Einerseits ist sie als Einrichtung der Teilhabe am Arbeitsleben
und der Teilhabe am Leben in der Gemeinschaft ihrem **Rehabilitationsauftrag** verpflichtet, andererseits hat sie sich hinsichtlich der
Wirtschaftsführung an **privatwirtschaftlichen Unternehmen** zu
orientieren. So gibt § 12 Abs. 1 WVO vor, dass die WfbM nach betriebswirtschaftlichen Grundsätzen organisiert sein muss, nach kaufmännischen Grundsätzen Bücher zu führen und eine Betriebsabrechnung in Form einer Kostenstellenrechnung und einen Jahresabschluss
zu erstellen hat. Die Werkstatt muss nach § 12 Abs. 3 WVO **wirtschaftliche Arbeitsergebnisse** anstreben, um an die im Arbeitsbereich beschäftigten behinderten Menschen ein ihrer Leistung angemessenes Arbeitsentgelt zahlen zu können. Die gesetzliche Konzeption der
WfbM versucht, die Produktionsorientierung mit den Erfordernissen
von beruflicher Bildung und Förderung der Persönlichkeitsentwicklung, behinderungsbedingten Betreuungs- und Pflegenotwendigkei-
ten sowie sozialpädagogischer Unterstützung zu vereinbaren (vgl. *Baur*
ZFSH/SGB 1999, 262; zur „Betreuungsfunktion" der WfbM s.a. BSG
30. 7. 1993 – 7 R Ar 86/92 – SozR 3–1930 § 116 Nr. 5). Allerdings pro-
duziert die Konzeption **Zielkonflikte**, wenn z. B. zur Aufrechterhal-
tung des Betriebsergebnisses entgegen dem gesetzlichen Auftrag zur
Förderung des Übergangs geeigneter Personen auf den allgemeinen
Arbeitsmarkt (§ 136 Abs. 1 Satz 3 SGB IX) sog. Leistungsträger in den
WfbM gehalten werden.

5   Entsprechend dem **Grundsatz der einheitlichen Werkstatt** (§ 1
WVO) sollen nicht unterschiedliche WfbM-Typen nebeneinander ste-

hen, z. B. eher arbeitsmarkt-, leistungs- und produktionsorientierte neben anderen mehr auf Beschäftigungs- und Arbeitstherapie, Betreuung und soziale Eingliederung ausgerichteten Werkstätten. Vielmehr haben einheitlich strukturierte Einrichtungen zur Erfüllung ihrer gesetzlichen Aufgaben die Voraussetzungen dafür zu schaffen, dass sie die i. S. des § 136 Abs. 2 SGB IX aufnahmeberechtigten behinderten Menschen aus ihrem Einzugsbereich aufnehmen können. Dabei soll nach § 1 Abs. 2 WVO innerhalb der WfbM der unterschiedlichen Art der Behinderung und ihren Auswirkungen durch geeignete Maßnahmen, insbesondere durch Bildung besonderer Gruppen im Berufsbildungs- und Arbeitsbereich, Rechnung getragen werden. Eine **Ausnahme** vom Grundsatz der einheitlichen Werkstatt ergibt sich aus § 137 Abs. 1 Satz 2 Nr. 2 SGB IX. Diese Vorgabe der Aufnahme unabhängig von der Art der Behinderung, wenn in dem Einzugsgebiet keine besondere WfbM für diese Behinderungsart vorhanden ist, lässt den Schluss auf die Zulässigkeit von WfbM zu, die auf ein spezielles Klientel, z. B. seelisch kranke Menschen, ausgerichtet sind. Im Regelfall haben sich WfbM jedoch auf die Aufnahme aller Behindertengruppen einzurichten und der unterschiedlichen Art der Behinderung und ihren Auswirkungen durch geeignete Maßnahmen der **Binnendifferenzierung** insbesondere für Schwerstkörperbehinderte, blinde und seelisch kranke Menschen Rechnung zu tragen.

Aufgrund der Bezugnahme in § 136 Abs. 1 Satz 1 SGB IX auf das Kapitel 5 des SGB IX ist auch **§ 33 Abs. 2 SGB IX** auf WfbM entsprechend anzuwenden. Hierdurch werden im Rahmen der Leistungen zur Teilhabe am Arbeitsleben **behinderten Frauen** gleiche Chancen im Erwerbsleben gesichert, insbesondere durch in der beruflichen Zielsetzung geeignete, wohnortnahe und auch in Teilzeit nutzbare Angebote (s. a. § 9 Abs. 1 Satz 2–3 SGB IX). § 33 Abs. 2 SGB IX nimmt die Zielsetzung in § 1 Satz 2 SGB IX zur Berücksichtigung besonderer Bedürfnisse behinderter und von Behinderung bedrohter Frauen auf, indem gleiche Chancen im Erwerbsleben sowohl im Vergleich zu nichtbehinderten Frauen als auch im Vergleich zu behinderten und von Behinderung bedrohten Männern gesichert werden müssen. Um dieses Ziel zu erreichen, müssen spezifische Ansätze den besonderen, typischen Problemsituationen von Frauen Rechnung tragen. Dazu gehören in Teilzeit nutzbare Angebote, die so zu gestalten sind, dass sie im Hinblick auf betreuungsbedürftige Kinder die zeitliche Disposition der behinderten Eltern und deren eingeschränkte Verfügbarkeit berücksichtigen (BT-Drucks. 14/5074, S. 108). Die Möglichkeit einer **Teilzeitbeschäftigung in WfbM** wird in § 6 Abs. 2 WVO zugestanden, wenn es wegen Art und Schwere der Behinderung oder zur Erfüllung des Erziehungsauftrages notwendig erscheint. Daneben ist nach Maßgabe des Teilzeit- und Befristungsgesetzes vom 21. 12. 2000 (BGBl. I S. 1966) die Vereinbarung kürzerer Beschäftigungszeiten möglich.

6

III. Leistungsangebot der WfbM
(§ 136 Abs. 1 Satz 2 SGB IX)

7   § 136 Abs. 1 Satz 2 SGB IX enthält Vorgaben zum Leistungsangebot und zur Ausstattung von WfbM, die in der WVO konkretisiert
werden. Die Erfüllung dieser Vorgaben ist nach § 17 Abs. 1 WVO
Voraussetzung, um im Verfahren nach § 142 SGB IX als förderungswürdige WfbM anerkannt zu werden. Entsprechend den leistungsrechtlichen Regelungen in den §§ 40 f. SGB IX hat die WfbM ein
Eingangsverfahren, einen **Berufsbildungsbereich** und einen **Arbeitsbereich** bereitzustellen, um eine angemessene berufliche Bildung und eine Beschäftigung zu einem der Leistung angemessenen
Arbeitsentgelt aus dem Arbeitsergebnis anbieten zu können sowie
den behinderten Menschen zu ermöglichen, ihre Leistungs- und Erwerbsfähigkeit zu erhalten, zu entwickeln, zu erhöhen oder wiederzugewinnen und dabei ihre Persönlichkeit weiterzuentwickeln.
Diese in § 136 Abs. 1 Satz 2 SGB IX enthaltene Aufgabenstellung verdeutlicht, dass der Auftrag der WfbM nicht allein auf die Teilhabe am
Arbeitsleben zielt, sondern auch soziale, pädagogische und psychologische Elemente mit dem Ziel eines selbstbestimmten Lebens in
der Gesellschaft enthält (vgl. BT-Drucks. 14/5074, S. 109). Dem hat
die WfbM durch entsprechende **begleitende Dienste** (§ 10 WVO)
Rechnung zu tragen.

8   **1. Eingangsverfahren.** Aufgabe des nunmehr nach § 40 Abs. 1
SGB IX **obligatorischen Eingangsverfahrens** (*Mrozynski*, SGB IX
Teil 1, § 40 RdNr. 3) ist es festzustellen, ob die WfbM die geeignete
Einrichtung zur Teilhabe behinderter Menschen am Arbeitsleben und
zur Eingliederung in das Arbeitsleben i.S. des § 136 SGB IX ist, sowie,
welche Bereiche der Werkstatt und welche Leistungen zur Teilhabe am
Arbeitsleben und ergänzende Leistungen oder Leistungen zur Einglie-
derung in das Arbeitsleben in Betracht kommen.

9   Ein **Eingliederungsplan** ist zwingend zu erstellen (§ 3 Abs. 1
WVO). Der Eingliederungsplan muss mindestens Aussagen über das
Ausmaß und die Auswirkungen der Behinderung, die schulische und
berufliche Vorgeschichte, das Ergebnis der Berufsberatung, die individuelle Zielrichtung des Berufsbildungsbereichs, die gebotenen Fördermaßnahmen, erforderliche begleitende Maßnahmen im Berufsbildungsbereich und die Perspektiven nach dem Berufsbildungsbereich,
insbesondere im Hinblick auf den anzustrebenden Übergang auf den
allgemeinen Arbeitsmarkt enthalten (Ziffer 4. 1. 3 WE/BAGüS). Der
Eingliederungsplan enthält den Vorschlag der Werkstatt nach § 3 Abs. 3
S. 1 WVO an den **Fachausschuss** (§ 2 WVO: Vertreter der Werkstatt,
der Bundesagentur für Arbeit und des überörtlichen Trägers der Sozialhilfe bilden das beratende Gremium).

Der Fachausschuss erstellt nach **Anhörung des behinderten Men-** 10
schen bzw. seines gesetzlichen Vertreters und nach Einbeziehung
nichtbeteiligter, aber im Einzelfall zuständiger Rehabilitationsträger
sowie anderer fachkundiger Personen (z. B. Mitarbeiter der Integrationsfachdienste, behandelnde Ärzte und Psychotherapeuten, vgl. Ziffer 5.1 WE/BAGüS) eine **Stellungnahme** für den nach § 42 Abs. 1
SGB IX zuständigen Rehabilitationsträger. Der Eingliederungsplan
entspricht dem in § 14 Abs. 4 der Bundesempfehlungen zu § 79 Abs. 2
SGB XII genannten Hilfeplan, der als Parameter der Prozessqualität regelmäßig überprüft und kontinuierlich fortgeschrieben werden soll.
Er ist zugleich im Gesamtplan, den der Sozialhilfeträger nach § 58
SGB XII aufzustellen hat, zu berücksichtigen. Die **Stellungnahme
des Fachausschusses** gegenüber dem zuständigen Rehabilitationsträger beinhaltet die Eignung der WfbM zur Förderung des behinderten
Menschen, die in Betracht kommenden Bereiche der Werkstatt und die
erforderlichen Leistungen zur Teilhabe am Arbeitsleben. Kommt der
Fachausschuss zu dem Ergebnis, dass die WfbM nicht geeignet ist, soll
er zugleich eine Empfehlung aussprechen, welche andere Einrichtung
oder sonstige Maßnahmen für den behinderten Menschen in Betracht
kommen (§ 3 Abs. 4 WVO). Hier ist insbesondere die Aufnahme in
Förder- und Betreuungsstätten (§ 136 Abs. 3 SGB IX) zu prüfen. Das
Votum des Fachausschusses ist bei der Entscheidung über den För-
deranspruch weder für den zuständigen Rehabilitationsträger noch für
das Gericht bindend (BSG 10. 3. 1994 – 7 RAr 22/93 – SozR 3–4100
§ 58 Nr. 6). Eine Abweichung bedarf jedoch einer eingehenden Begründung im Leistungsbescheid des Rehabilitationsträgers gem. § 35
Abs. 1 SGB X.

Eine **vorzeitige Beendigung** des Eingangsverfahrens wegen Nicht- 11
eignung des behinderten Menschen kommt nur durch einen Aufhebungsbescheid des zuständigen Rehabilitationsträgers unter den Voraussetzungen des § 48 SGB X in Betracht, d. h. es muss eine wesentliche
Änderung in den tatsächlichen Verhältnissen eingetreten sein (dazu
Mrozynski, SGB IX Teil 1, § 40 RdNr. 6).

Das **Eingangsverfahrens** dauert vier Wochen, wenn die notwendi- 12
gen Feststellungen in dieser Zeit getroffen werden können. Im Einzelfall können Leistungen im Eingangsverfahren bis zu drei Monaten erbracht werden (§ 40 Abs. 2 SGB IX, § 3 Abs. 2 WVO). Der Zeitraum
von drei Monaten ist oftmals erforderlich, um auf der Grundlage einer
längeren Erprobungs- und Beobachtungsphase einen detaillierten
Eingliederungsplan zu erstellen (Ziffer 10.2 WE/BAGüS). Das Eingangsverfahren endet frühestens mit Ablauf des Tages, an dem die
Werkstatt von der Entscheidung des zuständigen Rehabilitationsträgers über die Anschlussmaßnahme Kenntnis erhält (§ 3 Abs. 3 Satz 2
WVO). Dies gilt selbst dann, wenn die obige Frist abgelaufen ist. Hierdurch wird vermieden, dass der behinderte Mensch allein wegen einer

noch ausstehenden Entscheidung des Rehabilitationsträgers über weitere Maßnahmen zunächst aus der WfbM ausscheiden muss.

13   Im Eingangsverfahren werden **Leistungen** nach § 40 Abs. 1 Satz 1 SGB IX, § 3 Abs. 1 WVO sowie unterhaltssichernde und andere ergänzende Leistungen wie z. B. Ausbildungsgeld, Übergangsgeld, Fahrtkosten, Kostenerstattung der Sozialversicherungsbeiträge nach Maßgabe der Leistungsgesetze der jeweiligen Rehabilitationsträger § 44 und § 45 Abs. 2 SGB IX erbracht.

14   **2. Berufsbildungsbereich.** Im Berufsbildungsbereich führt die Werkstatt im Benehmen mit dem im Berufsbildungsbereich und dem im Arbeitsbereich zuständigen Rehabilitationsträger Maßnahmen zur Verbesserung der Teilhabe am Arbeitsleben unter Einschluss angemessener Maßnahmen zur Weiterentwicklung der Persönlichkeit des behinderten Menschen durch (§ 4 Abs. 1 WVO). Der behinderte Mensch soll spätestens nach Teilnahme an Maßnahmen des Berufsbildungsbereichs in der Lage sein, wenigstens ein **Mindestmaß wirtschaftlich verwertbarer Arbeitsleistung** i. S. des § 136 Abs. 2 SGB IX zu erbringen (§ 40 Abs. 1 Nr. 2 SGB IX). Das Leistungsangebot soll möglichst breit sein, um Art und Schwere der Behinderung, der unterschiedlichen Leistungsfähigkeit, Entwicklungsmöglichkeit sowie Eignung und Neigung der behinderten Menschen so weit wie möglich Rechnung zu tragen (§ 4 Abs. 2 WVO). Bei einem behinderten Menschen, der nach dem Ergebnis des Eingangsverfahrens bereits in der Lage ist, ein Mindestmaß wirtschaftlich verwertbarer Arbeitsleistung zu erbringen, sollen die Leistungen im Berufsbildungsbereich die Fähigkeit verbessern, im Arbeitsbereich eine **qualifiziertere Beschäftigung** ausüben oder eine berufliche Tätigkeit oder Bildungsmaßnahme **außerhalb der Werkstatt** aufnehmen zu können. Die behinderten Menschen sind damit im Berufsbildungsbereich so lange zu fördern, wie mit gezielten Maßnahmen ihre Leistungsfähigkeit weiterentwickelt oder wiedergewonnen werden kann. Sie sollen innerhalb der gesetzlich vorgesehenen Regelleistungsdauer ihren individuellen Möglichkeiten entsprechend optimal gefördert werden.

15   Der Berufsbildungsbereich gliedert sich in einen **Grund- und einen Aufbaukurs** von je zwölfmonatiger Dauer (§ 4 Abs. 3 bis 5 WVO mit näheren Vorgaben zur inhaltlichen Ausgestaltung der Kurse). Die Leistungen im Berufsbildungsbereich werden demnach für **zwei Jahre** erbracht. Sie werden in der Regel für ein Jahr bewilligt. Die Leistung kann um ein weiteres Jahr verlängert werden, wenn die Leistungsfähigkeit des behinderten Menschen weiterentwickelt oder wiedergewonnen werden kann (§ 40 Abs. 3 SGB IX).

16   Die Maßnahme im Berufsbildungsbereich **endet** frühestens mit Ablauf des Tages, an dem die Werkstatt von der nach Würdigung der vom Fachausschuss nach § 4 Abs. 6 Satz 1 WVO rechtzeitig vor Beendigung der Maßnahme abzugebenden Stellungnahme getroffenen Entschei-

dung des zuständigen Rehabilitationsträgers Kenntnis erhält (§ 4 Abs. 6 Satz 3 i.V.m. § 3 Abs. 3 Satz 2 WVO).

3. Arbeitsbereich. Der WfbM muss einen **Arbeitsbereich** einrichten und unterhalten (vgl. § 136 Abs. 1 Satz 2 SGB IX). Der Arbeitsbereich besteht aus einem möglichst breiten Angebot an Arbeitsplätzen, um Art und Schwere der Behinderung, der unterschiedlichen Leistungsfähigkeit, Entwicklungsmöglichkeit sowie Eignung und Neigung der behinderten Menschen Rechnung zu tragen. Die Ausgestaltung der Arbeitsplätze soll so weit wie möglich denjenigen auf dem allgemeinen Arbeitsmarkt entsprechen, zugleich aber die besonderen Bedürfnisse der behinderten Menschen berücksichtigen (§ 136 Abs. 1 Satz 4 SGB IX, § 5 Abs. 1–2 WVO). Damit sollen die **Arbeitsbedingungen**, unter denen im Arbeitsbereich gearbeitet wird, möglichst betriebsnah sein und denen in der Industrie, im Handel und im Dienstleistungsbereich so weit wie möglich angeglichen werden (zur Orientierung an üblichen Beschäftigungszeiten vgl. § 6 WVO). Durch geeignete arbeitsbegleitende Maßnahmen ist die Leistungsfähigkeit und die Weiterentwicklung der Persönlichkeit des behinderten Menschen zu unterstützen (§ 5 Abs. 3 WVO).

Die WfbM haben unterschiedlich gestaltete Formen des Arbeitsplatzangebots entwickelt. Viele WfbM verfügen neben eigenen **Betriebsstätten** über Beschäftigungsplätze an **ausgelagerten Einsatzorten** (s. RdNr. 31). Die **Veränderung des Betätigungsfeldes** einer WfbM, insbesondere die Aufnahme einer zusätzlichen Tätigkeit, führt nicht zur Notwendigkeit einer erneuten Anerkennung im Verfahren nach § 142 SGB IX (Bayerisches LSG 30. 6. 1994, Breithaupt 1994, 986 im Falle einer organisatorisch unselbstständigen zusätzlichen Gärtnerei).

Der zuständige **Rehabilitationsträger**, i.d.R. der überörtliche Träger der Sozialhilfe (§ 42 Abs. 2 Nr. 4 SGB IX, § 54 Abs. 1 Satz 1 SGB XII), erbringt Leistungen im Arbeitsbereich der WfbM für behinderte Menschen, bei denen eine Beschäftigung auf dem allgemeinen Arbeitsmarkt oder Berufsvorbereitung, berufliche Anpassung und Weiterbildung oder berufliche Ausbildung (§ 33 Abs. 3 Nr. 2 bis 4 SGB IX) wegen Art oder Schwere der Behinderung nicht, noch nicht oder noch nicht wieder in Betracht kommen und die in der Lage sind, wenigstens ein Mindestmaß an wirtschaftlich verwertbarer Arbeitsleistung zu erbringen (§ 41 Abs. 1 SGB IX; entsprechend die Aufgabenstellung der WfbM in § 136 Abs. 1 Satz 2 SGB IX). Die Leistungen sind gerichtet auf Aufnahme, Ausübung und Sicherung einer der Eignung und Neigung des behinderten Menschen entsprechenden Beschäftigung, Teilnahme an arbeitsbegleitenden Maßnahmen und Förderung des Übergangs geeigneter behinderter Menschen auf den allgemeinen Arbeitsmarkt (§ 41 Abs. 2 SGB IX). Die WfbM erhält für diesbezügliche Leistungen eine Vergütung des Rehabilitationsträgers nach Maßgabe des § 41 Abs. 3 SGB IX (dazu *Mrozynski* SGB IX Teil 1, § 41 RdNr. 12 ff.).

20   **4. Förderung des Übergangs behinderter Menschen auf den allgemeinen Arbeitsmarkt (§ 136 Abs. 1 Satz 3 SGB IX).** Die WfbM muss Maßnahmen zum **Übergang** geeigneter Personen **auf den allgemeinen Arbeitsmarkt** (s. a. § 41 Abs. 2 Nr. 3 SGB IX) durchführen. Einzelheiten regelt § 5 Abs. 4 WVO. Nach dieser Vorschrift wird der Übergang insbesondere durch die Errichtung einer Übergangsgruppe mit besonderen Förderangeboten, Entwicklung individueller Förderpläne sowie Ermöglichung von Trainingsmaßnahmen, Betriebspraktika und durch die zeitweise Beschäftigung auf ausgelagerten Arbeitsplätzen gefördert. Die WfbM hat die notwendige arbeitsbegleitende Betreuung in der Übergangsphase sicherzustellen und darauf hinzuwirken, dass der zuständige **Rehabilitationsträger** seine Leistungen sowie nach dem Ausscheiden des behinderten Menschen aus der WfbM das **Integrationsamt** (§ 102 SGB IX), ggfs. unter Beteiligung eines **Integrationsfachdienstes** (§§ 109 ff. SGB IX), die begleitende Hilfe im Arbeits- und Berufsleben einbringen. Die WfbM hat die Bundesagentur für Arbeit in die Vermittlungsbemühungen einzubeziehen und den **Fachausschuss** bei der Planung und Durchführung übergangsfördernder Maßnahmen zu beteiligen (§ 5 Abs. 5 WVO). Wenigstens einmal jährlich gibt der **Fachausschuses** nach **Anhörung** der betroffenen behinderten Menschen eine **Stellungnahme** gegenüber dem zuständigen Rehabilitationsträger ab (§ 5 Abs. 5 Satz 3 WVO i.V.m. § 3 Abs. 3 Satz 1 WVO). Der **Bundesagentur für Arbeit** vermittelt in WfbM Beschäftigte auf den allgemeinen Arbeitsmarkt (§ 104 Abs. 1 Nr. 1 SGB IX; vgl. § 104 RdNr. 7). Sie gewährt nach Maßgabe des § 104 Abs. 1 Nr. 3 Buchst. c SGB IX i.V.m. §§ 217 ff. SGB III **Eingliederungszuschüsse** bis zu 70 % des berücksichtigungsfähigen Arbeitsentgelts für i. d. R. bis zu 36 Monate.

21   Die **volle Erwerbsminderung** des Werkstattbeschäftigten wird nicht dadurch unterbrochen, dass er auf den allgemeinen Arbeitsmarkt wechselt, dieser Eingliederungsversuch jedoch scheitert und der Beschäftigte deshalb in die Werkstatt zurückkehrt (§ 43 Abs. 2 Satz 3 Nr. 2 SGB VI). Behinderte Menschen, die im Anschluss an eine WfbM-Beschäftigung in einem Integrationsprojekt (§§ 132 ff. SGB IX) tätig sind, werden nach den für WfbM maßgeblichen Regelungen nach einem Mindestentgelt in Höhe von 80 % der Bezugsgröße weiterversichert (§ 162 Nr. 2a SGB VI, § 168 Abs. 1 Nr. 2 a SGB VI). Hierdurch werden rentenrechtliche Nachteile aufgrund des Übergangs auf den allgemeinen Arbeitsmarkt vermieden.

22   **5. Fachliche Anforderungen an die WfbM (§ 136 Abs. 1 Satz 4 SGB IX).** Die WfbM hat **fachliche Anforderungen** bezüglich
– der personellen Ausstattung einschließlich Fortbildung der Mitarbeiter (§§ 9–11 WVO),

– der Wirtschaftsführung (§ 12 WVO),
– der Ausgestaltung arbeitsbegleitender Maßnahmen (§ 136 Abs. 1 Satz
  2 SGB IX, § 5 Abs. 3 WVO),
– der baulichen Gestaltung, der Ausstattung, des Standorts und der
  Größe der WfbM (§§ 7 f. WVO).
– zu erfüllen (§ 136 Abs. 1 Satz 4 SGB IX i.V.m. der WVO).

a) Personelle Ausstattung (§ 136 Abs. 1 Satz 4 SGB IX). Die 23
WfbM muss qualifiziertes Personal und einen begleitenden Dienst bereitstellen. Die **Qualifikationsanforderungen** an Werkstattleiter und
Fachpersonal zur Arbeits- und Berufsförderung konkretisiert § 9
WVO. So soll der **Werkstattleiter** über einen Fachhochschulabschluss
im kaufmännischen oder technischen Bereich oder einen gleichwertigen Bildungsstand, über ausreichende Berufserfahrung und eine
sonderpädagogische Zusatzausbildung verfügen. Gleichwertig sind
entsprechende Berufsqualifikationen aus dem sozialen Bereich (insbesondere Dipl.–Sozialarbeiter, Dipl.–Sozialpädagoge, Dipl.–Pädagoge
und entsprechende Bachelor- und Masterabschlüsse), wenn die zur
Leitung einer Werkstatt erforderlichen Kenntnisse und Fähigkeiten im
kaufmännischen und technischen Bereich anderweitig erworben worden sind. Die sonderpädagogische Zusatzqualifikation kann in angemessener Zeit durch Teilnahme an Fortbildungsmaßnahmen nachgeholt werden (§ 9 Abs. 2 WVO).

Quantitative und qualitative Anforderungen für die **Fachkräfte** 24
zur Arbeits- und Berufsförderung enthalten § 9 Abs. 3 WVO und
die Verordnung über die Prüfung zum anerkannten Abschluss Geprüfte Fachkraft zur Arbeits- und Berufsförderung in Werkstätten für
behinderte Menschen vom 25. 6. 2001 (BGBl. I S. 1239). Die Fachkräfte sollen in der Regel Facharbeiter, Gesellen oder Meister mit
einer mindestens zweijährigen Berufserfahrung in Industrie oder
Handwerk sein; sie müssen pädagogisch geeignet sein und über eine
sonderpädagogische Zusatzqualifikation verfügen. Entsprechende
Berufsqualifikationen aus dem pädagogischen oder sozialen Bereich
sind gleichwertig, wenn die für eine Tätigkeit als Fachkraft erforderlichen sonstigen Kenntnisse und Fähigkeiten für den Berufsbildungs-
und Arbeitsbereich anderweitig erworben worden sind. Das **Zahlenverhältnis** von Fachkräften zu behinderten Menschen soll im Berufsbildungsbereich 1 : 6 und im Arbeitsbereich 1 : 12 betragen (§ 9 Abs. 2
WVO).

Art und Schwere der Behinderung der Menschen, die in einer Werk 25
statt beschäftigt werden, erfordern es, dass die WfbM für diesen Personenkreis nicht nur geeignete Berufsbildungs- und Arbeitsplätze bereithält, auf denen die behinderten Menschen von qualifiziertem Personal
angeleitet und beruflich gefördert werden, sondern auch eine den
Bedürfnissen der behinderten Menschen gerecht werdende **pädagogische, soziale und medizinische Betreuung** sicherstellen muss.

Die Werkstatt hat deshalb nach § 10 WVO zur pädagogischen, sozialen und medizinischen Betreuung der behinderten Menschen über **begleitende Dienste** zu verfügen, die den Bedürfnissen der behinderten Menschen Rechnung tragen. Eine erforderliche **psychologische Betreuung** ist, ggfs. unter Heranziehung externer Dipl.-Psychologen, sicherzustellen. Nach dem **Personalschlüssel** ist für je 120 behinderte Menschen ein Dipl.-Sozialarbeiter bzw. ein Dipl.-Sozialpädagoge zu beschäftigen. Darüber hinaus sind im Einvernehmen mit den Rehabilitationsträgern pflegerische, therapeutische und nach Art und Schwere der Behinderung sonst erforderliche Fachkräfte bereitzustellen. Hierüber und über weiteres WfbM-Personal (z. B. Verwaltungskräfte, Reinigungs- und Küchenpersonal) sind in den Leistungs- und Vergütungsvereinbarungen Regelungen zu treffen. Ein über die in § 9 Abs. 3 und § 10 Abs. 2 WVO enthaltenen Personalschlüssel hinausgehender personeller Betreuungsbedarf darf einer Aufnahme in die Werkstatt nicht entgegenstehen. Dabei ist zu berücksichtigen, dass es sich um Durchschnittsschlüssel handelt, die es der Werkstatt ermöglichen sollen, flexibel auf den individuellen Hilfebedarf der behinderten Menschen einzugehen (Ziffer 4.6 WE/BAGüS).

26   Die WfbM hat dem Fachpersonal Gelegenheit zur Teilnahme an **Fortbildungsmaßnahmen** zu geben (§ 11 WVO). Diese sind arbeitsvertraglich zur Teilnahme solchen Veranstaltungen verpflichtet. Der Erwerb von sonderpädagogischen Zusatzqualifikationen von WfbM-Gruppenleitern durch Teilnahme an geeigneten Fortbildungsmaßnahmen liegt im überwiegenden Interesse der WfbM (BSG 23. 1. 1997 – 7 R Ar 36/96 – SozR 3–4460 § 9 Nr. 1).

27   **b) Wirtschaftsführung.** Die WfbM muss nach **betriebswirtschaftlichen Grundsätzen** organisiert sein (§ 12 Abs. 1 WVO). Sie ist deshalb verpflichtet,

– nach kaufmännischen Grundsätzen Bücher zu führen,
– eine Betriebsabrechnung in Form einer Kostenstellenrechnung zu erstellen,
– einen Jahresabschluss mit Jahresbilanz und Gewinn- und Verlustrechnung zu erstellen,
– über einen Organisations- und Stellenplan mit einer Funktionsbeschreibung des Personals zu verfügen (§ 12 Abs. 2 WVO),
– wirtschaftliche Arbeitsergebnisse anzustreben, um an die im Arbeitsbereich beschäftigten behinderten Menschen ein ihrer Arbeitsleistung angemessenes Arbeitsentgelt zahlen zu können (§ 12 Abs. 3 WVO),
– im Jahresabschluss oder in anderer geeigneter Weise das Arbeitsergebnis, seine Zusammensetzung im Einzelnen gem. § 12 Abs. 4 WVO und seine Verwendung auszuweisen (§ 12 Abs. 1 Satz 3 WVO),
– das Arbeitsergebnis nur für die in § 12 Abs. 5 WVO genannten Zwecke zu verwenden,

– die Buchführung, die Betriebsabrechnung, den Jahresabschluss sowie die Ermittlung des Arbeitsergebnisses, seine Zusammensetzung im Einzelnen gem. § 12 Abs. 5 WVO von einer Person prüfen zu lassen, die als Prüfer bei durch Bundesgesetz vorgeschriebenen Prüfungen als Jahresabschluss juristischer Personen zugelassen ist,

– die Ermittlung des Arbeitsergebnisses und dessen Verwendung gegenüber der Bundesagentur für Arbeit und dem zuständigen überörtlichen Träger der Sozialhilfe auf deren Verlangen offen zu legen (§ 12 Abs. 6 WVO).

Von dem **Arbeitsergebnis** der WfbM (zu dessen Ermittlung s. nach   **28**
Maßgabe des § 138 Abs. 2 SGB IX, § 12 Abs. 4 WVO) sind i.d.R. mindestens 70 % für die Zahlung der Arbeitsentgelte der behinderten Menschen zu verwenden. Der Restbetrag darf nur für Zwecke der WfbM (Rücklage für Ertragsschwankungen, Ersatz- und Modernisierungsinvestitionen) verwendet werden, soweit diese Aufwendungen nicht aus Abschreibungen oder von Dritten zu decken sind (§ 12 Abs. 5 VWO). Bei der Ermittlung des Arbeitsergebnisses der WfbM wird festgestellt, welche Auswirkungen die Vergütungen der Rehabilitationsträger (i.d.R. nach §§ 75 ff. SGB XII) auf die Höhe des Arbeitsergebnisses haben (§ 41 Abs. 4 SGB IX). Dabei wird getrennt ausgewiesen, ob sich durch die Vergütung Verluste oder Gewinne ergeben. Das Arbeitsergebnis der Werkstatt darf demnach nicht zur Minderung der Vergütungen der zuständigen Rehabilitationsträger gem. § 41 Abs. 3 SGB IX verwendet werden (**Verbot der Nettoerlösrückführung**). Die Regelung des § 41 Abs. 4 SGB IX ist Folge der Verknüpfung der Vergütungen der im Arbeitsbereich zuständigen Rehabilitationsträger mit den durch die wirtschaftliche Betätigung der Werkstatt erzielten Erlösen (vgl. *Mrozynski,* SGB IX Teil 1, § 41 RdNr. 12 ff.; *Wendt* RdLH 2002, 24, 29).

Entsprechend dem Auftrag aus § 136 Abs. 1 Satz 2 Nr. 2 SGB IX   **29**
(s.a. § 39 SGB IX, § 41 Abs. 2 Nr. 2 SGB IX) besteht fachliche Anforderung an die WfbM, u. a. durch **arbeitsbegleitende Maßnahmen** ihre sozialen Aufgaben zu erfüllen. Diese Aufgabe wird in § 4 Abs. 1 und Abs. 4 Satz 2 WVO, § 5 Abs. 3 WVO konkretisiert. Das SGB IX und die WVO legen nicht fest, was arbeitsbegleitende Maßnahmen zur Weiterentwicklung der Persönlichkeit und Maßnahmen zur Erhaltung und Erhöhung der im Berufsbildungsbereich erworbenen Leistungsfähigkeit sind. Die arbeitsbegleitenden Maßnahmen der WfbM umfassen

– Lesen, Schreiben, Rechnen,

– Mobilität und Orientierung,

– Kooperation und Kommunikation mit anderen behinderten Menschen, Vorgesetzten und dem sonstigen sozialen Umfeld,

– Eigenverantwortliche Lebensführung,

– Festigung des Selbstwertgefühls,

– Vorbereitung auf die Lebensphase nach Ausscheiden aus der WfbM.

30   Die WfbM soll in der Regel über **mindestens 120 Plätze** verfügen (§ 7 WVO). Diese Mindestzahl gilt als erfüllt, wenn der **Werkstattverbund** (§ 15 WVO), dem die Werkstatt angehört, über diese Zahl an Plätzen verfügt. Die Werkstatt kann eine **teilstationäre Einrichtung** oder ein organisatorisch **selbstständiger Teil einer stationären Einrichtung** (Anstalt, Heim oder gleichartige Einrichtung) oder eines Unternehmens sein (§ 16 WVO). Erforderlich ist eine behinderungsgerechte **bauliche Gestaltung und Ausstattung** sowie eine **Standortwahl,** die eine Einbindung in die regionale Wirtschafts- und Beschäftigungsstruktur zulässt und für behinderte Menschen mit öffentlichen oder sonstigen Verkehrsmitteln die WfbM in zumutbarer Zeit erbar ist (§ 8 WVO).

IV. Ausgelagerte Arbeitsplätze
(§ 136 Abs. 1 Satz 5, 6 SGB IX)

31   § 136 Abs. 1 Satz 1 SGB IX bezieht in das Angebot an Berufsausbildungs- und Arbeitsplätzen der WfbM ausgelagerte Arbeitsplätze auf dem allgemeinen Arbeitsmarkt ein. Ausgelagerte Arbeitsplätze sind Arbeitsplätze außerhalb des Werkstattgebäudes, auf denen die Rehabilitation zu dem allgemeinen Arbeitsmarkt nahen Bedingungen die berufliche Rehabilitation durchgeführt wird (vgl. *Dau* in: LPK–SGB IX, § 136 RdNr. 8). Plätze an ausgelagerten Einsatzorten können Stellen in **Arbeitsgruppen** sein, die für den Werkstattträger, für andere Einrichtungen oder sonstige Dritte außerhalb des Werkstattgebäudes Dienstleistungen erbringen, insbesondere im Bereich der Landschafts- und Gartenpflege oder der Hauswirtschaft. Arbeitsplätze **in Betriebsstätten Dritter** können in Form einer Außenarbeitsgruppe mit WfbM-Gruppenleiter oder als ausgelagerte Arbeitsplätze zur Beschäftigung einzelner behinderter Menschen bereitgestellt werden. Bei letzteren geht es um befristete Maßnahmen zum Übergang auf den allgemeinen Arbeitsmarkt (§ 5 Abs. 4 WVO) oder weitergehende Maßnahmen zur Eingliederung in das Arbeitsleben. Hierbei muss durch regelmäßige Überwachung unter Beteiligung des Fachausschusses (§ 2 WVO, § 5 Abs. 5 WVO) ausgeschlossen werden, dass diese Form der Beschäftigung missbraucht wird, um reguläre Arbeitsverhältnisse zu vermeiden (Ziffer 4.3.3 WE/BAGüS). Zwischen der Werkstatt und dem Unternehmen besteht eine Vereinbarung. Der behinderte Mensch verbleibt aber in einem arbeitnehmerähnlichen Verhältnis zu Werkstatt (vgl. BAGüS WE 4.3.3 Abs. 9). Ihre Rechtsstellung zur Werkstatt (§ 138 SGB IX) wird durch den Einsatz auf einem externen Arbeitsplatz nicht berührt. Bei der Beschäftigung an ausgelagerten Einsatzorten sind sämt-

liche gesetzlichen und verordnungsrechtlichen Anforderungen an die WfbM zu erfüllen. Den dort beschäftigten behinderten Menschen muss der Zugang zu sämtlichen fördernden Angeboten der WfbM offen stehen. Str. ist, ob die Werkstatt ausgelagerte Arbeitsplätze anbieten muss (verneinend *Dau* in: LPK-SGB IX, § 136 RdNr. 8).

V. Aufnahmevoraussetzungen (§ 136 Abs. 2 SGB IX)

Die WfbM steht allen behinderten Menschen i.S. des § 136 Abs. 1 **32** SGB IX (behinderungsbedingt fehlende Beschäftigungsmöglichkeit auf dem allgemeinen Arbeitsmarkt) offen, sofern erwartet werden kann, dass sie spätestens nach Teilnahme an Maßnahmen im Berufsbildungsbereich wenigstens ein Mindestmaß an wirtschaftlich verwertbarer Arbeitsleistung erbringen werden. § 136 Abs. 2 SGB IX bestimmt in Ergänzung zu Abs. 1 Satz 2 Halbs. 1 die Anforderungen an den aufzunehmenden Personenkreis. Liegen die Aufnahmevoraussetzungen dieser Regelung vor, besteht ein einklagbarer **Rechtsanspruch** auf Aufnahme in die WfbM (§ 137 SGB IX) und auf Leistungen des zuständigen Rehabilitationsträgers (§§ 39 ff. SGB IX).

Ob ein **Mindestmaß an wirtschaftlich verwertbarer Arbeits-** **33** **leistung** erreicht wird, richtet sich danach, ob das Produkt der Arbeitsleistung wirtschaftlichen Wert besitzt, sich also beispielsweise als Ware verkaufen lässt. Ein Minimum an Arbeitsleistung reicht aus (BSG 22. 9. 1981 – 1 RJ 12/80 – BSGE 52, 123, 128 = SozR 2200 § 1237 a Nr. 19; 16. 12. 1993 – 13 RJ 21/93 – BSG SozR 3–2200 § 1237 a Nr. 2; BSG 1. 4. 1993 – 7 RAr 86/92 – BSGE 72, 187 = SozR 3–3870 § 54 Nr. 1). Unerheblich ist das erzielbare Entgelt, ob der behinderte Mensch eine im kaufmännischen Sinne gewinnbringende Arbeitsleistung verrichten kann und ein bestimmtes Mindesteinkommen erzielt und ob Arbeits-, Sach- und Personalaufwand und Arbeitsergebnis in einem wirtschaftlichen Verhältnis zueinander stehen. Zur Erfüllung dieser Aufnahmevoraussetzung genügt zu Beginn des Eingangsverfahrens die **Prognose**, dass das „Mindestmaß" nach Durchlaufen des Berufsbildungsbereichs erreicht werden kann (MünchArbR / *Cramer,* § 237 RdNr. 10; *Dau / Jacobs,* LPK-SGB IX, § 136 RdNr. 14).

Eine Aufnahme in die WfbM kommt bei behinderten Menschen **34** nicht in Betracht (§ 136 Abs. 2 Satz 2 SGB IX),
– bei denen trotz einer der Behinderung angemessenen Betreuung eine **erhebliche Selbst- oder Fremdgefährdung** zu erwarten ist,
– bei denen das **Ausmaß der erforderlichen Betreuung und Pflege** die Teilnahme an Maßnahmen im Berufsbildungsbereich dauerhaft nicht zulässt,
– bei denen **sonstige Umstände** ein Mindestmaß an wirtschaftlich verwertbarer Arbeitsleistung dauerhaft nicht zulassen.

Diese **Ausschlusskriterien** sind unbestimmte Rechtsbegriffe und damit gerichtlich voll überprüfbar. Bei der Auslegung sind insbesondere die jeweilige Interessenlage (ungestörter Werkstattbetrieb/Teilhabeanspruch des behinderten Menschen) und behindertenpolitische Vorverständnisse zu berücksichtigen. Sie sind zurückhaltend anzuwenden, um eine möglichst weitgehende Verwirklichung sozialer Rechte behinderter Menschen (§ 2 Abs. 2 SGB I, § 10 SGB I, § 1 SGB IX) sicherzustellen (s.a. GK-SGB IX-*Schimanski*, § 136 RdNr. 23).

35   Eine **erhebliche Selbst- oder Fremdgefährdung** besteht, wenn das Verhalten des behinderten Menschen eine **beständige** Gefahr für Gesundheit und Leben des behinderten Menschen selbst, für andere behinderte Menschen oder nicht behinderte Mitarbeiter der WfbM oder für Sachen darstellt und deshalb der geordnete Betrieb der Werkstatt **ernsthaft** gestört ist (Ziffer 3. 2. 2 WE/BAGüS). Der Grundsatz der Verhältnismäßigkeit ist zu wahren. So ist zu prüfen, ob mildere Mittel als der Ausschluss aus der WfbM in Frage kommen, z. B. Krankschreibungen oder therapeutische Maßnahmen.

36   Eine arbeitsbegleitend erforderliche **Pflege** und **Betreuung** des behinderten Menschen stellt seine Werkstattfähigkeit grundsätzlich nicht in Frage. Dies gilt nicht, wenn das **Ausmaß der Pflege und Betreuung** die Teilnahme an Berufsbildungsmaßnahmen dauerhaft nicht zulässt und in der Folge auch der Tätigkeit im Arbeitsbereich entgegensteht (BSG 10. 3. 1994 – 7 RAr 22/93 – SozR 3–4100 § 58 Nr. 6). Ein außergewöhnlicher Pflege- und Betreuungsaufwandes besteht, wenn dauerhaft mehr als 50 % der Anwesenheitszeit des behinderten Menschen für Pflegeleistungen verwandt werden müssen (*Mrozynski,* SGB IX Teil 1, § 39 RdNr. 7). Das außergewöhnliche Ausmaß an Pflege und Betreuung muss **ursächlich** für die Unmöglichkeit einer Teilnahme an Berufsbildungsmaßnahmen und der Erbringung des Mindestmaßes an Arbeitsleistung sein (*Dau/Jacobs,* LPK-SGB IX, § 136 RdNr. 19). Str. ist, ob der **personelle Aufwand**, der für die Förderung eines einzelnen behinderten Menschen erforderlich ist, als Kriterium für die Beurteilung der Werkstattfähigkeit mit herangezogen werden kann (so BSG 29. 6. 1995 – 11 RAr 57/94 – BSGE 76, 178 = SozR 3–4100 § 58 Nr. 7; anders Ziffer 4.6 WE/BAGüS).

37   Der **Fachausschuss** der WfbM (§ 2 WVO) hat nach Anhörung des Betroffenen bzw. seines gesetzlichen Vertreters und unter Hinzuziehung fachkundiger Dritter (z. B. behandelnde Ärzte) oder Einholung eines Sachverständigengutachtens (vgl. § 2 Satz 4 WVO) eine Stellungnahme zur Werkstattfähigkeit i.S. des § 136 Abs. 2 SGB IX abzugeben. Für die Entscheidung über die Rehabilitationsleistungen in der WfbM ist der Rehabilitationsträger zuständig.

VI. Förder- und Betreuungsstätten (§ 136 Abs. 3 SGB IX)

Behinderte Menschen, die die Voraussetzungen für die Beschäfti- **38** gung in einer WfbM (noch) nicht erfüllen oder die aus Altersgründen oder vorzeitig aus gesundheitlichen Gründen aus der WfbM ausscheiden müssen, sollen in der WfbM angegliederten Einrichtungen oder Gruppen betreut und gefördert werden (§ 136 Abs. 3 SGB IX). Entsprechende Maßnahmen finden in **Förder- und Betreuungsstätten (FBS)** mit unterschiedlicher Bezeichnung statt, z. B. Förder- und Betreuungsgruppe, Schwerstbehindertengruppe, Tagesförderstätte, Tagespflegestätte, Altengruppe.

Die in FBS anzubietenden Maßnahmen haben das **Ziel,** **39**
– praktische Kenntnisse und Fähigkeiten, die erforderlich und geeignet sind, dem behinderten Menschen die für ihn erreichbare Teilhabe am Leben in der Gemeinschaft zu ermöglichen, zu fördern,
– auf Maßnahmen der Teilhabe am Arbeitsleben, vor allem in WfbM, vorzubereiten,
– die pflegerische Versorgung sicherzustellen,
– angemessene tagesstrukturierende Hilfen für die aus der Werkstatt ausgeschiedenen behinderten Menschen anzubieten.

Im Einzelnen ergeben sich daraus folgende **Leistungen:** **40**
– Förderung, Erhalt und Erwerb von Fähigkeiten und Fertigkeiten im persönlichen und lebenspraktischen Bereich,
– Entwicklung des Sozialverhaltens,
– Hilfen zur Förderung der Verständigung mit der Umwelt,
– Mobilitätstraining,
– Vermittlung von Kenntnissen und Fertigkeiten mit dem Ziel der Eingliederung in eine WfbM,
– pflegerische Versorgung.

Daneben tragen diese Einrichtungen dazu bei, die Angehörigen des behinderten Menschen zu entlasten und damit eine vollstationäre Unterbringung zu vermeiden oder hinauszuzögern (Ziffer 14.2 WE/BAGüS).

FBS sollen vorrangig in **räumlichem oder organisatorischem** **41** **Zusammenhang** mit einer anerkannten WfbM eingerichtet werden (sog. verlängertes Dach der Werkstatt). Dies soll die Durchlässigkeit zur WfbM gewährleisten. **Rechtlich** sind WfbM und FBS eigenständige Einrichtungen (vgl. *Dau/Jacobs,* LPK-SGB IX, § 136 RdNr. 20). Da die FBS für die einzelnen Zielgruppen unterschiedliche Aktivitäten anzubieten haben, ist auch die **Personalausstattung** entsprechend zu differenzieren. Für die Förderung, Betreuung und Pflege in FBS kommen insbesondere Heilerziehungspfleger und Heilerzieher in Betracht, aber auch eine Betreuung durch Kranken- und Altenpflegekräfte (Ziffer 14.4 WE/BAGüS).

42 Die Aufnahme in die WfbM ist vor allem bei den aus einer Sonderschule entlassenen behinderten Menschen **vorrangig** gegenüber Maßnahmen in FBS. Im Eingangsverfahren ist deshalb zunächst die **Werkstattfähigkeit** des behinderten Menschen zu prüfen. Die Aufnahme in eine FBS kommt ohne ein entsprechendes Votum des Fachausschusses einer WfbM nicht in Betracht. Bestehen keine vorrangigen Ansprüche, sind Leistungen in FBS vom **Sozialhilfeträger** im Rahmen der Eingliederungshilfe zu erbringen (§ 6 Abs. 1 Nr. 7 SGB IX, § 55 Abs. 2 Nr. 3, 7 SGB IX, § 54 Abs. 1 Satz 1 Nr. 4 SGB XII). Die FBS erbringen Leistungen zur **Teilhabe am Leben in der Gemeinschaft** (§§ 55 ff. SGB IX) und nicht zur Teilhabe am Arbeitsleben i.S. des § 33 SGB IX. Die dort aufgenommenen Personen sind weder sozialversicherungspflichtig noch besitzen sie einen Entgeltanspruch.

Aufnahme in die Werkstätten für behinderte Menschen

137 (1) ¹Anerkannte Werkstätten nehmen diejenigen behinderten Menschen aus ihrem Einzugsgebiet auf, die die Aufnahmevoraussetzungen gemäß § 136 Abs. 2 erfüllen, wenn Leistungen durch die Rehabilitationsträger gewährleistet sind; die Möglichkeit zur Aufnahme in eine andere anerkannte Werkstatt nach Maßgabe des § 9 des Zwölften Buches oder entsprechender Regelungen bleibt unberührt. ²Die Aufnahme erfolgt unabhängig von

1. der Ursache der Behinderung,

2. der Art der Behinderung, wenn in dem Einzugsgebiet keine besondere Werkstatt für behinderte Menschen für diese Behinderungsart vorhanden ist, und

3. der Schwere der Behinderung, der Minderung der Leistungsfähigkeit und einem besonderen Bedarf an Förderung, begleitender Betreuung oder Pflege.

(2) Behinderte Menschen werden in der Werkstatt beschäftigt, solange die Aufnahmevoraussetzungen nach Absatz 1 vorliegen.

I. Allgemeines

1 § 137 **Abs. 1** SGB IX **verpflichtet** die nach § 142 SGB IX anerkannten WfbM, alle behinderten Menschen ihres Einzugsbereichs **aufzunehmen**, soweit diese die näher bezeichneten Aufnahmevoraussetzungen erfüllen und die Kostentragung durch einen Rehabilitationsträger gesichert ist. Es besteht für die WfbM ein **Kontrahierungszwang**. Die Regelung bürdet der anerkannten WfbM einen **öffentlich-rechtlichen Versorgungsauftrag** auf. Der Gesetzgeber wollte behinderten

Menschen, die zu ihrer Eingliederung in das Arbeitsleben auf einen Werkstattplatz angewiesen sind, einen **Rechtsanspruch** auf Aufnahme in die anerkannte WfbM des Einzugsgebietes und auf Verbleib in der Werkstatt, solange die Aufnahmevoraussetzungen fortbestehen, zubilligen (BT-Drucks. 13/2440, S. 32).

§ 137 **Abs.** 2 SGB IX **verpflichtet** die WfbM, die von ihr aufzuneh-   2
menden behinderten Menschen zu **beschäftigen**.

II. Aufnahmeanspruch des behinderten Menschen (§ 137 Abs. 1 SGB IX)

Nach § 137 Abs. 1 Satz 1 Halbs. 1 SGB IX nehmen anerkannte Werk-   3
stätten behinderte Menschen aus ihrem Einzugsgebiet auf, welche die Aufnahmevoraussetzungen gemäß § 136 Abs. 2 SGB IX erfüllen, wenn Leistungen durch die Rehabilitationsträger gewährleistet sind. Hieraus folgt ein **Aufnahmeanspruch** der behinderten Menschen. Dieser besteht bei Vorliegen der gesetzlichen Voraussetzungen unbedingt und belässt der WfbM **keinen Ermessensspielraum** bei der Aufnahmeentscheidung.

Die **Anerkennung als WfbM** spricht die Bundesagentur für Arbeit   4
im Verfahren nach § 142 SGB IX i.V.m. §§ 17 f. WVO aus. Die Anerkennung beinhaltet auch die Bestimmung des **Einzugsgebietes** der WfbM gem. § 8 Abs. 3 WVO. Dieses ist so bemessen, dass die WfbM mit öffentlichen oder sonstigen Verkehrsmitteln in zumutbarer Zeit erreichbar ist. In der Regel hat jede Werkstatt ein **regionales Einzugsgebiet**, das in der Bedarfsplanung des Landes im Einvernehmen mit der Bundesagentur für Arbeit und dem zuständigen überörtlichen Träger der Sozialhilfe verbindlich festgelegt und gegenüber der WfbM im Anerkennungsverfahren bestimmt wird. Ausnahmsweise kann eine Werkstatt, insbesondere eine WfbM mit einer bestimmten Art der Behinderung (z. B. für mehrfach behinderte blinde und gehörlose Menschen, seelisch behinderte Menschen) im Einvernehmen mit den zuständigen Landesbehörden und den Anerkennungsbehörden auch ein **überregionales Einzugsgebiet** haben, das über die in § 8 Abs. 3 WVO genannten Grenzen hinausreicht.

Der Aufnahmeanspruch des behinderten Menschen richtet sich ge-   5
gen die WfbM, in deren Einzugsbereich er seinen **Wohnsitz** oder hilfsweise seinen gewöhnlicher Aufenthalt hat (§ 30 Abs. 3 SGB I). Die Werkstatt hat zur Erfüllung ihrer gesetzlichen Aufgaben die Voraussetzungen dafür zu schaffen, dass sie die behinderten Menschen im Sinne des § 136 Abs. 2 SGB IX aus ihrem Einzugsgebiet aufnehmen kann (§ 1 Abs. 1 WVO). Das Erreichen der **Kapazitätsgrenze der WfbM** ist kein Ablehnungsgrund gegenüber dem Aufnahme begehrenden behinderten Menschen. Die WfbM muss ein **bedarfsgerechtes Platz-**

angebot für die behinderten Menschen ihres Einzugsgebietes sicherzustellen und erforderlichenfalls ihr Angebot aufstocken. Sie hat hierzu die erforderlichen öffentlich-rechtlichen Verträge (§ 53 SGB X) mit den Rehabilitationsträgern abzuschließen (vgl. § 41 Abs. 3 SGB IX i.V.m. §§ 75 ff. SGB XII: Leistungs-, Vergütungs- und Prüfungsvereinbarungen).

6   Der Aufnahmeanspruch setzt die **Gewährleistung der Finanzierung** durch den zuständigen Rehabilitationsträger voraus. Leistungen im Eingangsverfahren und im Berufsbildungsbereich der WfbM werden nach § 40 SGB IX, im Arbeitsbereich nach § 41 SGB IX erbracht. Die **Zuständigkeit der Rehabilitationsträger** für Leistungen in WfbM richtet sich nach § 42 SGB IX. Für Leistungen im Eingangsverfahren und im Berufsbildungsbereich besteht eine Auffangzuständigkeit der Bundesagentur für Arbeit, für Leistungen im Arbeitsbereich eine solche des überörtlichen Trägers der Sozialhilfe. Vertreter dieser Rehabilitationsträger sind in den Fachausschuss der WfbM eingebunden (§ 2 WVO); dieser erstellt eine Stellungnahme zur Werkstattfähigkeit des behinderten Menschen nach § 136 Abs. 2 SGB IX und Empfehlungen zum Förderbedarf. Versagt der auf diese Weise frühzeitig eingebundene Rehabilitationsträger eine (weitere) Förderung des behinderten Menschen in der WfbM durch einen an diesen gerichteten Ablehnungsbescheid, verliert der Betroffene auch seinen Aufnahme- und Beschäftigungsanspruch gegenüber der WfbM.

7   Der behinderte Mensch hat bei Aufnahme in eine anerkannte WfbM nach § 9 Abs. 2 SGB IX ein **Wunsch- und Wahlrecht**. Nach dem zweiten Halbsatz des § 136 Abs. 1 Satz 1 SGB IX bleibt die Möglichkeit einer Aufnahme in eine **andere anerkannte WfbM** – also ungeachtet des Einzugsgebietes – nach Maßgabe des § 9 Abs. 2 SGB XII oder entsprechender Regelungen unberührt. Nach **§ 9 Abs. 2 SGB XII** soll Wünschen des Hilfeempfängers, die sich auf die Gestaltung der Hilfe richten, entsprochen werden, soweit sie angemessen sind (§ 9 Abs. 2 Satz 1 SGB XII). Mit unverhältnismäßigen Mehrkosten verbundenen Wünschen muss der Träger der Sozialhilfe nicht entsprechen (§ 9 Abs. 2 Satz 3 SGB XII). Auf seinen Wunsch soll der Hilfeempfänger in einer solchen Einrichtung untergebracht werden, in der er durch Geistliche seines Bekenntnisses betreut werden kann (§ 9 Abs. 3 SGB XII). Der Verweis auf § 9 SGB XII erscheint seit der Einordnung des Werkstättenrechts in das SGB IX als entbehrlich, weil **§ 9 SGB IX** nunmehr eine vergleichbare Regelung des Wunsch- und Wahlrechts der Leistungsberechtigten enthält. Diese Vorschrift wird ergänzt durch die allgemeinen Vorgaben zur Ausgestaltung von Rechten und Pflichten in **§ 33 SGB I**. Die Wahl einer weiter entfernteren WfbM dürfte nicht in Betracht kommen, wenn dem Rehabilitationsträger dadurch unverhältnismäßig hohe Fahrtkosten entstehen (§ 44 Abs. 1 Nr. 5 SGB IX; zum Begriff der unverhältnismäßigen Mehrkosten vgl. *Mrozynski,*

SGB IX Teil 1, § 9 RdNr. 8 ff.). Demgegenüber kann der behinderte Mensch auf Grund des Wunsch- und Wahlrechts in Großstädten und Ballungsräumen zwischen **Werkstätten verschiedener Träger** wählen, ohne dass unverhältnismäßige Mehrkosten dem entgegenstünden. Lehnt der Rehabilitationsträger die Förderung in der gewünschten WfbM ab, hat er durch Bescheid zu begründen, warum er dem Wunsch des behinderten Menschen nicht entspricht (§ 9 Abs. 2 Satz 3 SGB IX). Da in einem solchen Falle die Finanzierung der WfbM-Förderung durch den Rehabilitationsträger nicht gewährleistet ist, hat der behinderte Mensch auch keinen Anspruch auf Aufnahme in die entferntere WfbM.

Der behinderte Mensch wird unabhängig von der **Ursache der Be-** **8** **hinderung** in die WfbM aufgenommen (§ 136 Abs. 1 Satz 2 Nr. 1 SGB IX). Diese ist aber für die Zuständigkeit des Rehabilitationsträgers nach § 42 SGB IX von Bedeutung, weil für Arbeitsunfallopfer und von Berufskrankheiten Betroffene die Berufsgenossenschaften und für Anspruchsberechtigte der sozialen Entschädigung die Versorgungsämter zuständig sind.

Der behinderte Mensch wird unabhängig von der **Art der Behin-** **9** **derung**, wenn im Einzugsgebiet der WfbM keine besondere Werkstatt für behinderte Menschen für diese Behinderungsart vorhanden ist, und von der **Schwere der Behinderung**, der **Minderung der Leistungsfähigkeit** und einem besonderen Bedarf an **Förderung, begleitender Betreuung** oder **Pflege** in die WfbM aufgenommen (§ 136 Abs. 1 Satz 2 Nr. 2, Nr. 3 SGB IX). Hiermit wird der Sicherstellungsauftrag der anerkannten WfbM für ihr Einzugsgebiet konkretisiert. Sie ist gehalten, in Abstimmung mit den zuständigen Rehabilitationsträgern nicht nur eine ausreichende Zahl an Plätzen bereitzustellen, sondern der unterschiedlichen Art der Behinderungen und ihren Auswirkungen innerhalb der Werkstatt durch geeignete Maßnahmen, insbesondere durch Bildung besonderer Gruppen im Berufsbildungs- und Arbeitsbereich, Rechnung zu tragen (**Binnendifferenzierung**, § 1 Abs. 2 WVO). Dies ist durch die Anerkennungsbehörde zu überprüfen. Ist im Einzugsgebiet eine besondere Werkstatt für bestimmte Behinderungsarten vorhanden, trifft sie der diesbezügliche Sicherstellungsauftrag. Der Anspruch auf Aufnahme in die WfbM richtet sich dann gegen diese WfbM.

Die in § 136 Abs. 2 SGB IX enthaltene Regelung zur **Werkstatt-** **10** **fähigkeit** des behinderten Menschen geht § 137 Abs. 1 Satz 2 SGB IX vor. So besteht der Aufnahmeanspruch trotz § 137 Abs. 1 Satz 2 Nr. 3 SGB IX nicht, wenn der behinderte Mensch wegen der Schwere seiner Behinderung oder eines außergewöhnlichen Pflegeaufwandes nicht wenigstens ein Mindestmaß wirtschaftlich verwertbarer Arbeitsleistung erbringen kann.

III. Beschäftigungspflicht der WfbM
(§ 137 Abs. 2 SGB IX)

11   Die Beschäftigungspflicht in § 137 Abs. 2 SGB IX sichert den Aufnahmeanspruch des behinderten Menschen gegen eine etwaige Umgehung durch eine Kündigung des Werkstattvertrages durch den Werkstattträger trotz unveränderter tatsächlicher Verhältnisse ab (§ 138 Abs. 3 SGB IX). Die ergänzende Regelung hat klarstellenden Charakter, weil der behinderte Mensch in diesem Falle die umgehende Wiederaufnahme verlangen könnte (*Pahlen* in: *Neumann/Pahlen/Majerski-Pahlen*, SGB IX, § 137 RdNr. 13). Die **Kündigung des Werkstattvertrages** durch den Werkstattträger wird erst dann rechtswirksam, wenn mit der **Rücknahme des Kostenanerkenntnisses** des zuständigen Rehabilitationsträgers nach Beratung im **Fachausschuss** der WfbM (§ 2 WVO) rechtskräftig festgestellt ist, dass die Aufnahmevoraussetzungen nicht mehr vorliegen (*Wendt* RsDE Nr. 36, 1997, 43, 58). Im Zusammenhang mit der Beratung des Fachausschusses über den Ausschluss aus der WfbM soll der Betroffene bzw. sein gesetzlicher Vertreter **angehört** werden, was für den Rehabilitationsträger nach § 24 SGB X ohnehin obligatorisch ist. Hält der Rehabilitationsträger seinen Leistungsbescheid aufrecht und geht damit von dem Fortbestehen der Werkstattfähigkeit des behinderten Menschen aus, kann sich die WfbM selbst dann nicht von dem behinderten Menschen trennen, wenn sie auf Grund von Aggressionen, mangelnder Disziplin, Beleidigungen, Krankheitszeiten etc. die Weiterbeschäftigung für unzumutbar hält. Sie hat derartigen Problemen im Rahmen der pädagogischen, sozialen, medizinischen und psychologischen Betreuung der behinderten Menschen (§ 10 WVO) zu begegnen. Eine **Kündigung** des behinderten Menschen nach den **arbeitsrechtlichen Grundsätzen** des Kündigungsschutzgesetzes und des besonderen Kündigungsschutzes für behinderte Menschen (§§ 85 ff. SGB IX), insbesondere eine verhaltensoder krankheitsbedingte Kündigung, kommt nicht in Betracht (s.a. *Dau/Jacobs*, LPK-SGB IX, § 138 RdNr. 36).

12   Das **Kündigungsverbot** bei Weiterbestehen der Aufnahmevoraussetzungen nach § 137 Abs. 2 SGB IX kann nicht durch **Vereinbarung von Kündigungsgründen** im Werkstattvertrag nach § 138 Abs. 3 SGB IX umgangen werden. Eine solche Vereinbarung wäre gem. § 134 BGB nichtig (MünchArbR/*Cramer*, § 237 RdNr. 43). Enthält der Werkstattvertrag **weitergehende Kündigungsbeschränkungen** wie ein Zustimmungserfordernis des Fachausschusses der WfbM (§ 2 WVO), die vorherige Anhörung des Betroffenen und das Schriftformerfordernis für eine rechtswirksame Kündigung, muss sich die Werkstatt hieran im Streitfall festhalten lassen (ArbG Mönchengladbach 11. 11. 1999 – 3 Ca 1756/99 – RdLH 2000, 31). Meldet die WfbM den

behinderten Menschen bei der **Krankenkasse** als Einzugsstelle für die Sozialversicherungsbeiträge vorzeitig ab, obwohl die Beschäftigungspflicht aus § 137 Abs. 2 SGB IX fortbesteht, ist dies rechtswidrig und begründet Schadensersatzansprüche des behinderten Menschen. Dies gilt insbesondere dann, wenn der Rehabilitationsträger sein Kostenanerkenntnis nicht oder noch nicht zurückgenommen hat (*Rühle* DB 2001, 1364, 1366 f.).

Stellen die Kostenträger die **Förderleistungen ein**, kann die WfbM 13 das Werkstattverhältnis außerordentlich kündigen (LAG Baden-Württemberg 26. 1. 2009 – 9 Sa 60/08 – RdLH 2009, 125).

Der Rechtsanspruch auf Verbleib in der WfbM besteht bei Fort- 14 bestehen der Aufnahmevoraussetzungen nach § 137 Abs. 1 SGB IX i.V.m. § 136 Abs. 2 SGB IX bis zum Erreichen der **Regelaltersgrenze** (Bihr/Fuchs/Krauskopf/Lewering *Baur*, SGB IX, § 137 RdNr. 5, § 136 RdNr. 9). Bei behinderten Menschen, die vorzeitig Rente wegen Alters beziehen, kann auf Wunsch des behinderten Menschen oder auf Veranlassung des zuständigen Rehabilitationsträgers im Einvernehmen mit dem Werkstattbeschäftigten das Beschäftigungsverhältnis in der Werkstatt – längstens jedoch bis zum Erreichen der Regelaltersgrenze – fortgesetzt werden, insbesondere wenn
– der behinderte Mensch an den Beschäftigungsangeboten im Arbeitsbereich der Werkstatt noch sinnvoll teilhaben kann oder
– der Rentenbezug (z. B. bei Heimbewohnern) auf die Veranlassung des zuständigen Rehabilitationsträgers zurückgeht.

Nach Beendigung ihres Beschäftigungsverhältnisses in der WfbM aus Altersgründen oder gesundheitlichen Gründen sind den behinderten Menschen angemessene tagesstrukturierende Hilfen anzubieten, die ggfs. auch vom Träger der WfbM organisiert werden (§ 136 Abs. 3 SGB IX; Ziffer 4.3 WE/BAGüS; dagegen *Wendt* RdLH 2002, 24 f., die eine Begrenzung des Beschäftigungsanspruchs auf das 65. Lebensjahr ablehnt und eine Einzelfallentscheidung für erforderlich hält).

IV. Verfahrensfragen

Da der Aufnahme- und Beschäftigungsanspruch des behinderten 15 Menschen gegenüber dem Träger der WfbM nach § 137 Abs. 1 Satz 1 SGB IX von einer Kostenübernahme durch den zuständigen Rehabilitationsträger abhängt, bietet es sich im Streitfall um die Werkstattfähigkeit an, den **Rehabilitationsträger** im Leistungsverhältnis nach erfolglosem Widerspruchsverfahren auf Gewährung von Leistungen in WfbM vor dem **Sozialgericht bzw. Verwaltungsgericht** (soweit der Sozialhilfeträger zuständig ist) zu verklagen. Widerspruchs- und Klageverfahren sind kostenfrei, es besteht Amtsaufklärungspflicht des Rehabilitationsträgers (§ 20 SGB X) bzw. des Sozialgerichts (§§ 103, 106

SGG). Ist rechtskräftig festgestellt, dass der Sozialleistungsanspruch des behinderten Menschen auf Förderung in einer WfbM nach Maßgabe der §§ 39 ff. SGB IX besteht, entsteht zugleich gem. § 137 SGB IX der Aufnahme- und Beschäftigungsanspruch des behinderten Menschen gegenüber dem Träger der WfbM.

16 Lehnt der **Werkstattträger** trotz Gewährleistung von Leistungen des Rehabilitationsträgers die Aufnahme des behinderten Menschen ab, ist für die gerichtliche Durchsetzung des **öffentlich-rechtlichen Aufnahmeanspruchs** des behinderten Menschen gem. § 40 Abs. 1 VwGO die Verwaltungsgerichtsbarkeit zuständig. Eine Zuständigkeit der Arbeitsgerichtsbarkeit gem. § 2 Abs. 1 Nr. 10 ArbGG ist entgegen GK-SGB IX-*Schimanski*, § 138 RdNr. 11 nicht gegeben, weil es sich nicht um eine **bürgerlich-rechtliche Streitigkeit** zwischen dem behinderten Menschen im Arbeitsbereich von WfbM und dem Werkstattträger aus den in § 138 SGB IX geregelten Rechtsverhältnissen handelt. Gegenstand ist nicht die Ausgestaltung des arbeitnehmerähnlichen Rechtsverhältnisses durch den zivilrechtlichen Werkstattvertrag, sondern die Geltendmachung des öffentlich-rechtlichen Aufnahmeanspruchs aus § 137 SGB IX. Streitigkeiten über die **Beendigung oder Kündigung des Werkstattverhältnisses** sind demgegenüber vor den Arbeitsgerichten auszutragen (*Rühle* DB 2001, 1364, 1365).

Rechtsstellung und Arbeitsentgelt behinderter Menschen

138 (1) Behinderte Menschen im Arbeitsbereich anerkannter Werkstätten stehen, wenn sie nicht Arbeitnehmer sind, zu den Werkstätten in einem arbeitnehmerähnlichen Rechtsverhältnis, soweit sich aus dem zugrunde liegenden Sozialleistungsverhältnis nichts anderes ergibt.

(2) [1]Die Werkstätten zahlen aus ihrem Arbeitsergebnis an die im Arbeitsbereich beschäftigten behinderten Menschen ein Arbeitsentgelt, das sich aus einem Grundbetrag in Höhe des Ausbildungsgeldes, das die Bundesagentur für Arbeit nach den für sie geltenden Vorschriften behinderten Menschen im Berufsbildungsbereich zuletzt leistet, und einem leistungsangemessenen Steigerungsbetrag zusammensetzt. [2]Der Steigerungsbetrag bemisst sich nach der individuellen Arbeitsleistung der behinderten Menschen, insbesondere unter Berücksichtigung von Arbeitsmenge und Arbeitsgüte.

(3) Der Inhalt des arbeitnehmerähnlichen Rechtsverhältnisses wird unter Berücksichtigung des zwischen den behinderten Menschen und dem Rehabilitationsträger bestehenden Sozialleistungsverhältnisses durch Werkstattverträge zwischen den behinderten Menschen und dem Träger der Werkstatt näher geregelt.

(4) Hinsichtlich der Rechtsstellung der Teilnehmer an Maßnahmen im Eingangsverfahren und im Berufsbildungsbereich gilt § 36 entsprechend.

(5) Ist ein volljähriger behinderter Mensch gemäß Absatz 1 in den Arbeitsbereich einer anerkannten Werkstatt für behinderte Menschen im Sinne des § 136 aufgenommen worden und war er zu diesem Zeitpunkt geschäftsunfähig, so gilt der von ihm geschlossene Werkstattvertrag in Ansehung einer bereits bewirkten Leistung und deren Gegenleistung, soweit diese in einem angemessenen Verhältnis zueinander stehen, als wirksam.

(6) War der volljährige behinderte Mensch bei Abschluss eines Werkstattvertrages geschäftsunfähig, so kann der Träger einer Werkstatt das Werkstattverhältnis nur unter den Voraussetzungen für gelöst erklären, unter denen ein wirksamer Vertrag seitens des Trägers einer Werkstatt gekündigt werden kann.

(7) Die Lösungserklärung durch den Träger einer Werkstatt bedarf der schriftlichen Form und ist zu begründen.

Übersicht

I. Allgemeines

Behinderte Menschen im **Arbeitsbereich** von WfbM stehen zu 1 den Werkstätten in einem **arbeitnehmerähnlichen Rechtsverhältnis,** wenn sie nicht nach allgemeinen Grundsätzen und Vorschriften des Arbeitsrechts Arbeitnehmer sind. Bei behinderten WfbM–Mitarbeitern gelten arbeitsrechtliche und arbeitsschutzrechtliche Vorschriften und Grundsätze, soweit dies gesetzlich angeordnet ist: Vorschriften über Arbeitszeit, Teilzeitbeschäftigung, Urlaub, Zusatzurlaub nach § 125 SGB IX, Bildungsurlaub, Entgeltfortzahlung im Krankheitsfalle, Elternzeit, Mutterschutz, Persönlichkeitsschutz, arbeitsrechtliche Haftungsbeschränkung und Gleichberechtigung von Männern und Frauen.

2   Der behinderte Mensch hat einen Rechtsanspruch gegen den Werkstattträger auf Abschluss eines **schriftlichen Vertrags**, der konkret
und individuell die beiderseitigen Rechte und Pflichten regelt. Für
Rechtsstreitigkeiten zwischen dem behinderten Menschen und der
WfbM aus dem arbeitnehmerähnlichen Rechtsverhältnis sind die **Arbeitsgerichte** zuständig. Auch dies soll dazu beitragen, dass behinderte Menschen im Arbeitsbereich von WfbM so weit wie möglich wie
Arbeitnehmer behandelt werden. Die behinderten Mitarbeiter haben
ein Recht auf eine **leistungsangemessene Entlohnung** aus dem Arbeitsergebnis der Werkstatt (BT-Drucks. 13/9514, S. 77 f.).

3   § 138 Abs. 4 SGB IX regelt die Rechtsstellung der behinderten Men-
schen im **Eingangsverfahren** und im **Berufsbildungsbereich** der
WfbM. Die Vorschrift nimmt insoweit Bezug auf § 36 SGB IX (s.a.
Mrozynski, SGB IX Teil 1, § 36 RdNr. 1).

II. Rechtsstellung im Arbeitsbereich
(§ 138 Abs. 1 SGB IX)

4   Behinderte Menschen im Arbeitsbereich der WfbM stehen zur
Werkstatt in einem **arbeitnehmerähnlichen Rechtsverhältnis**,
wenn sie nicht Arbeitnehmer sind (§ 138 Abs. 1 SGB IX). Eine inhaltliche Abgrenzung zwischen Arbeitnehmern und anderen WfbM-Beschäftigten erfolgt nicht. Aus § 138 Abs. 1 SGB IX folgt, dass derjenige,
der nicht Arbeitnehmer ist, als arbeitnehmerähnliche Person der entsprechenden Anwendung arbeitsrechtlicher Vorschriften und Grundsätze unterliegt.

5   **Arbeitnehmer** der WfbM sind leistungsstarke behinderte Menschen, bei denen die Arbeitsleistung dominiert und die Betreuung und
Pflege von untergeordneter Bedeutung ist. Bei der Beurteilung des
rechtlichen Status des behinderten Mitarbeiters kommt es nicht
auf die Ausgestaltung der vertraglichen Beziehungen mit der WfbM,
sondern auf **die tatsächlichen Verhältnisse** an. Die gebräuchlichen
Kriterien für die Annahme eines Arbeitsverhältnisses beziehen sich
im Wesentlichen auf die Abgrenzung zur selbständigen Tätigkeit. So
wird auf die persönliche Abhängigkeit, die organisatorische Eingliederung in einen fremden Betrieb, eine fremdbestimmte Arbeit nach Weisungen, das Direktionsrecht des Arbeitgebers, das Fehlen eines eigenen
wirtschaftlichen Risikos und die soziale Schutzbedürftigkeit abgestellt
(vgl. KassKomm-*Seewald*, § 7 SGB IV RdNr. 50 ff. m. w. N.). Diese
Kriterien des Arbeitnehmerstatus werden von behinderten Menschen im Arbeitsbereich von WfbM unschwer erfüllt. Gleichwohl ist
davon auszugehen, dass die Tätigkeit des behinderten Menschen auch
im Arbeitsbereich der WfbM wegen ihres **Rehabilitations- und Be-
treuungscharakters** oftmals nicht im Rahmen eines regulären Ar-

beitsverhältnisses mit den gegenseitigen Rechten und Pflichten eines Arbeitnehmers gegenüber einem Arbeitgeber stattfindet. Die **Abgrenzung** sollte danach erfolgen, ob die Erbringung der **Arbeitsleistung**, begleitet von Maßnahmen der Förderung und Betreuung, im Vordergrund steht oder ob entsprechend des Auftrages der WfbM zur beruflichen und sozialen Rehabilitation **Förderung und Betreuung** des behinderten Menschen für das Gesamtbild prägend sind (MünchArbR/*Cramer,* § 237 RdNr. 32; *Mrozynski,* SGB IX Teil 1, § 36 RdNr. 5). Der behinderte Mensch kann vor dem Arbeitsgericht mit Erfolg seine **Arbeitnehmerstellung** im Arbeitsbereich der WfbM **einklagen**, wenn der Zweck der Rehabilitation und der Therapie der WfbM-Beschäftigung nicht das Gepräge gibt, sondern die Produktion und das Angebot von Dienstleistungen (vgl. LAG Saarland 31. 8. 1987, RdLH 2/1988, 14).

Die als Arbeitnehmer tätigen behinderten Menschen unterliegen   6 unmittelbar arbeitsrechtlichen Vorschriften und Grundsätzen. Bei ihnen ist die WfbM jedoch verpflichtet, im Zusammenwirken mit dem Fachausschuss durch konkrete Maßnahmen den Übergang auf den **allgemeinen Arbeitsmarkt** zu fördern (§ 136 Abs. 1 Satz 3 SGB IX i.V.m. § 5 Abs. 4–5 WVO *Dau/Jacobs,* LPK-SGB IX, § 138 RdNr. 14 f.).

Alle behinderten Menschen im Arbeitsbereich von WfbM, die nicht   7 Arbeitnehmer sind, stehen ungeachtet der konkreten Ausgestaltung des Werkstattvertrages zur WfbM in einem **arbeitnehmerähnlichen Rechtsverhältnis** (§ 138 Abs. 1 SGB IX). Damit wird die Rechtsstellung des behinderten Menschen im Arbeitsbereich soweit an diejenige von Arbeitnehmern auf dem allgemeinen Arbeitsmarkt angenähert, wie es mit dem **Rehabilitationsauftrag** der WfbM zu vereinbaren ist. Über § 138 Abs. 1 SGB IX finden die für Arbeitnehmer geltenden **Schutzgesetze kraft Gesetzes**, und nicht lediglich auf Grund vertraglicher Vereinbarung im Werkstattvertrag nach § 138 Abs. 3 SGB IX, Anwendung (s.a. Ziffer 8. 2. 1 WE/BAGüS). Nach der Gesetzesbegründung zur Vorgängerregelung sollen z.B. die Regelungen über Arbeitszeit, Urlaub, Entgeltfortzahlung im Krankheitsfall, Entgeltzahlungen an Feiertagen, Elternzeit und Mutterschutz sowie über Persönlichkeitsschutz und die Haftungsbeschränkung zur Anwendung kommen (BT-Drucks. 13/3904, S. 48). Eine gesetzliche Konkretisierung erfolgte nicht, um die **Einbeziehung der Arbeitsrechtsentwicklung** in das arbeitnehmerähnliche Rechtsverhältnis zu ermöglichen.

Die **Anwendung arbeitsrechtlicher Schutzgesetze** ist grund-   8 sätzlich mit dem Rehabilitationsauftrag und konkreten Förderzielen der WfbM zu vereinbaren. Die Orientierung an den im Arbeitsleben herrschenden Bedingungen entspricht den Förderzielen einer Teilhabe am Arbeitsleben und einer Eingliederung in das Arbeitsleben durch

Förderung des Übergangs auf den allgemeinen Arbeitsmarkt. Soweit auf Grund von Art und Schwere der Behinderung abweichend von arbeitsrechtlichen Mindeststandards weitergehende Rücksichtnahmen erforderlich sind, beeinträchtigt dies die Geltung der Mindeststandards nicht.

9   Anders als Arbeitnehmer ist der arbeitnehmerähnlich beschäftigte behinderte Mensch im Arbeitsbereich der WfbM nicht zur **Arbeitsleistung verpflichtet**. Er kann seinen Arbeitsplatz jederzeit verlassen, seine Arbeit am Arbeitsplatz einstellen und auch Minderleistungen erbringen. Dies bleibt ohne arbeitsrechtliche Ahndung. Es widerspricht der Art dieser Beschäftigungsform, dass der behinderte Mensch z. B. abgemahnt oder letztlich wegen derartiger Vorkommnisse entlassen werden könnte (ArbG Hamm 17. 8. 1999 – 1 Ca 2512/98 L – RdLH 2000, 36). Konsequenzen können von Seiten der WfbM erst dann gezogen werden, wenn dauerhaft die Werkstattfähigkeit des behinderten Menschen entfallen ist (vgl. § 136 RdNr. 32 ff.).

III. Arbeitsentgelt (§ 138 Abs. 2 SGB IX)

10   Die WfbM ist verpflichtet, aus ihrem Arbeitsergebnis an die im Arbeitsbereich beschäftigten behinderten Menschen ein Arbeitsentgelt zu zahlen, das sich aus einem leistungsunabhängigen, einheitlichen **Grundbetrag** und einem leistungsangemessenen **Steigerungsbetrag** zusammensetzt (§ 136 Abs. 1 Satz 2 Nr. 1 SGB IX i.V.m. § 138 Abs. 2 SGB IX). Hierfür hat die Werkstatt in der Regel mindestens 70 % des Arbeitsergebnisses (§ 12 Abs. 4 WVO) einzusetzen (§ 12 Abs. 5 Satz 1 Nr. 1 WVO). Das Arbeitsentgelt ist keine Leistung im Rahmen der Eingliederungshilfe für behinderte Menschen nach dem SGB XII. Der behinderte Mensch hat deshalb keinen Anspruch gegen dem zuständigen Rehabilitationsträger auf Zahlung von Arbeitsentgelt. Mittelbar wirken sich zu niedrige Eingliederungsleistungen an die **WfbM** durch die Rehabilitationsträger (insbesondere die überörtlichen Träger der Sozialhilfe) auf die Höhe der Arbeitsentgelte aus, weil nicht gedeckte notwendige Leistungen der WfbM von dieser aus dem Arbeitsergebnis finanziert werden muss, wodurch die für eine leistungsgerechte Entlohnung zur Verfügung stehenden Beträge vermindert werden. Durch **§ 41 Abs. 3–4 SGB IX** sollen die Finanzierungsgrundlagen der WfbM verbessert werden (vgl. *Wendt* RdLH 2002, 24, 28; *Mrozynski,* SGB IX Teil 1, § 41 RdNr. 12 ff.).

11   Der **Rechtsanspruch** (§ 136 Abs. 1 Satz 2 Nr. 1 SGB IX i.V.m. 138 Abs. 2 SGB IX) des behinderten Menschen im Arbeitsbereich der WfbM auf eine **leistungsangemessene Entlohnung** richtet sich gegen den Werkstattträger (BT-Drucks. 13/9514, S. 78). Dieser Anspruch steht nur behinderten Menschen im **Arbeitsbereich** der WfbM, nicht

jenen im **Eingangsverfahren** oder im **Berufsbildungsbereich** zu. Die behinderten Menschen im Eingangsverfahren und im Berufsbildungsbereich erhalten unterhaltssichernde und ergänzende Leistungen des zuständigen Rehabilitationsträgers (§§ 44 ff. SGB IX).

Der **Grundbetrag** ist in Höhe des Ausbildungsgeldes zu zahlen, **12** das die Bundesagentur für Arbeit nach § 107 SGB III im zweiten Jahr des Berufsbildungsbereichs zu leisten hat (67 Euro).

Mit dem Grundbetrag wird ein zwingender gesetzlicher Mindest- **13** lohn festgelegt, der durch abweichende Vereinbarungen im Werkstattvertrag oder fehlender vertraglicher Vereinbarungen nicht unterschritten werden darf. Hiermit wird der schwachen Handlungsmacht des behinderten Mitarbeiters (Monopolstellung der WfbM im Einzugsgebiet, fehlender Tarifvertrag) Rechnung getragen (s.a. *Wendt* AuR 1999, 360 ff.). Eine **Kürzungsmöglichkeit bei schlechtem Arbeitsergebnis** besteht hinsichtlich des Grundbetrages entgegen *Dau/ Jacobs,* LPK-SGB IX, § 138 RdNr. 21 nicht, weil es sich nicht mehr um eine „Soll-Vorschrift" handelt. Die Zahlung des Mindestarbeitsentgelts an den behinderten Menschen ist fachliche Voraussetzung der Anerkennung der WfbM (§ 142 SGB IX i.V.m. §§ 17 ff. WVO; vgl. LSG Baden-Württemberg 27. 5. 1992 – L 5 Ar 1992/90 – RsDE Nr. 21, 1993, 85).

Der Grundbetrag darf bei einer **Teilzeitbeschäftigung** entspre- **14** chend der verringerten Arbeitszeit gekürzt werden (§ 4 Abs. 1 Satz 2 TzBfG). Dies gilt nicht, wenn die reduzierte Arbeitszeit verkürzte Beschäftigungszeit auf die Art und Schwere der Behinderung oder die Erfüllung des Erziehungsauftrages zurückzuführen ist (§ 6 Abs. 2 WVO) (s.a. Ziffer 8. 2. 3 WE/BAGüS; *Dau/Jacobs,* LPK-SGB IX, § 138 RdNr. 19).

Der **Steigerungsbetrag** bemisst sich nach der individuellen Ar- **15** beitsleistung der behinderten Menschen, insbesondere unter Berücksichtigung von Arbeitsmenge und Arbeitsgüte (§ 138 Abs. 2 Satz 2 SGB IX). Ein für alle WfbM einheitliches Bemessungssystem des Steigerungsbetrages ist nicht vorgesehen. Auch eine bestimmte Höhe des Steigerungsbetrages oder der für den Steigerungsbetrag zu verwendenden Mittel wird gesetzlich nicht festgelegt.

Die für den Steigerungsbetrag zur Verfügung stehenden Mittel hän- **16** gen von dem **Arbeitsergebnis i.S. des § 12 Abs. 4 WVO** ab, also von der Differenz aus den Erträgen und den notwendigen Kosten des laufenden Betriebs im Arbeitsbereich der Werkstatt. Die **Erträge** setzen sich zusammen aus den Umsatzerlösen, Zins- und sonstigen Erträgen aus der wirtschaftlichen Tätigkeit und den von den Rehabilitationsträgern erbrachten Kostensätzen. **Notwendige Kosten des laufenden Betriebs** sind die Kosten nach § 41 Abs. 3 Satz 3 und 4 SGB IX im Rahmen der getroffenen Vereinbarungen sowie die mit der wirtschaftlichen Betätigung der WfbM in Zusammenhang stehenden notwendigen Kosten, die auch in einem Wirtschaftsunternehmen üblicherweise entstehen und infolgedessen von den Rehabilitationsträgern nicht übernommen werden (§ 41 Abs. 3 SGB IX). Nicht zu den notwendigen Kosten des laufenden Betriebs gehören die Kosten für die Arbeitsentgelte nach § 138 Abs. 2 SGB IX und das Arbeitsförderungsgeld nach § 43 SGB IX. Das Arbeitsergebnis und damit das Arbeitsentgelt schmälernde notwendige Kosten sind nicht diejenigen Aufwendungen der WfbM, die in einer Leistungs- und Vergütungsvereinbarung mit dem zuständigen Rehabilitationsträger nicht oder nicht in der von einer Seite für erforderlich gehaltenen Höhe vereinbart worden sind. Verluste aus getroffenen Vergütungsvereinbarungen mit den Rehabilitationsträgern gehören nicht zu den notwendigen Kosten. **Überschüsse** aus diesen Vereinbarungen fließen in das Arbeitsergebnis ein und müssen für die Entgeltzahlung an die behinderten Menschen verwendet werden (*Schell/Cleavenger* BArbBl. 11/2001, 22, 24).

17   Das Arbeitsergebnis hängt u. a. von der Leistungsfähigkeit der behinderten Menschen, der Auftragslage, den zu erzielenden Preisen, der Konkurrenzsituation, der Lage und der Ausstattung der WfbM und ihres Produkt- und Dienstleistungsangebotes ab. Da zudem das Arbeitsergebnis nicht in vollem Umfang für die Zahlung der Arbeitsentgelte verwendet werden muss und seine Nutzung für sonstige Zwecke der WfbM von der Höhe der Leistungen der Rehabilitationsträger abhängt (§ 12 Abs. 5 Satz 1 Nr. 1 WVO), ist die **Höhe der Arbeitsentgelte** im Arbeitsbereich der WfbM weiterhin unbefriedigend (vgl. *Cramer,* Werkstätten für behinderte Menschen, § 138 RdNr. 40 ff.). Die Bundesregierung gibt für das Jahr 2008 ein **Durchschnittseinkommen in WfbM** von 159 Euro an (vgl. BAG WfbM, http://www.bagwfbm.de/page/101, 9. 10. 2010 08:41). Der behinderte Mensch ist deshalb auf Leistungen der Angehörigen oder anderer Sozialleistungen angewiesen.

18   Durch § 41 Abs. 4 Satz 3 SGB IX wird immerhin ausgeschlossen, dass das Arbeitsergebnis der Werkstatt zur Minderung der Vergütungen der Rehabilitationsträger verwendet wird (Verbot der sog. **Nettoerlösrückführung**). Dem Werkstattträger ist es nach § 12 Abs. 5 WVO verwehrt, Teile des Arbeitsergebnisses für sonstige **eigene Zwecke** zu verwenden. So kann er seinen behinderten Mitarbeitern erwirtschaftete Beträge nicht vorenthalten, um z. B. neue Plätze in derselben Werkstatt oder in einer anderen WfbM desselben Trägers oder Plätze in angegliederten Behindertenwohnheimen zu schaffen oder auszustatten. Der dafür erforderliche Eigenanteil muss aus anderen Mitteln des Trägers als aus dem Arbeitsergebnis der WfbM finanziert werden (vgl. *Cramer,* Werkstätten für behinderte Menschen, § 138 RdNr. 72). Außerhalb der Zuführung zu den Arbeitsentgelten der behinderten Mitarbeiter ist allein die Verwendung von **bis zu 30 % des Arbeitsergebnisses** zulässig

– für die Bildung einer zum Ausgleich von Ertragsschwankungen notwendigen Rücklage, höchstens eines Betrages, der zur Zahlung der Arbeitsentgelte nach § 138 SGB IX für sechs Monate erforderlich ist,

– und für Ersatz- und Modernisierungsinvestitionen in der Werkstatt, soweit diese Kosten nicht aus den Rücklagen auf Grund von Abschreibung des Anlagevermögens für solche Investitionen, aus Leistungen der Rehabilitationsträger oder aus sonstigen Einnahmen zu decken sind oder gedeckt werden (§ 12 Abs. 5 Satz 1 Nr. 2–3 WVO; zu einem diesbezüglichen Kontrolldefizit: *Wendt* RsDE Nr. 36, 1997, 43, 54 ff.).

Die WfbM muss über ein **Entgeltsystem** verfügen, das in An- **19** wendung dieser Vorgaben einheitliche Maßstäbe der Berechnung des Steigerungsbetrages nach Quantität und Qualität der individuellen Arbeitsleistung beinhaltet. Dazu bietet es sich an, in WfbM sog. **Haustarifvereinbarungen** zwischen Werkstattleitung und Werkstatträten (§ 139 SGB IX) abzuschließen. Die Verwendung weiterer sachangemessener Kriterien wie die Dauer der Werkstattangehörigkeit oder der Vorwegabzug von gesetzlichen Pflichtleistungen u. a. für Urlaubsgeld, Mutterschutz, Entgeltfortzahlung im Krankheitsfall ist zulässig. Bei der **Leistungsermittlung** sind ausschließlich arbeitsbezogene Kriterien wie Arbeitsanforderung, Qualifikation, Arbeitsleistung und Arbeitszeit zu Grunde zu legen. Personenbezogene Kriterien wie die Bewertung des Sozialverhaltens haben außer Betracht zu bleiben. Der Weg vom Arbeitsergebnis zum jeweiligen Arbeitsentgeltanspruch muss für den behinderten Menschen nachvollziehbar und nachprüfbar sein. Er unterliegt im Streitfall der arbeitsgerichtlichen Kontrolle. Die **Werkstattverträge** haben Detailregelungen zur Zahlung des Arbeitsentgelts aus dem Arbeitsergebnis und damit auch zur Bemessung des Steigerungsbetrages zu enthalten (§ 13 Abs. 2 WVO). Enthält das Entgeltsystem der WfbM eine Stufung der Vergütung nach Lohngruppen, wird die persönliche Lohngruppe des behinderten Menschen Bestandteil der vertraglichen Vereinbarung. Die Einstufung ist in regelmäßigen Abständen zu überprüfen.

Das Arbeitsentgelt nach § 138 Abs. 2 SGB IX wird ergänzt durch **20** das **Arbeitsförderungsgeld nach § 43 SGB IX**, das die WfbM von dem zuständigen Rehabilitationsträger zusätzlich zu den Vergütungen nach § 41 Abs. 3 SGB IX zur Auszahlung an die im Arbeitsbereich beschäftigten behinderten Menschen erhalten. Das Arbeitsförderungsgeld beträgt monatlich 26 Euro für jeden im Arbeitsbereich beschäftigten behinderten Menschen, dessen Arbeitsentgelt zusammen mit dem Arbeitsförderungsgeld den Betrag von 323 Euro nicht übersteigt. Ist das Arbeitsentgelt höher als 300 Euro, beträgt das Arbeitsförderungsgeld monatlich den Unterschiedsbetrag zwischen dem Arbeitsentgelt und 323 Euro. Erhöhungen der Arbeitsentgelte gem. § 41 Abs. 3

SGB IX können auf die Zahlung des Arbeitsförderungsgeldes angerechnet werden. Nach der **Gesetzesbegründung** (BT-Drucks. 14/5800, S. 28) wird durch das Arbeitsförderungsgeld eine **zusätzliche Leistung** eingeführt, die in vollem Umfang denjenigen behinderten Menschen zukommen soll, die nur über geringfügige Arbeitsentgelte verfügen.

21   Das Arbeitsförderungsgeld ist nicht Teil des Entgeltanspruchs des behinderten Menschen gegenüber dem Werkstattträger, sondern eine öffentlich-rechtliche **Sozialleistung** des zuständigen Rehabilitationsträgers für den behinderten Menschen im Arbeitsbereich der WfbM. Die WfbM ist nicht Anspruchsinhaber, sondern wird in § 43 Abs. 1 Satz 1 SGB IX lediglich in die Pflicht genommen, das Arbeitsförderungsgeld entgegenzunehmen und – ungeschmälert – an den **leistungsberechtigten behinderten Menschen** auszuzahlen (a.A. *Deusch,* LPK-SGB IX, § 43 RdNr. 7; während *Mrozynski,* SGB IX Teil 1, § 43 RdNr. 4 von einer Zwischenform spricht). Das Arbeitsförderungsgeld ist kein Arbeitsentgelt der WfbM nach § 138 Abs. 2 SGB IX. Es wird aber vom weiten Arbeitsentgeltbegriff nach § 14 Abs. 1 SGB IV erfasst.

22   Die WfbM hat das Arbeitsförderungsgeld an den anspruchsberechtigten Beschäftigten **leistungsunabhängig** auszuzahlen. Krankheits-, Urlaubs- und sonstige Abwesenheitstage führen zu keiner Kürzung des Arbeitsförderungsgeldes durch die WfbM. Die Auszahlung hat monatlich zu erfolgen. Die Berechnungsgrundlage bildet das aus dem Arbeitsergebnis der WfbM gezahlte Arbeitsentgelt einschließlich einmaliger Zahlungen wie Urlaubs- und Weihnachtsgeld des jeweiligen Kalendermonats. Über eine etwaige Kürzung des Arbeitsförderungsgeldes wegen **Teilzeitbeschäftigung** entscheidet der zuständige Rehabilitationsträger. Eine Teilzeitbeschäftigung wirkt sich jedenfalls dann nicht mindernd oder verkürzend auf die Höhe des Arbeitsförderungsgeldes aus, wenn die Beschäftigungszeitverkürzung auf der Grundlage des § 6 Abs. 2 WVO wegen Art oder Schwere der Behinderung oder zur Erfüllung eines Erziehungsauftrages erfolgt. Aus Gründen der Transparenz und der Klarheit erscheint es als geboten, dass die monatliche **Entgeltabrechnung** der WfbM für den Beschäftigten den Grundbetrag und den Steigerungsbetrag als Elemente des Arbeitsentgeltes der WfbM und das für den Rehabilitationsträger auszuzahlende Arbeitsförderungsgeld gesondert ausweist (s.a. Ziffer 8. 2. 3 WE/BAGüS).

23   Der Anspruch des behinderten Menschen gegen die Werkstatt auf **Auszahlung** des Arbeitsförderungsgeldes ist vor dem **Arbeitsgericht** durchzusetzen. Es handelt sich um eine gesetzlich normierte Nebenpflicht aus dem arbeitnehmerähnlichen Rechtsverhältnis. Verweigert der zuständige **Rehabilitationsträger** die Gewährung von Arbeitsförderungsgeld, liegt eine öffentlich-rechtliche Streitigkeit im Sinne des § 51 Abs. 1 SGG vor.

IV. Werkstattvertrag (§ 138 Abs. 3 SGB IX)

Der **Inhalt des arbeitnehmerähnlichen Rechtsverhältnisses** 24
wird nach § 138 Abs. 3 SGB IX unter Berücksichtigung des zwischen
dem behinderten Menschen und dem Rehabilitationsträger bestehenden öffentlich-rechtlichen Sozialrechtsverhältnisses durch den zwischen dem behinderten Menschen und dem Träger der WfbM abzuschließenden **Werkstattvertrag** näher ausgestaltet. Die zuständigen
Rehabilitationsträger sind über den Vertrag zu **unterrichten,** um die
Vereinbarungen auf ihre **Vereinbarkeit mit dem Leistungsrecht**
(§§ 39 ff. SGB IX) und den Vorgaben des **Werkstättenrechts** (§§ 136 ff.
SGB IX i.V.m. §§ 1 ff. WVO) sowie mit den **Vergütungsvereinbarungen** überprüfen zu können (§ 13 Abs. 1 Satz 2 WVO). Rehabilitationsträger sind gehalten, im Interesse der behinderten Menschen den
Vertrag auch auf die **Vereinbarkeit mit unabdingbaren arbeitsrechtlichen und arbeitsschutzrechtlichen Grundsätzen und Vorschriften** zu prüfen und den Werkstattträger sowie erforderlichenfalls
die Anerkennungsbehörde nach § 142 SGB IX mit etwaigen Beanstan-
dungen zu konfrontieren. Eine derartige **Prüfkompetenz** des Rehabilitationsträgers lässt sich mit der Regelung des § 21 Abs. 1 Nr. 3 SGB
IX begründen. Diese sieht vor, dass Verträge der Rehabilitationsträger
mit Leistungserbringern Regelungen über Rechte und Pflichten der
Teilnehmer enthalten sollen, soweit sich diese – wie im Falle des
arbeitnehmerähnlichen Rechtsverhältnisses – nicht bereits aus dem
Rechtsverhältnis ergeben, das zwischen ihnen und dem Rehabilitationsträger besteht. Darüber hinaus verlangt § 35 Satz 2 Nr. 2 SGB IX,
dass Einrichtungen der beruflichen Rehabilitation angemessene Teil-
nahmebedingungen und damit im Arbeitsbereich der WfbM auch die
Gewährleistung arbeitsrechtlicher und arbeitsschutzrechtlicher Mindeststandards bieten.

Einer **vorherigen Zustimmung** des Rehabilitationsträgers zu 25
dem Werkstattvertrag bedarf es nicht. Der Vertrag ist jedoch bei dem
für den Arbeitsbereich zuständigen Rehabilitationsträger zusammen
mit den übrigen Antragsunterlagen als Grundlage der Leistungsbewil-
ligung einzureichen. Dies ermöglicht dem Leistungsträger auch die
Kontrolle darüber, ob überhaupt ein Werkstattvertrag geschlossen
wird.

§ 13 Abs. 1 Satz 1 WVO stellt klar, dass die WfbM dem behinderten 26
Menschen den Abschluss eines Werkstattvertrages nicht nur anzubieten
hat, sondern eine **Rechtspflicht zum Vertragsschluss** mit den im Arbeitsbereich beschäftigten behinderten Menschen bzw. ihren gesetzlichen Vertretern besteht. Werkstattverträge sind in **schriftlicher Form**
abzuschließen, wobei es sich entgegen *Götze* in: Hauck/Noftz, SGB
IX, § 138 RdNr. 11 bei dem Schriftformerfordernis in § 13 Abs. 1 Satz 1

WVO nicht lediglich um eine „Soll-Regelung" handelt. Der behinderte Mensch hat somit einen **Rechtsanspruch gegenüber der WfbM** auf Abschluss eines schriftlichen Werkstattvertrages (*Kossens* in: Kossens/von der Heide/Maaß, SGB IX, § 138 RdNr. 12).

27   Hinsichtlich des **Inhalts der Werkstattverträge** gibt § 13 Abs. 2 WVO lediglich vor, dass auch die **Zahlung des Arbeitsentgelts** im Sinne des § 136 Abs. 1 Satz 2 SGB IX und § 138 Abs. 2 SGB IX an die im Arbeitsbereich beschäftigten behinderten Menschen näher zu regeln ist. Die Bundesarbeitsgemeinschaft der überörtlichen Träger der Sozialhilfe (Ziffer 8.2.2 WE/BAGüS) empfiehlt darüber hinaus **vertragliche Vereinbarungen zu folgenden Punkten**:

- Beginn des arbeitnehmerähnlichen Rechtsverhältnisses,
- Ende bzw. Kündigung des arbeitnehmerähnlichen Rechtsverhältnisses,
- Pflichten der Werkstatt,
- Beschäftigungszeit/Teilzeitbeschäftigung,
- Pflichten des Mitarbeiters,
- Auszahlung des Arbeitsförderungsgeldes (§ 43 SGB IX),
- Zahlungen zu den Sozialversicherungen,
- Urlaub einschließlich Zusatzurlaub gem. § 125 SGB IX,
- Bildungsurlaub,
- Entgeltfortzahlung im Krankheitsfall und an Feiertagen (Entgeltfortzahlungsgesetz),
- Mutterschutz,
- Elternzeit,
- Persönlichkeitsschutz,
- Haftungsbeschränkung.

V. Rechtsstellung im Eingangsverfahren und im Berufsbildungsbereich (§ 138 Abs. 4 SGB IX)

28   Hinsichtlich der Rechtsstellung der Teilnehmer an Maßnahmen im Eingangsverfahren und im Berufsbildungsbereich ordnet § 138 Abs. 4 SGB IX die entsprechende Geltung des **§ 36 SGB IX** an. Nach § 36 Satz 1 und 2 SGB IX werden Rehabilitanden nicht in den Betrieb der Einrichtung der beruflichen Rehabilitation eingegliedert, sind keine Arbeitnehmer im Sinne des Betriebsverfassungsgesetzes und wählen zu ihrer Mitwirkung besondere Vertreter. Bei der Ausführung von Leistungen in Einrichtungen der beruflichen Rehabilitation werden nach § 36 Satz 3 SGB IX die arbeitsrechtlichen Grundsätze über den Persönlichkeitsschutz, die Haftungsbeschränkung sowie die gesetzlichen Vorschriften über den Arbeitsschutz, den Erholungsurlaub und die Gleichberechtigung von Männern und Frauen entsprechend angewendet.

Die Verweisung auf § 36 SGB IX stellt klar, dass behinderte Men- **29** schen im Eingangsverfahren und im Berufsbildungsbereich von WfbM **keine Arbeitnehmer** der WfbM sind und auch in **keinem arbeit- nehmerähnlichen Rechtsverhältnis** i.S. des § 138 Abs. 1 SGB IX zu ihr stehen (vgl. BT-Drucks. 14/5074, S. 108 zu § 36). Für sie zahlt die WfbM kein Arbeitsentgelt gem. § 138 Abs. 2 SGB IX, und sie erhalten auch kein Arbeitsförderungsgeld nach § 43 SGB IX, sondern unter- haltssichernde und ergänzende Sozialleistungen der zuständigen Reha- bilitationsträger nach den §§ 44 ff. SGB IX. Der Gesetzgeber hat in § 36 Satz 3 SGB IX anders als für arbeitnehmerähnliche Mitarbeiter im Arbeitsbereich der WfbM einen **abschließenden Katalog** entspre- chend anwendbarer arbeitsrechtlicher Grundsätze und Vorschriften aufgenommen. Die Auswahl entspricht dem Grundgedanken, dass durch die Betreuung und Förderung in einer Rehabilitationseinrich- tung ein arbeitsrechtliches Austauschverhältnis nicht begründet wird (*Mrozynski*, SGB IX Teil 1, § 36 RdNr. 6 und RdNr. 9 ff. zu Persön- lichkeitsschutz, Haftungsbeschränkung und dem Verbot geschlechts- spezifischer Benachteiligung; dazu auch *Deusch*, LPK-SGB IX, § 36 RdNr. 16 ff.).

Der Gesetzgeber gibt mit dem Verweis auf § 36 SGB IX vor, dass ne- **30** ben dem Werkstattrat für arbeitnehmerähnlich im Arbeitsbereich der WfbM beschäftigte behinderte Menschen nach § 139 SGB IX eine wei- tere **Interessenvertretung** zu installieren ist. Die Teilnehmer an Maß- nahmen im Eingangsverfahren und im Berufsbildungsbereich wählen gemäß § 138 Abs. 4 SGB IX i.V.m. § 36 Satz 2 SGB IX zu ihrer Mitwir- kung **besondere Vertreter**. Dies ergibt sich auch aus § 139 Abs. 1 Satz 2 SGB IX, wonach die Werkstatträte die Interessen der im Eingangsver- fahren und im Berufsbildungsbereich tätigen behinderten Menschen in angemessener und geeigneter Weise zu berücksichtigen haben, so- lange für diese eine Vertretung nach § 36 SGB IX nicht besteht. Ein- zelheiten über Zusammensetzung, Aufgaben und Wahlmodus dieser besonderen Vertretung sind nicht geregelt. Von daher bietet es sich an, diese in die Werkstatträte einzubinden und die Vorgaben des § 139 SGB IX i.V.m. der WMVO entsprechend anzuwenden (s.a. *Mrozynski*, SGB IX Teil 1, § 36 RdNr. 8).

VI. Vertragsschluss geschäftsunfähiger behinderter Menschen (§ 138 Abs. 5–7 SGB IX)

Die **Absätze 5 bis 7** sollen den Problemen, die bei einem Vertrags- **31** schluss eines **Geschäftsunfähigen** mit einem WfbM-Träger bestehen, begegnen, wenn der Vertrag ohne gesetzlichen Vertreter bzw. Betreuer geschlossen wird. Die Abs. 5–7 sollen den Werkstätten einerseits und den Geschäftsunfähigen andererseits einen **Schutz vor Rückforde-**

rung bei einer möglichen Vertragsabwicklung und den Geschäftsunfähigen zugleich einen **Schutz vor sofortiger Vertragsbeendigung** gewährleisten (Beschlussempfehlung und Bericht des Rechtsausschusses vom 5. 6. 2002, BT-Drucks. 14/9266, S. 53).

32   **§ 138 Abs. 5 SGB IX** entspricht § 105 a Satz 1 BGB, der Geschäfte des täglichen Lebens geschäftsunfähiger Volljähriger, die mit geringwertigen Mitteln bewirkt werden können, für wirksam erklärt. **Geschäftsunfähig** ist, wer nicht das 7. Lebensjahr vollendet hat (§ 104 Nr. 1 BGB) oder sich in einem die freie Willensbestimmung ausschließenden Zustand krankhafter Störung der Geistestätigkeit befindet, sofern nicht der Zustand seiner Natur nach ein vorübergehender ist (§ 104 Nr. 2 BGB). Die **Willenserklärung** eines Geschäftsunfähigen ist zum Schutz der betroffenen Person **nichtig**, d. h. von Anfang an rechtsunwirksam (§ 105 BGB). Dabei ist unerheblich, ob sie rechtlich oder wirtschaftlich vorteilhaft ist oder ob die Interessen des Geschäftsunfähigen völlig gewahrt werden. Der Geschäftsunfähige kann folglich nicht wirksam rechtsgeschäftlich handeln. Leistungen, die zur Erfüllung eines nichtigen Rechtsgeschäfts erbracht worden sind, müssen nach zivilrechtlichem Bereicherungsrecht **rückabgewickelt** werden. Für volljährige behinderte Menschen schaffen § 105 a BGB und § 138 SGB IX **Ausnahmetatbestände**, indem im Hinblick auf die bewirkte Leistung und deren Gegenleistung ein wirksamer, erfüllter Vertrag fingiert wird. Mit dieser **Fiktion** wird lediglich eine Rückforderung von bewirkter Leistung und Gegenleistung ausgeschlossen, sobald diese bewirkt sind. Der „Vertrag" mit dem Geschäftsunfähigen ist jedoch nicht von Anfang an wirksam, so dass keine gegenseitigen Vertragspflichten, die dem Schutz des Geschäftsunfähigen zuwiderlaufen könnten, begründet werden (BT-Drucks. 14/9266, S. 43).

33   Durch § 138 Abs. 5 SGB IX wird somit verhindert, dass der geschäftsunfähige behinderte Mensch von der WfbM für Arbeitsentgeltzahlungen oder sonstige Leistungen auf Grund eines nichtigen Werkstattvertrages in Anspruch genommen werden kann. Zugleich wird der Werkstattträger davor geschützt, dass der behinderte Mensch eine weitergehende Abgeltung seiner Arbeitsleistung einfordert. Voraussetzung der Wirksamkeitsfiktion des Abs. 5 ist jedoch, dass Leistung und Gegenleistung in einem **angemessenen Verhältnis** zueinander stehen. Die Angemessenheit des gezahlten Arbeitsentgeltes beurteilt sich nach den Vorgaben des § 138 Abs. 2 SGB IX.

34   Mit § 138 Abs. 6 SGB IX soll sichergestellt werden, dass der Träger einer Werkstatt bei Abschluss eines „Vertrags" mit einem Geschäftsunfähigen nicht besser gestellt wird, als wenn sein Geschäftspartner geschäftsfähig gewesen wäre. Folglich soll die **Lösung des Vertragsverhältnisses** durch den Werkstattträger den gleichen Voraussetzungen unterliegen, die bei Vorliegen eines wirksamen Vertrags für die

Kündigung seitens des Trägers der WfbM erforderlich wären. Das **Schriftformerfordernis** für die Lösungserklärung nach § 138 Abs. 7 SGB IX soll zur Rechtssicherheit beitragen (BT-Drucks. 14/9266, S. 53).

VII. Sozialversicherung

Behinderte Menschen, die im Eingangsverfahren, im Berufsbil- 35
dungsbereich und im Arbeitsbereich einer anerkannten WfbM (in letzterer arbeitnehmerähnlich) tätig sind, sind versicherungspflichtig in der **gesetzlichen Krankenversicherung** (§ 5 Abs. 1 Nr. 7 SGB V). Eine die Versicherungspflicht begründende berufliche Rehabilitationsmaßnahme in einer WfbM liegt vor, wenn sie im Endergebnis vorrangig der Eingliederung in das Erwerbsleben dient (BSG SozR 3–2500 § 5 Nr. 19). Darauf, ob Entgelt erzielt wird, die Tätigkeit wirtschaftlich verwertbar ist oder eine bestimmte Arbeitszeit eingehalten wird, kommt es nicht an. Erforderlich ist jedoch die Aufnahme in die WfbM selbst, so dass die Aufnahme nicht werkstattfähiger behinderter Menschen in eine angegliederte **Förder- und Betreuungsstätte (FBS, § 136 Abs. 3 SGB IX)** keine Versicherungspflicht auslöst (KassKomm-*Peters*, § 5 SGB V RdNr. 68; zum Fehlen der Sozialversicherungspflicht in FBS s.a. *Mrozynski*, SGB IX Teil 1, § 36 RdNr. 14). Die **Krankenversicherungsbeiträge** trägt nach § 251 Abs. 2 Satz 1 Nr. 2 SGB V bis zu einer bestimmten Entgelthöhe der WfbM-Träger allein. Die nach § 5 Abs. 1 Nr. 7 SGB V versicherungspflichtigen behinderten Menschen haben Anspruch auf **Krankengeld,** weil sie nicht zu dem in § 44 Abs. 1 Satz 2 SGB V von dieser Leistung grundsätzlich ausgeschlossenen Personenkreis gehören. Teilnehmer an Maßnahmen im **Berufsbildungsbereich** der WfbM sind zwar versicherungspflichtig nach § 5 Abs. 1 Nr. 7 SGB V, das ihnen von der Bundesagentur für Arbeit gezahlte Ausbildungsgeld ist jedoch kein Arbeitsentgelt i.S. des § 14 SGB IV und begründet demzufolge keinen Krankengeldanspruch (BSG 14. 2. 2001 – B 1 KR 1/00 R – SozR 3–2500 § 44 Nr. 8).

In der **gesetzlichen Rentenversicherung** besteht für behinderte 36
Menschen, die in anerkannten WfbM tätig sind, **Versicherungspflicht** nach § 1 Satz 1 Nr. 2a SGB VI. Die Regelung ist im Zusammenhang mit § 43 Abs. 2 Satz 3 SGB VI zu sehen, wonach voll **erwerbsgemindert** auch Versicherte nach § 1 Satz 1 Nr. 2 SGB VI sind,
– die wegen Art oder Schwere der Behinderung nicht auf dem allgemeinen Arbeitsmarkt tätig sein können (Nr. 1), und
– Versicherte, die bereits vor Erfüllung der allgemeinen Wartezeit voll erwerbsgemindert waren, in der Zeit einer nicht erfolgreichen Eingliederung in den allgemeinen Arbeitsmarkt (Nr. 2).

Nach § 43 Abs. 6 SGB VI haben Versicherte, die bereits vor Erfüllung der allgemeinen Wartezeit von 5 Jahren voll erwerbsgemindert waren und seitdem ununterbrochen voll erwerbsgemindert sind, Anspruch auf **Rente wegen voller Erwerbsminderung**, wenn sie die Wartezeit von 20 Jahren erfüllt haben. Mit diesen Regelungen ist klargestellt, dass behinderte Menschen in WfbM, die regelmäßig wegen Art oder Schwere der Behinderung nicht auf dem allgemeinen Arbeitsmarkt tätig sein können, voll erwerbsgemindert sind. Darüber hinaus gelten sog. Frühbehinderte auch in der Zeit eines gescheiterten **Eingliederungsversuchs** auf dem allgemeinen Arbeitsmarkt als voll erwerbsgemindert. Damit behalten behinderte Menschen in WfbM, die sich um eine Integration in den allgemeinen Arbeitsmarkt bemühen, einen bereits bestehenden Rentenanspruch für die Zeit des Eingliederungsversuchs, wenn dieser scheitert. Aus der Aufnahme eines behinderten Menschen in die WfbM und der Ausgestaltung seiner dortigen Tätigkeit kann jedoch nicht automatisch auf dessen volle Erwerbsminderung geschlossen werden. Maßgeblich ist, ob der behinderte Mensch mit seinem **gesundheitlichen Leistungsvermögen** wettbewerbsfähig auf dem allgemeinen Arbeitsmarkt einsetzbar wäre (vgl. SG Itzehoe 31.10.2000 – Az. S 1 RJ 313/97 – NZS 2001, 206 = RdLH 2001, 34 in Abweichung von BSG 24.4.1996 – 5 RJ 56/95 – BSGE 78, 163 = SozR 3–2600 § 44 Nr. 6). Nach § 96 a Abs. 1 Satz 5 Nr. 2 SGB VI bleibt das Arbeitsentgelt, das behinderte Menschen in WfbM erzielen, bei der **Hinzuverdienstgrenze** der Rente wegen verminderter Erwerbsfähigkeit unberücksichtigt. Damit soll auch Rentenbeziehern ermöglicht werden, weiterhin in der WfbM tätig zu sein. Behinderte Menschen in WfbM werden durch die **beitragsrechtlichen Bestimmungen** in § 162 Nr. 2, 2 a SGB VI (fiktive beitragspflichtige Einnahmen) und § 168 Abs. 1 Nr. 2, 2 a SGB VI (Beitragstragung durch WfbM-Träger) begünstigt.

37   In der **gesetzlichen Unfallversicherung** sind behinderte Menschen, die in anerkannten WfbM tätig sind, nach § 2 Abs. 1 Nr. 4 SGB VII kraft Gesetzes versichert. Art, Umfang und Dauer der Tätigkeit in der WfbM ist unbeachtlich (KassKomm-Ricke, § 2 SGB VII RdNr. 17; *Wolber*, SozVers 2001, 294). Für die Betreuung und Förderung in FBS nach § 136 Abs. 3 SGB IX kommt Unfallversicherungsschutz über die Auffangklausel des § 2 Abs. 2 SGB VII in Betracht. Zuständiger Unfallversicherungsträger ist der für die jeweilige Werkstatt zuständige, i.d.R. die Berufsgenossenschaft für Gesundheitsdienst und Wohlfahrtspflege. Versicherte Risiken sind Arbeitsunfälle einschließlich Wegeunfälle bei Zurücklegen eines mit der versicherten Tätigkeit zusammenhängenden Weges nach und von dem Ort der Tätigkeit (§ 8 SGB VII) sowie Berufskrankheiten (§ 9 SGB VII).

38   Versicherungspflicht in der **sozialen Pflegeversicherung** besteht für behinderte Menschen, die in anerkannten WfbM tätig sind, nach

§ 20 Abs. 1 Nr. 7 SGB XI. Die Beitragstragung ergibt sich aus § 59
Abs. 1 SGB XI und entspricht derjenigen in der gesetzlichen Krankenversicherung.

Versicherungspflicht in der **Arbeitslosenversicherung** besteht **39**
nach § 24 Abs. 1 SGB III für behinderte Menschen nur im Arbeitsbereich der WfbM und dort nur dann, wenn sie als reguläre Arbeitnehmer
und nicht als arbeitnehmerähnliche Personen im Sinne des § 138 Abs. 1
SGB IX beschäftigt werden. Ein Versicherungspflichttatbestand für
den letztgenannten Personenkreis existiert in den §§ 24 ff. SGB III anders als in den übrigen Sozialversicherungszweigen nicht. Jugendliche,
die in Einrichtungen der beruflichen Rehabilitation nach § 35 SGB IX
Leistungen zur Teilhabe am Arbeitsleben erhalten, die ihnen eine Erwerbstätigkeit auf dem allgemeinen Arbeitsmarkt ermöglichen sollen,
sind nach § 26 Abs. 1 Nr. 1 SGB III versicherungspflichtig. Diese Regelung ist auf den Berufsbildungsbereich der WfbM anwendbar (SG
Stuttgart 22. 9. 1998 – S 12 AL 1325/95).

Mitwirkung

139 (1) ¹Die in § 138 Abs. 1 genannten behinderten Menschen
wirken unabhängig von ihrer Geschäftsfähigkeit durch Werkstatträte in den ihre Interessen berührenden Angelegenheiten der
Werkstatt mit. ²Die Werkstatträte berücksichtigen die Interessen der im
Eingangsverfahren und im Berufsbildungsbereich der Werkstätten tätigen behinderten Menschen in angemessener und geeigneter Weise,
solange für diese eine Vertretung nach § 36 nicht besteht.

(2) Ein Werkstattrat wird in Werkstätten gewählt; er setzt sich aus
mindestens drei Mitgliedern zusammen.

(3) Wahlberechtigt zum Werkstattrat sind alle in § 138 Abs. 1 genannten behinderten Menschen; von ihnen sind die behinderten Menschen wählbar, die am Wahltag seit mindestens sechs Monaten in der
Werkstatt beschäftigt sind.

(4) ¹Die Werkstätten für behinderte Menschen unterrichten die Personen, die behinderte Menschen gesetzlich vertreten oder mit ihrer
Betreuung beauftragt sind, einmal im Kalenderjahr in einer Eltern-
und Betreuerversammlung in angemessener Weise über die Angelegenheiten der Werkstatt, auf die sich die Mitwirkung erstreckt, und
hören sie dazu an. ²In den Werkstätten kann im Einvernehmen mit
dem Träger der Werkstatt ein Eltern- und Betreuerbeirat errichtet
werden, der die Werkstatt und den Werkstattrat bei ihrer Arbeit berät
und durch Vorschläge und Stellungnahmen unterstützt.

I. Allgemeines

1   Zu den Rechten behinderter Menschen in WfbM gehört das **Recht auf Mitwirkung** in den ihre Interessen berührenden Angelegenheiten der Werkstätten. Dazu zählen die Gestaltung der täglichen Arbeitszeit, der einheitliche Betriebsurlaub, der Unfall- und Gesundheitsschutz, die Entgeltzahlung, die Verpflegung, die Gestaltung von Sanitär- und Aufenthaltsräumen, die Fort- und Weiterbildung, Angelegenheiten des Arbeitsablaufs und die Umsetzung von behinderten Menschen auf andere Arbeitsplätze sowie die Gestaltung von Arbeitsplätzen und die Unterrichtung über die wirtschaftliche Lage der Werkstatt und das Arbeitsergebnis.

2   Das Recht auf Mitwirkung gehört zu den Rechten, die mit dem **Gesetz zur Reform des Sozialhilferechts vom 23. 7. 1996** (BGBl. I S. 1088) gesetzlich geregelt worden sind **(§ 54c SchwbG)**. Bereits seit 1980 ist es verordnungsrechtlich als fachliche Anforderung Pflicht der Werkstätten, den behinderten Menschen eine angemessene Mitwirkung in den ihre Interessen berührenden Angelegenheiten der Werkstatt zu ermöglichen **(§ 14 WVO)**. Die Ausgestaltung der Mitwirkung wurde zunächst nicht näher geregelt. Der mit Wirkung zum 1. 8. 1996 in das SchwbG eingefügte § 54 c bestimmte dann verbindlich, dass die im **Arbeitsbereich der WfbM arbeitnehmerähnlich** beschäftigten behinderten Menschen in den ihre Interessen berührenden Angelegenheiten der WfbM mitzuwirken haben und dazu **Werkstatträte** zu wählen sind. Soweit die behinderten Mitarbeiter **Arbeitnehmer** sind, finden ungeachtet dessen abhängig von der Trägerschaft der WfbM die Vorschriften des Betriebsverfassungsrechts, des Personalvertretungsrechts oder des kirchlichen Mitarbeitervertretungsrechts Anwendung.

3   Für **Streitigkeiten in Mitwirkungsangelegenheiten** nach dieser Regelung sind die **Arbeitsgerichte** zuständig (§ 2 a Abs. 1 Nr. 3 a

ArbGG), die im Beschlussverfahren entscheiden. Der Werkstattrat ist in diesem arbeitsgerichtlichen Verfahren parteifähig (§ 10 ArbGG). Das Beschlussverfahren wird vom Amtsermittlungsgrundsatz geprägt und ist gerichtskostenfrei (§§ 80 ff. ArbGG, § 12 Abs. 5 ArbGG). Der Werkstattrat ist vor der Kammer des Arbeitsgerichts anzuhören (§ 83 Abs. 3–4 ArbGG).

§ 144 Abs. 4 SGB IX ermächtigt zum Erlass einer Rechtsverordnung. **4** Auf Grund dieser Ermächtigungsnorm ist die am 1. 7. 2001 in Kraft getretene **Werkstätten-Mitwirkungsverordnung (WMVO) vom 25. 6. 2001** (BGBl. I S. 1297; abgedruckt als Anhang 6; Überblicksaufsatz: *Thiel* ZMV 2001, 219). Die in dieser getroffenen Regelungen finden insoweit keine Anwendung auf **Religionsgemeinschaften** und ihre Einrichtungen, als sie **eigene gleichwertige Regelungen** getroffen haben (§ 144 Abs. 2 Satz 2 SGB IX, § 1 Abs. 2 WMVO). Diese Regelung hat der Gesetzgeber getroffen, um der herrschenden juristischen Meinung Rechnung zu tragen, dass für **soziale Einrichtungen in kirchlicher Trägerschaft** trotz sozialstaatlicher Aufgabenwahrnehmung, demokratischer Legitimation des staatlichen Sozial- und Arbeitsrechts und einer überwiegend staatlichen Finanzierung der Leistungserbringung in diesen Einrichtungen ein verfassungsrechtlich gewährleistetes **kirchliches Selbstbestimmungsrecht** (Art. 140 GG i.V.m. Art. 137 Abs. 3 WRV) Geltung beanspruchen kann. Ob die von den Religionsgemeinschaften und ihren Einrichtungen getroffenen Regelungen **gleichwertig** sind, entscheiden die für die Anerkennung der WfbM nach § 142 SGB IX zuständigen Behörden, also die Bundesagentur für Arbeit im Einvernehmen mit dem jeweils zuständigen überörtlichen Träger der Sozialhilfe (*Schell/Cleavenger* BArbBl 11/2001, 22, 24 f.). Hier ist ein strenger Maßstab anzulegen, weil nicht ersichtlich ist, unter welchem Gesichtspunkt es gerechtfertigt sein könnte, behinderten Menschen in WfbM unter kirchlicher Trägerschaft geringere Mitwirkungsrechte einzuräumen, als vom Gesetz- und Verordnungsgeber allgemein für WfbM vorgegeben worden ist.

Werkstatträte werden in Werkstätten und nicht in **Zweigwerkstät-** **5** **ten** gewählt. Was zu einer Werkstatt gehört, ergibt sich aus dem Anerkennungsbescheid der Anerkennungsbehörde und dem von der Bundesagentur für Arbeit geführten **Werkstättenverzeichnis**. Soweit WfbM auch räumlich getrennte Einrichtungen unterhalten, so werden diese Einrichtungen in dem Verzeichnis als **Betriebsstätten** ausgewiesen. Für diese Betriebsstätten ist keine eigene Anerkennung als WfbM ausgesprochen, sie sind vielmehr in den Anerkennungsbescheid der Einrichtung einbezogen. Ein eigener Werkstattrat ist in den Betriebsstätten deshalb nicht zu wählen. Die im Arbeitsbereich solcher Betriebsstätten beschäftigten behinderten Menschen sind wahlberechtigt und wählbar zum **Werkstattrat der (Gesamt-)Werkstatt**, von diesem ist ihre Interessenvertretung wahrzunehmen.

6   § 139 Abs. 4 Satz 2 SGB IX ermöglicht, einen **Eltern- und Betreuerbeirat** zu errichten, der die Werkstatt und den Werkstattrat bei
ihrer Arbeit berät und durch Vorschläge und Stellungnahmen unterstützt. Damit hat der Gesetzgeber der Tatsache Rechnung getragen,
dass in einer Vielzahl von WfbM bereits Eltern- und Betreuervertretungen auf freiwilliger Basis existieren.

II. Aufgaben des Werkstattrates (§ 139 Abs. 1 SGB IX, §§ 1, 4 WMVO)

7   Der Werkstattrat ist das Interessensvertretungsorgan für die im
Arbeitsbereich der WfbM arbeitnehmerähnlich beschäftigten behinderten Menschen. In § 139 Abs. 1 Satz 1 SGB IX i.V.m. § 1 WMVO
wird der **mitwirkungsberechtigte Personenkreis** als Werkstattbe-
schäftigte bezeichnet. § 1 Abs. 1 WMVO enthält eine **Legaldefinition
des Werkstattbeschäftigten**: Es handelt sich demnach um behinderte Menschen, die wegen Art oder Schwere ihrer Behinderung
nicht, noch nicht oder noch nicht wieder auf dem allgemeinen Arbeitsmarkt beschäftigt werden können und zu ihrer Eingliederung in
das Arbeitsleben im Arbeitsbereich anerkannter WfbM als Einrichtungen zur Teilhabe behinderter Menschen am Arbeitsleben und Eingliederung in das Arbeitsleben in einem besonderen **arbeitnehmerähnlichen Rechtsverhältnis** in der Regel auf der Grundlage eines
Sozialleistungsverhältnisses (§ 138 Abs. 1 SGB IX) beschäftigt werden.

8   Der so umschriebene Personenkreis wirkt **unabhängig von seiner
Geschäftsfähigkeit** durch Werkstatträte in den seine Interessen berüh-
renden Angelegenheiten der WfbM mit. Dies trägt dem Umstand
Rechnung, dass viele, insbesondere geistig behinderte Menschen in
WfbM geschäftsunfähig sind (§ 104 Nr. 2 BGB). Willenserklärungen
eines Geschäftsunfähigen sind nach § 105 Abs. 1 BGB nichtig. Von daher bedarf es der ausdrücklichen Anordnung in § 139 Abs. 1 Satz 1 SGB
IX, § 1 Abs. 1 WMVO einer Mitwirkung auch geschäftsunfähiger
behinderter Menschen. Diese besitzen somit das **aktive und passive
Wahlrecht** zum Werkstattrat. Die Regelungen gewährleisten, dass der
Werkstattrat rechtswirksam von geschäftsunfähigen behinderten Menschen gewählt werden kann und diese auch wählbar sind. Demnach
kann kein behinderter Mensch auf Grund seiner spezifischen Behinderung von der Mitwirkung ausgeschlossen werden (GK-SGB IX-*Wendt*,
§ 139 RdNr. 17). Diese Regelung erscheint als sachgerecht, weil arbeitnehmerähnlich tätige behinderte Menschen ungeachtet einer
Geschäftsunfähigkeit in der Regel in der Lage sein werden, ihre den
überschaubaren werkstattinternen Bereich betreffenden Interessen
selbst deutlich zu machen (*Götze* in: Hauck/Noftz, SGB IX, § 139

RdNr. 7; *Pahlen* in: Neumann/Pahlen/Majerski-Pahlen, SGB IX, § 139 RdNr. 4). Die Mitwirkung über ihren Kopf hinweg durch gesetzliche Vertreter bzw. Betreuer widerspräche dem gesetzgeberischen Anliegen, Selbstbestimmung und gleichberechtigte Teilhabe behinderter Menschen am Leben in der Gesellschaft zu fördern (§ 1 SGB IX, § 1 BGG).

Der Werkstattrat hat nach § 4 Abs. 1 WMVO folgende **allgemeine** **9** **Aufgaben**: Er hat darüber zu wachen, dass die zugunsten der Werkstattbeschäftigten geltenden Gesetze, Verordnungen, Unfallverhütungsvorschriften und mit der Werkstatt getroffenen Vereinbarungen durchgeführt werden, vor allem, dass

– die auf das besondere arbeitnehmerähnliche Rechtsverhältnis zwischen den Werkstattbeschäftigten und der Werkstatt anzuwendenden **arbeitsrechtlichen Vorschriften und Grundsätze**, insbesondere über Beschäftigungszeit einschließlich Teilzeitbeschäftigung sowie der Erholungspausen und Zeiten der Teilnahme an Maßnahmen zur Erhaltung und Erhöhung der Leistungsfähigkeit und zur Weiterentwicklung der Persönlichkeit des Werkstattbeschäftigten, Urlaub, Entgeltfortzahlung im Krankheitsfall, Entgeltzahlung an Feiertagen, Mutterschutz, Elternzeit, Persönlichkeitsschutz und Haftungsbeschränkung,

– die in dem besonderen arbeitnehmerähnlichen Rechtsverhältnis auf Grund der Fürsorgepflicht geltenden **Mitwirkungs- und Beschwerderechte** und

– die **Werkstattverträge**

von der Werkstatt beachtet werden. Weitere Aufgaben sind die Beantragung von Maßnahmen, die dem Betrieb der Werkstatt und den Beschäftigten dienen, sowie die Entgegennahme von Anregungen und Beschwerden. Dabei hat der Werkstattrat vor allem die Interessen der besonders betreuungs- und förderungsbedürftigen Werkstattbeschäftigten zu wahren und die Durchsetzung der tatsächlichen Gleichstellung von Frauen und Männern zu fördern. Nach § 4 Abs. 2 WMVO kann der Werkstattrat bei der **Erörterung von Konflikten** zwischen Werkstattbeschäftigten und Werkstatt hinzugezogen werden.

Nach § 139 Abs. 1 Satz 2 SGB IX, § 4 Abs. 3 WMVO berücksichtigt **10** der Werkstattrat über seinen eigentlichen Aufgabenbereich hinaus die Interessen der im **Eingangsverfahren** und im **Berufsbildungsbereich** tätigen behinderten Menschen in angemessener und geeigneter Weise, solange für diese eine Vertretung nach § 36 SGB IX nicht besteht. In § 36 Satz 2 SGB IX ist vorgesehen, dass dieser Personenkreis zu seiner Mitwirkung besondere Vertreter wählt. Vorgaben für die nähere Ausgestaltung dieses **zusätzlichen Vertretungsgremiums** existieren nicht. Es dürfte sich anbieten, entsprechend dem in § 8 Abs. 1 WMVO enthaltenen Grundsatz der vertrauensvollen Zusammenarbeit die Vertreter der im Eingangsverfahren und im Berufsbildungsbereich tätigen behinderten Menschen sachlich und organisatorisch in den Werkstattrat einzubinden, um überflüssige und wenig effektive Parallelstrukturen zu vermeiden.

III. Errichtung und Zusammensetzung des Werkstattrats, Amtsdauer (§ 139 Abs. 2 SGB IX, §§ 2 f., 12 WMVO)

11   Der Werkstattrat wird in Werkstätten gewählt. Er besteht aus **mindestens drei Mitgliedern**, in Werkstätten mit in der Regel 200 bis 400 Wahlberechtigten aus fünf Mitgliedern, in Werkstätten mit in der Regel mehr als 400 Wahlberechtigten aus sieben Mitgliedern. Die **Geschlechter** sollen entsprechend ihrem zahlenmäßigen Verhältnis vertreten sein (§ 139 Abs. 2 SGB IX i.V.m. §§ 2 f. WMVO). Wahlberechtigt sind alle Werkstattbeschäftigten, d. h. im Arbeitsbereich in einem arbeitnehmerähnlichen Rechtsverhältnis tätige behinderte Menschen (§ 10 WMVO).

12   Der Werkstattrat wird in regelmäßigen Wahlen alle **vier Jahre** in der Zeit vom 1. Oktober bis 30. November bestimmt (§ 12 WMVO).

IV. Mitwirkungsrechte (§§ 5 ff. WMVO)

13   Die **Mitwirkung** behinderter Menschen im Arbeitsbereich der WfbM ist deutlich **schwächer ausgeprägt** als die **Mitbestimmung** von Arbeitnehmern in Betrieben des allgemeinen Arbeitsmarktes durch Betriebsräte nach dem BetrVG. Zwar ist der Katalog der einer Mitwirkung des Werkstattrates unterliegenden Angelegenheiten in § 5 Abs. 1 WMVO der Aufzählung mitbestimmungspflichtiger Angelegenheiten des § 87 Abs. 1 BetrVG nachgebildet. Im **Konfliktfalle** können Werkstattrat und Werkstatt die **Vermittlungsstelle** nach § 6 WMVO anrufen, die zwar einen Einigungsvorschlag erstellt, jedoch anders als der Spruch der Einigungsstelle nach § 87 Abs. 2 BetrVG die Einigung zwischen Arbeitgeber und Werkstattrat (bzw. Betriebsrat) nicht ersetzt. Der WfbM (bzw. dem Träger der Einrichtung, vgl. § 2 Abs. 2 WMVO) verbleibt das Recht, endgültig zu entscheiden. Sie setzt die Durchführung der Maßnahme bis zum Einigungsvorschlag der Vermittlungsstelle aus. Anschließend hat die Werkstatt zwar den **Einigungsvorschlag** zu berücksichtigen, ist an ihn jedoch nicht gebunden (§ 6 Abs. 3 WMVO). Damit stellt die Mitwirkung eine Beteiligungsform unterhalb des Mitbestimmungsrechts dar (s.a. *Dau/Jacobs*, LPK-SGB IX, § 139 RdNr. 9).

14   Hinsichtlich des **Katalogs mitwirkungsbedürftiger Angelegenheiten** wird auf § 5 Abs. 1 WMVO verwiesen (vgl. Anhang 6). Ziel der Mitwirkung des Werkstattrates in diesen Angelegenheiten ist die Her-

stellung des **Einvernehmens** zwischen Werkstatt und Werkstattrat. Dem dient die **Pflicht der Werkstatt**, den Werkstattrat in den Angelegenheiten, in denen er ein Mitwirkungsrecht hat, rechtzeitig, umfassend und in angemessener Weise **zu unterrichten** und ihn vor Durchführung einer Maßnahme **anzuhören** (§ 5 Abs. 3 WMVO). Speziell geregelt sind **Unterrichtungsrechte** des Werkstattrates bei der Beendigung des arbeitnehmerähnlichen Rechtsverhältnisses eines behinderten Menschen zur Werkstatt, Versetzungen und Umsetzungen, über Verlauf und Ergebnis der Eltern- und Betreuerversammlung und bei Einstellung, Versetzung und Umsetzung des Fachpersonals und des sonstigen Personals der WfbM (§ 7 WMVO). Werkstatt und Werkstattrat sollen in der Regel einmal im Monat zu einer **Besprechung** zusammentreten, über strittige Fragen mit dem ernsten Willen zur Einigung verhandeln und Vorschläge für die Beilegung von Meinungsverschiedenheiten machen (§ 8 Abs. 2 WMVO).

Für Schwerbehindertenvertretungen enthält § 95 Abs. 2 SGB IX ent- **15** sprechende Unterrichtungs- und Anhörungspflichten des Arbeitgebers. Unterrichtet der Arbeitgeber die Schwerbehindertenvertretung nicht, nicht richtig, nicht vollständig oder nicht rechtzeitig oder hört er sie nicht oder nicht rechtzeitig an, kann dies als **Ordnungswidrigkeit** mit einer Geldbuße geahndet werden (§ 156 Abs. 1 Nr. 9 SGB IX). Die **Verletzung von Mitwirkungsrechten des Werkstattrates** durch die Werkstatt ist nicht entsprechend sanktioniert. Der Werkstattrat kann in derartigen Fällen jedoch seine Mitwirkungsrechte vor dem **Arbeitsgericht** einklagen (vgl. RdNr. 3).

Das **Nebeneinander verschiedener Vertretungsgremien** in **16** WfbM (Betriebs- oder Personalrat bzw. Mitarbeitervertretung, Werkstattrat, Schwerbehindertenvertretung, Vertretung der Teilnehmer an Maßnahmen im Eingangsverfahren und Berufsbildungsbereich, Eltern- und Betreuerbeirat) erscheint im Hinblick auf unvermeidliche Reibungsverluste als problematisch. Neben dem allgemeinen Gebot einer **vertrauensvollen Zusammenarbeit** miteinander und mit der Werkstatt in § 8 WMVO sollen nach § 5 Abs. 2 WMVO **einvernehmliche Regelungen** zugleich mitbestimmungs- und mitwirkungsbedürftiger Angelegenheiten angestrebt werden, wobei die ergänzende Vereinbarung behindertenspezifischer Regelungen zwischen Werkstattrat und Werkstatt unberührt bleibt.

Nach § 8 Abs. 1 Satz 2 WMVO können Werkstatt und Werkstattrat **17** die Unterstützung der in der Werkstatt vertretenen **Behindertenverbände** und **Gewerkschaften** sowie der Verbände, denen die Werkstatt angehört, in Anspruch nehmen. Damit geht einher das Recht für Vertreter dieser Gewerkschaften und Behindertenverbände auf **unbeschränkten Zugang** zu den Werkstätten, was gem. § 144 Abs. 2 Satz 2 SGB IX i.V.m. § 1 Abs. 2 WMVO („gleichwertige Regelungen") auch für WfbM in kirchlicher Trägerschaft gewährleistet sein muss.

Das Zugangsrecht erstreckt sich auch auf die mindestens einmal jährlich vom Werkstattrat durchzuführende **Werkstattversammlung** (§ 9 WMVO) und nach Maßgabe des § 33 Abs. 2 WMVO auf **Sitzungen des Werkstattrats**.

18 Die **Vermittlungsstelle** (§ 6 WMVO) ist hinsichtlich ihrer Bildung und Zusammensetzung der Einigungsstelle nach § 76 BetrVG nachgebildet, wobei die Werkstatt an ihre Beschlüsse entsprechend der geringeren Beteiligungsrechte des Werkstattrates nicht gebunden ist. Die Vermittlungsstelle besteht aus einem unparteiischen Vorsitzenden und aus je einem von der Werkstatt und vom Werkstattrat benannten Beisitzer. Fasst die Vermittlungsstelle innerhalb von zwölf Tagen keinen Beschluss für einen Einigungsvorschlag, gilt die Entscheidung der Werkstatt.

V. Wahlverfahren (§ 139 Abs. 3 SGB IX, §§ 10 ff. WMVO)

19 § 139 Abs. 3 SGB IX regelt das aktive und passive Wahlrecht zum Werkstattrat. **Wahlberechtigt** sind demnach alle in § 138 Abs. 1 SGB IX genannten behinderten Menschen, also die in einem arbeitnehmerähnlichen Rechtsverhältnis stehenden behinderten Menschen im Arbeitsbereich der WfbM. Von ihnen sind die behinderten Menschen **wählbar**, die am Wahltag seit mindestens sechs Monaten in der WfbM beschäftigt sind. Zeiten des Eingangsverfahrens und der Teilnahme an Maßnahmen im Berufsbildungsbereich werden angerechnet (§ 11 WMVO).

20 Einzelheiten der **Vorbereitung der Wahl** (Wahlvorstand, Erstellung der Liste der Wahlberechtigten und deren Bekanntmachung, Einspruchsrecht, Wahlausschreiben, Wahlvorschläge und Bekanntmachung der Bewerber) enthalten die §§ 13 ff. WMVO. Die **Durchführung der Wahl** (Stimmabgabe, Wahlvorgang, Feststellung des Wahlergebnisses, Benachrichtigung der Gewählten und Annahme der Wahl, Bekanntmachung der Gewählten, Aufbewahrung der Wahlunterlagen, Wahlanfechtung, Wahlschutz und Wahlkosten) ist in den §§ 21 ff. WMVO geregelt.

21 Die **Amtszeit des Werkstattrates** beginnt mit der Bekanntgabe des Wahlergebnisses oder, wenn die Amtszeit des bisherigen Werkstattrates noch nicht beendet ist, mit deren Ablauf. Die regelmäßige Amtszeit des Werkstattrates beträgt **vier Jahre** (§ 29 WMVO). Die **Mitgliedschaft** im Werkstattrat **erlischt** durch Ablauf der Amtszeit, Niederlegung des Amtes, Ausscheiden aus der Werkstatt oder Beendigung des arbeitnehmerähnlichen Rechtsverhältnisses. In diesen Fällen rücken **Ersatzmitglieder** der Reihe nach aus den nicht gewählten Bewerbern der Vorschlagsliste nach (§ 30 WMVO).

VI. Geschäftsführung des Werkstattrates
(§§ 31 ff. WMVO)

Der Werkstattrat wird von dem aus seiner Mitte gewählten **Vorsit-** 22 **zenden** vertreten (§ 31 WMVO). Dieser beruft **Sitzungen** des Werkstattrates während der Beschäftigungszeit ein, zu denen er die weisungsunabhängige **Vertrauensperson** aus dem Fachpersonal (§ 39 Abs. 3 WMVO), ein Mitglied des **Betriebs- oder Personalrats** oder einer sonstigen Mitarbeitervertretung, eine Schreibkraft oder, nach näherer Vereinbarung mit der Werkstatt, einen Beauftragten einer in der Werkstatt vertretenen **Gewerkschaft** auf Antrag eines Viertels der Mitglieder des Werkstattrats, einen Vertreter eines **Behindertenverbandes** oder sonstige Dritte hinzuziehen kann (§§ 32 f. WMVO). Regelungen zu Beschlussfassung, Sitzungsniederschriften, Geschäftsordnung und Sprechstunden des Werkstattrats enthalten die §§ 34 ff., § 38 WMVO).

Persönliche Rechte und Pflichten der Mitglieder des Werk- 23 stattrats sind in § 39 WMVO geregelt. Die Mitglieder des Werkstattrats führen ihr Amt unentgeltlich als Ehrenamt (Abs. 1). Sie dürfen in der Ausübung ihres Amtes nicht behindert oder wegen ihres Amtes nicht benachteiligt oder begünstigt werden; dies gilt auch für ihre berufliche Entwicklung (Abs. 2). § 39 Abs. 3 WMVO enthält einen **Freistellungsanspruch** des Vorsitzenden des Werkstattrats von seiner Tätigkeit in WfbM mit wenigstens 200 Wahlberechtigten. Im Übrigen sind die Mitglieder des Werkstattrates unabhängig von der Größe der WfbM von ihrer Tätigkeit ohne Minderung des Arbeitsentgeltes zu befreien, wenn und soweit es zur Durchführung ihrer Aufgaben erforderlich ist. Dies gilt auch für die Teilnahme an Schulungs- und Bildungsveranstaltungen, soweit diese Kenntnisse vermitteln, die für die Arbeit des Werkstattrats erforderlich sind (Abs. 4). **Streitigkeiten** über die Freistellung von der Tätigkeit sind vor der Vermittlungsstelle auszutragen. Der Rechtsweg zu den Arbeitsgerichten bleibt hiervon unberührt (Abs. 5). Die Mitglieder des Werkstattrats unterliegen der **Geheimhaltungspflicht** und Offenbarungs- und Verwertungsverboten nach Maßgabe des § 37 Abs. 6 WMVO.

Den **Kosten- und Sachaufwand** des Werkstattrates einschließlich 24 der durch die Teilnahme an Schulungs- und Bildungsveranstaltungen entstehenden Kosten trägt die Werkstatt. Für Sitzungen, Sprechstunden und laufende Geschäftsführung hat die WfbM in erforderlichem Umfang Räume, sächliche Mittel und eine Bürokraft zur Verfügung zu stellen (§ 39 Abs. 1–2 WMVO). Die von den Werkstätten zu übernehmenden Kosten der Tätigkeit des Werkstattrates sind den von der Werkstatt zu erfüllenden fachlichen Anforderungen i.S. des § 41 Abs. 3 Satz 3 Nr. 1 SGB IX zuzuordnen mit der Folge, dass diese in die Vergütungsvereinbarungen mit den Kostenträgern (§§ 75 ff. SGB XII)

einzubringen sind. Die Kosten des Werkstattrates werden somit nicht
aus dem Arbeitsergebnis der Werkstatt aufgebracht und dürfen sich
deshalb nicht negativ auf das Arbeitsentgelt der behinderten Menschen
auswirken (*Finke* br 2002, 5, 9).

VII. Einbeziehung von Eltern und Betreuern
(§ 139 Abs. 4 SGB IX)

25   Die WfbM haben nach § 139 Abs. 4 Satz 1 SGB IX die Verpflichtung,
die gesetzlichen Vertreter oder die zu Betreuern bestellten Personen in
einer jährlichen **Eltern- und Betreuerversammlung** in angemessener Weise über die Angelegenheiten der Werkstatt, auf die sich die
Mitwirkung erstreckt, zu unterrichten und dazu anzuhören. Damit ist
sichergestellt, dass auch die gesetzlichen Vertreter und Betreuer derjenigen behinderten Menschen, die an Maßnahmen im Eingangsbereich
und im Berufsbildungsbereich teilnehmen, in der Eltern- und Betreuerversammlung zu unterrichten und anzuhören sind (BT-Drucks.
14/5800, S. 31).

26   Angelegenheiten, auf die sich die Mitwirkung und damit auch die
Unterrichtungs- und Anhörungspflicht gegenüber Eltern und Betreuern erstreckt, sind die in dem **Katalog des § 5 Abs. 1 WMVO** enthaltenen Tatbestände. Die Mitwirkung der behinderten Menschen durch
Werkstatträte wird damit um Beobachtungsmöglichkeiten der gesetzlichen Vertreter und Betreuer ergänzt, wobei die Werkstatt auch verpflichtet ist, über die Tätigkeit des Werkstattrates und die Reaktion des
Trägers zu berichten.

27   Das **Anhörungsrecht** der Eltern und Betreuer beinhaltet die Möglichkeit, in der Eltern- und Betreuerversammlung gegenüber der
WfbM-Leitung Kritik und Anregungen äußern zu können. Vorausgesetzt wird dabei, dass der Werkstattträger die Beiträge aus dem Kreis
der Eltern und Betreuer aufgreift und in seine Überlegungen einfließen lässt (s.a. *Pahlen* in: *Neumann/Pahlen/Majerski-Pahlen*, SGB IX, § 139
RdNr. 15; *Dau/Jacobs*, LPK-SGB IX, § 139 RdNr. 17).

28   Eine **eigene Interessenvertretung** ist für die gesetzlichen Vertreter
und Betreuer der behinderten Menschen nicht verpflichtend vorgesehen. Der Gesetzgeber hat aber in § 139 Abs. 4 Satz 2 SGB IX der
Tatsache Rechnung getragen, dass es in einer Vielzahl von WfbM El-
tern- und Betreuervertretungen auf freiwilliger Grundlage gibt. Diese
werden nunmehr auf eine gesetzliche Grundlage gestellt (BT-Drucks.
14/5800, S. 31).

29   In den Werkstätten kann im Einvernehmen mit dem Werkstattträger
ein **Eltern- und Betreuerbeirat** gebildet werden. Aus dem gesetzlichen Erfordernis des Einvernehmens mit dem Werkstattträger folgt,
dass ohne Billigung des Werkstattträgers ein Beirat nicht errichtet wer-

den kann (*Schell/Cleavenger* BArbBl 11/2001, 22, 25). Die **Aufgaben-beschreibung** in § 139 Abs. 4 Satz 2 SGB IX, wonach der Eltern- und Betreuerbeirat die Werkstatt und den Werkstattrat bei ihrer Arbeit berät und durch Vorschläge und Stellungnahmen unterstützt, ist abschließend. Der Eltern- und Betreuerbeirat ist in das Gebot der **vertrauensvollen Zusammenarbeit** der Vertretungsgremien untereinander sowie der Vertretungsgremien und der Werkstatt im Interesse der Werkstattbeschäftigten einbezogen (§ 8 Abs. 1 WMVO).

Anrechnung von Aufträgen auf die Ausgleichsabgabe

140 (1) [1]Arbeitgeber, die durch Aufträge an anerkannte Werkstätten für behinderte Menschen zur Beschäftigung behinderter Menschen beitragen, können 50 vom Hundert des auf die Arbeitsleistung der Werkstatt entfallenden Rechnungsbetrages solcher Aufträge (Gesamtrechnungsbetrag abzüglich Materialkosten) auf die Ausgleichsabgabe anrechnen. [2]Dabei wird die Arbeitsleistung des Fachpersonals zur Arbeits- und Berufsförderung berücksichtigt, nicht hingegen die Arbeitsleistung sonstiger nichtbehinderter Arbeitnehmerinnen und Arbeitnehmer. [3]Bei Weiterveräußerung von Erzeugnissen anderer anerkannter Werkstätten für behinderte Menschen wird die von diesen erbrachte Arbeitsleistung berücksichtigt. [4]Die Werkstätten bestätigen das Vorliegen der Anrechnungsvoraussetzungen in der Rechnung.

(2) Voraussetzung für die Anrechnung ist, dass

1. die Aufträge innerhalb des Jahres, in dem die Verpflichtung zur Zahlung der Ausgleichsabgabe entsteht, von der Werkstatt für behinderte Menschen ausgeführt und vom Auftraggeber bis spätestens 31. März des Folgejahres vergütet werden und

2. es sich nicht um Aufträge handelt, die Träger einer Gesamteinrichtung an Werkstätten für behinderte Menschen vergeben, die rechtlich unselbstständige Teile dieser Einrichtung sind.

(3) Bei der Vergabe von Aufträgen an Zusammenschlüsse anerkannter Werkstätten für behinderte Menschen gilt Absatz 2 entsprechend.

I. Allgemeines

Die Anrechnung von Aufträgen an anerkannte WfbM auf die Ausgleichsabgabe gehört zu den **Vergünstigungen**, die diesen Einrichtungen die Beschäftigung behinderter Menschen erleichtern sollen. Die Anrechenbarkeit ist im Zusammenhang von **Beschäftigungs-** 1

pflicht (§§ 71 ff. SGB IX) und **Ausgleichsabgabe** (§ 77 SGB IX) zu sehen. Sie schafft wirtschaftliche Anreize für ausgleichsabgabepflichtige Arbeitgeber, Aufträge an WfbM zu vergeben. Arbeitgeber, die ihrer Verpflichtung zur Beschäftigung schwerbehinderter Menschen in ihren Betrieben und Dienststellen nicht in dem gesetzlich vorgeschriebenen Umfang nachkommen und infolgedessen Ausgleichsabgabe bezahlen müssen, können dieser Verpflichtung ganz oder teilweise dadurch entgehen, dass sie durch die Vergabe von Aufträgen an anerkannte WfbM zur Beschäftigung behinderter Menschen in diesen Einrichtungen beitragen. Ungeachtet dessen ist die **Pflicht zur Beschäftigung von schwerbehinderten Menschen** auf wenigstens 5 % der Arbeitsplätze nach § 71 SGB IX als vorrangig anzusehen. Weder die Ausgleichsabgabe selbst noch die Anrechnung nach § 140 SGB IX sind so zu verstehen, dass der u. a. in § 136 Abs. 1 SGB IX zum Ausdruck kommende **Vorrang** der Eingliederung behinderter Menschen in den **allgemeinen Arbeitsmarkt** in Frage gestellt würde (s. a. *Götze* in: Hauck/Noftz, SGB IX K § 140 RdNr. 1).

II. Anrechnungsumfang

2   Maßgeblich für die Anrechnung ist nach dem Klammerzusatz in § 140 Abs. 1 Satz 1 SGB IX der **Gesamtrechnungsbetrag** abzüglich Materialkosten. Der Gesamtrechnungsbetrag, den die WfbM einem ausgleichsabgabepflichtigen Arbeitgeber in Rechnung stellt, ist der Rechnungsbetrag einschließlich der gesetzlichen Steuer, es sei denn, dass diese vom Arbeitgeber als Vorsteuer abzugsfähig ist. Nicht zum Rechnungsbetrag gehören **Verzugszinsen** und ähnliche Zuschläge für verspätete Zahlung sowie **Verpackungs-, Versand- und sonstige Nebenkosten**, wenn sie dem Arbeitgeber von der WfbM getrennt in Rechnung gestellt werden. Wird vom Auftraggeber ein Abzug für die sofortige Zahlung (**Skonto**) vorgenommen, ist eine Anrechnung nur in Höhe von 50 % des **tatsächlich gezahlten Betrages** möglich (*Kuhlmann* in: Ernst/Adlhoch/Seel, SGB IX, § 140 RdNr. 17; a. A. *Pahlen* in: Neumann/Pahlen/Majerski-Pahlen, SGB IX, § 140 RdNr. 4).

3   **Materialkosten** sind Kosten, die der Werkstatt durch externen Kauf von Fertigungs- und Verpackungsmaterial entstehen. Maßgeblich ist in der Regel der Einkaufspreis. Keine Materialkosten entstehen, wenn Produkte der Werkstatt aus nicht extern beschafften Materialien hergestellt werden, z. B. bei der Fertigung von Nahrungsmitteln aus landwirtschaftlich gezogenen Eigenprodukten oder bei Bereitstellung von Materialien durch den Auftraggeber. Damit ist der Anrechnungsbetrag unabhängig davon, ob die WfbM Material verwendet, das vom Auftraggeber gestellt oder das von ihr – ggfs. nach genauer Vorgabe durch

den Auftraggeber – eingekauft wird. Verbrauchsmaterialien, Hilfs- und Betriebsstoffe, die bei der Herstellung oder Verarbeitung verwendet werden, aber nicht Teil des Produkts werden, können unberücksichtigt bleiben. Der Begriff der Materialkosten erfasst über reine Fertigungsmaterialien hinaus auch **Zulieferarbeiten** und sonstige **zugekaufte Dienstleistungen**, die nicht auf der Arbeitsleistung einer WfbM beruhen und deshalb von der Anrechnung auf die Ausgleichsabgabe ausgeschlossen sind (*Kuhlmann* in: Ernst/Adlhoch/Seel, SGB IX, § 140 RdNr. 13).

Die **Rechnungen der WfbM** müssen getrennte Angaben über Ar- **4** beitsleistung und Materialkosten enthalten. Es ist dabei nicht erforderlich, das Material im Einzelnen aufzuführen, die Rechnung muss aber zumindest die **Kostenblöcke** Arbeitsleistung und Material enthalten und eine für das Integrationsamt nachvollziehbare Darstellung beinhalten.

In § 140 Abs. 1 Satz 2 SGB IX wird ergänzend klargestellt, dass eine **5** Anrechnung auf die Ausgleichsabgabe nur insoweit erfolgen kann, als die **Arbeitsleistung von schwerbehinderten Menschen** oder dem sie betreuenden **Fachpersonal** erbracht worden ist. Damit werden ungerechtfertigte Wettbewerbsvorteile durch die Beschäftigung nichtbehinderter Mitarbeiter ausgeschlossen (BT-Drucks. 14/5800, S. 31; BT-Drucks. 14/5074, S. 115). Für die Anrechenbarkeit ist es unschädlich, wenn die **Fachkräfte zur Arbeits- und Berufsförderung** (§ 9 WVO) im Rahmen ihrer unterstützenden Aufgabenstellung (und damit nicht als reine Produktionshelfer) an der Ausführung der Aufträge beteiligt sind. Die Arbeitsleistung **sonstiger nichtbehinderter Arbeitnehmer** (z. B. Produktionshelfer und Verwaltungskräfte) muss unberücksichtigt bleiben. Hieraus folgt, dass, soweit an der Ausführung des Auftrages oder der Erbringung der Dienstleistung in der Werkstatt auch andere als die in der Werkstatt beschäftigten behinderten Menschen und das diese betreuende Fachpersonal beteiligt waren, deren **Arbeitsleistung** für eine Anrechnung auf die Ausgleichsabgabe **herauszurechnen** ist (*Schell/Cleavenger* BArbBl 11/2001, 22, 25). Im Hinblick auf § 140 Abs. 1 Satz 2 SGB IX erscheint die Angabe der WfbM erforderlich, ob und wenn ja in welchem Umfang sonstige nichtbehinderte Arbeitnehmer Arbeitsleistungen erbracht haben.

Berücksichtigungsfähig sind nach § 140 Abs. 1 Satz 3 SGB IX bei **6** der Weiterveräußerung von Erzeugnissen **anderer anerkannter WfbM** die von diesen erbrachten Arbeitsleistungen. Diese sind in der Rechnung gesondert auszuweisen.

III. Anrechnungsvoraussetzungen

7   Anrechnungsvoraussetzung ist zunächst, dass ein nach § 77 SGB IX ausgleichabgabepflichtiger Arbeitgeber einer im Verfahren nach § 142 SGB IX i.V.m. §§ 17 f. WVO **anerkannten WfbM** oder einem **Zusammenschluss** anerkannter WfbM (§ 140 Abs. 3 SGB IX, § 142 Satz 4 SGB IX) einen Auftrag erteilt, der zur Beschäftigung behinderter Menschen beiträgt (§ 140 Abs. 1 Satz 1 SGB IX). Neben Lieferaufträgen für in WfbM hergestellte oder verarbeitete Waren kommen insbesondere Aufträge zur Erbringung von Dienstleistungen (z. B. Pflege von Gärten und Grünanlagen) in Betracht. Mit dem gesetzlichen Erfordernis des unmittelbaren **Beitrags zur Beschäftigung** behinderter Menschen werden Aufträge ausgeschlossen, die lediglich der wirtschaftlichen Sicherung der Werkstatt dienen und damit mittelbar auch zur Beschäftigung behinderter Menschen beitragen oder die eine bloße Weiterveräußerung von Waren zum Inhalt haben (*Dau/Jacobs,* LPK-SGB IX, § 140 RdNr. 6; *Götze* in: Hauck/Noftz, SGB IX, § 140 RdNr. 5).

8   Aus dem Wortlaut des § 140 SGB IX folgt, dass ein **Arbeitgeber** einen Teil des Rechnungsbetrags nur dann auf die Ausgleichsabgabe anrechnen kann, wenn er **selbst Vertragspartner der WfbM** geworden ist. Der Wortlaut des Gesetzes „Vergabe von Aufträgen" impliziert, dass nur der Arbeitgeber zur Verrechnung berechtigt ist, der unmittelbar den Auftrag erteilt und damit die Arbeitsleistung der Werkstatt veranlasst hat. Durch die gesetzliche Formulierung kommt zum Ausdruck, dass der Arbeitgeber ohne Zwischenschaltung weiterer, selbständiger Vertragspartner unmittelbar für sich das Vertragsverhältnis begründen muss (VG Karlsruhe 12. 6. 1997 – 5 K 1267/96 – br 1997, 212 – zu § 55 SchwbG –; *Kuhlmann* in: Ernst/Adlhoch/Seel, SGB IX § 140 RdNr. 4). Allein das Vertrauen, es handle sich um eine Werkstatt für behinderte Menschen, rechtfertigt keinen Abzug vom Gesamtrechnungsbetrag (VG Köln 14. 2. 2008 – 26 K 1650/07).

9   Nach § 140 Abs. 2 Nr. 1 SGB IX setzt die Anrechnung auf die Ausgleichsabgabe weiterhin voraus, dass die Aufträge innerhalb des Jahres, in dem die Verpflichtung zur Zahlung der Ausgleichsabgabe entsteht, von der WfbM **ausgeführt** und vom Auftraggeber bis spätestens 31. März des Folgejahres **vergütet** werden. Diese Regelung knüpft an § 77 Abs. 4 SGB IX an, wonach der Arbeitgeber die Ausgleichsabgabe **jährlich** zugleich mit der nach § 80 Abs. 2 SGB IX bis zum 31. März des Folgejahres zu erstattenden Anzeige an das für seinen Sitz zuständige Integrationsamt zu zahlen hat. Damit können auch Aufträge berücksichtigt werden, die bis zum **Jahresende** vergeben und von der WfbM ausgeführt, aber erst in den ersten drei Monaten des Folgejahres vom Auftraggeber bezahlt werden. Liegen hingegen Vergabe und Aus-

führung des Auftrags in verschiedenen Jahren, kommt es auf die **Ausführung des Auftrags** an (vgl. *Pahlen* in: *Neumann/Pahlen/Majerski-Pahlen,* SGB IX, § 140 RdNr. 3).

Ausgeschlossen von der Anrechnung sind nach § 140 Abs. 2 Nr. 2   **10** SGB IX Aufträge des Trägers einer **Gesamteinrichtung** an WfbM, die rechtlich unselbständige Teile dieser Einrichtung sind. Die Regelung stellt klar, dass keine Anrechnung auf die Ausgleichsabgabe möglich ist, wenn der Auftraggeber Träger oder Teil einer Gesamteinrichtung ist, deren rechtlich unselbständiger Teil auch die auftragnehmende WfbM ist.

IV. Verfahren

Die WfbM **bestätigt** in der Rechnung an den ausgleichsabgabe-   **11** pflichtigen Arbeitgeber das Vorliegen der **Anrechnungsvoraussetzungen** (§ 140 Abs. 1 Satz 4 SGB IX). Erforderlich sind neben der Angabe des Gesamtrechnungsbetrages abzüglich Materialkosten und etwaiger Arbeitsleistungen sonstiger nichtbehinderter Arbeitnehmer die Bestätigung der anerkannten WfbM, dass im Rahmen der Auftragserledigung behinderte Menschen beschäftigt worden sind, sowie zeitliche Angaben zu Auftragserteilung und -ausführung. Aus den Angaben des Arbeitgebers in seiner Anzeige nach § 80 Abs. 2 SGB IX und der schriftlichen Bestätigung der WfbM muss das Vorliegen der Anrechnungsvoraussetzungen für das Integrationsamt zweifelsfrei hervorgehen. Der Arbeitgeber hat hierbei nachzuweisen, dass er die Rechnung der WfbM innerhalb der Frist des § 140 Abs. 2 Nr. 1 SGB IX beglichen hat.

Nach § 77 Abs. 4 SGB IX , § 102 Abs. 1 Nr. 1 SGB IX erhebt das **Inte-**   **12** **grationsamt** die Ausgleichsabgabe und entscheidet in diesem Zusammenhang auch über die Anrechenbarkeit von Aufträgen an WfbM. Das Integrationsamt prüft die Anrechnungsvoraussetzungen auf der Grundlage der Anzeige des Arbeitgebers und der Bestätigung der WfbM. Entstehen Zweifel an der Richtigkeit der Angaben oder sind diese unvollständig, hat das Integrationsamt den Sachverhalt **von Amts wegen** aufzuklären (§ 20 SGB X). Letztlich trägt jedoch der Arbeitgeber als Anspruchsberechtigter die **Darlegungs- und Beweislast** für das Vorliegen der Anrechnungsvoraussetzungen, auch wenn seine Nachweispflicht nicht speziell geregelt ist.

Über **Widersprüche** des Arbeitgebers gegen die Entscheidung des   **13** Integrationsamtes entscheidet nach §§ 118 f. SGB IX der Widerspruchsausschuss bei dem Integrationsamt. Anschließend ist der Rechtsweg zur **Verwaltungsgerichtsbarkeit** gegeben.

Vergabe von Aufträgen durch die öffentliche Hand

141

¹Aufträge der öffentlichen Hand, die von anerkannten Werkstätten für behinderte Menschen ausgeführt werden können, werden bevorzugt diesen Werkstätten angeboten. ²Die Bundesregierung erlässt mit Zustimmung des Bundesrates hierzu allgemeine Verwaltungsvorschriften.

1 § 141 SGB IX verpflichtet die öffentliche Hand, Aufträge, die von den im Verfahren nach § 142 SGB IX i.V.m. §§ 17 f. WVO anerkannten WfbM ausgeführt werden können, bevorzugt diesen Werkstätten anzubieten. Dies hat den Zweck, die Wettbewerbssituation der Werkstätten zu verbessern und ihre Konkurrenzfähigkeit mit Unternehmen der Privatwirtschaft zu unterstützen. Da die Verpflichtung auch für öffentliche Auftraggeber in den Ländern und Gemeinden gelten soll, ist in § 141 Satz 2 SGB IX bestimmt, dass die Bundesregierung zur Vergabe von Aufträgen an WfbM allgemeine Verwaltungsvorschriften erlässt, die der Zustimmung des Bundesrates bedürfen.

2 Die ausdrückliche **gesetzliche Verpflichtung** zum Erlass von allgemeinen Verwaltungsvorschriften durch die Bundesregierung mit Zustimmung des Bundesrates stellt sicher, dass bei der bevorzugten Vergabe öffentlicher Aufträge an anerkannte WfbM durch Behörden des Bundes und der Länder **einheitlich** verfahren wird (BT-Drucks. 14/5800, S. 31). In der Begründung des Gesetzentwurfes vom 16. 1. 2001 (BT-Drucks. 14/5074, S. 115) war noch hervorgehoben worden, dass unter Berücksichtigung der jüngsten Rechtsprechung des Bundesverfassungsgerichts (BVerfGE 100, 249, 260 f.) die Verwaltungsvorschriften über die Aufträge der öffentlichen Hand, die bevorzugt den WfbM angeboten würden, ohne ausdrückliche gesetzliche Ermächtigung von der Bundesregierung erlassen werden könnten. Die Zustimmung des Bundesrates sei jedoch erforderlich, da auch Aufträge von Landesverwaltungen erfasst werden sollten. Die Auftragsvergabe des Bundes wird derzeit durch die Richtlinien für die Berücksichtigung von Werkstätten für Behinderte und Blindenwerkstätten bei der Vergabe öffentlicher Aufträge geregelt (BAnz Nr. 109 vom 16. 6. 2001, 11773), die jedoch nicht in den Ländern und den Gemeinden gelten.

3 Aufträge der **öffentlichen Hand** sind solche von obersten Bundesbehörden mit ihren nachgeordneten Dienststellen, der Verwaltungen des Deutschen Bundestages und des Bundesrates, des Bundesverfassungsgerichts, der obersten Gerichtshöfe des Bundes und des Bundesbahnvermögens, der obersten Landesbehörden und der Staats- und Präsidialkanzleien mit ihren nachgeordneten Dienststellen, der Verwaltungen der Landtage, der Rechnungshöfe und jeder sonstigen Landesbehörde, jeder sonstigen Gebietskörperschaft und jedes Verbandes von Gebietskörperschaften sowie jeder sonstigen Körperschaft, Anstalt

oder Stiftung des öffentlichen Rechts. Diese Aufzählung entspricht der Legaldefinition des öffentlichen Arbeitgebers in § 71 Abs. 3 SGB IX. Die von **privatrechtlich organisierten Unternehmen** erteilten Aufträge sind auch dann keine der öffentlichen Hand im Sinne der Vorschrift, wenn der Staat als Anteilseigner maßgeblichen Einfluss hat, dieser sich jedoch auf die Auftragsvergabe nur mittelbar auswirkt (*Pahlen* in: Neumann/Pahlen/Majerski-Pahlen, SGB IX, § 141 RdNr. 3; *Götze* in: Hauck/Noftz, SGB IX, § 141 RdNr. 4).

Die Bevorzugung von WfbM bei der Auftragsvergabe durch die 4 öffentliche Hand erstreckt sich auf Aufträge aller Art, die an Dritte vergeben werden sollen. Der öffentliche Auftraggeber ist verpflichtet, geeignete WfbM in angemessenem Umfang zur **Angebotsabgabe** aufzufordern. Die WfbM hat jedoch keinen Rechtsanspruch auf Erteilung bestimmter Aufträge, sondern lediglich einen Anspruch auf eine **ermessensfehlerfreie Vergabeentscheidung** der Behörde unter Berücksichtigung der Kriterien der diesbezüglichen allgemeinen Richtlinien bzw. künftig der nach § 141 Satz 2 SGB IX erlassenen allgemeinen Verwaltungsvorschriften (vgl. BVerwGE 34, 213). Nach den Vergaberichtlinien vom 10. 5. 2001 ist bevorzugten Bewerbern immer dann der **Zuschlag** zu geben, wenn ihr Angebotspreis den des wirtschaftlichsten Bieters nicht mehr als 15 % übersteigt. Rechtsstreitigkeiten zwischen WfbM und Behörden um die Aufforderung zur Angebotsabgabe bzw. die Vergabeentscheidung sind **öffentlich-rechtlicher Natur** und deshalb vor den Verwaltungsgerichten auszutragen.

Welche Arbeiten im Einzelnen von einer WfbM ausgeführt werden 5 können, ergibt sich aus dem von der Bundesagentur für Arbeit geführten **Verzeichnis der anerkannten WfbM** nach § 142 Satz 3 SGB IX (vgl. www.arbeitsagentur.de, institutionen, werkstätten für behinderte Menschen). Die Informationen über das Leistungsangebot der einzelnen Werkstätten sind darin nach Auftragsarbeit, Eigenfertigung und Dienstleistung gegliedert. Die Angaben hierzu entsprechen grundsätzlich den eigenen Darstellungen der Einrichtungen. Nähere Angaben zum Leistungsangebot von WfbM enthält die Datenbank **REHADAT,** Informationssystem zur beruflichen Rehabilitation des Instituts der deutschen Wirtschaft Köln. Darüber hinaus benennen die in der Anlage der Richtlinien für die Berücksichtigung von WfbM und Blindenwerkstätten bei der Vergabe öffentlicher Aufträge vom 10. 5. 2001 aufgeführten **Landesauftragsstellen** (Auftragsberatungsstellen, § 3 der Richtlinien) den Vergabestellen bevorzugte Einrichtungen.

Anerkennungsverfahren

142 [1]Werkstätten für behinderte Menschen, die eine Vergünstigung im Sinne dieses Kapitels in Anspruch nehmen wollen, bedürfen der Anerkennung. [2]Die Entscheidung über die Anerkennung trifft auf Antrag die Bundesagentur für Arbeit im Einvernehmen mit dem überörtlichen Träger der Sozialhilfe. [3]Die Bundesagentur für Arbeit führt ein Verzeichnis der anerkannten Werkstätten für behinderte Menschen. [4]In dieses Verzeichnis werden auch Zusammenschlüsse anerkannter Werkstätten für behinderte Menschen aufgenommen.

I. Allgemeines

1   § 142 SGB IX regelt das Anerkennungsverfahren für WfbM, ergänzt durch die §§ 17 ff. WVO. Leistungsrechtliche und institutionelle Vorschriften des SGB IX über die WfbM (vgl. §§ 39 ff., §§ 136 ff.) wie auch Regelungen mit WfbM-Bezug im übrigen Sozialrecht (z. B. § 54 Abs. 1 Satz 1 Nr. 4 SGB XII − Eingliederungshilfe-, Versicherungspflichttatbestände in § 5 Abs. 1 Nr. 7 SGB V, § 1 Satz 1 Nr. 2 SGB VI, § 2 Abs. 1 Nr. 4 SGB VII, § 20 Abs. 1 Satz 2 Nr. 7 SGB XI) knüpfen an die **förmliche Anerkennung** der WfbM an. Auch **steuerrechtliche Vergünstigungen** der WfbM setzen ihre Anerkennung voraus. So ist die anerkannte WfbM Zweckbetrieb im Sinne von § 65 und § 68 Abs. 1 Nr. 3 AO. Sie wird trotz des wirtschaftlichen Geschäftsbetriebes als gemeinnützig anerkannt und wird durch einen geminderten Umsatzsteuersatz begünstigt (§ 12 Abs. 1 Nr. 8 UStG). Damit reichen die Vergünstigungen für anerkannte WfbM und ihre behinderten Beschäftigten erheblich weiter als die Formulierung in § 142 Satz 1 SGB IX (Vergünstigung im Sinne dieses Kapitels) erwarten lässt.

II. Materielle Anerkennungsvoraussetzungen

2   Welche Einrichtungen als WfbM anerkannt werden können, ergibt sich aus § 17 Abs. 1 WVO. Danach sind nur solche Einrichtungen anerkennungsfähig, die die in § 136 SGB IX und im **ersten Abschnitt der WVO (§§ 1 bis 16)** gestellten **fachlichen Anforderungen** erfüllen. Diese betreffen insbesondere das Leistungsangebot im Eingangsverfahren, Berufsbildungsbereich und Arbeitsbereich, die personelle und sachliche Ausstattung sowie die bauliche Gestaltung, die Wirtschaftsführung, die Werkstattverträge und die Mitwirkung. Von Anforderungen, die nicht zwingend vorgeschrieben sind, sind nach § 17 Abs. 1 Satz 2 WVO Ausnahmen zuzulassen, wenn ein besonderer sachlicher Grund im Einzelfall eine Abweichung rechtfertigt. Weder die Einbin-

dung der WfbM in eine **Komplexeinrichtung** mit verschiedenen Zweigwerkstätten noch eine **kirchliche Trägerschaft** sind sachliche Gründe im Sinne dieser Regelung, die zur Abweichung von den Mindeststandards des 1. Kapitels der WVO berechtigen (vgl. LSG Baden-Württemberg 27. 5. 1992 – L 5 Ar 1992/90, RsDE 1993, Nr. 21, 85 betr. Zahlung des Mindestarbeitsentgelts; zu einer diesbezüglichen Auflage gem. § 32 SGB X: BSGE 72, 187 = SozR 3–3870 § 54 Nr. 1).

Die WfbM hat bei Vorliegen der tatbestandlichen Anerkennungs- **3** voraussetzungen einen **Rechtsanspruch** auf Erteilung der Anerkennung. Aus der Formulierung in § 17 Abs. 1 Satz 1 WVO „können nur zugelassen werden, wenn" lässt sich kein Ermessen der Anerkennungsbehörde ableiten. Sie besagt lediglich, dass Einrichtungen, welche die vorgegebenen Voraussetzungen nicht erfüllen, nicht anerkennungsfähig sind (vgl. SG Nordhausen 14. 4. 1994 – Az. S 2 Ar 146/94, Breithaupt 1995, 133). Liegt die Anerkennung somit **nicht im Ermessen** der Anerkennungsbehörde, haben über die Vorgaben des § 8 WVO hinausgehende Bedarfsgesichtspunkte und Konkurrenzaspekte bei der Entscheidung außer Betracht zu bleiben.

Als Werkstätten können auch solche Einrichtungen anerkannt wer- **4** den, die Teil eines **Werkstattverbundes** im Sinne des § 15 WVO sind und die die fachlichen Anforderungen nicht voll erfüllen, wenn der Werkstattverbund die Anforderungen erfüllt (§ 17 Abs. 2 WVO). Werkstätten **im Aufbau**, die die fachlichen Anforderungen noch nicht voll erfüllen, aber bereit und in der Lage sind, die Anforderungen in einer vertretbaren Anlaufzeit zu erfüllen, können unter Auflagen **befristet anerkannt** werden. Dabei genügt es, wenn abweichend von der Mindestgröße nach § 7 WVO (120 Plätze) im Zeitpunkt der Entscheidung über den Antrag auf Anerkennung wenigstens 60 Plätze vorhanden sind, sofern gewährleistet ist, dass die Werkstatt im Endausbau, spätestens nach 5 Jahren, die Voraussetzungen des § 7 WVO erfüllt (§ 17 Abs. 3 WVO, § 32 SGB X). Sonderregelungen für vorläufige Anerkennungen im **Beitrittsgebiet** enthält § 20 WVO.

Die **Veränderung des Betätigungsfeldes** der WfbM, insbesondere **5** die Aufnahme einer zusätzlichen Tätigkeit, führt nicht zu der Notwendigkeit einer erneuten Anerkennung. Etwas anderes ist erst dann anzunehmen, wenn die WfbM ihre bisherige Tätigkeit völlig oder nahezu völlig einstellt, sei es durch Stilllegung der Einrichtung, sei es mit dem Ziel zur Aufnahme gänzlich neuer Tätigkeiten. Davon kann keine Rede sein, wenn es sich bei einer hinzugekommenen Gärtnerei um einen organisatorisch unselbständigen, das gesamte Gepräge der anerkannten WfbM nur unwesentlich beeinflussenden Teil handelt (Bayerisches LSG 30. 6. 1994, Breithaupt 1994, 986).

III. Anerkennungsverfahren

6   **Zuständig** für die Prüfung der Anerkennungsvorausetzungen und die Bescheidung entsprechender Anträge ist die **Bundesagentur für Arbeit** (§ 104 Abs. 1 Nr. 9 SGB IX, § 142 Satz 2 SGB IX).

7   Das Anerkennungsverfahren beginnt mit einem **schriftlichen Antrag** der Werkstatt bzw. ihres Trägers (§ 18 Abs. 1 Satz 1 WVO). Der Antragsteller hat **nachzuweisen**, dass die Anerkennungsvoraussetzungen vorliegen (§ 18 Abs. 1 Satz 2 WVO). Die Anerkennungsbehörden sind im Rahmen ihrer **Amtsermittlungspflicht** (§ 20 SGB X) berechtigt und im Zweifelsfalle auch verpflichtet, die Angaben der Werkstätten zur Erfüllung der fachlichen Voraussetzungen zu **überprüfen.** § 12 Abs. 6 WVO räumt der Bundesagentur für Arbeit und dem zuständigen überörtlichen Träger der Sozialhilfe ausdrücklich das Recht ein, die Werkstätten zu verpflichten, ihnen gegenüber die Ermittlung und Verwendung des Arbeitsergebnisses der Werkstatt nach § 12 Abs. 4 und 5 WVO offen zu legen (s.a. § 97 SGB X, § 17 Abs. 3 Satz 3 SGB I).

8   Die **Entscheidung** über die Anerkennung als WfbM ergeht als schriftlicher Verwaltungsakt (§ 18 Abs. 2 Satz 1 WVO, §§ 31 ff. SGB X). Sie soll innerhalb von 3 Monaten nach Antragstellung getroffen werden (§ 18 Abs. 2 Satz 2 WVO). Die Anerkennung erfolgt mit der Auflage, im Geschäftsverkehr auf die Anerkennung als WfbM hinzuweisen (§ 18 Abs. 3 WVO).

9   Trotz der Formulierung in § 12 Abs. 6 WVO (beide Anerkennungsbehörden) ist nur die Bundesagentur für Arbeit als **Anerkennungsbehörde** anzusehen (s.a. *Dau/Jacobs,* LPK-SGB IX, § 142 RdNr. 7 f.). Sie ist in ihrer Entscheidungsfindung allerdings an die Herstellung des **Einvernehmens** – und nicht nur des Benehmens – mit dem zuständigen **überörtlichen Träger der Sozialhilfe** (§ 97 Abs. 2 SGB XII) gebunden (§ 142 Satz 2 SGB IX). Dies rechtfertigt sich aus der Zuständigkeit des überörtlichen Trägers der Sozialhilfe für die Eingliederungshilfe für behinderte Menschen nach den §§ 53 ff. SGB XII (§ 97 Abs. 3 SGB XII). Ist die Herstellung des Einvernehmens unterblieben, ist eine gleichwohl von der BA erteilte Anerkennung rechtswidrig, aber nicht nichtig (§ 40 Abs. 3 Nr. 4 SGB X). Der überörtliche Träger der Sozialhilfe ist **Beteiligter** am Anerkennungsverfahren gem. § 12 Abs. 1 Nr. 4, Abs. 2 Satz 2 SGB X.

10   Liegen die **Anerkennungsvoraussetzungen** bei einer anerkannten WfbM **nicht mehr** vor, hat die Bundesagentur für Arbeit die Anerkennung unter den Voraussetzungen des § 48 SGB X **aufzuheben** (§ 104 Abs. 1 Nr. 9 SGB IX, § 18 Abs. 2 WVO). Hierfür ist eine **wesentliche Änderung** in den tatsächlichen oder rechtlichen Verhältnissen, die bei Erteilung der Anerkennung vorgelegen haben, erforderlich. Dies kommt z. B. in Betracht, wenn die Prüfung der Nachweise gem.

§ 12 Abs. 6 WVO ergibt (dazu Ziffer 9.5 WE/BAGüS), dass eine WfbM hinsichtlich ihrer Wirtschaftsführung fortgesetzt den Anforderungen des § 12 WVO nicht gerecht wird. Auch schwerwiegende und trotz Abmahnung der Anerkennungsbehörde nicht abgestellte Verstöße gegen die Qualifikationsanforderungen des Personals (§§ 9 ff. WVO), Nichtbeachtung der Rechtsstellung und Mitwirkungsrechte von in der WfbM beschäftigten behinderten Menschen (§§ 138 f. SGB IX, §§ 13 f. WVO) und Mängel im Leistungsangebot (§ 136 SGB IX, §§ 3 ff. WVO) können eine Aufhebung des Anerkennungsbescheides rechtfertigen. Eine **von Anfang an rechtswidrige Anerkennung** kann nur unter den Voraussetzungen des § 45 SGB X zurückgenommen werden. Für Rücknahme und Aufhebung der Anerkennung als WfbM ist die Herstellung des Einvernehmens mit dem überörtlichen Träger der Sozialhilfe weder in § 142 SGB IX noch in der WVO vorgesehen und deshalb nicht zwingend erforderlich.

Gegen eine ablehnende Entscheidung der Bundesagentur für Arbeit **11** im Anerkennungsverfahren oder einen Aufhebungs- bzw. Rücknahmebescheid kann der WfbM-Träger **Widerspruch** einlegen. Hierüber entscheidet des Widerspruchsausschuss der Bundesagentur für Arbeit (§ 120 SGB IX, §§ 78 ff. SGG). Anschließend steht der Rechtsweg zu den Gerichten der Sozialgerichtsbarkeit offen (§ 51 Abs. 1 Nr. 4 SGG). Die **Klage** hat sich auch dann gegen die Bundesagentur für Arbeit zu richten, wenn die ablehnende Entscheidung auf fehlendem Einvernehmen mit dem überörtlichen Sozialhilfeträger beruht (a.A. *Pahlen* in: Neumann/Pahlen/Majerski-Pahlen, SGB IX, § 142 RdNr. 4). Der überörtliche Sozialhilfeträger ist im Sozialgerichtsverfahren um die Anerkennung als WfbM notwendig **beizuladen** (§ 75 Abs. 2 SGG).

IV. Werkstättenverzeichnis

Nach § 142 Satz 3 SGB IX führt die Bundesagentur für Arbeit **12** ein Verzeichnis der anerkannten WfbM. In dieses Verzeichnis werden auch Zusammenschlüsse anerkannter WfbM (Werkstattverbünde, § 15 WVO) aufgenommen (§ 142 Satz 4 SGB IX). Das Werkstättenverzeichnis hat hinsichtlich der Anerkennung nur **deklaratorischen**, nicht konstitutiven **Charakter**. Das Verzeichnis wird regelmäßig in aktualisierter Fassung in den **Amtlichen Nachrichten der Bundesanstalt für Arbeit** (ANBA) veröffentlicht und enthält Informationen über das **Leistungsangebot** der einzelnen Werkstätten, gegliedert nach Auftragsarbeit, Eigenfertigung und Dienstleistung. Die Angaben hierzu entsprechen grundsätzlich den eigenen Darstellungen der Einrichtungen.

Die aufgeführten Werkstätten sind nach Regionaldirektionen **ge-** **13** **ordnet** und innerhalb dieser Auffächerung nach Postleitzahlen untergliedert. **Vertriebsgesellschaften**, die im Auftrag von anerkannten WfbM Behindertenwaren vertreiben sowie Aufträge akquirieren und koordinieren, sind gesondert im Verzeichnis aufgeführt. Im Verzeichnis vermerkt sind Hinweise zur Datenbank **„Rehadat"**, dem Informationssystem zur beruflichen Rehabilitation des Instituts der deutschen Wirtschaft Köln. Im Anhang zum Verzeichnis wird eine Zusammenstellung der von der Bundesanstalt für Arbeit bekannt gegebenen **Blindenwerkstätten** (§ 143 SGB IX) veröffentlicht.

Blindenwerkstätten

143 Die §§ 140 und 141 sind auch zugunsten von auf Grund des Blindenwarenvertriebsgesetzes anerkannten Blindenwerkstätten anzuwenden.

1   § 143 SGB IX dehnt den Anwendungsbereich von § 140 SGB IX (**Anrechnung von Aufträgen auf die Ausgleichsabgabe**) und § 141 SGB IX (**Bevorzugung bei der Auftragsvergabe** durch die öffentliche Hand) auf nach dem 2007 aufgehobenen Blindenwarenvertriebsgesetz (BliwaG) anerkannte Blindenwerkstätten aus.

2   Nach § 5 Abs. 1 BliwaG waren als **Blindenwerkstätten** und Zusammenschlüsse von Blindenwerkstätten anerkennungsfähig

  – Betriebe, in denen ausschließlich Blindenwaren hergestellt und in denen bei der Herstellung andere Personen als Blinde nur mit Hilfs- oder Nebenarbeiten beschäftigt werden (Blindenwerkstätte), und

  – Vereinigungen solcher Betriebe, deren Zweck ausschließlich auf den Vertrieb von Blindenwaren und Zusatzwaren sowie auf den gemeinsamen Ankauf von Rohstoffen gerichtet ist (Zusammenschluss von Blindenwerkstätten).

3   **Blindenwaren** wurden als Waren, die in ihren wesentlichen, das Erzeugnis bestimmenden Arbeiten von Blinden hergestellt und ihrer Art nach durch Rechtsverordnung bestimmt sind, definiert (§ 2 Abs. 1 BliwaG). Unter **Zusatzwaren** wurden Waren, die zusammen mit Blindenwaren verwendet zu werden pflegen oder deren gleichzeitiger Vertrieb den Absatz von Blindenwaren besonders zu fördern geeignet ist und die ihrer Art nach durch Rechtsverordnung bestimmt sind, verstanden (§ 2 Abs. 2 BliwaG). Die Verordnung zur Durchführung des BliwaG vom 11. 8. 1965 (BGBl. I S. 807 bezeichnete in § 1 als Blindenwaren: überwiegend handgefertigte Bürsten und Besen aller Art, Korbflechtwaren sowie Rahmen- und Stuhlflechtarbeiten, Doppel-, Rippen-, Gitter- und Gliedermatten, mit Rahmen oder Handwebstühlen oder mit mechanischen Webstühlen hergestellte Webwaren, Strick-, Knüpf- und Häkelwaren und durch Strickmaschinen hergestellte Waren, kunstgewerbliche Waren aus Keramik, Leder, Holz

Metall und Kunststoff, Federwäscheklammern, Arbeitsschürzen aus Segeltuch, Drillich, Gummi oder Kunststoff. Als Zusatzwaren dürfen nach § 2 der VO Korb- und Seilerwaren, Pinsel und Matten sowie einfaches Reinigungsgerät und Putzzeug vertrieben werden.

Die Anerkennung konnte nach § 5 Abs. 2 BliwaG nur versagt werden, wenn Tatsachen die Annahme rechtfertigen, dass der Inhaber der Blindenwerkstätte oder eine mit der Leitung der Blindenwerkstätte oder eines Zusammenschlusses beauftragte Person die erforderliche Zuverlässigkeit nicht besitzt. **4**

Das Verzeichnis anerkannter WfbM gem. § 142 Satz 3 SGB IX **5** enthält im Anhang eine **Zusammenstellung** der von der Bundesagentur für Arbeit bekannt gegebenen **Blindenwerkstätten** im Sinne des BliwaG (www.arbeitsagentur.de, institutionen, werkstätten für behinderte Menschen). Die Zusammenstellung basiert auf Angaben des Bundesministeriums für Wirtschaft.

Verordnungsermächtigungen

144 (1) Die Bundesregierung bestimmt durch Rechtsverordnung mit Zustimmung des Bundesrates das Nähere über den Begriff und die Aufgaben der Werkstatt für behinderte Menschen, die Aufnahmevoraussetzungen, die fachlichen Anforderungen, insbesondere hinsichtlich der Wirtschaftsführung sowie des Begriffs und der Verwendung des Arbeitsergebnisses sowie das Verfahren zur Anerkennung als Werkstatt für behinderte Menschen.

(2) [1]Das Bundesministerium für Arbeit und Soziales bestimmt durch Rechtsverordnung mit Zustimmung des Bundesrates im Einzelnen die Errichtung, Zusammensetzung und Aufgaben des Werkstattrats, die Fragen, auf die sich die Mitwirkung erstreckt, einschließlich Art und Umfang der Mitwirkung, die Vorbereitung und Durchführung der Wahl, einschließlich der Wahlberechtigung und der Wählbarkeit, die Amtszeit sowie die Geschäftsführung des Werkstattrats einschließlich des Erlasses einer Geschäftsordnung und der persönlichen Rechte und Pflichten der Mitglieder des Werkstattrats und der Kostentragung. [2]Die Rechtsverordnung kann darüber hinaus bestimmen, dass die in ihr getroffenen Regelungen keine Anwendung auf Religionsgemeinschaften und ihre Einrichtungen finden, soweit sie eigene gleichwertige Regelungen getroffen haben.

§ 144 SGB IX enthält die nach Art. 80 GG erforderlichen gesetzlichen Verordnungsermächtigungen zum Erlass der **Werkstättenverordnung** und der **Werkstätten-Mitwirkungsverordnung**. **1**

Begriff und Aufgaben der WfbM und die an sie zu stellenden **2** **fachlichen Anforderungen** sind den §§ 136 ff. SGB IX vorstrukturiert. Sie werden in den §§ 1–16 WVO konkretisiert (vgl. Kommentierung zu §§ 136, 138 SGB IX). Die **Aufnahmevoraussetzungen** finden sich in § 137 SGB IX i.V.m. § 136 Abs. 2 SGB IX. **Verfahrensregelungen zur Anerkennung** der WfbM nach § 142 SGB IX finden sich in den §§ 17 ff. WVO (vgl. Kommentierung zu § 142 SGB IX).

3   Die **Mitwirkung** der behinderten Menschen in WfbM ist in § 139 SGB IX geregelt (vgl. Kommentierung zu § 139). Einzelheiten regelt die Werkstätten-Mitwirkungsverordnung.

Kapitel 13. Unentgeltliche Beförderung schwerbehinderter Menschen im öffentlichen Personenverkehr

I. Allgemeines

Kapitel 13 regelt **Mobilitätshilfen** für behinderte Menschen. Diese **1** sind ein wesentlicher Baustein zur Verwirklichung des Gesetzesziels des SGB IX, die selbstbestimmte und gleichberechtigte Teilhabe behinderter Menschen am Leben in der Gesellschaft zu fördern (§ 1 SGB IX). Behinderte Menschen, die über kein eigenes Kraftfahrzeug verfügen, ermöglicht die Nutzung des öffentlichen Personenverkehrs mit Eisenbahnen, Omnibussen und Straßenbahnen die Teilnahme am öffentlichen Leben. Die **finanzielle Entlastung** behinderter Menschen mit Beeinträchtigungen in der Bewegungsfähigkeit im Straßenverkehr bei der Benutzung öffentlicher Verkehrsmittel (§ 145 SGB IX) dienen dem Ausgleich dieses Nachteils.

Der **Zugang** behinderter Menschen zu öffentlichen Verkehrsmitteln **2** und Einrichtungen wird nicht im SGB IX, sondern im Gesetz zur Gleichstellung behinderter Menschen vom 27. 4. 2002 (**Behindertengleichstellungsgesetz** – BGG, BGBl. I. S. 1467) geregelt. Die gleichberechtigte Teilhabe am Leben in der Gesellschaft soll vor allem durch den Abbau von Barrieren ermöglicht werden, insbesondere durch die barrierefreie Nutzung von Verkehrsmitteln und akustischer und visueller Informationen, z. B. mittels kontrastreicher und wahrnehmbarer Orientierungsflächen und die behindertengerechte Ausstattung von Gebäuden (BT-Drucks. 14/7420, S. 23). Bauliche und sonstige Anlagen, Verkehrsmittel, technische Gebrauchsgegenstände, Systeme der Informationsverarbeitung, akustische und visuelle Informationsquellen und Kommunikationseinrichtungen sowie andere gestaltete Lebensbereiche sind barrierefrei, wenn sie für behinderte Menschen in der allgemein üblichen Weise, ohne besondere Erschwernis und grundsätzlich ohne fremde Hilfe zugänglich und nutzbar sind (§ 4 BGG). Der **Herstellung der Barrierefreiheit** dienen ferner **Zielvereinbarungen** zwischen Verbänden behinderter Menschen und Unternehmen oder Unternehmensverbänden (z. B. Verkehrsbetrieben) (§ 5 BGG). Diese regeln die Barrierefreiheit in den Bereichen, die nicht bereits durch besondere gesetzliche oder verordnungsrechtliche Vorgaben hinreichend bestimmt sind (wie durch Nahverkehrspläne nach dem Personenbeförderungsgesetz oder Programme nach der Eisenbahn-Bau- und Betriebsordnung).

Kein Anspruch auf Verhandlung über eine Zielvereinbarung (§ 5 Abs. 1 BGB) besteht, wenn z. B. ein Programm im Sinne des § 2 Abs. 3 der Eisenbahn-Bau- und Betriebsordnung erstellt worden ist (BT-Drucks. 14/7420, S. 25 f.). In den Bereichen **Bau und Verkehr** übernimmt die **Bundesverwaltung eine Selbstverpflichtung zum barrierefreien Bauen** (§ 8 Abs. 1 BGG). Öffentliche Wege, Plätze und Straßen sowie öffentlich zugängliche Verkehrsanlagen und Beförderungsmittel im öffentlichen Personenverkehr sind nach Maßgabe der einschlägigen Rechtsvorschriften des Bundes barrierefrei zu gestalten (§ 8 Abs. 2 BGG) (vgl. insoweit die Eisenbahn-Bau- und Betriebsordnung). Der Nahverkehrsplan hat die Belange behinderter und anderer Menschen mit Mobilitätsbeeinträchtigung mit dem Ziel zu berücksichtigen, für die Nutzung des öffentlichen Personennahverkehrs eine möglichst weitreichende Barrierefreiheit zu erreichen (§ 8 Abs. 3 Satz 3–4 **Personenbeförderungsgesetz**). Im Nahverkehrsplan werden Aussagen über zeitliche Vorgaben und erforderliche Maßnahmen getroffen. Der Behindertenbeauftragte oder Behindertenbeiräte sind anzuhören.

3   **Schwerbehinderte Menschen** (§ 2 Abs. 2 SGB IX), die erheblich **gehbehindert** im Sinne des § 146 Abs. 1 SGB IX sind oder die in ihrem Schwerbehindertenausweis die Merkzeichen „H" **(hilflos)** oder „Gl" **(gehörlos)** eingetragen haben, sind im Personennahverkehr unentgeltlich zu befördern (§ 145 Abs. 1 Satz 1 SGB IX). Soweit diese Anspruchsberechtigten nicht zu dem privilegierten Personenkreis des § 145 Abs. 1 Satz 5 SGB IX (Blinde, Hilflose, einkommensschwache Bezieher von Lohnersatzleistungen und Altfälle) gehören, besteht noch kein Anspruch auf unentgeltliche Beförderung. Voraussetzung der Inanspruchnahme des Nachteilsausgleichs ist vielmehr der Erwerb von Wertmarken, so dass es sich im Regelfall für die Betroffenen um eine **Fahrpreisermäßigung** handelt. Ist im Schwerbehindertenausweis mit dem Merkzeichen „B" die **Notwendigkeit ständiger Begleitung** nachgewiesen, reist nach § 145 Abs. 2 SGB IX die Begleitperson im Nah- und Fernverkehr kostenlos mit.

4   Der Anspruch auf unentgeltliche Beförderung ist sowohl für den Anspruchsberechtigten wie für die notwendige Begleitperson auf die **Nutzung der 2. Wagenklasse** beschränkt. Dies ergibt sich aus der Bezugnahme des § 145 SGB IX auf die Legaldefinition des Nahverkehrs in § 147 Abs. 1 SGB IX und aus dem systematischen Zusammenhang der unentgeltlichen Beförderung einer Begleitperson nach § 145 Abs. 2 SGB IX mit dem Anspruch des schwerbehinderten Menschen aus § 145 Abs. 1 SGB IX (*Masuch* in: Hauck/Noftz, SGB IX, § 147 RdNr. 8). Die Nutzung der 1. Wagenklasse setzt die Eintragung des **Merkzeichens „1. Kl"** in den Schwerbehindertenausweis voraus (§ 69 Abs. 4 und 5 SGB IX, § 3 Abs. 1 Nr. 6 SchwbAwV).

5   Private und öffentliche Verkehrsbetriebe werden durch § 145 SGB IX verpflichtet, auf die Fahrpreiserhebung bei dem berechtigten Perso-

nenkreis zu verzichten. Die hierdurch entstehenden Fahrgeldausfälle werden nach einem Prozentsatz der Fahrgeldeinnahmen pauschal erstattet. Diese **Indienstnahme** der Verkehrsunternehmen stellt eine verfassungsrechtlich zulässige Berufsausübungsregelung (Art. 12 Abs. 1 GG) im Interesse des Allgemeinwohls dar (BVerfGE 68, 155, 170 ff.).

II. Entstehungsgeschichte

Die Regelung hat wie das Schwerbehindertenrecht insgesamt (vgl.   6
§ 68 RdNr. 17 ff.) ihre Wurzeln im Kriegsopferrecht. Deutlich wird dies an der Übernahme der Altfallregelung für Kriegsbeschädigte in § 145 Abs. 1 Satz 5 Nr. 3 SGB IX. Die Verpflichtung zur unentgeltlichen Beförderung schwerbehinderter Menschen und ihre rechtliche Ausgestaltung gehen zurück auf die **Verordnung des Ministerrats für die Reichsverteidigung über Vergünstigungen für Kriegsbeschädigte im öffentlichen Personenverkehr vom 23. 12. 1943 (RGBl. 1944 S. 5)**. Die VO sah die bis heute fortgeltende Indienstnahme der Verkehrsbetriebe vor und ordnete für Kriegsbeschädigte mit einer MdE um wenigstens 70 v.H. die unentgeltliche Beförderung im Nahverkehr an. Nach § 4 der VO war die Erstattung der den Verkehrsbetrieben entstehenden Einnahmeausfälle bis zum Ablauf des auf das Kriegsende folgenden Rechnungsjahres ausgeschlossen. Die Erstattung der Fahrgeldausfälle klagte ein Verkehrsunternehmer auf der Grundlage der zu Bundesrecht gewordenen NS-Verordnung letztinstanzlich im Jahre 1962 mit Wirkung ab 1. 4. 1950 erfolgreich ein (BVerwG 15. 5. 1962 – VII C 36.59 – BVerwGE 14, 160).

Mit dem **Gesetz über die unentgeltliche Beförderung von**   7
Kriegs- und Wehrdienstbeschädigten sowie von anderen Behinderten im Nahverkehr vom 27. 8. 1965 (BGBl. I S. 978) wurde die Erstattung neu geregelt. Da die den Verkehrsunternehmen entstehenden Fahrgeldausfälle nach Auffassung des Gesetzgebers im Einzelnen nicht feststellbar waren, sah das Gesetz eine pauschale Erstattung vor, die sich nach einem bundesweit einheitlichen Prozentsatz der Fahrgeldeinnahmen bemaß. Der berechtigte Personenkreis wurde in § 2 um Kriegsbeschädigte mit einer MdE um mindestens 50 v.H. und einer erheblichen Gehbehinderung, Opfer nationalsozialistischer Verfolgung mit entsprechenden Schädigungsfolgen, Blinde, bedürftige Körperbehinderte im Sinne des § 39 Abs. 1 Nr. 1 BSHG mit einer MdE um mindestens 50 v.H. und einer erheblichen Gehbehinderung sowie Begleitpersonen von Schwerbeschädigten erweitert.

Der 1974 im Schwerbehindertenrecht eingeführte Finalitätsgrundsatz   8
galt zunächst nicht für die unentgeltliche Beförderung schwerbehinderter Menschen. Erst auf Druck des Bundesverfassungsgerichts (BVerfGE 39, 148, 156) wurden mit dem **Gesetz über die unentgeltliche Beför-**

derung Schwerbehinderter im öffentlichen Personenverkehr vom 9. 7. 1979 (BGBl. I S. 989) die Vorschriften über die unentgeltliche Beförderung Schwerbehinderter als 11. Abschnitt (§§ 57 ff.) in das SchwbG aufgenommen. Mit **§ 57 SchwbG in der Neufassung vom 8. 10. 1979 (BGBl. I S.** 1649) wurde der berechtigte Personenkreis auf alle schwerbehinderten Menschen unabhängig von der Behinderungsursache ausgeweitet, soweit diese in ihrer Bewegungsfähigkeit im Straßenverkehr erheblich beeinträchtigt waren. Auch hinsichtlich der Begleitpersonen entfiel das Kausalitätserfordernis (§ 57 Abs. 2 SchwbG). Nach § 58 Abs. 2 SchwbG galt die gesetzliche Vermutung, dass bei Vorliegen einer MdE um mindestens 80 v.H. eine erhebliche Beeinträchtigung der Bewegungsfähigkeit im Straßenverkehr vorlag. Zudem erfolgte die Ausweitung des Nachteilsausgleichs auf den Fernverkehr (§ 59 SchwbG). Beibehalten wurde die unentgeltliche Beförderung gegen Vorzeigen eines Ausweises und die pauschale Erstattung der Fahrgeldausfälle (§ 57 Abs. 3 SchwbG, §§ 60 ff. SchwbG), die im Prinzip nach dem Verhältnis der begünstigten Personengruppe zur übrigen Wohnbevölkerung bestimmt wurde (BT-Drucks. 8/2453, S. 9, 12).

9   Mit dem **Haushaltsbegleitgesetz 1984 vom 22. 12. 1983 (BGBl. I. S.** 1532) erfolgte im Zusammenhang mit zahlreichen Einschnitten in der sozialen Sicherung (dazu: *Bieback* KJ 1984, 257) mit Wirkung zum 1. 4. 1984 eine teilweise Rücknahme des Nachteilsausgleichs. Der Gesetzgeber gab an, eine Entwicklung im Vergünstigungswesen für Schwerbehinderte aufhalten zu wollen, die in der Vergangenheit zu finanziell untragbaren Auswirkungen für die öffentlichen Haushalte geführt habe (BT-Drucks. 10/3138, S. 34 f.). Erstmals wurde eine Pflicht zur finanziellen Selbstbeteiligung behinderter Menschen eingeführt. Die KfZ-Steuerermäßigung kann seitdem nur noch alternativ zur unentgeltlichen Beförderung in Anspruch genommen werden. Die gesetzliche Vermutung einer erheblichen Gehbehinderung bei einer MdE um wenigstens 80 v.H. entfiel. Die Ausweitung auf den Fernverkehr wurde bereits mit Wirkung zum 1. 1. 1984 zurückgenommen. Von 1983 zu 1984 verringerte sich infolge der Neuregelung die Zahl der freifahrtberechtigten Behinderten um mehr als die Hälfte, wobei die verbleibenden Anspruchsberechtigten 61 % die Eigenbeteiligung von 120 DM zu zahlen hatten (*Cramer*, SchwbG, vor § 59 RdNr. 22). Schließlich wurde mit dem Haushaltsbegleitgesetz 1984 die Berechnung der pauschalen Fahrgelderstattung präzisiert. In die Berechnung des für die Erstattung maßgeblichen Prozentsatzes wurden nicht mehr alle Ausweisinhaber einbezogen, sondern nur diejenigen, die eine Wertmarke erworben hatten und bei denen daher angenommen worden konnte, dass sie tatsächlich von der unentgeltlichen Beförderung Gebrauch machten. Zum Ausgleich etwa auftretender überdurchschnittlicher Belastungen einzelner Verkehrsbetriebe wurde in § 60 Abs. 5 SchwbG eine Härteklausel aufgenommen.

Das **BSG** hat die Einschnitte des Haushaltsbegleitgesetzes 1984 so- **10**
wohl hinsichtlich der Beseitigung der Rechtsvermutung einer erheblichen Gehbehinderung ab einer MdE um 80 v.H. (BSG 24. 4. 1985 – 9a
RVs 11/84 – BSGE 58, 72 = SozR 3870 §58 Nr. 1) als auch hinsichtlich der Einführung einer Kostenbeteiligung der schwerbehinderten
Menschen (BSG SozR 3870 §57 Nr. 1) als verfassungskonform angesehen.

Mit dem **Gesetz zur Erweiterung der unentgeltlichen Beför- 11
derung Schwerbehinderter im öffentlichen Personenverkehr
vom 18. 7. 1985 (BGBl. I S. 1516)** wurden mit Wirkung zum 1. 10.
1985 einige Einschränkungen des Haushaltsbegleitgesetzes 1984 bereits
wieder rückgängig gemacht. Gehörlose und Hilfelose wurden in den
Kreis des unabhängig von einer erheblichen Beeinträchtigung in der
Bewegungsfähigkeit im Straßenverkehr begünstigten Personenkreises
einbezogen. Bezieher von Hilfe zum Lebensunterhalt nach dem BSHG
wurden von der Eigenbeteiligung befreit. Die Eigenbeteiligung von
60 Euro (bis 31. 12. 2001: 120 DM) pro Jahr kann seitdem in zwei Teil-
beträgen gezahlt werden, wobei zusätzlich die Rückerstattungsrege-
lung eingeführt wurde. Der Eisenbahnverkehr wurde über S-Bahnen
und teilweise als Straßenbahnen verkehrende Züge hinaus in bestimmten Umfang wieder in die Freifahrtregelung einbezogen, um schwerbehinderte Menschen in ländlichen Regionen zu begünstigen. Im
Übrigen verblieb es bei den Einschränkungen des Haushaltsbegleitgesetzes 1984, insbesondere bei dem Fortfall der Fiktion einer Gehbehinderung ab einer MdE um 80 v.H.

Am 3. 10. 1990 trat auf dem Gebiet der ehemaligen DDR das SchwbG **12**
in Kraft. Mit dem zugrundeliegenden **Einigungsvertrag vom 31. 8.
1990 (BGBl II S. S. 885, 1039)** wurde die Altfallregelung des §59
Abs. 1 Satz 5 Nr. 3 SchwbG um Berechtigte mit Wohnsitz in der DDR
zum maßgeblichen Stichtag ergänzt. Darüber hinaus wurden Übergangsregelungen für das Beitrittsgebiet hinsichtlich der unentgeltlichen
Beförderung durch die Deutsche Reichsbahn, einer reduzierten Eigenbeteiligung, der Vorauszahlung an Verkehrsunternehmen bei der Erstattung von Fahrgeldausfällen und der Kostentragung der Fahrgeldausfälle
von Unternehmen der Treuhandanstalt getroffen.

Unentgeltliche Beförderung, Anspruch auf Erstattung der Fahrgeldausfälle

145 (1) ¹Schwerbehinderte Menschen, die infolge ihrer Behinderung in ihrer Bewegungsfähigkeit im Straßenverkehr erheblich beeinträchtigt oder hilflos oder gehörlos sind, werden von Unternehmern, die öffentlichen Personenverkehr betreiben, gegen Vorzeigen
eines entsprechend gekennzeichneten Ausweises nach §69 Abs. 5 im

Nahverkehr im Sinne des § 147 Abs. 1 unentgeltlich befördert; die unentgeltliche Beförderung verpflichtet zur Zahlung eines tarifmäßigen Zuschlages bei der Benutzung zuschlagpflichtiger Züge des Nahverkehrs. [2]Voraussetzung ist, dass der Ausweis mit einer gültigen Wertmarke versehen ist. [3]Sie wird gegen Entrichtung eines Betrages von 60 Euro für ein Jahr oder 30 Euro für ein halbes Jahr ausgegeben. [4]Wird sie vor Ablauf der Gültigkeitsdauer zurückgegeben, wird auf Antrag für jeden vollen Kalendermonat ihrer Gültigkeit nach Rückgabe ein Betrag von 5 Euro erstattet, sofern der zu erstattende Betrag 15 Euro nicht unterschreitet; Entsprechendes gilt für jeden vollen Kalendermonat nach dem Tod des schwerbehinderten Menschen. [5]Auf Antrag wird eine für ein Jahr gültige Wertmarke, ohne dass der Betrag nach Satz 3 zu entrichten ist, an schwerbehinderte Menschen ausgegeben,

1. die blind im Sinne des § 72 Abs. 5 Nr. 3a des Zwölften Buches oder entsprechender Vorschriften oder hilflos im Sinne des § 33b des Einkommensteuergesetzes oder entsprechender Vorschriften sind oder

2. Leistungen zur Sicherung des Lebensunterhalts nach dem Zweiten Buch oder für den Lebensunterhalt laufende Leistungen nach dem Dritten und Vierten Kapitel des Zwölften Buches, dem Achten Buch oder den §§ 27a und 27d des Bundesversorgungsgesetzes erhalten oder

3. die am 1. Oktober 1979 die Voraussetzungen nach § 2 Abs. 1 Nr. 1 bis 4 und Abs. 3 des Gesetzes über die unentgeltliche Beförderung von Kriegs- und Wehrdienstbeschädigten sowie von anderen Behinderten im Nahverkehr vom 27. August 1965 (BGBl. I S. 978), das zuletzt durch Artikel 41 des Zuständigkeitsanpassungs-Gesetzes vom 18. März 1975 (BGBl. I S. 705) geändert worden ist, erfüllten, solange ein Grad der Schädigungsfolgen von mindestens 70 festgestellt ist oder von mindestens 50 festgestellt ist und sie infolge der Schädigung erheblich gehbehindert sind; das Gleiche gilt für schwerbehinderte Menschen, die diese Voraussetzungen am 1. Oktober 1979 nur deshalb nicht erfüllt haben, weil sie ihren Wohnsitz oder ihren gewöhnlichen Aufenthalt zu diesem Zeitpunkt in dem in Artikel 3 des Einigungsvertrages genannten Gebiet hatten.

[6]Die Wertmarke wird nicht ausgegeben, solange der Ausweis einen gültigen Vermerk über die Inanspruchnahme von Kraftfahrzeugsteuerermäßigung trägt. [7]Die Ausgabe der Wertmarken erfolgt auf Antrag durch die nach § 69 Abs. 5 zuständigen Behörden. [8]Die Landesregierung oder die von ihr bestimmte Stelle kann die Aufgaben nach Absatz 1 Satz 3 bis 5 ganz oder teilweise auf andere Behörden übertragen. [9]Für Streitigkeiten in Zusammenhang mit der Ausgabe der Wertmarke gilt § 51 Abs. 4 des Sozialgerichtsgesetzes entsprechend.

(2) Das Gleiche gilt im Nah- und Fernverkehr im Sinne des § 147, ohne dass die Voraussetzung des Absatzes 1 Satz 2 erfüllt sein muss, für die Beförderung

1. einer Begleitperson eines schwerbehinderten Menschen im Sinne des Absatzes 1, wenn die Berechtigung zur Mitnahme einer Begleitperson nachgewiesen und dies im Ausweis des schwerbehinderten Menschen eingetragen ist, und

2. des Handgepäcks, eines mitgeführten Krankenfahrstuhles, soweit die Beschaffenheit des Verkehrsmittels dies zulässt, sonstiger orthopädischer Hilfsmittel und eines Führhundes; das Gleiche gilt für einen Hund, den ein schwerbehinderter Mensch mitführt, in dessen Ausweis die Berechtigung zur Mitnahme einer Begleitperson nachgewiesen ist.

(3) Die durch die unentgeltliche Beförderung nach den Absätzen 1 und 2 entstehenden Fahrgeldausfälle werden nach Maßgabe der §§ 148 bis 150 erstattet.

Übersicht

I. Allgemeines

§ 145 SGB IX räumt bestimmten schwerbehinderten Menschen einen Anspruch auf unentgeltliche Beförderung im öffentlichen Verkehr, teilweise mit, teilweise ohne Eigenbeteiligung ein (§ 145 Abs. 1 SGB IX). Weiter räumt die Vorschrift behinderten Menschen, die einer Begleitung bedürfen, einen Anspruch auf kostenlose Beförderung der Begleitperson und ggfs. von Hilfsmitteln ein (§ 145 Abs. 3 SGB IX). § 145 Abs. 3 SGB IX gibt den betroffenen Verkehrsunternehmen einen Anspruch auf Erstattung.

II. Anspruchsberechtigte mit Eigenanteil
(§ 145 Abs. 1 Satz 1 SGB IX)

2   Schwerbehinderte Menschen sind überwiegend nur mit gültiger
Wertmarke „freifahrtberechtigt". Berechtigt sind **schwerbehinderte
Menschen** i.S. des § 2 Abs. 2 SGB IX (GdB mindestens 50, Wohnsitz,
gewöhnlicher Aufenthalt oder Beschäftigung rechtmäßig im Geltungsbereich des SGB), die infolge der Behinderung in ihrer **Bewegungsfähigkeit im Straßenverkehr erheblich beeinträchtigt** oder
hilflos oder **gehörlos** sind. Behinderte Menschen, die mit schwerb-
hinderten Menschen **gleichgestellt** worden sind (§ 2 Abs. 3 SGB IX,
§ 68 Abs. 2 SGB IX), gehören nach § 68 Abs. 3 SGB IX nicht zum anspruchsberechtigten Personenkreis (vgl. *Spiolek* in: GK–SGB IX, § 145
RdNr. 31). Im eigentlichen Sinne **unentgeltlich,** d. h. ohne Eigenbeteiligung, befördert werden nach § 145 Abs. 1 Satz 5 SGB IX nur blinde
und hilflose schwerbehinderte Menschen sowie Bezieher bedürftigkeitsabhängiger Lohnersatzleistungen und bestimmte Altfälle.

3   Die **Hauptgruppe** der Anspruchsberechtigten stellen schwerbehinderte Menschen dar, denen das zuständige Versorgungsamt auf Grund
einer erheblichen Beeinträchtigung der Bewegungsfähigkeit im Straßenverkehr das **Merkzeichen „G"** in den Schwerbehindertenausweis
eingetragen hat (§ 69 Abs. 4 und 5 SGB IX, § 3 Abs. 2 Satz 1 Nr. 2
SchbAwV). In seiner Bewegungsfähigkeit im Straßenverkehr ist erheblich beeinträchtigt, wer infolge einer Einschränkung des Gehvermögens (auch durch innere Leiden oder infolge von Anfällen oder
von Störungen der Orientierungsfähigkeit) nicht ohne erhebliche
Schwierigkeiten oder nicht ohne Gefahren für sich oder andere Wegstrecken im Ortsverkehr zurückzulegen vermag, die üblicherweise
noch zu Fuß zurückgelegt werden (§ 146 Abs. 1 Satz 1 SGB IX, vgl.
Komm. zu § 146).

4   Daneben führen **Hilflosigkeit** und **Gehörlosigkeit** zur Anspruchsberechtigung. Das **Merkzeichen „H"** wird vom Versorgungsamt nach § 69 Abs. 4 und 5 SGB IX, § 3 Abs. 1 Nr. 2 SchwbAwV in den
Schwerbehindertenausweis eingetragen, wenn der schwerbehinderte
Mensch hilflos im Sinne des § 33 b EStG oder entsprechender Vorschriften ist. Hilflos sind gem. § 33 b Abs. 6 Satz 2 EStG schwerbehinderte Menschen, die für eine Reihe von häufig und regelmäßig wiederkehrenden Verrichtungen zur Sicherung ihrer persönlichen Existenz
im Ablauf eines jeden Tages fremder Hilfe dauernd bedürfen (vgl. § 69
RdNr. 80 ff.).

5   Das **Merkzeichen „Gl"** wird nach § 69 Abs. 4 und 5 SGB IX, § 3
Abs. 1 Nr. 4 SchwbAwV in den Ausweis eingetragen, wenn der schwerbehinderte Mensch gehörlos im Sinne des § 145 SGB IX ist. Der Begriff der Gehörlosigkeit wird in § 145 Abs. 1 Satz 1 SGB IX nicht de-

finiert. Gehörlos im Sinne dieser Vorschrift sind nicht nur hörbehinderte Menschen, bei denen **Taubheit** beiderseits vorliegt, sondern
auch hörbehinderte Menschen mit einer **an Taubheit grenzenden
Schwerhörigkeit** beiderseits, wenn daneben schwere Sprachstörun-
gen (schwer verständliche Lautsprache, geringer Sprachschatz) vorliegen. Dies betrifft in der Regel hörbehinderte Menschen, bei denen
die an Taubheit grenzende Schwerhörigkeit angeboren oder in der
Kindheit erworben worden ist.

Darüber hinaus sollten auch beiderseits **hochgradig Schwerhö-** 6
rige, die gehindert sind, sich trotz Hörhilfe ausreichend zu verständigen, als anspruchsberechtigt angesehen werden (vgl. *Kossens* in:
Kossens/von der Heide/Maaß, SGB IX, § 145 RdNr. 10). Hierfür
spricht der Zweck der unentgeltlichen Beförderung Gehörloser unabhängig von einer erheblichen Gehbehinderung. Diesem Personenkreis
wird die Freifahrtberechtigung nicht im Hinblick auf eine typische
Beeinträchtigung ihrer Orientierungsfähigkeit (Gehfähigkeit), sondern zum Zweck der erleichterten Kommunikation mit gleichartig Behinderten eingeräumt (BT-Drucks. 10/3218, S. 7). Von daher ist es entsprechend dem Rechtsgedanken des § 2 Abs. 2 SGB I sachgerecht, in
ihrer Kommunikationsfähigkeit massiv beeinträchtigte hochgradig
Schwerhörige in den Schutzbereich der Regelung einzubeziehen. Gegen die hier befürwortete extensive Auslegung des Begriffs der Gehörlosigkeit kann allerdings angeführt werden, dass der Gesetzgeber des
SGB IX in der Begründung zur Einführung des Merkzeichens „Gl" in
§ 3 Abs. 1 Nr. 4 SchbAwV auf die engeren Vorgaben der Anhaltspunkte
1996 Bezug nimmt (BT-Drucks. 14/5074, S. 129 f.).

Die Hilflosigkeit bzw. Gehörlosigkeit hat nicht zwingend eine er- 7
hebliche Beeinträchtigung der Bewegungsfähigkeit im Straßenverkehr im Sinne des § 145 Abs. 1 Satz 1 SGB IX zur Folge. Die Freifahrtberechtigung hilfloser bzw. gehörloser Menschen hängt nicht von
der Beeinträchtigung der Bewegungsfähigkeit im Straßenverkehr ab,
sondern beruht auf einer **eigenständigen Anspruchsberechtigung**.
Sie haben keinen automatischen Anspruch auf Erteilung des Merkzeichens „G" und die mit diesem verbundenen steuerrechtlichen Vergünstigungen (z. B. § 3 a Abs. 2 KraftStG) (BSG 12. 11. 1996 – BSGE
79, 223 = SozR 3–1300 § 48 Nr. 57 zur Gehörlosigkeit). Voraussetzung
des **Entstehens** der Anspruchsberechtigung ist, dass die gesundheitlichen Merkmale durch einen Bescheid des Versorgungsamtes festgestellt wurden (§ 69 Abs. 4 SGB IX). Demgegenüber reicht die Anerkennung der Hilflosigkeit eines Beziehers von Pflegegeld durch den
Sozialhilfeträger nicht aus (BSG 13. 12. 1994 – 9 RVs 7/93 – RdLH 1996,
35).

Der **Rechtsanspruch** des schwerbehinderten Menschen auf unent- 8
geltliche Beförderung **im Nahverkehr** (§ 147 Abs. 1 SGB IX) gegenüber dem öffentlichen Personenverkehr betreibenden Unternehmer

setzt weiter voraus, dass ein entsprechend gekennzeichneter Schwerbehindertenausweis mit gültiger Wertmarke (§ 69 Abs. 5 SGB IX) **vorgezeigt** wird. Die erforderliche **Kennzeichnung** erfolgt durch einen im Schwerbehindertenausweis vorgedruckten orangefarbenen Flächenaufdruck mit der Eintragung des Merkzeichens „G" oder die Aufnahme der Merkzeichen „H", „Gl" und durch ein mit der Wertmarke versehenes Beiblatt zum Ausweis (§ 3 SchwbAwV, § 3 a SchwbAwV). Da das **Vorzeigen des gekennzeichneten Schwerbehindertenausweises** Tatbestandsmerkmal ist, ist der Unternehmer nur bei Vorzeigen eines entsprechenden Ausweises zur unentgeltlichen Beförderung auch bei schwerbehinderten Menschen verpflichtet. Hat der schwerbehinderte Mensch keinen Ausweis oder führt er diesen nicht mit, muss er den vollen Fahrpreis entrichten (vgl. GK-SGB IX-*Spiolek*, § 145 RdNr. 81; *Masuch* in: Hauck/Noftz, SGB IX, § 145 RdNr. 17). Dies gilt auch bei jenen schwerbehinderten Menschen, bei denen die Voraussetzungen der unentgeltlichen Beförderung offenkundig sind.

9   Ob der Unternehmer zur unentgeltlichen Beförderung verpflichtet ist, richtet sich nach den Vorgaben des allgemeinen Personenbeförderungsrechts (z. B. § 22 PBefG, § 10 AEG).

10   **Zuschlagspflichtige Züge des Nahverkehrs** im Sinne des § 145 Abs. 1 Satz 1 Halbs. 2 SGB IX sind Schnellzüge (D) und InterRegio (IR), soweit diese Züge nicht zuschlagsfrei sind (§ 2 SchwbNV).

III. Anspruchsberechtigte ohne Eigenanteil (§ 145 Abs. 1 Satz 5 SGB IX)

11   Anspruch auf die Wertmarke ohne eigenen finanziellen Beitrag und damit ohne eigene finanzielle Beteiligung haben blinde und hilflose schwerbehinderte Menschen, Bezieher bedürftigkeitsabhängiger Lohnersatzleistungen und Personen in bestimmten Altfällen, wenn sie einen entsprechenden Antrag stellen (§ 145 Abs. 1 Satz 5 SGB IX).

12   Blind im Sinne von § 72 Abs. 5 SGB XII sind schwerbehinderte Menschen, denen das Augenlicht vollständig fehlt, sowie solche mit einer erheblich beeinträchtigten Sehschärfe (§ 145 Abs. 1 Satz 5 Nr. 1 SGB IX, Merkzeichen „Bl", § 3 Abs. 1 Nr. 3 SchwbAwV). Letztere werden berücksichtigt, wenn ihre Sehschärfe auf dem besseren Auge nicht mehr als 1/50 beträgt oder wenn dem Schweregrad dieser Sehschärfe gleichzuachtende, nicht nur vorübergehende Störungen des Sehvermögens vorliegen. Eine der Herabsetzung der Sehschärfe auf 1/50 oder weniger gleichzusetzende Sehbehinderung liegt nach den Richtlinien der Deutschen Ophthalmologischen Gesellschaft u. a. bei bestimmten Fallgruppen der Einengung des Gesichtsfeldes vor (Teil A Nr. 6 VMG).

Der Begriff der **Hilflosigkeit** in § 145 Abs. 1 Satz 5 Nr. 1 SGB IX **13**
(Merkzeichen „H" § 3 Abs. 1 Nr. 2 SchwbAwV) entspricht dem des
§ 145 Abs. 1 Satz 1. Die Eintragung des Merkzeichens „H" in den
Schwerbehindertenausweis bewirkt somit sowohl die Aufnahme in
den anspruchsberechtigten Personenkreis der unentgeltlichen Beförderung unabhängig vom tatsächlichen Vorliegen einer erheblichen Beeinträchtigung der Bewegungsfähigkeit im Straßenverkehr als auch
die Befreiung von der Eigenbeteiligung.

Ohne finanzielle Eigenbeteiligung erhalten die Wertmarke schließ- **14**
lich diejenigen schwerbehinderten Menschen, die (§ 145 Abs. 1 Satz 5
Nr. 2 SGB IX)

– **Arbeitslosengeld II** oder
– **Sozialgeld** nach dem **SGB II** oder
– **Hilfe zum Lebensunterhalt** oder
– **Grundsicherung im Alter und bei Erwerbsminderung** nach
  dem SGB XII oder
– **laufende Leistungen für den Lebensunterhalt nach dem SGB
  VIII**
  Hiermit ist die Leistung zum **Unterhalt des Kindes oder des Ju-
  gendlichen nach § 39 SGB VIII** gemeint. Mit dieser Leistung wird
  der notwendige Unterhalt bei einer **Hilfe zur Erziehung** in Tages-
  gruppen (§ 32 SGB VIII), in Vollzeitpflege (§ 33 SGB VIII), in der
  Heimerziehung und sonstigen betreuten Wohnformen (§ 34 SGB
  VIII) sowie in der intensiven sozialpädagogischen Einzelbetreuung
  (§ 35 SGB VIII) oder bei einer **Eingliederungshilfe** für seelisch behinderte Kinder und Jugendliche außerhalb des Elternhauses in
  Tageseinrichtungen für Kinder oder in anderen teilstationären Einrichtungen, die Hilfeleistung durch geeignete Pflegepersonen und
  die Hilfeleistung in Einrichtungen über Tag und Nacht sowie in
  sonstigen Wohnformen (§ 35 a Abs. 2 Nr. 2–4 SGB VIII) sichergestellt. Mit der Leistung soll der gesamte wiederkehrende Bedarf
  gedeckt werden. Laufende Leistungen umfasst ferner die **Hilfe für
  junge Volljährige**, die diese Hilfe zur Persönlichkeitsentwicklung
  und zu einer eigenverantwortlichen Lebensführung erhalten, wenn
  die Hilfe auf Grund der individuellen Situation des jungen Menschen notwendig ist. Der Erhalt der laufenden Leistungen ist durch
  Vorlage eines Bewilligungsbescheides des Jugendhilfeträgers
  nachzuweisen.
– **laufende Leistungen nach den §§ 27 a und 27 d BVG**
  Diese beinhalten ergänzende Hilfe zum Lebensunterhalt und Hilfe
  in besonderen Lebenslagen in der Kriegsopfer- und Soldatenver-
  sorgung, der Gewaltopferentschädigung, der Entschädigung von
  „SED-Unrecht" und politisch motivierter Inhaftierung sowie der
  Entschädigung von Impfschäden und Zivildienstschäden. Weil im
  Rahmen des § 145 Abs. 1 Satz 5 Nr. 2 SGB IX nur lebensunterhalts-

sichernde laufende Leistungen von Bedeutung sind, erfasst die Bezugnahme auf § 27 d BVG nur derartige Leistungen, insbesondere bei (teil-) stationären Betreuungsformen. Die Leistungsgewährung im Rahmen der Kriegsopferfürsorge wird als besondere Hilfe im Einzelfall einschließlich der Leistungen zur Teilhabe im Arbeitsleben von Fürsorgestellen der örtlichen Sozialämter und Hauptfürsorgestellen (§ 24 Abs. 1 Nr. 2 und Abs. 2 SGB I) durchgeführt und setzt voraus, dass der Beschädigte eine Grundrente bezieht oder Anspruch auf Heilbehandlung hat oder dass Hinterbliebene Hinterbliebenenversorgung beziehen (§ 25 Abs. 3 BVG). Darüber hinaus ist nicht nur ein individueller Bedarf an der jeweiligen Fürsorgeleistung (§ 25 b Abs. 5 BVG), sondern – ähnlich wie bei der Sozialhilfe nach dem SGB XII – eine wirtschaftliche Bedürftigkeit erforderlich (§ 25 a Abs. 1 BVG).

beziehen. Der Leistungsbezug ist bei Beantragung einer kostenlosen Wertmarke durch Vorlage des Bewilligungsbescheides des zuständigen Trägers nachzuweisen.

15   Ohne Eigenbeteiligung erhalten die Wertmarke schließlich **versorgungsberechtigte schwerbehinderte Menschen,** die am 1. 10. 1979 ohne Rücksicht auf ihr Einkommen die Voraussetzungen der unentgeltlichen Beförderung nach den damals geltenden Regelungen erfüllten (§ 145 Abs. 1 Satz 5 Nr. 3 SGB IX). Der **Bestandsschutz** ist daran geknüpft, dass am Stichtag 1. 10. 1979 die MdE infolge der anerkannten Schädigung auf wenigstens 70 v.H. festgestellt oder auf wenigstens 50 v.H. festgestellt war und infolge der Schädigung eine erhebliche Gehbehinderung vorlag. Diese Voraussetzungen müssen weiter erfüllt sein, um eine Wertmarke ohne Eigenbeteiligung erhalten zu können (BSG 6. 9. 1989 – 9 RVs 1/88 – VersVerw. 1990, 31). Die Regelung wird zur Gleichbehandlung von DDR-Bürgern (BSG 15. 9. 1988 – 9/9a RVs 9/86 – SozR 3870 § 59 Nr. 2)entsprechend angewandt auf schwerbehinderte Menschen, die diese Voraussetzungen am 1. 10. 1979 nur deshalb nicht erfüllt haben, weil sie ihren Wohnsitz oder ihren gewöhnlichen Aufenthalt zu diesem Zeitpunkt in der DDR hatten.

V. Ausgabe der Wertmarken, KfZ-Steuerermäßigung
(§ 145 Abs. 1 Satz 2–3, 6–8 SGB IX)

16   Die Wertmarke wird auf **Antrag** des schwerbehinderten Menschen durch das zuständige **Versorgungsamt** (§ 145 Abs. 1 Satz 7 SGB IX) oder die von der Landesregierung bestimmte Behörde (§ 145 Abs. 1 Satz 8 SGB IX) ausgegeben. Die Wertmarke ist auf einem Beiblatt enthalten, das Bestandteil des Schwerbehindertenausweises und nur zusammen mit dem Ausweis gültig ist (§ 3 a Abs. 1 und 2 SchwAwV).

Soweit die Voraussetzungen der unentgeltlichen Beförderung ohne **17** Eigenbeteiligung nicht vorliegen, sind 60 Euro für ein Jahr bzw. 30 Euro für ein halbes Jahr zu entrichten (§ 145 Abs. 1 Satz 5 SGB IX).

Auf die Wertmarke werden das Jahr und der Monat, von dem an die **18** Wertmarke gültig ist, sowie das Jahr und der Monat, in dem ihre Gültigkeit abläuft, eingetragen. Der antragstellende schwerbehinderte Mensch bestimmt den **Gültigkeitsbeginn** der Wertmarke. Macht er jedoch keine Angaben hierzu, wird der auf den Eingang des Antrages und die Entrichtung der Eigenbeteiligung folgende Monat auf der Wertmarke eingetragen. Spätestens mit Ablauf der Gültigkeitsdauer der Wertmarke wird das Beiblatt **ungültig** (§ 3 a Abs. 2 SchbAwV). Unentgeltliche Wertmarken für Berechtigte nach § 145 Abs. 1 Satz 5 SGB IX werden mit einer Gültigkeitsdauer von einem Jahr ausgegeben.

Der schwerbehinderte Mensch muss sich entscheiden, ob er die **19** Wertmarke für die unentgeltliche Beförderung im Nahverkehr erwerben oder die **Kraftfahrzeugsteuerermäßigung** gem. § 3 a Abs. 2 KraftStG in Anspruch nehmen will (§ 145 Abs. 1 Satz 6 SGB IX). Die kumulative Nutzung beider Nachteilsausgleiche ist ausgeschlossen. Die KfZ-Steuer ermäßigt sich um 50 %, solange die Fahrzeuge für schwerbehinderte Personen zugelassen sind, die durch einen Schwerbehindertenausweis mit orangefarbenen Flächenaufdruck nachweisen, dass sie die Voraussetzungen der unentgeltlichen Beförderung nach § 145 Abs. 1 Satz 1 SGB IX erfüllen (§ 3 a Abs. 2 Satz 1 KraftStG). Die Steuerermäßigung wird nicht gewährt, solange der schwerbehinderte Mensch das Recht zur unentgeltlichen Beförderung in Anspruch nimmt. Schwerbehinderte Menschen, die an Stelle der unentgeltlichen Beförderung die KfZ-Steuerermäßigung in Anspruch nehmen wollen, erhalten auf Antrag vom **Versorgungsamt** ein Beiblatt zum Schwerbehindertenausweis ohne Wertmarke. Die Inanspruchnahme der Steuermäßigung ist anschließend vom **Finanzamt** auf dem Beiblatt zu vermerken und zu löschen, wenn die Steuerermäßigung entfällt (§ 3 a Abs. 3 SchwbAwV, § 3 a Abs. 2 Satz 2–4 KraftStG). Die Steuerermäßigung steht behinderten Menschen nur für ein Fahrzeug und nur auf Antrag zu. Sie entfällt, wenn das Fahrzeug zur Beförderung von Gütern, zur entgeltlichen Beförderung von Personen oder durch andere Personen zu Fahrten benutzt wird, die nicht im Zusammenhang mit der Fortbewegung oder der Haushaltsführung des behinderten Menschen stehen (§ 3 a Abs. 3 KraftStG).

Der schwerbehinderte Mensch kann von der unentgeltlichen Beför- **20** derung im Nahverkehr zur KfZ-Steuerermäßigung wechseln. Er muss dann das Beiblatt zum Schwerbehindertenausweis mit der Wertmarke dem Versorgungsamt zurückzugeben. Ebenso kann er von der KFZ-Steuerermäßigung zur unentgeltlichen Beförderung wechseln. In diesem Fall hat das Finanzamt zunächst den Vermerk über die Steuerermäßigung auf dem Beiblatt zu löschen, bevor das Versorgungsamt auf Antrag des behinderten Menschen ein neues Beiblatt mit Wertmarke ausstellen kann (§ 3 a Abs. 4 SchwbAwV).

21   Die **rückwirkende Feststellung** der gesundheitlichen Voraussetzungen für den Nachteilsausgleich „unentgeltliche Personenbeförderung" gem. § 69 Abs. 4 SGB IX begründet abgesehen von etwaigen Amtshaftungsansprüchen keinen Anspruch des behinderten Menschen gegenüber dem Versorgungsamt auf Erstattung der im Rückwirkungszeitraum angefallenen Fahrtkosten. Nach Auffassung des BSG führt die späte Realisierbarkeit des Nachteilsausgleichs nicht zu Ersatzansprüchen gegenüber der Versorgungsverwaltung, weil diese nicht die unentgeltliche Beförderung, sondern lediglich die Feststellung eines vergünstigenden Status schulde (BSG 7. 11. 2001 – B 9 SB 3/ 01 R – BSGE 89, 79 = SozR 3-3870 3/01 R). Demgegenüber kann der Berechtigte die KfZ-Steuerermäßigung nach § 3 a Abs. 2 EStG rückwirkend in Anspruch nehmen.

VI. Rückgabe der Wertmarken (§ 145 Abs. 1 Satz 4 SGB IX)

22   Geben schwerbehinderte Menschen die Wertmarke vor Ablauf der Gültigkeitsdauer zurück, werden 5 Euro für jeden verbleibenden vollen Kalendermonat der Gültigkeit erstattet, wenn die Bagatellgrenze von 15 Euro überschritten ist (§ 145 Abs. 1 Satz 4 Hs. 1 SGB IX). Ab einer verbleibenden Gültigkeitsdauer der Wertmarke von 3 Monaten erfolgt damit eine anteilige Erstattung der vorab geleisteten Eigenbeteiligung. Entsprechendes gilt für jeden vollen Kalendermonat nach dem Tod des schwerbehinderten Menschen (§ 145 Abs. 1 Satz 4 Hs. 2 SGB IX).

VII. Beförderung von Begleitperson und Gepäck (§ 145 Abs. 2 SGB IX)

23   Die **Begleitperson** des nach § 145 Abs. 1 SGB IX anspruchsberechtigten schwerbehinderten Menschen wird unentgeltlich befördert, sofern eine **ständige Begleitung** notwendig ist. Der schwerbehinderte Mensch muss selbst freifahrtberechtigt sein. Dies folgt aus der Bezugnahme auf Abs. 1. Die Regelung trägt dem Umstand Rechnung, dass die Fahrtkosten für die Begleitperson, deren der schwerbehinderte Mensch ständig bedarf, in der Regel durch die Behinderung bedingte **Mehrkosten** sind, von denen der Betroffene im Nah- und Fernverkehr entlastet werden soll. Die Begleitperson erwirbt durch § 145 Abs. 2 Nr. 1 SGB IX keinen eigenen öffentlich-rechtlichen Anspruch auf unentgeltliche Beförderung. **Anspruchsinhaber** ist der behin-

derte Mensch selbst. Dennoch kommt zwischen dem befördernden Unternehmen und der Begleitperson zivilrechtlich ein **eigenständiger Beförderungsvertrag** zustande (Bihr/Fuchs/Krauskopf/Lewering *Zuck*, SGB IX, § 145 RdNr. 8).

Ob der schwerbehinderte Mensch ständig zu begleiten ist, ergibt **24** sich aus § 146 Abs. 2 SGB IX. Die Notwendigkeit ständiger Begleitung wird durch die Eintragung des **Merkzeichens „B"** und des Satzes „Die Notwendigkeit ständiger Begleitung ist nachgewiesen"in seinem Schwerbehindertenausweis (§ 69 Abs. 4 und 5 SGB IX, § 3 Abs. 2 Satz 1 Nr. 1 SchwbAwV) geführt.

Die schwerbehinderten Menschen werden sowohl im **Nah- wie 25 im Fernverkehr** im Sinne des § 147 SGB IX unentgeltlich **ohne Selbstbeteiligung** befördert. Die notwendige Begleitperson benötigt keine Wertmarke. Sie reist auch dann unentgeltlich, wenn der schwerbehinderte Mensch nicht die unentgeltliche Beförderung, sondern die KfZ-Steuerermäßigung in Anspruch nimmt. § 145 Abs. 2 Nr. 1 SGB IX enthält eine **öffentlich-rechtliche Verpflichtung** von Unternehmen, die öffentlichen Personenverkehr betreiben, gegen Vorzeigen des entsprechend gekennzeichneten Schwerbehindertenausweises die Begleitperson unentgeltlich zu befördern. Die Verpflichtung ist ungeachtet einer etwaigen Notwendigkeit der Begleitung durch mehrere Begleitpersonen auf **eine Begleitperson** begrenzt. Die Begleitperson ist nicht berechtigt zur kostenlosen **Rückfahrt** ohne den Inhaber des Schwerbehindertenausweises, wenn dieser am Zielort verbleibt.

Der schwerbehinderte Mensch hat auch Anspruch auf unentgeltliche **26** Beförderung des **Handgepäcks**, eines mitgeführten **Krankenfahrstuhles**, soweit die Beschaffenheit des Verkehrsmittels dies zulässt, sonstiger orthopädischer **Hilfsmittel** und eines **Blindenführhundes** (§ 145 Abs. 2 Nr. 2 SGB IX). Der Nachweis wird durch das Vorzeigen des Schwerbehindertenausweises mit orangefarbenem Flächenaufdruck geführt. Der **Anspruch auf unentgeltliche Beförderung von Hilfsmitteln und Gepäck** des schwerbehinderten Menschen erstreckt sich auf den Nah- und Fernverkehr. Die Begrenzung auf die **Beschaffenheit des Verkehrsmittels** betrifft lediglich den Krankenfahrstuhl und greift nur bei tatsächlicher Unmöglichkeit der Mitnahme, nicht aber bei einer z. B. durch das Erfordernis der Mithilfe von Personal erschwerten Beförderung. Eine restriktive Auslegung der Einschränkung dürfte auch im Hinblick auf die **Zielvorgabe des BGG** (vgl. Vorbemerkung § 145 RdNr. 2) geboten sein, einen möglichst barrierefreien Zugang u. a. zum öffentlichen Personenverkehr herzustellen. Im Übrigen besteht nach § 22 PBefG, § 10 AEG die **Beförderungspflicht von Personen und Reisegepäck** im Rahmen der Beförderungsbedingungen.

Dem Blindenführhund wird ein **Hund** gleichgestellt, den ein **27** schwerbehinderter Mensch mitführt, in dessen Schwerbehindertenausweis das Merkzeichen „B" eingetragen ist, wenn dieser ohne Begleitperson fährt (§ 145 Abs. 2 Nr. 2 SGB IX).

VIII. Erstattung der Fahrgeldausfälle (§ 145 Abs. 3 SGB IX)

28   Die durch § 145 Abs. 1 und 2 SGB IX in Dienst genommenen Unternehmen des öffentlichen Personenverkehrs haben einen **Rechtsanspruch auf Erstattung** der ihnen durch die unentgeltliche Beförderung bestimmter schwerbehinderter Menschen, ihrer notwendigen Begleitpersonen und bestimmter Gegenstände entstehenden **Fahrgeldausfälle** nach Maßgabe der §§ 148 bis 150 SGB IX (§ 145 Abs. 3 SGB IX). Die Vorschrift ist die **Anspruchsgrundlage** zur Geltendmachung von Erstattungsansprüchen. Die mit dem Schwerbehindertenrecht verfolgten sozialpolitischen Ziele rechtfertigen es, Beeinträchtigungen in der Teilhabe am Leben in der Gesellschaft durch Vergünstigungen auszugleichen und zu diesem Zweck Beförderungsunternehmen im Rahmen der von ihnen üblicherweise erbrachten Tätigkeiten gegen eine **pauschale staatliche Vergütung** heranzuziehen. Die Pflicht zur unentgeltlichen Beförderung und ihre Verknüpfung mit der im SGB IX fortgeschriebenen pauschalen Erstattung der Fahrgeldausfälle ist geeignet und erforderlich, um einerseits die **sozialpolitischen Ziele** zu erreichen und andererseits den beanspruchten Unternehmen einen **angemessenen Ausgleich** zu verschaffen. Zur Vermeidung eines ständigen und hohen Verwaltungsaufwandes bei einer Erfassung und Abrechnung der tatsächlichen Fahrgeldausfälle ist es verfassungsrechtlich nicht zu beanstanden, im Rahmen der **Pauschalierung** auf die typischen Gegebenheiten abzustellen (BVerfG 17. 10. 1984 – 1 BvL 18/82 u. a. – BVerfGE 68, 155, 172).

29   Der Erstattungsanspruch ist auf Fahrgeldausfälle begrenzt, die durch die in § 145 Abs. 1 und 2 SGB IX vorgesehene unentgeltliche Beförderungspflicht verursacht werden. Durch seine Bezugnahme auf Abs. 1 und darin auf § 147 Abs. 1 SGB IX sind dies nur Fahrgeldausfälle im Nahverkehr. § 147 Abs. 1 Nr. 5 SGB IX begrenzt auf Grund seiner Inbezugnahme durch § 145 Abs. 3 SGB IX nicht nur den Anspruch des schwerbehinderten Menschen auf unentgeltliche Beförderung, sondern auch den Erstattungsanspruch auf den Nahverkehr in der 2. Wagenklasse (OVG NW 18. 12. 1996 – 24 A 4120/94 – OVGE MüLü 46, 100 = br 1997, 141).

IX. Rechtsschutz (§ 145 Abs. 1 Satz 9 SGB IX)

30   Die **persönlichen Voraussetzungen** der unentgeltlichen Beförderung werden auf Antrag des behinderten Menschen durch das nach

§ 69 Abs. 4 SGB IX zuständige **Versorgungsamt** festgestellt. Lehnt es das Versorgungsamt ab, eine erhebliche Beeinträchtigung in der Bewegungsfähigkeit im Straßenverkehr festzustellen und das Merkzeichen „G" oder andere berechtigende Merkzeichen in den Schwerbehindertenausweis einzutragen, kann der Betroffene binnen eines Monats nach Bekanntgabe der Entscheidung **Widerspruch** einlegen (vgl. § 69 RdNr. 106 ff.). Nach erfolglosem Widerspruchsverfahren besteht die Möglichkeit zur Erhebung einer Klage bei dem nach § 51 Abs. 1 Nr. 7 SGG sachlich zuständigen **Sozialgericht**. Die Zuständigkeit der Sozialgerichtsbarkeit erstreckt sich auch auf Streitigkeiten in Zusammenhang mit der Ausgabe der Wertmarke (§ 145 Abs. 1 Satz 9 SGB IX).

Die **Verwaltungsgerichtsbarkeit** ist sachlich zuständig für Streitig- 31 keiten mit dem Integrationsamt um die Entziehung der Freifahrtberechtigung in Anwendung des § 117 SGB IX. Das vorangehende Widerspruchsverfahren ist in den §§ 118 ff. SGB IX geregelt. Rechtsstreite um die Indienstnahme der Verkehrsbetriebe und die Erstattung der Fahrgeldausfälle stellen ebenfalls öffentlich-rechtliche Streitigkeiten im Sinne des § 40 Abs. 1 VwGO dar und sind in Ermangelung einer Zuweisung an einen anderen Gerichtszweig vor den Gerichten der Verwaltungsgerichtsbarkeit auszutragen. Für Streitigkeiten über Erstattungen ergibt sich dies unmittelbar aus § 150 Abs. 7 Satz 2 SGB IX. Die Privilegierung der Gerichtskostenfreiheit nach § 188 Satz 2 VwGO gilt in diesen Verfahren nicht (BVerwG 25. 7. 1990 – 7 B 100/90 – NVwZ-RR 1991, 31). Begehrt der schwerbehinderte Mensch gegenüber einem Verkehrsunternehmen (hier: Betreiber eines Anruf-Sammel-Taxi-Verkehrs) die gerichtliche Feststellung der Verpflichtung zur unentgeltlichen Beförderung, ist die Klage bei dem zuständigen Verwaltungsgericht zu erheben (VG Köln 19. 4. 1989 – 21 K 2969/87 – br 1989, 141).

Persönliche Voraussetzungen

146 (1) ¹In seiner Bewegungsfähigkeit im Straßenverkehr erheblich beeinträchtigt ist, wer infolge einer Einschränkung des Gehvermögens (auch durch innere Leiden oder infolge von Anfällen oder von Störungen der Orientierungsfähigkeit) nicht ohne erhebliche Schwierigkeiten oder nicht ohne Gefahren für sich oder andere Wegstrecken im Ortsverkehr zurückzulegen vermag, die üblicherweise noch zu Fuß zurückgelegt werden. ²Der Nachweis der erheblichen Beeinträchtigung in der Bewegungsfähigkeit im Straßenverkehr kann bei schwerbehinderten Menschen mit einem Grad der Behinderung von wenigstens 80 nur mit einem Ausweis mit halbseitigem orangefarbenem Flächenaufdruck und eingetragenem Merkzeichen G geführt werden, dessen Gültigkeit frühestens mit dem 1. April 1984 beginnt, oder auf dem ein entsprechender Änderungsvermerk eingetragen ist.

(2) ¹Zur Mitnahme einer Begleitperson sind schwerbehinderte Menschen berechtigt, die bei der Benutzung von öffentlichen Verkehrsmitteln infolge ihrer Behinderung regelmäßig auf Hilfe angewiesen sind. ²Die Feststellung bedeutet nicht, dass die schwerbehinderte Person, wenn sie nicht in Begleitung ist, eine Gefahr für sich oder andere darstellt.

I. Allgemeines

1   § 146 Abs. 1 Satz 1 SGB IX definiert die **gesundheitlichen Voraussetzungen der Merkzeichen „G" und „B".** Die Feststellung dieser Voraussetzungen erfolgt auf Antrag des schwerbehinderten Menschen durch das Versorgungsamt (§ 69 Abs. 4 SGB IX; vgl. § 69 RdNr. 65 ff.). Ist ein entsprechender Feststellungsbescheid ergangen und sind die Merkzeichen gem. § 69 Abs. 5 SGB IX in den Schwerbehindertenausweis eingetragen worden, kann der schwerbehinderte Mensch die Nachteilsausgleiche des § 145 SGB IX (unentgeltliche Beförderung des Betroffenen, der Begleitperson und bestimmter Gegenstände) bzw. eine KfZ-Steuerermäßigung nach § 3 a Abs. 2 KraftStG sowie steuerliche Vergünstigungen nach § 9 EStG (Werbungskosten) und § 4 EStG (Gewinn) in Anspruch nehmen. Sind die Merkzeichen „H" (hilflos) oder „Gl" (gehörlos) in den Ausweis eingetragen, besteht ungeachtet einer erheblichen Beeinträchtigung der Bewegungsfähigkeit im Straßenverkehr nach § 145 Abs. 1 Satz 1 SGB IX ein Anspruch auf unentgeltliche Beförderung. **§ 146 Abs. 1 Satz 2 SGB IX** regelt den Nachweis einer erheblichen Beeinträchtigung im Straßenverkehr. **§ 146 Abs. 2 SGB IX** bestimmt, in welchen Fällen eine Begleitperson erforderlich ist.

II. Erhebliche Beeinträchtigung in der Bewegungsfähigkeit im Straßenverkehr (§ 146 Abs. 1 Satz 1 SGB IX)

2   § 146 Abs. 1 Satz 1 SGB IX gilt nur für **schwerbehinderte Menschen** im Sinne von § 2 Abs. 2 SGB IX). Dies folgt aus § 145 Abs. 1 Nr. 1 SGB IX. Dass die Vorschrift bei den Gleichgestellten (§ 2 Abs. 3 SGB IX) nicht anwendbar ist, ergibt sich aus § 68 Abs. 3 SGB IX.

3   Die **Einschränkung des Gehvermögens** kann zunächst auf die Gehfähigkeit auswirkende **Funktionsstörungen der unteren Gliedmaßen und/oder der Lendenwirbelsäule** beruhen, die für sich einen GdB von wenigstens 50 bedingen. Bei Behinderungen an den unteren Gliedmaßen mit einem GdB unter 50 können die Voraussetzungen gegeben sein, wenn diese Behinderungen sich auf die Gehfähigkeit besonders auswirken, z. B. bei Versteifung des Hüftgelenks,

Versteifung des Knie- oder Fußgelenks in ungünstiger Stellung, arteriellen Verschlusskrankheiten mit einem GdB von 40.

Die Bewegungsfähigkeit kann auch auf Grund **innerer Leiden** 4 beeinträchtigt sein. Dementsprechend ist eine erhebliche Beeinträchtigung der Bewegungsfähigkeit vor allem bei Herzschäden mit Beeinträchtigung der Herzleistung wenigstens nach Gruppe 3 (Teil B Nr. 9 VMG) und bei Atembehinderungen mit dauernder Einschränkung der Lungenfunktion wenigstens mittleren Grades (Teil B Nr. 8.3 VMG) anzunehmen. Auch bei anderen inneren Leiden mit einer schweren Beeinträchtigung der körperlichen Leistungsfähigkeit, z. B. chronischer Niereninsuffizienz mit einem Hb-Wert unter 8 g/dl, sind die Voraussaussetzungen als erfüllt anzusehen (Teil B Nr. 12. 1. 3 VMG).

Bei hirnorganischen **Anfällen** ist die Beurteilung von der Art und 5 Häufigkeit der Anfälle sowie von der Tageszeit des Auftretens abhängig. Im Allgemeinen ist auf eine erhebliche Beeinträchtigung der Bewegungsfähigkeit erst ab einer mittleren Anfallshäufigkeit zu schließen (Teil B Nr. 3. 1. 2 VMG), wenn die Anfälle überwiegend am Tage auftreten. Entsprechendes gilt bei Diabetes mellitus mit häufigen hypoglykämischen Schocks (Teil B Nr. Nr. 15.1). Die abstrakte Anfallsgefahr muss zu einer konkreten Gefahr geworden sein, deren Eintritt auf Grund objektiver Kriterien, z. B. wegen der Anfallshäufigkeit oder wegen früheren Auftretens zahlreicher Anfälle überwiegend im Freien, jederzeit möglich erscheint (LSG NRW 28. 5. 1998 – L 7 SB 140/97 – RdLH 1998, 186).

Störungen der Orientierungsfähigkeit, die zu einer erheblichen 6 Beeinträchtigung der Bewegungsfähigkeit führen, sind bei allen Sehbehinderungen mit einem GdB von wenigstens 70, bei Sehbehinderungen, die einen GdB von 50 oder 60 bedingen, nur in Kombination mit erheblichen Störungen der Ausgleichsfunktion (z. B. hochgradige Schwerhörigkeit beiderseits, geistige Behinderung) anzunehmen. Bei Hörbehinderungen ist die Annahme solcher Störungen nur bei Taubheit oder an Taubheit grenzender Schwerhörigkeit im Kindesalter (in der Regel bis zum 16. Lebensjahr – Beendigung der Gehörlosenschule) oder im Erwachsenenalter in Kombination mit erheblichen Störungen der Ausgleichsfunktion (z. B. Sehbehinderung, geistige Behinderung) gerechtfertigt. Bei geistig Behinderten sind entsprechende Störungen der Orientierungsfähigkeit vorauszusetzen, wenn die behinderten Menschen sich im Straßenverkehr auf Wegen, die sie nicht täglich benutzen, nur schwer zurechtfinden können. Unter diesen Umständen ist eine erhebliche Beeinträchtigung der Bewegungsfähigkeit bei geistigen Behinderungen mit einem GdB von 100 immer und mit einem GdB von 80 oder 90 in den meisten Fällen zu bejahen. Bei einem GdB unter 80 kommt eine solche Beeinträchtigung der Bewegungsfähigkeit nur in besonders gelagerten Einzelfällen in Betracht.

7   Das Merkzeichen „G" erhält ferner, dessen Bewegungsfähigkeit im
Straßenverkehr durch das Zusammenwirken von Gesundheitsstörungen und großem Übergewicht beeinträchtigt wird (vgl. BSG 24. 4.
2008 – B 9/9a SB 7/06 R – SozR 4-3250 Nr. 1). Übergewicht allein ist
dagegen nicht ausreichend (LSG Nordrhein-Westfalen – 18. 5. 2004 –
L 6 SB 137/03 – VersorgVerw. 2004, 83).

8   **Weiteres Tatbestandsmerkmal** einer erheblichen Beeinträchtigung der Bewegungsfähigkeit im Straßenverkehr ist, dass der behinderte Mensch infolge der behinderungsbedingten Einschränkung seines Gehvermögens nicht ohne erhebliche Schwierigkeiten oder nicht
ohne Gefahren für sich oder andere **Wegstrecken im Ortsverkehr
zurückzulegen vermag, die üblicherweise noch zu Fuß zurückgelegt werden.** Die insoweit gefestigte sozialgerichtliche Rechtsprechung geht davon aus, dass im Ortsverkehr üblicherweise Wegstrecken
bis zu 2000 Meter noch zu Fuß zurückgelegt werden, und ergänzt diese
Annahme um einen Zeitfaktor, nämlich eine Gehzeit von 30 Minuten
für diese Strecke (BSG 10. 12. 1987 – 9a RVs 11/87 – BSGE 62, 273 =
SozR 3870 § 60 Nr. 2; BSG 13. 8. 1997 – 9 RVs 1/96 – SozR 3–3870 § 60
Nr. 2 s.a. *Dau,* LPK-SGB IX, § 146 RdNr. 6; *Pahlen* in: *Neumann/Pahlen/
Majerski-Pahlen,* SGB IX, § 146 RdNr. 2).

9   Im Gegensatz zum Merkzeichen „aG" bedarf es für die Zuerkennung
des Merkzeichens „G" nicht einer dauernden, d. h. ständigen Bewegungseinschränkung. Es reicht vielmehr aus, wenn der Behinderte an
ca. 40 % der Tage in seiner Gehfähigkeit und Orientierungsfähigkeit
derart eingeschränkt ist, dass er die maßgebliche Wegstrecke nicht mehr
zurücklegen kann (Hessisches LSG 17. 2. 1998 – L 4 SB 1351/95 – Med-
Sach 1998, 166 im Falle regelmäßiger Schmerzattacken).

10   Die Zuerkennung des Merkzeichens „G" hängt ebenso wie bei den
Merkzeichen „B" und „aG" nicht von der Vollendung eines bestimmten
Lebensalters ab. Die Voraussetzungen dieser Merkzeichen können auch
behinderte **Kleinkinder und Säuglinge** erfüllen, und zwar selbst
dann, wenn deren Behinderungen nicht zu Nachteilen gegenüber
gleichaltrigen gesunden Kindern führen. Maßstab für diese Merkzeichen ist ungeachtet der Regel des § 2 Abs. 1 SGB IX, wonach für
Behinderungen nur Abweichungen von dem für das Lebensalter typischen Zustand zu berücksichtigen sind, nicht der Vergleich mit gleichaltrigen Nichtbehinderten. Vielmehr kommt es darauf an, ob die festgestellten Gesundheitsstörungen bei Erwachsenen die Zuerkennung
der Merkzeichen rechtfertigen würden (BSG 12. 2. 1997 – 9 RVs 1/95 –
BSGE 80, 97 = SozR 3–3870 § 4 Nr. 18; *Dau,* LPK-SGB IX, § 146
RdNr. 9).

III. Notwendigkeit ständiger Begleitung
(§ 145 Abs. 2 SGB IX)

Ständige Begleitung ist bei schwerbehinderten Menschen i.S. des **11**
§ 2 Abs. 2 SGB IX notwendig, die bei der Benutzung von öffentlichen
Verkehrsmitteln infolge ihrer Behinderung zur Vermeidung von Gefahren für sich oder andere regelmäßig auf **fremde Hilfe** angewiesen
sind. Es kommt darauf an, ob regelmäßig fremde Hilfe beim Ein- und
Aussteigen oder während der Fahrt des Verkehrsmittels notwendig ist
oder bereit sein muss oder ob Hilfen zum Ausgleich von Orientierungsstörungen (z.B. bei Sehbehinderung, geistiger Behinderung)
erforderlich sind. Die Notwendigkeit ständiger Begleitung ist u.a.
anzunehmen bei Querschnittsgelähmten, Ohnhändern, Blinden und
Sehbehinderten, Hörbehinderten, geistig Behinderten und Anfalls-
kranken, bei denen die Annahme einer erheblichen Beeinträchtigung
der Bewegungsfähigkeit im Straßenverkehr gerechtfertigt ist.

Die Notwendigkeit ständiger Begleitung kann auch bei anderen er- **12**
heblich gehbehinderten, hilflosen oder gehörlosen schwerbehinderten
Menschen angenommen werden, bei denen behinderungsbedingt eine
Begleitung bei der überwiegenden Zahl der öffentlichen Verkehrsmittel
erforderlich ist. Notwendig ist nicht, dass die Hilfe immer tatsächlich
erbracht wird. Es genügt, dass eine **Hilfsperson regelmäßig bereit-
stehen** muss, um der gesteigerten Möglichkeit einer Gefährdung des
behinderten Menschen Rechnung zu tragen (LSG Rheinland-Pfalz
17. 10. 1996 – L 4 Vs 145/95 – LSG Vb-016; *Kossens* in: Kossens/von der
Heide/Maaß, SGB IX, § 146 RdNr. 13). Ferner ist es ausreichend, wenn
die Begleitung und damit die Hilfe nur zum Teil erforderlich ist, z.B.
beim Erreichen des Verkehrsmittels (Bewältigung von Bahnhofstrep-
pen), beim Ein- und Aussteigen, aber auch bei der Orientierung (*Pahlen*
in: *Neumann/Pahlen/Majerski-Pahlen,* SGB IX, § 146 RdNr. 6). Einem
seelisch behinderten Menschen, der Begleitung zur Vermeidung
einer Selbst- und Fremdgefährdung auf Grund fehlender Selbstkontrolle und Aggressionsbereitschaft bedarf, kann das Merkzeichen „B"
zustehen (SG Dortmund 29. 8. 2002 – S 32 SB 198/01).

Bei **Säuglingen und Kleinkindern** sind dieselben Kriterien wie **13**
bei Erwachsenen mit gleichen Gesundheitsstörungen maßgebend. Es
ist nicht zu prüfen, ob tatsächlich diesbezügliche behinderungsbedingte Nachteile vorliegen oder behinderungsbedingte Mehraufwendungen entstehen (s.a. RdNr. 12; a.A. SG Hamburg, 8. 4. 1999 – S 29
VS 587/96 – RdLH 2000, 45 im Falle eines geistig behinderten Kleinkindes).

Schwerbehinderte Menschen, denen das Versorgungsamt auf ihren **14**
Antrag das Merkzeichen „B" in den Schwerbehindertenausweis eingetragen hat, sind nicht verpflichtet, öffentliche Verkehrsmittel auch

tatsächlich nur mit einer Begleitperson zu nutzen. Zweck des Merkzeichens „B" ist es allein, die gesundheitlichen Voraussetzungen für den in § 145 Abs. 2 SGB IX vorgesehenen Nachteilsausgleich der unentgeltlichen Beförderung einer Begleitperson nachzuweisen. Die Regelung zielt damit auf die finanzielle Entlastung von einem behinderungsbedingten Mehraufwand, nicht aber auf eine Einschränkung der Dispositionsfreiheit des behinderten Menschen über die Bedingungen seiner Mobilität. Ein **Ausschluss des alleinreisenden schwerbehinderten Menschen mit dem Merkzeichen „B" von der Beförderung** ist nur auf der Grundlage der allgemeinen Beförderungsbedingungen möglich und setzt eine im Einzelfall konkret bevorstehende Gefahrenlage für die ordnungsgemäße Beförderung voraus (OVG Lüneburg 11. 9. 1984 – 9 OVG A 220/82 – ZfSH/SGB 1985, 513).

IV. Rechtsbehelfe

15   Zu Rechtsbehelfen gegen ablehnende Entscheidungen der Versorgungsämter hinsichtlich der Feststellung der gesundheitlichen Voraussetzungen für die Merkzeichen „G" und „B" wird auf § 145 RdNr. 30 Bezug genommen.

Nah- und Fernverkehr

147 (1) Nahverkehr im Sinne dieses Gesetzes ist der öffentliche Personenverkehr mit

1. Straßenbahnen und Obussen im Sinne des Personenbeförderungsgesetzes,

2. Kraftfahrzeugen im Linienverkehr nach den §§ 42 und 43 des Personenbeförderungsgesetzes auf Linien, bei denen die Mehrzahl der Beförderungen eine Strecke von 50 Kilometer nicht übersteigt, es sei denn, dass bei den Verkehrsformen nach § 43 des Personenbeförderungsgesetzes die Genehmigungsbehörde auf die Einhaltung der Vorschriften über die Beförderungsentgelte gemäß § 45 Abs. 3 des Personenbeförderungsgesetzes ganz oder teilweise verzichtet hat,

3. S-Bahnen in der 2. Wagenklasse,

4. Eisenbahnen in der 2. Wagenklasse in Zügen und auf Strecken und Streckenabschnitten, die in ein von mehreren Unternehmern gebildetes, mit den unter Nummer 1, 2 oder 7 genannten Verkehrsmitteln zusammenhängendes Liniennetz mit einheitlichen oder verbundenen Beförderungsentgelten einbezogen sind,

5. Eisenbahnen des Bundes in der 2. Wagenklasse in Zügen, die überwiegend dazu bestimmt sind, die Verkehrsnachfrage im Nahver-

kehr zu befriedigen (Züge des Nahverkehrs), im Umkreis von 50 Kilometer um den Wohnsitz oder gewöhnlichen Aufenthalt des schwerbehinderten Menschen,

6. sonstigen Eisenbahnen des öffentlichen Verkehrs im Sinne des
§ 2 Abs. 1 und § 3 Abs. 1 des Allgemeinen Eisenbahngesetzes in der
2. Wagenklasse auf Strecken, bei denen die Mehrzahl der Beförderungen eine Strecke von 50 Kilometer nicht überschreiten,

7. Wasserfahrzeugen im Linien-, Fähr- und Übersetzverkehr, wenn
dieser der Beförderung von Personen im Orts- und Nachbarschaftsbereich dient und Ausgangs- und Endpunkt innerhalb dieses Berei-
ches liegen; Nachbarschaftsbereich ist der Raum zwischen benach-
barten Gemeinden, die, ohne unmittelbar aneinander grenzen zu
müssen, durch einen stetigen, mehr als einmal am Tag durchgeführten
Verkehr wirtschaftlich und verkehrsmäßig verbunden sind.

(2) Fernverkehr im Sinne dieses Gesetzes ist der öffentliche Personenverkehr mit

1. Kraftfahrzeugen im Linienverkehr nach § 42 des Personenbeförderungsgesetzes,

2. Eisenbahnen, ausgenommen den Sonderzugverkehr,

3. Wasserfahrzeugen im Fähr- und Übersetzverkehr, sofern keine
Häfen außerhalb des Geltungsbereiches dieses Gesetzbuchs angelau-
fen werden, soweit der Verkehr nicht Nahverkehr im Sinne des Absatzes 1 ist.

(3) Die Unternehmer, die öffentlichen Personenverkehr betreiben,
weisen im öffentlichen Personenverkehr nach Absatz 1 Nr. 2, 5, 6 und
7 im Fahrplan besonders darauf hin, inwieweit eine Pflicht zur unentgeltlichen Beförderung nach § 145 Abs. 1 nicht besteht.

I. Allgemeines

§ 147 Abs. 1 und 2 SGB IX definiert die **Begriffe Nah- und Fern-** **1**
verkehr. Die Abgrenzung des Nah- und Fernverkehrs hat praktische
Bedeutung für den **räumlichen Geltungsbereich** des Anspruchs
schwerbehinderter Menschen auf unentgeltliche Beförderung im öffentlichen Personenverkehr und die Erstattung der Fahrgeldausfälle.
Nach § 145 Abs. 1 SGB IX besteht die Freifahrtberechtigung für bestimmte schwerbehinderte Menschen lediglich im Nahverkehr, während die notwendige Begleitperson und bestimmte Gegenstände nach
§ 145 Abs. 2 SGB IX im Nah- und Fernverkehr unentgeltlich befördert
werden. § 147 Abs. 3 SGB IX verpflichtet die Personenverkehrsunternehmen, darauf hinzuweisen, wenn eine Pflicht auf unentgeltliche Beförderung nicht besteht.

II. Nahverkehr (§ 147 Abs. 1 SGB IX)

2   § 147 Abs. 1 definiert in einem abschließenden Katalog die zum Nahverkehr zu rechnenden Verkehrsmittel. Zu diesen gehören:
– **Straßenbahnen** und **Obusse** i. S. des PBefG **(Nr. 1)**
Diese unterliegen keiner Streckenbegrenzung. **Straßenbahnen** sind
Schienenbahnen, die den Verkehrsraum öffentlicher Straßen benutzen und sich mit ihren baulichen und betrieblichen Einrichtungen sowie in ihrer Betriebsweise der Eigenart des Straßenverkehrs
anpassen oder die einen besonderen Bahnkörper haben und in der
Betriebsweise den erstgenannten Schienbahnen gleichen oder
ähneln und die ausschließlich oder überwiegend der Beförderung
von Personen im Orts- oder Nachbarschaftsbereich dienen (§ 4
Abs. 1 PBefG). Als Straßenbahnen gelten auch Bahnen, die als
Hoch- oder Untergrundbahnen, Schwebebahnen oder ähnliche
Bahnen besonderer Bauart angelegt sind oder angelegt werden,
ausschließlich oder überwiegend der Beförderung von Personen im
Orts- oder Nachbarschaftsbereich dienen und **nicht Bergbahnen
oder Seilbahnen** sind (§ 4 Abs. 2 PBefG). **Obusse** sind elektrisch
angetriebene, nicht an Schienen gebundene Straßenfahrzeuge, die
ihre Antriebsenergie einer Fahrleitung entnehmen (§ 4 Abs. 3
PBefG).
– **Kraftfahrzeuge im Linienverkehr (Nr. 2)**
Diese unterliegen im Regelfall einer Streckenbegrenzung von 50
km. Als Kraftfahrzeuge gelten Personenkraftwagen, Kraftomni-
busse und Lastkraftwagen (§ 4 Abs. 4 PBefG). Linienverkehr ist eine
zwischen bestimmten Ausgangs- und Endpunkten eingerichtete
regelmäßige Verkehrsverbindung, auf der Fahrgäste an bestimmten
Haltestellen ein- und aussteigen können. Er setzt nicht voraus, dass
ein Fahrplan mit bestimmten Abfahrts- und Ankunftszeiten oder
Zwischenhaltestellen eingerichtet ist (§ 42 PBefG). Damit gehört
auch der Verkehr mit **Anruf-Sammel-Taxi** zum Linienverkehr
(vgl. LSG Baden-Württemberg 28. 3. 2008 – 9 S 2312/06 – DÖV
2008, 879). Als Linienverkehr gilt, unabhängig davon, wer den Ablauf der Fahrten bestimmt, auch der Verkehr, der unter Ausschluss
anderer Fahrgäste der regelmäßigen Beförderung von Berufstätigen
zwischen Wohnung und Arbeitsstelle (Berufsverkehr), Schülern
zwischen Wohnung und Lehranstalt (Schülerfahrten), Personen zum
Besuch von Märkten (Marktfahrten) und Theaterbesuchen dient.
Die Regelmäßigkeit wird nicht dadurch ausgeschlossen, dass der Ablauf der Fahrten wechselnden Bedürfnissen der Beteiligten angepasst
wird (§ 43 PBefG). Bei diesen **Sonderformen des Linienverkehrs**
greift die Streckenbegrenzung nicht, soweit die nach § 11 PBfG zuständige Genehmigungsbehörde auf die Einhaltung der Vorschriften

über die Beförderungsentgelte (§ 39 PBfG) gem. § 45 Abs. 3 PBfG
ganz oder teilweise verzichtet hat.
- **S-Bahnen in der 2. Wagenklasse (Nr. 3)**
Diese gehören ohne Streckenbegrenzung zum Nahverkehr. Es handelt sich um von der Deutschen Bahn AG oder ihren Tochtergesellschaften in Ballungsgebieten betriebene **Schnellbahnsysteme**. Damit kann z. B. im Ruhrgebiet von Berechtigten i. S. des § 145 Abs. 1
SGB IX die zwischen den Städten Düsseldorf und Dortmund im
Takt verkehrende S 1 unentgeltlich genutzt werden. Voraussetzung
ist stets, dass S-Bahn-Züge der Nahverkehrswagen im Taktverkehr
eingesetzt werden und als S-Bahnen im Fahrplan ausgewiesen sind.
Der berechtigte schwerbehinderte Mensch kann diese Züge ungeachtet seines Wohnsitzes im **gesamten Bundesgebiet** unentgeltlich
nutzen (*Pahlen* in: Neumann/Pahlen/Majerski-Pahlen, SGB IX,
§ 147 RdNr. 6).
- **Verkehrsverbünde und Verkehrs- und Tarifgemeinschaften
(Nr. 4)**
Erforderlich ist die Bildung eines zusammenhängenden Linien-
netzes verschiedener Verkehrsmittel mit einheitlichen oder verbun-
denen Beförderungsentgelten (Beispiele: Verkehrsverbund Rhein-
Ruhr, Hamburger Verkehrsverbund, Frankfurter Verkehrsverbund).
Auch hier gilt keine Streckenbegrenzung und keine Bindung an den
Wohnsitz oder den gewöhnlichen Aufenthalt des schwerbehinderten Menschen.
- **Züge des Nahverkehrs (Nr. 5)**
Dies sind Regionalbahn (RB), Stadtexpress (SE), Regionalexpress
(RE), Schnellzug (D) und InterRegio (IR) (§ 1 SchwbNV). Für die
unentgeltliche Nutzung dieser Nahverkehrszüge außerhalb von Verkehrsverbünden gilt eine Beschränkung auf den Umkreis von 50 km
um den Wohnsitz oder gewöhnlichen Aufenthalt (§ 30 Abs. 3 SGB I)
des schwerbehinderten Menschen. Hierzu wird dem Freifahrtberechtigten vom Versorgungsamt das zum Schwerbehindertenausweis
gehörende **Streckenverzeichnis der Deutschen Bahn AG** für
seinen Wohnsitz oder gewöhnlichen Aufenthalt ausgehändigt (§ 7
Abs. 2 SchwbAwV). Im Falle des Überschreitens dieser Strecken ist
nur der darüber hinausgehende Fahrpreis zu entrichten. Eine Erweiterung des von der jeweiligen Ortsmitte gemessenen 50-km-Um-
kreises findet auch bei grenznahen Wohnorten und Inselwohnsitzen
nicht statt (*Pahlen* in: Neumann/Pahlen/Majerski-Pahlen, SGB IX,
§ 147 RdNr. 10).
- **Sonstige Eisenbahnen des öffentlichen Verkehrs (Nr. 6)**
Dies sind Angebote des öffentlichen Verkehrs durch private Anbieter, z. B. private Regionalbahnen. Es gilt die Begrenzung auf die
2. Wagenklasse und auf Strecken, bei denen die Mehrzahl der Beförderungen eine Strecke von 50 km nicht überschreitet.

– **Wasserfahrzeuge im Linien-, Fähr- und Übersetzverkehr (Nr. 7)**

Diese gehören zum Nahverkehr, wenn sie der Beförderung von Personen im Orts- und Nachbarschaftsbereich dienen und Ausgangs- und Endpunkt innerhalb dieses Bereichs liegen. Es handelt sich z. B. um den Fährverkehr über einen Fluss, der zwei ufernahe Orte miteinander verbindet. Nachbarschaftsbereiche müssen nicht unmittelbar aneinander grenzen, aber durch einen stetigen, mehr als einmal am Tag durchgeführten Verkehr wirtschaftlich und verkehrsmäßig verbunden sein.

3   **Berg- und Seilbahnen** sind in den Nahverkehrsbegriff nicht einbezogen worden, weil diese Bahnen lediglich in Sonderfällen überwiegend der Beförderung von Personen im Orts- und Nachbarschaftsbereich dienen.

III. Fernverkehr (§ 147 Abs. 2 SGB IX)

4   Zum Fernverkehr gehört der öffentliche Personenverkehr in Kraftfahrzeugen im Linienverkehr (§§ 4 Abs. 4, 42 PBefG), Eisenbahnen ausgenommen Sonderzugverkehr und Wasserfahrzeugen im innerdeutschen Fähr- und Übersetzverkehr, soweit der Verkehr nicht Nahverkehr im Sinne des Abs. 1 ist. Die Regelung greift somit nur **subsidiär** bei Nichtvorliegen der Nahverkehrsvoraussetzungen.

5   Ausgenommen ist der **Luftverkehr.** Infolge der abschließenden Bezugnahme auf die Legaldefinitionen des § 147 SGB IX in § 145 SGB IX besteht auf der Basis des Schwerbehindertenrechts kein Anspruch auf unentgeltliche Beförderung des schwerbehinderten Menschen, seiner notwendigen Begleitperson und der Gegenstände des § 145 Abs. 2 Nr. 2 SGB IX im deutschen Luftverkehr.

IV. Hinweispflicht (§ 147 Abs. 3 SGB IX)

6   Unternehmer, die öffentlichen Personenverkehr betreiben, sind verpflichtet, **im Fahrplan** besonders darauf hinzuweisen, inwieweit die Voraussetzungen einer unentgeltlichen Beförderung nach § 145 Abs. 1 SGB IX i.V.m. § 147 Abs. 1 Nr. 2, 5–7 SGB IX nicht gegeben sind. Dies betrifft die Tatbestandsvoraussetzungen „**Mehrzahl der Beförderungen nicht über 50 km**" bei öffentlichem Personenverkehr mit Kraftfahrzeugen im Linienverkehr (Nr. 2) und sonstigen Eisenbahnen (Nr. 6), „**Verkehrsnachfrage im Nahverkehr**" bei Eisenbahnen des Bundes (Nr. 5) sowie „**Orts- oder Nahbarschaftsbereich**" bei Wasserfahrzeugen (Nr. 7). Die Hinweispflicht dient der Information der schwerbehinderten Menschen über für sie im Einzelfall schwer zu be-

urteilende Grenzen der Freifahrtberechtigung. Sie erfasst **alle Fahrplaninformationsquellen**, mithin den ortsüblich bekannt zu machenden Fahrplan, den Aushangfahrplan in den zum Aufenthalt der Fahrgäste bestimmten Räumen, den Haltestellen-Aushangfahrplan, das Fahrplanheft und die elektronische Fahrplanauskunft (Bihr/Fuchs/Krauskopf/Lewering *Zuck*, SGB IX, § 147 RdNr. 12). Die nähere Ausgestaltung des Hinweises ist den Personenverkehrsunternehmen überlassen.

Erstattung der Fahrgeldausfälle im Nahverkehr

148 (1) Die Fahrgeldausfälle im Nahverkehr werden nach einem Prozentsatz der von den Unternehmern nachgewiesenen Fahrgeldeinnahmen im Nahverkehr erstattet.

(2) Fahrgeldeinnahmen im Sinne dieses Kapitels sind alle Erträge aus dem Fahrkartenverkauf zum genehmigten Beförderungsentgelt; sie umfassen auch Erträge aus der Beförderung von Handgepäck, Krankenfahrstühlen, sonstigen orthopädischen Hilfsmitteln, Tieren sowie aus erhöhten Beförderungsentgelten.

(3) Werden in einem von mehreren Unternehmern gebildeten zusammenhängenden Liniennetz mit einheitlichen oder verbundenen Beförderungsentgelten die Erträge aus dem Fahrkartenverkauf zusammengefasst und dem einzelnen Unternehmer anteilmäßig nach einem vereinbarten Verteilungsschlüssel zugewiesen, so ist der zugewiesene Anteil Ertrag im Sinne des Absatzes 2.

(4) ¹Der Prozentsatz im Sinne des Absatzes 1 wird für jedes Land von der Landesregierung oder der von ihr bestimmten Behörde für jeweils ein Jahr bekannt gemacht. ²Bei der Berechnung des Prozentsatzes ist von folgenden Zahlen auszugehen:

1. der Zahl der in dem Land in dem betreffenden Kalenderjahr ausgegebenen Wertmarken und der Hälfte der in dem Land am Jahresende in Umlauf befindlichen gültigen Ausweise im Sinne des § 145 Abs. 1 Satz 1 von schwerbehinderten Menschen, die das sechste Lebensjahr vollendet haben und bei denen die Berechtigung zur Mitnahme einer Begleitperson im Ausweis eingetragen ist; Wertmarken mit einer Gültigkeitsdauer von einem halben Jahr werden zur Hälfte, zurückgegebene Wertmarken für jeden vollen Kalendermonat vor Rückgabe zu einem Zwölftel gezählt,

2. der in den jährlichen Veröffentlichungen des Statistischen Bundesamtes zum Ende des Vorjahres nachgewiesenen Zahl der Wohnbevölkerung in dem Land abzüglich der Zahl der Kinder, die das sechste Lebensjahr noch nicht vollendet haben, und der Zahlen nach Nummer 1.

[3]Der Prozentsatz ist nach folgender Formel zu berechnen:

$$\frac{\text{Nach Nummer 1 errechnete Zahl}}{\text{Nach Nummer 2 errechnete Zahl}} \times 100$$

[4]Bei der Festsetzung des Prozentsatzes sich ergebende Bruchteile von 0,005 und mehr werden auf ganze Hundertstel aufgerundet, im Übrigen abgerundet.

(5) Weist ein Unternehmer durch Verkehrszählung nach, dass das Verhältnis zwischen den nach diesem Kapitel unentgeltlich beförderten Fahrgästen und den sonstigen Fahrgästen den nach Absatz 4 festgesetzten Prozentsatz um mindestens ein Drittel übersteigt, wird neben dem sich aus der Berechnung nach Absatz 4 ergebenden Erstattungsbetrag auf Antrag der nachgewiesene, über dem Drittel liegende Anteil erstattet. Die Länder können durch Rechtsverordnung bestimmen, dass die Verkehrszählung durch Dritte auf Kosten des Unternehmens zu erfolgen hat.

I. Allgemeines

1   Der **Rechtsanspruch von Unternehmern,** die öffentlichen Personenverkehr betreiben, auf **Erstattung** der durch die unentgeltliche Beförderung von bestimmten schwerbehinderten Menschen, notwendiger Begleitpersonen und bestimmter Gegenstände nach § 145 Abs. 1 und 2 SGB IX entstehenden **Fahrgeldausfälle** ist in § 145 Abs. 3 SGB IX enthalten. In § 148 SGB IX werden die Modalitäten der Erstattung von Fahrgeldausfällen im Nahverkehr i.S. des § 147 Abs. 1 SGB IX geregelt, § 149 SGB IX enthält Entsprechendes für den Fernverkehr. Einzelheiten zu dem öffentlich-rechtlich ausgestalteten **Verwaltungsverfahren** über die Fahrgelderstattung finden sich in § 150 SGB IX.

2   Im **Regelfall** erfolgt eine **pauschalierte Erstattung** nach einem bestimmten Prozentsatz der von dem Unternehmer nachgewiesenen Fahrgeldeinnahmen. Der Prozentsatz wird von der jeweiligen Landesregierung jährlich bestimmt. Dabei werden die in dem jeweiligen Bundesland freifahrtberechtigten schwerbehinderten Menschen mit der Wohnbevölkerung ins Verhältnis gesetzt. Die Regelung ist unter Berücksichtigung der **Härteklausel** in Abs. 5 **verfassungsgemäß** (BVerfG 17. 10. 1984 – 1 BvL 18/82 u. a. – BVerfGE 68, 155).

II. Pauschalierte Fahrgelderstattung (§ 148 Abs. 1–4)

3   Die Fahrgeldausfälle im Nahverkehr werden nach einem Prozentsatz der von den Unternehmern nachgewiesenen Fahrgeldeinnahmen erstattet (§ 148 Abs. 1 SGB IX).

Der Begriff der **Fahrgeldeinnahmen** wird abschließend in § 148 4
Abs. 2 SGB IX als Erträge aus dem Fahrkartenverkauf zum genehmigten Beförderungsentgelt (§ 39 PBefG, § 12 AEG) einschließlich bestimmter Nebeneinnahmen u. a. aus erhöhten Beförderungsentgelten
von Schwarzfahrern definiert. Berücksichtigt werden Ausgleichszahlung für den Ausgleich von Defiziten der Schüler und Auszubil-
dendenbeförderung (vgl. VG Augsburg 22. 6. 2006 – Au 3 K 05.684,
VG Stuttgart 23. 11. 2007 – 9 K 2616/06; str.) und Einnahmen aus
verbilligten Fahrkarten (vgl. Kossens in: Kossens/von der Heide/
Maaß, SGB IX § 148 RdNr. 3; *Neumann/Pahlen*, SGB IX, § 148
RdNr. 3). Einzurechnen sind weiter Einnahmen aus Kombikarten
(vgl. VGH Baden-Württemberg 11. 3. 2008 – 9 S 1369/06).

Nicht einbezogen sind Einnahmen aus Beförderungen in der **1. Wa-** 5
genklasse der Deutschen Bahn AG einschließlich des darin enthaltenen Sockelbetrages für die 2. Wagenklasse (OVG NRW 18. 12. 1996 –
24 A 4120/94 – br 1997, 141). Dies folgt aus der Bezugnahme der Regelung auf die Legaldefinition des Nahverkehrs in § 147 Abs. 1 SGB IX,
die den Nahverkehr im Sinne des Schwerbehindertenrechts auf öffentlichen Personenverkehr mit S-Bahnen und Eisenbahnen in der 2. Wagenklasse beschränkt.

Die Einnahmen und ihre Erzielung im Nahverkehr i.S. des § 147 6
Abs. 1 SGB IX sind vom erstattungsberechtigten Unternehmer **nach-**
zuweisen. Der Nachweis ist an keine bestimmte Form gebunden und
kann durch eine entsprechende Bestätigung des Wirtschaftsprüfers
oder durch die gegenüber dem Finanzamt abzugebende Steuererklä-
rung geführt werden (GK-SGB IX-*Spiolek*, § 148 RdNr. 6).

Für **Verkehrsverbünde** gelten nach **§ 148 Abs. 3 SGB IX** die nach 7
den vereinbarten Anteilen den einzelnen Unternehmern zugewiesenen
Einnahmen als Ertrag i. S. des Abs. 2. Dabei ist nur der Teil zu Grunde
zu legen, der den nach Abs. 2 berücksichtigungsfähigen Beförderungs-
leistungen entspricht.

Die Höhe des **Prozentsatzes,** der von den nachgewiesenen Er- 8
trägen i.S. des Abs. 2 als Fahrgeldausfall erstattet wird, wird jährlich
bezogen auf die einzelnen Bundesländer von der jeweiligen Landesregierung oder der von ihr bestimmten Behörde bekannt gemacht. Die
diesbezügliche **Berechnung** ergibt sich aus **§ 148 Abs. 4 SGB IX**. Die
nach § 145 SGB IX **anspruchsberechtigten Personen** werden anhand der Zahl der ausgegebenen Wertmarken (§ 145 Abs. 1 Satz 2–4
SGB IX, § 3 a Abs. 2 SchwbAwV) sowie die Hälfte der gültigen Ausweise von schwerbehinderten Menschen mit vollendetem sechsten Lebensjahr und dem Merkzeichen „B" (Notwendigkeit ständiger Begleitung, § 145 Abs. 2 Nr. 1 SGB IX, § 3 Abs. 2 Satz 1 Nr. 1 SchwbAwV)
ermittelt. Die erforderlichen statistischen Erfassungen obliegen den
Versorgungsämtern (§ 153 SGB IX). Zur **Bildung des Prozentsatzes**
wird die so ermittelte Zahl der anspruchsberechtigten Personen (§ 148

Abs. 4 Satz 2 Nr. 1 SGB IX) durch die Zahl der Wohnbevölkerung des jeweiligen Bundeslandes zum Vorjahresende abzüglich der Zahl der unter sechsjährigen Kinder und der Zahlen der Wertmarken und berücksichtigungsfähigen Ausweise (Nr. 2 a.a.O.) geteilt und anschließend mit 100 multipliziert (§ 148 Abs. 4 Satz 3 SGB IX).

III. Individuelle Fahrgelderstattung
(§ 148 Abs. 5 SGB IX)

9 § 148 Abs. 5 SGB IX enthält als **Härteklausel** die Möglichkeit der Fahrgelderstattung auf der Basis einer individualisierten Berechnung (zur Notwendigkeit der Härteklausel s. BVerfG 17. 10. 1984 – 1 BvL 18/82 u. a. – BVerfGE 68, 155). Die Vorschrift ist mit dem Grundgesetz vereinbar (vgl. BVerwG 18. 3. 2010 – 3 C 26/09 – BeckRS 48669). Verkehrsunternehmer, die mit dem landeseinheitlich festgelegten Prozentsatz als Berechnungsgrundlage ihres Erstattungsanspruchs nicht einverstanden sind, können nach Abs. 5 durch eine von ihnen durchgeführte **Verkehrszählung** nachweisen, dass das Verhältnis zwischen den unentgeltlich beförderten Fahrgästen und den sonstigen Fahrgästen den nach Abs. 4 festgesetzten Prozentsatz um **mindestens ein Drittel** übersteigt. In diesen Fällen wird auf **Antrag des Unternehmers** das über dem Drittel liegende Fahrgeld erstattet.

10 Im Rahmen seiner Mitwirkungspflicht kann von dem Verkehrsunternehmer die Vorlage eines von ihm bezahlten **Sachverständigengutachtens** verlangt werden (vgl. *Kossens* in: Kossens/von der Heide/Maaß, SGB IX, § 148 RdNr. 7). Zu den methodischen Anforderungen an die Verkehrszählung existieren Richtlinien für Verkehrserhebungen der Forschungsgesellschaft für das Straßenwesen e.V. sowie Verwaltungsvorschriften der Bundesländer, die z.T. den Unternehmern die Wahl zwischen Voll- und Stichprobenerhebungen lassen (*Pahlen* in: *Neumann/Pahlen/Majerski-Pahlen*, SGB IX, § 148 RdNr. 7).

Erstattung der Fahrgeldausfälle im Fernverkehr

149 (1) Die Fahrgeldausfälle im Fernverkehr werden nach einem Prozentsatz der von den Unternehmern nachgewiesenen Fahrgeldeinnahmen im Fernverkehr erstattet.

(2) ¹Der maßgebende Prozentsatz wird vom Bundesministerium für Arbeit und Soziales im Einvernehmen mit dem Bundesministerium der Finanzen und dem Bundesministerium für Verkehr, Bau und Städteentwicklung für jeweils zwei Jahre bekannt gemacht. ²Bei der Berechnung des Prozentsatzes ist von folgenden, für das letzte Jahr vor Beginn des Zweijahreszeitraumes vorliegenden Zahlen auszugehen:

1. der Zahl der im Geltungsbereich dieses Gesetzes am Jahresende in Umlauf befindlichen gültigen Ausweise nach § 145 Abs. 1 Satz 1, auf denen die Berechtigung zur Mitnahme einer Begleitperson eingetragen ist, abzüglich 25 Prozent,

2. der in den jährlichen Veröffentlichungen des Statistischen Bundesamtes zum Jahresende nachgewiesenen Zahl der Wohnbevölkerung im Geltungsbereich dieses Gesetzes abzüglich der Zahl der Kinder, die das vierte Lebensjahr noch nicht vollendet haben, und der nach Nummer 1 ermittelten Zahl.

[3]Der Prozentsatz ist nach folgender Formel zu berechnen:

$$\frac{\text{Nach Nummer 1 errechnete Zahl}}{\text{Nach Nummer 2 errechnete Zahl}} \times 100$$

[4]§ 148 Abs. 4 letzter Satz gilt entsprechend.

I. Allgemeines

§ 149 SGB IX enthält für die Fahrgelderstattung im Fernverkehr **1** i.S.d. § 147 Abs. 2 SGB IX ähnliche Vorgaben wie § 148 SGB IX für den Nahverkehr i.S.d. § 147 Abs. 1 SGB IX.

II. Pauschalierte Fahrgelderstattung (§ 149 Abs. 1 SGB IX)

Die Erstattung im Fernverkehr erfolgt grundsätzlich nach einem **2** Prozentsatz der von den Unternehmern nachgewiesenen Fahrgeldeinnahmen (§ 149 Abs. 1 SGB IX).

Der Begriff der **Fahrgeldeinnahmen** erfasst wie in § 148 Abs. 2 **3** SGB IX alle Erträge aus dem Fahrkartenverkauf zum genehmigten Beförderungsentgelt. Außer Betracht bleiben Einnahmen aus Sonderfahrten. Verbilligte Fahrkarten und Ermäßigungspässe (BahnCard, Jugend- und Seniorenpässe) finden Berücksichtigung.

Der **Prozentsatzes** wird vom BMAS im Einvernehmen mit dem **4** BMF und dem BMV für jeweils 2 Jahre bekannt gemacht wird. Zur Ermittlung des Prozentsatzes wird der Quotient aus den am Jahresende vor dem Beginn des Zweijahreszeitraumes bundesweit im Umlauf befindlichen gültigen Schwerbehindertenausweisen mit dem Eintrag des Merkzeichens „B" (Notwendigkeit ständiger Begleitung, § 145 Abs. 2 Nr. 1 SGB IX, § 3 Abs. 2 Satz 1 Nr. 1 SchwbAwV), abzüglich 25 %, und der zum Jahresende nachgewiesenen Zahl der Wohnbevölkerung der Bundesrepublik Deutschland, abzüglich der unter vierjährigen Kinder und der Zahl der ermittelten Ausweise gebildet. Multipliziert mit 100 ergibt sich der Erstattungsprozentsatz für den Fernverkehr.

5　Da nur die Begleitpersonen nach § 145 Abs. 2 SGB IX im Fernverkehr unentgeltlich befördert werden, werden dementsprechend lediglich die mit dem Merkzeichen „B" gekennzeichneten Schwerbehindertenausweise gezählt, ohne dass es auf die nur zur unentgeltlichen Beförderung der schwerbehinderten Menschen im Nahverkehr berechtigenden Wertmarken ankommt. Die statistischen Erhebungen erfolgen nach § 153 SGB IX durch die Versorgungsverwaltung. Der **Korrekturfaktor** von 25 % beruht auf der Annahme, dass Bahnreisen für schwerbehinderte Menschen mit der Notwendigkeit ständiger Begleitung erhebliche Beschwernisse mit sich bringen und deshalb in deutlich geringerem Umfang unternommen werden als von der übrigen Bevölkerung (Bihr/Fuchs/Krauskopf/Lewering *Zuck*, SGB IX, § 149 RdNr. 3; *Neumann/Pahlen*, SGB IX, § 149 RdNr. 2).

III. Keine Härteklausel

6　Eine der Regelung in § 148 Abs. 5 SGB IX entsprechende **Härteklausel** mit der Möglichkeit einer individualisierten Berechnung der Fahrgelderstattung existiert für den Fernverkehr nicht. Regionale Unterschiedlichkeiten in der Inanspruchnahme der unentgeltlichen Beförderung wirken sich im Fernverkehr deutlich weniger aus als im Nahverkehr, so dass eine Ausnahme von der pauschalierten Berechnung der Fahrgeldausfälle entbehrlich erscheint.

Erstattungsverfahren

150 (1) [1]Die Fahrgeldausfälle werden auf Antrag des Unternehmers erstattet. [2]Bei einem von mehreren Unternehmern gebildeten zusammenhängenden Liniennetz mit einheitlichen oder verbundenen Beförderungsentgelten können die Anträge auch von einer Gemeinschaftseinrichtung dieser Unternehmer für ihre Mitglieder gestellt werden. [3]Der Antrag ist bis zum 31. Dezember für das vorangegangene Kalenderjahr zu stellen, und zwar für den Nahverkehr nach § 151 Abs. 1 Satz 1 Nr. 1 und für den Fernverkehr an das Bundesverwaltungsamt, für den übrigen Nahverkehr bei den in Absatz 3 bestimmten Behörden.

(2) [1]Die Unternehmer erhalten auf Antrag Vorauszahlungen für das laufende Kalenderjahr in Höhe von insgesamt 80 Prozent des zuletzt für ein Jahr festgesetzten Erstattungsbetrages. [2]Die Vorauszahlungen werden je zur Hälfte am 15. Juli und am 15. November gezahlt. [3]Der Antrag auf Vorauszahlungen gilt zugleich als Antrag im Sinne des Absatzes 1. [4]Die Vorauszahlungen sind zurückzuzahlen, wenn Unterlagen, die für die Berechnung der Erstattung erforderlich sind, nicht

bis zum 31. Dezember des auf die Vorauszahlung folgenden Kalenderjahres vorgelegt sind.

(3) ¹Die Landesregierung oder die von ihr bestimmte Stelle legt
die Behörden fest, die über die Anträge auf Erstattung und Vorauszahlung entscheiden und die auf den Bund und das Land entfallenden
Beträge auszahlen. ²§ 11 Abs. 2 bis 4 des Personenbeförderungsgesetzes gilt entsprechend.

(4) Erstreckt sich der Nahverkehr auf das Gebiet mehrerer Länder,
entscheiden die nach Landesrecht zuständigen Landesbehörden
dieser Länder darüber, welcher Teil der Fahrgeldeinnahmen jeweils
auf den Bereich ihres Landes entfällt.

(5) Die Unternehmen im Sinne des § 151 Abs. 1 Satz 1 Nr. 1 legen
ihren Anträgen an das Bundesverwaltungsamt den Anteil der nachgewiesenen Fahrgeldeinnahmen im Nahverkehr zugrunde, der auf
den Bereich des jeweiligen Landes entfällt; für den Nahverkehr von
Eisenbahnen des Bundes im Sinne des § 147 Abs. 1 Satz 1 Nr. 5 bestimmt sich dieser Teil nach dem Anteil der Zugkilometer, die von einer
Eisenbahn des Bundes mit Zügen des Nahverkehrs im jeweiligen Land
erbracht werden.

(6) ¹Hinsichtlich der Erstattungen gemäß § 148 für den Nahverkehr
nach § 151 Abs. 1 Satz 1 Nr. 1 und gemäß § 149 sowie der entsprechenden Vorauszahlungen nach Absatz 2 wird dieses Kapitel in bundeseigener Verwaltung ausgeführt. ²Die Verwaltungsaufgaben des Bundes erledigt das Bundesverwaltungsamt nach fachlichen Weisungen
des Bundesministeriums für Arbeit und Soziales in eigener Zuständigkeit.

(7) ¹Für das Erstattungsverfahren gelten das Verwaltungsverfah-
rensgesetz und die entsprechenden Gesetze der Länder. ²Bei Streitigkeiten über die Erstattungen und die Vorauszahlungen ist der Verwal-
tungsrechtsweg gegeben.

I. Allgemeines

§ 150 SGB IX regelt das **Erstattungsverfahren** für **Fahrgeld-** 1
ausfälle der nach § 145 Abs. 1 und 2 SGB IX zur unentgeltlichen Beförderung bestimmter schwerbehinderter Menschen, ihrer notwendigen
Begleitpersonen und bestimmter Gegenstände verpflichteten Unternehmer des öffentlichen Personenverkehrs. Der **Rechtsanspruch** des
Unternehmers auf Erstattung beruht auf § 145 Abs. 3 SGB IX, die **Be-**
rechnungsgrundlagen ergeben sich aus den §§ 148 f. SGB IX.

II. Antragsstellung, Zuständigkeiten

2   Die Erstattung der Fahrgeldausfälle erfolgt nicht von Amts wegen, sondern nur auf **Antrag** des Unternehmers bzw. bei Verkehrsverbünden einer Gemeinschaftseinrichtung der beteiligten Unternehmer. Der Antrag ist **fristgebunden.** Eine wirksame Antragstellung setzt den Antragseingang innerhalb einer **Ausschlussfrist** bis zum 31. Dezember für das vorangegangene Kalenderjahr bei der zuständigen Behörde voraus (Bihr/Fuchs/Krauskopf/Lewering *Zuck,* SGB IX, § 150 RdNr. 3).

3   Erstattungsanträge für den Fernverkehr i.S. des § 147 Abs. 2 SGB IX sind an das **Bundesverwaltungsamt** in Köln zu richten, das nach fachlichen Weisungen des BMAS die Verwaltungsaufgaben des Bundes in eigener Zuständigkeit erledigt (§ 150 Abs. 6 SGB IX). Dies gilt auch für Erstattungen von Fahrgeldausfällen im Nahverkehr (§ 147 Abs. 1 SGB IX) an Unternehmer, deren Unternehmen sich überwiegend in der Hand des Bundes oder eines mehrheitlich dem Bund gehörenden Unternehmens befinden (§ 150 Abs. 1 SGB IX). Antragsteller haben in ihren Erstattungsanträgen den Anteil der nachgewiesenen Fahrgeldeinnahmen im Nahverkehr zu Grunde zu legen, der auf den Bereich des jeweiligen Bundeslandes entfällt. Bei den unentgeltlichen Beförderungen, die von der Deutschen Bahn AG oder einer ihrer Tochtergesellschaften im 50 km-Umkreis der jeweiligen Streckenverzeichnisse (vgl. § 147 RdNr. 2) erbracht werden, bestimmt sich der berücksichtigungsfähige Fahrgeldanteil nach dem Anteil der Zugkilometer, die mit Nahverkehrszügen im jeweiligen Bundesland erbracht werden (§ 150 Abs. 5 SGB IX). Die Zuständigkeit des Bundesverwaltungsamtes zur Durchführung des Erstattungsverfahrens als **bundeseigene Verwaltung** im Fernverkehr und bundeseigenen Nahverkehr folgt der **Kostentragung** des Bundes für die unentgeltliche Beförderung in diesem Bereich nach § 151 Abs. 1 Satz 1 Nr. 1 und 3 SGB IX.

4   Für den übrigen **Nahverkehr** i.S. des § 147 Abs. 1 SGB IX sind Erstattungsanträge bei den von der jeweiligen Landesregierung oder einer ihr bestimmten Stelle festgelegten Behörde zu stellen (§ 150 Abs. 3 SGB IX). Für die **Zuständigkeit auf Bezirksebene** verweist § 150 Abs. 3 Satz 2 SGB IX auf § 11 Abs. 2–4 PBefG. Demnach ist bei Straßenbahnen, Obussen oder Kraftfahrzeugen im Linienverkehr die Straßenverkehrsbehörde zuständig, in deren Bezirk die Linie betrieben wird. Bei bezirksübergreifenden Verbindungen richtet sich die Zuständigkeit nach dem Ausgangspunkt der Linie.

5   Wird gem. § 148 Abs. 5 SGB IX eine **individualisierte Berechnung** der Fahrgeldausfälle begehrt, ist dem Antrag das Ergebnis der erforderlichen Verkehrszählung beizufügen.

6   Bei dem Sonderfall eines **länderübergreifenden Nahverkehrs** erfolgt gem. § 150 Abs. 4 SGB IX eine anteilige Erstattung nach dem An-

teil des jeweiligen Streckenabschnitts im Verhältnis zur Gesamtstrecke
und aus der Anzahl der Fahrten.

III. Vorauszahlungen (§ 150 Abs. 2 SGB IX)

Ebenfalls **antragsabhängig** sind die Vorauszahlungen auf **zu er-** 7
wartende Fahrgelderstattungen für das laufende Kalenderjahr in
Höhe von insgesamt 80 % des zuletzt für ein Jahr festgesetzten Erstattungsbetrages, auszuzahlen je zur Hälfte am 15. Juli und am 15. November (§ 150 Abs. 2 SGB IX). Die Maßgeblichkeit des zuvor festgesetzten Erstattungsbetrages besteht ungeachtet der Bestandskraft des zu
Grunde liegenden Bescheides (*Pahlen* in: Neumann/Pahlen/Majerski,
SGB IX, § 150 RdNr. 3). Die Zuständigkeiten entsprechen denen der
Fahrgelderstattung.

Liegt noch keine Erstattungsbetragsfestsetzung vor, an der sich die 8
Höhe der Vorauszahlung bemessen könnte, ist zur Vermeidung von
Härten eine **Schätzung** vorzunehmen (*Kossens* in: Kossens/von der
Heide/Maaß, SGB IX, § 150 RdNr. 4). Dies entspricht dem Zweck der
Vorauszahlung, die Liquidität der für die schwerbehindertenrecht-
lichen Nachteilsausgleich in Dienst genommenen Unternehmen des
öffentlichen Personenverkehrs nicht zu gefährden.

Legt der Unternehmer die für die Berechnung der Erstattung erfor- 9
derlichen Unterlagen nicht fristgerecht vor, sind die geleisteten Vorauszahlungen unmittelbar nach Fristablauf komplett **zurückzuzahlen**
(§ 150 Abs. 2 Satz 4 SGB IX).

IV. Verwaltungsverfahren, Rechtsweg

Nach § 150 Abs. 7 Satz 1 SGB IX gelten für das Erstattungsverfahren 10
das **VwfG** des Bundes und die entsprechenden **Verwaltungsverfahrensgesetze der Länder**. Bei der Erstattung von Fahrgeldausfällen
für die unentgeltliche Beförderung schwerbehinderter Menschen an
Verkehrsunternehmer handelt es sich nicht um die Gewährung von
Sozialleistungen. Die mit der Erstattung befassten Behörden arbeiten
allgemein mit dem VwfG bzw. den entsprechenden Landesverwal-
tungsverfahrensgesetzen (BT-Drucks. 14/5531, S. 12).

Bei Streitigkeiten über die Erstattungen und die Vorauszahlungen 11
ist die Zuständigkeit der **Verwaltungsgerichtsbarkeit** gegeben (§ 150
Abs. 7 Satz 2 SGB IX). Als Folgeänderung zum Wegfall des § 131
VwGO – Zulassung der Berufung und der Beschwerde – sind die bisher in § 64 Abs. 8 SchwbG enthaltenen diesbezüglichen Regelungen
entfallen (BT-Drucks. 14/5074, S. 115).

12 Streitverfahren über die Erstattung von Fahrgeldausfällen betreffen nicht Streitigkeiten auf dem Gebiet der Schwerbehindertenfürsorge und sind deshalb **nicht** gem. § 188 Satz 2 VwGO **gerichtskostenfrei** (BVerwG 25. 7. 1990 – 7 B 100/90 – NVwZ-RR 1991, 31; *Kossens* in: Kossens/von der Heide/Maaß, SGB IX, § 150 RdNr. 9).

Kostentragung

151 (1) ¹Der Bund trägt die Aufwendungen für die unentgeltliche Beförderung

1. im Nahverkehr, soweit Unternehmen, die sich überwiegend in der Hand des Bundes oder eines mehrheitlich dem Bund gehörenden Unternehmens befinden (auch in Verkehrsverbünden), erstattungsberechtigte Unternehmer sind,
2. im übrigen Nahverkehr für
a) schwerbehinderte Menschen im Sinne des § 145 Abs. 1, die aufgrund eines Grades der Schädigungsfolgen von mindestens 50 Anspruch auf Versorgung nach dem Bundesversorgungsgesetz oder nach anderen Bundesgesetzen in entsprechender Anwendung der Vorschriften des Bundesversorgungsgesetzes haben oder Entschädigung nach § 28 des Bundesentschädigungsgesetzes erhalten,
b) ihre Begleitperson im Sinne des § 145 Abs. 2 Nr. 1,
c) die mitgeführten Gegenstände im Sinne des § 145 Abs. 2 Nr. 2 sowie
3. im Fernverkehr für die Begleitperson und die mitgeführten Gegenstände im Sinne des § 145 Abs. 2.
²Die Länder tragen die Aufwendungen für die unentgeltliche Beförderung der übrigen Personengruppen und der mitgeführten Gegenstände im Nahverkehr.

(2) ¹Die nach Absatz 1 Satz 1 Nr. 2 auf den Bund und nach Absatz 1 Satz 2 auf die einzelnen Länder entfallenden Aufwendungen für die unentgeltliche Beförderung im Nahverkehr errechnen sich aus dem Anteil der in dem betreffenden Kalenderjahr ausgegebenen Wertmarken und der am Jahresende in Umlauf befindlichen gültigen Ausweise im Sinne des § 145 Abs. 1 Satz 1 von schwerbehinderten Menschen, die das sechste Lebensjahr vollendet haben und bei denen die Berechtigung zur Mitnahme einer Begleitperson im Ausweis eingetragen ist, der jeweils auf die in Absatz 1 genannten Personengruppen entfällt. ²Wertmarken mit einer Gültigkeitsdauer von einem halben Jahr werden zur Hälfte, zurückgegebene Wertmarken für jeden vollen Kalendermonat vor Rückgabe zu einem Zwölftel gezählt.

(3) ¹Die auf den Bund entfallenden Ausgaben für die unentgeltliche Beförderung im Nahverkehr werden für Rechnung des Bundes geleis-

tet. [2]Die damit zusammenhängenden Einnahmen werden an den Bund abgeführt. [3]Persönliche und sächliche Verwaltungskosten werden nicht erstattet.

(4) Auf die für Rechnung des Bundes geleisteten Ausgaben und die mit ihnen zusammenhängenden Einnahmen wird § 4 Abs. 2 des Ersten Überleitungsgesetzes in der im Bundesgesetzblatt Teil III, Gliederungsnummer 603–3, veröffentlichten bereinigten Fassung, das zuletzt durch Artikel 2 des Gesetzes vom 20. Dezember 1991 (BGBl. I S. 2317) geändert worden ist, nicht angewendet.

I. Allgemeines

§ 151 SGB IX regelt die Verteilung der für die unentgeltliche Beför- 1
derung freifahrtberechtigter schwerbehinderter Menschen, ihrer notwendigen Begleitpersonen und bestimmter Gegenstände (§ 145 Abs. 1 und 2 SGB IX) entstehenden Kosten zwischen Bund und Ländern. Den in Dienst genommenen Unternehmern des öffentlichen Personenverkehrs werden die Fahrgeldausfälle erstattet (§ 145 Abs. 3 i.V.m. §§ 148–150 SGB IX).

II. Kostenträger

Der **Bund** ist in den in § 151 Abs. 1 Satz 1 SGB IX abschließend auf- 2
gezählten Fällen der alleinige Kostenträger. Die Kostenträgerschaft besteht für Aufwendungen durch die unentgeltliche Beförderung im **Fernverkehr** (Nr. 3) und für einen Teil der Aufwendungen im Nahverkehr. Im **Nahverkehr** sind dies Erstattungen an bundeseigene oder mehrheitlich dem Bund gehörende Unternehmen (Nr. 1) sowie Aufwendungen für die unentgeltliche Beförderung von Versorgungs- und Entschädigungsberechtigten mit einer MdE um wenigstens 50 v.H. (Nr. 2 a), deren notwendige Begleitperson (Nr. 2 b) und die mitgeführten Gegenstände (Nr. 2 c) durch andere als Bundesunternehmen.

Der auf den Bund entfallende **Anteil der Aufwendungen** für die 3
unentgeltliche Beförderung schwerbehinderter Versorgungs- und Entschädigungsberechtigter und ihrer Begleitpersonen im nicht bundeseigenen Nahverkehr wird gem. § 151 Abs. 2 SGB IX anhand deren Anteil an den ausgegebenen Wertmarken und der Hälfte der am Jahresende in Umlauf befindlichen gültigen Schwerbehindertenausweise mit dem Merkzeichen „B" (Notwendigkeit ständiger Begleitung) berechnet. Die entsprechenden anteiligen Aufwendungen hat der Bund dem jeweiligen Bundesland zu erstatten, bei dem die Unternehmer ihre Fahrgeldausfälle im Nahverkehr geltend machen (§ 150 Abs. 3

SGB IX). Die Länder werden in diesen Fällen im Rahmen der **Auftragsverwaltung** für den Bund tätig, wobei Verwaltungskosten nicht erstattet werden (§ 151 Abs. 3 SGB IX) und infolge der Regelung des § 151 Abs. 4 SGB IX die jeweiligen landesrechtlichen Haushaltsvorschriften anzuwenden sind (vgl. *Pahlen* in: *Neumann/Pahlen/Majerski-Pahlen, SGB IX, § 151 RdNr. 3*).

4   Die Finanzierungszuständigkeit des Bundes für Aufwendungen im Fernverkehr und im Nahverkehr durch bundeseigene Unternehmen entspricht der in § 150 Abs. 6 SGB IX angeordneten Ausführung des Fahrgelderstattungsverfahrens in **bundeseigener Verwaltung** durch das Bundesverwaltungsamt (Art. 87 Abs. 3 Satz 1 GG i.V.m. Art. 104 a Abs. 1 GG). Im Nahverkehr handelt es sich vornehmlich um S-Bahn- und Omnibusverkehr der Deutschen Bahn AG.

5   Die Aufwendungen für die unentgeltliche Beförderung der **übrigen Personengruppen im Nahverkehr** tragen nach § 151 Abs. 1 Satz 2 SGB IX die **Länder**. Dies betrifft Aufwendungen für die nach § 145 Abs. 1 SGB IX anspruchsberechtigten schwerbehinderten Menschen, die in ihrer Bewegungsfähigkeit im Straßenverkehr erheblich beeinträchtigt oder hilflos (Merkzeichen „H" oder gehörlos (Merkzeichen „Gl") sind, soweit die unentgeltliche Beförderung durch nicht bundeseigene Verkehrsunternehmen erfolgt.

6   Die Absicht der Bundesregierung, die Kosten für die unentgeltliche Beförderung schwerbehinderter Menschen im **Schienenpersonennahverkehr** und durch regionale Omnibusgesellschaften der **Deutsche Bahn AG** vom Bund auf die Länder zu verlagern, konnte nicht verwirklicht werden. Eine entsprechende Gesetzesänderung haben die Länder abgelehnt, obwohl die Zuständigkeit für den öffentlichen Personennahverkehr entsprechend dem Regionalisierungsgesetz seit 1996 vollständig auf die Länder übergegangen ist. Der Bund begründet mit dieser Zuordnung seine Auffassung, dass insoweit auch die mit der unentgeltlichen Beförderung schwerbehinderter Menschen und ihrer notwendigen Begleitpersonen verbundenen finanziellen Lasten von den Ländern getragen werden müssten (BT-Drucks. 13/9514, S. 92 f.).

III. Rechtsstreitigkeiten

7   Rechtsstreitigkeiten über Fragen der Kostentragung zwischen dem Bund und Bundesländern oder zwischen Bundesländern sind vor dem in erster und letzter Instanz zuständigen BVerwG auszutragen (§ 50 Abs. 1 Nr. 1 VwGO).

Einnahmen aus Wertmarken

152 [1]Von den durch die Ausgabe der Wertmarke erzielten jährlichen Einnahmen sind an den Bund abzuführen:

1. die Einnahmen aus der Ausgabe von Wertmarken an schwerbehinderte Menschen im Sinne des § 151 Abs. 1 Satz 1 Nr. 2,

2. ein bundeseinheitlicher Anteil der übrigen Einnahmen, der vom Bundesministerium für Arbeit und Soziales im Einvernehmen mit dem Bundesministerium der Finanzen und dem Bundesministerium für Verkehr, Bau und Stadtentwicklung für jeweils ein Jahr bekannt gemacht wird. Er errechnet sich aus dem Anteil der nach § 151 Abs. 1 Satz 1 Nr. 1 vom Bund zu tragenden Aufwendungen an den Gesamtaufwendungen von Bund und Ländern für die unentgeltliche Beförderung im Nahverkehr, abzüglich der Aufwendungen für die unentgeltliche Beförderung der in § 151 Abs. 1 Satz 1 Nr. 2 genannten Personengruppen.

[2]Die durch Ausgabe von Wertmarken an schwerbehinderte Menschen im Sinne des § 151 Abs. 1 Satz 1 Nr. 2 erzielten Einnahmen sind zum 15. Juli und zum 15. November an den Bund abzuführen. [3]Von den eingegangenen übrigen Einnahmen sind zum 15. Juli und zum 15. November Abschlagszahlungen in Höhe des Prozentsatzes, der für das jeweilige Vorjahr nach Satz 1 Nr. 2 bekannt gemacht wird, an den Bund abzuführen. [4]Die auf den Bund entfallenden Einnahmen sind für jedes Haushaltsjahr abzurechnen.

§ 152 SGB IX regelt spiegelbildlich zur Kostenträgerschaft nach **1**
§ 151 SGB IX die **Aufteilung der Einnahmen** aus dem Verkauf von Wertmarken. Seit dem Haushaltsbegleitgesetz 1984 wird von der Mehrzahl der „freifahrtberechtigten" schwerbehinderten Menschen eine **Eigenbeteiligung** durch den Kauf einer Wertmarke für derzeit 60 Euro pro Jahr (§ 145 Abs. 1 Satz 2–3 SGB IX) verlangt (vgl. § 145 RdNr. 16 ff.). Versorgungsämter verkaufen diese Wertmarken, die auf einem Beiblatt zum Bestandteil des Schwerbehindertenausweises werden. Die Erlöse fließen den Bundesländern zu, die nach Maßgabe des § 152 SGB IX einen Teil davon an den Bund abzuführen haben.

In den Fällen, in denen der Bund den Verkehrsunternehmen die **2**
Fahrgeldausfälle erstattet, soll er auch von Einnahmen aus dem Wertmarkenverkauf profitieren. Dies betrifft gem. § 152 Satz 1 Nr. 1 SGB IX **versorgungs- und entschädigungsberechtigte schwerbehinderte Menschen** i.S. d. § 151 Abs. 1 Satz 1 Nr. 2 SGB IX, wobei dieser Personenkreis z.T. nach § 145 Abs. 1 Satz 5 Nr. 3 SGB IX vom Wertmarkenerwerb ausgenommen ist. Die verbleibenden Wertmarkenerlöse dieses Personenkreises führen die Länder zum 15. Juli und 15. November an den Bund ab (§ 152 Satz 2 SGB IX).

3   Darüber hinaus steht dem Bund ein bundeseinheitlich festzulegen-
der **Anteil der übrigen Wertmarkenerlöse** der Bundesländer zu
(§ 152 Satz 1 Nr. 2 SGB IX). Der Verteilungsschlüssel ergibt sich aus
§ 152 Satz 2 SGB IX. Demnach wird der Bundesanteil errechnet aus
dem Anteil der Bundesaufwendungen für Fahrgelderstattungen an
bundeseigene Unternehmen i. S. d. § 151 Abs. 1 Satz 1 Nr. 1 SGB IX an
den Gesamtaufwendungen von Bund und Ländern für die unentgeltliche Beförderung im Nahverkehr, abzüglich der dem Bund gesondert
zufließenden Aufwendungen für versorgungs- und entschädigungsberechtigte schwerbehinderte Menschen i. S. d. § 151 Abs. 1 Satz 1 Nr. 2
SGB IX. Zu den genannten Stichtagen werden auch **Abschlagszahlungen der Länder** an den Bund von den eingegangenen übrigen
Wertmarkenerlösen auf der Basis der Vorjahresanteile fällig (§ 152 Satz
3 SGB IX). Der Bundesanteil an den übrigen Einnahmen aus Wertmarken wird durch den BMAS im Einvernehmen mit dem BMF und dem
BMV jährlich bekanntgemacht.

Erfassung der Ausweise

153   [1]Die für die Ausstellung der Ausweise nach § 69 Abs. 5 zuständigen Behörden erfassen

1. die am Jahresende in Umlauf befindlichen gültigen Ausweise,
getrennt nach

   a) Art,

   b) besonderen Eintragungen und

   c) Zugehörigkeit zu einer der in § 151 Abs. 1 Satz 1 genannten Gruppen,

2. die im Kalenderjahr ausgegebenen Wertmarken, unterteilt nach
der jeweiligen Gültigkeitsdauer, und die daraus erzielten Einnahmen,
getrennt nach Zugehörigkeit zu einer der in § 151 Abs. 1 Satz 1 genannten Gruppen

als Grundlage für die nach § 148 Abs. 4 Nr. 1 und § 149 Abs. 2 Nr. 1
zu ermittelnde Zahl der Ausweise und Wertmarken, für die nach § 151
Abs. 2 zu ermittelnde Höhe der Aufwendungen sowie für die nach
§ 152 vorzunehmende Aufteilung der Einnahmen aus der Ausgabe
von Wertmarken. [2]Die zuständigen obersten Landesbehörden teilen
dem Bundesministerium für Arbeit und Soziales das Ergebnis der Erfassung nach Satz 1 spätestens bis zum 31. März des Jahres mit, in dem
die Prozentsätze festzusetzen sind.

1   Die **Versorgungsämter** sind die nach § 69 Abs. 5 SGB IX zuständigen Behörden. Sie stellen die Schwerbehindertenausweise aus, geben
Wertmarken ab und nehmen die in § 153 SGB IX vorgesehene statisti-

sche Erfassung vor. Die Erfassung ist erforderlich für die **Berechnung der Fahrgelderstattung** an Unternehmer im Nah- und Fernverkehr (§ 145 Abs. 3 SGB IX i.V.m. §§ 148 f. SGB IX), für die **Verteilung der Erstattungskosten** zwischen Bund und Ländern (§ 151 SGB IX) und für die **Aufteilung der Einnahmen** aus dem Wertmarkenverkauf (§ 152 SGB IX).

Erfasst werden in diesem Zusammenhang anhand der am Jahresende 2 in Umlauf befindlichen Schwerbehindertenausweise die Berechtigungen zur unentgeltlichen Beförderung der schwerbehinderten Menschen (§ 145 Abs. 1 SGB IX) und ihrer notwendigen Begleitpersonen (§ 145 Abs. 2 SGB IX) sowie die versorgungs- und entschädigungsberechtigten schwerbehinderten Menschen i.S. d. § 151 Abs. 1 Satz 1 Nr. 2 a SGB IX. Die von den zuständigen obersten Landesbehörden jährlich dem BMAS mitzuteilenden Ergebnisse der statistischen Erfassungen beziehen sich weiterhin auf die Ausgabe der Wertmarken und die hierbei erzielten Erlöse, unterteilt in Einnahmen versorgungs- und entschädigungsberechtigter und sonstiger schwerbehinderter Menschen.

Verordnungsermächtigungen

154 (1) Die Bundesregierung wird ermächtigt, in der Rechtsverordnung auf Grund des § 70 nähere Vorschriften über die Gestaltung der Wertmarken, ihre Verbindung mit dem Ausweis und Vermerke über ihre Gültigkeitsdauer zu erlassen.

(2) Das Bundesministerium für Arbeit und Soziales und das Bundesministerium für Verkehr, Bau und Stadtentwicklung werden ermächtigt, durch Rechtsverordnung festzulegen, welche Zuggattungen von Eisenbahnen des Bundes zu den Zügen des Nahverkehrs im Sinne des § 147 Abs. 1 Nr. 5 und zu den zuschlagpflichtigen Zügen des Nahverkehrs im Sinne des § 145 Abs. 1 Satz 1 zweiter Halbsatz zählen.

§ 154 Abs. 1 SGB IX ermächtigt die Bundesregierung, in der 1 **SchwbAwV** (nähere Vorschriften über die Gestaltung der Wertmarken, ihre Verbindung mit dem Ausweis und Vermerke über ihre Gültigkeit zu erlassen. Die gesetzlichen Regelungen zu den Wertmarken befinden sich in § 145 Abs. 1 Satz 2–9 SGB IX, das ergänzende Verordnungsrecht in § 3 a SchwbAwV (vgl. § 145 RdNr. 16 ff.).

§ 154 Abs. 2 SGB IX übernimmt die bisher in § 61 Abs. 4 SchwbG 2 enthaltene Ermächtigung des BMA und des BMV zum Erlass der **SchwbNV**. Diese Rechtsverordnung enthält Aufzählungen der Züge des Nahverkehrs i.S. d. § 147 Abs. 1 Nr. 5 SGB IX und der zuschlagspflichtigen Züge des Nahverkehrs i.S. d. § 145 Abs. 1 Satz 1 2. Halbs. SGB IX.

Kapitel 14. Straf-, Bußgeld- und Schlussvorschriften

Strafvorschriften

155 (1) Wer unbefugt ein fremdes Geheimnis, namentlich ein zum persönlichen Lebensbereich gehörendes Geheimnis oder ein Betriebs- oder Geschäftsgeheimnis, offenbart, das ihm als Vertrauensperson schwerbehinderter Menschen anvertraut worden oder sonst bekannt geworden ist, wird mit Freiheitsstrafe bis zu einem Jahr oder mit Geldstrafe bestraft.

(2) ¹Handelt der Täter gegen Entgelt oder in der Absicht, sich oder einen anderen zu bereichern oder einen anderen zu schädigen, so ist die Strafe Freiheitsstrafe bis zu zwei Jahren oder Geldstrafe. ²Ebenso wird bestraft, wer unbefugt ein fremdes Geheimnis, namentlich ein Betriebs- oder Geschäftsgeheimnis, zu dessen Geheimhaltung er nach Absatz 1 verpflichtet ist, verwertet.

(3) Die Tat wird nur auf Antrag verfolgt.

Übersicht

I. Allgemeines

1   Die einzige strafrechtliche Vorschrift im SGB IX stellt den Verrat und die Verwertung von Geheimnissen unter Strafe, die der Vertrauensperson anvertraut oder bekannt geworden sind. Eine vergleichbare Regelung enthielt § 69 SchwbG; eine sachliche Änderung gegenüber dem früheren Rechtszustand war nicht beabsichtigt (Gesetzesbegründung der Bundesregierung, BT Drucks. 14/5074 zu Art. 1 §§ 155 ff.).

2   In zahlreichen gesetzlichen Vorschriften werden der Verrat und die Verwertung solcher Geheimnisse unter Strafe gestellt, die einer Person in einer bestimmten Funktion im Arbeits- oder Wirtschaftleben anvertraut sind oder bekannt werden. Strafbewehrt ist der Geheimnisverrat durch Betriebsratsmitglieder (§ 120 BetrVG), durch Vorstands- oder

Aufsichtsratsmitglieder einer AG (§ 404 AktG) sowie durch Geschäftsführer einer GmbH (§ 85 GmbHG). Bei diesen Vorschriften handelt es
sich um sog. **nebenstrafrechtliche Regelungen**, also um echte Straf-
vorschriften außerhalb des Strafgesetzbuches (StGB).

Gesetzliches **Leitbild** der nebenstrafrechtlichen Normen zum **Ge-** 3
heimnisverrat sind die **§§ 203, 204 StGB**. Danach wird mit Geld-
oder Freiheitsstrafe bestraft, wer unbefugt ein **fremdes Geheimnis**,
namentlich ein zum persönlichen Lebensbereich gehörendes Geheimnis oder ein Betriebs- oder Geschäftsgeheimnis offenbart, das ihm **in
einer bestimmten Eigenschaft anvertraut** ist. Zum Täterkreis im
Sinne des § 203 Abs. 1 StGB rechnen Ärzte, Psychologen, Rechtsanwälte oder Mitarbeiter von Beratungsstellen. § 203 Abs. 2 StGB erweitert den Kreis der möglichen Täter um Personen, denen in amtlicher
Eigenschaft fremde Geheimnisse anvertraut werden. Dazu zählen in
erster Linie alle Amtsträger im öffentlichen Dienst, Angehörige aller
Personalvertretungen in Bund, Ländern und Gemeinden sowie öffentlich bestellte Sachverständige. Statt nun den Kreis der tauglichen Täter
in § 203 Abs. 2 StGB auch um Personen zu erweitern, denen in ihrer
Eigenschaft als Betriebsratsmitglieder oder Vertrauenspersonen Geheimnisse anvertraut oder bekannt werden, hat es der Gesetzgeber bei
den Sondervorschriften in § 120 BetrVG und § 155 SGB IX belassen.
Eine inhaltliche Abkehr von den Grundsätzen, die seit Jahrzehnten
Auslegung und Anwendung des § 203 StGB bestimmen, ist damit
nicht beabsichtigt. Diese Grundsätze sind deshalb auch im Rahmen
von § 155 SGB IX von Bedeutung.

II. Schutzgut

Schutzgut des § 155 ist der **persönliche Lebens- und Geheimnis-** 4
bereich schwerbehinderter Menschen; in gleicher Weise geschützt
sind die **Geschäfts- und Betriebsgeheimnisse** des Arbeitgebers
(*Kossens/von der Heide/Maaß*, SGB IX, § 155 RdNr. 2; *Oppermann* in
Hauck/Noftz, SGB IX, K § 155 RdNr. 3). Der schwerbehinderte
Mensch ist in vielen Situationen darauf angewiesen, persönliche Umstände, insbesondere gesundheitliche Verhältnisse der Schwerbehindertenvertretung gegenüber offen zu legen, damit diese seine Interessen wirksam vertreten kann. Der Arbeitgeber wiederum kann es
gelegentlich nicht vermeiden, Interna von Produktionsabläufen oder
Kostenkalkulationen gegenüber der Schwerbehindertenvertretung zu
offenbaren, soweit über den Einsatz eines schwerbehinderten Menschen auf einem bestimmten Arbeitsplatz gestritten wird. Beide sollen
dies tun können, ohne befürchten zu müssen, dass die vertraulichen Informationen an Dritte, z. B. an Kollegen, Vorgesetzte oder betriebliche
Konkurrenten gelangen. Da die Kriminalstrafe die härteste Sanktion

darstellt, über die die Rechtsordnung verfügt, bringt § 155 in erster
Linie zum Ausdruck, welchen **hohen Stellenwert der Gesetzgeber
dem Schutz der persönlichen Geheimnisse** des schwerbehinderten
Menschen zumisst. Die **tatsächliche kriminalpolitische Bedeutung** der Vorschrift ist demgegenüber äußerst **gering** (vgl. auch *Trenk-
Hinterberger*, HK-SGB IX, § 155 RdNr. 1). Zu § 69 SchwbG ist in den
16 Jahren seiner Geltung keine gerichtliche Entscheidung veröffentlicht worden, und in keinem der Kommentare zu § 155 SGB IX ist ein
praktischer Fall erwähnt, in dem es zumindest zu staatsanwaltlichen
Ermittlungen oder einer Anklageerhebung wegen Geheimnisverrats
durch eine Vertrauensperson der schwerbehinderten Menschen gekommen ist.

III. Täterkreis

5   § 155 beschränkt die Strafbarkeit auf den Kreis der **Vertrauenspersonen** der Schwerbehindertenvertretung (§ 96) und der Gesamt-,
Haupt-, Bezirks- und Konzernschwerbehindertenvertretung (§ 97).
Andere Personen, die mit der Ausführung des Gesetzes betraut sind
oder sonst in amtlicher oder privater Funktion mit Angelegenheiten
schwerbehinderter Menschen befasst sind, scheiden als Täter aus. Das
gilt insbesondere für den Arbeitgeber sowie den von ihm bestellten
Beauftragten nach § 98 (*Oppermann* in Hauck/Noftz, SGB IX, K § 155
RdNr. 5; *Cramer*, SchwbG, § 69 RdNr. 1). Während der **Verstoß des
Arbeitgebers** gegen die Vertraulichkeit **straflos** bleibt, gelten für die
Mitarbeiter der Integrations- und Versorgungsämter sowie der Agen-
turen für Arbeit die allgemeinen Vorschriften. Geben diese vertrauliche
Umstände über schwerbehinderte Menschen weiter, die sie in amt-
licher Eigenschaft erfahren haben, sind sie nach § 203 Abs. 2 Satz 1 Nr. 1
StGB strafbar.

6   § 155 ist als **Sonderdelikt** ausgestaltet. Das bedeutet, dass nur Personen, die die Stellung einer Vertrauensperson innehaben, das Delikt be-
gehen können (vgl. allg. *Lackner/Kühl*, StGB, Vor § 13 RdNr. 33). Die
Mitarbeiterin einer Vertrauensperson, die medizinische Unterlagen
über einen schwerbehinderten Menschen ohne Wissen der Vertrauensperson weitergibt, kann nicht Täterin der Straftat nach § 155 sein. Deshalb geht auch die Vertrauensperson, die ihrer Mitarbeiterin lediglich
den Tipp gibt, wo die Unterlagen liegen, **straflos** aus. Anstiftung und
Beihilfe im Sinne der §§ 26, 27 StGB können nur vorsätzlichen und
rechtswidrigen Haupttaten geleistet werden, und eine solche Tat liegt
nicht vor, wenn nicht die Vertrauensperson selbst die Vertraulichkeit
verletzt.

IV. Strafbare Handlung

Die in § 155 unter Strafe gestellte Handlung besteht in dem **unbe-** 7
fugten Offenbaren von Geheimnissen, regelmäßig also in einem
Verstoß der Vertrauensperson gegen die ihr nach § 96 Abs. 7 obliegende **Verschwiegenheitspflicht**. Der Tatbestand der Vorschrift ist
verwirklicht, wenn die Vertrauensperson Umstände gegenüber Dritten offen legt, die der Geheimhaltung unterliegen und ihr gerade **in**
ihrer Eigenschaft als Vertrauensperson bekannt geworden sind.
Es macht keinen Unterschied, ob ihr die vertraulichen Umstände
mündlich oder schriftlich anvertraut worden sind, und ob die Vertrauensperson den Dritten mündlich informiert oder ihm bestimmte
Unterlagen zugänglich macht. Strafbar ist auch die Weitergabe solcher Informationen, die nicht unmittelbar mit der Schwerbehinderteneigenschaft zusammenhängen, solange sie der schwerbehinderte
Mensch der Vertrauensperson gegenüber gerade in dieser Eigenschaft
– **nicht** etwa nur **beiläufig von Kollege zu Kollege** – eröffnet
hat. Das gilt etwa für Dinge aus dem persönlichen Umfeld (Ehe,
Familie), solange der schwerbehinderte Mensch diese Umstände nicht
schon einem größeren Personenkreis gegenüber ausgesprochen hat,
so dass sie – jedenfalls im Betrieb – nicht mehr als Geheimnisse gelten können.

Zentrale Bedeutung bei der Anwendung des § 155 hat – wie auch 8
im Rahmen des Geheimnisverrats nach § 203 StGB – das Merkmal
„**unbefugt**". Die Weitergabe von Informationen über schwerbehinderte Betriebsangehörige etwa gegenüber dem Arbeitgeber oder den
Behörden rechnet gerade zu den Aufgaben der Vertrauensperson, so
dass eine Strafbarkeit immer nur dann in Betracht kommt, wenn diese
mit der Weitergabe eines bestimmten Umstandes ohne rechtliche Befugnis gehandelt hat. Daran fehlt es, wenn der **schwerbehinderte**
Mensch, um dessen geschützte Privatsphäre es geht, in die **Weitergabe**
der Information einwilligt oder wenn die Vertrauensperson im
Rahmen ihrer Tätigkeit **gesetzlich zur Offenbarung berechtigt** ist.
Ist das Geheimnis „befugt" offenbart worden, ist der Tatbestand des
§ 155 nicht verwirklicht. Es handelt sich insoweit nicht um einen
Rechtfertigungsgrund (unklar *Oppermann*, a.a.O. RdNr. 10). Als ech-
ter Rechtfertigungsgrund für die an sich unbefugte Weitergabe von
Geheimnissen kommt dagegen der **Notstand im Sinne des § 34**
StGB in Betracht. Das kann etwa der Fall sein, wenn die Vertrauensperson gegen den ausdrücklichen Willen des schwerbehinderten Mitarbeiters den Arbeitgeber davon unterrichtet, dass der Schwerbehinderte – ohne Bezug zu seiner Schwerbehinderung – an einer hoch an-
steckenden Krankheit leidet und gleichwohl z. B. ärztlich tätig ist und
so täglich Patienten in Lebensgefahr bringt.

9   Strafbar ist nur die **vorsätzliche Weitergabe** von Geheimnissen. Das ergibt sich aus § 15 StGB. Danach ist – auch im Bereich des außerhalb des StGB geregelten Strafrechts – nur vorsätzliches Handeln strafbar, soweit das Gesetz nicht ausdrücklich auch fahrlässiges Handeln unter Strafe stellt. Das ist in § 155 gerade nicht geschehen.

10   Wenn das unbefugte Handeln entsprechend dem Wortlaut des § 155 als Tatbestandsmerkmal verstanden wird, hat das zur Folge, dass nach § 16 Abs. 1 StGB der **Vorsatz** des Täters **entfällt**, wenn er über die **Umstände irrt**, die sein Handeln bei der Offenbarung eines schutzwürdigen Geheimnisses als berechtigt erscheinen lassen. Das ist etwa der Fall, wenn die Vertrauensperson eine Mitteilung des schwerbehinderten Menschen **fehlerhaft als Einwilligung** in die Weitergabe medizinischer Unterlagen **versteht**. Erkennt die Vertrauensperson jedoch, dass der schwerbehinderte Mensch mit der Weitergabe der Unterlagen nicht einverstanden ist, nimmt aber zu Unrecht an, auf die Einwilligung komme es nicht an, liegt nur ein **Verbotsirrtum** nach § 17 StGB vor. Dieser lässt die Strafbarkeit nur entfallen, wenn er unvermeidbar war.

11   Im Rahmen des § 155 ist nur der **vollendete Bruch von Geheimnissen** strafbar. Ein nicht berechtigter Dritter muss also tatsächlich durch die Vertrauensperson Dinge von einem schwerbehinderten Menschen erfahren haben, die er bisher noch nicht kannte. Plant die Vertrauensperson lediglich, unbefugt Unterlagen weiterzugeben, oder wird der Umschlag mit den Unterlagen vom Arbeitgeber abgefangen, bevor er den Dritten erreicht, bleibt die Vertrauensperson straflos. Der **Versuch** des Deliktes nach § 155 ist **nicht mit Strafe bedroht**. Das ergibt sich aus § 23 Abs. 1 StGB. Danach ist der Versuch eines Vergehens – anders als der Versuch eines Verbrechens – nur strafbar, wenn das Gesetz das ausdrücklich bestimmt. Die Tat nach § 155 ist ein **Vergehen** und kein Verbrechen, weil die Mindeststrafe weniger als ein Jahr beträgt (§ 12 Abs. 1 StGB), und § 155 enthält keine Anordnung der Versuchsstrafbarkeit.

V. Qualifizierte Form

12   § 155 Abs. 2 Satz 1 stellt eine sog. qualifizierte Form der Geheimnisweitergabe unter eine gegenüber der Tat nach § 155 Abs. 1 höhere Strafe. Das **Qualifizierungsmerkmal** ist erfüllt, wenn die Vertrauensperson **gegen Entgelt** oder in der Absicht handelt, sich oder einen anderen zu **bereichern** oder einen anderen zu **schädigen**. Diese Tatbestände sind theoretisch – also abgesehen davon, dass dem Tatbestand des § 155 insgesamt nur geringe tatsächliche Bedeutung zukommt – häufig erfüllt. Wenn die Vertrauensperson vorsätzlich Geheimnisse über einen schwerbehinderten Mitarbeiter des Betriebes weitergibt, wird sie dafür in der Regel ein Motiv haben. Die nahe liegenden Motive sind in § 155

Abs. 2 Satz 1 genannt: Geldgier, Bereicherungsabsicht oder der Wunsch, dem schwerbehinderten Mitarbeiter zu schaden. **Handelt die Vertrauensperson auf Bitten des Arbeitgebers**, liegt selbst dann kein Handeln gegen Entgelt vor, wenn der Arbeitgeber eine mit einer Gehaltserhöhung verbundenen Beförderung als Motivationsanreiz in Aussicht stellt. Etwas anderes gilt, wenn der Arbeitgeber den Geheimnisverrat unmittelbar mit einem Geldbetrag honoriert.

Eine andere Tathandlung als in § 155 Abs. 1 und Abs. 2 Satz 1 wird in § 155 Abs. 2 Satz 2 unter Strafe gestellt. Wie in § 204 StGB ist hier Tathandlung die **unbefugte Verwertung eines fremden Geheimnisses**, namentlich eines Betriebs- oder Geschäftsgeheimnisses. Verwertung ist die wirtschaftliche Ausnutzung des Geheimnisses **zur Gewinnerzielung** (BT Drucks.7/550, S. 244 zu § 204 StGB); dabei reicht es aus, wenn ein Dritter, also nicht die Vertrauensperson selbst, den Gewinn erzielt oder erzielen soll. Im Zusammenhang mit der Tätigkeit als Vertrauensperson dürfte eine Geheimnisverwertung nur selten möglich sein. Zu denken ist etwa an Informationen über besondere, noch nicht allgemein bekannte Verfahren zur behindertengerechten Ausgestaltung von Arbeitsplätzen. Wenn diese für das Unternehmen von wirtschaftlichem Wert sind, etwa weil ihre Patentierung erfolgt oder geplant ist, erfüllt die Vertrauensperson den Tatbestand der unbefugten Geheimnisverwertung, wenn sie die entsprechenden Pläne als eigene Ideen an konkurrierende Unternehmen weitergibt oder sich – ohne Billigung des Arbeitgebers – damit an honorierten Ideenwettbewerben beteiligt. Die Strafe für die Tathandlung der Verwertung entspricht dem Strafrahmen für den qualifizierten Geheimnisverrat in § 155 Abs. 2 Satz 1.

13

VI. Straffolgen

Die Folgen der Taten nach § 155 ergeben sich aus den §§ 38 ff. StGB, insbesondere aus § 40 StGB hinsichtlich der in der Regel allein in Betracht kommenden Geldstrafe. Diese wird in Tagessätzen bemessen, deren Höhe sich nach dem **Einkommen des Täters** richtet. Selbst wenn eine Vertrauensperson wegen des unbefugten Offenbarens von Geheimnissen zu einer Freiheitsstrafe von einem Jahr und mehr verurteilt worden ist, **verliert** sie **nicht automatisch die Rechte aus ihrer Stellung als Vertrauensperson**. Eine entsprechende Rechtsfolge lässt § 45 StGB als Nebenfolge grundsätzlich zu, doch tritt diese Konsequenz nur bei Verbrechen ein, und § 155 ist – auch in der qualifizierten Form des Abs. 2 – nur als Vergehen ausgestaltet (zutreffend *Oppermann* in Hauck/Noftz, SGB IX, K § 155 RdNr. 15; *Trenk-Hinterberger*, HK-SGB IX, § 155 RdNr. 13; a. A. *Neumann/Pahlen/Majerski-Pahlen*, SGB IX, § 155 RdNr. 8; *Kossens/von der Heide/Maaß*, SGB IX, § 155 RdNr. 10; *Hoffmann*, LPK-SGB IX, § 155 RdNr. 10).

14

15   Die Tat nach § 155 wird nur verfolgt, wenn der Verletzte, also der geschützte schwerbehinderte Mensch, einen **Strafantrag** stellt (§ 155 Abs. 3). Die Einzelheiten über die Antragstellung, die für die Entgegennahme des Antrags zuständigen Behörden sowie die Rücknahme eines Strafantrages ergeben sich aus §§ 77 ff. StGB.

16   Das Delikt nach § 155 **verjährt** nach **drei Jahren**. Das gilt sowohl für den Grundtatbestand nach Abs. 1 als auch für die qualifizierten Tathandlungen nach Abs. 2. Gemäß § 78 Abs. 3 Nr. 5 StGB beträgt die Verjährungsfrist bei den Straftaten mit der geringsten Strafandrohung einheitlich drei Jahre. Entgegen einer verbreitet vertretenen Auffassung (z. B. *Neumann/Pahlen/Majerski-Pahlen*, a.a.O. § 155 RdNr. 7; *Kossens/von der Heide/Maaß*, SGB IX, § 155 RdNr. 11; *Hoffmann*, a.a.O., RdNr. 7) erfüllt auch die Tat nach § 155 Abs. 2 nicht die Voraussetzung einer fünfjährigen Verjährung (*Oppermann*, a.a.O. RdNr. 17). Diese gilt nach § 78 Abs. 3 Nr. 4 StGB nur für Taten, die im Höchstaß mit Freiheitsstrafe von mehr als einem bis zu fünf Jahren bedroht sind. Die Höchststrafe bei § 155 Abs. 2 beträgt nur zwei Jahre.

Bußgeldvorschriften

156   (1) Ordnungswidrig handelt, wer vorsätzlich oder fahrlässig

   1. entgegen § 71 Abs. 1 Satz 1, auch in Verbindung mit einer Rechtsverordnung nach § 79 Nr. 1, oder § 71 Abs. 1 Satz 3 schwerbehinderte Menschen nicht beschäftigt,

   2. entgegen § 80 Abs. 1 ein Verzeichnis nicht, nicht richtig, nicht vollständig oder nicht in der vorgeschriebenen Weise führt oder nicht oder nicht rechtzeitig vorlegt,

   3. entgegen § 80 Abs. 2 Satz 1 oder Abs. 4 eine Anzeige nicht, nicht richtig, nicht vollständig, nicht in der vorgeschriebenen Weise oder nicht rechtzeitig erstattet,

   4. entgegen § 80 Abs. 5 eine Auskunft nicht, nicht richtig, nicht vollständig oder nicht rechtzeitig erteilt,

   5. entgegen § 80 Abs. 7 Einblick in den Betrieb oder die Dienststelle nicht oder nicht rechtzeitig gibt,

   6. entgegen § 80 Abs. 8 eine dort bezeichnete Person nicht oder nicht rechtzeitig benennt,

   7. entgegen § 81 Abs. 1 Satz 4 oder 9 eine dort bezeichnete Vertretung oder einen Beteiligten nicht, nicht richtig, nicht vollständig oder nicht rechtzeitig unterrichtet,

   8. entgegen § 81 Abs. 1 Satz 7 eine Entscheidung nicht erörtert, oder

9. entgegen § 95 Abs. 2 Satz 1 die Schwerbehindertenvertretung nicht, nicht richtig, nicht vollständig oder nicht rechtzeitig unterrichtet oder nicht oder nicht rechtzeitig hört.

(2) Die Ordnungswidrigkeit kann mit einer Geldbuße bis zu 10.000 Euro geahndet werden.

(3) Verwaltungsbehörde im Sinne des § 36 Abs. 1 Nr. 1 des Gesetzes über Ordnungswidrigkeiten ist die Bundesagentur für Arbeit.

(4) § 66 des Zehnten Buches gilt entsprechend.

(5) [1]Die Geldbuße ist an das Integrationsamt abzuführen. [2]Für ihre Verwendung gilt § 77 Abs. 5.

Übersicht

I. Allgemeines

Die Vorschrift enthält zahlreiche Tatbestände, die die Verletzung 1 von Verpflichtungen, insbesondere der Arbeitgeber, im Zusammenhang mit dem SGB IX mit einem Bußgeld bedrohen. Die Bestimmung entspricht im Wesentlichen § 68 SchwbG, lediglich die Tatbestände der Ziff. 7 und 8 gehen auf das Gesetz zur Bekämpfung der Arbeitslosigkeit Schwerbehinderter vom 29. September 2000 zurück. Durch die Gesetze zur Änderung von Fristen und Bezeichnungen im SGB IX und zur Änderung anderer Gesetze vom 3. 4. 2003 (BGBl. I S. 462) und zur Förderung der Ausbildung und Beschäftigung schwerbehinderter Menschen vom 23. 4. 2004 (BGBl. I S. 606) wurde durch die Einfügung *oder* § 71 Abs. 1 Satz 3 in Abs. 1 Ziff. 1 lediglich die Richtigstellung einer Verweisung vorgenommen (Gesetzesbegründung, BT-Drucks. 15/1783 S. 19). Gegenüber der Ausgangsfassung des SGB IX vom 19. 6. 2001 wurde in Abs. 2 die Geldbuße von 5000 DM auf 10.000 EUR deutlich erhöht. Die Formulierung *Landesarbeitsamt* wurde durch *Bundesagentur für Arbeit* in Abs. 3 durch das 4. Gesetz für moderne Dienstleistungen am Arbeitsmarkt vom 24. 12. 2003 ersetzt.

II. Ordnungswidrigkeiten

2   Mit der Wendung „ordnungswidrig handelt" nimmt § 156 auf das „Gesetz über Ordnungswidrigkeiten" (OwiG) Bezug, aus dem sich ergibt, nach welchen Grundsätzen Ordnungswidrigkeiten geahndet werden können. Im **OwiG** ist gewissermaßen der **allgemeine Rahmen der Sanktionierung** vorgegeben, während § 156 in Abs. 1 die einzelnen Tatbestände beschreibt und in den Absätzen 2 und 3 bereichsspezifische Sonderregelungen über die maximale Höhe der Geldbuße (10.000,– €) und über die zuständige Verwaltungsbehörde (Bundesagentur für Arbeit) trifft.

3   Ordnungswidrigkeiten sind Verstöße gegen bestimmte **gesetzliche Gebots- und Verbotsvorschriften**, die der Gesetzgeber ausdrücklich als solche bestimmt hat. Ob ein Verhalten strafbar ist, als ordnungswidrig geahndet werden kann oder sanktionslos bleibt, bestimmt allein und abschließend das Gesetz.

4   Zwischen Straftaten und Ordnungswidrigkeiten bestehen Gemeinsamkeiten und Unterschiede, die auch im Rahmen der Anwendung des § 156 von Bedeutung sind. Ordnungswidrigkeiten können **nur mit Geldbuße** und nicht mit Freiheitsstrafe geahndet werden. Bei Ordnungswidrigkeiten erfolgt **keine Anklagerhebung** durch die Staatsanwaltschaft, soweit die Staatsanwaltschaft nicht die Verfolgung der Ordnungswidrigkeit im Rahmen der Verfolgung einer Straftat mit übernommen hat (§ 42 OwiG). Die **zuständige Verfolgungsbehörde** – bei Verstößen nach § 156 die Bundesagentur für Arbeit – erlässt vielmehr nach den erforderlichen Ermittlungen einen **Bußgeldbescheid** zur Ahndung der Ordnungswidrigkeit (§ 65 OwiG), gegen den der Betroffene binnen zwei Wochen **Einspruch** einlegen kann (§ 67 OwiG). Über den Einspruch entscheidet dann das zuständige **Amtsgericht** (§ 68 OwiG) nach einem Verfahren, das an die Vorschriften der Strafprozessordnung angelehnt ist.

5   Die Vorschriften über die Formen der Teilnahme an einer Ordnungswidrigkeit, über Vorsatz und Fahrlässigkeit, über Rechtfertigungsgründe und die Sanktionsmöglichkeiten beim Versuch (§§ 8–16 OwiG) entsprechen weitgehend denjenigen im Strafrecht. Wichtige Abweichungen ergeben sich aus den §§ 9 und 31 OwiG.

§ 156 bedroht bestimmte Verstöße des Arbeitgebers im Zusammen- **6**
hang mit der Ausführung des SGB IX mit Bußgeld. Da Ordnungswidrigkeiten grundsätzlich nur von **natürlichen Personen** begangen
werden können, muss gesetzlich geregelt sein, wer mit einem Bußgeld
geahndet werden kann, wenn der Arbeitgeber keine natürliche Person
sondern eine juristische Person (AG, GmbH, Körperschaft des öffentlichen Rechts) ist. Das ergibt sich aus § 9 und § 130 OwiG. Danach ist
das Bußgeldverfahren gegen den **gesetzlichen Vertreter des Arbeitgebers** zu richten, wenn der Arbeitgeber, also das Unternehmen bzw.
die Körperschaft des öffentlichen Rechts, die schwerbehinderte Menschen beschäftigen, ihre Verpflichtungen nach § 156 Abs. 2 nicht erfüllen. Ist der Arbeitgeber eine Einzelperson, trifft ihn persönlich die
Verantwortung für die Einhaltung der Bestimmungen des SGB IX
und er kann auch mit einem Bußgeld belegt werden. Ansonsten hängt
die Verantwortung von den Vertretungsstrukturen und der Rechtsform des Unternehmens ab. Für juristische Personen des Privatrechts
(GmbH, AG, KG) handeln **Geschäftsführer oder Vorstand** (§ 9
Abs. 1 Ziff. 1 OwiG), und diese trifft persönlich die Verpflichtung, die
Vorschriften des SGB IX zu beachten. Wenn die Leitungsorgane eines
Unternehmens einen oder mehrere Angestellte damit beauftragen, sich
um die Angelegenheiten der schwerbehinderten Mitarbeiter zu küm-
mern, sind diese Personen auch nach dem Ordnungswidrigkeitenrecht
dafür verantwortlich, dass die Bestimmungen des SGB IX beachtet
werden (§ 9 Abs. 2 OwiG). Für „Stellen, die Aufgaben der öffentlichen
Verwaltung wahrzunehmen haben", also den gesamten öffentlichen
Dienst, gelten die Regelungen über die Verantwortung der leitenden
Mitarbeiter entsprechend (§ 9 Abs. 2 Satz 3 OwiG). Betroffen sind
Mitarbeiter mit Personalverantwortung, die nach dem für die jeweilige Behörde oder Einrichtung geltenden Organisationsplan für
die Wahrnehmung der Arbeitgeberpflichten nach dem SGB IX zuständig sind (*Oppermann* in Hauck/Noftz, SGB IX, K § 156 RdNr. 6).
Wegen der bußgeldrechtlichen Konsequenzen muss das genau und
nachvollziehbar geregelt sein. Soweit das nicht geschieht, die **Verant-
wortungsstrukturen** für die Schwerbehindertenangelegenheiten
deshalb **unklar** sind mit der Folge, dass gegen keinen leitenden Mitarbeiter der Personal- oder Sozialabteilung eines Unternehmens Buß-
geldbescheide erlassen werden können, sind die **gesetzlichen Vertreter des Unternehmens ordnungsrechtlich verantwortlich** für
Verstöße gegen die in § 156 Abs. 2 genannten Bestimmungen, weil sie
die erforderlichen organisatorischen Maßnahmen im Unternehmen
unterlassen haben (§ 130 OwiG).

Allein durch die Bestellung eines **Beauftragten des Arbeitgebers** **7**
im Sinne des § 98 können sich der Betriebsinhaber oder die gesetzlichen Vertreter nicht von der Verantwortung für die Einhaltung der
Arbeitgeberverpflichtungen nach dem SGB IX frei zeichnen. Die **Un-**

ternehmensleitung muss durch **Überwachungsmaßnahmen** und Kontrollen sicherstellen, dass die Vorschriften tatsächlich beachtet werden (s. auch § 98 RdNr. 13).

8   Einer der wichtigsten Unterschiede zwischen Straftatbeständen und Ordnungswidrigkeiten liegt darin, dass die Verfolgung von Ordnungswidrigkeiten im **Ermessen der zuständigen Verfolgungsbehörde** liegt (§ 47 Abs. 1 OwiG), während die Staatsanwaltschaft Straftatbestände verfolgen muss. Auch soweit die Verfolgung nur auf Antrag möglich ist, besteht grundsätzlich kein Ermessen der Staatsanwaltschaft, von der Verfolgung abzusehen. Sie kann bei bestimmten, im Gesetz abschließend aufgeführten Tatbeständen zwar von der Erhebung der Anklage absehen und den Betroffenen auf die Privatklage verweisen (§ 376 StPO in Verbindung mit § 374 StPO), doch gilt diese Befugnis nicht für Verstöße gegen § 155 SGB IX. Bei den in § 156 geregelten Ordnungswidrigkeiten besteht jedoch ein Verfolgungsermessen der Verwaltungsbehörde, das zumindest grundsätzlich auch das Recht einschließt, keine Ermittlungen aufzunehmen, wenn eine Tat nach § 156 Abs. 2 angezeigt wird. Da Verfolgungsbehörde nach § 156 Abs. 3 ausschließlich die Bundesagentur für Arbeit ist, die auf eine gute Kooperation mit den Unternehmen angewiesen ist, die schwerbehinderte Menschen beschäftigen, liegt eine – vorsichtig formuliert – deutliche **Zurückhaltung bei der Verfolgung von Ordnungswidrigkeiten** nach § 156 Abs. 2 nahe (vgl. auch *Düwell*, BB 2000, 2570, 2572 sowie *Oppermann* in Hauck/Noftz, SGB IX, K § 156 RdNr. 31).

9   Der Tatbestand der einzelnen Ordnungswidrigkeiten wird in den Vorschriften der Ziff. 1 bis 9 des § 156 Abs. 2 beschrieben. Im Mittelpunkt steht jeweils die Tatbegehung durch **Unterlassen**, wenn die Tathandlung so formuliert wird, dass der Arbeitgeber „entgegen einer Verpflichtung aus … keinen Einblick gewährt …". Bei der regelmäßig ausdrücklich angesprochenen unvollständigen oder fehlerhaften Erfüllung von Pflichten kann man streiten, ob der Vorwurf eher auf dem **Tun** („nicht richtig ausfüllt …") oder auf dem Unterlassen vollständiger und richtiger Angaben liegt. Der Streit ist ohne praktische Bedeutung, weil die Sanktion für Tun und Unterlassen dieselbe ist. Die aus dem Strafrecht bekannte Einschränkung der Strafbarkeit von Unterlassungen, dass nämlich eine konkrete Handlungspflicht bestanden haben muss (§ 13 StGB), hat im Rahmen des § 156 Abs. 2 keine Auswirkungen. Die Personen, deren Verhalten überhaupt mit einem Bußgeld geahndet werden kann, sind regelmäßig verpflichtet, die Vorschriften des Gesetzes im Zusammenhang mit der Beschäftigung behinderter Menschen zu beachten und korrekt auszuführen.

10   Anders als die Straftat nach § 155 können die Ordnungswidrigkeiten nach § 156 **vorsätzlich und fahrlässig** begangen werden; das ist in Abs. 1 ausdrücklich bestimmt. Fahrlässiges Handeln ist gegeben, wenn der für Personalangelegenheiten zuständige Mitarbeiter oder Unter-

nehmensleiter die **Sorgfalt**, zu der er bei Wahrnehmung der Aufgaben nach dem SGB IX verpflichtet ist, **außer Acht lässt**. Das ist praktisch in den Fällen von Bedeutung, in denen der Vorwurf einer vorsätzlichen Pflichtverletzung daran scheitert, dass alle Anfragen und Aufforderungen der zuständigen Behörden oder der Vertrauenspersonen der Behinderten in einem allgemeinen Bürochaos untergehen. Dem einzelnen Mitarbeiter mag dann nicht widerlegt werden können, dass er von bestimmten Anfragen tatsächlich keine Kenntnis hatte, doch trifft ihn der Vorwurf, mit den Angelegenheiten der schwerbehinderten Menschen allzu sorglos – und deshalb eben fahrlässig – umgegangen zu sein. Dem geringeren Unrechtsgehalt der fahrlässigen Begehung trägt § 17 Abs. 2 OwiG Rechnung. Danach darf mangels abweichender Regelung die Geldbuße bei der fahrlässigen Tat nur die **Hälfte der bei der vorsätzlichen Begehung höchstens festzusetzenden Geldbuße** erreichen. Angesichts der Höchstgrenze von 10.000,– € in § 156 Abs. 2 beträgt die Höchstgrenze für die fahrlässige Tat 5.000,– €.

Der **Versuch** der bußgeldbewehrten Handlungen und Unterlassun- **11** gen nach den Ziff. 1 bis 9 des Absatzes 2 **kann nicht verfolgt werden**, weil das eine ausdrückliche Anordnung im Gesetz erfordert (§ 13 Abs. 2 OwiG), die in § 156 nicht enthalten ist.

III. Die einzelnen Tatbestände

1. Beschäftigungspflicht. Die zumindest theoretisch wichtigste **12** Pflicht des Arbeitgebers im Rahmen der Integration schwerbehinderter Menschen ist die in § 71 normierte Beschäftigungspflicht (s. Ausführungen zu § 71). Der Verstoß dagegen ist in § 156 Abs. 2 Ziff. 1 als Ordnungswidrigkeit ausgestaltet. Die Einzelheiten zur Erfüllung der Beschäftigungspflicht ergeben sich aus §§ 71 ff. Die Ziff. 1 knüpft an die **tatsächliche Beschäftigung von behinderten Menschen** an; die Einstellung oder eine entsprechende Absicht schließen den Tatbestand nicht aus. Es kommt auch nicht darauf an, ob der Arbeitgeber die Ausgleichsabgabe gemäß § 77 zahlt. Allein an die Erfüllung der Beschäftigungsquote knüpft Ziff. 1 die Sanktion des Bußgeldes; die Verletzung der Pflicht des Arbeitgebers, Maßnahmen zur Sicherung einer möglichst dauerhaften Beschäftigung schwerbehinderter Menschen zu ergreifen (§ 81 Abs. 3), ist nicht als Bußgeldtatbestand ausgestaltet (*Oppermann* in Hauck/Noftz, SGB IX, K § 156 RdNr. 14).

2. Verzeichnis schwerbehinderter Menschen. Die in § 80 Abs. 1 **13** normierte Verpflichtung der Arbeitgeber, ein Verzeichnis der bei ihnen beschäftigten schwerbehinderten Menschen zu führen und Vertretern der Agentur für Arbeit bzw. des Integrationsamtes auf Verlangen vorzulegen, ist in § 156 Abs. 2 Ziff. 2 durch eine Bußgeldandrohung abgesichert. Praktisch kann Streit über die Anwendung des Tatbestandes

nur insoweit bestehen, als geklärt werden muss, wann das Verzeichnis
„in der vorgeschriebenen Form" geführt worden ist. Nach § 80
Abs. 6 Satz 1 „sind" für das Verzeichnis die mit der Arbeitsgemeinschaft
der Integrationsämter abgestimmten **Vordrucke** der Bundesagentur
für Arbeit zu verwenden. Daraus ist zu schließen, dass nur Verzeichnisse unter Verwendung dieser Vordrucke in der „vorgeschriebenen
Form" erstellt sind. Das zwingt dem einzelnen Arbeitgeber die Verwendung bestimmter Formblätter auf und behandelt ihn, wenn er die
Verzeichnisse nach einer eigenen Systematik führt, so, als hätte er keine
Aufzeichnungen geführt (krit. *Oppermann*, a.a.O., RdNr. 15). Dem
unterschiedlichen Unrechtsgehalt in diesen beiden Konstellationen
kann durch die Höhe des jeweils zu verhängenden Bußgeldes angemessen Rechnung getragen werden. Zudem ist zu fordern, dass der
betroffene Arbeitgeber ausdrücklich darauf **hingewiesen worden
sein muss**, dass die von ihm gewählte Form der Datenübermittlung
nicht, den gesetzlichen Anforderungen entspricht. Auf diese Weise
scheiden Fälle aus der Ahndung nach dem OwiG aus, in denen der Arbeitgeber sich über die Form der Übermittlung geirrt hat. Ansonsten,
also für die Fälle, in denen der Arbeitgeber bewusst und nach entsprechender Belehrung die vorgeschriebenen Vordrucke nicht benutzt,
geht die grundsätzlich gehaltene Kritik an der bußgeldbewehrten Verpflichtung der Arbeitgeber zur Verwendung einheitlicher Vordrucke
jedoch fehl. Den **Bedürfnissen einer Massenverwaltung** kann anders nicht angemessen Rechnung getragen werden; kein Bürger wird
mit dem Einwand gehört, er habe seine Einkommensteuererklärung
auf einigen Rechenblättern abgegeben und es sei Sache des Finanz-
amtes, die Zahlen in die amtlich vorgeschriebenen Vordrucke zu übertragen. Wenn Bedarf für eine kritische Überprüfung der Verpflichtungen der Arbeitgeber im Zusammenhang mit dem SGB IX gesehen
wird, dann muss diese sich an der Zahl und dem Umfang der abzugebenden Erklärungen ausrichten. Dass derartige Erklärungen heute
sinnvollerweise nur auf standardisierten und für die elektronische Auf-
bereitung geeigneten Unterlagen abgegeben werden können, sollte
nicht zweifelhaft sein.

14   **3. Anzeigepflicht.** Nach § 80 Abs. 2 müssen Arbeitgeber der für
sie zuständigen Agentur für Arbeit einmal jährlich alle Daten übermitteln, die die Agentur für Arbeit benötigt, um prüfen zu können, ob der
Arbeitgeber seine Pflicht zur Beschäftigung schwerbehinderter Menschen erfüllt und in welcher Höhe gegebenenfalls die Ausgleichsabgabe
festzusetzen ist. Die Anzeige muss ohne Aufforderung seitens der Arbeitsverwaltung bis zum 31. März für das vorangegangene Jahr erstattet worden sein. Arbeitgeber, die Arbeitsplätze für schwerbehinderte
Menschen nicht zur Verfügung stellen müssen, haben nach § 80 Abs. 4
die Anzeige über die Beschäftigungszahlen nur auf Aufforderung der
Arbeitsverwaltung zu erstatten. Die Verletzung dieser Anzeigepflicht

ist bußgeldbewehrt. Soweit nach § 80 Abs. 2 Satz 2 der Anzeige bestimmte Unterlagen in Kopie zur Weiterleitung an das Integrationsamt beizufügen sind, ist diese zusätzliche Verpflichtung nicht sanktioniert. Liegen der Anzeige, die ansonsten den Anforderungen des Gesetzes entspricht, die Unterlagen nach § 80 Abs. 2 Satz 2 nicht bei, darf kein Bußgeld verhängt werden. Die Anzeigen müssen auf den **Vordrucken der Bundesagentur für Arbeit** nach § 80 Abs. 6 erstattet werden. Deshalb stellt sich auch hier die oben (RdNr. 13) behandelte Problematik, ob allein die Nichtverwendung der amtlichen Vordrucke auch bei inhaltlich richtiger Anzeige den Tatbestand der Ordnungswidrigkeit erfüllt. Das ist zu bejahen, wenn der Arbeitgeber über seine Verpflichtung belehrt und auf die Notwendigkeit der Verwendung der amtlichen Vordrucke ausdrücklich aufmerksam gemacht worden ist.

4. Auskunftspflicht. Nach § 80 Abs. 5 haben die Arbeitgeber der **15** Arbeitsverwaltung und dem Integrationsamt gegenüber die Auskünfte zu erteilen, die für die Durchführung des Gesetzes notwendig sind. Kommen sie dieser Pflicht nicht nach, handeln sie ordnungswidrig. Die bußgeldbewehrte Verpflichtung des § 80 Abs. 5 zur Auskunftserteilung ist relativ wenig bestimmt, auch wenn die hier behandelten Auskünfte nur „auf Verlangen" zu erteilen sind. Es kann in bestimmten Situationen zum Streit darüber kommen, ob eine bestimmte Information weitergegeben werden muss oder nicht. Nicht jede Kontroverse darüber darf mit den Mitteln des OwiG ausgetragen werden. Weigert sich ein Arbeitgeber **mit plausiblen Gründen, eine bestimmte Auskunft zu erteilen**, etwa weil er – sachkundig beraten – der Auffassung ist, dazu nicht verpflichtet zu sein, entfällt zumindest der Schuldvorwurf. Die Behörden müssen ihren Rechtsstandpunkt zunächst mittels eines **Verpflichtungsbescheides** durchsetzen, den der betroffene Arbeitgeber mit Rechtsmitteln angreifen kann. Erst wenn bestandskräftig feststeht, dass eine bestimmte Auskunft gegeben werden muss, erfüllt die fortgesetzte Weigerung des Arbeitgebers den Tatbestand der Ordnungswidrigkeit nach § 156 Abs. 1 Ziff. 4.

5. Einblick in den Betrieb. Nach § 87 Abs. 7 haben die Arbeitgeber **16** den Beauftragten der Bundesagentur für Arbeit und des Integrationsamtes auf Verlangen Einblick in den Betrieb bzw. die Dienststelle zu gewähren, soweit es im Interesse schwerbehinderter Menschen erforderlich ist und Betriebs- oder Dienstgeheimnisse nicht gefährdet werden. Verstöße gegen diese Verpflichtung stellen eine Ordnungswidrigkeit dar (§ 156 Abs. 1 Ziff. 5). Auch diese Vorschrift enthält als Tatbestandsmerkmal einen unbestimmten Rechtsbegriff, nämlich die **„Erforderlichkeit"** der Besichtigung des Betriebes. Obwohl der Bundesagentur für Arbeit und dem Integrationsamt insoweit kein Beurteilungsspielraum zukommt, muss der Arbeitgeber den erbetenen Einblick gewähren, soweit die genannten Behörden plausibel darlegen, weshalb sie für eine bestimmte Entscheidung den Einblick benötigen.

Wenn sich der Arbeitgeber dem verschließt, ist der Tatbestand der Ordnungswidrigkeit verwirklicht.

17   **6. Benennung der Vertrauensperson und des Beauftragten.**
Nach § 80 Abs. 8 muss der Arbeitgeber die gewählte Vertrauensperson der schwerbehinderten Menschen sowie den von ihm bestellten Beauftragten für die Angelegenheiten der schwerbehinderten Menschen unverzüglich der Agentur für Arbeit und dem Integrationsamt gegenüber benennen. Versäumt er diese Pflicht, handelt er ordnungswidrig (§ 156 Abs. 1 Ziff. 6). Aus rechtsstaatlichen Erwägungen, vor allem im Hinblick auf die Beachtung des Übermaßgebotes kann ordnungswidriges Handeln erst angenommen werden, wenn der Arbeitgeber seine **Mitteilungspflicht hartnäckig**, etwa nach jeder Neuwahl einer Vertrauensperson **missachtet**. Weder ein einmaliges Vergessen noch eine gewisse Verzögerung der Mitteilung, solange dies nicht Ausdruck einer bewussten Vernachlässigung der Verantwortung gegenüber den schwerbehinderten Mitarbeitern ist, erfüllen den Tatbestand der Ordnungswidrigkeit (a.A. *Kossens/von der Heide/Maaß*, SGB IX, § 156 RdNr. 13).

18   **7. Information über Vermittlungsvorschläge und Bewerbungen.** Nach § 81 Abs. 1 Satz 4 muss der Arbeitgeber die Schwerbehindertenvertretung und die Betriebs- bzw. Personalräte davon unterrichten, dass sich schwerbehinderte Menschen um einen Arbeitsplatz im Betrieb beworben haben bzw. von der Agentur für Arbeit für eine Einstellung vorgeschlagen worden sind. Diese Unterrichtungspflicht ist bußgeldbewehrt (§ 156 Abs. 1 Ziff. 7). **Die Sanktion rechtfertigt sich aus der Bedeutung, die der rechtzeitigen Unterrichtung der Schwerbehindertenvertretung** und der Personalvertretung im Zuge von **Einstellungsverfahren zukommt.** Diese Gremien können auf eine Einstellung von schwerbehinderten Menschen nur wirksam hinwirken, wenn ihnen bekannt ist, dass sich geeignete Schwerbehinderte um einen Arbeitsplatz bzw. um eine Beförderungsposition beworben haben bzw. vorgeschlagen worden sind. Mit dem Abschluss des Einstellungsverfahrens gehen die Mitwirkungsmöglichkeiten der erwähnten Vertretungsgremien ins Leere, weil der ausgewählte nicht behinderte Bewerber seinen Arbeitsplatz nicht deshalb wieder verlieren kann, weil die Schwerbehindertenvertretung nicht wusste, dass sich auch behinderte Menschen beworben hatten. Die Verletzung der Pflicht des Arbeitgebers, über die in einem Einstellungsverfahren getroffene Entscheidung alle Beteiligte, also die Behindertenvertretungen, die Personalvertretungen und **die schwerbehinderten Bewerber** unter Darlegung der Gründe zu unterrichten (§ 81 Abs. 1 Satz 9), wird ebenfalls als Ordnungswidrigkeit geahndet. Durch die Bußgeldandrohung kann der Arbeitgeber auf diese Weise gezwungen sein, Umstände offen zu legen, die zur Grundlage von Schadensersatzansprüchen gegen ihn gemacht werden können, soweit die Erwägungen, mit

denen von der Einstellung eines schwerbehinderten Bewerbers Abstand genommen worden ist, nicht überzeugend erscheinen. Die staatliche Sanktion zeigt jedoch, dass der Gesetzgeber diese Offenlegung ausdrücklich gewollt hat, um die Chancen schwerbehinderter Menschen zu verbessern (BAG 18. 11. 08 NZA 728, 732). Der schwerbehinderte abgelehnte Bewerber soll die Informationen als Grundlage für die Vermutung, dass er wegen der Behinderung benachteiligt wurde, nutzen können. Damit ein Arbeitgeber sich nicht durch die Verletzung dieser Pflicht unberechtigte Vorteile verschaffen kann, wird die Pflichtenerfüllung durch ein Bußgeld unterstützt.

8. Erörterungspflicht. Wenn ein Arbeitgeber die Beschäftigungs- **19** pflicht nicht erfüllt, ist er verpflichtet, eine Einstellungsmaßnahme, mit der die Schwerbehindertenvertretung und/oder die Personalvertretungen nicht einverstanden sind, mit diesen zu erörtern (§ 81 Abs. 1 Satz 7). Damit soll den erwähnten Vertretungen Gelegenheit gegeben werden, zugunsten schwerbehinderter Menschen zu intervenieren und auf die Entscheidung des Arbeitgebers in genauer Kenntnis der dafür angeführten Gründe einzuwirken (*Oppermann* in Hauck/Noftz, K § 156 RdNr. 25). Unterlässt der Arbeitgeber, auf die Erörterung hinzuwirken, handelt er ordnungswidrig (§ 156 Abs. 1 Ziff. 8). Der Tatbestand ist nicht verwirklicht, wenn der Arbeitgeber die im Gesetz angesprochenen Vertretungspersonen bzw. -Gremien zu einer **Erörterung einlädt**, die Erörterung selbst aber nicht zustande kommt, weil die **Gremienvertreter nicht erscheinen.** Das gilt selbst dann, wenn diese Vertreter sich mit guten Gründen darauf berufen, erfahrungsgemäß seien derartige Erörterungstermine reine Formsache und völlig unergiebig, weil der Arbeitgeber einmal getroffene Entscheidungen ohnehin nicht zu ändern bereit sei. Nicht die mehr oder weniger behindertenfreundliche Grundhaltung des Arbeitgebers, sondern allein die **formale Gelegenheit zu einer Erörterung** ist für die Verwirklichung des Tatbestandes der Ordnungswidrigkeit ausschlaggebend.

9. Unterrichtung und Anhörung der Schwerbehindertenver- 20 tretung. In allen Angelegenheiten schwerbehinderter Menschen hat der Arbeitgeber die Schwerbehindertenvertretung umfassend und unverzüglich zu unterrichten und vor einer Entscheidung, die diese betrifft, anzuhören (§ 95 Abs. 2). Ein Verstoß gegen diese Verpflichtung stellt eine Ordnungswidrigkeit dar (§ 156 Abs. 1 Ziff. 9). Im Tatbestand ist die nicht oder nicht **rechtzeitig erfolgende Mitteilung über eine getroffene Entscheidung**, zu der der Arbeitgeber ebenfalls verpflichtet ist, nicht ausdrücklich erwähnt. Die Bezugnahme in § 156 Abs. 1 Ziff. 9 auf § 95 Abs. 2 Satz 1, die an sich auch die Verletzung der Mitteilungspflicht hinsichtlich schon getroffener Entscheidungen gemäß § 95 Abs. 2 Satz 1, 2. Halbsatz erfasst, reicht nicht aus, um die Einbeziehung der Verletzung der Mitteilungspflicht in den Ordnungswidrigkeitentatbestand zu rechtfertigen (so auch *Oppermann* in Hauck/Noftz, SGB IX, K § 156 RdNr. 26). Vieles spricht dafür, dass insoweit ein Redaktionsversehen des Gesetzgebers vorliegt, doch ist eine **lücken-füllende Auslegung**, die zur Erweiterung eines Ordnungswidrigkeitentatbestandes führt, **nicht zulässig**.

21   Der Tatbestand des § 156 Abs. 1 Ziff. 9 ist verwirklicht, wenn der für den Arbeitgeber handelnde Bedienstete die Schwerbehindertenvertretung nicht rechtzeitig unterrichtet und anhört. Es ist **ohne Bedeutung**, ob sich eine **unterlassene Mitteilung** oder eine unterbliebene Anhörung auf die Entscheidung **in der Sache ausgewirkt haben** (AG Düsseldorf 8. 2. 1990 – 302 Owi /902 Js 1689/89 – br 1991, 118). Praktisch ist es nicht immer leicht, zwischen versehentlich unterbliebenen Mitteilungen bzw. Anhörungen einerseits und systematischen Verletzungen der entsprechenden Pflichten, die allein eine Sanktion rechtfertigen, zu unterscheiden. Der vom AG Düsseldorf (a.a.O.) noch zum früheren SchwbG entschiedene Fall lässt deutlich erkennen, dass die gerichtlichen Feststellungen sehr deutliche Hinweise dafür ergeben haben, dass der Betroffene, der als Beauftragter des Arbeitgebers für die Angelegenheiten der Schwerbehinderten nach § 28 SchwbG tätig war, trotz mehrfacher Hinweise der Vertrauensperson **systematisch in Beförderungsangelegenheiten die Einschaltung der Schwerbehindertenvertretung unterlassen hatte**. Gerade wenn in einem Fall die Einschaltung möglicherweise versehentlich unterblieben ist, muss der Beauftragte des Arbeitgebers besonders sorgfältig darauf achten, dass ihm persönlich alle Personalvorgänge unter Beteiligung von schwerbehinderten Menschen vorgelegt werden, und darf sich nicht auf seinen Sachbearbeiter verlassen. Geschieht das gleichwohl, ist der Tatbestand der Verletzung der Mitteilungs- und Anhörungspflicht zumindest fahrlässig verwirklicht.

IV. Verwarnung

22   Wie im gesamten Recht der Ordnungswidrigkeiten besteht auch im Rahmen des SGB IX für die zuständige Verfolgungsbehörde, also die Bundesagentur für Arbeit mit ihren jeweiligen örtlichen Untergliederungen, die Möglichkeit, **statt eine Geldbuße** festzusetzen, ein Verwarnungsgeld in Höhe von mindestens 5,– € zu erheben. Das bietet sich bei **geringfügigen Verstößen** gegen einzelne Ordnungswidrigkeitstatbestände an (vgl. *Oppermann* in Hauck/Noftz, SGB IX, K § 156 RdNr. 33), insbesondere wenn zu vermuten ist, dass der Arbeitgeber seiner Verpflichtung eher aus Nachlässigkeit nicht korrekt nachgekommen ist. Wie bei Verstößen gegen Vorschriften der Straßenverkehrsordnung wird die Verwarnung erst wirksam, wenn der **Betroffene** sich mit ihr **einverstanden** erklärt und das Verwarnungsgeld tatsächlich

zahlt. Wenn die Verwarnung wirksam geworden ist, ist die Ahndung der Tat als Ordnungswidrigkeit ausgeschlossen (§ 56 OwiG).

V. Vollstreckung

Die Bundesagentur für Arbeit, die den Bußgeldbescheid erlassen **23** hat, ist nach Eintritt der Unanfechtbarkeit auch für die Vollstreckung zuständig (§ 156 Abs. 4). Sie muss nach den Regeln der Verwaltungsvollstreckung für die Zahlung der Geldbuße sowie nach § 90 OwiG auch der Verfahrenskosten durch den Betroffenen sorgen. § 156 Abs. 4 verweist insoweit auf § 66 SGB X. Dieses verweist seinerseits auf das Verwaltungsvollstreckungsgesetz und regelt einige Besonderheiten. Für die Anordnung von **Ersatzzwangshaft**, die dem Richter vorbehalten ist, ist in Angelegenheiten des § 51 SGG das **Sozialgericht zuständig.**

VI. Verwendung der Geldbußen

Die Beträge, die die Bundesagentur für Arbeit als Geldbußen erhält, **24** sind nach § 156 Abs. 5 Satz 1 an das **Intergrationsamt abzuführen.** Dieses darf damit allerdings nicht seine allgemeinen Verwaltungskosten decken, sondern muss das Geld ebenso wie die durch die Ausgleichsabgabe vereinnahmten Beträge **für besondere Maßnahmen zur Verbesserung der Integration schwerbehinderter Menschen** in den Arbeitsprozess verwenden (vgl. § 77 Abs. 5).

Stadtstaatenklausel

157 (1) ¹Der Senat der Freien und Hansestadt Hamburg wird ermächtigt, die Schwerbehindertenvertretung für Angelegenheiten, die mehrere oder alle Dienststellen betreffen, in der Weise zu regeln, dass die Schwerbehindertenvertretungen aller Dienststellen eine Gesamtschwerbehindertenvertretung wählen. ²Für die Wahl gilt § 94 Abs. 2, 3, 6 und 7 entsprechend.

(2) § 97 Abs. 6 Satz 1 gilt entsprechend.

I. Allgemeines

Die Vorschrift entspricht der Regelung des § 70 SchwbG. Sie soll **1** wie ihre Vorgängerbestimmung sicherstellen, dass in der **Freien und Hansestadt Hamburg** für alle Bediensteten eine Gesamtschwerbehindertenvertretung gewählt werden kann. Diese nimmt gegenüber dem Senat der Freien und Hansestadt Hamburg die Angelegenheiten der schwerbehinderten Menschen wahr, soweit diese über die Angelegenheiten einzelner Dienststellen hinausgehen.

II. Regelungsinhalt

2   Die Regelung gestattet dem **Senat der Freien und Hansestadt Hamburg**, durch **Verordnung** zu bestimmen, dass die Schwerbehindertenvertretungen aller Dienststellen eine **Gesamtschwerbehindertenvertretung** wählen. Damit wird zum einen der besonderen Verwaltungsstruktur der Stadt Rechnung getragen, die keinen mehrstufigen Verwaltungsaufbau kennt. Zum anderen wird eine Vertretung der Angelegenheiten der Schwerbehinderten auf einflussreicher politischer Ebene ermöglicht, deren Gesprächs- und Verhandlungspartner nicht einzelne Behörden, sondern der Senat als Spitze der Exekutive der Stadt ist.

3   Hamburg hat von dieser Ermächtigung bereits unter Geltung des SchwbG Gebrauch gemacht (**VO vom 10. April 1979**, Hamburger Gesetz- und Verordnungsblatt 1979, S. 111). Nach allgemeinen verfassungsrechtlichen Grundsätzen ist es auf den Bestand einer Verordnung ohne Einfluss, wenn sich das ermächtigende Gesetz ändert, solange nur das neue Recht der Sache nach eine entsprechende Verordnungsermächtigung kennt.

Sonderregelung für den Bundesnachrichtendienst

158 Für den Bundesnachrichtendienst gilt dieses Gesetz mit folgenden Abweichungen:

1. Der Bundesnachrichtendienst gilt vorbehaltlich der Nummer 3 als einheitliche Dienststelle.

2. [1]Für den Bundesnachrichtendienst gelten die Pflichten zur Vorlage des nach § 80 Abs. 1 zu führenden Verzeichnisses, zur Anzeige nach § 80 Abs. 2 und zur Gewährung von Einblick nach § 80 Abs. 7 nicht. [2]Die Anzeigepflicht nach § 90 Abs. 3 gilt nur für die Beendigung von Probearbeitsverhältnissen.

3. [1]Als Dienststelle im Sinne des Kapitels 5 gelten auch Teile und Stellen des Bundesnachrichtendienstes, die nicht zu seiner Zentrale gehören. [2]§ 94 Abs. 1 Satz 4 und 5 sowie § 97 sind nicht anzuwenden. [3]In den Fällen des § 97 Abs. 6 ist die Schwerbehindertenvertretung der Zentrale des Bundesnachrichtendienstes zuständig. [4]Im Falle des § 94 Abs. 6 Satz 4 lädt der Leiter oder die Leiterin der Dienststelle ein. [5]Die Schwerbehindertenvertretung ist in den Fällen nicht zu beteili-

gen, in denen die Beteiligung der Personalvertretung nach dem Bundespersonalvertretungsgesetz ausgeschlossen ist. [6]Der Leiter oder die Leiterin des Bundesnachrichtendienstes kann anordnen, dass die Schwerbehindertenvertretung nicht zu beteiligen ist, Unterlagen nicht vorgelegt oder Auskünfte nicht erteilt werden dürfen, wenn und soweit dies aus besonderen nachrichtendienstlichen Gründen geboten ist. [7]Die Rechte und Pflichten der Schwerbehindertenvertretung ruhen, wenn die Rechte und Pflichten der Personalvertretung ruhen. [8]§ 96 Abs. 7 Satz 3 ist nach Maßgabe der Sicherheitsbestimmungen des Bundesnachrichtendienstes anzuwenden. [9]§ 99 Abs. 2 gilt nur für die in § 99 Abs. 1 genannten Personen und Vertretungen der Zentrale des Bundesnachrichtendienstes.

4. [1]Im Widerspruchsausschuss bei dem Integrationsamt (§ 119) und im Widerspruchsausschuss bei der Bundesagentur für Arbeit (§ 120) treten in Angelegenheiten schwerbehinderter Menschen, die beim Bundesnachrichtendienst beschäftigt sind, an die Stelle der Mitglieder, die Arbeitnehmer oder Arbeitnehmerinnen und Arbeitgeber sind (§ 119 Abs. 1 und § 120 Abs. 1), Angehörige des Bundesnachrichtendienstes, an die Stelle der Schwerbehindertenvertretung die Schwerbehindertenvertretung der Zentrale des Bundesnachrichtendienstes. [2]Sie werden dem Integrationsamt und der Bundesagentur für Arbeit vom Leiter oder der Leiterin des Bundesnachrichtendienstes benannt. [3]Die Mitglieder der Ausschüsse müssen nach den dafür geltenden Bestimmungen ermächtigt sein, Kenntnis von Verschlusssachen des in Betracht kommenden Geheimhaltungsgrades zu erhalten.

5. Über Rechtsstreitigkeiten, die auf Grund dieses Buches im Geschäftsbereich des Bundesnachrichtendienstes entstehen, entscheidet im ersten und letzten Rechtszug der oberste Gerichtshof des zuständigen Gerichtszweiges.

I. Allgemeines

Ohne sachliche Änderung gegenüber § 71 SchwbG normiert die **1** Vorschrift Besonderheiten für die Durchführung des Gesetzes beim Bundesnachrichtendienst (BND), dem Auslandsgeheimdienst der Bundesrepublik. Diese sind erforderlich, damit der Dienst seine teilweise notwendig geheimen Operationen durchführen kann, ohne dass etwa die Namen aller Bediensteten bekannt gegeben werden müssen. Gegenüber der Ausgangsfassung vom 19. 6. 2001 ist lediglich die Formulierung *Landesarbeitsamt* durch *Bundesagentur für Arbeit* in Ziff. 4 Satz 1 und 2 durch das 4. Gesetz für moderne Dienstleistungen am Arbeitsmarkt vom 24. 12. 2003 i. V. m. dem kommunalen Optionsgesetz vom 30. 7. 2004 ersetzt worden.

II. Regelungsinhalt

2   Nach Nr. 1 gilt der gesamte BND ungeachtet seiner organisatorischen Gliederung als **einheitliche Dienststelle**. Für alle Angelegenheiten schwerbehinderter Mitarbeiter sind allein die Bundesagentur für Arbeit und das Integrationsamt am Hauptsitz des BND (Pullach bei München) zuständig. Diese Zuständigkeit gilt auch für die Angelegenheiten von Dienststellen nach Nr. 3, die nicht zur Zentrale des BND gehören, und in denen eigene Schwerbehindertenvertretungen zu wählen sind. Die **Konzentration der Bearbeitung der Schwerbehindertenangelegenheiten** bei nur zwei Behörden trägt der Erwägung Rechnung, dass aus **Sicherheitsgründen** die Zahl der Bediensteten, die überhaupt mit Angelegenheiten des BND befasst sind und in besonderer Weise zur Vertraulichkeit verpflichtet werden, möglichst klein gehalten werden soll. Daher erklärt sich auch die Regelung in Nr. 5, wonach über alle Rechtsstreitigkeiten in Angelegenheiten des SGB IX der sachlich zuständige oberste Gerichtshof des Bundes im **ersten und letzten Rechtszug zuständig** ist. Das sind entweder das **Bundesverwaltungsgericht** oder das **Bundessozialgericht**. Die darin gerade in Schwerbehindertenangelegenheiten für die Betroffenen liegende Einschränkung des Rechtsschutzes ist mit **Art. 19 Abs. 4 Satz 1 Grundgesetz** vereinbar. Dies Norm garantiert nach der Rechtsprechung des Bundesverfassungsgerichts keinen Instanzenzug sondern lediglich die gerichtliche Überprüfung hoheitlicher Maßnahmen. Die Einschränkungen des Rechtsschutzes der BND-Bediensteten gegenüber anderen Bürgern sind der Sache nach durch den Charakter des BND als Geheimdienst gerechtfertigt. Wer dort tätig wird, weiß um diese Beschränkungen, die in anderen Lebensbereichen deutlich gravierender sind.

3   Nach Nr. 2 ist der BND von zahlreichen **Anzeigepflichten** im Zusammenhang mit der Beschäftigung von Schwerbehinderten **freigestellt**. Das folgt aus der Art der Tätigkeit dort, die es mit sich bringt, dass Menschen ohne Kenntnis Dritter beschäftigt werden, unter falschem Namen agieren müssen und ihre Lebensumstände so geheim wie eben möglich bleiben müssen. Das Ziel des Gesetzes, möglichst viele schwerbehinderte Menschen zu beschäftigen, gilt jedoch auch für den BND (vgl. *Oppermann* in Hauck/Noftz, SGB IX, K § 158 RdNr. 1).

4   Nr. 4 enthält hinsichtlich der Zusammensetzung der Widerspruchsausschüsse abweichende Regelungen, die sich im Wesentlichen an den für den BND geltenden **Regelungen des Bundespersonalvertretungsgesetzes orientieren**. Durch die Sonderregelungen wird sichergestellt, dass auch in Widerspruchgremien nur Personen mit Angelegenheiten der schwerbehinderten Mitarbeiter des BND befasst sind, die mit Verschlusssachen Umgang haben dürfen.

Übergangsregelung

159 **(1)** Abweichend von § 71 Abs. 1 beträgt die Pflichtquote für die in § 71 Abs. 3 Nr. 1 und 4 genannten öffentlichen Arbeitgeber des Bundes weiterhin 6 Prozent, wenn sie am 31. Oktober 1999 auf mindestens 6 Prozent der Arbeitsplätze schwerbehinderte Menschen beschäftigt hatten.

(2) Auf Leistungen nach § 33 Abs. 2 des Schwerbehindertengesetzes in Verbindung mit dem Ersten Abschnitt der Schwerbehinderten-Ausgleichsabgabeverordnung jeweils in der bis zum 30. September 2000 geltenden Fassung sind die zu diesem Zeitpunkt geltenden Rechtsvorschriften weiter anzuwenden, wenn die Entscheidung über die beantragten Leistungen vor dem 1. Oktober 2000 getroffen worden ist.

(3) Eine auf Grund des Schwerbehindertengesetzes getroffene bindende Feststellung über das Vorliegen einer Behinderung, eines Grades der Behinderung und das Vorliegen weiterer gesundheitlicher Merkmale gelten als Feststellungen nach diesem Buch.

(4) Die nach § 56 Abs. 2 des Schwerbehindertengesetzes erlassenen allgemeinen Richtlinien sind bis zum Erlass von allgemeinen Verwaltungsvorschriften nach § 141 weiter anzuwenden.

(5) § 17 Abs. 2 Satz 1 ist vom 1. Januar 2008 an mit der Maßgabe anzuwenden, dass auf Antrag Leistungen durch ein Persönliches Budget ausgeführt werden.

(6) Auf Erstattungen nach Teil 2 Kapitel 13 ist § 148 für bis zum 31. Dezember 2004 entstandene Fahrgeldausfälle in der bis zu diesem Zeitpunkt geltenden Fassung anzuwenden.

Übersicht

I. Allgemeines

Die mit dem SGB IX vom 19. 6. 2001 eingeführte Übergangsrege- **1** lung ist durch das Gesetz zur Einordnung des Sozialhilferechts in das

SGB vom 27. 12. 2003 (BGBl. I S. 3022) um Abs. 5 und durch das Gesetz zur Vereinfachung der Verwaltungsvorschriften im Sozialrecht vom 21. 3. 2005 (BGBl. I S. 818) um Abs. 6 erweitert worden.

Die Vorschrift enthält Übergangsbestimmungen zu einigen Vorschriften des Gesetzes

II. Arbeitgeber des Bundes

1a   Die Pflichtquote für die Arbeitgeber des Bundes beträgt nach § 71 Abs. 1 in Verbindung mit § 159 Abs. 1 weiterhin einheitlich 6 Prozent, wenn diese Arbeitgeber am Stichtag des **31. Oktober 1999** auf **mindestens 6 Prozent** der Arbeitsplätze **schwerbehinderte Menschen beschäftigt** hatten. Im Gesetzgebungsverfahren war ursprünglich geplant, diese Regelung auf alle öffentlichen Arbeitgeber, also vor allem auf Länder und Gemeinden zu erweitern (BT Drucks. 14/5531 und 14/5074, S. 115). Das ist auf Initiative der Länder nicht weiterverfolgt worden. Praktisch wirkt sich die Erhöhung der Quote für die öffentlichen Arbeitgeber des Bundes im Sinne von § 71 Abs. 3 nicht aus, weil der Bund als Arbeitgeber seit Jahren einen Anteil von schwerbehinderten Beschäftigten oberhalb dieser Grenze hat (*Oppermann* in Hauck/Noftz, SGB IX, K § 159 RdNr. 4).

III. Förderung nach § 33 SchwbG

2   § 159 Abs. 1 enthält eine Sonderregelung für Maßnahmen der Förderung, die nach § 33 Abs. 2 SchwbG in Verbindung mit der Schwerbehindertenausgleichsabgabe-Verordnung erfolgt sind. Nach diesen Vorschriften können Arbeitgeber von der Bundesagentur für Arbeit aus Mitteln der Ausgleichsabgabe gefördert werden, wenn sie schwerbehinderte Menschen über ihre gesetzliche Verpflichtung hinaus beschäftigen. Wenn **Förderleistungen** nach diesen Vorschriften **vor dem 1. Oktober 2000 bewilligt** worden sind, sind die **bis zum 30. September 2000 geltenden Bestimmungen weiterhin anwendbar**. Der Stichtag ist derjenige des Inkrafttretens des Gesetzes zur Bekämpfung der Arbeitslosigkeit Schwerbehinderter vom 29. September 2000.

3   Für die Fortgeltung des alten Rechts ist maßgeblich, ob die Entscheidung über Fördermittel vor dem 1. Oktober 2000 getroffen worden ist. Dabei muss aus Gründen des Vertrauensschutzes eine **verbindliche Zusage der Förderung** in einer bestimmten Höhe der eigentlichen Bewilligungsentscheidung gleichstehen (*Oppermann*, in Hauck/Noftz, SGB IX, K § 159 RdNr. 6).

IV. Feststellungen im Sinne von § 4 SchwbG

§ 159 Abs. 3 regelt die **Verbindlichkeit von Entscheidungen der** 4 **Versorgungsämter** über den Grad der Behinderung und weitere gesundheitliche Merkmale, die noch **unter Geltung des § 4 SchwbG** getroffen worden sind. Das Gesetz bestimmt, dass derartige bindende Feststellungen als Feststellungen nach § 69 gelten, ohne dass es einer ausdrücklichen Entscheidung des Versorgungsamtes bedarf. Dieses darf das Inkrafttreten des Gesetzes nicht zum Anlass nehmen, ohne konkreten Anlass neue Feststellungen über den GdB zu treffen. Die Bindungswirkung der Feststellungen nach § 4 SchwbG wird durch das Inkrafttreten des SGB IX nicht berührt. Bei Änderungen in den tatsächlichen Verhältnissen richtet sich die Zulässigkeit von Neufeststellungen allein nach § 48 SGB X. Umgekehrt schränkt Abs. 3 die Geltung von **§ 45 SGB X** nicht ein. Beruhen Feststellungen nach § 4 SchwbG auf falschen Angaben des Betroffenen, kann das Versorgungsamt den begünstigenden Feststellungsbescheid nach § 45 SGB X korrigieren, nicht anders, als wenn die fehlerhaften Feststellungen bereits auf der Grundlage des § 69 getroffen worden wären.

V. Richtlinien

§ 159 Abs. 4 regelt, dass die vom Bundesministerium für Wirtschaft 5 im Einvernehmen mit dem Bundesministerium für Arbeit und Sozialordnung auf der **Grundlage des § 56** Abs. 2 SchwbG erlassenen allgemeinen **Richtlinien weitergelten, bis neue Verwaltungsvorschriften** auf der Grundlage des § 141 Satz 2 erlassen sind. Betroffen sind Regelungen über die bevorzugte Vergabe von Aufträgen der öffentlichen Hand an Werkstätten für Behinderte. Die Übergangsvorschrift soll gewährleisten, dass sich an der bisherigen Rechtslage nach § 56 Abs. 2 SchwbG nichts ändert, solange die Verwaltungsvorschriften, die der Zustimmung des Bundesrates bedürfen, nicht erlassen sind.

VI. Persönliches Budget

In Abs. 5 wird Bezug genommen auf die Regelung in § 17 Abs. 2 6 S. 1. Bis zum 31. 12. 2007 war die Gewährung von Leistungen durch ein persönliches Budget im Rahmen der Erprobungsphase eine Ermessensentscheidung. Seit dem 1. 1. 08 besteht ein Rechtsanspruch des Leistungsberechtigten (BT-Drucks.15/1514 S. 73 zu Nr.12).

VII. Erstattungsanspruch Fahrgeld

7   Abs. 6 enthält eine Übergangsvorschrift für die Erstattung von Fahrgeldausfällen im öffentlichen Nahverkehr. Es wird klar gestellt, dass
Änderungen im Abrechnungsverfahren erst auf Erstattungsansprüche
der Verkehrsunternehmen, die im Jahr 2005 entstanden sind, Anwendung finden (BT-Drucks. 15/4228 S. 32 zu Nr.6). Für Erstattungsansprüche bis zum 31. 12. 2004 gilt das in § 148 bis zu diesem Zeitpunkt
geregelte Abrechnungsverfahren.

Übergangsvorschrift zum Dritten Gesetz für moderne Dienstleis-
tungen am Arbeitsmarkt

159a § 73 Abs. 2 Nr. 4 ist in der bis zum 31. Dezember 2003
geltenden Fassung weiter anzuwenden, solange Personen an Strukturanpassungsmaßnahmen nach dem Dritten Buch teilnehmen.

§ 73 Abs. 2 Ziff. 4 in der bis zum 31. 12. 2003 geltenden Fassung sah
vor, dass Stellen, auf denen Personen, die an Stukturanpassungsmaß-
nahmen teilnehmen, beschäftigt werden, nicht als Arbeitsplätze gelten.
Regelungen zu Strukturanpassungsmaßnahmen in §§ 272 bis 279 SGB
III sind zum 31. 12. 2003 weggefallen. Die durch Art. 8 Nr.26 des Gesetzes vom 23. 12. 2003 (BGBl. I S. 2848) eingefügte Übergangsvorschrift stellt daher klar, dass Stellen, die über diesen Zeitpunkt hinaus
in noch laufenden Maßnahmen besetzt sind, nicht als Arbeitsplätze
gelten (BT-Drucks. 15/1515 S. 122 zu Nr.49).

Überprüfungsregelung

160 (1) Die Bundesregierung berichtet den gesetzgebenden
Körperschaften des Bundes bis zum 30. Juni 2005 über die
Situation behinderter und schwerbehinderter Frauen und Männer auf
dem Ausbildungsstellenmarkt und schlägt die danach zu treffenden
Maßnahmen vor.

(2) ¹Sie berichtet den den gesetzgebenden Körperschaften des Bundes bis zum 30. Juni 2007 über die Wirkungen der Instrumente zur Sicherung von Beschäftigung und zur betrieblichen Prävention. ²Dabei
wird auch die Höhe der Beschäftigungspflichtquote überprüft.

1   Die Ausgangsfassung der Norm vom 19. 6. 2001 verpflichtete die
Bundesregierung, bis zum 30. Juni 2003 gegenüber Bundestag und
Bundesrat einen **Bericht über die Beschäftigungssituation** schwer-

behinderter Menschen zu erstatten und vorzuschlagen, welche Maßnahmen zu treffen sind. Durch das Gesetz zur Förderung der Ausbildung und Beschäftigung schwerbehinderter Menschen vom 23. 4.
2004 (BGBl. I S. 606) ist die Berichtspflicht auf den 30. 6. 2005 erweitert und Abs. 2 angefügt worden.

Der Bericht nach Abs. 1 ist unter dem 14. 7. 2005 (BT-Drucks. 15/ **2**
5922) und der Bericht nach Abs. 2 unter dem 2. 7. 2007 (BT-Drucks.
16/6044) erstellt worden. Eine kritische Zusammenfassung findet sich
unter www.lebenshilfe.de (Auszug *Lachwitz* aus RdLh 2/07; s. auch
§ 71 RdNr. 2).

Unmittelbare Rechtsfolgen sind mit den Berichten nicht verbun- **3**
den. Auch die Versäumung der Frist zur Abgabe des Berichts hätte keine
direkten rechtlichen Konsequenzen für die Anwendung des Gesetzes.
Die Berichte sollen lediglich als empirische Grundlagen für evtl. zukünftige Gesetzesvorhaben dienen (*Trenk-Hinterberger*, HK-SGB IX,
§ 160 RdNr. 1).

Sachverzeichnis

Die fettgedruckten Zahlen bezeichnen die Paragrafen, die mageren
Zahlen die Randnummern

Sachverzeichnis

Sachverzeichnis

Sachverzeichnis

Sachverzeichnis

Fette Zahlen = Paragrafen

Sachverzeichnis

Sachverzeichnis

Sachverzeichnis

Fette Zahlen = Paragrafen

Sachverzeichnis

Sachverzeichnis

Fette Zahlen = Paragrafen

Sachverzeichnis

Sachverzeichnis

Sachverzeichnis

Fette Zahlen = Paragrafen

Sachverzeichnis

Sachverzeichnis

Sachverzeichnis

Fette Zahlen = Paragrafen